Der große Pellaprat

DER GROSSE PELLAPRAT

Die französische und internationale Kochkunst

Deutsche Neufassung von Walter Bickel
Herausgegeben von René Kramer

Gräfe und Unzer

CIP-Kurztitelaufnahme der Deutschen Bibliothek

Pellaprat, Henri-Paul:

Der große Pellaprat: d. franz. u. internat. Kochkunst/
dt. Neufassung von Walter Bickel.
Hrsg. von René Kramer. – 11. Aufl. – München:
Gräfe und Unzer, 1984.

ISBN 3-7742-4202-X

NE: Bickel, Walter Bearb.; HST

11. Auflage 1984

Druck der Farbtafeln: Presses Centrales, Lausanne
Druck des Textteiles und der Schwarzweißbilder
sowie Bindung: Druckerei Ludwig Auer, Donauwörth
ISBN 3-7742-4202-X

WARUM «GROSSE PELLAPRAT»?

Dem Andenken meines Vaters Jacques Kramer gewidmet.

IM JAHRE 1935 wurde *L'Art culinaire moderne* von Henri-Paul Pellaprat von dem Verleger Jacques Kramer herausgebracht. Man muß sich dieses Datum merken, denn es eröffnete eine neue Epoche in der Geschichte der Gastronomie und ihrer Literatur. Pellaprat, konservativ im besten Sinne des Wortes, war eifrig bestrebt, die großen Traditionen seiner Vorgänger fortzuführen und ihnen die Treue zu wahren, jener großen Meister, die ja auch seine waren, deren hohes Lied Curnonsky in seiner Einführung singt. Doch Pellaprat war zugleich ein Mensch seiner Zeit: ein Lehrer und Meister von hohen Graden, der an eine Evolution der Kochkunst glaubte. Dafür zeugt sein Bestreben, die Dinge zu vereinfachen und vom Überflüssigen zu befreien, ohne den hohen Zielen der Gastronomie untreu zu werden, sowie sein Interesse für ausländische Spezialitäten, von denen sein Werk eine ganze Anzahl enthielt. Sein Werk ist in mehrere Sprachen übersetzt worden, sein Einfluß auf die moderne Kochkunst war und ist immer noch groß. Nicht ohne Grund spricht man allgemein vom « großen Pellaprat », womit nicht nur der Mensch, sondern in noch höherem Maße sein Werk gemeint ist.

1935 wurden von einem Verleger zum ersten Male Farbtafeln zum Bebildern eines Kochbuches verwendet und als eine Sensation angesehen. Mehr als 300 Bilder in Wasserfarben schmückten die erste Auflage der *Art culinaire moderne*. Weitere Auflagen folgten, die zum ersten Male Farbfotos enthielten. Und jetzt, dreißig Jahre nach der ersten Auflage, ist das Werk von Grund auf umgearbeitet worden, um den Titel « Pellaprat des 20. Jahrhunderts » wirklich zu verdienen. Sämtliche Farbbilder sind neu und mit den modernsten Mitteln im Lichtdruckverfahren hergestellt worden. Das imposante Werk hat eine ganze Reihe von Spezialisten auf allen Gebieten und aus mehreren Ländern viele Monate lang beschäftigt.

Eine der ständigen Sorgen des Verlegers und seiner Mitarbeiter war der Gedanke, dem Werke Pellaprats treu zu bleiben. Daher ist auch an der beträchtlichen Anzahl von klassischen Gerichten nichts geändert worden; sie sind zeitlos, ihr Wert ist unvergänglich. Um dieses immense Werk zu schaffen, haben sich Jünger Pellaprats, Küchenmeister von Weltruf sowie Spezialisten auf den Gebieten der Gastronomie und der Weinbaukunde zusammengefunden, um ein Werk im Sinne des Autors zu schaffen, das mit Recht als der « Pellaprat des 20. Jahrhunderts » bezeichnet werden darf. Entfernungen, die früher ein Hindernis gewesen wären, sind überbrückt worden, und der Leser findet Rezepte aus allen Teilen der Welt, die von eminenten Fachleuten geschaffen und kodifiziert sind. In unserem Zeitalter der Spezialisierung erschien es uns jedoch logisch, die bisherigen Abschnitte über Diätatik, Küchengeräte und Konservierung fortfallen zu lassen und uns auf die Kochkunst zu beschränken; Gebiete, die wir doch nur nebenbei hätten behandeln können und für die es genügend Spezialwerke gibt.

Als Verleger möchte ich an dieser Stelle allen danken, die dazu beigetragen haben, den « Pellaprat des 20. Jahrhunderts » zu schaffen; das ist keine freundliche Geste, sondern Ausdruck meiner aufrichtigen Dankbarkeit. Er ist durch eine enge Zusammenarbeit von Fachleuten auf den Gebieten der Gastronomie, der Küche, Konditorei, der Fotografie, des Tiefdrucks und des Druckers entstanden. Sie alle hatten sich zu einem einzigen Zweck vereinigt, und zwar dem, dem Leser zu dienen, einerlei ob es sich um den Küchenchef oder die Dame des Hauses, den versierten Fachmann, den Jungkoch oder den Liebhaber guter Speisen handelt.

RENÉ KRAMER, *Verleger.*

UNSERE MITARBEITER

Die Damen:	Colette Guéden		Madeleine Decure
	Lucia Mazzucchetti		Helga Lund
Die Herren:	Alex Allegrier	Giuseppe Fontana	Leone Legnani
	François d'Athis	Herbert Gömöri	Jean Liban
	Walter Bickel	Karl Goetz	Xavier Maier
	Pierre Boutines	César Gosi	Philippe Marnier-Lapostolle
	Pino Braguti	Marco Guarnori	Pierre Mengelatte
	Otto Brust	Roger Guillaume	Flavien Monod
	Francesco P. Cascino	Jean Guinot	Luigi Morandi
	Franco Corpora	Georges Guth	Bruno Mosca
	Claude Desarzens	Paul Hartmann	Gilbert Rohrer
	Jean Doreau	Paul Heinz	Natale Rusconi
	Wilfred Fance	Arthur Hope	Herbert Seidel
	Marc Fation	Hublet	Charles Vaucher
	Dagobert Fehlmann	René Lacroix	Stefano Zaccone
	Werner Fischer	Fred Laubi	Franco Zecca

Jeder einzelne der Genannten hat sich entweder durch seine tätige Mitarbeit, seine Vorschläge oder seine Ideen beteiligt. Sie alle haben zusammen DIE FRANZÖSISCHE UND INTERNATIONALE KOCHKUNST *geschaffen.*

Es ist eigentlich vermessen, dem Vorwort von Curnonsky noch ein weiteres hinzuzufügen, denn diese Bibel der französischen Küche spricht für sich selbst. Nun bleibt aber die Kochkunst bei aller Güte des Vorhergesagten nicht stehen und paßt sich den Erfordernissen der jeweiligen Epoche an.

Diese neuen Erkenntnisse veranlaßten auch die Verfasser der deutschsprachigen Auflage, in Wort und Bild mit dem letzten Stand kulinarischer Erfahrungen Schritt zu halten. Das Werk des anerkannten Lehrers der französischen Küche wurde durch Arbeiten berufener Fachleute des In- und Auslandes bereichert und die bereits von Pellaprat selbst angeführte Nationalitätenküche erweitert.

In der Literatur der Kochkunst wird der neue Pellaprat nicht nur seinen Platz behaupten, sondern in der internationalen Fachwelt auch weiterhin als Brevier angesehen werden.

Dem Fachbuchverlag René Kramer war diese Neufassung in ihrer ansprechenden Aufmachung und Übersichtlichkeit ein Bedürfnis, das lobend anzuerkennen ist.

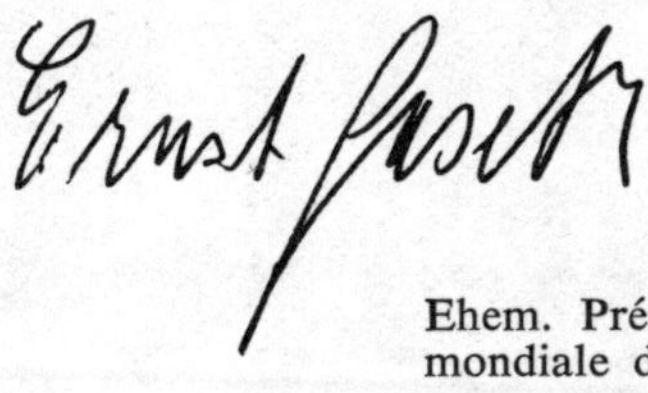

Ehem. Président de la Fédération
mondiale des sociétés de cuisiniers

EINE BIBEL DER KÜCHE

ALLE KULTURVÖLKER *sind sich darüber einig — auch das französische Volk, das sich so gerne selbst verlästert —, daß die französische Küche ohne Widerspruch die erste der Welt ist. Sie ist es sowohl durch die Vollkommenheit der Produkte des Landes als auch durch die außerordentliche Verschiedenheit ihrer Gerichte, ihrer Spezialitäten und ganz besonders durch das Talent, die technische Meisterschaft und den Geschmack ihrer Köche und Köchinnen. Ihre Überlegenheit und Vorzüglichkeit ist nie angezweifelt worden : alle großen Hotels der Welt erachten es als eine Ehre, einen französischen Chef zu haben.*

Die unzähligen Rezepte unserer Küche haben eine ganze Bibliographie inspiriert und seit der Zeit des berühmten « Viandier » des großen Meisterkoches Guillaume Tirel, gen. Taillevent, vor bald 600 Jahren erschienen, ist unsere kulinarische Literatur unvergleichlich geblieben und wurde immer wieder durch neue Meisterwerke bereichert. Das vorliegende Werk ist eines der vollkommensten und echtesten.

Es ist für mich eine Ehre und ein Vergnügen, für diese neue und prächtige Ausgabe des berühmten Buches, das von allen männlichen und weiblichen Feinschmeckern als einen Klassiker der Tafel betrachtet wird, ein Vorwort zu schreiben. Die französische Kochkunst *ist das Werk eines großen Koches, eines untadeligen Fachmannes und eines vollkommenen, in seine Kunst geradezu verliebten Künstlers.*

Henri-Paul Pellaprat ist einer der Meister aus der Generation großartiger Chefs, die seit einem halben Jahrhundert den Ruf der französischen Küche auf den höchsten Gipfel gebracht und erhalten haben : Escoffier, Philéas Gilbert, Guérot, Prosper Montagné, Mourier, Carton, Nignon, Prosper Salles, Herbodeau, Wernert, Casimir Moisson usw. ; ich könnte noch zwanzig weitere Nachfolger des berühmten Carême nennen, die Frankreich zu einem Paradies der Gastronomie gemacht haben. Was Pellaprat anbelangt, so wünsche ich ihm von ganzem Herzen, daß er hundert Jahre alt werden möge. Ich bin aber seiner Unsterblichkeit sicher, denn er hinterläßt ein umfangreiches Werk — und ein großes Buch : das vorliegende.

Sein Lebenslauf läßt sich in wenigen Zeilen zusammenfassen ; sein Leben ist ein Muster von Einheitlichkeit und Rechtschaffenheit, das ganz seiner Kunst gewidmet ist, das eines hervorragenden Fachmannes, der seinen Beruf von Grunde auf kennt.

Paul-Henri Pellaprat, 1869 in Paris geboren, absolvierte zuerst eine dreijährige Lehrzeit als Konditor, wobei er den Empfehlungen des Meisters Auguste Escoffier folgte, daß jeder Koch zuerst Konditor sein sollte. Anschließend arbeitete er als einfacher Arbeiter in einigen großen Pariser Restaurants drei Jahre lang, ehe er seine Laufbahn in der Küche des Café de la Paix *bei dem berühmten Vater Lépy begann. Von dort aus wechselte er zur* Maison Dorée, *zum großen Chef Casimir Moisson über und arbeitete bei Bignon und Paillard und anderen ersten Häusern, um später Chef des feudalen Restaurant* Lucas *zu werden. Bis zum Jahre 1932 leitete er die Kochschule* Cordon bleu *in Paris, dann zog er sich ins Privatleben zurück. Dieser frühzeitige Entschluß wurde zum Gewinn für die französische Küche, denn der verehrte Meister, der nicht untätig bleiben konnte, benutzte die Muße, um seine überall anerkannten kulinarischen Abhandlungen zu verfassen :*

La Cuisine au Vin *(die Küche mit Wein) in Zusammenarbeit mit dem berühmten Weinkenner Raymond Brunet, 1934.*

Les Sandwiches et Pains fourrés *(Sandwiches und belegte Brötchen), 1934.*

La Pâte feuilletée *(Der Blätterteig), 1932.*

Im Jahre 1935 erschien die erste Ausgabe von L'Art culinaire moderne. *Dieses Werk von weit mehr als 700 Seiten mit über 3000 Rezepten und zahlreichen Farbtafeln ist eine wahre Enzyklopädie der Tafel und ein Brevier des Kultes des guten Geschmackes. Es ist eine Zusammenfassung eines halben Jahrhunderts Arbeit, Erfahrung und Lehrtätigkeit. Es enthält das Wesentliche aller Küchen, in erster Linie jedoch der vier französischen Küchen :*

Die feine Küche *(« haute cuisine »), die, wie die « haute couture », eine der schönsten Zierden Frankreichs ist.*

Die bürgerliche Küche, *der Triumph unserer guten Köchinnen und Hausfrauen ; denn der glühende Frauenfreund wußte genau, welch einen hervorragenden Dienst sie durch ihre Einfachheit, Anmut und Feinheit der französischen Küche geleistet haben.*

Die regionale Küche, *die durch ihre Verschiedenheit, Reichhaltigkeit und der Originalität ihrer unzähligen, lokalen Spezialitäten einzigartig in der Welt ist.*

Die Küche aus dem Stegreif *(« cuisine impromptue »), die mit dem gerade Vorhandenen und Erschwinglichen arbeitet.*

Pellaprat hatte es verstanden, eine vernünftige Auswahl aus den zahllosen Rezepten dieser vier Küchen zu treffen. Und niemand wußte es besser als er, welchen unvergleichlichen Reichtum wir in der Verbindung der Speisen mit unserem Wein besitzen. Denn Frankreich produziert nicht nur die feinsten Weine der Welt und die einzigen, die man zu einer feinen Mahlzeit servieren kann, es hat auch die feinsten Spirituosen, unter denen der prächtige Cognac der König ist. Weine und Spirituosen haben dazu beigetragen, die Vielseitigkeit und die Vorzüglichkeit unserer Saucen zu schaffen.

Einer der sehr seltenen Vorzüge dieses großen Werkes ist dem Umstand zuzuschreiben, daß Pellaprat, Meister und Lehrer der Kochkunst, zugleich auch Meister der Konditorei und der Konfiserie ist. Auch diese beiden Zweige der Kochkunst sind erlesene Schmuckstücke der französischen Küche. Da Pellaprat jedoch niemals einseitig war, hat er in seinem Werke auch eine Anzahl der besten Gerichte ausländischer Küchen aufgenommen.

Die weit mehr als 3000 Rezepte dieses Buches entstammen nicht der Phantasie. Sie sind von ihm selber auf dem Feuer des Herdes erprobt worden, sie sind praktisch, ausführbar und in einer klaren und verständlichen Sprache geschrieben.

Als die erste Ausgabe des Buches erschien, schrieb der große Koch Philéas Gilbert seinem Freund und Kollegen Pellaprat einen begeisterten Brief, aus dem ich einen Abschnitt zitiere :

« Ich bin davon überzeugt, daß Ihr Buch die allergünstigste Aufnahme finden wird, denn selbst ein Anfänger in der Kochkunst kann die Rezepte ausführen, weil sie so klar, einfach und leichtfaßlich geschrieben sind. »

Wer könnte etwas Trefflicheres sagen ?

CURNONSKI †
Fürst der Gastronomen
Gründer und Präsident der
Akademie der Gastronomen

NÜTZLICHE ANWEISUNGEN ZUM GEBRAUCH DES WERKES

WISSENSWERTES

Jedes Rezept enthält alle notwendigen Angaben über die Zutaten, die Kochzeit und die Art der Zubereitung. Der in der Kochkunst weniger Bewanderte sollte zuerst den Abschnitt *Fachausdrücke* (Seite 757) nachschlagen. Dort findet er die technischen und ausländischen Bezeichnungen erläutert. Angaben über das Kochen, Braten, Dünsten, Schmoren usw. sind im Abschnitt *Die Technologie der Garmachungsarten* (Seite 97) zu suchen, während man Ratschläge über die wichtigsten küchentechnischen Vorgänge unter *Kulinarische Technik in Bildern* (Seite 709) findet.

NÜTZLICHES

Um ein Rezept leichter ausführen zu können, ist es zweckmäßig, im Abschnitt *Die Grundsätze und Grundlagen der Küche* (Seite 79) nachzuschlagen, dem alles Notwendige über Rohmaterial, Farcen, Gewürze, Garnituren, Fonds usw. zu entnehmen ist. *Saucen* findet man in dem betreffenden Kapitel (Seite 124), *Gemüse* (Seite 517) usw.

INHALTSVERZEICHNISSE

Sobald eine Frage auftaucht, genügt es, in den letzten Seiten des Buches nachzuschlagen. Dort findet man:

Seite 761 DAS SACHREGISTER,
in dem die Rezepte nach Kapiteln geordnet sind.

Seite 779 DAS ALPHABETISCHE REGISTER,
in dem die Rezepte nach dem Hauptwort geordnet sind.

Seite 795 REGISTER DER FARBBILDER

Seite 798 REGISTER DER SCHWARZWEISSBILDER,
mit Beispielen der einzelnen technischen Vorgänge usw.

Eine reiche Anzahl von Zubereitungsvorschriften für FLEISCH, GEFLÜGEL und FISCH kann man auch den Abschnitten SAUCEN und GARNITUREN entnehmen, da dort angegeben wird, zu welchen Gerichten sie passen.

*** Auf den folgenden Seiten findet man:**

DEN AUFBAU DES WERKES
NACHSCHLAGEBEISPIEL

AUFBAU DES WERKES

NACHSCHLAGEBEISPIEL

KALBSNUSS AUF ALTE ART

15 Personen. *2 kg Kalbsnuß; 2 Mohrrüben; 2 Zwiebeln; 250 g Champignons; 500 g getrüffelte Klößchenfarce; je 30 Hahnenkämme und Hahnennieren; 1/4 l Geflügelrahmsauce; 200 g Spickspeck. Zeit: 2 Stunden.*

Kalbsnuß: siehe Materialauswahl am Kopfe des Kapitels KALB . . . . Seite 367

Klößchenfarce: siehe GRUNDSÄTZE UND GRUNDLAGEN DER KÜCHE für die HERSTELLUNG . . . . Seite 79

Geflügelrahmsauce: siehe Herstellung dieser Sauce im Kapitel SAUCEN . . . . Seite 124

Eine kleine, ganze Kalbsnuß erster Güte mit Speckstreifen spicken. Die Nuß in einem geeigneten Geschirr auf einem Bett von Mohrrüben und Zwiebelscheiben mit sehr wenig guter Jus angießen und schmoren. Inzwischen eine Garnitur von den getrüffelten Klößchen, Champignons und den Hahnenkämmen und -nieren bereiten und mit der Geflügelrahmsauce binden. Die Kalbsnuß leicht auskühlen lassen, mit einem scharfen Messer 2 cm vom Rand aus einen Einstich machen, ohne bis auf den Grund zu gehen, und mit einem Rundschnitt das Fleisch herausheben. Oben einen Deckel abschneiden. Die Höhlung mit der heißen Garnitur füllen, den Deckel aufsetzen, damit die Kalbsnuß unbeschädigt erscheint. Auf einer großen, heißen Platte anrichten und mit dem entfetteten, eingekochten Schmorfond übergießen. Das ausgehöhlte Fleisch in dünne Scheiben schneiden und um die Nuß dressieren.

Spicken: siehe diesen Ausdruck bei FACHAUSDRÜCKEN . . . . Seite 757

Schmoren: siehe diesen Ausdruck unter GRUNDSÄTZE UND GRUNDLAGEN DER KÜCHE, Abschnitt TECHNOLOGIE DER ZUBEREITUNGSARTEN . . . . Seite 79

Angießen: siehe diesen Ausdruck bei FACHAUSDRÜCKEN . . . . Seite 757

Wichtiger Hinweis:

Um bei einer Serie von Rezepten, die mit dem gleichen Wort beginnen, langweilige Wiederholungen zu vermeiden, haben wir das Hauptwort durch ein schwarzes Viereck ersetzt. Dementsprechend findet man z. B.:

KALBSNUSS AUF ALTE ART

■ GESCHMORT BRÉBAN

■ GESCHMORT AUF GENDARMENART

■ JUDIC usw.

DIE KUNST, GÄSTE ZU EMPFANGEN

Die Kunst, Gäste zu empfangen und sie so zu versorgen, daß sie sich wohlfühlen, gleicht ein wenig der des Regisseurs, der alle Elemente eines Meisterwerkes harmonisch in Szene zu setzen verstehen muß. Eine ähnliche Rolle fällt dem Gastgeber zu, der die Kunst beherrschen muß, ein Menü so zu komponieren und die Wahl der Gerichte und der Weine sowie die Anordnung der Tafel so zu treffen, daß die verschiedenen Komponenten harmonieren.

Jemanden zur Tafel einzuladen, bedeutet stets eine Ehrung, einerlei, ob es sich um Verwandte, Freunde oder Personen handelt, die im öffentlichen Leben eine Rolle spielen. Es dürfte daher von Nutzen sein, an die Grundregeln zu erinnern, die bei der Herstellung und dem Service einer Mahlzeit zu beachten sind, einerlei, ob es sich um ein Frühstück, ein Mittagessen, ein festliches Diner oder einen klassischen Tee handelt. Die Atmosphäre, die sich hierbei verbreitet, zeigt sich bereits beim Empfang der Gäste. Denn obwohl die Anforderungen des täglichen Lebens, die allgemeine Tendenz, alles zu vereinfachen, und die sehr schwierige Frage der Bedienung uns heute Probleme zu lösen aufgibt, die man früher nicht kannte, sollte man zum mindesten bei festlichen Gelegenheiten diese Regeln soweit wie nur möglich beachten. Doch selbst bei kleinen Empfängen — vielleicht hier besonders — sollte man sich danach richten. Denn je sorgfältiger alles vorbereitet ist, desto besser kann man sich danach seinen Gästen widmen.

DIE TAFELDEKORATION

In der vorigen Auflage der *Modernen französischen Kochkunst* hatte Stéphen Faniel die Regeln angeführt, die für die Tafeldekoration maßgebend sind. Nach seiner Ansicht handelt es sich bei jeder Einladung um eine ästhetische und gesellschaftliche Veranstaltung, über die die Gäste später nicht verfehlen werden, ein definitives Urteil abzugeben.

Die Atmosphäre, die bei einer Mahlzeit vorherrscht, ist an viele Unabwägbarkeiten gebunden, die alle nur einen einzigen Sinn haben sollten, die Gäste zufriedenzustellen. Um das zu erreichen, gibt es viele Wege und nur einer ist verpönt: die Nachlässigkeit. Während ein Gast sich an einer Tafel wohlfühlt, auf der in raffiniertester Art sich das feinste Leinen mit dem schönsten Silber und dem edelsten Kristall zu einer köstlichen Harmonie verbinden, wird ein anderer nur Augen für den herrlichen Blumenschmuck haben. Jeder Gast wird sich aber dort wohlfühlen, wo eine persönliche Note herrscht und wo er das Empfinden hat, daß alles getan wird, um ihm Freude zu bereiten und die Mahlzeit zu einem wahren

Fest zu gestalten. Leider kennt man nicht immer den persönlichen Geschmack der einzelnen Gäste, meistens kennt man aber ihren Beruf oder die Funktion, die sie ausüben, ihr Alter, ihre Heimat oder ihre Nationalität. Daraus kann man bereits die notwendigen Schlüsse ziehen, um in irgendeiner Form auf die Anwesenheit von Ehrengästen aufmerksam zu machen, ohne jedoch die anderen Gäste zu vernachlässigen.

Vielleicht darf auch noch darauf hingewiesen werden, daß genau so wie wahre Eleganz stets unauffällig wirkt, selbst die beste Inszenierung unsichtbar bleiben muß. Unsichtbar bedeutet natürlich nicht abwesend; man muß sich nur davor hüten, daß sie aufdringlich wirkt.

Bei einem großen, festlichen Diner, zu dem das kostbarste Silber, das edelste Kristall, das feinste Porzellan und das herrlichste Damast in Erscheinung tritt, muß auch für das entsprechend geschulte Personal gesorgt werden. Doch selbst wenn man über genügend eigenes Personal verfügt, muß es so geschult sein, daß es seine Aufgabe versteht und ernst nimmt. Das notwendige Material kann man in einem Spezialgeschäft bestellen In jedem Fall muß aber dafür Sorge getragen werden, daß alles harmonisch verläuft und kein Mißverhältnis zwischen der Anordnung der Tafel und der Mahlzeit, dem Personal und dem Material, dem Schmuck des Raumes und der Tafel entsteht. Man kann nicht zwei Kellner im Frack mit weißen Handschuhen engagieren, um auf bäuerlichen Tellern aus Fayence — mögen sie noch so alt und kostbar sein — oder auf Sets servieren zu lassen, genau so wenig, wie die Dame des Hauses mit nur einer Hausgehilfin ein großes, zeremonielles Diner aufziehen kann.

Grundsätzlich soll die Größe des zur Verfügung stehenden Raumes der Anzahl der Gäste angepaßt sein. Ein Tisch, der zu klein ist und dadurch die Bewegungsfreiheit der Gäste beim Essen einengt, trägt nicht zur Gemütlichkeit bei. Wer den Wunsch hegt, daß sich alle Gäste der Einladung erfreuen, wird ihre Zahl nach dem zur Verfügung stehenden Raum einschränken. Der Raum muß aber auch groß genug sein, um dem Servierpersonal genügende Bewegungsfreiheit zu geben, die Tafelfläche so bemessen, daß die Gedecke, der Tafelschmuck usw. nicht zu dicht nebeneinander stehen und das Ganze überladen wirkt.

Ein besonderes Augenmerk ist der Ventilation und der Temperatur des Raumes zu widmen. Wie viele sonst reizende Einladungen sind nicht schon durch die übermäßige Hitze des Eßzimmers zu einem Fiasko geworden!

Traditionsgemäß sollen Teller und Gläser den gleichen Stil wie das Silber aufweisen. Man wird also nie ein Risiko eingehen, wenn das gesamte Tafelgeschirr der gleichen Epoche und dem gleichen Stil angehört. Aber die Evolution des modernen Geschmackes — man könnte fast sagen, des Geschmackes schlechthin — läßt auch Ausnahmen dieser goldenen Regel zu. Wohl niemand wird heute mehr schokiert sein, wenn er neben einem modernen Gedeck von hervorragender Qualität auch einige sehr schöne, alte Teller von unzweifelhaftem Werte vorgesetzt bekommt. Es versteht sich von selbst, daß sich über Grundsätze nicht streiten läßt und daß gute Regeln einen unzweifelhaften Wert haben. Das bedeutet aber nicht, daß man nicht den Mut haben soll, auch die Initiative zu Neuem zu ergreifen. Solch eine Initiative kann jedoch nur derjenige zu ergreifen wagen, der seines Geschmackes ganz sicher ist. Heute sind wir ja auch nicht mehr entgeistert, wenn wir an der Wand eines Salons im Stile Ludwig XV. einen Renoir oder in einem Arbeitszimmer im Empirestile ein Gemälde von Braque vorfinden. Alles ist eine Frage des guten Geschmackes und des Taktgefühls. Ein guter Regisseur weiß es recht wohl, daß es weitaus schwieriger ist und viel mehr Scharfsinn erfordert, aus Kontrasten zur Harmonie zu gelangen, was mit dem richtigen Fingerspitzengefühl aber durchaus möglich ist.

In der Regel sollen die zu Beginn einer Mahlzeit benutzten Teller einen schlichteren Dekor aufweisen, als jene, die später zum Dessert Verwendung finden, denn das Dessert ist ja nicht nur der Abschluß, sondern meistens die Krönung der Mahlzeit. Bei den Gläsern liegt die Schönheit nicht allein in der Form, sondern vor allem im Funkeln der geschliffenen

Flächen. Kristall und Silber verleihen der Tafel jenen Glanz, ohne den eine gelungene Tafeldekoration nicht möglich ist.

Früher bevorzugte man als Mittelstück der Tafel einen mehr oder weniger kunstvollen Aufbau aus geschmiedetem oder vergoldetem Silber mit reichen Ornamenten und Spiegelreflexen. Solche Aufsätze findet man heute noch dann und wann bei sehr wichtigen, offiziellen Empfängen. Im allgemeinen sind wir heute bescheidener geworden und ziehen Blumen als Tafelschmuck vor. Der Glanz eines solchen Blumenarrangements kann durch das Unterlegen einer Spiegelplatte noch erhöht werden. Der Blumenschmuck braucht nicht auf die Mitte der Tafel beschränkt zu werden, man muß nur darauf achten, daß er nicht die anderen Komponenten des Tafelgedeckes erdrückt. Vor allen Dingen darf der Duft der Blumen nicht zu aufdringlich sein, er muß sich vielmehr dem angenehmen Geruch der servierten Speisen unterordnen.

Zur Vollendung des Werkes bedarf es des Lichtes. Zu helles, zu dunkles oder zu blendendes Licht beeinträchtigt die Wirkung der Tafel. Man sollte so oft wie nur möglich sich abends des sanften und warmen Glanzes der Kerzen zunutze machen, was ja eine indirekte Beleuchtung durch Elektrizität nicht ausschließt.

Die Szene ist jetzt bereit und der Vorhang kann hochgehen. Nun ist es an der Zeit, daß die Küche beweist, was sie zu bieten vermag.

TAFELDEKORATION UND TAGESZEIT

Es ist selbstverständlich, daß sich die Tafeldekoration der Tageszeit, der Mahlzeit und der Art der Veranstaltung anzupassen hat. Aus den nachstehenden Angaben ist zu ersehen, welche Vorbereitungen für die verschiedenen Mahlzeiten, vom Frühstück angefangen bis zum Diner, getroffen werden müssen (siehe Bilder auf den Seiten 26/27). Natürlich können hier nur allgemeine Angaben gemacht werden, die man je nach dem zur Verfügung stehenden Personal und Material abändern oder modifizieren kann.

Was jedoch weder abgeändert oder modifiziert werden darf, das ist die menschliche Wärme, mit der wir zu jeder Tageszeit und Stunde unsere Gäste empfangen sollten.

DAS ERSTE FRÜHSTÜCK
(PETIT DÉJEUNER)

Es ist nicht unbedingt nötig, daß zum ersten Frühstück ein Tischtuch aufgelegt wird; man kann sich auch mit Platzdeckchen begnügen. Diese können bunt und lustig, genau so wie die Servietten sein. In die Mitte des Tisches stellt man eine Schale mit Obst oder ein einfaches Blumenarrangement; handlich zum Greifen werden Honig und Konfitüren, stets auf Untersätzen, mit den dazugehörenden Löffeln, Butterkugeln oder -röllchen, Würfelzucker, der Salzstreuer sowie Brot und Brötchen in einem zierlichen Korb oder einer Schale verteilt. Auf jeden Platz kommt ein Frühstücksgedeck, bestehend aus einem Frühstücksteller mit der Gabel links und dem kleinen Messer rechts, dazu eventuell noch ein Löffel für Grapefruit rechts vom Messer. Die einfach gefaltete Serviette befindet sich auf dem Teller oder links von der Gabel. Im Haushalt ist es oft üblich, daß sich die Tassen und Untertassen am Platze der Dame des Hauses befinden, die den Kaffee oder Tee einschenkt und dann weiterreicht. Im Hotel steht die Untertasse rechts vom Frühstücksteller, die erwärmte Tasse wird erst mit dem jeweiligen Getränk hereingebracht. Röstbrot wird auf einem Toastständer aufgestellt, im Haushalt jedoch meistens mittels eines elektrischen

Rösters am Frühstückstisch hergestellt. Gibt es Porridge oder Grapefruit zum ersten Frühstück, so steht stets ein Zuckerstreuer auf dem Tisch.

Werden « Extras », wie Speck und Ei oder andere kleine Frühstücksgerichte aufgetragen, so wird der Frühstücksteller erst nach links geschoben und das Gericht in die Mitte des Besteckes gesetzt.

DAS MITTAGESSEN

(LUNCH, DÉJEUNER A LA FOURCHETTE)

Es ist auch beim Mittagessen durchaus statthaft, anstelle des Tischtuches Platzdeckchen aufzulegen, welche die schöne Politur des Holzes noch besser zum Ausdruck bringen. Diese dürfen allerdings nicht bunt sein. Ein Damasttafeltuch ist zum Mittagessen fehl am Platze, selbst wenn Gäste geladen sind. Als Tafeldekoration kommen eventuell ein Glasaufsatz oder ein bis zwei Schalen mit Blumen oder Obst in Frage. Auf jeden Platz stellt man einen Platzteller, links davon die einmal gefaltete Serviette, zumal dann, wenn Platzdeckchen aufgelegt worden sind. Im Restaurant ist es üblich, die einfach gefaltete Serviette auf den Platz des Gastes zu legen. Die unmittelbar neben dem Platzteller oder der Serviette liegenden Bestecke schneiden an ihrer Längsseite ungefähr mit der Serviette oder dem Tellerrand, am Griffende mit der Tischkante ab. Bei den Nachtischbestecken bestimmt der obere Tellerrand die Lage. Wird eine Vorspeise serviert, so sind hierfür am äußersten Rand des Gedeckes eine kleine Gabel und ein kleines Messer aufzulegen. Bei Austern oder Hummern treten an ihre Stelle die entsprechenden Spezialbestecke. Die Schneiden der Messer zeigen nach innen, die Zinken der Gabeln nach oben; nur in Frankreich ist es üblich, daß die Zinken nach unten zeigen und die Löffel mit der Wölbung nach oben aufgelegt werden. Ist ein Teller für Brot und Butter aufzustellen, wie es beim Mittagessen meist üblich ist, so befindet sich dieser mit dem Buttermesser quer daraufgelegt links vom Gedeck. Zwei Gläser, eins für Rot- und eins für Weißwein, befinden sich oberhalb der Messerspitzen, daneben sind Salz- und Pfefferstreuer aufzustellen. Beim individuellen Service stellt man die Butterschale auf einem Untersatz mit der Buttergabel unmittelbar hinter den Brotteller. Ist eine Suppe in Tassen vorgesehen, so wird ein Mittellöffel rechts neben das Besteck gelegt oder mit der Suppe aufgetragen.

DER NACHMITTAGSTEE

Beim Nachmittagstee ist es die Aufgabe der Dame des Hauses, sich um ihre Gäste zu kümmern und sie zu bedienen. Der Tisch, an dem die Gäste Platz nehmen, kann mit einer eleganten Decke gedeckt sein oder es werden Platzdeckchen aufgelegt. Auf jedem Platz steht ein Gebäckteller mit einer Kuchengabel. Das Teeservice, Tassen und Untertassen befinden sich meistens am Platze der Hausfrau, praktischer ist es, wenn Tassen und Untertassen auf einem kleinen Nebentisch aufgebaut werden. Die Dame des Hauses schenkt den Tee ein und reicht ihn weiter an die Gäste. Ob sie dem Tee gleich Zucker, Rahm oder Zitronenscheiben beifügt, ist eine Frage der Gewohnheit; oft wird es den Gästen überlassen, sich selbst damit zu bedienen. Das Gebäck wird ebenfalls weitergereicht, es sei denn, daß sich eine Tochter des Hauses oder eine Hausgehilfin dieser Aufgabe widmet. Werden Gäste zu verschiedenen Zeiten erwartet, so werden sie mit Tee, Gebäck usw. am besten direkt bedient, damit die Dame des Hauses sich jedem einzelnen Gast widmen kann, wodurch der intime Charakter der Veranstaltung besser gewahrt wird. Englischen Kuchen, Torten und ähnliche Gebäcke legt man am besten auf eine Platte, die mit einem Holzbrettchen versehen worden ist, damit man sie nach Bedarf aufschneiden kann. Röstbrot befindet sich wie beim Frühstück auf einem Ständer und wird von den Gästen selbst mit bereitstehender Butter bestrichen. Werden zum Tee Sandwiches angeboten, so müssen sie sehr klein und zierlich sein; sie werden genau so wie das Gebäck herumgereicht. Es ist zweckmäßig, daß sich auf dem Platze der Hausfrau auch eine Schale befindet, in die sie kaltgewordene Teereste aus den Tassen schütten kann, ehe sie die Tasse mit heißem Tee wieder auffüllt.

DER BRIDGE-TEE

Der geringe Platz, den der übliche Teewagen bietet, zwingt die Dame des Hauses, ihre ganze Geschicklichkeit aufzuwenden, um genügend Raum für die Tassen, Untertassen, Gebäck usw. zu finden. Es ist natürlich am zweckmäßigsten, wenn man eine Hilfe hat, die mit der Teekanne herumgeht, um die Tassen zu füllen, und gleichzeitig Zucker, Rahm usw. anbietet. Unter allen Umständen sollte der Spieltisch freigehalten werden und alles, was man anzubieten gedenkt, auf dem Teewagen oder auf einem Seitentisch Platz finden. Enragierte Spieler werden zwar für Canapés, Sandwiches, Gebäck, Petits Fours, Tee, Whisky, Portwein, Früchtsäfte u.a. weniger Interesse haben, doch wird die Mehrzahl der Gäste diese Aufmerksamkeit zu schätzen wissen. Bridge ist zwar das bekannteste Gesellschaftspiel. Es gibt auch noch andere, moderne Spiele, zu denen man gerne Freunde zu einem formlosen Nachmittag einladen kann.

DER COCKTAIL

Aus einem gepflegten Haushalt, in dem gelegentlich Gäste empfangen werden, ist eine kleine Bar nicht mehr fortzudenken. Es gibt hierfür viele praktische Möbel, darunter auch solche, die innen mit Spiegelglas ausgeschlagen sind und die Vielfalt der Flaschen durch die Spiegelreflexe noch vermehren. Man kann sich aber auch damit begnügen, einen alten Sekretär, einen Wandschrank oder ein anderes schönes Möbel in eine Salonbar umzuwandeln.

Zur Cocktailstunde kann man recht gut auch ein Glas Champagner, Sekt oder einen Whisky anbieten; zwischen guten Freunden wird man es selbst nicht verschmähen, sich an einer sehr guten Flasche trockenen Weißweins zu erfreuen. Die Cocktailstunde ist auch die des Aperitifs.

Cocktailrezepte findet man auf Seiten 51-54. Man bereitet sie im Shaker, doch lassen sie sich besonders gut im elektrischen Mixer herstellen, zumal wenn dazu frische Früchte verwendet werden sollen. Man sollte auch daran denken, daß heute Fruchtsäfte sehr gerne getrunken werden. Unerläßlich zur Cocktailstunde sind Schälchen mit gerösteten Mandeln und Erdnüssen, Kartoffelchips, Oliven und kleinen Käsestangen oder -bissen. Bei besonderen Gelegenheiten kann man erlesene Cocktailbissen servieren, die es in zahlreichen Varietäten gibt und sich mit den Petits Fours vergleichen lassen, mit dem Unterschied, daß sie pikant sind.

DAS DINER

Sofern mittags der Lunch eingenommen wird, serviert man die Hauptmahlzeit, das Diner, abends. Es unterscheidet sich im allgemeinen von der Mittagsmahlzeit nur durch größere Reichhaltigkeit. Hier soll nur das festliche Diner erläutert werden, zu dem Gäste eingeladen sind. Selbst, wenn nur wenige Personen daran teilnehmen, bietet es der Dame des Hauses die Gelegenheit, ihre feinste Damastdecke und das schönste Silber, Porzellan und Kristall hervorzuholen. Bei einer solchen Gelegenheit wird man natürlich auch der Tafeldekoration eine erhöhte Aufmerksamkeit widmen. In Blumen haben wir das schönste, was an Tafelschmuck geboten werden kann. Durch ihre Farben und Frische sind sie eine herrliche Ergänzung der gebotenen kulinarischen Genüsse. Man merke jedoch, daß Blumenschmuck niemals zu hoch sein darf, denn die Gäste wollen sich sehen und unterhalten können. Ein flacher Tafelaufsatz aus Glas, flankiert von silbernen Leuchtern und dazu eventuell noch eine Girlande aus lebenden Blumen ergibt eine höchst effektvolle Tafeldekoration. Nach Möglichkeit sollte die Deckenbeleuchtung ausgeschaltet werden, damit sich der Schimmer der Kerzen im Silber und Kristall reflektieren kann. Im Prinzip ist das Gedeck das gleiche wie für das Mittagessen, nur eleganter. Es besteht aus:

1. dem Platzteller, auf dem die einfach gefaltete Serviette liegt. Wird eine Menükarte aufgelegt, so findet sie rechts vom Gedeck ihren Platz. Die Suppe, einerlei ob auf Tellern oder in Tassen serviert, wird erst aufgetragen, wenn alle Gäste ihren Platz eingenommen haben;
2. dem Tischbesteck, großes Messer und Gabel. Weitere große Bestecke werden, sofern sie benötigt werden, erst hereingebracht, wenn die ersten benutzt worden sind;
3. dem Fischbesteck;
4. dem Suppenlöffel mit der hohlen Seite nach oben. Nur in Frankreich legt man sie meistens umgekehrt;
5. der Austerngabel, dem Spezialbesteck für Hummer, Melone usw., falls eines dieser Gerichte serviert wird;
6. dem großen weiteren Besteck, falls es benötigt wird;
7. dem Dessertbesteck, das seinen Platz zwischen dem Teller und den Gläsern hat. Das Obstbesteck, den Obstteller und die Fingerschale bringt man erst herein, nachdem das Dessert abgeräumt worden ist;

8.-10. dem Brotteller mit Buttermesser, der links vom eigentlichen Gedeck gestellt wird. Anstelle eines Butterschüsselchens kann die Butter auch direkt auf den Brotteller gelegt werden. Ein Salz- und ein Pfefferstreuer gehört ebenfalls auf jeden Platz. Wird ein Salat serviert, so stellt man den Salatteller dorthin, wo sich normalerweise der Brotteller befindet und schiebt diesen etwas weiter nach oben;

11. dem Rotweinglas;
12. einem Weißweinglas;
13. einem Schaumwein-, eventuell auch noch einem Wasserglas.

Selbst bei dem festlichsten Essen sollte man nie mehr als vier Gläser bereitstellen. Sollten mehr Weine serviert werden, so ersetzt man die gebrauchten Gläser durch saubere, dem entsprechenden Wein angepaßte. Eine kleine Tischkarte mit dem Namen des Gastes stellt man stets vor die Gläser, wenn zahlreiche Gäste geladen sind.

Mokka und Liköre werden üblicherweise im Salon serviert, sobald die Gäste das Speisezimmer verlassen haben.

DER WEIHNACHTS- UND SILVESTERTISCH

Seit jeher war das Weihnachtsessen von einem besonderen Nimbus umgeben. Einerlei, ob es sich in der Form eines intimen « tête-à-tête », im Familienkreise oder einer größeren Einladung abspielt, es sollte sich stets durch eine vertraute Feierlichkeit auszeichnen. Traditionsgemäß schmücken Tannenzweige, Stechpalme, Mistelzweige und zartes Grün die Tafel, doch sind auch kleine Engelsfiguren und ähnliches durchaus angebracht. Wichtig ist vor allem die intime Beleuchtung, die stets aus Kerzen bestehen sollte, die diskret durch einen in die Mitte des Tisches gestellten, mit Tannengrün geschmückten Leuchter schimmern. Die Dekoration des Tisches ist aber immer Angelegenheit des persönlichen Geschmackes. Das traditionelle Weihnachtsmenü besteht aus Austern oder Gänseleber, einer Schildkröten- oder anderen feinen Suppe, eventuell Karpfen blau, Truthahn oder Gans, einem Weihnachtsstamm oder Plumpudding. Das ist das Schema. Selbstverständlich sind vielerlei Variationen nicht nur möglich, sondern auch empfehlenswert; man denke nur an die vielerlei regionalen Spezialitäten, durch die das Essen eine persönliche Note gewinnen kann. Am Weihnachtsabend sind nur das schönste Porzellan, die feinsten Gläser und das edelste Silber gut genug. Man kann auch kleine Geschenke unter die Serviette der Gäste stecken, vorausgesetzt, daß sie originell und bescheiden sind.

Für die Silvestertafel kann der Tafelschmuck bunter und lustiger sein, man kann ihn auf die fröhliche und ausgelassene Stimmung abstellen, die meistens in der Neujahrsnacht herrscht. Man muß aber auch hier wissen, wie weit man gehen darf, ohne banal zu wirken.

VOM SERVICE BEI TISCH

In unserem Zeitalter ist die Anzahl der Privathäuser, die eine große Tafel führen, immer geringer geworden. Dennoch gibt es sehr viele Häuser, die auf eine gepflegte Tafel Wert legen, wahrscheinlich sind es weitaus mehr als allgemein angenommen wird. Es erscheint uns daher nützlich, Hinweise über das Service für einen Empfang oder ein großes Festessen zu geben, selbst wenn der große Stil von früher nicht mehr beibehalten werden kann.

Heute wird überall ein flottes Service verlangt. Daher kommen auch die Speisen fertig tranchiert aus der Küche und nur in vornehmen Restaurants ist es üblich, daß sie zuerst dem Gast präsentiert und dann an einem Seitentisch zerlegt werden. Auf Seite 743 wird das Tranchieren und Zubereiten vor dem Gast anhand von Bildern gezeigt.

In Privathäusern von Bedeutung und bei einem festlichen Essen reicht der Haushofmeister in weißen Handschuhen die Speisen zuerst der Dame, die rechts vom Hausherrn sitzt, um mit der Dame des Hauses zu beenden. Ein zweiter Diener oder ein Mädchen fängt inzwischen bei dem männlichen Gast, der links von der Dame des Hauses sitzt, an und bedient zuletzt den Hausherrn. Wird zu einem Gericht die Sauce gesondert gereicht, so ist es zu empfehlen, daß sich eine zweite Bedienung dieser Aufgabe unterzieht. Oft wird es sich jedoch nicht vermeiden lassen, daß die gleiche Person, die das Gericht mit der linken Hand anbietet, die Sauce in der rechten trägt und nach einer leichten Wendung dem Gast die Sauce hinhält. Sofern kein weiterer Diener zur Verfügung steht, schenkt der Haushofmeister sogleich nach dem Servieren der Speisen den Wein ein. Speisen werden stets links vom Gast angeboten, Getränke von rechts eingeschenkt.

Sobald alle Gäste mit dem Essen fertig sind, werden die gebrauchten Teller und Bestecke abgeräumt und durch saubere, heiße Teller ersetzt, es sei denn, daß es sich beim nächsten Gang um eine kalte Platte handelt. Es ist ratsam, die tranchierten Speisen auf sehr heißen Platten anzurichten und vor dem Servieren noch einen Moment in den heißen Ofen zu stellen. Beim Herausnehmen ist die untere Seite der Platten sorgfältig abzuwischen, damit sich die Bedienung nicht Handschuhe und Serviette beschmutzt. Ist die Entfernung zwischen Küche und Speisesaal groß, so deckt man die Platte mit einer Cloche zu; die Cloche wird erst kurz vor dem Eintritt in das Speisezimmer entfernt. Eine Ausnahme bilden panierte und in der Fritüre gebackene Gerichte, die knusperig serviert werden müssen, da der heiße Dampf, der sich unter der Cloche bildet, sie aufweichen würde.

Meistens bietet man zwei Arten von Käse an, einen weichen und einen harten oder halbharten, z. B. Camembert und Emmentaler oder Brie und Holländer. In der letzten Zeit ist man immer mehr dazu übergegangen, eine Platte mit einer Auswahl von fünf bis acht verschiedenen Käsen anzubieten. Zum Käse stellt man für jeden Gast einen Mittelteller und ein Käsemesser hin. Süßspeisen werden in der Regel erst präsentiert und dann von der Bedienung vorgelegt.

Nach dem Käse werden Teller und Bestecke abgeräumt und das Tischtuch wird mit einem kleinen Handfeger rechts vom Gast gesäubert, danach stellt man Fingerschalen mit lauwarmem, parfümiertem Wasser oder Wasser mit Zitronenscheiben hin. Schalen mit Petits Fours usw. serviert man nur bei zeremoniellen Diners; bei intimen Essen stehen sie auf dem Tisch und jeder Gast bedient sich selbst, nachdem er hierzu von der Dame des Hauses aufgefordert wurde.

Sobald das Diner beendet ist, gibt die Dame des Hauses das Zeichen zum Aufheben der Tafel und man begibt sich in den Salon. Hat das Essen einen zeremoniellen Charakter, dann bieten die Herren den Damen ihren Arm, um sie zu führen.

Offizielle oder zeremonielle Mahlzeiten finden spätestens um 23 Uhr ihren Abschluß, nur bei intimen Diners dehnt sich der Abend noch länger aus. In diesem Falle bietet man den Gästen im Verlauf des Abends noch Erfrischungen wie Limonade, Orangeade, Schaumwein usw. an; man sollte auch für einen kleinen Imbiß in Form von Canapés oder Sandwiches sorgen.

Sobald die Gäste Anzeichen zum Aufbruch machen, muß sich die Bedienung in der Nähe der Garderobe aufhalten, um beim Anziehen behilflich zu sein. Es ist selbstverständlich, daß ein Hausmädchen so lange aufbleibt, bis sich der letzte Gast verabschiedet hat, denn es kann vorkommen, daß ein Gast noch einen Knopf anzunähen oder einen anderen Wunsch hat.

Wie am Anfang dieses Kapitels betont wurde, kann man reizende Empfänge ohne großen Personalaufwand geben, wenn alles so vorbereitet worden ist, daß die Hausfrau sich nicht andauernd entfernen muß. Es ist besser, ein kaltes Büffet zu geben, an dem sich jeder nach Belieben bedienen kann und die Gastgeber sich wirklich ihren Freunden widmen können, als ein so schreckliches Diner, bei dem die Hausfrau alle Minuten aufstehen muß, um etwas zu holen. Jeder fühlt sich dann verpflichtet, ihr zu helfen, um letzten Endes ihr doch alles allein zu überlassen. Unsere Gäste sollen sich bei uns wohlfühlen. Das können sie aber nur, wenn sie nicht den Eindruck gewinnen, daß man sich ihretwegen überstürzt.

▲ Frühstückstisch

Familientafel ▼

▲ Liebe Gäste werden erwartet

Die elegante Tafel im Restaurant ▼

DAS MENÜ

Das grosse, klassische Menü, bestehend aus zehn bis zwölf Gängen, gehört der Vergangenheit an. Selbst eine Speisenfolge von sieben Gängen wird man heute nicht allzuoft mehr antreffen. Wenn aber die große klassische Speisenfolge auch durch die veränderten gesellschaftlichen Gepflogenheiten und unsere völlig anders geartete Lebensweise zum Fortfall gekommen ist, so hat sie dennoch den Aufbau unserer heutigen Speisekarten und Speisenfolgen maßgebend beeinflußt.

Im Prinzip sah der Aufbau der großen, klassischen Speisenfolge für ein Festessen etwa so aus:

SUPPE: Meistens eine klare und eine gebundene zur Auswahl.

WARME VORSPEISE: Sie ist heute bei einem Festessen kaum mehr üblich.

KALTE VORSPEISE: Früher war sie üblich, heute serviert man sie im allgemeinen nur noch zum Mittagessen.

FISCHGERICHT: Je nach den anderen Gerichten, ein pochierter oder gebackener Fisch.

HAUPTGERICHT (Relevé): In der Hauptsache wurde hier ein etwas substantielleres Gericht von Fleisch, Geflügel oder Wild, aber auch ein kleines, garniertes Gericht serviert.

ENTRÉE: Die Zahl der Gerichte, die als Entrée serviert werden, ist groß. In der Hauptsache handelt es sich aber stets um ein sauciertes Gericht.

BRATEN: Mit Vorliebe servierte man hier Geflügel oder Wildgerichte mit einem grünen Salat, den man jedoch auch als Extragang anbot.

SORBET: Es war früher üblich, nach dem Braten einen Sorbet anzubieten, um die Zunge zu erfrischen und für die weiteren Genüsse vorzubereiten.

KALTES ZWISCHENGERICHT: Der Platz des Zwischengerichtes ist umstritten. Es wurde oft vor dem Braten angeboten, der dann nach dem Sorbet serviert worden ist. Es konnte aus einem kalten Geflügelgericht, aber auch aus einem Aufbau von Langusten, Hummern, einem Schaumbrot oder ähnlichem bestehen.

GEMÜSEGANG: Dieser wurde im allgemeinen nach dem Braten aufgetischt. Er bestand stets aus einem Feingemüse.

ENTREMETS: Hierunter verstand man nicht nur Süßspeisen und Eis, sondern auch Gemüse und Käse. Im allgemeinen servierte man aber zu Anfang unseres Jahrhunderts nur noch eine warme Süßspeise und ein Eis.

DESSERT, OBST: Sie bilden den Abschluß eines jeden festlichen Menüs.

◄ Jagdtafel

Das liest sich recht einfach, war aber komplizierter, als man annehmen könnte, denn in Wirklichkeit gab es keine allzu feste Regeln für den Aufbau der Speisenfolge. Was man zu Anfang des 19. Jahrhunderts unter einem einfachen Diner verstand, geht aus einem Menü hervor, das von Carême in seinem Werk « Le maître d'hôtel français » angeführt wird. Es setzte sich zusammen aus 2 Suppen, 2 Hauptgerichten, 2 Mittelgerichten, 20 Zwischengerichten, 4 Braten, 2 großen Entremets, 2 mittleren Entremets und 16 weiteren Entremets, bestehend aus Eiergerichten, Gemüsen und Süßspeisen.

Um die Mitte des 19. Jahrhunderts wurden bereits die ersten radikalen Verkürzungen vorgenommen, wie man aus dem nachstehenden Menü eines Diners am Hofe Kaiser Napoleons III. ersehen kann:

Aux Tuileries, Lundi 1er février 1858

DINER

Potages

Potage printanier
Riz au consommé

Relevés

Turbot, sauces homard et hollandaise
Filet de bœuf à la jardinière
Grenadins mignons de poularde

Entrées

Faisan à la Périgueux
Chaudfroid de perdreaux
Casseroles de riz à la Toulouse
Pâtés de foie gras de Strasbourg

Rôts

Chevreuil
Bécasses
Canetons de Rouen

Entremets

Asperges en branches
Haricots verts

Gâteau mille-feuilles Pompadour
Gelée d'oranges et mandarines
Timbale à la Chateaubriand
Corbeille d'abricots au riz

*

Zu Beginn des 20. Jahrhunderts fing man an, die Anzahl der Gerichte noch weiter zu verringern. Nunmehr sah selbst ein großes, festliches Bankett ungefähr so aus:

Suppe
Fischgericht
Zwischengericht oder Entrée
Braten, meistens mit Salat
Gemüsegericht
Süßspeise, kalt oder warm, danach mitunter noch Eis
Dessert

Nach dem Gemüsegericht wurde meistens noch ein kaltes Zwischengericht angeboten. Bei sehr feinen Diners servierte man vor der Suppe noch eine Vorspeise, wie Kaviar, Austern oder Melone.

Die Verkürzung bestand im wesentlichen darin, daß bei jedem Gang nur noch ein einziges Gericht serviert wurde. Eine Ausnahme bildeten die Suppen, denn hier bot man meistens eine klare und eine gebundene an.

Noch auffallender wurde die Verkürzung der Speisenfolgen in der zweiten Hälfte des 20. Jahrhunderts. Selbst bei der Hochzeit des Königs der Belgier mit Dona Fabiola de Mora y Aragon am 13. 12. 1960 servierte man nur folgende Gerichte:

Consommé Diane
Homard aux Aromates
Selle de Marcassin Nesselrode
Purée de Marrons
Délice de Foie Gras de Strasbourg
Gelée au Xérès
Parfait Royal

Diese Vereinfachung wurde nunmehr zur Regel, wie man aus den nachstehenden Menüs einiger neuerer Festessen ersehen kann:

Déjeuner 1959 des Disciples d'Antonin Carême

Parfait de Foie Gras
Sole Soufflée Abel Luquet
Selle d'Agneau Antonin Carême
Sorbet au Cointreau
Aiguillettes de Caneton Nantais (froid) à l'Orange
Fromages
Omelette Duc de Praslin

202me Chapitre de la Confrèrie des Chevaliers du Tastevin

ESCRITEAU

Première Assiette

LES GENTILS PORCELETS EN LEUR GELÉE
LE JAMBON PERSILLÉ DIJONAISE
relevés de bonne Moutarde Forte de Dijon
et escortés d'un frais et coulant BOURGOGNE ALIGOTE

Deuxième Assiette

LES QUENELLES DE BROCHET A LA FAGON
humidifiées d'un subtil MEURSAULT-PORUZOT 1959

Entremets

LES TOURTES DE CANETONS DE BARBARIE PÉRIGOURDINE
accompagnées d'un soyeux MERCUREY 1957

Dorure

LES COQUELETS DE BRESSE A LA BOURGUIGNONNE
arrosés d'un robuste POMMARD CLOS DE LA COMMARAINE 1957

Issue de table

LES BONS FROMAGES DE BOURGOGNE
ET LEURS COMPAGNONS D'AILLEURS
rehaussés d'un déifique CHARMES-CHAMBERTIN 1957

Boutehors

LES PRESSOIRS DU CLOS DE VOUGEOT EN NOUGATINE
LES ESCARGOTS EN GLACE AUX GRIOTTES DE LA COTE
LES PANIERS DE FRUITS
LE CAFÉ NOIR ET CHAUD
Le Vieux Marc et la Prunelle de Bourgogne
fort idoines à stimuler vapeurs subtiles du cerveau
Château Clos de Vougeot

Bankett für die Delegierten des XI. Kongresses der « Fédération Mondiale des Sociétés de Cuisiniers », gegeben am 7. 11. 1964 im « Frankfurter Hof » zu Frankfurt am Main von Eugen René Lacroix.

MENU

Madeira *Adegas do Torreao, Funchal*	Le Parfait de Foie Gras Lucullus * Le Consommé Double de Bécasse *
Meursault Charmes 1959, *Patriarche Père et Fils, Beaune*	Les Fruits de Mer en Cassolettes *
Wintricher Ohligberg, Auslese 1961, *Orig.-Abf., Freiherr von Schorlemer*	La Selle de Veau Printanière Les Haricots Verts au Beurre Les Pommes Fondantes Les Salades Variées *
Chassagne Montracher 1955, *Henri Darviot, Beaune*	Le Plateau de Fromages *
Champagne Rosé Olympique 1959 *en Magnums,* *G.-H. Mumm, Reims*	La Charlotte aux Fraises des Bois *
Cognac Courvoisier *Kirsch Schladerer*	Le Moka

Abendessen, gegeben von Königin Elisabeth II. von England zu Ehren des Bundespräsidenten in ihrer Residenz auf dem Petersberg am 19. Mai 1965.

1959er Graacher Himmelreich-Auslese	Helgoländer Hummer Thermidor
1959er Kreuznacher Narrenkappe Spätlese	Ingelheimer Stangenspargel mit Mousselinesauce
Château Rauzan Gassies Margaux 1955	Rehrücken Grand-Veneur, frische grüne Bohnen, Pfifferlinge
1955er Veuve Cliquot	Frischer indischer Mango Romanow

Aus allen diesen Menüs kann man ersehen, daß die Tendenz der Zeit selbst bei großen Banketts zur Vereinfachung und Verkürzung neigt, der Aufbau aber im wesentlichen der gleiche geblieben ist. Dennoch haben entscheidende Veränderungen stattgefunden. Ehe wir auf diese Veränderungen eingehen, muß noch auf einen Ausdruck hingewiesen werden, der immer wieder zu Irrtümern geführt hat und noch führt: das Wort Entrée. Hierunter ist keineswegs das erste Gericht im Menü anzusehen, wie es im allgemeinen angenommen wird. In der klassischen Speisenfolge ist es ein Gericht, das unmittelbar hinter dem Relevé (dem Hauptgericht) folgt. Das Relevé hat aber seinen Platz nach dem Fischgericht, sofern ein solches serviert wird. Im Prinzip sollte das Entrée aus einem saucierten Gericht bestehen, doch kann es unter Umständen auch durch ein kaltes Gericht ersetzt werden. Man sieht also, daß die Sache kompliziert ist. Doch wenn ein Prinzip auch unantastbar sein sollte, so muß dennoch berücksichtigt werden, daß auch hier im Sprachgebrauch ein Wandel eingetreten ist. So wird auf französischen Menüs zu einem festgesetzten Preis und wenn mehrere Gerichte zur Auswahl angeboten werden, das erste als Entrée oder Premier bezeichnet.

Die wesentlichsten Veränderungen, die in der Zusammensetzung der Menüs stattgefunden haben, einerlei, ob es sich um die täglichen Speisenfolgen oder die eines Festessens handelt, sind auf die völlig veränderte Lebensweise der heutigen Generation zurückzuführen. Es gibt nur wenige Menschen, die noch viel Zeit für das tägliche Essen aufbringen wollen. Hinzu kommt der Wunsch nach einer leicht verdaulichen Kost, die nicht dick macht und den Anforderungen der modernen Ernährungsphysiologie entspricht; natürlich bildet das Festessen eine Ausnahme. Große Fleischstücke sind bei den Gästen der Restaurants nicht mehr so beliebt wie früher, zumal beim Mittagessen. Heute schätzt man kleine, leicht verdauliche Gerichte: kurz gebratenes Fleisch und Geflügel sowie Grilladen. Die vielen verschiedenen geschmorten Ragouts haben viel von ihrer früheren Beliebtheit eingebüßt. Der Gast verlangt heute für den Alltag ein kleines, leicht verdauliches und wohlschmeckendes Essen, das den Magen nicht zu stark belastet und es ihm ermöglicht, auch nach dem Mittagessen unbeschwert seiner Tätigkeit nachgehen zu können. Für ein solches Mittagessen gibt es zwar keine starre Regeln, doch im allgemeinen könnte es so aussehen:

1. Eine kleine kalte Vorspeise oder ein Eiergericht oder ein leichtes Fischgericht; manche Gäste essen auch mittags gerne eine Suppe.
2. Ein warmes Hauptgericht oder eine Grillade, garniert. An heißen Tagen wird auch gerne eine Platte mit kaltem Fleisch und dazu ein Salat gegessen.
3. Käse und eine kleine Süßspeise, Torte, Eis oder Kompott oder Obst; viele Gäste begnügen sich heute mit Käse und Obst.

Das Abendessen kann schon etwas üppiger gestaltet werden. Doch auch hier wird man feststellen, daß es weitaus bescheidener als früher aussieht. Innerhalb des Menüs wird man selten mehr anbieten als:

1. eine klare oder gebundene Suppe, eventuell eine kleine kalte Vorspeise;
2. ein Fisch- oder warmes Zwischengericht oder ein garniertes Gemüsegericht;
3. einen Braten mit passender Gemüsegarnitur und Salat; wenn das Zwischengericht substantiell war, eventuell ein kleines kaltes Gericht mit Salat;
4. eine warme oder kalte Süßspeise oder Eis, womöglich in Verbindung mit Obst.

Das ist bereits ein verhältnismäßig umfangreiches Abendessen für den Alltag; im allgemeinen wird man sich mit drei Gängen zufriedengeben. Bei festlichen Essen und großen Banketts muß natürlich ein anderer Maßstab angelegt werden. Ehe wir uns diesen zuwenden, soll erst darauf hingewiesen werden, welchen Regeln jede Speisenfolge unterworfen ist, einerlei, ob es sich um die täglichen Mahlzeiten oder um Festessen handelt. Denn ein in jedweder Hinsicht gastronomisch einwandfreies Menü zusammenzustellen ist schwieriger, als es auf den ersten Blick erscheinen mag. Es gibt hier ganz bestimmte Regeln zu berücksichtigen, von denen die wichtigsten genannt sein sollen:

1. Es dürfen innerhalb eines Menüs nicht zwei gleiche Fisch-, Fleisch-, Geflügel- oder Wildgerichte erscheinen. Bei einem längeren Menü ist es jedoch gestattet, ein warmes Fischgericht und ein kaltes Gericht von Krustentieren, Languste, Hummer usw. zu servieren.
2. Man muß in den Farben Abwechslung bringen, d. h. daß man nicht zwei weiße oder braune Saucen hintereinander verwendet. Gibt es einen weiß zubereiteten Fisch, so kann man danach kein weißes Geflügelgericht servieren.
3. Abwechslung bei den einzelnen Bestandteilen und Garnituren. Sind z. B. Champignons, Tomaten oder Artischockenböden Bestandteil des Fischgerichtes, so darf man sie nicht wieder zu einem der nachfolgenden Gerichte oder als Gemüsegang geben. Es ist aber erlaubt, Trüffeln als Dekor für ein kaltes Gericht zu verwenden, selbst dann, wenn sie zuvor Bestandteil eines anderen Gerichtes waren.
4. Abwechslung in der Zubereitungsart. Man serviert nicht einen gekochten oder pochierten Fisch und danach eventuell eine pochierte Poularde. Nur bei sehr langen Diners wäre eine Ausnahme erlaubt, aber auch nur dann, wenn zwischendurch wenigstens zwei andere Gänge serviert worden sind.
5. Dicke, sehr sättigende Suppen serviert man in der kalten, aber nicht in der warmen Jahreszeit. Das gleiche gilt für schwere, fette Gerichte, die dem Winter vorbehalten bleiben müssen.
6. Während der Saison der frischen Gemüse serviert man nach Möglichkeit keine Konserven. Ist die Spargelzeit gerade beendet, so sollte man nicht gleich danach konservierten Spargel anbieten, es sei denn, daß ein Gast ihn ausdrücklich wünscht. Unbeschadet dessen, daß es heute vorzügliche gefrorene Gemüse gibt, sollte man diese Regel beachten.
7. Jedes Menü und auch jede Speisekarte sollte in einer klaren und verständlichen Sprache aufgesetzt werden. Fachausdrücke sind für den Gast in den meisten Fällen unverständlich. Das Vermischen von Ausdrücken aus mehreren Sprachen ist unbedingt zu vermeiden.
8. Jede Speisekarte, einerlei, ob es sich um eine Speisenfolge oder die Tageskarte handelt, muß sauber und einwandfrei im Text sein; sie darf keine orthographischen oder grammatikalischen Fehler enthalten. Eine sauber mit der Hand oder der Maschine geschriebene Karte sieht stets besser als eine hektographierte aus.

Aus alldem kann man ersehen, daß es keineswegs einfach ist, ein einwandfreies Menü aufzusetzen. Hinzu kommt aber noch, daß der Küchenchef nicht nur die Wünsche des Gastgebers, die Art der Veranstaltung, die Jahreszeit und den Preis, sondern noch manches andere berücksichtigen muß. Ein Hochzeitsessen sieht anders aus, als ein Festessen zum Abschluß eines Kongresses von Gelehrten, und ein Jagdessen läßt sich nicht mit einem Bankett für Diplomaten vergleichen. Doch auch bei einem großen Festessen wird man heute selten mehr als 6 Gänge servieren, und zwar:

1. Eine sehr feine Suppe, klar oder gebunden, am besten in Tassen. Man kann zuvor eine feine Vorspeise, sei es Gänseleberparfait, Kaviar, Austern, Melone oder ähnliches anbieten.
2. Ein Fisch- oder Schaltiergericht oder ein leichtes Zwischengericht.

3. Ein garniertes Hauptgericht oder einen Braten. Läßt dieses Gericht nur schwer eine Gemüsegarnitur zu, so serviert man ein feines Gemüse als Extragang. Zum Braten, zumal wenn es sich um Geflügel oder Wildgeflügelhandelt, ist ein grüner oder einfacher kombinierter Salat stets am Platze.
4. Ein kaltes Gericht mit einem kombinierten Salat.
5. Käseplatte.
6. Eine feine kalte oder warme Süßspeise, Eis, auch in Verbindung mit Obst.
7. Obst.

Frischer Salat, reichlich Gemüse und Obst in irgendeiner Form dürfen bei keinem Diner fehlen.

Die Frage, ob man auch bei einem festlichen Essen Käse anbieten soll, ist umstritten. Während viele Feinschmecker ein Diner ohne Käse als unvollständig betrachten, sind andere strikt dagegen. Es sei noch erwähnt, daß es in vielen Ländern Usus ist, den Käse am Schluß der Mahlzeit und nicht vor der Süßspeise zu servieren.

Wie einfachere und luxuriöse Mahlzeiten für alle Gelegenheiten zusammengesetzt werden können, zeigen die nachstehenden Menüs; die einzelnen Rezepte dafür können im Register nachgeschlagen werden:

Frühjahr

Mittagessen

Avocado mit Meeresfrüchten
Lammnüßchen Salvatore
Käse
Obstsalat

Abendessen

Kraftbrühe mit Parmesanstangen
Stangenspargel mit drei Saucen
Rehrücken auf deutsche Art
Chicoréesalat
Russische Charlotte

Sommer

Mittagessen

Kleine Vorspeisen auf Tellern
Hirschsteak Madame Lacroix
Kopfsalatherzen
Käse
Erdbeeren mit Schlagsahne

Abendessen

Rahmsuppe Ilona
Gratin von Krebsschwänzen
Hahn in Riesling
Beatrice-Salat
Himbeer-Eisauflauf

Herbst

Mittagessen

Verlorene Eier Masséna
Gepökelte Rinderbrust auf flämische Art
Käse
Creme auf Winzerinart

Abendessen

Kraftbrühe auf Madrider Art
Lyoner Hechtklößchen
Fasan Vallée d'Auge
Mercedes-Salat
Birne Kardinal

Winter

Mittagessen

Artischocken auf griechische Art
Kalbsmilchschnitzel Jérôme
Käse
Windbeutelchen mit Schokoladensauce

Abendessen

Hummer-Cocktail
Königinsuppe
Hasenrücken auf Schäferart
Simona-Salat
Eisbombe Diana

Hochzeitsessen

Feine Vorspeisensalate
Rahmsuppe Duquinha
Lachsforelle Doria
Perlhuhnbrüstchen mit Lychées
Palmenherzchen auf Mailänder Art
Mandelauflauf mit Portweinschaum

Diplomaten-Diner

Schildkrötensuppe mit altem Sherry
Seezungenfilets Atelier
Lammrücken Richelieu
Kopfsalatherzen mit Sellerie
Entenbrust in Gelee mit Orangen
Othello-Savarin

Festessen nach einem Kongreß

Melonen-Cocktail
Kraftbrühe auf Teufelsart
Rotbarben auf Nizzaer Art
Gebratene Poularde
Erbsen auf französische Art
Kressesalat mit roten Rüben
Kirschwasser-Parfait
Feines Gebäck

Weihnachtsdiner

Hummermedaillon Windsor
Fasanenkraftbrühe
Seezungenfilets Nabuchu
Truthahnbrust Tamerlan
Marie-Luise-Kartoffeln
Endiviensalat mit Tomaten
Eisbiskuit Noël
Feines Gebäck

DAS KALTE BÜFETT

Es gibt nirgends eine bessere Möglichkeit, die Vielseitigkeit seines Könnens und seinen guten Geschmack zu beweisen, als bei einem kalten Büfett. Je nach Art und Wichtigkeit der Veranstaltung, dem Rang und dem Geschmack der Gäste kann das Büfett aus relativ einfachen Gerichten, aber auch aus kulinarischen Meisterwerken in den leuchtendsten Farben bestehen.

Unter der Voraussetzung, daß man über geschultes Personal verfügt, kann man ein kaltes Büfett natürlich auch im Hause selbst herstellen lassen. Im allgemeinen wird man jedoch eine Stadtküche mit dieser Aufgabe beauftragen oder seine Gäste in ein Hotel einladen, das für solche Zwecke besonders geeignet erscheint.

Das kalte Büfett wird meistens auf einer langen, nicht zu hohen Tafel aufgebaut, die mit einem feinen, schneeweißen Tischtuch zu bedecken ist, das an allen Seiten fast bis an den Boden reicht. Die Dekoration ist von höchster Wichtigkeit. Der Blumenschmuck soll mit den Farben der Platten harmonieren, abends geben Kerzen in silbernen Leuchtern der Veranstaltung einen besonderen Glanz.

Jedes Büfett muß so aufgebaut sein, daß alle Gäste schnell und bequem bedient werden können. Je nach ihrer Anzahl ist für eine ausreichende Menge von Tellern, Bestecken, Gläsern und Servietten zu sorgen und auch Brot, Brötchen, Butter usw. muß bereit stehen. Während es im allgemeinen üblich ist, daß sich die Gäste bei einem Cocktail-, Dänischen oder einfacheren Büfett selbst bedienen, muß bei einem Prunkbüfett für ausreichendes Servierpersonal gesorgt werden. Ist kein besonderes Getränkebüfett vorgesehen, so sind die Getränke vom Personal auf Tabletten herumzureichen. Diese Art des Services hat sich bei einer grösseren Anzahl von Gästen als besonders praktisch erwiesen.

Vorschläge für Büfetts bei verschiedenen Gelegenheiten:

DAS COCKTAIL-BÜFETT

Je raffinierter und abwechslungsreicher das Büfett zusammengestellt wird, desto mehr wird es von den Gästen geschätzt. Die Platten, auf denen die einzelnen Leckerbissen angerichtet werden, dürfen nicht zu groß sein, damit das Servierpersonal beim Herumreichen die Gäste nicht stört. Wir schlagen folgendes vor:

Blätterteiggebäck, wie Sardellenstengel, Käsestengel, Kümmelstengel.

Canapés von Räucheraal mit Salzgurken garniert.

Kleine Tatarbrötchen.

Canapés von Bündnerfleisch mit gefüllten Oliven, Schinkencanapés mit Gewürzgurke, Käsewürfelchen in Kümmel gewendet und mit Eiweiß garniert.

Blätterteigschiffchen gefüllt mit Geflügelsalat und mit Trüffel garniert, Weißbrotschnittchen mit Gervaiscreme, Pumpernickelcanapés mit Tomaten und Emmentaler mit Paprika bestäubt, Apfelscheibchen, angedünstet, mit Speck umwickelt und gegrillt.

Canapés von Garnelen mit frischer Butter, Tütchen von Bündnerfleisch mit Gervaiscreme gefüllt, Canapés von hartgekochtem Ei mit Kaviar.

Pampelmusen-Igel, besteckt mit schwarzen Oliven, Radieschen, Salzgurkenscheibchen, Käsewürfel mit Paprika bepudert; der Igel mit Blätterteiggebäck umlegt.

Pampelmusen-Igel besteckt mit Salamischeibchen, Perlzwiebeln, Stückchen von Paprikaschoten, Salz- und Pfeffergurkenscheibchen, Käsewürfel mit Paprika bepudert; der Igel mit Blätterteiggebäck umlegt.

Weiß- oder Rotkraut-Igel, besteckt mit kleinen Scampischwänzchen, schwarzen Oliven, gefüllten Königinoliven, kleinen Sellerie- und Artischockenherzen; der Igel mit winzigen Bratwürstchen und Blätterteiggebäck umlegt.

Scheiben von frischen Gurken mit Lachs belegt, Pumpernickel abwechselnd mit Käsecreme und Tomatenscheiben geschichtet und in Würfel geschnitten, Canapés von Knäckebrot mit Lachspüree bestrichen und mit Gervais abgedeckt.

Blätterteigschiffchen gefüllt mit Hummersalat, mit Trüffelscheibchen belegt, Creme von Butter, Gorgonzola und Schweizer Käse, vermischt mit winzigen Pumpernickelwürfeln und in Papierkästchen gefüllt, Canapés von Vollkornbrot mit ausgestochener Käsescheibe belegt und mit roter Paprikaschote dekoriert.

Gebutterte Canapés mit Tomatenscheiben belegt und mit kleinem Artischockenherz besteckt, Pumpernickeltrüffeln, Salzmandeln.

Getränke : alle Cocktails, Aperitifs, Weißwein, Schaumwein, Fruchtsäfte, Tomatensaft.

DAS DÄNISCHE BÜFETT

Wie aus dem Namen zu ersehen ist, stammt dieses Büfett aus Dänemark, ist aber auch in den anderen nordischen Ländern sehr geschätzt und wird auch bei uns immer beliebter. Für einen Empfang auf dem Lande ist diese Art von Büfett geradezu ideal. Die einzelnen Gerichte können auf Steingut angerichtet und auf Tafeln, mit bunten Tischtüchern mit bäuerlichen Motiven bedeckt, aufgestellt werden. Zur Auswahl kommen:

Kalter Schweinebraten in Scheiben, garniert mit Salzgurken, Salatherzchen und Tomatenscheiben.

Scheiben von kalter Pökelzunge mit Salatherzen garniert.

Scheiben von kaltem Roastbeef mit frischen Gurken garniert.

Scheiben von gekochtem Schinken mit frischen Gurken garniert.

Dänischer Kaviar mit gehackten Zwiebeln, Petersilie und Radieschen.

Salat von hartgekochten Eiern in Mayonnaise, garniert mit Tomaten, Spargelköpfen und Salatblättchen.

Garnelensalat in Cocktailsauce auf weißen Salatblättern.

Julienne von Pökelzunge und roter Beete, mit Mayonnaise gebunden, garniert mit Scheiben von Tomaten und grünen Paprikaschoten.

Spargelsalat in Rahmmayonnaise.

Salat von Fisch und Meeresfrüchten, gebunden mit Ketchupmayonnaise, garniert.

Hartgekochte, geviertelte Eier mit marinierten Tomatenscheiben und Petersilie.

Marinierte Spargelköpfe.

Räucherlachstüten mit Spargelköpfen, Petersilie.

Kleine Tatar-Beefsteaks auf Salatblättern, dazu rohes Eigelb und Salz nebenbei.

Kalte Schweinefilets mit Orangenfilets garniert.

Dänische Leberpastete in Gelee, garniert mit Salatblättern und Scheibchen gerösteten Specks.

Heringsalat Gripsholm (Räucherhering, gewürfelte Äpfel und Salzheringe, Mayonnaise mit Crème double und geriebenem Meerrettich).

Marinierte Sardinen mit Tomatenketchup.

Tibitsheringe in Dosen.

Salat von Heringen, Gurken und Gemüsen, süßsauer bereitet.

Matjesheringe mit Zwiebelringen.

Geräucherte Muscheln in Mayonnaise.

Salzheringe mit Pfeffer- und Gewürzgurken garniert.

Holzbrett mit Scheiben von Vollkorn-, Schwarz- und Weißbrot, dazu frische Butter.

Eingelegte Perlzwiebeln, schwarze Oliven, Radieschen, Pfeffergurken und Essiggemüse (Pickles).

Getränke : bei einem Empfang in einem Landhaus zuerst einen Aperitif, im Sommer einen Bellini-Cocktail servieren. Zum Büfett selbst Weißwein, Rosé, Landwein, dänisches oder anderes Bier, Fruchtsäfte und Limonaden anbieten.

DAS PRUNKBÜFETT

IM EIGENEN HEIM

Anregungen und Rezepte für einfachere Gerichte findet man in den Kapiteln über kalte Vorspeisen, kalte Eierspeisen und zusammengesetzte Salate. Mit einigem Geschick, Geschmack und Erfahrung lassen sich sehr schöne kalte Platten aller Arten bereiten, die selbst verwöhnte Gäste zufriedenstellen werden. Als Nachtisch wählt man am besten Obstsalat, kalten Sabayon in Sektschalen, Charlotten, Savarins, Eisbecher und Parfaits. Man sollte auch kleines, feines Gebäck nicht vergessen.

▲ Schauplatte von Geflügel und Pasteten, S. 469

Truthahnbrust Champs-Elysées, S. 471 ▼

▲ Languste Estoril, S. 330

▲ Kalte Lachsschnitten Ludwig XVI., S. 315

Teilansicht eines Prunkbüffets ▼

▲ Rehrücken auf großherzogliche Art, S. 507

Orangen Riviera, S. 635 ▼

Sind mehr als 10 Personen geladen, so muß für ein doppeltes Service gesorgt werden, d. h. von jedem Gericht müssen zwei Platten hergestellt werden.

Die Getränke wählt man je nach der Art des Gebotenen und der Tageszeit: mittags Vermouth, Sherry, Bellini-Cocktail, Weißwein, Rosé, Schaumwein; abends alle Aperitive, Cocktails, Weine, Fruchtsäfte und Limonaden.

IM HOTEL

Ein Prunkbüfett in einem Hotel ersten Ranges ist immer etwas Aufsehenerregendes. (Siehe Bilder auf Seiten 41-44.)

Um ein heilloses Durcheinander zu vermeiden, ist es zweckmäßig, wenn der Küchenchef und einige seiner Köche oder der Oberkellner hinter dem Büfett stehen, um die Gäste zu bedienen. Ihre Anzahl hängt von der Zahl der Gäste ab, die ihre Wahl selbst treffen. Es darf dabei nicht vorkommen, daß verschiedenartige Speisen, z. B. Fisch und Geflügel, Hummer und Wild auf einen Teller gereicht werden. Wenn ein Gast mehrere Speisen wünscht, so werden sie von ihm nacheinander am Büfett geholt, wozu selbstverständlich jedesmal ein sauberer Teller erforderlich ist. Eine Kraftbrühe kann je nach der Jahreszeit heiß oder kalt angeboten werden. Ist nur eine einzige Süßspeise vorgesehen (z. B. Orange Riviera, Seite 44), so wird sie den Gästen portionsweise serviert.

Die Getränke füllt man in die jeweils passenden Gläser, stellt sie auf eine Silberplatte und läßt sie von einem Chef de rang herumreichen. Wird an kleinen Tischchen gespeist, gießen der Oberkellner und seine Chefs de rang den Wein den einzelnen Gästen nach Wunsch ein. Bei einem Prunkbüfett ist es nicht üblich, Bier zu servieren, es sei denn, daß es von einem Gast gewünscht wird.

DIE APERITIFS

Es ist eine alte Gewohnheit, vor dem Essen etwas zu trinken, um den Magen für die Speisen vorzubereiten. Die dafür geeigneten Getränke werden im allgemeinen als Aperitif bezeichnet. In des Sinnes ureigener Bedeutung, sind es jedoch keine appetitanregenden, sondern vorbereitende Getränke.

Zu den Aperitifs gehören nicht nur Spirituosen, die appetitanregende Bestandteile enthalten, hierzu zählen vor allem Bittere, Südweine und bestimmte andere Weine, die zum Teil Zusätze von bestimmten anregenden Pflanzenstoffen aufweisen.

Zu den wichtigsten Aperitifs gehören:

APERITIFWEINE

An die Spitze dieser Gruppe können die *Champagnerweine* Frankreichs gestellt werden, die als Naturweine mit ihrer frischen und schäumenden Leichtigkeit Appetit und Magensäfte anregen.

Im Weinbaugebiet von Bordeaux trinkt man gern als Aperitif die schweren, gehaltvollen *Sauternes-* oder *Barsacweine*, im Burgundischen den *Vin blanc Cassis*, eine Mischung aus leichtem, trockenem weißem Wein und etwas schwarzem Johannisbeerlikör — ebenso wie im Loiregebiet.

Frankreich verfügt auch sonst über eine Reihe vorzüglicher natürlicher Süßweine: so die schweren süßen roten *Banyuls* und *Maurys.*

Von den Likörweinen, die aus den berühmten Muskatreben « Muscat doré de Frontignan » erzeugt werden, seien aufgeführt: 1. der *Muscat de Beaune de Venise*, 2. der *Pineau des Charentes*, 3. der *Muscat de Frontignan*, 4. der *Muscat de Lunel.*

Auch Italien liefert feurige und süße Muskatweine, die aus den Rebsorten Moscato, Malvasia und Aliatico stammen und vor allem auf Sizilien erzeugt werden: *Moscato di Syracusa*, *Cardillo rosso*, der *Vino Marena* oder *Amarena*, ein süßer aromatischer Kräuterwein, dessen Most während der Gärung mit den Blättern des Sauerkirschbaumes bzw. mit denen des Mandelbaumes versetzt wird, die goldgelben delikaten *Mamertinoweine* von Messina, der feine, weiche, würzige und typische *Muskateller Zucco* aus der Provinz Palermo, die *Marsalaweine*, die oft mit den Madeiraweinen verglichen werden, und von den Liparischen Inseln Stromboli und Salina der feurige *Malvasier di Lipari.*

Die *Marsalaweine*, als eine der typischsten Weingruppen Italiens, werden aus Mischungen verschiedener weißer Grundweine hergestellt, die darüber hinaus Zusätze von eingedicktem Most, gealtertem Most und Alkohol erhalten. Nach mehrjähriger Lagerung entwickelt sich der aromatische, feine und samtartige Geschmack. Vier Haupttypen werden unterschieden:

1. der *Marsala fini* mit 17 Vol.%,
2. der *Marsala S.O.M.* (Superior old Marsala) secco (trocken) 18 Vol.%,
3. der *Marsala S.O.M.* (Superior old Marsala) dolce (süß), 18 Vol.%,
4. der *Marsala Virgine*, der keinerlei Zusatz an Most enthalten darf und der 18 Vol.% aus eigener Gärung aufweisen muß.

Aus *Griechenland* kommen an bekannten Dessertweinen der *Vino santo* von der Insel Santorin, der an Tokayerwein erinnert, *Muskatellerweine* von Patras, von der Insel Cephalonia und Samos.

Die Samosweine weisen die typischen Eigenschaften der Muskatellertraube unverwechselbar auf. Während der Gärung der Moste wird — zur Erhaltung des feinen und typischen Traubenbuketts — Alkohol zugesetzt, so daß die Gärung sofort unterbrochen wird. Infolgedessen verfügen die Samosweine über einen beträchtlichen eigenen Zuckergehalt, der durch die unterbrochene Gärung vorhandene, relativ geringe Alkoholgehalt wird durch Zusatz von fremdem Alkohol im Verlauf einer mehrjährigen Faßlagerung wesentlich erhöht.

Aus *Spanien* haben sich vor allem die *Malagaweine, Tarragonaweine* und *Sherryweine* Weltruf erworben.

Von den *Malagaweinen* gibt es verschiedene Sorten, die aus den Rebsorten Pedro-Ximenes, Moscatel, Mantua u.a. erzeugt werden. Der halbsüße, sehr aromareiche, dunkelgoldene Malaga wird erhalten, indem Most eingedampft, sodann mit gewöhnlichem Most versetzt und vergoren wird. Der goldgelbe, süße Malaga wird hergestellt, indem die Beeren unmittelbar an der Sonne getrocknet, eingemaischt und vergoren werden. Während eines mehrjährigen Ausbaus, in dessen Verlauf mehrmals Weinalkohol dem reifenden Wein zugesetzt wird, erreichen die Weine ihre Fülle und Weinigkeit.

Die dunkelfarbigen *Tarragonaweine* sind bekannt durch ihre große natürliche Süße und ihr ausgesprochen würziges Bukett, das sie manchen anderen Süßweinen Südeuropas gegenüber aufweisen.

Die *Sherryweine* aus der Umgebung der südwestspanischen Stadt Jerez de la Frontera haben seinerzeit die Engländer in aller Welt bekannt gemacht, wodurch sich auch allgemein die englische Bezeichnung Sherry an Stelle von Jerez erklärt. Zur Herstellung dienen vor allem die weißen Rebsorten Pedro-Ximenes und Palomino, ferner Muskatellertrauben aus Chipiona und Rota.

Die gelesenen Trauben werden einige Tage an der Sonne getrocknet, anschließend gekeltert und gelangen zur Vergärung in offene ebenerdige Schuppen, die sogenannten Bodegas. Die Limousinholzfässer, die als Lagerbehälter dienen, werden nur zu etwa drei Viertel mit Wein gefüllt, so daß sich nach kurzer Zeit auf der Oberfläche der Weine eine mehr oder weniger dicke gelblichweiße Hefeschicht (flor del vino) bildet, die unter anderem für das Zustandekommen der typischen Geruchs- und Geschmacksstoffe der Sherryweine verantwortlich zu machen ist. Im Verlaufe des jahrelangen natürlichen Ausbaus werden die Weine alle 4-5 Monate mit einem Wein des jeweils voraufgegangenen Jahrgangs vermischt unter peinlicher Schonung der gebildeten Hefedecke. Durch diese laufende Mischung jüngerer Weine mit jeweils älteren Weinen (meist im Verhältnis 4: 1) erhält der Sherry seine Vollreife. Schließlich wird den Sherryweinen auch noch Weinalkohol in Form von Weindestillat zugesetzt, so daß die Weine vor der Abfüllung auf Alkoholstärken von 17-19 Vol.% kommen.

Die *Sherry finos* sind herbe bzw. trockene, helle bis bernsteinfarbene Weine, während die *Sherry manzanilla* goldgelbe, ausgezeichnet feinwürzige Getränke darstellen, die als Aperitifweine große Berühmtheit haben.

Die *Sherry oloroso* sind süß, schwer, vollmundig und dunkelbraun, während die *Sherry amontillado* und *morile* mittelherbe, körperreiche und sehr aromatische goldgelbe Getränke darstellen.

Der *Pajarete* ist goldgelb und süß und wird häufig verglichen mit den goldgelben Malagaweinen, während die sogenannten Rayaweine eine Gruppe von Getränken darstellen, die im allgemeinen von geringerer Qualität sind.

Der Handel unterscheidet: *Brown Sherry* (brauner Sherry), *Sherry Doré* (goldgelber Sherry), *Sherry Light Golden* (hellgoldener Sherry), *Sherry Pale* (heller Sherry), *Sherry Sec* (trockener Sherry), *Sherry Dry* (mitteltrockener Sherry).

Die Weine *Portugals* sind vor allem durch zwei weltbekannte Herkunftsbezeichnungen vertreten: *Portweine* und *Madeiraweine.*

Die Portweine sind nicht nur typische Dessertweine, vielmehr genießen sie als Aperitif und auch als Krankenweine hohe Wertschätzung.

Folgende Portweintypen werden unterschieden:

Douro Port, fine light tawny (feiner, hellohfarbener Portwein),
Douro Port, very particular old dry (ganz besonders alter, trockener Portwein),
Douro Port, old light (alter heller Portwein),
Douro Port, superior old pale (S.O.P.) = (Vorzüglicher alter, heller Portwein).

Für die Portweine liegt der Mindestalkoholgehalt bei 16,5 Vol.%; tatsächlich weisen die exportierten Sorten zwischen 18-20 Vol.% Alkohol auf. Die Erhöhung des Alkoholgehaltes wird erzielt durch Zusatz von Alkohol während der Vergärung, um die weitere Gärung zu unterbrechen und die Umwandlung des noch vorhandenen Zuckers in Gärungsalkohol zu verhindern, und auch im Verlaufe des natürlichen Ausbaus der Weine. Der Zusatz von Alkohol richtet sich auch danach, ob ein süßerer oder herberer Wein erzeugt werden soll. — Eine mehrjährige Lagerung schließt sich an. — In England vor allem beliebt sind die sogenannten Vintageweine (Jahrgangsweine), die bereits anderthalb Jahre nach der Erzeugung verladen und nach weiteren 6 Monaten der Lagerung im Ausland in Flaschen gebracht werden. Diese Weine tragen stets Jahrgangsbezeichnungen. Während normalerweise die Portweine im Verlaufe der Ausreifung untereinander vermischt werden, um u.a. einen stets gleichbleibenden Typ liefern zu können, sind die Vintageweine unverschnitten.

Die *Madeiraweine* werden u.a. aus den Rebsorten Malvasier und Muskateller hergestellt. Wie die Portweine, so sind auch die Madeiraweine seit Ende des 15. Jahrhunderts in England geschätzt.

Die Artmerkmale des Madeira sind: hoher Alkoholgehalt (17-20 Vol.%), rassiger Körper und harmonische Säure. Die Moste werden einer offenen Gärung unterworfen und durch Verbringen des Gärgutes in Behälter, die auf 50-60° C erhitzt werden, kommt es zu einer Gärungsunterbrechung. Die oft noch recht zuckerhaltigen Jungweine erhalten dann Zusätze an Weinalkohol und, soweit erforderlich, zur Süßung eingedickten Most. Trotz allem sind die Madeiraweine überwiegend herbe Weine, die nicht nur als Aperitifweine, sondern auch als Weine der Küche eine wichtige Rolle spielen.

Folgende Madeiraweinsorten werden unterschieden:

Madeira sercial, ein trockener, blasser Aperitifwein, der zunächst herb ist, mit zunehmendem Alter jedoch aromatischer wird,

Madeira verdelho, ebenfalls ein recht trockener Wein, bei dem allerdings die Blume besonders vorhanden ist,

Madeira boal, ein süßer Wein, der vollaromatisch und ausgeglichen ist, und

Madeira malmsey, ein kräftiger und süßer, fast likörartiger Wein, der aus der Trockenbeere der Malvasiertraube fabriziert wird.

WERMUTWEINE

Wermutweine werden fast ausschließlich als Aperitif getrunken.

In Italien beheimatet (Vermouth di Torino), hat sich diese Weingruppe heute über fast alle Länder verbreitet und örtliche Getränkeindustrien hervorgebracht.

Wermutweine können aus roten oder aus weißen Weinen durch Wermutisierung der Weine hergestellt werden. Der wertbestimmende Anteil ist das Wermutkraut. Alle anderen in der mit Wein auszuziehenden Kräutermischung vorhandenen Vegetabilien (Chinarinde, Kamille, Muskat, Fenchel, Rhabarberwurzel, Anis, Schafgarbe, Enzianwurzel, Gewürznelken, Pfefferminz usw.) haben eine untergeordnete Bedeutung.

Die Wermutweine Frankreichs dienen überwiegend der Herstellung von Mischgetränken und liegen im Alkoholgehalt um 18 Vol.%. Für den französischen Geschmack ist der Wermut-Cassis, eine Ausmischung von Wermut mit Johannisbeerlikör, typisch.

Die italienischen Wermutweine enthalten mindestens 70 % hervorragender Naturweine. Der berühmte *Vino Vermouth di Torino* wird unter Verwendung von Moscato d'Asti erzeugt. — Der süße Wermut (rot oder weiß) besitzt mindestens 15,5 Vol.% Alkohol und 13 % Zucker; der trockene (meist weiße) Wermut nicht weniger als 18 % Alkohol und nicht mehr als 4 % Zucker.

ANISWEINE

Auch Anisweine als Aperitifs sind in den Mittelmeerländern verbreitet. Erinnert sei nur an den Absinth, dessen Herstellung heute allerdings in einigen Ländern (Schweiz, Frankreich, Bundesrepublik usw.) untersagt ist. Weit verbreitet jedoch sind alkoholische Getränke, die unter Verwendung von Anis und anderen aromatischen Kräutern hergestellt werden. Es sei in diesem Zusammenhang nur an Ricard und Pernod erinnert.

CHINARINDENWEINE (QUINQUINAWEINE)

Diese Gruppe von Weinen wird von mehreren großen französischen Firmen in den Verkehr gebracht. Sie sind als vorzügliche Magenöffner und Appetitanreger weiten Bevölkerungskreisen bekannt. Sie werden hergestellt durch Verwendung würzender Stoffe, unter denen vor allem die Chinarinde als Geschmacksbasis dient: ***Byrrh, Dubonnet*** **usw.**

Schließlich müssen auch noch einige Weine, die unter Verwendung von Auszügen der Enzianwurzel hergestellt werden, Erwähnung finden. Hier sei vor allem auf den französischen Aperitif *Suze* hingewiesen.

Als Aperitifs können auch bestimmte Bittere oder Bitterspirituosen angesprochen werden, z. B. Angostura, Amer, Campari, Fernet-Bitter u.a.

Zu den Amer-Getränken gehören Aperitifs, die deutlich bitter sind, z. B. *Amer Picon*, der einen typischen Orangencharakter aufweist, und *Amaro-Romazotti*. Die Fernet-Getränke sind italienische Spezialitäten. Sie schmecken ausgesprochen bitter, sind verdauungsfördernd und blutreinigend; hierzu zählen *Fernet Branca* und *Fernet Stock*. Besonders geschätzt ist der *Campari*, der in Mailand unter Verwendung der Auszüge aromatischer und bitterer Kräuter sowie Orangenschalen erzeugt wird und seit langem als Aperitif dient.

Der braunrote *Angostura Bitter* ist nicht nur intensiv bitter-aromatisch, er weist auch eine starke Geschmacksfülle auf, die durch die Vielzahl anregender Drogen, darunter Johannisbrot, Enzianwurzel, Chinarinde, Pomeranzen, Angelikawurzel, Galgantwurzel, Angosturarinde, Nelken, Kardamom u.a., bedingt ist. Angostura wird aber in der Hauptsache zum Aromatisieren von Cocktails verwendet.

COCKTAILS

Jeder Gastgeber, aber auch der Betriebsführer, der keinen berufsmäßigen Barmixer zu seinen Angestellten zählt, wird daran interessiert sein, eine Reihe jener Cocktails zu erfahren, die täglich in der Welt serviert werden. Viele der Rezepte sind sehr einfach zu bereiten: ein Vorzug, der sicherlich zu ihrer Beliebtheit beigetragen hat, denn das Komplizierte ist ja nicht immer das Beste.

Doch welcher Art die Rezepte auch sein mögen, selbst bei den einfachsten müssen alle Einzelheiten genau beachtet werden. Die einzige Einschränkung, die man sich gestatten darf, ist, die Mischung je nach dem Wunsche des Gastes süßer oder trockener zu halten.

Grundlage aller Cocktails sind Wermut, alkoholische Getränke, Liköre, Schnäpse und Fruchtsäfte. Um sie zu bereiten, benötigt man einen Schüttelbecher oder ein Mischglas mit Sieb und langem Löffel, außerdem braucht man eine Fruchtpresse und eine Muskatnußreibe. Barmixer und sehr gut ausgestattete Amateure fügen dem noch eine Eispicke, eine Eismühle, eine Spritzflasche und Strohhalme hinzu. Sie ergänzen die Liste der notwendigen Zutaten mit Angostura-Bitter, Orangen-Bitter, rotem Curaçao, englischer Sauce, Tabasco, Gewürznelken, Perlzwiebeln, Kirschen, Oliven und anderem; ein Salz- und ein Pfefferstreuer sind unerläßlich. Ehe man die Zutaten hineingibt, gehört feingestoßenes oder gemahlenes Eis in den Schüttelbecher.

Der Einfachheit halber haben wir alle Cocktails — mit Ausnahme der Sours und Flips, die besondere Mischungen sind —, welcher Art sie auch sein mögen, in alphabetischer Reihenfolge aufgeführt.

ALASKA

In den Schüttelbecher geben:
1/3 Gelben Chartreuse
2/3 Gin
Gut schütteln und im Cocktailglas servieren.

ALEXANDER

In den Schüttelbecher geben:
1 Eßlöffel süße Sahne
1/3 Crème de Cacao
2/3 Cognac
Gut schütteln und in ein doppeltes Cocktailglas gießen.

AMERICANO

In einen Tumbler:
Ein Stückchen Eis
Etwas Sodawasser
Darüber etwas Zitronenschale ausdrücken
1/3 Campari
2/3 italienischen Wermut.

BARBOTAGE

In den Schüttelbecher:
1 Kaffeelöffel Grenadine
Saft einer halben Zitrone
Saft einer halben Orange
Gut schütteln, in ein doppeltes Cocktailglas gießen und mit Schaumwein auffüllen.

BELLINI

In ein Schaumweinglas oder Tumbler:
1/6 frischen Pfirsichsaft
Mit trockenem Schaumwein vollfüllen.
Um frischen Pfirsichsaft herzustellen, vollreife Pfirsiche entkernen und durch ein Spitzsieb drücken, bis nur die Haut übrigbleibt. Man kann sie auch erst enthäuten und entkernen und dann im Mixer pürieren. Den Saft von zwei Zitronen beifügen und in eine Flasche gefüllt im Kühlschrank aufbewahren (hält sich zwei Tage).

BLACK VELVET

In einen Tumbler gleiche Mengen Porter-Bier und Schaumwein langsam zusammengießen.

BLOODY MARY

In einen kleinen Tumbler *:
einige Stückchen Eis
einen Schuß Zitronensaft
zwei Schuß Worcestershire-Sauce
ein Gläschen Wodka
Mit Tomatensaft vollfüllen.

* Kleiner Tumbler 10 cl., normaler Tumbler 20 cl.

BOURBON COLLINS

Wie Tom Collin bereiten, den Gin aber durch Bourbon-Whisky ersetzen.

BOURBON OLD FASHIONED

In einem kleinen Tumbler $^1/_4$ Stück Würfelzucker, mit Angostura getränkt, zerdrücken. Mit gestoßenem Eis füllen, ein Glas Bourbon-Whisky hinzugießen und mit Orangenscheibe, Kirsche oder Zitronenspirale garnieren.

BRANDY EGG NOG

In den Schüttelbecher:
1 Kaffeelöffel Streuzucker
1 Eigelb
1 Gläschen Cognac
und mit Milch vervollständigen
Gut schütteln, in einen Tumbler passieren und mit geriebener Muskatnuß bestäuben.

BRANDY FIZZ

In den Schüttelbecher:
1 Kaffeelöffel Streuzucker
Saft einer halben Zitrone
1 Gläschen Cognac
Gut schütteln, in einen Tumbler füllen und mit Sodawasser aufgießen.

BRANDY OLD FASHIONED

Den Bourbon-Whisky durch Weinbrand ersetzen.

BRONX

In den Schüttelbecher:
2 Schuß Orangensaft
$^1/_6$ trockenen Wermut
$^1/_6$ italienischen Wermut
$^2/_3$ Gin
Gut schütteln und im Cocktailglas servieren.

CARDINAL

In den Schüttelbecher:
$^1/_6$ Campari
$^1/_3$ trockenen Wermut
$^1/_2$ Gin
Schütteln und beim Servieren ein Stückchen Zitronenschale in das Glas geben.

CHAMPAGNER-COCKTAIL

In ein Champagnerglas:
$^1/_4$ Zuckerwürfel
1 Schuß Angostura
1 Schuß Cognac
Mit Schaumwein auffüllen, ein Stückchen Zitronenschale darin auspressen und hineingeben.

CUBA

In einen mit Eis gefüllten Tumbler:
1 Gläschen Bacardi-Rum
Mit Coca-Cola vollgießen und mit einer Zitronenscheibe dekorieren.

DAIQUIRI

In den Schüttelbecher:
1 Kaffeelöffel Rohrzuckersirup
Saft einer halben Zitrone
1 Gläschen weißen Rum
Schütteln und im Cocktailglas servieren.

DAISY-GIN

In den Schüttelbecher:
1 Schuß Grenadine
Saft einer halben Zitrone
1 Maß Gin
Gut schütteln und in ein doppeltes Cocktailglas, mit geschabtem Eis gefüllt gießen.

DUBONNET-COCKTAIL

In das Mischglas:
$^2/_3$ Dubonnet
$^1/_3$ Gin
Im Cocktailglas servieren.

GIN FIZZ

In den Schüttelbecher:
1 Kaffeelöffel Streuzucker
Saft einer halben Zitrone
1 Gläschen Gin
Gut schütteln, in einen Tumbler gießen und mit Sodawasser füllen.

GOLDEN FIZZ

In den Schüttelbecher:
1 Eigelb
1 Kaffeelöffel Streuzucker
Saft einer halben Zitrone
1 Gläschen Gin
Schütteln, in einen Tumbler gießen und Sodawasser hinzufügen.

GRITTI

In den Schüttelbecher:
$^1/_6$ China-Martini
$^1/_3$ Campari
$^1/_2$ trockenen Wermut
Einen guten Schuß Selterwasser und ein Stückchen Zitronenschale hinzufügen.

HONEY MOON

In den Schüttelbecher:
Saft von $1^1/_2$ Zitronen
1 Kaffeelöffel Honig
1 Gläschen Rum
Etwas Eiweiß
Gut schütteln und in ein doppeltes Cocktailglas gießen.

MANHATTAN

In das Mischglas:
Einige Tropfen Angostura
$^1/_5$ italienischen Wermut
$^4/_5$ Bourbon-, Rye- oder schottischen Whisky
Im Cocktailglas mit einer Kirsche servieren.

MARTINI DRY

In das Mischglas:
$^1/_5$ trockenen Wermut
$^4/_5$ Gin
Im Cocktailglas servieren.

NEGRONI

In den Schüttelbecher:
$^1/_3$ Campari
$^1/_3$ Gin
$^1/_3$ roten Wermut
$^1/_2$ Orangenscheibe
Ein Stückchen Zitronenschale beifügen.

ORANGE BLOSSOM

In den Schüttelbecher:
Saft einer halben Orange
ein halbes Glas Gin
Schütteln und in ein doppeltes Cocktailglas gießen.

PARADISE

In den Schüttelbecher:
1 Kaffeelöffel Orangensaft
$^1/_3$ Abricot Brandy
$^2/_3$ Gin
Gut schütteln und im Cocktailglas servieren.

PIMM'S Nr. 1

in einen Tumbler:
1 Maß Pimm's
Ginger Ale oder Limonade aufgießen,
mit 2 Kirschen und einer halben Orangenscheibe garnieren und etwas Zitronenschale darin ausdrücken. Man kann etwas Gurkenschale und einen Zweig frische, grüne Minze beifügen.

PINK LADY

In den Schüttelbecher:
1 Schuß Grenadine
Saft einer halben Zitrone
1 Gläschen Gin
Schütteln und in ein doppeltes Cocktailglas gießen.

RUM FIZZ

In den Schüttelbecher:
1 Kaffeelöffel Streuzucker
Saft einer halben Zitrone
1 Gläschen Rum
Schütteln, in einen Tumbler gießen und mit Sodawasser füllen.

ROSE COCKTAIL

In das Mischglas:
$^2/_3$ trockenen Wermut
$^1/_6$ Kirschwasser
$^1/_6$ Johannisbeersaft
Passieren und im Cocktailglas mit einer Kirsche servieren.

SCOTCH OLD FASHIONED

Wie Bourbon Old Fashioned, aber den Bourbon durch Scotch-Whisky ersetzen.

SIDE CAR

In den Schüttelbecher:
1 Kaffeelöffel Zitronensaft
$^1/_3$ Cointreau
$^2/_3$ Cognac
Schütteln und im Cocktailglas servieren.

TOM COLLINS

In einen Tumbler:
Einige Stückchen Eis
1 Kaffeelöffel Streuzucker
Saft einer halben Zitrone
1 Gläschen Gin
Sodawasser hinzugießen und umrühren.

WHITE LADY

In den Schüttelbecher:
1 Kaffeelöffel Zitronensaft
$^{1}/_{3}$ Cointreau
$^{2}/_{3}$ Gin
Schütteln und im Cocktailglas servieren.

FLIPS

BRANDY FLIP

In den Schüttelbecher:
1 Eigelb
1 Kaffeelöffel Streuzucker
1 Gläschen Weinbrand
Schütteln, in ein doppeltes Cocktailglas füllen und mit geriebener Muskatnuß bestäuben.

PLANTERS PUNSCH

Einen Tumbler mit Eis füllen und hinzufügen:
2 Spritzer Angostura
Saft einer halben Zitrone
1 Maß goldenen Rum
Mit Sodawasser aufgießen, einen Schuß Ananassaft hinzufügen und mit einem kleinen Scheibchen Ananas garnieren.

PORTO FLIP

In den Schüttelbecher:
1 Kaffeelöffel Streuzucker
1 Eigelb
1 Gläschen Portwein
Einige Spritzer Cognac
Schütteln, in ein doppeltes Cocktailglas füllen und mit geriebener Muskatnuß bestäuben.

SHERRY FLIP

In den Schüttelbecher:
1 Kaffeelöffel Streuzucker
1 Eigelb
1 Gläschen Sherry
Einige Spritzer Cognac
Schütteln, in ein doppeltes Cocktailglas füllen und mit geriebener Muskatnuß bestäuben.

SOURS

ARMAGNAC SOUR

In den Schüttelbecher:
1 Kaffeelöffel Streuzucker
Saft einer halben Zitrone
1 Gläschen Armagnac
Schütteln und in ein doppeltes Cocktailglas gießen.

BOURBON SOUR

Den Armagnac durch Bourbon-Whisky ersetzen.

BRANDY SOUR

Den Armagnac durch Weinbrand oder Cognac ersetzen.

GIN SOUR

Den Armagnac durch Gin ersetzen.

RYE SOUR

den Armagnac durch Rye-Whisky ersetzen.

SCOTCH SOUR

In den Schüttler:
1 Kaffeelöffel Streuzucker
Saft einer halben Zitrone
1 Gläschen Scotch-Whisky
Schütteln und in ein doppeltes Cocktailglas gießen.

DER WEIN

ZUM GUTEN ESSEN EINEN GUTEN WEIN

Unbestreitbar gebührt dem Wein der erste Rang unter den Tafelgetränken. Er darf bei keinem guten Essen fehlen. Nicht nur, daß er die Verdauung fördert, er rundet auch den Geschmack der Speisen erst richtig ab, sofern er mit Maß genossen wird. Darüber hinaus wirkt er anregend auf die Absonderung der Magensäfte, wodurch eine bessere Verdauung bewirkt wird. Voraussetzung dafür ist die gute Qualität, daß er sorgfältig gepflegt und serviert wird und mit den Speisen, zu denen er gereicht wird, in Einklang steht. Feine Speisen werden in ihrem Geschmack noch erhöht, wenn sie von einem erlesenen Wein begleitet sind. Da jeder Wein eine besondere Eigenschaft hat, die den Geschmack gewisser Speisen ergänzt, haben sich im Laufe der Zeit gewisse Regeln darüber gebildet, welcher Wein zu einer bestimmten Speise am besten paßt. Schon deswegen ist eine größtmögliche Harmonie zwischen beiden anzustreben.

Im allgemeinen wird man zu leichten Speisen leichte und zu schweren Gerichten entsprechende, gehaltvollere Weine wählen. Dieser Grundsatz steht zwar fest, es ist aber Sache des Geschmackes und der Erfahrung, welcher der vielen Weine gewählt werden soll. Es ist somit nötig, den Charakter der einzelnen Weine zu kennen, um bei der Wahl keinen Mißgriff zu machen.

Daß man Weine nicht kunterbunt durcheinander trinkt, dürfte als selbstverständlich gelten. Es gibt hier einige allgemeine Regeln, die leicht zu behalten sind. So trinkt man den weißen stets vor dem roten Wein, den leichteren vor dem schwereren und den herben vor dem süßen. Bei einem großen Diner verhält sich das zwar etwas anders, obwohl auch hier die allgemeine Regel gilt. Bei der Vielfalt der Weine, die bei festlichen Gelegenheiten geboten werden, kommt es in der Hauptsache auf Abwechslung und Steigerung an, wobei der Wein jedoch stets dem Charakter der jeweiligen Speise angepaßt bleiben muß. Wiederholungen sind tunlich zu vermeiden. Schaumwein, zum Abschluß der Speisenfolge serviert, trägt besonders viel zur guten Verdauung bei, abgesehen davon, daß er die Stimmung fördert. Es sei noch darauf hingewiesen, daß es gewisse Speisen gibt, zu denen kein Wein serviert werden sollte, weil hier Wasser, auch Mineralwasser weitaus besser am Platze ist. Solche Speisen sind z. B. Teigwaren, Gerichte, die mit Vinaigrette serviert werden, und grüne Salate, denn bei diesen zerstört der Essig den Geschmack des Weines.

VON DER TEMPERATUR DES WEINES

Für den Wohlgeschmack des Weines, ist die Temperatur von ausschlaggebender Bedeutung. Beim Temperieren werden oft grobe Fehler begangen. Oft wird der Geschmack des Weißweins durch zu starke Kühlung und der des Rotweins dadurch, daß man ihn zu lange an die Heizung stellt oder sogar in heißes Wasser taucht, abgetötet.

Eine gleichmäßige Temperatur für alle Weine vorzuschreiben, ist nicht möglich; auch hier gilt der Satz, daß alles relativ ist. Ein Rotwein, den man mit 20 Grad serviert, wird in einem Raum, der eine Temperatur von 17 bis 18 Grad aufweist, fast lauwarm und in einem Zimmer, in dem 24 bis 25 Grad herrschen, beinahe kühl schmecken.

Weißweine werden kühl, aber nicht stark geeist getrunken; im allgemeinen genügt Kellertemperatur, also zwischen 10 und 12 Grad. Schaumweine werden mit 7 bis 8 Grad und feine, etwas süßliche Weine, z. B. weißer Bordeaux, aber auch ein spritziger Mosel, zwischen 6 und 8 Grad serviert.

Von Bedeutung ist auch die Art der Kühlung. Bei der Benutzung des Kühlschrankes muß man vorsichtig sein, denn ein zu kalter Wein kann sein Bukett nicht entfalten. Man nimmt ihn daher rechtzeitig aus dem Kühlschrank heraus, damit er nicht zu kalt ist. Soll ein Weißwein, der nicht direkt aus dem Keller kommt, im Weinkübel gekühlt werden, so darf dieser nicht mit Eisstückchen vollgestopft sein, sondern man füllt ihn mit Wasser und gibt einige Eisstücke hinzu. Sobald der Wein kühl genug ist, nimmt man ihn sogleich aus dem Kübel. Bei Schaumweinen läuft man weniger Gefahr, selbst wenn man sie etwas länger im Kühlschrank oder im Weinkübel aufbewahrt.

Rote Landweine, einerlei ob sie deutscher, schweizerischer oder österreichischer Herkunft sind, verlangen eine Temperatur von ungefähr 12 Grad, wobei man einigen, wie Herrschäftler, Rheintaler, Aßmannshäuser und Dürkheimer, ruhig ein bis zwei Grad mehr geben kann. Französische Rotweine, die jung zu trinken sind, wie Beaujolais und die Weine der Loire, serviert man frisch. Kellertemperatur ist jedoch etwas zu kühl, so daß man sie zeitig genug heraufholen sollte, damit sie eine Temperatur von 14 Grad erreichen. Für Schweizer Rotweine ist Zimmertemperatur (16 Grad) im allgemeinen zu hoch.

Französische Rotweine sind mit wenigen Ausnahmen «chambriert» zu servieren. Das heißt, daß man sie frühzeitig genug aus dem Keller holen muß, damit sie die Temperatur des am schwächsten geheizten Raumes annehmen können; dabei soll sich gleichzeitig der Bodensatz sammeln. Rote Burgunder bringt man mit 15 bis 16 Grad zu Tisch, ihr volles Bukett entwickeln sie zwischen 17 bis 19 Grad. Roter Bordeaux wird mit 17 Grad serviert. Sein volles Bukett erreicht er mit 19 bis 21 Grad, doch sollte man sich hüten, ihn bei dieser Temperatur zu servieren.

Ein nicht zu trockener Schaumwein kann während der ganzen Mahlzeit serviert werden, doch erst die richtige Auswahl an Weinen, die mit den Speisen übereinstimmen, verleiht dem Mahl die richtige Würze. Es darf noch darauf hingewiesen werden, daß ein halbtrockener Schaumwein der beste Aperitif ist, den es überhaupt gibt.

Cognac und Armagnac entfalten erst bei Zimmertemperatur ihren vollen Duft und Geschmack, Kirschwasser, Himbeergeist, Mirabelle und ähnliche Spirituosen werden kühl serviert, Wodka, Aquavit und Kornbranntweine schmecken eisgekühlt am besten.

VOM KOSTEN (DEGUSTIEREN) DES WEINES

Wein trinkt man nicht wie Wasser. Man sollte ihn mit der Achtung genießen, welche diesem edlen Geschenk der Natur gebührt. Dem Kosten muß die uneingeschränkte Aufmerksamkeit gewidmet werden. Dabei haben Wasser, Tabak oder Süßigkeiten nichts zu tun. Zuerst wird der Mund mit einem kleinen Stückchen Brot neutralisiert. Dann füllt man das Glas höchstens zu einem Drittel voll, damit der Duft nicht zu schnell entweichen

58 Weinernte in der französischen Schweiz

▲ Dörfliche Weinpresse

Auswahl feiner alter Weine — Restaurant Lucas Carton, Paris ▼

▲ Bacardi-Cocktail

▼ Das erfrischende Bier

Arena-Cocktail ▼

kann. Das Glas wird gegen das Licht gehalten, damit man sich an der Farbe, dem Glanz und der Klarheit erfreuen kann. Erst dann wird das Glas leicht geschwenkt, damit sich das Bukett entfaltet, das man langsam einatmet. Nun trinkt man in ganz kleinen Schlückchen, die man einige Sekunden im Munde hält, wobei der Wein gewissermaßen gekaut wird, um die Süße, die Trockenheit, die Fruchtfülle, den Gehalt, die Frische, Stärke, Kraft, Anmut und Lieblichkeit besser erfassen zu können. Erst dann läßt man den Wein den Gaumen hinabgleiten, wobei das Bukett noch einmal der Zunge entlang gleitet. Nur so kann man die Eigenschaften des Weines einwandfrei feststellen.

VOM SERVIEREN DES WEINES

Jeder Wein muß liebevoll behandelt werden. Zuerst wird die Staniolkapsel der Flasche dicht an der ersten, unter dem Flaschenrand gelegenen Flaschenkante abgeschnitten, und zwar derart, daß noch ein kleiner Streifen haften bleibt. Nun wird die Kapsel entfernt und die Flasche sorgfältig entkorkt. Versiegelte Flaschen sind durch leichtes Anklopfen so weit vom Siegellack zu befreien, daß man sie öffnen kann, ohne Gefahr zu laufen, daß der Wein beim Einschenken mit dem Lack in Berührung kommt. Die Ausgußöffnung der Flasche ist stets mit einer sauberen Serviette auszuwischen, damit Schimmel oder Korkstückchen nicht mit in das Glas gelangen. Im allgemeinen öffnet man Bordeauxflaschen im voraus, weil das Bukett dadurch gewinnt, Burgunder und andere Weine werden erst kurz vor dem Gebrauch entkorkt.

Beim Einschenken wird die Flasche mit der rechten Hand etwas über der Mitte gefaßt, wobei Schaumwein oder solche Weine, die aus dem Eiskübel kommen, mit einer Serviette umwickelt werden, damit keine Wasserspritzer auf die Kleidung der Gäste oder auf den Tisch gelangen. Da die Gläser etwas rechts vom Gedeck stehen, ergibt es sich von selbst, daß man stets von der rechten Seite des Gastes einschenkt. Dabei wird die Flasche in der Richtung des Unterarmes so gehalten, daß sie nicht auf den Rand des Glases zu liegen kommt, doch wiederum nicht so hoch, daß der Wein beim Herausfließen « blubbert ».

Gut gelagerte Rotweine erfordern ein besonders sorgfältiges Einschenken, damit der Bodensatz nicht durch heftige Bewegungen herumgewirbelt wird und den Wein trübt. Am besten werden schwere Rotweine rechtzeitig in einen Flaschenkorb, mit dem Etikett nach oben, gelegt, damit der Bodensatz sich absetzen kann. Wenn solche Weine in einer Kristallkaraffe aufgetragen werden sollen, so sind sie frühzeitig und sorgfältig zu dekantieren, damit der Bodensatz zurückbleibt. Alle feinen Weine älterer Jahrgänge, einerlei ob es sich um rote oder weiße handelt, dürfen nicht unnötig erschüttert werden und erfordern schonende Behandlung. Im allgemeinen werden Weißweingläser nicht mehr als dreiviertelvoll und alte Rotweine nur zweidrittelvoll gefüllt; ganz große Rot- und Weißweine entfalten ihre Feinheiten am besten, wenn das Glas nur eindrittelvoll ist.

DAS WEINGLAS

Die Wahl eines geeigneten Weinglases ist fast so schwer wie die des Weines selbst, denn jedes Glas soll dem Charakter des Weines angepaßt sein. Für Rotwein wird allgemein das Fußglas verwendet. Es soll ballonförmig sein, damit sich das Bukett entfalten kann, oben aber etwas enger, damit sich der Duft nicht zu rasch verflüchtigt. Das Burgunder Glas ist ballonförmiger als das Bordeauxglas, dessen Öffnung nur sehr leicht nach innen gewölbt ist. Gläser für weißen Bordeaux haben die gleiche Form wie die für den roten, sind jedoch oben ganz offen. Für deutsche, schweizerische, österreichische und Elsässer Weißweine ist das hohe Stielglas, der Römer, am beliebtesten. Glas und Fuß sollen farblos sein, denn

Gläser, welche die Farbe des Weines verdecken, werden heute nicht mehr geschätzt. Da jeder Weißwein eine andere Farbe hat, will man sich an dieser erfreuen; sie stellt einen Teil des Weingenusses dar. Die buntfarbigen Kristallrömer, einst der ganze Stolz unserer Großmütter, sind völlig aus der Mode gekommen. Champagnerschalen und Spitzkelche sind heute ebenfalls nicht mehr sonderlich beliebt. Man bevorzugt die « Flûte » oder noch besser die Tulpe, das kelchartige Fußglas, das eine glückliche Verbindung zwischen Schale und Flûte darstellt. Die Form des Süßweinglases hat sich kaum geändert, doch ist die Vielfalt der modernen Weingläser so groß, daß sich für jeden Geschmack etwas Geeignetes finden läßt.

DER WEINKELLER

An einen Weinkeller werden hohe Ansprüche gestellt. Er darf nicht feucht, aber auch nicht zu trocken, und er soll luftig sein, ohne daß dabei Durchzug herrscht; Sonne soll keinen Zutritt haben. Vor allem muß er weitgehend erschütterungsfrei sein, denn der Wein will Ruhe haben und nicht durch den immerwährenden Verkehr von Kraftwagen oder Straßenbahnen gestört werden. Dinge, die nicht in den Weinkeller gehören, wie Obst, Gemüse, Fleisch, Kohlen, Benzin usw., haben dort nichts zu tun, da auch festverkorkte Flaschen fremde Gerüche leicht annehmen. Petroleum- oder Gaslicht verdirbt die Luft; in den Weinkeller gehören nur Kerzen oder elektrisches Licht. Für peinlichste Sauberkeit ist stets zu sorgen.

Die Temperatur des Kellers soll einigermaßen konstant sein und kann zwischen 8 und 12 Grad Celsius schwanken. Starke Temperaturänderungen, hervorgerufen durch Heizungsrohre und anderes, können den Wein nur verderben. Dabei kommt es weniger auf eine Erhöhung von 1 bis 2 Grad durch Wärme als plötzliche große Stürze durch Kälte an.

In jeden Weinkeller, auch den Privatkeller, gehören saubere Regale oder Gestelle, um die Flaschen zu lagern. Daß Flaschenweine liegend, mit dem Etikett nach oben, aufbewahrt werden müssen, braucht wohl kaum erwähnt zu werden, denn wenn der Korken auf diese Weise nicht ständig feucht gehalten wird, schließt er nicht luftdicht ab und der Wein verdirbt. Ein vorbildliches Flaschengestell ist daher so eingerichtet, daß der Hals der Flasche etwas tiefer liegt als der Boden, damit auch bei jahrelanger Lagerung eine vollkommene Umspülung des Korkens verbürgt ist.

Weineinkauf ist Vertrauenssache und man muß in der Wahl seines Lieferanten vorsichtig sein. Der Bezug sollte auch nicht zu jeder beliebigen Zeit erfolgen, sehr kalte oder heiße Tage und Zeiten mit starken Temperaturschwankungen sind zu vermeiden. Man sollte weder zu junge noch zu alte Weine einkaufen, denn nur ein Kenner wird beurteilen können, wie sich die jungen entwickeln und die alten verhalten werden. Es ist ein verhängnisvoller Irrtum, zu glauben, daß alle großen Weine durch Altern unbedingt gewinnen werden. Jedem wirklichen Weinkenner ist es bekannt, daß es selbst bei den edelsten Spitzengewächsen ein « gefährliches Alter » gibt, also einen kritischen Zeitpunkt, der darüber entscheidet, ob der Wein die Höhe seiner Entwicklung erreicht hat und dann an Wert verliert oder noch zu einer weiteren Entwicklung fähig ist.

Nach dreijähriger Flaschenlagerung kann ein guter Rotwein auf den Tisch gebracht werden. Entstammt er einem mittelmäßigen Jahrgang, so dürfte die Lebensdauer höchstens zehn Jahre betragen. Bei besseren Jahrgängen sind zwanzig Jahre schon eine Ausnahme und selbst ganz große Jahrgänge feinster Rotweine, die vierzig Jahre alt werden, dürfen als Seltenheit betrachtet werden.

Ein guter Weißwein kann allgemein bereits ein Jahr nach dem Abzug in Flaschen getrunken werden. Große Weine wurden früher sechs bis acht Jahre im Faß gepflegt, ehe man sie in Flaschen füllte, während heute selbst die erlesensten Spitzengewächse kaum mehr als drei Jahre im Faß lagern. Im allgemeinen kann man einem guten Weißwein eines mittleren Jahrganges sechs bis sieben Jahre zubilligen. Mit seltenen Ausnahmen kommen Mosel-,

Saar- und Ruwerweine über dieses Alter nicht hinaus. Spitzenweine vom Rhein erreichen allerdings oft ein Alter von zwanzig Jahren und mehr, ganz besondere Jahrgänge können noch weitaus älter werden. Überalterte Weißweine wechseln die Farbe von Goldgelb zu sattem Goldbraun und zuletzt zu einem unansehnlichen Mattbraun. Man nennt sie in diesem Zustand « firn ». Für den allgemeinen Geschmack gelten diese überalterten Weine als verdorben. Man lasse sich also nicht von dem sagenhaften Alter angeblicher großer Weine täuschen, die ein Alter von hundert Jahren und mehr erreicht haben und hier und da noch zu finden sein sollen.

Da Wein lebt, wird er durch die Bewegungen beim Transport ermüdet. Man darf daher nicht versäumen, ihm vor dem Konsumieren einige Tage Ruhe zu gönnen, bei alten, edlen Weinen sogar einige Wochen. Selbst wenn man nur eine einzige Flasche beim Händler kauft, sollte man sie erst ein bis zwei Tage ruhen lassen, ehe man sie trinkt. Wein, der aus dem Keller geholt wird und für das Abendessen bestimmt ist, holt man am frühen Morgen herauf, ist er für das Mittagessen vorgesehen, am Abend zuvor.

DIE WEINE DEUTSCHLANDS

Während Frankreich die besten Rotweine der Welt hat, sagt man Deutschland die besten Weißweine nach. Die Bundesrepublik Deutschland ist das nördlichste weinbautreibende Land. Durch die klimatischen Verhältnisse bestehen daher für den Weinbau besondere Bedingungen. Rund 80 % der deutschen Weinernte entfallen auf Konsum- oder Tischweine.

RHEINPFALZ

Die Rheinpfalz liefert vorwiegend weiße Weine (Rebsorten: Riesling, Sylvaner, Traminer, Gutedel, Müller-Thurgau). Die Hälfte aller deutschen Rotweine dürften allerding- aus der Rheinpfalz herstammen.

Das eigentliche Qualitätsanbaugebiet ist die Mittelhardt, aus der vollmündige, wuchs tige, elegante, aber auch süffige Weine kommen: *Ungstein, Deidesheim, Kallstadt, Forst, Wachenheim* u.a. Berühmt ist der *Bad Dürkheimer Rotwein.*

Das Gebiet der Ober- und Unterhardt liefert überwiegend leichte, kleine Konsumweine.

MOSEL — SAAR — RUWER

Dieses Weinbaugebiet ist das einzige in Deutschland, in dem nur weiße Weine (Rieslingrebsorte) erzeugt werden. Die fruchtige Eleganz, die zarte, erfrischende Säure und der pikante, würzige Geschmack haben die Weine dieses Gebietes weltberühmt gemacht. Die bekanntesten Anbaugebiete sind: *Bernkastel, Brauneberg, Cochem, Graach, Grünhaus, Ockfen, Piesport, Urzig, Wehlen, Wintrich* und *Wiltingen.*

RHEINHESSEN

Die rheinhessischen Weine sind elegant, fruchtig, zum Teil auch kernig, und von überwiegend mildem Charakter. Es dominieren Weißweine: *Nierstein, Oppenheim, Laubenheim, Nackenheim,* nur in der Umgebung von *Ingelheim* werden berühmte Rotweine erzeugt. Es sei vermerkt, daß ein großer Teil der exportierten deutschen Weine unter der Bezeichnung « Liebfrau(en)milch » läuft, eine Bezeichnung, die weder an einen Herkunftsort noch an bestimmte Lagen oder Erzeuger gebunden ist, vielmehr als eine Art Typenbezeichnung vornehmlich rheinhessischer Weine angestrebt wird.

NAHE

Dieses Weinbaugebiet liefert teils spritzig-rassige, teils liebliche und füllige Weine, die vornehmlich aus der edelsten deutschen Rebsorte Riesling stammen, darunter den *Bockelheimer* und den *Kreuznacher*.

RHEINGAU UND MITTELRHEIN

Die Weine dieses Anbaugebietes sind fast ausschließlich Rieslingweine, ausgeglichene und harmonische Getränke, mit Ausnahme des roten *Aßmannshäuser* und eines kleinen Gebietes am unteren Rhein und im Siebengebirge. Feine Weine liefern: *Eltville, Erbach, Geisenheim, Hallgarten, Hattenheim, Östrich, Rauenthal, Rüdesheim, Schloß Johannisberg* und *Vollrads.*

BADEN UND WÜRTTEMBERG

Den Weinen dieses Anbaugebietes fällt eine zunehmende Bedeutung zu. Im badischen Weinbaugebiet ist die Gegend des *Kaiserstuhls* bemerkenswert, hier findet man neben Konsumweinen ausgesprochene Spitzenweine. Im *Bühler Gebiet* ist neben dem Weißwein auch der Rotwein ein Begriff. Württemberg ist in erster Linie ein Rotweinland und liefert fruchtig-rassige, kernige Weine.

AHR

Das eigentliche Rotweingebiet Deutschlands liegt an der Ahr. Hier werden neben kleinen Weinen teils feurige und wuchtige, teils milde und samtige, manchmal auch recht herbe Weine hervorgebracht. Neben der Burgunderrebe wird die blaue Portugieserrebe angebaut, die leichte Weine ergibt. Nennen wir hier nur den *Ahrweiler* und *Walporzheimer* als typische Erzeugnisse.

FRANKEN

Dieses Weinbaugebiet hat als Zentrum vor allem die Umgebung von Würzburg und ist gekennzeichnet durch die sogenannten *Steinweine*, die in den bekannten runden Bocksbeutelflaschen an den Konsumenten gelangen. Diese Weine weisen einen charakteristischen, erdigen Geschmack auf. Der bekannteste Rotweinort dieses Gebietes ist *Klingenberg* (Spätburgunder). Bekannt und geschätzt sind die weißen Weine von *Eschendorf, Miltenberg, Randersacker* (auch Rotweine), *Hallburg* und *Würzburg*.

Wenn auch die Masse der deutschen Weine einfache bis mittlere Konsumweine sind, so haben doch die Edelweine aus der Rheinpfalz, dem Mosel-Saar-Ruwergebiet, aus Rheinhessen, die Weine der Nahe, vom Mittelrhein und vom Rheingau durch ihre Beeren- und Trockenbeerenauslesen den Weltruf der deutschen Weißweine begründet.

DIE WEINE FRANKREICHS

Frankreich ist eines der größten weinbautreibenden Länder der Erde. Die gesamte Weinanbaufläche beträgt mehr als 3 % der überhaupt bebauten Fläche.

In Frankreich werden die Weine in verschiedene Kategorien eingeteilt, und zwar in:

1. Landweine,
2. Verschnittweine,
3. Qualitätsweine.

Wir wollen uns hier nur mit der dritten Gruppe beschäftigen.

Zu den Qualitätsweinen gehören vor allem die sogenannten A.O.C.-Weine, d. h. Weine, die einer kontrollierten Bezeichnung unterliegen. Man erkennt sie daran, daß sie auf dem Flaschenetikett sichtbar den Vermerk « Appellation contrôlée » tragen. Nur der Champagner bildet hier eine Ausnahme. Für diese Weine gelten strengste Regeln hinsichtlich der Produktion, der Bereitung und der Lagerung. Ungefähr 25 % der Weine Frankreichs sind A.O.C.-Weine.

Zu den Qualitätsweinen gehören fernerhin die sogenannten V.D.Q.S. (Vins délimités de qualité supérieure). Es sind Weine, die ebenfalls nach fest umrissenen Vorschriften produziert sein müssen und über den durchschnittlichen Qualitäten liegen, obwohl sie nicht zu den A.O.C.-Weinen gehören. Auch diese Qualitätsweine unterliegen selbstverständlich einer staatlichen Kontrolle.

Das wichtigste Weinbaugebiet Frankreichs ist

BORDEAUX

Das Weinbaugebiet, dem die Stadt Bordeaux den Namen gegeben hat, liegt im Departement Gironde. Hier werden leichte bis kräftige Rotweine und trockene bis schwere, süße Weißweine erzeugt. Die wichtigsten Weine dieses Gebietes sind:

Médoc

Der Médoc wird auf dem Gebiet links des Ufers der Garonne erzeugt. Die berühmtesten Weine stammen aus dem Haut-Médoc, z. B. Margaux, Saint-Julien, Pauillac, Saint-Estèphe, Listrac und Moulis. Weine guter Jahrgänge aus dem Haut-Médoc können ein hohes Alter erreichen. Diese Weine sollte man nicht jung trinken, denn erst bei voller Reife entwickeln sie ihr unvergleichliches Bukett.

Graves

Der Graves, der den Weinbaugebieten nördlich der Stadt Bordeaux und südlich der Garonne entstammt, gleicht ein wenig dem Médoc, ist im allgemeinen aber etwas kräftiger; auch er gewinnt beim Altern. Im Norden werden trockene Weißweine mit einem charakteristischen Bukett und Eleganz erzeugt, im Süden sind es die fruchtigen, süßen Graves, die hoch geschätzt werden.

Saint-Emilion

Den Saint-Emilion findet man in dem Gebiet im Nordosten von Bordeaux, am rechten Ufer der Dordogne. Außer der eigentlichen Bezeichnung Saint-Emilion gibt es noch ähnliche wie: Saint-Georges-Saint-Emilion, Lussac-Saint-Emilion, Montagne-Saint-Emilion, Parsue-Saint-Emilion u.a.m. Die Rotweine sind kräftig und feurig, der Geschmack ist abgerundeter als der der Graves. Sie altern gut, doch nicht so gut wie die Médocs und Graves.

Pomerol

Vor den Toren der Stadt Libourne, gleichfalls am rechten Ufer der Dordogne, befindet sich das Weingebiet des Pomerols. Hier wird ein kräftiger, feuriger und bukettreicher Rotwein erzeugt. Zu vermerken wären hier noch die benachbarten Bezeichnungen Néac-de-Pomerol und Lalande-de-Pomerol.

Die großen, süßen Weißweine

Bordeaux ist seiner prächtigen, goldgelben, nach Honig schmeckenden süßen Weißweine wegen rühmlich bekannt. Dafür werden die Beeren einzeln geerntet, und zwar in dem Moment, in dem sie die sogenannte Edelfäule erreicht haben. Die berühmtesten Gebiete für diese Weine sind Sauternes-Barsac, Cérons, Loupiac und Sainte-Croix-du-Mont.

Weitere Weine des Anbaugebietes von Bordeaux sind:

Rotweine: der vollmundige Côtes-de-Fronsac und die von Bourgeais und Blayais (unter den letzteren gibt es auch weiße Weine).

Weißweine: hier sind die bekanntesten der Entre-Deux-Mers, der Graves de Vayres und Sainte-Foy-Bordeaux.

Am rechten Ufer der Garonne, den Côtes-de-Bordeaux, erzeugt man sehr schätzenswerte Rot- und Weißweine, u.a. den Côtes-de-Bordeaux-Saint-Macaire. Zu erwähnen wäre noch, daß im Gesamtgebiet von Bordeaux viele bessere rote und weiße Weine (Bordeaux supérieur), sowie Clairet- und Rosé-Weine produziert werden.

BURGUNDER

Das Weingebiet Burgunds dehnt sich über vier Departements hinaus, und zwar: die Yonne mit Chablis; die Côte-d'Or zwischen den Côtes-de-Nuits und Beaune; die Saône-et-Loire, die die Côte chalonnaise, das Mâconnais und den Norden des Beaujolais umfaßt, und die Rhône, in dem sich fast das Gesamtgebiet des Beaujolais befindet.

Chablis

Im nördlichsten Gebiet Burgunds werden ausschließlich trockene, frische, elegante und vollmundige Weißweine von goldgelber Farbe mit grünlichen Reflexen produziert, darunter der Chablis grand cru, Chablis premier cru, Chablis und Petit Chablis.

Der im Departement Yonne erzeugte rote Bourgogne-Yrancy guter Jahrgänge ist ein ausgezeichneter Wein.

Côte-de-Nuits

Dieses Gebiet, das im Norden von Dijon beginnt, umfaßt die weltbekannten Gemeinden Gevrey-Chambertin, Morey-Saint-Denis, Chambolle-Musigny, Vougeot, Flagey-Echezeaux, Vosne-Romanée, Nuits-Saint-Georges. Hier werden ausschließlich schwere, vollmundige, bukettreiche Rotweine erzeugt, die sehr gut altern.

Côte-de-Beaune

Dieses der Côte-de-Nuits anschließende Gebiet, mit den Gemeinden Aloxe-Corton, Pernand-Vergelesse, Chassagne-Montrachet, Puligny-Montrachet, Meursault, Savigny, Beaune, Pommard, Volnay, Santenay, erzeugt sowohl rote als auch weiße Weine. Die Rotweine sind nicht so schwer, wie die der Côte-de-Nuits, weicher und fruchtiger, delikat und elegant, mit einem feinentwickelten Bukett, die beim Altern gewinnen.

Die Weißweine gehören zu den großen Weinen Frankreichs. Sie sind trocken, aber weich, mit einem blumigen Bukett und einem angenehmen Geschmack nach Mandeln oder Haselnüssen.

Côte chalonnaise

Es ist die Stadt Chalon-sur-Saône, die dieser Region ihren Namen verleiht. Anschließend an die Côte-de-Beaune, hat sie auch ähnliche Weine, unter ihnen den weißen Rully und den roten Mercurey, beides Weine, die bei voller Reife von Kennern sehr geschätzt werden. Auch der weiße Montagny und der rote Givry sind nicht zu verachten.

Mâconnais

Die Weine dieser Regionen, die ihre Bezeichnung der Stadt Mâcon verdanken, teilt man in rote, rosé und weiße ein; alle sind angenehme Tischweine. Doch der Schmuck des Mâconnais ist der Pouilly-Fuissé und seine beiden Genossen, die Pouilly-Loché und Pouilly-Vinzelles. Es sind trockene, aromatische, vollmundige und ziemlich kräftige Weißweine.

Der Beaujolais

Diese Weine verdanken ihren Namen der ehemaligen Hauptstadt des Gebietes Beaujeu. Das Gebiet fängt bei Saône-en-Loire an, umfaßt die Gemeinden Leynes, Saint-Amour und Romanèche-Thorins und zieht sich hin bis zum Norden der Stadt Lyon.

Der Beaujolais, Beaujolais supérieur und Beaujolais-Villages sind Weine, die in ihrer Jugend frisch getrunken werden sollten; sie sollten weich, aromatisch und süffig sein.

Außer den einfachen Beaujolais gibt es neun feinere Gewächse, und zwar: Brouilly, Chénas, Chiroubles, Côte-de-Brouilly, Fleurie, Juliénas, Morgon, Moulin-à-Vent und Saint-Amour. Jedes Gewächs hat einen eigenen Charakter, doch im allgemeinen sollten sie jung getrunken werden. Einige Fleuries, der Morgon und vor allem der Moulin-à-Vent, können einige Zeit gelagert werden, doch niemals so lange wie ein Burgunder der Côte-d'Or.

CHAMPAGNER

Champagner ist kein Wein wie die anderen; er ist einzigartig und unersetzlich. Die Herstellung ist umständlich und langwierig. Nachdem der Traubensaft im Gärbottich den Schaum ausgeschieden und der gärende Most wieder eine normale Temperatur angenommen hat, wird die klare Flüssigkeit zur Lagerung umgefüllt. Der Most wird sich jetzt überlassen, bis daraus ein junger Wein geworden ist, der abgezogen und sich selbst überlassen wird, bis jeder Bodensatz oder Niederschlag entfernt ist. Sobald er mit genügend Sauerstoff versorgt ist, kommt die wichtigste Arbeit: die Zusammenstellung der Verschnitte (cuvées). Nach Zusatz der Füllösung (liqueur de tirage) erfolgt die zweite Gärung in der Flasche. Diese « méthode champenoise », die von Dom Perignon eingeführt worden ist, haben die großen Firmen in Reims und Epernay inzwischen zur Perfektion gebracht.

Es sei hier noch auf zwei Ausdrücke hingewiesen, die außerhalb der Champagne bedeutungslos, ja selbst sinnlos wären: *Blanc de Blancs* und *Blanc de Noirs*. Die Champagne ist die einzige Region Frankreichs, in der weißer Wein auch aus dunklen Trauben gekeltert wird. « Blanc de Blancs » bedeutet somit, daß der Wein ausschließlich aus weißen Trauben (Pinot Chardonay) und der « Blanc de Noirs » aus Weißwein von Most dunkler Trauben gewonnen wird. Allerdings werden die meisten Champagner aus einer Mischung beider Traubensorten gewonnen, es sei denn, daß ausdrücklich das Gegenteil erwähnt wird.

Markenweine und Gewächse. Soweit sie überhaupt vorhanden sind, so haben sie mit wenigen Ausnahmen nicht die Bedeutung derjenigen von Bordeaux und Burgund. Die großen Champagnermarken sind ja alle eine Zusammenstellung verschiedener Gewächse.

Die hauptsächlichsten Weingebiete der Champagne sind: die Reimser Berge: Verzenay, Verzy, Mailly, Sillery, Louvois, Beaumont; zwischen den Bergen und dem Tal der Marne: Nouzy, Ambonnay; im Tal der Marne: Ay, Cumières, Hautviller, Dizy; an der Côte-des-Blancs (Gebiet, aus dem die Gewächse für den « Blanc de Blancs » gewählt werden): Cramant, Avize, Oger, Mesnil und Vertus.

Jahrgangsweine oder millésime: Eine Flasche Champagner kann den Hinweis auf einen bestimmten Jahrgang führen. In der Champagne werden nur die guten Jahre (ein « millésime » muß notgedrungen wenigstens drei Jahre in der Flasche lagern) als Jahrgangsweine geführt. Alle anderen Champagner sind eine Mischung aus mehreren Jahrgängen; in diesem Falle ist eine einjährige Lagerung obligatorisch.

Naturchampagner

Unter Naturchampagner — Vins nature de la Champagne — sind stille Weine zu verstehen, die im Gebiet der Champagne gekeltert und nicht « champagnisiert » worden sind. Die Weißweine sind frisch, trocken und angenehm fruchtig. Sie werden hauptsächlich im Gebiet der Côte-des-Blancs gewonnen. Der elegante Le Mesnil und der kräftige Cramant haben einen guten Ruf. Die Rotweine, unter denen die von Bouzy und Cumières als die besten gelten, sind schmackhaft, fruchtig und delikat. Im allgemeinen genießt man sie jung, doch gibt es ausnahmsweise auch Jahrgänge (z. B. 1959), die kräftige Weine ergeben, die sich auch lagern lassen.

ELSASS

Die Weinbaugebiete des Elsaß ziehen sich von den Osthängen der Vogesen, von Straßburg aus gesehen, im Norden bis in die Gegend von Mülhausen im Süden entlang. Das einzigartige der elsässischen Weine besteht darin, daß sie nicht die Namen der Gemeinden oder der Gewächse, sondern der Rebsorten tragen. Die berühmtesten Rebsorten sind: *Chasselas* und *Sylvaner*, die leichte, frische und fruchtige Weine hervorbringen.

Pinot gris (im Elsaß fälschlicherweise Tokayer genannt), der einen kräftigen, körperreichen Wein ergibt.

Muskateller, berühmt seiner charakteristischen Fruchtigkeit wegen.

Riesling, der trockene, elegante, bukettreiche und rassige Weine ersten Ranges ergibt.

Traminer und *Gewürztraminer*, die allerfeinste Weine von kräftigem Aroma ergeben, die zuweilen fast likörsüß sind.

Zwicker und *Edelzwicker* sind Mischungen mehrerer Rebsorten von zuweilen sehr angenehmem Geschmack.

DIE WEINE DER FRANCHE-COMTÉ

An den Ausläufern des Juras, zwischen Burgund und der Schweiz, in der alten Provinz der Franche-Comté (Freigrafschaft), werden vorzügliche Weine gewonnen. Der originalste ist der « vin jaune » (gelber Wein), mit einem ausgesprochenen Nußgeschmack, dessen berühmtester der Château-Chalon ist. Eine weitere Spezialität der Region ist der « vin de paille » (Strohwein), der von Trauben herstammt, die auf Stroh getrocknet worden sind. Weitere Weine der Franche-Comté oder des Juras sind der weiße, rote, rosa und gelbe Arbois; die Weine von l'Etoile und der Côtes-du-Jura.

DIE WEINE DER LOIRE

Unter dem Namen « Val de Loire » faßt man alle diejenigen Weine zusammen, die an den Abhängen geerntet werden, die sich längs der Loire und ihrer Nebenflüsse entlangziehen.

Die Weine von *Pouilly-sur-Loire* und die von *Sancerre* haben das eine gemeinsam — abgesehen von den Unterschieden, die sich aus dem Boden ergeben — mit denjenigen von *Quincy* und *Reuilly*, daß sie der Rebensorte Sauvignon entstammen, bukettreich, fruchtig und elegant sind; es handelt sich hier durchwegs um frische, trockene Weine.

Die Weine der *Touraine* müssen in rote und weiße Weine eingeteilt werden. Der berühmteste Weißwein ist der rassige, bukettreiche *Vouvray*, der trocken, halbtrocken oder mild sein kann. Nach der « méthode champenoise » behandelt, ergibt er einen angenehm spritzigen Wein, den man zum Aperitif (brut) und zum Dessert (halbtrocken) gerne serviert. Zu nennen wären noch der *Montlouis* und die Weine der Touraine, die stets den Namen der Ursprungsgemeinde führen.

Unter den Rotweinen ist der bekannteste der *Chinon*, der nach Veilchen duftet, der *Bourgueil* und der *Saint-Nicolas-de-Bourgueil*, mit einem himbeerartigen Geschmack.

Saumur. Hier gibt es trockene, rassige Weißweine, zuweilen leicht spritzig, während der rote Saumur-Champigny sehr fruchtig schmeckt. Außerdem findet man hier sehr gute trockene Roséweine.

Anjou. Die weißen Anjouweine sind ihrer Fülle und Milde, ihres Aromas und ihrer Kraft wegen berühmt. Die verschiedenen Regionen, die sie hervorbringen, sind: Coteaux-du-Layon sowie die berühmten Bonnezeaux und Quarts-de-Chaume, die sich gut lagern lassen. Die Weine der Coteaux-de-la-Loire sind trocken und gehaltvoll, besonders die edlen Gewächse von Roche-aux-Moines und Coulée-de-Serrant, die ganz große Klasse sind. Zu nennen wären noch die Coteaux de l'Aubance und die trockenen, vollen Roséweine (rosés de Cabernet).

Muskateller (Muscadet). Dieser trockene, frische und süffige, zuweilen leicht spritzige Wein wird in den beiden Regionen des Departements Loire-Atlantique: Sèvre-et-Maine und Coteaux-de-la-Loire gewonnen.

COTES-DU-RHONE

Unter den Weinen dieser Region unterscheidet man:

Côtes-du-Rhône septentrionales: Hier gibt es elegante, bukettreiche, leicht berauschende Rotweine, darunter Côtes-Rôties, Hermitage, Crozes-Hermitage, Saint-Joseph; fruchtige, trockene Weißweine mit durchdringendem Bukett: Condrieu, Château-Grillet, Hermitage, Crozes-Hermitage, Saint-Peray, Saint-Joseph.

Côtes-du-Rhône méridionales: Der schwere, kräftige Châteauneuf-du-Pape und die feurigen Rotweine von Gigondas sind hier beheimatet. Hinzu kommen noch sehr trockene Roséweine und die aromatischen von Tavel, Lirac und Chusclan.

DIE WEINE DES MITTELMEERES

Seit zweitausend Jahren wird die Rebe von Nizza bis Narbonne kultiviert. Die Rotweine sind feurig und kräftig, die Weißweine trocken und ebenfalls recht kräftig, die Roséweine trocken und von ausgeprägtem Geschmack. Hinzu kommen noch üppige Süßweine mit ausgesprochenem Fruchtgeschmack, wie der Muskateller.

Anbaugebiete sind: die Gegend von Nizza: Weine von *Bellet* (rot und weiß); Provence: *Cassis, Bandol* und die V.D.Q.S. *Côtes-de-Provence* (rot, weiß und rosé); Languedoc: V.D.Q.S. *Costières-du-Gard* (rosé), *Corbières* und *Minervois* (rot), A.O.C. *Fitou* (rot) und die *Muscats* von Frontignan, Lunel, Mireval, Saint-Jean-de-Minervois.

DIE WEINE DES ROUSSILLON

Hier gibt es kräftige, edle Weine, unter denen die bekanntesten die eleganten *Banjuls* und *Banjuls grand cru* sind, die sehr gut einen Vergleich mit ähnlichen spanischen und portugiesischen Weinen aushalten. Zu erwähnen wären noch: der *Maury*, der *Côtes-d'Agly*, der *Rivesaltes* und der *Muscat de Rivesaltes.*

Außerhalb der großen Regionen gibt es in Frankreich noch zahlreiche Qualitätsweine, von denen jedoch der größte Teil an Ort und Stelle getrunken wird.

Im Südwesten, im Stromgebiet der Garonne, findet man zahlreiche regionale Weinberge. Erwähnt sei hier *Montbazillac*, das einen süßen, bukettreichen und saftigen Weißwein produziert, der mit dem Sauternes verwandt ist. Zu den « Appellations contrôlées » gehören: *Bergerac* (rot und weiß), *Montravel* (weiß), *Madiran* (rot), *Jurançon* (weiß); der *Blanquette de Limoux* ist ein ausgezeichneter, spritziger oder natürlicher Schaumwein, ähnlich dem *Gaillac*, von dem es aber auch « stille » Weine von großer Feinheit gibt. Zu den V.D.Q.S. gehören: *Cahors, Fronton, Rosé de Béarn, Irouléguy, Tursan* u.a.

Im Zentrum gibt es die *Côtes-d'Auvergne* oder den *Forez* (V.D.Q.S.); die Weine des *Orléanais* (den « gris meunier ») und unter den A.O.C.-Weinen die *Coteaux-du-Loir* und den *Jasnières*, die alle ihre Vorzüge haben.

Im Südosten, im Departement Drôme, trinkt man den delikaten, fruchtigen *Clairette-de-Die*, und weiter im Süden den *Muscat de Beaune-de-Venise*, im Osten, der Champagne zu, die *Côtes-de-Toul.*

Zum Schluß sei noch besonders auf die Weine der *Savoie* hingewiesen, die leicht, bukettreich, frisch, zuweilen prickelnd und sehr angenehm zum Trinken sind: *Crépy* und *Seyssel,* unter den A.O.C., unter den V.D.Q.S. die *Abymes, Apremont, Marestel, Montmélian* usw. sowie die Weine von *Bugey.*

Alle diese Weine passen vorzüglich zu den Gerichten der jeweiligen regionalen Küche.

DIE WEINE ITALIENS

Infolge der beträchtlichen Verschiedenartigkeit der Weinberge, der diversen Systeme, mit denen man sie unter Kultur nimmt, Lage und Beschaffenheit des Bodens, weist Italien vielerlei Arten von Weinen auf. Piemont, Venetien, Apulien und Sizilien sind die Regionen mit der größten Produktion.

Piemont

Hier gibt es nur eine einzige Art von trockenem Weißwein, den *Cortese*, der zu mageren Vorspeisen und Fischen paßt. Der frische, fruchtige, weißschäumende *Moscato* eignet sich gut zum Dessert, während der frische, halbtrockene *Asti Spumante*, der aus den gleichen Trauben gewonnen und nach der « méthode champenoise » verarbeitet wird, Weltruf hat. Dieser Region entstammen auch die roten *Barbera, Dolcetto, Bonarda, Nebbiolo secco* und *Freisa secco* sowie die spritzigen *Brachetto* und *Freisa amabile*, die zu jeder Mahlzeit gut passen.

In Piemont werden auch große, klassische Weine geerntet: der rassige *Barolo*, der elegante *Barbaresco*, der kräftige *Gattinara*, der süffige *Ghemme* und der weiche *Carema*, alles Erzeugnisse der *Nebbiolotraube.*

Ligurien

Ligurien hat keine sehr große Weinproduktion. Die bekanntesten Weine sind der bukettreiche, aber ein wenig bitterliche rote *Rossese*, der zu jedem guten Essen paßt; der weiße *Vermentino*, zart parfümiert, den man gerne zum Fisch trinkt; den *Cinqueterre*, den man zum Fisch trinkt, sofern er trocken ist, und zum Nachtisch, wenn er süß ist; in diesem Falle nennt man ihn *Sciacchetra.* Erinnert sei noch an die Weißweine von *Coronata* und von *Polcevera*, beide können während der ganzen Mahlzeit getrunken werden.

Lombardei

Die feinsten Weine der Lombardei werden im Veltlin erzeugt. Die *Grumello, Sassella* und *Inferno* altern gut und werden bei voller Reife wundervoll; man serviert sie zu Braten und zum Wild. Kostbare leichte und bukettreiche Rot- und Roséweine werden an den Hängen des Gardasees (Moniga) produziert, darunter der vornehme *Lugana*, ein idealer Wein für italienische Vorspeisen. Die Provinz Pavia liefert einen zart parfümierten, delikaten und spritzigen *Moscato* sowie den *Pinot* und den *Riesling italico.*

Venetien

Die drei Venetien bieten eine ausgezeichnete Produktion von roten und weißen Weinen: den zarten *Terlano*, den fruchtigen *Traminer*, den feinen *Lago di Caldaro*, den *Santa Maddalena* und den *Termeno* aus der Provinz Bozen; die köstlichen *Mezzocorona, Marzemino* und den *Teroldego* aus der Provinz Trient, alles gute rote Weine. Aus dem Gebiet von Görtz stammen ausgezeichnete Weißweine, vor allem aus Padua, Treviso und Conegliano, darunter der berühmte halbtrockene oder schäumende *Prosecco sec*; der köstliche und spritzige *Cartizze*, den man zum Nachtisch und auch außerhalb der Mahlzeiten trinkt. Udine bietet den zitronengelben *Tocaï* und den harntreibenden, goldgelben *Varduzzo*. Unter den Rotweinen wären die weitverbreiteten *Merlot* und *Cabernet* zu nennen, die auch gut altern. Verona ist berühmt wegen des weißen *Soave*, der zu Vorspeisen und Fischgerichten gut paßt, sowie wegen seiner trockenen, sehr süffigen *Bardolino*, *Valpolicella* und *Valpantena.*

Emilia

Emilia ist das Land der leichten Weine, wie des blumigen, spritzigen *Lambrusco*, der so gut zu Schweinefleisch, Wurstwaren und zum « Zampone » von Modena paßt. Die Romagna ist stolz auf ihren weißen *Albana* und den roten *Sangiovese*, der aber nicht lange gelagert werden darf.

Toskana

Die Toskana ist mit Recht stolz auf ihren *Chianti Classico* von den Weinbergen von Sienna, den weichen, harmonischen *Brunello di Montalcino* und den *Vino Nobile di Montepulciano*, drei köstliche Weine, die sich nach einer angemessenen Lagerzeit in Fässern gut als Bratenwein eignen. Florenz bietet den delikaten, weißen *Pomino* und die roten *Carmignano* und *Nipozzano*, beides feurige Weine und noch rassiger als der klassische Chianti selbst.

Umbrien

In Umbrien ist es der trockene, vollmundige, milde *Orvieto*, den man mit Vorliebe zu Fisch- und anderen Suppen serviert, während man in der Provinz *Ancona* gerne den typisch strohgelben *Verdicchio* zum Fisch trinkt.

Latium

Im Latium sind es die Weine « dei Castelli Romani » (der römischen Schlösser) *Frascati, Velletri* und *Marino*, die man, seit Rom bekannt ist, zu den Mahlzeiten, bei einer der Umgebung angemessenen Temperatur oder frisch (10-12 Grad), trinkt. In Sperlonga serviert man den *Cecubo*, das ist ein anderer guter Wein, der seit den ältesten Zeiten bekannt ist.

Abruzzen

Die Weinberge von Sangiovese und Montepulciano, in den Abruzzen, bieten gute Tischweine.

Kampanien

Volkstümlich in Kampanien ist der *Aglianico*, der so gut mit geräucherten Würsten aus der Gegend von Irpinia harmoniert. Es gibt andere gute Rot- und Weißweine in Solopaca: den durststillenden, delikaten, hellgrünen *Asprino*, der noch im Laufe des Jahres getrunken wird, und den historischen roten oder weißen *Falerno*. In der Provinz Neapel trinkt man den berühmten *Capri bianco* und den delikaten, schmackhaften Wein von *Ischia*, der so gut zu Gebackenem paßt. Geschätzt wird auch der goldgelbe *Lacrima Christi* und der *Gragnano*, dessen Aroma an leichtverwelkte Veilchen erinnert. In der Gegend des Vesuvs findet man eine ganze Skala von roten und weißen Weinen.

Apulien

In Apulien herrscht im allgemeinen der Rotwein vor, während in den Weilern Alberobello und Locorotondo ein ausgezeichneter Weißwein produziert wird, den man zu Fisch, aber auch während der ganzen Mahlzeit trinkt: der mit Recht berühmte *Castel del Monte*, dessen delikates Aroma an Konfitfrüchte erinnert; ferner der trockene, kräftige, goldgelbe *Malvasia*, der zu Fischsuppen gut schmeckt, und der exquisite *Aleatico*, der zum Dessert genossen wird.

Kalabrien

Hier gibt es den sehr guten *Cirò*, einen Wein von lebhafter Farbe und kräftigem Aroma, der sich lange hält und dessen Gehalt an Alkohol 15 Grad erreichen kann; er wird zu pikanten Käsen und zum Nachtisch serviert. Auf den Hügeln von Reggio Calabria wächst der süße Dessertwein *Greco di Gerace* und die gleiche Gegend bietet noch zwei weitere Weine: den *Savuto* und den *Pellaro*, beide können nach genügendem Altern Braten und Schmorgerichte begleiten.

Sizilien

Sizilien ist auch wegen seines Weinbaus bemerkenswert. An den Hängen des Ätnas, zwischen 400 und 1000 m Höhe, wachsen vorzügliche rote und weiße Weine. In der Provinz Syrakus findet man einen ausgezeichneten Dessertwein, den *Pollio*, der aus einer Vermischung besteht. Der weiße, rote und rosé *Ciclopi*, der *Val di Lupo*, hervorragend zu Fischgerichten, und der *Corvo di Casteldaccia*, der mit den Chablis gleichen Jahrganges wetteifern kann, sind Gewächse aus dem Gebiet von Catania. Im westlichen Teil der Insel findet man die Stadt Marsala, die auch dem kräftigen und in der ganzen Welt bekannten *Marsala* den Namen gegeben hat, einem Wein, der mit den besten Sherrys, Madeiras und Portweinen rivalisieren kann.

Sardinien

In Sardinien ist der Wein seit dem Altertum kultiviert worden. Der bekannteste Wein dieser Region ist der rassige *Vernaccia*, der vollmundig ist, trocken und ein ausgesprochenes Aroma hat; er kann ein Alter bis zu dreißig Jahren erreichen. Der *Oliena* hat eine lebhafte rote Farbe und schmeckt nach Erdbeeren, während der gelbliche, trockene und ein wenig herbe *Malvasia di Cagliari* das typische Aroma von Mandelblüten aufweist; er harmoniert gut mit Langustengerichten. Der goldgelbe, delikate *Nasco* mit seinem Duft nach Moos gilt als guter Dessertwein, und der rote *Monica* ist so delikat und rassig wie ein « Malaga ». Infolge des hohen Alkoholgehaltes und des ausgezeichneten Geschmackes wird der *Girò* Kranken als Heilmittel empfohlen.

DIE WEINE JUGOSLAWIENS

Jugoslawien ist außerordentlich vielseitig an Traubensorten, von denen einige noch von den Römern stammen sollen.

Das wichtigste Anbaugebiet für Weißweine liegt in Slowenien. Hier werden neben Welschriesling vor allem Weißburgunder, Traminer, Rheinriesling, Sauvignon, Gutedel und Furmint angepflanzt. Die Weißweine sind zum Teil von bemerkenswerter Qualität.

Aus der aromatischen Furminttraube gewinnt man vor allem gute Spätlesen und Trockenbeerenauslesen, während die Gutedelrebe vornehmlich Tafeltrauben ergibt. Die alkoholreichen, farbintensiven und gerbstoffreichen Rotweine kommen hauptsächlich aus Dalmatien *(Brazza, Lesina)*, und aus Istrien stammen die vollen, runden *Refosco-* und *Picolit*weine.

DIE WEINE ÖSTERREICHS

Für die Herstellung von Weißweinen wären vor allem Niederösterreich und das Burgenland zu nennen.

In Niederösterreich werden im wesentlichen die Rebsorten Grüner Veltliner, Neuburger, Rheinriesling, Sylvaner und Müller-Thurgau angebaut und ergeben Weine, die zum Teil als recht gut angesprochen werden müssen. Vor allem in der Wachau und im Kamptal erzeugt man kräftige, duftige Weine.

Im Gebiet des Burgenlandes werden neben grünem Veltliner, Rheinriesling und anderen auch weiße Burgunderreben angebaut.

Aus ausgesuchten, halbtrockenen Beeren stellt man am *Neusiedler See* die *Ruster-Ausbruchweine* her, die einen ausgesprochenen und ausgeprägten Tokajercharakter aufweisen.

Im Wiener Bereich werden aus der Umgebung von *Klosterneuburg* feinblumige, gehaltvolle Weine aus der Burgunderrebe gewonnen, in *Sievering* gibt es leichte, fruchtige Weine mit angenehmer Säure, und auch die *Grinzinger, Nußberger* und *Kahlenberger* Weine sind durchaus nennenswert.

Südlich von Wien, aus dem Gebiet der Südbahn, sind die Qualitätsweine zu erwähnen, die aus den Rebsorten Riesling, Sylvaner, Traminer und Muskat-Ottonel produziert werden.

Die Steiermark liefert mittlere bis gute Weißweine der Rebsorten Rheinriesling, Gutedel, Traminer und Furmint.

Nur etwa 20 % der in Österreich erzeugten Weine entfallen auf Rotweine. Aus Niederösterreich wird ein würziger, extraktreicher, sehr guter Wein gewonnen, der aus der roten Veltlinerrebe stammt, aus dem Südbahngebiet kommt der *Rotgipfler*, aus der blauen Burgunderrebe der rote *Vöslauer*, und die St.-Laurent-Traube liefert gute aromatische Weine. Der im Burgenland liegende Weinort *Oggau* ist ebenso wie *Rust* durch seine feinen, samtigen Rotweine rühmlich bekannt.

DIE WEINE PORTUGALS

Der größte Teil der Portweine wird aus blauen Trauben gewonnen, weiße Portweine sind seltener und im allgemeinen auch etwas alkoholstärker. Wenn auch die Portweine den Weltruf portugiesischer Weine begründet haben, so produziert das Land in der Provinz Minho auch sehr gute Weißweine (Vinho verde). Diese frischen, spritzigen Weine, die aus den Rebsorten Alvarinho und Azal hergestellt werden, haben einen relativ geringen Alkoholgehalt und werden zuweilen mit den deutschen Moselweinen verglichen. Auch die aus dem Zentrum Portugals stammenden weißen *Dâoweine* sind gut, leicht, frisch und ohne Herbe.

Südlich von Lissabon wird ein Süßwein mit typischem Muskatellercharakter, *Muscatel de Setúbal*, hergestellt, während nördlich der Hauptstadt die trockenen, leicht säuerlichen weißen *Bucelas* gedeihen.

Die roten portugiesischen *Dâoweine* sind rubinfarbig, sehr aromatisch und haben einen milden Geschmack, außerdem werden im ganzen Lande sehr gepflegte, kräftige Rotweine unter der Gattungsbezeichnung *Sogrape* vertrieben.

DIE WEINE DER SCHWEIZ

Die wichtigsten Weinberge der Schweiz befinden sich in den sonnigen Tälern der Rhone, des Rheins, des Tessins und an den ausgedehnten und windgeschützten Ufern des Bieler, Boden-, Genfer, Luganer, Langen-, Murten-, Neuenburger und Zürichsees. Alle diese Gegenden haben ein mildes und ausgeglichenes Klima, das den Anbau der Reben begünstigt. Die Skala der Weine dieser verschiedenen Regionen ist sehr groß und wechselt von einem Gebiet zum anderen. Sie umfaßt trockene, spritzige und süße Weißweine, spritzige Schillerweine sowie Rotweine, angefangen bei den leichtesten und über die kräftigsten bis zu den mildesten und feinsten Gewächsen. Das Weinbaugebiet der französischen Schweiz ist hierbei mit mehr als zwei Dritteln des gesamten, anbaufähigen Gebietes vertreten. Boden und Klima eignen sich vornehmlich zum Anbau von *Chasselas* und *Fendant* (weiße Reben), sowie *Pinot* und *Gamay* (rote Reben). In der Ostschweiz herrscht der Rotwein, besonders der *Pinot noir*, vor. Die weißen *Riesling-* und *Sylvanerreben* ergeben einen hochgeschätzten Wein. Südlich der Alpen und im Tessin findet man den erdig schmeckenden *Nostrano*.

FREIBURG

Der Mont-Vully trennt den Neuenburger vom Murtensee. Die Weinberge erstrecken sich auf den Südhängen gegenüber dem Murtensee, und hier wird der berühmte *Vully* produziert, ein spritziger und durststillender Weißwein. Auch der *rote Vully* ist durststillend und leicht.

GENF

In den Gemeinden Satigny, Preissy und Dardagny werden rote Qualitätsweine der Rebenarten *Pinot* und *Gamay* hergestellt.

NEUENBURG

Der ganzen Länge der kalkhaltigen Hänge des Juras entlang ziehen sich die Reben und ergeben einen kräftigen und frischen Weißwein. Dieser durststillende, spritzige Wein soll aus einer gewissen Höhe ins Glas eingeschenkt werden und dabei ein « Sternchen » machen. Man kann ihn seiner Frische und seines Buketts wegen nicht genügend loben. Er führt den Namen *Neuenburger*, mit Ausnahme einiger besonders berühmter Gewächse, wie des *Champréveyres, l'Hôpital Pourtalès* und des *Château d'Auvernier*. Die roten Neuenburger, besonders der *Cortaillod*, haben ein volles, mildes Bukett, sie sind frisch und angenehm. Der *Œil-de-Perdrix* wird von Personen geschätzt, die einen rassigen, etwas spritzigen Schillerwein bevorzugen.

WALLIS

Die Weinberge ziehen sich hier zum größten Teil dem rechten Ufer der Rhone entlang, wo sie vom Wind durch die Berner und Walliser Alpen geschützt sind. Die Weinberge steigen von den Ufern der Rhone bis zu den Bergdörfern hinauf, um in Visperterminen die höchste Höhe zu erreichen, in der in Europa Weinbau betrieben wird; hier wächst auch der legendäre *Païen (Salvagnin blanc)*. Der Gesamtweinbau hat einen Umfang von 3500 ha und zieht sich von Martigny bis Leuk hin. Die berühmtesten weißen Gewächse sind der *Mont-d'Or*, der *Molignon*, der *Ravaney, Uvrier*, die *Claives*, die *Bans* und der *Coquempey*, von denen der famose *Fendant* und der *Ermitage* herstammen. Im Wallis wird der Wein nicht nach der Originalbezeichnung unterschieden, sondern nach den Reben, denn in der französischen Schweiz sind alle Weine entweder Weine von Chasselas oder Fendant. An Rotweinen gibt es den kräftigen, bukettreichen *Dôle* und den *Pinot noir*, die zu den großen

Weinen gerechnet werden können. An besonderen Weißweinen bietet das Wallis wundervolle Spezialitäten: den *Malvoisie* (Pinot gris), den *Ermitage*, den *Johannisberg* (grüne Sylvanertraube), *Muscat flétri*, *Arvine* und den *Humagne*; alles sind edle, fruchtige und süßwürzige Weine.

WAADT

La Côte

Alle Weinberge westlich von Lausanne gehören zu La Côte. Die trockenen Gewächse wie *Begnins, Luins, Bursins, Vinzel, Mont, Malessert, Perroy, Bougy* und *Féchy* aus den Bezirken Rolle und Aubonne haben einen jahrhundertelangen Ruf. Jenseits von Aubonne sind die Anhöhen von Morges, Saint-Prex, Lonay und Echandens wichtige Weinbaugemeinden.

Lavaux

Alle Weinberge östlich von Lausanne gehören zum Gebiet von Lavaux. In diesem Gebiete steigen die Weinberge terrassenartig hoch an den Abhängen des Genfer Sees. Der *Chasselas* dieser Gegend ergibt einen feurigen und kräftigen Wein, den goldgelben, funkelnden *Dézaley*, einen der besten Weine der Schweiz. Die wichtigsten Mittelpunkte des Weinbaus sind: Villette, Grandvaux, Cully, Riex, Epesses, Rivaz, Saint-Saphorin, Chardonne, Vevey, von denen auch der jeweilige Name des Weines abgeleitet wird.

Chablais

Das waadtländische Chablais liegt im Rhonetal, und zwar an der Nordseite des Flusses. Die Reben klettern an dem Schieferboden der Waadtländer Alpen empor. Die rassigen Weißweine, die hier erzeugt werden, der *Villeneuve*, der *Yvorne* und der *Aigle*, gehören zu den feinsten Gewächsen der Schweiz. Der *Pinot noir* von Aigle und Villeneuve ist ein voller, milder, sehr geschätzter Wein.

Jura

Die Weinberge von Arnex, Orbe, Rances, Valeyres-sous-Rances, Champvent, Montagny, Grandson, Champagne, Bonvillars und Concise sind ihres klaren, perlenden Weißweines sowie des *Salvagnin (Pinot noir)* wegen rühmlich bekannt.

BASEL-LAND

Der Mittelpunkt des Weinbaus befindet sich an den Abhängen des Juragebirges. Hier wird der *Pinot noir* produziert. Muttenz, Arlesheim und Riehen erzeugen hauptsächlich den *Chasselas.*

BERN

Bieler See

In der Hauptsache werden hier die gleichen Reben wie in der französischen Schweiz kultiviert, vornehmlich *Chasselas.* Die bekanntesten Mittelpunkte des Weinbaus sind: La Neuveville, Chavannes, Gléresse, Douanne, Wingreis und Vingelz. Die renommiertesten Weine sind der *Schafiser* und der *Twanner.*

Thuner See

Der Weinanbau *(Pinot noir* und *Riesling-Sylvaner)* ist hier eindeutig alemanisch und bildet den Übergang zu den Weinbergen der Ostschweiz. Spiez und Oberhofen sind die wichtigsten Anbaugebiete.

AARGAU

Der *Riesling-Sylvaner* von Bad Schinznach ist ein duftig parfümierter Wein. Rassige Rotweine sind der *Herrenberg, Schartenfels, Goldwändler, Wettinger* und der *Brestenberg.*

GRAUBÜNDEN

Mittelpunkte des Weinbaus sind Chur, Zizers und Trimmins, wo ein klarer, leicht spritziger *Schillerwein* erzeugt wird. Der wichtigste Weinberg befindet sich im Rheintal, woher der Herrschafts-*Pinot noir* stammt. Der *Schieferwein* gehört zu den kräftigsten und bukettreichsten Weinen der Ostschweiz.

SCHAFFHAUSEN

Die Stadt Schaffhausen ist mit Recht stolz auf ihren *Tokajer* (Pinot gris), Der *Pinot noir* vom Klettgau, von Hallau und Wilchingen gehört hier zu den berühmtesten Gewächsen.

THURGAU

Hochgeschätzt sind die kräftigen weißen und roten Weine der *Chartreuse d'Ittingen* sowie die von *Schloß Arenenberg*, der ehemaligen Residenz der Kaiserin Eugenie.

ZÜRICH

Das rechte Ufer des Zürichsees war früher seiner Weinberge wegen berühmt. Heute nehmen sie durch das schnelle Anwachsen der Stadt und der Dörfer immer mehr ab. Die Weine, die hier erzeugt werden, sowohl die weißen *(Riesling-Sylvaner)* als auch die roten *(Pinot noir)* sind fruchtig und wohlschmeckend. Zu den besten gehören der *Schipfgut* in Herrliberg, der *Sternhalde* und der *Lattenberg* in Stäfa. Aus dem Weinland stammt der fruchtige *Stammheim*, und der klare *Schiterberg*, Eigentum der Stadt Zürich, ist seines feinen Buketts wegen bekannt.

TESSIN

Das südliche Klima begünstigt hier den Anbau. Mittelpunkte des Weinbaus sind die Ufer des Langen- und des Luganer Sees, die Magadinoebene, Malcantone, Mendrisiotto und das Tessintal, vornehmlich Bellinzona. *Chasselas-* und *Sémilonreben* ergeben einen köstlichen Wein, besonders diejenigen des Mendrisiottos und von Castagnola. Der *Nostrano*, einst der beliebteste Rotwein des Gebietes, ist durch den *Merlot* ersetzt worden, der von Burgunder Reben herstammt und einen vollen, milden und aromatischen Geschmack hat.

DIE WEINE SPANIENS

In Spanien überwiegt bei weitem die Erzeugung von Rotwein. Abgesehen von den berühmten Dessertweinen, müssen vor allem folgende Weinbaugebiete für rote Weine genannt werden: Levante, La Mancha, La Rioja, Aragonien.

Vorzügliche Rotweine der Rebensorten Monastrell und Garnacha werden in der Levante gewonnen, von denen diejenigen aus der Umgebung von *Murcia* und *Alicante* am bekanntesten sind. Die roten Weine der Mancha gleichen oft den französischen Beaujolaisweinen, doch haben sie einen höheren Alkoholgehalt. Die bordeauxartigen *Riojaweine* und die schweren, süßen Rotweine aus dem mittleren Ebrogebiet (Aragonien) sind bisher noch wenig exportiert worden.

DIE WEINE UNGARNS

Die ungarischen Weine sind vor allem durch die Tokajerweine weltberühmt geworden, die im oberen Stromgebiet der Theiß gewonnen werden. Etwa 70 % der gesamten ungarischen Weinerzeugung entfallen auf die Herstellung von Weißweinen. Wichtigste Rebsorten im ungarischen Raum sind neben dem Welschriesling (der nicht mit dem deutschen Riesling oder Rheinriesling verwechselt werden darf) der grüne Sylvaner und die Pinot-gris-Rebe. Rund 30 % der Weinerzeugung entfallen auf Rot- und Schillerweine.

An den Ausläufern der Karpaten, im südlichen Teil der Hegyalja, in der weiteren Umgebung der Ortschaft Tokaj, werden seit Jahrhunderten die weltberühmten *Tokajerweine* hergestellt. An Traubengattungen sind hier vorhanden der Furmint und der gelbe Muskateller.

Die Fabrikation ist außergewöhnlich: Die Ernte der Trauben als Trockenbeeren bzw. als Rosinen erfolgt so spät wie möglich, so daß es im Maischbottich zu einer Art Rosinenkuchen kommt, der nichts mit einer gewöhnlichen Traubenmaische zu tun hat. Am Boden der Bottiche sammelt sich der aus den Trockenbeeren unter dem Druck des Eigengewichtes abgetropfte, zähe, honiggleiche, sirupartige Saft, die sogenannte Tokajeressenz. Der Zuckergehalt der Essenz beträgt 40-60 %. Die Essenz gärt nur sehr langsam und schwer, und ihr Alkoholgehalt übersteigt auch nach mehreren Jahren nicht 6-8 %. Die Tokajeressenz wird nur in ganz kleiner Menge erzeugt.

Nach Teilvergärung wird jeweils etwas Essenz mit Weinmost vermischt, um überhaupt ein Getränk zu erhalten.

Die gewonnene natürliche Süße wird noch verdickt, indem man in ein Faß von 130 l noch 5 oder 6 Butten Trockenbeeren gibt, wobei eine Butte mit 12-13 kg Rosinen gerechnet wird. Je nach der Anzahl der Butten, die zu einem Faß zugesetzt werden, unterscheidet man einbuttige, zweibuttige usw. bis fünfbuttige Ausbruchweine. Aus der Buttigkeit läßt sich vom Flaschenetikett her der Grad des Zuckergehaltes erkennen.

Die weitere Kellerbehandlung der *Tokajerausbruchweine*, die sich jahrzehntelang halten, kann bis acht Jahre dauern.

Ein weiterer wichtiger Qualitätswein ist der Tokajer *Szamorodner*, der in einer süßen und einer trockenen Sorte geliefert wird.

Aus dem ungarischen Plattensee-Weinbaugebiet stammt der *Plattensee-Riesling*, ein fruchtiger, mittelschwerer Weißwein, und aus der Gegend von Debrö, einer flächenmäßig recht unbedeutenden Weingegend in Oberungarn, der *Debröer Lindenblättrige*, ein aromatischer, mildsüßer Weißwein, der aus einer ungarischen Rebe entsteht.

WELCHER WEIN ZU WELCHER SPEISE

Die nachstehenden Angaben erheben keinen Anspruch auf Vollständigkeit. Das ist bei der Vielfalt der in Frage kommenden Weine und Speisen nicht möglich. Unsere Angaben dürften jedoch für praktische Zwecke genügen. Im übrigen spielen auch hier der persönliche Geschmack und die Erfahrung eine erhebliche Rolle. Im allgemeinen gibt man zu:

Austern, Muschel- und kalten Krustentieren und Kaviar:	*Trockenen Champagner, trockenen deutschen oder Schweizer Schaumwein, Montrachet, Pouilly-Fumé, trockenen Vouvray und Anjou, Elsässer Riesling, gehaltvollen Mosel- oder Saarwein, Dézaley, Welschriesling.*
Leichten, kalten Vorspeisen:	*Leichten Saar-, Ruwer-, Mosel- oder Frankenwein, Traminer, Ermitage, Zürcher Riesling-Sylvaner, österreichischen Grauen Portugieser, Puilly-Fuissé.*
Gänseleberpastete und -parfait, Räucherlachs, Räucheraal und anderen geräucherten Fischen:	*Champagner brut, sehr trockenen deutschen Sekt, Meursault, Gewürztraminer, Barsac, weißen Falerno, gehaltvollen Saar- oder Moselwein.*
Schweren Vorspeisen, Pasteten, Blätterteigpasteten, Fettgebackenem:	*Mittleren Rheingauer oder Rheinpfälzer, Sancerre, Edelzwicker, Chablis, Valpolicella, Neuenburger.*
Suppen:	*Keinen Wein, höchstens bei exotischen Suppen, z. B. Schildkröten-, Schwalbennester-, Trepang- und ähnlichen Suppen, trockenen Sherry, Madeira oder Portwein.*
Weißem Fisch in Sauce:	*Leichten Rheingauer, Rheinhessen oder Nahewein, trockenen Cinqueterre, Fendant, Chevalier-Montrachet u.a.*
Dunklem Fisch, gebraten, gebacken oder pochiert:	*Franken-, Nahe- und Pfälzer Weine besserer Lagen, Edelzwicker, Neuburger, Capri bianco, weißen Vully.*
Grillierten Fischen und Schaltieren:	*Trockenen weißen Graves, Pouilly-Loché, Rully, Elsässer Riesling, Castel del Monte, leichten deutschen Rotwein.*
Hellem Schlachtfleisch, weißem Geflügel:	*Schwere Rheingauer, Rheinhessen und Rheinpfälzer, Vöslauer Rot, Mercurey, Morgon, Fleurie, Barbera, Dôle.*
Dunklem Schlachtfleisch, Grilladen; dunklem Geflügel:	*Gehaltvolle bis schwerste Rheingauer, Rheinhessen und Rheinpfälzer, Saint-Emilion, Pomerol, Côte-de-Nuits, Châteauneuf-du-Pape, Rotgipfler, schwere Schweizer Rotweine.*
Haar- und Federwild:	*Schweren deutschen Rotwein, Côte-de-Nuits, Corton, Mercurey, Moulin-à-Vent, Chianti, Merlot.*
Käse, Käsespeisen:	*Côte-de-Nuits, Côte-du-Rhône, Aßmannshausener, Dürkheimer, roten Vöslauer, Cabernet, Cortaillod.*
Süßspeisen; Gefrorenem:	*Halbtrockenen Champagner, halbtrockenen deutschen oder Schweizer Schaumwein, Asti spumante, Gewürztraminer, gehaltvollen, milden Vouvray, Saumur, Nasco, feine Spätlesen von Rhein, Rheinpfalz und Rheinhessen.*
Obst, Nüssen:	*Halbtrockenen Schaumwein aller Provenienzen, Muscatel, Tokajer, Aleatico, Marsala.*

GRUNDSÄTZE UND GRUNDLAGEN DER KÜCHE

DAS ROHMATERIAL

MILCH UND MILCHERZEUGNISSE

Milch wird in den Milchdrüsen weiblicher Säugetiere abgesondert und enthält alle erforderlichen Nährstoffe zur Aufzucht des Jungtieres. Als Milch wird im allgemeinen die Kuhmilch bezeichnet. Sie enthält außer Eiweiß, Fett und Milchzucker auch Mineralsalze und Vitamine. Milch muß, ehe sie in den Handel kommt, gereinigt, pasteurisiert und sofort danach abgekühlt werden. *Vollmilch* ist Trinkmilch, die bestimmten Anforderungen in bezug auf den Fettgehalt und das spezifische Gewicht entspricht.

Milch ist Ausgangserzeugnis für Rahm, Butter, Käse, Milcherzeugnisse u.a.m.

Milcherzeugnisse sind:

Sahne, auch Rahm, Obers oder Schmand genannt, ist ein durch Abscheidung von Magermilch aus Milch gewonnenes Erzeugnis. Durch Zentrifugieren kann der Milch das Fett fast vollständig entzogen werden. Nach dem Fettgehalt unterscheidet man:

1. *Trink- oder Kaffeesahne*, auch homogenisiert oder erhitzt, mit einem Fettgehalt von mindestens 10 %.
2. *Schlagsahne*, bzw. Sahne zum Schlagen, mit einem Fettgehalt von mindestens 28 %.
3. *Crème simple* oder *fleurette*, mit einem Mindestgehalt an Fett von 10-20 %.
4. *Crème double*, mit einem Fettgehalt von mindestens 30 %.

Saure Sahne ist eine in fortgeschrittener Gärung durch Milchsäurebakterien befindliche Sahne mit einem Fettgehalt von wenigstens 10 %.

Joghurt und *Kefir* werden aus erhitzter Vollmilch mit besonderen Gärungserregern hergestellt.

Sauermilch wird aus Vollmilch durch Selbstsäuerung oder Zusatz von Milchsäurebakterien gewonnen.

Molke ist die bei der Käseherstellung anfallende Flüssigkeit nach dem Abscheiden des Kaseins und des Fettes.

Entrahmte Milch ist die Milch, die nach dem Entrahmen der Vollmilch zurückbleibt.

Buttermilch ist das anfallende Erzeugnis, das beim Verbuttern von Milch oder Sahne zurückbleibt.

Milchdauerwaren sind u.a. sterilisierte Milch, Magermilch und Sahne; kondensierte Milch; eingedickte Milch; Milchpulver, Magermilchpulver und Sahnepulver.

FETTE

Fette sind in der Pflanzen- und Tierwelt weit verbreitet. Sie werden ursprünglich von den Pflanzen gebildet und die Tiere, besonders die Nutztiere, bauen ihrerseits aus der Pflanzennahrung Körper- und Milchfette auf. In der Küche unterscheidet man zwischen festen und flüssigen Fetten (Fettölen). Flüssige Fette in diesem Sinne sind u.a. Oliven-, Erdnuß-, Sonnenblumen-, Nuß- (Haselnuß, Walnuß, Mandel), Sesam- und Sojaöl.

Zu den *festen Fetten* gehören:

1. *Körperfette von Landtieren*, wie Rinderfett und Schweineschmalz;
2. *Milchfette*, wie Butter.
3. *Pflanzenfette*, wie Palm-, Palmkern- und Kokosfett, Kakaobutter u.a.

Zu den wichtigsten der *flüssigen Fette* gehört das *Olivenöl*, das für Speisen der verschiedensten Arten verwendet werden kann. Das beste Olivenöl — Huile vierge — wird kalt gepreßt. Es hat einen feinen, fruchtigen Geschmack, eine grünliche Tönung und wird nicht so leicht ranzig. Warm gepreßtes Olivenöl kommt als « Huile d'olive ordinaire » in den Handel. Auch dieses Öl ist von gutem Geschmack, doch wird es schneller ranzig als das Jungfernöl, außerdem ist es heller in der Farbe.

Erdnuß- oder Arachidöl ist farblos bis hellgelb und annähernd geruch- und geschmacklos. Das aus den Erdnüssen kaltgepreßte Öl ist besonders gut, es wird aber meistens durch Warmpressen und Extraktion gewonnen. Gutes Erdnußöl wird von Personen bevorzugt, die zum Salat ein neutral schmeckendes Öl bevorzugen.

Sonnenblumenöl wird auf kaltem Wege aus Sonnenblumenkernen gepreßt. Es ist hellgelb, klar und des feinen Geruches und Geschmackes wegen auch als Speiseöl beliebt.

Speiseöle, besonders jedoch Olivenöl, dürfen nicht zu kalt stehen. Olivenöl beginnt schon bei 10 Grad Celsius zu erstarren. Daher sollte das Öl zum Bereiten von Mayonnaise auch stets Küchentemperatur haben, da sich sonst keine Emulsion bilden kann und die Mayonnaise leicht gerinnt.

Rinderfett oder Rindertalg wird durch Ausschmelzen des Fettgewebes der Rinder gewonnen. In der Küche wird es zu mannigfaltigen Zwecken verwendet, u.a. auch zur Fritüre. Zum direkten Verbrauch für Back- und Bratzwecke eignet sich das Nierenfett am besten.

Schweineschmalz oder Schweinefett ist das aus dem Fettgewebe des Schweines ausgeschmolzene Fett, das in der Küche eine vielfache Verwendung findet.

Milchfette sind die in der Milch der Tiere enthaltenen Fette im Gegensatz zu den Körperfetten. Das wichtigste Milchfett ist das aus der Kuhmilch angereicherte und abgeschiedene Fett: die *Butter*. Butter ist eine Emulsion, die mindestens 80 % Milchfett in feinster Verteilung, höchstens 18 % Magermilch und geringe Mengen Kochsalz enthalten soll. Nach dem Herstellungsverfahren unterscheidet man zwischen:

Sauerrahmbutter, wobei der durch Zentrifugieren gewonnene Rahm erhitzt wird, um schädliche Keime zu vernichten. Der Rahm wird mit Milchsäurebakterien angesäuert und muß ungefähr 16 Stunden bei 10-20° C reifen.

Süßrahmbutter. Hier fällt das Säuern des Rahmes fort. Da frischer, süßer Rahm sich schwer verbuttern läßt, muß er erst 3-10 Stunden bei einer Temperatur unter 10° C reifen, ehe man ihn weiter verarbeiten kann.

Butter ist leicht dem Verderb durch Mikroorganismen und chemischen Veränderungen ausgesetzt. Sie muß daher dunkel und kühl gelagert werden. Während Sauerrahmbutter bei einer Temperatur von 0° C sich nur 5-6 Wochen hält, kann sie bei —12 bis —15° C bis zu 8 Monaten gelagert werden.

Auch in der Küche sollte stets nur soviel Butter bereitstehen, wie zur Zeit gebraucht wird, denn nichts ist den Speisen abträglicher als Butter mit leicht ranzigem Geschmack.

Gehärtete Pflanzenfette, die unter verschiedenen Namen in den Handel kommen, werden zum Backen und Braten verwendet. Viele dieser Fette, z. B. Palmkernfett und Kokosfett sind wichtige Rohstoffe für die Bereitung von *Margarine.*

Kakaobutter ist zu ungefähr 50 % in der Kakaobohne enthalten und wird durch Abpressen gewonnen. Bei gewöhnlicher Temperatur ist sie fest und spröde und von weißlicher bis hellgelber Farbe. Sie kommt in Blöcken von 2½ bis 5 kg in den Handel und wird bei der Herstellung von Schokolade und Kuvertüre benötigt.

Margarine ist eine streichfähige Emulsion und wird aus den Fetten von Pflanzen und Tieren sowie gehärteten Ölen mit Zusatz von entrahmter Milch hergestellt. In erster Linie verarbeitet man an pflanzlichen Fetten: Kokos- und Palmkernfett, Erdnuß, Baumwollsamen-, Sojabohnen-, Sesam- und Rapsöl; an tierischen Fetten: Rindertalg, Schweinefett und gehärteten Waltran.

GETREIDE UND GETREIDEPRODUKTE

Getreide oder Zerealien sind die Körner gewisser zu den Gräsern gehörender Pflanzen, die für die Ernährung von Menschen und Tieren von größter Bedeutung sind. Zum Getreide gehören: Weizen, Roggen, Hafer, Gerste, Hirse, Dinkel, Mais und Reis. Das Getreidekorn ist von der Schale umschlossen, die im wesentlichen aus Zellulose besteht und unverdaulich ist. Darunter liegt die Aleuronschicht, die Eiweiß und Fett enthält, und der innere Mehlkörper, der in der Hauptsache aus Stärke und Eiweiß besteht. Im Mehlkörper eingebettet ist der Keimling. Er enthält Fett und ist reich an Vitaminen und Mineralstoffen.

Mehl ist das Produkt der von allen unnötigen Bestandteilen weitgehend befreiten und feingemahlenen Getreidekörner. Außer dem eigentlichen Brotgetreide werden auch Mais, Gerste, Buchweizen, Reis, Dinkel und Kartoffeln zu Mehl oder Stärke verarbeitet. Der Hauptbestandteil und vor allem wichtigste Nährstoff sämtlicher Getreidearten ist die Stärke; sie macht ungefähr ein Drittel des Korngewichtes aus.

Um Mehl herzustellen, durchläuft das gebrochene Korn verschiedene Stufen der Ausmahlung, und dadurch werden die anfallenden Erzeugnisse immer feiner. Nach dem Grad der Feinheit unterscheidet man:

— Schrot, das geschälte und wenig zerkleinerte Korn;
— Grieß, das grobgemahlene Korn;
— Dunst ist die nächste Mahlstufe, und
— Mehl ist der ganz feine, reine Mehlkörper.

Getreidearten sind:

Weizen

Er wird in der ganzen Welt in den gemäßigten und subtropischen Gegenden in zahlreichen Kulturformen angebaut. Weizen ist ein hochwertiges Nahrungsmittel. Es enthält im Durchschnitt 8,6-12,5 % Eiweiß, 1,4 % Fett und 60-70 % Stärke. Man unterscheidet zwischen Hart- und Weichweizen. Der Klebergehalt des Hartweizens ist höher als beim Weichweizen und daher eignet sich das daraus hergestellte Mehl besonders gut für Makkaroni, Spaghetti, Vermicelli und andere Teigwaren. Weichweizen ist kleberärmer, aber stärkereicher und weißer als Hartweizen. Das Mehl von Weichweizen nimmt man daher vorzugsweise zum Brot- und Kuchenbacken und für allgemeine Küchenzwecke. Weizengrieß ist ein Mühlenerzeugnis, das in verschiedenen Korngrößen hergestellt wird. Der Größe nach unterscheidet man grob, mittel und fein, und der Beschaffenheit nach Hart- oder Weichweizengrieß. Aus Weizen werden auch die von Engländern und Amerikanern so gerne zum Frühstück gegessenen « Cereals », wie Shredded Wheat, Puffed Wheat und Cream of Wheat, hergestellt.

Weizenmehl ist das in der ganzen Welt gebräuchlichste Mehl. Es dient in erster Linie zum Backen und ist lockerer und verdaulicher als Roggenmehl. Der Ausmahlungsgrad bedeutet die Ausnutzung des Korns und wird in Prozenten angegeben. Gutes Mehl soll griffig sein, sich trocken anfühlen, Geruch und Geschmack müssen frisch, nicht bitterlich oder gar säuerlich sein. Es muß trocken, kühl und luftig gelagert werden, Feuchtigkeit fördert die Entwicklung von Milben.

Roggen

In Deutschland und den nördlicheren, kälteren Anbaugebieten ist Roggen die wichtigste Getreidepflanze. Der Eiweißgehalt it mit 8-10 % etwas geringer als beim Weizen, der Stärkegehalt liegt bei 68 %. Der größte Teil wird zu Mehl vermahlen, außerdem dient Roggen zum Herstellen von Kornbranntwein, Kaffee-Ersatz u.a.

Roggenmehl wird ziemlich stark ausgemahlen und ist nicht so fein wie Weizenmehl. Die Farbe ist graugelblich. Es hat im Gegensatz zu Weizenmehl keinen auswaschbaren, zusammenhängenden Kleber. Roggenmehl wird für sich allein oder vermischt mit Weizenmehl hauptsächlich zu Brot verbacken.

Hafer

Diese aus Vorderasien stammende Getreideart wird heute in allen Ländern der gemäßigten Zonen kultiviert. Er enthält mehr Eiweiß und Fett als andere Getreidearten, und zwar 13,5 % Eiweiß, 6 % Fett und 67 % Stärke. Hafer wird zu Mehl, Flocken, Grieß und Mark verarbeitet. Haferflocken sind geschälte, gedarrte und gewalzte Haferkörner; dabei wird die Stärke teilweise aufgeschlossen und das Produkt dadurch verdaulicher gemacht. Man ißt sie roh, als Haferschleim oder zum Frühstück als Porridge. Hafergrütze stellt man aus geschälten, gedarrten Haferkörnern durch Schroten her; Hafermark sind besonders kleine Haferflocken.

Hafermehl wird durch Vermahlen von geschälten, durch Dampf und Rösten vorbehandelten Hafer gewonnen. Da es den höchsten Fettgehalt aller Getreidearten hat, muß der Hafer vorbehandelt werden, da das Mehl sonst leicht bitter ist. Da Hafermehl gut löslich und leicht verdaulich ist, eignet es sich für Diätzwecke und Kindernahrung. Hafermehl sowie alle Haferpräparate müssen trocken und luftig aufbewahrt werden.

Gerste

Aus Kleinasien herstammend, wird diese Getreideart in verschiedenen Zuchtformen bereits seit der Steinzeit angebaut. Gerste ist der Rohstoff für die Bierbrauerei, ein wichtiges Futtermittel und spielt auch in der menschlichen Ernährung eine bedeutende Rolle. Sie wird zu Mehl, Grieß (sehr feine Grütze), Grütze, Flocken und Gerstencreme verarbeitet. Gerstenprodukte sind auch Rollgerste oder Graupen, d. h. geschälte und durch Schleifen und Polieren abgerundete Gerstenkörner; Perlgraupen sind kleiner, kugeliger und leichter verdaulich. Rollgerste enthält 9,7 % Eiweiß, 1,9 % Fett, 68,5 % Kohlenhydrate und 4,4 % Zellulose. Graupen werden zum Bereiten von Suppen, ähnlich wie Risotto, für Krankenkost, Kindernahrung u.a. verwendet.

Hirse

Hirse nennt man die sehr ähnlichen Körner verschiedener Getreidepflanzen, deren Blütenstände Rispen mit vielen kleinen Ähren bilden. Sie war einst ein Hauptnahrungsmittel in Mitteleuropa und ist auch heute noch in Südrußland, China und Zentralasien eine der wichtigsten Getreidepflanzen. Hirse enthält alle für den Körperbau notwendigen Bestandteile, wie Phosphor, Magnesium, Kali u. a. Sie wird zu Grütze verarbeitet; Hirsegrieß kann wie Weizengrieß verwendet werden, und Hirsemehl nimmt man ähnlich wie Weizenmehl für Suppen und Saucen. Kolbenhirse oder Fennich ist eine wichtige Brotfrucht in Süd- und Ostasien.

Mais

Diese zu den Grasgewächsen gehörende Pflanze ist auch unter dem Namen Kukuruz oder türkischer Weizen bekannt geworden. In den angelsächsischen Ländern wird Mais als Corn bezeichnet. Mais stammt aus Amerika und ist in Ländern mit gemäßigtem oder heißem Klima in zahlreichen Zuchtformen verbreitet. Neben Weizen und Reis ist Mais das wichtigste Getreide. Die Pflanze erreicht eine Höhe bis zu 5 m, die Körner sitzen dichtgedrängt in Reihen auf einer Spindel und bilden die Maiskolben. Das einzelne Korn ist je nach der Maisart verschieden in Größe, Form und Farbe. Weiße, frische Maiskörner enthalten 3,7 % Eiweiß, 1,2 % Fett, 20 % Kohlenhydrate, 14,6 % Stärke, 4,3 % Zucker und andere wichtige Bestandteile. Unreife Maiskolben werden frisch als Gemüse verwendet, abgekernt bilden sie eine beliebte Konserve. Maisgrieß wird aus weißen oder gelben Körnern hergestellt. Er wird u.a. zum Bereiten von Polenta, der rumänischen Mamaliga, sowie zu verschiedenen amerikanischen Gerichten, wie Corn Meal Mush, Corn Meal Muffins u.a., verwendet. Corn Flakes werden aus entbitterten und aufgeschlossenen Maiskörnern mit Dampf durch Auswalzen gewonnen. Weitere Maisprodukte sind: Maisstärke, Maiskeimöl, ein hellgelbes, neutral schmeckendes Speiseöl; Maiszucker, der ähnlich wie Rohrzucker aus dem Preßsaft von Sugar Corn gewonnen wird; und Stärkesirup oder Glucose, die man durch teilweise Verzuckerung der Stärke herstellt und die einen nicht kristallisierenden Sirup bildet. Glucose verhindert das Austrocknen von Fondant und wird zu Marmeladen, Marzipan und anderen Zwecken verwendet.

Maismehl wird aus weißen, feingemahlenen Maiskörnern gewonnen und für sich allein oder mit anderem Mehl vermischt zum Brotbacken genommen. Man verwendet es auch für fertige Kuchenmischungen, Eierkuchen u.a.m.

Reis

Diese einjährige Pflanze gehört ebenfalls zu den Grasgewächsen und wird in fast allen subtropischen und tropischen Ländern angebaut. Hauptanbaugebiete sind Indien, China, Japan und Thailand. Von den beiden Spielarten Berg- und Sumpfreis ist nur die letztere von größerer Bedeutung. Harte Sorten sind im allgemeinen beliebter als die weichen, weil sich das Korn besser kocht und auch lockerer und körniger bleibt. Reis ist die kohlenhydratreichste aller Getreidepflanzen. Er enthält im Durchschnitt 7,6 % Eiweiß, 0,3 % Fett, und 79,4 % Kohlenhydrate. Die Reiskörner sind mit rauhen, sehr starken Spelzen umwachsen. Sie müssen erst geschält werden, was heute bei der Aufarbeitung in besonderen Reismühlen erfolgt. Der ungeschälte Reis wird als Paddyreis bezeichnet. Unter den Spelzen befindet sich die dünne, sogenannte Silberhaut, die durch Schleifen entfernt wird, um recht glänzende Körner zu erhalten. Da diese Haut jedoch das Vitamin B_1 enthält, ist der geschliffene Reis vitaminarm. Zuletzt wird der Reis noch poliert und die besseren Sorten auch glaciert. Reis ist im allgemeinen besser, je größer das Korn und je glasiger und durchscheinender es ist. Bevorzugte Sorten sind:

Vorderindien:

Patnareis: länglich-dünnes Korn, an den Enden nicht zugespitzt, weiß-glasig, gute Qualität.

Basmathireis: länglich-dünnes Korn, weiß-glasig, schnell weichkochend, aber feinste Qualität.

Hinterindien:

a) Burmareis:

Rangoon: rundes, weißes Korn, weiß-glasig, billige Sorte.

Bassein: hartes Korn, mittlere Qualität.

Moulmein: langes, volles schneeweißes Korn, sehr weich, dabei aber von guter Qualität.

b) Siamreis: längliches, schlankes Korn, glasig, vorzügliche Qualität.

Javareis: längliches, gerieftes Korn, durscheinend weiß, weich, sehr gute Qualität.

Japanreis: kurzes, rundliches, glasiges Korn.

Nordamerika:

Karolinareis: mittelgroßes, längliches, gerieftes, durchscheinendes, weißes, hartes Korn, feinste Qualität; meistens glaciert, weil dadurch haltbarer.

Mexikoreis: großes, hartes Korn, durchscheinend, wertvolle Qualität.

Europa:

Italien: Vialone und Ostiglia, rundliche Form, oft mit einem braunen Rändchen versehen, weich, selten glaciert, hochwertige Qualität.

Mailänder Reis: kurze, dicke, rundliche Körner, gute Qualität.

Reis erfordert auch bei längerer Lagerung keine besonderen Maßnahmen, er muß nur trocken aufbewahrt werden. Glacierter Reis ist haltbarer als unglacierter.

Rice Cereals sind fertig verpackte, im Handel erhältliche Produkte, die mit Sahne und Zucker zum Frühstück gegessen werden. Am bekanntesten sind: Puffed Rice, Rice Crispies, Rice Flakes und Rice Bran. Reisgrieß und Reismehl finden in der Diätkost und Kinderernährung Verwendung, Reismehl nimmt man auch zum Binden von Suppen.

Buchweizen

Buchweizen gehört nicht zu den Gräsern, sondern zu den Knöterichgewächsen und wird im nördlichen Europa, Sibirien und Nordamerika angebaut.

Buchweizenmehl ist infolge des hohen Gehaltes an Eiweiß und Stärke entweder alleine oder mit Weizen- oder Roggenmehl vermischt wertvoll zum Herstellen von Brot und Gebäck. Buchweizenmehl nimmt man vorzugsweise zum Backen von Blini.

Dinkel

Diese Abart des Weizens, die auch Spelzweizen genannt wird, baut man besonders in der Schweiz, in Süddeutschland und in Tirol an.

Grünkernmehl wird aus dem, im halbreifen Zustand geernteten, vorsichtig gedörrten und geschälten Korn des Dinkels hergestellt und wird zur Suppe und Suppenpräparaten verwendet.

STÄRKE

Stärke ist der Inhaltstoff verschiedener Pflanzen und besteht aus mikroskopisch kleinen Körnern. Sie ist vor allem in Getreidekörnern, Hülsenfrüchten und Kartoffeln zu finden. Anders als beim Mehl, das man durch trockenes Vermahlen gewinnt, wird die Stärke aus dem Mehl herausgewaschen, wobei Eiweiß und Mineralstoffe zurückbleiben. Stärke ist im kalten Wasser unlöslich, quillt jedoch beim Erwärmen auf 60-70° C auf, verkleistert und bildet je nach der verwendeten Menge einen leicht gebundenen Brei oder eine Masse von sturzfester Konsistenz. Neben der küchenmäßigen Verwendung wird Stärke zum Backen genommen und ist auch bei der Herstellung von Puddingpulver und Teigwaren ein wichtiger Bestandteil.

Stärkearten

Arrowrot, Pfeilwurzelmehl, ist Stärke, die aus den Wurzelstöcken verschiedener tropischer Pflanzen gewonnen wird, besonders aus Manioc und Maranta. Arrowrot wird zum Binden von Suppen und Saucen verwendet.

Maisstärke gewinnt man aus dem rohen Korn. Sie ist feinkörnig, im reinen Zustand hellweiß, geruchlos und ohne ausgeprägten Eigengeschmack. Aus Maisstärke stellt man Puddingpulver, Gebäckmehl und Kindernahrung her. Maizena und Mondamin sind Präparate aus Maisstärke. In der Küche findet sie eine vielseitige Verwendung.

Kartoffelstärke ist grobkörnig, verhältnismäßig billig, nicht so wohlschmeckend wie Arrowrot und auch weniger konsistent. Die Verwendung ist die gleiche wie bei Arrowrot.

Weizenstärke hat die gleichen Eigenschaften wie Maisstärke, kommt pulverförmig in den Handel und wird genau wie Maisstärke verwendet.

Roggenstärke ist sehr schwer zu gewinnen. Sie hat ungefähr die gleiche Struktur wie Weizenstärke, wird aber nur selten verwendet.

Tapioka ist die Stärke, die aus den Wurzeln des in den Tropen angebauten Cassavestrauchs gewonnen wird. Sie ist hellweiß und wird zu Suppen und Puddings verwendet.

Sago ist das stärkereiche Mark der ostindischen Sagopalme und anderer tropischer Palmenarten. Sago wird auch aus Kartoffelstärke gewonnen, erreicht jedoch nicht die Quellfähigkeit und Güte des echten Sagos. Man verwendet Sago genau so wie Tapioka.

OBST

Obst ist ein Sammelbegriff für alle genießbaren Früchte von kultivierten oder wildwachsenden Pflanzen und auch einige Arten von Samenkernen wie Mandeln und Nüsse werden dazu gezählt. Diejenigen Früchte, die in südlichen Ländern oder in subtropischen und tropischen Gegenden wachsen, bezeichnet man als Südfrüchte bzw. als exotische Früchte.

Alle Früchte zeichnen sich durch einen hohen Gehalt an Säften, Geschmack und leichter Verdaulichkeit aus; des beträchtlichen Wassergehalts wegen ist ihr Nährwert allerdings nur gering. Dennoch sind Früchte für die menschliche Ernährung von großer Bedeutung, denn sie sind reich an Vitaminen, Mineralstoffen, Zucker, Fruchtsäuren und Geschmackstoffen. Mandeln und Nüsse bilden durch ihren hohen Gehalt an Fett eine Ausnahme; Eiweiß und Fett sind nur in den Obstkernen in größeren Mengen vorhanden.

Im allgemeinen wird das Obst in folgende Gruppen eingeteilt:

Steinobst: Aprikosen, Kirschen Pflaumen, Pfirsiche.

Kernobst: Äpfel, Birnen, Quitten.

Beerenobst: Erdbeeren, Brombeeren, Heidelbeeren, Himbeeren, Johannisbeeren, Preiselbeeren, Stachelbeeren, Weintrauben.

Schalenobst: Haselnüsse, Walnüsse, Maronen.

Wildfrüchte: Ebereschen, Maulbeeren, Holunderbeeren, Vogelbeeren, Schlehen.

Südfrüchte, exotische Früchte: Ananas, Anonen, Apfelsinen, Avocados, Bananen, Celestinen, Datteln, Feigen, Granatäpfel, Grapefruit, japanische Mispel (Nefle), Kakis, Kaktusfeigen, Kumquat (japanische Orange), Loganbeeren, Mangos, Mandarinen, Orangen, Papayas, Zitronen u.a.m.

Die botanische Gliederung der Früchte ist nicht immer die gleiche wie die gastronomische. Melonen sind zwar mit der Gurke und dem Kürbis verwandt, gehören jedoch, gastronomisch betrachtet, zu den Früchten. Dagegen bezeichnet der Botaniker Auberginen, Kürbis, Tomaten und einige andere Erzeugnisse der Pflanzenwelt als Früchte, die der Gastronom als Gemüse ansieht.

Bei der Auswahl des Obstes ist darauf zu achten, daß es keine Wuchsfehler oder Wurmstiche aufweist und daß Schale und Fleisch frei von Braunfärbung oder anderen Fehlern sind. Da Obst äußerst empfindlich ist, muß es gegen Stoß und Druck geschützt werden. Beerenobst darf nicht hoch aufgeschüttet werden, Äpfel, Birnen, Pfirsiche und ähnliche Früchte sollten sich nicht berühren; man schützt sie am besten vor Druck durch Papierwolle oder Seidenpapier. Alles Obst muß kühl, trocken und frostfrei gelagert werden, und man sollte auch bedenken, daß es gegen fremde Gerüche sehr empfindlich ist.

Obst wird nicht nur frisch verzehrt, sondern auch in Küche und Patisserie vielseitig verwendet. Da die Ernährungswissenschaft immer wieder darauf hinweist, daß Obst zu Beginn der Mahlzeit genossen weitaus wertvoller ist, als wenn man es zum Dessert serviert, sind Vorspeisen von oder mit rohem Obst von besonderer Bedeutung. Einige Obstsorten eignen sich besonders gut zum Tiefgefrieren. Darüber hinaus stellt man aus Obst Konserven, Konfitüren, Marmeladen, Gelees, Mark, Säfte, Erfrischungsgetränke, Wein, Branntwein, Essig u.a. her.

GEMÜSE

Mit dem Namen Gemüse bezeichnet man alle jene Pflanzen oder Pflanzenteile, die roh, gekocht oder konserviert der menschlichen Ernährung dienen. Gewürze und Getreide gehören nicht zum Gemüse und auch Gewürzpflanzen sollte man nicht hierzu zählen.

Beim Gemüse ist der Kaloriengehalt nicht von großer Bedeutung, da bei den meisten Arten der Gehalt an Eiweiß, Kohlenhydraten und Fett nur gering ist. Wertvoll ist das Gemüse durch den Gehalt an Vitaminen, Mineralstoffen, Extraktstoffen und ätherischen Ölen, wozu noch der ausgezeichnete Geschmack vieler Arten hinzukommt. Da die ernährungsphysiologischen Teile der Gemüse sehr empfindlich sind, ist dafür Sorge zu tragen, daß sie möglichst frisch und schonend behandelt werden. Durch unrichtige und unzweckmäßige Behandlung von Gemüse können die darin enthaltenen wertvollen Stoffe, besonders aber die Vitamine weitgehend zerstört werden. Gemüse darf daher nicht zu lange und nicht zu schnell gekocht werden.

Bei den Gemüsen unterscheidet man:

Wurzelgemüse: Mohrrüben (Karotten), Pastinaken, rote Rüben (Randen), Rettiche, Schwarzwurzeln, Fenchelknollen, Knollensellerie, Radieschen, Topinambur, Bataten, Kartoffeln, Teltower Rübchen, Knollenziest (Stachy), Petersilienwurzeln, weiße Rüben, Helianthi, Steckrüben, Kerbelrübchen, Meerrettich, Oxalis.

Blattgemüse: Spinat, Tetragone (Neuseeländer Spinat), Weißkraut, Rotkraut, Wirsingkohl, Rosenkohl, Portulak, Grünkohl, Mangold, Sauerampfer.

Fruchtgemüse, Samengemüse: Tomaten, Gurken, Melonen, Kürbis, Kürbischen (Courgettes), Eierfrüchte (Auberginen), Paprikaschoten, Maiskolben, grüne Bohnen, grüne Erbsen, Okra (Bamia), Chayotte.

Blütengemüse: Artischocken, Blumenkohl, Broccoli.

Stengelgemüse: Spargel, Bleichsellerie, Kardi, Kohlrabi, Rhabarber.

Zwiebelgemüse: Zwiebeln, Steckzwiebeln, Perlzwiebeln, Porree, Knoblauch.

Salatgewächse: Kopfsalat, römischer Salat, Endivie, Rapunzel, Chicorée, Escariol, Kapuzinerbart, Brunnenkresse.

Frische Gemüse sind äußerst empfindlich und rasch verderblich. Grundsätzlich soll frisches Gemüse nie lange im voraus gekauft und gelagert werden. Nur wirklich frische Ware ist wertvoll, verwelktes Gemüse hat bereits einen großen Teil seines Nährwertes eingebüßt, ehe es überhaupt zum Verbrauch kommt. Zum Frischhalten, besonders von grünem Gemüse, ist eine kühle und feuchte, nicht nasse, Lagerung am besten, da viele durch Verdunsten an Qualität Einbuße erleiden, z. B. Kopf- und anderer Salat, grüne Bohnen, Spinat und Rosenkohl. Um Wurzelgemüse längere Zeit haltbar zu machen, werden sie in Sand eingegraben, Kohl legt man in einen kühlen Raum auf ein luftiges Gestell mit viel Zwischenraum und mit den Wurzeln nach oben.

Konservierungsmethoden: Zum Einlagern in Kühlhäusern auf einige Zeit eignen sich besonders die verschiedenen Kohlarten, Spinat, Sellerie, Zwiebeln und Tomaten.

Sterilisieren: Alle zarten jungen Gemüse können sterilisiert werden. Sie werden zum Abtöten schädlicher Fermente kurz blanchiert, in Blechdosen mit einer Kochsalzlösung gefüllt und bei 110-120° C je nach Art 60-120 Minuten sterilisiert. Dabei wird zwar das Vitamin C zum Teil zerstört, hingegen findet eine Aufschließung der Zellwände statt, wodurch die Verdaulichkeit gebessert wird.

Trocknen, Dörren: Durch das Dörren wird der Wassergehalt des Gemüses auf ungefähr 10 % herabgesetzt. Dadurch werden die Mikroorganismen getötet oder ihr Einfluß gehemmt und das Dörrgut erst lagerfähig gemacht. Bei der industriellen Verarbeitung wird das Gemüse blanchiert, abgeschreckt und auf Horden in Trockenkammern bei 50-70° C in etwa 6-10 Stunden vitaminschonend getrocknet. Dörrgemüse muß fest verschlossen und trocken gelagert werden.

Einsäuern: Hier wird das vorbereitete Gemüse mit Salz, seltener mit saurer Magermilch, eingestampft oder eingelegt. Dabei verarbeiten die Milchsäurebakterien einen Teil der Kohlenhydrate zu Milchsäure, die das Gemüse lange Zeit haltbar macht, z. B. Sauerkraut und saure Gurken.

In Essig legen: Bei dieser Konservierungsmethode wird das Gemüse in zumeist gewürzten Essig eingelegt. Zur besseren Haltbarmachung wird das gesäuerte Gemüse zuweilen noch sterilisiert. Beispiele für die Anwendung dieses Verfahrens sind Gewürz-, Delikatess- und Senfgurken, Pickles, grüne Tomaten und Kürbis.

Einfrieren: Unter der Voraussetzung, daß das Gemüse 100 % frisch ist und sofort nach der Ernte mit fahrbaren Aggregaten eingefroren wird, ist dies das beste und vitaminschonendste aller Konservierungsverfahren. Nachdem das Gemüse kochfertig vorbereitet und kurz blanchiert worden ist, wird es bei Temperaturen von —30 bis —40° C eingefroren und hiernach bei —18° C gelagert. Gefrorenes Gemüse kann gegenüber der frischen Ware im Geschmack, Nährwert und Aussehen nicht nur gleichwertig, sondern sogar noch besser sein. Auf- oder angetaute Ware muß allerdings sofort verarbeitet werden, da sie schneller als frische Ware verdirbt und auch der Vitamingehalt dann rapide abnimmt.

ZUCKER

Zucker ist ein süßschmeckender, in der Natur vielseitig vorkommender Stoff. Er gehört zu den Kohlenhydraten und spielt in der menschlichen Ernährung eine wichtige Rolle. Zum Zucker gehören in erster Linie Saccharose, Fruchtzucker, Invertzucker, Milch- und Traubenzucker.

Der Zucker, den wir für Küche und Tafel gebrauchen, die Saccharose, ist der Rüben- oder Rohrzucker. Chemisch gesehen, ist der Zucker der Zuckerrübe und der des Zuckerrohres gleichwertig.

Rübenzucker wird aus der Zuckerrübe gewonnen. Sie wurde aus der Runkelrübe gezüchtet und hat einen Zuckergehalt von 18 %. Um den Zucker zu gewinnen, wird die vom Schopf befreite Rübe gewaschen, geschnitzelt und mit warmem Wasser ausgelaugt. Die entstandene Lösung wird filtriert und die Hauptmenge der Nichtzuckerstoffe wird abgetrennt. Der entstandene gelbliche Saft wird im Vakuum zu dickem Sirup eingedämpft. Nach dem Abkühlen des Sirups scheiden sich Zuckerkristalle ab und werden durch Zentrifugieren vom Sirup getrennt. Dieser Vorgang wird wiederholt, bis alle Kristalle abgeschieden sind. Der kristalline Rohzucker ist noch gelbbraun gefärbt, klebrig und hat einen Beigeschmack. Er muß also noch gereinigt werden, ein komplizierter Prozeß, wobei der nochmals gelöste Zucker entfärbt, eingedämpft und kristallisiert wird.

Rohrzucker wird aus dem in den Tropen und Subtropen gedeihenden Zuckerrohr gewonnen. Zuckerrohr gehört zu den Rispengräsern; das saftige Mark enthält 15-20 % Zucker. Der Zuckersaft wird abgepreßt oder mit Wasser ausgelaugt, die weitere Verarbeitung ist die gleiche wie beim Rübenzucker, jedoch einfacher.

Die Zuckersorten unterscheiden sich durch den Reinheitsgrad, in der Farbe, der Größe der Kristalle und der verschiedenen äußeren Form. Der Form nach unterscheidet man:

Kristallzucker, bei dem die Kristalle in verschiedener Größe deutlich ausgebildet sind.

Würfelzucker in verschiedenen Größen und Formen.

Stückenzucker, Hutzucker, Plattenzucker usw., den man heute in den Küchen kaum noch verwendet.

Gemahlenen Zucker, der so fein wie Puder gemahlen ist und bei dem keine Kristalle mehr zu erkennen sind, z. B. gemahlene Raffinade und Puder-Raffinade, beides Sorten, die hauptsächlich in der Patisserie verwendet werden.

Kandiszucker in Form großer Kristalle, z. B. gelber Kandis, brauner Stangenkandis usw.

Zucker muß stets trocken und luftig gelagert werden, bei feuchter Lagerung klumpt er schnell zusammen. Vor allen Dingen ist er vor fremden Gerüchen zu schützen und muß getrennt von stark riechenden Produkten aufbewahrt werden. Bei sachgemäßer Lagerung ist Zucker fast unbegrenzt haltbar.

GEWÜRZE UND GEWÜRZKRÄUTER

ANIS
Anis ist die reife, getrocknete Spaltfrucht eines im Mittelmeergebiet heimischen Doldengewächses von feinem aromatischem Geruch und Geschmack.

Verwendung
Als Küchengewürz, in der Konditorei und in der Likörfabrikation.

BASILIKUM
Basilienkraut ist das Gewürzkraut eines 10-40 cm hohen Lippenblütlers mit rötlichweißen oder lilafarbigen Blüten. Der Geruch ist aromatisch, der Geschmack sehr würzig.

Zum Würzen von Pasteten, Suppen, Saucen, Salat, Wurst und zum Kräuteressig.

BEIFUSS
Beifuß ist ein Gewürz mit angenehmem Geruch und würzig-bitterem Geschmack, ähnlich dem Wermut.

Die getrockneten Blätterzweige für Fleischgerichte, besonders für Gans, Ente und Schweinefleisch.

BIBERNELLE
Bibernelle, Pimpinelle, ist ein zu den Doldenblütlern gehörendes Gewächs aus den Mittelmeerländern. Der Geschmack und Geruch ist würzig und gurkenähnlich.

Zum Würzen von Suppen, Saucen, Fleischgerichten und die jungen Blätter auch als Salat.

BOHNENKRAUT
Bohnenkraut ist ein zu der Familie der Lippenblütler gehörendes Kraut. Es hat einen pfefferartigen Geruch und Geschmack.

Als Würze für grüne Bohnen, Suppen, Saucen, Pilze, Fleisch und andere Gerichte.

BORRETSCH
Borretsch ist eine einjährige Pflanze aus der Familie der Borretschgewächse.

Die Blätter werden hauptsächlich als Salatgewürz verwendet.

CURRYPULVER
Currypulver ist eine Pulvermischung aus Kardamom, Cayennepfeffer, Koriander, Kurkuma, Kümmel, Muskatblüte, Nelken, Pfeffer und Zimt.

Zum Bereiten von Curry und anderen exotischen Gerichten.

DILL
Dill ist ein bis 1 m hohes Doldengewächs mit gefiederten Blättern; Kraut und Früchte sind eigenartig und angenehm würzig im Geruch und Geschmack.

Für Kräutersuppen, Krebsgerichte, zum Salat, zum Einlegen von Gurken und Sauerkraut sowie als Dekor für kalte Platten.

ESTRAGON

Estragon, Bertram, ist ein in Südeuropa und Sibirien wildwachsendes, in Mitteleuropa kultiviertes Kraut mit langen, schlanken Blättchen von angenehm würzigem Geruch und anisartigem Geschmack.

Frisch oder in Essig eingelegt zu Suppen, Saucen, kalten und warmen Gerichten, Marinaden, zum Einlegen von Gurken, zum Bereiten von Estragonessig und Estragonsenf sowie als Dekor für kalte und warme Gerichte.

FENCHEL

Fenchel ist eine Pflanze aus der Familie der Doldengewächse, die im Mittelmeergebiet heimisch ist. Man nimmt die getrockneten, angenehm süßlich riechenden und würzigen Blütendolden.

Zum Einlegen von Gurken, als Brotgewürz und zur Likörfabrikation.

KARDAMOM

Kardamom ist der Samen der nicht völlig ausgereiften Frucht einer bis 3 m hohen Pflanze aus der Familie der Ingwergewächse. Kardamom ist sehr würzig, doch etwas scharf schmeckend.

Für Wurstwaren, Currypulver, für exotische Gerichte, Backwaren und bei der Likörfabrikation. Der meiste kommt aus Ceylon.

INGWER

Ingwer ist der Wurzelstock der aus Indien stammenden, heute aber in fast allen tropischen Ländern angebauten Ingwerpflanze. Die bis zu 10 cm langen Wurzelstücke kommen geschält oder ungeschält in den Handel. Der Geruch ist streng, der Geschmack scharf und würzig.

Ingwerpulver wird zu Currypulver, zu exotischen Gerichten, in der Konditorei und Likörfabrikation verwendet. Kandierter und eingelegter Ingwer ist ein beliebtes Konfekt und wird auch in der Konditorei gebraucht.

KERBEL

Kerbel ist ein kleines Gartenkraut aus der Familie der Doldengewächse, von feinem, zartem Geruch und Geschmack. Man nimmt es gezupft.

Für Kraftbrühen, für Kräutersuppen, Salat, Saucen und als Dekor für kalte Gerichte.

KNOBLAUCH

Knoblauch ist ein aus dem Orient stammendes Zwiebelgewächs, das in Mittel- und Südeuropa weitgehend kultiviert wird.

Zu Suppen, Saucen, Fisch- und Fleischgerichten, Salaten, in der Wurstfabrikation, für Marinaden u. a. m. Infolge des starken Geschmackes und Geruches ist Vorsicht bei der Verwendung am Platze.

KORIANDER

Koriander ist die pefferkorngroße Frucht eines im Mittelmeergebiet heimischen, aber heute in ganz Europa angebauten Doldengewächses. Guter Koriander ist gelblichbraun und von mildem, aber scharf-aromatischem Geschmack.

Für Wurstwaren, Fischmarinaden, Saucen, exotische Gerichte und in der Likörfabrikation.

KÜMMEL

Kümmel ist der ölhaltige Samen der Kümmelpflanze, die stellenweise wild oder als Wiesenkümmel wächst; die beste Handelsware kommt aus Holland. Kreuz- oder römischer Kümmel ist größer als der gewöhnliche Kümmel und auch schärfer im Geschmack.

Vielseitig in der Küche zu allerlei Gerichten, bei der Käsefabrikation, in der Bäckerei und der Likörfabrikation.

KURKUMA

Kurkuma, Gelbwurz, nennt man die Wurzelstöcke einer in Südasien, vornehmlich Ostindien und Südchina vorkommenden Pflanze, die zu den Ingwergewächsen gehört. Er kommt gemahlen als dunkelgelbes Pulver in den Handel, der Geruch ist aromatisch und erinnert an Ingwer, der Geschmack würzig und leicht bitterlich.

Kurkuma ist Bestandteil des Currypulvers und dient zum Würzen exotischer Gerichte.

LIEBSTÖCKEL

Liebstöckel ist eine hohe, bis 1 m hohe Staude mit glänzenden, dreifach gefiederten Blättern, die an diejenigen des Selleries erinnern; die Blüten sind blaßgelb. Blätter, Blüten und Stengel entwickeln einen starken, sellerieähnlichen Geruch, wenn man sie zwischen den Fingern zerreibt.

Frisch oder getrocknet als Suppenwürze, in der Wurstfabrikation und die getrockneten, gemahlenen Wurzeln als Bratenwürze.

LORBEERBLÄTTER

Lorbeerblätter sind die getrockneten, immergrünen, lederigen, an der Oberfläche glänzenden Blätter des edlen Lorbeerbaumes — lauraus nobilis. Die aromatischsten Blätter stammen vor allem aus Italien, kommen aber auch aus Griechenland und Spanien. Sie müssen völlig trocken sein, da sie sonst leicht schimmeln.

Praktisch zu allen Speisen, jedoch ist hier vor einem Zuviel Vorsicht am Platze.

MAJORAN

Majoran ist ein einjähriges, strauchartiges Kraut aus der Familie der Lippenblütler, mit kurzstieligen Blättern, die eiförmig und mit feinen Härchen bedeckt sind. Der starke, würzige Geruch geht auch beim Trocknen nicht verloren, vorausgesetzt, daß es verschlossen aufbewahrt wird.

Für Saucen, Farcen und für Wurstwaren.

MEERRETTICH

Meerrettich ist die spindelförmige Wurzel eines Kreuzblütlers, dessen Wert durch den Inhalt an ätherischem Öl bestimmt wird. Der Geruch ist durchdringend, der Geschmack scharf und beißend.

Meerrettich roh gerieben zu warmen und kalten Saucen, in Scheiben geschnitten zu Marinaden, Einlegen von Gurken, Pickles u. a. m.

MOHN

Mohn gehört zu der Gattung der Mohngewächse, die mit etwa 100 verschiedenen Arten in den gemäßigten und halbtropischen Gegenden der Alten Welt beheimatet sind.

Samenkörner des blauen Mohns zum Herstellen vielerlei Gebäckarten.

MUSKATNÜSSE

Muskatnüsse sind die getrockneten Samenkerne eines Baumes aus der Gattung der Lorbeergewächse; die wichtigste Sorte kommt von den Bandainseln.

Gerieben zum Würzen von Suppen, Saucen, Gemüse, Kartoffelpüree usw.

MUSKATBLÜTE

Muskatblüte, Macis, ist der rötlichbraune oder gelbrote, geschlitzte Samenmantel der Muskatnuß, der nach dem Entfernen des Fruchtfleisches von der Samenschale gelöst und getrocknet wird. Muskatblüte kommt in Stückchen, meistens aber als Pulver in den Handel.

Für Saucen, Marinaden, hauptsächlich jedoch für Backwaren und in der Likörfabrikation.

GEWÜRZNELKEN

Gewürznelken sind die kurz vor dem Aufblühen geernteten und nachher getrockneten Blütenknospen des Gewürznelkenbaumes, deren wertvollste Sorte aus den Molukken herstammt. Gute Ware muß unversehrt sein und einen starken und brennenden Geschmack haben. Nelken kommen auch gemahlen in den Handel.

Zum Würzen von Kompotten, für Marinaden, Suppen, Lebkuchen, Liköre und zum Spicken von Zwiebeln.

OREGANO

Oregano ist dem Majoran nahe verwandt und hat einen ähnlichen, angenehm bitterlichen Geschmack.

Für viele italienische Gerichte unersetzlich, z. B Pizza.

PAPRIKA

Paprika ist die getrocknete, reife Frucht eines einjährigen, aus Mittelamerika stammenden Nachtschattengewächses, des Paprikastrauches, der heute in Süd- und Südosteuropa, vornehmlich Ungarn, angebaut wird. Die Schoten mitsamt den Samen werden in der Sonne oder im Ofen getrocknet und auf besonderen Mühlen verarbeitet. Man unterscheidet:

Delikateßpaprika: hellrot, mild und süßlich.

Edelsüßer Paprika: von lebhafter, etwas dunklerer Farbe, feurig, süß und würzig.

Halbsüßer oder Gulaschpaprika: Farbe ähnlich wie Edelsüß, doch schärfer im Geschmack.

Rosenpaprika: Die Samen sind nicht ausgelaugt, daher ist das Produkt schärfer und würziger.

Chillies sind eine aus Afrika herstammende Paprikasorte, aus der man den schärfsten Pfeffer herstellt.

Billige Paprikasorten sind meist von ziegelroter Farbe und von unangenehmer Schärfe.

Zum Gulasch, für viele Fleisch- und Fischgerichte, für Saucen, Paprikaspeck, Wurstwaren u. a. m.

PETERSILIE

Petersilie ist ein in ganz Europa angebautes Gewürzkraut aus der Familie der Doldenblütler. Man unterscheidet hauptsächlich zwei Sorten, und zwar: krausblätterige Petersilie; Wurzel- oder glatte Petersilie, von der auch die Wurzeln verwendet werden.

Universalgewürz für Suppen, zum Kochen, Dämpfen und Schmoren, zum Kräuterbündel, zur Kräuterbutter, gehackt, zum Garnieren usw.

PFEFFER

Pfeffer ist ein Strauch oder Baum, der zu der tropischen und halbtropischen Gattung der Pfeffergewächse gehört und dessen Früchte steinfruchtartig sind. *Schwarzer Pfeffer* ist die vollständige, unreife, getrocknete Frucht, *weißer Pfeffer* unterscheidet sich nur durch die Art wie er gewonnen wird. Dabei wird die äußere, dünne Fruchthaut abgerieben und der Kern getrocknet. Pfefferpulver darf nur aus einwandfreien Körnern hergestellt werden.

Ein Universalgewürz, sowohl in Form von Körnern als auch als Pulver für vielerlei Speisen.

PFEFFERMINZE

Pfefferminze ist eine aus verschiedenen wilden Minzearten gezüchtete Pflanze mit kurzgestielten, gesägten Blättern von würzigem Geruch und scharfem Geschmack.

Beim Kochen von neuen Kartoffeln, grünen Erbsen, zu Saucen (Mint sauce, Sauce paloise), zum Hammelfleisch, Likören, kalten und warmen Getränken und zur Bowle.

PIMENT

Piment, Neugewürz, ist die unreife, kugelige Frucht eines Baumes aus der Familie der Myrtengewächse, die in Westindien heimisch ist. Die Körner sind dunkelbraun, etwas größer als Pfefferkörner und mit warziger Oberfläche. Der Geruch und Geschmack erinnert sowohl an Pfeffer als an Gewürznelken.

Zu Fischkonserven, Marinaden, Backwaren und zur Wurstfabrikation.

ROSMARIN

Rosmarin ist ein kleiner, immergrüner Strauch aus der Familie der Lippenblütler mit zusammengerollten, schmalen Blättern von aromatisch-harzigem Duft; frische Blätter sind den getrockneten vorzuziehen.

Für Lamm- und Hammelfleisch, Fisch und Geflügel, für Wurstwaren und zum Aromatisieren von Essig.

SAFRAN

Safran besteht aus den getrockneten Blütennarben der kultivierten Safranpflanze, die zu der Familie der Liliengewächse gehört. Für 1 kg Safran sind ungefähr 80 000 Blütennarben erforderlich, die schnell nach dem Sammeln getrocknet werden. Der Geruch ist würzig, der Geschmack angenehm scharf-bitterlich. Anbauländer sind Frankreich, Spanien, Österreich, Persien und der Orient.

Zur Bouillabaisse, Risotto, Pilaw, für exotische Gerichte, Gebäck usw.

SALBEI

Salbei ist eine Würz- und Heilpflanze aus der Familie der Lippenblütler mit graugrünen, filzigen Blättern von aromatisch-herbem Geschmack und leicht zusammenziehender Wirkung.

Für Fisch, besonders Schleie, Schweinefleisch, für italienische Spezialgerichte, für Farcen zu fettem Braten, Marinaden und innerhalb von Gewürzmischungen. Salbei ist vorsichtig zu verwenden.

SCHALOTTEN

Schalotten sind eine aus dem Orient stammende kleine Zwiebelart, die überall in Mitteleuropa kultiviert wird. Sie hat einen feineren Geschmack als die Zwiebel.

Für feine Saucen und Speisen aller Arten.

SCHNITTLAUCH

Schnittlauch gehört zu der Familie der Lauchgewächse. Man nimmt die dünnen, röhrenartigen Blätter.

Zu Suppen, Saucen, zum Salat, Fisch- und Fleischgerichten und zur Rohkost.

SENF

Senfkörner sind die Samenkörner von verschiedenen Pflanzen aus der Familie der Kreuzblütler, die in Europa und Nordamerika angepflanzt werden. Man unterscheidet zwischen *weißen*, auch *gelben* und *schwarzen* Senfkörnern.

Senfkörner werden getrocknet und gerieben zu Speisesenf verarbeitet, in ganzer Form nimmt man sie zum Würzen von Wurst- und Fleischerzeugnissen, zum Herstellen verschiedenartiger Konserven und Pickles.

THYMIAN

Thymian ist ein zu den Lippenblütlern gehörendes Kraut von würzigem Geschmack und Geruch, das in Mitteleuropa, besonders in Deutschland, Frankreich und Spanien angebaut wird.

Zusammen mit Majoran als Wurstwürze, Bestandteil des Kräuterbündels zum Würzen von Suppen, Saucen, Fleisch und Gemüse.

VANILLE

Vanille ist die bis 25 cm lange und bis 1 cm breite, schotenartige Frucht einer tropischen Kletterorchidee. Die Früchte werden kurz vor der Reife gesammelt und einem leichten Gärungsprozeß unterworfen, wobei sich das typische Aroma entwickelt und die Schoten eine dunkelbraune bis schwarze Farbe annehmen. Gute Vanille ist runzelig und mit weißlichen Kristallen besetzt.

Für Süßspeisen, Gebäck und für Eis.

WACHOLDERBEEREN

Wacholderbeeren sind die getrockneten, runden, blauschwarzen Beeren des in ganz Europa wachsenden Wacholderstrauches. Sie haben einen eigenartigen, angenehmen Geschmack.

Bei der Zubereitung von Federwild, Sauerkraut, und zum Aromatisieren von Branntweinen wie Gin, Genever und Steinhäger. Die getrockneten Zweige werden zum Räuchern genommen.

ZIMT

Zimt ist die von der Borke befreite Rinde von Pflanzen der Gattungen Cinnamomum und Canella; als feinste Sorte gilt der Ceylonzimt.

Entweder die dünnen, röhrenförmigen getrockneten Stücke als Stangenzimt oder gemahlen als Pulver. Ceylon-Zimtpulver ist hell- bis gelblichbraun, kräftig im Geschmack und sehr aromatisch. Zimt nimmt man zum Aromatisieren von Punsch, Likören und Würzweinen, zur Schokoladenfabrikation, zu Süßspeisen und für Gebäck.

ZITRONENMELISSE

Zitronenmelisse ist ein Gewürzkraut mit langstieligen, ei- bis herzförmigen Blättern, zitronenartigem Geruch und würzigem Geschmack.

Zum Würzen von Salaten und zum Aromatisieren von Bowlen und Likören.

KONSERVEN, KONSERVIERUNGSVERFAHREN

Konserven im ursprünglichen Sinne sind Lebensmittel, die durch Sterilisieren in luftdicht verschlossenen Behältern — Dosen, Gläsern u.a. — haltbar gemacht worden sind. Nach dem Inhalt unterscheidet man Gemüse-, Obst-, Fleisch- und Fischkonserven; auch Milchdauerwaren wie kondensierte oder evaporierte Milch in Dosen oder Flaschen gehören zu den Konserven.

Konservierungsverfahren sollen Lebensmittel auf längere Zeit haltbar machen bzw. gegen unerwünschte Veränderung schützen, oder diese zum mindesten verzögern. Viele heute noch angewandte Konservierungsverfahren sind seit hunderten von Jahren bekannt. Bei den nachstehenden Methoden sind chemische Konservierungsmittel nicht berücksichtigt worden. Die wichtigsten Konservierungsverfahren sind:

1. Erhitzen

Da Kleinlebewesen (Bakterien, Schimmelpilze u.a.) gegen Hitze äußerst empfindlich sind, kann man sie durch Sterilisieren und Pasteurisieren weitgehend vernichten. Das Sterilisieren erfolgt bei Temperaturen über 100° C, dabei wird das betreffende Lebensmittel keimfrei. Sterilisation wird in der Konservenindustrie und im Haushalt angewandt. Pasteurisation ist das schonende Erhitzen von Lebensmitteln auf 60-80° C zum Abtöten von schädlichen Mikroorganismen; sie wird hauptsächlich in der Milchwirtschaft vorgenommen.

2. Kühlen

Kälte hemmt die Entwicklung und Tätigkeit von Kleinlebewesen, tötet sie aber nicht ab. Das Aufbewahren von Lebensmitteln in Kühlräumen oder Kühlschränken macht sie nur für kurze Zeit haltbar.

3. Gefrieren

Einfrieren von Lebensmitteln im Schnellgefrierverfahren bei Temperaturen von —40° C und darunter ergibt eine sehr lange Haltbarkeit, zumal wenn die Erzeugnisse danach wasserdampfdicht verpackt und bei —18° bis —20° C gelagert werden. Haltbarkeit bedeutet jedoch nicht, daß die so gelagerten Erzeugnisse auch unvermindert schmackhaft bleiben, denn auch hier wird die Tätigkeit der Enzyme (Fermente) zwar stark gehemmt, doch nicht gänzlich aufgehoben. Theoretisch könnte die Wirkung der Enzyme bei einer Lagerung von etwa —40° C fast unbegrenzt gehemmt werden. Da Kälte jedoch sehr teuer ist, würden die Kosten des Gefriergutes untragbar sein. Die Lagerung sollte stets in gewissen Grenzen gehalten werden, besonders bei fetten Fischen, fettem Geflügel und Obst, um Geschmacksveränderungen zu vermeiden.

Gemüse wird vor dem Einfrieren meistens kurz blanchiert, Früchte werden entweder mit Zucker oder in einer Zuckerlösung verpackt eingefroren.

4. Einsalzen

Das Einsalzen trägt zur Erhöhung der Haltbarkeit bei, führt aber gleichzeitig zu erheblichen Veränderungen im Aussehen, Geschmack und Geruch. Eingesalzen ohne Zusatz anderer Stoffe werden Heringe, Klippfisch (Kabeljau, Schellfisch, Lengfisch), Gemüse (Bohnen, Erbsen, Gurken u.a.), Speck, Kaviar u.a.m.

5. Pökeln

Pökeln unterscheidet sich vom Einsalzen dadurch, daß neben dem Salz noch Salpeter und Zucker hinzugefügt wird. Gepökelt wird in erster Linie Fleisch, besonders Schinken. Dabei kann das Salz eingerieben, eingespritzt oder in Form von Salzlake in das Fleisch eindringen.

6. Räuchern

Diese Methode wird in der Hauptsache für Fisch- und Fleischwaren angewandt. Dabei werden die Lebensmittel vom wärmenden Rauch an der Oberfläche ausgetrocknet und durch die bakterienfeindliche Wirkung des Rauches gleichzeitig konserviert. Die Kalträucherung erfolgt bei 17-26° C, dabei muß das Lebensmittel zuvor getrocknet oder gepökelt sein. Kaltgeräuchert werden u.a. Räucherlachs, Kippers, Haddock, Schinken, Speck, Dauer- und Rohwurst. Je nach der Größe des Stückes dauert das Kalträuchern 4-5 Wochen. Heißräucherung erfolgt bei 80-100° C und ist in wenigen Stunden durchgeführt. Heißgeräuchert werden vor allem Lebensmittel, die man bald verbrauchen muß wie Sprotten, Makrelen, Bücklinge, Brühwürstchen u.a. Heißgeräucherte Erzeugnisse sind nicht so haltbar wie kaltgeräucherte.

7. Einlegen in Fett

Die Haltbarkeit von vorgekochten oder gebratenen Lebensmitteln durch Einlegen oder Übergießen mit einer ausreichenden Schicht Fett beruht auf dem guten Luftabschluß. Eingelegt in Töpfchen und mit einer Fettschicht verschlossen werden gewisse Pasteten, Gänsekeulen, Rillettes, Rillaud. Die Nachteile dieser Methode bestehen darin, daß Fett durch den Luftsauerstoff und das Licht leicht oxydiert und Geschmacksveränderungen hervorruft. Einige Lebensmittel werden auch in Öl eingelegt und dann sterilisiert.

8. Einlegen in Alkohol

Hier erfolgt das Haltbarmachen durch Alkohol, meistens in Verbindung mit Zucker. Dieses Verfahren wendet man bei Früchten in Rum oder in Arrak und besonders bei Kirschen in Branntwein an.

9. Einsäuern

Beim Säuern wird die Entwicklung von Bakterien nicht nur gehemmt, sondern es trägt ähnlich wie das Einsalzen zur Haltbarkeit bei. Zum Säuern dienen Essig, Zitronensaft und Weinsäure. Eingesäuert werden Pickles, Gurken, Pilze, Früchte (in Verbindung mit Zucker und Gewürzen), rote Rüben u.a.m. Eine besondere Art des Säuerns entsteht durch Milchsäuregärung, sie wird durch ein schwaches Salzen des Konservierungsgutes hervorgerufen, z. B. bei Sauerkraut und Salzgurken.

10. Zuckern

Bei dieser Methode spielt der Wasserentzug eine wichtige Rolle. Hinzu kommt die konservierende Wirkung des Zuckers, dessen Anteil sich nach der Art der Frucht und dem gewünschten Erzeugnis richtet. Man wendet dieses Verfahren zum Haltbarmachen u.a. bei Marmeladen, Konfitüren, Gelees und kandierten Früchten an.

TECHNOLOGIE DER GARMACHUNGSARTEN

Unter Kochen versteht man das Garmachen roher tierischer und pflanzlicher Nahrungsmittel; sie werden dadurch leichter verdaulich und auch schmackhafter. Wir unterscheiden verschiedene Garmachungsarten, und zwar:

1. DAS KOCHEN

Beim Kochen im engeren Sinne, also beim Sieden, ist nur Wasser der Wärmeüberträger. Wenn wir beispielsweise Fleisch in Wasser garmachen wollen, dann spielen sich dabei verschiedene Vorgänge ab:

Das Eiweiß gerinnt in der Zelle. Wenn wir das Fleisch in kaltem oder lauwarmem Wasser ansetzen, so wird vor dem Gerinnen ein Teil des Eiweißes in das Kochwasser übergehen und sich als grauer Schaum auf der Oberfläche der Fleischbrühe bilden. Sobald jedoch das Eiweiß der äußeren Fleischschichten unter dem Einfluß der Hitze geronnen ist, werden die inneren Schichten vor weiterem Auslaugen geschützt. Will man also eine kräftige Fleischbrühe haben, so muß das Fleisch in kaltem Wasser angesetzt werden. Soll jedoch das Fleisch saftig und wohlschmeckend sein, so wird es sogleich in siedendes Wasser gelegt.

Fett geht zum Teil, jedoch nicht restlos, in das kochende Wasser über und schwimmt in flüssiger Form obenauf. Es ist jedoch selten, daß das gesamte Fett gelöst wird, denn bei durchwachsenem Fleisch bleiben die Fettschichten erhalten. Die Stärke quillt durch die Wasseraufnahme in den Zellen auf, sie verkleistert und wird dadurch leichter verdaulich. Zuckerstoffe lösen sich in kochendem Wasser genau so auf, wie wir es vom Gebrauchszucker her kennen, je nachdem, ob der Zelleninhalt durch das geronnene Eiweiß geschützt ist, oder ob das Wasser in die Zellen eindringen kann. Je mehr Zellen mit geronnenem Eiweiß vorhanden sind, desto weniger Zucker wird gelöst. Mineralsalze, wie Kalk und Eisen, werden unter ähnlichen Bedingungen wie Zucker gelöst, Duft- und Farbstoffe gehen gleichfalls in das Kochwasser über. Die Fleischbrühe ist daher stets leicht gefärbt und enthält den charakteristischen Geschmack und Geruch des verwendeten Fleisches und den der Gemüse und Aromaten.

Zellwände und Fasern werden entsprechend der Dauer der Einwirkung durch die Hitze weich. Sobald sie einen bestimmten Punkt des Weichseins erreicht haben, bezeichnen wir das als gar.

Hitzeempfindliche Vitamine wie B_1 und C, und wasserlösliche wie B_1, B_2 und C werden je nach Art der Einwirkung der Hitze vernichtet oder in ihrer Wirksamkeit beeinträchtigt; sie verhalten sich nicht gleichmäßig. Ein kurzes Einwirken bei hohen Temperaturen ist im allgemeinen weniger schädlich, als das längere Einwirken von mäßiger Hitze.

2. DAS DÄMPFEN

Hier ist nicht Wasser, sondern Wasserdampf der Wärmeüberträger. Gedämpft werden vorwiegend nicht fetthaltige Nahrungsmittel, wie Fische, gewisse Fleischarten, Gemüse, Kartoffeln, Getreideprodukte u.a.m. Beim Dämpfen spielen sich andere Vorgänge ab als beim Kochen, der heiße Wasserdampf beeinflußt den Inhalt der Zellen grundsätzlich anders als kochendes Wasser. Das Nahrungsmittel wird ebenfalls gar, doch wird mit Ausnahme des Fettes nichts aus der Zelle herausgelöst. Die Einwirkung auf die Nährstoffe ist folgende:

Zellwände und Fasern werden weich, die Eiweißstoffe gerinnen, ohne jedoch, wie beim Kochen, herausgelöst zu werden; Stärke quillt und verkleistert, die Zucker- und Mineralstoffe bleiben unverändert erhalten. Das Fett schmilzt unter dem Einfluß der Hitze, so daß es bei sehr fetthaltigen Lebensmitteln abtropfen würde. Diese Frage braucht jedoch nicht ausführlich behandelt zu werden, da man im allgemeinen stark fetthaltiges Fleisch oder fette Fische nicht zu dämpfen pflegt. Farbstoffe werden vom Wasserdampf nicht gelöst und auch der Verlust an Duftstoffen ist gering. Die Vitamine werden genau so wie beim Kochen geschädigt, d. h. daß hitzeempfindliche und wasserlösliche Vitamine vernichtet oder beeinträchtigt werden, je nach Stärke und Dauer der Hitzeeinwirkung. Mineralsalze bleiben fast vollständig unverändert.

Das Dämpfen ist eine ideale Garmachungsmethode. Da sich jedoch nicht alle Nahrungsmittel gleichartig verhalten, muß überlegt werden, was am besten zu dämpfen, zu kochen oder zu dünsten ist. Für Kartoffeln mit oder ohne Schale, zartes Gemüse, auch Maiskolben, magere Fische, leichte und englische Puddings, Getreideprodukte, wie Reis und Graupen, jedoch kein holziges Gemüse, ist das Dämpfen sehr zu empfehlen. Obst wird niemals gedämpft, denn einerseits würde der Dampf einen gewissen Verlust an Duftstoffen verursachen, andererseits würden die saftreichen Zellen unter dem Einfluß der Erhitzung platzen und ihr Inhalt, der Saft, würde auslaufen.

3. DAS DÜNSTEN

Diese Methode wird oft mit dem Dämpfen verwechselt. Der Unterschied besteht darin, daß beim Dünsten sowohl Dampf als auch wenig Flüssigkeit (Wasser, Fond, Wein u.a.), mitunter auch Fettstoffe als Wärmeüberträger verwendet werden, und daß sich der ganze Vorgang in einem geschlossenen Geschirr abspielt. Dabei wirken der sich durch die Flüssigkeit bildende Dampf und die Flüssigkeit selbst gleichzeitig auf das Nahrungsmittel ein. Der Vorteil des Dünstens gegenüber dem des Dämpfens besteht darin, daß der Geschmack recht gut erhalten bleibt und auch etwas festere Gewebe gar werden.

Von wesentlicher Bedeutung beim Dünsten ist der Umstand, ob außer der Flüssigkeit noch Fettstoffe als Wärmeüberträger hinzugefügt werden. Es ist bekannt, daß Nahrungsmittel auch in Fettstoffen gargemacht werden können, daß dabei die Zellwände und Fasern weich werden, Eiweißstoffe gerinnen, ohne auszutreten, und Stärke verkleistert. Um das zu erreichen, muß die Stärke das Zellwasser zu Hilfe nehmen, da ihr von außen keine Flüssigkeit zugeführt wird. Vitamine werden je nach ihrer Art wie bei den anderen Methoden in ihrer Wirksamkeit beeinträchtigt. Fette werden zum Schmelzen gebracht und gehen zum Teil in das zum Dünsten verwendete Fett über. Zuckerstoffe und Mineralsalze werden dabei nicht gelöst, das Fett nimmt weder Duft noch Farbstoff an, es sei denn, daß Flüssigkeit zugesetzt wird. Beim Garmachen mit Fett werden demnach die Lebensmittel mit einem anderen nährwerthaltigen Stoff, der gleichzeitig die Wärme überträgt, angereichert und neue Geschmacksnuancen gebildet. Da ist wichtig zu wissen, sofern beim Dünsten Fett als Wärmeträger hinzugesetzt wird.

Beim Dünsten mit Fett geht vom Zellinhalt nichts verloren, weil die austretenden Stoffe in die Flüssigkeit übergehen, jedoch mit Fett gleichzeitig angereichert werden. Nicht immer bilden sich beim Dünsten Röst- und Aromastoffe, weil die Flüssigkeit im allgemeinen eine Krustenbildung verhindert. Sie kann zwar eintreten, ist aber nicht unerläßlich. Das sogenannte Glacieren von Gemüsen beruht auf dem Prinzip des Dünstens, d. h. das betreffende Gemüse oder andere Nahrungsmittel werden mit Fettstoff und Flüssigkeit so lange gedünstet, bis die Flüssigkeit fast vollständig verdampft ist. Durch Schwenken des Geschirres überzieht sich das Nahrungsmittel dann mit einer glänzenden Schicht, die durch die mit dem Fett eingekochte Flüssigkeit entsteht. Dehnt man das Überglänzen zu lange aus, dann beginnt der Röstvorgang, der dem Dünsten ein Ende macht.

Von wesentlicher Bedeutung ist die Menge der Nahrungsmittel, die man zu dünsten beabsichtigt. Handelt es sich um kleinere Mengen, so genügt dafür im allgemeinen eine

Sauteuse oder ein entsprechender Deckeltopf. Für größere Mengen hat sich die Kippbratpfanne bewährt.

4. DAS BRATEN

a) *Braten in der Ofenröhre*

Beim Braten in der Röhre sind Fett und heiße Luft die Wärmeüberträger. Es spielen sich dabei ähnliche Vorgänge wie beim Dämpfen ab, denn außer dem schmelzenden Fett gehen keine Stoffe in das Bratfett über. Die beiden Wärmeüberträger, Fett und heiße Luft, wirken fast gleichartig auf die Zellen ein, wobei gleichzeitig das Nahrungsmittel mit Fett angereichert wird. Auch bei dieser Methode werden die zu bratenden Gegenstände gar, Eiweißstoffe gerinnen, Stärke verkleistert, Mineralsalze, Zuckerstoffe bleiben erhalten und bis auf einen geringen Anteil auch die Duftstoffe. Beim Erhitzen von rotem Fleisch verliert es allmählich die Farbe. Der Fleischsaft erhält die rote Farbe durch die Blutkörperchen, die einen besonders eingebauten Blutfarbstoff, das Hämoglobin, enthalten. Beim Erhitzen von größeren Stücken wird zunächst nur der äußeren Fleischschicht der Farbstoff entzogen, im Inneren bleibt das Fleisch zartrot. Wird das Erhitzen weitergetrieben, dann verliert auch das Innere den Farbstoff. Vitamine verhalten sich beim Braten genau so wie bei den anderen Garmachungsmethoden. Dagegen werden durch das Braten neue Stoffe, das Röstbitter oder Assamar gebildet, das der äußeren Fläche des Bratens die braune Kruste und den würzigen Geschmack gibt. Hiervon geht allerdings ein kleiner Teil zusammen mit dem austretenden Saft in das Fett über. Wird das Braten bei zu starker Hitze zu lange ausgedehnt, so verbrennen diese Stoffe und beeinflussen den Geschmack ungünstig. Um einen schnellen Eiweißabschluß und das Bräunen der äußeren Kruste zu erreichen, wird das Nahrungsmittel, besonders aber Fleisch, in eine Pfanne mit heißem Fett gelegt und vorerst starker Hitze ausgesetzt. Um ein Sprödewerden der Kruste zu verhindern, wird der Braten oft mit Fett übergossen. Würde man den Braten zu lange der starken Hitze, besonders der Unterhitze aussetzen, so würde er rasch verbrennen. Daher wird nach der Krustenbildung die Hitze abgedrosselt und das Fleisch bei 130 bis 145 Grad Celsius gargemacht. Beim Fertigbraten mit höheren Temperaturen ist der Verlust durch Einschrumpfen des Bratgutes sehr hoch.

In der geschlossenen Ofenröhre wirkt sich der angesammelte Dampf als feuchte Hitze aus. Soll daher ein Braten knusprig werden, so muß für gute Oberhitze und Abzug der Dämpfe gesorgt werden. Fettreiche Braten, die eine knusprige Schwarte erhalten sollen, wie Schweinerücken oder -karree, Schweineschinken usw., werden zuvor durch Einschnitte in der Haut eingeritzt.

b) *Das Braten am Spieß*

Obwohl das Braten am Spieß zu den ältesten Garmachungsmethoden gehört, hat man es lange Zeit vernachlässigt, doch kann kein Zweifel darüber bestehen, daß das Braten am Spieß für größere Fleischstücke oder Geflügel die beste Methode ist.

Beim Braten am Spieß kommt trockene Hitze zur Anwendung, wobei das Übergießen mit einem Fettstoff eine zu spröde Krustenbildung verhindern soll. Das Bratgut wird zuerst starker Hitze ausgesetzt, die nach dem Bräunen der äußeren Kruste abgeschwächt werden muß; je nach Art des Spießbratapparates wird die Hitzeregulierung verschieden sein. Vor dem Braten wird das Bratgut leicht gewürzt und mit Fett oder Butter bestrichen. Im übrigen trifft alles, was beim Braten in der Röhre gesagt wurde, auch für das Spießbraten zu.

Die Zubereitung von Fleisch durch direkte Hitzeausstrahlung ist uralt, der Bratenwender gehört zu den ältesten Geräten. Da sie die einfachste und zugleich schmackhafteste Zubereitung ist, verdient sie es, wieder stärker angewendet zu werden. Es sei jedoch darauf hingewiesen, daß es moderne Spießapparate gibt, die vorne mit Glastüren verschlossen werden können. Hier wirken sich die angesammelten Dämpfe genau so wie in der Ofenröhre als feuchte Hitze aus, wodurch der Sinn des Bratens am Spieß in trockener Hitze gefälscht wird.

c) *Das Braten auf dem Rost*

Beim Braten auf dem Rost (Grillen, Grillieren) haben wir es ebenfalls mit heißer Luft als Wärmeüberträger zu tun, und es spielen sich die gleichen Vorgänge ab wie beim Braten in der Röhre. Von dem Zellinhalt geht nichts verloren, es werden aber durch das Rösten neue Aromastoffe gebildet, die dem Röstgut ihren typischen Geschmack geben. Im allgemeinen werden nur kleinere Fleischstücke, wie Koteletts, Tournedos, Steaks und ähnliches, kleinere Fische, Forellen, Weißlinge, Fischfilets usw., kleines Geflügel und Wild, das je nach der Größe halbiert oder in Stücke geteilt wird, auf dem Rost gebraten. Dabei werden die einzelnen Stücke vor dem Auflegen auf den Rost leicht mit Öl oder geklärter Butter bestrichen. Es ist ratsam, sie erst nachträglich zu würzen. Um das Eiweiß schnell zum Gerinnen zu bringen, muß der Rost vor dem Auflegen heiß sein. Fische, besonders Flachfische, sollten vor dem Bestreichen mit Öl gemehlt werden; dadurch erhalten sie schneller eine schützende Kruste und die Gefahr des Zerbrechens wird verringert. Fisch und Geflügel werden zuweilen vorher paniert, ehe man die Stücke durch Öl oder geklärte Butter zieht. In allen Fällen, wo das Röstgut gemehlt oder paniert wird, empfiehlt sich der Gebrauch eines Scheren-Drahtrostes, der zuvor recht heiß gemacht und geölt werden muß. Das Wenden des Röstgutes wird erleichtert und die Gefahr der Beschädigung verringert.

Bei dünnen Fleischstücken wird nach dem Braunwerden der äußeren Kruste ein einmaliges Wenden im allgemeinen genügen. Bei dickeren Stücken von rotem Fleisch muß nach der Krustenbildung auf beiden Seiten die Hitze durch Höherstellen oder sonstwie derart reguliert werden, daß eine zu scharfe Krustenbildung oder ein Verbrennen verhindert wird. Während des Röstvorganges ist das jeweilige Stück ab und zu mit Öl zu bestreichen. Bei hellem Fleisch, wie Kalb oder Lamm, sowie bei Geflügel, vollzieht sich das Bräunen und Garwerden meistens gleichzeitig, so daß die Hitze nicht zu scharf sein sollte; das gleiche gilt für Fischfilets und Fische von mäßigem Umfang.

Das abtropfende Fett sammelt sich bei den meisten Apparaten in einer Rinne und wird in einer vorne angebrachten Fettpfanne aufgefangen. Zum Braten auf dem Rost kann man sich sowohl des Holzkohlengrills als auch eines Apparates bedienen, der elektrisch oder gasbeheizt ist. Das Regulieren der Höhenlage ist verschiedenartig, sie ist im allgemeinen durch Hebelgriff verstellbar.

d) *Das Braten in offenem Geschirr* (Sautieren)

Kleine Fisch-, Fleisch-, Wild- oder Geflügelstückchen werden in einem offenen Geschirr (Sauteuse oder Stielpfanne) in heißem Fett direkt auf dem Herd gebraten (sautiert). Dabei kann jedoch die Hitze nur die untere Schicht des betreffenden Nahrungsmittels erfassen, so daß es nach einer gewissen Zeit gewendet oder durchgeschwenkt werden muß. Durch das heiße Fett wird auch hier ein schneller Eiweißabschluß und das Bräunen der äußeren Schicht erreicht, wobei sich die geschmackgebenden Röststoffe entwickeln. Dabei tritt stets ein geringer Saftverlust ein, der sich auf dem Boden des Geschirrs ansetzt und leicht karamelisiert. Nachdem beide Seiten gebräunt sind, muß die Hitze vermindert werden, um ein Verbrennen zu verhüten.

Beim Sautieren muß das Fleisch usw. stets in heißes Fett gelegt werden. Ist es nicht genügend erhitzt, so würde das Eiweiß heraustreten, das Fleisch auslaugen und kraft- und geschmacklos sein. Es ist auch darauf zu achten, daß die Säfte, die sich auf dem Boden des Geschirrs angesetzt haben, nur karamelisieren und nicht zu dunkel werden. Dieser Satz wird nach dem Herausnehmen des Nahrungsmittels und Abgießen des Fettes stets mit irgendeiner Flüssigkeit — Wein, Fond und anderes — abgelöscht, eingekocht und mit zur Sauce verwendet. Ist er zu dunkel geworden, so ist er unbrauchbar, er würde die Sauce bitter machen.

Hat man nur geringe Mengen zu sautieren, so genügt im allgemeinen eine Sauteuse oder ein Stielpfanne, wobei die Sauteuse ein gleichmäßigeres Braten gewährleistet. Für größere Mengen haben sich die Kippbratpfannen und die Schnellbrater hervorragend bewährt.

5. DAS SCHMOREN (BRAISIEREN)

Von allen Garmachungsarten ist das Schmoren eine der gebräuchlichsten, aber von den wenigsten richtig angewandte Methode. Sehr oft erhält man anstelle eines Schmorbratens nur ein braungedünstetes und ausgelaugtes Stück Fleisch. Das wesentlichste Merkmal beim Schmoren ist die richtige Krustenbildung. Um diese zu erreichen, gibt man das zu schmorende Stück in sehr heißes Fett und läßt es an allen Seiten, also auch an den Enden, gleichmäßig gut bräunen. Durch die hohen Hitzegrade des Fettes soll erreicht werden, daß das Eiweiß der Außenschichten rasch zum Gerinnen gebracht wird und sich eine schützende Kruste bildet, die das Austreten der Säfte verhindert. Beim Rösten entwickeln sich wohlriechende Duft- und Geschmacksstoffe, die sich mit dem Fett vereinen und vom Boden des Geschirrs abgelöst und verteilt werden, wenn Flüssigkeit aufgegossen wird. Diese Flüssigkeit (Wasser, Fond, Wein, Sauce usw.) füllt man bis ungefähr ein Viertel der Höhe des Schmorgutes auf, deckt das Geschirr zu, und läßt bei gleichmäßiger Hitze langsam gar werden, Beim Schmoren haben wir drei Wärmeüberträger: Flüssigkeit, Fett und Dampf. Die Hitze dringt erst allmählich in das Schmorgut ein, daher kann ein Teil des Fleischsaftes die Zellen durchdringen und in die Flüssigkeit übertreten. Nach dem Gesetz des osmotischen Druckes dringt dafür die Schmorflüssigkeit in die Zellschläuche ein und mit ihr auch nach und nach höhere Hitzegrade, die das Eiweiß zum Gerinnen bringen und das Durchdringen der Zellwände behindern. Das Schmorgut muß einige Male gewendet werden, am besten läßt man dabei die Flüssigkeit so weit einkochen, bis sie Fett zieht, wendet das Stück darin einige Male und füllt frische Flüssigkeit nach. Ein längeres Öffnen des Schmortopfes und ein zu starkes Wallen der Flüssigkeit sind zu vermeiden.

Ein wirklich guter Schmorbraten ist nur in einem gut schließbaren Geschirr bei nicht zu starker Hitze in der Ofenröhre zu erreichen, weil hier die Außenhitze von allen Seiten eindringen kann. Dabei sollen die einzelnen Fleischstücke nicht schwerer als 2½ bis 4 kg sein. Größere Mengen kann man notfalls in einer Kippbratpfanne sorgfältig anbraten, um sie dann mit der notwendigen Flüssigkeit und den Aromaten zu schmoren; Voraussetzung ist, daß die Kippbratpfanne einigermaßen gut abzuschließen ist.

6. DAS POELIEREN

Für diese Garmachungsart hat man bisher vergeblich versucht, einen deutschen Namen zu finden. Die Bezeichnung « Braundünsten » ist unseres Erachtens nach abwegig, weil sich der Vorgang ohne Zugießen von Flüssigkeit abspielt. Die ernährungsphysiologischen Vorgänge ähneln sowohl denen des Bratens als auch denen des Dünstens. Poeliert werden hauptsächlich zarte Fleischstücke, wie Rinderfilet, Kalbsrücken, Kalbsnuß und -frikandeau, weißes Geflügel und Wild. Dabei wird auf den Boden eines dem betreffenden Stück angepaßten Geschirrs eine Lage von zuvor leicht angeschwitzten Scheiben von Sellerie, Mohrrüben, Zwiebeln und einige Schinkenabfälle gegeben. Das zuvor gewürzte Fleisch oder Geflügel wird daraufgelegt, reichlich mit zerlassener Butter begossen, zugedeckt und in einen nicht zu heißen Ofen gestellt. Es wird ab und zu mit der Butter übergossen und kurze Zeit vor dem Garwerden nimmt man den Deckel ab, damit sich auch die Oberfläche gut bräunen kann. Nachdem das Stück herausgenommen worden ist, löscht man den Satz mit gutem Fond oder Fleischbrühe ab und kocht ihn nach dem Entfetten klar. Dabei wird das Gemüse nicht herausgenommen, sondern erst nach dem Klarkochen wird passiert. Man muß darauf achten, daß das Gemüse während des Poelierens nicht anbrennt, da sonst die Jus bitter werden würde.

Poelieren kann man nur in der Bratröhre oder in einem Etagenbratofen. Das trifft allerdings nicht für die sogenannten Spezial-Poeles zu. Das sind kleine Fleischstücke oder sehr kleines Geflügel, die man auf die gleiche Art, aber in einer geschlossenen, feuerfesten

Kasserolle oder Kokotte aus Porzellan, Steingut, Glas oder Kupfer direkt auf dem Herd bereitet und auch in dem Geschirr serviert.

7. DAS BACKEN

Unter Backen sind zwei gänzlich verschiedenartige Vorgänge zu verstehen: einmal das Garmachen in der Backröhre, zum anderen Male das Garmachen in schwimmendem Fett.

a) *Backen*

Im Ofen werden feine warme Süßspeisen, Puddings, Aufläufe, feine Gebäcke, Brot und Brötchen gebacken, wobei die heiße Luft als Wärmeüberträger dient. Hierbei bildet sich die Kruste nur an denjenigen Teilen, die unmittelbar der heißen Luft ausgesetzt sind, z. B. der Oberseite von Aufläufen und Puddingen, es sei denn, daß die Unterhitze so intensiv ist, daß sie die Wandungen der Formen übermäßig stark durchdringt. Da trockene Hitze den Teig stark austrocknet, wird beim Backen von Brot und Brötchen in den Bäckereiöfen zeitweilig Dampf zugeführt, damit die Oberfläche des Gebäckes glatt bleibt und Glanz erhält.

Feine Gebäcke, warme Süßspeisen, Aufläufe und Puddings kann man natürlich in der Ofenröhre herstellen. Hierfür haben sich aber die Etagenbacköfen besser bewährt, zumal wenn sie mit Gas oder elektrisch beheizt sind. Für ausgesprochene Konditoreibackwaren sind Öfen mit Steinboden, Pyrometer und Schwadenabzug allen anderen vorzuziehen.

b) *Das Backen oder Ausbacken in schwimmendem Fett* (Friture)

Vorausgesetzt, daß das Fett heiß genug ist, wird dieses beim Backen nur bis zu einem geringen Teil von den Nahrungsmitteln aufgenommen, es können aber unter Umständen auch Fettstoffe in das Backfett übergehen. Bei vorschriftsmäßiger Behandlung des Backgutes ist die Krustenbildung meistens vollkommen, weil sie sich auf allen Seiten vollzieht. Je nach der Art des zu backenden Gegenstandes muß die Hitze reguliert werden. Im allgemeinen werden nur kleinere Stücke, einerlei ob es sich um Fisch, Fleisch, Kartoffeln, Gemüse oder andere Nahrungsmittel handelt, im schwimmenden Fett gebacken. Panierte Gegenstände mit weicher Füllung, besonders aber Kroketten, müssen so heiß gebacken werden, daß sich sofort eine schützende Kruste bildet, die das Auslaufen der Füllung verhindert; bei anderen wiederum muß das Bräunen und Garwerden sich gleichzeitig vollziehen. Einige Nahrungsmittel, wie Stroh-, Streichholz- und Chipskartoffeln, werden in einem Gang fertiggebacken, während aufgeblähte Kartoffeln (pommes soufflées) und Kartoffelstäbchen (pommes frites) erst vorgebacken (blanchiert) und dann fertiggebacken werden. Es ist ratsam, immer eine Extrafriture für Fisch zu reservieren. Die modernen elektrischen Friteusen haben ja meistens zwei Fettbecken und einen thermostatischen Hitzeregler.

8. DAS POCHIEREN

Die beste Definition für das Pochieren ist ein Garziehen bei Siedehitze, wobei die Flüssigkeit jedoch nicht wallen darf; es genügt vollkommen, wenn sie ständig einige Grade unter dem Siedepunkt gehalten wird. Da sich beim Pochieren fast die gleichen physiologischen Vorgänge wie beim Kochen abspielen, braucht nicht noch einmal darauf eingegangen zu werden.

Pochiert werden große Fische, großes Geflügel, Schinken und ähnliches, aber auch kleine Fische und Fischfilets, kleine Fleisch- und Geflügelstücke. Große Fische, wie Lachs, Karpfen oder Steinbutt, werden in Fischkesseln von entsprechender Form in kaltem Wasser oder einem gewürzten Sud angesetzt, langsam zum Kochen gebracht und müssen dann garziehen. Kleine Fische, Fischfilets, Hühnerbrüstchen und ähnliches gibt man in ein flaches, gebuttertes Geschirr, sie werden gewürzt, mit wenig Flüssigkeit (Wein, Fond usw.) leicht angegossen, mit einem gebutterten Papier bedeckt und in der Ofenröhre gargemacht. Für

Poularden oder Hühner, die pochiert werden sollen, nimmt man ein ziemlich genau passendes Geschirr und übergießt sie mit einem gut gewürzten weißen Fond, der sie zwar bedeckt, aber nicht mehr Flüssigkeit umfaßt, als zum Pochieren notwendig ist, da der Fond später zur Sauce dienen soll. Nachdem der Siedepunkt erreicht ist, läßt man sie in dem Fond langsam garziehen. Ähnlich verfährt man beim Schinken, der jedoch stets mit kaltem Wasser angesetzt und dann erst auf den Siedepunkt gebracht wird. Die Pochierzeit der einzelnen Lebensmittel ist verschieden. Während man für Fischfilets, Hühnerbrüstchen und andere kleine Stücke nur wenige Minuten benötigt, braucht man für eine Poularde von 2 kg schon 50-60 Minuten und für einen Schinken von 4 kg je nach Art 30-40 Minuten je Kilogramm. Beim Pochieren ist stets darauf zu achten, daß nur die unbedingt nötige Flüssigkeit genommen wird; kleine Stücke werden nur mit wenig Flüssigkeit angegossen, große Stücke nur soweit aufgefüllt, daß sie gerade bedeckt sind.

9. DAS GRATINIEREN UND GLACIEREN

a) *Das Gratinieren*

Unter Gratinieren ist ein Überkrusten von Speisen zu verstehen. Es gibt drei Arten des Gratinierens: ein vollständiges, ein schnelles und ein leichtes. Bei der ersten Art wird das meist in Stücke geschnittene Nahrungsmittel roh in ein ausgebuttertes, feuerfestes, leicht am Boden mit Sauce bedecktes Backgeschirr gelegt, mit Gratinsauce bedeckt, mit Reibbrot bestreut, mit flüssiger Butter oder Öl beträufelt und in der Ofenröhre gargemacht. Das wichtigste dabei ist die Sauce. Sie muß so reichlich vorhanden sein, daß das betreffende Nahrungsmittel darin gar werden kann, die Sauce beim Einkochen nur bindet und deckt, aber nicht suppig wird. Das Garwerden und Überkrusten muß sich gleichzeitig vollziehen. Daraus ergibt sich, daß ein vollkommenes Gratinieren nur in der Ofenröhre möglich ist. Beim schnellen Gratinieren ist der Vorgang der gleiche, nur mit dem Unterschied, daß hier das betreffende Nahrungsmittel zuvor gar sein muß. Diese Gerichte können sowohl in der heißen Ofenröhre als auch unter dem Salamander überkrustet werden.

Das leichte Gratinieren wird am häufigsten angewendet. Hier handelt es sich meistens um Teigwaren, die mit einer Sauce gebunden worden sind, oder ähnliches, mit geriebenem Käse oder Reibbrot oder einer Mischung von beiden bestreut und mit Butter beträufelt. Damit der Käse langsam schmelzen und sich mit der Butter verbinden kann, darf die Hitze nicht zu stark sein. Man stellt diese Gerichte in eine nicht zu heiße Ofenröhre oder unter den Salamander, dessen Hitze etwas abgedrosselt wurde, um ein gleichmäßiges Bräunen der Oberfläche zu erreichen.

b) *Das Glacieren*

Glacieren und Gratinieren werden oft verwechselt, es sind aber zwei verschiedene Vorgänge. Es gibt zwei Arten von Glacieren. Die eine besteht darin, die Oberfläche eines mit einer stark gebutterten Sauce bedeckten Gerichtes zu bräunen, beispielsweise Seezungenfilets. Da stark gebutterte Saucen sehr leicht gerinnen, füllt man zuerst ein größeres, flaches Geschirr mit kaltem Wasser, stellt die Platte mit dem Gericht hinein und läßt die Oberfläche bei scharfer Hitze unter dem Salamander bräunen.

Die andere Art setzt stets ein Überziehen der Oberfläche des Gerichtes mit Sauce, vornehmlich Mornay-Sauce, voraus, die noch mit geriebenem Käse bestreut und mit zerlassener Butter beträufelt wird. Unter der Hitze des Salamanders bindet sich der schmelzende Käse mit der Butter und gibt der Oberfläche eine schöne braune Kruste.

Besondere Zubereitungsarten

Diese werden ausführlich in den einzelnen Kapiteln beschrieben, sofern sie aus den vorgenannten Darstellungen nicht deutlich hervorgehen.

DIE GRUNDLAGEN DER KÜCHE

FISCHSUDE, MARINADEN, SALZLAKEN, FARCEN UND HILFSMITTEL

Fischsud wird immer im voraus bereitet. Beträgt die Kochzeit des Fisches mehr als 30 Minuten, werden die Aromaten unter den Einsatz des Fischkessels gelegt und die Flüssigkeit wird kalt darübergegoßen.

FISCHSUD I

Für ganze Lachse, Meerforellen, Langusten und Hummern. Kochzeit: 1 Stunde.

Proportionen für 5 l Wasser: 500 g Mohrrüben und 500 g Zwiebeln in Scheiben; 1 Zweig Thymian; 2 kleine Lorbeerblätter; 75 g Petersilienstiele; ¼ l Essig; 50 g Salz; 15 Pefferkörner, die erst 10 Minuten vor dem Passieren hinzugegeben werden.

FISCHSUD II

Für Forellen, Karpfen, Hechte, Matrosengerichte im allgemeinen und Krebse. Kochzeit: 30 Minuten.

Proportionen für 5 l: 2½ l trockener Weißwein; 3½ l Wasser; 5 Schalotten, 400 g Mohrrüben und 400 g Zwiebeln in Scheiben; 75 g Petersilienstiele; 1 Zweig Thymian; 1 Lorbeerblatt; 50 g Salz; 15 Pfefferkörner, die erst 10 Minuten vor dem Passieren hinzugegeben werden.

FISCHSUD III

Für große Fische wie Steinbutt und Glattbutt.

Den Fisch völlig mit kaltem Wasser bedeckt ansetzen und je Liter Wasser 1 dl Milch, eine geschälte und entkernte Zitronenscheibe und 15 g Salz hinzufügen.

MARINADEN

Marinaden sind Flüssigkeiten, die dazu dienen, bestimmte Fleischstücke, Wild u.a. einzulegen. Ihre Aufgabe besteht darin, das Fleisch usw. mit der Flüssigkeit zu imprägnieren, einen bestimmten Geschmack zu geben und für kürzere oder längere Zeit zu konservieren. Je nach Art und Größe des Stückes beträgt die Dauer des Marinierens im Winter bis zu 6 und im Sommer 2-3 Tage.

Reh- und Hasenrücken werden heute kaum noch mariniert, um den feinen Geschmack dieser Wildarten nicht zu zerstören. Dagegen kann man — je nach Alter — Hirsch- und Damwild sowie Wildschwein marinieren.

ROHE MARINADE — Marinade crue

3 Mohrrüben; 2 Zwiebeln; 3 Schalotten; einige Pfefferkörner; 2 Gewürznelken; 6 zerdrückte Wacholderbeeren; einige Petersilienstiele; etwas Thymian; 1 Lorbeerblatt; 1 1/2 dl Essig; 3/4 l Weißwein; 4 Eßlöffel Öl.

Das Fleisch in ein geeignetes Geschirr legen, die Hälfte der in Scheiben geschnittenen Mohrrüben, Zwiebeln und Schalotten darunter und die andere Hälfte darüber. Leicht salzen, die zerdrückten Pfefferkörner, Wacholderbeeren, Thymian, Petersilienstiele und Lorbeerblatt beigeben, mit dem Essig und Weißwein auffüllen und zum Schluß das Öl auf das Fleisch gießen, damit die Oberseite nicht dunkel wird. An einem kühlen Ort aufbewahren und ab und zu in der Marinade wenden. Kleine Stückchen 24 Stunden, große 2-3 Tage in der Marinade liegen lassen.

GEKOCHTE MARINADE — Marinade cuite

Die gleichen Bestandteile wie für rohe Marinade, jedoch Essig und Weißweinanteil etwas erhöhen, um dem Verlust beim Kochen Rechnung zu tragen. Kochzeit: 1 Stunde.

Die Marinade mit sämtlichen Bestandteilen erst nach dem Erkalten über das Fleisch gießen. Wenn das Fleisch sehr frisch ist, kann man innerhalb von 24 Stunden eine Reh- oder Hammelkeule, kleinere Stücke sogar in 4-5 Stunden erhalten, wenn man die Marinade siedendheiß über die Fleischstücke gießt. Fleischstücke mit der kalten Marinade genau so wie mit roher Marinade behandeln.

MARINADE FÜR KLEINE STÜCKE HAARWILD — Marinade pour petites pièces de venaison

Kleine Stücke, wie Koteletten oder Nüßchen von Reh, Frischling, Damwild usw., in ein irdenes oder Porzellangeschirr (nicht in Eisenblech) legen und mit 1 dl Essig und ebensoviel Weißwein oder Rotwein begießen, mit einem Löffel Öl abschließen und 24 Stunden marinieren, wobei das Fleisch zweimal zu wenden ist.
Oder nur mit Zitronensaft begießen, einige zerdrückte Pfefferkörner zufügen und mit Öl abschließen.
Für Hasen- oder anderen Fleischpfeffer stets Rotweinmarinade nehmen.

PÖKELLAKEN

PÖKELLAKE FÜR OCHSENZUNGEN — Saumure pour langues de bœuf

2 kg Salz; 20 g Salpeter; 20 g Zucker; 8 Pfefferkörner; 4 Wacholderbeeren, 2 Zweige Thymian; 2 Lorbeerblätter; 4 l Wasser.

Alle Bestandteile mit dem Wasser aufkochen und erkalten lassen; das ergibt eine Pökellake von 18 Grad. Soll sie schwerer sein, mehr Salz beifügen und am besten mit dem Lakemesser auf den gewünschten Grad abstimmen.
Die Zungen gut reinigen, auf der ganzen Oberfläche mit einer Nadel einstechen und gut klopfen, um die Luft zum Entweichen zu bringen. Mit einer Mischung von 250 g Salz und 5 g Salpeter gut einreiben, die kalte, passierte Lake darübergießen und die Zunge, je nach Größe, 8-9 Tage in der Lake liegen lassen.

TROCKENE PÖKELLAKE — Saumure à sec

Die Zungen gut reinigen, einstechen und klopfen und mit einer Mischung von 500 g Salz, 10 g Salpeter und 25 g Zucker gut einreiben. Eine Trockenlake im Verhältnis von 2 kg Salz, 25 g Salpeter und 20 g Zucker herstellen. Den Boden eines Steingut-, Zement- oder Holzgefäßes mit der Mischung bestreuen, die Zungen darauflegen, gänzlich mit der Salzmischung bestreuen und mit einem Gewicht leicht beschweren. Nach einigen Tagen schwimmen die Zungen in der Lake. Innerhalb von 6 Tagen ist die Zunge halb, in 11-12 Tagen ganz gepökelt. Vor dem Gebrauch die Zunge unter fließendem Wasser gut abspülen.
Gefäße mit Material, das zum Pökeln bestimmt ist, stets auf gleichmäßiger Temperatur, am besten +8 bis 10 Grad, halten.
Ein Lakemesser ist nützlich, weil man die Zeitdauer besser bestimmen kann. Zungen brauchen in einer Naßlake von 12 Grad höchstens 8 Tage, müssen dann aber zuvor gespritzt sein; in einer 16gradigen Lake benötigen sie 14 Tage.

PÖKELLAKE FÜR GROSSE FLEISCHSTÜCKE — Grande saumure pour pièces de boucherie

Für 10 l: *5 kg Salz; 50 g Salpeter; 300 g Zucker; 10 l Wasser.*

Alles zusammen kochen. Die Lake ist fertig, wenn eine Kartoffel in der Mitte schwimmt. Sinkt sie zu Boden, muß Salz hinzugefügt werden, schwimmt sie obenauf, enthält die Lake zuviel Salz und es ist Wasser nachzugießen. Nach dem Erkalten ist sie gebrauchsfertig. Die parierten und mit einer groben Nadel mehrmals durchstochenen Fleischstücke auf ein Gitter in ein Steingutgefäß legen und mit der Lake übergießen. Mit einem Tuch bedecken und leicht mit einem Holzdeckel beschweren. Für ein Fleischstück von 4 bis 5 kg beträgt die Dauer des Pökelns 8-9 Tage.

FARCEN UND FÜLLUNGEN

Es gibt mehrere Arten von Farcen, z. B. Farce für Klößchen von Kalbfleisch, Geflügel, Wild oder Fisch; feine Farcen für Schaumbrote, Mousselines und Zephyrs; Schweinefleischfarcen für Pasteten und Galantinen und die sogenannte Gratinfarce, die völlig anders als die sonstigen in ihrer Zusammensetzung ist.

Zum Herstellen bestimmter Farcen muß erst Panade bereitet werden. Man rechnet stets einen Teil Panade auf zwei Teile Farce, wobei die Panade völlig ausgekühlt sein muß, ehe man sie unter die Farce arbeitet.

FEINE FARCE — Farce fine

300 g schieres Kalbfleisch oder recht weißes Geflügelfleisch; 50 g Eierpanade; 1 dl süße Sahne; 100 g Butter; 2 Eiweiß; Salz, Pfeffer, geriebene Muskatnuß.

Das Fleisch feinstoßen, das Eiweiß nach und nach beifügen und die Panade hinzugeben. Mit dem Spatel gut durcharbeiten und dabei die flüssige Butter und die Sahne untermengen. Durch ein Sieb streichen, abermals durcharbeiten und würzen. Bis zum Gebrauch kühl aufbewahren.

FARCE FÜR GALANTINEN — Farce pour galantines

350 g schieres, mageres Schweinefleisch; 350 g schieres Kalbfleisch; 800 g frischen, fetten Speck; 35 g Gewürzsalz.

Fleisch und Speck in grobe Würfel schneiden und mehrmals durch die feine Scheibe des Fleischwolfs treiben. Mit dem Gewürzsalz vermengen und durch ein Sieb streichen.

FARCE FÜR WILDGALANTINEN — Farce pour galantines de gibier

250 g schieres Kalbfleisch; 250 g schieres, mageres Schweinefleisch; 500 schieres Wildfleisch; 1 kg frischen, fetten Speck; 4 Eier; 50 g Gewürzsalz.

Fleisch, Speck und Wild in grobe Würfel schneiden und mehrmals durch die feine Scheibe des Fleischwolfs treiben. Das Gewürzsalz und die Eier untermengen und durch ein Sieb streichen.

FISCHFARCE — Farce à poisson

250 g schieres, rohes Hechtfleisch; 250 g Eierpanade; 2 ganze Eier; 1 Eigelb; Salz, Pfeffer, geriebene Muskatnuß.

Das Hechtfleisch stoßen und die Panade daruntermengen. Würzen und nach und nach die Eier und das Eigelb darunterarbeiten. Durch ein Sieb streichen und noch einmal durcharbeiten. Diese Farce dient für Fischpasteten und -galantinen.

FISCHFARCE FÜR KLÖSSCHEN — Farce à quenelles de poisson

Wird wie Klößchenfarce mit Panade bereitet, indem man das Fleisch durch Fisch ersetzt. Soweit wie möglich Fisch mit festem Fleisch wie Hecht verwenden.

KLÖSSCHENFARCE MIT PANADE — Farce à quenelles à la panade

300 g Kalbsnuß oder schieres, weißes Geflügelfleisch; 150 g Mehlpanade; 150 g Butter; 2 Eier; 2 Eigelb; Salz, Pfeffer, geriebene Muskatnuß.

Das Fleisch stoßen oder mehrmals durch die feine Scheibe des Fleischwolfs treiben. Die Panade beifügen und die flüssige, kalte Butter daruntermischen. Gut durcharbeiten und nach und nach

Eier, Eigelbe und Gewürze hinzugeben. Durch ein Sieb streichen und noch einmal durcharbeiten. Die Festigkeit nachprüfen, indem man eine kleine Probe in siedendheißem Wasser macht. Ist die Farce zu weich und das Probeklößchen geht beim leichten Andrücken entzwei, noch ein bis zwei Eigelb hinzufügen. Bis zum Gebrauch kühl aufbewahren.

PASTETENFARCE — Farce pour pâtés

500 g schieres, mageres Schweinefleisch; 500 g frischen, fetten Speck; 25 g Gewürzsalz.

Fleisch und Speck in grobe Würfel schneiden und mehrmals durch die feine Scheibe der Fleischmaschine treiben. Würzen und durch ein Sieb streichen.

SCHAUM- ODER MOUSSELINEFARCE — Farce mousseline

250 g schieres Kalbfleisch; 350 g süße Sahne; 1 Eiweiß; Salz, Pfeffer.

Das Kalbfleisch stoßen, Salz und Pfeffer sowie das Eiweiß hinzufügen. Durch ein Sieb streichen, in eine Schüssel geben und auf Eis stellen. Gut durchkühlen und nach und nach die Sahne darunterziehen. Eine Probe machen, da die Sahnenmenge variiert, je nachdem ob man Fleisch, Wild oder Fisch nimmt. Die Farce dient zum Füllen von Geflügel oder Fisch. Für Fischfarce das Kalbfleisch durch schieres Hechtfleisch ersetzen.

ZEPHYRFARCE — Farce à zéphyr

Eine Schaumfarce herstellen und zuletzt noch 1 dl geschlagene Sahne unterziehen. Sie wird in kleine ausgebutterte Förmchen gefüllt, im Wasserbad pochiert und mit passender Sauce nappiert. Man bereitet Zephyrs von Fisch, Geflügel, Wild, Schinken usw.

GRATINFARCE — Farce à gratin

150 g frischen, fetten Speck; 250 g Geflügel-, Wild- oder Kalbsleber; 1 Teelöffel gehackte Schalotten; 1 Teelöffel gehackte Petersilie; je eine Prise Thymian- und Lorbeerpulver; Salz, Pfeffer.

Den Speck würfeln und in der Pfanne schmelzen lassen. In das heiße Fett die kleingeschnitten Leber geben, rasch blutig sautieren, Schalotten, Petersilie und Gewürze beifügen, kurz anlaufen lassen und sofort vom Feuer nehmen. Im Mörser stoßen, durch ein Sieb passieren, in ein Schüsselchen füllen und mit geöltem Papier bedecken. Dient zum Füllen von kleinem Wildgeflügel und zum Bestreichen von Croutons.

EIERPANADE — Panade aux œufs

Für 500 g: *$^1/_4$ l Milch; 125 g Mehl; 2 Eier; 50 g zerlassene Butter; Salz, Pfeffer, geriebene Muskatnuß.*

Alle Bestandteile mit Ausnahme der Milch in eine Kasserolle geben und gut verrühren. Die kochendheiße Milch allmählich daruntergeben und auf dem Feuer abrühren, bis sich die Masse von den Wandungen der Kasserolle ablöst. Ausbreiten und auskühlen lassen. Für Fisch- und Geflügelfarcen.

MEHLPANADE — Panade à la farine

Für 500 g: *150 g Mehl; 50 g Butter; 3 dl Wasser; 1 Prise Salz.*

Das Wasser mit der Butter und dem Salz zum Kochen bringen. Vom Feuer nehmen, das Mehl auf einmal hineinschütten, gut durchrühren und dann auf dem Feuer mit dem Spatel durcharbeiten, bis sich die Masse von den Wandungen der Kasserolle ablöst. Ausbreiten und auskühlen lassen.

MILCHPANADE — Panade au lait

Wie Mehlpanade bereiten, doch anstelle des Wassers Milch nehmen.

KLÖSSCHEN

Klößchen können mit der Hand, mit Hilfe von Löffeln oder mit dem Spritzsack hergestellt werden, z. B.:

1. MIT DER HAND ZUBEREITETE KLÖSSCHEN

Den Tisch mit Mehl leicht bestreuen, die Farce mit einem Kaffeelöffel in Stückchen von etwa 15 g teilen und mit den Fingern der ausgestreckten Hand in Mehl zu Kügelchen wälzen. Die Kugelform beibehalten oder die Farce korkenförmig rollen und in siedendem Salzwasser 8-10 Minuten pochieren.

2. MIT DEM SPRITZBEUTEL BEREITETE KLÖSSCHEN

Den Boden eines Randbleches oder eines anderen geeigneten Geschirres ganz dünn mit Butter ausstreichen. Die Farce in einen Spritzbeutel mit kleiner, runder Tülle füllen und aus dieser kleine runde oder etwas längliche Klößchen nebeneinander auf das Blech setzen. Von einer Seite siedendheißes Wasser angießen, eine Prise Salz zugeben und pochieren, aber nicht kochen lassen. Pochierzeit 8-10 Minuten. Vor dem Gebrauch gut abtropfen.

3. SUPPENKLÖSSCHEN

Sie werden so wie Nr. 2, aber mit einer noch feineren Tülle auf das Blech gesetzt. Durch leichtes Anheben und Senken des Spritzsackes erhält man eine kannelierte Form der Klößchen. 3 Minuten lang pochieren und gut abtropfen, ehe man sie in die Suppe gibt.

4. MIT DEM LÖFFEL BEREITETE KLÖSSCHEN

Sie werden sowohl mit dem Eß- oder Dessert- als auch mit dem Kaffeelöffel, je nach der gewünschten Größe geformt. Man braucht eine mit Butter ausgestrichene Sauteuse sowie eine kleine Kasserolle mit kochendem Wasser und 2 Löffel. Den einen Löffel in die Farce tauchen, oben gewölbt mit dem Messer glattstreichen, die Farce mit dem zweiten, in das kochende Wasser getauchten Löffel abstreifen, ohne daß das Klößchen seine Form verliert, und in die Sauteuse legen. Wenn alle fertig sind, siedendheißes Wasser darübergießen und je nach Größe 6-12 Minuten pochieren. Man kann diese Klößchen auch füllen, indem man nach dem Füllen des ersten Löffels mit Farce mit dem angefeuchteten Finger eine kleine Öffnung macht, ohne jedoch durchzustoßen. Diese Vertiefung wird mit etwas Salpicon oder Püree gefüllt, mit Farce überstrichen und weiter wie oben behandelt.

5. DEKORIERTE KLÖSSCHEN ZUR GARNITUR

Hierzu kann man sehr kleine Tarteletten-, Schiffchen- oder Dariolförmchen nehmen, die zuerst mit Butter dünn ausgestrichen, mit einem Motiv aus Trüffeln, Eiweiß, roten Paprikaschoten usw. dekoriert und dann mit Farce gut gefüllt und glattgestrichen werden. Sie werden mit der Form in siedendes, leicht gesalzenes Wasser gelegt und je nach Größe 8-12 Minuten pochiert. Sie lösen sich selbst aus der Form und schwimmen obenauf.

HILFSMITTEL

Die nachstehend aufgeführten Zusammenstellungen werden für vielerlei Gerichte gebraucht. Sie werden ausführlich beschrieben, um nicht jedes Rezept mit einer detaillierten Beschreibung belasten zu müssen.

MIREPOIX — Mirepoix

Eine Garnitur von kleineren oder größeren Würfeln von Mohrrüben, Zwiebeln und Schinken- oder Speckabfällen, etwas Lorbeerblatt, Thymian und Petersilienstiele, eventuell auch etwas Knoblauch, in Butter angeröstet, als Geschmacksergänzung für Suppen, Saucen, Ragouts usw.

BORDELAISER MIREPOIX — Mirepoix bordelaise

100 g Mohrrüben, nur das Rote; 100 g Zwiebeln; 30 g Petersilienstiele; je 1 Prise pulverisierten Thymian und Lorbeerblatt; 40 g Butter.

Mohrrüben, Zwiebel und die Petersilienstiele in winzigste Würfelchen schneiden, Thymian und Lorbeer beifügen und in der Butter dünsten, bis die Feuchtigkeit vollständig verdunstet ist. Dient zur Bereitung von Hummer- und Krebsgerichten und feinen Saucen.

MONTGLAS — Montglas

125 g Pökelzunge; 125 g gekochte Champignons; 50 g Trüffeln, in Madeira gargemacht; $^1/_4$ l Demi-glace.

Pökelzunge, Champignons und Trüffeln in Julienne schneiden, mit dicker Demi-glace binden und zur gewünschten Dicke reduzieren, dabei etwas Madeira zufügen und gut abschmecken. Vor dem Gebrauch erkalten lassen. Anstelle der Demi-glace kann auch mit Gänseleberpüree gebunden werden. Dient zur Füllung von Lammkoteletten u. a. m.

GESCHMOLZENE TOMATEN — Fondue de tomates ou portugaise

50 g gehackte Schalotten oder 100 g gehackte Zwiebeln; 500 g geschälte, ausgedrückte und grobgewürfelte Tomaten; 1 kleine zerdrückte Knoblauchzehe; 30 g Butter. Kochzeit: 10 Minuten.

Die Schalotten oder Zwiebeln in der Butter gut anschwitzen, die Tomaten und den Knoblauch beifügen, leicht salzen und bei gelinder Hitze unter mehrfachem Rühren so lange kochen, bis die Flüssigkeit vollständig verdunstet ist.

FETTE DUXELLES — Duxelles grasse

125 g feingehackte rohe Champignons; 1 mittelgroße, gehackte Zwiebel; 1 gehackte Schalotte; 60 g gekochten, gehackten Schinken; 40 g Butter; 2 Eßlöffel dickes Tomatenpüree.

Zwiebel und Schalotten in der Butter anziehen lassen, die Champignons hinzufügen und, sobald sie zu rösten beginnen, den Schinken und das Tomatenpüree beigeben, mit Salz und Pfeffer würzen und 5 Minuten langsam dünsten lassen. In eine Schüssel geben und mit einem Blatt geöltem Papier bedecken.

MAGERE DUXELLES — Duxelles maigre

Wie fette Duxelles, jedoch ohne Schinken bereiten.

TEIGE UND MASSEN

BRIOCHETEIG — Pâte à brioche

250 g Mehl; 250 g Butter; 15 g Zucker; 4 g Salz; 8 g Hefe; 3 kleine Eier.

Den vierten Teil des Mehles auf den Tisch oder eine Marmorplatte schütten und in der Mitte eine Grube machen, in die man die Hefe gibt, die man in reichlich 1 dl lauwarmem Wasser aufgelöst hat. Die Hefe unter das Mehl zu einem etwas weichen Teig arbeiten, notfalls noch etwas lauwarmes

Wasser hinzunehmen. Den Teig zu einer Kugel rollen, oben kreuzweise einschneiden und in eine Kasserolle mit etwas lauwarmem Wasser legen, bis er sein Volumen verdoppelt hat. In der Zwischenzeit das restliche Mehl mit den Eiern durcharbeiten und so lange kneten, bis der Teig elastisch ist und sich von selbst von den Händen hebt. Nun die Butter, die etwas weich sein muß, das Salz und den Zucker darunterwirken und weitere 5-6 Minuten gut durcharbeiten. Den Vorteig, der sich inzwischen verdoppelt haben muß, abtropfen und behutsam daruntermengen, ohne weiteres Schlagen, und die Masse in eine ausgemehlte Schüssel legen, mit einem gemehlten Tuch bedecken und bis zum Gebrauch kühl aufbewahren.

Im Prinzip wird der Teig gegen 17 oder 18 Uhr am Vorabend bereitet, so daß er um 8 oder 9 Uhr am nächsten Morgen wiederum sein Volumen verdoppelt hat. Er wird noch einmal zusammengeschlagen, ehe man ihn über Nacht ruhen läßt, wodurch der Teig fester wird, so daß man ihm die gewünschte Form geben kann.

BRAND- ODER BRÜHTEIG — Pâte à choux

125 g Mehl; 100 g Butter; 15 g Zucker; 3 g Salz; $^1/_4$ l Wasser; 4 Eier.

Das Wasser kalt oder warm mit der Butter, dem Salz und dem Zucker ansetzen und zum Kochen bringen. Das gesiebte Mehl auf einmal hineinschütten und auf dem Feuer mit der Holzspatel so lange abrühren, bis sich der Teig von den Wandungen der Kasserolle ablöst. Vom Feuer nehmen, nur ganz kurz abkühlen und die Eier, eins nach dem anderen, daruntermengen; der Teig soll mittelfest und spritzfähig sein. Weniger oder mehr Eier je nach Größe nehmen. Für manche Zwecke — Vorspeisen usw. — den Teig ohne Zucker bereiten.

BRANDTEIG FÜR NOCKERL — Pâte à choux pour les gnocchi

Den Teig genau so wie oben bereiten, jedoch nur mit 60 g Butter für die gleiche Menge Wasser und Mehl. Keinen Zucker hinzunehmen, dafür mit Pfeffer und geriebener Muskatnuß würzen. Nach dem Hinzufügen der Eier, noch 60 g geriebenen Schweizer oder 40 g Parmesankäse untermengen. (Für die weitere Behandlung, bitte das Kapitel Vorspeisen und Zwischengerichte nachschlagen.)

EINFACHER EIERKUCHENTEIG — Pâte à crêpes ordinaire

125 g Mehl; 25 g Vanillezucker; 30 g zerlassene Butter; 1 Prise Salz; 2 Eier; 2 dl kalte Milch; 1 Löffel Cognac oder Rum (ausreichend für 12 kleine Eierkuchen).

Das gesiebte Mehl in eine Schüssel geben, die Eier hineinschlagen, Salz, Zucker und Milch hinzufügen und alles mit dem Schneebesen zu einer glatten und zarten Masse wie dicken Rahm verrühren; nötigenfalls noch etwas Milch hinzugeben. Zuletzt den Cognac und die Butter leicht daruntermengen und den Teig 2-3 Stunden vor dem Gebrauch bereiten. Die Milch auf Wunsch durch dünnen Rahm ersetzen, dann keine Butter verwenden. Nur zerlassene, von der Molke abgegossene Butter nehmen.

Anmerkung: Nur die angegebene Zuckermenge hineingeben, da die Eierkuchen in der Pfanne sonst zu schnell und zu stark bräunen. Nachträglich mit Puderzucker bestäuben.

BLÄTTERTEIG — Pâte feuilletée

250 g Mehl; 225-250 g Butter; etwa $1^1/_2$ dl Wasser; 5 g Salz.

Das gesiebte Mehl auf die Marmorplatte schütten, in der Mitte eine Grube machen, das Salz und das Wasser in die Mitte geben und, mit den Fingerspitzen beginnend, den Teig rasch anrühren und zu einer glatten Kugel rollen, ohne ihn stark zu bearbeiten, damit er keine Elastizität aufweist. Der Teig muß die gleiche Konsistenz haben wie die dazu verwendete Butter, die eher fest als weich sein soll, jedoch nicht vom Eis kommen darf. Die Flüssigkeitsmenge hängt von der Qualität des Mehles bzw. der Saugfähigkeit ab. Den Teig wenigstens 15 Minuten ruhen lassen, dann zu einem Viereck ausrollen, die Seiten etwas ausziehen und dünner als die Mitte halten. Die Butter in die Mitte legen, die vier Ecken darüberschlagen und dann den Teig dreimal so lang wie breit ausrollen, dabei so wenig Mehl wie nur möglich zum Bestreuen nehmen und es immer wieder abkehren; die Dicke soll 1-1½ cm betragen. Jetzt das eine Ende des Teiges zur Mitte zu schlagen und das andere Ende darüberlegen; das ist die 1. Tour. Das Ausrollen muß gleichmäßig und behutsam vorgenommen werden, damit die Butter nicht aus dem Teig heraustritt. Die 2. Tour in der entgegengesetzten Richtung geben, bzw. ausrollen. Danach den Teig 15-20 Minuten kühl, aber nicht auf Eis ruhen lassen und noch 4 weitere Touren geben, mit einer Ruhepause zwischen jeweils 2 Touren von je

15 Minuten. Dem Teig also insgesamt 6 Touren mit zwei Ruhepausen dazwischen geben. Den fertigen Teig, falls er nicht gleich verwendet wird, in ein leicht bemehltes Tuch wickeln und kühl, aber nicht auf Eis aufbewahren. *(Siehe «Kulinarische Technik in Bildern».)*

HALBBLÄTTERTEIG — Pâte demi-feuilletée

Manche Gebäcke verlangen einen leichteren als den gewöhnlichen Blätterteig, zuweilen wird man auch ein schnelleres Verfahren anwenden müssen. Dazu 200 g Mehl sieben und auf den Marmor schütten, eine Grube machen, 200 g weiche Butter, den Saft einer halben Zitrone, Salz und so viel Wasser hineingeben, um einen leichten, nur oberflächlich gemischten Teig machen zu können. Dem Teig 2-3 Touren, so wie oben, geben und vor dem Gebrauch kurz ruhen lassen. Dient für Dreikönigskuchen, Apfeltaschen, warme Pastetchen, Käsestangen u. a. m.

HALBBLÄTTERTEIG, BLÄTTERTEIGABFÄLLE, WIRRTEIG — Pâte demi-feuilletée

Die beim Ausstechen von Pasteten, Torten, Kuchen usw. übriggebliebenen Abschnitte oder Reste zu einer Kugel formen, ohne sie viel zu bearbeiten, und vor dem Gebrauch kurz ruhen lassen. Kann in den meisten Fällen anstelle des obigen Halbblätterteiges verwendet werden.

MÜRBE- ODER AUSLEGETEIG — Pâte à foncer ou brisée

250 g Mehl; 125 g Butter; 15 g Zucker; 2 g Salz; ungefähr 1 dl Wasser.

Das Mehl auf die Marmorplatte schütten, in der Mitte eine Grube machen und die restlichen Bestandteile hineingeben. Alles leicht mit den Fingern vermischen, nicht zu viel bearbeiten. Zu einer Kugel formen, in ein Tuch wickeln, und wenigstens 2 Stunden kühl ruhen lassen. Für Tartelетten, Krustaden usw., die als Vorspeise dienen sollen, den Zucker fortlassen und durch 5 g Salz ersetzen.

BACKTEIG — Pâte à frire

200 g Mehl; 5 g Salz; 2 Eßlöffel Olivenöl; 3 dl lauwarmes Wasser; 2 Eiweiß; 5 g Hefe (nicht unbedingt nötig).

Das Mehl in einer Schüssel anwärmen und in der Mitte eine Grube machen. Das Öl, Salz und das lauwarme Wasser, in dem man die Hefe eventuell aufgelöst hat, hineingeben und schnell mit der Hand mischen, bis der Teig gerade die Finger bedeckt. Mehr oder weniger Wasser nehmen, je nach der Qualität des Mehles. Den Teig nur leicht mischen, damit er nicht elastisch wird, daher am besten das ganze Wasser gleich zu Anfang hineingeben, um ihn nicht unnötigerweise durcharbeiten zu müssen. Mit einem Teller bedecken und zum Gären 3-4 Stunden warm stellen. Erst vor dem Gebrauch die zwei festgeschlagenen Eiweiß locker darunterziehen.

PASTETENTEIG — Pâte à pâtés, croustades et timbales

250 g Mehl; 80 g Butter; 40 g Schweineschmalz; 2 Eßlöffel Olivenöl; 12 g Salz; 1 Eigelb; 2 dl kaltes Wasser.

Das Mehl sieben, zu einer Grube formen, sämtliche Zutaten hineingeben, gut durchmischen und alles zusammen kneten. Den Teig immer wieder mit dem Handballen nach vorne zu durchdrücken und zurückschlagen, damit der Teig genügend Festigkeit erhält, um später die Füllung halten zu können und durch die Feuchtigkeit nicht aufzuweichen.
Die angegebenen Mengen reichen aus für eine Pastete für 6 Personen.
Anmerkung: Man kann den Teig ausschließlich mit 120 g Schweineschmalz und etwas warmem Wasser bereiten, wodurch er sich besser ausbäckt, jedoch weniger gut schmeckt.

SOCKEL

Die Sockel, die früher in der Küche eine bedeutsame Rolle spielten, sind heute so gut wie verschwunden. In der kalten Küche begnügt man sich im allgemeinen damit, Gerichte auf einen Geleespiegel anzurichten. Es darf aber trotzdem nicht vergessen werden, daß Sockel in einigen Ländern, u. a. auch in Frankreich, noch gerne verwendet werden. Manchmal ist es auch erwünscht, ein Gericht durch eine Unterlage etwas zu erhöhen.

Sockel werden heute nur noch aus einer Reismasse gemacht oder aus englischem Brot geschnitzt, das hinterher gebacken wird.

Reissockel können folgendermaßen bereitet werden: 700-800 g gewöhnlicher Reis wird blanchiert, sehr sauber abgespült und dann mit wenig Wasser 45-50 Minuten gekocht, bis er fest und trocken ist. Er wird dann durch die feine Scheibe des Fleischwolfs getrieben und auf dem angefeuchteten Marmor mit der Hand bearbeitet, um der Masse die nötige Konsistenz zu geben. Danach gibt man der Masse die gewünschte Form und wickelt sie in ein feuchtes Tuch, um sie völlig auszukühlen. Erst dann wird sie geschnitzt und bis zum Gebrauch wiederum in ein feuchtes Tuch eingehüllt, damit der Sockel nicht dunkel wird. Das ist die einfachste Methode.

Man kann dieser Masse alle möglichen Formen geben, sie einkerben, aushöhlen und schneiden. Will man sie einige Tage aufbewahren, so legt man sie nach der Fertigstellung in kaltes Wasser, in dem etwas Alaun aufgelöst worden ist. So kann man sie zwei bis drei Tage frisch halten.

DIE WICHTIGSTEN GARNITUREN UND IHRE BEZEICHNUNGEN

AUF ADMIRALSART — A l'amiral

Austern und Muscheln Villeroi; tournierte Champignonköpfe; Krebsschwänze; Trüffelscheiben; normannische Sauce, mit Krebsbutter aufgeschlagen.

Für große Fische, hauptsächlich Steinbutt und Glattbutt.

AGNES SOREL — Agnès Sorel

Geflügelschaumfarce, gefüllt mit sautierten Champignonscheiben, in Tartelettförmchen pochiert; runde Scheiben von Pökelrinderzunge; Trüffelscheiben; deutsche Sauce.

Für weißes Geflügel, hauptsächlich pochierte Poularden.

ALBUFERA — Albuféra

Gefüllt mit Risotto, vermischt mit Trüffel- und Gänseleberwürfeln, garniert mit Blätterteigtarteletts gefüllt mit Kleinragout von Trüffeln, Champignons, Hühnerklößchen und Hahnennieren, mit Albuferasauce gebunden und mit runder Zungenscheibe belegt; Albuferasauce nebenbei.

Für pochierte Poularden.

AUF ALGERISCHE ART — A l'algérienne

Kroketten von süßen Kartoffeln (Bataten); kleine entkernte, in Öl gedünstete Tomaten; leichte Tomatensauce, vermischt mit Julienne von roter Paprikaschote.

Für große und kleine gebratene oder sautierte Fleischstücke.

AUF AMERIKANISCHE ART — A l'américaine

Scheiben von Hummern auf amerikanische Art zubereitet; die Sauce der Hummern.

Für Fische.

AUF ANDALUSISCHE ART — A l'andalouse

Halbe geröstete Paprikaschoten mit Reis, auf griechische Art bereitet, gefüllt; dicke Scheiben von Eierfrüchten, in Öl gebacken, ausgehöhlt, mit geschmolzenen Tomatenwürfeln gefüllt; winzige Bratwürstchen (Chipolatas); gebundene Jus.

Für Fleisch und Geflügel.

AUF ARGENTEUILER ART — A l'Argenteuil

Weiße Spargelköpfe mit holländischer Sauce überzogen.

Für Fleisch und Geflügel.

AUF ARLESISCHE ART — A l'arlésienne

Gebackene Scheiben von Eierfrüchten; sautierte, geschälte Tomatenstreifen; gemehlte gebackene Zwiebelringe; tomatierte Demi-glace.

Für Tournedos und Nüßchen.

AUF BAUERNART — A la paysanne

Mohrrüben, weiße Rüben, Sellerie und Zwiebeln gleichmäßig feinblätterig geschnitten, mit Butter und Zucker angeschwitzt, blanchierte, angeröstete Speckwürfel und knoblauchzehgroß tournierte Kartoffeln, alles zusammen mit dem Fleischstück fertiggemacht; Bratensaft.

Für geschmortes Fleisch und Geflügel.

BEAUGENCY — Beaugency

Artischockenböden gefüllt mit geschmolzenen Tomaten, belegt mit blanchierter Scheibe Rindermark; Béarnaisesauce.

Für kleine sautierte Fleischstücke.

BEAUHARNAIS — Beauharnais

Geviertelte, sautierte Artischockenböden; gefüllte Champignonköpfe; Schloßkartoffeln; Beauharnais-Sauce.

Für kleine sautierte und grillierte Fleischstücke.

SCHÖNE HELENE — Belle Hélène

Flache, runde Spargelkroketten; Trüffelscheiben; gebundene Jus.

Für Tournedos und Nüßchen.

AUF BERRYER ART — A la berrichonne

Kleine gedünstete Kohlkugeln; glacierte Zwiebelchen; glacierte Maronen; kleine Rauchspeckscheiben; der Fleischsaft mit Demiglace verkocht.

Für geschmortes Fleisch.

AUF BLUMENMÄDCHENART — A la bouquetière

Ausgestochene, glacierte Mohrrüben und weiße Rüben; feine grüne Bohnen; grüne Erbsen; Blumenkohlröschen mit holländischer Sauce nappiert; Schloßkartoffeln; leichte Jus.

Für Fleischstücke.

AUF BURGUNDER ART — A la bourguignonne

Gebratene Speckwürfel; geviertelte, sautierte Champignons; kleine glacierte Zwiebelchen; der Schmorsaft, der immer mit Burgunder bereitet wird.

Für geschmortes Rindfleisch und für Schinken.

AUF BRÜSSELER ART — A la bruxelloise

Gedünstete Chicorée (Witloof); gekochter, mit Butter gedünsteter Rosenkohl; Schloßkartoffeln; leichte Madeirasauce.

Für Fleischstücke.

CHAMBORD — Chambord

Getrüffelte Fischklöße; olivenförmige Trüffeln; kleine, tournierte Champignonköpfe; gebratene Fischmilcher; gekochte Krebse; herzförmige, gebackene Croutons; Chambordsauce.

Für große braisierte Fische.

CHIPOLATA — Chipolata

Glacierte Zwiebelchen; glacierte Maronen; glacierte Karotten; geröstete Magerspeckwürfel; kleine Bratwürstchen (Chipolatas); der Fond des Stückes, mit Demi-glace verkocht.

Für Fleischstücke und großes Geflügel.

CHOISY — Choisy

Halbierter, gedünsteter Kopfsalat; Schloßkartoffeln; gebutterte Fleischglace.

Für Tournedos und Nüßchen.

CHORON — Choron

Artischockenböden, gefüllt mit gebutterten grünen Spargelspitzen oder feinen grünen Erbsen; große Nußkartoffeln; tomatierte Béarnaisesauce.

Für Tournedos und kleine, sautierte Fleischstücke.

CLAMART — Clamart

Flache runde Böden von Macairekartoffeln; Tarteletts gefüllt mit Erbsen, bereitet auf französische Art; gebundene Kalbsjus. *Für kleine, sautierte Fleischstücke.*

CONDÉ — Condé

Püree von roten Bohnen, mit Speck verkocht, der Speck in Dreiecke geschnitten; mit Rotwein angesetzt, der Fond verkocht mit Demiglace. *Für geschmorte Fleischstücke.*

CONTI — Conti

Püree von Linsen, mit Brustspeck gekocht, der Speck in Dreiecke geschnitten; der Schmorfond des Stückes. *Für geschmorte Fleischstücke.*

DEMIDOW — Demidoff

Halbmondförmig geschnittene Karotten und weiße Rüben, kleine Zwiebelscheibchen und Selleriewürfel, angeschwitzt und zusammen mit dem betreffenden Stück in feuerfester, verschlossener Porzellankasserolle gargemacht; kurz vor dem Garwerden halbmondförmige Trüffelscheiben beigefügt. *Für Geflügel und Wildgeflügel.*

AUF DIEPPER ART — A la dieppoise

Krevettenschwänzchen; entbartete, in Weißwein gedünstete Muscheln; Weißweinsauce mit dem eingekochten Pochierfond des Fisches. *Für kleinere Fische und Fischfilets.*

DORIA — Doria

Olivenförmige Gurkenstückchen, in Butter gedünstet; entkernte Zitronenspalten; Zubereitung des Fisches auf Müllerinart. *Für Fische.*

DUBARRY — Dubarry

Gekochter Blumenkohl, zu Kugeln geformt, mit Mornay-Sauce nappiert, mit geriebenem Käse bestreut und gratiniert; der Fond des Stückes oder die Deglaçage. *Für größere Fleischstücke, Tournedos und Nüßchen.*

AUF ELSÄSSISCHE ART — A l'alsacienne

Tarteletts, gefüllt mit braisiertem Sauerkraut, belegt mit runder Schinkenscheibe; Fleischsaft. *Für Fleischstücke.*

AUF FINANZMANNSART — A la financière

Champignonköpfe; Kalbfleischklößchen; Trüffelscheiben; blanchierte Oliven; Hahnenkämme und -nierchen; Finanzmannsauce. *Für große Fleischstücke und großes Geflügel.*

AUF FLÄMISCHE ART — A la flamande

Kleine gedünstete Kohlkugeln; glacierte Karotten; glacierte weiße Rüben; geformte Salzkartoffeln; Dreiecke von Brustspeck, der mit dem Kohl gekocht wurde; der Schmorfond. *Für geschmortes und gekochtes Fleisch, für gekochte Gans.*

AUF FÖRSTERART — A la forestière

In Butter sautierte Morcheln; große, gebratene Kartoffelwürfel; blanchierte, geröstete Magerspeckwürfel; Duxellessauce mit dem Fleischsaft verkocht, notfalls Demi-glace. *Für große Fleischstücke und großes Geflügel.*

AUF GÄRTNERINART — A la jardinière

Ausgestochene, glacierte Karotten und weiße Rüben; grüne Erbsen; grüne Bohnenkerne; rautenförmig geschnittene grüne Bohnen, diese drei Gemüse mit Butter gebunden; kleine Blumenkohlkugeln, mit holländischer Sauce nappiert; klare Kalbsjus. *Für große Fleischstücke.*

AUF GEMÜSEGÄRTNERART — A la maraîchère
Schwarzwurzelstückchen, mit leichter Béchamel gebunden; Rosenkohl in Butter geschwenkt; Schloßkartoffeln; der Schmorsaft.
Speziell für geschmortes Fleisch.

GODARD — Godard
Kalbfleischklöße mit gehackten Trüffeln und Champignons; Hühnerklöße, mit Trüffeln und Pökelzunge dekoriert; tournierte Champignons; olivenförmige Trüffeln; glacierte Lammilch; Hahnenkämme; Godard-Sauce.
Für große Fleischstücke und großes Geflügel.

AUF GROSSHERZOGSART — A la grand-duc
Grüne Spargelspitzen, mit Butter gebunden; Trüffelscheiben; Krebsschwänzchen; Mornay-Sauce.
Für Fische.

AUF HAUSFRAUENART — A la bonne femme
Mit gehackten Schalotten, Champignonscheiben und gehackter Petersilie in Weißwein und Fischfond pochiert; der eingekochte Fond mit Weißweinsauce vermischt, gebuttert, über den Fisch gegossen, rasch glaciert.
Für kleinere Fische und Fischfilets.

HELDER — Helder
Artischockenböden, abwechselnd mit gebutterten Spargelspitzen, kleinen Nußkartoffeln und geschmolzenen Tomaten gefüllt; Béarnaisesauce.
Für kleine, sautierte Fleischstücke.

HEINRICH IV. — Henri IV
Artischockenböden, gefüllt mit sehr kleinen, durch flüssige Fleischglace gezogenen Nußkartoffeln; Béarnaisesauce.
Für Tournedos und Nüßchen.

AUF HUSARENART — A la hussarde
Champignonköpfe, gefüllt mit Zwiebelpüree; Herzoginkartoffeln; Husarensauce.
Für gebratenes Fleisch und für kleine Fleischstücke.

AUF ITALIENISCHE ART — A l'italienne
Artischockenviertel, auf italienische Art zubereitet; Makkaronikroketten, mit viel Käse bereitet, in flacher, dreieckiger Form; italienische Sauce.
Für Schlachtfleisch und Geflügel.

AUF JÄGERART — A la chasseur
Der Bratsatz, mit Weißwein abgelöscht, mit Jägersauce verkocht und über das Fleisch gegossen.
Für kleine, sautierte Fleisch- und Geflügelstücke.

JOINVILLE — A la Joinville
Grobes Salpicon von Champignons, Krebsschwänzen und wenigen Trüffeln; mit Joinvillesauce gebunden; Trüffelscheiben; Krebsschwänze; Joinvillesauce.
Für Fische.

JUDIC — Judic
Halbierter, gedünsteter Kopfsalat; Trüffelscheiben; Hahnennieren; sehr feine Demi-glace.
Für Tournedos, Nüßchen und kleines Geflügel.

AUF KARDINALSART — A la cardinale
Hummerscheren und -schwänze in Scheiben; Trüffelscheiben; Kardinalsauce.
Für Fische.

AUF KASTILIANISCHE ART — A la castillane

Nestchen von Herzoginkartoffeln, gefüllt mit in Olivenöl gebratenen Tomatenwürfeln; gebackene Zwiebelringe; der Bratensaft, mit Tomatensauce verkocht.

Für große Fleischstücke und Geflügel.

AUF KATALONISCHE ART — A la catalane

Gebratene Tomaten; Artischockenböden; tomatierte Demi-glace.

Für Fleischstücke.

KÖNIGIN MARGOT — Reine Margot

Gefüllt mit feiner Geflügelfarce mit Mandelpüree; Hühnerschaumklößchen mit Pistazienbutter; Hühnerschaumklößchen mit Krebsbutter; Suprêmesauce mit Mandelmilch.

Für pochiertes Geflügel.

LAVALLIÈRE — Lavallière

Artischockenböden, gefüllt mit gebutterten, grünen Spargelspitzen; Schloßkartoffeln; Bordelaiser Sauce.

Für Tournedos und kleine, sautierte Fleischstücke.

LORETTE — Lorette

Spargelspitzen oder grüne Erbsen, mit Butter gebunden; sehr kleine Geflügelkroketten; Trüffelscheiben; gebundene Kalbsjus.

Für Tournedos und Nüßchen.

MAILLOT — A la Maillot

Glacierte, geformte Karotten und weiße Rüben; glacierte Zwiebelchen; halbierter, gedünsteter Kopfsalat; grüne Erbsen; grüne Bohnen; gebundene Jus.

Für geschmortes Fleisch, besonders für Schinken.

AUF MARSCHALLSART — A la maréchale

Durch flüssige Butter gezogen, in gehackten Trüffeln oder weißem Panierbrot, mit gehacktenTrüffeln vermischt, gewälzt; Trüffelscheiben; grüne Spargelspitzen; außerhalb der Saison grüne Erbsen, mit Butter gebunden.

Für Kalbsmilchschnitzel, Lammkoteltts, Lammnüßchen und Hühnerbrüstchen.

MASCOTTE — A la mascotte

Rohe, geviertelte Artischockenböden, in Butter gedünstet; olivenförmige Kartoffeln, in Butter gebraten; Trüffelkugeln; die Deglaçage mit Weißwein und Kalbsjus.

Für Tournedos, Nüßchen und kleines Geflügel, die stets in feuerfester Porzellankokotte bereitet und mit der Garnitur umlegt werden.

MARIE LUISE — Marie-Louise

Artischockenböden, gefüllt mit einer Mischung von drei Vierteln Champignon- und einem Viertel Zwiebelpüree; Madeirasauce oder gebundene Jus.

Für kleine, sautierte Fleischstücke und Geflügel.

MASSÉNA — Masséna

Artischockenböden, gefüllt mit dicker Béarnaisesauce; pochierte Rindermarkscheiben auf dem Fleisch; Tomatensauce.

Für Tournedos und kleine, grillierte oder sautierte Fleischstücke

AUF MEXIKANISCHE ART — A la mexicaine

Große grillierte Champignonköpfe, gefüllt mit dickeingekochten, geschmolzenen Tomaten; kleine, geröstete Paprikaschoten; scharf gewürzte, tomatierte Jus.

Für Schlachtfleisch und Geflügel.

MIRABEAU — Mirabeau

Sardellenfilets auf dem Fleisch; Bordüre von blanchierten Estragonblättern; entsteinte, blanchierte Oliven; Sardellenbutter. *Für Grilladen von dunklem Fleisch.*

MONTMORENCY — Montmorency

Artischockenböden, gefüllt mit feinem Mischgemüse; Bündelchen grüner Spargelspitzen; Madeirasauce mit dem Fond des betreffenden Stückes. *Für Schlachtfleisch und Geflügel.*

MONTREUIL — Montreuil

Große, gekochte Kartoffelkugeln, nappiert mit Krevettensauce, um den Fisch garniert; Fisch nappiert mit Weißweinsauce. *Für kleinere Fische und Fischfilets.*

MURAT — Murat

In Streifen geschnittene Filets, scharf in Butter gebraten, vermischt mitgebratenen Würfeln von Artischockenböden und Kartoffeln, belegt mit gebratenen Tomatenscheiben; gehackte Petersilie, Zitronensaft, wenig Fleischglace, braune Butter. *Für Fischfilets.*

NANTUA — Nantua

Krebsschwänzchen, gebunden mit Nantuasauce; Trüffelscheiben; Nantuasauce. *Für Fisch.*

AUF NIZZAER ART — A la niçoise

1. Geschmolzene Tomaten mit Knoblauch und gehacktem Estragon; Sardellenfilets; schwarze Oliven; Kapern; geschälte, entkernte Zitronenscheiben; Sardellenbutter. *Für Fische.*

2. Geschmolzene Tomaten mit Knoblauch und gehacktem Estragon; grüne Bohnen, in Butter geschwenkt; Schloßkartoffeln; gebundene Jus. *Für Schlachtfleisch und Geflügel.*

AUF NORMANNISCHE ART — A la normande

Entbartete, pochierte Austern und Muscheln; kleine Champignonköpfe; Krevettenschwänzchen; Trüffelscheiben; gekochte Krebse; gebackene Gründlinge oder kleine Stinte; Blätterteig-Halbmonde; normannische Sauce. *Für Fische.*

AUF ORIENTALISCHE ART — A l'orientale

Kleine Becher von Reis auf griechische Art; halbe, in Olivenöl gedünstete Tomaten; Kroketten von süßen Kartoffeln (Bataten); Tomatensauce. *Für Geflügel.*

AUF PORTUGIESISCHE ART — A la portugaise

Kleine Tomaten, mit Duxelles gefüllt; Schloßkartoffeln; Tomatensauce. *Für Schlachtfleisch und Geflügel.*

AUF PRINZESSINART — A la princesse

Spargelspitzen in Rahmsauce; Trüffelscheiben; deutsche Sauce mit Champignonessenz. *Für Kalbsmilch und Geflügel.*

AUF PROVENZALISCHE ART — A la provençale

Kleine, gedünstete Tomaten; Champignonköpfe, gefüllt mit Duxelles mit einer Spur Knoblauch; provenzalische Sauce. *Für Schlachtfleisch und Geflügel.*

RACHEL — Rachel

Artischockenböden gefüllt mit großen Rindermarkscheiben, darüber gehackte Petersilie; Bordelaiser Sauce. *Für Tournedos und kleine Fleischstücke.*

AUF REGENTSCHAFTSART — A la régence

1. Löffelköße von Weißlingen mit Krebsbutter; entbartete, pochierte Austern; Champignonköpfe; Trüffelscheiben; pochierte Fischmilcher; normannische Sauce. *Für Fische.*

2. Getrüffelte Löffelklöße von Geflügel; große mit Trüffeln dekorierte Kalbfleischklöße; gebratene Scheibchen Gänseleber; Hahnenkämme; Trüffeloliven; Champignonköpfe; deutsche Sauce mit Trüffelessenz. *Für Geflügel und Kalbsmilch.*

AUF REICHE ART — A la riche

Langustenscheiben; Trüffelscheiben; Victoriasauce. *Für Fischfilets.*

RICHELIEU — Richelieu

Mit Duxelles gefüllte Tomaten und Champignonköpfe; halbierte, gedünstete Kopfsalate; Schloßkartoffeln; leicht gebundener Bratensaft. *Für Schlachtfleisch, besonders Rinderfilet.*

AUF RÖMISCHE ART — A la romaine

Tarteletts, garniert mit römischen Gnocchis; kleine Spinatbrote mit Sardellen in Briocheförmchen pochiert; römische Sauce. *Für Schlachtfleisch.*

ROSSINI — Rossini

Leicht gebratene Gänselebermedaillons; Trüffelscheiben; Demi-glace mit Trüffelessenz oder Madeirasauce. *Für Tournedos und kleine Stücke von dunklem Fleisch.*

SAINT-GERMAIN — Saint-Germain

Tournierte, glacierte Karotten; kleine Erbsenbrote in Becherform; Fondantkartoffeln; Béarnaisesauce und der Fond des betreffenden Stückes. *Für Schlachtfleisch.*

SAINT-MANDÉ — Saint-Mandé

Rund ausgestochene Böden von Macairekartoffeln; feine grüne Bohnen und grüne Erbsen, in Butter geschwenkt; gebundene Jus. *Für Schlachtfleisch.*

AUF SARDINISCHE ART — A la sarde

Kleine Reiskroketten mit Safran; mit Duxelles gefüllte Tomaten; mit Duxelles gefüllte Gurkenstückchen, gratiniert; leichte Tomatensauce. *Für Schlachtfleisch.*

TALLEYRAND — Talleyrand

In kleine Stücke geschnittene Makkaroni, mit Butter und geriebenem Käse gebunden, vermischt mit Gänseleber- und Trüffelwürfeln; Trüffelsauce mit Trüffelstreifen. *Für Schlachtfleisch und Geflügel.*

AUF SCHILDKRÖTENART — En tortue

Ragout von Kalbfleischklößchen, Champignons, Trüffeln, gefüllten, blanchierten Oliven und geformten Pfeffergurken; Kalbszungenscheiben; Kalbshirnscheiben; gekochte Krebse; gebackene Eier; gebackene, herzförmige Croutons; Schildkrötensauce. *Speziell für Kalbskopf.*

AUF TIROLER ART — A la tyrolienne

Gebackene Zwiebelringe; geschmolzene Tomaten; Tiroler Sauce. *Speziell für Grilladen von dunklem Fleisch.*

AUF TOULOUSER ART — A la toulousaine

Kleine Hühnerklößchen; kleine Champignonköpfe; kleine Kalbsmilch- oder Lammilchschnitzel; Hahnenkämme und -nieren; Trüffelscheiben; deutsche Sauce mit Champignonessenz. — *Für Geflügel und Pastetenhäuser (vol-au-vent).*

AUF TROUVILLER ART — A la trouvillaise

Krevettenschwänzchen; pochierte, entbartete Muscheln; kleine tournierte Champignonköpfe; Krevettensauce. — *Für Fische.*

VALOIS — Valois

Große gekochte Kartoffelkugeln; pochierte Fischmilcher; dressierte Krebse; Valois-Sauce. — *Für Fische.*

VERT-PRÉ — Vert-pré

Strohkartoffeln; Brunnenkresse; Kräuterbutter. — *Für Grilladen.*

VIROFLAY — Viroflay

Geviertelte Artischockenböden, mit Kräutern sautiert; Spinatkugeln Viroflay; Schloßkartoffeln; gebundene Jus. — *Für Schlachtfleisch.*

VICTORIA — Victoria

Langusten- oder Hummerscheiben; Trüffelscheiben; Victoriasauce, glaciert. — *Für Fische.*

WALEWSKA — Walewska

Scheiben von Langustenschwänzen; Trüffelscheiben; Mornay-Sauce, mit Langustenbutter aufgeschlagen, glaciert. — *Für Fische.*

AUF WIENER ART — A la viennoise

Paniert, in Schweineschmalz gebraten, trocken angerichtet, Zitronenscheibe. — *Für Kalbsschnitzel und Hühnerbrüstchen.*

AUF ZARINART — A la tsarine

Geformte, in Butter gedünstete Gurkenstückchen; tournierte Champignonköpfe; Mornay-Sauce, glaciert. — *Für Fische.*

AUF ZIGEUNERART — A la zingara

Julienne von Champignons, magerem Schinken und Trüffeln; tomatierte Demi-glace mit Estragonauszug. — *Für Kalbfleisch und Geflügel.*

DIE GRUNDSTOFFE DER KÜCHE

Die Grundstoffe der Küche umfassen eine große Anzahl der verschiedensten Zubereitungen. Das Rohmaterial für diese Grundstoffe muß erstklassig sein, denn sie sind das wesentliche Element aller jener feinen Saucen, auf die Frankreich mit Recht stolz ist. Ihre Bedeutung ist so groß, daß man immer wieder von neuem darauf hinweisen muß. Aus Sparsamkeitsgründen mag es manchem kleinen Betrieb und auch der Hausfrau zuweilen nicht möglich sein, diese Grundstoffe selbst herzustellen, daher sind sie wenigstens zum Teil in Form von Konzentraten im Handel zu finden.

Zu den Fonds gehören die fetten und mageren Grundbrühen, die zum Aufgießen von Saucen, Ragouts usw. verwendet werden und die stets sehr mild gesalzen sein müssen. Auch die Mehlschwitzen (roux) gehören zu den Grundstoffen. Zu den wichtigsten Fonds gehören:

die Bouillon	der braune Fond
der Geflügelfond	die helle oder gebundene Jus
der Wildfond	die braune oder gebundene Jus
der Fischfond	der einfache helle Fond
der Kalbsfond	der magere Gemüsefond

Der einfache, helle Fond ist eine ungefärbte Bouillon von weißem Fleisch und Kalbsknochen mit den nötigen Gemüsen und Gewürzen. Man verwendet ihn zum Ansetzen von weißen Saucen, weißen Ragouts (blanquettes usw.) und zum Pochieren von Geflügel.

Der braune Fond wird von Rindfleisch, Rinder- und Kalbsknochen sowie Gewürzen hergestellt, die man zuerst in Fett oder Öl angeröstet hat. Er dient zum Ansetzen von braunen Saucen, braunen Ragouts und geschmortem Fleisch.

Der Fischfond wird aus Fischgräten und Parüren, Zwiebeln, Aromaten, Weißwein und Wasser bereitet. Man verwendet ihn zum Herstellen von Fischsaucen sowie zum Pochieren und Braisieren von Fischen.

Der magere oder Gemüsefond, der in der vegetarischen Küche Verwendung findet wird aus in Öl oder Pflanzenfett angeschwitzten Scheiben von Mohrrüben, Sellerie und Zwiebeln, mit Wasser verkocht und mit Petersilie, Thymian, Lorbeerblatt und anderen Aromaten gewürzt, hergestellt.

EINFACHER HELLER FOND — Fond blanc ordinaire

Für 5 l Fond: *5 kg Kalbsknochen; 1 kg Geflügelklein; 1/2 kg entbeinte, zusammengebundene Kalbsschulter; 200 g Mohrrüben; 100 g Lauch; 100 g Sellerie; 1 großes Kräuterbündel; 30 g Salz; 7 l Wasser. Kochzeit: 2 1/2 Stunden bei mäßiger Hitze.*

Die Kalbsknochen kleinhacken, zusammen mit dem Geflügelklein und der Kalbsschulter (sie wird nach dem Garwerden herausgenommen und anderweitig verwertet) mit dem Wasser ansetzen und zum Kochen bringen. Abschäumen, würzen, das Gemüse beifügen und langsam kochen lassen. Danach passieren und gut entfetten.

GEFLÜGELFOND — Fond de volaille

Genau so wie einfachen Fond herstellen, jedoch beim Kochen ein kleines Suppenhuhn beifügen.

BRAUNER FOND — Fond brun clair

Klassische Formel für 5 l: *2½ kg mageres Rindfleisch; 3 kg Kalbshachse; 800 g kleingehackte Rinderknochen; 200 g blanchierte Schinkenknochen; 50 g Fett; 250 g Mohrrüben; 300 g Zwiebeln; 1 große Knoblauchzehe; 1 großes Kräuterbündel; 30 g Salz; 8 l Wasser.*

Das Fleisch würfeln, Gemüse in Scheiben schneiden und alles zusammen mit den Knochen im Fett anrösten. Mit ½ l Wasser aufgießen, einkochen, den Rest des Wassers hinzufügen, würzen und langsam 8 Stunden kochen. Abfetten und durch ein Tuch gießen.

Moderne Formel für 5 l: *4 kg kleingehackte Rinderknochen; 1 kg kleingehackte Kalbsknochen; 200 g Schinkenknochen; 250 g blanchierte, kleingeschnittene Speckschwarten; 250 g grobgewürfelte Mohrrüben; 250 g grobgewürfelte Zwiebeln; 1 Knoblauchzehe; 1 Kräuterbündel; 30 g Salz; 7 l Wasser. Kochzeit: 6-7 Stunden.*

Alle Knochen zusammen mit dem Gemüse anrösten und mit dem Wasser aufgießen. Zum Kochen bringen, abschäumen, würzen, Kräuterbündel und Speckschwarten beifügen und langsam kochen lassen. Abfetten und passieren.

BRAUNE KALBSJUS — Jus de veau brun

Moderne Formel für 5 l: *5 kg Kalbsknochen; 500 g blanchierte Speckschwarten; 250 g Mohrrüben; 300 g Zwiebeln; 50 g Fett; 1 Kräuterbündel. Kochzeit: 4 Stunden.*

Die Knochen kleinhacken, die Schwarten in Stücke schneiden und das Gemüse würfeln oder in dicke Scheiben schneiden. Alles zusammen mit dem Fett im Ofen tüchtig anrösten, dann in eine Kasserolle geben, mit ½ l einfachem oder braunem Fond aufgießen und einkochen. Abermals ½ l Fond hinzufügen, einkochen lassen, bis er zu glacieren beginnt, und den Rest aufgießen. Aufkochen lassen, abschäumen, sehr mäßig salzen, und langsam fertigkochen. Abfetten und durch ein Tuch passieren.

GEBUNDENE KALBSJUS — Jus de veau lié

2 l braune Kalbsjus um ein Viertel einkochen. Mit 15 g Stärkemehl, mit etwas kalter Jus angerührt, abziehen, durchkochen und durch ein Tuch seihen. Zugedeckt warmhalten.

TOMATIERTE KALBSJUS — Jus de veau tomaté

2 l braune Kalbsjus zusammen mit 5 cl Tomatenpüree um ein Viertel einkochen und durch ein Tuch passieren.

WILDFOND — Fond de gibier

Für 3 l: *1 kg Hasen- oder Rehköpfe und Parüren; 2 kg Haarwildknochen, kleingehackt; 100 g Lauch; 100 g Mohrrüben; 75 g Zwiebeln; 50 g Sellerie; 100 g Champignonschalen; 6 Wacholderbeeren; 3 Gewürznelken; 1 kleines Lorbeerblatt; Salz. Kochzeit: 2½ Stunden.*

Köpfe, Parüren und Knochen mit Fett im Ofen anrösten. Nach 10 Minuten das in Würfel geschnittene Gemüse hinzugeben und noch etwas anlaufen lassen. Das Wasser, die Champignonschalen und die Gewürze hinzufügen, nur leicht salzen und langsam kochen lassen. Danach passieren.

FISCHFOND — Fond ou fumet de poisson

Für 2 l: *2-3 kg Gräten, Parüren und Köpfe von Magerfischen; 100 g Zwiebeln in Scheiben; 200 g Champignonschalen und -stiele; 30 g Petersilienstiele; Saft einer halben Zitrone; 1 sehr kleines Lorbeerblatt; 1 Zweig Thymian; 10 g Salz; 2½ l Wasser; ½ Flasche trockenen Weißwein. Kochzeit: 30 Minuten.*

Alles zusammen in eine Kasserolle geben, mit Wasser und Weißwein aufgießen, würzen und zum Kochen bringen. Abschäumen und sehr langsam auskochen. Durch ein Tuch gießen.

ESSENZEN

Essenzen gewinnt man dadurch, daß man gewisse Fonds — Geflügel, Wild oder Fisch — stark einkocht. Trüffelfond wird durch Mazeration gewonnen. Essenzen sind unnötig, wenn die Fonds an sich kräftig genug sind, denn sie dienen nur dazu, fade Fonds schmackhafter zu machen.

GLACE

Fleisch-, Geflügel-, Wild- oder Fischglace gewinnt man, indem man den passierten Fond bei stets verminderter Hitze langsam einkochen läßt. Sie ist fertig, wenn sie am Löffel haftet. Sie wird dann in kleine Töpfchen gefüllt und kühl, aber trocken aufbewahrt. Sie dient dazu, bestimmte Fleisch- oder Geflügelstücke zu glacieren, um den Geschmack von Saucen zu erhöhen und ist auch Bestandteil einiger Saucen.

MEHLSCHWITZEN

Die Mehlschwitzen dienen zum Binden von Saucen. Es gibt drei verschiedene Arten, und zwar die weiße, die blonde und die braune. Die braune verwendet man zum Binden der Demi-glace, die blonde für Samtsauce und die weiße für die Béchamelsauce.

WEISSE MEHLSCHWITZE — Roux blanc

125 g Butter; 150 g Mehl.

Die Butter schmelzen lassen, das Mehl hineinschütten und bei gelinder Hitze 5 Minuten unter ständigem Rühren rösten, aber nicht verfärben lassen.

BLONDE MEHLSCHWITZE — Roux blond

125 g Butter; 150 g Mehl.

Genau so wie oben verfahren, mit dem Rösten aber aufhören, wenn die Mehlschwitze eine ganz hellblonde Farbe angenommen hat.

BRAUNE MEHLSCHWITZE — Roux brun

125 g Rinder- oder Bouillonfett; 150 g Mehl.

Das Fett schmelzen lassen, das Mehl hineinrühren, und langsam, am besten im Ofen, rösten, bis die Mehlschwitze eine satte, hellbraune Farbe angenommen hat. Dabei des öfteren umrühren und aufpassen, daß weder Mehl noch Fett brennt und zu dunkel wird.

BINDUNG MIT MEHLSCHWITZEN

Um eine vollkommene, glatte Bindung ohne Klümpchen zu erzielen, wird kalte Mehlschwitze mit warmem und warme Mehlschwitze mit kaltem Fond angerührt.

DIE SAUCEN

DER GUTE Ruf der französischen Küche beruht zu einem wesentlichen Teil auf der Vorzüglichkeit ihrer Saucen. Ihr Gelingen hängt natürlich von der Güte des verwendeten Materials ab, und wenn auch die Fonds die Grundlage bilden, so ist doch der persönliche Geschmack des Koches oder der Köchin von ausschlaggebender Bedeutung.

Fisch, Fleisch und Geflügel serviert man stets mit einer Sauce, die zum Grundmaterial paßt: eine Sauce aus Fischfond für Fischgericht, Geflügelfond für Geflügelgerichte usw.

Für Fleischgerichte mit Sauce ist es empfehlenswert, nach Maßstab des Möglichen anstelle der Demi-glace gute gebundene Jus zu verwenden. Selbst wenn die Demi-glace aus dem allerbesten Material und mit der größten Sorgfalt bereitet ist, wird man von Seiten der Gäste doch immer wieder hören, daß sie überall den gleichen Geschmack hat und oft abgelehnt wird. Wir dürfen aber nicht vergessen, daß die Sauce gewissermaßen die Visitenkarte des Hauses ist und man die Küche danach einschätzt.

BRAUNE GRUNDSAUCEN

SPANISCHE SAUCE, GRUNDSAUCE (klassische Formel) — Sauce espagnole

Für 2 l: *250 g braune Mehlschwitze; $4^1/_2$ l braunen Fond; 100 g Mohrrüben; 50 g Zwiebeln; 50 g Bauchspeck; 1 Zweig Thymian; 1 kleines Lorbeerblatt; 250 g Tomatenpüree oder 500 g frische Tomaten; 1 dl Weißwein. Kochzeit: 6 Stunden.*

Das Gemüse und den Speck würfeln, anschwitzen und mit dem Weißwein ablöschen. Die Mehlschwitze hinzugeben, mit dem heißen, braunen Fond aufgießen, durchrühren, aufkochen, 2 Stunden langsam kochen und dabei des öfteren abschäumen und abfetten. Durch ein Spitzsieb passieren, weitere 2 Stunden kochen, dabei immer wieder abfetten. Passieren und über Nacht auskühlen. Am nächsten Tag das Tomatenpüree oder frische Tomaten hinzugeben und weitere 2 Stunden kochen und passieren; man kann die Sauce natürlich auch gleich mit den Tomaten fertigkochen. Die fertige Sauce in einer Schüssel forträumen und nach dem Auskühlen in den Kühlraum stellen. Sie hält sich 8-14 Tage.

SPANISCHE SAUCE (moderne Formel) — Sauce espagnole

Für ungefähr 3 l: *$2^1/_2$ kg Rinder- und 1 kg Kalbsknochen in kleine Stücke gehackt; 200 g Speckschwarten oder -abgänge, gewürfelt und blanchiert; 150 g Mohrrüben und 150 g Zwiebeln in große Würfel geschnitten; 1 große Knoblauchzehe; 1 großes Kräuterbündel; 200 g Tomatenpüree oder 500 g frische Tomaten; 100 g Champignonschalen; 125 g Fett; 175 g Mehl. Kochzeit: 8-10 Stunden.*

Die Knochen in dem Fett hell anrösten. Das Gemüse und die Schwarten hinzugeben und mitrösten. Mit Mehl bestäuben und dieses leicht bräunen lassen, 5 l Wasser aufgießen, gut verrühren, zum Kochen bringen und den Knoblauch, die Champignonschalen, das Kräuterbündel beifügen und nur leicht würzen. Wird Tomatenpüree verwendet, dieses mit den Knochen anrösten. Die Sauce 4 Stunden langsam kochen lassen, dabei wiederholt abfetten. Werden frische Tomaten genommen, diese vierteln und im Ofen im eigenen Saft schwitzen lassen, bis die Feuchtigkeit verdunstet ist, und dann der Sauce hinzugeben. Langsam weitere 4-5 Stunden unter ständigem Entfetten kochen lassen. Durch ein Spitzsieb in eine Schüssel passieren, bis zum völligen Auskühlen dann und wann umrühren, mit einem gefetteten Papier abdecken und kaltstellen. Im Kühlraum oder Kühlschrank hält sich die Sauce 8 Tage.

KRAFTSAUCE ODER DEMI-GLACE — Sauce demi-glace

Für ½ l: *½ l spanische Sauce; ½ l braunen Fond.*

Sauce und Fond zusammen auf die Hälfte einkochen und durch ein Tuch passieren.

TOMATIERTE KRAFTSAUCE, TOMATIERTE DEMI-GLACE — Demi-glace tomatée

Für 1 l: *1 l Demi-glace; 2 dl Tomatenpüree.*

Das Püree der Sauce beifügen und diese um ein Fünftel einkochen und passieren.

WEISSE GRUNDSAUCEN

SAMTSAUCE ODER VELOUTE — Sauce velouté

Für 1 l: *70 g Butter; 60 g Mehl; 1¼-1½ l einfachen weißen Fond. Kochzeit: 35 Minuten.*

Von der Butter und dem Mehl eine hellblonde Mehlschwitze bereiten. Mit dem Fond aufgießen und unter ständigem Rühren zum Kochen bringen. Langsam auskochen lassen und durch ein Tuch passieren.

FISCHGRUNDSAUCE ODER FISCHVELOUTE — Velouté de poisson

Für 1 l: *70 g Butter; 60 g Mehl; 1¼ l Fischfond. Kochzeit: 20 Minuten.*

Genau so wie die Samtsauce bereiten, langsam auskochen und durch ein Tuch passieren.

DEUTSCHE SAUCE — Sauce allemande

Für 1½ l: *1 l Samtsauce; ¾ l weißen Fond; 1 dl Champignonfond; Saft ¼ Zitrone; Pfeffer; 1 Prise Muskatnuß; 4 Eigelb. Kochzeit: 15 Minuten.*

Den Fond in einer Kasserolle mit dem Eigelb tüchtig verrühren, die Sauce und den Champignonfond beifügen und würzen. Bei lebhafter Hitze und unter ständigem Durchrühren so lange kochen, bis die Sauce den Spachtel deckt.

GEFLÜGELRAHMSAUCE — Sauce suprême

Für 1 l: *70 g Butter; 60 g Mehl; 1 l Geflügelfond; 2 Eigelb; 5 dl süße Sahne; 50 g Butter. Kochzeit: 30 Minuten.*

Genau wie Samtsauce bereiten. Nach dem Auskochen und Abschäumen mit den mit der Sahne verrührten Eigelben binden und, abseits der Hitze, mit der Butter montieren.

Formel 2 für 1 l: *1 l Samtsauce mit Geflügelfond angesetzt; 1 dl Champignonfond; 2 dl süße Sahne. Kochzeit: ungefähr 15 Minuten.*

Die Samtsauce mit dem Champignonfond und der Sahne vermischen und unter ständigem Rühren so lange kochen lassen, bis die Sauce den Spachtel deckt, und dann durch ein Tuch passieren.

BÉCHAMELSAUCE — Sauce béchamel

Für 1 l: *70 g Butter; 60 g Mehl; 1¼ l Milch; 1 kleine Zwiebel mit einem Stückchen Lorbeerblatt und 1 Gewürznelke gespickt; Salz; 1 Prise geriebene Muskatnuß. Kochzeit: 15-20 Minuten.*

Von der Butter und dem Mehl eine weiße Mehlschwitze bereiten. Mit der kalten Milch unter ständigem Rühren aufgießen und zum Kochen bringen. Die Zwiebel hinzugeben, leicht würzen und bei kleinster Hitze auskochen lassen und aufpassen, daß die Sauce nicht anbrennt. Durch ein Spitzsieb passieren.

TOMATENSAUCEN

TOMATENSAUCE — Sauce tomate

Für 1 l: *$^1/_2$ l Tomatenpüree oder $^1/_4$ l Tomatenkonzentrat; 50 g Rauchspeck oder 100 g blanchierte Speckschwarten; 1 Zwiebel; 1 Stückchen Lauchweiß; 1 Stückchen Sellerie; 1 Zweig Thymian; 1 kleines Lorbeerblatt; 1 Knoblauchzehe; 25 g Mehl; 5 cl Öl; 2 Würfel Zucker; Salz. Kochzeit: 1-$1^1/_2$ Stunden.*

Das gewürfelte Gemüse und den gewürfelten Speck in dem Öl anlaufen lassen. Das Mehl beifügen und 5 Minuten schwitzen lassen, dann das Tomatenpüree hinzugeben und etwas anrösten. Mit ¾ l Wasser oder braunem Fond aufgießen, umrühren, Lorbeer, Thymian und Knoblauch zufügen, mit Salz, Zucker und Pfeffer würzen. Nach dem Aufkochen zudecken und bei mäßiger Hitze, am besten im Ofen, auskochen. Passieren, abschmecken und mit nußgroß Butter vervollständigen.

SAUCE VON FRISCHEN TOMATEN — Sauce aux tomates fraîches

Für 1¼ l: *1 große Zwiebel und 1 Mohrrübe in Scheiben; einige Petersilienstiele; 1 Zweig Thymian; 1 kleines Lorbeerblatt; 1 kg recht reife Tomaten; 25 g Mehl; 30 g Butter; 3 Stück Zucker; Salz, Pfeffer. Kochzeit: 45 Minuten.*

Zwiebel- und Mohrrübenscheiben in der Butter hellgelb anschwitzen. Petersilie, Thymian und Lorbeer beifügen, mit dem Mehl bestäuben und kurz anlaufen lassen. Die von den Stielen befreiten und zerdrückten Tomaten hinzugeben, umrühren, würzen und zudecken. Bei mäßiger Hitze, am besten im Ofen, auskochen und dabei ab und zu umrühren. Durch ein feines Sieb streichen und mit der Butter vervollständigen. Ist die Sauce zu dick, etwas Fond beifügen.

BRAUNE SAUCEN

BORDELAISER ODER MARKSAUCE — Sauce bordelaise ou à la moelle

Für ¼ l: *1 Schalotte; 100 g Rindermark; 1 dl Rotwein; 6 Pfefferkörner; 1 Zweig Thymian; 2 dl Demi-glace; 10 g Butter. Kochzeit: 25 Minuten.*

Die gehackte Schalotte kurz in der Butter anschwitzen, mit dem Rotwein ablöschen, die zerdrückten Pfefferkörner und den Thymian beifügen und fast gänzlich einkochen. Mit der Demi-glace auffüllen, langsam 15 Minuten kochen lassen, abfetten, passieren und das gewürfelte Rindermark, das hier die Butter ersetzt, hineingeben und umrühren. Für Lendenschnitten, Rumpsteak usw wird das Mark nicht in die Sauce gegeben, sondern in Scheiben geschnitten, blanchiert, auf das Fleisch gelegt und die Sauce darübergegossen.

BURGUNDER SAUCE — Sauce bourguignonne

Für 4 dl: *$^3/_4$ l Rotwein; 50 g Champignonschalen oder -abfälle; 2 Schalotten; 1 Zweig Thymian; $^1/_4$ Lorbeerblatt; 75 g Butter; 20 g Mehl. Kochzeit: 15 Minuten.*

Die gehackten Schalotten zusammen mit den Champignonschalen, dem Thymian, einigen Pfefferkörnern und Lorbeerblatt in dem Rotwein aufkochen und auf die Hälfte reduzieren. Passieren und mit Mehlbutter (20 g Butter mit 20 g Mehl verknetet) binden. Zweimal aufwallen lassen, abschmecken und den Rest der Butter mit einem Schneebesen darunterziehen.

CHAMPIGNONSAUCE — Sauce aux champignons

Für 4 dl: *4 dl Demi-glace; 2 dl Champignonfond; 25 kleinste Champignonköpfe; 30 g Butter. Kochzeit: 15 Minuten.*

Die Demi-glace mit dem Champignonfond fast zur Hälfte einkochen, passieren, leicht buttern und die pochierten Champignons hineingeben.

DUXELLESSAUCE — Sauce Duxelles

Für ¼ l: *2 dl Demi-glace; 1 dl Weißwein; 50 g Duxelles; 2 Eßlöffel gehackte Petersilie, Kerbel und Estragon. Kochzeit: 5 Minuten.*

Die gehackten Kräuter mit dem Weißwein um zwei Drittel einkochen. Die Demi-glace beifügen, kurz durchkochen und passieren. Die Duxelles hineingeben, einige Male aufkochen, und zuletzt mit einem Löffel gehackter Petersilie vervollständigen. Sauce für kleine Fleisch- und Geflügelstücke und für Eier.

ESTRAGONSAUCE — Sauce estragon

Für ¼ l: *2 dl Weißwein; ¼ l Demi-glace; Estragon. Kochzeit: 20 Minuten.*

Den Weißwein aufkochen und darin, zugedeckt, 2 Zweiglein Estragon etwa 10 Minuten ausziehen lassen. Den Wein passieren, die Demi-glace hinzugeben und zur nötigen Dicke einkochen. Die Sauce mit einer starken Prise frischgehackten Estragonblättern vervollständigen.

FINANZMANNSAUCE — Sauce financière

Für ¼ l: *3 dl Demi-glace; 5 cl Trüffelessenz.*

Die Demi-glace um ungefähr ein Viertel einkochen und abseits des Feuers die Trüffelessenz hinzufügen. Dient als Bindung für die Garnitur auf Finanzmannsart.

GRATINIERSAUCE — Sauce gratin

Für ¾ l: *3 dl Weißwein; 3 dl Fischfond; 5 dl Demi-glace; 3 gehackte Schalotten; 3 Eßlöffel trockene Duxelles; 1 Eßlöffel gehackte Petersilie. Kochzeit: 10 Minuten.*

Die gehackten Schalotten mit dem Weißwein und dem Fischfond auf knapp die Hälfte einkochen. Duxelles und Demi-glace beifügen, langsam 6 Minuten kochen lassen und mit der Petersilie vervollständigen. Spezialsauce zum Gratinieren von Fischen und Fischfilets.

GROSSJÄGERMEISTER-SAUCE — Sauce grand-veneur

Leichte Pfeffersauce kurz vor dem Anrichten mit einigen Löffeln Hasenblut binden. Warmhalten, aber nicht mehr kochen lassen. Zu Hasen- oder Rehrücken servieren.

ITALIENISCHE SAUCE — Sauce italienne

Für ¼ l: *60 g Champignons; 50 g gekochten Schinken; 1 Schalotte; 1 dl Weißwein; 1 Eßlöffel Öl; 1 Eßlöffel Tomatensauce; 2 dl Demi-glace. Kochzeit: 15 Minuten.*

Die feingehackten Champignons in dem Öl gut anschwitzen, gehackte Schalotte und den ganz klein gewürfelten Schinken beigeben und noch kurz anlaufen lassen. Mit dem Weißwein ablöschen, zur Hälfte einkochen, die Demi-glace und Tomatensauce beigeben, würzen und alles zusammen noch 5 Minuten langsam kochen lassen.

JÄGERSAUCE — Sauce chasseur

Für 3 dl: *100 g frische Champignons; 2 Schalotten; 2 dl Demi-glace; 1 dl Weißwein; 1 Teelöffel Tomatenpüree; 25 g Butter; 1 Eßlöffel Öl. Kochzeit: 25 Minuten.*

Die Champignons in dünne Scheiben schneiden und rasch in dem Öl anrösten. Die gehackten Schalotten beifügen, noch kurz anlaufen lassen, mit dem Weißwein aufgießen und diesen zur Hälfte einkochen. Mit der Demi-glace auffüllen, das Tomatenpüree beigeben, langsam einige Minuten kochen lassen, abseits der Hitze buttern und etwas gehackten Estragon und Petersilie darunterrühren.

JÄGERINSAUCE — Sauce chasseresse

Einer etwas dickgehaltenen Wildpfeffersauce 4 Eßlöffel ungesüßte Schlagsahne beifügen und mit je 20 g Trüffel- und hartgekochten Eiweißstreifen garnieren.

KRÄUTERDECKSAUCE — Sauce au gratin à la Duxelles

Eine Kräutersauce mit 4 Eßlöffel in Butter trocken geschwitzten, gehackten Champignons und 1 Eßlöffel Tomatenpüree beifügen und noch 5 Minuten kochen. Dient nur zum Nappieren überbackener Gerichte und wird nie separat serviert.

KRÄUTERSAUCE — Sauce fines herbes

Genau so wie Estragonsauce bereiten, jedoch je eine starke Prise Kerbel, Estragon, Petersilie, Schnittlauch und 1 gehackte Schalotte in dem kochendheißen Weißwein ausziehen lassen. Nach dem Passieren, die Sauce mit 1 knappen Kaffeelöffel feingehackten Kräutern vervollständigen.

LYONER SAUCE — Sauce lyonnaise

Für ¼ l: *50 g Zwiebeln; 20 g Butter 1 dl Weißwein; 2 dl Demi-glace. Kochzeit: 15 Minuten.*

Die gehackten Zwiebeln in der Butter stark anschwitzen, wobei sie sich aber nicht verfärben dürfen. Mit dem Weißwein ablöschen und auf die Hälfte reduzieren. Die Demi-glace beigeben, noch 10 Minuten kochen und die Sauce mit Fleisch, Gemüsen, besonders aber zu Artischocken servieren. Je nach Belieben kann sie passiert werden oder so bleiben.

MADEIRASAUCE — Sauce madère

Für 3 dl: 5 cl Madeira und walnußgroß Fleischglace in eine Kasserolle geben und zur Hälfte einkochen. 3 dl Demi-glace beifügen, einige Minuten kochen und abseits des Feuers würzen und nußgroß Butter darunterrühren.

Anmerkung: Madeira oder anderer Wein, der für Saucen verwendet wird, sollte erst einkochen, damit sich der Alkohol verflüchtigen kann, da er der Sauce sonst einen säuerlichen Geschmack oder den von Glühwein verleiht.

MATROSENSAUCE — Sauce matelote

Für ¼ l: *½ l Rotwein; 350 g Gräten und Fischparüren; 3 Schalotten; 1 große Zwiebel; 50 g Champignonschalen; 75 g Butter; 15 g Mehl. Kochzeit: 25 Minuten.*

Die grobgehackten Gräten und Parüren, die gehackten Schalotten und die Zwiebel sowie die Champignonschalen zusammen mit einigen Pfefferkörnern mit 20 g Butter andünsten, mit dem Rotwein aufgießen und langsam auskochen. Passieren, auf ¼ l einkochen, würzen und mit Mehlbutter, von 25 g Butter unterziehen und passieren. Für Fisch- und Matrosengerichte.

METZGERSAUCE — Sauce charcutière

Für ¼ l: *1 dl trockenen Weißwein; 2 dl Demi-glace; 1 mittelgroße, gehackte Zwiebel; 20 g Senf; 50 g grobe Julienne von Pfeffergürkchen. Kochzeit: 15 Minuten.*

Die Zwiebel in der Butter hellgelb anrösten, den Weißwein aufgießen und zur Hälfte einkochen. Die Demi-glace beifügen und langsam 10 Minuten kochen. Abseits der Hitze den Senf unterrühren und die Julienne hineingeben. Spezialsauce für grilliertes Schweinefleisch.

MOSKAUER SAUCE — Sauce moscovite

Eine Wildpfeffersauce mit einer Infusion von einigen zerdrückten Wacholderbeeren, garniert mit je 50 g gehobelten, gerösteten Pinienkernen oder Mandeln und in heißem Wasser aufgequollenen Korinthen. Spezialsauce für Wildbret.

PFEFFERSAUCE — Sauce poivrade

Für 3 dl: *1 Mohrrübe; 1 mittelgroße Zwiebel; 4 Petersilienstiele; ½ Lorbeerblatt; 5 cl Essig; 1 dl Marinade; 3 Pfefferkörner; ¼ l Demi-glace; 25 g Butter. Kochzeit: 1 Stunde.*

Mohrrübe, Zwiebel und Petersilienstiel grob schneiden, hell anrösten. Lorbeerblatt und ein Zweiglein Thymian beigeben, mit dem Essig und der Marinade ablöschen und auf ein Drittel einkochen. Mit der Demi-glace auffüllen, ¾ Stunden langsam auskochen. Erst dann die zerdrückten Pfefferkörner beigeben, noch 10 Minuten kochen und passieren.

Für Wild: Die obigen Zutaten, zuzüglich 200 g Wildabfälle und Knochen, diese kleingehackt, und 1 dl Weißwein.

Die Wildabfälle und das Mirepoix in der Butter gut anrösten, mit dem Weißwein und dem Essig ablöschen und fast vollständig einkochen. Mit der Demi-glace und der Marinade auffüllen, eventuell noch 2 dl Bouillon beigeben, würzen, zudecken, und 1½ Stunden, möglichst im Ofen, langsam auskochen lassen. 4-5 zerdrückte Pfefferkörner hinzufügen, weitere 10 Minuten kochen, unter leichtem Druck passieren, dann weitere 20 Minuten kochen und dabei gut abschäumen.

Bei der Marinade handelt es sich jeweils um diejenige, für welche die Sauce bestimmt ist, also entweder eine für Fleisch oder eine für Wild.

PIKANTE SAUCE — Sauce piquante

Für ¼ l: *2 Schalotten; 1 dl milden Weinessig; 50 g Pfeffergürkchen; 2 dl Demi-glace; 10 g Butter. Kochzeit: 15 Minuten.*

Die gehackten Schalotten in der Butter leicht anschwitzen, mit dem Essig ablöschen und auf ein Viertel einkochen. Mit der Demi-glace auffüllen und 15 Minuten langsam kochen lassen. Die in Scheiben oder Streifen geschnittenen Pfeffergürkchen und etwas gehackte Petersilie beigeben und nicht mehr kochen lassen.

PORTUGIESISCHE SAUCE — Sauce portugaise

Für ¼ l: *1 mittelgroße Zwiebel; 1 kleine zerdrückte Knoblauchzehe; 500 g Tomaten; 1 dl Weißwein; 2 dl Tomatensauce; 1 Eßlöffel Öl. Kochzeit: 30 Minuten.*

Die feingehackte Zwiebel in Öl gut anschwitzen, die geschälten, entkernten und kleingewürfelten Tomaten und die zerdrückte Knoblauchzehe hinzugeben, anlaufen lassen, mit dem Weißwein ablöschen, würzen und den Wein fast gänzlich einkochen lassen. Mit der Tomatensauce aufgießen, noch weitere 5-10 Minuten kochen, etwas gehackte Petersilie hinzugeben. Nicht passieren.

PORTWEINSAUCE — Sauce au porto

Wie Madeirasauce bereiten, dabei den Madeira durch Portwein ersetzen.

PROVENZALISCHE SAUCE — Sauce provençale

Für ¾ l: *15 geschälte, entkernte und grobgehackte Tomaten; 2 dl Olivenöl; 2 zerdrückte Knoblauchzehen; 1 Löffelchen gehackte Petersilie. Kochzeit: etwa 20 Minuten.*

Die Tomaten in das heiße Öl geben, salzen, pfeffern und den Knoblauch beifügen. Zugedeckt langsam dünsten lassen und die Petersilie beigeben. Auch als geschmolzene Tomaten bekannt.

REHSAUCE — Sauce chevreuil

Eine Pfeffersauce für Wild ohne Essig und Weißwein mit 1 dl Rotwein bereiten und die fertige Sauce mit einer Prise Zucker und Cayennepfeffer würzen.

ROBERT-SAUCE — Sauce Robert

2 dl pikante Sauce, die anstelle des Weißweines mit halb Weißwein und halb Essig bereitet worden ist und für die man keine Schalotten, sondern 50 g gehackte Zwiebeln nimmt, wird im letzten Moment mit einem Kaffeelöffel Senf vervollständigt. Sie darf hiernach nicht mehr kochen. Man serviere sie zu grillierten Schweinekoteletten.

RÖMISCHE SAUCE — Sauce romaine

Für ¼ l: *50 g feinen Zucker; 1 dl Essig; 50 g Korinthen; 50 g Pinienkerne oder Mandeln; 3 dl Demi-glace. Kochzeit: 20 Minuten.*

Den Zucker ohne Wasser hell karamelisieren, den Essig beifügen und fast gänzlich reduzieren. Mit nicht zu dicker Demi-glace aufgießen und 15 Minuten langsam kochen. 10 Minuten vor dem Servieren die in heißem Wasser aufgequollenen Korinthen und die gehobelten gerösteten Pinienkerne, ersatzweise auch Mandeln, hinzufügen. Zu braisierten Ochsen- oder Kalbszungen und zu marinierten Fleischstücken servieren.

ROUENESER SAUCE — Sauce rouennaise

Für 3 dl: *2 Schalotten; 2 dl Rotwein; 2 rohe Entenlebern; $^1/_4$ l Demi-glace; 20 g Butter. Kochzeit: 15 Minuten.*

Die gehackten Schalotten in der Butter anschwitzen, den Rotwein hinzugießen und fast gänzlich einkochen lassen. Mit der Demi-glace auffüllen, einige Minuten langsam kochen lassen und etwas gehackte Petersilie beifügen. Im Moment des Servierens die durch ein feines Sieb gestrichenen Lebern unter die heiße Sauce rühren, gut abschmecken und nicht mehr kochen lassen.

SALMISAUCE — Sauce salmis

Für ¼ l: *1 Zwiebel; 1 Schalotte; 1 kleine Knoblauchzehe; $^1/_2$ Lorbeerblatt; 1 Zweig Thymian; einige Petersilienstiele; 2 dl Weißwein oder Rotwein; 1 Eßlöffel Öl; das Gerippe von 2 Schnepfen, Rebhühnern oder 1 Fasan; $^1/_4$ l Demi-glace. Kochzeit: 30 Minuten.*

Die grobgehackte Zwiebel, kleingeschnittene Petersilienstiele, gehackte Schalotte im Öl hellgelb anrösten, den zerdrückten Knoblauch, Thymian und Lorbeer beigeben, mit dem Rot- oder Weißwein ablöschen und auf ein Viertel einkochen. Mit der Demi-glace auffüllen und langsam 25 Minuten kochen. Inzwischen das Gerippe des blutiggebratenen Wildgeflügels so fein wie möglich im Mörser zerstampfen und zur Sauce geben. Noch wenige Minuten kochen, dann unter starkem Druck durch ein Spitzsieb passieren, abschmecken, erhitzen, jedoch nicht mehr kochen lassen und über das in Frage kommende Wild gießen *(siehe Salmi).*

SCHILDKRÖTENSAUCE — Sauce tortue

Ist eine Madeirasauce, die mit etwas Tomatenpüree verkocht und mit einer Infusion von Schildkrötenkräutern gewürzt worden ist. Diese Kräuter gibt es fertig im Handel, man kann aber die Infusion selbst von je einer Prise Majoran, Rosmarin, Basilikum und sehr wenig Salbai herstellen, die mit etwas heißer Bouillon übergossen werden und die man zugedeckt ausziehen läßt, wobei sie nicht kochen dürfen. Die Infusion wird durch ein Tuch passiert. Man serviert diese Sauce zu « Kalbskopf auf Schildkrötenart ».

TEUFELSSAUCE — Sauce diable

Für ¼ l: *2 Schalotten; 5 cl Cognac; 1 Kaffeelöffel Tomatenmark; 2 dl Demi-glace, Worcestershire-Sauce. Kochzeit: 15 Minuten.*

Die gehackten Schalotten in Butter leicht anrösten, mit dem Cognac ablöschen und zur Hälfte einkochen. Die Demi-glace und das Tomatenpüree hinzugeben, 5 Minuten kochen lassen und mit einem guten Schuß Worcestershire-Sauce und Cayennepfeffer schärfen und etwas gehackten Kerbel hineingeben.

TRÜFFELSAUCE — Sauce Périgueux

Für ¼ l: *$^1/_4$ l Madeirasauce; 30 g Trüffeln; 25 g Butter. Kochzeit: 5 Minuten.*

Die gekochten oder konservierten Trüffeln in grobe Julienne oder dünne Scheiben schneiden, in die Sauce geben, mit etwas Trüffelsaft kurz aufkochen und abseits des Feuers die Butter darunterrühren. Man kann einige Tropfen Zitronensaft hinzufügen.

WILDSAUCE — Sauce venaison

Ist eine Pfeffersauce für Wild, die abseits des Feuers mit 1 dl frischer Crème double und 1 Eßlöffel Johannisbeergelee vervollständigt worden ist. Zu Haarwild servieren.

ZIGEUNERSAUCE — Sauce zingara

Für ½ l: *$^1/_4$ l Demi-glace; 1 dl Tomatensauce; 5 cl Champignonfond; 5 cl Weißwein; 50 g gekochten Schinken; 50 g gekochte Champignons; 50 g Pökelzunge; 30 g Trüffel, alles in kurze Julienne geschnitten. Kochzeit: ungefähr 15 Minuten.*

Den Champignonfond mit dem Weißwein auf die Hälfte einkochen. Die Demi-glace und die Tomatensauce hinzugießen und kurze Zeit durchkochen. Die Julienne beifügen und mit einer Prise Cayennepfeffer schärfen. Spezialsauce für Kalbfleisch und Geflügel.

WEISSE SAUCEN

ALBUFERA-SAUCE — Sauce Albuféra

Ist eine Geflügelrahmsauce, der man walnußgroß zerlassene Fleischglace beigefügt hat und die mit Cayennepfeffer gewürzt ist. Sie dient ausschließlich für Geflügel.

AMERIKANISCHE SAUCE — Sauce américaine

Sauce der feinen Küche, die nur dort serviert werden kann, wo viel Hummer auf amerikanische Art bereitet wird. *(Siehe Schaltiere.)*

AURORA-SAUCE — Sauce Aurore

Für 1,2 l: *1 l Samt- oder Béchamelsauce; 2 dl Tomatenpüree; 30 g Butter.*

Das Tomatenpüree unter die fertige Béchamelsauce mischen, einmal aufkochen lassen und abseits des Feuers die Butter darunterziehen. Ziemlich stark würzen. Dient zu Eier-, Fisch- und Geflügelgerichten.

AURORA-SAUCE, MAGERE — Sauce aurore maigre

Wie oben, aber mit Fischgrundsauce bereiten.

AUSTERNSAUCE — Sauce aux huîtres

Ist eine normannische Sauce mit einer Einlage von steifgemachten und entbarteten Austern.

BERCY-SAUCE — Sauce Bercy

Für knapp 1 l: *4 gehackte Schalotten; 1/4 l Weißwein; 1/4 l Fischfond; 3/4 l Velouté mit Fischfond bereitet; 70 g Butter; 1 Eßlöffel gehackte Petersilie. Kochzeit: 15 Minuten.*

Die Schalotten kurz in 20 g Butter anschwitzen, mit dem Weißwein und dem Fischfond oder Fond des Fisches, für den die Sauce bestimmt ist, auffüllen und bis auf ein Drittel der Menge reduzieren. Die Velouté hinzugeben, kurz einkochen, gut abschmecken und abseits des Feuers die Butter und die gehackte Petersilie unterziehen. Spezialsauce für Fisch.

BUTTERSAUCE, GENANNT BASTARDSAUCE — Sauce au beurre, dite sauce bâtarde

Für 1 l: *60 g Butter; 50 g Mehl; 3 Eigelb; 1 dl süße Sahne; 150-200 g Butter; 1 Eßlöffel Zitronensaft. Zubereitung: 10 Minuten.*

Die Butter zerlassen und mit dem Mehl vermischen. Sofort mit 9 dl kochendem Wasser vermischen und mit dem Schneebesen glattrühren. Salzen und mit dem Eigelb, mit der Sahne verrührt, legieren. Sogleich abseits des Feuers mit der Butter aufschlagen und mit dem Zitronensaft würzen.

SAUCE VON WEISSER BUTTER — Sauce au beurre blanc

1 große Schalotte; 1 dl Weinessig oder Weißwein; 150 g Butter.

Die Schalotte hacken und mit dem Essig oder Weißwein einkochen, bis er fast gänzlich reduziert ist. Vorher die Butter auswaschen, gut ausdrücken und mit etwas Salz und Pfeffer weichmachen. Die Schalotten mit einer Gabel aus der Kasserolle herausnehmen, die Kasserolle etwas abkühlen lassen, und die Butter nach und nach mit dem Schneebesen unter ständigem Rühren hineingeben, damit sie nicht vollständig zerschmilzt.

Spezialität der Nanteser Küche für gekochten Hecht.

CAFÉ-DE-PARIS-SAUCE — Sauce Café de Paris

Für 1½ l: *1¼ l dicke süße Sahne; 10 g Butter mit 10 g Mehl vermengt; 125 g Café-de-Paris-Butter. Zubereitung: ungefähr 5 Minuten.*

Die Sahne nur leicht in einer Sauteuse anwärmen. Die Café-de-Paris- und die Mehlbutter hinzugeben und durch Schwenken der Sauteuse langsam bis zur völligen Bindung erwärmen.

CHIVRY-SAUCE — Sauce Chivry

Für ½ l: *½ l Geflügelrahmsauce; 5 cl Weißwein; je 2 g Estragon, Brunnenkresse, Schnittlauch; 10 g Spinat; 30-50 g Butter.*

Etwas Estragon, Kerbel, Kresse und Schnittlauch mit dem Wein auf die Hälfte reduzieren, passieren und der Sauce beifügen. Spinat, Kerbel und Estragon im eigenen Saft schnell dünsten, abgießen, gut ausdrücken, mit der Butter verreiben, durch ein Haarsieb streichen und die Sauce abseits des Feuers damit aufschlagen und gut abschmecken. Dient in der Hauptsache für pochierte Geflügelgerichte.

CURRYSAUCE — Sauce au curry

Für 1¼ l: *50 g Butter; 50 g Mehl; 1 große gehackte Zwiebel; 2 mittelgroße, geschälte, entkernte und grobgehackte Äpfel; 1 guter Teelöffel Currypulver; 1 zerdrückte Knoblauchzehe; 1 Eßlöffel Tomatenmark; 1,5 l Bouillon; 50 g geriebene Kokosnuß oder 1 dl Kokosnußmilch. Kochzeit: 45 Minuten.*

Die Zwiebel in der Butter oder in Senföl hellgelb anrösten, mit dem Mehl bestreuen, auch dieses leicht anrösten, das Currypulver und die Äpfel hinzufügen, angehen lassen und mit der Bouillon verrühren. Das Tomatenmark, den Knoblauch und die Kokosnuß beigeben. leicht salzen, zu einer geschmeidigen Sauce verrühren und langsam 35-40 Minuten kochen lassen Nicht passieren Wird in der Regel gleichzeitig mit dem Gericht gekocht, zu der die Sauce bestimmt ist. Zu allen Currygerichten wird stets körnig gekochter, recht trockener Reis serviert.

DIEPPER SAUCE — Sauce dieppoise

Für ½ l: *½ l Weißweinsauce; 5 cl Muschelfond; 5 cl Weißwein; 75 g pochierte, entbartete Muscheln; 50 g Garnelenschwänzchen; 50 g Butter. Zubereitung: ungefähr 10 Minuten.*

Weißwein zusammen mit dem Muschelfond auf die Hälfte einkochen Die Weißweinsauce beifügen und auf die notwendige Konsistenz kochen. Abseits der Hitze die Butter unterziehen und die Muscheln und Garnelen hineingeben.

DIPLOMATENSAUCE — Sauce diplomate

Ist eine normannische Sauce, die nicht mit einfacher, sondern mit Hummerbutter aufgeschlagen wird und eine Einlage von gewürfeltem Hummerfleisch und Trüffeln enthält. Spezialsauce dür große gekochte oder braisierte Fische.

EIERSAUCE — Sauce aux œufs durs

½ l nicht zu dicke Béchamel gut würzen und 2 hartgekochte, grobgehackte Eier und ein Löffelchen gehackte Petersilie daruntermengen. Spezialsauce für gekochten Kabeljau, Schellfisch und ähnliche Fische.

ELFENBEINSAUCE — Sauce ivoire

½ l Geflügelrahmsauce; 1 Eßlöffel Fleisch- oder Geflügelglace

Die fertige Sauce mit der Glace verrühren, um ihr den Elfenbeinton zu geben.

WEISSE ESTRAGONSAUCE — Sauce estragon à blanc

Für ½ l: *½ l Geflügelvelouté; 2 Zweige Estragon; 1 Teelöffel gehackten Estragon; 5 cl Bouillon oder Weißwein. Zubereitung: 10 Minuten.*

Von den Estragonzweigen einen Auszug machen, indem man sie mit der heißen Bouillon übergießt und zugedeckt ausziehen läßt. Diesen Auszug einkochen und unter eine Velouté geben, die mit Hühnerbrühe jedoch ohne Rahm bereitet worden ist. Mit etwas Butter verfeinern und den gehackten Estragon daruntermischen. Ist die Sauce für Fischgerichte bestimmt, den Estragon in heißem Weißwein ausziehen lassen, die Reduktion unter Fischvelouté geben und mit Butter und dem gehackten Estragon vervollständigen.

GARNELEN- ODER JOINVILLESAUCE — Sauce crevette ou Joinville

Für 1¼ l: *1 l Béchamel oder normannische Sauce; 100 g Garnelenbutter; 100 g ausgebrochene Garnelenschwänzchen.*

Abseits der Hitze die heiße Sauce mit der Butter aufschlagen, mit einer Spitze Cayennepfeffer würzen und die Garnelenschwänzchen hinzufügen.

INDISCHE SAUCE — Sauce à l'indienne

Für 6 dl: *1 mittelgroße, gehackte Zwiebel; 30 g Butter; 1 dl Kokosnußmilch; 4 g Currypulver; ½ l Velouté; 1 dl Rahm; Saft ½ Zitrone. Kochzeit: 12-15 Minuten.*

Die Zwiebel in der Butter dünsten, ohne Farbe annehmen zu lassen. Mit dem Currypulver bestreuen, etwas durchschwitzen, mit der Kokosnußmilch ablöschen, die Velouté (für Fischgerichte Fischvelouté) hinzugeben und 10-12 Minuten langsam kochen lassen; die Sauce muß dann ziemlich dick sein. Passieren, mit dem Rahm vervollständigen, abschmecken und mit dem Zitronensaft schärfen.

Kokosnußmilch: 200 g möglichst frische, geriebene Kokosnuß mit ¼ l heißer Milch übergießen und zugedeckt abseits des Feuers ausziehen lassen. Nach dem Auskühlen fest durch ein Tuch pressen und nur die Milch verwenden.

KAPERNSAUCE — Sauce aux câpres

Ist eine weiße Buttersauce, der man 2 Eßlöffel Kapern zugesetzt hat.

KARDINALSAUCE — Sauce cardinal

Für 1¼ l: *1 l Béchamelsauce; 1,5 dl Rahm; 100 g recht rote Hummerbutter. Kochzeit: 15 Minuten.*

Die fertige Béchamelsauce mit 1 dl Rahm dick einkochen, dann abseits des Feuers den restlichen Rahm beifügen und die Sauce mit der Hummerbutter aufschlagen und mit Cayennepfeffer würzen.

KRÄUTERSAUCE — Sauce fines herbes

Ist eine einfache Weißweinsauce, der reichlich gehackte Kräuter (Petersilie, Kerbel, wenig Estragon) beigefügt worden sind.

MEERRETTICHSAUCE — Sauce raifort

Für ½ l: *½ l Velouté oder Béchamelsauce; 2 Eßlöffel geriebenen Meerrettich; Zitronensaft oder Essig.*

Der fertigen, etwas dünnen, aber noch heißen Sauce den geriebenen Meerrettich beifügen, würzen und mit Zitronensaft oder Essig schärfen.

MORNAY- ODER KÄSESAUCE — Sauce Mornay

Für 1 l: *1 l Béchamelsauce; 2 Eigelb; 5 cl Rahm; 40 g geriebenen Parmesan- oder Schweizer Käse.*

Die Béchamelsauce mit Eigelb und Rahm abseits des Feuers legieren und den geriebenen Käse ganz leicht mit einem Holzlöffel darunterziehen.
Wird Käse unter eine Sauce gerührt, so muß das ganz locker geschehen, sie darf danach auch nicht mehr kochen.

NANTUA-SAUCE — Sauce Nantua

Für 1¼ l: *1 l Béchamel; 2 dl süße Sahne; 100 g Krebsbutter; 100 g Krebsschwänzchen. Kochzeit: 10 Minuten.*

Die Sahne in die Béchamel geben und langsam um ein Fünftel einkochen. Abseits der Hitze die Butter unter die Sauce ziehen, mit einer Spitze Cayennepfeffer würzen und mit den Krebsschwänzchen vervollständigen.

NORMANNISCHE SAUCE — Sauce normande

Für ¾ l: *6 dl Weißweinsauce; 1 dl Champignonfond; 1 dl Fischfond; 5 cl Austernfond; 1 dl süße Sahne; 2 Eigelb. Kochzeit: 20 Minuten.*

Die Weißweinsauce mit dem Champignon-, Fisch- und Austernfond vermischen und flott um ein Drittel einkochen. Abschäumen. Das Eigelb mit der Sahne verrühren und die Sauce unter ständigem Kochen damit legieren. Eventuell abseits des Feuers noch leicht buttern.

POULETTESAUCE — Sauce poulette

Für ½ l: *½ l Veloutésauce; 5 cl Champignonfond; 2 Eßlöffel Rahm; 2 Eigelb; Zitronensaft; gehackte Petersilie. Zubereitung: 5 Minuten.*

Die Sauce mit dem Champignonfond aufkochen, abseits des Feuers mit dem mit Rahm verrührten Eigelb legieren, abschmecken, mit etwas Zitronensaft schärfen und ein Löffelchen gehackte Petersilie daruntermischen.

RAHMSAUCE — Sauce crème

1 l Béchamelsauce; 2 dl Rahm. Kochzeit: etwa 15 Minuten.

Die Béchamelsauce mit dem Rahm verlängern und zur gewünschten Konsistenz einkochen. Dabei 5 cl Rahm zurücklassen und erst im letzten Moment abseits des Feuers beifügen.

REICHE SAUCE — Sauce riche

½ l Kardinalsauce; 125 g Hummerfleisch; 1 kleine Trüffel.

Das Hummerfleisch und die Trüffel in sehr kleine Würfel schneiden und der fertigen Sauce beifügen.

SARDELLENSAUCE — Sauce anchois

1 l Béchamel-, normannische oder Fischgrundsauce; 150 g Sardellenbutter; 4 gewässerte Sardellenfilets, gestoßen und durch ein Sieb gestrichen.

Die Grundsauce aufkochen und beiseite ziehen. Abseits der Hitze mit der Butter aufschlagen und die Sardellenfilets beifügen.

SENFSAUCE — Sauce moutarde

Weiße Buttersauce, der zum Schluß etwas Senf oder Senfpulver mit Wasser verdünnt zugesetzt worden ist.

ST.-MALO-SAUCE — Sauce Saint-Malo

½ l Weißweinsauce; 2 gehackte Schalotten; 1 dl Weißwein; ½ Teelöffel Senf; einige Tropfen Sardellenessenz.

Die Schalotten in dem Weißwein aufkochen und auf ein Viertel reduzieren. Passieren und der fertigen Weißweinsauce beifügen. Mit einigen Tropfen Sardellenessenz und dem Senf vervollständigen.
Spezialsauce für grillierte Fische.

UNGARISCHE SAUCE — Sauce hongroise

Für ½ l: *1 große gehackte Zwiebel; 50 g kleingewürfelten Rauchspeck; 1 Teelöffel Rosenpaprika; ½ l Samtsauce; 1 dl saure Sahne; 30 g Butter; einige Tropfen Zitronensaft. Kochzeit: 25 Minuten.*

Zwiebeln und Speck in der Butter hell anrösten. Mit der Samtsauce aufgießen, den mit etwas Wasser angerührten Paprika hineingeben, durchrühren und langsam 20 Minuten kochen lassen. Die saure Sahne hinzugießen, noch einige Male aufstoßen lassen, passieren und mit dem Zitronensaft würzen.

VENEZIANISCHE SAUCE — Sauce vénitienne

Für ½ l: *½ l einfache Weißweinsauce; 2,5 dl Estragonessig; 1 gehackte Schalotte; 10 g Kerbelblättchen; 50 g grüne Butter, wie für Chivry-Sauce; 1 Teelöffel gehackten Kerbel und Estragon.*

Die Schalotte und den Kerbel mit dem Essig fast gänzlich reduzieren, durch ein Tuch ausdrücken und der heißen Weißweinsauce beifügen. Abseits des Feuers mit der grünen Butter aufschlagen, abschmecken und mit den gehackten Kräutern vervollständigen. Spezialsauce für pochierte Fische und Fischfilets.

VILLEROI-SAUCE — Sauce Villeroi

Für ½ l: *½ l deutsche oder Geflügelrahmsauce; 3 Eigelb; 5 cl Trüffel- oder 1 dl Champignonfond.*

Das Eigelb mit dem Champignonfond verrühren, mit der Sauce vermengen und bei flotter Hitze und unter ständigem Rühren soweit einkochen, bis die Sauce dick genug ist, um kleine Fleischstücke usw. damit einhüllen zu können.

WEISSWEINSAUCE — Sauce au vin blanc

Für 1¼ l: *1 l Fischgrundsauce; 2 dl Fischfond; 3 Eigelb; 150 g Butter; Zitronensaft. Kochzeit: 10-15 Minuten.*

Das Eigelb mit dem kalten Fischfond verrühren, der Sauce beifügen und diese bei flotter Hitze um ein Drittel einkochen. Abseits des Feuers mit der Butter aufmontieren.

Feinere Art: *1 gehackte Schalotte; 1 dl Weißwein; 1 dl Fischfond; 2 Eigelb; 5 cl süße Sahne; 100 g Butter. Kochzeit: 10 Minuten.*

Den Fisch oder Fischfilets mit der gehackten Schalotte, Weißwein und Fischfond pochieren. Den Fond abgießen, passieren und auf ein Viertel einkochen. Mit dem mit der Sahne verrührten Eigelb binden und abseits des Feuers mit der Butter wie holländische Sauce aufschlagen. Mit Salz, einer Spitze Cayennepfeffer und einigen Tropfen Zitronensaft würzen.

ZWIEBEL- ODER SOUBISESAUCE — Sauce Soubise

Für ¾ l: *½ l Béchamel; 30 g Butter; 300 g Zwiebeln in Scheiben; 1 dl süße Sahne. Kochzeit: etwa 45 Minuten.*

Die Zwiebelscheiben stark blanchieren und in der Butter weichdünsten. Mit der Béchamel durchkochen, mit Salz und Pfeffer würzen und durch ein Sieb streichen. Abermals zum Kochen bringen und mit der Sahne zu der notwendigen Konsistenz bringen und einige Male aufwallen lassen.

FEINE BUTTERSAUCEN

BEARNER ODER BÉARNAISESAUCE — Sauce béarnaise

6 Personen. *2 feingehackte Schalotten; 4 zerdrückte Pfefferkörner; 5 cl Essig; 3 Eigelb; 250 g Butter; 1 dl Weißwein; 1 Zweig Estragon; 1 Teelöffel gehackten Estragon; ½ Teelöffel gehackten Kerbel. Zubereitung: 15 Minuten.*

Den Estragonzweig zerschneiden und zusammen mit den Schalotten und den Pfefferkörnern in dem Essig und Weißwein kochen, bis die Flüssigkeit auf einen knappen Eßlöffel reduziert ist. In eine flache Kasserolle geben und weiter wie holländische Sauce mit der Butter aufschlagen, nur daß die Béarnaise noch dicker sein muß. Mit Salz und Cayennepfeffer würzen und den gehackten Kerbel und Estragon daruntermischen. Wird zu Grilladen, einigen Eier- und Fischgerichten serviert.

CHORON-SAUCE — Sauce Choron

Ist eine Béarnaisesauce, der anstelle des gehackten Estragons und Kerbels ein Fünftel der Menge sehr dick eingekochtes Tomatenpüree beigefügt wird.

FOYOT-SAUCE — Sauce Foyot

Ist eine Béarnaisesauce, der walnußgroß geschmolzene Fleischglace beigefügt wird.

HOLLÄNDISCHE SAUCE — Sauce hollandaise

6 Personen. *3 Eigelb; 250 g Butter; 3 Eßlöffel Wasser; Zitronensaft. Zubereitung: 15 Minuten.*

Die Butter schmelzen lassen, die nur knapp lauwarm sein soll. Das Eigelb in eine flache, starkwandige Kasserolle geben, mit dem Wasser verrühren und mit Hilfe des Schneebesens bei ganz mäßiger Hitze oder im Wasserbad so lange schlagen, bis es dick und schaumig ist. Abseits der Hitze die Butter nach und nach in kleinen Mengen und unter ständigem Schlagen mit dem Schneebesen darunterziehen und dabei darauf achten, daß die Molke zurückbleibt. Mit Salz, Pfeffer, einer Prise Cayennepfeffer und dem Saft einer Viertelzitrone würzen und durch ein Musselintuch passieren. Nur lauwarm stellen, da die Sauce bei stärkerer Hitze gerinnt.

MALTAISER SAUCE — Sauce maltaise

Ist ebenfalls eine holländische Sauce, der man anstelle des Zitronensaftes 2 Eßlöffel Blutorangensaft und die in kurze, sehr feine Julienne geschnittene und blanchierte Schale einer Blutorange beigefügt hat.

SCHAUM- ODER MOUSSELINESAUCE — Sauce mousseline

Ist die obige, holländische Sauce, der beim Servieren noch 3 Eßlöffel Schlagsahne unterzogen werden.

AUSLÄNDISCHE SAUCEN

APPLE SAUCE — Apfelsauce

Apfelsauce ist ein sehr schwach gesüßtes, leicht mit Zimt gewürztes Apfelmus, das warm zu Schweinebraten, gebratenen Gänsen und Enten serviert wird. *(Englisch)*

BREAD SAUCE — Brotsauce

6 Personen. *75 g frischgeriebene Weißbrotkrume; 3-4 dl Milch; 1 sehr kleine Zwiebel; 1 Gewürznelke; 1 dl süße Sahne. Kochzeit: 20 Minuten.*

Die Milch zum Kochen bringen, die mit der Nelke gespickte Zwiebel hinzufügen und langsam 10 Minuten kochen. Das Brot mit dem Schneebesen hineinrühren, langsam weiterkochen lassen, leicht salzen und pfeffern. Die Zwiebel herausnehmen und die Sauce mit der Sahne vervollständigen. Wird zu gebratenem Geflügel und einigen Wildgeflügelsorten serviert. *(Englisch)*

CRANBERRY SAUCE — Krons- oder Preiselbeerensauce

6 Personen. *300 g Krons- oder Preiselbeeren; 100-125 g Zucker. Kochzeit: 12 Minuten.*

Die Kronsbeeren in 4 dl Wasser weichkochen, abtropfen, Flüssigkeit aufheben, die Beeren durch ein feines Sieb streichen und das Püree mit dem Zucker und der Flüssigkeit vermischen, um eine bündige Sauce zu erzielen. Wird zu gebratenem Geflügel, vornehmlich Puten oder Puter serviert. *(Nordamerikanisch)*

CUMBERLAND SAUCE — Cumberland-Sauce

6 Personen. *2 feingehackte Schalotten; Schale einer Orange und einer halben Zitrone, in feine, kurze Julienne geschnitten; 300 g Johannisbeergelee; 2 cl Portwein; Saft einer halben Orange; einige Tropfen Zitronensaft; 1/2 Teelöffel Senfpulver; 1 starke Prise Ingwerpulver.*

Die gehackten Schalotten und die Julienne zusammen 3 Minuten blanchieren und gut abtropfen. Senf- und Ingwerpulver mit dem Orangen- und Zitronensaft verrühren und das passierte Johannisbeergelee daruntermischen. Mit dem Portwein, den Schalotten und der Julienne vervollständigen und vor dem Gebrauch zugedeckt mehrere Stunden durchziehen lassen. *(Englisch)*

HORSE-RADISH SAUCE — Meerrettichsauce

6 Personen. *3 Eßlöffel geriebenen Meerrettich; 1 knappen Teelöffel Senfpulver; 2 Teelöffe. Weinessig; 50 g feingeriebene, frische Weißbrotkrume; 1/2 Teelöffel Puderzucker; 3 dl dicke, süße Sahne; Salz; 1 Schuß Worcestershire-Sauce.*

Das Brot mit dem Meerrettich, Senf und Essig verrühren. Nach und nach die Sahne beifügen, mit Salz, Zucker und einigen Tropfen Worcestershire-Sauce so lange verrühren, bis die Sauce dick und geschmeidig ist. *(Englisch)*

MINT SAUCE — Minzsauce

6 Personen. *100 g feingehackte, frische grüne Pfefferminze; 50 g Zucker; 3 dl Essig; 2dl Wasser.*

Die Pfefferminze mit dem heißen Wasser überbrühen. Essig, Zucker und eine Prise Salz beifügen und zugedeckt ziehen lassen. Gut mischen. Wird kalt zu Hammel- und Lammbraten serviert. *(Englisch)*

PICCADILLY SAUCE — Piccadilly-Sauce

6 Personen. *1/2 l Mayonnaise; 2 Eßlöffel saure Sahne; einige Tropfen Zitronensaft; 1/2 Teelöffel feingehacktes Fenchelkraut; Worcestershire-Sauce.*

Festgehaltene Mayonnaise mit der sauren Sahne verrühren, mit etwas Zitronensaft und einem Schuß Worcestershire-Sauce würzen und den Fenchel darunterrühren.
Wird zu kaltem Fisch serviert. *(Englisch)*

REFORM SAUCE — Reformsauce

6 Personen. *2 gehackte Schalotten; 5 cl Weinessig; 5 cl Weißwein; 6-8 Pfefferkörner; 4 dl Demi-glace; 1 großen, pochierten Champignonkopf; 1 Pfeffergurke; 20 g recht rote Pökelzungenspitze; 1 hartgekochtes Eiweiß; 10 g Trüffeln. Kochzeit: 15 Minuten.*

Die Pfefferkörner zerdrücken und zusammen mit den Schalotten mit Weißwein und Essig aufgießen und langsam fast gänzlich einkochen. Die Demi-glace auffüllen, sehr langsam ungefähr 10 Minuten kochen lassen und passieren. Champignon, Pfeffergurke, Pökelzunge, Eiweiß und Trüffel in kurze, dicke Julienne schneiden, in die Sauce geben und einmal aufkochen lassen. Spezialsauce für panierte Hammel- und Lammkoteletten. *(Englisch)*

SAUCE SMETANA — Schmantsauce

6 Personen. *1 Eßlöffel feingehackte Zwiebeln; 30 g Butter; 1 dl trockenen Weißwein; 4 dl saure Sahne; Zitronensaft. Kochzeit; 10 Minuten.*

Die gehackten Zwiebeln in der Butter hellgelb anrösten. Mit dem Weißwein ablöschen und diesen bis auf ein Viertel einkochen. Die recht dicke, saure Sahne beifügen, langsam 5 Minuten kochen und mit Zitronensaft und weißem Pfeffer würzen.
Spezialsauce für Wild. *(Russisch)*

KALTE SAUCEN

ANDALUSISCHE SAUCE — Sauce andalouse

6 Personen. *1/2 l Mayonnaise; 1 dl sehr dickes Tomatenpüree; 50 g rote Paprikaschote.*

Das Tomatenpüree unter die fertige Mayonnaise mischen, abschmecken, und die in kleinste Würfel geschnittene Paprikaschote hinzugeben.

CHANTILLY-SAUCE (KALTE) — Sauce Chantilly (froide)

6 Personen. 1/2 l Mayonnaise mit Zitronensaft bereiten und kurz vor dem Servieren 3 Eßlöffel geschlagene Sahne unterziehen. Wird mit kaltem und lauwarmem Spargel serviert.

CHAUDFROID-SAUCE, BRAUNE — Sauce chaud-froid brune

Für 1 l: *3/4 l Demi-glace; 7 dl Gelee.*

Die Demi-glace in eine Kasserolle geben und bei flottem Feuer einkochen, wobei man nach und nach das Gelee beifügt. Bis auf 1 l einkochen, gut abschmecken und durch ein Tuch passieren. Bis zum Erkalten rühren, um die betreffenden Stücke damit nappieren zu können. Nach Geschmack beim Einkochen Champignon- oder Trüffelessenz hinzugeben.

Für Wild- und Wildgeflügel braunes Gelee mit Wildfond bereitet nehmen.

■ GRÜNE — Sauce chaud-froid vert-pré

Je 3 g Petersilie, Kerbel, Estragon und Schnittlauch; 5 g Brunnenkresse; 10 g Spinat; 1 l weiße Chaudfroid-Sauce.

Die Kräuter 2 Minuten blanchieren, Spinat und Kresse im eigenen Saft dünsten. Schnell abkühlen, ausdrücken und durch ein Haarsieb streichen. Der Sauce erst beifügen, wenn sie kalt ist, da sonst die schöne grüne Farbe verlorengeht.

■ TOMATIERTE — Sauce chaud-froid Aurore

Eine weiße Chaudfroid-Sauce bereiten und darunter 2 dl recht rotes, feines Tomatenpüree untermengen.

■ WEISSE — Sauce chaud-froid blanche

Für 1 l: *3/4 l Samtsauce; 6 dl Kalbs- oder Geflügelgelee; 3 dl süße Sahne.*

Die Samtsauce in eine Kasserolle geben und auf flottem Feuer um ein gutes Drittel einkochen, wobei man Gelee und Sahne nach und nach hinzugibt. Abschmecken, durch ein Tuch drücken und unter ständigem Rühren erkalten lassen.

GRIBICHE-SAUCE — Sauce Gribiche

4 Personen. *2 hartgekochte Eigelb; 1/3 Teelöffel Senf; 1 Teelöffel Essig; 2 dl Öl; 1 Eßlöffel feingehackte Kapern und Pfeffergurken; 1 Teelöffel gehackten Kerbel, Estragon und Petersilie; 1 Eiweiß in grobe Julienne geschnitten.*

Das Eigelb durch ein Sieb streichen, mit dem Senf und Essig verrühren, mit Salz würzen und mit dem Öl wie Mayonnaise aufziehen. Die anderen Zutaten darunterrühren.

GRÜNE SAUCE — Sauce verte

6 Personen. *1/2 l Mayonnaise; 1 Zweig Estragon; 1 kleines Bündelchen Kerbel; 1 kleines Bund Kresse; einige Blätter Spinat. Kochzeit: Kresse und Spinat 6-7 Minuten; Kerbel und Estragon 1-2 Minuten.*

Alle Kräuter in Salzwasser blanchieren, gut ausdrücken, durch ein Haarsieb streichen, der fertigen Mayonnaise beifügen und gut abschmecken.

KETCHUPRAHM — Sauce ketchup à la crème

Doppelrahm (crème double) mit Salz und Paprika würzen und Tomatenketchup nach Geschmack hinzufügen. Zum Schluß einige Tropfen Zitronensaft beigeben.

KNOBLAUCHSAUCE — Ailloli

6 Personen. *6 Knoblauchzehen; 3 Eigelb; 3 dl Öl; Salz; Pfeffer; Zitronensaft.*

Den Knoblauch pürieren, Salz, Pfeffer und das Eigelb hinzufügen und tropfenweise, wie für Mayonnaise, das Öl unterziehen und dann und wann einige Tropfen Zitronensaft beifügen. Zum Schluß einen Teelöffel kochendheißes Wasser darunterrühren, damit die Sauce nicht gerinnt. Südländische Spezialsauce für Fischgerichte, hauptsächlich Stockfisch, hartgekochte Eier, Artischocken u. a. m.

MAYONNAISE — Sauce mayonnaise

6 Personen. *3 Eigelb; ½ l Öl; Salz; Pfeffer; 1 knappen Eßlöffel Essig.*

Das Eigelb in einer Schüssel mit Salz, Pfeffer und der Hälfte des Essigs gut durchrühren. Das Öl erst in einem dünnen Faden und dann schußweise mit dem Schneebesen darunterziehen und dabei kräftig rühren, wobei die Richtung keine Rolle spielt. Sobald die Sauce anfängt dick zu werden, den Rest des Essigs hinzufügen und weiterrühren, bis das ganze Öl verbraucht und die Sauce dick und geschmeidig ist. Anstelle des Essigs kann man auch Zitronensaft nehmen. Das Öl stets auf Zimmerwärme halten, da zu kaltes Öl die Sauce zum Gerinnen bringt. Zum Schluß einen Eßlöffel siedendheißes Wasser unter die Sauce ziehen.

Anmerkung: Geronnene Mayonnaise macht man wieder zurecht, indem man einen Löffel siedendheißes Wasser in eine saubere Schüssel gibt und die Mayonnaise unter ständigem Rühren tropfenweise darunterzieht. Kein frisches Eigelb hinzutun.

GEBUNDENE MAYONNAISE — Mayonnaise collée

6 g Gelatine waschen, in 2 Eßlöffel siedendem Wasser auflösen und der fertigen Mayonnaise beifügen; man braucht nicht zu befürchten, daß sie dadurch gerinnt. Sie dient zum Überziehen von kalten Gerichten, bei denen die einfache Mayonnaise abgleiten würde. Die Gelatine erst kurz vor dem Gebrauch unter die Mayonnaise mischen, da sie sonst vorzeitig festwerden und ihren Zweck nicht erfüllen würde.

MEERRETTICHSAHNE — Crème de raifort

4-5 Personen. *¼ l Schlagsahne; 2 Eßlöffel geriebenen Meerrettich; je 1 Prise Zucker, Salz und Paprika; 1 Teelöffel Essig.*

Den Meerrettich mit dem Essig verrühren, mit Zucker, Salz und Paprika würzen und die geschlagene Sahne locker darunterziehen.

RAVIGOTESAUCE — Sauce ravigotte

Ist eine Vinaigrettesauce, mit Senf gewürzt, der noch zusätzlich gehackte Zwiebeln, Schalotten und Kapern beigefügt werden.

REMOULADENSAUCE — Sauce rémoulade

6 Personen. *½ l Mayonnaise; 2 Eßlöffel sehr fein gehackte Kapern, Pfeffergurken und feine Kräuter; ½ Teelöffel Senf.*

Die Mayonnaise mit dem Senf würzen und die Kapern, Gurken und Kräuter darunterrühren.

SENFRAHM — MOUTARDE A LA CRÈME

6 Personen. *100 g Senf; 4 dl dicke süße Sahne; Salz, Pfeffer, Zitronensaft.*

Den Senf in eine Schüssel geben und mit Salz, Pfeffer und Zitronensaft würzen. Die Sahne nach und nach wie für Mayonnaise darunter rühren.

TATARENSAUCE — Sauce tartare

6 Personen. *4 hartgekochte Eigelb; 1 Eßlöffel Essig; Salz; Pfeffer; 20 g Schnittlauch; ½ l Öl.*

Das Eigelb durch ein Sieb streichen, mit Salz, Pfeffer und dem Essig verrühren und mit dem Öl wie Mayonnaise aufziehen. Den Schnittlauch mit einem Löffelchen Mayonnaise ganz fein verreiben, durch ein Haarsieb streichen und unter die Sauce rühren. Dient hauptsächlich für gebackenen und grillierten Fisch.

VINAIGRETTESAUCE — Sauce vinaigrette

1 Teil Essig und 4 Teile Öl mit Salz und Pfeffer würzen und reichlich feingehackte Kräuter daruntermischen. Vor dem Servieren noch einmal mit dem Schneebesen verrühren.

VINCENT-SAUCE — Sauce Vincent

Genau wie grüne Sauce bereiten, doch zum Schluß noch 30 g gedünsteten Sauerampfer und zwei harte gekochte Eigelb, beides durch ein Haarsieb gestrichen, darunter rühren.

BUTTERMISCHUNGEN

BERCY-BUTTER — Beurre Bercy

2 gehackte Schalotten; 1 dl Weißwein; 100 g Butter; 200 g kleingewürfeltes, pochiertes und gut abgetropftes Rindermark; 1 Teelöffel gehackte Petersilie; Saft $^1/_2$ Zitrone.

Die Schalotten mit dem Weißwein aufgießen und fast gänzlich reduzieren. Etwas auskühlen, die weichgemachte Butter hinzufügen und glattrühren, dann das Rindermark und die Petersilie beifügen und mit Zitronensaft, Pfeffer und Salz würzen. Diese Butter serviert man für grillierte Entrecotes.

CAFÉ-DE-PARIS-BUTTER — Beurre Café de Paris

1 kg Butter; 60 g Tomatenketchup; 25 g Senf; 25 g Kapern; 125 g Schalotten; 50 g Petersilie; 50 g Schnittlauch; 5 g Majoran; 5 g Dill; 5 g Thymian; 10 Estragonblättchen; 1 Prise Rosmarin; 1 Knoblauchzehe; 8 gewässerte Sardellenfilets; 1 Löffel Weinbrand; 1 Eßlöffel Madeira; $^1/_2$ Eßlöffel Worcestershire-Sauce; $^1/_2$ Eßlöffel Paprika; $^1/_2$ Eßlöffel Currypulver; 1 Prise Cayennepfeffer; 8 weiße Pfefferkörner; Saft einer Zitrone; Schale einer halben Zitrone; Schale einer Viertelorange; 12 g Salz.

Alle Bestandteile, mit Ausnahme der Butter, in eine Schüssel geben, zudecken und 24 Stunden in der warmen Küche stehen lassen, um ein leichtes Vergären hervorzurufen. Im Mixer ganz fein pürieren, notfalls im Mörser stoßen und durch ein Sieb streichen. Die Butter schaumig rühren und das Püree gut untermischen. Mit einem Papier belegt und zugedeckt in den Kühlraum stellen. Hält sich mehrere Wochen.

COLBERT-BUTTER — Beurre Colbert

Besteht aus Hofmeisterbutter der man einen Eßlöffel flüssige Fleischglace und 20 g gehackten Estragon beigemischt hat.

ESTRAGONBUTTER — Beurre d'estragon

50 g Estragonblätter blanchieren, abkühlen, gut ausdrücken und im Mörser verreiben. 125 g Butter beifügen und durch ein Haarsieb streichen.

GARNELEN- (KREVETTEN-) BUTTER — Beurre de crevettes

Auf 100 g Butter, 60 g rote Garnelen oder auch nur Köpfe und Schalen nehmen und wie bei Sardellenbutter verfahren.

HASELNUSSBUTTER — Beurre d'avelines

50 g Haselnüsse hellgelb rösten, die Schalen in einem Tuch abreiben und die Nüsse mit etwas Wasser im Mörser feinstoßen. Mit 125 g Butter vermengen und durch ein Haarsieb streichen.

HOF- ODER HAUSHOFMEISTERBUTTER — Beurre maître d'hôtel

100 g Butter mit dem Saft einer halben Zitrone, Salz und Pfeffer würzen und mit 1 Eßlöffel gehackter Petersilie vermengen. Dient für Grilladen aller Arten.

KNOBLAUCHBUTTER — Beurre d'ail

100 g geschälte Knoblauchzehen; 100 g Butter.

Die Knoblauchzehen fein pürieren, mit der weichen Butter vermischen und durch ein Sieb streichen.

KREBS- ODER HUMMERBUTTER — Beurre d'écrevisse ou de homard

Hummer- oder Krebsschalen und Abgänge, möglichst von solchen, die mit Mirepoix gekocht worden sind, im Mörser so fein wie nur möglich stoßen, mit der gleichen Menge Butter verreiben und durch ein Haarsieb passieren.

LANGUSTEN- ODER LANGUSTINENBUTTER — Beurre de langouste ou de langoustine

Wird wie Krebs- oder Hummerbutter aus den Schalen bereitet.

MANDELBUTTER — Beurre d'amandes

50 g feingeriebene, geschälte Mandeln mit 100 g Butter vermischen und durch ein Haarsieb streichen

MEHLBUTTER — Beurre manié

75 g weichgemachte Butter mit 100 g Mehl vermischen. Dient zum Binden von verschiedenen Gerichten, sollte aber nicht gekocht werden, da sonst der rohe Mehlgeschmack vorherrscht.

MONTPELLIER-BUTTER — Beurre de Montpellier

30 g Kresse, 30 g Spinat und 30 g feine Kräuter; 2 Schalotten; 2 Pfeffergurken; 1 Teelöffel Kapern; 4 Sardellenfilets; 2 hartgekochte Eigelb; 2 Eigelb; 200 g Butter; 1 dl Olivenöl.

Kresse, Spinat, Kräuter und Schalotten stark blanchieren, auskühlen, gut ausdrücken und zusammen mit den Sardellen, Kapern und Pfeffergurken ganz fein im Mixer pürieren. Das rohe und das durch ein Sieb gestrichene hartgekochte Eigelb daruntermischen und nach und nach die weichgemachte Butter. Alles durch ein feines Sieb streichen, in eine Schüssel geben und mit dem Schneebesen das Öl unterziehen und die Butter gut abschmecken. Kühl aufbewahren, dient zum Garnieren von kalten Fischgerichten.

PISTAZIENBUTTER — Beurre de pistaches

Wird wie Mandelbutter bereitet.

SARDELLENBUTTER — Beurre d'anchois

4 entgrätete und leicht gewässerte Sardellen feinstoßen, mit 100 g Butter vermischen und durch ein Sieb streichen. Wird als Aufstrich für Canapés und zum Aufschlagen von Saucen verwendet.

SCHNECKENBUTTER — Beurre pour les escargots

250 g Butter; 2 kleine, feingeriebene Knoblauchzehen; 15 g feingehackte Petersilie; 2 feingehackte Schalotten; 7 g Salz; 2 g Pfeffer.

Die Butter schaumig rühren, mit Salz und Pfeffer würzen und alle anderen Zutaten daruntermischen. Ausreichend für etwa 50 Schnecken.

SENFBUTTER — Beurre de moutarde

1 Eßlöffel Senf unter 125 g schaumiggerührte Butter mengen und mit Salz und Pfeffer abschmecken.

WEINHÄNDLERBUTTER — Beurre marchand de vin

1 dl Rotwein; 20 g gehackte Schalotten; 100 g Butter; 20 g gehackte Petersilie; 20 g Fleischglace; Salz, Pfeffer.

Die Schalotten in dem Wein aufkochen und zur Hälfte einkochen. Erkalten lassen, unter die weichgerührte Butter mischen, Petersilie und die geschmolzene Fleischglace unterrühren und mit Salz und Pfeffer würzen.

GELEES

Ein Gelee ist eine stark gelatinöse Bouillon, die nach dem Erkalten erstarrt. Je nach der Art des Fleisches oder der Knochen, die man für die Bouillon verwendet, wird das fertige Gelee mehr oder weniger fest werden.

HELLES GELEE — Gelée claire

Für 5 l: *2 kg kleingehackte Kalbsknochen; 3 gespaltene und zusammengebundene Kalbsfüße; 300 g Schweineschwarten; 1 kleine Kalbshachse; 3 Mohrrüben; 2 Stauden Lauch; 3 mittelgroße Zwiebeln; 250 g Sellerie; 1 Kräuterbündel; 8 Pfefferkörner. Kochzeit: 4-5 Stunden.*

Die Schweineschwarten und die Kalbsfüße in kaltem Wasser ansetzen, 5 Minuten blanchieren, rafraichieren und in eine Kasserolle geben. Mit 7 l kaltem Wasser aufgießen, zum Kochen bringen, Kalbsknochen, Kalbsfüße, Gemüse, Kräuterbündel und Pfefferkörner beifügen, nach dem Aufkochen gut abschäumen und nur mäßig salzen. Langsam kochen lassen. Die Kalbshachse nach dem Garwerden herausnehmen und anderweitig verwenden. Gut abfetten und durch ein Tuch passieren.
Für Geflügelgelee einige angeröstete und kurz durchgehackte Geflügelkarkassen oder ein kleines Suppenhuhn beifügen, das nach dem Garwerden wieder herausgenommen wird.

BRAUNES GELEE — Gelée brune

Die gleichen Zutaten wie für helles Gelee.
Die Knochen und die Kalbshachse zusammen mit den grob gewürfelten Zwiebeln und Mohrrüben in wenig Fett gut anrösten. Herausnehmen, in eine Kasserolle geben, blanchierte Kalbsfüße und Schweineschwarten, Lauch, Sellerie, Kräuterbündel und Pfefferkörner hinzufügen, mit Wasser auffüllen, schwach salzen, zum Kochen bringen und abschäumen. Langsam kochen lassen, passieren, entfetten und bis zum nächsten Tag stehen lassen.
Für Wildgelee nur die Hälfte der Kalbsknochen nehmen und dafür ungefähr 1 kg kleingehackte Wildknochen und eventuell ein altes Rebhuhn mit anrösten und hinzugeben.

ESTRAGONGELEE — Gelée à l'estragon

Hellem und braunem Gelee nach dem Klären, also während des Nachziehens, einen Zweig Estragon zum Ausziehen beifügen.

FISCHGELEE — Gelée de poisson

Für 4 l: *500 g gewöhnliche Fische (Knurrhahn, Weißling, Drachenfisch) oder 750 g Gräten von einfachen Fischen; 500 g Gräten gelatinöser Fische (Steinbutt, Seezunge usw.); 2 Schalotten in Scheiben; 100 g Zwiebeln in Scheiben; das Grüne einer Lauchstaude in Scheiben; 250 g Champignonschalen oder -stiele; 1 Kräuterbündel; 8 Pfefferkörner (erst 10 Minuten vor dem Passieren beifügen). Kochzeit: 30 Minuten.*

Alle Bestandteile in eine Kasserolle geben, mit ungefähr 4½ l Wasser auffüllen, zum Kochen bringen und abschäumen. Ganz langsam auskochen lassen und passieren.

GELEE MIT GELATINE — Gelée à base de gélatine

Gelee mit Gelatine kann mit sehr guter Bouillon, Hühnerbrühe, Fisch- oder Wildfond bereitet werden. Man rechnet auf 1 l Fond 18-22 Blatt Gelatine, je nach der Jahreszeit. Für Gerichte, die in Glasschalen serviert werden, braucht man ganz zartes Gelee und nimmt nur 9-12 Blatt je 1 l Fond. Die Gelatine waschen, einweichen, dem heißen Fond zusetzen und das Klären genau so handhaben wie bei Gelee mit Kalbsfüßen.

GELEE MIT PORTWEIN, SHERRY, MADEIRA usw. — Gelée au porto xérès, madère, etc.

Dem fertiggeklärten, kalten, aber noch flüssigen Gelee den gewünschten Wein im Verhältnis von 1 dl Wein auf 9 dl Gelee hinzufügen.

KLÄREN DES GELEES — Clarification de la gelée

2 l Geleefond; 150 g mageres, durch den Fleischwolf passiertes Rindfleisch; das Grüne einer Lauchstaude in Scheiben; 20 g Kerbel; 2 Eiweiß. Zubereitung: 20 Minuten.

Das Fleisch, Eiweiß, Lauch und Kerbel in eine Kasserolle geben. Tüchtig vermischen und dabei den kalten, flüssigen, gut abgefetteten Fond hinzugießen. Langsam und unter ständigem Rühren zum Kochen bringen. Nach dem Aufkochen nicht mehr rühren, beiseite ziehen, zudecken und 15 Minuten abseits der Hitze stehen lassen. Nur wenn der Geleefond nicht genug Stand hat, 6, höchstens 8 Blatt Gelatine beifügen und durch ein Tuch passieren.
Für Fischgelee den Fond mit 100 g durch den Wolf getriebenes Hecht- oder Weißlingfleisch auf 1 l Fond klären.
Für Wildgelee nach Möglichkeit geringwertiges Wildfleisch zum Klären verwenden.

VORSPEISEN

Vorspeisen sollen durch ihre Vielseitigkeit, ihre Formen, Farben und Geschmack den Appetit anreizen. Man darf dabei jedoch nicht vergessen, daß sie keineswegs die Aufgabe haben zu sättigen. Sie sind, wie ihr französischer Name « Hors-d'œuvre » schon hinweist, « jenseits des Werkes » und eigentlich nur dazu bestimmt, die Zeit bis zur eigentlichen Mahlzeit auszufüllen.

Wenn zur Herstellung von luxuriösen Vorspeisen kostbares Rohmaterial benötigt wird, so sind doch die meisten mit einfachen Mitteln herzustellen und weniger eine Kostenfrage als eine des guten Geschmackes. Mit Phantasie und Geschmack lassen sich viele der schönsten Vorspeisen herstellen.

Den gastronomischen Regeln entsprechend sollten Vorspeisen nur zum Mittagessen (Déjeuner) und nur ausnahmsweise zum Abendessen (Dîner) serviert werden. Zum Mittagessen kann nach den Vorspeisen eine klare Suppe gereicht werden, beim Abendessen fällt sie dann aber fort; es ist nicht korrekt, beim Dîner beide zu servieren. Zu einem feinen Dîner wird man auch keine gemischten Vorspeisen anbieten, sondern sich auf Austern, Kaviar, Gänseleber, Melone, Räucherlachs oder ähnliches beschränken.

KALTE VORSPEISEN

ARTISCHOCKENBÖDEN, GEFÜLLTE — Fonds d'artichauts farcis

Füllung: Garnelensalat in Currymayonnaise; Dekor: Tomaten und schwarze Oliven. *(Siehe Bild auf Seite 147.)*

AUSTERN — Huîtres

Eine Beschreibung dieser vorzüglichen Vorspeisen findet man im Abschnitt « Meeresfrüchte ».

AVOCADOS MIT MEERESFRÜCHTEN — Avocats aux fruits de mer

4 Personen. *2 Avocados; 75 g Garnelenschwänzchen; 75 g gewürfeltes Hummerfleisch; 3 gewürfelte Scampischwänze; 75 g gewürfelte Champignons; 4 entbartete Austern; 1 hartgekochtes Ei; 3 dl Mayonnaise; 1 Eßlöffel geriebenen Meerrettich; 1 knappen Teelöffel Senf; 1 Eßlöffel Tomatenketchup; 1 Eßlöffel trockenen Sherry; 2 Eßlöffel geschlagene, ungesüßte Sahne; Zitronensaft, Öl, Salz, Pfeffer.*

Die Avocados der Länge nach teilen und den Kern entfernen. Das Fleisch bis auf einen Rand von ungefähr 7 mm aushöhlen. Das Fleisch würfeln und mit den Champignons, Garnelenschwänzchen, gewürfeltem Hummernfleisch und Scampi vermischen. Mit Zitronensaft, Öl, Salz und Pfeffer marinieren und zugedeckt kaltstellen. Die Mayonnaise mit dem Ketchup, Senf, Meerrettich und Sherry vermischen, abschmecken und die Schlagsahne unterziehen. Die vormarinierte Füllung mit dieser Mayonnaise binden und in die Avocadoschalen geben. Mit gehacktem Ei bestreuen und in die Mitte eine mit Gelee überglänzte Auster setzen. Sehr kalt servieren. *(Für eine andere Art der Füllung siehe Bild auf Seite 152.)*

CANAPES (Belegte Schnittchen)

Unter Canapés versteht man sehr kleine Weißbrotschnittchen von viereckiger, rechteckiger, ovaler oder runder, zuweilen auch dreieckiger Form, die entweder geröstet, in Butter gebraten oder naturell gelassen werden. Danach werden sie mit einfacher Butter oder einer Buttermischung bestrichen, belegt und garniert.

AURORASCHNITTCHEN — Canapés à l'aurore

Mit Butter bestreichen, mit einer dünnen Scheibe Räucherlachs belegen, mit gehacktem, hartgekochtem Eigelb bestreuen und in die Mitte eine halbe schwarze Olive legen.

BORDELAISER SCHNITTCHEN — Canapés à la bordelaise

Mit Schalottenbutter bestreichen. Mit einem Salpicon von gekochtem Schinken und Steinpilzen bedecken und mit dünnen Streifen roter Paprikaschote garnieren.

BRADFORD-SCHNITTCHEN — Canapés Bradford

Runde Weißbrotschnittchen rösten und mit Butter bestreichen. Hartgekochtes Eigelb mit einem Löffelchen Rahm zerdrücken, mit Salz, Pfeffer, Zitronensaft und etwas Currypulver würzen und die Schnittchen damit bestreichen. Obenauf eine gesalzene und gepfefferte Tomatenscheibe legen und darauf kleine Würfelchen Pfeffergurke streuen.

DIVERSE SCHNITTCHEN — Canapés divers

Unsere Abbildung zeigt mit Butter bestrichene, viereckige, auf verschiedene Arten garnierte Schnittchen.

Streichbutter, Scheibe weißer Hühnerbrust, weißer Spargelkopf.

Kräuterbutter, Scheibe Pökelzunge, Mixed Pickles.

Sardellenbutter, Salamischeibe, halbe Scheibe hartgekochtes Ei.

Schnittlauchbutter, Scheibe rohen Schinken, Spargelspitzen.

Streichbutter, Scheibe Geflügelgalantine, Mandarinenfilet.

Streichbutter, Käsecreme, halbe geröstete Mandel.

Streichbutter, Tatarfleisch, Sardellenfilets, Essigzwiebelchen.

Senfbutter, Scheibe gekochten Schinken, kleines Ananasstückchen.

Alle diese Schnittchen werden mit Gelee überglänzt.

(Siehe Bild auf Seite 150.)

FELIZIA-SCHNITTCHEN — Canapés Félicia

Rechteckige Schnittchen in Butter braten, wenn sie kalt sind, mit Senfbutter bestreichen und die eine Hälfte mit gehacktem Schinken und die andere mit gehacktem Huhn bestreuen; notfalls anstelle des Huhnes hartgekochtes Eiweiß nehmen.

GARNELENSCHNITTCHEN — Canapés Joinville

Mit Garnelenbutter bestreichen, mit Garnelenschwänzchen garnieren, mit gehackter Petersilie umranden.

HAUSHALTSSCHNITTCHEN — Canapés ménagère

Viereckig, in Butter gebraten, garniert mit einem Haschee von gekochtem Rindfleisch, hartgekochtem Ei, Pfeffergürkchen und gehackten Kräutern, alles mit Mayonnaise gebunden. Mit Tomaten- oder roten Rübenscheibchen belegen.

KARDINALSCHNITTCHEN — Canapés à la cardinale

Runde Schnittchen, in Butter geröstet, mit pikant mit Paprika gewürzter Mayonnaise bestreichen und in die Mitte ein Hummermedaillon legen.

▲ Melonen-Cocktail, S. 155

Schinken Villandry, S. 427 ▼

▲ Hummer-Cocktail, S. 154

Hummersalat in der Kokosnuß, S. 160 ▼

▲ Tomaten auf russische Art, Tomaten Beaulieu, Tomaten Murcie, S. 164/165
Tomaten mit Krebsschwänzen und mit Scampi, S. 165 Gefüllte Artischockenböden, S. 143 ▼

▲ Tüten von Räucherlachs auf russische Art, S. 167

Vorspeisen von Fischen und Meeresfrüchten, S. 167 ▼

▲ Vegetarische Vorspeisen

Schiffchen und Mundbissen, S. 163 ▼

▲ Auswahl von Canapés, S. 144

Verschiedene Vorspeisensalate, S. 159/60 ▼

▲ Joinville-, Pariser-, Spargel-, Nizzaer-, Sardellen-Canapés, S. 153

Canapés mit feinstem Belag, S. 153 ▼

▲ Gourmandises, S. 155

Avocados mit Meeresfrüchten, S. 143 ▼

KÄSESCHNITTCHEN – Canapés au fromage

Viereckig, in Butter geröstet, mit geschmolzenem Schweizer Käse, mit etwas dicker Béchamel vermischt, bedecken. Bei starker Hitze überkrusten und heiß oder kalt servieren.

MARTINE-SCHNITTCHEN – Canapés Martine

Runde Form, mit Eigelbbutter mit gehackten Kräutern bestreichen, mit grob gehackten Pfeffergurken, Schinken und hartgekochtem Eiweiß bestreuen.

MARTINIQUE-SCHNITTCHEN – Canapés Martinique

Rund, mit Mayonnaise bestreichen, mit einer leicht gesalzenen Tomatenscheibe belegen, mit einer Bananenscheibe garnieren und mit Zitronensaft beträufeln.

NIZZAER SCHNITTCHEN – Canapés niçois

Mit Sardellenbutter bestreichen, mit gut abgetropftem Salat von gewürfelten Tomaten garnieren, eine halbe gefüllte Olive in die Mitte setzen. *(Siehe Bild auf Seite 151.)*

OSTENDER SCHNITTCHEN – Canapés à l'ostendaise

In Butter gebraten, mit Senfbutter bestreichen. In die Mitte eine steifgemachte, kalte, durch Senfmayonnaise gezogene Auster setzen und mit gehacktem, hartgekochtem Eigelb bestreuen. *(Siehe Bild auf Seite 151.)*

PARISER SCHNITTCHEN – Canapés à la parisienne

In Butter gebraten, mit Mayonnaise bestreichen. Mit Kresseblättchen bedecken und obenauf hartgekochtes, gehacktes Eigelb streuen. *(Siehe Bild auf Seite 151.)*

REICHE SCHNITTCHEN – Canapés à la riche

Rechteckige Weißbrotschnittchen, mit Streichbutter bedeckt und verschiedenartig garniert.

Hummerscheibchen, Pampelmusenfilet, schwarze Olive.

Räucherlachs, Meerrettichsahne

Nudelig geschnittener Kopfsalat, Krebsschwänzchen

Kaviar, kleines Zitronenfilet.

Geräuchertes Forellenfilet, gewürfelte Tomaten.

Scheibe Putenbrust, Scheibchen Pfirsich, halbe Weinbeere.

Gänseleberparfait, Tomatenstreifchen.

(Siehe Bild auf Seite 151.)

RUSSISCHE ODER KAVIARSCHNITTCHEN – Canapés au caviar

Mit feinster Butter bestreichen, mit eiskaltem Kaviar bedecken und in die Mitte ein Viertel einer geschälten, entkernten Zitronenscheibe legen.

SARDELLENSCHNITTCHEN – Canapés d'anchois

Rechteckig, mit Sardellenbutter bestreichen, die kurzen Enden mit gehackter Petersilie, die Längsseiten abwechselnd mit hartgekochtem Eiweiß und Eigelb bestreuen. In die Mitte zwei kurze Sardellenfilets überkreuzlegen.

YVETTE-SCHNITTCHEN – Canapés Yvette

Rechteckig, mit Meerrettichbutter bestreichen. Mit zwei kleinen Wurstscheiben bedecken und mit einer Scheibe hartgekochtem Ei und einem Zwiebelring garnieren.

Cocktails sind verschiedene Mischungen, die stets in vorgekühlten Gläsern oder Bechern serviert werden.

AUSTERN-COCKTAIL — Cocktail d'huîtres

4 Personen. *20 entbartete Austern; 1 dl dicke Mayonnaise; 1 Eßlöffel geriebenen Meerrettich; 3 Eßlöffel Tomatenketchup; 1 Teelöffel Zitronensaft; 1 Schuß Worcestershire-Sauce; einige Tropfen Tabascosauce; gehackte Petersilie, Salz.*

Die Mayonnaise mit den anderen Bestandteilen, mit Ausnahme der Petersilie, vermischen und abschmecken. 16 Austern daruntermengen und auf vier Cocktailgläser oder Sektschalen verteilen. Die restlichen vier Austern durch etwas von der Sauce ziehen, je eine Auster zum Garnieren nehmen und mit etwas gehackter Petersilie bestreuen.

AVOCADO-COCKTAIL — Cocktail d'avocat

6 Personen. *2 nicht überreife Avocados; 8 Eßlöffel Tomatenketchup; 1½ Eßlöffel je Olivenöl und Weinessig; ½ Teelöffel Senf; ½ Teelöffel gehackte Schalotten; je 1 Teelöffel gehackte Petersilie und Schnittlauch; 1 Teelöffel geriebenen Meerrettich; 6 Scheiben hartgekochtes Ei; einige Tropfen Tabascosauce, Salz, Pfeffer.*

Die Avocados schälen, halbieren, den Kern entfernen, und das Fleisch in nicht zu dünne Scheiben schneiden. 30 Minuten lang mit Salz, Pfeffer, Essig und Öl marinieren. Den Ketchup mit dem Senf, Schalotten, Meerrettich, Petersilie und Schnittlauch vermischen, mit Tabascosauce würzen und mit der Marinade vervollständigen. Die Avocadoscheiben sorgfältig mit dieser Sauce vermischen, in sechs vorgekühlte Gläser füllen, obenauf eine Eierscheibe legen und leicht mit Tomatenketchup beträufeln.

HUMMER-COCKTAIL I — Cocktail de homard

4 Personen. *200 g gekochtes, gewürfeltes Hummerfleisch; 4 kleine Hummermedaillons; ½ Kopfsalatherz; 8 weiße Spargelköpfe; 1 dl dicke Mayonnaise; 1 Eßlöffel geriebenen Meerrettich; 4 Eßlöffel Tomatenketchup; ½ Teelöffel Senf; 1 Teelöffel Weinbrand; 1 Teelöffel Sherry; 1 Teelöffel zusammen gehackten Kerbel und Estragon; 1 starke Prise Paprika; einige Tropfen Tabascosauce.*

Die Mayonnaise mit dem Meerrettich und den anderen Zutaten vermischen und mit Weinbrand, Sherry, Paprika, Tabascosauce und einer Prise Paprika würzen. Das Hummerfleisch mit der Hälfte der Sauce binden. Das Salatherz nudelig schneiden und auf vier vorgekühlte Sektschalen verteilen. Mit dem Hummerfleisch bedecken, obenauf ein Hummermedaillon dressieren und rechts und links mit je einem Spargelkopf garnieren und mit der restlichen Sauce nappieren. *(Siehe Bild auf Seite 146.)*

HUMMER-COCKTAIL II — Cocktail de homard

4 Personen. *1 gekochten Hummer von 600 g; 4 mittelgroße, geschälte, entkernte und gewürfelte Tomaten; 4 geriefte Champignonköpfe; 4 weiße Salatblätter; 15 cl tomatierte Mayonnaise; Weinbrand; Tomatenketchup.*

Den Hummerkörper in Scheiben und die Scheren in Würfel schneiden. Diese Würfel mit den abgetropften Tomatenwürfeln vermengen, mit tomatierter Mayonnaise binden und abschmecken. Ein Salatblatt in jede Sektschale legen und mit der Mischung füllen. Jede Portion mit 2 Hummermedaillons und 1 Champignonkopf garnieren und leicht mit Weinbrand und Tomatenketchup beträufeln.

KREBS-COCKTAIL — Cocktail d'écrevisses

4 Personen. *24 Krebsschwänzchen; 4 mittelgroße, geschälte, entkernte, gewürfelte Tomaten; Sauce wie für Austern-Cocktail; 1 hartgekochtes, in grobe Julienne geschnittenes Eiweiß; ¼ rote Paprikaschote in kurze, feine Julienne geschnitten.*

Die Krebsschwänzchen mit den Tomatenwürfeln vermengen, gut durchkühlen und mit der Sauce binden. In die Sektschalen füllen und mit der Eiweiß- und Paprikajulienne bestreuen. Kann auch wie Hummer-Cocktail bereitet werden, wobei man jeweils 2 Krebsschwänzchen für jedes Glas als Garnitur zurückhält.

MELONEN-COCKTAIL AUF AMERIKANISCHE ART — Cocktail de melon à l'américaine

1 kleine, reife, aber feste Ananasmelone; Orangensaft; Tomatenketchup; 1 Schuß Weinbrand; Salz, Paprika.

Die Melone schälen, halbieren, Kerne und Fasern entfernen, und das Fleisch in kleine Würfel schneiden, besser noch zu kleinen Kugeln ausstechen. Die Kugeln mit Salz, Paprika und Tomatenketchup würzen, zugedeckt gut durchkühlen. Mit Orangensaft und einem Schuß Weinbrand abschmecken; der Saft sollte nicht zu flüssig sein. Die Kugeln auf die Sektschalen verteilen und reichlich mit dem Saft übergießen.

MELONEN-COCKTAIL MIT PORTWEIN — Cocktail de melon au porto

1 kleine, reife, aber noch feste Ananasmelone; 5-6 cl trockenen Portwein.

Die Melone waagrecht halbieren, Kerne und Fasern entfernen. Das Fleisch zu kleinen Kugeln ausstechen, dabei aber einen schmalen Rand an der Schale zurücklassen; eventuell noch eine zweite Melone hinzunehmen. Die Kugeln in eine Schüssel geben, mit dem Portwein übergießen und zugedeckt 2 Stunden im Kühlraum durchziehen lassen. Die Kugeln danach in die Schalen füllen, mit dem Saft übergießen und eventuell mit roten, gehackten Maraschino-Kirschen bestreuen. *(Siehe Bild auf Seite 145.)*

EIER — Siehe unter KALTE EIERSPEISEN.

WACHTELEIER MIT PALMENHERZEN — Œufs de caille aux cœurs de palmier

4 Personen. *16-20 kalte, gekochte Wachteleier; 1/2 Dose Palmenmark; 1/4 l dicke Mayonnaise; 2 Eßlöffel Tomatenketchup; 1 große, gehackte Schalotte; 1 Teelöffel zusammen gehackten Kerbel und Estragon; Olivenöl, Weinessig, Salz.*

Das Palmenmark gut abtropfen lassen, in 5 mm dicke Scheiben schneiden, abermals abtropfen und dann 30 Minuten mit Öl, Essig, einer Prise Salz und der Schalotte zugedeckt marinieren. Die Mayonnaise mit dem Ketchup zu einer dickflüssigen Sauce verrühren und mit den Kräutern vervollständigen. Auf den Boden von Ragoutnäpfchen einen Löffel Palmenmark geben, darauf 4-5 Wachteleier und diese reichlich mit der Sauce nappieren.

GÄNSELEBER — Foie gras

ist unter Geflügel zu finden.

GEMÜSE AUF GRIECHISCHE ART — Légumes à la grecque

Man findet diese geschlossen am Ende des Abschnittes über kalte Vorspeisen *(Seite 166).*

GOURMANDISES — Gourmandises

Hierunter versteht man kleine Leckerbissen, die mit Toast und Butter auch als Imbiß serviert werden können, z. B.:

Scheiben von kalter Poulardenbrust mit Gänselebercreme bespritzt, mit Ananasdreieck und Trüffelpunkt garniert und mit Gelee überglänzt.

Schinkentüte mit pikanter Eigelbcreme gefüllt, mit halben Scheibchen grüner Gurke garniert und mit Gelee überglänzt.

Zwei dünne Scheiben Geflügelgalantine, oval ausgestochen, mit Lebercreme gefüllt und mit Gelee überglänzt.

Ovales Scheibchen von kaltem Schweinefilet, garniert mit Piccalilli und einem Scheibchen saurer Gurke, mit Gelee überglänzt.

(Siehe Bild auf Seite 152.)

GURKEN AUF DÄNISCHE ART — Concombres à la danoise

2 kleine Salatgurken; 100 g gekochten Salm; 75 g eingelegten Hering; 1 hartgekochtes Ei; 25 g Butter; 1 Eßlöffel dicken Rahm; Meerrettich.

Den Salm mit der Butter stoßen, durch ein grobes Sieb streichen, mit der Butter und dem Rahm zu Püree verarbeiten und gut würzen. Den Hering und das Ei klein würfeln, unter das Püree mengen und mit einigen Tropfen Essig abschmecken. Die Gurken schälen, in Stückchen von 2½-3 cm schneiden bis auf ein kleines Stück am Boden aushöhlen und innen einige Zeit marinieren. Dann umkehren, abtropfen und gewölbt mit dem Salmpüree füllen und obenauf geriebenen Meerrettich streuen.

GURKEN AUF ELSÄSSISCHE ART — Concombres à l'alsacienne

Die Gurken wie oben vorbereiten und mit einem feinen Haschee oder feingewürfeltem Schinken füllen, der mit dickem Rahm gebunden und pikant abgeschmeckt worden ist. Obenauf geriebenen Meerrettich streuen.

GURKEN AUF RENAISSANCE-ART — Concombres à la Renaissance

Die Gurken werden wie oben vorbereitet, jedoch mit einem Salat aus feingewürfelten Frühlingsgemüsen gefüllt, der mit etwas pikanter Mayonnaise gebunden und mit Paprika gewürzt worden ist.

KÄSE — Fromage

Käse kann in vielerlei Arten als Vorspeise serviert werden. Meistens wird er zu einer Creme verarbeitet und in Törtchen, Schiffchen, Pastetchen usw. gefüllt.

CAMEMBERTRÖHRCHEN — Cannelons au camembert

6 Personen. *250 g Blätterteig; 1 Eigelb; geriebenen Käse; Camembertcreme wie für Käserouladen (siehe diese). Backzeit: 10 Minuten.*

Blätterteig oder Blätterteigabfälle 4 mm dick ausrollen und in Streifen von 1½ cm Breite schneiden. Diese Streifen um trichterförmige Holz- oder Weißblechkegel rollen, mit Eigelb bestreichen, mit geriebenem Käse bestreuen und bei flotter Hitze backen. Noch warm von den Kegeln ablösen, erkalten lassen und mit der Creme füllen, der man zwei Löffel ungesüßte Schlagsahne unterziehen kann.

KÄSEFÄCHER — Eventails au parmesan

6 Personen. *150 g Mehl; 125 g Butter; 150 g geriebenen Parmesan; 2 Eigelb; 1 dl süße Sahne; Salz, Paprika. Backzeit: 8 Minuten.*

Von sämtlichen Zutaten, mit Ausnahme von wenig Eigelb und geriebenem Parmesan, rasch einen Teig bereiten, ohne ihn zuviel zu bearbeiten. 2-3 Stunden ruhen lassen. 5 mm dick ausrollen und davon Böden von 12 cm Durchmesser ausstechen und jeden in vier Teile in Fächerform einschneiden. Mit Eigelb bestreichen, mit geriebenem Käse bestreuen und bei flotter Hitze ausbacken. Kalt servieren.

KÄSEROULADE — Roulade de fromage

6 Personen. *100 g Butter; 6 Eier; 100 g geriebenen Parmesan; 165 g Mehl; Salz, Paprika, Muskatnuß. Für die Creme: 1 dl Béchamel; 100 g Camembert oder Brie ohne Rinde; 75 g Butter; Salz, Paprika. Backzeit: 8-10 Minuten.*

Die Butter schaumig rühren, nach und nach das Eigelb hinzugeben und mit Salz, Paprika und geriebener Muskatnuß würzen. Das festgeschlagene Eiweiß, den geriebenen Parmesan und das Mehl locker unterziehen und die Masse dünn auf gebuttertes und gemehltes Papier streichen, auf ein Backblech geben und bei nicht zu starker Hitze saftig backen. Das Papier abziehen, kaltwerden lassen, mit der Creme bestreichen, zusammenrollen, in Pergamentpapier einwickeln und kaltstellen. Zum Gebrauch in 1½ cm dicke Scheiben schneiden und zusammen mit anderem Käsegebäck servieren.

Füllcreme: Den Käse durch ein Sieb streichen und unter die heiße Béchamel mischen. Kräftig mit Paprika sowie einer Prise Salz würzen, die Butter daruntermischen und bis zum Kaltwerden rühren.

KÄSESCHWÄNE — Cygnes au fromage

6 Personen. *500 g ungezuckerten Brandteig; Füllcreme wie für Roulade, aber mit Chester, Emmentaler, Holländer oder Comté-Käse. Backzeit: ungefähr 15 Minuten.*

Mit Hilfe des Spritzbeutels und runder Tülle ovale Windbeutelchen von 5 × 3 cm spritzen, dabei etwa 60 g Teig zurückhalten. Hiervon mit einer schmalen Lochtülle ebensoviel « S » spritzen. Beides leicht mit Ei bestreichen und bei nicht zu starker Hitze knusprig backen. Nach dem Auskühlen, die Windbeutelchen von oben leicht einschneiden, mit der Creme füllen, und ein « S » als Kopf des Schwans hineinstecken.

KAVIAR — Caviar

Echter Kaviar wird aus dem Rogen verschiedener Störarten gewonnen, vornehmlich jener, die im Schwarzen und im Kaspischen Meer gefangen werden. Der Rogen wird den Fischen unmittelbar nach dem Schlachten entnommen, durch ein besonderes Verfahren von den Häutchen befreit und gesalzen. Je schwächer er gesalzen wird, desto feiner ist der Kaviar. Nach der Störart unterscheidet man:

Beluga: Kaviar vom Hausen, der größten Störart, die eine Länge von 9 m und ein Gewicht von 1400 kg erreicht. Die Körner sind silbergrau und haben einen Durchmesser von etwa 3,5 mm.

Ship: Kaviar von Stören im Gewicht von 15-18 kg. Die Körner sind mittelgroß.

Ossiotr: ist dem Ship ähnlich.

Sevruga: stammt von der kleinsten, aber am meisten verbreiteten Störart. Die Körner sind besonders klein.

Die besten russischen Kaviare sind:

Beluga Malossol: sehr leicht gesalzener Kaviar von feinem Geschmack. Da er nur 3-4 % Salz enthält, ist die Haltbarkeit sehr begrenzt.

Parnaja Malossol: ist leicht gesalzener Kaviar von im Winter gefangenen Stören.

Sevruga: ist stärker gesalzen und kommt meistens als Faßware in den Handel. Daneben gibt es noch *Preßkaviar*, eine minderwertige Sorte, die stark gesalzen nur als Faßware gehandelt wird.

Der beste iranische Kaviar ist der

Shah- oder Imperial-Kaviar. Er ist mild gesalzen, mittelkörnig und von feinstem Geschmack.

Icre Negre ist ein ausgezeichneter, mild gesalzener, kleinkörniger rumänischer Kaviar, den es in zwei Gradierungen gibt. Auch in Japan wird ein milder, wohlschmeckender Kaviar hergestellt.

Kaviar muß gleichmäßig im Korn, glasig und trocken sein und mild und frisch schmecken. Er darf nicht stark salzig sein oder säuerlich schmecken. Da er rasch verdirbt, muß er sehr kühl aufbewahrt werden. Zum Service richtet man ihn in der Originaldose oder in eine Glasschüssel gefüllt auf Eisblock oder gestoßenem Eis an und reicht dazu Toast, Butter und Zitrone.

Roter oder Keta-Kaviar ist der gesalzene Rogen von Lachsen.

SALATA DE ICRE NEGRE — Kaviarsalat

10 Portionen. *150 g Preßkaviar; 50 g geschälte süße Mandeln; 2 Stück bittere Mandeln; 50 g entrindetes Weißbrot; 1/2 l Sonnenblumen- oder Olivenöl; 1-2 Zitronen; schwarze und grüne Oliven.*

Süße und bittere Mandeln mit etwas Wasser im Mörser ganz fein verreiben. Den Kaviar und das in Wasser eingeweichte und gut ausgedrückte Weißbrot hinzugeben und alles zusammen zu einer Paste verreiben. Mit etwas Zitronensaft würzen und mit dem Öl, eventuell unter Zusatz von etwas Eiswasser, wie eine dicke Mayonnaise aufziehen. Nur mit Zitronensaft, aber kein Salz, abschmecken, domförmig auf eine Glasschale dressieren, mit Oliven und Zitronenspalten garnieren und mit Weißbrot servieren. *(Rumänisch)*

KRUSTENTIERE — Crustacés

Siehe Abschnitt KRUSTENTIERE

MELONEN — Melons

Die beiden Hauptarten von Melonen, die für die Küche in Betracht kommen, sind die Netz und Cantaloup-Melonen, doch auch die Honigmelonen sind beliebt. Für die nachstehenden Gerichte kommen im wesentlichen nur Cantaloup-Melonen in Betracht. Meistens werden sie nur stark gekühlt, halbiert, Kerne und Fasern entfernt und in Spalten geschnitten auf gestoßenem Eis angerichtet.

MELONE MIT PARMER SCHINKEN — Melon au jambon de Parme

Von der Stielseite aus einen Deckel abschneiden und die Kerne und Fasern entfernen. Mit einem silbernen Löffel das Fleisch muschelförmig aushöhlen und dabei die Schale nicht beschädigen. Das Fleisch wieder einfüllen, leicht mit Sherry begießen, den Deckel aufsetzen und 2 Stunden gut kühlen. Auf runder Silberplatte anrichten und mit Tütchen von Parmer Schinken garnieren.

MELONE MIT PORTWEIN — Melon au porto

Wie oben verfahren, aber anstelle des Sherrys mit trockenem Portwein aromatisieren. Ohne Parmer Schinken servieren.

MELONENPERLEN MIT PORTWEIN — Perles de melon au porto

Die gekühlte Melone halbieren, Kerne und Fasern entfernen und das Fleisch mit einem runden Gemüseausstecher zu Kugeln ausbohren. Diese Kugeln gut kühlen, in Sektschalen füllen und leicht mit Portwein übergießen.

MUSCHELN, GERICHTE IN — COQUILLES

Der Name dieser Gerichte stammt von der Schale der Jakobsmuscheln her, in der man sie üblicherweise anrichtet. Empfehlenswerter als die Naturmuscheln sind Muscheln aus Porzellan oder Silber.

GEFLÜGELMUSCHELN MIT MAYONNAISE — Coquilles de volaille mayonnaise

6 Stück. *500 g schieres, gekochtes Hühnerfleisch; 1 Kopfsalat; 2 hartgekochte Eier; $^{1}/_{4}$ l Mayonnaise.*

Den Kopfsalat, mit Ausnahme des Herzens, nudelig schneiden und auf die Muschelschalen verteilen. Mit dem in kleine, dünne Scheibchen geschnittenen Hühnerfleisch belegen und leicht mit Mayonnaise bedecken. Mit Eierscheiben und dem in sechs Teile geschnittenen Salatherzen garnieren.

LANGUSTENMUSCHELN — Coquilles de langouste

6 Stück. *400 g gekochtes Langustenfleisch; 3 dl Mayonnaise; 1 hartgekochtes, gehacktes Ei; Kapern; 1 Kopfsalat.*

Den Boden der Muscheln mit dem nudelig geschnittenen Kopfsalat garnieren und mit dem gewürfelten Langustenfleisch bedecken. Mit Mayonnaise nappieren und mit gehacktem Ei und Kapern bestreuen.

PARISER FISCHMUSCHELN — Coquilles de poisson à la parisienne

Man bezeichnet sie nach dem Fisch, mit dem sie bereitet werden als Hecht-, Steinbutt-, Forellenmuscheln usw. auf Pariser Art. Ihre Herstellung ist die gleiche wie Langustenmuscheln.

OLIVEN — Olives

Zur Vorspeise können sowohl grüne als auch schwarze Oliven genommen werden. Grüne Oliven sind Früchte, die vor der Reife gepflückt und nach einer Vorbehandlung in einer Salzlake gelagert werden, während es sich bei den schwarzen um vollreife Früchte handelt. Um grüne Oliven füllen zu können, nimmt man große Früchte, die sogenannten Königinoliven, sticht den Kern mit einem runden Ausstecher aus und ersetzt ihn durch Farce.

■ JOINVILLE — Olives Joinville

Die Oliven mit Garnelenbutter füllen und auf krauser Petersilie anrichten. Sie können auch als Garnitur zu kalten Fischgerichten verwendet werden.

OLIVEN MIT SARDELLEN — Olives aux anchois

Sardellenpüree, mit oder ohne Tomatenpüree vermischt, bereiten und in die Oliven füllen.

■ AUF SIZILIANISCHE ART — Olives à la sicilienne

Mark von roten Paprikaschoten mit etwas Tomatenpüree vermischen und wenig zuvor eingeweichte und im Wasserbad aufgelöste Gelatine darunterziehen. Die Oliven mit Hilfe des Spritzbeutels und kleiner Lochtülle mit dem Püree füllen.

ORANGEN, GEFÜLLTE — Oranges farcies

4 Personen. *4 mittelgroße, kernlose Orangen; 75 g gekochten Reis; 50 g grünen Zwiebelschlauch, notfalls Schnittlauch; 4 entsteinte, schwarze Oliven; $^1/_2$ rote Paprikaschote; 2 gefüllte Königinoliven; Olivenöl, Essig, Salz, Currypulver.*

Die Orangen auf zwei Drittel der Höhe abdeckeln und das Fleisch sorgfältig aushöhlen. Die Schalen reinigen und den Rand einzacken. Das Orangenfleisch aus den Bindehäuten schneiden, notfalls zerkleinern, mit dem in dünne Scheibchen geschnittenem Zwiebelschlauch, den in Scheibchen geschnittenen schwarzen Oliven und der in kurze, feine Julienne geschnittene Paprikaschote vermengen. Mit Essig, Öl, Salz und ¼ Teelöffel Currypulver würzen, gut vermischen und zugedeckt 30 Minuten kaltstellen. Abermals durchschwenken, in die Schalen füllen und mit Scheiben gefüllter Olive dekorieren. Recht kalt auf Salatblättern anrichten.

PAMPELMUSEN, GEFÜLLTE — Pamplemousses farcis

4 Personen. *2 mittelgroße Pampelmusen; 1 kleine Pampelmuse; 200 g gekochte Scampischwänze; 100 g pochierte Champignons; 4 dl Mayonnaise; 1 starke Prise Ingwerpulver; $^1/_4$ Teelöffel Senf.*

Die beiden Pampelmusen waagerecht halbieren und die Böden etwas glattschneiden. Das Fleisch aushöhlen, von den Kernen und den Bindehäuten befreien und die Schalen reinigen. Die kleine Pampelmuse schälen, die Filets glatt aus den Bindehäuten schneiden, etwaige Kerne entfernen und beiseite stellen. Die Champignons in dünne und die Scampi in dicke Scheiben schneiden. Hierzu das abgetropfte Fleisch der beiden Früchte geben und mit Mayonnaise binden. Mit Senf und Ingwerpulver abschmecken, etwas durchziehen lassen und in die Schalen füllen. Jede Pampelmusenhälfte mit zwei Filets garnieren und recht kalt servieren.

ROHKOST — Crudités

Als kalte Vorspeise serviert man gerne, zumal im Sommer, eine Auswahl von rohen Gemüsen, z. B. Artischockenböden, Karotten, Radieschen, Tomaten, Bleich- oder Knollensellerie u. a., je nach Art geraspelt oder nicht geraspelt und entsprechend angemacht. Oft serviert man dazu gleichzeitig auch Wurstwaren.

SALATE — Salades

Von Fisch, Fleisch, Gemüsen, Schaltieren u. a. kann man ausgezeichnete Vorspeisensalate bereiten, die keineswegs teuer zu sein brauchen. Der Phantasie sind hier keine Grenzen gesetzt, doch soll der gute Geschmack in jedwedem Sinne des Wortes gewahrt bleiben. Beliebt sind z. B. kleine Salate, die zuvor mariniert und dann in ausgehöhlte Tomaten oder Gurkenstückchen gefüllt werden.

DIVERSE SALATE — Salades diverses

Fischsalat: Seezunge oder Steinbutt, Tomaten, Perlzwiebelchen und Champignons in Essig- und Ölsauce.

Julienne von Rehresten mit Pfifferlingen in Mayonnaise.

Salat von Kalbfleisch, Paprikaschoten und Tomatenketchup.

Geflügelmayonnaise mit Champignons und Spargelköpfen.

Teufelssalat: Julienne von kaltem Roastbeef und Piccalillis in einer scharfen Salatsauce.

Marinierte Geflügelstreifen mit grober Julienne von Pfirsichen.

Rindfleischsalat mit jungen Gemüsen.
Frankfurter Salat: Scheiben von Frankfurter oder Wiener Würstchen, Salzgurken und Tomaten in Senfmayonnaise.
Elsässer Salat: Wurstscheiben, Käse und Radieschen.
Salat von Spargel mit Julienne von Pökelzunge und gekochtem Schinken.
Hummersalat.
Salat von Artischockenböden und Julienne von Räucherlachs.
Salat von Scampi, hartgekochten Eiern und sauren Gurken.
Salat von Pfahlmuscheln, grünen Gurken und Tomaten.
Salat von Krebsschwänzen, Artischockenböden und Wachteleiern.
(Siehe Bild auf Seite 150.)

BLUMENKOHLSALAT — Salade de chou-fleur

Kleine Reste von gekochtem Blumenkohl in Röschen teilen, wie üblich würzen und in einem Ravier anrichten. Mit kleinen Tomatenscheiben oder grünen Bohnen umkränzen, um die Farbe zu heben, und den Blumenkohl mit hartgekochtem, gehacktem Eigelb bestreuen.

Auch Reste von weißen Bohnen, Linsen, Mohrrüben usw. können zu Salat verarbeitet werden.

GEFLÜGEL- ODER FISCHSALAT — Salade de volaille ou de poisson

Kleine Reste von Geflügel von der Haut befreien und in dünne Scheibchen schneiden. In einer Salatschüssel auf nudelig geschnittenem Kopfsalat ordnen, mit Mayonnaise überziehen und mit Sardellenfilets, Vierteln von hartgekochten Eiern und geviertelten Salatherzen garnieren. Fischsalat kann genau so bereitet werden.

GEFLÜGELSALAT AUF REICHE ART — Salade de volaille à la riche

Reste von gekochtem Geflügel von der Haut befreien und in kleine, dünne Scheibchen schneiden. Auf nudelig geschnittenem Kopfsalat anrichten und mit sehr dicker Mayonnaise überziehen, die mit geriebenem Meerrettich und Tomatenketchup gewürzt und mit Orangensaft und einem Schuß Cognac zur gewünschten Dicke gebracht worden ist. Mit Vierteln von hartgekochten Eiern, kleinen, dreieckig geschnittenen Ananasscheiben und halben Scheiben von kleinen Tomaten garnieren.

GURKENSALAT — Salade de concombres

Grüne Gurken schälen, der Länge nach spalten, die Kerne entfernen und das Fleisch in dünne Scheiben schneiden. In Raviers anrichten und erst im Moment des Servierens mit Salz, Pfeffer, Essig, Öl und feingehackten Kräutern würzen.

HUMMERSALAT IN DER KOKOSNUSS — Salade de homard en noix de coco

8 Personen. *4 kleine Kokosnüsse; 2 gekochte Hummern zu je 600 g; 200 g Spargel, in kleine Stückchen geschnitten; 200 g pochierte Champignons in Scheiben; $1^1/_2$-2 dl dicke Mayonnaise; 50 g Tomatenketchup; 2 cl Weinbrand; 1 dl Gelee; 8 kleine Trüffelscheiben.*

Die Kokosnüsse waagerecht in zwei gleiche Teile durchsägen, unten etwas glattsägen und die Milch aufheben. Die Hummern ausbrechen, den Schwanz in Medaillons schneiden und die Scheren waagerecht teilen. Von den Champignons, Spargel und den Hummerparüren Salat bereiten, den man mit der Mayonnaise bindet, der man wenig Kokosnußmilch beigefügt und mit Tomatenketchup und Weinbrand abgeschmeckt hat. Den Salat in die innen etwas getrockneten Kokosnüsse füllen, mit je 2 Medaillons, einer halben Schere und einer Trüffelscheibe garnieren und leicht mit Gelee überglänzen. *(Siehe Bild auf Seite 146.)*

KARTOFFELSALAT — Salade de pommes de terre

Für einen guten Salat benötigt man die langen, sogenannten Salatkartoffeln. Die Kartoffeln in der Schale kochen, schälen, in schöne, gleichmäßig runde, nicht zu dünne Scheiben schneiden und noch heiß mit Salz, Pfeffer, Essig, Öl und feinen Kräutern marinieren. Da die heißen Kartoffeln jedoch viel Flüssigkeit aufnehmen und auf diese Weise trocken bleiben würden, gleichzeitig ein Glas heiße Bouillon oder heißes Wasser hinzugeben und durchschwenken. Lauwarm serviert, schmeckt diesre Salat weitaus besser, als wenn er mit kalten Kartoffeln bereitet wird. Man kann anstelle der Bouillon oder Wasser auch Weißwein nehmen. Oft wird der Salat nur leicht mariniert und später mit einer etwas dünnen Mayonnaise gebunden.

SALAT VON KNOLLENSELLERIE — Salade de céleri-rave

Schönen weißen Knollensellerie schälen und in ganz feine Streifen schneiden; hierfür gibt es auch besondere Reiben. Wenn mit der Hand geschnitten, einmal aufkochen, sofort abgießen und sehr gut abtropfen. Entweder mit Remoulade binden oder mit sehr dicker Sahne oder Crème double, die mit Salz, Pfeffer, Senf und einigen Tropfen Zitronensaft gewürzt worden ist. 1-2 Stunden vor dem Gebrauch anmachen.

Anmerkung: Das Blanchieren ist nur dann nötig, wenn der Sellerie nicht fein genug geschnitten worden ist, weil er sonst etwas hart sein würde. Er schmeckt besser unblanchiert.

KREBSSCHWANZSALAT AUF INDISCHE ART — Salade de queues d'écrevisses à l'indienne

4 Personen. *2 kleine Kokosnüsse; 75 g gekochten Reis; 1 kleine, grüne Paprikaschote; 24 kleine Krebbschwänze; 3 dl Mayonnaise; 1/2 Teelöffel Currypulver; 1 Eßlöffel Mango Chutney; 2 Eßlöffel ungezuckerte Schlagsahne; Zitronensaft, Öl, Salz, Pfeffer; 2 große Tomaten; 1 dl Gelee.*

Die Kokosnüsse wie für Hummersalat vorbereiten, ein wenig von dem Fleisch aushöhlen und reiben. Die Tomaten schälen, entkernen und würfeln, die Paprikaschote öffnen, Kerne und Fasern entfernen und in kleine Würfel schneiden. Reis, Tomaten, Paprikaschote und 16 Krebsschwänze 30 Minuten mit Zitronensaft, Öl, Salz und Pfeffer marinieren. Die Mayonnaise mit geriebener Kokosnuß, Currypulver und gehacktem Mango würzen und die Schlagsahne unterziehen. Die vorbereiteten Zutaten abtropfen, mit der Mayonnaise binden und in die Kokosnüsse füllen. Mit je 2 Krebsschwänzchen garnieren und leicht mit Gelee überglänzen. Recht kalt servieren.

OCHSENMAULSALAT — Salade de museau de bœuf

Ochsenmaul genau wie Kalbskopf so weich wie nur möglich kochen. In kleine, sehr dünne Scheibchen schneiden und mit Salz, Pfeffer, Essig, Öl, gehackten Zwiebeln und Kräutern würzen. Ochsenmaul ist auch fertiggekocht im Handel erhältlich.

RINDFLEISCHSALAT — Salade de bœuf

Hat man Reste von Suppenfleisch, so ist dies eine gute Verwendung. Das kalte Fleisch vom Fett befreien, in kleine dünne Scheibchen schneiden, einige dünne Salzgurkenscheiben hinzufügen und mit Salz, Pfeffer, Essig, Öl, gehackter Zwiebel und Kräutern marinieren und vor dem Gebrauch 1-2 Stunden stehen lassen. Beim Anrichten mit Scheiben von hartgekochten Eiern und Cornichons garnieren.

SALAT VON ROTEN RÜBEN — Salade de betteraves

Die Rüben 1 Stunde in viel Wasser kochen, dann abtropfen und im Ofen völlig gar machen. Auskühlen, schälen, in dünne Scheiben schneiden und mit Salz, Pfeffer, Essig und Öl — etwas mehr Essig als sonst beim Salatanmachen — anrichten. Im Augenblick des Servierens obenauf hartgekochtes Eiweiß und darüber etwas gehackte Petersilie streuen.

ROTKRAUTSALAT — Salade de chou rouge

Von festem Rotkraut die äußeren Blätter entfernen und nur die inneren, zarteren nehmen. Die dikken Rippen herausschneiden und die Blätter in recht feine Streifen schneiden. Auf 1 kg Rotkraut je 125 g mageren und fetten Speck würfeln, in einer großen Stielpfanne in 2 Löffel Öl leicht anrösten, das Kraut hinzugeben, ½ Glas trockenen Weißwein aufgießen und unter fortwährendem Umrühren halbweich dünsten. Dann mit Salz, Pfeffer, einer Prise Zucker, Essig und Öl anmachen und kalt servieren. Auf Wunsch auch feingehackte Zwiebel hinzugeben.

SALAT VON STANGENSELLERIE — Salade de céleri en branches

Von einem zarten, recht weißen Stangensellerie die Stengel ablösen, gut waschen und das Grüne entfernen. In Stücke von 4 cm schneiden und der Länge nach in feinste Streifen schneiden. Mit Remoulade anmachen, 2 Stunden ziehen lassen, und kalt, mit gehackten Kräutern bestreut, anrichten.

TOMATENSALAT — Salade de tomates

Mittelgroße, feste, aber reife Tomaten einige Sekunden in siedendheißes Wasser legen, um die Schale besser entfernen zu können. In schöne, gleichmäßige, nicht zu dünne Scheiben schneiden, halb übereinander in Raviers anrichten, mit Salz und Pfeffer bestäuben, mit Essig und Öl betropfen, mit sehr dünnen Zwiebelringen belegen und gehackte Petersilie obenaufstreuen.

WEISSKRAUTSALAT — Salade de chou blanc

Das Herz eines zarten Weißkrautkopfes in recht feine Streifen schneiden oder hobeln und mit Salz, Pfeffer, feingehackten Zwiebeln, Essig und Öl anmachen. Vor dem Servieren recht gut durchziehen lassen und kalt servieren. Oder die Zwiebeln mit kleinen Speckwürfeln in Öl gut anschwitzen, heiß über die Streifen gießen und mit Salz, Pfeffer und Essig anmachen.

SCHAUMBROTE, SCHAUMBRÖTCHEN UND KALTE AUFLÄUFE — Mousses, mousselines et soufflés froids

Die Zusammensetzung dieser drei Gerichte ist die gleiche. Schaumbrote füllt man in eine große Form ausreichend für ein Service für 6-8 Personen. Schaumbrötchen formt man mit zwei Eßlöffeln, mit dem Spritzbeutel oder man füllt die Masse in kleine ovale Förmchen. Kleine Aufläufe füllt man in Ragoutnäpfchen (Kokotten), die großen in die üblichen Auflaufschalen mit einem Papierstreifen rund herum, der nach dem Anziehen der Masse abgezogen wird.

GÄNSELEBER-SCHAUMBROT ALEXANDRA — Mousse de foie gras Alexandra

6 Personen. *1 pochierte Gänseleber von 300 g; 75 g Butter; 2 dl Sahne, geschlagen; 1 l Gelee; 1 Trüffel; Pastetengewürz.*

Eine ovale, der Gänseleber ähnliche Form dünn mit Gelee chemisieren und den Boden und die Seiten mit dünnen Trüffelscheiben garnieren, die zuvor in Gelee getaucht worden sind. Die Gänseleber durch ein Sieb streichen, mit der weichgerührten Butter vermengen, ungefähr 1 dl Gelee und die halbgeschlagene Sahne darunterziehen, mit Trüffelwürfeln vermischen und mit Salz, Paprika und Pastetengewürz abschmecken. In die Form füllen, zum Anziehen in den Kühlraum stellen, mit Gelee vollgießen und abermals zum Erstarren kaltstellen. Auf eine kalte Platte stürzen und mit gewürfeltem Gelee garnieren.

GEFLÜGEL-SCHAUMBROT FEODORA — Mousse de volaille Fédora

6-8 Personen. *400 g schieres, gekochtes Hühnerfleisch; 2 dl Sahne; 3 dl weiße Chaudfroid-Sauce; 1 l Sherrygelee; 2 hartgekochte Eier; 2 Scheiben Pökelzunge; 1 Trüffel; 200 g pochierte Gänseleber.*

Das Geflügelfleisch mit der Sauce fein pürieren und durch ein Sieb streichen. 5 cl Gelee und die halbgeschlagene Sahne darunterziehen und gut abschmecken. Eine Timbalform mit Gelee chemisieren und mit Eiweiß, Pökelzunge und etwas Trüffel geschmackvoll dekorieren. Eine Schicht Schaumbrot einfüllen, darauf einige Scheibchen Gänseleber legen, mit einer zweiten Schicht Schaumbrot bedecken, hierauf Trüffelscheiben geben und wiederum mit Schaumbrot abdecken, bis 2 cm unter dem Rand der Form. Mit gerade stockendem Gelee zugießen und kaltstellen. Auf eine kalte, runde Platte stürzen und mit Geleedreiecken garnieren.

SCHAUMBROT VON LACHS — Mousse de saumon

6 Personen. *300 g gekochten Lachs, ohne Haut oder Gräten; 15 cl Sahne; 1 dl Béchamel; $^1/_2$ l Fischgelee.*

Den Lachs zusammen mit der Béchamel stoßen, gut würzen und durch ein Sieb streichen. Unter diese Masse 7 cl Gelee und die halbgeschlagene Sahne ziehen und in eine Form füllen, die dünn mit Gelee chemisiert worden ist. Wie oben anrichten.

SCHINKEN-SCHAUMBROT, SCHACHBRETTARTIG — Mousse de jambon en damier

6 Personen. *500 g mageren, gekochten Schinken; 15 cl tomatierte Chaudfroid-Sauce; 2 dl Sahne; 2 hartgekochte Eier; 1 Trüffel; ½ l Madeiragelee.*

Den Schinken sehr fein pürieren, die Chaudfroid-Sauce, etwas Gelee und die halbgeschlagene Sahne darunterziehen. Eine flache, viereckige Form dünn mit Gelee ausgießen und den Boden schachbrettartig mit Eiweiß- und Trüffelscheiben auslegen, die man in Vierecke geschnitten hat. Mit der Schaumbrotmasse füllen und mit gerade stockendem Gelee zugießen. 1-2 Stunden durchkühlen lassen, auf eine runde Platte stürzen und mit Gelee umranden.

SCHINKEN-SCHAUMBROT AUF UNGARISCHE ART — Mousse de jambon hongroise

6-8 Personen. *500 g mageren, gekochten Schinken; 2 dl Sahne; 40 g Tomatenpüree; ¼ l Béchamel; 125 g Butter; ½ l Portweingelee; 2 hartgekochte Eier; 1 Trüffel; Paprika.*

Den feinpürierten Schinken mit der kalten Béchamel, der weichgerührten Butter, dem Tomatenmark und der halbgeschlagenen Sahne vermischen. Mit Paprika kräftig würzen und 1 dl flüssigem Gelee unterziehen. Eine Charlotteform mit Gelee chemisieren und mit Eiweiß und Trüffel beliebig dekorieren. Mit der Masse füllen, mit gerade stockendem Gelee zugießen und einige Stunden kaltstellen. Auf eine runde Platte stürzen und mit Gelee garnieren.

SCHIFFCHEN UND TÖRTCHEN — Barquettes et tartelettes froides

Für diese Vorspeisen wählt man sehr kleine oval-spitze Förmchen für die Schiffchen und kleine runde für die Törtchen. Sie werden mit leicht gesalzenem Mürbeteig oder mit Blätterteigresten ausgefüttert, blind gebacken, ausgekühlt und mit verschiedenen Salpicons gefüllt. Spritzfähige Cremes kann man auch in sehr kleine Blätterteig-Mundbissen füllen.
(Siehe Bild auf Seite 149.)

BEAUHARNAIS-SCHIFFCHEN — Barquettes Beauharnais

Füllung: Salpicon von Geflügel mit Estragonmayonnaise gebunden. *Dekor:* Trüffelscheibchen oder blanchierte Estragonblättchen. Mit Gelee überglänzen.

MARIVAUX-SCHIFFCHEN — Barquettes Marivaux

Füllung: Salpicon von Garnelenschwänzchen und Champignons mit wenig Mayonnaise gebunden. *Dekor:* Eierscheibchen und Kerbelblättchen. Mit Gelee überglänzen.

NORMANNISCHE SCHIFFCHEN — Barquettes normandes

Salpicon von Seezungenfilets und Muscheln mit weißer Chaudfroid-Sauce gebunden, leicht mit der gleichen Sauce nappiert. *Dekor:* Trüffelscheibe und Krebsschwänzchen. Mit Gelee überglänzen.

ROQUEFORT-SCHIFFCHEN — Barquettes au Roquefort

6 Personen. *250 g Mürbeteig; 125 g Roquefort; 100 g Butter; 5 cl Portwein; 1 dl Portweingelee; 2 Eßlöffel ungesüßte Schlagsahne. Backzeit: 10 Minuten.*

Die Förmchen mit dem Mürbeteig dünn ausfüttern und blind backen. Den Roquefort durch ein Sieb streichen, mit der weichgerührten Butter vermischen, mit Paprika und dem Portwein würzen und zuletzt die Schlagsahne unterziehen. Die Creme mit einer Sterntülle in die Schiffchen spritzen, im Kühlraum anziehen lassen und mit Portweingelee überglänzen.

STRASSBURGER SCHIFFCHEN — Barquettes strasbourgeoises

Füllung: Leicht gebuttertes Gänseleberpüree mit Paprika gewürzt. *Dekor:* Trüffelscheibchen. Mit Gelee überglänzen.

THUNFISCH-SCHIFFCHEN — Barquettes de thon

Füllung: Thunfischcreme. *Dekor:* Sardellenfilets. Mit Gelee überglänzen.

TÖRTCHEN AUF FEINSCHMECKERART — Bouchées du gourmet

6 Personen. *6 blindgebackene Mürbeteigtörtchen; 12 runde Scheibchen Pökelzunge zu je 20 g; 120 g Piccalillis; 100 g Gelee*

Die Törtchen mit den zerkleinerten Piccalillis füllen. Auf jedes 2 mit Gelee überglänzte Pökelzungen scheibchen dressieren und mit etwas gehacktem Gelee garnieren.

TÖRTCHEN AUF TARNER ART — Tartelettes à la tarnoise

6 Personen. *250 g ungezuckerten Mürbeteig; 150 g Schweizer Schmelzkäse; 100 g Butter; 50 g blanchierte, gehackte Oliven; 5 cl Sherry; 12 Scheiben gefüllte Oliven; 1 dl Gelee. Backzeit: 10 Minuten.*

Kleine Tartelettförmchen mit dem Mürbeteig ausfüttern, blind backen und auskühlen. Die Butter weichrühren, mit dem passierten Schmelzkäse vermengen, die gehackten Oliven unterziehen und mit Paprika, Sherry und einer Prise Salz würzen. Mittels Spritzbeutel und Sterntülle in die Törtchen füllen und mit gefüllter Olive dekorieren, leicht mit Gelee überglänzen.

TAUSENDBLÄTTERKUCHEN AUF BRIEER ART — Mille-feuilles à la briarde

6 Personen. *250 g Blätterteig; 150 g Briekäse ohne Rinde; 100 g Butter; 2 Eßlöffel Schlagsahne; 4 cl Weinbrand; 100 g leicht geröstete, feingehackte Haselnüsse; Paprika. Backzeit: 4-5 Minuten.*

Den Blätterteig 4 mm dick ausrollen, davon Böden von 5 cm Durchmesser ausheben, einstechen und knusprig backen. Auskühlen. Die Butter weichrühren, den passierten Käse untermengen, mit Weinbrand und Paprika würzen und die Schlagsahne unterziehen. Je vier Böden mit der Creme dazwischen zusammensetzen, etwas zusammendrücken und in den Kühlschrank zum Anziehen stellen. Dann rundherum mit Creme bestreichen, die Haselnüsse andrücken und obenauf noch eine kleine Rosette Creme spritzen.

TOMATEN — Tomates

Zum Füllen eignen sich am besten mittelgroße Früchte, von gleicher Form. Man schneidet sie in zweidrittel der Höhe deckelförmig auf, entfernt die Kerne, würzt sie von innen und stülpt sie vor dem Füllen um, damit die Flüssigkeit ablaufen kann.

TOMATEN AUF ANDALUSISCHE ART — Tomates à l'andalouse

4 Personen. *4 Tomaten; 50 g gekochten Reis; 2 grüne Paprikaschoten; 1 Teelöffel gehackte Zwiebeln; knapp 2 dl Mayonnaise; Petersilie.*

Die Paprikaschoten von Kernen und Fasern befreien und in kleinste Würfel schneiden. Die Zwiebeln in Öl anschwitzen und auskühlen. Reis, Zwiebeln und Paprikaschoten vermischen und mit Senfmayonnaise binden, in die Tomaten füllen und auf krauser Petersilie anrichten.

TOMATEN AUF ANTIBER ART — Tomates à l'antiboise

4 Personen. *4 Tomaten; 100 g Thunfisch in Öl; 30 g Butter; Zitronensaft; 75 g Mayonnaise; 1 hartgekochtes Ei.*

Die ausgehöhlten Tomaten innen mit Salz, Pfeffer und Essig eine Stunde lang marinieren und dann zum Auslaufen der Flüssigkeit umstülpen. Den Thunfisch pürieren, mit der weichen Butter vermischen, mit Salz, Pfeffer und Zitronensaft würzen, und zuletzt die Mayonnaise unterziehen. Die Tomaten mit der Mischung füllen und mit einer Eiweißscheibe garnieren.

■ BEAULIEU — Tomates Beaulieu

Die Tomaten wie oben angegeben mit Thunfischcreme füllen. Eine Hälfte mit gehacktem Eigelb und die andere Hälfte mit gehacktem Eiweiß bestreuen und eine halbe, schwarze Olive in die Mitte setzen. *(Siehe Bild auf Seite 147.)*

■ AUF FISCHERART — Tomates à la pêcheur

Die ausgehöhlten Tomaten mit russischem Salat füllen und mit einer runden Scheibe gekochtem Lachs und einem Scheibchen Pfeffergurke garnieren. Auf Salatblättern anrichten und mit halben Zitronenscheiben garnieren.

■ AUF ITALIENISCHE ART — Tomates à l'italienne

Die Tomaten aushöhlen, mit italienischem Salat füllen, mit Mayonnaise bedecken und mit einer Scheibe hartgekochtem Ei garnieren.

TOMATEN MIT KREBSSCHWÄNZCHEN I — Tomates aux écrevisses

Die ausgehöhlten Tomaten mit je 6 kleinen Krebsschwänzchen, mit paprizierter Mayonnaise gebunden, füllen und auf Salatblättern anrichten.

■ MIT KREBSSCHWÄNZCHEN II — Tomates aux écrevisses

Den Boden der ausgehöhlten Tomaten mit einem Teelöffel Mayonnaise füllen und darüber die Krebsschwänze domförmig dressieren. Leicht mit Gelee überglänzen und mit gestiftelten Pistazien bestreuen. *(Siehe Bild auf Seite 147.)*

■ MOUSMÉ — Tomates à la Mousmé

Die Tomaten mit einem Löffelchen feiner Julienne von Knollensellerie anfüllen, die mit Remoulade gebunden worden ist. Darüber einige sehr kleine Stachys dressieren, die nur gerade in Zitronenwasser gar gekocht und mit Essig und Öl mariniert wurden. Auf Salatblättern oder krauser Petersilie anrichten.

■ MURCIE — Tomates à la Murcie

Die ausgehöhlten und innen marinierten Tomaten im letzten Moment mit einem Salat von kleinen Gurkenwürfeln füllen, die mit Essig, Öl, Salz, Pfeffer und feinen Kräutern angemacht worden sind. *(Siehe Bild auf Seite 147.)*

■ AUF PARISER ART — Tomates à la parisienne

Die Tomaten mit einem Salat von Languste oder Hummer füllen, der mit pikanter Mayonnaise gebunden worden ist, und auf Salatblättern anrichten.

■ AUF RUSSISCHE ART — Tomates à la russe

Die Tomaten mit russischem Salat füllen und mit einer hartgekochten Eierscheibe garnieren. *(Siehe Bild auf Seite 147.)*

■ MIT SCAMPI — Tomates aux scampi

Die ausgehöhlten Tomaten mit einem Salat von gewürfeltem Scampi füllen und mit einigen Scheiben Scampi und einer Kugel grüner Gurke garnieren. *(Siehe Bild auf Seite 147.)*

■ SÉVIGNÉ — Tomates à la Sevigné

Einen Salpicon von gekochtem Geflügel, Champignons und Trüffel bereiten, mit pikanter Mayonnaise binden und in die Tomaten füllen. Obenauf kurze, feine Julienne von grüner Paprikaschote streuen.

TROCKENFLEISCH — Viande séchée

Es handelt sich hier im wesentlichen um gepökeltes, leicht angeräuchertes und in der Luft getrocknetes Rindfleisch, z. B. das Bündner Fleisch. Es wird mit der Maschine in hauchdünne Scheibchen geschnitten und für sich allein oder zusammen mit Wurstwaren angerichtet.

WURSTWAREN, SCHWEINEFLEISCHPRODUKTE — Charcuterie

sind unter Schweinefleisch zu finden.

Man serviert oft Wurstwaren, Schinken usw. als Vorspeise allein oder in Verbindung mit Rohkost.

GEMÜSE AUF GRIECHISCHE ART

Es handelt sich hier um Gemüse, die in einer scharfgewürzten Ölmarinade gargemacht und kalt serviert werden. Meistens serviert man sie zusammen mit anderen Vorspeisen.

ARTISCHOCKEN AUF GRIECHISCHE ART — Artichauts à la grecque

8 sehr kleine, zarte Artischocken; 2 dl Weißwein; 2 dl Wasser; 1 dl Olivenöl; 1 sehr kleines Lorbeerblatt; Saft einer Zitrone; 6 Pfefferkörner; Salz. Kochzeit: 40-45 Minuten.

Das Wasser mit dem Weißwein, Olivenöl, Zitronensaft, Salz und den Gewürzen ansetzen, aufkochen und die Artischocken darin garwerden lassen. Im Fond auskühlen und mit etwas passiertem Fond übergossen servieren.

CHAMPIGNONS ODER STEINPILZE AUF GRIECHISCHE ART — Champignons ou cèpes à la grecque

750 g geputzte Zuchtchampignons oder Steinpilze; 2 dl Wasser; 2 dl Weißwein; 1 dl Olivenöl; Saft von anderthalb Zitronen; Lorbeerblatt; Pfefferkörner; Salz. Kochzeit: 6-8 Minuten.

Kleine Champignons ganz lassen, große teilen, Steinpilze je nach Größe in vier oder mehr schräge Stücke schneiden. Zubereitung wie Artischocken.

CHAMPIGNONS, GEPFEFFERTE — Champignons pimentés

Es handelt sich hier nicht um eine Zubereitung auf griechische, aber doch nahe verwandte Art. Die Köpfe großer Zuchtchampignons waschen, dann mit Zitronensaft und Salz abreiben, um die Haut zu entfernen, abermals waschen und abtropfen. In dünne Scheiben schneiden und in Schälchen anrichten. Mit einer scharfgewürzten Sauce von Zitronensaft, Senf, einer Prise Salz, einer Prise Cayennepfeffer und Olivenöl übergießen und kalt servieren. Die Champignons bleiben hier roh.

FENCHEL AUF GRIECHISCHE ART — Fenouils à la grecque

750 g geputzten Fenchel; 2 dl Wasser; 2 dl Weißwein; 1 dl Olivenöl; Saft einer Zitrone; Lorbeerblatt; Pfefferkörner; Salz. Kochzeit: 40-50 Minuten.

Den Fenchel in Viertel schneiden und genau wie andere Gemüse auf griechische Art bereiten.

LAUCH AUF GRIECHISCHE ART — Poireau à la grecque

1 kg Lauch, nur das Weiße; 2 dl Wasser; 2 dl Weißwein; 1 dl Olivenöl; Saft einer Zitrone; Lorbeerblatt; Pfefferkörner; Salz. Kochzeit: 30-35 Minuten.

Den Lauch in Stücke von 6-8 cm schneiden und wie oben bereiten.

SELLERIE AUF GRIECHISCHE ART — Céleri à la grecque

1 kg Bleichsellerie; 2 dl Wasser; 2 dl Weißwein; 1 dl Olivenöl; Saft von anderthalb Zitronen; Lorbeerblatt; Pfefferkörner; Salz. Kochzeit: ungefähr 40 Minuten.

Nur die Herzen der Stauden nehmen, der Länge nach vierteln und wie oben zubereiten.

STIELGEMÜSE AUF GRIECHISCHE ART — Gourillons à la grecque

30 Endivien- oder Escarolestiele; 250 g Tomaten; 2 dl Wasser; 2 dl Weißwein; 1 dl Olivenöl; Saft von anderthalb Zitronen; Lorbeerblatt; Pfefferkörner; Salz. Kochzeit: 1-1½ Stunden.

Beim Salatmachen die etwa 3 cm langen Wurzelstiele aufheben, sauber putzen und waschen. Wie anderes Gemüse auf griechische Art bereiten, nach einer halben Stunde aber die geschälten, entkernten und geviertelten Tomaten hinzugeben. Eiskalt servieren.
Man nennt diese Zubereitung auch « auf Nizzaer Art ».

ZWIEBELCHEN AUF GRIECHISCHE ART — Oignons à la grecque

750 g kleine Zwiebelchen; 2 dl Wasser; 2 dl Weißwein; 1 dl Olivenöl; anderthalb Zitronen; 1 kleines Lorbeerblatt; 6 Pfefferkörner; Salz. Kochzeit: 40-45 Minuten.

Alle Zutaten, mit Ausnahme der Zwiebelchen, erst 5 Minuten kochen. Die Zwiebelchen beifügen und langsam garmachen.

FISCHVORSPEISEN

(Siehe auch Bild auf Seite 148.)

BÜCKLINGSFILETS AUF RUSSISCHE ART — Filets de harengs saurs à la russe

6 Personen. *3-4 Bücklinge; 400 g Reinetteäpfel; 1 knappen Eßlöffel feingehackte Zwiebel; Saft einer halben Zitrone; 5 cl Weißwein; 2 Eßlöffel Öl; Pfeffer.*

Die Äpfel schälen, entkernen, in ganz kleine Würfelchen schneiden, mit der Zwiebel und dem Zitronensaft vermischen. Die Bücklinge einen Moment in kochendheißes Wasser tauchen, enthäuten und die Filets sauber abheben und etwaige Gräten entfernen. Die Äpfel in einem Ravier anrichten, mit den in Streifen geschnittenen Bücklingsfilets belegen, etwas Pfeffer darüberstreuen und mit dem Weißwein und dem Öl übergießen.

FISCHSCHÄLCHEN — Raviers de poisson

Den Boden der Schälchen mit nudelig geschnittenem Kopfsalat bedecken. Mit Fischresten, ohne Haut oder Gräten, würfelig geschnitten oder auseinandergezupft und mit pikanter Mayonnaise gebunden, füllen und beliebig mit Tomaten, hartgekochtem Ei, Streifen von Paprikaschoten, Zwiebelchen u. a. garnieren.

FRISCHE HERINGE, MARINIERT — Harengs frais marinés

6 Personen. *6 frische Heringe, geköpft und ausgenommen; 2 dl Weißwein; 1 dl Essig; 1 mittelgroße Zwiebel und 1 kleine Mohrrübe, beides in dünne Scheiben geschnitten; 2 in Scheiben geschnittene Schalotten; einige Pfefferkörner; 1 kleines Lorbeerblatt; 1 Zweig Thymian; etwas Petersilie. Kochzeit: 15 Minuten.*

Die Marinade 5 Minuten kochen. Die sauberen Heringe in ein tiefes, feuerfestes Geschirr geben, die kochendheiße Marinade darübergießen und 10 Minuten pochieren, ohne kochen zu lassen. In der Marinade erkalten lassen und so servieren.

KILKIS, NORWEGISCHE SARDELLEN — Les Kilkis ou anchois de Norvège

Sind im Handel erhältlich und werden in ihrer Marinade angerichtet. Dazu wird frische Butter serviert.

MAKRELEN, MARINIERT — Maquereaux marinés

Genau so verfahren wie bei den frischen Heringen.

RÄUCHERLACHS, NORWEGISCH BEREITET — Saumon fumé norvégienne

Die beiden Seiten von einem frischen Lachs sauber auslösen. Jede Hälfte auf beiden Seiten tüchtig mit feinem Salz einreiben. Ein sauberes, neu verzinntes Randblech dünn mit Olivenöl ausstreichen und mit Dillzweigen, einigen Stielen Petersilie und 2 kleinen Lorbeerblättern belegen. Die Lachsseiten hieraufgeben, mit einem sauberen Tuch bedecken und 3 Tage lang in den Kühlraum oder einen Kühlschrank stellen. Während dieser Zeit jede Seite wenigstens zweimal täglich wenden und wieder mit dem Tuch bedecken. Die Seiten aus der sich gebildeten Lake nehmen, sehr tüchtig abwischen, leicht mit Öl bepinseln und 48 Stunden bei einer Temperatur von 18-26° C kalt räuchern. Der so bereitete Lachs ist sehr mild, zart und fein im Geschmack. Im Kühlraum trocken aufbewahrt hält er sich fast drei Wochen.

RÄUCHERLACHSTÜTCHEN — Cornets de saumon fumé

Dünne Scheibchen Räucherlachs in Dreiecke schneiden und zu Tütchen drehen. Jedes Tütchen mittels Spritzbeutel und Sterntülle mit Meerrettichbutter, mit 20 % Mayonnaise vermischt, Meerrettichsahne, einem Eierviertel und einer Rosette Butter u. a. m. füllen und anziehen lassen. Man kann die Tütchen auch auf russischen oder anderen Salat dressieren und entsprechend dekorieren. *(Siehe Bild auf Seite 148.)*

RÄUCHERLACHSRÖLLCHEN ROSA BRANCA — Roulades de saumon fumé Rosa Branca

25 Personen. *1 kg Räucherlachs; 1 kg Spargelköpfe; 15 hartgekochte Eier; 2 kleine Trüffeln; 3 Tomaten.*

Den Räucherlachs in dünne Scheibchen schneiden, jedes um einen weißen Spargelkopf derart rollen, daß die Spitze hervorschaut, und mit einem runden Trüffelscheibchen dekorieren. Mit halben Eiern garnieren, die mit einem runden Scheibchen geschälter Tomate dekoriert worden sind. Man kann Röllchen und Eier leicht mit Gelee überglänzen.

ROLLMÖPSE

Filets von frischen, marinierten Heringen um ein Stückchen Salzgurke rollen und mit einem Speilchen befestigen. Man kann dazu Mayonnaise oder Remouladensauce servieren.

KLEINE ROTBARBEN AUF ORIENTALISCHE ART — Petits rougets barbets à l'orientale

10 Rotbarben zu 100 g; 500 g Tomaten; 1 Knoblauchzehe; 5 cl Weißwein; 1 dl Öl; je 1 Prise Safran, Kardamom, Thymian und Fenchel; $^1/_2$ Teelöffel gehackte Petersilie; Salz, Pfeffer. Kochzeit: 15 Minuten.

Die Rotbarben reinigen, waschen, abtrocknen, durch Mehl ziehen und auf beiden Seiten in heißem Öl braun anbraten. Die Tomaten schälen, halbieren, ausdrücken, würfeln, in Öl schmelzen lassen, die zerdrückte Knoblauchzehe, gehackte Petersilie, den Weißwein, Salz, Pfeffer, Gewürze und Safran beifügen, aufkochen und über die Rotbarben gießen. Einige Minuten in den Ofen stellen, um sie garzumachen. In Raviers anrichten, den Kochsud, so wie er ist, darübergießen und recht kalt servieren. Nach Belieben mit schönen, halben Tomatenscheiben garnieren.

SARDELLEN AUF NIMESER ART — Anchois à la nîmoise

Gewässerte und halbierte, in Öl eingelegte Sardellen in der Mitte einer Vorspeisenschale überkreuz dressieren, leicht mit Olivenöl betropfen und mit gehacktem, hartgekochtem Eigelb bestreuen. Rundherum mit kleinen halben Scheibchen eingelegter roter Rüben (Randen) garnieren.

■ AUF RUSSISCHE ART — Anchois à la russe

Einen Salat von gewürfelten, gekochten Kartoffeln und rohen gewürfelten Äpfeln herstellen und darauf Sardellenfilets dressieren. Mit gehacktem Schnittlauch und geriebenem Meerettich bestreuen.

■ AUF TOULONER ART — Anchois à la toulonnaise

6 Personen. *500 g Kartoffeln; 9 große Sardellen in Öl; 18 Oliven; 3 hartgekochte Eiweiß.*

In der Mitte des Raviers warmen Kartoffelsalat anrichten. Rundherum mit Scheiben von hartgekochtem Ei garnieren, auf jede Scheibe ein zusammengerolltes Sardellenfilet legen und in die Mitte des Filets eine entsteinte Olive stecken.

Anmerkung: Um schöne runde Eiweißscheiben zu erzielen, das Eiweiß in kleine, ausgebutterte Babaförmchen füllen, im Wasserbad im Ofen wie eine Creme pochieren und vor dem Stürzen und Schneiden erkalten lassen.

ÖLSARDINEN — Sardines à l'huile

Man sollte sich nicht darauf beschränken, die Sardinen in der Originaldose mit Brot und Butter zu servieren, sondern Wert auf eine geschmackvolle Anrichteweise legen. Man kann sie fächerartig auf die eine Seite der runden Platte legen und auf die andere Seite gehackte Zwiebeln, Kapern, gehacktes, hartgekochtes Eigelb, gehackte Petersilie und gehacktes, hartgekochtes Eiweiß dressieren. Zwischen den Sardinen halbe, kannelierte Zitronenscheiben und Petersilie ordnen und nebenbei Röstbrot und Butter servieren. Etwas Zitronensaft, über die Sardinen geträufelt, erhöht den Geschmack.

SARDINEN ROVIGO — Sardines à la Rovigo

12 Ölsardinen; $^1/_4$ l kalte Tomatensauce; 1 Spitze Salbei; 2 grüne Paprikaschoten; 1 hartgekochtes Eiweiß.

Die abgetropften Sardinen auf kalter Tomatensauce, nach Möglichkeit von frischen Tomaten bereitet und mit Salbei aromatisiert, anrichten. Obenauf erst ganz feine Julienne von grüner Paprikaschote und hartgekochtem Eiweiß streuen.

SPROTTEN — Les esprots

Es handelt sich hier um kleine, geräucherte Fischchen, dem Hering ähnlich, die käuflich zu erwerben sind. Man wählt recht fette Exemplare, taucht sie einige Sekunden in kochendes Wasser, zieht sie ab, nimmt die Eingeweide heraus, schneidet den Kopf ab und richtet sie in Raviers an. Sie werden mit Salz, Pfeffer, gehackten Schalotten und Petersilie, einem Schuß Essig und etwas Weißwein mariniert. Oft werden sie auch ohne weitere Vorbereitung nur mit frischer Butter serviert.

MARINIERTE STINTE ODER SANDAAL — Eperlans ou équilles marinés

75 g je Person. Kleine, vorgeputzte Stinte durch Mehl ziehen und rasch auf beiden Seiten in heißem Öl bräunen. ½ Glas Weißwein mit ¼ Glas Essig, 3 in Scheiben geschnittene Schalotten, Salz, Pfeffer und etwas gehackte Petersilie 5 Minuten kochen und einen Teelöffel Senf darunterrühren. Die Marinade über den Fisch gießen, noch einmal aufkochen lassen und eiskalt servieren.

THUNFISCHCREME MIRABEAU — Crème de thon à la Mirabeau

4 Personen. *100 g Thunfisch in Öl; 100 g Butter; 2 Eßlöffel Mayonnaise; 15 grüne Oliven; 2 Tomaten.*

Den Thunfisch durch ein Sieb streichen, mit der weichen Butter vermischen, die Mayonnaise unterziehen und abschmecken. Diese Creme domförmig anrichten, mit den entsteinten Oliven garnieren und die Platte mit enthäuteten Tomatenspalten gleichmäßig umlegen.

WARME VORSPEISEN

Es scheint heute kaum mehr möglich zu sein, einen Unterschied zwischen warmen Vorspeisen und warmen Zwischengerichten (Entrees) zu machen. Es sei in diesem Zusammenhang noch einmal darauf hingewiesen, was im Abschnitt « Menü » über Entrees gesagt worden ist. Denn seitdem das Wort Entree wieder seine ursprüngliche Bedeutung gewonnen hat, ist es logisch, daß man diesen Gerichten wieder ihren angemessenen Platz im Menü einräumt.

Heute umfassen die warmen Vorspeisen eine Auswahl von kleinen Gerichten wie Blätterteigpastetchen, -stäbchen, Schiffchen, Käseleckerbissen, Eierkuchen u.a.m. Auch Kroketten, Kromeskis und Törtchen mit einer Füllung von Fisch, Schaltieren, Geflügel, Pilzen usw. werden immer gerne gegessen. Die Rezepte für diese Vorspeisen sind die gleichen wie sie im Abschnitt « Warme Zwischengerichte » aufgeführt wurden, der einzige Unterschied besteht in der Größe. Für warme Vorspeisen dürfen Mundbissen einen Durchmesser von 4 cm und eine Höhe von 3½ cm, Schiffchen und Blätterteigstäbchen eine Länge von 6 cm und Törtchen einen Durchmesser von etwa 5 cm nicht überschreiten.

Warme Vorspeisen richtet man geschmackvoll auf einer Serviette an und serviert sie recht heiß. Je nach ihrer Art können sie Bestandteil sowohl der einfachsten als auch der luxuriösesten Menüs bilden.

ZWISCHENGERICHTE

(ENTREES)

WARME ZWISCHENGERICHTE

AUFLÄUFE — Soufflés

Die Proportionen der einzelnen Rezepte beziehen sich auf Aufläufe, die als Vorspeise oder als kleines Zwischengericht serviert werden.

AUFLAUF VON FISCHEN — Soufflé de poisson

6 Personen. *350 g schieres Fischfleisch in Butter gedünstet oder pochiert in Weißwein; 2 dl Béchamel; 3 Eier; Salz, Pfeffer. Kochzeit: 20-25 Minuten.*

Das Fleisch mit etwas Béchamel pürieren, die restliche Béchamel und das Eigelb unterziehen. Würzen, das festgeschlagene Eiweiß locker daruntermengen, in eine ausgebutterte Auflaufschale füllen und bei nicht zu starker Hitze backen.

■ AUF FLORENTINER ART — Soufflé à la florentine

Wie Spinatauflauf herstellen, der Masse aber noch 75 g geriebenen Parmesan untermengen.

■ VON GÄNSELEBER — Soufflé de foie gras

6 Personen. *100 g Kalbsnuß; 200 g rohe Gänsestopfleber; $^1/_8$ l Sahne; 5 Eier; Trüffel; Pastetengewürz, Salz. Kochzeit: ungefähr 25 Minuten.*

Das Kalbfleisch zweimal durch die feinste Scheibe des Fleischwolfs treiben, beim zweiten Mal die Gänseleber hinzugeben. Würzen, 2 ganze Eier und 2 Eigelb daruntermengen, durch ein feines Sieb streichen, gut verrühren und auf Eis durchkühlen. Die Sahne nach und nach darunterarbeiten, den Geschmack prüfen und das festgeschlagene Weiß von 3 Eiern locker unterziehen. Eine ausgebutterte Auflaufschale mit der Masse dreiviertelvoll füllen, dabei lagenweise Trüffelscheiben hinzugeben. Im Wasserbad im Ofen bei mäßiger Hitze pochieren und sofort servieren. Dazu Trüffelsauce reichen.

■ VON GARNELEN — Soufflé de crevettes

6 Personen. *200 g Garnelenpüree; 100 g Garnelenschwänzchen; 15 cl dicke Béchamel; 3 Eier; Salz, Pfeffer, Muskatnuß. Kochzeit: 20-25 Minuten.*

Wie Hirnauflauf bereiten, der Masse aber die Garnelenschwänzchen untermengen.

AUFLAUF VON GEFLÜGEL — Soufflé de volaille

6 Personen. *600 g Geflügelschaumfarce; 3 Eiweiß; $^1/_2$ l Geflügelrahmsauce. Kochzeit: 30 Minuten.*

Das festgeschlagene Eiweiß der Farce locker unterziehen. Die Masse in eine ausgebutterte Auflaufschale füllen und bei mäßiger Hitze im Ofen garmachen. Die Sauce nebenher servieren. Man kann der Masse gehackte oder gewürfelte Trüffeln oder Krebsschwänze beifügen.

■ **VON KALBSHIRN — Soufflé de cervelle**

6 Personen. *250 g Püree von pochiertem Kalbshirn; 15 cl Béchamel; 3 Eier; Salz, Pfeffer, Muskatnuß. Kochzeit: 20-25 Minuten.*

Das Hirn mit der Béchamel vermischen und das Eigelb nach und nach darunterrühren. Kräftig würzen, das geschlagene Eiweiß locker unterziehen und in eine mit Butter ausgestrichene Auflaufschale bis 2 cm unter dem Rand füllen. Bei guter Hitze garmachen und sofort servieren.

■ **VON KARTOFFELN — Soufflé de pommes de terre**

6 Personen. *250 g geschälte Kartoffeln; 30 g Butter; 5 cl süße Sahne; 3 Eier; Salz, Pfeffer, Muskatnuß. Kochzeit: 20 Minuten.*

Die gekochten, gut abgedämpften Kartoffeln durch ein Sieb streichen. Mit der Butter auf dem Feuer abrühren und die Sahne hinzugeben, um eine etwas kompakte Masse zu erhalten. Würzen und abseits des Feuers erst das Eigelb und dann das festgeschlagene Eiweiß locker unterziehen. In eine mit Butter ausgestrichene Auflaufschale füllen und bei nicht zu starker Hitze garmachen.

■ **VON KARTOFFELN MIT KÄSE — Soufflé de pommes de terre au fromage**

Wie oben verfahren, der Masse aber 75 g geriebenen Parmesan oder Schweizer Käse hinzufügen.

■ **VON KÄSE — Soufflé de fromage**

6 Personen. *150 g geriebenen Schweizer Käse; 100 g Butter; 50 g Mehl; $^1/_4$ l Milch; 4 Eier; Salz, Pfeffer, Muskatnuß. Kochzeit: 20-25 Minuten.*

50 g zerlassene Butter mit dem Mehl vermischen, mit der Milch verrühren und zum Kochen bringen; dabei ständig umrühren. Abseits des Feuers die restliche Butter, den Käse und das Eigelb daruntermischen und würzen. Das geschlagene Eiweiß locker unterziehen und die Masse in eine mit Butter ausgestrichene Auflaufschale füllen. Bei mäßiger Hitze backen und sofort servieren. Kann auch mit Chester oder Parmesankäse bereitet werden.

■ **VON KRUSTENTIEREN (Hummer, Krebsen, Langusten) — Soufflé de crustacés**

6 Personen. *200 g Püree von Krustentieren; 15 cl Béchamel; 100 g Salpicon von Krustentieren; 3 Eier; Salz , Pfeffer, Muskatnuß.*

Wie Garnelenauflauf bereiten.

■ **VON SPINAT — Soufflé d'épinards**

6 Personen. *250 g gekochten, passierten Spinat; 40 g Butter; 3 Eier; 15 cl Béchamel; Salz, Pfeffer, Muskatnuß. Kochzeit: 20-25 Minuten.*

Den Spinat mit der Butter auf dem Feuer abtrocknen, die Béchamel beifügen und kräftig würzen. Abseits des Feuers das Eigelb untermengen und dann das Eiweiß locker unterziehen.

■ **VON SPINAT AUF RÖMISCHE ART — Soufflé d'épinards à la romaine**

Wie Spinatauflauf unter Zusatz von 75 g geriebenem Parmesan und 4-5 kleingeschnittenen Sardellenfilets bereiten.

AUFLAUF VON SCHINKEN — Soufflé de jambon

6 Personen. *250 g mageren, gekochten Schinken, püriert; 15 cl Béchamel; 5 cl süße Sahne; 3 Eier; Salz, Pfeffer. Kochzeit: 20-25 Minuten.*

Das Püree mit der Béchamel und der Sahne verrühren und weiter wie bei den anderen Rezepten verfahren.

■ VON WILD (Haar- oder Federwild) — Soufflé de gibier

6 Personen. *250 g Püree von gebratenem Wildfleisch; 15 cl Béchamel; 5 cl Wildessenz; 3 Eier; Salz, Pfeffer. Kochzeit: 20-25 Minuten.*

Das Püree mit der Béchamel und der Wildessenz durcharbeiten und weiter wie bei den anderen Rezepten verfahren.

Alle Aufläufe können auch in kleine Portionsnäpfchen gefüllt und gargemacht werden. Die Zeit ist dann entsprechend kürzer anzusetzen.

BECHERPASTETCHEN, KLEINE — Petites timbales

Diese Pastetchen gehören zur klassischen Küche, ihre Herstellung erfordert Zeit und Sorgfalt. Man serviert sie entweder als Vorspeise oder kleines Zwischengericht, aber auch als Garnitur, während große Becherpasteten ausschließlich als Zwischengericht dienen.

Um sie herzustellen, werden kleine Becherförmchen (Darioles) erst mit Butter ausgestrichen und der Boden mit einer passenden Scheibe Pökelzunge, Trüffelscheibe oder anderes bedeckt. Für Becherpastetchen mit Fleisch, Geflügel oder Fisch wird die Form dünn mit Farce ausgestrichen, mit einem kalten, mit Sauce gebundenen Salpicon gefüllt, und mit Farce zugestrichen oder mit einer runden Scheibe Pökelzunge abgedeckt. Sie werden im Ofen im Wasserbad pochiert und müssen vor dem Stürzen noch kurze Zeit ruhen.

BECHERPASTETCHEN AGNES SOREL — Petites timbales Agnès Sorel

8 Stück. *300 g Geflügelfarce; 300 g Salpicon von Huhn, Pökelzunge und Trüffel, mit Samtsauce gebunden; 8 runde Scheibchen Pökelzunge; 8 kleine, runde Trüffelscheiben. Zubereitung: 20 Minuten.*

Die Förmchen mit Butter ausstreichen. Auf den Boden erst eine Trüffel- und dann eine Pökelzungenscheibe legen und die Förmchen mit Farce ausstreichen. Mit dem kalten Salpicon füllen, mit Farce zustreichen und pochieren. Stürzen, anrichten und mit Demi-glace nappieren.

■ CHRISTINA — Petites timbales Christina

8 Stück. *8 Trüffelscheiben; 200 g Fischklößchenfarce; 300 g Salpicon von Hummer und Champignons mit dicker Kardinalsauce gebunden. Zubereitung: 20 Minuten.*

Den Boden der Förmchen mit einer Trüffelscheibe belegen. Mit Farce ausstreichen, mit dem kalten Salpicon füllen und mit Farce zustreichen. Im Wasserbad im Ofen pochieren, stürzen, anrichten und mit Kardinalsauce servieren.

■ AUF HÖFLINGSART — Petites timbales à la courtisane

6 Personen. *400 g gekochtes Huhn; 150 g Champignons; 2 dl Béchamel; 3 Eigelb; 12 sehr kleine, dünne Eierkuchen. Zubereitung: 10 Minuten.*

Von den dünnen, ungezuckerten Eierkuchen 12 runde Plätzchen ausstechen, um den Boden des ausgebutterten Förmchen zu bedecken, und ebensoviel Streifen, um die Seiten auszufüttern. Das Fleisch pürieren, mit der Béchamel vermischen, würzen, mit dem Eigelb binden und die in kleine Würfel geschnittenen Champignons untermengen. Die Förmchen mit der Masse füllen und im Wasserbad im Ofen bei mittlerer Hitze pochieren. Nach dem Stürzen mit Soubisesauce umgießen. Diese Becherchen werden auch « Païva » genannt.

■ AUF MARSCHALLART — Petites timbales à la maréchale

8 Stück. *8 Trüffelscheiben; 300 g Geflügelfarce; 300 g Salpicon von Pökelzunge mit Samtsauce gebunden; Trüffelsauce. Zubereitung: 15 Minuten.*

Genau so wie bei den anderen Pastetchen verfahren und dazu Trüffelsauce servieren.

BECHERPASTETCHEN REGINA — Petites timbales Regina

16 Stück. *200 g schieres Hecht- oder Seehechtfleisch; 100 g Panade; 100 g Butter; 1 Eiweiß; 2 Eier; 1 Trüffel; 1 l Muscheln; 200 g Garnelenschwänzchen; 125 Champignons; 1/2 l Garnelensauce. Zubereitung: 10-12 Minuten.*

Von dem Hechtfleisch, der Panade, Eier, Eiweiß und Butter Farce bereiten. Den Boden der mit Butter ausgestrichenen Förmchen mit einer Trüffelscheibe belegen und alle mit Farce chemisieren. Von den gekochten, entbarteten Muscheln, Garnelen und Champignons einen Salpicon bereiten, mit etwas sehr dicker Garnelensauce binden und damit die Förmchen füllen. Mit Farce zustreichen, im Wasserbad im Ofen pochieren, stürzen und leicht mit Garnelensauce nappiert servieren.

■ VERGIL — Petites timbales Virgile

8 Stück. *200 g schieres, rohes Kaninchenfleisch; 100 g Panade; 2 Eier; 100 g Butter; 250 g gebratenes Wildfleisch; 125 g Champignons; Trüffel; 100 g grüne Spargelspitzen; 1/2 l Pfeffersauce; etwas Demi-glace. Zubereitung: 15 Minuten.*

Von dem Kaninchen- oder Hasenfleisch, der Panade, Butter und Eiern Farce bereiten. Die ausgebutterten Förmchen innen mit gehackten Trüffeln ausstreuen und mit Farce ausstreichen. Von dem Wildfleisch, Champignons und Spargelspitzen Salpicon bereiten und mit dicker Demi-glace mit Wildessenz binden. In die Förmchen füllen, mit Farce zustreichen und pochieren. Mit Pfeffersauce servieren.

■ WASHINGTON

8 Stück. *200 g schieres Hühnerfleisch; 100 g Panade; 100 g Butter; 150 g Pökelzunge; 200 g Champignons; 1/2 l Madeirasauce. Zubereitung: 10-12 Minuten.*

Die ausgebutterten Förmchen mit gehackter Pökelzunge ausstreuen und mit Hühnerfarce ausstreichen. Mit einem Salpicon von Pökelzunge und Champignons, mit Madeirasauce gebunden, füllen und mit Farce zustreichen. Pochieren und mit Madeirasauce servieren.

BLÄTTERTEIGPASTETE, GROSSE, PASTETENHAUS — Vol-au-vent

6 Personen. *500 g Blätterteig.*

Alle Füllungen für kleine Pastetchen eignen sich auch für das Blätterteighaus. Für die Herstellung des Blätterteighauses siehe « Kulinarische Technik in Bildern », außerdem Bild auf Seite 185.

BLÄTTERTEIGPASTETCHEN, MUNDBISSEN — Bouchées

Früher wurden diese Pastetchen so klein gemacht, daß man sie mit einem Biß verzehren konnte; daher der Name Mundbissen. Heute benötigt man für Pastetchen mit einem Durchmesser von 6 cm 250 g Füllung — Salpicon, Julienne oder Macedoine —, 2 dl Sauce, einerlei welcher Art sie sein mag.

Den Teig 1 cm dick ausrollen und mit einem runden oder gezackten Ausstecher von maximal 6 cm ausstechen. Mit einem etwas kleineren, runden Ausstecher den Deckel durch leichtes Einstechen markieren und diese Böden auf ein leicht mit kaltem Wasser betropftes Backblech ordnen. Die Oberseite mit Eigelb bestreichen und darauf achten, daß es nicht über den Rand läuft, da das das Aufgehen erschwert. Im heißen Ofen knusprig ausbacken, den Deckel mit der Messerspitze abheben und noch weichen Teig aus dem Inneren entfernen. Mit der vorgeschriebenen Garnitur füllen, den Deckel aufsetzen und recht heiß servieren.

Man kann den Teig auch 4 mm dick ausrollen, rund ausstechen, und von den Böden eine Hälfte mit einem kleineren Ausstecher die Mitte ausheben, den Rand anfeuchten und auf die Böden setzen. Hier wird nur der Rand bestrichen. Es gibt hierfür kleine runde Blechhülsen, die man beim Backen in die Mitte setzt und die das gleichmäßige Hochgehen der Pastetchen fördern und das Deformieren verhindern. Die ausgestochenen Mittelstücke werden ebenfalls mit Eigelb bestrichen und gebacken. Sie dienen als Deckel.

■ AUF AMERIKANISCHE ART — Bouchées à l'américaine

Mit einem Salpicon von Hummer, gebunden mit amerikanischer Sauce, füllen.

BLÄTTERTEIGPASTETCHEN AUF BLUMENMÄDCHENART — Bouchées à la bouquetière

Mit einem sehr feinen Mischgemüse, mit Sahnensauce gebunden, füllen.

■ AUF DIEPPER ART — Bouchées à la dieppoise

Die Füllung besteht aus einem Salpicon von Garnelen und Muscheln, mit Weißweinsauce gebunden.

■ AUF FASTENART — Bouchés quatre-temps

Mit einem Salpicon von Fisch, Champignons, Muscheln und Garnelen, entweder mit Béchamel oder mit Garnelensauce gebunden, füllen.

■ AUF FINANZMANNSART — Bouchées à la financière

Mit einem Salpicon von Hahnenkämmen und -nieren, Lammbrieschen, Champignons, Geflügelklößchen, entsteinten Oliven und Trüffelscheiben in Finanzmannssauce füllen.

■ AUF JÄGERART — Bouchées à la chasseur

Mit einem Salpicon von Wildfleisch, Champignons und Trüffeln, mit Madeirasauce gebunden, füllen.

■ JOINVILLE — Bouchées de crevettes ou Joinville

Mit einem Salpicon von Garnelenschwänzchen und Champignonscheiben, mit scharfgewürzter Garnelensauce gebunden, füllen.

■ MIT JULIENNE — Bouchées julienne

Mit einer Julienne von Gemüsen füllen, die in Butter gedünstet und mit Rahmsauce gebunden worden ist.

■ AUF KÖNIGINART — Bouchées à la reine

Mit einem Salpicon von Huhn, Champignons und Trüffeln, mit Geflügelrahmsauce gebunden, oder Püree von Huhn in Sahne füllen. *(Siehe Bild auf Seite 186.)*

■ MONTGELAS

Mit einem Salpicon von Gänseleber, Champignons, Pökelzunge und Trüffeln, mit Madeirasauce gebunden, füllen.

■ NANTUA

Mit einem Salpicon von Krebsschwänzen, Champignons und Trüffeln, mit Nantuasauce gebunden, füllen.

BLÄTTERTEIGRÖHRCHEN MIT HARTEN EIERN — Cannelons aux œufs durs

6 Personen. *350 g Blätterteigabfälle; 6 hartgekochte Eier; $^1/_4$ l Béchamel; 2 Eßlöffel Sahne. Backzeit der Röhrchen: 10 Minuten.*

Den Blätterteig dünn ausrollen, in 2 cm breite Streifen schneiden, und um kleine Holz- oder Eisenblechtrichter rollen, mit Eigelb bestreichen und bei guter Hitze backen. Noch heiß von den Trichtern lösen und mit gewürfelten, hartgekochten Eiern füllen, die mit Sahnenbéchamel gebunden worden sind.

BLÄTTERTEIGSTÄBCHEN MIT PARMESAN — Allumettes au parmesan

6 Personen. *300 g Blätterteig; 100 g geriebenen Parmesan; 1 Eigelb; Paprika. Backzeit: 6-8 Minuten.*

Beim Bereiten des Blätterteiges, während der beiden letzten Touren geriebenen Parmesan dazwischenstreuen und 15 Minuten ruhen lassen. 5 mm dick ausrollen und in Bänder von 6-7 cm Breite schneiden. Mit Eigelb bestreichen, mit geriebenem Parmesan und Paprika bestreuen und in Streifen von 5-8 mm schneiden. Auf ein mit kaltem Wasser betropftes Backblech ordnen und im heißen Ofen backen. Man kann sie auch mit geriebenem Schweizer Käse bereiten.

■ MIT SARDELLEN — Allumettes aux anchois

Den 4 mm dick ausgerollten Blätterteig in Bänder von 7-8 cm Breite schneiden. Sardellenfilets aus dem Öl nehmen und in gehackter Petersilie, mit gehacktem Ei vermischt, rollen. Jeweils ein Filet auf den Blätterteig legen, den Teig darüberschlagen, den Rand mit Wasser befeuchten und andrücken. Ein Ende spitz, fischkopfförmig, und das andere schwanzförmig abschneiden, mit Eigelb bestreichen, mit der Messerspitze überkreuz einritzen und im heißen Ofen 10-12 Minuten backen.

CHESTER-BRÖTCHEN — Duchesses au Chester

6 Personen. *125 g Mehl; 100 g Butter; 3 dl Wasser; 5 Eier; 1 Eigelb; 30 g geriebenen Käse; 2 dl Chester-Creme (siehe Chester cakes); Salz. Backzeit: ungefähr 15 Minuten.*

Von dem Wasser, der Butter, dem Mehl und den Eiern Brandteig bereiten. Davon mit Hilfe eines Spritzsackes und Sterntülle auf ein leicht gefettetes Blech ovale Kuchen von 6 × 4 cm dressieren, mit Eigelb bestreichen und mit geriebenem Käse bestreuen. Bei guter Hitze trocken ausbacken, nach dem Herausnehmen aus dem Ofen leicht an einer Seite öffnen, mit Chester-Creme füllen und heiß servieren.

■ SCHMELZRÖLLCHEN — Fondants au Chester

6 Personen. *15 cl dicke Béchamel; 150 g geriebenen Chester-Käse; 3 Eigelb; 250 g Blätterteigabfälle; Salz, Paprika. Backzeit: ungefähr 10 Minuten.*

Die Béchamel noch heiß mit dem Käse und 2 Eigelb vermengen und mit Salz und Paprika würzen. Auskühlen lassen, dabei des öfteren umrühren. Den Blätterteig 4 mm dick ausrollen und davon Streifen von 7-8 cm und Stücke von 5-6 cm Breite schneiden. Diese Stücke, mit Ausnahme eines Streifens am Rand, mit kalter Chester-Creme füllen, zusammenrollen, die Enden anfeuchten und andrücken, um die Creme einzuhüllen, mit Eigelb bestreichen und im heißen Ofen backen.

■ STANGEN — Bâtons au Chester

6 Personen. *150 g Mehl; 100 g Butter; 125 g geriebenen Chester; 1 Ei; 1 Eigelb; 2 Eßlöffel Sahne; Salz, Paprika. Backzeit: 6-8 Minuten.*

Rasch von dem Mehl, der Butter, dem Käse, dem Ei, Salz und Paprika Teig bereiten, ohne zu viel zu bearbeiten. 2 Stunden ruhen lassen. Den Teig 8 mm dick ausrollen, in Streifen von 8 cm Breite schneiden, mit Eigelb bestreichen, mit etwas geriebenem Käse bestreuen und in Stangen von 1 cm Breite teilen, im heißen Ofen backen.

FÜLLPASTETEN, TIMBALES — Grandes timbales

Diese Zubereitungen ähneln den Becherpastetchen, doch werden sie stets für ein Service gemacht. Füllpasteten in der Kruste können in dieser gebacken werden oder sie werden nachträglich eingefüllt. Für Füllpasteten ohne Kruste wird die Form mit Farce ausgestrichen, mit der Garnitur gefüllt, mit Farce zugestrichen und im Wasserbad im Ofen pochiert.

FÜLLPASTETE AUF FINANZMANNSART — Timbale à la financière

6 Personen. *400 g Pastetenteig; 150 g Lammbrieschen; 150 g Geflügelklößchen; 150 g kleine Champignons; 18 entsteinte, blanchierte Oliven; 150 g Hahnenskämme und -nieren; 1 Trüffel; $^1/_2$ l Demi-glace; 3 cl Madeira. Backzeit der Pastete: ungefähr 25 Minuten.*

Eine große Becherform dünn mit Butter ausstreichen und mit dem Teig derart ausfüttern, daß er glatt anliegt und keine Falten wirft. Mit Seidenpapier auslegen und mit Reis oder Trockenerbsen füllen und im heißen Ofen backen. Sobald er gebräunt und innen trocken ist, die Füllung herausnehmen und noch kurze Zeit in den Ofen stellen, damit die Innenseite soweit austrocknet, um sich nicht mehr deformieren zu können. Die grobgewürfelten Brieschen mit den Klößchen, Champignons, Oliven, Hahnenskämme und -nieren und der gewürfelten Trüffel mit dem Madeira erhitzen, mit der Demi-glace binden und in die Kruste füllen.

■ AUF MAILÄNDER ART — Timbale à la milanaise

6 Personen. *400 g Pastetenteig; 300 g gekochte Makkaroni; je 50 g Julienne von Pökelzunge, Schinken, Champignons und Trüffeln; 100 g geriebenen Parmesan; 50 g Butter; 2 dl Tomatensauce.*

Die etwas zerkleinerten Makkaroni mit der Butter schwenken, den geriebenen Käse und die Julienne daruntermischen und mit der Sauce binden. Die blindgebackene Kruste mit dieser Mischung füllen und sehr heiß servieren.

■ MIT MAKKARONI AUF ALTE ART — Timbale de macaroni à l'ancienne

6 Personen. *500 g Pastetenteig; 300 g Makkaroni, gekocht; 150 g Gänseleber; 2 Trüffeln; 50 g geriebenen Käse (wahlfrei); 4 dl Madeirasauce. Backzeit: 40 Minuten.*

Die Form mit dem Teig ausfüttern. Abwechselnd mit den kalten Makkaroni, mit wenig dicker, kalter Madeirasauce und eventuell auch geriebenem Käse gebunden, schichtweise mit Scheibchen von Gänseleber und Trüffelscheiben einfüllen, mit einem runden Stück Teig abdecken und dieses gut andrücken. In dem heißen Ofen backen, kurz ruhen lassen und umgekehrt auf eine runde Platte stürzen. Dazu heiße Madeirasauce servieren.

Werden die Zutaten direkt in der Kruste gebacken, so müssen sie stets kalt eingefüllt sein, da sonst die Kruste auseinanderbrechen und auslaufen würde.

■ MIT MEERESFRÜCHTEN — Timbale aux fruits de mer

6 Personen. *8 Seezungenfilets zu je 50 g; 300 g Fischfarce; 4 Scampi; 500 g Muscheln; 200 g Champignons; 1 dl Weißwein; 50 g Butter; $^1/_2$ l Weißweinsauce; 400 g Pastetenteig.*

Die Form mit Pastetenteig ausfüttern und blind backen. Die Muscheln im eigenen Saft erhitzen, bis sie sich öffnen, ausbrechen und entbarten, die Seezungenfilets mit Fischfarce, mit gehackten Kräutern vermischt, bestreichen, zusammenrollen, würzen und in Weißwein pochieren. Von dem Rest der Farce mit dem Mokkalöffel Klößchen ausstechen und in Salzwasser pochieren. Die Scampi vierteln, in Butter sautieren und die pochierten Champignons je nach Größe halbieren oder vierteln. Jedes Seezungenröllchen in drei gleiche Scheiben schneiden und davon 8 Stück beiseite stellen. Die restlichen Scheiben zusammen mit den Scampi, Champignons, Muscheln und Klößchen wieder erhitzen, mit der etwas dick gehaltenen Weißweinsauce binden und in die heiße Kruste füllen. Von den übriggebliebenen Seezungenscheibchen obenauf einen Kranz legen und leicht mit Weißweinsauce nappieren. Den Rest der Sauce mit dem eingekochten Pochierfond der Röllchen und etwas dekantiertem Muschelsaft vervollständigen, notfalls noch etwas einkochen, und nebenbei servieren.

■ SULLY

6 Personen. *500 g Pastetenteig; 250 g Wurstbrät; 100 g Lammbrieschen; 100 g Geflügelklößchen; 100 g kleine, pochierte Champignons; 18 entsteinte, blanchierte Oliven; 100 g Hahnenkämme und -nieren; 1 Trüffel; $^1/_2$ l Demi-glace; 3 cl Madeira. Backzeit: 40-50 Minuten.*

Auf dem gemehlten Tisch den Teig zu Röllchen wie dicke Makkaroni formen. Die Form mit Butter ausstreichen und spiralenförmig mit dem Teig ausfüttern. Von innen mit der Hand das gewürzte Schweinefleischbrät von unten angefangen derart anbringen, daß die Zwischenräume der Spiralen ausgefüllt sind. Die kalten Zutaten mit etwas kalter Demi-glace binden, einfüllen, mit einem runden Stück Teig abdecken, die Ränder fest andrücken, und im heißen Ofen backen. Kurz ruhen lassen, umgekehrt auf eine runde Platte stürzen und mit heißer Madeirasauce servieren.

FÜLLPASTETEN OHNE TEIGKRUSTE — Grandes timbales sans croûte

Diese Pasteten werden meistens mit einer Farce bereitet, doch gibt es auch solche, die auf andere Weise hergestellt werden.

FÜLLPASTETE BECKENDORFF — Timbale Beckendorff

6 Personen. *300 g gebrochene Makkaroni; 50 g Butter; 4 dl Tomatensauce; 3 Eigelb; 150 g Räucherlachs; 125 g Champignons in Scheiben; Reibbrot; $^1/_2$ l Püree von frischen Tomaten. Garmachzeit: 25-30 Minuten.*

Die Makkaroni in Butter schwenken, mit der dick eingekochten Tomatensauce binden, würzen und abseits des Feuers die Eigelb unterziehen. Die leicht angerösteten Champignonscheiben und den in Streifen geschnittenen Räucherlachs daruntermengen. Eine Becherform mit Butter ausstreichen, gut mit Reibbrot ausstreuen und die Makkaroni einfüllen. Im Wasserbad im Ofen garmachen, ruhen lassen und stürzen. Dazu das gut gebutterte, saucenartig gehaltene Tomatenpüree servieren.

■ AUF BESANÇONER ART — Timbale à la bisontine

6 Personen. *500 g Kalbfleischfarce; 150 g Kalbsmilch; 100 g Geflügelklößchen; 100 g Hahnenkämme und -nieren; 100 g Morcheln; 12 Krebsschwänze; $^1/_4$ l Samtsauce; 50 g Krebsbutter; 3 dl Nantuasauce. Pochierzeit: 45-50 Minuten.*

Eine Kuppel- oder Charlotteform mit der etwas stramm gehaltenen Farce dick ausstreichen. Von den Bestandteilen einen groben Salpicon bereiten, mit der dick eingekochten Samtsauce binden und kalt einfüllen. Mit Farce zustreichen. Im Wasserbad im Ofen pochieren, kurz ruhen lassen und umgekehrt stürzen. Oben mit einem runden Ausstecher ein Stück von 5-6 cm Durchmesser ausheben, die Krebsbutter hineingießen und mit dem « Deckel » wieder schließen. Nantuasauce gleichzeitig servieren.

■ AUF BOTSCHAFTERINART — Timbale à l'ambassadrice

6 Personen. *15 runde Scheibchen Pökelzunge von 3 cm Durchmesser, die Mitte rund ausgestochen; 15 runde Trüffelscheibchen, die in die Mitte der Pökelzunge passen; 400 g Klößchenfarce; 150 g Kalbsmilch; 150 Hühnerfleisch; 150 g Champignons; 150 g Gänseleber; $^1/_2$ l Madeirasauce. Pochierzeit: 45 Minuten.*

Eine Kuppelform mit Butter ausstreichen und mit den Ringen von Pökelzunge, mit den Trüffelscheibchen ausgefüllt, dekorieren. Dick mit der Farce chemisieren und mit einem groben Salpicon der verschiedenen Bestandteile, mit etwas dicker Madeirasauce gebunden, kalt einfüllen. Mit Farce zustreichen, mit einem runden, mit Butter bestrichenen Blatt Papier bedecken und im Wasserbad im Ofen pochieren, stürzen und mit Madeirasauce umgießen.

■ REGINA

6 Personen. *500 g Fischfarce; 2 Trüffeln; 300 g Seezungenfilets; 1 l pochierte, ausgebrochene und entbartete Muscheln; 150 g Champignons; 125 g Garnelenschwänzchen; $^1/_4$ l Garnelensauce; $^1/_4$ l Nantuasauce. Pochierzeit: ungefähr 45 Minuten.*

Eine Timbalform mit Butter ausstreichen, von Trüffelscheiben einen Dekor anbringen und mit Farce dick chemisieren. Von den verschiedenen Bestandteilen einen groben Salpicon bereiten, mit der dick eingekochten Garnelensauce binden und kalt in die Form füllen. Mit Farce zustreichen und im Wasserbad pochieren. Die Nantuasauce nebenbei servieren.

GOUGÈRE

6 Personen. *150 g Mehl; 70 g Butter; 3 dl Wasser; 4-5 Eier; 90 g Schweizer Käse, kleinwürflig geschnitten; 50 g Schweizer Käse in kleinen, dünnen Scheibchen. Backzeit: 12-15 Minuten.*

Von Wasser, Mehl, Butter und Eiern Brandteig bereiten und abseits der Hitze die Käsewürfel untermengen. Mit einem Spritzbeutel mit grober Lochtülle davon Häufchen in Windbeutelform von etwa 4 cm Durchmesser spritzen, gleichmäßig mit Käsescheibchen bedecken und im heißen Ofen backen. Sofort servieren.

KÄSE-BLITZKUCHEN — Eclairs au fromage

6 Personen. *150 g Mehl; 100 g Butter; 4-5 Eier; 3 dl Wasser; Salz. Zur Füllung: 1 dl Béchamel; 75 g geriebenen Parmesan, Schweizer, Chester- oder Holländer Käse; 75 g Butter; 2 Eigelb; 2 Eßlöffel süße Sahne; Salz, Paprika. Zum Bestreichen: 30 g geriebenen Parmesan; 1 Eigelb. Backzeit: 15 Minuten.*

Von Wasser, Mehl, Butter und Eiern Brandteig bereiten und davon Stangen von 7 × 2½ cm auf ein leicht gefettetes Backblech mit runder Lochtülle spritzen. Mit Eigelb bestreichen, mit geriebenem Parmesan bestreuen und bei nicht zu starker Hitze trocken ausbacken. Von der Béchamel, Sahne, dem geriebenen Käse, dem Eigelb, Salz und Paprika eine Creme bereiten und mit der Butter vervollständigen. Die Blitzkuchen von einer Seite her öffnen, mit der Creme füllen und heiß oder kalt servieren.

■ NOCKEN AUF PARISER ART — Gnocchi à la parisienne

6 Personen. *250 g Brandteig ohne Zucker; 200 g geriebenen Schweizer Käse; ¾ l leichte Béchamel; 30 g Zucker. Backzeit: 8-10 Minuten.*

100 g geriebenen Käse unter den Brandteig mischen. Die Masse mit 2 Teelöffeln abstechen und in kochendes Salzwasser fallen lassen. Pochieren und gut abtropfen. In die gut gewürzte Béchamel geben und kurz durchziehen lassen. Den restlichen Käse, mit Ausnahme von 30 g, durch Schwenken der Kasserolle daruntermengen. In eine Backschüssel füllen, mit geriebenem Käse bestreuen, mit der zerlassenen Butter betropfen und im mittelheißen Ofen zum Überkrusten und Auflaufen stellen.

■ PUDDING — Pouding au fromage

6 Personen. *12 halbe Scheiben Toastbrot ohne Rinde; 12 Scheibchen Emmentaler Käse; 1 Eigelb; 3 Eier; 6 dl Milch; 75 g Butter; Salz, Pfeffer, Muskatnuß. Backzeit: 20-25 Minuten.*

Eine englische Pastetenschüssel (pie dish) oder eine ovale Backplatte dünn mit Butter ausstreichen und abwechselnd mit Brot- und Käsescheiben, halb übereinandergelegt, füllen. Von den Eiern, Eigelb, Milch und Gewürzen Eierstich bereiten und langsam über das Brot gießen, damit es sich vollsaugt und nicht obenaufschwimmt. Mit Butterflocken bedecken und bei mäßiger Hitze backen.

■ RAMEQUINS — Ramequins

6 Personen. *150 g Mehl; 75 g Butter; 3 dl Wasser; 3 Eier; 1 Eigelb; 125 g geriebenen Schweizer Käse; 60 g Schweizer Käse in kleinen Würfeln. Backzeit: 10-12 Minuten.*

Von Wasser, Mehl, Butter und Eiern Brandteig bereiten. Den geriebenen Käse daruntermischen und davon mit Hilfe des Spritzsackes und Lochtülle Windbeutelchen in Größe einer kleinen Aprikose auf ein schwach gefettetes Blech setzen. Mit Eigelb bestreichen, mit den Käsewürfeln dicht bedecken, im heißen Ofen backen und sogleich servieren.

■ STANGEN — Sacristains au fromage

250 g Blätterteig; 100 g geriebenen Käse; 2 Eigelb. Backzeit: 7-8 Minuten.

Den Blätterteig 5 mm dick ausrollen, mit Eigelb bestreichen und reichlich mit geriebenem Käse bestreuen. Davon Streifen von 6-8 cm Breite schneiden und diese in Stangen von 2-3 cm teilen. Die beiden Enden ergreifen, den Teig um sich selbst in Schraubenzieherform drehen und mit den beiden Enden auf das Backblech andrücken. Im heißen Ofen backen und heiß oder kalt servieren.

■ WINDBEUTEL — Petits choux au fromage

6 Personen. *500 g ungezuckerten Brandteig; 1 Ei; geriebenen Parmesan; Creme wie für Chester cakes mit Chester-, Parmesan- oder Schweizer Käse. Backzeit: 10 Minuten.*

Den Brandteig mit Spritzbeutel und grober Lochtülle in der Größe eines Fünffrankenstückes auf ein schwach gefettetes Backblech spritzen. Mit Ei bestreichen, mit geriebenem Käse bestreuen und im heißen Ofen trocken ausbacken. Von der Unterseite ein kleines Loch machen, mit der Creme füllen und heiß oder kalt servieren.

KASSOLETTES, Ragoutnäpfchen — Cassolettes

Unter Kassolettes versteht man kleine Ragoutnäpfchen aus feuerfestem Porzellan, die es in verschiedenen Formen und Größen, rund, oval und viereckig, gibt. Sie werden mit Salpicons oder Kleinragouts verschiedener Arten gefüllt, oft wird der Rand zuvor mit einem Streifen Herzoginkartoffelmasse mit Hilfe eines Spritzsackes und Sterntülle versehen.

■ AUF DEAUVILLER ART — Cassolettes Deauville

6 Stück. *500 g gebratenes Lammfleisch; 1/4 l Demi-glace; 1 dl dicke Tomatensauce; 3 hartgekochte Eier.*

Das Fleisch in kleine Würfel schneiden und mit der kochendheißen Demi-glace binden; nicht kochen lassen. In die vorgewärmten Näpfchen füllen, ganz leicht mit Tomatensauce nappieren und mit einem halben, heißen Ei garnieren.

■ AUF FLORENTINER ART — Cassolettes à la florentine

6 Stück. *250 g Herzoginmasse; 500 g gekochten, gut ausgedrückten, gebutterten Blattspinat; 300 g Salpicon von Huhn; 2 dl Samtsauce.*

Rand mit Kartoffelmasse umspritzen. Mit dem Spinat anfüllen und mit dem mit der Samtsauce gebundenen Salpicon bedecken. In den heißen Ofen stellen, um die Kartoffelmasse zu überbacken.

■ AUF JAPANISCHE ART — Cassolettes à la japonaise

6 Stück. *24 gekochte Wachteleier; 150 g pochierte Champignons; 150 g mageren, gekochten Schinken; 1/4 l Demi-glace; 1 Eßlöffel Reiswein oder trockenen Sherry; 1/4 Teelöffel Ingwerpulver; 1 Eßlöffel Sojasauce; 40 g Butter.*

Champignons und Schinken in kurze, dicke Julienne schneiden, in der Butter ansautieren und mit 2-3 Eßlöffeln Demi-glace binden, die mit Reiswein, Sojasauce und Ingwerpulver kräftig gewürzt worden ist. Die heißen Wachteleier auf die Näpfchen verteilen und mit der restlichen Sauce nappieren.

■ MYLORD — Cassolettes Mylord

6 Stück. *500 g Wildfleisch; 150 g gekochten Schinken; 2 Scheiben entrindetes Weißbrot; 1/4 l Salmisauce.*

Die Näpfchen mit einem Salpicon von Wildfleisch und Schinken füllen, der mit Salmisauce gebunden worden ist. Das Brot in winzigste Würfel schneiden, in Butter rösten, und darüberstreuen.

■ AUF OPERNART — Cassolettes à l'opéra

6 Stück. *500 g gekochten Schinken; 150 g Champignons; 150 g getrüffelte Gänseleber; 1/4 l Madeirasauce; 250 g Herzoginmasse.*

Von Schinken, Champignons und Gänseleber Salpicon bereiten und mit der Madeirasauce binden. In die vorgewärmten Näpfchen füllen, mit der Kartoffelmasse abdecken und im heißen Ofen überbacken.

■ AUF REGENTSCHAFTSART — Cassolettes à la régence

6 Stück. *250 g Herzoginmasse; 500 g gekochtes Huhn; 1 Trüffel; 18 grüne Spargelspitzen; 1/4 l Samtsauce.*

Rand mit Kartoffelmasse umspritzen. Salpicon von Hühnerfleisch und Trüffel bereiten und mit Samtsauce binden. In die Näpfchen füllen und die Kartoffelmasse im Ofen bräunen. Mit einer Trüffelscheibe und je 3 Spargelspitzen garnieren.

■ ST. HUBERTUS — Cassolettes Saint-Hubert

6 Stück. *250 g Herzoginmasse; 500 g Haar- oder Federwild; 3 dl Wildsauce; 3 cl Portwein; 6 grillierte Champignonköpfe.*

Rand mit Kartoffelmasse umspritzen. Das Wildfleisch pürieren, mit dem Portwein anwärmen und mit der Sauce binden. In die Näpfchen füllen, mit Hilfe des Spritzbeutels und glatter Tülle jedes Näpfchen zuspritzen, so daß die Kartoffelmasse einen Deckel bildet. Im Ofen bräunen und in die Mitte einen grillierten Champignonkopf setzen.

KASSOLETTES AUF SULTANSART — Cassolettes sultane

6 Stück. *500 g Haar- oder Federwild, püriert; 150 g Maronenpüree; 1 Trüffel; $^1/_4$ l Salmisauce.*

Das Wildpüree mit der heißen Salmisauce anrühren, mit dem Maronenpüree vermischen und gut würzen. Im Wasserbad warmhalten, dann die Näpfchen damit füllen und einen Moment noch in den heißen Ofen stellen. Mit einer schönen Trüffelscheibe garnieren.

■ SUSANNA — Cassolettes Suzanne

6 Stück. *500 g gekochtes Huhn; 150 g pochierte Champignons; $^1/_4$ l rahmige Béchamel; 500 g Blattspinat, in Butter geschwenkt.*

Die Näpfchen mit dem Spinat anfüllen und mit Salpicon von Huhn, mit gut gewürzter Béchamel gebunden, bedecken. Einen Moment in den Ofen stellen und jedes Näpfchen mit einem gerieften Champignonkopf garnieren.

KRAPFEN — Beignets

Krapfen bestehen aus Nahrungsmitteln, die durch Backteig gezogen und im Fettbad gebacken werden. Auflaufkrapfen stellt man aus ungezuckertem Brandteig her, dem die anderen, meist zerkleinerten Zutaten, beigemengt werden. Brand- und Backteig findet man im Abschnitt « Teige ».

FISCHKRAPFEN — Beignets de poissons divers

Pochierte oder gedünstete Fische ohne Haut oder Gräten in nicht zu große Stücke schneiden und 30 Minuten lang mit Salz, Pfeffer, Zitronensaft und Olivenöl marinieren. Jedes Stück einzeln durch Backteig ziehen, in der heißen Fritüre backen und mit Zitronenspalten und gebackener Petersilie auf Serviette anrichten

GEMÜSEKRAPFEN — Beignets de légumes

Gekochtes Gemüse, z. B. Artischocken, Artischockenböden, Spargelköpfe, Schwarzwurzeln, Blumenkohl usw., je nach Art in Stücke, Röschen oder Viertel schneiden und wie oben marinieren. Jedes Stück durch Backteig ziehen, in der heißen Fritüre backen, gut abtropfen und mit Zitronenspalten und gebackener Petersilie auf Serviette anrichten.

KÄSEKRAPFEN — Beignets de fromage

6 Personen. *150 g Mehl; 100 g Butter; 125 g geriebenen Schweizer Käse oder Parmesan; 3 dl Wasser; 4 Eier; Salz, Paprika. Backzeit: 4-5 Minuten.*

Von Wasser, Mehl, Butter, Salz und Paprika Brandteig bereiten und abseits der Hitze die Eier und den Käse nach und nach untermengen. Die Krapfen mit einem Eßlöffel formen, in die heiße, aber nicht brennende Fritüre fallen lassen und ausbacken, wobei sie auflaufen müssen. Abtropfen und sofort servieren.

Alle aus Brandteig bereiteten Krapfen nennt man auch Auflaufkrapfen (beignets soufflés), weil sie im heißen Fett zur doppelten Größe aufgehen.

MANDELKRAPFEN — Beignets soufflés amandine

6 Personen. *$^1/_4$ l Wasser; 125 g Mehl; 60 g Butter; 4 Eier; 30 g Schweizer Käse; 60 g mageren Schinken, in Streifen geschnitten; 50 g gestiftelte, leicht geröstete Mandeln. Backzeit: 4-5 Minuten.*

Von Wasser, Mehl, Butter, Eiern und Käse Brandteig bereiten und die Schinkenstreifen und die Mandeln daruntermengen. Die Masse in Walnußgröße in das heiße Fett fallen lassen und dabei das Fett langsam erhitzen, damit die Krapfen schön auflaufen. Gut abtropfen, auf Serviette anrichten und sehr heiß servieren.

PIGNATELLI-KRAPFEN — Beignets Pignatelli

6 Personen. *125 g Mehl; 60 g Butter; $^1/_4$ l Wasser; 60 g Schweizer Käse; 60 g rohen Schinken; 50 g gestiftelte, leicht geröstete Mandeln. Backzeit: 4-5 Minuten.*

Brandteig bereiten und darunter den kleingewürfelten Käse, den gewürfelten, angerösteten Schinken und die Mandeln mengen. Auf gemehltem Brett von der Masse Kugeln in der Größe einer kleinen Walnuß formen und wie Mandelkrapfen backen.

SARDELLENKRAPFEN — Beignets d'anchois

Gewässerte Sardellenfilets zwischen zwei runde, 5 mm dicke Scheibchen gebuttertes Kastenbrot legen, durch Backteig ziehen und in der heißen Fritüre backen.

KROKETTEN, KRUSTELN — Croquettes

Kroketten bestehen aus einem Salpicon von Fisch, Krustentieren, Geflügel, Fleisch, Wild oder Gemüse, mit einer dick eingekochten Sauce gebunden, ausgekühlt, dann beliebig geformt, englisch paniert, und in der Fritüre gebacken. Die Fritüre muß so heiß sein, daß die Kroketten eine schützende Kruste bekommen und nicht auslaufen können. Auf 500 g Salpicon rechnet man 3 dl dicke Sauce und 2 Eigelb. Wird mit einer braunen Sauce gebunden, so nimmt man im allgemeinen kein Eigelb, sondern kocht diese zuvor nur sehr dick ein. Die Kroketten können zu Korken, Kugeln oder Birnen geformt werden, wobei die Korkenform die üblichste ist. Zur Vorspeise gibt man ihnen ein Gewicht von 50 g, und als Zwischengericht von 75 g, und serviert zwei Stück pro Person. Zu allen Kroketten serviert man eine passende Sauce, zu Zwischengerichten oft auch ein geeignetes Gemüse, z. B. Spinat, grüne Erbsen, grüne Bohnen, Spargelspitzen u. a. m.
Die nachstehenden Angaben beziehen sich auf die Bestandteile, die Sauce, die zur Bindung notwendig ist, sowie die Sauce, die zu den Kroketten serviert wird.

FISCHKROKETTEN — Croquettes de poisson

400 g Salpicon von festem, weißem Fisch; 100 g Champignons; 3 dl Béchamel; 2 Eigelb; einige Tropfen Zitronensaft. Joinville- oder Hummersauce.

GEFLÜGELKROKETTEN — Croquettes de volaille

400 g gekochtes Hühnerfleisch; 100 g pochierte Champignons; 3 dl dicke Samtsauce; 2 Eigelb. Trüffel- oder Tomatensauce.

GEMÜSEKROKETTEN — Croquettes de légumes

Je 100 g gekochte, kleingewürfelte Mohrrüben, grüne Bohnen, Knollensellerie und Champignons; 100 g grüne Erbsen; 3 dl Béchamel; 2 Eigelb. Keine Begleitsauce.

HUMMERKROKETTEN — Croquettes de homard

400 g Hummersalpicon; 100 g Champignons; 3 dl Béchamel; 2 Eigelb; eine Spitze Cayennepfeffer. Hummersauce.

KÄSEKROKETTEN — Croquettes de fromage

250 g geriebenen Käse; 5 dl Béchamel; 2 Eier; 2 Eigelb; geriebene Muskatnuß. Keine Begleitsauce.

Die Béchamel dick einkochen und unter ständigem Rühren Eier und Eigelb untermengen. Abseits des Feuers den Käse darunterziehen, vor der weiteren Verarbeitung völlig auskühlen.

LANGUSTENKROKETTEN — Croquettes de langouste

Genau wie Hummerkroketten bereiten. Mit Nantua-Sauce servieren.

MONTROUGE-KROKETTEN — Croquettes Montrouge

300 g Salpicon von magerem, gekochtem Schinken; 200 g Champignons; 3 dl Béchamel; 2 Eigelb; eierförmig. Tomatensauce.

STRASSBURGER KROKETTEN — Croquettes strasbourgeoises

400 g Salpicon von pochierter Gänseleber; 1 kleine gewürfelte Trüffel; $^1/_4$ l dicke, mit 5 cl Madeira eingekochte Geflügelrahmsauce; 2 Eigelb. Trüffel- oder Madeirasauce.

WILDKROKETTEN — Croquettes de gibier

400 g Salpicon von Haar- oder Federwild; 100 g Champignons; $^1/_4$ l dick eingekochte Demiglace; 1 Schuß Cognac. Wildsauce.

KROMESKIS — Cromesquis

Kromeskis sind eine Abart der Kroketten. Der Unterschied besteht darin, daß sie, nachdem sie geformt worden sind, nicht paniert, sondern durch Backteig gezogen und in der Fritüre gebacken werden. Zuweilen hüllt man sie zuvor in einen kleinen, sehr dünn gebackenen Eierkuchen ein. Man richtet sie wie die Kroketten mit gebackener Petersilie an.

KROMESKIS VON EIERN — Cromesquis aux œufs

10 hartgekochte, gewürfelte Eier; 2 rohe Eigelb; 1/4 l dicke Béchamel; Backteig; Tomatensauce; Petersilie. Backzeit: 3-4 Minuten.

Die Eier mit der Béchamel einkochen, mit dem rohen Eigelb legieren, auf ein Blech streichen und erkalten lassen. In der Größe von Taubeneiern formieren, durch Backteig ziehen und in der heißen Fritüre backen. Mit gebackener Petersilie auf einer Serviette anrichten und dazu Tomatensauce servieren.

■ AUF FLORENTINER ART — Cromesquis à la florentine

500 g Blattspinat in Butter gedünstet; 1/4 l dicke Béchamel; 100 g geriebenen Parmesan; 6 kleine Eierkuchen; Backteig.

Den Spinat mit der Béchamel und dem Käse binden. Auf die Eierkuchen verteilen, diese zusammenrollen und in Stücke von 4-5 cm schneiden. Durch Backteig ziehen und in der heißen Fritüre backen.

■ AUF HAUSFRAUENART — Cromesquis bonne-femme

6 Personen. *500 g Salpicon von gekochtem Rindfleisch; 200 g Champignons; 4 dl Samtsauce; 3 Eigelb; Backteig.*

Rindfleisch und Champignons zusammen mit der Sauce auf dem Feuer einkochen, bis sich die Masse von den Wandungen der Kasserolle löst. Abseits des Feuers das Eigelb unterziehen, gut durchmischen und abschmecken. 2 cm dick auf ein Blech streichen und auskühlen. Von der Masse Rechtecke von 6 cm Länge und 2 cm Breite schneiden, durch Backteig ziehen und in der heißen Fritüre backen.

■ AUF POLNISCHE ART — Cromesquis à la polonaise

Man kann sie mit allen möglichen Salpicons bereiten. Der Unterschied besteht darin, daß sie stets vor dem Wenden in Backteig in Eierkuchen eingehüllt werden.

■ ST. HUBERTUS — Cromesquis Saint-Hubert

500 g Salpicon von Haar- oder Federwild; 2 dl dick eingekochte Demi-glace; 1 Schweinsnetz; Backteig.

Den Salpicon mit der Sauce binden und kräftig würzen. Nach dem Auskühlen Stückchen von 4 × 5 cm formen, jedes in ein Stückchen Schweinsnetz hüllen, durch Backteig ziehen und in der heißen Fritüre backen. Dazu eine Wildsauce servieren.

■ WLADIMIR — Cromesquis Vladimir

400 g Salpicon von Seezunge; 12 gewürfelte Krebsschwänzchen; 1 gewürfelte Trüffel; 2 dl dicke Samtsauce; 250 g Herzoginkartoffelmasse; Eierkuchen; Backteig.

Den Salpicon, die Krebsschwänze und die Trüffel mit der Sauce binden, dick einkochen und auskühlen. Zu Stäbchen von 5 cm Länge formen. Die Eierkuchen dünn mit der Kartoffelmasse bestreichen, die Stäbchen darin einhüllen, die Enden glattschneiden und durch Backteig ziehen. In der heißen Fritüre backen und dazu normannische Sauce servieren.

KRUSTADEN — Croustades

Es handelt sich hier um Zubereitungen, die in Blätterteigpastetchen, tiefen Teigtörtchen oder in gebackenen Krusten von Herzoginkartoffelmasse gefüllt werden. Die Füllung besteht meistens aus einem Salpicon irgendwelcher Art.

KRUSTADEN VON HARTGEKOCHTEN EIERN — Croustades d'œufs durs

Hartgekochte, gewürfelte Eier mit einer kräftig abgeschmeckten, mit süßer Sahne vervollständigten Béchamel binden und in tiefe Törtchen aus Blätter- oder Mürbeteig oder in kleine Blätterteigpastetchen füllen.

■ ELSÄSSISCHE — Croustade à l'alsacienne

Heiße Herzoginkartoffelmasse 5 cm dick auf ein gefettetes Blech streichen und auskühlen lassen. Davon runde Stücke von 5 cm Durchmesser ausstechen, zweimal panieren und den Deckel mit einem kleineren, runden Ausstecher markieren. In der heißen Fritüre knusprig backen, den Deckel mit der Messerspitze entfernen und das Innere bis auf einen Rand von ungefähr ½ cm aushöhlen. Mit gedünstetem Sauerkraut füllen und als Deckel eine heiße Scheibe Straßburger Wurst auflegen.

■ AUF FÖRSTERART — Croustades à la forestière

Eine Krustade aus obiger Kartoffelmasse mit einem groben Salpicon von Pilzen der Saison füllen. Die Pilze ansautieren, gehackte Kräuter beifügen und mit dicker Demi-glace binden. Obenauf einige geröstete Speck- und Zwiebelwürfelchen geben.

■ AUF KARDINALSART — Croustades cardinal

Krustaden irgendwelcher Art mit einem Salpicon von Langustinen, mit Béchamel, mit Langustinenbutter oder Hummerbutter aufgeschlagen, gebunden füllen. Man kann hierfür auch einen Rest Hummer oder Languste verwenden.

■ AUF KÖNIGINART — Croustades à la reine

Aus Blätterteig kleine Krustaden in tiefen Tartelettförmchen nur hell backen. Mit einem Hachee von Huhn und Champignons, mit Sahnenbéchamel gebunden, füllen, mit Mornaysauce nappieren, mit geriebenem Käse bestreuen und im heißen Ofen überbacken.

■ VON NOCKEN AUF PARISER ART — Croustades de gnocchi à la parisienne

Genau so herstellen wie Käsenocken auf Pariser Art (siehe diese), aber in einer großen, runden Krustade von Mürbe- oder Halbblätterteig backen. *(Siehe Bild auf Seite 187.)*

KULIBIAKA VON LACHS AUF RUSSISCHE ART — Coulibiac de saumon à la russe

10 Personen. *400 g gekochten Lachs ohne Haut oder Gräten; 50 g Vesiga, roh = 300 g eingeweicht; 125 g Kascha; 4 hartgekochte Eier in Scheiben; 200 g rohe Champignonscheiben; 500-600 g ungezuckerten Briocheteig; 1 Eßlöffel gehackten Dill und Petersilie; 50 g Butter; 1 Ei. Einweichen der Vesiga: 5 Stunden, Kochen: 3 Stunden. Backen der Kulibiaka: 45-50 Minuten.*

Den Teig zu einem Rechteck von 4 mm Dicke ausrollen, die Ränder gradeschneiden und die Teigreste aufbewahren. Der Mitte entlang erst eine Lage Kascha streichen, schichtweise mit dem in Scheibchen geschnittenen Vesiga, der Hälfte der Eier- und Champignonscheiben und dem auseinandergezupften Lachs bedecken. Mit Dill und Petersilie bestreuen und mit den restlichen Eier- und Champignonscheiben sowie der Kascha abschließen. Den Teig darüberschlagen, umdrehen, so daß die Nahtseite nach unten kommt, und auch die Enden andrücken. Mit Eigelb bestreichen, von den Teigresten Streifen schneiden und sie überkreuz auflegen und abermals mit Ei bestreichen. Den Teig aufgehen lassen und die Kulibiaka bei nicht zu starker Hitze backen. Dazu je eine Sauciere zerlassene Butter und sauren Schmant geben.

Die Kubiliaka wird sofort nach dem Herausnehmen aus dem Ofen mehrmals mit zerlassener Butter bestrichen. *(Siehe Bild auf Seite 185.)*

Kascha, Kache: 500 g Buchweizengrütze absieben, damit kein Mehl mehr daran haftet, und bei mäßiger Hitze ganz leicht anrösten. In einen hohen Topf geben, aber höchstens zur Hälfte füllen. Einen Eßlöffel Butter und etwas Salz hinzufügen und soviel kochendes Wasser aufgießen, daß die Grütze knapp bedeckt ist. Zudecken und 3 Stunden in den heißen Ofen stellen, dabei nicht umrühren. Mit Hilfe einer großen Gabel aus dem Topf nehmen und dabei vermeiden, die am Boden und an den Seiten angesetzte Kascha allzu gründlich zu entfernen. Sie muß wie Reis schön körnig sein. Man kann notfalls groben Weizengrieß anstelle der Buchweizengrütze nehmen, der natürlich viel schneller gar ist.

MAKKARONI MIT KÄSE — Macaroni au fromage

6 Personen. *600 g Makkaroni; 150 g geriebenen Parmesan oder Schweizer Käse; 75 g Butter.*

Die Makkaroni nicht zu weich kochen, sehr gut abtropfen, in einer Kasserolle mit der Butter gut vermengen und mit Salz, Pfeffer und geriebener Muskatnuß würzen. 100 g Käse darunterziehen, in einer warmen Schüssel anrichten und den restlichen Käse darüberstreuen.

■ AUF NIZZAER ART — Macaroni à la niçoise

6 Personen. *600 g Makkaroni; 500 g geschälte, entkernte, gewürfelte Tomaten; 6 Sardellenfilets, gewässert; 1 zerdrückte Knoblauchzehe; 50 g Butter; 50 g geriebenen Käse.*

Die Tomaten zusammen mit den gehackten Sardellenfilets und dem Knoblauch im eigenen Saft schmelzen lassen. Die Makkaroni kochen, gut abtropfen, in einer Kasserolle mit der Butter vermischen und dann die Tomaten darunterziehen. Den geriebenen Käse extra servieren.

■ ÜBERKRUSTET — Macaroni au gratin

6 Personen. *600 g Makkaroni; ½ l Béchamel; 150 g geriebenen Parmesan oder Schweizer Käse; 50 g Butter; etwas Reibbrot.*

Die Makkaroni kochen, gut abtropfen, mit der Béchamel binden und 100 g Käse darunterziehen. In eine mit Butter ausgestrichene Backplatte füllen, mit dem restlichen Käse und etwas Reibbrot bestreuen, mit zerlassener Butter betropfen und im heißen Ofen überkrusten.

MUNDBISSEN, JURASSISCHE — Bonne-bouche jurassienne

6 Personen. *250 g ungezuckerten Mürbeteig; Creme, wie für Chester-Creme, aber mit Parmesan und schärfer gewürzt. Backzeit: 8-10 Minuten.*

Den Teig 3 mm dick ausrollen und für jeden Mundbissen 3 Böden von 5 cm Durchmesser ausstechen. Von je einem Boden die Mitte im Durchmesser von 3 cm rund ausstechen. Die Böden auf ein leicht gefettetes Blech setzen, den Rand anfeuchten, ein ausgestochenes Plätzchen daraufdrücken und die Mitte mit der Creme füllen. Den Rand anfeuchten, mit einem runden Boden bedecken, andrücken, mit Eigelb bestreichen, einige Male einstechen und im heißen Ofen backen.

GERICHTE IN MUSCHELN — Coquilles

Für heiße Gerichte in Muscheln nimmt man gleichfalls am besten Porzellan- oder Silbermuscheln. Der Rand der Muschel wird mit Herzoginkartoffelmasse (siehe Kartoffeln) umspritzt, die Mitte mit der Garnitur gefüllt, mit Sauce bedeckt, mit einer Mischung von geriebenem Käse und Brot bestreut, leicht mit Butter betropft und überkrustet.

GARNELENMUSCHELN — Coquilles de crevettes

6 Personen. *500 g Garnelenschwänzchen; 3 dl Béchamel; 30 g Garnelenbutter; 50 g geriebenen Käse; 25 g Butter; 250 g Herzoginkartoffelmasse. Backzeit: 5 Minuten.*

Den Muschelrand mit der Kartoffelmasse umspritzen. Die Garnelenschwänzchen mit der Béchamel, mit Garnelenbutter aufgeschlagen, binden und in die Muscheln füllen. Mit Käse bestreuen, mit zerlassener Butter betropfen und im heißen Ofen überkrusten.

GEFLÜGELMUSCHELN MORNAY — Coquilles de volaille Mornay

6 Personen. *600 g gekochtes Hühnerfleisch in Scheibchen; 250 g Herzoginkartoffelmasse; 3 dl Mornaysauce; 40 g geriebenen Käse; 20 g zerlassene Butter.*

Den Muschelrand mit der Kartoffelmasse umspritzen. Den Boden leicht mit Sauce bedecken, das Hühnerfleisch daraufdressieren und mit Mornaysauce nappieren. Mit Käse bestreuen, mit Butter betropfen und im heißen Ofen überkrusten.

▲ Modernes Pastetenhaus, S. 159

Kulibijaka von Lachs auf russische Art, S. 183 ▼

▲ Königinpastetchen, S. 174

Lothringer Specktorte, S. 197 ▼

▲ Pariser Gnocchikrustade, S. 183

Pizza, S. 203 ▼

▲ Ravioli mit Fleischfüllung, S. 203

Tortellini mit Quark, S. 206 ▼

▲ Römische Leckerbissen, S. 200

Grüne Nudeln auf Bolognaiser Art, S. 205 ▼

▲ Reis auf griechische Art, S. 204

Risotto auf Mailänder Art, S. 204 ▼

▲ Risotto mit Steinpilzen, S. 204

Spaghetti carbonara, S. 205 ▼

▲ Spaghetti mit Venusmuscheln, S. 205

Überbackene Bandnudeln, S. 201 ▼

HIRNMUSCHELN MORNAY — Coquilles de cervelle Mornay

6 Personen. *3 pochierte Kalbshirne; 3 dl Mornaysauce; 250 g Herzoginkartoffelmasse; 40 g geriebenen Käse; 20 g zerlassene Butter; 6 geriefte, pochierte Champignonköpfe.*

Den Muschelrand mit der Kartoffelmasse umspritzen. Den Boden der Muscheln mit Butter bestreichen und mit je einem halben, in Scheiben geschnittenen Hirn belegen. Mit Mornaysauce nappieren, mit geriebenem Käse und etwas Reibbrot bestreuen, mit Butter betropfen und im heißen Ofen überkrusten. Beim Servieren in die Mitte jeder Muschel einen Champignonkopf setzen.

HUMMERMUSCHELN THERMIDOR — Coquilles de homard Thermidor

500 g Hummer; 2 Schalotten; 2 dl Weißwein; 2 dl Sahne; 2 dl Béchamel; 50 g geriebenen Käse; Salz, Pfeffer, Senfpulver, Cognac. Überbackungszeit: 5 Minuten.

Den Hummer wie für Termidor (siehe Krustentiere) bereiten. Das Fleisch in grobe Würfel schneiden, den Fond zur Hälfte einkochen, die Béchamel und die Sahne beifügen und zur benötigten Konsistenz reduzieren. Etwas Sauce auf den Boden der Muscheln geben, das Hummerfleisch daraufdressieren, mit der restlichen Sauce nappieren, mit geriebenem Käse bestreuen und bei scharfer Hitze überkrusten.

LANGUSTENMUSCHELN THERMIDOR — Coquilles de langouste Thermidor

Genau so wie für Hummermuscheln, aber mit Langusten verfahren.

PILGERMUSCHELN AUF TEUFELSART — Coquilles Saint-Jacques à la diable

12 mittelgroße Pilgermuscheln; 100 g gehackte Zwiebeln; 30 g Butter; 1 dicke, entrindete Scheibe Toastbrot; 2 dl Milch; 1 dl Béchamel; 5 g Senf; 1 Eßlöffel gehackte Petersilie; Worcestershire-Sauce; Salz, Cayennepfeffer. Zeit zum Öffnen der Muscheln: 7-8 Minuten.

Die Muscheln in den heißen Ofen stellen, bis sie sich öffnen. Das Fleisch auslösen, 10 Minuten in Weißwein dünsten, den schwarzen Teil ausschneiden, und das Fleisch grob hacken. Mit den in Butter gedünsteten Zwiebeln, dem in Milch eingeweichten, ausgedrückten und zerkleinerten Brot, der Béchamel und der gehackten Petersilie vermischen und mit Salz, Senf, Cayennepfeffer und einigen Tropfen englischer Sauce pikant würzen. In die Muscheln füllen, mit Reibbrot bestreuen, mit zerlassener Butter beträufeln und bei nicht zu starker Hitze langsam im Ofen überbacken.

WILDMUSCHELN AUF HERZOGINART — Coquilles de gibier à la duchesse

6 Personen. *500 g Haar- oder Federwild; 150 g gekochten Schinken; 250 g Harzoginkartoffelmasse; 1 Trüffel; 3 dl Wildsauce; geriebenen Käse.*

Wildfleisch, Schinken und Trüffel in kurze, nicht zu dünne Julienne schneiden und mit der Wildsauce leicht binden. Die Muscheln mit der Kartoffelmasse umranden, die Julienne in die Mitte füllen, mit der restlichen Sauce nappieren und mit geriebenem Käse und etwas Reibbrot bestreuen. Leicht mit Butter beträufeln und im heißen Ofen überkrusten.

PARMESANKEKSE — GALETTES AU PARMESAN

Wie Chester Cakes bereiten, dabei aber den Chester durch Parmesan ersetzen.

GEFLÜGELPILAW — Pilaf de volaille

6 Personen. *1 kg 800 Huhn, wie für Frikassee geteilt; 300 g Reis; 1 l Bouillon; Salz, Pfeffer. Kochzeit: ungefähr 30 Minuten.*

Von dem Huhn ein Ragout bereiten und in der Mitte eines Kranzes von Pilawreis anrichten.

■ AUF ORIENTALISCHE ART — Pilaf de volaille à l'orientale

6 Personen. *1 kg 800 junges Huhn; 100 g gehackte Zwiebeln; 250 g geschälte, entkernte, geviertelte Tomaten; 2 grüne Paprikaschoten in Streifen; Safran; 1 Kräuterbündel; Salz, Pfeffer; ungefähr 1 l Bouillon; 300 g Reis. Garmachungszeit: 30 Minuten.*

Das Huhn in kleine Stückchen schneiden und in Butter anrösten, dabei die Zwiebeln hinzugeben. Den Reis beifügen, etwas anlaufen lassen und mit Salz, Pfeffer und einer starken Prise Safran würzen. Die Bouillon aufgießen und den Reis unter Beigabe der Tomaten, Paprikaschoten und dem Kräuterbündel zugedeckt im Ofen garmachen.

HUMMER- ODER LANGUSTENPILAW — Pilaf de homard ou de langouste

6 Personen. *500 g gekochtes Fleisch von Krustentieren; 300 g Reis; $^1/_2$ l Kardinalsauce.*

Den Reis wie üblich bereiten und damit die Wandungen einer großen, mit Butter ausgestrichenen Kuppelform dick ausfüttern. Das gewürfelte Hummerfleisch in die Mitte geben, mit Reis zudecken, gut andrücken und auf eine runde Platte stürzen. Mit Kardinalsauce umranden und auch Sauce gesondert servieren.

PILAW VON KALBSNIEREN — Pilaf de rognons de veau

6 Personen. *300 g Reis; 1 kg Kalbsnieren; 1 gehackte Zwiebel; $^1/_4$ l tomatierte Demi-glace. Bratzeit der Nieren: 2-3 Minuten.*

Die Nieren vom Fett, Sehnen und grißligen Teilen befreien, der Länge nach halbieren und in dünne Scheibchen schneiden. In heißer Butter noch blutig sautieren, mit Salz, Pfeffer und einer Spitze Currypulver würzen und abseits der Hitze mit der heißen Sauce binden. Den Reis in eine Randform drücken, stürzen und die Nieren in die Mitte dressieren.

REIS AUF VALENCIENNER ART — Ris à la valencienne

6 Personen. *500 g Karolinareis; 100 g gehackte Zwiebeln; 150 g Julienne von rohem Schinken; Julienne von 2 roten Paprikaschoten; 150 g Champignons in Scheiben; 2 Artischockenböden in Scheiben; 8 pochierte Chipolatas; $1^1/_2$ l Bouillon; Salz. Garmachungszeit: 20-25 Minuten.*

Die gehackten Zwiebeln in Butter hellgelb anrösten, den Reis hinzugeben und anlaufen lassen. Den Schinken und die Paprikaschoten beifügen, mit der Bouillon aufgießen, leicht salzen, Champignons und Artischockenböden hinzutun und zugedeckt im Ofen garmachen. Den Reis auflockern, anrichten und mit den Chipolatas umkränzen.

RISSOLEN — Rissoles

Rissolen können sowohl als Vorspeise als auch als Zwischengericht serviert werden. Es handelt sich hier um kleine Blätterteigtaschen, die mit einem Salpicon versehen und fast immer in der Fritüre gebacken und nur selten im Ofen gargemacht werden. Für 8 Rissolen braucht man 250 g Blätterteig, den man 4 mm dick ausrollt und 8 cm rund aussticht. Der Salpicon wird in die Mitte gefüllt, der Teigrand mit Ei bestrichen, zusammengeklappt und der Rand angedrückt. Sie werden dann in der heißen Fritüre gebacken, abgetropft und heiß serviert. Als Füllung für 8 Stück benötigt man:

RISSOLEN AUF ASCHENBRÖDELART — Rissoles Cendrillon

200 g getrüffeltes Geflügelsalpicon vermischt mit 100 g Gänseleberpüree.

■ AUF BÖHMISCHE ART — Rissoles à la bohémienne

200 g getrüffeltes Gänselebersalpicon, 1 dl dick eingekochte Demi-glace.

■ MIT GÄNSELEBER — Rissoles au foie gras

300 g getrüffeltes Gänseleberpüree.

■ AUF KÖNIGINART — Rissoles à la reine

200 g Salpicon von gekochtem Hühnerfleisch, 1 dl dicke Béchamel.

■ MIT MORCHELN — Rissoles aux morilles

200 g Salpicon von in Butter gedünsteten Morcheln, 1 dl dicke Béchamel.

■ NANTUA

200 g Salpicon von Krebsen, 1 dl dicke Béchamel mit Krebsbutter aufgeschlagen, mit einer Spitze Cayennepfeffer geschärft.

■ POMPADOUR

200 g Salpicon von Pökelzunge, Champignons und Trüffel, 1 dl dicke Demi-glace.

RISSOLEN AUF PÄCHTERART — Rissoles à la fermière

250 g Gemüsebrunoise in Butter mit 50 g gehacktem Schinken gedünstet, 1 dl dick eingekochte Demi-glace.

RÖMISCHE PASTETEN — Délices de Manon

6 Personen. *3 dl Eierkuchenteig ohne Zucker.*

Hierfür braucht man ein besonderes Pasteteneisen mit einem langen Stiel, an dem sich ein Eisenstück in Form eines gerippten Bechers befindet. Das Pasteteneisen wird zuerst in der Fritüre heiß gemacht, dann in den Teig bis etwa 1 cm unter dem Rand eingetaucht und herausgezogen, wobei man den anhaftenden Teig durch Drehen des Eisens gleichmäßig zu verteilen sucht. Dann wird das Eisen mit dem Teig in der Fritüre hellgelb gebacken, mit einem Stoß gelöst, damit auch das Innere ausbacken kann. Die fertigen Pastetchen werden gut vom Fett abgetropft und mit einem feinen Kleinragout von Kalbsmilch, Krebsschwänzen, Champignons und Trüffeln, mit Geflügelrahmsauce gebunden, gefüllt. Man kann sie auch mit verschiedenen Arten von Salpicons füllen.

ROQUEFORT-EIERKUCHEN — Crêpes au Roquefort

6 Personen. *125 g Mehl; 2 Eier; 2 dl Milch; 60 g Roquefort; 40 g zerlassene Butter; 60 g Butter zum Backen. Backzeit: 3-4 Minuten je Stück.*

Von dem Mehl, dem Eigelb und der Milch einen zarten Teig bereiten und mit Paprika würzen. Den passierten Roquefort und die zerlassene Butter daruntermengen und zuletzt das festgeschlagene Eiweiß locker unterziehen. Davon sehr kleine, dünne Eierkuchen backen und sofort servieren.

SCHAUMBROTE UND SCHAUMBRÖTCHEN VON GEFLÜGEL — Mousses et mousselines de volaille

Beide haben als Grundlage eine Geflügelschaumfarce. Schaumbrote werden im allgemeinen in einer großen Form für ein Service, Schaumbrötchen in Form von großen Klößchen hergerichtet, wobei man 2 Stück für die Portion rechnet. Man kann die Schaumbrötchen mit Hilfe von zwei Eßlöffeln formen, mit Beutel und grober Lochtülle spritzen oder in ausgefettete, ovale Förmchen füllen und in leicht gesalzenem Wasser pochieren.

GEFLÜGELSCHAUMBROT AUF FLORENTINER ART — Mousse de volaille à la florentine

6 Personen. *700-750 g Schaumfarce; 1 kg gekochten, in Butter geschwenkten Blattspinat; 6 dl Mornaysauce; 30 g geriebenen Käse; 20 g Butter. Pochierzeit: ungefähr 30 Minuten.*

Die Farce in eine mit Butter ausgestrichene Timbalform füllen und im Wasserbad im Ofen pochieren. Den Spinat auf den Boden einer Backplatte geben, das gestürzte Schaumbrot daraufsetzen und mit Mornaysauce nappieren. Mit geriebenem Käse bestreuen, mit Butter betropfen und im heißen Ofen oder unter dem Salamander überkrusten.

■ NANTUA

6 Personen. *700-750 g Schaumfarce; 18 Krebsschwänze; 12 Trüffelscheiben; $^1/_2$ l Nantuasauce. Pochierzeit: 30 Minuten.*

Die Farce in eine Charlotteform füllen und pochieren. Auf eine runde Platte stürzen, die Oberseite mit einem Kranz Trüffelscheiben garnieren und rundherum die Krebsschwänze dressieren. Leicht mit Nantuasauce nappieren und den Rest der Sauce nebenbei servieren.

■ MIT GEFLÜGELRAHMSAUCE — Mousse de volaille, sauce suprême

6 Personen. *700-750 g Farce; $^1/_2$ l Geflügelrahmsauce; 12 kleine Blätterteig-Halbmonde. Pochierzeit: 30 Minuten.*

Die Farce in eine Timbalform füllen und im Wasserbad bei mäßiger Hitze pochieren. Vor dem Stürzen einige Minuten ruhen lassen. Auf eine runde Platte stürzen, nur leicht mit der Sauce nappieren, mit den Blätterteig-Halbmonden umkränzen und den Rest der Sauce nebenbei servieren.

GEFLÜGELSCHAUMBRÖTCHEN BALATON — Mousselines de volaille Balaton

6 Personen. *750 g Schaumfarce; 2 rote Paprikaschoten in Julienne geschnitten, in Butter gedünstet; 250 g feine Nudeln; 60 g Butter; $^1/_2$ l paprizierte Geflügelrahmsauce; Salz, Pfeffer, Muskatnuß. Pochierzeit: 10 Minuten.*

Die Farce in 12 mit Butter ausgestrichene Förmchen füllen und im Wasserbad pochieren. Kurz ruhen lassen und im Kranz auf eine runde Platte stürzen. Die Nudeln in Butter schwenken, mit Salz, Pfeffer und geriebener Muskatnuß würzen und mit den Paprikaschoten vermischen. In die Mitte der Schaumbrötchen dressieren und diese mit der Sauce nappieren.

■ AUF FLORENTINER ART — Mousselines de volaille à la florentine

6 Personen. *750 g Farce; 1 kg Blattspinat in Butter geschwenkt; $^1/_2$ l Mornaysauce; 30 g geriebenen Käse; 20 g Butter. Pochierzeit: 10 Minuten.*

Die Farce wie oben in die Förmchen füllen und pochieren. Stürzen, abtropfen und auf den Blattspinat in einer Backplatte dressieren. Mit Mornaysauce nappieren, mit geriebenem Käse bestreuen, mit zerlassener Butter beträufeln und im heißen Ofen überkrusten.

SCHIFFCHEN — Barquettes

Der einzige Unterschied zwischen Schiffchen und Törtchen (Tarteletts) besteht in der Form. Für Schiffchen nimmt man oval-spitze Förmchen von etwa 7 cm Länge, die mit ungesüßtem Mürbeteig oder Blätterteigabfällen ausgefüttert, blind gebacken und dann mit einem Salpicon oder einer anderen Masse gefüllt und heiß serviert werden, z. B.:

■ AUF AMERIKANISCHE ART — Barquettes à l'américaine

Salpicon von Languste auf amerikanische Art bereitet. Leicht mit Reibbrot bestreuen und noch kurz in den Ofen schieben.

■ AUF BLUMENMÄDCHENART — Barquettes à la bouquetière

Mit einem Mischgemüse, gebunden mit Rahmbéchamel, gefüllt, mit einem kleinen Sträußchen grüner Spargelspitzen garniert.

■ MIT GÄNSELEBER — Barquettes au foie gras

Püree von Gänseleber mit wenig Samtsauce vermischt. Leicht mit Samtsauce nappiert, mit Trüffelscheibe garniert.

■ MIT GARNELEN — Barquettes aux crevettes

Garnelenschwänzchen mit Mornaysauce gebunden, mit geriebenem Käse bestreut, mit Butter betropft und rasch überkrustet.

EIERSTICHTORTEN — Quiches

Es handelt sich hier um eine Art Torte oder Kuchen aus Speck, Käse, Zwiebeln oder anderen Substanzen, die mit Eierstich übergossen und in einem Tortenring gebacken werden, der mit Mürbeteig ausgelegt worden ist.

LAUCHTORTE — Quiche aux poireaux

6 Personen. *350 g ungezuckerten Mürbeteig; 250 g Lauch, nur das Weiße; 50 g Butter; 2 Eier; $^1/_4$ l Milch. Backzeit: ungefähr 25 Minuten.*

Den Lauch in dünne Scheiben schneiden, 5 Minuten blanchieren und dann in Butter andünsten und auskühlen. Einen Tortenring mit dem Teig ausfüttern, den Lauch einfüllen, die Eier schlagen, mit der Milch verrühren, mit Salz und Pfeffer würzen, und über den Lauch gießen. Im heißen Ofen backen.

LOTHRINGER SPECKTORTE — Quiche à la lorraine

6 Personen. *350 g Mürbeteig; 150 g Rauchspeck in dünnen Scheiben; 50 g Schweizer Käse; 3 Eier; 4 dl süße Sahne; Salz, Pfeffer. Backzeit: ungefähr 25 Minuten.*

Den Tortenring mit dem Teig gleichmäßig ausfüttern, auf ein Backblech setzen, den Boden einstechen und mit dem gerösteten, ausgekühlten Speck belegen. Den Käse in dünne, kleine Scheibchen schneiden und darüberstreuen. Die Eier schlagen, mit der Sahne vermischen, mit Salz und Pfeffer würzen und über Speck und Käse gießen. In den heißen Ofen stellen, nach einigen Minuten die Hitze abdrosseln und bei mäßiger Hitze fertigbacken. Heiß servieren.

Der Zusatz von Käse ist in Lothringen nicht überall üblich, er kann auch fortfallen, doch muß man dann etwas mehr Speck nehmen. *(Siehe Bild auf Seite 186.)*

ZWIEBELTORTE — Quiche aux oignons

6 Personen. *350 g Mürbeteig; 250 g Zwiebeln in feine Scheiben geschnitten; 50 g Butter; 2 Eier; 1/4 l Milch; Salz, Pfeffer. Backzeit: ungefähr 25 Minuten.*

Die Zwiebelscheiben in der Butter dünsten, bis sie hellgelb sind. Auskühlen und in den ausgefütterten Tortenring füllen. Mit der Eiermilch übergießen und wie oben backen. Lauwarm servieren.

TÖRTCHEN, TARTELETTS — Tartelettes

Tartelettförmchen, die für Vorspeisen kleiner als für Zwischengerichte sein sollten, werden mit ungezuckertem Mürbe- oder Halbblätterteig ausgefüttert und blind gebacken. Sie werden mit einem Salpicon oder einer anderen Masse gefüllt und recht heiß serviert, z. B.:

■ AGNES SOREL — Tartelettes Agnès Sorel

Die Törtchen nur hellblond backen, auskühlen und ½ cm dick mit Geflügelfarce ausstreichen. Mit einem Salpicon von Huhn, Champignons und Trüffeln, mit dicker Samtsauce gebunden, füllen, und mit Farce zustreichen. 8-10 Minuten im Ofen bei schwacher Hitze garmachen, aus den Förmchen nehmen, mit einer runden Pökelzungen- und einer runden Trüffelscheibe belegen und leicht mit Madeirasauce nappieren.

■ ARGENTEUIL

Mit einem Püree von Huhn und Spargel füllen und mit gebutterten Spargelköpfen garnieren.

■ DÄNISCHE — Tartelettes danoises

Mit Lachspüree füllen, mit Mornaysauce nappieren, mit Käse bestreuen und rasch überkrusten.

■ MARION DELORME

Mit einem Püree von Huhn und Champignons, mit Béchamel gebunden, füllen und noch kurze Zeit in den Ofen stellen.

■ MAILÄNDER — Tartelettes à la milanaise

Gefüllt mit kleingeschnittenen Makkaroni vermischt mit Salpicon von Pökelzunge, Schinken, Champignons und Trüffeln, mit dicker Madeirasauce gebunden. Mit geriebenem Käse bestreuen und überkrusten.

■ RUMÄNISCHE — Tartelettes à la roumaine

6 Personen. *250 g Mürbeteig; 250 g Brandteig; 75 g geriebener Käse. Für die Creme: 1/4 l dicke Béchamel; 2 Eigelb; 75 g geriebenen Käse. Backzeit: 10-12 Minuten.*

Die Förmchen mit dem Mürbeteig auslegen und ganz hell blind backen. Den Brandteig mit dem Käse vermengen und in jedes Törtchen mit Spritzbeutel und kleiner Lochtülle drei Ringe übereinanderspritzen. Die Mitte mit einer Creme füllen, die aus der Béchamel, dem Eigelb und dem geriebenen Käse hergestellt worden ist. Bei nicht zu starker Hitze backen und sogleich servieren.

SCHWEIZER, TARTELETTS — Tartelettes à la suisse

12 Törtchen. *2 dl Béchamel; 2 Eier; 100 g geriebenen Schweizer Käse; 2 kleine Rahmkäse; Muskatnuß. Backzeit: 15 Minuten.*

Den Rahm passieren, mit der Béchamel, dem Schweizer Käse und den Eiern gut vermischen und die Förmchen damit dreiviertelvoll füllen. Im heißen Ofen backen, stürzen und sogleich servieren.

SPEZIALITÄTEN AUSLÄNDISCHER HERKUNFT

ANGELS ON HORSEBACK — Engel zu Pferde

8 Personen. *32 Austern; 250 g Bacon (englischer Frühstückspeck); 8 Scheiben Röstbrot etwa 8 × 4 cm; 40 g Butter. Zubereitung: 5-6 Minuten.*

Die Austern steif machen, ohne sie kochen zu lassen, und gut abtropfen. Jedes Stück in eine kleine, sehr dünne Scheibe Bacon einwickeln, je 4 Stück auf ein Spießchen reihen, grillieren, auf mit Butter bestrichenem Röstbrot anrichten und leicht mit Cayennepfeffer bestäuben. *(Englisch)*

BEURRECK — Türkische Käseröllchen

6 Personen. *300 g Nudelteig; 1/4 l sehr dicke Béchamel; 150 g sehr trockenen Quark; 1 Ei; 2 Löffel Öl; 150 g feines, weißes Paniermehl. Backzeit: 3-4 Minuten.*

Béchamel von der Dicke eines Brandteiges etwas abkühlen, wenn er nur noch lauwarm ist, mit dem passierten, recht trockenen Quark vermengen und mit Salz und Pfeffer kräftig würzen. Hiervon erst Kugeln in der Größe einer kleinen Pflaume und dann diese wie eine Zigarre auf gemehltem Tisch ausrollen. Den Nudelteig 2 mm dünn ausrollen, hiervon Stücke von etwa 8 × 6 cm schneiden, anfeuchten, je ein Röllchen auflegen, zusammenrollen und die beiden Enden andrücken. Jedes Stück englisch panieren und in der heißen Fritüre zu schöner Farbe ausbacken. Auf einer Serviette anrichten und dazu Sauce von frischen Tomaten, ohne Mehl, mit Zitronensaft und einer Prise Zucker gewürzt, servieren. *(Türkisch)*

BLINIS — Buchweizenplinzen

10 Personen. *500 g gesiebtes Buchweizenmehl; 15 g Hefe; etwa 1/2 l lauwarme Milch; 2 Eier; 3 Eßlöffel Schlagsahne; Butter zum Backen. Backzeit der Blinis: 4-5 Minuten.*

Das Mehl mit der Hefe vermengen, die in der lauwarmen Milch aufgelöst worden ist, das Eigelb und Salz hinzugeben und zugedeckt 3-4 Stunden ruhen lassen; notfalls noch mehr Milch oder Rahm zugeben, der Teig soll dickflüssig sein. Wenn er gut gegangen ist, tüchtig schlagen, erst die festgeschlagenen Eiweiß und dann die Schlagsahne locker unterziehen. Kleine, runde eiserne Spezialpfannen heiß werden lassen, mit zerlassener Butter bestreichen und die Blinis auf beiden Seiten hellbraun backen, wobei man sie noch einmal mit Butter bestreicht. Mit zerlassener Butter und saurem Rahm zum Kaviar servieren.

Anstelle des Kaviars kann man in die Blinis grobgehacktes, hartgekochtes Ei, kleine Stückchen Räucherlachs, Zander u. a. m. einbacken. Dazu wird auch zerlassene Butter und dicker saurer Rahm serviert. *(Russisch)*

BRIGG

6 Personen. *2 Eier; 100 g Mehl; ungefähr 16 cl Wasser; eine Prise Salz; 2-3 Tropfen Knoblauchöl. Füllung: 6 frische Eier; 200 g konservierter Thunfisch; 30 g Kapern; 20 g gezupfte Petersilie; 25 g feingehackte Zwiebel. Backzeit: ungefähr 3-4 Minuten.*

Von 2 Eiern, dem Mehl, Wasser, Salz und Knoblauchöl Eierkuchenteig bereiten. Davon 6 sehr dünne Eierkuchen von 20-22 cm Durchmesser backen. Die Eierkuchen einzeln schräg in einen Suppenteller legen und folgendermaßen füllen: Aus dem gewürfelten Thunfisch, Zwiebeln, Kapern und Petersilie einen Ring formen und das aufgeschlagene Ei in die Mitte setzen. Den Rand des Eierkuchens mit Eiweiß bestreichen, eine Hälfte vorsichtig bis zur anderen ziehen und fest andrükken. Die Briggs behutsam in einer Ölfritüre knusprig ausbacken, so daß das Ei noch weich bleibt, und dazu Tomatensalat servieren. *(Tunesisch)*

BROCHETTES A LA SUISSESSE — Schweizerische Spießchen

Dünne Scheibchen von rohem Schinken von 5 cm Durchmesser in Butter sautieren. Schweizer Käse von 1 cm Dicke etwas kleiner schneiden und abwechselnd mit dem Schinken auf Spießchen reihen. Zweimal panieren, in einer sehr heißen Fritüre backen und die Spießchen so wie sie sind sogleich servieren. *(Schweizerisch)*

CANNELLONI CÉSAR — Cannelloni Cäsar

10 Personen. *800 g Mozzarella-Käse oder anderen Weichkäse; 200 g Béchamel; 100 g gekochten Schinken; 40 g Parmesan; 15 Eier; 400 g Mehl; 300 g Butter; $1^3/_4$ l Milch; 50 g Öl; Salz, Pfeffer, Muskatnuß. Backzeit: 20 Minuten.*

Von 5 Eiern, 250 g Mehl, ¾ l Milch und einer Prise Salz Eierkuchenteig bereiten und hiervon 10 große, sehr dünne Eierkuchen backen. 2 Eigelb, den gewürfelten Schinken, den gewürfelten Mozzarella und den geriebenen Parmesan unter die kalte Béchamel rühren und mit Salz, Pfeffer und Muskatnuß würzen. Diese Masse auf die Eierkuchen streichen, zusammenrollen und jeden in schräge Stücke von etwa 6 cm schneiden, um 3-4 Cannelloni für jede Person zu erhalten. Von 50 g Butter, 75 g Mehl und 1 l Milch Béchamel bereiten, abseits des Feuers 8 Eigelb daruntermischen und das festgeschlagene Eiweiß locker unterziehen. Die Hälfte dieser Masse in eine ausgebutterte Backplatte füllen, die Cannelloni darüberdressieren, mit der restlichen Masse bedecken, mit geriebenem Käse bestreuen und bei gelinder Hitze im Ofen backen. *(Italienisch)*

■ ALLA LIGURE — Cannelloni auf ligurische Art

10 Personen. *1 kg 200 Mehl; 8 Eier; 1 dl Öl; 400 g Kalbfleisch, mit Marsala mariniert; 200 g Schinken oder Schweinefleischreste; 200 g Geflügellebern und -mägen; 200 g gekochten Spinat; 150 g geriebenen Parmesan; Majoran; Basilikum; 500 g Steinpilze in Scheiben; 100 g Butter; $^1/_2$ l Béchamel. Zubereitung insgesamt: 1 Stunde 30 Minuten.*

Von dem Mehl, den Eiern, Öl, etwas Wasser und einer Prise Salz Teig bereiten und 45 Minuten ruhen lassen. Dünn ausrollen, zu Rechtecken von 4 × 6 cm schneiden, pochieren und gut abtrocknen.

Füllung: Das Kalbfleisch in Butter anbraten und den Schinken, die Geflügellebern und -mägen hinzugeben und garmachen. Mit dem Spinat vermischen, einige Blättchen Basilikum und eine Prise Majoran hinzufügen und durch die feine Scheibe der Fleischmaschine drehen. Würzen, mit 100 g geriebenem Parmesan vermischen und mittels Spritzbeutel und Lochtülle die Cannelloni mit der Farce füllen. Zusammenrollen, in eine gebutterte Backform füllen, mit Béchamel nappieren, mit geriebenem Käse bestrenen, mit zerlassener Butter beträufeln und im heißen Ofen überkrusten. Mit in Butter geschwenkten Steinpilzen und Basilikumblättchen garnieren. *(Italienisch)*

CHESTER CAKES — Chester-Küchlein

5 Personen. *150 g Mehl; 125 g Butter; 125 g geriebenen Chesterkäse; 2 Eigelb. Zur Füllung: 1 dl Béchamel; 1 Eigelb; 25 g Butter; 50 g geriebenen Chester. Backzeit der Cakes: etwa 10 Minuten.*

Von dem Mehl, der Butter, dem Chester, dem Eigelb, einigen Tropfen Wasser, einer Prise Salz und Cayennepfeffer einen mittelfesten Teig bereiten und 1 Stunde ruhen lassen. Dann mit einem einfachen oder gezackten runden Ausstecher Plätzchen von etwa 8 cm Dicke und einem Durchmesser von 5 cm ausstechen, auf ein Backblech ordnen und bei mäßiger Hitze ausbacken. Diese Plätzchen mit einer Creme zusammensetzen, die man aus der dicken, heißen Béchamel, mit dem Eigelb, der Butter und dem geriebenen Chester verrührt und mit Salz und Cayennepfeffer gewürzt, hergestellt hat. Diese Plätzchen sehr heiß als Vorspeise oder Savoury servieren. *(Englisch)*

CHESTER SOUFFLE — Chester-Auflauf

6 Personen. *60 g Butter; 50 g Mehl; 3 dl Milch; 100 g geriebenen Chester-Käse; 4 Eigelb; 5 Eiweiß; Salz, Paprika, Muskatnuß. Backzeit: 20-25 Minuten.*

Die Butter schmelzen lassen, das Mehl darunterrühren und mit der warmen Milch vermischen. Mit Salz, Paprika und geriebener Muskatnuß würzen und auf dem Feuer wie eine Béchamel abrühren. Abseits der Hitze zuerst den Käse, dann das Eigelb und zuletzt das festgeschlagene Eiweiß locker unterziehen. Eine mit Butter ausgestrichene und mit geriebenem Käse ausgestreute Auflaufschale mit der Masse dreiviertelvoll füllen, bei mittlerer Hitze backen und sofort servieren. *(Englisch)*

DÉLICES HELVÉTIA — Schweizer Leckerbissen

2 Eiweiß zu festem Schnee schlagen, mit 150 g geriebenem Schweizer Käse vermischen und mit einer Spitze Cayennepfeffer würzen. Zu kleinen Kugeln formen, panieren und in der nicht zu heißen Fritüre backen. *(Schweizerisch)*

■ ALLA ROMANA — Römische Leckerbissen

10 Personen. *700 g Nudeln; 1 l Béchamel; 200 g gekochten, gewürfelten Schinken; 1 kg Panierbrot; 4 Eier; 150 g Parmesan; $^1/_2$ l gebundene Jus; Muskatnuß; Öl. Backzeit: 4-5 Minuten.*

Die Nudeln kochen, abtropfen, mit der Béchamel binden, den geriebenen Parmesan untermengen und mit Salz und Muskatnuß würzen. Diese Masse 6-7 cm dick auf ein geöltes Randblech streichen und völlig erkalten lassen. Mit einem runden Ausstecher von 6 cm Durchmesser zylinderförmig ausstechen und jedes Stück panieren. Mit einem etwas kleineren Ausstecher eine Öffnung machen und die Zylinder aushöhlen. Von der restlichen, 1 cm dick ausgerollten Masse runde Deckel ausstechen und gleichfalls panieren. Beide Teile in der heißen Fritüre goldgelb und knusprig backen. Den Schinken in der Jus erhitzen, die Leckerbissen damit füllen, einen Deckel aufsetzen und mit gebackener Petersilie anrichten. *(Italienisch)* *(Siehe Bild auf Seite 189.)*

DEVILED JUMBO SHRIMPS — Riesengarnelen auf Teufelsart

6 Personen. *30 große Jumbo Shrimps (Riesengarnelen); 2 Eier; 200 g frisch geriebene Weißbrotkrume. Backzeit: 4-5 Minuten.*

Die geschälten Garnelenschwänze panieren, dabei dem geschlagenen Ei etwas Senfpulver und eine Prise Cayennepfeffer beifügen. In der heißen Fritüre backen und mit gebackener Petersilie und Zitronenspalten anrichten. *(Nordamerikanisch)*

FISH BALLS — Gebackene Fischklößchen

6-7 Personen. *500 g Kartoffeln; 500 g schieres, gekochtes Fischfleisch (Kabeljau, Schellfisch, Steinbutt usw.); 2 Eier; 40 g Butter. Zum Panieren: 2 Eier; 2 Löffel Öl; 350 g weißes Panierbrot; Backfett; Petersilie.*

Das gekochte Fischfleisch auseinanderzupfen und im Ofen vortrocknen. Die frisch gekochten Kartoffeln gut abdämpfen, passieren, mit der Butter vermengen, die Eier hinzugeben und auf dem Feuer gut abtrocknen. Den getrockneten Fisch daruntermengen, gut würzen und auskühlen. Von dieser Masse auf gemehltem Tisch leicht abgeflachte Kugeln von der Größe einer Aprikose formen, englisch panieren und in tiefem, recht heißem Fett goldgelb ausbacken. Mit gebackener Petersilie anrichten und dazu Tomatensauce servieren. Wird auch als Frühstücksgericht gegeben. *(Englisch)*

FRITTO MISTO — Gemischtes Gebackenes

Artischockenböden, Blumenkohl, Sellerie; Eierfrüchte; Kalbsmilch oder Lammbrieschen; Geflügellebern u. a. m.

Die einzelnen Teile in passende Stücke schneiden, würzen und mit Zitronensaft marinieren. Auf Wunsch auch Muscheln oder kleine Fischchen beifügen. Im letzten Moment durch Backteig ziehen, in der heißen Fritüre backen, abtropfen, salzen und unverzüglich servieren. *(Italienisch)*

GNOCCHI ALLA ROMANA — Römische Nocken

4-5 Personen. *100 g Grieß; $^1/_2$ l Milch; 150 g geriebenen Käse; 25 g Reibbrot; 30 g zerlassene Butter. Kochzeit für den Grieß: ungefähr 10 Minuten.*

Den Grieß in die heiße Milch einlaufen lassen, mit Salz und Pfeffer würzen und kochen, bis die Masse dick wird. Außerhalb der Hitze das Eigelb und 125 g geriebenen Käse unterziehen und 2 cm dick auf ein gefettetes Blech streichen. Erkalten lassen. Mit einem Ausstecher kleine Halbmonde ausstechen und in einer mit Butter ausgestrichenen Backplatte ordnen. Mit geriebenem Käse und Reibbrot bestreuen, mit zerlassener Butter übergießen und bei scharfer Hitze überkrusten. *(Italienisch)*

KEUFTÉS — Türkische Fleischröllchen

6 Personen. *500 g rohes Hammelfleisch; 75 g Weißbrot; 2 Eier; 2 Knoblauchzehen; 1 Prise Zimt. Zubereitung: 15 Minuten.*

Das Brot einweichen und ausdrücken. Das Fleisch durch die grobe Scheibe der Fleischmaschine drehen, mit dem Brot, den zerdrückten Knoblauchzehen und den Eiern gut durcharbeiten und mit Salz und einer starken Prise Zimt würzen. Hiervon auf einem angefeuchteten Tisch dünne, kurze Röllchen in der Stärke eines Daumens formen und diese in Öl oder in Hammelfett braun braten. *(Türkisch)*

LASAGNE ALLA CASALINGA — Bandnudeln auf Wirtschafterinart

10 Personen. *1 kg breite Bandnudeln; 1 l Rahmsauce; 200 g geriebenen Parmesan; 100 g Butter. Sauce: 200 g grobgehacktes Fleisch; 30 g getrocknete Steinpilze; je 1 gehackte halbe Zwiebel und Mohrrübe; 20 g Butter; 2 dl Öl; $^1/_2$ Glas Rotwein; 1 Eßlöffel Tomatenmark; 1 Eßlöffel Mehl; $^1/_2$ l klare Fleischjus. Kochzeit der Bandnudeln: ungefähr 15 Minuten.*

Zwiebel und Mohrrübe in halb Öl halb Butter anschwitzen, das Fleisch hinzugeben und alles zusammen anrösten. Mit dem Rotwein ablöschen, das Tomatenmark beifügen, einkochen und mit dem Mehl verrühren. Mit der Jus aufgießen, die zuvor eingeweichten und gehackten Steinpilze hinzugeben und die Sauce langsam 45 Minuten kochen lassen. Ist sie zu dünn, mit etwas Stärkemehl, in Marsala aufgelöst, nachbinden.

Die Nudeln kochen und abgießen. Die Bologneser Sauce mit der Rahmsauce vermischen und eine Schicht auf den Boden einer Backplatte geben. Die Platte lagenweise mit Nudeln, mit geriebenem Käse bestreut und mit zerlassener Butter beträufelt, und der Sauce füllen, bis sie voll ist. Mit geriebenem Käse bestreuen und im Wasserbad im Ofen 20 Minuten backen. *(Italienisch)*

■ VERDI ALLA RICOTTA — Grüne Bandnudeln mit Quark

10 Personen. *1 kg grüne Nudeln; 500 g Quark; 75 g Butter; 50 g geriebenen Parmesan; Muskatnuß. Kochzeit der Nudeln: 15 Minuten.*

Den passierten Quark mit je einer Prise Pfeffer und geriebener Muskatnuß sowie 2 Eßlöffeln kochendem Wasser so lange rühren, bis er eine zarte, lockere Creme bildet. Die Nudeln in Salzwasser kochen, abgießen und gut abtrocknen. Mit der Quarkcreme lagenweise in eine mit Butter ausgestrichene Backplatte füllen, wobei die oberste Schicht Quark sein muß. Mit Parmesan bestreuen, mit zerlassener Butter übergießen und kurz im heißen Ofen bräunen. *(Italienisch)*
(Siehe Abbildung auf Seite 205.)

MACCHERONI ALLA MERIDIONALE — Makkaroni auf südländische Art

10 Personen. *1 kg Makkaroni; 600 g Eierfrüchte; 2 dl Tomatensauce; 200 g Butter; 2 dl Öl; 200 g geriebenen Parmesan; 10 dünne Scheiben Mozzarella, 3 × 3 cm groß. Kochzeit der Makkaroni: 20 Minuten.*

Die Eierfrüchte schälen, in dünne Scheiben schneiden, würzen, mehlen und in heißem Öl rösten. Die Makkaroni in Salzwasser kochen, abtropfen, würzen, mit der Hälfte der Tomatensauce und reichlich Butter binden. In eine ausgebutterte Backplatte schichtweise Makkaroni, Eierfrüchte und geriebenen Parmesan einfüllen, als letzte Schicht Eierfrüchte. Mit dem Rest der Tomatensauce bedecken, obenauf den Mozzarella legen, mit zerlassener Butter übergießen, mit Parmesan bestreuen und im Wasserbad im Ofen überkrusten. *(Italienisch)*

MACCHERONI ALLA NAPOLETANA — Makkaroni auf Neapler Art

6 Personen. *600 g Makkaroni; 300 g Haschee von gebratenem Rindfleisch; 80 g geriebenen Parmesan; 4 dl Tomatensauce.*

Das Haschee mit der Tomatensauce binden und einige Minuten durchkochen. Den Boden einer Backplatte mit etwas geriebenem Parmesan bestreuen, eine Schicht Haschee hineingeben und abwechselnd mit Schichten von Makkaroni und Haschee füllen, um mit einer Schicht Makkaroni abzuschließen. Reichlich mit geriebenem Parmesan bestreuen und noch einige Minuten in den heißen Ofen stellen. *(Italienisch)*

MITITEI — Rumänische Fleischwürstchen

4 Personen. *500 g frisch geschlachtetes Rindfleisch; 3 große Knoblauchzehen; 2 dl heiße Fleischbrühe. Bratzeit: 5 Minuten.*

Das Fleisch durch die Fleischmachine drehen und mit Salz, Pfeffer, Thymian, Piment und den gestoßenen Knoblauchzehen würzen. Die noch heiße Brühe über das Fleisch gießen, tüchtig durcharbeiten, eine reichliche Messerspitze Natron hineinarbeiten und hiervon kleine Würstchen von etwa 7 cm Länge und 2 cm Durchmesser auf dem feuchten Tisch formen. So, wie sie sind, also ohne Darm, auf dem Rost saftig braten und dazu eingelegte grüne Paprikaschoten servieren. *(Rumänisch)*

OYSTER BROCHETTE — Austern auf Spießchen

6 Personen. *18 Austern; 18 kleine Champignonköpfe; 150 g Frühstückspeck; 200 g weißes Panierbrot; 1-2 Eier; 1 Eßlöffel Öl; 125 g Kräuterbutter.*

Die Austern nur steif machen, in kleine, dünne Scheibchen Speck einwickeln und je 3 Stück abwechselnd mit 3 Champignonköpfen auf Spießchen reihen. Englisch panieren, auf dem Rost braten, leicht mit Salz, vermischt mit einer guten Prise Cayennepfeffer, bestäuben und dazu Kräuterbutter servieren. *(Nordamerikanisch)*

PAELLA

8 Personen. *1 junges Huhn; 12 Langustinen; 1 l Herzmuscheln; 1 l Pfahlmuscheln; 500 g Tintenfisch; 200 g Steingarnelen; 12 Chipolatas (sehr kleine Bratwürstchen); 4 Artischockenböden; 4 gehackte Zwiebeln; 6 Tomaten; 6 Knoblauchzehen; 250 g grüne Erbsen; 3 rote Paprikaschoten; gehackte Kräuter; 500 g Reis; 1 starke Prise Safran; Cayennepfeffer, Salz; reichlich Olivenöl.*

Dieses spanische Nationalgericht, das eine vollständige Mahlzeit bildet, wird in einer großen, etwas tiefen Pfanne bereitet und auch darin serviert.
Das Huhn in recht kleine Stücke zerteilen und in der Pfanne in Öl anbraten. Die Langustinen kochen, die Herzmuscheln und die Pfahlmuscheln im eigenen Saft dämpfen, bis sie sich öffnen. Die Herzmuscheln auslösen, von den Pfahlmuscheln eine Schale abbrechen. Den Saft der Muscheln sorgfältig abdekantieren und aufheben. Die stark blanchierten Artischockenböden in sechs Stücke teilen und in Öl anlaufen lassen. Die gehackten Zwiebeln und die zerdrückten Knoblauchzehen in dem Öl anschwitzen, die in Stücke geschnittenen Paprikaschoten, die geschälten, entkernten und gewürfelten Tomaten und die Kräuter hinzugeben und so lange in dem Öl dünsten, bis sie püreeartig sind. Den klein geschnittenen Tintenfisch erst in Wasser kochen und dann in Öl anlaufen lassen. Zu dem Püree in der Pfanne jetzt die Hühnerstücke so plazieren, daß sie an den Rand zu liegen kommen. Die Mitte mit den Würstchen, den Artischockenböden, dem Tintenfisch, den Langustinen, den vorgekochten Erbsen und Steingarnelen füllen. Den gut gewaschenen Reis hinzufügen, mit dem Muschelsaft, in dem man den Safran aufgelöst hat, aufgießen, leicht salzen, pfeffern und eine Spitze Cayennepfeffer hinzugeben, ankochen und noch etwas warmes Wasser beifügen. Zugedeckt, ohne umzurühren, langsam garkochen und mit den Herzmuscheln und den Pfahlmuscheln in den halben Schalen garnieren. Notfalls nach und nach noch etwas Wasser hinzugießen. Der Reis muß gar, aber noch körnig und saftig sein. *(Spanisch)*

PIROSCHKI S TWOROGOM — Piroggen mit Quarkfüllung

300 g Halbblätterteig; 200 g Rahmquark; 5 cl sauren Rahm; 1 Eigelb; 1 Ei; Salz, Zucker; 200 g Panierbrot; 2 Eier; 1 Löffel Öl. Backzeit: 4-5 Minuten.

Den Quark durch ein Sieb streichen, mit dem Ei und Eigelb und genügend saurem Rahm vermischen, daß eine etwas dicke, cremige Masse entsteht. Mit Salz und einer Prise Zucker würzen. Den Blätterteig 4 mm dick ausrollen und davon Böden von 5-6 cm Durchmesser ausstechen. In die Mitte der Hälfte der Böden mit Hilfe des Spritzbeutels und runder Tülle etwas Quarkmasse spritzen, den Rand mit Wasser anfeuchten, mit einem zweiten Boden abdecken und die Ränder fest andrücken. Die Piroggen panieren und in der heißen Fritüre goldgelb backen.

Diese Piroggen können auch unpaniert, nur mit Eigelb bestrichen, gebacken werden. Man stellt sie auch aus Hefeteig mit einer Füllung von Fleisch und Weißkraut, Weißkraut und Speck, Fisch und Kascha a. u. m. her. Diese Piroggen werden nicht paniert, sondern im Ofen gebacken. In der Hauptsache reicht man Piroggen zur Suppe. *(Russisch)*

PIZZA MARGHERITA

6 Personen. *Teig: 500 g Mehl; 75 g Schweineschmalz; 15 g Hefe; 1 Prise Salz. Garnitur: 200 g geschälte, entkernte Tomaten; 200 g Mozzarella-Käse; 50 g geriebenen Parmesan; 12 Blättchen Basilikum. Backzeit: 20-25 Minuten.*

Die Hefe mit etwas lauwarmem Wasser auflösen. Von dem Mehl eine Grube machen, die aufgegangene Hefe, das Schmalz, etwas lauwarmes Wasser und eine Prise Salz hineingeben und zu einem nicht zu festen Teig verarbeiten. Langsam gären lassen, von Hand zu Hand zusammenschlagen und davon einen runden Fladen von ungefähr 20 cm Durchmesser und ½ cm Dicke formen. Den Fladen auf ein Backblech legen und den Rand etwas nach oben drücken. Die Tomaten in die Mitte geben und pfeffern. Mit dem in Scheibchen geschnittenen Mozzarella bedecken, mit dem Parmesan bestreuen, mit Öl beträufeln und bei mittlerer Hitze backen. *(Siehe Bild auf Seite 187.)* *(Italienisch)*

■ ALLA MARINERA — Pizza auf Matrosenart

6 Personen. *6 Portionen Pizzateig; 200 g geschälte, entkernte Tomaten; 6 zerdrückte Knoblauchzehen; Olivenöl.*

Gleiche Zubereitung wie Pizza Margherita. *(Siehe Bild auf Seite 187.)* *(Italienisch)*

■ SAN DOMENICO — Pizza St. Dominik

6 Personen. *6 Portionen Pizzateig; 200 g geschälte, entkernte Tomaten; 200 g Mozzarella; 6 Sardellen; 6 Knoblauchzehen; Majoran; Öl.*

Die Tomaten auf den Teig geben, pfeffern und mit dem in Scheibchen geschnittenen Mozzarella bedecken. Mit den Sardellenfilets, überkreuz gelegt, und den Knoblauchzehen garnieren, mit geriebenem Parmesan und Majoran bestreuen, mit Öl beträufeln und bei mittlerer Hitze backen. *(Italienisch)*

RAVIOLI — Mundtaschen

Bezüglich ihrer Herstellung siehe: KULINARISCHE TECHNIK IN BILDERN.

RAVIOLI DI CARNE — Mundtaschen mit Fleisch

6 Personen. *300 g Nudelteig; 500 g Farce; 50 g Butter; 100 g Parmesan; ½ l tomatierte Demiglace oder Tomatensauce.*

Die Farce kann man aus Resten von gekochtem Fleisch oder Geflügel, feingehackt oder durch den Wolf getrieben, vermischt mit gehackten Champignons oder Steinpilzen, gehackten feinen Kräutern und etwas geriebener Zitronenschale, alles mit etwas Bouillon angefeuchtet, bereiten. Die Ravioli 20-25 Minuten in Salzwasser pochieren, gut abtropfen, anrichten, mit zerlassener Butter übergießen und mit geriebenem Parmesan reichlich bestreuen. Die Sauce nebenher servieren. *(Siehe Bild auf Seite 188)* *(Italienisch)*

■ DI SPINACI — Mundtaschen mit Spinat

6 Personen. *300 g Nudelteig; 50 g Butter; 50 g Parmesan; 1 kg Spinat; 2 Eigelb; 100 g geriebenen Käse.*

Den Spinat kochen, abtropfen, gut ausdrücken und hacken oder durch den Fleischwolf treiben. Mit dem geriebenen Käse und dem Eigelb vermischen und gut würzen. Die Mundtaschen pochieren, abtropfen, mit der zerlassenen Butter übergießen und mit geriebenem Parmesan bestreuen. Man kann sie so servieren oder aber gleichzeitig gebundene, tomatierte Kalbsjus oder Tomatensauce getrennt reichen. *(Italienisch)*

RISOTTO CON FRUTTI DI MARE — Risotto mit Meeresfrüchten

6 Personen. *500 g Reis; 500 g Muscheln; 300 g Garnelen; 300 g Scampi; 2 dl Weißwein; 2 dl süße Sahne; 2 dl Olivenöl; 50 g Butter; ½ gehackte Zwiebel; 100 g geriebenen Parmesan; 1½ l Bouillon. Kochzeit: 18 Minuten.*

Die Muscheln sorgfältig säubern, mit wenig Wasser in eine Kasserolle geben und erhitzen, bis sie sich öffnen. Ausbrechen, entbarten und den Fond sorgfältig abdekantieren. Die Schwänze der gekochten Scampi und Garnelen ausbrechen. Die Zwiebel in halb Butter und halb Öl hellgelb anschwitzen, die Meeresfrüchte beifügen, mit dem Weißwein aufgießen und den Reis hinzugeben. Nach dem Aufkochen mit dem Muschelfond und der Bouillon auffüllen, würzen, garkochen und dabei dann und wann umrühren. Nach dem Garwerden, den geriebenen Parmesan und die Sahne abseits des Feuers unterziehen. Der Reis soll etwas cremig sein. *(Italienisch)*

RISOTTO CON FUNGHI — Risotto mit Steinpilzen

10 Personen. *800 g Reis; 2 l Bouillon; 100 g geriebenen Parmesan; 100 g Butter; 1/2 gehackte Zwiebel; 1 dl Olivenöl; 1 dl Weißwein; 200 g Steinpilze. Kochzeit: 18 Minuten.*

Die gehackte Zwiebel in Öl mit nußgroß Butter hellgelb anschwitzen. Den Weißwein aufgießen und einkochen. Den Reis und die in dünne Scheibchen geschnittenen Steinpilze hinzufügen, würzen und die Bouillon nach und nach hinzufügen. Fertig kochen. Abseits des Feuers die Butter und den geriebenen Käse darunterziehen. *(Siehe Abbildung auf Seite 191.)* *(Italienisch)*

■ ALLA MILANESE — Risotto auf Mailänder Art

10 Personen. *800 g Reis; 1 g Safran; 2 l Bouillon; 100 g Butter; 1 dl Öl; 1 dl Weißwein; 100 g geriebenen Parmesan. Kochzeit: 18 Minuten.*

Die gehackte Zwiebel in Öl mit nußgroß Butter hellgelb anschwitzen. Mit Weißwein aufgießen und einkochen. Den Reis und den Safran beifügen und die Bouillon nach und nach auffüllen. Garkochen. Abseits des Feuers die Butter und den Parmesan unterziehen. Der Reis muß etwas cremig bleiben. *(Siehe Bild auf Seite 190.)* *(Italienisch)*

■ ALLA PIEMONTESE — Risotto auf piemontesische Art

6 Personen. *500 g Reis; 1 gehackte Zwiebel; 50 g Tomatenmark; 75 g geriebenen Parmesan; 50 g Butter; 1 1/2 l Bouillon. Kochzeit: 20 Minuten.*

Die Zwiebel in Butter hellgelb anschwitzen. Den Reis hinzugeben, 2 Minuten anlaufen lassen, das Tomatenmark und die Bouillon beifügen, würzen und unter mehrfachem Umrühren garkochen. Abseits des Feuers nußgroß Butter und den geriebenen Parmesan unterziehen. *(Italienisch)*

■ GIUSEPPE VERDI — Risotto Verdi

6 Personen. *1/2 gehackte Zwiebel; 150 g Butter; 500 g Reis; 1 1/4 l Bouillon; 100 g rohe, gewürfelte Champignons; 100 g in Stücke geschnittene grüne Spargelspitzen; 100 g rohen Schinken in kleinen Scheibchen; 100 g geschälte, entkernte, grobgewürfelte Tomaten; 100 g Parmesan; 1 dl süße Sahne. Kochzeit: 18 Minuten.*

Die Zwiebel in 50 g Butter hellgelb anschwitzen. Champignons, Spargelspitzen, Schinken und Tomaten hinzugeben, anlaufen lassen, den Reis beifügen. Mit der Bouillon aufgießen, würzen, garmachen. Abseits des Feuers sorgfältig den geriebenen Käse, die Butter und die Sahne unterziehen. *(Italienisch)*

RIZ A LA GRECQUE — Griechischer Reis

10 Personen. *800 g Reis; 25 g Butter; 1 dl Öl; 2 l Bouillon; 2 Knoblauchzehen; 2 Lorbeerblätter; 50 g marinierte Pökelzunge; 50 g gekochten Schinken; 20 g rote Paprikaschote, in Essig eingelegt; 20 g in Essig eingelegte Champignons; 50 g gekochte grüne Erbsen; 1/2 gehackte Zwiebel. Kochzeit: 18 Minuten.*

Die Zwiebel in dem Öl und der Butter hellgelb anschwitzen. Den Reis hinzugeben, anlaufen lassen, mit der Bouillon auffüllen, würzen, zerdrückten Knoblauch und Lorbeerblätter dazutun und zugedeckt im Ofen garmachen. Abseits des Feuers Zunge, Schinken, Paprikaschote und Champignons, alles in kleine Würfel geschnitten, sowie die Erbsen daruntermengen. *(Siehe Bild auf Seite 190.)* *(Griechisch)*

SOUFFLÉ HELVÉTIA — Helvetia-Auflauf

Die gleiche Masse wie für Käseauflauf (siehe diesen) bereiten, aber anstelle von 4 nur 2 Eiweiß nehmen. Auf kleine, hohe, mit Butter ausgestrichene Förmchen verteilen und im heißen Ofen, im Wasserbad, 8-12 Minuten pochieren. Auf ein gefettetes Blech stürzen, mit geriebenem Käse bestreuen und in den heißen Ofen zum Aufgehen und Gratinieren stellen. *(Schweizerisch)*

SPAGHETTI CARBONARA — Spaghetti auf Köhlerart

10 Personen. *1 kg Spaghetti; 100 g Butter; 200 g gekochten Schinken; 3 Eigelb; 1/4 l Sahne Kochzeit der Spaghetti: 15 Minuten.*

Die Spaghetti kochen und abtropfen. Die Butter schmelzen, den in Julienne geschnittenen Schinken und die Sahne hinzufügen, aufkochen, würzen und abseits des Feuers mit dem Eigelb binden. Über die heißen Spaghetti gießen und durchmischen. *(Siehe Bild auf Seite 191.)* *(Italienisch)*

■ CON CARCIOFI — Spaghetti mit Artischocken

10 Personen. *1 kg Spaghetti; 8 sehr kleine, zarte Artischocken; 1 dl Öl; 20 g Butter; 25 g gehackte Zwiebel; 4 Eier; 100 g geriebenen Parmesan; 1 Zitrone.*

Die Blätter und den Stiel der Artischocken abschneiden und den Rest in dünne Scheiben. Die Scheiben in Salzwasser mit Zitronensaft aufkochen und gut abtropfen. Die gehackte Zwiebel in dem Öl mit der Butter gut anschwitzen, die Artischockenscheiben hinzugeben, würzen, mit Wasser bedecken und flott kochen, damit das Wasser verdampft. Die Eier in eine Schüssel geben, schlagen, salzen und die Hälfte des geriebenen Käses daruntermengen. Die Spaghetti kochen, gut abtropfen, zu den geschlagenen Eiern geben und gut durchmischen. Die Artischocken hinzufügen, abermals mischen und anrichten. Mit dem restlichen Käse bestreuen. *(Italienisch)*

■ ALLA MARINERA — Spaghetti auf Matrosenart

10 Personen. *1 kg Spaghetti; 500 g Meeresfrüchte ohne Schalen; 300 g Tomaten; 1 dl Olivenöl; 1 Löffel Sardellenpüree; 1/2 gehackte Zwiebel; 1/2 gehackte Knoblauchzehe; 1/2 l Béchamel; 1 Zweigchen Basilikum; Petersilie; 1 kleines Lorbeerblatt; 1/2 rote Paprikaschote, entkernt.*

Die gehackte Zwiebel und den Knoblauch in dem Öl hellgelb anschwitzen. Das Sardellenpüree, die Meeresfrüchte (Miesmuscheln, Venusmuscheln), die Paprikaschote, die geschälten, gewürfelten Tomaten, Lorbeerblatt, Salz und Pfeffer hinzugeben und dick einkochen. Basilikum und Petersilie beifügen und alles durch ein Sieb streichen. Mit der Béchamel vermengen. Die Spaghetti kochen, abtropfen und mit der Sauce vermischen. In eine Backplatte füllen, mit geriebenem Parmesan bestreuen und im heißen Ofen überkrusten. *(Italienisch)*

■ ALLA NAPOLETANA — Spaghetti auf Neapler Art

Das sind Spaghetti, die mit Tomatensauce serviert werden. *(Italienisch)*

■ ALLE VONGOLE — Spaghetti mit Muscheln

10 Personen. *1 kg Spaghetti; 1 kg geschälte, entkernte und in Würfel geschnittene Tomaten; 2 Eßlöffel Tomatenmark; 400 g gekochte Mies- oder Venusmuscheln ohne Schale; 50 g Butter; 2 dl Öl; 20 g Zucker; 1/2 gehackte Zwiebel; 3 Knoblauchzehen; 1 Eßlöffel gehackte Petersilie; Salz, Pfeffer.*

Die gehackte Zwiebel in 1 dl Öl und 50 g Butter hellgelb anschwitzen. Die Tomaten, das Tomatenmark und den Zucker beifügen, 15 Minuten kochen, bzw. bis die Flüssigkeit verdunstet ist. Beiseite stellen. Die Knoblauchzehen in dem restlichen Öl bräunen und herausnehmen. Die Muscheln, die Tomatensauce und die gehackte Petersilie hinzugeben und bei gelinder Hitze 5 Minuten kochen, pfeffern. Die gekochten und abgetropften Spaghetti mit der Hälfte der Sauce vermischen und den Rest nebenbei servieren. *(Siehe Bild auf Seite 192.)* *(Italienisch)*

TAGLIATELLE VERDI ALLA BOLOGNESE — Grüne Nudeln auf Bologneser Art

10 Personen. *700 g Mehl; 4 Eier; 1 dl Olivenöl; 1/2 Glas Wasser; 500 g feinpürierter Spinat; 5 dl Bologneser Sauce; 40 g Butter. Kochzeit der Nudeln: 12-15 Minuten.*

Von dem Mehl, den Eiern, Öl, Spinat, Wasser und etwas Salz Nudelteig bereiten. Kurz ruhen lassen, dann so dünn wie nur möglich ausrollen und in Streifen von ungefähr 2 cm Breite schneiden. In Salzwasser abkochen, abtropfen und in eine Kasserolle geben, in der man die Butter zerlassen hat. Kurz durchschwenken und dann mit der Sauce vermischen. *(Siehe Bild auf Seite 189.)* *(Italienisch)*

TORTELLINI DI RICOTTA — Tortellini mit Quark

10 Personen. *Nudelteig; 500 g Quark; 50 g geriebenen Schweizer Käse; 2 Eigelb; 50 g geriebenen Parmesan; 150 g Butter. Kochzeit der Tortellini: 7-8 Minuten.*

Von dem passierten Quark, dem Eigelb und dem Schweizer Käse eine etwas feste Masse bereiten und mit einer Prise Salz würzen. Den Nudelteig so dünn wie nur möglich ausrollen, in Vierecke von 6 × 6 cm schneiden und jedes mit ungefähr 5 g der Masse füllen. Die Tortellini zusammendrücken, in Salzwasser pochieren und gut abtropfen. Mit geriebenem Parmesan bestreuen und reichlich mit brauner Butter übergießen. *(Siehe Bild auf Seite 188.)* *(Italienisch)*

WELSH RAREBIT — Walliser Käsebrötchen

4 Personen. *4 Scheiben Röstbrot ohne Kruste; 200 g Chester; etwa 5 cl englisches Bier (Pale Ale). Zubereitung: 5 Minuten.*

1. Den Käse in kleine Würfelchen schneiden, mit dem Bier übergießen, mit einer kleinen Prise Cayennepfeffer und wenig Senf würzen, schmelzen lassen und sofort über die heißen, mit Butter bestrichenen Röstbrotscheiben gießen, diese eventuell noch einmal durchschneiden und sofort servieren.

2. Das entrindete Brot nur leicht rösten, mit einer Scheibe Chester belegen, mit Senf und wenig Cayennepfeffer bestäuben und im Ofen mit starker Oberhitze schmelzen und gleichzeitig bräunen. *(Englisch)*

DIE SUPPEN

Am Anfang einer mehrere Gänge umfassenden Mahlzeit steht die Suppe, es sei denn, daß man zuvor eine kalte Vorspeise serviert. Die Suppe darf daher als ein Wertmesser der zu erwartenden kulinarischen Genüsse betrachtet werden; selbst eine mittelmäßige Mahlzeit erscheint noch erträglich, wenn der Anfang, die Suppe, gut war.

Gute Suppen lassen sich mit verhältnismäßig einfachem Material bereiten. Wichtig ist vor allen Dingen die Verwendung frischer und einwandfreier Zutaten und deren sachgemäße Verarbeitung. Alle Suppen müssen kräftig abgeschmeckt sein, denn fade Suppen, denen jeglicher Charakter mangelt, erzeugen beim Esser Widerwillen und verderben ihm von vornherein Lust und Freude an den weiteren Gerichten.

Es ist selbstverständlich, daß die Zubereitung einer guten und schmackhaften Suppe Zeit und Sorgfalt erfordert. Der Verfasser hat sich daher bemüht, nicht nur eine große Anzahl der verschiedensten Suppen in methodischer Anordnung zu bringen, sondern ihre Herstellung auch gründlich zu beschreiben. Bei den gebundenen Suppen ist jede Komplikation vermieden und die einfachste und zweckmäßigste Zubereitungsart beschrieben worden. Ein besonderer Abschnitt ist den regionalen und den ausländischen Suppen gewidmet worden, die sich bei den Gästen der Hotels und Restaurants großer Beliebtheit erfreuen.

Grundregel für alle Suppen ist, daß warme heiß und kalte auch wirklich kalt serviert werden. Suppenschüsseln und Teller müssen stets vorher angewärmt sein, wenn es sich um warme Suppen handelt. Das gilt natürlich auch für Tassen, sofern die Suppe in solchen serviert wird. Kalte Kraftbrühen und Suppen werden stets in Tassen serviert und heute nimmt man Tassen auch allgemein für feine Cremesuppen. Für Schildkrötensuppe und ähnliche feine exotische Suppen gibt es besonders kleine Tassen.

Man unterscheidet: Klare Suppen oder Consommés, Cremesuppen mit oder ohne Gemüse und eigentliche Gemüsesuppen. Letztere werden gewöhnlich mit Wasser oder auch mit Milch gekocht, während die feinen Suppen stets mit Bouillon hergestellt werden.

Die nachstehenden Suppen sind in Kategorien eingeteilt worden, deren letzte die ausländischen Suppen behandelt.

GRUNDSUPPEN

GROSSER SUPPENTOPF, BOUILLON — Grande marmite

Für 2 l Bouillon: *600 g mageres Rindfleisch; 250 g Rinderhesse mit Knochen; 2 kleine Lauchstauden und 1 Selleriestengel, 1 Zweig Thymian und $^1/_2$ Lorbeerblatt, zusammengebunden; 2 weiße Rüben; 2 Mohrrüben; 1 Knoblauchzehe; Salz; 1 Zwiebel mit 2 Nelken gespickt; 3-3$^1/_2$ l Wasser. Kochzeit: 3-3$^1/_2$ Stunden.*

Das Fleisch in kaltem Wasser ansetzen und zum Kochen bringen. Abschäumen, das Gemüse hinzugeben und langsam kochen lassen. Nur leicht salzen.

EINFACHE BOUILLON — Pot-au-feu simple

Für 3½ l: *5 kg kleingehackte Rinderknochen; 600 g Bug oder Querrippe; 250 g Mohrrüben; 1 große Zwiebel mit einer Nelke gespickt; 300 g Lauch; 100 g weiße Rüben; 100 g Sellerie; 1 Kräuterbündel; 30 g Salz; 5 l Wasser. Kochzeit: 3 Stunden.*

Die Knochen in dem kalten Wasser ansetzen, aufkochen lassen und abschäumen. Das zusammengebundene Fleisch, das Gemüse und Salz hinzugeben, nach dem Wiederaufkochen abermals abschäumen. Langsam auskochen und das Fleisch herausnehmen, wenn es gar ist. Nach Möglichkeit ein Geflügelklein hinzugeben. Passieren und sehr gut abfetten. Diese Bouillon kann man zum Ansetzen der Kraftbrühe benutzen.

KLEINER SUPPENTOPF — Petite marmite

6 Personen. *300 g Rinderhüfte; 300 g Rippenfleisch; 1 Markknochen; 2 Geflügelklein; 1 große Mohrrübe; 1 große weiße Rübe; das Weiße einer Lauchstaude; 1 Zwiebel; das Herz eines Weißkrauts; $^1/_2$ Sellerie; 2$^1/_2$-3 l Bouillon. Kochzeit: 3 Stunden.*

Das Fleisch in die heiße Bouillon geben und zum Kochen bringen. Abschäumen und das Gemüse beifügen. 1 Stunde vor dem Garwerden das Geflügelklein beifügen. Das Gemüse nach dem Garwerden herausnehmen und in zierliche Stücke schneiden. Die Suppe passieren, entfetten und mit dem in passende Stücke geschnittenen Fleisch und den Gemüsen nach Möglichkeit in einem irdenen Topf servieren. Dünne geröstete Stangenbrotscheiben dazu servieren.

SUPPENTOPF MIT KRÜSTCHEN — Croûte-au-pot

Das ist eine gepflegtere Art, die einfache Bouillon zu servieren. Dafür wird das Gemüse und das Fleisch in zierliche Stücke geschnitten und 350 g gesondert in Bouillon gekochtes Weißkraut hinzugegeben. Die Bouillon wird darüberpassiert und etwas gehackter Kerbel obenaufgestreut. Stangenbrot wird der Länge nach gespalten, die Krume ausgehöhlt, die Kruste in kleine Stückchen geschnitten, mit etwas Bouillonfett im Ofen getrocknet und nebenbei serviert.

KRAFTBRÜHE — Consommé

Für 2 l: *300 g mageres, gehacktes Rindfleisch; 2 Eiweiß; 1 kleine Lauchstaude; 1 große Mohrrübe; etwas Kerbel; 2$^1/_2$ l kalte, entfettete Bouillon. Kochzeit: 50 Minuten.*

Die Kraftbrühe ist eine verstärkte, geklärte Bouillon. Das Rindfleisch mit dem in Scheibchen geschnittenen Lauch und Mohrrübe, dem Eiweiß und dem Kerbel tüchtig vermengen. Unter ständigem Rühren mit der kalten Bouillon vermischen und zum Kochen bringen. Bei ganz gelinder Hitze langsam kochen lassen, wobei sich Fleisch und Eiweiß zu einer Masse auf der Oberfläche zusammenballt und die Klärung eintritt. Sorgfältig durch ein Tuch gießen.

Für doppelte Kraftbrühe das Rindfleisch wenigstens um 50 % erhöhen. Das gilt für alle doppelten Kraftbrühen, denn hier muß stets der geschmackgebende Anteil verstärkt werden.

FISCHKRAFTBRÜHE — Consommé de poisson

Für ungefähr 2½ l: *500 g gehacktes Fischfleisch (Hecht oder Wittling); 75 g Weißes vom Lauch in Scheibchen; 50 g Petersilienstiele; 100 g Champignonschalen; 2 Eiweiß; $^1/_2$ l trockener Weißwein; 2$^1/_2$ l Fischfond. Kochzeit: 30 Minuten.*

Das Fischfleisch mit dem Lauch, Champignonschalen, Petersilienstiele, Eiweiß und dem Weißwein gut vermengen. Den kalten Fischfond darunterrühren und zum Kochen bringen. Bei gelinder Hitze langsam kochen lassen. Durch ein Tuch passieren.

GEFLÜGELKRAFTBRÜHE — Consommé de volaille

Für ungefähr 2¼ l: *300 g gehacktes, fettfreies Rindfleisch; 1 Mohrrübe und das Weiße einer Lauchstaude in Scheibchen geschnitten; 2 Eiweiß; 1 kleines, zuvor angeröstetes Suppenhuhn oder 3 Karkassen von Brathühnern; 3 l Bouillon. Kochzeit: 50-60 Minuten.*

Das Fleisch mit der Mohrrübe, dem Lauch und dem Eiweiß gut vermengen. Mit der kalten Bouillon unter ständigem Rühren aufkochen. Das Suppenhuhn oder die Karkassen hinzugeben und bei gelinder Hitze langsam kochen lassen. Durch ein Tuch passieren.

WILDKRAFTBRÜHE — Consommé de gibier

Für ungefähr 2¼ l: *300 g schieres, gehacktes Fleisch von Haarwild; 2-3 Karkassen von gebratenem Federwild; 1 Zweig Rosmarin; 3 zerdrückte Wacholderbeeren; 75 g Champignonschalen oder 30 g getrocknete Morcheln; 2 Eiweiß. Kochzeit: 50 Minuten.*

Genau so wie für Geflügelkraftbrühe verfahren.

HEISSE KRAFTBRÜHEN

Proportionen für 6 Personen

AURORAKRAFTBRÜHE — Consommé à l'aurore

50 g Tapioka; 2 Eßlöffel Tomatenpüree; 2 hartgekochte, durch ein grobes Sieb gestrichene Eigelb.

Der Kraftbrühe beim Klären das Tomatenpüree beigeben, dann mit Tapioka verkochen. Beim Anrichten auf jeden Teller Suppe etwas Eigelb streuen.

BASKISCHE KRAFTBRÜHE — Consommé à la basque

2 Eßlöffel Julienne von Paprikaschote; 2 Eßlöffel geschälte, entkernte, kleingewürfelte Tomaten; 2 Eßlöffel gekochten Reis.

Die Julienne dünsten und zusammen mit den gewürfelten Tomaten und dem Reis in die kochendheiße Kraftbrühe geben.

KRAFTBRÜHE COLBERT — Consommé Colbert

100 g Mohrrüben; 50 g weiße Rüben; 50 g frische grüne Erbsen; 75 g grüne Bohnen; 1 kleines verlorenes Ei je Person.

Mohrrüben und weiße Rüben in Würfelchen, die grünen Bohnen in Rauten schneiden. Alle Gemüse einzeln in Salzwasser kochen und abtropfen. In die Kraftbrühe geben, nur kurz durchkochen, und für jede Person ein kleines verlorenes Ei in etwas Bouillon dazu servieren.

KRAFTBRÜHE MIT EIERSTICH — Consommé à la royale

Für 8 Personen oder 2 l Kraftbrühe: *3 ganze Eier; 2 dl Bouillon; Salz; Pfeffer. Kochzeit: etwa 30 Minuten, bei mäßiger Hitze, etwa 130° C.*

Der Eierstich ist eine Garnitur, die in jeder Suppe verwendet werden kann. Die Herstellung ist einfach. Die Eier gut schlagen, mit Salz und Pfeffer würzen, mit der heißen Bouillon verrühren und durch ein Spitzsieb gießen. In eine mit Butter leicht ausgestrichene Becherform füllen, in ein Wasserbad setzen und im Ofen wie eine Creme pochieren; dabei muß das Wasser heiß bleiben, darf aber nicht kochen. Der Eierstich ist gar, wenn eine hineingestochene Nadel trocken herauskommt. Vollständig erkalten lassen und in Würfel, Rauten oder mit einem Ausstecher in beliebige Form ausstechen. Sorgfältig in die Suppe geben und oben etwas gehackten Kerbel streuen. Eierstich kann für klare und gebundene Suppen verwendet werden.

FLORENTINER KRAFTBRÜHE — Consommé à la florentine

Zwei Eier schlagen und durch ein Sieb in die kochende Kraftbrühe einlaufen lassen. 2 Eßlöffel gekochten Reis und Kerbelblättchen hinzufügen.

KRAFTBRÜHE MIT GEMÜSESTREIFEN — Consommé à la julienne

100 g Rotes von Mohrrüben; 50 g weiße Rüben; das Weiße von 2 Lauchstauden; 100 g Weißkohl, ebensoviel Kopfsalat. Kochzeit: 40 Minuten bei mäßiger Hitze.

Sämtliche Gemüse in kurze, feinste Streifen schneiden, dabei die Rippen des Kohles und des Salates herausschneiden. Vermischen, in eine Kasserolle geben, in der etwas Butter, besser noch abgeschöpftes Bouillonfett heißgemacht worden ist, mit Salz und einer Prise Zucker würzen und mit einem mit Butter bestrichenen Blatt Papier bedecken. Den Deckel aufsetzen und bei mäßiger Hitze an der Seite des Herdes oder im Ofen langsam gardünsten, bis das Gemüse gar und die Flüssigkeit verdunstet ist. In die Kraftbrühe geben, noch einige Minuten kochen und mit gezupften Kerbelblättchen servieren.

■ MIT GEMÜSEWÜRFELCHEN — Consommé brunoise

2 große Mohrrüben; 2 weiße Rüben; das Weiße einer Lauchstaude; 1 Stengel Bleichsellerie.

Das Gemüse in kleinste Würfelchen schneiden, 25 Minuten in Butter mit je einer Prise Salz und Zucker dünsten. Mit 1 l Kraftbrühe aufgießen, 10 Minuten langsam kochen, gut abschäumen und mit gehacktem Kerbel bestreut servieren.

■ MIT JAPANPERLEN — Consommé aux perles du Japon

Je Liter Kraftbrühe: *50 g Japanperlen. Kochzeit: 20 Minuten.*

Damit die Kraftbrühe klar bleibt, die Perlen 3 Minuten blanchieren und abspülen, dann erst in der Kraftbrühe fertigkochen.

■ MIT KÄSEWINDBEUTELCHEN — Consommé aux profiteroles

100 g Brandteig; 25 g geriebenen Parmesan. Backzeit: 8-10 Minuten.

Den Brandteig mit dem Käse vermischen und davon mittels eines Spritzsackes und kleiner runder Tülle winzigste Windbeutelchen auf ein leicht gefettetes Blech spritzen und im Ofen knusperig ausbacken. Erst beim Servieren in die Suppe geben.

MIMOSENKRAFTBRÜHE — Consommé mimosa

40 g Tapioka; 75 g grüne Bohnen; 2 dl Spinat-Eierstich; 1 hartgekochtes Ei.

Die Kraftbrühe mit dem Tapioka, mit den in Rauten geschnittenen, gekochten grünen Bohnen, dem gewürfelten Eierstich und dem in Streifen geschnittenen Eiweiß garnieren. Beim Servieren obenauf das durch ein grobes Sieb gestrichene Eigelb streuen, das auf der Suppe schwimmen muß.

MOSAIKKRAFTBRÜHE — Consommé mosaïque

2 Mohrrüben; 1 weiße Rübe; 100 g grüne Bohnen; 100 g frische grüne Erbsen; 100 g Pökelzunge; 1 ganz kleine Trüffel; das Weiße eines hartgekochten Eis.

Die Gemüse mit Ausnahme der Erbsen in kleine Würfelchen schneiden und kochen, desgleichen die grünen Bohnen. Abtropfen und zusammen mit der Pökelzunge, Trüffel und dem Eiweiß, alles ebenfalls gewürfelt, in die heiße Kraftbrühe geben.

MOUSSELINEKRAFTBRÜHE — Consommé mousseline

Für 8 Personen. *2 l Kraftbrühe; 100 g Tapioka; 3 Eigelb; 1 dl süße Sahne. Kochzeit: 10 Minuten.*

Die Kraftbrühe mit dem Tapioka binden. Eigelb mit der Sahne verrühren und die kochendheiße Suppe darübergießen und tüchtig durchschlagen.

NIZZAER KRAFTBRÜHE — Consommé niçoise

50 g entkernte, geschälte und in Würfelchen geschnittene Tomaten; 75 g in Rauten geschnittene, gekochte grüne Bohnen; 50 g kleingewürfelte, gekochte Kartoffeln.

Die Tomatenwürfel und alle anderen Bestandteile in die heiße Geflügelkraftbrühe geben und gezupften Kerbel obenaufstreuen.

KRAFTBRÜHE MIT PARMESANPLÄTZCHEN — Consommé au parmesan

2 Eier; 40 g Parmesan; 2 Löffelchen Mehl. Backzeit: 5 Minuten.

Das Eigelb mit dem Parmesan und je einer Prise Salz und Pfeffer verrühren und die beiden festgeschlagenen Eiweiß mit dem Mehl darunterziehen. Auf ein mit Butter bestrichenes und auf ein Blech gelegtes Papier dünn aufstreichen und im heißen Ofen backen. Nach dem Erkalten von dem Papier befreien und davon Plätzchen oder Rauten schneiden. Erst beim Servieren in die heiße Suppe geben.

■ MIT PERLGRAUPEN — Consommé à l'orge perlé

75 g Perlgraupen. Kochzeit: 2 Stunden.

Die Graupen mit lauwarmem Wasser waschen, stark blanchieren, abspülen, langsam in Bouillon garkochen und die heiße Kraftbrühe darübergießen.

SCHOTTISCHE KRAFTBRÜHE — Consommé à l'écossaise

Perlgraupen in Hammelkraftbrühe kochen und gut abschäumen. Mit Würfeln von Mohrrüben, Sellerie, Lauch (in Butter gedünstet), Rauten von grünen Bohnen und Würfelchen von Hammelfleisch garnieren.

KRAFTBRÜHE MIT VIER STREIFEN — Consommé aux quatre filets

35 g Hühnerbrust; 35 g Pökelzunge; 35 g Champignons; 15 g Trüffel.

Sämtliche Bestandteile in Julienne schneiden und die heiße Geflügelkraftbrühe darübergießen.

■ MIT TAPIOKA — Consommé au tapioca

2 l Kraftbrühe; 100 g Tapioka. Kochzeit: 10 Minuten.

Den Tapioka regenartig in die kochende Suppe fallen und langsam kochen lassen. Wird sie einige Zeit zuvor gekocht, dann die Kasserolle mit der fertigen Kraftbrühe zudecken, weil sich sonst oben eine leimartige Schicht bildet.

■ MIT ITALIENISCHEN TEIGWAREN — Consommé aux pâtes d'Italie

Die Teigwaren als Regen in die kochende Brühe fallen lassen. 10 Minuten leicht kochen. 50 g Teigwaren pro Liter Brühe.

■ MIT TEUFELSBRÖTCHEN — Consommé aux diablotins

2 dl dicke Béchamel; 25 g geriebenen Parmesan; Cayennepfeffer; 20 rund ausgestochene Weißbrotscheibchen, 4 cm im Durchmesser.

Die Brotscheibchen auf einer Seite rösten. Die Béchamel mit dem Käse vermischen und scharf mit Cayenne würzen. Die Scheibchen auf der gerösteten Seite leicht gewölbt mit der Béchamel bestreichen, auf ein gefettetes Blech legen, im heißen Ofen braun überbacken und nebenbei zur Suppe servieren.

XAVIER-KRAFTBRÜHE — Consommé Xavier

60 g Mehl; 2 Eier; 3 Eßlöffel kalte Milch.

Von den Eiern, der Milch, dem Mehl, einer Prise Salz und gehacktem Kerbel einen dickflüssigen Teig bereiten. Durch einen Durchschlag mit groben Löchern direkt in die kochende Kraftbrühe drücken, aufkochen lassen und sogleich servieren.

ZÖLESTINER KRAFTBRÜHE — Consommé Célestine

2 oder 3 kleine, hauchdünne Eierkuchen, in ganz feine Streifen geschnitten, in Geflügelkraftbrühe geben. Obenauf Kerbelblättchen streuen.

KLARE OCHSENSCHWANZSUPPE — Consommé à la queue de bœuf (Hochepot)

1 kg Ochsenschwanz; 350 g Kalbshachse; 200 g Mohrrüben; 100 g weiße Rüben; 2 Lauchstauden, nur das Weiße; 1 Zwiebel mit einer Nelke bespickt; 1 angeröstete Zwiebel; 400 g mageres Rindfleisch, grob gehackt; 1 1/2 Löffel Kartoffelmehl. Kochzeit insgesamt: 6 Stunden.

Den Ochsenschwanz und die Kalbshachse vom Metzger zerkleinern lassen, kurz blanchieren, dann mit etwa 4 l Wasser, dem Gemüse und wenig Salz ansetzen und langsam 4-5 Stunden kochen. Das Gemüse, wenn es gar ist, mit Ausnahme der Zwiebeln, herausnehmen, in gleichmäßige Stücke schneiden und aufbewahren. Wenn der Ochsenschwanz weich ist, herausnehmen, die Suppe passieren. Das Rindfleisch in Butter leicht anrösten, mit dem Kartoffelmehl bestäuben, noch etwas anlaufen lassen und die Ochsenschwanzbrühe unter fortwährendem Mischen langsam darübergießen. Ganz langsam wiederum 1 Stunde kochen, gut entfetten, durch ein Tuch passieren und mit den Gemüsen und dem in Würfel geschnittenen Fleisch des Ochsenschwanzes garnieren. Diese Suppe, die zur alten Volksküche gehört, wurde früher « Hochepot » genannt. Durch das Kartoffelmehl erhält sie eine ganz leichte Bindung.

KALTE KRAFTBRÜHEN

Proportionen für 6 Personen

Diese Kraftbrühen müssen sehr kräftig im Geschmack sein und leicht gelieren, wenn sie kalt sind. Man serviert sie fast immer in Tassen.

ESTRAGONKRAFTBRÜHE — Consommé à l'estragon

In 1 l heißer Kraftbrühe 20 g frische Estragonblättchen ausziehen lassen, passieren und kalt servieren.

KRAFTBRÜHE MIT MADEIRA, PORTWEIN usw. — Consommé au madère, porto, etc.

Feine Süßweine wie Madeira, Sherry, Portwein, Marsala usw. werden stets der kalten Kraftbrühe beigefügt. Man rechnet 1 dl Wein auf 1 l Kraftbrühe.

KRAFTBRÜHE AUF MADRIDER ART — Consommé madrilène

300 g mageres, gehacktes Rindfleisch; 700 g Tomaten; 150 g entkernte, in Julienne geschnittene rote Paprikaschoten; 2 Eiweiß; das Grüne einer Lauchstaude; Kerbel. Kochzeit: 30 Minuten.

Das Rindfleisch mit dem in Scheiben geschnittenen Lauch, 500 g kleingeschnittenen Tomaten, dem grobgehackten Kerbel und dem Eiweiß vermengen, Bouillon hinzufügen und nach dem Grundrezept kochen. Passieren, völlig erkalten lassen und mit den restlichen, geschälten, entkernten und kleingewürfelten rohen Tomaten und der ausgekühlten, in Butter gedünsteten Julienne von Paprikaschoten garnieren.

GEBUNDENE UND RAHMSUPPEN

Eine eingehende Beschreibung aller jener Suppen, die nicht nur für den Alltag, sondern auch anläßlich eines feinen Diners serviert werden können, würde ins Uferlose führen, zumal man aus einer Verbindung von zwei oder drei dieser Suppen immer wieder neue bereiten kann. Wir beschränken uns daher hier auf die charakteristischen, die wir in zwei Gruppen einteilen:

1. Diejenigen, die Weizen-, Hafer-, Reis-, Gersten- oder Maismehl als Grundlage haben.
2. Diejenigen, zu deren Bindung ein Gemüsepüree notwendig ist, sei es aus Kartoffeln, Erbsen, weißen Bohnen, Linsen usw.

Darüber hinaus gibt es aber noch Gemüsearten und Salat, z. B. Spargel, Brunnenkresse, Endivie u. a., die an sich nicht genügend Bindung haben, so daß man eine Mehlart zur Hilfe nehmen muß.

GRUNDSUPPEN AUF MEHLBASIS

Proportionen für 8 Personen

HAFERMEHLSUPPE — Crème d'avoine

150 g Hafermehl; 1 l helle Bouillon; $1^1/_2$ l Milch; 6 cl süße Sahne; Salz; Brotwürfel. Kochzeit: 1 Stunde.

Die Milch (1 l) aufkochen und die heiße Bouillon hinzugeben. Das Hafermehl mit der restlichen Milch anrühren und in die kochende Flüssigkeit einlaufen lassen. Langsam auskochen, dabei wiederholt abschäumen. Abschmecken, passieren, mit der Sahne vervollständigen und dazu kleine, in Butter geröstete Weißbrotwürfelchen servieren.

GERSTENMEHLSUPPE — Crème d'orge

Gleiche Proportionen und gleiche Zubereitung wie Hafermehlsuppe. Mit Perlgraupen garnieren, die stark blanchiert und wenigstens 45 Minuten in Bouillon gekocht worden sind.

REISMEHLSUPPE — Crème de riz

60 g Butter; 75 g Reismehl; 2 Eigelb; 6 cl süße Sahne; $1^1/_2$ l Bouillon; 2 dl Milch. Kochzeit: 45 Minuten.

Von der zerlassenen Butter und dem Reismehl Schwitze bereiten und ganz kurz anlaufen lassen. Mit Kalbsbrühe oder Rinderbouillon aufgießen, verrühren und zum Kochen bringen. Langsam auskochen, abschäumen und die aufgekochte Milch beifügen. Abschmecken, passieren und mit dem mit der Sahne verrührten Eigelb legieren.

Diese Suppe ist eine vorzügliche Grundlage für alle Rahmsuppen.

RAHMSUPPEN

Proportionen für 6 Personen

ANDALUSISCHE RAHMSUPPE — Crème andalouse

200 g Zwiebeln; 1 kg Tomaten; 60 g Reismehl; 60 g Butter; 2 rote Paprikaschoten; 2 l Bouillon; 50 g Reis; 6 cl süße Sahne. Kochzeit: 45 Minuten.

Die in Scheiben geschnittenen Zwiebeln in 40 g Butter anschwitzen. 800 g kleingeschnittene Tomaten hinzugeben, einige Minuten dünsten lassen und mit dem Reismehl bestäuben und vermischen. Nach kurzem Anlaufen die Bouillon aufgießen, umrühren, würzen und langsam kochen lassen. Durch ein Haarsieb passieren, noch einmal erhitzen, abschmecken und mit der Sahne vervollständigen. Mit dem gekochten Reis, 200 g geschälten, entkernten und gewürfelten Tomaten sowie den in feine Julienne geschnittenen und in der restlichen Butter gedünsteten Paprikaschoten garnieren.

ARTISCHOCKENRAHMSUPPE — Crème châtelaine

50 g Butter; 60 g Mehl; 4 große rohe Artischockenböden; 6 cl süße Sahne; $1^1/_4$ l Bouillon; $^1/_4$ l Milch; 2 Eigelb. Kochzeit: 30 Minuten.

Von der Butter und dem Mehl helle Mehlschwitze bereiten, mit der Bouillon aufgießen und die in Scheiben geschnittenen Artischockenböden hinzugeben. Würzen, langsam auskochen, abschäumen und durch ein Haarsieb streichen. Mit der heißen Milch erhitzen und mit Eigelb und Sahne legieren. Mit Eierstich oder gerösteten Weißbrotwürfelchen garnieren.

CLAMART-SUPPE — Crème clamart

750 g frische grüne Erbsen; 50 g Reismehl; $^1/_2$ l Milch; 6 cl süße Sahne; 1 l Bouillon; 2 Eigelb; 1 Kopfsalat. Kochzeit: 45 Minuten.

Die Erbsen flott in Salzwasser abkochen, abgießen und durch ein Haarsieb streichen. Das Püree mit der Bouillon und der aufgekochten Milch verrühren. Zum Kochen bringen und mit dem Reismehl, mit etwas kalter Milch verrührt, binden, mit Salz und einer Prise Zucker würzen, durchkochen und zuletzt mit Eigelb und Sahne legieren. Den Kopfsalat nudlig schneiden, im eigenen Saft dünsten und die Suppe damit garnieren.

DUBARRY-SUPPE — Crème Dubarry

500 g Blumenkohl; 70 g Mehl; 60 g Butter; 6 cl süße Sahne; $1^1/_2$ l Bouillon; $^1/_4$ l Milch; 2 Eigelb. Kochzeit: 40 Minuten.

Den Blumenkohl 8-10 Minuten blanchieren und abgießen. Von dem Mehl und der Butter helle Mehlschwitze bereiten, mit der Bouillon verrühren und zum Kochen bringen. Den Blumenkohl beifügen, würzen und bei gelinder Hitze langsam kochen lassen. Durch ein Haarsieb streichen. Mit der Milch noch einmal aufkochen und mit der Sahne und dem Eigelb (wahlfrei) legieren. Mit Blumenkohlröschen garnieren.

ENDIVIEN- ODER COLBERT-SUPPE — Crème Colbert

Wie Spargelsuppe mit Endivien bereiten. Mit oder ohne Eigelb, aber mit etwas Sahne oder Butter legieren. Mit Eierstich oder gerösteten Weißbrotwürfelchen garnieren.

FRENEUSESUPPE — Crème fréneuse

Wie Blumenkohlsuppe — Dubarry-Suppe —, aber mit 500 g geviertelten, zuvor blanchierten weißen Rüben bereiten.

KALKUTTA-RAHMSUPPE — Crème Calcutta

500 g Zwiebeln; $1^1/_2$ l Reismehlsuppe ohne Legierung; 60 g süße Sahne; 50 g geriebene Kokosnuß; 2 Teelöffel Currypulver; 50 g Butter; 75 g Reis; 2 Eigelb. Kochzeit: 1 Stunde.

Die in Scheiben geschnittenen Zwiebeln 3 Minuten blanchieren, abtropfen und in der Butter andünsten. Mit dem Currypulver bestäuben, die Reismehlsuppe aufgießen und langsam weichkochen. Durch ein feines Sieb streichen, noch einmal mit etwas Milch und der geriebenen Kokosnuß aufkochen. Mit Eigelb und Sahne legieren und mit dem gekochten Reis garnieren. Die Suppe etwas flüssig halten.

KAPUZINER-RAHMSUPPE — Crème capucine

350 g frische, sehr weiße Champignons; $1^1/_2$ l Reismehlsuppe ohne Legierung; 1 Zitrone; 2 dl süße Sahne; 2 Eigelb. Kochzeit: 45 Minuten.

Eine Reismehlsuppe ohne Legierung bereiten. Die gesäuberten Champignons durch ein neuverzinntes Drahtsieb passieren und in zerlassener Butter mit dem Saft einer Zitrone unter ständigem Rühren so lange dünsten, bis die Flüssigkeit völlig verdampft ist. In die Reissuppe geben und 15 Minuten kochen. Würzen, mit 15 cl Sahne durchkochen und mit Eigelb und Sahne legieren. Mit gerösteten Brotwürfelchen oder Champignonwürfeln garnieren.

KÖNIGINSUPPE — Crème à la reine

$1^1/_2$ l Reismehlsuppe ohne Legierung; 50 g Hühnerbrust; 2 Eigelb; 6 cl süße Sahne. Kochzeit: 30 Minuten.

Die Reismehlsuppe mit kräftiger Hühnerbrühe ansetzen, abschmecken und passieren. Mit Eigelb und Sahne binden und mit der kleingewürfelten Hühnerbrust garnieren.

KOPFSALATSUPPE — Crème de laitue

Wie Endiviensuppe bereiten und mit gedünstetem, nudlig geschnittenem Kopfsalat garnieren.

KREBSSUPPE — Bisque d'écrevisses

18 Suppenkrebse; $1^1/_2$ l Reismehlsuppe ohne Legierung; 75 g Butter; 150 g feine Mirepoix; 2 cl Weinbrand; 1 dl Weißwein; 1 dl süße Sahne. Kochzeit: 1 Stunde.

Die Krebse kurz in kochendes Wasser werfen, um sie zu töten. Sofort abgießen, in heißer Butter sautieren, dabei die Mirepoix hinzugeben. Mit Weinbrand abbrennen, mit Weißwein ablöschen und zugedeckt 10 Minuten kochen. Die Krebse herausnehmen, Schwänze ausbrechen (Darm entfernen) und die Schalen zusammen mit der Mirepoix feinstoßen. Das Püree mit dem Weißwein in die Reismehlsuppe geben und langsam 15 Minuten kochen. Erst durch ein Drahtsieb und dann durch ein Tuch passieren, mit der Sahne abermals erhitzen und mit einer Spitze Cayennepfeffer würzen. Abschmecken und abseits des Feuers die restliche Butter unterrühren. Mit den kleingeschnittenen Krebsschwänzen garnieren.

MAISCREMESUPPE — Crème de maïs

1½ l Bouillon; 125 g Maismehl; ¼ l Milch; 2 Eigelb; 6 cl süße Sahne. Kochzeit: 25 Minuten.

Das Maismehl mit der kalten Milch anrühren und in die kochende Bouillon einlaufen lassen. Langsam auskochen, abschäumen, abschmecken, passieren und mit Eigelb und Sahne legieren.

NIVERNAISER RAHMSUPPE — Crème nivernaise

600 g geputzte Karotten; 1½ l unlegierte Reismehlsuppe; 40 g Butter; 1 dl süße Sahne. Kochzeit: 50 Minuten.

Drei Karotten in kleinste Würfelchen schneiden, in Salzwasser kochen und gut abtropfen. Die restlichen Karotten in Scheiben schneiden und langsam in Butter fast gar dünsten. In die Reismehlsuppe geben, darin weichkochen und passieren. Abermals zum Kochen bringen und mit der Sahne legieren. Abschmecken und mit den Würfelchen garnieren.

PORTUGIESISCHE RAHMSUPPE — Crème portugaise

1 Zwiebel; 1 kleine Mohrrübe; 75 g Mehl; 50 g Butter; 750 g Tomaten; 75 g Reis; 1½ l Bouillon; Kräuterbündel; 1 dl süße Sahne. Kochzeit: 40 Minuten.

Die Mohrrüben und die Zwiebel in Scheiben schneiden, in Butter gut anschwitzen, mit dem Mehl bestäuben und anlaufen lassen. Die reifen, geviertelten Tomaten hinzugeben und mit der Bouillon aufgießen. Umrühren, mit Salz und einer guten Prise Zucker würzen, das Kräuterbündel beifügen und langsam kochen lassen. Durch ein feines Sieb streichen, aufkochen, mit der Sahne vervollständigen und mit dem gekochten Reis garnieren.

ROHAN-RAHMSUPPE — Crème Rohan

Eine Dubarry-Suppe bereiten und mit 75 g Tapioka garnieren.

SELLERIERAHMSUPPE — Crème de céleri

350 g Knollensellerie; 1½ l unlegierte Reismehlsuppe; 30 g Butter; 2 Eigelb; 2 dl süße Sahne. Kochzeit: 40 Minuten.

Den geschälten und kleingeschnittenen Sellerie in Butter andünsten. Mit der Reismehlsuppe weichkochen und durch ein Sieb streichen. Mit der Hälfte der Sahne aufkochen, abschmecken und mit der restlichen Sahne und dem Eigelb legieren. Mit Selleriewürfelchen oder gerösteten Weißbrotwürfelchen garnieren.

PÜREESUPPEN

Proportionen für 8 Personen

ROTE BOHNENSUPPE — Potage Condé

Wird wie die weiße Bohnensuppe unter Zusatz eines Stückchens durchwachsenen Speckes bereitet und mit gerösteten Brotwürfelchen serviert. Durch abwechselnde Einlagen kann sie, wie die anderen Suppen, vielfältig gestaltet werden.

WEISSE BOHNENSUPPE — Potage soissonnais

1 l frische oder ½ l getrocknete weiße Bohnen; 1 Zwiebel; 1 Mohrrübe; 1 l Bouillon; ¼ l Milch; 50 g Butter; 60 g Rahm. Kochzeit: etwa 1½ Stunden.

Getrocknete Bohnen zuvor waschen und 2 Stunden einweichen. Mit der Mohrrübe und Zwiebel, knapp mit Wasser bedeckt, ansetzen, würzen und weichkochen. Durch ein feines Sieb streichen, mit dem Kochwasser, der Milch und der notwendigen Bouillon zur richtigen Konsistenz bringen, noch einmal aufkochen, abschmecken und mit dem Rahm und der Butter vervollständigen. Mit gerösteten Brotwürfelchen garnieren.

BOTSCHAFTERSUPPE — Potage ambassadeur

Ist eine Fontanges-Suppe, der man 50 g in Bouillon gekochten Reis zugesetzt hat.

CHANTILLY-SUPPE — Potage Chantilly

1 kg frisch ausgepahlte grüne Erbsen; 60 g Reismehl; 1 l Milch; 1 l Bouillon; 1 dl Rahm; 2 Eigelb. Kochzeit: 45 Minuten.

Die Erbsen in Salzwasser flott kochen und einige zur Garnitur zurückbehalten, die anderen durch ein feines Sieb streichen. Von der Bouillon und dem mit einem Teil der Milch angerührten Reismehl eine Reis-Rahmsuppe bereiten. Das Pürce unter diese Suppe rühren, mit dem Rest der Milch zur gewünschten Konsistenz bringen, aufkochen und gut abschmecken. Mit dem Eigelb und dem Rahm legieren und die aufbewahrten Erbsen als Einlage hineingeben.

DARBLAY-SUPPE — Potage Darblay

Parmentier-Suppe mit einer Einlage von je 50 g Julienne von Mohrrüben, Lauch und Kopfsalat, in Butter gedünstet. Obenauf etwas gehackten Kerbel streuen.

GRÜNE ERBSENSUPPE — Potage Saint-Germain

800 g grüne, gespaltene Erbsen; das Grüne einer Lauchstaude; 1 Mohrrübe; 2 große Zwiebeln; 150 g Rauchspeck oder auch Abfälle; 1 Kräuterbündel; $1^1/_2$ l Bouillon; 50 g Butter; 60 g Rahm. Kochzeit: etwa $1^1/_2$ Stunden.

Die Erbsen gut waschen und 1-2 Stunden einweichen. Im Einweichwasser aufkochen und grobe Mirepoix aus den Zwiebeln, der Mohrrübe, Lauch und Speck, alles in Butter angeröstet, sowie das Kräuterbündel und wenig Salz beifügen und langsam, zugedeckt, möglichst im Ofen 1 Stunde kochen. Die Erbsen durch ein Sieb streichen, mit der Flüssigkeit und der Bouillon zu der gewünschten Dicke bringen, abschmecken, mit dem Rahm vervollständigen und mit gerösteten Brotwürfelchen servieren.

Von dieser Erbsensuppe kann man eine ganze Anzahl anderer Suppen ableiten, wenn man die Garnituren ändert.

FAUBONNE-SUPPE — Potage Faubonne

Ist eine weiße Bohnensuppe mit einer Garnitur von Julienne von 1 Mohrrübe, 1 weißen Rübe und dem Weiß einer Lauchstaude. Obenauf Kerbelblättchen streuen.

FONTANGES-SUPPE — Potage Fontanges

Saint-Germain-Suppe garniert mit Chiffonade von Sauerampfer und Kopfsalat, in Butter gedünstet.

GARBURE

2 Mohrrüben; 2 weiße Rüben; 500 g Kartoffeln; 300 g Wirsingkohl; 2 Tomaten; 50 g eingeweichte weiße Bohnen; $1^3/_4$ l Wasser; 1 Ei; ungefähr 100 g geriebenen Käse; 60 g Butter; Stangenbrot. Kochzeit: 1 Stunde 30 Minuten.

Die in Scheiben geschnittenen Mohrrüben, weißen Rüben, Kartoffeln und Kohl in Butter andünsten. Die geviertelten Tomaten und die weißen Bohnen beifügen, mit Wasser auffüllen, würzen, langsam garkochen und passieren. Abschmecken und mit etwas Butter verfeinern. Das Ei schlagen und mit so viel Käse vermischen, wie es aufnimmt. Auf kleine Scheibchen Stangenbrot streichen, im Ofen backen und zur Suppe servieren.

Das ist eine vereinfachte Methode, die Garbure herzustellen.

KAROTTENSUPPE MIT REIS — Potage Crécy au riz

100 g mageren Speck; 50 g Zwiebeln; 1 kg Karotten oder das Rote von Mohrrüben; 75 g Reis; 2 l Bouillon; 50 g Butter; 60 g Rahm. Kochzeit: 75 Minuten.

Den gewürfelten Speck und die in Scheiben geschnittenen Zwiebeln in der Butter gut anschwitzen, die in Scheiben geschnittenen Karotten hinzufügen, die Kasserolle zudecken und bei gelinder Hitze einige Minuten dünsten. Mit der Bouillon auffüllen, den Reis hinzugeben, würzen und zugedeckt 1 Stunde langsam kochen lassen. Durch ein sehr feines Sieb streichen, aufkochen, kräftig würzen, mit Bouillon zur richtigen Konsistenz bringen, mit dem Rahm vervollständigen und mit extra in Salzwasser gekochtem Reis garnieren.

KRESSESUPPE — Potage cressonnière

Ist ebenfalls eine Parmentier-Suppe, zu der man jedoch anstelle des Lauches ein großes Bündel Brunnenkresse genommen hat. Man kann sie mit stark blanchierten Kresseblättchen oder dünnen, im Ofen getrockneten Semmelscheiben garnieren.

LAMBALLE-SUPPE — Potage Lamballe

Eine etwas dünne Saint-Germain-Suppe, die mit 3 Löffelchen Tapioka je Liter Suppe legiert worden ist.

LINSENSUPPE — Potage Esaü ou Conti

300 g Linsen; 1 Zwiebel; 1 Mohrrübe; einige Speckabfälle; 1 l Bouillon; 50 g Butter. Kochzeit: etwa $1^1/_2$ Stunden.

Die Linsen zuvor 2 Stunden einweichen, dann mit dem Speck, der Mohrrübe und Zwiebel sowie dem notwendigen Salz, nur knapp mit Wasser bedeckt, ansetzen und langsam garkochen. Die Linsen durch ein Haarsieb streichen — im Metallsieb werden sie schwarz —, mit dem Kochwasser und der Bouillon zur nötigen Konsistenz verdünnen, gut abschmecken und mit der Butter vervollständigen. Mit gerösteten Brotwürfelchen servieren.

LONGCHAMPS-SUPPE — Potage Longchamps

Ist ebenfalls eine Saint-Germain-Suppe, der man 75 g gedünsteten, vorher ziselierten Sauerampfer und 50 g grobe, separat gekochte Fadennudeln hinzugefügt hat.

MARIGNY-SUPPE — Potage Marigny

Saint-Germain-Suppe mit einer Einlage von kleinen grünen Erbsen, grünen Bohnen, in Rauten geschnitten, ziseliertem Sauerampfer, im eigenen Saft gedünstet, und Kerbelblättchen.

PARMENTIER-SUPPE — Potage Parmentier

3 Lauchstauden; 1 kg Kartoffeln; 50 g Butter; 1 Kräuterbündel; $1^1/_2$ l Bouillon; 75 g Rahm. Kochzeit: 1 Stunde.

Den Lauch in Scheiben schneiden und in der Butter gut anschwitzen. Die in Scheiben geschnittenen Kartoffeln und das Kräuterbündel beifügen, leicht salzen, mit Wasser gerade bedecken und langsam sehr weich kochen. Kräuterbündel herausnehmen, durch ein feines Sieb streichen und das Püree mit der Bouillon, notfalls auch mit Wasser, zu einer geschmeidigen Suppe verrühren, noch einige Minuten kochen lassen, abschmecken und mit dem Rahm vervollständigen. Mit gerösteten Brotwürfelchen servieren.

PAULETTE-SUPPE — Potage Paulette

Wird wie weiße Bohnensuppe bereitet und mit in Butter gedünsteten, ziselierten Kopfsalat- und Sauerampferblättern garniert, außerdem kommen Kerbelblättchen in die Suppe.

SAMTSUPPE — Potage velours

Ist eine Karottensuppe, die mit 2 Löffeln separat in Bouillon gekochtem Tapioka garniert worden ist.

ZIEGENHIRTENSUPPE — Potage chevrière

Wird genauso wie weiße Bohnensuppe, aber mit frischen oder getrockneten grünen Bohnenkernen (Flageolets) bereitet. Sie wird nur gebuttert und enthält keinen Rahm.

FISCHSUPPEN

Proportionen für 6 Personen

Für diese Suppen darf man keine Fische mit strengem Geschmack wie Makrelen, Heringe, Lachs und ähnliche nehmen. Sie müssen sehr sorgfältig zubereitet, von delikatem, nicht aufdringlichem Geschmack sein, und sollten nach der Herstellung so schnell wie möglich serviert werden.

FOND FÜR FISCHSUPPEN

Für 2 l: *500 g Gräten und Parüren von Fischen, wie Seezunge, Steinbutt, Glattbutt, Wittling, Seehecht, Kabeljau, Hecht usw.; 75 g Zwiebelscheiben; 25 g Schalottenscheiben; 75 g Champignonschalen; 25 g Petersilienstiele; $^1/_2$ Lorbeerblatt; Saft einer halben Zitrone; $^1/_4$ l Weißwein; 10 weiße Pfefferkörner (erst 10 Minuten vor dem Passieren beifügen); 5 g Salz. Kochzeit: 25-30 Minuten.*

Die Aromaten auf den Boden der Kasserolle legen, die zerkleinerten Gräten und die Parüren dazugeben. Würzen, mit dem Weißwein und 2 l Wasser aufgießen, zum Kochen bringen, abschäumen und langsam weiterkochen. Durch ein Spitzsieb passieren.

VELOUTÉ FÜR FISCHSUPPEN

Für $1^1/_2$ l: *55 g Butter; 70 g Mehl; $1^1/_2$-$1^3/_4$ l Fischfond. Kochzeit: 20 Minuten.*

Von der Butter und dem Mehl eine weiße Mehlschwitze bereiten. Unter ständigem Rühren mit dem Fischfond aufgießen, würzen und langsam unter mehrfachem Abschäumen auskochen. Anstelle des Mehles kann man auch 60 g Reismehl nehmen.

AUSTERNSUPPE — Potage aux huîtres

$1^1/_2$ l Fischvelouté; 18 Austern; 2 Eigelb; $1^1/_2$ dl süße Sahne.

Die Austern entbarten und kurz im eigenen Saft steifmachen. Den Saft der Velouté beifügen, zum Kochen bringen, mit dem Eigelb und der Sahne legieren und die Austern beifügen. Scheibchen von geröstetem und leicht gebuttertem Brot nebenbei servieren.

DIEPPER SUPPE — Potage à la dieppoise

$1^1/_2$ l Fischvelouté; $^1/_4$ l Muschelfond; 2 Eigelb; $1^1/_2$ dl süße Sahne. Garnitur: 25 g kleine Mohrrübenkugeln; 50 g gekochte grüne Erbsen; 25 g gekochten Reis; 15 pochierte, entbartete Muscheln; 75 g Garnelenschwänzchen.

Die Velouté zusammen mit dem Muschelfond zum Kochen bringen. Mit dem Eigelb und der Sahne legieren, abschmecken und garnieren.

JACQUELINE-SUPPE — Potage Jacqueline

$1^1/_2$ l Fischvelouté; 2 Eigelb; $1^1/_2$ dl süße Sahne. Garnitur: 50 g Mohrrübenkügelchen; 25 g gekochte grüne Erbsen; 25 g gekochten Reis.

Die Velouté zum Kochen bringen, mit Eigelb und Sahne legieren, abschmecken und garnieren.

KARDINALSUPPE — Potage à la cardinale

1 l Fischvelouté, etwas dünn gehalten; $^3/_4$ l Béchamel; 25 g Tomatenpüree; 100 g Krebs- oder Hummerbutter; 12 kleine Krebsschwänzchen oder 120 g gewürfeltes Hummerfleisch.

Die Velouté mit der Béchamel und dem Tomatenpüree vermengen und langsam 20 Minuten kochen. Abschmecken und mit der Krebsbutter aufschlagen. Mit den Krebsschwänzchen oder dem Hummerfleisch garnieren.

PROVENZALISCHE FISCHSUPPE — Soupe au poisson à la provençale

2 große Zwiebeln; das Weiße einer Lauchstaude; 250 g frische Tomaten; 2 Knoblauchzehen; 750 g Meeraal (Congre); 1/4 l Weißwein; getrocknete Schale von 1/2 Orange; 1 starke Messerspitze Safran; 1 Kräuterbündel. Kochzeit: 1 Stunde.

Den enthäuteten Meeraal völlig entgräten und die Gräten kleinhacken; das Fleisch in 3 cm breite Stückchen schneiden. Die Gräten mit einer grobgehackten Zwiebel leicht anschwitzen, mit 2¼ l Wasser und dem Weißwein aufgießen, das Kräuterbündel und eine Prise Salz beifügen und langsam 30 Minuten kochen. Die andere Zwiebel feinhacken, den Lauch in Julienne schneiden und beides in halb Butter und halb Öl gut anschwitzen. Den Fisch beifügen, gleichfalls etwas anlaufen lassen, dann die geschälten, entkernten und gewürfelten Tomaten, den zerdrückten Knoblauch, Safran und die Orangenschale beigeben, mit dem passierten Fischfond aufgießen, würzen und langsam 15-20 Minuten kochen. Abschmecken, nur die Orangenschale herausnehmen, gehackte Petersilie hinzugeben und die Suppe, so wie sie ist, servieren. Dazu gibt man gleichzeitig dünne geröstete Scheiben von französischem Brot, notfalls auch von Semmeln.

FISCHSAMTSUPPE — Velouté de poisson

1 1/2 l Fischfond; 60 g Butter; 70 g Mehl; 125 g rohe Champignons in Scheiben; Saft 1/2 Zitrone; 2 Eigelb; 1 1/2 dl süße Sahne. Kochzeit: 25 Minuten.

Von der Butter und dem Mehl weiße Mehlschwitze bereiten. Mit dem Fischfond aufgießen, gut umrühren, würzen und langsam auskochen. Die Champignonscheiben mit dem Zitronensaft und einer Prise Salz im eigenen Saft pochieren und den Fond der Velouté beimengen. Mit Eigelb und Sahne legieren, die Champignons hinzugeben und abschmecken.

GEBUNDENE KALTE SUPPEN

Proportionen für 8 Personen

DUQUINHA-RAHMSUPPE — Crème Duquinha

50 g Butter; 60 g Mehl; 250 g geschälte, entkernte Tomaten; 75 g Paprikamark; 1 1/2 dl dicke süße Sahne; 1 1/2 l Hühnerbrühe. Kochzeit: 30 Minuten.

Von der Butter und dem Mehl weiße Mehlschwitze bereiten und mit der Hühnerbrühe verrühren. Nach dem Aufkochen, die Tomaten beifügen und langsam 30 Minuten kochen. Die Suppe durch ein feines Sieb streichen und das Paprikamark daruntermischen. Abschmecken und unter mehrfachem Rühren erkalten lassen. Zuletzt die Sahne unterziehen und die Suppe recht kalt in Tassen servieren.

KÖNIGIN-ELISABETH-RAHMSUPPE — Crème reine Elisabeth

50 g Butter; 60 g Mehl; 150 g frische Haselnüsse; 2 dl süße Sahne; 1 1/2 l kräftige Hühnerbrühe. Kochzeit: 30 Minuten.

Von der Butter und dem Mehl eine weiße Mehlschwitze bereiten und mit der Hühnerbrühe verrühren. Langsam kochen lassen. Die Haselnüsse mit etwas Sahne ganz fein verreiben und in die heiße Suppe geben. Zugedeckt noch 15 Minuten ziehen, aber nicht mehr kochen lassen. Durch ein Sieb streichen und unter mehrfachem Rühren erkalten lassen. Gut abschmecken und zuletzt die Sahne unterziehen. In Tassen servieren.

SENEGALER RAHMSUPPE — Crème sénegalaise

50 g Butter; 60 g Mehl; 1 1/2 l Hühnerbrühe; 1 Eßlöffel Currypulver; 2 kleine, entkernte und in feine Julienne geschnittene rote Paprikaschoten; 2 dl süße Sahne. Kochzeit: 30 Minuten.

Eine Hühnercreme wie oben bereiten, mit Currypulver würzen und langsam auskochen lassen. Die Julienne von Paprikaschoten in Butter weichdünsten und auskühlen. Die Suppe abschmecken, passieren und unter mehrfachem Umrühren erkalten lassen. Zuletzt die Sahne darunterziehen und mit der Julienne vervollständigen. Recht kalt in Tassen servieren.

VICHYER RAHMSUPPE — Crème vichyssoise

Das Weiße von 4 Lauchstauden; 1 mittelgroße Zwiebel; 50 g Butter; 300 g geschälte, gewürfelte Kartoffeln; 1 l Hühnerbrühe; 2 dl dicke süße Sahne; Schnittlauch. Kochzeit: 40 Minuten.

Den Lauch in Scheibchen schneiden, die Zwiebeln hacken, und beides in der Butter weichdünsten, ohne Farbe annehmen zu lassen. Die Kartoffeln beifügen, mit der Hühnerbrühe auffüllen, würzen und langsam 30 Minuten kochen. Durch ein Sieb streichen, die Sahne beifügen, abschmecken und einmal aufkochen. Durch ein Tuch passieren, völlig auskühlen lassen und mit gehacktem Schnittlauch bestreut eiskalt servieren.

REGIONALE UND BÜRGERLICHE SUPPEN

Proportionen für 8 Personen

Es handelt sich hier um einfache und schmackhafte Suppen, die keine prätentiöse Namen führen, aber seit Jahrhunderten überall in Frankreich, in Stadt und Land, gerne gegessen werden.

AUVERGNER SUPPENTOPF — Potée auvergnate

Wird wie die Kohlsuppe bereitet, aber mit einem halben gepökelten Schweinskopf, mehr Kohl als Gemüse und einem Teil Linsen. Kochzeit: etwa 3 Stunden.

BAUERNSUPPE — Soupe à la paysanne

300 g Mohrrüben; 150 g weiße Rüben; 200 g Lauch; 500 g Kartoffeln; 50 g Butter. Kochzeit: 1 Stunde.

Mohrrüben, weiße Rüben und Lauch in kleine, dünne Scheibchen schneiden und in Butter gut andünsten. Dann die ebenfalls in kleine Scheibchen geschnittenen Kartoffeln hinzufügen, mit etwa 2 l Wasser aufgießen und langsam ungefähr 1 Stunde kochen, je nach der Qualität der Gemüse. Die Suppe gut abschmecken, noch ein Stückchen Butter hinzugeben und über dünne Scheiben im Ofen gerösteten oder nach Belieben auch ungerösteten Brots gießen und sogleich servieren. Da diese Suppe nicht passiert wird, muß das Gemüse in kleine, dünne Blättchen geschnitten werden. Auf die Suppe etwas gehackten Kerbel streuen.

COMTOISER SUPPE — Soupe à la comtoise

100 g Maismehl; ½ l Milch; 50 g Butter. Kochzeit: 25 Minuten.

1 l leicht gesalzenes Wasser zum Kochen bringen und das Maismehl regenartig unter ständigem Rühren hineingeben. Langsam 20 Minuten kochen lassen, dann ½ l kochendheiße Milch beifügen, gut abschmecken, die Butter hinzugeben und alles über Stangenbrotscheiben gießen und noch 5 Minuten ziehen lassen.

GEMÜSEGÄRTNERSUPPE — Soupe à la maraîchère

100 g Zwiebeln; 200 g Lauch; 150 g weiße Rüben; 150 g Sellerie; 200 g Weißkraut; 300 g Kartoffeln; 1 Kopfsalat; je eine kleine Handvoll Spinat und Sauerampfer; 50 g Butter; ½ l Milch; 50 g Hörnchen- oder Fadennudeln. Kochzeit: 1 Stunde.

Zwiebeln, Lauch, Rüben, Sellerie und Kraut in Würfelchen schneiden und, zugedeckt, in der Butter gut andünsten. Die gewürfelten Kartoffeln beigeben, mit knapp 2 l Wasser auffüllen, würzen und offen weiterkochen, bis alles halbgar ist. Sauerampfer, Spinat und Lattich fein ziselieren, in die Suppe geben und alles zusammen fertigkochen. Die Hörnchen- oder Fadennudeln separat kochen und zusammen mit der kochenden Milch der Suppe beifügen. Gut abschmecken und mit gehacktem Kerbel oder Schnittlauch bestreut servieren.

GESUNDHEITSSUPPE — Soupe à l'oseille dite potage de santé

200 g Sauerampfer; 750 g Kartoffeln; 50 g Butter; das Weiße einer Lauchstaude; $1^{1}/_{2}$ l Bouillon; 75 g süße Sahne. Kochzeit: 1 Stunde.

Den Lauch und die Kartoffeln in Scheiben schneiden, in der Butter leicht anschwitzen, mit der Bouillon auffüllen und ganz weich kochen. Durch ein Sieb streichen, mit der Flüssigkeit verdünnen und mit dem ziselierten Sauerampfer, den man im eigenen Saft gedünstet hat, mitsamt der Flüssigkeit vermengen, aufkochen und mit der Sahne vervollständigen. Mit Kerbelblättchen bestreuen und mit getrockneten Scheiben Stangenbrot servieren.

KNOBLAUCHSUPPE AUF HAUSFRAUENART — Soupe à l'ail bonne-femme

2 Lauchstauden; 3 große Knoblauchzehen; 250 g Tomaten; 2 große Kartoffeln; Olivenöl; Safran. Kochzeit: 30 Minuten.

Den Lauch in dünne Scheiben schneiden und in Öl leicht blondieren. Die zerdrückten Knoblauchzehen, die geschälten, entkernten und gewürfelten Tomaten, die in Scheiben geschnittenen Kartoffeln hinzugeben, leicht anlaufen lassen, mit $1\frac{1}{2}$ l Wasser aufgießen, würzen und eine Spitze Safran hinzufügen. Alles flott ungefähr 30 Minuten kochen und mit Brotscheiben servieren, die in Öl getaucht, mit geriebenem Käse bestreut und im Ofen hellgelb gebacken worden sind.

KOHLSUPPE — Soupe aux choux

1 kg Schweinepökelfleisch; 250 g Rauchspeck; 1 Kochwurst; 300 g Mohrrüben; 150 g weiße Rüben; 200 g Lauch; 750 g Kartoffeln; $1^{1}/_{2}$-2 kg Weißkraut. Kochzeit: etwa 2 Stunden.

Das Pökelfleisch gut waschen, wenn es sehr salzig sein sollte, vorher kurz wässern, zusammen mit dem Speck wie für den Suppentopf ansetzen, zum Siedepunkt bringen, abschäumen, mit den Gemüsen garnieren, jedoch nicht salzen. 1 Stunde langsam kochen lassen, dann den geviertelten, von den gröbsten Rippen und dem Strunk befreiten Krautkopf und etwa 30 Minuten später 5 bis 6 große Kartoffeln und die Kochwurst beifügen. Noch weitere 25-30 Minuten kochen und dann servieren. Das Fleisch kann mit dem Gemüse serviert werden und bildet eine vorzügliche Hauptplatte für den Familientisch.

PÄCHTERINSUPPE — Soupe à la fermière

1 Mohrrübe; 1 weiße Rübe; 1 Zwiebel; das Weiße von 3 Lauchstauden; 200 g Weißkraut; 50 g Butter; $1^{1}/_{2}$ l Bouillon. Kochzeit: 1 Stunde.

Mohrrübe, weiße Rübe, Lauch und Zwiebel in dünne Blättchen schneiden und in Butter andünsten. Mit der Bouillon auffüllen, das in grobe Streifen geschnittene Kraut hinzugeben, würzen und langsam garkochen. Zuletzt können noch einige vorgekochte weiße Bohnen beigefügt werden. Die Suppe über dünne Scheibchen Hausbrot gießen und servieren.

SAVOYISCHE SUPPE — Soupe à la savoyarde

200 g fetten, mildgesalzenen Speck; $^{1}/_{2}$ Sellerieknolle; 2 Lauchstauden; 2 weiße Rüben; 2 Zwiebeln; 3 große Kartoffeln; $^{1}/_{2}$ l Milch; 50 g Butter; Reibkäse. Kochzeit: 1 Stunde.

Den Speck hacken und gut anschwitzen. Das in Blättchen geschnittene Gemüse mit Ausnahme der Kartoffeln beifügen und gut andünsten. Mit ungefähr $1\frac{1}{2}$ l Wasser aufgießen, 20-25 Minuten kochen lassen, dann die in kleine Scheiben geschnittenen Kartoffeln hinzugeben und alles garkochen. Zuletzt mit der kochenden Milch und der Butter vervollständigen, abschmecken und über Brotscheiben gießen, die zuvor mit Reibkäse bestreut worden sind.

THOURIN-SUPPE — Potage Thourin

500 g Zwiebeln; 60 g Schweineschmalz; 3 Eigelb. Kochzeit: 30 Minuten.

Die Zwiebeln in dünne Scheiben schneiden und langsam in dem Schmalz hellgelb anrösten. Mit $1\frac{1}{2}$ l kaltem Wasser aufgießen, salzen und pfeffern und 10 Minuten kochen lassen. Das Eigelb mit einigen Löffeln Bouillon gut verrühren, die Suppe damit binden, aber nicht mehr kochen lassen. Dazu dünne Scheiben von im Ofen geröstetem Brot servieren.

WASGAUER SUPPENTOPF — Potée vosgienne

Wird genau so wie Kohlsuppe bereitet, nur daß man das Pökelfleisch durch eine entsprechende Menge Schinken ersetzt.

ZWIEBELSUPPE MIT KÄSE — Soupe à l'oignon et au fromage

200 g Zwiebeln; 50 g Butter; 75 g Schweizer Käse; 50 g Mehl. Kochzeit: 15 Minuten.

Die in dünne Scheiben geschnittenen Zwiebeln in Butter langsam hellgelb anrösten, mit Mehl bestäuben, auch das Mehl gelb anlaufen lassen und mit 1½ l Wasser auffüllen. Salzen und pfeffern und 10 Minuten kochen. In eine Suppenschüssel kleine Brotscheibchen und den in kleine, dünne Scheiben geschnittenen Käse geben, die kochendheiße Suppe darübergießen und 5-6 Minuten zugedeckt stehenlassen, ehe man sie serviert. Will man keine Zwiebelstückchen in der Suppe haben, so passiert man sie durch ein Spitzsieb über das Brot. Sie kann auch gratiniert serviert werden. In diesem Falle wird sie etwas dicker gehalten, man bestreut sie stark mit geriebenem Käse, pfeffert sie reichlich und stellt sie in einer feuerfesten Terrine zum Gratinieren in den heißen Ofen.

AUSLÄNDISCHE SPEZIALSUPPEN

ARAN SCALLOP SOUP — Irische Muschelsuppe

6 Personen. *6 Jakobsmuscheln; 4 geschälte, entkernte, geviertelte Tomaten; 50 g ungeräucherten fetten Speck; 100 g rohe gewürfelte Kartoffeln; 50 g Butter; 1 l Fischfond; 1 dl süßeSahne; 1 Kräuterbündel; 2 Löffel zerdrückte Salzkräcker; gehackte Petersilie; Salz, Pfeffer, Muskatblüte. Kochzeit: ungefähr 40 Minuten.*

Den gewürfelten Speck in der Hälfte der Butter anschwitzen und die Kartoffeln hinzugeben. Mit dem Fischfond aufgießen, würzen und das Kräuterbündel beifügen; 15 Minuten kochen. Die Muscheln öffnen, blanchieren, würfeln, mit dem Saft hinzugeben und weitere 20 Minuten kochen. Das Kräuterbündel herausnehmen, die Tomaten hineingeben und noch einige Minuten kochen lassen. Dann nach und nach mit den Kräckers binden, mit der Sahne und der restlichen Butter vervollständigen und mit zerdrückter Muskatblüte und gehackter Petersilie bestreut servieren.

(Irland)

BATWINIA oder BOTWINJA — Kalte russische Suppe

150 g Sauerampfer; 150 g Spinat; 150 g Blätter von jungen roten Rüben (Randen); 250 g Salatgurke; 1½ l Kwas, notfalls herben Weißwein; 1 gehäuften Eßlöffel gehackten Kerbel, Estragon, Fenchelgrün und Petersilie. Zubereitung: 25 Minuten.

Sauerampfer, Spinat und Rübenblätter fein ziselieren und nur mit einer Prise Salz im eigenen Saft dünsten. Mitsamt der Flüssigkeit durch ein Haarsieb streichen, mit dem Kwas anrühren und mit Salz und einer Prise Zucker würzen. Die geschälte und entkernte Gurke in feine, kurze Streifen schneiden und zusammen mit den gehackten Kräutern in die Suppe geben. Die kalte Suppe in Tellern anrichten und auf jeden Teller 2 Eiswürfelchen geben und sogleich servieren. Meistens gibt man nebenbei ein kleines Stückchen kalten Lachs oder Stör ohne Haut oder Gräten und etwas geriebenen, mit Essig angerührten Meerrettich. *(Russisch)*

BORSCHTSCH MALORUSSISKI — Kleinrussische Suppe

8 Personen. *300 g rohe rote Rüben; 200 g Lauch; 100 g Sellerie; 150 g Petersilienwurzel; 300 g Weißkraut; 50 g Bouillonfett; 2 Eßlöffel Tomatenpüree; 750 g Rinderbrust ohne Knochen; 250 g Rauchspeck; 1 kleine Rauchwurst; 300 g rohe, geriebene rote Rüben; 1 dl süße Sahne; 10 Pfefferkörner; 1 Lorbeerblatt; 2 dl Smetana. Zubereitung: 2-3 Stunden.*

Das gesamte Gemüse in grobe Julienne schneiden und in dem Bouillonfett andünsten. Mit dem Tomatenpüree vermengen und 2½ l Wasser aufgießen. Leicht salzen und die Pfefferkörner und das Lorbeerblatt, in einen Mullbeutel gefüllt, hineingeben und zum Kochen bringen. Abschäumen, das Rindfleisch, den Speck, und später die Wurst hinzufügen und alles zusammen langsam garkochen. Nach dem Garwerden Fleisch, Speck und Wurst in Scheiben schneiden und in die Suppenschüssel geben. Die geriebenen roten Rüben ausdrücken und den Saft mit der Sahne vermischen. Mit der heißen Suppe vermengen, den Beutel mit den Pfefferkörnern herausnehmen und die Suppe über das Fleisch gießen. Smetana und Piroschkis nebenbei servieren. *(Russisch)*

CHICKEN BROTH — Hühnersuppe

1 kleines Huhn; 400 g Mohrrüben; 200 g weiße Rüben; 1 starken Stengel Bleichsellerie; das Weiße von 2 Lauchstauden; 125 g Reis. Kochzeit: 45 Minuten.

Das Huhn wie zum Suppentopf, jedoch mit viel weniger Wasser, ansetzen, damit die Brühe recht kräftig ist. Nach dem Aufkochen das Gemüse hinzugeben, würzen und langsam kochen. Hat man ein Suppenhuhn genommen, so muß man 2-3 Stunden Kochzeit rechnen; das Gemüse herausnehmen, sobald es gar ist. 20 Minuten vor dem Garwerden des Huhnes den Reis hinzufügen. Zum Servieren das Huhn enthäuten und in gefällige Stücke schneiden, das zierlich geschnittene Gemüse hinzugeben und die gut abgeschmeckte Brühe darübergießen. *(Englisch)*

CHICKEN GUMBO CREOLE — Kreolische Hühnersuppe

1 junges Huhn; 2 grüne Paprikaschoten; 2 Stengel Bleichsellerie; 2 mittelgroße Zwiebeln; das Weiße von 2 Lauchstauden; 100 g rohen Schinken; 50 g Butter; 75 g Reis; 6 mittelgroße Tomaten; 200 g Okra. Kochzeit: 1 Stunde.

Das Hühnerfleisch auslösen und von dem Gerippe mit Wurzelwerk vorher etwa 2 l gute Brühe kochen. Die Hühnerbrust in 1 cm große Würfel schneiden, zusammen mit den gehackten Zwiebeln, dem kleingewürfelten Lauch, Sellerie, Paprikaschoten und Schinken in der Butter anschwitzen und mit wenigstens 1½ l Hühnerbrühe aufgießen, würzen und etwa 40 Minuten kochen. Die geschälten, entkernten und gewürfelten Tomaten und den blanchierten, in 1 cm dicke Ringe geschnittenen Okra hinzugeben und noch kurz kochen lassen. In Ermangelung von frischem Okra nimmt man konservierten. Den separat gekochten Reis zur Suppe geben und diese kräftig abschmecken. *(Amerikanisch)*

COCK-A-LEEKY — Huhn und Lauchsuppe

1 kleines, nicht zu fettes Suppenhuhn; 3 l einfache Kalbsbrühe oder 1 kleine Kalbshachse; 8 Lauchstauden. Kochzeit: etwa 3 Stunden.

Das vorbereitete Huhn setzt man in der kalten Kalbsbrühe an oder in Wasser, dem man eine Kalbshachse beigefügt hat. Sobald die Flüssigkeit aufkocht, wird sie abgeschäumt, leicht gesalzen und das Grüne der Lauchstauden hinzugegeben und alles zusammen langsam 2 Stunden gekocht, bzw. bis das Huhn dreiviertelgar ist; die Kalbshachse nimmt man heraus, sobald sie weich ist. Das Weiße der Stauden wird der Länge nach gespalten, in Stücke von 2-3 cm geschnitten und in eine saubere Kasserolle gegeben. Hierzu gibt man das Huhn und passiert darüber die nicht vollständig entfettete Brühe und kocht nun alles weich. Das Huhn ist herauszunehmen, die Haut wird abgezogen und das Fleisch, ohne Knochen, in zierliche, nicht zu kleine Stücke geschnitten und zur Suppe gegeben, die gut abzuschmecken und recht heiß zu servieren ist. Zuweilen gibt man beim Servieren für jede Person noch 3-4 getrocknete, gekochte und entsteinte Pflaumen in die Suppe. *(Schottisch)*

GAZPACHO ANDALUZ — Kalte andalusische Suppe

6 Personen. *12 Kümmelkörner; 4 Knoblauchzehen; 150 g frischgeriebene Weißbrotkrume; 350 g Tomaten; 1 rote Paprikaschote; 1 kleine grüne Gurke; 5 cl Olivenöl; Essig; 3 dl Mayonnaise; 1½ l Wasser.*

Die recht reifen Tomaten schälen, entkernen und drei zurücklassen. Den Kümmel ganz fein stoßen, zusammen mit den Tomaten und den Knoblauchzehen pürieren und das Brot hinzugeben. Leicht pfeffern und salzen, mit ¾ l Wasser verrühren, kurze Zeit durchziehen lassen und dann durch ein Sieb streichen. Die Gurke schälen und entkernen, zusammen mit den zurückgelegten Tomaten und der Paprikaschote in ganz kleine Würfelchen schneiden und in dem Olivenöl 1 Stunde marinieren. Zu dem Tomaten-Knoblauchpüree geben, mit der Mayonnaise und dem restlichen Wasser gut vermischen und mit einigen Löffeln Essig würzen, gut abschmecken und eiskalt servieren.
Es gibt mehrere Arten Gazpacho, doch ist diese eine der beliebtesten. *(Spanisch)*

YA KAN TONG — Chinesische Entenlebersuppe

1 kg Entenabgänge; 150 g Mirepoix; 300 g Entenlebern; 120 g gekochte Tung-Ku-Köpfe (chinesische Pilze); 1 dl Enten- oder Hühnerblut; 10 g Ajinomoto; 2 Eßlöffel Soja; 100 g Lauch; 40 g Entenschmalz; 2 Apfelschalen; Salz. Kochzeit: 90 Minuten.

Die Abgänge zerkleinern und zusammen mit der Mirepoix scharf in Entenfett anrösten. Das Fett abgießen und 1½-1¾ l Wasser aufgießen, leicht salzen und 90 Minuten kochen lassen.

Mit dem Blut klären, über die Apfelschalen gießen und mit Ajinomoto und Soja würzen. Leber, Lauch und Pilze in Julienne schneiden, ganz kurz in Entenfett sautieren, abtropfen und in die passierte Suppe geben. Dazu frischgebackenen Kroepok servieren.

Kroepok: Dünne Fladen von Tapioka und gemahlenen Garnelen, die beim Backen in heißem Öl sich aufblähen. *(Chinesisch)*

KIRSCHENBLÜTENSUPPE AUF KYOTOER ART

5 Personen. *100 g Karpfenmilcher; 9 dl Milch; 15 g Ajinomoto; etwa 6 g Salz; 3 Eßlöffel Rotwein; 10 gesalzene, japanische Kirschenblüten. Kochzeit: ungefähr 20 Minuten.*

Die feinverriebene Karpfenmilch mit der kochenden Milch überbrühen und 15 Minuten, zugedeckt, bei 90° C ziehen lassen. Durch ein Sieb streichen und Ajinomoto, den Rotwein und eine Prise Salz beifügen. In japanischen Suppenschälchen je zwei Kirschenblüten legen und die heiße Suppe darübergießen. *(Japanisch)*

MADRAS RASAM — Rote Linsensuppe

125 g gelesene rote Linsen; 10 g Haldi (Gelbwurzpulver); 5 g Jeera (indischer Kümmel); 20 g Currypaste; 50 g Butter; 100 g gehackte Zwiebeln; 1$^1/_2$-1$^3/_4$ l kräftige Hühnerbrühe; 6 Poppadums. Kochzeit: 30-40 Minuten.

Die gehackten Zwiebeln in der Butter hellgelb bräunen. Die Linsen und sämtliche Gewürze hinzugeben, vermischen und kurz anlaufen lassen. Mit der Hühnerbrühe aufgießen und langsam kochen lassen. Die Suppe unpassiert, und gleichzeitig Poppadums in Öl gebacken, servieren.

Poppadums: Es gibt zwei Sorten im Handel. Die eine wird in heißem Öl gebacken, die andere auf einer heißen Platte trocken geröstet. Beide Sorten blähen in der Hitze auf. *(Indisch)*

MILLE-FANTI — Italienische Brotsuppe

100 g frische, durch ein grobes Sieb passierte Weißbrotkrume; 50 g geriebenen Parmesankäse; 3 Eier; 1$^3/_4$ l kräftige Bouillon. Kochzeit: 10 Minuten.

Das Brot mit dem Käse und den geschlagenen Eiern sehr gut verrühren und mit Salz, Pfeffer und geriebener Muskatnuß würzen. Die Bouillon aufkochen, die Brotmasse unter ständigem Rühren mit einem Schneebesen darunterziehen und bei gelinder Hitze, zugedeckt, weitere 7-8 Minuten mehr ziehen als kochen lassen. Beim Servieren noch einmal mit dem Schneebesen gut durchrühren, um Klumpenbildung zu verhindern. *(Italienisch)*

MULLIGATAWNEY — Indische Hühnersuppe

1 kleines Suppenhuhn; 2 mittelgroße Zwiebeln; 50 g geklärte Butter; je 8 Pfeffer- und Korianderkörner; 1 kleine getrocknete Pfefferschote (Chili); je ein Stück Kurkuma und Ingwer von 2 cm Länge. Kochzeit: 2-2$^1/_2$ Stunden.

Das vorbereitete und sauber gewaschene Huhn wird noch roh in 12 bis 15 Stücke geteilt und mit nur so viel Wasser angesetzt, daß es gerade bedeckt ist, sehr leicht gesalzen, zum Kochen gebracht und ausgeschäumt. Beim Weichkochen muß immer wieder etwas Wasser nachgegossen werden; wenn es gar ist, sollen noch etwa 1½ l Hühnerbrühe vorhanden sein. Die Pfeffer- und Korianderkörner werden zusammen mit der Pfefferschote, Kurkuma und Ingwer erst im Mörser feingestampft und dann mit einigen Tropfen Wasser zu einer feinen Paste gerieben. Die Zwiebeln schneidet man in dünne Scheiben und brät sie in der geklärten Butter hellbraun. Die sehr weich gekochten Hühnerstückchen legt man zusammen mit den Zwiebelscheiben in die Suppenterrine, gibt die vorher mit etwas Brühe vermischte Paste in die Suppe, kocht sie einmal auf und passiert sie über das Huhn. Dazu wird körnig gekochter Reis nebenbei serviert. Die Suppe darf nicht zu fett, muß aber scharf gewürzt sein. Anstelle der angegebenen Gewürze kann man in Europa auch eine fertige Currypaste nehmen. In manchen Gegenden Indiens wird die Suppe auch mit dem Wasser, in dem Linsen gekocht worden sind, bereitet. *(Indisch)*

OLLA-PODRIDA — Spanischer Suppentopf

750 g Rinderbrust; 400 g Hammelschulter; 250 g rohen Schinken; 200 g Rauchspeck; 1 Schweinsohr; 1 Schweinsfuß; 1 Schweineschwanz; 1 kleines junges Huhn; 1 Rebhuhn (während der Saison); 2 Chorizos (spanische Knoblauchwürste); 150 g Mohrrüben; das Weiße von 3 Lauchstauden; 1 Zwiebel; 150 g Weißkraut; 1 Kopfsalat; 3 Kartoffeln; 200 g Kichererbsen (Garbanzos), die unerläßlich sind; 3 Knoblauchzehen; 1 Kräuterbündel. Kochzeit: 3-4 Stunden.

Die Kichererbsen über Nacht einweichen, am besten 24 Stunden. Das gesamte Fleisch mit Ausnahme von Huhn und Rebhuhn mit reichlich kaltem Wasser ansetzen, aufkochen, abschäumen, den zerdrückten Knoblauch, wenig Salz, das Kräuterbündel und die Kichererbsen hinzugeben und langsam 2 Stunden kochen. Nach 2 Stunden das Huhn und das zuvor angebratene Rebhuhn sowie die Chorizos beigeben. 30 Minuten weiterkochen lassen und sämtliche Gemüse, mit Ausnahme der Kartoffeln, in grobe Scheiben geschnitten, hinzufügen. Die ebenfalls in Scheiben geschnittenen Kartoffeln gibt man erst nach weiteren 25 Minuten hinzu. Jede Fleischart, die gar ist, wird gleich herausgenommen und mit etwas Brühe warmgehalten. Sobald die Suppe fertig ist, wird sie abgeschmeckt. Das Fleisch und die Gemüse richtet man auf einer großen Platte an und gibt die unpassierte Suppe in einer Terrine zu Tisch. *(Spanisch)*

OXTAIL SOUP — Gebundene Ochsenschwanzsuppe

1 kg Ochsenschwanz; 2 Zwiebeln; 400 g Mohrrüben; 200 g weiße Rüben; 50 g Rinderfett; 50 g Mehl; Majoran; Rosmarin; Basilikum; Salbei; 1 kleines Lorbeerblatt; Thymian; 1½ dl Sherry. Kochzeit: etwa 4 Stunden.

Den Ochsenschwanz in Stücke von 5 cm teilen, 3 Minuten blanchieren, gut abtropfen und zusammen mit einer Zwiebel und einer Mohrrübe, beide in grobe Würfel geschnitten, in dem Rinderfett gut anbräunen. Mit dem Mehl bestäuben, auch dieses leicht anbräunen, und mit 3 l Wasser oder Bouillon aufgießen und gut verrühren. Die Suppe langsam 3-4 Stunden mit dem notwendigen Gewürz kochen und inzwischen die restlichen Mohrrüben, die weißen Rüben und die Zwiebel in kleine Würfel schneiden und mit einem kleinen Stückchen Butter im eigenen Saft dünsten. Das Lorbeerblatt, ein Zweiglein Thymian und je eine starke Prise Majoran, Salbei, Rosmarin und Basilikum in 1 dl kochendheißer Brühe, zugedeckt, ausziehen lassen und diesen Auszug passieren. Die Suppe gleichfalls passieren, mit dem Kräuterauszug noch einmal aufkochen, mit dem Sherry würzen und mit dem in größere Würfel geschnittenen, ausgelösten Fleisch des Ochsenschwanzes und den Gemüsen garnieren. *(Englisch)*

MAGYAR GULYAS LEVES — Gulaschsuppe

500 g schieres Rindfleisch, Bug oder Schulter; 500 g Kartoffeln; 100 g Zwiebeln; 50 g Schweineschmalz; 3 Tomaten; 2 grüne Paprikaschoten; 8 g Rosenpaprika; Kümmel, Majoran; 150 g Nudelteig. Kochzeit: etwa 2 Stunden.

Die gehackten Zwiebeln in dem Schweineschmalz hellgelb anrösten, das in kleine Würfel geschnittene Fleisch, den Paprika, wenig Salz, Majoran und den gestoßenen Kümmel beigeben und etwa 20 Minuten im eigenen Saft dünsten. Nun die kleingeschnittenen Tomaten, die gewürfelten Paprikaschoten hinzufügen und ab und zu einige Löffel Wasser beigeben, bis das Fleisch dreiviertelgar ist. Nun kommen die gewürfelten Kartoffeln und ungefähr 1½ l Wasser hinzu, und die Suppe wird so lange gekocht, bis alles gar ist. Der dünn ausgerollte und etwas getrocknete Nudelteig wird mit der Hand in kleine Stückchen gerissen, in viel Salzwasser gekocht, abgetropft, übergespült und in die heiße Suppe gegeben. *(Ungarisch)*

SCHTSCHI KRAPIWAJA — Russische Sauerkrautsuppe

5-6 Personen. *50 g gekochtes, etwas gehacktes Sauerkraut; 50 g Julienne von gekochtem Schinken; 50 g Streifen von gekochtem Stör; 3 Steinpilzköpfe, blätterig geschnitten; 10 g gehackten Dill; 10 g gehackten Kerbel; 20 g gehackte, junge Brennesseln; 10 g Kapern; 100 g Smetana; 30 g feines Püree von gekochten, roten Rüben; ¾ l heiße, recht kräftige Rinderbrühe; 1 dicke, rohe Kartoffelscheibe; 2 Eßlöffel Sesamöl; Wodka. Kochzeit: 25 Minuten.*

Alle Zutaten am Tisch des Gastes in russischen, bäuerlichen Schalen bereitstellen. Am Tisch ein geeignetes Geschirr erhitzen, die Kartoffelscheibe hineinlegen, das Geschirr mit Wodka flambieren und die Kartoffelscheibe herausnehmen. Das Sesamöl hineingießen und alle Zutaten in der obigen

Reihenfolge hinzugeben. Zwei Eßlöffel brennenden Wodka darübergießen und mit der Rinderbrühe auffüllen. Einmal stark aufkochen lassen und auf die Schalen verteilen. Dazu Watruschkis servieren.

Watruschkis: Sehr kleine Pastetchen gefüllt mit Quark, vermischt mit Butter und Eiern, im Ofen gebacken. *(Russisch)*

WATERZOOI DE POULET À LA GANTOISE – Genter Hühnersuppe

1 zartes Huhn oder Hähnchen von 1 kg; 2 Lauchstauden; 2 Mohrrüben; 1 kleine Zwiebel; 2 zarte Selleriestengel; 1 kleines Lorbeerblatt; 1 Zweig Thymian; 6 Pfefferkörner; 1 kleine Knoblauchzehe; 3 Kartoffeln; 90 g Butter; 100 g Mehl; 1½-1¾ l Wasser. Kochzeit: 1 Stunde.

Das ausgenommene und gewaschene Huhn mitsamt dem Klein in dem Wasser ansetzen, zum Kochen bringen und gut abschäumen. Eine Mohrrübe, das Grüne der Lauchstauden, die Zwiebel, Lorbeerblatt, Thymian, Pfefferkörner und wenig Salz hinzugeben und langsam kochen. Von dem restlichen Gemüse Julienne schneiden und in 25 g Butter und wenig Wasser dünsten. Wenn das Huhn gar ist, von der restlichen Butter und dem Mehl weißen Roux bereiten, mit dem passierten Hühnerfond aufgießen und langsam auskochen, gut abschmecken und passieren; ist die Suppe zu dick, etwas Fond beifügen. Das Huhn enthäuten, zerteilen, die Julienne und 3 frischgekochte, der Länge nach geviertelte Kartoffeln in die Suppenterrine geben und die Suppe darübergießen. *(Belgisch)*

EIERSPEISEN

Es gibt hunderterlei Arten, um Eier zu bereiten, und man könnte leicht ein ganzes Jahr lang Eierspeisen servieren, ohne auch nur ein einziges Mal das gleiche Gericht anzubieten.

Man unterscheidet folgende Zubereitungsarten:

EIER IN DER SCHALE (weichgekochte Eier) — Œufs à la coque

Eier, die in der Schale, also weichgekocht werden sollen, müssen unbedingt ganz frisch sein. Man sollte nur Trinkeier verwenden. Sie werden in siedendheißes Wasser gelegt und müssen, je nach Geschmack, 2½-3 Minuten kochen; sehr große Eier können sogar 3½-4 Minuten gekocht werden. Man sollte sich stets nach dem Wunsch des Gastes erkundigen, denn viele Menschen können es nicht vertragen, wenn das Eiweiß noch halbroh ist. Diese Eier werden in der Schale in Eierbechern serviert.

VERLORENE EIER — Œufs pochés

Um wirklich schöne, gleichmäßig verlorene Eier zu erhalten, kann man nur frische, sogenannte Trinkeier verwenden. Um sie herzustellen, füllt man eine angemessene Menge Wasser in eine flache Kasserolle (Sautoir) und fügt je Liter 1 Eßlöffel Essig hinzu. Sobald das Wasser kocht, wird ein Ei nach dem anderen hineingeschlagen, wobei darauf zu achten ist, daß nicht zu viele auf einmal pochiert werden, damit sie sich nicht gegenseitig berühren. Sobald das Wasser wieder aufkocht, wird das Geschirr beiseite gezogen, damit es auf dem Siedepunkt bleibt, ohne zu sprudeln. Die Pochierzeit beträgt 3 Minuten, also nur so lange, daß das Eiweiß fest genug wird, um das noch weiche Eigelb zu umhüllen. Nur wenn die Eier zu kalten Gerichten verwendet werden sollen, werden sie 4 Minuten pochiert. Nach dem Garwerden nimmt man sie sofort heraus und legt sie in kaltes, leicht gesalzenes Wasser, damit sie nicht nachziehen können. Man kann sie also im voraus bereiten und braucht sie dann nur in heißes, jedoch nicht kochendes Wasser zu legen, um sie wieder aufzuwärmen. *(Siehe Kulinarische Technik in Bildern, Seite 717.)*

WACHSWEICHE EIER — Œufs mollets

Wachsweiche Eier sind weiter nichts als Eier, die in der Schale so lange gekocht werden, bis das Weiße etwas fest, das Gelb jedoch noch weich ist. Hierfür nimmt man frische Eier, legt sie in kochendes Wasser und läßt sie, je nach Größe, 5-6 Minuten flott kochen. Sie werden dann sofort herausgenommen und unter fließendem Wasser vollständig abgekühlt, damit sie nicht härter werden. Sie müssen sorgfältig geschält werden, damit sie nicht entzweigehen. Wenn sie nicht sogleich gebraucht werden, hebt man sie in leicht gesalzenem Wasser auf. Nach Bedarf gibt man sie in sehr warmes, aber nicht siedendes Salzwasser und trocknet sie vor der weiteren Verwendung auf einem Tuch ab. Alle Rezepte für verlorene Eier sind ohne weiteres auch für wachsweiche Eier gültig.

GEFORMTE EIER — Œufs moulés

Bei den geformten Eiern handelt es sich um eine weitere Variation der pochierten Eier, nur daß sie diesmal in Förmchen gefüllt und nach dem Pochieren gestürzt werden. Man benutzt dazu die bekannten Babaförmchen, die sehr dick mit weicher, jedoch nicht flüssiger Butter ausgestrichen werden müssen; man kann auch Näpfchen wie für Eier in Näpfchen verwenden. Nach dem Ausstreichen kann man die Förmchen mit gehacktem Schinken, Trüffeln, Pökelzunge, Kräutern usw. ausstreuen, ehe man das Ei hineinschlägt. Die Förmchen setzt man in ein Wasserbad, dessen Wasser erst 2-3 Minuten ganz leicht sprudeln soll, ehe man sie in den Ofen stellt, wo sie aber nicht mehr kochen, sondern nur garziehen dürfen. Sie benötigen 8-10 Minuten zum Garwerden; auch hier muß das Innere weich bleiben, und das Weiß darf nur so weit gar sein, daß man die Eier stürzen kann. Man läßt sie am besten 1-2 Minuten vor dem Stürzen stehen, weil sie dann besser aus der Form herausgehen. Nötigenfalls muß man mit der Spitze eines Messers um den Rand herumfahren, ehe man sie auf die Platte stürzt. Eine weitere Art, diese Eier zu bereiten, besteht darin, lockeres Rührei mit rohem, geschlagenem Ei zu vermischen, in die gebutterten Förmchen zu füllen und zu pochieren, bis die Außenseite fest, das Innere aber noch weich ist.

RÜHREIER — Œufs brouillés

Gute Rühreier müssen weich und cremig sein. Für 8 Eier gibt man etwa 30 g Butter in die Kasserolle, stellt sie ins Wasserbad, läßt die Butter schmelzen, schlägt die Eier hinein, würzt sie und gibt ungefähr 3 Eßlöffel dicken Rahm hinzu. Nun werden sie mit einem Schneebesen oder einer Holzkelle so lange lebhaft gerührt, bis die Masse gut gebunden, aber noch weich bleibt, wobei darauf zu achten ist, daß sie nicht zu fest werden. Wird dieser Garpunkt einmal überschritten, so kann man sich behelfen, indem man abseits des Feuers noch 1-2 Eigelb oder etwas Butter unter die Eier zieht. Natürlich kann man die Eier auch leicht schlagen, ehe man sie in die Kasserolle gibt.

SETZEIER — Œufs sur le plat

Um die Setzeier zu bereiten, muß die gut mit Butter ausgestrichene Eierplatte erst stark erhitzt werden, ehe man die Eier hineinschlägt. Man läßt sie zuerst bei schwacher Hitze anziehen, ehe man sie in den Ofen stellt, um das Eiweiß garzumachen, das dabei aber nicht zu fest werden darf. Erst beim Servieren streut man etwas Salz und Pfeffer auf das Eiweiß und ganz wenig zerlassene Butter auf das Eigelb.

EIER IN NÄPFCHEN — Œufs en cocotte

Diese Eier sind weiter nichts als eine Variation der verlorenen Eier, nur daß sie in kleinen, zuvor mit Butter ausgestrichenen Eiernäpfchen aus feuerfestem Porzellan oder Steingut pochiert werden. Die Näpfchen sollten stets vor dem Einschlagen der Eier angewärmt werden. Man stellt sie in ein flaches Wasserbad, läßt sie bei gelinder Hitze erst 2-3 Minuten anziehen und stellt sie dann, mit einem sauberen Backblech zugedeckt, in den mittelheißen Ofen zum Garwerden, wobei das Wasser siedendheiß bleiben soll, jedoch nicht kochen darf. Je nach der Garnitur, brauchen sie im Ofen weitere 3 Minuten, dabei soll das Eiweiß leicht gebunden, das Gelb jedoch noch weich sein.

GEBACKENE EIER — Œufs frits

Damit diese Eier ihre schöne Form beibehalten und appetitlich aussehen, müssen sie so frisch wie nur möglich sein. Man verwendet sie oft als Garnitur für Gerichte wie geschwungenes Huhn Marengo, Kalbskopf auf Schildkrötenart u. a. m.

Um sie zu bereiten, erhitzt man in einer kleinen Stielpfanne ungefähr ein gutes Glas Öl. Jedes Ei wird einzeln in einen Teller geschlagen und das Weiße leicht gesalzen. Sobald das Öl brennendheiß ist, hält man die Pfanne etwas schräg, läßt das Ei hineingleiten und dreht es mit einem trockenen Holzlöffel gleich um, weil das Weiße sonst zu soufflieren beginnt. Man muß also das Weiße locker andrücken, und wenn eine Seite gebräunt ist, wird das Ei gewendet, damit sich auch die andere Seite bräunen kann und das Ei seine ovale Form beibehält. Dabei muß das Eigelb weich bleiben. Sobald ein Ei fertig ist, wird es herausgenommen, auf ein Tuch zum Abtropfen gelegt, und die anderen werden gebacken, bis man die benötigte Anzahl hat.

DIE OMELETTES — Omelettes

Um eine gute Omelette bereiten zu können, bedarf es einer schweren Stielpfanne, die zu keinem anderen Zweck benutzt werden sollte. Man darf sie innen nicht waschen, sondern nur trockenreiben, bzw. mit etwas erhitztem Fett und Salz reinigen.

Für jede Person benötigt man 2 Eier. Sie werden gewürzt und gut geschlagen, jedoch nicht im Übermaß, denn zu flüssig geschlagene Eier halten nicht gut zusammen. Zuerst wird auf lebhaftem Feuer nur so viel Butter in der Pfanne gut erhitzt, daß der Boden bedeckt ist. Nun gibt man die geschlagenen Eier hinein und rührt sie ständig mit der Gabel durch, hauptsächlich an den Rändern, bis die Masse festzuwerden beginnt, aber doch noch flüssig ist. Man läßt sie noch einen Moment anziehen, rollt die Omelette von der Stielseite aus nach der Mitte zu mit der Gabel und faltet die andere Seite ebenfalls nach der Mitte zu, indem man die Pfanne schräg hält und mit der Faust einige Male auf den Stiel schlägt. Ist die Omelette zusammengerollt, hält man die Platte schräg dagegen und läßt die Omelette daraufgleiten. Die fertige Omelette muß innen noch weich und saftig sein. Damit sie oben Glanz erhält, fährt man mit einem Stück Butter über die Omelette.

Omeletten können mit allen möglichen Arten von Haschees, Salpicons und Gemüsen garniert werden.

HARTE UND GEFÜLLTE EIER — Œufs durs et œufs farcis

Um einwandfreie hartgekochte Eier zu erhalten, muß man folgendes beachten: Je nach der Größe nicht länger als 8-10 Minuten kochen. Werden die Eier länger als notwendig gekocht, so wird das Eiweiß zähe, das Gelb nimmt eine häßliche grüne Farbe an und dem ganzen Ei entströmt ein unangenehmer Geruch. Die Eier müssen daher in siedendes Wasser kommen, flott kochen und nach dem Garwerden sofort in kaltes Wasser gelegt und geschält werden. Das vorschriftsmäßige Kochen hat auch den Vorteil, daß das Eigelb gut in der Mitte bleibt und gefüllte Eier besser aussehen.

WARME EIERSPEISEN

VERLORENE EIER

Proportionen für 4 Personen

VERLORENE EIER AUF ARGENTEUILER ART — Œufs pochés à l'Argenteuil

8 verlorene Eier; 8 blindgebackene Tarteletts; 200 g kleingeschnittene, gekochte, in Butter geschwenkte Spargelköpfe; $^1/_4$ l Rahmsauce; 1 dl Püree von grünem Spargel.

Die Tarteletts mit dem Spargel füllen und in jedes ein Ei setzen. Mit der Rahmsauce nappieren, die mit dem Püree vermischt worden ist.

■ MIT AURORASAUCE — Œufs pochés à l'aurore

8 verlorene Eier; 8 Croutons; $^1/_4$ l Aurorasauce; hartgekochtes Eigelb.

Die abgetropften Eier auf den gerösteten Croutons anrichten, mit der Sauce überziehen und obenauf etwas gehacktes Eigelb streuen.

■ BEAUGENCY — Œufs pochés à la Beaugency

8 Eier; 8 Artischockenböden; 2 dl Béarnaisesauce; 8 pochierte Scheiben Rindermark.

Die Eier in große, in Butter erhitzte Artischockenböden dressieren, leicht mit Béarnaisesauce überziehen, auf jedes Ei eine Scheibe Rindermark legen und mit einer Spitze gehackter Petersilie bestreuen. *(Siehe Bild auf Seite 240.)*

■ BONVALET — Œufs pochés Bonvalet

8 verlorene Eier; 8 runde, leicht ausgehöhlte, gebackene Croutons; 2 dl Samtsauce; 5 cl tomatierte Béarnaisesauce; 8 Trüffelscheiben.

Die Eier auf die Croutons dressieren und mit Samtsauce nappieren. Mit einer Trüffelscheibe belegen und diese mit der dickgehaltenen, tomatierten Béarnaise umspritzen.

■ BUDAPEST — Œufs pochés Budapest

8 verlorene Eier; 12 große, pochierte Champignonköpfe; 400 g gekochten Blattspinat; 2 dl Weißweinsauce; 8 cl tomatierte Demi-glace; 50 g Butter; Rosenpaprika.

Den Spinat gut ausdrücken, in Butter schwenken und gut würzen. In eine ovale Backplatte füllen und die Eier im Kranz daraufdressieren. Mit stark paprizierter Weißweinsauce nappieren und auch etwas Paprika obenauf streuen. Die Champignons in die Mitte geben und mit der paprizierten Demi-glace leicht bedecken. *(Siehe Bild auf Seite 242.)*

■ AUF BURGUNDER ART — Œufs pochés à la bourguignonne

8 Eier; $^1/_2$ l Rotwein; 125 g Champignons; 8 Croutons; 30 g Butter; 1 Teelöffel Mehl.

Den Wein aufkochen und die Eier darin pochieren und herausnehmen. Den Wein mit gehackter Schalotte, Thymian und je einer Prise Salz würzen, auf etwa ¼ l einkochen, passieren und mit dem Mehl, mit 15 g Butter verknetet, abseits des Feuers binden und mit dem Schneebesen glattrühren. Die vorher gargemachten, in Scheiben geschnittenen Champignons beifügen, einmal aufkochen und die restliche Butter unterziehen. Die Eier auf die gebratenen Croutons setzen und mit der Sauce bedecken.

■ CHANTILLY — Œufs pochés à la Chantilly

8 Eier; 500 g frisch gekochte grüne Erbsen; 8 blindgebackene Tarteletts; 30 g Butter; $^1/_4$ l Mousselinesauce.

Die Erbsen durch ein Sieb streichen, mit der Butter vermengen und gut abschmecken. Das Püree in die heißen Tarteletten füllen, in jedes ein verlorenes Ei setzen und mit Mousselinesauce überziehen.

VERLORENE EIER CHARTRES — Œufs pochés à la Chartres

8 verlorene Eier; 8 geröstete Croutons; 2 dl gebundene Kalbsjus mit Estragon aromatisiert; blanchierte Estragonblättchen.

Die Eier auf die Croutons setzen, mit der gut eingekochten Jus überziehen und überkreuz mit 2 blanchierten Estragonblättchen dekorieren.

■ DAUMONT — Œufs pochés Daumont

8 verlorene Eier; 8 Blätterteigkrustaden; 200 g Hühnersalpicon; 1 dl Geflügelrahmsauce 2 dl Nantuasauce; 8 Trüffelscheiben.

Den Salpicon mit der Geflügelrahmsauce binden und damit die Krustaden füllen. Die Eier darauf dressieren, mit Nantuasauce nappieren und mit einer Trüffelscheibe dekorieren.

■ AUF ENGLISCHE ART — Œufs pochés à l'anglaise

8 verlorene Eier; 8 Croutons; 30 g geriebenen Chester; 50 g Butter.

Die Eier auf Croutons setzen und in eine Backplatte ordnen. Jedes Ei mit etwas geriebenem Chester bestreuen, mit gebräunter Butter übergießen und bei starker Oberhitze gratinieren. Mit einem Strauß Brunnenkresse in der Mitte servieren.

■ AUF ERZHERZOGSART — Œufs pochés archiduc

8 verlorene Eier; 8 geröstete Weißbrotcroutons; 1 kleine Trüffel; 400 g Geflügellebern; Weinbrand; $^1/_4$ ungarische Sauce; 30 g Butter.

Die Geflügellebern und die Trüffel in dünne Scheibchen schneiden, rasch in Butter sautieren und mit Weinbrand deglacieren. Diese Garnitur in ausgehöhlte, geröstete Croutons füllen, die Eier daraufsetzen und mit der Sauce nappieren.

■ AUF FLORENTINER ART — Œufs pochés à la florentine

8 verlorene Eier; 500 g Spinat; $^1/_4$ l Mornay-Sauce; 25 g geriebenen Käse; 50 g Butter.

Jungen Blattspinat kochen, auskühlen lassen, ausdrücken, in Butter dünsten, mit Salz, Pfeffer und geriebener Muskatnuß würzen und auf den Boden einer Backplatte geben. Die abgetropften Eier darauf anrichten, mit der Mornay-Sauce gleichmäßig überziehen, mit geriebenem Käse bestreuen, mit Butter beträufeln und bei starker Oberhitze gratinieren.

■ AUF GRÄFINART — Œufs pochés comtesse

8 verlorene Eier; 8 blindgebackene Tarteletts von Auslegeteig; 300 g Spargelpüree; 2 dl deutsche Sauce; gehackte Trüffel.

Die Tarteletts mit dem Spargelpüree füllen und die Eier obenauf dressieren. Mit der Sauce nappieren und in die Mitte etwas gehackte Trüffel streuen.

■ AUF GROSSHERZOGSART — Œufs pochés à la grand-duc

8 verlorene Eier; 8 tiefe Blätterteigtörtchen; 150 g grüne Spargelspitzen; $^1/_4$ l Mornay-Sauce; 8 kleine Trüffelscheiben; 30 g Butter.

Die kleingeschnittenen, gekochten, abgetropften und in Butter geschwungenen Spargelspitzen in die Törtchen füllen. In jedes Törtchen ein Ei setzen, mit einer Trüffelscheibe belegen, mit Mornay-Sauce überziehen und bei starker Oberhitze rasch glacieren.

■ AUF HOLLÄNDISCHE ART — Œufs pochés à la hollandaise

8 verlorene Eier; 8 blindgebackene Törtchen aus Blätterteigabfällen; 200 g gekochten Salm; 2 Eßlöffel Rahm; 2 dl holländische Sauce.

Von dem Salm Püree bereiten, mit dem Rahm und etwas holländischer Sauce vermischen und gut würzen. Das Püree in die Törtchen füllen, in jedes ein Ei setzen und mit holländischer Sauce knapp saucieren.

VERLORENE EIER AUF HUSARENART — Œufs pochés à la hussarde

8 verlorene Eier; 8 halbe, entkernte, grillierte Tomaten; 100 g gehackte, in Butter weichgedünstete Zwiebeln; 150 g gekochten, kleingewürfelten Schinken; 1 dl Demi-glace; 2 dl scharf gewürzte Samtsauce.

Die Zwiebeln mit dem Schinken vermengen, mit der Demi-glace binden und die halben Tomaten damit füllen. Die Eier auf die Tomaten dressieren und mit der Samtsauce nappieren.

■ AUF INDISCHE ART — Œufs pochés à l'indienne

8 verlorene Eier; 100 g Reis; $^1/_4$ l Currysauce.

Den Reis in viel Salzwasser weich, aber noch körnig kochen, abgießen, abspülen und bei gelinder Hitze im Ofen trocknen. Die Eier kranzartig auf einer runden Platte, ohne Croutons, anrichten, mit der Sauce bedecken und den Reis nebenbei servieren.

■ AUF JÄGERART — Œufs pochés chasseur

8 verlorene Eier; 8 blindgebackene Tarteletts aus Mürbeteig; 300 g Geflügellebern; 30 g Butter; 2 dl Jägersauce; gehackte Petersilie.

Die Lebern in Scheibchen schneiden, noch etwas blutig in Butter sautieren, würzen, und in die Tarteletts füllen. Die Eier obenauf dressieren, mit der Sauce nappieren und mit etwas gehackter Petersilie bestreuen.

■ JOINVILLE — Œufs pochés à la Joinville

8 verlorene Eier; 8 Croutons; $^1/_4$ l Garnelensauce; 8 Hummerkrabben.

Die verlorenen Eier auf die Croutons setzen, mit der Sauce überziehen und mit einem schönen Hummerkrabbenschwanz oder 2 grauen Garnelenschwänzchen belegen. *(Siehe Bild auf Seite 242.)*

■ AUF KARDINALSART — Œufs pochés Cardinal

8 verlorene Eier; 8 Croutons; $^1/_4$ l Kardinalsauce; 8 Trüffelscheiben, eventuell 8 dünne Hummerscheiben.

Die Eier auf Croutons anrichten, eventuell mit einer Hummerscheibe belegen, mit Kardinalsauce überziehen und mit einer kleinen runden Trüffelscheibe garnieren.

■ AUF KÖNIGINART — Œufs pochés à la reine

8 verlorene Eier; 8 blindgebackene Törtchen aus Blätterteigabfällen; 200 g Hühnerfleisch; $^1/_4$ l Geflügelrahmsauce; 1 Löffel Rahm.

Von gekochten oder gebratenen Geflügelresten Püree oder ein Haschee bereiten, mit etwas Geflügelrahmsauce und Rahm binden und in die Törtchen füllen. Ein verlorenes Ei in jedes Törtchen setzen, mit Sauce überziehen und obenauf etwas gehackte Trüffel streuen. *(Siehe Bild auf Seite 243.)*

■ MASSÉNA — Œufs pochés Masséna

8 verlorene Eier; 8 Artischockenböden; 1 dl Béarnaisesauce; 2 dl Tomatensauce; 8 pochierte Scheiben Rindermark.

Den Boden der Artischockenböden mit ganz wenig dicker Béarnaisesauce bedecken und auf jeden ein verlorenes Ei setzen. Mit dicker Tomatensauce überziehen, obenauf eine Scheibe Rindermark legen und mit einer Spitze gehackter Petersilie bestreuen.

■ MIGNON — Œufs pochés Mignon

8 verlorene Eier; 8 Artischockenböden; 250 g gekochte grüne Erbsen; 16 sehr kleine Krebsschwänze; 50 g Butter; 2 dl Garnelensauce; 8 Trüffelscheiben.

Die Erbsen und die Krebsschwänze mit der Butter binden, würzen, und damit die Artischockenböden füllen. Die Eier daraufdressieren, mit der Garnelensauce nappieren und mit einer Trüffelscheibe belegen.

VERLORENE EIER MISS HELYETT — Œufs pochés à la Miss Helyett

8 Eier; 8 große Tomaten; 16 Krebsschwänzchen; 125 g Champignons; $^1/_4$ l Nantuasauce; 8 dünne Trüffelscheiben.

Die Tomaten oben aufschneiden, etwas aushöhlen, würzen, mit Butter beträufeln und im Ofen dünsten, ohne daß sie zu weich werden dürfen. Das Innere abtropfen und mit einem Salpicon von Krebsschwänzen und Champignons, mit wenig Nantua-Sauce gebunden, füllen. In jede Tomate ein verlorenes Ei setzen, mit Nantua-Sauce überziehen und obenauf eine Trüffelscheibe legen.

■ **MONSEIGNEUR — Œufs pochés à la monseigneur**

8 verlorene Eier; 200 g gekochten Fisch; 8 blindgebackene Törtchen aus ungezuckertem Mürbeteig; $^1/_4$ l Béchamel; 30 g Butter.

Von Fischresten, Kabeljau, Seehecht, Butt usw. Püree bereiten und mit etwas Béchamel und Butter binden und kräftig abschmecken. Das Püree auf die Törtchen verteilen, in jedes ein verlorenes Ei setzen und mit leicht gebutterter, gut gewürzter Béchamel überziehen.

■ **MORNAY — Œufs pochés Mornay**

8 verlorene Eier; 8 runde Croutons; $^1/_4$ l Béchamel; 50 g geriebenen Käse; 1 Eßlöffel geriebenes Weißbrot; 20 g Butter.

Die gut abgetropften Eier auf in Butter geröstete Croutons setzen, mit der gut gewürzten, mit dem Käse vermischten Béchamel überziehen, mit einer Mischung von Reibbrot und Käse bestreuen, mit zerlassener Butter beträufeln und bei starker Hitze rasch überkrusten.

■ **NANTUA — Œufs pochés à la Nantua**

8 verlorene Eier; 8 Croutons; $^1/_4$ l Nantua-Sauce; 8 kleine Krebsschwänzchen oder 8 Krebsscheren.

Die Eier auf die Croutons dressieren, mit der Sauce überziehen und obenauf ein kleines Krebsschwänzchen oder eine Schere legen.

■ **AUF ORIENTALISCHE ART — Œufs pochés à l'orientale**

6 Personen. *6 verlorene Eier; 6 Artischockenböden; 150 g gekochtes, schieres Geflügelfleisch; $1^1/_2$ dl Curry-Rahmsauce; $1^1/_2$ dl Suprêmesauce; 1 Löffel Tomatenketchup; 6 Seezungenfilets; 1 grüne Paprikaschote; 2 kleine Stückchen rote, pochierte Paprikaschote. Zubereitung: 25 Minuten.*

Die Artischockenböden in Butter warm machen und mit einem Haschee von dem Geflügelfleisch, mit 2 Löffel Suprêmesauce gebunden, füllen und anrichten. Die heißen, gut abgetropften Eier auf die Artischockenböden setzen. Drei Eier mit der Curry-Rahmsauce und die drei anderen mit Suprêmesauce nappieren, die mit dem Tomatenketchup vermischt worden ist. Die mit Curry-Rahmsauce nappierten Eier mit einem runden Stück roter Paprikaschote belegen, die drei anderen mit einer Trüffelscheibe. In die Mitte die Seezungenfilets und die grüne Paprikaschote dressieren, beides in Streifen geschnitten, gewürzt, durch Mehl gezogen und rasch in der heißen Fritüre ausgebacken. Sofort zu Tisch geben. *(Siehe Bild auf Seite 241.)*

■ **AUF PERIGORDER ART — Œufs pochés à la périgourdine**

8 verlorene Eier; 8 Croutons; 2 dl Trüffelsauce ohne Einlage; 8 Trüffelscheiben.

Die Eier auf die Croutons setzen, mit einer gut deckenden Trüffelsauce überziehen und auf jedes Ei eine dünne Trüffelscheibe legen. *(Siehe Bild auf Seite 241.)*

■ **PHILÉAS GILBERT — Œufs pochés Philéas Gilbert**

8 verlorene Eier; 8 große Croutons; 2 dl Geflügelrahmsauce; Béarnaisesauce von 125 g Butter.

Die Eier auf große Croutons setzen und leicht mit Geflügelrahmsauce nappieren. Mit dem Spritzsack und Sterntülle um jedes Ei, doch noch auf dem Crouton, einen kleinen Kranz Béarnaisesauce spritzen.

VERLORENE EIER REGINA — Œufs pochés Regina

8 verlorene Eier; 8 Tarteletts von Auslegeteig; 250 g Salpicon von Seezungenfilets, Garnelen und Champignons; 1 dl Garnelensauce; 2 dl normannische Sauce; 30 g Trüffeljulienne.

Den Salpicon mit der Garnelensauce binden und die Tarteletts damit füllen. Auf jedes Tartelett ein Ei dressieren, mit normannischer Sauce nappieren und die Trüffeljulienne obenaufstreuen.

■ ROSSINI — Œufs pochés Rossini

8 verlorene Eier; 8 Blätterteigtörtchen; 8 sehr kleine Scheibchen Gänseleber; 2 dl Madeirasauce; 8 dünne Trüffelscheiben.

Die warmen Gänseleberscheiben in die Törtchen füllen und darauf ein Ei setzen. Mit Madeirasauce überziehen und jedes Ei mit einer Trüffelscheibe belegen.

■ ST. HUBERTUS — Œufs pochés Saint-Hubert

8 verlorene Eier; 8 gebratene, herzförmige Croutons; 200 g Wildfleisch; ¹/₄ Pfeffersauce.

Von dem gebratenen Wildfleisch Haschee bereiten und mit etwas Pfeffersauce binden. Das Haschee in eine Backplatte füllen, obenauf die Eier dressieren, mit Pfeffersauce überziehen und mit den herzförmigen Croutons garnieren.

■ MIT SPECK — Œufs pochés au bacon

Je Person: *2 Eier; 2 Scheiben Frühstückspeck. Pochierzeit: 3 Minuten.*

Die Eier auf einem Tuch gut abtropfen und auf dünnen Scheiben gut geröstetem Speck anrichten und entweder mit dem Fett des Speckes oder mit zerlassener Butter übergießen.

■ VILLEROY — Œufs pochés Villeroy

8 verlorene Eier; ¹/₄ l Villeroysauce; 200 g frischgeriebene Weißbrotkrume; 2 dl Tomatensauce.

Die Eier mit Villeroysauce umhüllen und erkalten lassen. Mit dem Weißbrot sorgfältig panieren, 2-3 Minuten in der heißen Fritüre backen und abtropfen. Auf Serviette mit gebackener Petersilie anrichten und die Tomatensauce nebenbei servieren.

WACHSWEICHE EIER

Alle Rezepte für verlorene Eier sind auch für wachsweiche Eier gültig.

GEFORMTE EIER

Proportionen für 4 Personen

GEFORMTE EIER AUF NEAPLER ART — Œufs moulés à la napolitaine

7 Eier; 150 g geriebenen Parmesan; 2 dl tomatierte Demi-glace; 50 g Butter.

Von 5 Eiern und 100 g geriebenem Parmesan ein ganz lockeres und geschmeidiges Rührei bereiten. Abseits des Feuers zwei rohe, geschlagene Eier daruntermengen. Die Masse in gut gebutterte, geriefte Briocheförmchen füllen und im Wasserbad pochieren, doch nicht festwerden lassen. In eine flache, gebutterte Backplatte stürzen, mit Demi-glace nappieren, mit dem restlichen Parmesan bestreuen und rasch unter dem Salamander glacieren.

GEFORMTE EIER NINETTE — Œufs moulés Ninette

7 Eier; 8 Croutons; 20 Garnelenschwänzchen; 2 dl Mousselinesauce.

Von 5 Eiern wie oben feines Rührei machen, die kleingeschnittenen Garnelenschwänzchen und zwei rohe, geschlagene Eier beifügen. Die Masse in gut ausgebutterte Babaförmchen füllen. Sorgfältig im Wasserbad pochieren und darauf achten, daß das Innere weich bleibt. Auf die Croutons stürzen und mit der Sauce nappieren.

RÜHREIER

Proportionen für 4 Personen

RÜHREIER MIT ARTISCHOCKENBÖDEN — Œufs brouillés aux fonds d'artichauts

8 Eier; 2 große gekochte Artischockenböden; 30 g Butter; 5 cl Sahne. Zubereitung: 8-10 Minuten.

Die Artischockenböden in kleine Würfel schneiden, in der Butter schwenken, würzen und unter die Rühreier mischen.

■ MIT BROTKRÜSTCHEN — Œufs brouillés aux croûtons

8 Eier; 5 cl süße Sahne; 20-25 kleine Weißbrotwürfelchen; 50 g Butter.

Die Brotwürfelchen in der Butter braun und knusperig rösten und erst im letzten Moment unter die Rühreier mengen.

■ MIT CHAMPIGNONS — Œufs brouillés aux champignons

8 Eier; 200 g Champignons; 30 g Butter; 5 cl süße Sahne.

Die gut geputzten und gewaschenen Champignons in dünne Scheiben schneiden, in der Butter rösten, bis sie hellbraun sind, und unter die Rühreier mischen.

■ CLAMART — Œufs brouillés Clamart

8 Eier; 200 g grüne Erbsen auf französische Art bereitet; 5 cl süße Sahne; $1^1/_2$ dl Rahmsauce.

Die Erbsen und die Sahne dem Rührei beimengen. Anrichten und mit der Rahmsauce umkränzen.

■ AUF FÖRSTERINART Œufs brouillés à la forestière

8 Eier; 5 cl süße Sahne; 50 g Butter; 50 g Würfel von Rauchspeck; 125 g Morcheln.

Die zuvor blanchierten Speckwürfel rösten und unter die Rühreier mengen. Die gut geputzten und gewaschenen Morcheln abtropfen, in Stücke schneiden, in der Butter sautieren und in der Mitte des Rühreis anrichten. Obenauf gehackte Petersilie streuen.

■ MIT GARNELEN — Œufs brouillés aux crevettes

8 Eier; 5 cl Sahne; 100 g Garnelenschwänzchen; 40 g Butter.

Die Garnelenschwänzchen in Butter sautieren und unter die Rühreier mengen.

■ GEORGETTE — Œufs brouillés Georgette

8 Eier; 5 cl süße Sahne; 100 g Krebsschwänze; 40 g Butter; 4 große, gleichmäßige, gebackene Kartoffeln.

Die im Ofen gebackenen Kartoffeln deckelförmig aufschneiden und einen Teil des Fleisches aushöhlen. Die Krebsschwänze in der Butter leicht ansautieren, mit dem Rührei vermischen, die Sahne darunterziehen und das Rührei in die Kartoffeln füllen.

■ AUF JÄGERART — Œufs brouillés à la chasseur

8 Eier; 5 cl Sahne; 200 g Geflügellebern; 75 g Champignons; 50 g Butter. Zubereitung der Champignons und Geflügellebern: 5 Minuten.

Die Champignons und die Geflügellebern in grobe Würfel schneiden. Erst die Champignons in der Butter anrösten, dann die Lebern hinzufügen und ganz rosa braten. Würzen, in der Mitte der Rühreier anrichten und mit gehackter Petersilie bestreuen.

■ MIT KÄSE — Œufs brouillés au fromage

8 Eier; 5 cl Sahne; 30 g Butter; 60 g geriebenen Schweizer Käse.

Das Rührei wie üblich bereiten und den geriebenen Käse darunterziehen.

RÜHREIER KÖNIGIN MARGOT — Œufs brouillés reine Margot

8 Eier; 5 cl süße Sahne; 40 g Mandelbutter; 8 blindgebackene Tarteletts von Auslegeteig; 1 dl Béchamel mit Pistazienbutter aufgeschlagen.

Die Mandelbutter unter das fertige Rührei ziehen und die Tarteletts damit füllen. Obenauf einen Kranz der Béchamelsauce geben.

■ MIT KREBSSCHWÄNZCHEN — Œufs brouillés aux queues d'écrevisses

Die Krebsschwänzchen in Stücke schneiden, leicht in Butter schwenken und unter die Rühreier mengen. Man kann sie auch mit etwas Krebssauce umgießen.

■ MARIVAUX — Œufs brouillés Marivaux

8 Eier; 5 cl süße Sahne; 150 g Champignons; 50 g gehackte Trüffeln; 40 g Butter; Fleischglace.

Das Rührei mit der Sahne vervollständigen und die Trüffeln daruntermischen. Anrichten und mit den in Butter gedünsteten Champignons garnieren. Mit einem Faden Fleischglace umkränzen.

■ MONTPENSIER — Œufs brouillés Montpensier

8 Eier; 5 cl Sahne; 2 Eßlöffel geschälte, entkernte, gewürfelte und in Butter gedünstete Tomaten; 200 g Kalbsniere; 50 g Butter; 5 cl Madeirasauce. Zubereitung der Eier: 6-8 Minuten; der Nieren: 4-5 Minuten.

Die Eier mit den gewürfelten Tomaten vermengen und in einer tiefen Schüssel anrichten. Die Niere in dünne Scheiben schneiden, schnell noch rosig in der Butter braten, mit der Madeirasauce binden und in die Mitte des Rühreis dressieren.

■ AUF PORTUGIESISCHE ART — Œufs brouillés à la portugaise

8 Eier; 5 cl süße Sahne; 250 g Tomaten; 20 g Butter; 1 Eßlöffel Öl. Zubereitung: 8-10 Minuten.

Die Tomaten schälen, entkernen, in Würfel schneiden und in dem heißen Öl mit der Butter dünsten, bis sie ziemlich trocken sind. Die Rühreier mit 2/3 der Tomaten vermischen, anrichten, den Rest der Tomaten in die Mitte geben und mit gehackter Petersilie bestreuen.

■ MIT GRÜNEN SPARGELSPITZEN — Œufs brouillés aux pointes d'asperges

8 Eier; 150 g grüne Spargelspitzen; 40 g Butter; 5 cl süße Sahne.

Die Spargelspitzen in kleine Stücke schneiden, kochen, in Butter schwenken und würzen. Die Rühreier anrichten und die Spargelspitzen in die Mitte geben.

■ MIT TRÜFFELN — Œufs brouillés aux truffes

8 Eier; 5 cl Sahne; 1 gargemachte Trüffel; 30 g Butter. Zubereitung: 8-10 Minuten.

Die kleingewürfelte Trüffel, mit Ausnahme einiger schöner Scheiben, unter die Rühreier mengen, mit den dünnen Scheiben belegen und mit etwas zerlassener Butter überglänzen.

■ YVETTE — Œufs brouillés Yvette

8 Eier; 5 cl süße Sahne; 100 g Spargelspitzen; 100 g Krebsschwänze; 8 blindgebackene Blätterteigkrustaden; 8 Trüffelscheiben.

Die Spargelspitzen und die Krebsschwänze in kleine Stücke schneiden und unter das Rührei mengen. In die Krustaden füllen und obenauf eine Trüffelscheibe legen.

▲ Pflaumenweiche Eier Kasino, S. 257

Auswahl von hartgekochten Eiern, S. 255/256 ▼

▲ Pflaumenweiche Eier mit Parmer Schinken in Gelee, S. 257

Eier in Gelee Colinette, S. 258 ▼

▲ Verlorene Eier auf Tatarenart, S. 259

Pflaumenweiche Eier Carmen, S. 257 ▼

▲ Eier in Gelee Jeannette, S. 258

Verlorene Eier Beaugency, S. 230 ▼

▲ Pflaumenweiche Eier auf orientalische Art, S. 233

Verlorene Eier auf Perigorder Art, S. 233 ▼

▲ Verlorene Eier Budapest, S. 230

Verlorene Eier Joinville, S. 232 ▼

▲ Omelette auf arlesische Art, S. 249

Verlorene Eier auf Königinart, S. 232 ▼

▲ Pflaumenweiche Eier Aurora, S. 230

Omelette auf Jägerart, S. 250 ▼

SETZEIER

Proportionen für 4 Personen

SETZEIER BERCY — Œufs sur le plat Bercy

8 Eier; 8 winzige Bratwürstchen (Chipolata); 40 g Butter; 5 cl Tomatensauce. Bratzeit der Würstchen: 4-5 Minuten; der Eier: 2-3 Minuten.

Die Eier bereiten und mit den gebratenen Würstchen garnieren. Rund um die Platte einen Streifen Tomatensauce gießen.

■ MIT DUNKLER BUTTER — Œufs sur le plat au beurre noir

8 Eier; 60 g Butter; 1 Eßlöffel Essig.

Die Eier in einer gebutterten Eierplatte garmachen. In einer Stielpfanne Butter erhitzen, bis sie ganz dunkel wird, einen Eßlöffel Essig hinzugeben und über die Eier gießen.

■ MIT ESTRAGONJUS — Œufs sur le plat à la Chartres

8 Eier; 7 cl Kalbsjus; 10 g gehackten Estragon; 16 blanchierte Estragonblättchen.

Die Kalbsjus mit dem gehackten Estragon vermischen und den Boden der Eierplatte damit bedecken. Die Eier hineinschlagen und im Ofen garmachen. Jedes Ei mit zwei überkreuz gelegten Estragonblättchen garnieren.

■ AUF FÖRSTERART — Œufs sur le plat à la forestière

8 Eier; 150 g Morcheln; 50 g durchwachsenen Speck; 40 g Butter.

Den Speck würfeln, blanchieren, und die Morcheln in Scheibchen schneiden. Zusammen in Butter sautieren und auf den Boden einer gebutterten Eierplatte dressieren. Die Eier daraufschlagen und im Ofen garmachen.

■ MIT FRÜHSTÜCKSPECK — Œufs sur le plat au bacon

8 Eier; 8 Scheiben Frühstücksspeck (Bacon); 30 g Butter.

Den Frühstücksspeck braten und auf den Boden einer gebutterten Eierplatte legen. Die Eier daraufschlagen und im Ofen garmachen.

■ JOCKEY CLUB — Œufs sur le plat Jockey Club

8 Eier; 8 runde, geröstete Weißbrotscheiben; 100 g Gänseleberpüree; 200 g Kalbsnieren; 1 kleine gewürfelte Trüffel; 1 dl Demi-glace; 50 g Butter.

Die Eier garmachen und mit einem runden Ausstecher ausstechen. Auf die gleichgroßen, mit Gänseleberpüree bestrichenen Croutons setzen und kranzartig anrichten. Die Kalbsnieren in dünne Scheibchen schneiden, rasch in Butter sautieren, mit den Trüffelwürfeln vermischen, mit der Demiglace binden und in die Mitte des Kranzes dressieren.

■ MEYERBEER — Œufs sur le plat Meyerbeer

8 Eier; 4 Lammnieren; 40 g Butter; 5 cl Trüffelsauce. Zubereitung der Nieren: 5 Minuten.

Die Nieren enthäuten, halbieren und rösten. Die fertigen Eier mit den Nieren garnieren und mit einem Streifen Trüffelsauce umgießen.

■ MIRABEAU — Œufs sur le plat Mirabeau

8 Eier; 30 g Sardellenbutter; 8 gewässerte, in Öl eingelegte Sardellenfilets; 8 entsteinte, blanchierte Oliven; Estragonblätter.

Die Eierplatte mit der Sardellenbutter ausstreichen, die Eier hineinschlagen, wie üblich bereiten. aber nicht salzen. Beim Anrichten jedes Eigelb mit einem Sardellenfilet umlegen und mit 2 blanchierten Estragonblättchen überkreuz dekorieren. Die blanchierten Oliven um die Eier garnieren,

SETZEIER MIREILLE — Œufs sur le plat Mireille

8 Eier; 100 g Geflügellebern; 4 kleine Tomaten; 40 g Butter; 5 cl Madeirasauce. Zubereitung der Lebern: 3-4 Minuten.

Die Lebern grob würfeln und sautieren; die Tomaten halbieren und rösten. Die Eier mit den Tomaten garnieren, auf jede ein Löffelchen Leber geben und mit Madeirasauce knapp überziehen.

■ MISTRAL — Œufs sur le plat Mistral

8 Eier; 4 Tomaten; 8 entsteinte, blanchierte Oliven; 40 g Butter.

Die Eier wie üblich garmachen. Zwischen die Eier halbe, grillierte Tomaten setzen und jede Hälfte mit einer Olive garnieren.

■ MONTMORENCY — Œufs sur le plat Montmorency

8 Eier; 200 g kleingeschnittenen, gekochten Spargel; 1 kleines Bündelchen grüne Spargelspitzen; 4 kleine, in Scheiben geschnittene und in Butter sautierte Artischockenböden; 5 cl süße Sahne; 50 g Butter.

Die Spargelstückchen mit Butter und Sahne legieren, würzen und damit den Boden der Eierplatte bedecken. Die Eier daraufschlagen und im Ofen garmachen. Mit den sautierten Artischockenböden und den mit Butter überglänzten Spargelspitzen garnieren.

■ NANTUA — Œufs sur le plat Nantua

8 Eier; 150 g Salpicon von Krebsschwänzen; 16 Krebsschwänzchen; 8 Trüffelscheiben; 1 dl Nantuasauce; 30 g Butter.

Den Boden der gebutterten Eierplatte mit dem Salpicon bedecken, die Eier daraufschlagen und im Ofen garmachen. Mit den Krebsschwänzchen garnieren, auf jedes Eigelb eine Trüffelscheibe legen, und das Ganze mit Nantuasauce umkränzen.

■ AUF PORTUGIESISCHE ART — Œufs sur le plat à la portugaise

8 Eier; 200 g gewürfelte, geschmolzene Tomaten; 40 g Butter; 5 cl Tomatensauce.

Die Eier bereiten und zwischen die einzelnen ein kleines Sträußchen Tomaten dressieren und mit gehackter Petersilie bestreuen. Rundherum einen Streifen Tomatensauce gießen.

■ AUF SAVOYER ART — Œufs sur le plat à la savoyarde

8 Eier; 200 g geschälte Kartoffeln; 100 g Butter; 50 g geriebenen Käse; 5 cl süße Sahne.

Die rohen, in dünne, runde Scheibchen geschnittenen Kartoffeln in Butter sautieren und den Boden der Eierplatte damit bedecken. Die Eier daraufschlagen, mit geriebenem Käse bestreuen, mit der Sahne übergießen und im Ofen garmachen.

■ MIT SARDELLEN — Œufs sur le plat aux anchois

8 Eier; 12 Sardellenfilets; 30 g Butter.

Die Sardellenfilets wässern und acht Stück auf den Boden einer mit Butter bestrichenen Eierplatte legen. Die Eier daraufschlagen, im Ofen garmachen und mit den restlichen, zusammengerollten Filets garnieren.

■ MIT SCHINKEN — Œufs sur le plat au jambon

8 Eier; 30 g Butter; 4 kleine Scheiben Schinken.

Den Schinken leicht anbraten, in die Eierplatte geben und weiter wie Eier mit Bacon bereiten.

■ VIKTORIA — Œufs sur le plat Victoria

8 Eier; 200 g Salpicon von Hummer oder Languste und Trüffeln; 2 dl Hummersauce; 30 g Butter.

Die Eier wie üblich garmachen. Mit dem Salpicon, der mit 1 dl Hummersauce legiert wurde, garnieren. Mit der restlichen Sauce umkränzen.

SPIEGELEIER — Œufs au miroir

Um richtige Spiegeleier zu bereiten, recht frische Eier nehmen, in die gebutterte Platte schlagen, kurz anziehen lassen, dann mit etwas stärkerer Oberhitze fertigmachen, damit sich obenauf ein dünner weißer Schleier bildet. Die Eier dann sofort servieren.

EIER IN NÄPFCHEN

Proportionen für 4 Personen

EIER IN NÄPFCHEN COLBERT — Œufs en cocotte Colbert

6 Eier; 150 g Geflügelfarce mit gehackten Kräutern; 75 g zerlassene Colbert-Butter. Kochzeit: 6-8 Minuten.

Die Eiernäpfchen mit der Farce ausfüttern und ein Ei hineinschlagen. Im Wasserbad auf dem Herd 3 Minuten ankochen lassen und im Ofen fertigpochieren. Mit einem Kranz Colbert-Butter umgießen und auf einer Platte auf Serviette anrichten.

■ **DIANA — Œufs en cocotte à la Diane**

6 Eier; 150 g Wildhaschee; 7 cl Wildsauce; 6 Trüffelscheiben. Kochzeit: 6-8 Minuten.

Die Wandungen der Näpfchen mit dem Haschee ausfüttern und auf den Boden einen Teelöffel Wildsauce geben. Die Eier in die Näpfchen schlagen, im Wasserbad auf dem Herd 3 Minuten ankochen lassen und im Ofen fertigpochieren. Eine durch Fleischglace gezogene Trüffelscheibe in die Mitte eines jeden Eis legen.

■ **AUF FLORENTINER ART — Œufs en cocotte à la florentine**

6 Eier; 200 g gekochten Blattspinat; 40 g Butter; 6 cl süße Sahne; 25 g geriebenen Käse. Kochzeit: 6-8 Minuten.

Boden und Seiten der Näpfchen mit dem in Butter sautierten Blattspinat ausfüttern. Die Eier in die Mitte schlagen, würzen und im Wasserbad angehen lassen. Mit Sahne übergießen, mit geriebenem Käse bestreuen und im Ofen garmachen und gleichzeitig gratinieren.

■ **AUF PARISER ART — Œufs en cocotte à la parisienne**

6 Eier; 100 g Hühnerfarce vermischt mit 50 g gehackter Pökelzunge, Trüffeln und Champignons zu gleichen Mengen; 7 cl Demi-glace. Kochzeit: 6-8 Minuten.

Boden und Seiten der Näpfchen mit der Farce ausstreichen und die Eier in die Mitte schlagen. Auf dem Herd 3 Minuten anlaufen lassen und zugedeckt im Ofen fertigpochieren. Jedes Ei mit etwas Demi-glace umkränzen.

■ **MIT RAHM — Œufs en cocotte à la crème**

6 Eier; 1 dl süße Sahne. Kochzeit: 5 Minuten.

Die Näpfchen anwärmen und etwas heiße Sahne hineingießen. Die Eier hineinschlagen, würzen und im Wasserbad auf dem Herd 2 Minuten angehen lassen. Zudecken und im Ofen 3 Minuten pochieren.

■ **MIT ROTWEIN — Œufs en cocotte au chambertin**

6 Eier; 1¹/₂ dl Rotwein. Kochzeit: 5 Minuten.

Den kochendheißen Rotwein auf die Näpfchen verteilen und die Eier hineinschlagen. Würzen, 2 Minuten im Wasserbad auf dem Herd angehen lassen und im Ofen fertigpochieren.

■ **AUF SCHÄFERART — Œufs en cocotte à la bergère**

6 Eier; 75 g Lammhaschee; 75 g Haschee von Moosschwämmen (notfalls Champignons); 5 cl Rahmsauce; 7 cl eingekochte Kalbsjus. Kochzeit: 6-8 Minuten.

Boden und Seiten der Näpfchen mit dem Haschee von Lammfleisch und Moosschwämmen, mit der Rahmsauce gebunden, ausfüttern. Die Eier hineinschlagen, würzen, erst 3 Minuten im Wasserbad auf dem Herd angehen lassen und dann im Ofen fertigmachen. Beim Servieren jedes Ei mit einem Löffelchen Kalbsjus umkränzen.

GEBACKENE EIER

Proportionen für 4 Personen

GEBACKENE EIER AUF BORDELAISER ART — Œufs frits à la bordelaise

8 Eier; 8 halbe Tomaten auf provenzalische Art; 200 g Steinpilze in Scheiben auf Bordelaiser Art; gebackene Petersilie.

Die Tomaten im Kranz auf der Platte anrichten und jede mit Steinpilzen füllen. Obenauf ein gebakkenes Ei dressieren und in die Mitte der Platte gebackene Petersilie füllen.

■ CAVOUR — Œufs frits Cavour

8 Eier; 8 halbe, ausgehöhlte, in Öl gebratene Tomaten; 100 g Reis auf Piemonteser Art; 2 dl Kalbsjus.

Die Tomaten mit dem Reis füllen und die gebackenen Eier daraufdressieren. Die Kalbsjus nebenbei servieren.

■ MIT FRÜHSTÜCKSSPECK — Œufs frits au bacon

8 Eier; 8 Scheiben Frühstücksspeck.

Den Speck in der Pfanne braten, anrichten und die Eier daraufdressieren. Leicht mit dem ausgelassenen Fett des Speckes übergießen.

■ AUF HIRTINART — Œufs frits à la pastourelle

8 Eier; 8 Scheiben mageren Speck; 4 Lammnieren, halbiert; 200 g Champignons mit gehackten Schalotten sautiert; gehackte Petersilie.

Die Speckscheiben und die halben Lammnieren grillieren. Den Speck auf einer runden Platte im Kranze anrichten, die gebackenen Eier daraufdressieren und jedes Ei mit einer halben Lammniere belegen. Die Champignons in die Mitte füllen und mit gehackter Petersilie bestreuen.

■ AUF MEXIKANISCHE ART — Œufs frits à la mexicaine

8 Eier; 8 halbe, ausgehöhlte, in Öl gebratene Tomaten; 100 g Reis auf Kreolenart; 2 dl Tomatensauce.

Die Tomaten mit dem Reis füllen und die gebackenen Eier daraufdressieren. Die Tomatensauce nebenbei servieren.

■ AUF PROVENZALISCHE ART — Œufs frits à la provençale

8 Eier; 8 halbe Tomaten auf provenzalische Art; 8 Scheiben Eierfrüchte, gewürzt und gebacken; gebackene Petersilie.

Die Scheiben der Eierfrüchte im Kranz auf einer runden Platte anrichten. Die Tomaten daraufdressieren und mit den Eiern füllen. Die gebackene Petersilie in die Mitte geben.

■ MIT SCHINKEN — Œufs frits au jambon

8 Eier; 4 Scheiben gekochten Schinken.

Den Schinken in der Pfanne oder auf dem Rost braten und darauf die Eier dressieren.

■ MIT SPECK — Œufs frits au lard

8 Eier; 8 Scheiben mageren, geräucherten Speck.

Den Speck braten und die Eier daraufdressieren.

■ ST. BENEDIKT — Œufs frits Saint-Benoît

8 Eier; 400 g Brandade von Stockfisch.

Die Brandade in die Mitte einer runden Platte kuppelförmig dressieren und mit den Eiern umkränzen.

GEBACKENE EIER MIT TOMATENSAUCE — Œufs frits à la sauce tomate

8 Eier; 1/4 l Tomatensauce; gebackene Petersilie.

Die Eier im Kranz auf einer Serviette anrichten und die Petersilie in die Mitte geben. Die Tomatensauce nebenbei servieren.

■ AUF YORKSHIREART — Œufs frits à la Yorkshire

8 Eier; 8 runde, geröstete Weißbrotscheibchen; 8 Scheibchen rohen, sautierten Schinken; gebackene Petersilie.

Die Eier auf einer runden Platte abwechselnd mit Brotscheibchen und Schinken im Kranz anrichten. Die gebackene Petersilie in die Mitte geben.

DIE OMELETTES

Proportionen für 4 Personen

OMELETTE AGNÈS SOREL — Omelette Agnès Sorel

8 Eier; 100 g blättrig geschnittene, in Butter sautierte Champignons; 30 g Hühnerpüree; 16 kleine, runde Scheibchen Pökelzunge; 40 g Butter; 5 cl Kalbsjus.

Die Omelette mit den mit Hühnerpüree gebundenen Champignons füllen. Anrichten, mit den heißen Scheibchen Pökelzunge belegen und mit der Kalbsjus umgießen.

■ AUF ARLESISCHE ART — Omelette à l'arlésienne

8 Eier; 150 g geschmolzene Tomaten und Eierfrüchte mit Knoblauch gewürzt; 1 dl Tomatencoulis.

Die Omelette mit zwei Dritteln der Mischung füllen, anrichten und den Rest in einen Einschnitt in der Mitte der Omelette dressieren. Mit dem Tomatencoulis umgießen. *(Siehe Bild auf Seite 243.)*

■ AUF BAUERNART — Omelette à la paysanne

8 Eier; 40 g Butter; 50 g mageren Speck; 25 g ziselierten Sauerampfer in Butter gedünstet; 75 g dünne Kartoffelscheibchen.

Die Eier mit dem gewürfelten, gebratenen Speck, dem Sauerampfer und den roh gerösteten Kartoffeln vermischen und die Omelette wie einen Eierkuchen bereiten und flach auf runder Platte anrichten.

■ AUF BÖHMISCHE ART — Omelette à la bohémienne

8 Eier; 50 g gekochten Schinken; 50 g Champignons; 1 kleine Trüffel; 100 g geschmolzene Tomaten; 5 cl Tomatensauce; 40 g Butter.

Schinken, Champignons und Trüffel in Streifen schneiden, mit zwei Dritteln der geschmolzenen Tomaten binden und damit die Omelette füllen. Den Rest der Tomaten obenauf dressieren und die Tomatensauce um die Omelette gießen.

■ AUF BOULOGNER ART — Omelette à la boulonnaise

8 Eier; 150 g Makrelenmilcher; 100 g Kräuterbutter; 40 g Butter.

Die Milcher kleinschneiden, in 50 g Kräuterbutter sautieren und die Omelette damit füllen. Anrichten und mit der restlichen, zerlassenen Kräuterbutter umgießen.

■ MIT CHAMPIGNONS — Omelette aux champignons

8 Eier; 150 g blättrig geschnittene, rohe, in Butter sautierte Champignons.

Die Champignons mit den Eiern vermischen und die Omelette wie üblich bereiten.

OMELETTE CHEVREUSE — Omelette Chevreuse

8 Eier; 60 g Artischockenböden, 60 g Spargelspitzen und 30 g Trüffel, in Würfel geschnitten; 8 Trüffelscheiben.

Artischockenböden, Spargelspitzen und Trüffel unter die Eiermasse mischen und die Omelette wie üblich bereiten. Mit den Trüffelscheiben belegen.

■ CLAMART — Omelette Clamart

8 Eier; 150 g Erbsen, auf französische Art bereitet; 40 g Butter.

Die fertige Omelette mit zwei Dritteln der Erbsen füllen. Die Omelette anrichten, oben einen Einschnitt machen und mit den restlichen Erbsen garnieren.

■ AUF ERZHERZOGSART — Omelette à l'archiduc

8 Eier; 150 g Geflügellebern; 1 dl Demi-glace; 8 Trüffelscheiben; 40 g Butter.

Die Geflügellebern in Scheibchen schneiden, in Butter noch rosa sautieren, mit etwas Demi-glace binden und in die Omelette füllen. Anrichten, mit den Trüffelscheiben belegen und mit Demi-glace umkränzen.

■ MIT ESTRAGON — Omelette à la Chartres

8 Eier; 25 g gehackten Estragon; blanchierte Estragonblätter; 5 cl Kalbsjus mit Estragongeschmack.

Den gehackten Estragon unter die Eiermasse mischen. Die fertige Omelette mit blanchierten Estragonblättchen garnieren und mit der Jus umkränzen.

■ MIT FEINEN KRÄUTERN — Omelette aux fines herbes

8 Eier; 30 g gemischt und gehackt: Petersilie, Kerbel, Estragon, Schnittlauch; 40 g Butter.

Die Kräuter unter die Eiermasse mischen und die Omelette wie üblich bereiten.

■ AUF FLORENTINER ART — Omelette à la florentine

8 Eier; 150 g Blattspinat, in Butter gedünstet; 40 g Butter.

Den Spinat unter die Eiermasse mischen und die Omelette wie üblich bereiten.

■ AUF FÖRSTERART — Omelette à la forestière

8 Eier; 100 g Morcheln und Steinpilze in Scheibchen, in Butter sautiert; 50 g gebratene Speckwürfel; 1 dl Demi-glace; 40 g Butter.

Pilze und Speckwürfel mit etwas Demi-glace binden und die Omelette damit füllen. Anrichten und mit Demi-glace umkränzen.

■ MIT GARNELEN — Omelette aux crevettes

8 Eier; 100 g Garnelenschwänzchen; 1 dl Garnelensauce; 40 g Butter.

75 g Garnelenschwänzchen mit 5 cl Sauce binden und in die Omelette füllen. Obenauf einen Einschnitt machen und mit den restlichen, in Butter sautierten Schwänzchen füllen. Mit der Garnelensauce umkränzen.

■ AUF JÄGERART — Omelette chasseur

8 Eier; 100 g Geflügellebern; 50 g Champignons; 5 cl Demi-glace; 40 g Butter; gehackte Petersilie.

Die Omelette mit zwei Dritteln der Lebern und Champignons, in Scheibchen geschnitten, in Butter sautiert und mit Demi-glace gebunden, füllen. Den Rest der Garnitur in einen Einschnitt auf der Oberseite der Omelette dressieren und mit gehackter Petersilie bestreuen. *(Siehe Bild auf Seite 244.)*

OMELETTE MIT KÄSE — Omelette au fromage

8 Eier; 50 g geriebenen Käse; 40 g Butter.

Den Käse unter die Eiermasse mischen und die Omelette wie üblich bereiten.

■ AUF KÖNIGINART — Omelette à la reine

8 Eier; 100 g Hühnerpüree; 5 cl Geflügelrahmsauce; 40 g Butter.

Die Omelette mit dem Püree füllen und nach dem Anrichten mit der Geflügelrahmsauce umkränzen.

■ MIT KRÜSTCHEN — Omelette aux croûtons

8 Eier; 50 g Weißbrotwürfelchen, in Butter geröstet; 40 g Butter.

Die ausgekühlten Krüstchen unter die Eiermasse mischen und die Omelette wie üblich bereiten.

■ AUF LYONER ART — Omelette à la lyonnaise

8 Eier; 50 g in Butter gedünstete Zwiebelscheiben; 40 g Butter; 20 g gehackte Petersilie.

Die ausgekühlten Zwiebelscheiben und die gehackte Petersilie unter die Eiermasse mischen und die Omelette wie üblich bereiten.

■ AUF MEXIKANISCHE ART — Omelette à la mexicaine

8 Eier; 50 g Champignons; 25 g gehackte, rote Paprikaschoten; 100 g geschmolzene Tomaten; 40 g Butter.

Die Champignons in Scheiben schneiden, in Butter sautieren, und die Paprikaschoten in Butter dünsten. Nach dem Auskühlen unter die Eiermasse mischen und die Omeletten wie üblich bereiten. Obenauf einen Einschnitt machen und mit den geschmolzenen Tomaten füllen.

■ NANTUA — Omelette Nantua

8 Eier; 100 g Krebsschwänzchen, gewürfelt; 40 g Butter; 1 dl Nantuasauce.

Die Krebsschwänzchen mit 5 cl Nantuasauce binden und davon zwei Drittel in die fertige Omelette füllen. Den Rest obenaufdressieren und mit der restlichen Sauce umkränzen.

■ AUF PÄCHTERART — Omelette à la fermière

8 Eier; 100 g gekochten Schinken; 20 g gehackte Petersilie; 40 g Butter.

Den Schinken in Würfelchen schneiden und zusammen mit der Petersilie unter die Eiermasse mischen. Die Omelette flach lassen und auf einer runden Platte anrichten.

■ PARMENTIER — Omelette Parmentier

8 Eier; 150 g kleine Kartoffelwürfelchen, in Butter gebraten; 40 g Butter.

Die Kartoffeln unter die Eiermasse mischen und die Omelette wie üblich bereiten.

DES PFARRERS OMELETTE — Omelette du curé

8 Eier; 100 g Karpfenmilcher; 100 g Thunfisch; 1 gehackte Schalotte; 100 g Butter; gehackte Petersilie und Schnittlauch.

Die Karpfenmilcher 5 Minuten blanchieren, abtropfen, zusammen mit dem Thunfisch und der Schalotte in Butter dünsten und damit die Omelette füllen. 50 g Butter mit dem Schnittlauch und der Petersilie vermengen, auf die Anrichteplatte aufstreichen und darauf die Omelette dressieren.

OMELETTE AUF PORTUGIESISCHE ART — Omelette à la portugaise

8 Eier; 100 g geschmolzene Tomaten; 5 cl Tomatensauce; 40 g Butter.

Die Omelette mit den geschmolzenen Tomaten füllen und mit Tomatensauce umkränzen.

OMELETTE AUF PRINZESSINART — Omelette à la princesse

8 Eier; 100 g Spargelspitzen; 1 dl Rahmsauce; 40 g Butter; Trüffelscheiben.

Die Spargelspitzen mit 5 cl Rahmsauce binden und in die Omelette füllen. Obenauf mit Trüffelscheiben garnieren und mit Rahmsauce umkränzen.

■ **ROSSINI — Omelette Rossini**

8 Eier; 100 g pochierte Gänseleber; 50 g Trüffeln; 40 g Butter; 8 Trüffelscheiben; 5 cl Demi-glace mit Trüffelessenz.

Die Gänseleber und die Trüffeln würfeln und unter die Eiermasse mischen. Die fertige Omelette mit den Trüffelscheiben belegen und mit der Demi-glace nappieren.

■ **MIT SAUERAMPFER — Omelette à l'oseille**

8 Eier; 50 g nudelig geschnittenen, in Butter gedünsteten Sauerampfer; 40 g Butter.

Den Sauerampfer unter die Eiermasse mischen und die Omelette wie üblich bereiten.

■ **AUF SAVOYER ART — Omelette à la savoyarde**

8 Eier; 5 cl dicke süße Sahne; 75 g rohe Kartoffelscheibchen, in Butter gebraten; 25 g gehobelten Schweizer Käse; 40 g Butter.

Sahne, Kartoffelscheiben und Käse unter die Eiermasse mischen. Die Omelette wie einen Eierkuchen bereiten und auf einer runden Platte flach anrichten.

SCHAUMOMELETTE — Omelette mousseline

8 Eier; 1 dl Doppelrahm; 75 g Butter.

Das Gelb von dem Weiß trennen. Das Gelb mit dem Rahm vermischen, würzen, und das zu festem Schnee geschlagene Weiß locker unterziehen. In einer großen Pfanne die Butter heißwerden lassen und die Omelette wie üblich, aber rasch zubereiten und sofort servieren.

OMELETTE MIT SCHINKEN — Omelette au jambon

8 Eier; 100 g gekochten Schinken; 30 g Butter.

Den Schinken in kleine Würfel schneiden und in der Butter leicht anbraten, ehe die Eiermasse hinzugefügt wird.

■ **MIT SPARGELSPITZEN — Omelette aux pointes d'asperges**

8 Eier; 40 g Butter; 100 g grüne Spargelspitzen, gewürfelt; 1 Bündelchen Spargelspitzen, nur Köpfe.

Die geschnittenen Stücke unter die Eiermasse mischen und die Omelette wie üblich bereiten. Oben einen Einschnitt machen und darauf das Bündelchen mit den Köpfen dressieren und leicht mit Butter überglänzen.

■ **MIT SPECK — Omelette au lard**

8 Eier; 100 g blanchierte und geröstete Speckwürfel; 40 g Butter.

Den Speck unter die Eiermasse mischen und die Omelette wie üblich bereiten.

■ **MIT TRÜFFELN — Omelette aux truffes**

8 Eier; 2 kleine, gewürfelte Trüffeln; Trüffelscheiben; 40 g Butter.

Die Trüffelwürfel unter die Eiermasse mischen und die angerichtete Omelette mit Trüffelscheiben belegen.

■ **VIKTORIA — Omelette Victoria**

8 Eier; 100 g Salpicon von Languste oder Hummer und Trüffeln; 1 dl Hummersauce; 40 g Butter.

Das Salpicon mit 5 cl Hummersauce binden und in die Omelette füllen. Mit dem Rest der Sauce umkränzen.

OMELETTE NACH ART DER VOGESEN — Omelette à la vosgienne

8 Eier; 40 g Butter; 75 g Räucherspeck; 50 g Schweizer Käse; 5 cl dicke, süße Sahne.

Den Speck in kleine Rechtecke schneiden und rösten, den Käse in kleine, dünne Scheibchen. Beides mit der Sahne unter die Eiermasse mischen und die Omelette wie üblich bereiten.

HARTGEKOCHTE EIER

Proportionen für 6 Personen

HARTGEKOCHTE EIER AURORA — Œufs durs à l'aurore

10 Eier; 1/4 l Béchamel; 1 dl Tomatensauce; 2 hartgekochte Eigelb; 25 g Butter.

Die Eier in Scheiben schneiden und in der nicht zu dick gehaltenen Béchamel erhitzen, ohne kochen zu lassen. In eine gebutterte Backplatte füllen, mit den gekochten, gehackten Eigelb bestreuen, mit zerlassener Butter leicht beträufeln und kurz überbacken. Mit der Tomatensauce umkränzt servieren.

■ AUF BERRYER ART — Œufs durs à la berrichonne

10 hartgekochte Eier; 1/2 l Béchamel; 3 große, gekochte Kartoffeln.

Die heißen Eier und auch die noch warmen Kartoffeln in Scheiben schneiden. Schichtweise abwechselnd mit Béchamel anrichten und obenauf mit leichter Béchamel übergießen.

■ MIT BÉCHAMEL — Œufs durs à la béchamel

10 Eier; 4 dl Béchamel; 60 g Butter.

Die Eier in Scheiben schneiden und in der gut gebutterten und gewürzten Béchamel erhitzen.

■ AUF BRETAGNISCHE ART — Œufs durs à la bretonne

10 hartgekochte Eier; 50 g Zwiebelscheiben; 50 g Lauchweiß in Scheiben; 50 g Champignons in Scheiben; 50 g Butter; 3 dl Béchamel.

Zwiebel- und Lauchscheiben in Butter dünsten, mit einigen Löffeln Wasser angießen, Champignonscheiben und Béchamel hinzufügen, würzen und kurz durchkochen. Ein Drittel der Menge in die Schüssel geben, die in Scheiben geschnittenen Eier obenauf dressieren und mit dem Rest der Masse bedecken.

■ FRIKASSIERT — Œufs durs à la tripe

10 hartgekochte Eier; 100 g Zwiebelscheiben; 40 g Butter; 3 dl Béchamel.

Die Zwiebelscheiben in Butter dünsten. Die etwas dünn gehaltene Béchamel hinzufügen und langsam 10 Minuten kochen. Die in Scheiben geschnittenen Eier hinzufügen und in einer Schüssel anrichten.

■ IN POULETTESAUCE — Œufs durs à la sauce poulette

10 hartgekochte Eier; 125 g rohe Champignons in Scheiben, in Butter gedünstet; 3 dl Poulettesauce; gehackte Petersilie; Saft 1/2 Zitrone.

Die Poulettesauce mit den in Scheiben geschnittenen Eiern, den Champignons, Zitronensaft und Petersilie sorgfältig vermischen und in einer tiefen Schüssel anrichten.

HARTGEKOCHTE GEFÜLLTE EIER

Proportionen für 6 Personen

GEFÜLLTE EIER AURORA — Œufs farcis à l'aurore

9 hartgekochte Eier; 50 g Butter; 1 Eßlöffel Tomatensauce; 5 cl Béchamel-Sauce; $^1/_4$ l Aurorasauce. Backzeit: 5-8 Minuten.

Die Eier der Länge nach halbieren, das Eigelb sorgfältig herausnehmen, durch ein grobes Sieb streichen, mit der weichen Butter, der Béchamel und der Tomatensauce zu Püree verarbeiten und mit Salz und Pfeffer würzen. Die Eierhälften in eine gebutterte Backplatte geben, mittels Spritzsacks und glatter Tülle mit dem Püree füllen, mit Butter beträufeln und überbacken. Entweder auf der Aurorasauce anrichten oder diese nebenbei servieren.

■ CHIMAY — Œufs farcis à la Chimay

9 hartgekochte Eier; 100 g Champignons; 2 Eßlöffel Béchamel-Sauce; $^1/_4$ l Mornay-Sauce; 40 g geriebenen Käse; 20 g Butter. Backzeit: 5-6 Minuten.

Die Eier wie oben vorbereiten und das passierte Eigelb mit den feingehackten, in Butter trocken gedünsteten Champignons und der Béchamel-Sauce verarbeiten, gut würzen und in die Eierhälften füllen. Diese in eine gebutterte Backplatte ordnen, jede Hälfte mit Mornay-Sauce überziehen, mit geriebenem Käse bestreuen, leicht mit Butter beträufeln und im heißen Ofen überkrusten.

EIERKOTELETTS — Côtelettes d'œufs

Die gleiche Masse wie für Kromeskis bereiten und daraus kleine Koteletts formen, die durch geschlagenes Ei gezogen und mit Reibbrot paniert werden. In Butter braten, kranzartig anrichten und mit Spinat, jungen Erbsen, Spargelspitzen usw. garnieren.

EIERKROKETTEN — Croquettes d'œufs

Dieselbe Masse wie für Kromeskis in Form von kleinen Korken rollen, in geschlagenem Ei und Panierbrot wenden, in der heißen Fritüre ausbacken und mit gebackener Petersilie anrichten. Dazu Tomatensauce servieren.

EIERKROMESKIS — Cromesquis d'œufs

8 hartgekochte Eier; 75 g gekochte Champignons; 2 rohe Eigelb; 2 dl sehr dicke Béchamel; $^1/_2$ l Backteig; $^1/_4$ l Tomatensauce. Backzeit: 2-3 Minuten.

Die Eier und die Champignons kleinwürfeln, mit der Béchamel binden und auf dem Feuer mit den Eigelb binden und gut würzen. Die Masse auskühlen lassen, dann auf dem bemehlten Tisch davon taubeneigroße Plätzchen formen, durch Backteig ziehen und in der heißen Fritüre braun backen. Auf einer Serviette mit gebackener Petersilie anrichten und die Tomatensauce nebenbei servieren.

MUNDBISSEN, HOHLPASTETEN oder TARTELETTS MIT HARTGEKOCHTEN EIERN — Bouchées, vol-au-vent ou croustades d'œufs durs

Man kann sie mit gewürfelten oder in Scheiben geschnittenen, hartgekochten Eiern in Béchamel- oder Poulettesauce füllen und, besonders während der Fastenzeit, als Vorspeise servieren.

EIERRISSOLEN ODER -MUNDTÄSCHCHEN — Rissoles d'œufs

9 hartgekochte Eier; 2 rohe Eigelb; 1 dl dicke Béchamel; 400 g Blätterteigreste oder ungezuckerten Mürbeteig. Backzeit: 4-5 Minuten.

Eine Masse wie für Kromeskis bereiten und auskühlen. Den Teig 5 mm dick ausrollen, davon mit einem runden Ausstecher von etwa 10 cm Durchmesser Böden schneiden und in die Mitte eines jeden ein Löffelchen Kromeskimasse geben. Den Rand der Böden mit Eigelb oder auch nur Wasser anfeuchten, halbmondförmig zusammenfalten und die Seiten andrücken. In einer sehr heißen Fritüre ausbacken, abtropfen, auf einer Serviette mit gebackener Petersilie anrichten und ohne Sauce servieren.

KALTE EIERGERICHTE

Kalte Eier können als Vorspeise, als kleines Zwischengericht und zu kalten Büfetts serviert werden. Auf eine geschmackvolle Anrichteweise, einen hübschen Dekor und auf ein harmonisches Farbenspiel ist besonderer Wert zu legen. Da aber Schönheit und Güte untrennbare Begriffe sind, darf man der Schönheit wegen die Qualität nicht vernachlässigen.

Zu kalten Gerichten nimmt man hartgekochte, verlorene, wachsweiche und geformte Eier. Im Prinzip rechnet man für jede Person ein Ei.

Eierspeisen, die in Schiffchen oder Tarteletts dressiert werden, enthalten oft einen Salat, der den Teig rasch aufweicht, wenn die Eier nicht unverzüglich serviert werden. Wir empfehlen, alle Schiffchen und Tarteletts vor dem Einfüllen des Salates mit folgender Mischung auszustreichen und erst im Kühlraum anziehen zu lassen: 2 Teile Butter schaumig rühren und mit 1 Teil dicker Mayonnaise vermischen.

HARTGEKOCHTE EIER

Proportionen für 6 Personen

GEFÜLLTE EIER MIT GEMÜSESALAT — Œufs farcis à la macédoine

6 hartgekochte Eier; 500 g feinen Gemüsesalat.

Die Eier der Länge nach halbieren und sorgfältig aushöhlen. Mit dem Gemüsesalat füllen und das gehackte Eigelb obenaufstreuen.

■ AUF INDISCHE ART — Œufs farcis à l'indienne

6 hartgekochte Eier; 50 g Butter; 3 dl Mayonnaise; Currypulver; Tomatenketchup.

Die Eier der Länge nach halbieren, das Gelbe herausnehmen und durch ein Sieb streichen. Mit der Butter vermengen und mit Currypulver und Salz würzen. Das Eiweiß mit der Mischung füllen und mit der Mayonnaise nappieren, die mit Currypulver und Tomatenketchup herzhaft abgeschmeckt worden ist.

■ MIT KRÄUTERPÜREE — Œufs farcis vert-pré

6 hartgekochte Eier; 50 g Butter; 200 g Spinatblätter; 10 g Brunnenkresse; 5 g Kerbel; 5 g Estragon; einige Estragonblätter; $^1/_4$ l Mayonnaise; $^1/_2$ l Gelee.

Die Eier der Länge nach halbieren, das Gelbe herausnehmen und durch ein Sieb streichen. Spinatblätter und Kräuter, mit Ausnahme der Estragonblätter, blanchieren, abkühlen, gut ausdrücken und durch ein Haarsieb streichen. Das Eigelb mit der Butter und den Kräutern vermischen, würzen und das Eiweiß damit füllen. Mit der Mayonnaise, mit etwas Kräuterpüree leicht gegrünt und mit etwas Gelee vermischt, nappieren, anziehen lassen und mit blanchierten Estragonblättern überkreuzgelegt dekorieren. Mit Gelee leicht überglänzen.

■ AUF STRASSBURGER ART — Œufs farcis à la strasbourgeoise

6 hartgekochte Eier; 100 g Gänseleberpüree; 25 g Butter; Madeira; gehackte Trüffeln; $^1/_2$ l Gelee.

Die Eier der Länge nach halbieren, das Eigelb entfernen und durch ein Sieb streichen. Zusammen mit der Butter und dem Gänseleberpüree gut durcharbeiten, würzen und mit dem Madeira abschmecken. In die Eierhälften mittels Spritzsacks und Sterntülle füllen und mit gehackter Trüffel bestreuen. Auf gewürfeltem Gelee anrichten. *(Siehe Bild auf Seite 237.)*

VERSCHIEDENARTIG GEFÜLLTE EIER — Œufs farcis en variétés

12 hartgekochte Eier; 24 sehr kleine, blindgebackene Tarteletts aus gesalzenem Mürbeteig; 200 g Butter; 1 dl Mayonnaise; 100 g Gänseleber, Block oder Parfait; 12 sehr kleine Krebsschwänze; 1 Teelöffel gehackte Kräuter, Petersilie, Kerbel, Estragon, Schnittlauch; 10 g Kaviar; 6 große Sardellenfilets; 6 Scheiben gefüllte Olive; 1 kleine Trüffel; 4 dl Gelee; Madeira; Chilisauce; Pastetengewürz; Cognac.

Die Eier quer durchschneiden, die Enden glattschneiden, damit sie besser stehen, das Eigelb sorgfältig herausnehmen, ohne das Eiweiß zu beschädigen. Das Eigelb durch ein Sieb streichen, mit der weichgerührten Butter und der Mayonnaise vermischen und in vier Partien teilen. Die Gänseleber in 6 Scheiben, davon Medaillons etwas kleiner als das Ei schneiden und die Parüren pürieren. Das Püree mit einer Partie Eiercreme verarbeiten, würzen und mit Madeira und Pastetengewürz abschmecken. 6 Eierhälften mit Hilfe des Spritzsackes und runder Tülle mit dieser Creme füllen, ein Gänselebermedaillon aufsetzen und mit einer kleinen, runden Trüffelscheibe dekorieren.
Sechs Krebsschwänze parieren, die Parüren und die restlichen Krebsschwänze grob hacken, mit einer Partie Eiercreme und den gehackten Trüffelresten vermischen, würzen und mit einem Schuß Cognac und mit Chilisauce kräftig abschmecken. 6 Eierhälften mit der Mischung mit runder Tülle füllen und obenauf ein Krebsschwänzchen eindrücken. Die gehackten Kräuter unter eine weitere Partie Eiercreme mischen, pikant abschmecken, in 6 weitere Eierhälften mit runder Tülle füllen und mit einem Punkt Kaviar dekorieren; anstelle des schwarzen Kaviars kann man auch Keta-Kaviar nehmen.

Die Sardellenfilets pürieren, mit dem Rest der Eiercreme und den gewürfelten Eiweißparüren vermischen und die letzten Eierhälften damit füllen. Jedes Ei mit einer Scheibe gefüllter Olive dekorieren. Die Eier kurz in den Kühlraum zum Anziehen stellen, dann alle sehr leicht mit Gelee überglänzen. In die Tarteletts setzen, die genau passen sollten, eventuell mit einem dünnen Rand der jeweiligen Creme umspritzen und reihenweise auf einer rechteckigen Platte anrichten.
Diese Eier eignen sich gut für kalte Büffets, aber auch als Vorspeise.

HARTGEKOCHTE EIER MIT MAYONNAISE — Œufs durs à la mayonnaise

9 hartgekochte Eier; ½ l Mayonnaise.

Die Eier halbieren oder in dicke Scheiben schneiden. Anrichten und mit der gut gewürzten Mayonnaise nappieren.

■ MIMOSA — Œufs durs farcis Mimosa

8 hartgekochte Eier; 12 ovale Mürbeteigkrustaden; 500 g russischen Salat; ½ l Mayonnaise; gehackte Petersilie.

Die Krustaden mit dem Salat füllen und auf jede ein halbes Ei, mit der runden Seite nach oben, plazieren. Mit der Mayonnaise nappieren und mit gehacktem Eigelb und gehackter Petersilie bestreuen.

■ GEFÜLLTE EIER ROSCOFF — Œufs durs farcis à la Roscoff

6 hartgekochte Eier; 200 g feines Mischgemüse; 3½ dl Mayonnaise; 100 g Hummerfleisch; Kopfsalatblätter.

Das Hummerfleisch würfeln, mit Mayonnaise binden und würzen. Die Eier halbieren, das Gelb entfernen und das Weiße mit dem Hummersalat füllen. Kurz mit Mayonnaise bedecken und mit gehacktem Eigelb bestreuen. Das Mischgemüse mit Mayonnaise binden und kuppelförmig in die Mitte der Platte dressieren. Mit weißen Salatblättern umkränzen und darauf die Eier plazieren.

■ AUF TOULONER ART — Œufs durs à la toulonnaise

6 hartgekochte Eier; 3 dl Mayonnaise; 12 Sardellenfilets.

Die Eier der Länge nach halbieren und mit der gewölbten Seite nach oben anrichten. Mit gut gewürzter Mayonnaise nappieren und mit dünnen Streifen von Sardellen in Öl kreuzweise dekorieren. *(Siehe Bild auf Seite 237.)*

HARTGEKOCHTE EIER VINAIGRETTE — Œufs durs à la vinaigrette

6 hartgekochte Eier; 1/4 l Vinaigrettesauce; gehackte Petersilie.

Die Eier in gleichmäßige Scheiben schneiden, anrichten, reichlich mit der Vinaigrette übergießen und mit gehackter Petersilie bestreuen.

KALTE EIERFÄDEN

EIERFÄDEN AUF SPANISCHE ART — Œufs filés à l'espagnole

In einer Schüssel 5 Eigelb und 1 ganzes Ei gut vermischen, aber nicht schaumig schlagen, und durch ein Spitzsieb gießen. 250 g Zucker mit 2 dl Wasser kochen bis er Blasen wirft und beiseite ziehen. Die Eiermasse in einen Spezialtrichter mit fünf dünnen Düsen füllen und spiralförmig in den heißen, aber nicht kochenden Läuterzucker fallen lassen. Die Fäden ungefähr 2 Minuten pochieren, sogleich mit einer Schaumkelle herausnehmen und in eiskaltes Wasser legen. Danach gut abtropfen und zum Trocknen auf ein sauberes Tuch legen. Man kann die Eiermasse auch durch eine oder mehrere starke Papiertüten in den Läuterzucker einlaufen lassen. Sie dienen hauptsächlich dazu, um kalten Schinken zu garnieren oder Krustaden und Tarteletts zu füllen.

WACHSWEICHE EIER

WACHSWEICHE EIER CARMEN — Œufs mollets Carmen

12 wachsweiche oder verlorene Eier; 1/2 l Soubise-Sauce, mit etwas süßer Sahne vervollständigt; 3 Blatt Gelatine; 1/2 l Gelee; 500 g grüne Paprikaschoten.

Die kalten Eier mit der Soubise-Sauce, leicht gelatiniert, nappieren und jedes Ei mit blanchierter, roter und grüner Paprikaschote nappieren. Anziehen lassen und leicht mit Gelee überglänzen. Auf runder Platte im Kranze anrichten, in die Mitte einen Salat von in Streifen geschnittenen Paprikaschoten dressieren und mit gewürfeltem Gelee garnieren. *(Siehe Bild auf Seite 239.)*

■ IN GELEE MIT PARMER SCHINKEN — Œufs mollets en gelée au jambon de Parme

6 wachsweiche Eier; 6 Scheiben Parmer Schinken; 4 dl Portweingelee; 6 Trüffelscheiben; blanchierte Estragonblättchen.

Sechs ovale Förmchen mit Gelee chemisieren. Den Boden mit Estragonblättchen und einer Trüffelscheibe dekorieren. Die Eier in ganz dünne Scheibchen Parmer Schinken einhüllen und in die Förmchen setzen. Mit gerade stockendem Gelee zugießen und im Kühlschrank festwerden lassen. Stürzen und mit Geleewürfeln garnieren. *(Siehe Bild auf Seite 238.)*

■ KASINO — Œufs mollets Casino

12 wachsweiche Eier; 250 g Spargelspitzen; 200 g gekochte Hühnerbrust; 6 blindgebackene Schiffchen aus Blätterteig; 12 Scheibchen Parmer Schinken; 1/4 l tomatierte Mayonnaise; 6 Trüffelscheiben; hartgekochtes Eiweiß; 1 dl Gelee.

Die Schiffchen mit den Spargelspitzen und feinen Scheibchen Hühnerbrust füllen. Sechs Eier mit tomatierter Mayonnaise nappieren, mit Eiweiß garniert auf die Schiffchen setzen und in die Mitte einer langen Platte dressieren. Die restlichen Eier mit einer halben Trüffelscheibe dekorieren, leicht mit Gelee überglänzen und auf den Schinken gesetzt an beide Enden der Platte dressieren. *(Siehe Bild auf Seite 237.)*

■ OKINAWA — Œufs mollets Okinawa

6 wachsweiche Eier; 6 ovale, blindgebackene Tarteletts aus Halbblätterteig; 75 g Reis; 125 g Crabmeat; 250 g geschälte, entkernte und gewürfelte Tomaten; 1 grüne Paprikaschote; 1/4 l Mayonnaise; 1 dl Gelee; 1 Blatt Gelatine; Tomatenketchup.

Den Reis kochen, abgießen, auskühlen und gut abtropfen. Mit der in feinste Julienne geschnittenen Paprikaschote, dem auseinandergezupften Crabmeat und den, bis auf eine, gewürfelten Tomaten vermischen. Den Salat mit Mayonnaise binden, mit Tomatenketchup würzen und in die Tarteletts füllen. Die Eier mit Mayonnaise nappieren, die mit der ausgelösten Gelatine vermischt worden ist. Jedes Ei mit einer kleinen, rund ausgestochenen Tomatenscheibe dekorieren und mit Gelee überglänzen. Die Eier zum Anziehen kalt stellen und dann, in die Tarteletts gesetzt, sternförmig auf einer runden Platte anrichten.

VERLORENE EIER

Proportionen für 6 Personen

VERLORENE EIER CARMEN — Œufs pochés Carmen

Gleiche Zubereitung wie für wachsweiche Eier.

■ COLINETTE — Œufs pochés Colinette

6 verlorene Eier; 100 g Garnelenschwänzchen; 1/4 l Chaudfroid-Sauce, mit Garnelenbutter aufgeschlagen; 200 g gekochten Lachs; 1 dl süße Sahne; 75 g Räucherlachs; 5 dl Gelee; 6 Trüffelscheiben.

Eine Savarinform mit Gelee chemisieren und den Boden mit Trüffelscheiben und Garnelenschwänzchen dekorieren. Die Eier mit der Chaudfroid-Sauce nappieren, festwerden lassen und in die Form füllen. Anziehen lassen, mit Gelee zugießen und im Kühlraum zum Festwerden stellen. Auf eine runde Platte stürzen und in die Mitte ein Schaumbrot von Lachs füllen, das mit Räucherlachs und einer Trüffelscheibe dekoriert und mit Gelee überglänzt worden ist.

■ AUF FRÜHLINGSART — Œufs pochés à la printanière

6 verlorene Eier; 450 g feines Mischgemüse; 2 dl Mayonnaise; 1 Blatt Gelatine; 2 Bündelchen grüne Spargelspitzen, nur Köpfe; Estragonblättchen; 2 dl Gelee.

Das Mischgemüse mit der Mayonnaise binden, der man die aufgelöste Gelatine beigefügt hat. Den Salat auf den Boden einer Glasplatte dressieren. Jedes Ei mit 2 blanchierten, überkreuzgelegten Estragonblättchen dekorieren und mit Gelee überglänzen. Im Kranz auf dem Gemüsesalat anrichten, die Mitte mit den Spargelbündelchen ausfüllen und auch diese leicht mit Gelee überglänzen.

■ JEANNETTE — Œufs pochés Jeannette

6 verlorene Eier; 1/4 l Chaudfroid-Sauce; 75 g Gänseleberpüree; 75 g Butter; 2 dl Madeiragelee; 6 Trüffelscheiben.

Die Eier mit der Chaudfroid-Sauce nappieren, jedes Ei mit einer Trüffelscheibe dekorieren und die Eier in Eiernäpfchen setzen. Das Gänseleberpüree mit der Butter zu einer geschmeidigen Masse verarbeiten, würzen, und jedes Ei mit Hilfe von Spritzsack und Sterntülle mit der Masse dekorieren. Die Eier zum Festwerden des Pürees in den Kühlraum stellen und jedes Ei mit Madeiragelee überglänzen. *(Siehe Bild auf Seite 240.)*

■ AUF KÖNIGINART — Œufs pochés à la reine

6 verlorene Eier; 6 blindgebackene Tarteletts; 1/4 l weiße Chaudfroid-Sauce; 2 Eßlöffel Mayonnaise; 150 g Hühnerpüree; 6 kleine Trüffelscheiben; 2 dl Gelee.

Die Eier parieren, mit Chaudfroid-Sauce nappieren, mit einer Trüffelscheibe dekorieren und mit Gelee überglänzen. Das Hühnerpüree mit Mayonnaise leicht binden, abschmecken und in die Tarteletts füllen. Auf jedes Tartelett ein Ei setzen und mit gehacktem Gelee garnieren.

■ AUF MADRIDER ART — Œufs pochés à la madrilène

6 pochierte Eier; 6 ovale Krustaden aus gesalzenem Mürbeteig; 150 g kurze, feine Julienne von grüner Paprikaschote; 100 g feine Julienne von Sellerie; 150 g geschälte, entkernte und kleingewürfelte Tomaten; 1/2 l Mayonnaise; 5 cl feines Tomatenpüree; 4 dl Gelee; 3 gefüllte Oliven; 2 Blatt Gelatine; 1 gehackte Schalotte; Essig; Olivenöl.

Paprikaschote, Sellerie und Tomaten zusammen mit der gehackten Schalotte 1 Stunde mit Essig, Olivenöl und wenig Salz marinieren. Danach abtropfen lassen und mit 2 dl Mayonnaise binden, der man 2 Blatt eingeweichte und geschmolzene Gelatine beigefügt hat. Den Salat glatt in die Krustaden füllen. Die Eier mit der restlichen Mayonnaise nappieren, der man das Tomatenpüree und etwas Gelee beigefügt und zu einer dicklichen Sauce verrührt hat. Nachdem die Sauce angezogen hat, jedes Ei mit drei Ringen Olive dekorieren und leicht mit Gelee überglänzen. Die Eier auf die Krustaden setzen, damit sie genau darauf passen.

VERLORENE EIER AUF NIZZAER ART — Œufs pochés à la niçoise

6 verlorene Eier; $^1/_4$ l tomatierte Mayonnaise; weiße Salatblätter; Sardellenfilets in Öl; 6 entsteinte Oliven; 500 g Nizzaer Salat.

Den Salat in die Mitte der runden Platte auf Salatblättern anrichten. Rundherum die Eier dressieren, mit der tomatierten Mayonnaise nappieren und mit Sardellenfilets und Oliven garnieren.

■ AUF RUSSISCHE ART — Œufs pochés à la russe

6 verlorene Eier; $^1/_2$ l Gelee; 400 g russischen Salat; 6 Trüffelscheiben.

Eiernäpfchen mit Gelee chemisieren und den Boden mit einer Trüffelscheibe belegen. Anziehen lassen, die parierten Eier hineinsetzen und mit gerade stockendem Gelee vollfüllen. Nach dem Erstarren im Kranze auf eine runde Platte stürzen, den russischen Salat in die Mitte dressieren und die Platte mit Gelee garnieren.

■ AUF TATARENART — Œufs pochés à la tartare

6 verlorene Eier; 3 große Tomaten; 200 g feines Mischgemüse; 3 dl Mayonnaise; gehackte Kräuter; 2 gehackte Pfeffergürkchen; Kopfsalatblätter.

Die Tomaten halbieren, aushöhlen, würzen und auslaufen lassen. Das Mischgemüse mit 1 dl Mayonnaise binden, würzen und die Tomaten damit füllen. Auf jede Tomate ein Ei setzen, mit dicker Mayonnaise nappieren, mit den gehackten Kräutern und Pfeffergürkchen bestreuen und auf Salatblättern anrichten. *(Siehe Bild auf Seite 239.)*

FISCHGERICHTE

Der Konsum von Fischen, besonders aber von Seefischen, wird mit jedem Jahr größer. Zu dieser Entwicklung hat das moderne Transportwesen wesentliches beigetragen, denn heute verkehren auf allen Eisenbahnlinien der Welt Kühlwaggons, die es ermöglichen, frische Seefische selbst nach den entferntesten Gegenden einwandfrei zu liefern, während Flugzeuge dafür sorgen, daß die empfindlichsten Schal- und Muscheltiere binnen kürzester Zeit den Empfänger erreichen.

Obwohl die Fische den Lieferanten in gutem Zustand erreichen, muß sich der Käufer dennoch von ihrer Frische überzeugen. Frische Fische haben rote Kiemen, festes Fleisch und eine etwas klebrige Haut. Sind die Augen trübe und das Fleisch beim Anfühlen weich, dann hat der Fisch bereits längere Zeit in Eis gelegen und ist nicht mehr einwandfrei.

Vor dem Ausnehmen müssen die Fische geschuppt werden. Hierfür gibt es besondere Messer, die das Schuppen erleichtern. Mit einer starken Schere schneidet man die Flossen und die Hälfte der Schwanzflosse ab. Dann werden die Kiemen entfernt, der Bauch wird aufgeschnitten und die Eingeweide werden herausgenommen. Nun wird der Fisch unter fließendem Wasser gründlich gewaschen, abgetrocknet und ist fertig zum Kochen. Große Fische kann man ausnehmen, ohne den Bauch aufzuschneiden, indem man den Stiel einer Schaumkelle in die Kiemen einführt und damit die Eingeweide herauszieht. *(Siehe Kulinarische Technik in Bildern auf Seiten 710-713.)*

Seefisch ist leicht verdaulich. Er enthält beträchtliche Mengen des antirachitischen Viamins D, der Gehalt an Kalk, Phosphor, Eisen und Jod ist bei den meisten Seefischen recht hoch, so daß sie in vielen Fällen Schlachtfleisch vollgültig ersetzen können.

FISCHSUD

Beim Kochen des Fisches ist nach dem ersten Aufwallen ein Weiterkochen zu vermeiden, um ein Zerreißen des Fleisches zu verhindern. Der Fischkessel wird daher zur Seite gezogen und der Fischsud nur auf Siedehitze gehalten.

Große Fische setzt man stets in kaltem Wasser oder Fischsud an, kleinere Fische oder Fischschnitten kommen direkt in den kochenden Sud. Fische, die für kalte Gerichte bestimmt sind, läßt man in dem Sud nur so lange auskühlen, bis dieser noch lauwarm ist. Dann nimmt man sie sorgfältig heraus und bedeckt sie mit einem feuchten Tuch, um ein Austrocknen der Oberfläche zu verhindern.

DAS GRILLIEREN

Diese Methode eignet sich ebenfalls gut für kleine Fische, wie Heringe, Makrelen, Forellen, Rotbarben, Aale oder Barsche, aber auch für Scheiben von Salm, Steinbutt, Thunfisch usw. Der Fisch wird zuerst gewürzt, in Mehl gewendet, das überflüssige Mehl abgeschüttelt, und dann in Öl getaucht, damit die Haut nicht auf dem Rost haften bleibt. Der Rost muß glühendheiß sein, ehe man den Fisch darauflegt. Ist die eine Seite geröstet, so wendet man den Fisch um, damit auch die andere Seite geröstet wird. Während des Röstens wird der Fisch gesalzen und dann und wann mit Öl bestrichen, damit er nicht trocken wird. Sehr zu empfehlen ist die Verwendung eines Scherenrostes, in den der Fisch gelegt wird, weil man ihn darin leichter wenden kann und die Gefahr der Beschädigung geringer ist, als wenn er direkt auf den Grill kommt. Auch der Scherenrost muß glühendheiß sein, ehe man den Fisch hineinlegt. Sobald der Fisch gar ist, richtet man ihn auf einer heißen Platte an. Kräuterbutter oder eine andere Buttermischung oder Sauce serviert man dazu gesondert.

DAS BRATEN IN DER PFANNE, GENANNT «ZUBEREITUNG AUF MÜLLERINART»

Diese Zubereitungsart eignet sich für Fischfilets, Fischtranchen und kleine Fische, deren Gewicht 125-200 g nicht übersteigt. Kleine Bachforellen werden mit Vorliebe auf diese Weise zubereitet. Der Fisch wird zuerst durch Milch gezogen, dann in Mehl gewendet, gut abgeschüttelt und in die Pfanne gelegt, in der man Butter sehr heiß, aber nicht schwarz werden ließ. Der Fisch wird auf beiden Seiten goldgelb gebraten und dabei leicht gesalzen. Sobald er gar ist, richtet man ihn auf einer heißen Platte an, beträufelt ihn mit Zitronensaft, streut gehackte Petersilie obenauf und übergießt ihn mit der Bratbutter unter Zugabe einer angemessenen Menge frisch gebräunter Butter. Fische, die ein größeres als das oben angegebene Gewicht haben, werden zuvor leicht ziseliert.

DAS BRAISIEREN

Diese Zubereitungsmethode wird für große Fische oder Fischstücke angewandt, wie Salm, Lachsforellen, Karpfen, Steinbutt, Stör oder Hecht. Dazu gibt man auf den Boden des Fischkessels oder eines anderen geeigneten Geschirres eine Lage von dünnen Mohrrüben-, Zwiebel- und Schalottenscheiben, die zuvor leicht in Butter angeschwitzt worden sind. Hierauf kommt der Fisch, den man mit dünnen Speckscheiben belegt, wonach bis zur halben Höhe des Fisches mit Weiß- oder Rotwein, zuweilen auch mit halb Wein und halb Fischfond aufgegossen wird. Nachdem leicht mit Salz und Pfefferkörnern gewürzt worden ist, gibt man ein Kräuterbündel hinzu, läßt die Flüssigkeit einmal aufkochen und stellt dann den Fisch in den mittelheißen Ofen, wo er nur ganz langsam kochen und des öfteren mit dem eigenen Fond übergossen werden muß. Aus Sparsamkeitsgründen kann man die Speckscheiben durch ein geöltes oder gebuttertes Papier ersetzen.

Fische, die braisiert werden sollen, können auch an einer Seite enthäutet und gespickt werden. Dazu nimmt man dünne Streifen von Speck, Trüffeln, Sardellen oder Gewürzgurken.

Der Fond von braisierten Fischen wird stets für die Sauce benutzt, die zu diesen serviert werden soll. Entweder wird er eingekocht und der betreffenden Sauce beigefügt oder als Sauce selbst verwendet, indem er legiert und mit Butter aufgeschlagen wird.

DAS POCHIEREN

Unter Pochieren versteht man ein Garmachen mit nur wenig Flüssigkeit, wobei diese zwar auf dem Siedepunkt gehalten werden soll, jedoch nicht kochen darf. Das Pochieren eignet sich besonders gut für Seezungen, Forellen, kleine Steinbutten und für Fische, die in Scheiben geschnitten worden sind, sowie Fischfilets.

Der in Frage kommende Fisch wird je nach Größe in eine feuerfeste Backplatte oder eine flache Kasserolle (Sauteuse) gelegt, deren Boden zuvor mit Butter ausgestrichen und mit gehackten oder in dünne Scheiben geschnittenen Zwiebeln oder Schalotten ausgestreut worden ist. Nach dem Würzen gießt man bis zur halben Höhe des Fisches mit Wein, Champignon- oder Fischfond oder etwas von allem auf, deckt das Geschirr mit einem Blatt gebuttertem Papier zu und stellt es in den Ofen. Von Zeit zu Zeit wird der Fisch mit dem Fond übergossen, den man auch für die Bereitung der Sauce verwendet.

DAS BACKEN IM HEISSEN FETTBAD

(FRITÜRE)

Das beste Fett zum Backen von Fischen ist Öl. Der Hitzegrad muß stets der Größe des zu behandelnden Fisches angepaßt sein. Das bedeutet, daß, je kleiner der Fisch oder das Fischstück ist, die Fritüre (Backfett) um so heißer sein muß. Bei größeren Fischen muß sie zwar auch heiß sein, doch nicht so heiß wie für kleinere, und nach und nach erhöht werden. Kleine Fische im Gewicht von 130-180 g können zuvor ziseliert werden, damit die Hitze schneller in das Innere dringt. Es muß stets so viel Fett vorhanden sein, daß die Fische gut darin schwimmen. Vor allen Dingen ist es zu vermeiden, zu viele Fische auf einmal in die Fritüre zu legen, damit sie nicht zu schnell abkühlt, da dies zu einem kläglichen Ergebnis führen würde. Vor dem Backen sind die Fische durch leichtgesalzene Milch zu ziehen, in Mehl zu wenden und abzuschütteln, es sei denn, daß sie paniert sind.

SEEFISCHE

BOUILLABAISSE AUF MARSEILLER ART — Bouillabaisse à la marseillaise

10 Personen. *3 kg Fisch: Drachenkopf, Rotbarben, Meerbarben, Knurrhahn; 2 Weißlinge; ein Stückchen Meeraal; 1 kleine Languste; das Weiße von 2 Lauchstauden; 100 g Zwiebelscheiben; 250 g geschälte, entkernte, gewürfelte Tomaten; 2 zerdrückte Knoblauchzehen; 1 dl Olivenöl; Lorbeerblatt; Pfefferkraut; Petersilie; Fenchelkraut; 1 starke Prise Safran. Kochzeit: 20-25 Minuten.*

Die Fische putzen, gut waschen und in Stücke schneiden. Das in Streifen geschnittene Lauchweiß und die Zwiebelscheiben in Olivenöl hellblond schwitzen und die Tomaten hinzugeben. Sobald die Tomaten geschmolzen sind, die Fische, mit Ausnahme der Weißlinge, beifügen und mit so viel Wasser aufgießen, daß sie bedeckt sind. Salzen, pfeffern, grobgehackte Petersilie, Fenchel, Pfefferkraut, Safran und das restliche Öl beifügen und 10 Minuten flott kochen lassen. Danach die Weißlinge hineingeben und weitere 10 Minuten kochen. Die Brühe in eine Suppenterrine über dünne Scheiben von französischem Brot gießen, die Fische auf einer Platte anrichten, mit dem in Scheiben geschnittenen Langustenschweif in der Mitte, und zur gleichen Zeit servieren. Am meisten wird die Brühe geschätzt.

Sollte man über die obigen Fische nicht verfügen, so kann man dennoch eine gute Bouillabaisse mit Knurrhahn, Seehecht, Meeraal, Seezunge, Rotzunge, Petersfisch, Weißling, Languste oder Kaisergranat bereiten. Man kann allerdings keine Bouillabaisse in « kleinen Mengen » herstellen.

BOURRIDE ODER PROVENZALISCHES FISCHGERICHT — Bourride

Dieses regionale Fischgericht ist in Südfrankreich berühmt. Dazu verwendet man Meeraal, Knurrhahn, Petermännchen, Wolfsfisch, Weißling usw., ohne daß es nötig ist, alle Sorten zu nehmen.

Zuerst den Boden einer Kasserolle mit Zwiebelscheiben, einem Stückchen Fenchel, einem Kräuterbündel und getrockneter Orangenschale (diese ist unerläßlich) bedecken. Die in Stücke geschnittenen Fische darauflegen, mit Wasser bis zur Höhe aufgießen und flott 15 Minuten kochen lassen. In der Zwischenzeit Ailloli (Knoblauchsauce) bereiten und einen kleinen Teil davon mit 2-3 Eigelb und einigen Löffeln der Fischbrühe vermischen. Einige Scheiben französischen Brotes wie bei der Bouillabaisse mit etwas Fischbrühe leicht übergießen. Den Fisch mit der Schaumkelle herausnehmen und anrichten. Die Eigelbbindung in die heiße Brühe gießen, aber nicht kochen lassen, und durch ein Spitzsieb über die Brotscheiben gießen. Den Fisch, die gebundene Brühe und die Knoblauchsauce gleichzeitig servieren.

BUTT, GLATTBUTT — Barbue

Dieser vorzügliche Fisch kann genau so wie der Steinbutt bereitet werden. Die ausgelösten und portionierten Filets behandelt man wie Seezungenfilets. Obwohl das Fleisch des Butts zarter ist als das des Steinbutts, gilt letzterer als der feinere Fisch. Wird der Butt im ganzen gekocht, so richtet man ihn auf einer Serviette mit krauser Petersilie und Zitrone an und serviert dazu holländische oder Schaumsauce. Steinbutt wird auf gleiche Art bereitet.

BUTT ODER STEINBUTT AUF ADMIRALSART — Barbue ou turbot à l'amiral

8 Personen. *1 Butt oder Steinbutt von 1 kg 500; 350 g Zephyrfarce; 1/2 l Weißwein; 50 g Hummerbutter; 1 Hummer von 500 g; 1 l Muscheln; 250 g Garnelenschwänzchen; 8 winzige Blätterteig-Mundbissen; 12 geriefte Champignonköpfe; 1 Trüffel; 1 l Kardinalsauce; 1/2 l Villeroysauce. Pochierzeit: 40-50 Minuten.*

Auf der dunklen Seite des Fisches einen langen Einschnitt machen, die Filets nur so weit auslösen, um sie zurückschlagen und die große Mittelgräte sorgfältig auslösen zu können. Mit der Zephyrfarce füllen, die Filets wieder zurückfalten und den Fisch mit der dunklen Seite nach unten auf den mit Butter bestrichenen Einsatz des Fischkessels legen. Mit einem gebutterten Papier bedecken, mit dem Weißwein angießen, würzen, zudecken und unter mehrfachem Begießen im Ofen garmachen. Den Fisch gut abtropfen, auf einer großen, heißen Platte anrichten und leicht mit Kardinalsauce nappieren, die mit dem eingekochten Fischfond und der Hummerbutter vervollständigt worden ist. Der Länge nach mit dem in Medaillons geschnittenen Hummerschwanz belegen und mit pochierten, durch Villeroysauce gezogenen und gebackenen Muscheln, Champignons, Trüffelscheiben und den Mundbissen garnieren, die mit den mit Kardinalsauce gebundenen Garnelenschwänzchen gefüllt worden sind. Den Rest der Sauce nebenher servieren.

GEFÜLLTER BUTT DENISE — Barbue farcie Denise

8-10 Personen. *1 Butt von 2 kg; 350 g Fischfarce; 250 g rohe Champignons, püriert und in Butter gedünstet; 2 dl dicke süße Sahne; 3/4 l Weißwein; 2 dl Béchamel; 3 Schalotten; 1 Zwiebel; Petersilienstiele; 40 g Butter. Pochierzeit: 45 Minuten.*

Die Farce, am besten aus Weißlingsfleisch, nach und nach mit dem völlig trocken gedünsteten und erkalteten Champignonpüree vermischen. Den Butt so wie für Admiralsart öffnen, die Mittelgräte entfernen, mit etwa drei Vierteln der Farce füllen und die Filets wieder zurückfalten. Die Fischgräten, Schalotten und Zwiebeln in Scheiben geschnitten sowie die Petersilienstengel auf den Boden des Fischkessels geben, den Fisch auf den gebutterten Einsatz legen und in den Kessel setzen. Mit dem Weißwein aufgießen, würzen, mit einem gebutterten Papier bedecken und unter mehrfachem Begießen, zugedeckt im Ofen garmachen. Von der übriggebliebenen Farce kleine Klößchen bereiten und pochieren. Den Fisch aus dem Kessel nehmen, sehr gut abtropfen und auf einer entsprechend großen Platte anrichten. Den Fond passieren, mit der Béchamel und der Sahne zur notwendigen Konsistenz einkochen, kräftig mit Paprika würzen und durch ein Tuch drücken. Den Fisch mit den Klößchen garnieren, leicht mit Sauce nappieren und den Rest nebenbei servieren.

■ ODER STEINBUTT TOSCA — Barbue ou turbot Tosca

6 Personen. *1 kg 500 Butt; 1/2 l Weißwein; 1/4 l Fischfond; 1 dl Tomatensauce; 40 g Mehl; 100 g Butter; 400 g Fischfarce. Pochierzeit: 35-40 Minuten.*

Den Fisch wie oben pochieren und aus dem Fond mit weißer Mehlschwitze Weißweinsauce bereiten. Ein Drittel der Sauce mit der Tomatensauce vermengen und kräftig mit Paprika würzen. Die restliche Sauce mit Butter aufschlagen und abschmecken. Von der Fischfarce mit dem Kaffeelöffel Klößchen ausstechen und pochieren. Den gut abgetropften Fisch anrichten und mit den Klößchen garnieren. Den Fisch mit Weißwein- und die Klößchen mit Tomatensauce nappieren und sehr heiß servieren.

BUTT VIKTORIA — Barbue soufflée Victoria

8 Personen. *1 Butt 1 kg 500; 200 g schieres Lachsfleisch; 2 dl dicke Sahne; 1 Eiweiß; 3/4 l Weißwein; 1 Hummer 500 g; 1 Trüffel; 3/4 l Kardinalsauce. Pochierzeit: 40-45 Minuten.*

Von dem Lachs, der Sahne, dem Eiweiß und dem nötigen Gewürz Zephyrfarce bereiten und den Butt damit füllen. Wie für Denise pochieren, den Fond stark reduzieren und der Kardinalsauce beifügen. Den angerichteten Fisch mit Hummermedaillons und Trüffelscheiben garnieren, leicht mit der Sauce nappieren und den Rest nebenbei servieren.

BUTTSCHNITTEN CAMBACÉRÈS — Suprêmes de barbue Cambacérès

6 Personen. *1 Butt 1 kg 500; 300 g Champignons; 1 Mohrrübe; das Weiße einer Lauchstaude; 1 Zwiebel; 1 kleine Trüffel; 100 g Garnelenschwänzchen; 1 dl Béchamel; 1 dl Garnelensauce; 3 dl süße Sahne. Pochierzeit der Filets: 15 Minuten.*

Die vier Filets auslösen, abziehen und waschen. Von den Parüren Fischfond bereiten. Mohrrübe, Lauch, Zwiebel und Trüffel in Julienne schneiden, in Butter 10 Minuten dünsten, darüber den Fischfond passieren und noch kurz durchkochen. Die Filets in ein gebuttertes Geschirr ordnen, würzen, den Fond mit der Julienne darübergießen und die Filets langsam pochieren. Herausnehmen und auf einer langen Platte anrichten. Den Fond zusammen mit der Béchamel und der Sahne zur nötigen Konsistenz einkochen und ohne zu passieren über den Fisch gießen. Mit großen, grillierten Champignonköpfen garnieren, die mit den mit Garnelensauce gebundenen Garnelen gefüllt worden sind.

BUTTSCHNITTEN CHAUCHAT — Filets de barbue Chauchat

6 Personen. *1 Butt 1 kg 500; 3 Eigelb; 75 g Butter; 125 g geriebenen Käse; 25 g Reibbrot; 500 g in der Schale gekochte Kartoffeln; Thymian; Lorbeer; Petersilie. Pochierzeit der Filets: 15 Minuten.*

Die Filets auslösen und enthäuten. Mit den Gräten, der in Scheiben geschnittenen Zwiebel, einem Stückchen Lorbeerblatt, Thymian, Petersilienstielen, dem Weißwein und etwas Wasser Fischfond bereiten. Die Filets in ein ausgebuttertes Geschirr legen, mit dem Fond aufgießen, mit einem gebutterten Blatt Papier bedecken und pochieren. Nach dem Garwerden von Butter und Mehl eine kleine Mehlschwitze bereiten, mit dem gut eingekochten Fond verkochen, würzen und abseits der Hitze mit dem Eigelb binden. Die Filets auf einer passenden Backplatte anrichten, mit den in Scheiben geschnittenen Kartoffeln umkränzen, erst etwas Käse über alles streuen, dann mit der Sauce gut bedecken, abermals mit Käse und dem Reibbrot bestreuen, mit zerlassener Butter beträufeln, im sehr heißen Ofen überkrusten und sogleich servieren.

GOLDBRASSEN — Daurade, vraie dorade

Der Goldbrassen gehört zu den besten Fischen des Mittelmeeres, mit schönen Filets und weißem Fleisch. Man kann den Fisch in einem Sud kochen und mit einer feinen Sauce servieren, oder ihn mehrfach ziselieren, auf dem Rost braten und dabei des öfteren mit Öl bestreichen. Zu den Meerbrassen gehören neben dem Goldbrassen, der eine Länge von 60 cm und ein Gewicht von 7 kg erreichen kann, der Meerbrassen (dorade commune), der Rotbrassen (pagel), der rötliche Brassen (pagre) u. a. m.

■ MIT CHAMPIGNONS — Daurade aux champignons

6 Personen. *3 Goldbrassen von 500-600 g; 250 g Champignons; 2 dl Weißwein; 25 g Mehl; 75 g Butter; 2 gehackte Schalotten; Saft einer Zitrone; gehackte Petersilie.*

Die Filets auslösen und enthäuten und von den Gräten und dem Weißwein Fischfond bereiten. Die Champignons in Scheiben schneiden und mit Zitronensaft und etwas Butter pochieren. Die Fischfilets mit den gehackten Schalotten und Fischfond pochieren, abtropfen und anrichten. Den Fischfond mit dem Champignonfond vermischen und mit 30 g Butter, mit dem Mehl vermischt, binden, kurz aufkochen, abseits des Feuers die restliche Butter unterziehen, mit Zitronensaft würzen, abschmecken und mit den Champignonscheiben vermengen. Die Sauce über die Filets gießen und sofort servieren.

■ GEBRATEN — Daurade rôtie

6 Personen. *1 Goldbrassen von 1 kg 500; dünne Speckscheiben; 2 dl süße Sahne; 50 g Butter. Bratzeit: 45 Minuten.*

Den Goldbrassen würzen, in dünne Scheiben von fettem Speck einhüllen, binden und im Ofen unter mehrfachem Übergießen mit Butter braten. Sobald der Fisch gar ist, muß der Speck ausgebraten und der Fisch goldgelb sein. Anrichten und den Speck entfernen. Den Fond entfetten, mit der Sahne durchkochen, würzen, nußgroß Butter unterziehen und um den Fisch gießen oder nebenbei servieren.

GOLDBRASSEN IN ALUMINIUMHÜLLE — Daurade en papillote

6 Personen. *1 Goldbrassen von 1 kg 500-600; 1 große Aluminiumfolie; 300 g magere Duxelles; 1 dl Weißwein; 30 g Butter. Bratzeit: 45 Minuten.*

Die Duxelles mit dem Weißwein fast trocken einkochen und auskühlen. Die Aluminiumfolie erst mit Butter bestreichen und mit einer Lage Duxelles bedecken. Den gewürzten Fisch darauflegen, mit Duxelles abschließen und mit der Folie völlig einschließen. In ein gefettetes Geschirr legen und bei mäßiger Hitze im Ofen garmachen. Die Aluminiumfolie erst bei Tisch aufschneiden.

HERING — Hareng

Heringe gelangen frisch, gesalzen, geräuchert und als Marinade auf den Markt. Frische, sogenannte grüne Heringe haben festes, fettes und wohlschmeckendes Fleisch und können gebraten, grilliert und auf viele andere Arten bereitet werden.

HERINGE AUF HAUSHOFMEISTERART — Harengs à la maître d'hôtel

6 Personen. *6 Heringe von 200-225 g; 100 g Kräuterbutter; Mehl; Öl. Bratzeit: 10 Minuten.*

Die Fische leicht ziselieren, würzen, durch Mehl ziehen, ölen und auf dem Rost braten, dabei des öfteren mit Öl bestreichen. Mit Petersilie anrichten und dazu Kräuterbutter servieren.

■ AUF MÜLLERINART — Harengs à la meunière

6 Personen. *6 Heringe von je 200-225 g; 100 g Butter; 2 Eßlöffel Öl; 1 Zitrone; gehackte Petersilie. Bratzeit: 10 Minuten.*

Die Heringe leicht ziselieren, würzen, mehlen und auf beiden Seiten in halb Öl und halb Butter braun braten. Auf einer langen Platte anrichten, mit Zitronensaft beträufeln, mit gehackter Petersilie bestreuen und mit brauner Butter übergießen.

■ GRILLIERT, MIT SENFSAUCE — Harengs grillés à la sauce moutarde

Die Heringe von der Bauchseite aus öffnen, ausnehmen, die Rückengräte entfernen, mehlen, mit Öl bestreichen und auf dem Rost braten. Mit Petersilie anrichten und dazu Senfsauce servieren.

■ GRILLIERT, AUF TEUFELSART — Harengs grillés à la diable

6 Personen. *6 Heringe je 200-225 g; Senf; Öl; Reibbrot; 3 dl Ravigotesauce. Bratzeit: 10 Minuten.*

Die Heringe wie oben vorbereiten, dünn mit Senf bestreichen, in Reibbrot wenden und gut andrükken. Leicht ölen, auf dem Rost braten, mit Petersilie anrichten und dazu Ravigotesauce reichen.

KABELJAU, SEEHECHT, SCHELLFISCH — Cabillaud, colin, aiglefin

Alle diese Fische, die zu der Familie der Gadidae gehören, haben eine gewisse Ähnlichkeit. Im frischen Zustand wird der Kabeljau in Frankreich als « morue fraîche », getrocknet als « morue » bezeichnet. Das Fleisch des Seehechts ist zarter und feiner, und auch der Geschmack des frischen Schellfisches gilt als schmackhafter als das des Kabeljaus. Alle drei Fische können im ganzen oder in Scheiben geschnitten gekocht und mit den verschiedensten Saucen serviert werden. Die Filets kann man backen, grillieren oder pochieren. Der leicht gesalzene und angeräucherte Schellfisch ist unter dem Namen Finnan haddock, Smoked haddock oder einfach Haddock bekannt.

KABELJAU AUF ENGLISCHE ART — Cabillaud à l'anglaise

6 Personen. *1 kg 200 Kabeljau; 1 kg Kartoffeln; 150 g Butter; 2 Zitronen. Kochzeit: 25 Minuten.*

Den Fisch im Sud oder auch nur in leicht gesalzenem Wasser mit einem kleinen Schuß Essig kochen. Gut abtropfen, auf Wunsch auch die Haut abziehen und auf einer Platte auf Serviette anrichten. Mit Zitronenvierteln und Petersilie garnieren und dazu zerlassene Butter und Salzkartoffeln servieren.

KABELJAU GEBACKEN — Cabillaud frit

6 Personen. *6 Tranchen Kabeljau je 200 g; Mehl; Ei; Panierbrot; Petersilie; 3 dl Tatarsauce. Backzeit: 5-6 Minuten.*

Die Tranchen wie üblich panieren und in der heißen Fritüre backen. Mit gebackener Petersilie auf einer Serviette anrichten und Tatarsauce oder Mayonnaise dazureichen.

■ GRILLIERT — Cabillaud grillé

Den Fisch in Scheiben von 200 g schneiden, würzen, mehlen, mit Öl oder geklärter Butter bestreichen und auf dem Rost braten. Mit Petersilie und Zitronenspalten garnieren und nebenbei Kräuter- oder Sardellenbutter servieren.

KNURRHAHN — Grondin

Es gibt zwei Arten von Knurrhahn, den grauen und den roten, von denen der rote der schmackhaftere ist, wenn er sich auch nicht mit der Rotbarbe messen kann. Der Knurrhahn wird zur Bouillabaisse verwendet, kann aber auch grilliert mit Kräuterbutter oder pochiert mit Garnelensauce serviert werden.

MAIFISCH, ALSE — Alose

Seefisch aus der Familie der Heringe, der zum Laichen in die Flüsse steigt.

■ GRILLIERT AUF ENGLISCHE ART — Alose grillée à l'anglaise

6 Personen. *1 Maifisch von 1 kg 200; 75 g Butter; Salz; Pfeffer. Grillierzeit: 25-30 Minuten.*

Den Fisch ziselieren, würzen, mehlen, ölen und langsam auf dem Rost braten. Mit zerlassener Butter und Salzkartoffeln servieren.

■ MIT SAUERAMPFER — Alose à l'oseille

6 Personen. *1 Maifisch von 1 kg 500; 2 kg Sauerampfer; 1/2 l trockenen Weißwein; 2 dl süße Sahne; 100 g Mohrrüben und 100 g Zwiebeln in Scheiben; 50 g Schalotten in Scheiben; 2 Eßlöffel Olivenöl. Kochzeit: 40-45 Minuten.*

Ein geeignetes Geschirr mit den Mohrrüben-, Zwiebel- und Schalottenscheiben auslegen, die man zuvor leicht in Butter angeschwitzt hat. Den Fisch darauflegen, mit dem Weißwein übergießen, würzen, mit dem Öl beträufeln und zugedeckt 2 Stunden marinieren. Zum Kochen bringen, zudecken, in den Ofen stellen und ganz langsam gardünsten. Abtropfen und auf Sauerampferpüree, mit der Sahne angemacht, dressieren. Den Fond passieren, fast zu Glace einkochen und den Fisch damit überglänzen.

MAKRELEN — Maquereaux

Kleine Fische werden meistens gebacken, die größeren in Stücke geschnitten und in leicht gesalzenem Wasser mit einem Schuß Essig pochiert. Man serviert sie mit Weißweinsauce oder Haushofmeisterbutter oder kalt mit Vinaigrettesauce mit gehackten Kräutern. Man kann sie auch filieren und auf folgende Arten zubereiten:

MAKRELEN ODER MAKRELENFILETS AUF MÜLLERINART — Maquereaux ou filets de maquereaux à la meunière

Wie alle Fische auf Müllerinart bereiten, dabei aber ganze Fische stets ziselieren. Kochzeit für Fische von 200-250 g: 10 Minuten; für Filets: 4-5 Minuten.

MAKRELENFILETS MIREILLE — Filets de maquereaux Mireille

6 Personen. *12 Filets; 250 g rohe Champignonscheiben; 1 gehackte Zwiebel; 2 gehackte Schalotten; 1/2 zerdrückte Knoblauchzehe; 350 g geschälte, entkernte, geviertelte Tomaten; 7 cl Olivenöl; 4 cl Essig; gehackte Petersilie. Bratzeit für die Filets: 4-5 Minuten.*

Die Filets würzen, mehlen, in Olivenöl braten und anrichten. Zwiebel, Schalotten und Knoblauch in Öl anschwitzen, die Champignonscheiben hinzugeben, anrösten und auch den in der Pfanne erhitzten Essig über die Filets geben. Mit den in Öl sautierten und gewürzten Tomaten garnieren und mit gehackter Petersilie bestreuen.

MAKRELENFILETS AUF VENEZIANISCHE ART — Filets de maquereaux à la vénitienne

6 Personen. *12 Filets; 2 dl Weißwein; 3 dl venezianische Sauce; Kerbel; Estragon; Petersilie; 750 g Fischkartoffeln. Pochierzeit: 5-6 Minuten.*

Die Filets würzen und in Weißwein pochieren. Abtropfen und anrichten. Den Fischfond einkochen, mit der Sauce vermischen und damit die Filets nappieren. Mit gehacktem Kerbel und Estragon bestreuen und mit den Kartoffeln garnieren, die mit gehackter Petersilie bestreut worden sind.

MATELOTE AUF BESONDERE ART — Matelote spéciale

6 Personen. *Je 300 g Lachs, Seezungenfilets und Steinbutt, ohne Haut und Gräten; 150 g geviertelte, pochierte Champignons; 150 g kleine, weißgedünstete Zwiebelchen; 150 g Löffelklößchen von Fischfarce; 3 dl Weißwein; 2 dl Champignonfond; 50 g Butter; 25 g Mehl; 1 dl süße Sahne; 3 Eigelb; 2 gehackte Schalotten; Fleischglace; 12 kleine Blätterteig-Halbmonde. Pochierzeit: 6-7 Minuten.*

Den Fisch in nicht zu kleine Stücke schneiden und zusammen mit den Schalotten in Weißwein und Champignonfond pochieren. Herausnehmen und abtropfen. Den Fond passieren, etwas einkochen, mit Mehlbutter leicht binden und mit dem Eigelb, mit der Sahne vermischt, legieren. Abschmecken und nicht mehr kochen lassen. Fisch, Champignons, Zwiebelchen und Klößchen mit der Sauce binden und in einer Timbale anrichten. Mit etwas zerlassener Glace beträufeln und mit den Halbmonden umkränzen.

MEERAAL — Congre, anguille de mer

Der Teil, direkt hinter dem Kopf, kann in Stücke geschnitten, gebraten oder pochiert werden. Im allgemeinen nimmt man Meeraal jedoch nur für Fischsuppen, Bouillabaisse u. ä.

MEERBARBE — Mulet, mulet cabot

Lange Zeit wurde die Meerbarbe als ein Fisch minderer Güte betrachtet. Heute ist man der Ansicht, daß das nicht stimmt und daß er ebenso wohlschmeckend wie der Wolfsbarsch ist und genau so zubereitet werden kann. Aus dem Rogen der Meerbarben wird eine Art gepreßter Kaviar, der Poutargue oder Caviar de Provence, bereitet, den man in Scheiben geschnitten als Vorspeise serviert.

ROCHEN — Raie

Ein einfacher Konsumfisch mit reichlichem und schmackhaftem Fleisch. Leider kommt es vor, daß einzelnen Exemplaren ein starker Ammoniakgeruch entströmt. Das ist kein Anzeichen von mangelnder Frische, sondern hängt mit dem Fisch zusammen. Im allgemeinen wird der Nagelrochen bevorzugt.

■ MIT DUNKLER BUTTER — Raie au beurre noir

6 Personen. *1 kg 500 Rochen; 120-150 g Butter; gehackte Petersilie; 2 Eßlöffel Kapern; 3 cl Essig. Kochzeit: 15 Minuten.*

Den Fisch in große Stücke schneiden und in gut gewürztem Fischsud kochen. Abtropfen und auf einer langen Platte anrichten. Die Butter in einer Pfanne dunkelbraun werden lassen. Den Fisch würzen, mit gehackter Petersilie und den Kapern bestreuen und die Butter darübergießen. Den Essig in die heiße Pfanne geben, zur Hälfte einkochen und ebenfalls über den Fisch gießen.

■ GEBACKEN — Raie frite

Hierfür nimmt man gerne ganz winzige Rochen. Man kann sie ganz lassen, durch Milch ziehen, in Mehl wenden oder auch in Stücke geschnitten durch Backteig ziehen und backen. Im ersten Fall garniert man sie mit gebackener Petersilie und Zitronenspalten, im zweiten serviert man dazu eine Tomatensauce. Backzeit: 6-7 Minuten.

■ AUF NORMANNISCHE ART — Raie à la normande

6 Personen. *1 kg 500 Rochen; 2 Eßlöffel Kapern; 3 dl dicke süße Sahne; 3 cl Essig. Kochzeit: 15 Minuten.*

Den in Stücke geschnittenen Rochen in Fischsud kochen, abtropfen und anrichten. Mit dicker, aufgekochter und gut gewürzter Sahne übergießen und mit Kapern bestreuen. Den Essig aufkochen, etwas reduzieren und darübergießen.

KRÜSTCHEN MIT ROCHENLEBER — Croûtes au foie de raie

Weißbrot viereckig oder rund ausstechen und in Butter goldgelb und knusprig braten. Die Leber in gesalzenem Wasser mit einem Schuß Essig pochieren. Abtropfen, in Scheibchen schneiden und damit die Krüstchen belegen. Mit brauner Butter übergießen, mit Zitronensaft beträufeln und mit gehackter Petersilie bestreuen.

ROTBARBEN — Rougets

Es kommt vor, daß man den roten Knurrhahn als Rotbarbe kauft. Er ist aber bei weitem nicht so fein im Geschmack und gilt als ziemlich gewöhnlicher Fisch, da er im Mittelmeer massenweise gefangen wird. Da die Rotbarbe keine Galle hat, braucht sie nicht unbedingt ausgenommen zu werden. An der Mittelmeerküste wird sie, so wie sie ist, nur abgewischt, gewürzt und gemehlt auf dem Rost gebraten.

■ AUF KATALONISCHE ART — Rougets à la catalane

6 Personen. *6 Rotbarben von je 150 g; 500 g geschälte, entkernte, geviertelte Tomaten; 250 g Reis; 2 grüne Paprikaschoten; 7 cl Olivenöl; Fenchelkraut; Petersilie; Reibbrot; 1 kleine Knoblauchzehe. Bratzeit: 8 Minuten.*

Die Tomaten in Öl sautieren, mit Salz, Pfeffer und dem zerdrückten Knoblauch würzen und mit gehackter Petersilie vermischen. Die gereinigten, gewürzten und gemehlten Rotbarben in Öl braten. Die Hälfte der Tomaten in eine ovale Backplatte geben, die Rotbarben darauflegen, mit den restlichen Tomaten bedecken und mit Pilawreis umkränzen, dem man geröstete, in feine Streifen geschnittene Paprikaschoten beigefügt hat. Die Tomaten mit gehacktem Fenchel und Reibbrot bestreuen, mit Öl betropfen und im heißen Ofen überkrusten.

■ AUF ÄGYPTISCHE ART — Rougets à l'égyptienne

6 Personen. *6 Rotbarben von je 150 g; 500 g geschälte, entkernte und geviertelte Tomaten; 1 zerdrückte Knoblauchzehe; gehackte Petersilie. Bratzeit: 8 Minuten.*

Die Rotbarben würzen, mehlen und in Öl braten. Die Tomaten in Öl schmelzen lassen, salzen, pfeffern und den Knoblauch und die Petersilie beifügen. Die Rotbarben auf die Hälfte der Tomaten dressieren, mit dem Rest bedecken, mit Reibbrot bestreuen und bei starker Hitze überkrusten. In Ägypten serviert man die Rotbarben in passenden Kästchen aus starkem, geöltem Papier.

■ AUF HAUSHOFMEISTERART — Rougets grillés maître d'hôtel

Die Rotbarben würzen, mehlen, ölen, auf dem Rost braten und mit Kräuterbutter servieren.

■ MONTE CARLO — Rougets Monte-Carlo

6 Personen. *6 Rotbarben; 100 g Sardellenbutter; 600 g Strohkartoffeln; 50 g zerlassene Kräuterbutter; 6 Weißbrotscheibchen in Form der Fische. Bratzeit: 8 Minuten.*

Die gereinigten Fische würzen, mehlen und auf dem Rost braten. Das Brot in Butter braten und mit Sardellenbutter bestreichen. Die Rotbarben daraufdressieren, mit der Kräuterbutter übergießen und mit den Strohkartoffeln garnieren.

■ AUF MÜLLERINART — Rougets meunière

Siehe diese Art der Zubereitung.

■ ÜBERKRUSTET — Rougets au gratin

Die gleiche Zubereitungsart wie für Weißling.

ROTZUNGE, KLIESCHE — Limande-sole, limande

Beide Plattfische werden am besten auf Müllerinart oder filiert und gebacken serviert. Die Rotzunge ist zwar ein ausgezeichneter Fisch, der jedoch niemals die Seezunge ersetzen kann.

SARDELLEN — Anchois

Diese kleinen Fischchen werden hauptsächlich als Vorspeise und in Form von Püree oder als Sardellenbutter verwendet (SIEHE VORSPEISEN). Die frische Sardelle kann nur unmittelbar nach dem Fang, und zwar am besten gebacken verwendet werden.

SARDINEN — Sardines

Die frischen Fischchen, die man in der Bordeauxer Gegend « Royans » nennt, werden ausgenommen und abgewischt, aber nicht gewaschen, da sie sonst zu weich werden. Die besten Zubereitungsarten sind: gebacken, grilliert oder auf Müllerinart.

ST.-PETERS-FISCH — Saint-Pierre

Man verwendet ihn hauptsächlich zur Bouillabaisse. Man kann von seinem Fleisch aber sehr gute Fischfarce bereiten, filiert läßt er sich wie Seezunge verwenden.

SCHOLLE — Carrelet, plie

Die Scholle ist ein Plattfisch von angenehmem Geschmack, von aschgrauer bis brauner Farbe mit orangefarbigen Flecken. Man kann sie backen, auf Müllerinart oder mit einer Champignonsauce überkrustet zubereiten.

SEEHECHT AUF ENGLISCHE ART — Colin à l'anglaise

Gleiche Zubereitung wie Kabeljau. *(Siehe Bild auf Seite 280.)*

SEEHECHT PARMENTIER — Colin Parmentier

6 Personen. *750 g Kartoffeln; 600 g gekochten Seehecht, ohne Haut und Gräten; 150 g Champignons; 1/2 l Garnelensauce; 2 hartgekochte Eigelb; 50 g Butter. Backzeit: 15 Minuten.*

Die in der Schale gekochten Kartoffeln schälen, in Scheiben schneiden, und davon einen Kranz auf einer runden Backplatte machen. Den auseinandergepflückten Fisch in die Mitte dressieren und mit den in Scheiben geschnittenen und sautierten Champignons bedecken. Alles mit der Sauce nappieren, das hartgekochte, gehackte Eigelb darüberstreuen, mit zerlassener Butter beträufeln und im mäßig heißen Ofen leicht überbacken.

SEEHECHTFILETS BERCY — Filets de colin Bercy

6 Personen. *1 kg 250 Seehecht; 3 dl Weißwein; 3 gehackte Schalotten; gehackte Petersilie; 75 g Butter; 30 g Mehl; 1 Zitrone; 40 g Reibbrot. Pochierzeit: 10 Minuten.*

Den Fisch filieren und enthäuten. Mit den Gräten und Parüren Fischfond bereiten und die Filets damit pochieren. Herausnehmen und in eine Backplatte dressieren. Ein Viertelliter Fischfond passieren. Die Schalotten in Butter anschwitzen, mit dem Weißwein aufgießen und zur Hälfte einkochen. Den Fischfond hinzugeben, würzen, Zitronensaft und gehackte Petersilie hinzugeben, aufkochen und mit 35 g Butter, mit dem Mehl vermengt, binden. Kurz durchkochen und abseits des Feuers mit der restlichen Butter aufschlagen. Den Fisch mit der Sauce nappieren, mit Reibbrot bestreuen, einige Butterflocken obenaufgeben und im heißen Ofen oder unter dem Salamander krusten.

■ AUF BRETAGNISCHE ART — Filets de colin à la bretonne

Genau wie oben bereiten, der Sauce aber 200 g in Butter gedünstete Julienne von Mohrrüben, weißen Rüben und dem Weiß von Lauchstauden beifügen.

■ AUF FLORENTINER ART — Filets de colin à la florentine

6 Personen. *1 kg 250 Seehecht; 1 kg Spinat; 1/2 l Mornay-Sauce; 1 dl Weißwein; 1 dl Fischfond; 40 g geriebenen Käse. Pochierzeit: 10 Minuten.*

Den Fisch filieren und die Filets mit Weißwein und Fischfond pochieren. In eine Backplatte auf ein Bett von in Butter geschwenktem Blattspinat dressieren und reichlich mit Mornay-Sauce nappieren, der man dem zu Glace eingekochten Fond zugefügt hat. Mit Käse bestreuen und überkrusten überlassen.

SEETEUFEL — Lotte de mer, baudroie

Infolge seiner Häßlichkeit wird dieser Fisch meistens ohne Kopf angeliefert. Das Fleisch ist fest und weiß und gibt beim Kochen viel Flüssigkeit ab. Man bereitet die Filets am besten direkt in Sauce, die dick und knapp gehalten werden sollte.

SEEZUNGEN — Soles

Die Seezunge ist ein königlicher Fisch, der von allen Feinschmeckern hoch geschätzt wird. Seezungen und Seezungenfilets lassen sich auf vielerlei Arten zubereiten.

SEEZUNGE BERCY — Sole Bercy

6 Personen. *6 Seezungen von je 200 g; 3 dl Weißwein; 3 gehackte Schalotten; 75 g Butter; 2 dl Fischfond; Zitrone; Petersilie. Pochierzeit: 8 Minuten.*

Gleiche Zubereitung wie für Seehecht Bercy.

■ AUF BRETAGNISCHE ART — Sole à la bretonne

6 Personen. *6 Seezungen von je 200 g; 2 dl Weißwein; 2 dl Fischfond; 1 Mohrrübe; 1 weiße Rübe; Lauchweißes; 3 Schalotten; 30 g Mehl; 75 g Butter; 2 Eßlöffel weißes Reibbrot. Pochierzeit: 7-8 Minuten.*

Gleiche Zubereitung wie Seehecht auf bretagnische Art.

■ COLBERT — Sole Colbert

6 Personen. *3 Seezungen von je 400-500 g oder 2 Seezungen von 700-800 g; 150-180 g Kräuterbutter. Backzeit je nach Größe: 8-12 Minuten.*

Die Haut abziehen, von der dicken Seite her einen Längsschnitt machen und die beiden Filets so weit lösen, daß man sie zurückschlagen kann. Die Gräten an zwei Seiten einbrechen, um sie später besser auslösen zu können. Den Fisch mit den zusammengeschlagenen Seiten erst durch Milch und Mehl ziehen, dann panieren und in tiefem Fett backen. Wenn er gar ist, gut abtropfen, die Gräte sorgfältig auslösen, um den Fisch nicht zu beschädigen, die Mitte mit Kräuterbutter füllen und mit Zitronenspalten garniert servieren. *(Siehe Kulinarische Technik in Bildern, Seite 712.)*

■ AUF DIEPPER ART — Sole à la dieppoise

6 Personen. *6 Seezungen von je 200 g; 1 l Muscheln; $^1/_4$ l Weißwein; 1 Schalotte; 30 g Mehl; 75 g Butter; gehackte Petersilie. Pochierzeit: 8 Minuten.*

Die Muscheln mit Weißwein, gehackter Schalotte und Pfeffer erhitzen, bis sie sich öffnen. Auslösen, entbarten und den Fond dekantieren. Die Seezungen mit diesem Fond pochieren, gut abtropfen und mit dem Fond und weißer Mehlschwitze von 40 g Butter und 30 g Mehl Sauce bereiten und mit der restlichen Butter aufschlagen. Abschmecken. Die Seezungen anrichten, mit den Muscheln garnieren, mit der Sauce nappieren und mit gehackter Petersilie bestreuen.

■ DUGLÉRÉ — Sole Dugléré

6 Personen. *6 Seezungen von je 200 g oder 3 Seezungen zu 400-500 g; 2 Zwiebeln; 400 g Tomaten; 3 dl Weißwein; 25 g Mehl; 80 g Butter; gehackte Petersilie. Kochzeit: 7-8 Minuten.*

Gleiche Zubereitung wie Weißling Dugléré.

■ AUF FECAMPER ART — Sole à la fécampoise

6 Personen. *6 Seezungen von je 200 g; $1^1/_2$ dl Weißwein; 1 dl Fischfond; 1 l Muscheln; 150 g Garnelenschwänzchen; $^1/_2$ l Joinvillesauce; 2 Schalotten. Pochierzeit: 7-8 Minuten.*

Die Muscheln mit dem Weißwein und den in Scheiben geschnittenen Schalotten und etwas Pfeffer erhitzen, bis sie sich öffnen. Den Fond dekantieren. Die Seezungen mit dem Muschel- und Fischfond pochieren. Die Hälfte des Fonds fast zu Glace einkochen und der Joinvillesauce hinzufügen. Die Seezungen anrichten, mit den entbarteten Muscheln und den Garnelenschwänzchen garnieren und mit der Sauce nappieren. Man kann das Gericht mit gebackenen Fischmilchern umkränzen.

SEEZUNGE AUF FLORENTINER ART — Sole à la florentine

6 Personen. *6 Seezungen von je 200 g; 1 kg Spinat; 1/2 l Mornay-Sauce; 2 dl Weißwein; 1 dl Fischfond; 40 g geriebenen Käse. Pochierzeit: 8-10 Minuten.*

Gleiche Zubereitung wie Seehecht auf Florentiner Art.

■ GEBACKEN MIT ZITRONE — Sole frite au citron

6 Personen. *6 Seezungen von je 200 g; 1 dl Milch; Mehl; Zitronen; Petersilie. Backzeit: 6-7 Minuten.*

Die Seezungen sorgfältig waschen, abtrocknen, durch gewürzte Milch ziehen und in Mehl wenden. In der heißen Fritüre backen, gut abtropfen und mit feinem Salz bestreuen. Auf Serviette mit gebackener Petersilie und Zitronenvierteln anrichten.

■ GRILLIERT — Sole grillée

6 Personen. *6 Seezungen von je 200 g; Mehl; Öl; Petersilie; Zitronen; 150 g Kräuterbutter. Bratzeit: ungefähr 8 Minuten.*

Die wie immer von den Häuten befreiten Seezungen mehlen, ölen und auf dem heißen Rost braten. Beim jeweiligen Wenden von neuem ölen und eine halbe Wendung geben, um ein Kreuzmuster zu erreichen. Auf Papiermanschette anrichten, mit Petersilie und Zitronenspalten garnieren und Kräuterbutter nebenher reichen.

■ MORNAY — Sole Mornay

6 Personen. *6 Seezungen von je 200 g; 2 dl Weißwein; 1/2 l Mornay-Sauce; 40 g geriebenen Käse. Pochierzeit: 8 Minuten.*

Die Seezungen in dem Weißwein pochieren und abtropfen. Den Fond auf ein Drittel einkochen und der Mornay-Sauce unterziehen. Den Fisch in einer Backplatte anrichten, mit der Sauce nappieren, mit geriebenem Käse bestreuen und bei scharfer Hitze überkrusten.

■ AUF MÜLLERINART — Sole meunière

6 Personen. *6 Seezungen von je 200 g. Kochzeit: 8 Minuten.*

Siehe diese Zubereitungsart.

■ AUF MÜLLERINART MIT CHAMPIGNONS — Sole meunière aux champignons

6 Personen. *6 Seezungen von je 200 g; 250 g Champignons. Kochzeit: 8 Minuten.*

Die rohen Champignons in Scheiben schneiden, in Butter sautieren und über die auf Müllerinart zubereiteten Seezungen schütten.

■ NANTUA — Sole Nantua

6 Personen. *6 Seezungen von je 200 g; 12 Krebsschwänzchen; 1/2 l Nantuasauce. Pochierzeit: 8 Minuten.*

Die Seezungen pochieren und anrichten. Mit den Krebsschwänzchen garnieren und mit der Sauce nappieren.

■ AUF NIZZAER ART — Sole à la niçoise

6 Personen. *6 Seezungen von je 200 g; 300 g geschälte, entkernte, in Butter sautierte Tomaten mit zerdrücktem Knoblauch und gehacktem Estragon; 6 entkernte, geschälte Zitronenscheiben; 6 Sardellenfilets; 6 schwarze Oliven; Olivenöl. Kochzeit: 8 Minuten.*

Die Seezungen mit Öl bestreichen und grillieren. Auf den Tomaten anrichten und auf jede Seezunge eine Zitronenscheibe mit einer Olive, mit einem Sardellenfilet umrollt, legen.

SEEZUNGE AUF PROVENZALISCHE ART — Sole à la provençale

6 Personen. *6 Seezungen von je 200 g; 10 Tomaten; 1 Knoblauchzehe; gehackte Petersilie; 5 Sardellenfilets; weißes Reibbrot; 1 gehackte Zwiebel; $^1/_2$ l provenzalische Sauce; Weißwein. Pochierzeit: 10 Minuten.*

Die Seezungen in dem Weißwein pochieren. 6 Tomaten halbieren, aushöhlen und halbgarmachen. Die restlichen Tomaten schälen, entkernen, in Butter mit gehackter Zwiebel und zerdrücktem Knoblauch sautieren und mit den zerdrückten Sardellenfilets, gehackter Petersilie und etwas Reibbrot binden. Die halben Tomaten damit füllen. Die Seezungen in einer Backplatte anrichten, mit den gefüllten Tomaten garnieren, mit der Sauce nappieren und noch einige Minuten in den Ofen stellen.

■ AUF SCHNELLE ART — Sole sur le plat (à la minute)

6 Personen. *6 Seezungen von je 200 g; 3 dl Weißwein; 2 Schalotten; 75 g Butter; 50 g Reibbrot; gehackte Kräuter. Kochzeit: 10 Minuten.*

Gleiche Zubereitung wie Weißling auf schnelle Art.

■ ST. GERMAIN — Sole Saint-Germain

6 Personen. *6 Seezungen von je 200 g; 3 dl Béarnaisesauce; 600 g Nußkartoffeln; 80 g Butter; Bratzeit: 8-10 Minuten.*

Die Seezungen durch Milch ziehen, mehlen und panieren. In Butter braten, anrichten, mit den Kartoffeln garnieren und die Sauce nebenbei servieren.

■ IN WEISSWEIN — Sole au vin blanc

6 Personen. *6 Seezungen von je 200 g; 2 dl Weißwein; 1 kleine Zwiebel in Scheiben; $^1/_2$ l Weißweinsauce. Pochierzeit: 10 Minuten.*

Die Seezungen auf einem Bett von Zwiebelscheibchen mit dem Weißwein pochieren. Herausnehmen, den Weißwein einkochen, passieren und der Sauce beifügen. Die Seezungen anrichten und mit der Sauce nappieren. Sie gewinnen an Geschmack, wenn man der Sauce zum Schluß noch zwei Löffel holländische Sauce unterzieht.

■ ÜBERKRUSTET — Sole au gratin

6 Personen. *6 Seezungen von je 200 g; 2 Schalotten; $^1/_2$ l Weißwein; 150 g Champignons; 5 cl Olivenöl; 1 dl Demi-glace; $^1/_2$ l Tomatensauce; 50 g Reibbrot; 75 g Butter; Petersilie. Kochzeit: 10 Minuten.*

Gleiche Zubereitung wie Weißling, überkrustet.

SEEZUNGENFILETS AUF AMERIKANISCHE ART — Filets de sole à l'américaine

6 Personen. *3 Seezungen von je 400 g; 400 g Hummer; 200 g Tomaten; 3 dl Weißwein; 2 cl Weinbrand; 50 g Butter; 2 Schalotten; Petersilie; Estragon. Pochierzeit für die Filets: 6-7 Minuten, für den Hummer 10 Minuten.*

Die Seezungen filieren und von den Gräten Fond bereiten. Die Filets parieren, falten, mit dem Fischfond pochieren. Den Hummer amerikanisch zubereiten (SIEHE REZEPT). Die Filets anrichten, mit der amerikanischen Sauce, mit dem eingekochten Fischfond vermischt, nappieren, mit dem Hummerfleisch garnieren und mit gehackter Petersilie bestreuen.

■ ATELIER — Filets de sole Atelier

6 Personen. *3 Seezungen von je 300 g; 3 gekochte Hummern von je 300-350 g; 150 g gekochte Champignons; 150 g pochierte Kalbsmilch; $^1/_4$ l Newburgsauce; 2 dl Weißweinsauce; 12 Trüffelscheiben; 1 dl Weißwein. Pochierzeit für die Filets: 6-7 Minuten.*

Die parierten, gefalteten Seezungenfilets in Weißwein und Fischfond pochieren. Die Hummern der Länge nach halbieren, Scheren ablösen und das Fleisch aus Scheren und Körper herausnehmen. Hummerfleisch, Champignons und Kalbsmilch in 1 cm große Würfel schneiden, in Butter andünsten, mit der Newburgsauce binden und in die Hummerkörper füllen. Auf jeden Körper zwei Seezungenfilets, halb übereinandergelegt, dressieren, jedes mit einer Trüffelscheibe belegen, mit der Weißweinsauce nappieren und unter dem Salamander glacieren. Dazu kann man Butterreis servieren.

SEEZUNGENFILETS BERCY — Filets de sole Bercy

6 Personen. *3 Seezungen von je 400 g; 3 gehackte Schalotten; 3 dl Weißwein; 3 dl Fischfond; 75 g Butter; 1 Löffel Fleischglace; Saft einer Zitrone. Pochierzeit: 15 Minuten.*

Eine lange Backplatte mit Butter ausstreichen und mit gehackten Schalotten bestreuen. Die Filets der Länge nach daraufdressieren, mit Weißwein und Fischfond angießen, würzen und pochieren. Die Filets herausnehmen. Den Fond bis auf ein Viertel einkochen, die Fleischglace hinzugeben, mit Zitronensaft würzen und mit Butter aufschlagen und über die Filets gießen.

■ **BOMBAY — Filets de sole Bombay**

6 Personen. *3 Seezungen von je 400 g; 3 Bananen; 3 Scheiben Ananas; 300 g Reis; 4 dl Currysauce; 75 g Butter. Bratzeit: 10 Minuten.*

Die Filets würzen, mehlen und in Butter braten. Auf Butterreis anrichten. Bananen und Ananasscheiben würfeln, in Butter sautieren und über die Filets geben. Die Sauce nebenbei servieren.

■ **AUF BURGUNDER ART oder auch MACONER ART — Filets de sole à la bourguignonne (ou à la mâconnaise)**

6 Personen. *3 Seezungen von je 400 g; 24 kleine, braun glacierte Zwiebelchen; 250 g Champignons; $^1/_4$ l Rotwein; 2 dl Demi-glace; 2 gehackte Schalotten; 30 g Mehlbutter. Pochierzeit: 10 Minuten.*

Die Filets würzen und in Rotwein pochieren. Herausnehmen, den Wein auf die Hälfte einkochen, mit der Mehlbutter binden, aufkochen und die Demi-glace hinzugeben. Die Filets mit den in Butter sautierten Champignons und den Zwiebelchen garnieren und mit der Rotweinsauce nappieren.

■ **AUF CANCALER ART — Filets de sole à la cancalaise**

6 Personen. *3 Seezungen von je 400 g; 12 ausgeschälte Hummerkrabbenschwänzchen; 6 pochierte, entbartete Austern; $^1/_2$ l normannische Sauce; 50 g Butter. Pochierzeit: 7-8 Minuten.*

Die Filets falten und mit Butter und Weißwein pochieren. Abtropfen, kranzartig anrichten und mit der Sauce, der man den eingekochten Fond beigefügt hat, nappieren. Die Mitte mit den Krabbenschwänzchen und Austern garnieren und ebenfalls leicht saucieren.

■ **AUF KARDINALSART — Filets de sole à la cardinal**

6 Personen. *3 Seezungen von je 400 g; $^1/_2$ l Kardinalsauce; 150 g gekochtes Hummerfleisch; 1 Trüffel; 2 dl Weißwein. Pochierzeit: 7-8 Minuten.*

Die Filets mit dem Weißwein pochieren und anrichten. Den Fond auf ein Viertel einkochen, der Sauce beifügen und das kleingewürfelte Hummerfleisch hineingeben. Die Filets mit der Sauce nappieren und jedes mit einer Trüffelscheibe belegen.

■ **MIT CHAMPIGNONS — Filets de sole aux champignons**

6 Personen. *3 Seezungen von je 400 g; 250 g Champignons; 4 dl Champignonsauce. Pochierzeit: 7-8 Minuten.*

Die Champignons mit Butter und Zitronensaft garmachen. Die Filets falten, mit dem Champignonfond pochieren und im Kranz anrichten. Den Fond einkochen und der Sauce beifügen. Die Champignons in die Mitte dressieren und die Filets mit der Sauce nappieren.

■ **AUF ENGLISCHE ART — Filets de sole à l'anglaise**

6 Personen. *3 Seezungen von je 400 g; 200 g frischgeriebene Weißbrotkrume; 150 g Butter; 100 g Kräuterbutter. Bratzeit: 7-8 Minuten.*

Die Filets leicht plattieren, würzen, durch zerlassene Butter ziehen, in dem Reibbrot wenden, gut andrücken und sorgfältig in Butter braun braten. Anrichten und mit halbzerlassener Kräuterbutter übergießen.

SEEZUNGENFILETS GANZ-PARIS — Filets de sole Tout-Paris

6 Personen. *3 Seezungen von je 400 g; 2 dl Weißwein; 4 dl holländische Sauce; 50 g Krebsbutter; 6 Hummerkrabbenschwänzchen; 6 Trüffelscheiben. Pochierzeit: 7-8 Minuten.*

Die Filets falten und mit Weißwein pochieren. Herausnehmen und anrichten. Den Pochierfond zu Glace kochen und der holländischen Sauce einverleiben. Die Hälfte davon mit der Krebsbutter aufschlagen. Die Filets abwechselnd mit gelber und mit rosa Sauce nappieren. Die mit rosa Sauce nappierten mit einer Trüffelscheibe belegen und in die anderen einen Krabbenschwanz einstecken.

■ MIT GARNELEN — Filets de sole aux crevettes

6 Personen. *4 Seezungen von je 400 g; 200 g Garnelenschwänzchen; 4 dl Garnelensauce; 2 dl Fischfond. Pochierzeit: 7-8 Minuten.*

Die Filets mit dem Fischfond pochieren. Den Fond abgießen, fast gänzlich einkochen und zusammen mit den Garnelenschwänzchen der Sauce hinzufügen. Die Filets mit der Sauce nappieren.

■ AUF HAUSFRAUENART — Filets de sole bonne femme

6 Personen. *3 Seezungen von je 400 g; $^1/_4$ l Fischvelouté; 200 g Champignonscheiben, pochiert; 2 dl Weißwein; 1 dl holländische Sauce. Pochierzeit: 7-8 Minuten.*

Die Seezungen in Weißwein pochieren, herausnehmen und auf eine Backplatte auf die Champignonscheiben dressieren. Die Velouté mit dem Fischfond um ein Drittel einkochen und abseits der Hitze die holländische Sauce unterziehen. Die Filets mit der Sauce nappieren und bei stärkster Hitze einen Moment unter dem Salamander glacieren, ohne daß die Sauce Zeit zum Kochen hat.

■ HERRIOT — Filets de sole Herriot

6 Personen. *3 Seezungen von je 400 g; 18 Kaffeelöffelklößchen von Hecht- oder Weißlingsfarce; 6 Artischockenböden; 4 dl Hummersauce; 1 dl Weißweinsauce; 12 Trüffelscheiben; 50 g Butter; 1 Zitrone; 1 dl Fischfond. Pochierzeit: 7-8 Minuten.*

Die Filets falten, würzen und mit Zitronensaft und Fischfond pochieren. Den Fond fast zu Glace kochen und der Weißweinsauce beifügen, die Fischklößchen mit der Sauce binden. Die Artischocken vierteln, in Butter sautieren und würzen. Die Filets abtropfen, jedes mit einer Trüffelscheibe belegt auf langer Platte anrichten. Mit der Hummersauce nappieren, an eine Seite die Klößchen und an die andere die Artischockenböden dressieren. *(Siehe Bild auf Seite 278.)*

■ LAVALLIÈRE — Filets de sole Lavallière

6 Personen. *3 Seezungen von je 400 g; 200 g pochierte, geviertelte Champignons; 1 l Muscheln; pochiert, ausgebrochen und entbartet; 200 g Garnelenschwänzchen; 8 Krebsschwänzchen; 1 Trüffel; $^3/_4$ l Nantuasauce; 400 g Weißlingsfarce. Pochierzeit der Farce: 15-20 Minuten, der Filets 7-8 Minuten.*

Die Farce in eine oben flache, mit Butter ausgestrichene Randform füllen und im Wasserbad im Ofen pochieren. Die Filets falten und mit Fischfond und Zitronensaft ebenfalls pochieren. Champignons, Muscheln, Garnelen- und Krebsschwänzchen mit Nantuasauce binden. Den Farcerand auf eine runde Platte stürzen und die Mitte mit dem Ragout füllen. Die Filets halb übereinander auf den Rand dressieren, jedes Filet mit einer Trüffelscheibe belegen und mit Nantuasauce nappieren.

Wird das Gericht in einer Blätterteig-Hohlpastete angerichtet, so wird es « Blätterteigpastete Lavallière » — Vol-au-vent de filets de sole Lavallière — bezeichnet. *(Siehe Bild auf Seite 277.)*

■ AUF MADRIDER ART — Filets de sole à la madrilène

6 Personen. *3 Seezungen von je 400 g; 500 g geschälte, entkernte, gewürfelte Tomaten; 2 enthäutete, entkernte, in grobe Julienne geschnittene grüne Paprikaschoten; 12 gefüllte, blanchierte Oliven; 100 g Butter; 1 dl Olivenöl; 1 Knoblauchzehe; 1 Zitrone; gehackte Petersilie. Bratzeit der Filets: 5-6 Minuten.*

Die gewürfelten Tomaten zusammen mit der zerdrückten Knoblauchzehe in Butter dünsten, die Oliven hinzugeben, kurz mitdünsten und nur schwach würzen. Die in breite Streifen geschnittenen

Filets durch gewürzte Milch ziehen, mehlen und in Olivenöl mit nußgroß Butter braun und knusprig braten. Die Paprikaschoten, in Öl sautieren, bis sie gar sind. Filetstreifen, Paprikaschoten, Tomaten und Oliven noch kurz zusammen sautieren, anrichten, mit Zitronensaft beträufeln, mit brauner Butter übergießen und sogleich servieren.

SEEZUNGENFILETS MIT MALAGA — Filets de sole au malaga

6 Personen. *3 Seezungen von je 400 g; 48 getrocknete Beeren von Malagatrauben; 4 dl Malaga; 300 g Champignons, roh in Stäbchen geschnitten; 300 g gewürfelte Tomaten; 50 g gehackte Schalotten; 1 Knoblauchzehe; 2 dl Demi-glace; 150 g Butter; gehackte Petersilie. Pochierzeit: 7-8 Minuten.*

Die Filets falten und zusammen mit den Malagatraubenbeeren in dem Wein pochieren. Die Schalotten in 50 g Butter anschwitzen, die Champignonstäbchen hinzugeben und fast trocken dünsten. Die Tomaten und die Demi-glace beifügen und einige Minuten kochen lassen. Die Filets aus dem Fond nehmen und diesen zur Hälfte einkochen. Die Champignons und Tomaten dazugeben, mit Salz, Pfeffer und zerdrücktem Knoblauch würzen und mit 100 g Butter aufschlagen. Über die Filets gießen und reichlich mit grobgehackter Petersilie bestreuen.

■ MARCELLE — Filets de sole Marcelle

6 Personen. *3 Seezungen von je 400 g; 1 l Muscheln; 1/2 l Weißweinsauce; 1 dl Fischfond; 1 kleine Trüffel. Pochierzeit: 7-8 Minuten.*

Die Filets zusammenfalten und in Fischfond pochieren. Die gargemachten Muscheln ausbrechen und das Fleisch durch ein Sieb streichen. Das Püree der etwas dick gehaltenen Weißweinsauce unterziehen. Die Filets mit der Sauce nappieren und mit der in Julienne geschnittenen Trüffel bestreuen.

■ MARGUERY — Filets de sole Marguery

6 Personen. *3 Seezungen von je 400 g; 200 g Garnelenschwänzchen; 1 l pochierte, entbartete Muscheln; 1/2 l Weißweinsauce; 2 dl Weißwein; 50 g Butter. Pochierzeit: 7-8 Minuten.*

Die Seezungen falten und in Weißwein pochieren. Auf langer Platte anrichten und mit den Muscheln und Garnelenschwänzchen garnieren. Den Weißwein fast gänzlich einkochen, der Sauce beifügen, diese mit der Butter aufschlagen und über die Filets gießen.

■ AUF MATROSENART — Filets de sole à la marinière

6 Personen. *3 Seezungen von je 400 g; 1 l Muscheln, auf Matrosenart zubereitet* (SIEHE REZEPT)*; 4 dl Matrosensauce. Pochierzeit: 7-8 Minuten.*

Die Filets in dem Muschelfond pochieren, abtropfen und anrichten. Mit den entbarteten Muscheln garnieren und mit der Sauce nappieren.

■ MONTE CARLO — Filets de sole Monte-Carlo

6 Personen. *3 Seezungen von je 400 g; 1 dl Öl; 150 g Butter; 1 Knoblauchzehe; 50 g Sardellenfilets. Bratzeit: 3-4 Minuten.*

Die Filets würzen, mehlen, in Öl goldgelb braten und anrichten. Die Hälfte der Sardellen pürieren und mit der zerdrückten Knoblauchzehe vermischen. Das Püree unter braune Butter rühren, über die Seezungenfilets gießen und mit Streifen von Sardellenfilets dekorieren. *(Siehe Bild auf Seite 279.)*

■ MONTROUGE — Filets de sole Montrouge

6 Personen. *3 Seezungen von je 400 g; 250 g Champignonpüree; 1/2 l Mornay-Sauce; 25 g geriebenen Käse; Champignonfond. Pochierzeit: 7-8 Minuten.*

Die Filets in Champignonfond pochieren und auf dem Püree anrichten. Den Pochierfond fast gänzlich einkochen und der Mornay-Sauce beifügen. Die Filets mit der Sauce nappieren, mit dem Käse bestreuen und im heißen Ofen überkrusten.

■ AUF MÜLLERINART — Filets de sole meunière

Die Filets wie üblich auf Müllerinart zubereiten.

▲ Blätterteigpastete mit Seezungenfilets Lavallière, S. 275

Seezungenfilets Venini, S. 296 ▼

▲ Seezungenfilets Herriot, S. 275

Seezungenröllchen Daumont, S. 287 ▼

▲ Seezungenfilets Monte-Carlo, S. 276

Seezungenfilets Paillard, S. 286 ▼

280

▲ Seehecht auf englische Art, S. 270

Seezungenfilets Murat, S. 285 ▼

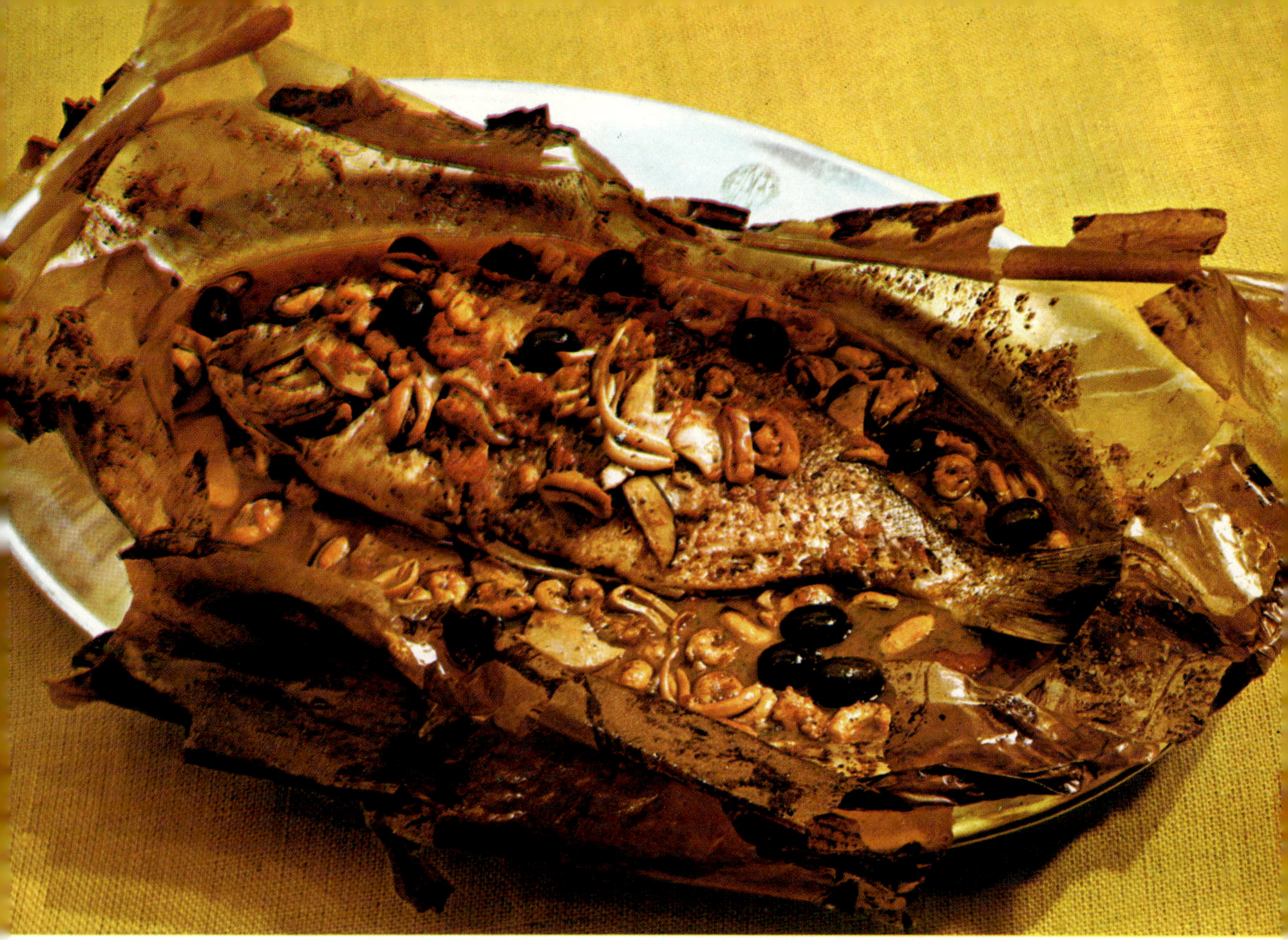

▲ Goldbrasse in Papierhülle, S. 296

Steinbuttschnitten, pochiert, S. 289 ▼

▲ Gebratener Wolfsbarsch, S. 293

Gebackenes aus dem Mittelmeer ▼

▲ Kalter Seehecht auf russische Art, S. 293

Kalte Rotbarben auf Nizzaer Art, S. 293 ▼

▲ Kalte Seezungenfilets mit Blütendekor, S. 294

Timbal von Seezungenfilets in Gelee, S. 294 ▼

SEEZUNGENFILETS MURAT — Filets de sole Murat

6 Personen. *3 Seezungen von je 400 g; 500 g gewürfelte Kartoffeln; 6 geviertelte, in Butter sautierte Artischockenböden; 6 dicke Tomatenscheiben; 100 g Butter; 5 cl Öl; Saft einer Zitrone; gehackte Petersilie. Bratzeit: 10 Minuten.*

Die Filets in Streifen schneiden, durch gewürzte Milch ziehen, mehlen und in Butter goldgelb braten, Die gebratenen Kartoffelwürfel und die Artischockenböden beifügen und alles zusammen noch 2-3 Minuten sautieren. In einer Schüssel anrichten und mit den gewürzten, in heißem Öl gebratenen Tomatenscheiben bedecken. Mit Zitronensaft beträufeln, mit gehackter Petersilie bestreuen und mit brauner Butter übergießen. *(Siehe Bild auf Seite 280.)*

■ NABUCHU — Filets de sole Nabuchu

6 Personen. *3 Seezungen von je 400 g; 200 g dünne, gekochte Nudeln; 150 g Champignons, in grobe Julienne geschnitten; 100 g Blattspinat; 3 dl Weißweinsauce; 1 dl holländische Sauce; 50 g geriebenen Parmesan; 75 g Butter; 1 Zitrone; 1 dl Fischfond; 1 dl Weißwein. Pochierzeit: 7-8 Minuten.*

Die Seezungen falten und in Weißwein, Fischfond und Zitronensaft pochieren. Die Julienne mit Zitronensaft und nußgroß Butter garmachen. Die Nudeln in Butter schwenken, würzen, mit der abgetropften Julienne vermengen und auf den Boden einer ovalen Backplatte dressieren. Die Seezungenfilets auf die Nudeln plazieren. Fisch- und Champignonfond reduzieren und mit der Weißweinsauce durchkochen. Den feinnudlig geschnittenen, im eigenen Saft recht grün gedünsteten Spinat unter die Sauce mengen und diese mit der holländischen Sauce vervollständigen. Die Filets damit nappieren, mit Parmesan bestreuen und unter dem Salamander überkrusten.

■ AUF NORMANNISCHE ART — Filets de sole à la normande

6 Personen. *3 Seezungen von je 400 g; 1/2 l Muscheln; 12 Austern; 150 g Garnelenschwänzchen; 200 g Champignons; 6 Gründlinge oder kleine Stinte; 3 dl Fischvelouté; 2 Eier; 2 gehackte Schalotten; 1 dl süße Sahne; 2 dl Weißwein; 1 Zitrone; 100 g Butter; 12 Trüffelscheiben; 6 herzförmige, in Butter gebratene Croutons. Pochierzeit: 7-8 Minuten.*

Die Filets mit gehackten Schalotten und Weißwein pochieren. Muscheln garmachen, ausbrechen und entbarten, die Champignons mit Zitronensaft und Butter pochieren, die Austern garmachen und ebenfalls entbarten. Den dekantierten Muschelfond und den Champignonfond mit der Velouté verkochen, mit Eigelb und Sahne legieren, den zu Glace eingekochten Pochierfond der Filets beifügen, die Sauce kräftig abschmecken und mit Butter aufschlagen. Muscheln, Garnelen, Champignons und Austern erhitzen und mit der Sauce binden. Alles über die angerichteten Filets geben, mit Trüffelscheiben garnieren und abwechselnd mit panierten, gebackenen Gründlingen und Croutons umkränzen.

■ ORLY — Filets de sole Orly

6 Personen. *3 Seezungen von je 400 g.*

Genauso wie Weißlingsfilets Orly bereiten.

■ AUF OSTENDER ART — Filets de sole à l'ostendaise

6 Personen. *3 Seezungen von je 400 g; 18 Austern; 100 g Champignons; 1 Trüffel; 1 dl Weißwein; 1 dl Fischfond; 4 dl normannische Sauce; 1 dl Béchamel; 1 Ei; Panierbrot. Pochierzeit: 15 Minuten.*

Die Austern steifmachen, entbarten und das Wasser aufheben. Die Filets falten und in Weißwein, Fischfond und Austernwasser pochieren. Den Fond fast zu Glace einkochen und der normannischen Sauce beifügen. Die Filets im Kranze anrichten, die Austern in die Mitte dressieren und alles mit der Sauce nappieren. Von den Parüren der Seezungenfilets, den Champignons und der Trüffel Salpicon bereiten, mit der Béchamel binden, zu kleinen Kroketten formen, panieren und backen. Die Filets mit diesen Kroketten umkränzen.

SEEZUNGENFILETS PAILLARD — Filets de sole Paillard

6 Personen. *3 Seezungen von je 400 g; 250 g Schaumfarce von Weißling; 12 mittelgroße Krebse; 75 g Butter; 200 g Champignons; 4 dl Weißweinsauce; 12 Trüffelscheiben. Pochierzeit: 12 Minuten.*

Die Filets leicht plattieren, mit der Farce bestreichen, zusammenfalten und mit der Spitze in Krebsnasen stecken; die Krebse dazu zuvor mit Mirepoix und Weißwein garmachen und die Schwänze ausbrechen. Den Rest der Farce in die Krebsnasen füllen. Die Seezungenfilets mit Weißwein und Fischfond, mit einem gebutterten Papier bedeckt, langsam im Ofen pochieren. Die Filets fächerförmig auf einer ovalen Backplatte anrichten und mit den pochierten Champignons garnieren. Alles, mit Ausnahme der Krebsnasen, mit der Weißweinsauce, mit Krebsbutter aus den Schalen bereitet aufgeschlagen, nappieren. Jedes Filet mit einer Trüffelscheibe belegen und die Krebsschwänze der Länge der Platte nach dressieren. *(Siehe Bild auf Seite 279.)*

■ POMPADOUR — Filets de sole Pompadour

6 Personen. *3 Seezungen von je 400 g; 600 g Nußkartoffeln; 150 g Butter; 2 dl tomatierte Béarnaisesauce; frisch geriebene Weißbrotkrume; 1 Trüffel. Bratzeit: 8-10 Minuten.*

Die Filets würzen, durch zerlassene Butter ziehen, in dem Reibbrot wenden und es gut andrücken. Goldgelb in Butter braten, anrichten und jedes Filet mit einer Trüffelscheibe belegen. Zwischen die Filets einen Streifen Béarnaisesauce geben und rundherum mit den Kartoffeln garnieren. Man kann die Sauce auch separat servieren.

■ SUCHET — Filets de sole Suchet

6 Personen. *3 Seezungen von je 400 g; 250 g Julienne von Mohrrüben, Bleichsellerie und Petersilienwurzel; 1 kleine Trüffel; 40 g Butter; 1 dl Fischfond; 1 dl Weißwein; 4 dl Weißweinsauce. Pochierzeit: 7-8 Minuten.*

Die Filets leicht plattieren, würzen und mit Weißwein und Fischfond pochieren. Die Julienne mit Butter andünsten, dann den Pochierfond hinzugeben und fast vollständig einkochen. Die Julienne unter die Weißweinsauce mischen und die angerichteten Filets damit nappieren. Julienne von Trüffel obenaufstreuen. Zuweilen gibt man zu der Julienne auch einen Teil Lauch.

■ SUSANNA — Filets de sole Suzanne

6 Personen. *3 Seezungen von je 400 g; 12 Schiffchen aus Auslegeteig 150 g gekochte, feine Nudeln; 40 g Butter; 4 dl Mornay-Sauce; geriebenen Käse. Pochierzeit: 10 Minuten.*

Die Filets zusammenfalten und in Fischfond pochieren. Den Fond einkochen und zu der Sauce geben. Die Nudeln in Butter schwenken und damit die Schiffchen füllen. Auf jedes ein abgetropftes Filet setzen, mit Mornay-Sauce nappieren, mit Käse bestreuen und überbacken.

■ SYLVETTE — Filets de sole Sylvette

6 Personen. *3 Seezungen von je 400 g; 50 g feine Mirepoix; 3 dl süße Sahne; 12 sehr kleine Tomaten; 150 g schieres Fleisch von gekochten Weißlingen; 2 dl Béchamel; 5 cl Madeira; 50 g Butter. Pochierzeit: 7-8 Minuten.*

Die Mirepoix langsam 10 Minuten in Butter dünsten, den Madeira hinzufügen und noch weitere 5 Minuten schmurgeln. Über die Filets gießen und pochieren. Die Filets abtropfen. Die Mirepoix mit der Sahne und der Béchamel verkochen, abschmecken und damit die angerichteten Filets nappieren. Die Tomaten abdeckeln, aushöhlen, mit dem zerdrückten Weißlingsfleisch, mit Béchamel und Butter vermischt und gut gewürzt, füllen, im Ofen garmachen und die Seezungenfilets damit garnieren.

■ VILLEROI — Filets de sole Villeroi

6 Personen. *3 Seezungen von je 400 g; $^1/_2$ l Villeroi-Sauce; frisch geriebene Weißbrotkrume; Petersilie. Zubereitungszeit: 12 Minuten.*

Die Filets 7 Minuten in einem Fond pochieren, der aus den Gräten hergestellt worden ist. Gut abwischen und durch die Villeroi-Sauce ziehen. Kurz abkühlen und panieren. In einer sehr heißen Fritüre goldgelb backen und mit gebackener Petersilie anrichten.

SEEZUNGENFILETS IN WEISSWEIN MIT CHAMPIGNONS — Filets de sole au vin blanc et aux champignons

6 Personen. *3 Seezungen von je 400 g; 250 g blättrig geschnittene, pochierte Champignons; 4 dl Weißweinsauce; 12 Blätterteighalbmonde. Pochierzeit: 7-8 Minuten.*

Die Filets zusammenfalten und mit dem Champignonfond pochieren. Den Fond abgießen, einkochen und unter die Weißweinsauce mischen. Die Champignons in die Mitte der Platte dressieren, mit den Filets umkränzen und mit der Sauce nappieren. Die Champignons mit gehackter Petersilie bestreuen und die Platte mit den Halbmonden garnieren.

■ WALEWSKA — Filets de sole Walewska

6 Personen. *3 Seezungen von je 400 g; 1 gekochte Languste von etwa 450 g; 1 kleine Trüffel; 4 dl Mornay-Sauce; 50 g Langustenbutter; 1 dl Fischfond; 1 dl Weißwein. Pochierzeit: 7-8 Minuten.*

Die Seezungenfilets zusammenfalten und in Fischfond und Weißwein pochieren. Den Pochierfond fast zu Glace einkochen, unter die Mornay-Sauce mischen und mit der Langustenbutter aufschlagen. Die Filets in einer feuerfesten Platte anrichten und jedes mit einem Langustenmedaillon und einer Trüffelscheibe garnieren. Mit der Mornay-Sauce nappieren und bei starker Oberhitze glacieren.
Anstelle der Languste kann jedes Filet mit einem kleinen, halben Langustinenschwanz garniert werden. In diesem Falle ist die Sauce mit Langustinenbutter aufzuschlagen.

SEEZUNGENRÖLLCHEN DAUMONT — Paupiettes de sole Daumont

6 Personen. *3 Seezungen von je 400 g; 250 g Weißlingsfarce; 1 l gekochte, ausgebrochene, entbartete Muscheln; 200 g kleine Champignonköpfe; $^1/_2$ l Weißwein; 50 g Krebsbutter; 12 Krebsschwänze; $^1/_4$ l Nantuasauce; 75 g Butter; 40 g Mehl. Pochierzeit: 12 Minuten.*

Die Filets leicht plattieren, mit der Farce bestreichen, zusammenrollen und dicht nebeneinander in ein gebuttertes Geschirr setzen. Die Champignons und die Muscheln in Weißwein pochieren. Die Seezungenröllchen mit dem Weißweinfond übergießen und pochieren. Den Fond abgießen und mit diesem und einer weißen Mehlschwitze Sauce bereiten. Die Sauce kurz durchkochen, gut abschmecken, mit der Krebsbutter aufschlagen und passieren. Muscheln und Champignons mit der Nantuasauce binden. Die Röllchen im Kranze anrichten, mit der Krebsbuttersauce nappieren und zwischen je zwei Röllchen einen in Butter erwärmten Krebsschwanz legen. Die Mitte mit dem Ragout von Champignons und Muscheln garnieren. *(Siehe Bild auf Seite 278.)*

■ GEORGETTE — Paupiettes de sole Georgette

6 Personen. *3 Seezungen von je 400 g; 12 große, gleichmäßige Kartoffeln (jede etwa 80 g); 250 g Salpicon von Krebsen oder Garnelen; 4 dl Nantuasauce; 1 dl Fischfond; 1 dl Weißwein Pochierzeit: 7-8 Minuten.*

Die Röllchen in Weißwein und Fischfond pochieren, den Fond fast zu Glace einkoche und der Nantuasauce beifügen. Die Kartoffeln im Ofen backen, oben einen Deckel abschneiden und reservieren und zum Teil aushöhlen. Jede Kartoffel mit etwas Salpicon füllen, darauf ein Röllchen setzen, mit Nantuasauce nappieren und wieder zudecken. Im Kranz mit krauser Petersilie in der Mitte anrichten.

■ JACQUELINE — Paupiettes de sole Jacqueline

12 Personen. *3 Seezungen von je 400 g; 12 große Reinetten; 300 g Schaumfarce von Weißlingen; 100 g Garnelenschwänzchen; $^1/_2$ l Fischfond; 1 dl süße Sahne; 75 g Butter; 30 g Mehl; 2 dl Tomatenpüree; 1 Zitrone; 12 Schwänzchen von kleinen Hummerkrabben. Kochzeit: 10-12 Minuten.*

Die Äpfel gleichmäßig rund schälen, mit Zitronensaft einreiben, auf zwei Drittel der Höhe einen Deckel abschneiden und innen sorgfältig aushöhlen, wobei wenigstens 1 cm Rand stehenbleiben muß. Auf ein Randblech setzen, mit zerlassener Butter übergießen und im Ofen sorgfältig garmachen, damit sie weder zerfallen noch bräunen. Die Filets leicht klopfen, um die Fasern zu zerreißen, mit Farce dünn bestreichen, darauf einige Garnelenschwänzchen streuen und zusammenrollen. Dicht nebeneinander in ein gebuttertes Geschirr ordnen, mit Fischfond mit Weißwein angießen und langsam pochieren. Von dem Fond, weißer Mehlschwitze und der Sahne eine rahmige Sauce bereiten, das Tomatenpüree daruntermengen, kräftig würzen und leicht buttern. Je ein Seezungenröllchen in einen Apfel setzen, knapp mit Sauce bedecken, so daß der Apfel nicht sauciert ist, die Äpfel leicht mit zerlassener Butter bepinseln und in jedes Röllchen einen Hummerkrabbenschwanz stecken. Den Rest der Sauce nebenbei servieren.

TURBAN VON SEEZUNGENFILETS AUF KARMELITERART — Turban de filets de sole à la carmélite

6 Personen. *3 Seezungen von je 400 g; 400 g rohen Lachs ohne Gräten oder Haut; $^1/_2$ l gekochte, entbartete Muscheln; 150 g pochierte Champignons; 2 gekochte Artischockenböden; 12 Krebsschwänzchen; 1 Trüffel; 3 Eier; $^1/_2$ l Nantuasauce; 1 dl kalte Béchamel; 1 dl süße Sahne; 150 g Garnelenschwänzchen. Kochzeit: 20-25 Minuten.*

Eine Savarinform mit Butter ausstreichen und abwechselnd mit den leicht plattierten Seezungenfilets und dünnen Scheibchen Lachs von gleicher Stärke derart ausfüttern, daß die Enden über den Rand der Form hängen. Von dem restlichen Lachs, der Béchamel, der Sahne, einem Ei und zwei Eigelb eine feine, gutgewürzte Farce bereiten und in die Form füllen. Die Enden der Seezungenfilets darüberschlagen, die Form leicht auf den Tisch schlagen, damit sich die Farce setzt, und im Wasserbad im Ofen pochieren. Auf eine runde Platte stürzen und die Mitte mit einem Ragout von Muscheln, Champignons, Krebsschwänzen, Garnelenschwänzchen und Artischockenböden füllen, der mit Nantuasauce gebunden worden ist. Auch den Rand leicht mit der Sauce nappieren und mit Trüffelscheiben dekorieren.

TURBAN VON SEEZUNGENFILETS JOINVILLE — Turban de filets de sole Joinville

6 Personen. *3 Seezungen von je 400 g; 400 g Weißlingsfarce; 200 g Garnelenschwänzchen; 200 g Champignons; 1 Trüffel; 4 dl Garnelensauce. Pochierzeit der Filets: 7-8 Minuten.*

Die Filets dünn mit Farce bestreichen, zusammenfalten und mit Fischfond, aus den Gräten bereitet, pochieren. Den Rest der Farce in eine oben flache, gebutterte Randform füllen und im Wasserbad im Ofen pochieren. Die Filets im Kranze auf den Rand dressieren und die Mitte mit einem Ragout von Garnelen, Champignons und Trüffelscheiben füllen. Die Filets mit der Garnelensauce nappieren, der man den fast gänzlich eingekochten Pochierfond beigefügt hat.

STEINBUTT — Turbot

Dieser prächtige Fisch ist ebenso dekorativ wie wohlschmeckend. Nicht umsonst wird er als der « Fürst des Meeres » bezeichnet. Zu einem großen, gekochten Steinbutt sollte man stets eine Sauce servieren, die seiner wert ist: holländische, Schaum-, Hummer- oder Nantuasauce. Alle Zubereitungsarten für Butt passen auch zum Steinbutt. *(Siehe Kulinarische Technik, Seite 710.)*

■ AUF ADMIRALSART — Turbot à l'amiral

Gleiche Zubereitung wie Butt.

■ EDUARD VII. — Turbot Edouard VII

6 Personen. *1 Steinbutt von 1 kg 500; $^1/_4$ Flasche Schaumwein; 3 dl Fischfond; 2 gehackte Schalotten; 200 g schöne, geschälte Champignonköpfe; 600 g sehr kleine Kartoffelkroketten; 18 entbartete Austern; 18 entbartete Muscheln; 3 dl Béchamel; 70 g Krebsbutter; 3 große Krebsschwänze; 1 Trüffel; Currypulver. Pochierzeit: 40 Minuten.*

Den Steinbutt mit gehackten Schalotten und Champignonschalen in Fischfond und Schaumwein, mit Salz und Pfeffer gewürzt, pochieren. Die Austern und Muscheln panieren und backen. Den Fisch gut abtropfen, auf einer großen Platte anrichten und mit der Béchamelsauce nappieren, der man den eingekochten Fond und die gewürfelten Krebsschwänze beigefügt und mit Curry gewürzt hat. Der Länge nach mit Trüffelscheiben und Champignonköpfen dekorieren und mit den gebackenen Austern, Muscheln und Kartoffelkroketten garnieren.

STEINBUTT, GEKOCHT, MIT HOLLÄNDISCHER SAUCE — Turbot poché sauce hollandaise

6 Personen. *1 kg 500 Steinbutt; 1/2 l holländische Sauce; Petersilie; Zitrone. Pochierzeit: 35-40 Minuten.*

Der Steinbutt wird in einem entsprechend großen Fischkessel in Salzwasser mit Milchzusatz und Zitronenscheiben pochiert, gut abgetropft, auf Serviette angerichtet und mit Petersilie und Zitrone garniert. Holländische Sauce und Salzkartoffeln serviert man nebenbei. Man kann den Fisch auch in Tranchen von 200-250 g schneiden und pochieren. *(Siehe Bild auf Seite 281.)*

STEINBUTTFILETS — Filets de turbot

Der Steinbutt kann filiert, enthäutet, portioniert und genauso wie Seezungenfilets bereitet werden. Pochierzeit: 8-10 Minuten.

■ GEBACKEN, MIT TATARSAUCE — Turbot frit sauce tartare

6 Personen. *6 Steinbuttscheiben von je 200-250 g; Mehl; Tatarsauce. Backzeit: 8-10 Minuten.*

Den Fisch durch gewürzte Milch ziehen, abtropfen, mehlen und in einer heißen Fritüre backen. Mit gebackener Petersilie und Zitronenspalten anrichten und die Sauce nebenbei servieren.

■ ÜBERBACKEN — Turbot crème au gratin

6 Personen. *600 g schieres, gekochtes Steinbuttfleisch; 500 g Herzoginkartoffelmasse; 4 dl Mornay-Sauce; 30 g geriebenen Käse; 10 g Reibbrot; 20 g Butter. Backzeit: 4-5 Minuten.*

Auf eine ovale oder runde Backplatte einen Kranz von Herzoginkartoffelmasse spritzen. Den Boden mit etwas Mornay-Sauce bedecken und den auseinandergezupften und gewürzten Fisch daraufdressieren. Mit der gleichen Sauce nappieren, mit Käse und Reibbrot bestreuen, mit zerlassener Butter beträufeln und im heißen Ofen zu schöner Farbe überbacken.

KLEINER STEINBUTT — Turbotin

Diese kleinen Fische können wie Butt und Seezungen behandelt werden.

■ GRILLIERT — Turbotin grillé

4-5 Personen. *1 kleiner Steinbutt, nicht schwerer als 1 kg 200. Bratzeit: 30-35 Minuten.*

Den Fisch auf beiden Seiten mit dem Messer einige Male ziselieren und langsam auf dem Rost braten, wobei er wiederholt mit zerlassener Butter oder Öl bestrichen wird. Nebenbei zerlassene oder Kräuterbutter oder Béarnaisesauce und Salzkartoffeln servieren.

■ MIRABEAU — Turbotin Mirabeau

4 Personen. *1 Steinbutt von 1 kg 200; 1/2 l Rotwein; 2 Schalotten; 50 g Butter; 1 Kräuterbündel; 1/4 l Demi-glace; 8 Sardellen. Kochzeit: 40 Minuten.*

Den Steinbutt mit Schalottenscheiben, Kräuterbündel, Salz und Pfeffer in Rotwein langsam gardünsten. Den Fond passieren, auf ein Viertel einkochen und mit der Demi-glace vermischen und zwei durch ein Sieb gestrichene Sardellen beifügen. Abseits des Feuers mit der Butter aufschlagen. Den Fisch mit der Sauce nappieren und mit Streifen von Sardellenfilets, überkreuz gelegt, dekorieren.

■ ST. MALO — Turbotin Saint-Malo

4 Personen. *1 Steinbutt von 1 kg 200; 600 g Kartoffeln; 1/2 l Weißweinsauce, mit Senf gewürzt und mit 2 gehackten, in Weißwein gedünsteten Schalotten und 3 zerdrückten Sardellenfilets vervollständigt. Bratzeit: 30-35 Minuten.*

Den Fisch auf beiden Seiten ziselieren und auf dem Rost braten. Die Sauce und Salz- oder geröstete Kartoffeln nebenbei servieren.

STINTE ODER SANDAALE — Eperlans, équilles

Frische Stinte, denen ein feiner Duft nach Veilchen oder Gurken entströmt, eignen sich sehr gut zum Backen. Sie werden durch gewürzte Milch und Mehl gezogen oder auch paniert in heißem Fett knusprig gebacken und mit gebackener Petersilie und Zitronenspalten angerichtet. Kleine Sandaale können genau so bereitet werden, schmecken aber nicht ganz so gut.

STOCKFISCH — Morue

Der Stockfisch wird auch heute noch in den Mittelmeerländern und in Portugal hochgeschätzt, während er in Nord- und Mitteleuropa nur noch wenig gegessen wird. Der Kalorienwert ist höher als der des Rindfleisches. Vor dem Gebrauch muß er gründlich gewässert werden, ungefähr 24 Stunden, wobei das Wasser mehrmals zu wechseln ist. Einige Gerichte, die heute noch beliebt sind:

■ AUF BENEDIKTINERART — Morue à la bénédictine

6 Personen. *750 g Stockfisch; 300 g gekochte, gut abgedämpfte Kartoffeln; 1 dl Olivenöl; 3 dl Milch; 1 dl ungesüßte Schlagsahne; 150 g Butter. Zubereitung: 25 Minuten.*

Den Fisch pochieren und auseinanderzupfen. Zusammen mit den heißen Kartoffeln stoßen und nach und nach das Öl und die Milch unterziehen. Abschmecken, löffelweise die Schlagsahne daruntermengen und die Masse in eine gebutterte Backplatte füllen, kuppelförmig aufstreichen, mit zerlassener Butter beträufeln und im heißen Ofen überbacken.

■ AUF BISKAYISCHE ART — Morue à la biscaïenne

6 Personen. *750 g Stockfisch; 1 kg geschälte, entkernte, geviertelte Tomaten; 3 zerdrückte Knoblauchzehen; 3 dl Olivenöl; gehackte Petersilie. Röstzeit: 10 Minuten.*

Den Stockfisch in Stücke schneiden und in heißem Öl gut rösten. Herausnehmen. Die Tomaten in Öl zusammen mit den Knoblauchzehen schmelzen und mit Salz und Pfeffer würzen. Den Fisch anrichten, mit den Tomaten bedecken und mit gehackter Petersilie bestreuen.

BRANDADE VON STOCKFISCH — Brandade de morue

6 Personen. *600 g Stockfisch; 3 dl Olivenöl; 1 Knoblauchzehe; $1^1/_2$ dl Milch; herzförmige, gebackene Weißbrotcroutons. Pochierzeit: 12-15 Minuten.*

Den Fisch pochieren, abtropfen, auseinanderzupfen und in eine Kasserolle mit 1 dl sehr heißem Öl geben. Mit einem Holzspachtel gut durcharbeiten und nach und nach das restliche Öl und die heiße Milch unterrühren, bis man eine homogene Masse hat. Mit Pfeffer würzen, kuppelförmig auf einer Platte aufstreichen und mit den Croutons garnieren.

STOCKFISCH AUF PROVENZALISCHE ART — Morue à la provençale

6 Personen. *750 g Stockfisch; 1 dl Olivenöl; 1 gehackte Zwiebel; 4 große geschälte, entkernte, grobgehackte Tomaten; 1 zerdrückte Knoblauchzehe; 100 g schwarze Oliven; gehackte Petersilie. Kochzeit: 25 Minuten.*

Den Stockfisch in große Stücke schneiden und 15 Minuten pochieren. Die Zwiebel in dem Öl anschwitzen, Tomaten, Oliven und Knoblauch beifügen. Den abgetropften Stockfisch hinzugeben, würzen und alles zusammen noch 10 Minuten dünsten lassen. Mit gehackter Petersilie bestreut servieren.

THUNFISCH — Thon

Ein schöner Fisch mit festem, schmackhaftem Fleisch, das an Kalbfleisch erinnert. Im übrigen sind fast alle Kalbfleischrezepte auch für Thunfisch anwendbar, einschließlich derjenigen für Braten und Grilladen. Thunfisch in Öl konserviert kann man auf vielerlei Arten schnell und gut zubereiten.

■ AUF BORDELAISER ART — Thon à la bordelaise

6 Personen. *1 dickes Stück Thunfisch von 750 g; 1 große Zwiebel in Scheiben; 2 Schalotten in Scheiben; 6 große geschälte, entkernte und geviertelte Tomaten; 2 dl Demi-glace; 1 dl Weißwein; 200 g Champignons in Scheiben; 25 g Butter; 5 cl Öl. Kochzeit: 30 Minuten.*

Den Thunfisch mit halb Butter und halb Öl an allen Seiten anbraten. Alle Zutaten hinzugeben, würzen, zudecken und langsam garschmoren. Die Sauce etwas einkochen und die Champignons hinzufügen. Den angerichteten Thunfisch mit der Sauce übergießen und mit gehackter Petersilie bestreuen.

THUNFISCH AUF HAUSHÄLTERINART — Thon à la ménagère

6 Personen. *750 g Thunfisch; 75 g Butter; 50 g gehackte Zwiebeln; 20 g Mehl; 5 cl Weißwein; 100 g Tomatenpüree; 200 g Champignons; 200 g geschälte, entkernte und geviertelte Tomaten; 1 Zitrone. Kochzeit: 50-60 Minuten.*

Den Thunfisch 6-8 Minuten blanchieren, abtropfen und auf beiden Seiten in Butter gut anbräunen. Herausnehmen, in der Butter die Zwiebel anschwitzen, mit Mehl bestäuben, anlaufen lassen und mit dem Weißwein und ebensoviel Wasser angießen und den Zitronensaft und das Tomatenpüree beifügen. Den Thunfisch in die kochende Sauce geben und im Ofen, zugedeckt, langsam garschmoren. Sobald er gar ist, die in Butter sautierten Champignons und Tomaten hinzugeben.

■ GRILLIERT, AUF HAUSHOFMEISTERART — Thon grillé maître d'hôtel

6 Personen. *750 g Thunfisch in dicken Scheiben; Öl; 125-150 g Kräuterbutter. Bratzeit: ungefähr 18-20 Minuten.*

Die Scheiben würzen, mehlen, ölen, auf dem Rost braten und dabei dann und wann mit Öl bestreichen. Mit Kräuterbutter servieren.

■ AUF INDISCHE ART — Thon à l'indienne

6 Personen. *750 g Thunfisch; 12 Sardellenfilets; 1/2 l Weißwein; 100 g Mirepoix; 20 g Currypulver; 2 dl Fischvelouté; 2 Schalotten und 1 kleine Zwiebel in Scheiben; Thymian, Lorbeerblatt, Petersilie; Saft einer Zitrone; 40 g Butter. Kochzeit: 25 Minuten.*

Den Thunfisch in dicke Scheiben schneiden, mit den Sardellenfilets spicken und 1 Stunde mit den Schalotten, Zwiebel, Thymian, Lorbeerblatt und Petersilienstiele marinieren. Die Mirepoix in Butter anschwitzen, mit Currypulver bestäuben, anlaufen lassen, den Thunfisch hinzugeben und mit der passierten Marinade übergießen und langsam schmoren. Herausnehmen, den Fond passieren und mit der Velouté verkochen und mit Zitronensaft abschmecken. Über den Fisch gießen und dazu körnig gekochten Reis servieren.

WEISSLING, WITTLING — Merlan

Kleiner, schellfischartiger Fisch mit feinem, aber nicht besonders schmackhaftem Fleisch. Er wird meistens gebacken, paniert und mit Kräuterbutter, Remouladensauce usw. serviert. Wird er auf englische Art oder Colbert zubereitet, so wird er gespalten, ohne ihn zu trennen, und die Gräten werden ausgelöst. Man verwendet ihn auch gerne für Farcen. Je nach Größe braucht er 6-10 Minuten zum Garmachen.

■ BERCY — Merlan Bercy

6 Personen. *1 kg 250 Weißling; 3 dl Weißwein; 3 Schalotten; 30 g Mehl; 75 g Butter; 1 Zitrone; gehackte Petersilie. Kochzeit: ungefähr 10 Minuten.*

Gleiche Zubereitung wie Seehecht Bercy.

■ AUF DIEPPER ART — Merlan à la dieppoise

6 Personen. *6 Weißlinge von je 200-225 g; 3 dl Weißwein; 3 dl Fischfond; 3 gehackte Schalotten; 200 g pochierte Champignonköpfe; 30 g Mehl; 75 g Butter; 1/2 l gekochte, ausgebrochene, entbartete Muscheln; 150 g Garnelenschwänzchen. Pochierzeit: 10-12 Minuten.*

Die Fische mit den gehackten Schalotten in Weißwein und Fischfond pochieren und nach dem Garwerden herausnehmen. Den Fond mit Mehlbutter (40 g Butter, 30 g Mehl) binden, abseits des Feuers mit der restlichen Butter aufschlagen und die Champignons, Muscheln und Garnelen unter die Sauce mischen. Den Fisch damit bedecken und mit gehackter Petersilie bestreuen.

WEISSLING DUGLÉRÉ — Merlan Dugléré

6 Personen. *1 kg 500 Weißling; 3 dl Weißwein; 2 gehackte Zwiebeln; 400 g geschälte, entkernte und grobgehackte Tomaten; 80 g Butter; 25 g Mehl; gehackte Petersilie. Kochzeit: 10-15 Minuten.*

Die Fische köpfen und in große Stücke schneiden. Die Zwiebeln in Butter anschwitzen, die Tomaten hinzugeben, anlaufen lassen, und den Fisch darauflegen. Würzen, mit dem Weißwein übergießen, ungefähr 10 Minuten dünsten und den Fisch herausnehmen. Die Flüssigkeit zur Hälfte einkochen und mit 60 g Butter, mit dem Mehl vermengt, binden. Den Fisch anrichten, mit der unpassierten Sauce bedecken und mit gehackter Petersilie bestreuen.

■ MIT FEINEN KRÄUTERN — Merlan aux fines herbes

6 Personen. *6 Weißlinge von je 200-225 g; 2 dl Weißwein; 2 dl Champignonfond; $^1/_2$ l Kräutersauce. Pochierzeit: 10 Minuten.*

Den Fisch mit Weißwein und Champignonfond pochieren. Den Fond fast zu Glace kochen, unter die Kräutersauce mischen und den Fisch damit nappieren.

■ AUF SCHNELLE ART — Merlan sur le plat (minute)

6 Personen. *6 Weißlinge von je 200-225 g; 3 dl Weißwein; 2 gehackte Schalotten; gehackte Kräuter; 75 g Butter; 40 g Reibbrot. Kochzeit: 10 Minuten.*

Den Boden einer ausgebutterten Backplatte mit den gehackten Schalotten ausstreuen. Die ziselierten und gewürzten Weißlinge darauflegen, mit dem Weißwein angießen, die gehackten Kräuter hinzugeben und mit dem Reibbrot bestreuen. Mit zerlassener Butter beträufeln und im heißen Ofen garmachen.

■ ÜBERKRUSTET — Merlan au gratin

6 Personen. *6 Weißlinge von je 200-225 g; 2 gehackte Schalotten; 5 cl Weißwein; 150 g gehackte rohe Champignons; 1 dl Demi-glace; 4 dl Tomatensauce; 50 g Reibbrot; 75 g gehackte Petersilie; Saft einer halben Zitrone. Kochzeit: 10-12 Minuten.*

Die gehackten Champignons in Butter andünsten, die Schalotten hinzufügen, anlaufen lassen und den Weißwein hinzugießen. Zur Hälfte einkochen, die Demi-glace und die Tomatensauce beigeben und mit etwas gehackter Petersilie vervollständigen und abschmecken. Die Sauce über die in einer Backplatte plazierten Fische gießen, mit Reibbrot bestreuen, mit zerlassener Butter übergießen und in den heißen Ofen stellen. Beim Servieren mit Zitronensaft beträufeln und mit gehackter Petersilie bestreuen.

WEISSLINGFILETS ORLY — Filets de merlan Orly

Je nach Größe der Fische 1 bis 2 Filets für die Person rechnen. Der Länge nach teilen, 30 Minuten mit Zitronensaft, gehackter Petersilie, Pfeffer und Salz marinieren, durch Backteig ziehen und in der heißen Fritüre backen. Dazu Tomatensauce servieren.

WEISSLINGKLÖSSCHEN IN SAUCE — Quenelles de merlan en sauce

6 Personen. *900 g Weißlingsfarce; $^1/_2$ l Weißwein-, Garnelen-Soubise- oder Mornay-Sauce. Pochierzeit: 7-8 Minuten.*

Die Klößchen mit einem Eßlöffel formen oder in ausgebutterte Förmchen füllen und pochieren. Anrichten und mit der Sauce nappieren. Mit dem Kaffeelöffel geformte Klößchen können in eine Blätterteigpastete gefüllt oder als Garnitur zu großen Fischen genommen werden.

WOLFSBARSCH — Bar, loup de mer

Dieser sehr geschätzte Mittelmeerfisch kann auf verschiedene Arten zubereitet werden. Die kleineren werden gebacken, grilliert oder auf Müllerinart zubereitet.

WOLFSBARSCH, POCHIERT, MIT CHIVRY-SAUCE — Bar poché, sauce Chivry

6 Personen. *1 Wolfsbarsch von 1 kg 250; 600 g Fischkartoffeln; 4 dl Chivry-Sauce. Pochierzeit: 30 Minuten.*

Den Fisch in gewürztem Sud pochieren und mit Petersilie und Zitronenspalten garniert anrichten. Die Sauce und die Kartoffeln nebenbei servieren.

■ GEBRATEN — Bar rôti

6 Personen. 1. Art. *1 Wolfsbarsch von 1 kg 250; 150 g Butter; 4 cl Öl. Bratzeit: 30 Minuten.*

Den Fisch ziselieren, würzen, mehlen und ölen. In ein vorher erhitztes und mit Butter bestrichenes Geschirr legen und in den heißen Ofen stellen. Wiederholt mit zerlassener Butter übergießen und goldgelb braten. Mit Kräuterbutter anrichten.

2. Art. 10 Personen. *1 Wolfsbarsch von 2 kg 500-3 kg; 1 dl Öl; 150 g Butter; 20 Salzkartoffeln. Bratzeit: 8-10 Minuten.*

Den Fisch in 10 Scheiben schneiden, mehlen, ölen und in ein heißes, mit Butter ausgestrichenes Geschirr legen. Leicht salzen, mit zerlassener Butter übergießen und im heißen Ofen goldgelb braten. Anrichten, mit brauner Butter übergießen und mit den schön geformten Kartoffeln garnieren, die auch separat serviert werden können. *(Siehe Bild auf Seite 282.)*

■ GRILLIERT, MIT FENCHEL — Bar grillé au fenouil

In das Maul des Fisches einen starken Strauß Fenchel stecken, ziselieren, würzen, mehlen, ölen und auf dem Rost braten. Dazu holländische Sauce oder weiße Butter (beurre blanc) servieren.

KALTE GERICHTE VON SEEFISCHEN

ROTBARBEN AUF NIZZAER ART — Rougets froids à la niçoise

6 Personen. *6 Rotbarben von je 120-150 g; 2 Zwiebeln; 500 g geschälte, entkernte und in grobe Streifen geschnittene Tomaten; $^1/_4$ l Weißwein; 5 cl Olivenöl; Tomaten, Zitronen, Petersilie. Pochierzeit der Rotbarben: 7-8 Minuten.*

Die Rotbarben würzen und auf einigen Zwiebelscheiben mit dem Weißwein und dem Olivenöl pochieren und im Fond erkalten lassen. Die Tomatenstreifen mit Salz, Pfeffer, Essig und Olivenöl zu Salat anmachen und auf den Boden der Platte geben. Den Pochierfond einkochen, auskühlen und über die Fische gießen. Die Platte mit halben Tomaten- und Zitronenscheiben garnieren. *(Siehe Bild auf Seite 283.)*

SEEHECHT AUF RUSSISCHE ART — Colin froid à la russe

6 Personen. *1 kg 200 Mittelstück von Seehecht; 6 kleine Becher mit leicht gelatiniertem russischem Salat; Sardellenfilets in Streifen; 12 rosa Krabbenschwänzchen; 1 kleine Trüffel; 1 Zitrone; Petersilie; $^1/_4$ l Gelee. Pochierzeit des Seehechts: ungefähr 25 Minuten.*

Den Seehecht sorgfältig pochieren, auskühlen, die Haut entfernen, auf eine lange Platte setzen und mit Gelee leicht überglänzen. Den Rücken der Länge nach abwechselnd mit Garnelenschwänzchen und dünnen Trüffelscheiben dekorieren und auch diese mit Gelee überglänzen. Mit den gestürzten Salatbechern, mit Sardellenstreifen verziert, garnieren und die Garnitur mit Zitrone und Petersilie ergänzen. Dazu eine leichte Mayonnaise servieren. *(Siehe Bild auf Seite 283.)*

SEEZUNGENFILETS MIT BLÜTENDEKOR — Filets de sole floralies

6 Personen. *3 Seezungen von je 400 g; 3 dl weiße Chaudfroid-Sauce; 800 g Gemüsesalat mit Mayonnaise gebunden; 12 schwarze Oliven; Tomaten in Scheiben; Zitrone; 1 Pfeffergurke; blanchierte Lauchstreifen oder Estragonblättchen und ausgestochene Tomatenstückchen zur Garnitur. Pochierzeit für die Filets: 7-8 Minuten.*

Die Filets der Seezungen auslösen, leicht plattieren, zusammenfalten und mit Fischfond (aus den Gräten) und Zitronensaft pochieren. Unter leichtem Druck erkalten lassen, parieren, abwischen, mit Chaudfroid-Sauce nappieren und nach dem Anziehen blütenartig dekorieren und mit Gelee überglänzen. Auf einen Sockel von Gemüsesalat auf runder Platte dressieren, zwischen die Filets eine schwarze Olive setzen und den Rand mit halben Tomatenscheiben und Scheibchen von Pfeffergurke garnieren. *(Siehe Bild auf Seite 284.)*

SEEZUNGENRÖLLCHEN CICERO — Paupiettes de sole Cicéron

6 Personen. *3 Seezungen von je 400 g; 200 g Krebs-Schaumfarce mit gehacktem Dill; 12 kleine Artischockenböden; 12 kleine Krebsschwänzchen; 6 runde Trüffelscheiben, halbiert; 2 dl Fischfond; 1 Zitrone; Olivenöl; 6 dl Gelee; $^{1}/_{2}$ dl Chantillysauce.*

Die Seezungenfilets leicht plattieren, parieren, um ein mit Butter bestrichenes Holzröllchen oder eine ausgestochene Kartoffel von etwa 2 cm Durchmesser rollen und dicht nebeneinandergesetzt mit Fischfond und Zitronensaft pochieren. Nach dem Erkalten sorgfältig von den Röllchen entfernen, abwischen und mit der Krebsfarce füllen. Auf die zuvor mit Zitronensaft, Olivenöl, Salz und Pfeffer marinierten und abgetropften Artischockenböden setzen. Jedes Röllchen mit einem parierten Krebsschwanz und einer halben Trüffelscheibe dekorieren und mit Gelee überglänzen. Auf einer Kristallschale anrichten und mit gewürfeltem Gelee garnieren. Die Chantillysauce separat servieren.

Krebs-Schaumfarce. Die Parüren und die dick eingekochte Sauce von Krebsen, auf amerikanische Art zubereitet, pürieren. Durch ein feines Sieb streichen, mit Gelee und geschlagener Sahne zu einer zarten Farce verarbeiten, gut abschmecken und mit gehacktem Dill vermischen.

SEEZUNGENRÖLLCHEN AUF MOSKAUER ART — Paupiettes de sole à la moscovite

6 Personen. *3 Seezungen von je 400 g; 2 dicke, frische Gurken; 60 g Kaviar; $^{1}/_{2}$ l Gelee; 1 Zitrone; $^{1}/_{2}$ l Mayonnaise. Pochierzeit: 7-8 Minuten.*

Die Filets leicht plattieren und fest zusammenrollen. In einem Fond pochieren, der aus den Gräten gewonnen worden ist, und erkalten lassen. Die Gurken schälen, in Stücke von gleicher Länge wie die Seezungenröllchen schneiden, aushöhlen, so daß beide Seiten offen sind, stark blanchieren und mit Salz, Pfeffer, Zitronensaft und Öl marinieren. Die Seezungenröllchen in die abgewischten Gurken so stecken, daß sie an einem Ende noch leicht herausragen. An dieses Ende eine Spitze Kaviar dressieren und alles leicht mit Gelee überglänzen. Mit gewürfeltem Gelee anrichten und die Mayonnaise nebenher servieren.

TIMBAL VON SEEZUNGENFILETS IN GELEE — Timbale de filets de sole à la gelée

6 Personen. *3 Seezungen von je 400 g; 150 g feine Fischfarce mit Hummerpüree; 1 Trüffel; $^{3}/_{4}$ l Gelee; $^{1}/_{2}$ l Tataren- oder Chantillysauce. Pochierzeit: 7-8 Minuten.*

Die Filets leicht klopfen, parieren, mit der Farce bestreichen, zusammenrollen, mit einem Fond, aus den Gräten und Abfällen bereitet, pochieren und erkalten lassen. Eine Kuppelform mit Gelee chemisieren und den Boden mit Trüffelscheiben dekorieren. Die Röllchen in 1 cm dicke Scheiben schneiden, jede mit einer runden Trüffelscheibe dekorieren, schichtweise in die Form einsetzen und zwischen jede Schicht Gelee gießen. Festwerden lassen, auf eine runde Platte stürzen und mit Geleewürfeln garnieren. Die Sauce nebenher servieren. *(Siehe Bild auf Seite 284.)*

GEFÜLLTER STEINBUTT MIT SALAT VON MEERESFRÜCHTEN UND KETCHUP-RAHM — Turbot farci, salade de fruits de mer, crème au ketchup

8-10 Personen. *1 Steinbutt von 2 kg-2 kg 500; 400-500 g Zephyr-Fischfarce; 100 g rote Pimientos; 75 g Trüffeln; 2 dl Fischfond; 2 dl Weißwein; 1 l Gelee; 150 g ausgebrochene, gekochte, entbartete Muscheln; 150 g Garnelenschwänzchen; 150 g geschälte, gekochte Scampi; 150 g gekochte Strandmondschnecken oder Venusmuscheln; 200 g pochierte Champignons; 1 Zitrone; Weinessig; Olivenöl; gehackte Kräuter; 8 dl Ketchuprahm. Kochzeit: 40-50 Minuten.*

Den Fisch sehr gut säubern, auf der weißen Seite mit Zitronensaft einreiben, auf der dunklen einen Längsschnitt machen, die beiden Filets auslösen, um durch Stiche mit einem scharfen Messer die Gräten weitmöglichst lösen und entfernen zu können. Die Zephyrfarce mit kleinen Pimiento- und Trüffelwürfeln vermischen, den Steinbutt damit füllen und die ausgelösten Filets wieder zurückschlagen. Auf den gebutterten Einsatz eines Steinbuttkessels mit der dunklen Seite nach unten legen, mit dem Weißwein, gewürztem Fischsud und etwas Zitronensaft angießen, mit einem mit Butter bestrichenen Blatt Papier bedecken und zugedeckt in den nicht zu heißen Ofen stellen. Dann und wann mit dem Fond übergießen und darin erkalten lassen. Nach dem Erkalten abwischen, erst den Kopf mit Hilfe eines scharfen Messers durch einen Rundschnitt entfernen, dann einen Längsschnitt machen, jede Hälfte in Portionsstücke schneiden und mit Gelee überglänzen. Eine ovale Platte mit einem dünnen Geleespiegel versehen, die Steinbuttstücke darauf fächerförmig anrichten und mit Geleewürfeln garnieren.

Salat von Meeresfrüchten: Die pochierten, geviertelten Champignons, die entdarmten und in 5-6 Stücke geschnittenen Scampi, entbarteten Muscheln, Garnelenschwänzchen und Schnecken mit Salz, Pfeffer, Weinessig und Olivenöl wenigstens zwei Stunden marinieren. Gehackte Kräuter hinzugeben, abschmecken und vor dem Anrichten noch einmal durchschwenken.

Ketchuprahm: Doppelrahm (crème double) mit je einer Prise Salz, Paprika und mit Tomatenketchup kräftig würzen und mit einigen Tropfen Zitronensaft vervollständigen.

AUSLÄNDISCHE SPEZIALGERICHTE VON SEEFISCHEN

BARBONI AUF GRADESER ART

6 Personen. *6 Rotbarben von je 150 g; 3 gehackte Schalotten; 1/4 l Rotwein; 3 große Champignons in Scheiben; 2 Eßlöffel Tomatenpüree; 7 cl Olivenöl; 750 g Salzkartoffeln; gehackte Petersilie. Kochzeit: 25-30 Minuten.*

Die Rotbarben ziselieren, würzen und in heißem Öl rasch auf beiden Seiten anbraten. Die Schalotten hinzugeben, anlaufen lassen und mit dem Rotwein ablöschen. Das Tomatenpüree und die Champignonscheiben beifügen, zudecken und langsam ungefähr 15 Minuten dünsten. Auf einer langen Platte anrichten, mit der Sauce bedecken und mit schön geformten Salzkartoffeln garnieren.

(Österreich)

BLOATERS

Es handelt sich hier um sehr frische, fette Heringe, die sogleich nach dem Fang leicht gesalzen und geräuchert werden. Sie werden entweder grilliert oder in der Pfanne gebraten zum ersten Frühstück serviert. *(Großbritannien)*

HADDOCK, SMOKED HADDOCK, FINNAN HADDIE

Frischer, von der Bauchseite aus geöffneter, geköpfter, sehr leicht gesalzener und, offen, nur leicht geräucherter Schellfisch. Er wird der Länge nach geteilt, beide Hälften werden in Portionsstücke geschnitten und in heißer Milch oder halb Milch und halb Wasser pochiert, abgetropft und mit zerlassener oder frischer Butter serviert. Klassisches englisches Frühstücksgericht. *(Großbritannien)*

KEDGEREE

8 Personen. *1 kg gekochten Fisch, ohne Haut und Gräten; 250 g Reis; 3-4 hartgekochte Eier; $^3/_4$ l leichte Béchamel; 1 Teelöffel Currypulver.*

Man kann hierfür Reste von Steinbutt, Kabeljau, Schellfisch, Seelachs usw. verwenden. Der Fisch wird auseinandergezupft und bei mäßiger Hitze mit wenig Butter im Ofen gewärmt. Die Béchamel kräftig mit Currypulver würzen, den Reis körnigweich kochen, gut abtropfen und antrocknen. In einer tiefen Schüssel schichtweise Reis, Fisch und Eierscheiben, jeweils mit Sauce dazwischen, anrichten und mit Sauce bedecken. Recht heiß zum ersten Frühstück oder zum Mittagessen servieren. *(Anglo-indisch)*

MACHI BADAM MALI — Mandelfisch

4-5 Personen. *800-900 g rohen Fisch, ohne Haut und Gräten; 2 dl Joghurt; 2 dl süße Sahne; $1^1/_2$ dl Milch; 1 Kaffeelöffel Gelbwurzpulver; $^1/_3$ Löffel schwarzen Pfeffer; 1 Stück Zimt von 2 cm; 200 g geschälte, blanchierte, getrocknete Mandeln; 3 Zwiebeln in Scheiben; 100 g geklärte Butter. Kochzeit: 15-20 Minuten.*

Den Fisch in Stücke von 50-60 g schneiden. Die Hälfte der Butter in einem Sautoir erhitzen, die Zwiebelscheiben und den Zimt hineingeben und leicht anrösten. Den Fisch beifügen, salzen, mit Gelbwurz und Pfeffer bestreuen, die Milch hinzugießen und den Fisch fast gar kochen. Den Rest der Butter beifügen und weiterkochen lassen, bis Fisch und Zwiebeln fast zu rösten beginnen. Die feingestoßenen oder gemahlenen Mandeln mit dem Joghurt und der Sahne vermischen, über den Fisch gießen und, zugedeckt, fertig schmurgeln lassen. Den Zimt herausnehmen, anrichten und dazu körnig gekochten Reis servieren. *(Indisch)*

ORATA IN CARTOCCIO — Goldbrassen in Papierhülle

10 Personen. *1 Goldbrassen von 3 kg; 300 g Meeresfrüchte ohne Schalen; 3 Tomaten; 100 g Butter; 5 cl Olivenöl; 15 Oliven; 100 g Champignonscheiben; 2 dl Weißwein; 1 Zitrone; 5 cl Cognac. Backzeit: 40 Minuten.*

Den Goldbrassen auf beiden Seiten ziselieren und in heißem Öl mit nußgroß Butter erst anbraten und dann 20 Minuten bei mäßiger Hitze braten. Den Weißwein hinzugießen und, wenn er eingekocht ist, die Meeresfrüchte, die geschälten, entkernten und gewürfelten Tomaten, den Saft einer Zitrone und die Oliven hinzugeben und mit Salz und Pfeffer würzen. Noch weitere 10 Minuten in den heißen Ofen stellen. Einen Bogen Pergamentpapier gut mit Butter bestreichen. Darauf zuerst eine Schicht Meeresfrüchte, dann den Goldbrassen legen, mit dem Rest der Meeresfrüchte bedecken und mit dem Cognac übergießen. Die beiden langen Seiten des Papiers zusammenschlagen und mit Eiweiß festkleben, die kurzen Seiten zusammenfalten, um den Fisch hermetisch einzuschließen. Auf einem geölten Randblech in den heißen Ofen stellen. Nach 10 Minuten muß die Papierhülle aufgebläht sein. Herausnehmen, anrichten und am besten das Papier erst bei Tisch aufschneiden und den Fisch servieren. *(Italienisch)* *(Siehe Bild auf Seite 281.)*

FILETTI DI SOGLIA VENINI — Seezungenfilets Venini

10 Personen. *5 Seezungen von je 300-400 g; 2 dl Weißwein; 1 dl hellen Fond; $^1/_2$ Zwiebel; 150 g Butter; 3 Löffel Béchamel; 7 cl süße Sahne; 30 kleine Scampischwänze; 2 dl Sauce von frischen Tomaten; 3 cl Cognac. Kochzeit: 25 Minuten.*

Die Filets auslösen und beiseite stellen. Von den Gräten, der Zwiebel, 1 dl Weißwein und 1 l Wasser Fischfond bereiten. Die Filets in dem hellen Fond pochieren, herausnehmen und in eine Backplatte geben. Den Fond mit 50 g weicher Butter in eine Kasserolle füllen und zum Kochen bringen. Den passierten, auf die Hälfte eingekochten Fischfond hinzugießen. Die Béchamel hinzugeben, 3 Minuten kochen, die Sahne hinzugießen und sämig kochen. Die Sauce abschmecken und mit 50 g Butter aufschlagen. Im Wasserbad warm halten. Die Scampi in 50 g Butter hellbraun braten, die Tomatensauce beifügen, einige Minuten kochen lassen, den Cognac zugießen und abschmecken. Die Seezungenfilets im Kranze anrichten und mit der Sauce nappieren. Die Scampi in die Mitte dressieren und mit der Tomatensauce bedecken. *(Italienisch)* *(Siehe Bild auf Seite 277.)*

SÜSSWASSERFISCHE

AAL, GEBACKEN — Anguille au soleil

6 Personen. *900 g Aal; $^1/_2$ l Backteig; 3 dl Tomatensauce. Backzeit: 3-4 Minuten.*

Den Aal in Stücke schneiden, in Weißwein pochieren und erkalten lassen. Gut abwischen, jedes Stück einzeln durch leichten Backteig ziehen und in der heißen Fritüre backen. Mit gebackener Petersilie anrichten und die Tomatensauce nebenbei servieren.

AAL, GRILLIERT — Anguille grillée

6 Personen. *900 g Aal; 1 Zwiebel; 3 Schalotten; Kräuterbündel; $^1/_2$ l Rotwein; 2 Eier; Reibbrot. Kochzeit: 10 Minuten.*

Eine Kasserolle mit Zwiebel-, Schalottenscheiben und dem Kräuterbündel auslegen. Den in ungefähr 6 cm lange Stücke geschnittenen Aal darauflegen, mit dem Wein übergießen und garmachen. Die Stücke herausnehmen, gut abwischen, panieren, auf dem Rost braten oder backen. Mit Petersilie und Zitronenspalten anrichten und nebenbei Tatarensauce servieren.

MATROSENGERICHT VON AAL AUF BURGUNDER ART — Matelote d'anguille à la bourguignonne

6 Personen. *900 g Aal; 30 kleine Zwiebelchen; $^3/_4$ l Rotwein; 1 mittelgroße Zwiebel; 2 Schalotten; 1 Knoblauchzehe; 1 Kräuterbündel; 200 g Champignons; 6 Krebse; 50 g Butter; 30 g Mehl; 3 cl Weinbrand. Kochzeit: 20 Minuten.*

Eine Kasserolle mit Zwiebel- und Schalottenscheiben, dem Knoblauch, Kräuterbündel und einigen Pfefferkörnern auslegen. Den in 6-7 cm lange Stückchen geschnittenen Aal darauflegen, leicht salzen und ansetzen. Mit dem Weinbrand flambieren, bis zur Höhe mit Rotwein aufgießen und 20 Minuten kochen lassen. Die Aalstückchen in eine saubere Kasserolle ausstechen, die vorher pochierten Champignons und glacierten Zwiebelchen hinzugeben. Den Rotwein passieren, etwas einkochen und mit dem Mehl, mit der Butter vermengt, binden; die Sauce soll nicht zu dick sein. Über Fisch und Garnitur passieren, kurz aufstoßen lassen, anrichten und mit herzförmigen Croutons garnieren.

MEURETTE VON AAL — Meurette d'anguille

Die gleiche Zubereitung wie oben, aber nicht mit Weinbrand, sondern mit Tresterbranntwein flambieren.

AAL POMPADOUR — Anguille Pompadour

6 Personen. *900 g Aal; $^1/_2$ l Villeroi-Sauce; 4 dl Béarnaisesauce. Backzeit: 2-3 Minuten.*

Den in Stücke geschnittenen, in Weißwein pochierten Aal auskühlen. Gut abwischen, mit Villeroi-Sauce umhüllen, panieren und in der heißen Fritüre backen. Mit gebackener Petersilie anrichten und die Béarnaisesauce nebenbei servieren.

BARBE, FLUSSBARBE — Barbillon

150 g je Person. Kochzeit: 7-8 Minuten. Große Fische, Kochzeit je 500 g: 12-15 Minuten.

Barben können gekocht, grilliert oder auf Müllerinart bereitet werden. Zu großen, gekochten Fischen serviert man holländische oder Kapernsauce.

BARSCH, FLUSSBARSCH, EGLI — Perche

Kleine Barsche werden meistens gebacken, mittelgroße filiert und auf Müllerinart zubereitet. Die großen Barsche behandelt man genau so wie Maifisch. *(Siehe Bild auf Seite 306.)*

BRACHSE, BLEIE — Brème

1 Stück von 150-180 g je Person. Backzeit: 7-8 Minuten.

Kleine Brachsen werden gebacken, größere grilliert und mit einer beliebigen Buttermischung oder Sauce serviert. Da dieser Fisch sehr grätenreich ist, ist er nicht sonderlich beliebt.

FELCHEN, BLAUFELCHEN, IN WEISSWEIN — Féra au vin blanc

6 Personen. *1 Felchen von 1 kg 200 oder 6 Felchen von je 200 g; $1^1/_2$ dl Weißwein; 4 dl Fischvelouté; 2 gehackte Schalotten; 75 g Butter; Zitronensaft; 12 kleine Blätterteig-Halbmonde. Pochierzeit: ungefähr 10 Minuten.*

Den Fisch ausnehmen waschen, und in ein ausgebuttertes Geschirr auf gehackte Schalotten plazieren. Leicht salzen, den Weißwein angießen, einige Tropfen Zitronensaft hinzugeben, mit einem gebutterten Bogen Papier bedecken und langsam im Ofen pochieren. Sobald der Fisch gar ist, herausnehmen und anrichten. Den Fond passieren, mit der Velouté verkochen, abseits des Feuers mit der Butter aufschlagen, abschmecken, über den Fisch gießen und mit den Fleurons umkränzen. *(Siehe Bild auf Seite 308.)*

FELCHENFILETS AUF MÜLLERINART — Filets de féra meunière

6 Personen. *12 Filets von ungefähr 75 g; 150 g Butter; Zitronensaft; gehackte Petersilie. Bratzeit: 5-6 Minuten.*

Die Filets durch gewürzte Milch ziehen, mehlen und in heißer Butter auf beiden Seiten braun braten. Auf einer ovalen Platte anrichten, mit entrindeten Zitronenscheiben belegen, mit gehackter Petersilie bestreuen und mit brauner Butter übergießen.

Wir erachten das Belegen mit Zitronenscheiben für den Gast als höchst unpraktisch, da sich der Saft mit der Gabel nur schwer auspressen läßt. Es ist besser, den Fisch gleich mit Zitronensaft zu beträufeln.

FORELLE — Truite

Bach-, Fluß- und Lachsforellen gehören zu unseren feinsten Süßwasserfischen und werden hoch geschätzt. Regenbogen- und andere Zuchtforellen haben bei weitem nicht den feinen Geschmack der im freien, fließenden Wasser lebenden Fische. *(Siehe Kulinarische Technik Seite 713.)*

■ BLAU — Truite au bleu

6 Personen. *6 Forellen von je 180 g; 3 dl zerlassene Butter oder holländische Sauce; 600 g Fischkartoffeln. Pochierzeit: 8 Minuten.*

Um Forellen blau kochen zu können, sind lebende Forellen unbedingt notwendig. 10-15 Minuten vor dem Gebrauch die Forellen töten, rasch ausnehmen und waschen, ohne sie viel zu befassen, um den Schleim nicht zu zerstören, der das Blauwerden bewirkt. In kochendes Salzwasser werfen, beim ersten Aufkochen beiseite ziehen und bei Siedehitze fertig pochieren. Die Forellen auf einer Serviette anrichten und mit Zitronenvierteln und krauser Petersilie garnieren. Die Sauce und die Kartoffeln nebenbei servieren. Es gibt auch silberne Kocher, in denen die Forellen gargemacht und im Sud direkt serviert werden können.

Essig im Wasser oder Essig über die Forellen gegossen ist nicht notwendig, um sie blau zu kochen. Im Gegenteil, der Essig beeinflußt den Geschmack der Forellen höchst unvorteilhaft.

Eine frisch geschlachtete Forelle erkennt man daran, daß die Haut beim Kochen aufplatzt.

FORELLE AUF GRENOBLER ART — Truite à la grenobloise

Wie auf Müllerinart bereiten, aber in der Butter etwas frische geriebene Weißbrotkrume hellbraun rösten und über die Forellen gießen. Mit Zitronensaft beträufeln und mit Kapern bestreuen.

■ AUF HUSARENART — Truite à la hussarde

6 Personen. *6 Forellen; 200 g gehackte Zwiebeln; 100 g Weißbrotkrume; 2 dl Milch; 1 Ei; 25 g Mehl; 60 g Butter; 2 dl Weißwein; Paprika. Kochzeit: 10-12 Minuten.*

Das Brot in der Milch einweichen, nicht zu stark ausdrücken, mit 100 g in Butter weiß gedünsteten, gehackten Zwiebeln und gehackter Petersilie vermengen, mit dem Ei binden und mit Salz und Paprika würzen. Die Forellen damit füllen, auf eine Lage hell angedünstete, gehackte Zwiebeln plazieren, würzen, mit dem Weißwein angießen und im Ofen pochieren. Den Fond abgießen, passieren, mit Mehlbutter von 25 g Mehl und 30 g Butter binden, aufkochen, abseits des Feuers mit der restlichen Butter aufschlagen und die Forellen damit nappieren. Im heißen Ofen bei starker Oberhitze leicht überbacken.

■ MIT MANDELN — Truite aux amandes

6 Personen. *6 Forellen; 150 g Butter; 60 g gehobelte Mandeln; gehackte Petersilie. Bratzeit: 8-10 Minuten.*

Die Forellen würzen, mehlen und in heisser Butter auf beiden Seiten braun braten. Herausnehmen und auf einer ovalen Platte anrichten. Frische Butter zu der Bratbutter in die Pfanne geben und darin die Mandeln hellgelb anrösten. Mandeln und Butter über die Forellen giessen und mit gehackter Petersilie leicht bestreuen. *(Siehe Bild auf Seite 308.)*

■ AUF MACONER ART — Truite à la mâconnaise

6 Personen. *6 Forellen; $^{3}/_{4}$ l Rotwein; 250 g weißgedünstete, glacierte Zwiebelchen; 250 g pochierte Champignons; 50 g Mehlbutter; 25 g Fleischglace; 75 g Butter. Pochierzeit: 8-10 Minuten.*

Die Forellen in dem Rotwein pochieren und abtropfen. Den Pochierfond zusammen mit der Glace auf die Hälfte einkochen, mit der Mehlbutter binden und zum Kochen bringen. Würzen und abseits des Feuers mit der Butter aufschlagen. Die Forellen anrichten, mit der Sauce nappieren und mit den Champignons und den Zwiebelchen garnieren. *(Siehe Bild auf Seite 307.)*

■ AUF MANTUA-ART — Truite à la Mantoue

6 Personen. *6 Forellen; $^{1}/_{2}$ l italienische Sauce; 75 g Butter. Bratzeit: 6-8 Minuten.*

Die Forellen würzen, mehlen und in Butter braten. Mit italienischer Sauce nappieren, die ohne gehackten Schinken bereitet worden ist.

■ AUF MÜLLERINART — Truite meunière

Wie Felchenfilets bereiten.

■ IN SAHNE — Truite à la crème

6 Personen. *6 Forellen; $^{1}/_{2}$ l dicke, süße Sahne; 3-4 Eßlöffel frisches Reibbrot; 1 Eßlöffel gehackte Kräuter; Saft einer Zitrone; 20 g Butter. Pochierzeit: ungefähr 12 Minuten.*

Die Forellen in eine Backplatte ordnen, mit Salz und Pfeffer würzen, die gehackten Kräuter, Zitronensaft und 2-3 Löffel Wasser hinzugeben und die Forellen damit pochieren. Nach dem Garwerden die Flüssigkeit in eine Kasserolle gießen, mit der Sahne vermischen, leicht sämig kochen und über die Forellen gießen. Mit Reibbrot bestreuen, mit zerlassener Butter beträufeln und im heißen Ofen überkrusten.

■ AUF VAUCLUSER ART — Truite à la vauclusienne

Gleiche Zubereitung wie auf Müllerinart, nur daß die Butter durch Olivenöl ersetzt wird.

GRÜNDLINGE UND PLÖTZEN — Goujons et gardons

Diese beiden Fische, von denen der Gründling der schmackhaftere ist, werden hauptsächlich gebacken. Größere können auf Müllerinart zubereitet werden.

HECHT, BLAU — Brochet au bleu

Hierfür nimmt man sehr kleine Hechte, die so wie Forelle blau pochiert werden. Dazu serviert man zerlassene Butter und Fischkartoffeln.

■ MIT KAPERNSAUCE — Brochet sauce aux câpres

6 Personen. *1 Hecht von 1 kg 500; 1 Zwiebel, Thymian, Lorbeerblatt, Petersilie; $^1/_2$ l Kapernsauce. Pochierzeit: 30 Minuten.*

Den Hecht in gut gewürztem Sud garmachen, von der Haut befreien, auf einer Serviette anrichten und mit Petersilie garnieren. Kapernsauce nebenbei servieren.

■ AUF NANTAISER ART — Brochet au beurre blanc à la nantaise

Der Hecht wird in gewürztem Sud gekocht und mit Sauce von weißer Butter serviert.

■ AUF PALÄSTINISCHE ART — Brochet à la palestine

6 Personen. *600 g schieres, gekochtes Hechtfleisch; 600 g Nudeln; 4 dl Béchamel; 40 g Butter; 50 g geriebenen Käse.*

Die Nudeln kochen, abtropfen, würzen und in Butter schwenken. In eine Backplatte füllen und mit dem zerpflückten Fisch bedecken. Mit Béchamelsauce nappieren, mit Käse bestreuen, mit Butter betropfen und im heißen Ofen überkrusten.

HECHTKOTELETTS SOUBISE — Côtelettes de brochet Soubise

6 Personen. *500 g schieres, rohes Hechtfleisch; $^1/_4$ l kalte Béchamel; $1^1/_2$ dl süße Sahne; 3 Eier; Panierbrot; 60 g Butter; 3 dl Zwiebelpüree. Kochzeit: ungefähr 40 Minuten.*

Das Hechtfleisch mehrmals durch die feinste Scheibe der Fleischmaschine treiben. Mit der kalten Béchamel, der Sahne, 1 Ei und 2 Eigelb durcharbeiten, würzen und durch ein Sieb streichen. Die Masse in ausgebutterte Kotelettförmchen füllen, pochieren, abtropfen und auskühlen. Panieren und in Butter goldgelb braten. Im Kranze anrichten, das Zwiebelpüree in die Mitte füllen und nebenbei Kräuterbutter servieren.

HECHTPASTETE MIT KRÄUTERSAUCE — Pain de brochet aux fines herbes

6 Personen. *500 g schieres, rohes Hechtfleisch; $^1/_4$ l kalte Béchamel; 1 dl dicke süße Sahne; 1 Ei; 4 Eigelb; 60 g Butter; 25 g Mehl; 2 dl Fischfond; gehackte Kräuter. Pochierzeit: 30 Minuten.*

Das Hechtfleisch durch die feinste Scheibe der Fleischmaschine treiben. Auf Eis mit der kalten Béchamel durcharbeiten, würzen und die Sahne, das Ei und 2 Eigelb darunterziehen. Durch ein Sieb streichen. Eine ausgebutterte Becherform mit der Masse füllen und im Wasserbad im Ofen pochieren.

Das Mehl mit 30 g Butter anschwitzen, mit dem Fischfond und ebensoviel Wasser zu einer Sauce aufrühren und zur Hälfte einkochen. Würzen und abseits des Feuers mit 2 Eigelb und einigen Löffeln Sahne legieren. Passieren und mit der restlichen Butter aufschlagen. Die gehackten Kräuter daruntermengen, abschmecken und über die auf eine runde Platte gestürzte Pastete gießen.

HECHTKLÖSSCHEN AUF LYONER ART — Quenelles de brochet à la lyonnaise

6 Personen. *500 g schieres, rohes Hechtfleisch; 4 Eier; 100 g Mehl; $^1/_4$ l Milch; 250 g Rindernierenfett; 50 g Butter; 4 dl Nantuasauce. Pochierzeit: 15 Minuten.*

Das Hechtfleisch durch die feinste Scheibe der Fleischmaschine treiben, das von den Sehnen befreite Rindernierenfett gleichfalls. Von 2 Eiern, dem Mehl, der kalten Milch und der Butter Panade bereiten, bis sich die Masse von den Wandungen der Kasserolle löst, und erkalten lassen. Das Hechtfleisch innig mit dem Nierenfett und der kalten Panade vermengen, 2 Eier beifügen und würzen. Durch ein Sieb streichen und abermals gut durcharbeiten. Die Farce mit dem Eßlöffel abstechen, oder auf dem gemehlten Brett zu Korken von ungefähr 50 g rollen und in Salzwasser pochieren. Hält bei einer Probe die Masse nicht, so gibt man noch ein Ei hinzu. Die abgetropften Klößchen gibt man in ein Sautoir mit einigen Löffeln Fischfond und stellt sie zugedeckt in den Ofen oder neben das Herdfeuer, damit sie aufblähen können. Sie werden erneut abgetropft und mit einer passenden Sauce, z. B. Nantuasauce, und mit Krebsschwänzen garniert serviert. *(Siehe Bild auf Seite 306.)*

HECHTKLÖSSCHEN AUF MARITIME ART — Quenelles de brochet à la maritime

6 Personen. *500 g schieres, rohes Hechtfleisch; 90 g Butter; 4 Eier; $^{1}/_{4}$ l Milch; 100 g Mehl; 250 g Rindernierenfett; 250 g Champignonköpfe; 300 g Scampischwänze; $^{1}/_{2}$ l Weißweinsauce; 1 dl holländische Sauce; 1 Löffelchen gehackte Kräuter (Petersilie, Kerbel, Estragon); Saft einer halben Zitrone; 8-10 sehr kleine Blätterteig-Halbmonde. Pochierzeit: 12 Minuten.*

Die Farce wie für Hechtklößchen auf Lyoner Art bereiten, aber davon zwei Teile machen und einen Teil mit gehackten Kräutern vermischen. Mit dem Kaffeelöffel Klößchen ausstechen und pochieren. Die Champignons mit Zitronensaft und nußgroß Butter pochieren, abtropfen und den Fond aufbewahren, die je nach Größe in 2-3 Stücke geschnittenen Scampi in Butter leicht ansautieren. Die Weißweinsauce mit dem Champignonfond einkochen und abseits der Hitze die holländische Sauce unterziehen. Klößchen, Champignons und Scampi mit der Sauce locker binden, anrichten und mit den Blätterteig-Halbmonden umkränzen.

KARPFEN IN BIER — Carpe à la bière

5 Personen. *1 Karpfen von 1 kg 250-1 kg 500; 3 Zwiebeln; 50 g Knollensellerie; 50 g Pfefferkuchen; $^{3}/_{4}$ l helles Bier. Pochierzeit: 35 Minuten.*

Dieses Gericht gehört zu der jüdischen und orientalischen Küche. Den sauber geputzten Karpfen auf ein Bett von Zwiebelscheiben, Würfelchen von Knollensellerie und dem zerbröckelten Pfefferkuchen legen, mit dem Bier übergießen, würzen und zugedeckt im Ofen pochieren. Herausnehmen, abtropfen, den Fond zur Hälfte einkochen und durch ein Sieb streichen; der Pfefferkuchen und das Gemüse dienen hier als Bindungsmittel. Die Sauce abschmecken, buttern und über den Karpfen gießen. Mit der pochierten Fischmilch garnieren.

■ BLAU — Carpe au bleu

Hierfür nimmt man am besten kleine, ganze Karpfen, die genau so wie Forellen blau bereitet werden. Man serviert sie mit zerlassener Butter, Meerrettichsahne und Salzkartoffeln.

■ CHAMBORD — Carpe Chambord

6-8 Personen. *1 Karpfen von 2-2 kg 500; 1 kg Fischfarce; 100 g je Mohrrüben, Sellerieknolle und Zwiebeln; Petersilienstiele; $^{1}/_{2}$ l roten Bordeaux; $^{1}/_{2}$ l Fischfond; 8-10 Karpfenmilcher; 1 dl Weißwein; $^{1}/_{2}$ l Villeroi-Sauce; 200 g Champignons; 12 Gründlinge; 2 Trüffeln; 1 Ei; 6 Krebse; fetten Speck; Reibbrot; 100 g Butter. Kochzeit: 50-60 Minuten.*

Den Karpfen durch die Kiemen ausnehmen, nur auf einer Seite schuppen, auf der anderen Seite die Haut in der Mitte entfernen und das Fleisch mit Trüffeln bestecken. Würzen, in dünne Speckscheiben hüllen, binden, auf ein Bett von Zwiebel-, Mohrrüben-, Selleriescheiben und Petersilienstielen legen und mit Rotwein und Fischfond, zugedeckt, im Ofen sorgfältig dünsten, dabei des öfteren begießen. Herausnehmen, abtropfen, den Speck entfernen, den Fond passieren, einkochen und unter eine Genfer Sauce mischen. Den Fisch anrichten, leicht mit der Sauce nappieren und folgendermaßen garnieren: 4 große, pochierte Farceklößchen, mit einem Suppenlöffel geformt und mit Trüffeln dekoriert; 12 getrüffelte Farceklößchen, mit dem Kaffeelöffel geformt; die in Weißwein pochierten Karpfenmilcher, in Scheiben geschnitten, paniert und gebacken; die steifgemachten, abgewischten, durch Villeroi-Sauce gezogenen, panierten und gebackenen Austern; die tournierten Champignonköpfe, die dressierten, gekochten Krebse und die panierten, gebackenen Gründlinge. Den Rest der Genfer Sauce serviert man nebenbei.

KARPFEN AUF POLNISCHE ART — Carpe à la polonaise

6 Personen. *1 kg 500 Karpfen, ausgenommen, geschuppt und in Stücke geschnitten; 100 g Butter; das Weiße einer Lauchstaude; 2 Mohrrüben; 2 Zwiebeln; 1/2 Lorbeerblatt; 1 Zweig Thymian; 2 Gewürznelken; Petersilie; 1/2 l Weißwein; 2 Zitronen; 50 g Korinthen; 50 g Mandelstifte; 100 g braune Mehlschwitze. Kochzeit: 40-45 Minuten.*

Das Wurzelwerk in Scheiben schneiden und zusammen mit Petersilienstielen 12-15 Minuten in Butter dünsten. Die Karpfenstückchen darauflegen, mit dem Weißwein und halb soviel Wasser angießen, würzen und ganz langsam 20 Minuten kochen lassen. Den Fond passieren, mit der Mehlschwitze binden, die Korinthen und die blanchierten Mandelstifte hinzugeben und kurz durchkochen. Den Fisch mit der Sauce nappieren und jedes Stück mit einer Zitronenscheibe belegen.

KARPFENKLÖSSCHEN AUF SÄCHSISCHE ART — Quenelles de carpe à la saxe

6 Personen. *1 Karpfen von ungefähr 2 kg; 15 cl Braunbier; 200 g Butter; 30 g Lebkuchen; gehackte Petersilie; 1 große Zwiebel; 1 dl süße Sahne; Petersilienstiele. Pochierzeit: 15 Minuten.*

Die Karpfenfilets völlig auslösen und von Haut und Gräten befreien. Von dem Kopf und den Gräten mit Zwiebelscheiben, Petersilienstielen und einigen Pfefferkörnern einen kurzen Fond, etwa 12 cl, bereiten. Von dem Fischfleisch und der Sahne Farce bereiten, durch ein Sieb streichen und kräftig abschmecken. In einem Sautoir 1 dl Bier mit dem Karpfenfond erhitzen und darin 200 g Butter schmelzen lassen. Von der Farce 18 Löffelklößchen abstechen und 5 Minuten in dem Fond pochieren. Herausnehmen und abtropfen. Den Lebkuchen mit 5 cl Bier auflösen und den Fond mit diesem Püree binden. Die Klößchen darin noch weitere 10 Minuten bei 90° C pochieren, anrichten, mit der Sauce nappieren und mit gehackter Petersilie bestreuen. Dazu Butterreis oder Salzkartoffeln servieren.

KARPFENMILCHER AUF DIPLOMATENART — Laitances de carpe à la diplomate

6 Personen. *600 g Karpfenmilcher; 75 g Butter; 18 kleine Krustaden; 4 dl Nantuasauce; 1 Trüffel. Pochierzeit: 4-5 Minuten.*

Die Milcher wässern und langsam in der Butter pochieren. In schräge, dicke Scheiben schneiden und die Krustaden damit füllen. Mit Nantuasauce nappieren und jede Krustade mit einer Trüffelscheibe dekorieren.

LACHS, SALM — Saumon

Dieser wundervolle Fisch, der früher im Rhein gefangen Weltruf hatte, ist höchstens noch an der Rheinmündung zu haben, da er im Fluß selbst durch die Abwässer der Fabriken nicht lebensfähig ist. Sehr gute Lachse fischt man in der Loire, die besten kommen heute wohl aus Schottland und Norwegen. Er wird auf mannigfaltige Art zubereitet. Man kann ihn braisieren, braten, pochieren oder grillieren. Am besten kocht man ihn im Ganzen oder in dicke Tranchen geschnitten im Sud und serviert ihn mit einer passenden Sauce, z. B. holländische, Schaum-, Nantua- oder Hummersauce. Geräucherter Lachs ist eine ausgezeichnete Vorspeise und ein prächtig dekorierter und garnierter kalter Lachs der Stolz eines jeden kalten Büffets. *(Siehe Kulinarische Technik Seite 713.)*

LACHS AUF CANCALER ART — Darnes de saumon à la cancalaise

6 Personen. *2 Lachsmittelstücke von je 500 g; 400 g Weißlingsfarce; 12 Austern; 12 große, geriefte Champignonköpfe; 2 große Croutons; 2 dl Villeroi-Sauce; 4 dl Nantuasauce. Pochierzeit: 35-40 Minuten.*

Nach dem Herausziehen der Gräten, die Höhlung der beiden Mittelstücke mit der Farce füllen, jedes Stück in ein Musselintuch einhüllen, vorsichtig binden und langsam 35 Minuten in gewürztem Sud pochieren. Herausnehmen, abtropfen, aus dem Tuch nehmen und jedes Stück auf einen Crouton dressieren. Leicht mit Nantuasauce nappieren und jedes Ende der Platte mit 6 Austern, durch Villeroi-Sauce gezogen, paniert, gebacken und in die Schalen gefüllt, und 6 Champignonköpfen garnieren. Den Rest der Sauce nebenbei servieren.

LACHSSCHEIBEN FOYOT — Darnes de saumon Foyot

6 Personen. *6 Lachsscheiben von je 150 g; 75 g Butter; 600 g Nußkartoffeln; $^1/_2$ l Foyot-Sauce. Bratzeit: 8-10 Minuten.*

Die Scheiben auf dem Rost oder auf Müllerinart braten, anrichten und mit den Nußkartoffeln garnieren. Die Sauce nebenbei servieren.

LACHSSCHEIBEN, GRILLIERT — Darnes de saumon grillées

Die Scheiben ölen und langsam auf dem Rost braten, bis sich die Mittelgräte bequem herausziehen läßt. Mit Kräuter- oder Sardellenbutter servieren. *(Siehe Bild auf Seite 308.)*

LACHSAUFLAUF DIVA — Soufflé de saumon Diva

6 Personen. *300 g gekochten Lachs, ohne Haut oder Gräten; 1 große, blind und hell gebackene Krustade; 500 g Garnelenschwänzchen; 2 dl Béchamel; 2 dl Sahne; 4 Eier; 50 g Butter. Backzeit: ungefähr 10 Minuten.*

Die Garnelen mit der mit einigen Löffelchen Béchamel verkochten Sahne binden, gut abschmecken und die Krustade damit anfüllen. Den Lachs durch die Fleischmaschine drehen, mit der Béchamel und der Butter vermischen und mit 4 Eigelb binden, würzen, 2 festgeschlagene Eiweiß locker unterziehen, die Krustade mit dieser Masse füllen und bei mäßiger Hitze im Ofen backen.

LACHSPASTETE VALOIS — Pain de saumon Valois

6 Personen. *500 g schieres, rohes Lachsfleisch; $^1/_4$ l kalte Béchamel; 1 dl süße Sahne; 1 Ei; 3 Eigelb; 20 g Butter. Pochierzeit: 35-40 Minuten.*

Den Lachs durch die feinste Scheibe der Fleischmaschine treiben, mit der Béchamel und der Sahne durcharbeiten, das Ei und die Eigelb daruntermengen und mit Salz, Pfeffer und einer Prise Pastetengewürz würzen. Durch ein Sieb streichen, noch einmal durcharbeiten und in eine mit Butter ausgestrichene Timbalform füllen. Im Wasserbad im Ofen bei mäßiger Hitze pochieren. Auf eine runde Platte stürzen und mit Béarnaisesauce servieren, der etwas zerlassene Fleischglace beigefügt worden ist.

SCHAUMBRÖTCHEN VON LACHS CHANTILLY — Mousselines de saumon Chantilly

6 Personen. *500 g schieres, rohes Lachsfleisch; 4 dl süße Sahne; 2 Eiweiß; 3 dl Schaumsauce; 50 g Krebsbutter; 12 Krebsschwänze; 250 g Champignons. Pochierzeit: 12-15 Minuten.*

Den Lachs durch die feinste Scheibe der Fleischmaschine drehen, mit dem Eiweiß auf Eis durcharbeiten und nach und nach die Sahne unterziehen. Würzen, durch ein Sieb streichen, noch einmal kurz durcharbeiten und 12 Becher- oder andere ausgebutterte Förmchen mit der Masse füllen. Im Wasserbad pochieren, stürzen und im Kranze anrichten. Mit der Schaumsauce, mit der Krebsbutter vermischt, nappieren, auf jedes Schaumbrötchen einen Krebsschwanz plazieren, und die Mitte mit den pochierten, abgetropften Champignons füllen. *(Siehe Bild auf Seite 307.)*

LACHSFORELLE CHIVRY — Truite saumonée Chivry

6 Personen. *1 Lachsforelle von 1 kg 200; 750 g Spinat; 8 Krustaden; 1 dl süße Sahne; 50 g Butter; $^1/_2$ l Chivrysauce; Zitrone; Petersilie. Pochierzeit: ungefähr 30 Minuten.*

Die Lachsforelle in Sud sorgfältig pochieren, abtropfen und mit Petersilie und Zitronenvierteln anrichten. Mit den Krustaden umkränzen, die mit Spinatpüree, mit Sahne vervollständigt, gefüllt worden sind. Die Sauce nebenher reichen.

■ LAGUIPIÈRE — Truite saumonée Laguipière

8 Personen. *1 Lachsforelle von 1 kg 500; 8 Mittelkrebse; 8 Pilgermuscheln; 16 Austern; 150 g Garnelenschwänzchen; 200 g Champignonköpfe; 1 Trüffel; $^1/_4$ l Weißwein; $^1/_4$ l Mornay-Sauce; 4 dl Nantuasauce. Pochierzeit: ungefähr 30 Minuten.*

Den Fisch in Sud pochieren, abtropfen und eine Seite enthäuten. Die Krebse in Weißwein kochen, die Pilgermuscheln durch Erhitzen öffnen, gleichfalls pochieren und die Schalen säubern. Von den Champignons, Garnelen, steifgemachten, entbarteten Austern und dem Muschelfleisch ein Ragout machen, mit der Mornay-Sauce binden, in die Muschelschalen füllen und überkrusten. Die Lachsforelle mit der enthäuteten Seite nach oben anrichten und diese mit Trüffelscheiben dekorieren. Mit den überbackenen Muscheln und den Krebsen garnieren und die Nantuasauce nebenbei servieren.

LACHSFORELLE MONTGOLFIER — Truite saumonée Montgolfier

8 Personen. *1 Lachsforelle von 1 kg 500; 8 Krustaden; 12 Krebse; 200 g pochierte Champignons; 1 kleine Trüffel; 1/2 l Weißwein; 1/2 l Nantuasauce. Braisierzeit: ungefähr 30 Minuten.*

Die Lachsforelle mit dem Weißwein und den üblichen Aromaten braisieren. Auf einer langen Platte anrichten. Von der Haut befreien und von den Champignons, eventuell auch pochierten Fischmilchern, Salpicon bereiten, mit Nantuasauce binden und jede Krustade mit einer Trüffelscheibe belegen. Den Fisch mit den ausgebrochenen Krebsschwänzen und Scheren dekorieren und mit den Krustaden garnieren. Die Nantuasauce nebenbei servieren.

■ MIT SCHAUMSAUCE — Truite saumonée sauce mousseline

8 Personen. *1 Lachsforelle von 1 kg 500; 1/2 l Schaumsauce; 1 kg Fischkartoffeln; Zitronen; Petersilie. Pochierzeit: ungefähr 30 Minuten.*

Die Forelle in Sud sorgfältig pochieren, abtropfen und auf langer Platte anrichten. Mit Petersilie und Zitronenvierteln garnieren. Die Sauce und die Kartoffeln nebenbei servieren.

■ AUF REGENTSCHAFTSART — Truite saumonée à la régence

8 Personen. *1 Lachsforelle von 1 kg 500; 1/2 l Fischsamtsauce; 3 Eigelb; 75 g Krebsbutter; 8 kleine Fischklößchen; 200 g kleine, pochierte Champignonköpfe; 200 g Garnelenschwänzchen; 8 Krebsschwänze. Pochierzeit: ungefähr 30 Minuten.*

Den Fisch in gewürztem Sud pochieren. 5 dl des Suds passieren, zur Hälfte einkochen, mit der Samtsauce vermengen und, abseits des Feuers, mit dem Eigelb, mit einem Löffel Sahne verrührt, legieren. Mit der Krebsbutter aufschlagen. Die Champignons, Fischklößchen, Garnelen und Krebsschwänze unter die heiße Sauce mengen und heißwerden, aber nicht kochen lassen. Den Fisch anrichten und die Sauce mitsamt der Garnitur rundherum gießen.

MATROSENGERICHT DER MOSEL — Matelote de Moselle

6 Personen. *Je 400 g Karpfen, Aal, Hecht und Schleie; 1 dl süße Sahne; 2 Eigelb; 3 gehackte Schalotten; 2 zerdrückte Knoblauchzehen; 200 g kleine Champignonköpfe; 250 g kleine Zwiebelchen; 100 g Butter; 3 cl Cognac; 3/4 l Moselwein; 1 Kräuterbündel; 12 kleine, herzförmige, gebackene Croutons. Kochzeit: 25-30 Minuten.*

Die Fische schuppen, ausnehmen, waschen und in Stücke schneiden. Die Schalotten in Butter anschwitzen, den Aal hinzugeben und anlaufen lassen. In der Zwischenzeit die Champignons mit nußgroß Butter und Zitronensaft pochieren. Den Aal mit Cognac flambieren und mit dem Wein ablöschen. Die anderen Fische, den Champignonfond, das Kräuterbündel, den Knoblauch und die Zwiebelchen hinzugeben, würzen und langsam 15-18 Minuten kochen lassen. Die Fische und das Kräuterbündel herausnehmen und warm halten. Sobald auch die Zwiebelchen gar sind, die Sauce mit Mehlbutter binden und abseits des Feuers mit der Sahne und dem Eigelb legieren. Fische und Champignons in die Sauce geben, abschmecken, anrichten und mit den Croutons garnieren.

PAUCHOUSE

6 Personen. *1 kg 800 Süßwasserfische (Aal, Hecht, Schleie, Karpfen, Barsch); 150 g mageren Speck; 3 Knoblauchzehen; 1 Kräuterbündel; 250 g weißgedünstete Zwiebelchen; 250 g kleine, pochierte Champignons; 3/4 l trockenen Weißwein; 4 cl Cognac; 100 g Butter; 3 Eigelb; 1 dl süße Sahne; 1 Zwiebel in Scheiben; 30 g Mehl; 1 kleines Stangenbrot. Kochzeit: 25-30 Minuten.*

Die Fische wie üblich vorbereiten und köpfen. Von den Köpfen, den Zwiebelscheiben, Kräuterbündel und einigen Pfefferkörnern Fischfond bereiten und passieren. Den gewürfelten Speck und 2 gehackte Knoblauchzehen in Butter anlaufen lassen. Den Fisch hinzugeben und mit Weißwein

▲ Forellen mit Mandeln, S. 299

Forelle Renato, S. 318 ▼

▲ Flußbarsch (Egli) filets auf Müllerinart, S. 298

Hechtklößchen auf Lyoner Art, S. 306 ▼

▲ Schaumbrötchen von Lachs Chantilly, S. 303

307

Forellen auf Maconer Art, S. 299 ▼

▲ Felchen in Weißweinsauce, S. 298

Grillierte Lachsschnitten, S. 303 ▼

▲ Lachs Bellevue, S. 315

Lachs auf Moskauer Art, S. 316 ▼

▲ Lachsforelle Wladimir, S. 317

Überglänzte Forellen Andreas, S. 314 ▼

▲ Bachforellen Palasthotel, S. 314

Lachsforelle Bellevue, S. 316 ▼

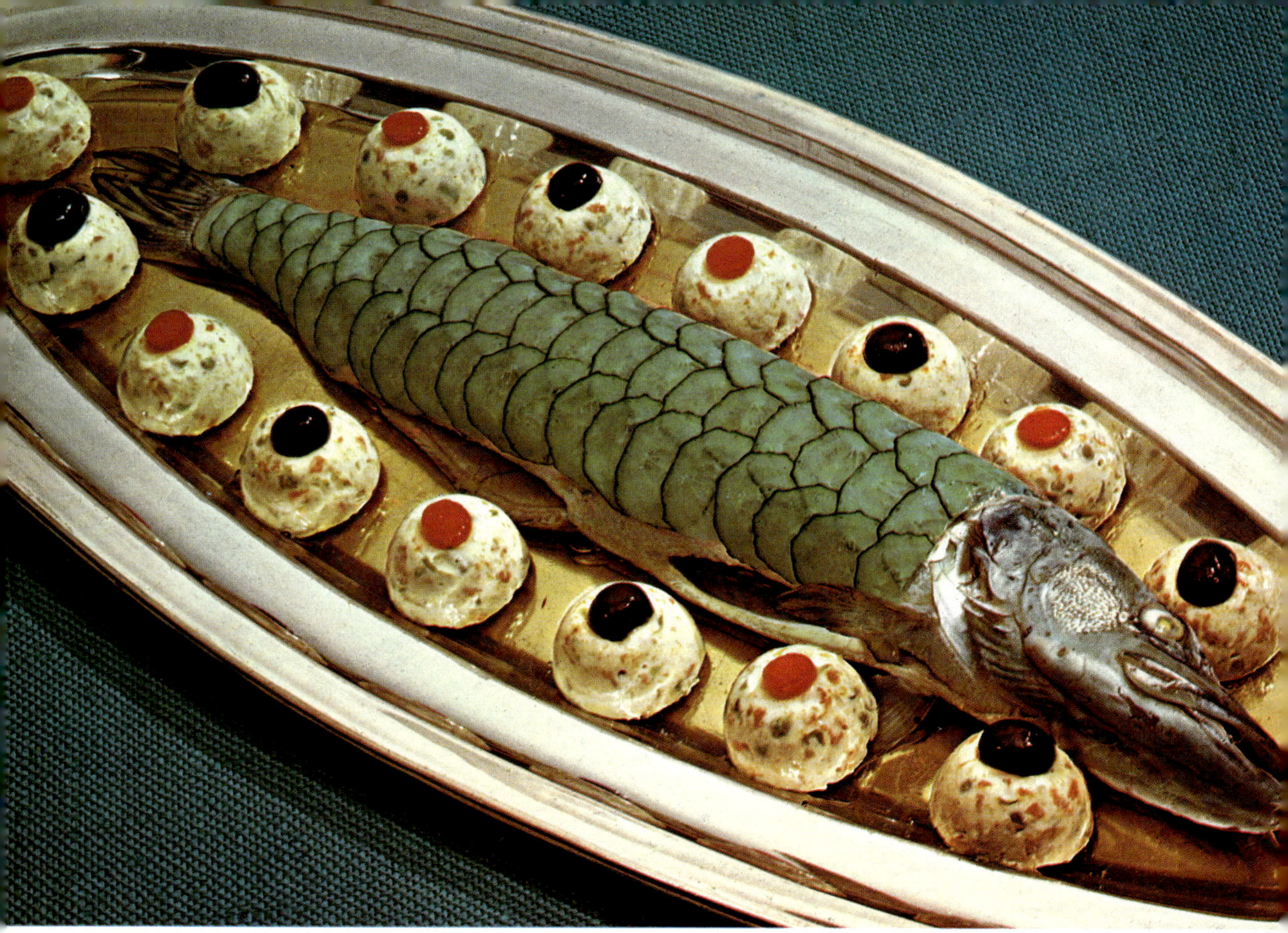

▲ Hecht auf Rigaer Art, S. 315

Marinierte Fischchen, gebacken, S. 318 ▼

und Fischfond bis zur Höhe aufgießen. Zum Kochen bringen, mit dem Cognac flambieren, zudekken und langsam garkochen. In eine saubere Kasserolle ausstechen, die Zwiebelchen, die Champignons hinzugeben. Den Fond um ein Drittel einkochen und mit dem Mehl, mit 40 g Butter vermengt, binden. Zwei bis drei Mal aufkochen und abseits des Feuers mit dem Eigelb und der Sahne legieren. Abschmecken, über den Fisch gießen, aber nicht mehr kochen lassen, sondern nur alles erhitzen. In einer tiefen Schüssel anrichten und gleichzeitig Stangenbrotscheiben servieren, die mit Knoblauch gerieben und im Ofen getrocknet worden sind. Es gibt verschiedene Arten, dieses Gericht zu bereiten, doch das obige Rezept ist das klassische.

RENKE, MARÄNE — Lavaret

Dieser vorzügliche Fisch aus den Gebirgsseen hat feines, weißes Fleisch und wird am besten, je nach Größe, im Sud pochiert oder in der Pfanne in Butter gebraten, um den feinen Geschmack nicht zu übertönen. Alle Zubereitungen für Felchen können angewendet werden.

SAIBLING, SEESAIBLING — Omble chevalier

Dieser Fisch, der eine Länge von 25-80 cm erreicht, wird hauptsächlich in kalten Gebirgsseen gefangen. Das Fleisch ist rosa wie das der Lachsforelle, der Geschmack noch feiner als der der Forelle. Er wird am besten mit einer holländischen Sauce serviert. Im übrigen eignen sich alle Rezepte für Forelle auch für den Saibling.

SCHLEI AUF LOTHRINGER ART — Tanches à la lorraine

6 Personen. *6 Schleie von je 200-225 g; 1 dl trockenen Weißwein; 1 kleine Zwiebel; Petersilie; 1 sehr kleines Lorbeerblatt; 1 Zweig Thymian; 2 gehackte Schalotten; einige Pfefferkörner; 2 dl süße Sahne; 2 Eigelb; 75 g Butter; gehackte Petersilie; Zitronensaft. Pochierzeit: 20 Minuten.*

Die Schleie auf ein Bett von Zwiebelscheiben, Petersilie, Thymian, Lorbeerblatt und Pfefferkörner legen, leicht salzen, mit dem Weißwein und wenig Wasser angießen, mit einem gebutterten Blatt Papier bedecken und bei mäßiger Hitze im Ofen pochieren. Die Schleie herausnehmen und abtropfen. Den Fond passieren, auf die Hälfte einkochen, die Sahne hinzugeben und noch leicht einkochen. Mit dem Eigelb, mit etwas Sahne verrührt, vermischen und die Butter darunterziehen. Eine ovale Backplatte mit Butter bestreichen und mit gehackten Schalotten bestreuen. Die Fische darauflegen, mit der Sauce bedecken und 5 Minuten in den heißen Ofen stellen. Beim Servieren mit gehackter Petersilie bestreuen und mit etwas Zitronensaft beträufeln.

STÖR — Esturgeon

Wanderfisch, der in Salzwasser lebt, aber zum Laichen in die Flüsse steigt. Zu dieser Zeit ist er am schmackhaftesten. Aus dem Rogen wird Kaviar bereitet, das Rückenmark, das in der russischen Küche viel verwendet wird, ist unter dem Namen Vesiga bekannt.
Das Fleisch des Fisches kann man wie Kalbfleisch verwenden, braten und schmoren. Dazu passen alle Garnituren.

ZANDER — Sandre

Sehr feiner Fisch mit schmackhaftem, weißem Fleisch, der in salzarmen Gewässern der Ostsee, besonders der Haffe, in Binnenseen und warmen Gewässern mit hartem Grund beheimatet ist. Die mittlere Länge beträgt 40-50 cm. Man kann ihn in Sud kochen und mit holländischer, Schaum-, Hummer-, Krebs- oder Garnelensauce servieren. Zanderfilets können wie Seezungenfilets bereitet werden.

KALTE GERICHTE VON SÜSSWASSERFISCHEN

FORELLEN, GLACIERT, ANDREAS — Truite glacée Andréa

8 Personen. *8 Forellen von je 175 g; 3 dl Weißwein; 8 Krustaden; 500 g Schaumbrotmasse von Garnelen; 500 g Tomaten-Schaumbrot; 16 ausgebrochene Schwänzchen von Steingarnelen; Estragon. Pochierzeit: 8-10 Minuten.*

Die Forellen von den Kiemen her ausnehmen, waschen, in mit Estragon gewürztem Sud und Weißwein pochieren und erkalten lassen. Den Fond passieren, etwas einkochen, mit Gelatine versetzen und klären. Den Boden einer langen Platte mit dem Tomaten-Schaumbrot bedecken und festwerden lassen. Die Forellen auf einer Seite enthäuten, fächerartig auf das Schaumbrot dressieren, mit blanchierten Estragonblättchen und gekochten Mohrrübenscheiben dekorieren und reichlich mit dem Gelee nappieren. Mit den Krustaden garnieren, die mit Garnelen-Schaumbrot gefüllt, je mit zwei Garnelenschwänzchen dekoriert und mit Gelee überglänzt worden sind. *(Siehe Bild auf Seite 310.)*

■ IN GELEE — Truite de rivière en gelée

8 Personen. *8 Forellen von je 175 g; 1/4 l Weißwein; Zwiebelscheiben, Thymian, Lorbeerblatt; 1/2 l Fischgelee; 100 g Steingarnelenschwänzchen oder Estragon. Pochierzeit: 8-10 Minuten.*

Die Forellen in Weißwein pochieren und erkalten lassen. Abtropfen, auf einer Platte auf einem dünnen Spiegel Gelee anrichten und mit Gelee überglänzen. Mit Garnelenschwänzchen oder blanchierten Estragonblättchen dekorieren, noch einmal mit Gelee überglänzen und mit Geleewürfeln garnieren.

■ IN ROTWEINGELEE — Truite à la gelée au vin rouge

Gleiche Zubereitung wie oben, aber in Rotwein, den man dem Gelee beim Klären zusetzt. Die enthäuteten Forellen mit Mohrrüben-, weißen Rüben- und Trüffelperlen dekorieren und mit Gelee überglänzen.

■ PALAST-HOTEL — Truite Palace-Hôtel

8 Personen. *8 Forellen von je 175 g; 8 große und 15 kleinere Krebsschwänze; 150 g gekochte, weiße Spargelköpfe; 150 g gekochte grüne Bohnen; 300 g geschälte, entkernte Tomaten; 3/4 l Gelee; 1/2 l Vinaigrette. Pochierzeit: 8-10 Minuten.*

Lebende Forellen einige Stunden vor dem Gebrauch töten. Die beiden Filets sorgfältig von der Gräte lösen, aber am Kopf lassen; die Gräten entfernen. Die Filets nach außen zu um eine korkenförmig ausgestochene Kartoffel wie eine Brille rollen, leicht mit Faden befestigen, sorgfältig im Sud pochieren und darin erkalten lassen. Die kleinen Krebsschwänze, Spargelköpfe, grünen Bohnen und Tomaten nicht zu klein würfeln und mit Salz, Pfeffer, Weinessig und Olivenöl einige Stunden marinieren. Den Salat gut abtropfen, leicht mit Gelee binden. Die Forellen auf ein Gitter setzen, die Höhlungen mit dem Salat füllen, mit einem großen Krebsschwanz dekorieren, gänzlich mit Gelee überglänzen, anziehen lassen und anrichten. Man kann einige gekochte Krebse in die Mitte dressieren. *(Siehe Bild auf Seite 311.)*

HECHT MANON — Brochet Manon

8-10 Personen. *1 Hecht von 2 kg; 10 gekochte Steingarnelen; 10 Krustaden; 1 kleine Trüffel; 250 g Garnelen; 1 dl Mayonnaise; 5 Bündelchen grüne Spargelspitzen, nur die Köpfe; 1/2 l Gelee. Pochierzeit: 45 Minuten.*

Den Fisch sorgfältig in gut gewürztem Sud pochieren und erkalten lassen. Abtropfen, von der Haut befreien, leicht mit Gelee überglänzen und auf einer langen Platte auf einen Geleespiegel dressieren. Den Rücken entlang die Steingarnelen mit der Kopfspitze einstecken, deren Schwänze ausgelöst worden sind. Mit den Krustaden, gefüllt mit Garnelenschwänzchen, mit Mayonnaise gebunden, mit einer Trüffel belegt und mit Gelee überglänzt, und den zuvor marinierten Bündelchen grünen Spargelspitzen garnieren, die gleichfalls mit Gelee leicht zu überglänzen sind.

HECHT AUF RIGAER ART — Brochet à la Riga

8-10 Personen. *1 Hecht von 2 kg; 500 g russischen Salat; 5 schwarze Oliven; 1 l Fischgelee; 1 kleine Salatgurke; 1 l grüne Sauce. Pochierzeit: 45 Minuten.*

Den Hecht pochieren und gänzlich erkalten lassen. Die Haut mit Ausnahme des Kopfes entfernen, eine Seite schuppenartig mit kleinen, dünnen Gurkenscheibchen bedecken und mit Gelee überglänzen. 10 kleine Becherförmchen mit Gelee chemisieren, mit russischem Salat, mit Gelatine leicht gebunden, füllen und kalt stellen. Eine lange Platte mit einem Geleespiegel versehen, den Hecht darauf anrichten, mit den gestürzten Bechern garnieren und jeden Becher mit einer halben Olive oder einem runden Tomatenscheibchen dekorieren. Die Sauce nebenher servieren. *(Siehe Bild auf Seite 312.)*

KARPFEN AUF JÜDISCHE ART — Carpe à la juive aux raisins

8 Personen. *2 Karpfen von 800 g bis 1 kg; 2 Schalotten; 1 dl Olivenöl; 30 g Mehl; 1 Kräuterbündel; $^1/_2$ l Weißwein; 1 große Zwiebel; 100 g Rosinen; 100 g Korinthen; Safran. Kochzeit: 30 Minuten.*

Die Zwiebel und die Schalotten in dünne Scheiben schneiden und in dem Öl anlaufen lassen, ohne sie zu verfärben. Mit dem Mehl gut vermengen und mit dem Weißwein und halb soviel Wasser aufgießen. Das Kräuterbündel, einige Pfefferkörner, Salz und den Rest des Olivenöls hinzugeben und aufkochen. Den in große Stücke geschnittenen Karpfen hineinlegen und langsam 25-30 Minuten kochen. Den Fisch herausnehmen und wieder zusammengesetzt auf einer Platte anrichten. Die Sauce auf Dreiviertel der Menge einkochen, eine Prise Safran hinzufügen, abschmecken, passieren und über den Fisch gießen. Mit den in Wasser aufgequollenen und abgetrockneten Rosinen und Korinthen umkränzen. Erst servieren, wenn die Sauce ganz kalt und dicklich ist.

LACHS, KALT — Saumon froid

Kalter Lachs kann entweder im ganzen Stück, in großen Mittelstücken oder in dicken Scheiben zubereitet werden. Er wird stets im Sud gekocht, in dem man ihn auch erkalten läßt. Nachdem er abgetropft worden ist, wird er ganz oder nur zum Teil von der Haut befreit, dekoriert und mit Gelee überglänzt. Zum Dekorieren können Trüffeln, Gurken, Tomaten, Estragonblättchen, Kerbel u. a. m. verwendet werden. Die Garnitur kann aus gefüllten Eiern, verschiedenartig gefüllten Tomaten, gefüllten Artischockenböden, Schiffchen oder Tarteletts, mit Fischpüree oder Schaumbrot gefüllt, und anderem bestehen, stets mit Gelee überglänzt. Alle kalten Saucen passen zum kalten Lachs.

LACHS BELLEVUE — Saumon en bellevue

Für ein kaltes Büfett nimmt man einen Fisch von nicht weniger als 2 kg 500, den man sorgfältig pochiert und im Sud erkalten läßt. Er wird entweder ganz oder zum Teil enthäutet, beliebig dekoriert, mit Gelee überglänzt und auf dem Bauch auf eine lange Platte dressiert. Er kann mit kleinen Bechern von russischem Salat, gefüllten Eiern, gefüllten Tomaten oder Artischockenböden, Garnelenaspiks und vielem anderem garniert werden. Meistens setzt man den Fisch auf einen Geleespiegel. Dazu serviert man grüne, Tataren-, Remouladen- oder Chantillysauce. *(Siehe Bild auf Seite 309.)*

KALTE LACHSSCHNITTEN LUDWIG XVI. — Darnes de saumon Louis XVI

20-22 Personen. *2 Seiten Lachs, enthäutet und entgrätet, von je 1 kg; 50 große Krebsschwänze; 20-22 sehr kleine Tomaten; 300 g Paprikamousse (225 g Paprikamark, 75 g Gelee); 22 pochierte Champignonköpfe; 22 halbe Wachteleier; 22 halbe, schwarze Oliven; 120 g Keta-Kaviar; rund ausgestochene Kugeln von 3 Honigmelonen; 750 g gedünstete Gemüsejulienne; 200 g Mayonnaise; 300 g gebundene Mayonnaise; 1 l Gelee. Dekor: Champignons; schwarze Oliven; Mandarinenfilets; Krebsschwänze; Möweneier; Porree; Tomaten; rote Paprikaschote; 1 l Chantilly oder grüne Sauce. Pochierzeit für den Lachs: 12-15 Minuten.*

Die Lachsseiten in gebuttertes Papier einhüllen, in ein gebuttertes Randblech ordnen, im Ofen mit etwas gewürztem Fischsud sehr saftig pochieren und unter ganz leichtem Druck völlig erkalten lassen. Die Gemüsejulienne mit der Mayonnaise und 1 dl kaltem, aber noch flüssigem Gelee binden, in eine runde, flache Form füllen und im Kühlraum erstarren lassen. Diese Julienne in die

Mitte einer großen runden Platte stürzen, gänzlich mit gebundener Mayonnaise bestreichen, anziehen lassen, dekorieren und mit Gelee überglänzen. Gleichmäßig und dicht nebeneinander mit den Krebsschwänzen umranden und sie mit Gelee überpinseln. Den Lachs mit sehr scharfem Messer in 20-22 gleichmäßige Scheiben schneiden, mit der runden Seite nach innen um den Rand dressieren, jede Scheibe mit einem Champignonkopf, bedeckt mit einem Tupfen Keta-Kaviar garnieree und mit Gelee überglänzen. Zwischen die Lachsscheiben je eine kleine, mit Paprikamark gefülltt Tomate setzen, sie mit einem halben Wachtelei und halber, schwarzer Olive bedecken und min Gelee überglänzen. Zum Abschluß einen Kranz von Melonenkugeln setzen und überglänzen. Die Sauce separat servieren. *(Siehe Bild auf Seite 43.)*

MITTELSTÜCKE VON LACHS AUF MOSKAUER ART — Darnes de saumon à la moscovite

6-8 Personen. *2 Mittelstücke von Lachs von je 400 g; 8 große Schwänze von Steingarnelen; 4 Sardellenfilets; 12 kleine Krustaden; 60 g Kaviar; 150 g je Julienne von gekochten roten Beeten und rohem Knollensellerie; 1/2 l Gelee; 1/2 l Mayonnaise; 10 g geriebenen Meerrettich. Pochierzeit: 15-18 Minuten.*

Den Lachs pochieren und im Sud erkalten. Jedes Stück sorgfältig halbieren, die Gräten entfernen und die Haut abziehen. Mit Gelee leicht überglänzen, mit zwei Garnelenschwänzen und einem gerollten Sardellenfilet dekorieren und auch diese mit Gelee überglänzen. Auf einer Platte kreuzartig anrichten und in die Mitte einen Strauß krause Petersilie stecken. Mit der Hälfte der mit Kaviar und der andern Hälfte mit einem leicht mit Mayonnaise gebundenen Salat von roter Beete und Sellerie gefüllten Tarteletts garnieren. Mayonnaise, mit geriebenem Meerrettich und einigen Löffeln Schlagsahne vermischt und kräftig gewürzt, nebenbei servieren. *(Siehe Bild auf Seite 309.)*

LACHSMEDAILLONS MAJESTIC — Médaillons de saumon Majestic

8 Personen. *1 kg 200 Lachs; 3 dl Weißwein; 2 dl süße Sahne; 200 g Garnelenschwänzchen; 250 g gekochte Kartoffeln; 250 g gekochten Knollensellerie; 50 g geschälte Walnußkerne; 16 Steingarnelen; 1 dl Gelee; 4 dl Mayonnaise. Pochierzeit für die Medaillons: 7-8 Minuten; für die Parüren: 6-7 Minuten.*

Den Lachs enthäuten, halbieren, entgräten und von jeder Hälfte 8 runde, fingerdicke Medaillons schneiden und mit Weißwein, Salz und Pfeffer pochieren. Die Parüren zur gleichen Zeit pochieren. Erkalten lassen. Von den Parüren, dem Gelee, der geschlagenen Sahne und dem notwendigen Gewürz Schaumbrotmasse bereiten und darunter einige Garnelenschwänzchen mengen. Die Medaillons gut abwischen, die Masse kuppelförmig aufdressieren, leicht mit Mayonnaise bedecken und in jedes einen Steingarnelenschwanz stecken. Von den gewürfelten Kartoffeln, Sellerie, Walnußkernen und den restlichen Garnelen Salat bereiten, mit Mayonnaise leicht binden und gut abschmecken. Den Salat kuppelförmig in die Mitte einer Glasschale dressieren und mit den Medaillons umkränzen.

LACHSFORELLE BELLEVUE — Truite saumonée en bellevue

8-10 Personen. *1 Lachsforelle von 1 kg 500-2 kg; 10 Steingarnelen, der Schwanz ausgeschält; 10-20 Artischockenböden; 10-20 halbe, hartgekochte Eier, mit Eigelbcreme gefüllt; Spargelköpfe; 1 Trüffel; 1 Tomate; 1 l Gelee; 3/4-1 l Chantillysauce. Pochierzeit: ungefähr 45 Minuten.*

Die Forelle sehr sorgfältig in Sud pochieren und erkalten lassen. Herausnehmen, abtropfen, abwischen und mit Ausnahme eines kleinen Stückes am Kopf und am Schwanz von der Haut befreien. Aufrecht auf einer langen Platte auf einen Geleespiegel placieren. Den Rücken entlang mit den Garnelen dekorieren und den ganzen Fisch mit Hilfe eines Pinsels mit Gelee überglänzen. Die Artischockenböden und die Spargelköpfe zuvor mit Salz, Pfeffer, Weinessig und Olivenöl marinieren. Die Artischockenböden mit je 2 Spargelköpfen füllen und mit einem Tomatenstreifen und Trüffelpunkten, die Eier mit Motiven von Trüffel und Tomaten dekorieren; alles mit Gelee überglänzen. Artischockenböden und Eier um den Fisch dressieren und die Sauce nebenbei servieren. *(Siehe Bild auf Seite 311.)*

LACHSFORELLE ORSAY — Truite saumonée à la d'Orsay

8 Personen. *1 Lachsforelle von 1 kg 500; 8 kleine Garnelenaspiks; 4 hartgekochte, halbierte ausgehöhlte Eier; 50 g Kaviar; 100 g geschälte, entkernte, kleingewürfelte Tomaten; $^{3}/_{4}$ l Gelee; $^{1}/_{2}$ l grüne Sauce.*

Die pochierte, ausgekühlte und enthäutete Forelle auf einer Seite beliebig dekorieren, mit Gelee überglänzen und auf einer langen Platte auf Geleespiegel anrichten. Mit den Aspiks und den Eiern garnieren, die abwechselnd mit Kaviar und Tomatensalat gefüllt worden sind. Die Sauce nebenbei servieren.

■ AUF RUSSISCHE ART — Truite saumonée à la russe

8 Personen. *1 Lachsforelle von 1 kg 500; 500 g russischen Salat; 8 Krustaden; $^{1}/_{2}$ l grüne Sauce; 1 l Fischgelee.*

Die Forelle in Sud mit Weißwein pochieren und auskühlen. Die Haut entfernen, beliebig dekorieren, mit Gelee überglänzen und auf langer Platte auf Geleespiegel dressieren. Die Krustaden mit russischem Salat füllen, dekorieren und mit Gelee überglänzen. Die Forelle mit den Krustaden und großen Geleewürfeln garnieren und die Sauce nebenbei servieren.

■ WLADIMIR — Truite saumonée glacée Vladimir

8 Personen. *1 Lachsforelle von 1 kg 500; 8 hartgekochte Eier; 50 g sehr feines Spinatpüree; 50 g dickes Tomatenpüree; 100 g weiche Butter; 1 dl Mayonnaise; 5 dl Estragongelee; $^{1}/_{2}$ l grüne Sauce.*

Die Forelle pochieren, erkalten lassen, abtropfen, die Haut abziehen, beliebig dekorieren, mit Gelee leicht überglänzen und auf langer Platte auf Geleespiegel anrichten. Die Eier halbieren, das Eigelb herausnehmen, durch ein Sieb streichen und mit der weichen Butter und der Mayonnaise vermischen. Die Hälfte mit dem Spinat und die andere Hälfte mit dem Tomatenpüree vermengen und abschmecken. Die Hälfte der Eier mittels Spritzsack und Sterntülle mit der grünen und die andere Hälfte mit der roten Mischung füllen. Leicht mit Gelee überglänzen und den Fisch damit garnieren. Die Sauce nebenbei servieren. *(Siehe Bild auf Seite 310.)*

AUSLÄNDISCHE SPEZIALGERICHTE

ANGUILLE AU VERT — Aal grün

6-8 Personen. *2 Aale von 600-800 g; 100 g Butter; 250 g Sauerampfer; je 25 g Kerbel und Petersilie; je 1 Zweig Bohnenkraut und Salbei; 1 dl Weißwein; 1 Zitrone; 1 knapper Teelöffel Kartoffelmehl; 3 Eigelb. Kochzeit: 25 Minuten.*

Den Aal abziehen, ausnehmen, waschen und in zweifingerdicke Stücke schneiden. In der Butter steif machen und mit feingehacktem Sauerampfer, Kerbel, Petersilie, Bohnenkraut und Salbei bedecken. Die Kräuter bei mäßiger Hitze ohne weitere Zugabe 5 Minuten dünsten, dann den Weißwein und soviel Wasser aufgießen, daß alles gerade bedeckt ist. Würzen und zugedeckt kochen lassen, bis der Aal gar ist. 3 Eigelb mit dem Saft der Zitrone und dem Kartoffelmehl vermischen, ein wenig von der Flüssigkeit daruntermischen, gut verrühren und den Fisch damit binden, ohne die Sauce kochen zu lassen. Das Gericht kalt oder lauwarm servieren. *(Belgien)*

PESCE IN CARPIONE — Marinierte Fischchen

10 Personen. *1 kg 600 kleine Barsche oder andere Süßwasserfische; 1 Mohrrübe; 1 Zwiebel; die Schale einer Zitrone; 1 Stengel Bleichsellerie; 3 Lorbeerblätter; 1 l Weinessig; 1 1/2 trockenen Weißwein; 5 dl Olivenöl. Zubereitungszeit: insgesamt 1 Stunde 10 Minuten.*

Die gereinigten Fische mehlen und in Olivenöl 15 Minuten recht knusprig braten. Die Zwiebel in Scheiben schneiden, in Öl hellgelb anschwitzen und die in Julienne geschnittene Mohrrübe und den Sellerie beifügen. Zugedeckt bei gelinder Hitze ungefähr 20 Minuten dünsten, den Weißwein, den Essig, die Lorbeerblätter und die gehackte Zitronenschale beigeben und langsam 30 Minuten kochen lassen. Die Fischchen in eine passende Schüssel geben, die Marinade heiß darübergießen und darin erkalten lassen. *(Italien)* *(Siehe Bild auf Seite 312.)*

TROTA SALMONATA ALLA GENOVESE — Lachsforelle auf Genueser Art

6 Personen. *1 Lachsforelle von 1 kg 200; 6 Langustenkroketten; 12 Fischkartoffeln; 20 g Pistazien; 20 g Pinienkerne; 2 Eigelb; 3 dl Olivenöl; 50 g Kerbel, Petersilie, Estragon und Schnittlauch, blanchiert und durch ein Sieb gestrichen; 1 Zitrone.*

Den Fisch im Sud kochen, auf einer langen Platte anrichten und mit den Kroketten und Kartoffeln garnieren. Die Pistazien und Pinienkerne ganz fein verreiben, das Eigelb beifügen, salzen, pfeffern und mit dem Öl wie eine Mayonnaise aufschlagen. Mit dem Kräuterpüree und Zitronensaft vervollständigen und diese Sauce nebenbei servieren. *(Italien)*

TROTELLE RENATO — Forelle Renato

6 Personen. *6 Forellen von je 150-175 g; 75 g Kapern; 1 Lorbeerblatt; 6 Sardellenfilets, in Streifen geschnitten; 2 dl Weißwein; 2 dl Olivenöl. Pochierzeit: 10-12 Minuten.*

Die Forellen öffnen, ausnehmen, die Gräten entfernen, aber den Kopf daranlassen und den Körper flach öffnen. Innen würzen, mit den Kapern bestreuen, mit den Sardellenfilets belegen und so zusammenfalten, daß der Schwanz sich unter dem Kopf befindet. Das Öl in eine Sauteuse gießen, darauf die Forellen ordnen, leicht würzen, den Weißwein aufgießen, mit einem geölten Blatt Papier bedecken und im Ofen ungefähr 10 Minuten pochieren. Die Forellen anrichten, mit Fischkartoffeln, Tomaten und schwarzen Oliven garnieren und den eingekochten, abgeschmeckten Fond über die Fische gießen. *(Italien)* *(Siehe Bild auf Seite 305.)*

WATERZOOI DE POISSONS À LA FLAMANDE — Flämisches Fischgericht

8-10 Personen. *2 kg Süßwasserfische: Aal, Schleie, Karpfen, Hecht, Barsch usw.; 200 g Bleichsellerie; 1 Kräuterbündel; 100 g Butter; ungesüßten Zwieback. Kochzeit: 20-25 Minuten.*

Den Fisch in Stücke schneiden und in eine ausgebutterte Kasserolle geben, deren Boden mit Selleriescheiben ausgelegt worden ist. Würzen, das Kräuterbündel beifügen, mit Wasser bis zur Höhe aufgießen, ankochen und flott weiterkochen, bis der Fond stark reduziert ist. Das Kräuterbündel herausnehmen und den Fond nur sehr leicht mit 2-3 geriebenen oder zerdrückten Zwiebacken binden. Recht heiß servieren und gleichzeitig dünne Scheiben mit Butter bestrichenem Schwarzbrot anbieten. *(Belgien)*

KRUSTEN-, SCHAL- UND WEICHTIERE

KRUSTENTIERE

GARNELEN, KRABBEN, KREVETTEN — Crevettes

Die kleinen, in feinmaschigen Netzen direkt an der Küste gefangenen Garnelen, oder Krabben, wie sie im Handel genannt werden, kommen kaum lebend auf den Markt. Im allgemeinen werden sie sofort an Bord in Seewasser abgekocht und ausgekühlt. Die Nordseegarnele ist grünlichgrau und verändert ihre Farbe auch beim Kochen nicht. Die Steingarnelen (crevettes-bouquets) sind weitaus größer und haben eine schöne rosarote Farbe.
Garnelen werden auf vielerlei Arten zubereitet, Steingarnelen nimmt man auch gerne als Garnitur für kalte Fischgerichte. Da alle Garnelen leicht verderblich sind, müssen sie schnellstens verarbeitet werden. Bei den folgenden Rezepten handelt es sich um die ausgebrochenen Schwänzchen.

GARNELEN, GEBACKEN — Crevettes frites

6 Personen. *600 g Garnelen; 1 dl Olivenöl; Petersilie; 300 g Reis; 60 g Butter. Backzeit: 4-5 Minuten.*

Die Garnelen in dem heißen Öl knusprig backen, gut abtropfen, mit wenig Salz und einer Spitze Cayennepfeffer würzen. Mit Petersilie anrichten und dazu Butterreis servieren.

GARNELEN AUF INDISCHE ART — Crevettes à l'indienne

6 Personen. *600 g Garnelen; 1 mittelgroße, gehackte Zwiebel; 5 g Currypulver; 4 dl Fischvelouté; 50 g Butter; 300 g Reis. Kochzeit: 6-7 Minuten.*

Die Zwiebel in der Butter leicht blondieren, das Currypulver und die Garnelen hinzufügen, anlaufen lassen und mit der Velouté vermischen. Kurz aufkochen, in eine tiefe Schüssel füllen und dazu körniggekochten Reis servieren.

HUMMER AUF AMERIKANISCHE ART — Homard à l'américaine

6 Personen. *1 kg 900 Hummer; 500 g geschälte, entkernte und grobgewürfelte Tomaten oder 50 g dickes Tomatenpüree; 1 Teelöffel gehackte Schalotten; 5 cl Cognac; 1/2 l Weißwein; 60 g Butter; 5 cl Olivenöl; 50 g Fleischglace; 1 zerdrückte Knoblauchzehe; gehackte Petersilie und Estragon. Kochzeit: 20 Minuten.*

Die Hummern kurz durch Einwerfen in kochendes Wasser töten und sofort abkühlen (in Deutschland und einigen anderen Ländern ist es verboten, Hummer lebend zu zerschneiden). Die Scheren abdrehen und durch einen Schlag mit einem schweren Messer aufbrechen, den Schwanz in Stücke teilen und alles in halb Butter und halb Öl anlaufen lassen. Die Schalotten und eine Minute später die Knoblauchzehe beifügen. Mit dem Cognac flambieren, mit dem Weißwein ablöschen und die Tomaten hinzugeben. Mit Salz, Pfeffer und einer Spitze Cayennepfeffer würzen, zudecken und langsam 18-20 Minuten kochen lassen. Die Hummerstücke herausnehmen und warm halten. Die Sauce etwas einkochen, mit der Glace, gehackter Petersilie und Estragon vervollständigen und mit dem Hummermark, mit 40 g Butter vermengt, binden. Die Sauce abschmecken und über die Hummerstücke gießen, ohne sie zu passieren.

HUMMER AUF BORDELAISER ART — Homard à la bordelaise

6 Personen. *1 kg 900 Hummer; 100 g Butter; 100 g gehackte Schalotte; 1 zerdrückte Knoblauchzehe; 5 cl Cognac; 1/4 l Weißwein; 1/4 l Fischfond; 2 dl spanische Sauce; 2 dl Tomatensauce; 20 g gehackten Kerbel und Estragon. Kochzeit: 30 Minuten.*

Den kurz zuvor getöteten Hummer in Stücke teilen und in der Hälfte der Butter anlaufen lassen. Die gehackten Schalotten und den Knoblauch hinzugeben, noch kurz dünsten, mit dem Cognac flambieren und den Weißwein, Fischfond, die spanische und die Tomatensauce zugießen. Langsam 20 Minuten kochen lassen, herausnehmen und warm halten. Die Sauce zur notwendigen Konsistenz einkochen, abseits der Hitze mit der restlichen Butter aufschlagen, die gehackten Kräuter beifügen und abschmecken. Die Stückchen anrichten und mit der Sauce übergießen.

■ AUF KREOLEN- ODER INDISCHE ART — Homard à la créole ou à l'indienne

6 Personen. *1 kg 800 Hummer; 1/2 l indische Sauce; 50 g Butter; 300 g Reis. Kochzeit: 30 Minuten.*

Die Hummer 20 Minuten in gewürztem Sud kochen. Herausnehmen, Scheren aufschlagen, den Körper aufbrechen, Darm entfernen und das Fleisch in schöne, nicht zu dünne Scheiben schneiden. Leicht in Butter anwärmen, mit der Sauce angießen und 10 Minuten darin langsam dünsten. Mit der Sauce übergossen anrichten und körniggekochten Reis nebenbei servieren.

■ FRA-DIAVOLO — Homard Fra-Diavolo

6 Personen. *3 Hummer von je 600 g; 1 kg 200 geschälte, entkernte und grobgehackte Tomaten; 3 zerdrückte Knoblauchzehen; 5 cl Olivenöl; 1 Löffel gehackte Petersilie; Majoranpulver; Zitronen; Petersilie; 50 g Butter; 300 g Reis. Kochzeit: 25 Minuten.*

Die Hummer kochen, halbieren, die Scheren leicht anknacken, den Darm entfernen und anrichten. Die Tomaten zusammen mit den Knoblauchzehen in dem Öl dick eindünsten, mit Salz, Pfeffer und einer Prise pulverisiertem Majoran würzen und mit der Petersilie vermischen. Über die Hummerhälften gießen und mit krauser Petersilie und Zitronenvierteln garnieren.

■ AUF KARDINALSART — Homard à la cardinal

6 Personen. *3 Hummer von je 600 g; 200 g Champignons; 1 große Trüffel; 1/2 l Kardinalsauce; 50 g geriebenen Käse. Kochzeit: 30 Minuten.*

Die Hummer 20 Minuten kochen und auskühlen. Die Scheren abdrehen, die Körper der Länge nach teilen, ohne sie zu beschädigen. Das Fleisch der Körper in schräge Scheiben schneiden, das der Scheren in Würfel. Die Champignons und einen Teil der Trüffel in kleine Würfel schneiden, mit den Hummerwürfeln vermischen und mit Kardinalsauce binden. Diese Mischung auf die Schalen verteilen und darauf die Hummerscheiben mit einer dünnen Trüffelscheibe dazwischen ordnen. Kurz mit Kardinalsauce nappieren, mit geriebenem Käse bestreuen und bei lebhafter Oberhitze im Ofen glacieren. Auf Serviette mit krauser Petersilie garniert anrichten.

■ NEWBURGH — Homard Newburgh

6 Personen. *4 Hummer von je 400 g; 1 dl trockenen Sherry; 50 g Butter; 4 dl dicke süße Sahne; 2 Eigelb; 300 g Reis. Kochzeit: 30 Minuten.*

Die Hummer kochen, ausbrechen und das Fleisch aus den Körpern und Scheren auslösen. In schräge, dicke Scheiben schneiden und in einem Sautoir mit zerlassener Butter leicht erhitzen. Mit dem Sherry übergießen, einige Minuten damit dünsten und die Sahne hinzugeben. Mit Salz, Pfeffer und einer Spitze Cayennepfeffer würzen. Die Sahne langsam um ein Drittel einkochen und dann, abseits des Feuers, mit dem Eigelb, mit einem Löffel Sahne verrührt, durch Schwenken des Sautoirs binden. Dazu Kreolenreis servieren.

HUMMER AUF PALÄSTINISCHE ART — Homard à la palestine

6 Personen. *1 kg 800-900 Hummer; 1/2 l Weißwein; 1/2 l Fischfond; 5 cl Cognac; 1 dl Olivenöl; 200 g feine Mirepoix; 4 dl Fischvelouté; 100 g Butter; 1/2 Teelöffel Currypulver; 300 g Reis. Kochzeit: ungefähr 40 Minuten.*

Die kurz zuvor getöteten Hummern wie üblich zerteilen und in dem heißen Öl mit der Mirepoix ansautieren. Mit Cognac flambieren, mit Weißwein und Fischfond angießen, zudecken und langsam 20 Minuten kochen lassen. Die Hummerstücke herausnehmen, das Fleisch auslösen und mit etwas Butter warm halten. Die Schalen und Füße stoßen, in Öl sautieren und abtropfen. Mit dem Fond aufgießen, ungefähr 20 Minuten kochen lassen, durch ein Tuch gießen und um die Hälfte reduzieren. Zusammen mit der Velouté zu der notwendigen Konsistenz kochen, mit dem Currypulver würzen, mit Butter aufschlagen und den Geschmack prüfen. Pilawreis bereiten, in eine Randform drücken und auf eine runde Platte stürzen. Das Hummerfleisch mit etwas Sauce binden und in die Mitte des Reisrands dressieren. Den Rest der Sauce nebenbei reichen.

■ ODER LANGUSTE THERMIDOR — Homard ou langouste Thermidor

6 Personen. *3 Hummern von je 600 g; 3 Schalotten; 1 dl Weißwein; 1 dl süße Sahne; 2 dl Bercysauce; 1 dl Béchamel; ungefähr 5 g Senfpulver; 50 g Butter; 50 g geriebenen Käse. Kochzeit: 30 Minuten.*

Die Hummern abkochen und leicht abkühlen. Die Körper der Länge nach teilen und das Fleisch aus Körpern und Scheren auslösen. Die gehackten Schalotten in etwas Butter hellgelb anschwitzen, den Weißwein hinzugießen und fast einkochen. Die Sahne, die Béchamel und kurz danach die Bercysauce beifügen, kurz durchkochen und mit Senfpulver kräftig würzen. Das Fleisch der Scheren würfeln, mit einigen Löffeln Sauce binden und in die Hummerkörper füllen. Das Fleisch der Körper in schräge Scheiben schneiden und obenaufdressieren. Mit dem Rest der Sauce nappieren, mit geriebenem Käse bestreuen, mit Butter beträufeln und im heißen Ofen überkrusten.

Man kann zwischen die Hummerscheiben noch große Champignonscheiben schieben und nach dem Überkrusten in die Mitte eine Trüffelscheibe legen. *(Siehe Bild auf Seite 327.)*

KREBSE AUF BORDELAISER ART — Ecrevisses à la bordelaise

6 Personen. *36 Krebse; 150 g feine Mirepoix mit 1 Zweig Thymian und 1/2 Lorbeerblatt; 1 dl Weißwein; 2 dl Samtsauce; 1 dl Fischfond; 50 g Fleischglace; 50 g Butter; 5 cl Olivenöl; 2 cl Cognac; gehackte Petersilie. Kochzeit: 12-14 Minuten.*

Die Krebse nur so lange in kochendes Wasser werfen, um sie zu töten, und sofort herausnehmen. Die Mirepoix in halb Öl und halb Butter andünsten, die Krebse hinzugeben, mehrmals durchschwenken, bis sie schön rot sind, und mit dem Cognac flambieren. Mit dem Weißwein ablöschen, die Samtsauce und den Fischfond hinzugießen und 10 Minuten kochen. Die Krebse anrichten. Den Fond einkochen, mit der Glace vermischen, über die Krebse gießen und mit gehackter Petersilie bestreuen.

Das Originalrezept sieht vor, daß den Krebsen erst der Darm herausgezogen wird und daß sie lebend sautiert werden. Beides ist in Deutschland und mehreren europäischen Ländern verboten.

■ BUSCHARTIG — Ecrevisses en buisson

Je nach Größe 6-8 Krebse je Person.

Die Krebse in gewürztem Sud kochen und auf krauser Petersilie wie einen Busch anrichten.

SCHWIMMENDE KREBSE — Ecrevisses au court-bouillon ou à la nage

Je nach Größe 6-8 Krebse je Person. Kochzeit: 10-12 Minuten.

Von je 50 g Zwiebeln, Mohrrüben, Lauch, Sellerie und Schalotten, alles in sehr kleine Würfelchen geschnitten, einer Prise Thymian, einem kleinen Lorbeerblatt, ½ l Weißwein, ¾ l Wasser, Salz und Pfeffer einen gewürzten Sud bereiten. Die Krebse in diesem Sud kochen und darin servieren. Man kann sie auch für sich anrichten und gleichzeitig den eingekochten, passierten Sud in kleinen Täßchen servieren. *(Siehe Bild auf Seite 327.)*

KREBSSCHWÄNZE IN DILLSAUCE — Queues d'écrevisses en sauce à l'aneth

6 Personen. *36 mittelgroße Krebse; 2 Eßlöffel Mirepoix Bordelaise; 3/4 l Fischfond; 3 cl Weinbrand; 1 dl Weißwein; 2 dl süße Sahne; Mehlbutter (40 g Butter, 30 g Mehl); 50 g Butter; 1 gehäuften Eßlöffel gehackten Dill. Kochzeit: 12-15 Minuten.*

Die Krebse durch kurzes Einwerfen in kochendes Wasser töten, sofort abgießen. Die Mirepoix in der Butter andünsten, die Krebse hinzugeben und ansautieren, bis sie schön rot sind. Mit dem Weinbrand flambieren, mit Weißwein ablöschen und diesen fast einkochen. Den Fischfond hinzugießen und die Krebse garkochen. Den Fond abgießen und passieren, die Krebsschwänze und Scheren ausbrechen, aus den Schwänzen den Darm herausziehen. Den Fond um ein Drittel einkochen, die Sahne hinzufügen, aufkochen und mit der Mehlbutter binden. Ein bis zwei Mal aufkochen lassen, die Krebsschwänze und den gehackten Dill hinzugeben, abschmecken und kurz durchziehen lassen. Anrichten und dazu Butterreis servieren.

KREBSSCHWÄNZE NACH ART DES KLOSTERS CHORIN — Queues d'écrevisses à la mode du couvent de Chorin

6 Personen. *36 mittelgroße Krebsschwänze; 250 g Champignons; 125 g Butter; 150 g Mehl; 3-4 Eier; 100 g geriebenen Käse; 3 dl Béchamel; 1 dl süße Sahne; 2 Eßlöffel Mirepoix Bordelaise; 3 cl Cognac; 1 dl Weißwein; 3 geschälte, entkernte und gewürfelte Tomaten; 5 cl Olivenöl. Kochzeit: ungefähr 20 Minuten.*

Die Krebse kochen, die Schwänze ausbrechen und entdarmen. Die Schalen mitsamt den Scheren stoßen und zusammen mit der Mirepoix in halb Butter und halb Öl anrösten. Mit Cognac flambieren, mit dem Weißwein ablöschen, die Tomaten hinzufügen, leicht würzen und zugedeckt bei gelinder Hitze dünsten. Von 3 dl Wasser, 75 g Butter, 150 g Mehl, je einer Prise Salz und geriebener Muskatnuß und 3-4 Eiern Brandteig bereiten und 75 g geriebenen Käse darunterziehen. Die gestoßenen Krebsschalen mit dem Fond gut einkochen, erst durch ein Drahtsieb stoßen und das gewonnene Püree durch ein Haarsieb treiben. Die Champignons vierteln und mit Zitronensaft und nußgroß Butter pochieren, abtropfen, zu den Krebsschwänzen geben und warm halten. Von dem Brandteig kleine Nocken abstechen, in Salzwasser pochieren und abtropfen. Die Béchamel mit der Sahne und dem Champignonfond zu einer nicht zu dicken Sauce verkochen, mit dem Krebspüree vervollständigen, mit einigen Tropfen Zitronensaft würzen und abschmecken. Krebsschwänze, Champignons und Nocken in eine Sauteuse geben, die Sauce darübergießen und alles durch sorgfältiges Schwenken damit binden. In eine flache, runde Backplatte füllen, mit geriebenem Käse bestreuen und im heißen Ofen überkrusten.

TIMBAL VON KREBSSCHWÄNZEN NANTUA — Timbale d'écrevisses Nantua

6 Personen. *30 Krebse; 150 g Mirepoix; 18 nußgroße Weißlingsklößchen; 12 pochierte Champignons; 3 dl Rahmsauce; 100 g Butter; 1 Trüffel; 1 große Blätterteigpastete mit Deckel.*

Die Krebse wie oben vorbereiten, ausbrechen, von den gestoßenen Schalen und dem eingekochten Fond ein kurzes Püree bereiten. Die heiße Sauce mit dem Püree vermengen, abseits des Herdes mit 50 g Butter aufschlagen und abschmecken. Die Krebsschwänze, Klößchen und Champignons behutsam mit der Sauce binden und die heiße Pastete damit füllen. Mit Trüffelscheiben dekorieren, den Deckel aufsetzen und sofort servieren.

ÜBERKRUSTETE KREBSSCHWÄNZE — Gratin d'écrevisses

6 Personen. *36 Krebse; 3 dl Weißwein; 250 g Duxelles; 50 g Butter; 30 g Reibbrot; 5 dl Demiglace; 500 g Herzoginkartoffelmasse. Kochzeit: 15 Minuten.*

Die Krebse durch kurzes Einwerfen in kochendes Wasser töten und mit dem Weißwein und Mirepoix 10-12 Minuten kochen. Ausbrechen und den Darm entfernen. Den Fond mit der Duxelles vermischen und zur Hälfte einkochen. Die Demi-glace hinzufügen, noch etwas einkochen und einen Eßlöffel gehackte Petersilie hinzugeben. Eine Backplatte mit Hilfe von Spritzbeutel und Sterntülle mit einem Rand der Kartoffelmasse versehen. Den Boden mit Sauce bedecken, die Krebse hineingeben, mit der restlichen Sauce bedecken, mit Reibbrot bestreuen, mit zerlassener Butter beträufeln und im heißen Ofen überkrusten lassen.

LANGUSTE, PANZERKREBS — Langouste

Alle Zubereitungsarten für Hummer eignen sich auch für Langusten. Sie können aber auch auf folgende Arten zubereitet werden:

LANGUSTE, GRILLIERT, AUF TEUFELSART — Langouste grillée à la diable

300-350 g je Person. Kochzeit: je kg 30 Minuten.

Langusten von 600-700 g wählen und durch Einwerfen in siedendes Wasser töten. Der Länge nach halbieren, würzen, ölen und langsam auf dem Rost garmachen. Mit Petersilie und Zitronenvierteln anrichten und dazu Teufelssauce oder eine andere, doch stets scharf gewürzte Sauce servieren.

LANGUSTE AUF NORMANNISCHE ART — Langouste à la normande

6 Personen. *3 Langusten von je 600-700 g; 1 l Muscheln; 200 g Champignons; 1 Trüffel; 1/2 l normannische Sauce. Kochzeit: 25 Minuten.*

Die Langusten kochen, von den Füßen befreien und der Länge nach teilen. Das Fleisch aus den dicken Vorderfüßen auslösen, in Stücke schneiden, und mit den gekochten, ausgebrochenen und entbarteten Muscheln, den pochierten, geviertelten Champignons und einigen Trüffelscheiben vermischen und mit Sauce binden. In die Körper füllen, mit Langustenscheiben bedecken und mit normannischer Sauce nappieren. Bei starker Oberhitze rasch glacieren, anrichten, mit Trüffelscheiben belegen und, eventuell, mit gebackenen Gründlingen garnieren.

PILAW VON LANGUSTE ODER HUMMER — Pilaf de langouste ou de homard

6 Personen. *600 g schieres, gekochtes Langustenfleisch; 300 g Reis; 1/2 l Kardinalsauce; 100 g gehackte Zwiebeln; 60 g Butter; Bouillon. Kochzeit für den Reis: 18 Minuten.*

Pilawreis bereiten und das in Würfelchen geschnittene Langustenfleisch in Butter anwärmen. Eine große Kuppelform mit Butter ausstreichen, mit dem Reis dick ausfüttern, die Mitte mit dem Langustenfleisch füllen, mit Reis zudecken und gut andrücken. Auf eine runde Platte stürzen und mit Langustenfüßen dekorieren. Die Kardinalsauce nebenbei servieren.

SCAMPI- ODER LANGUSTINENSPIESSCHEN — Brochettes de scampi ou de langoustines

5 Personen. *20 große, geschälte Scampi- oder Langustinenschwänze; 1 Zitrone; 100 g frische Butter oder Kräuterbutter oder 3 dl Mayonnaise. Bratzeit: 10 Minuten.*

Die von dem Darm befreiten Schwänze je zu 4 Stück auf Silberspieße stecken, würzen, mehlen, ölen und auf dem Rost braten. Mit halben, eingezackten Zitronen und Petersilie anrichten und die Butter oder Sauce nebenbei servieren. *(Siehe Bild auf Seite 328.)*

TASCHENKREBSE — Crabes, tourteaux

Diese Krebse werden einfach in kochendes, leicht gesalzenes Wasser geworfen und je nach Größe 12-18 Minuten gekocht. Für einen Taschenkrebs von 500 g braucht man 15 Minuten. Dann werden sie aufgebrochen, das Fleich aus den Scheren und dem Körper sowie die cremigen Teile herausgeholt.

TASCHENKREBSE MORNAY — Coquilles de crabes Mornay

6 Personen. *6 mittelgroße, gekochte Taschenkrebse; 1/2 l Mornay-Sauce; 50 g Butter; 50 g geriebenen Käse; 10 g Reibbrot.*

Das zerpflückte Fleisch und die cremigen Teile mit Mornay-Sauce binden. In die gesäuberten Rückenschalen füllen, mit geriebenem Käse und einer Prise Reibbrot bestreuen, mit zerlassener Butter beträufeln und im heißen Ofen überkrusten. Auf krauser Petersilie angerichtet servieren.

PILAW VON TASCHENKREBSEN — Crabes en pilaf

6 Personen. *6 mittelgroße, gekochte Taschenkrebse; 1/2 l Garnelensauce; 300 g Pilawreis; Butter.*

Das Fleisch und die cremigen Teile mit etwas Garnelensauce binden. Eine Kuppelform mit Butter ausstreichen, dick mit Reis ausfüttern und das Krebsfleisch in die Mitte füllen. Mit Reis bedecken, fest andrücken und auf eine runde Platte stürzen. Mit dem Rest der Sauce umkränzen.

AUSLÄNDISCHE SPEZIALITÄTEN

SCAMPI THERMIDOR

10 Personen. *1 kg 500 ausgebrochene Scampischwänze; 50 g Butter; 1 dl Olivenöl; 4 cl Cognac; 20 sehr dünne Trüffelscheiben; Sauce; 1/4 l Béchamel; 1/4 l Milch; 1/4 l süße Sahne; 75 g geriebenen Parmesan; 100 g Butter; 50 g englischen Senf. Zubereitungszeit: 12-15 Minuten.*

Die Béchamel mit der Milch, der Sahne und 50 g geriebenem Parmesan vermischen, 3 Minuten kochen und zu einer gut gebundenen und geschmeidigen Sauce abrühren. Abseits des Feuers den Senf hinzugeben und mit der Butter aufschlagen. Durch ein Tuch treiben.
Das Öl mit der Butter heißwerden lassen, die Scampi 4 Minuten lang darin sautieren, mit dem Cognac flambieren und noch 1 Minute auf dem Feuer lassen. Mit der Sauce binden, die Trüffelscheiben hinzugeben, in eine feuerfeste Platte füllen und mit dem restlichen Käse bestreuen. Rasch im heißen Ofen oder in einem Wasserbad unter dem Salamander gratinieren. *(Italien)* *(Siehe Bild auf Seite 328.)*

SPIEDINI DI SCAMPI SAVOIA BEELER — Scampispießchen Savoia Beeler

10 Personen. *40 Scampi; 40 mittelgroße Steinpilz- oder Champignonköpfe; 40 Scheiben rohen Schinken; 40 Scheibchen Mozzarella oder Weichkäse von 3 cm Größe und 1 cm Dicke; 100 g zerlassene Butter; Thymian und Lorbeerpulver; Öl. Bratzeit: 12 Minuten.*

Die Scampi ausbrechen, abwischen und mit Salz, Pfeffer, Thymian und Lorbeer würzen. Auf Silber- oder Holzspießchen abwechselnd einen Scampi, eine Scheibe Mozzarella oder einen Käsewürfel, eine in vier zusammengefaltete Schinkenscheibe und eine dicke Scheibe Steinpilz stecken. Reichlich mit Butter bestreichen, in eine Backplatte legen, 10 Minuten in den heißen Ofen stellen und ab und zu mit der Butter übergießen. Sorgfältig die Spieße abziehen und die Scampi kranzartig auf einer runden Platte anrichten. Die Mitte kuppelförmig mit Pilawreis füllen und die Scampi mit Zitronensaft beträufeln. *(Italien)*

KALTE GERICHTE VON KRUSTENTIEREN

HUMMER- ODER LANGUSTENASPIK — Aspic de homard ou de langouste

6 Personen. *2 gekochte Hummern von je 600 g; 6 hartgekochte Eier; 2 Trüffeln von je 80 g; 2 l Fischgelee.*

Eine Zylinderform mit Gelee chemisieren und abwechselnd mit den runden Trüffel- und Eiweißscheiben dekorieren. Die Wandungen der Form mit schönen Hummermedaillons, mit einer Trüffelscheibe dekoriert, auslegen. Die Form abwechselnd mit Hummerscheiben und Gelee füllen, wobei man immer eine Schicht festwerden läßt, ehe man mit der nächsten beginnt. Bis zum letzten Moment im Kühlraum stehen lassen, rasch in warmes Wasser tauchen und auf eine runde Platte stürzen. Mit Geleedreiecken garnieren.

Hummer auf Blumenmädchenart, S. 330 ►

326

▲ Langusten Bellevue, moderne Anrichtungsweisen, S. 330 ▼

▲ Gekochte Krebse, S. 321

Hummer oder Languste Thermidor, S. 321 ▼

▲ Scampi Thermidor, S. 324

Spießchen von Scampi oder Kaisergranaten, S. 323 ▼

HUMMERAUFLAUF — Soufflé de homard froid

6 Personen. *2 Hummern von je 600 g; 2 dl Fischvelouté; 1½ l Gelee; 2 dl halbgeschlagene Sahne; 1 Trüffel; 5-7 cl Cognac; Salz, Cayennepfeffer oder Paprika. Kochzeit der Hummern: 25 Minuten.*

Die Hummern in gewürzter Brühe kochen und darin erkalten lassen. Das Fleisch der Körper so ausbrechen, daß es unbeschädigt bleibt und von einem Körper 6 schöne Medaillons schneiden. Das restliche Fleisch und das aus den Scheren zusammen mit den cremigen Teilen und etwas Fischvelouté im Mixer pürieren. Die restliche Velouté daruntermengen und alles durch ein Haarsieb streichen. Mit Salz, dem Cognac und Rosenpaprika gut würzen, das noch flüssige kalte Gelee und dann die Sahne unterziehen und gut abschmecken. Eine Auflaufschale mit weißem Papier umbinden; es soll 2-3 cm über den Rand der Schale ragen. Die Auflaufmasse hineinfüllen und oben glätten. In den Kühlraum zum Anziehen stellen. Ungefähr ¼ l Gelee zurückhalten, von der Trüffel 6 schöne Scheiben schneiden. Auf die Oberseite des Auflaufes eine 2 mm dicke Schicht Gelee gießen und hierauf einen Kranz von Hummerscheiben, abwechselnd mit Trüffelscheiben anbringen. Nach dem Festwerden abermals mit einer ganz dünnen Schicht Gelee bedecken. Gut durchkühlen und vor dem Servieren das Papier sorgfältig lösen.

HUMMERMEDAILLONS WINDSOR — Médaillons de homard Windsor

8 Personen. *1 gekochter Hummer von 600 g; 150 g Knollensellerie; 150 g rote Paprikaschote; 100 g hartgekochtes Eiweiß; 3 dl Mayonnaise; 8 blindgebackene Tarteletts aus ungezuckertem Auslegeteig; ¼ l Gelee; Essig, Öl, Currypulver. Kochzeit des Hummers: 25 Minuten.*

Den Hummerschweif in 8 schöne Medaillons schneiden, bescheiden dekorieren und mit Gelee überglänzen. Die Sellerieknolle kleinwürfeln, 1 Minute blanchieren, abkühlen und abtropfen. Mit der gewürfelten Paprikaschote, dem Eiweiß, dem Fleisch der Scheren und Resten des Schweifes vermischen, mit Mayonnaise binden, mit Curry würzen und in die Tarteletts füllen. Obenauf ein Medaillon setzen und mit gehacktem Gelee umkränzen.

HUMMER AUF PARISER ART — Homard à la parisienne

6 Personen. *2 Hummern von je 600-700 g; 500 g feinen Gemüsesalat; ¾ l Mayonnaise; 5 g Gelatine; 6 Artischockenböden; 3 hartgekochte Eier; 1 Kopfsalat; 1½ l Weißweingelee. Kochzeit der Hummer: 25 Minuten.*

Die beiden Hummern mit ausgestrecktem Schwanz auf ein Brettchen binden, damit der Schwanz sich nicht bewegen kann. In gewürzter Brühe kochen und darin erkalten lassen. Herausnehmen und die Körper auf beiden Seiten in halber Höhe einschneiden, um das Schwanzfleisch unbeschädigt herausnehmen zu können. Dieses Fleisch in schöne, gleichmäßige Scheiben schneiden, jede mit einer rund ausgestochenen Trüffelscheibe oder beliebig verzieren und mit Gelee überglänzen. Die cremigen Teile der Hummer herausholen und aufheben, die Scheren, ohne sie vom Körper zu nehmen, leicht einschlagen, um später auch dieses Fleisch herausholen zu können. Die beiden Hummer mit den Schwänzen nach außen auf einer rechteckigen oder langen Platte so anrichten, daß die Seiten noch frei sind; die Scheren nach Möglichkeit aufrecht stellen. Es empfiehlt sich, die Platte mit einem dünnen Geleespiegel zu versehen, außerdem sind die Körper dünn mit Gelee zu bepinseln. Den Kopfsalat in grobe Julienne schneiden und die beiden Hummerkörper damit füllen, dann die Medaillons der Größe nach auflegen, wobei man am Kopf beginnt. Den Gemüsesalat mit ¼ l Mayonnaise binden und mit der eingeweichten, aufgelösten Gelatine legieren. Die Artischockenböden domförmig mit diesem Salat füllen, beliebig dekorieren und mit Gelee überglänzen. Die Eier waagerecht halbieren, das Gelbe herausnehmen, hacken und mit dem restlichen Salat und den cremigen Teilen der Hummer vermischen und wieder in das Eiweiß füllen; auch die Eier beliebig dekorieren und mit Gelee überpinseln. Die Hummer abwechselnd mit den Artischockenböden, Eiern und Geleewürfeln garnieren und den Rest der Mayonnaise, der man etwas Schlagsahne unterziehen kann, dazu servieren. *(Siehe Kulinarische Technik Seite 714.)*

HUMMER AUF RUSSISCHE ART — Homard à la russe

Gleiche Zubereitung wie Hummer auf Pariser Art, doch werden die Scheiben erst mit leicht gelatinierter Mayonnaise überzogen.

PYRAMIDE VON KREBSSCHAUMBROT — Mousse d'écrevisses en pyramide

6 Personen. *36 Mittelkrebse; 30 g Butter; 1 dl Fischvelouté; 2 dl Gelee; 2 dl süße Sahne; 3 hartgekochte Eier; 1 Kopfsalat. Kochzeit der Krebse: 10 Minuten.*

Die Krebse in einem Weißweinsud kochen, ausbrechen und den Darm entfernen. Die 12 schönsten Krebsschwänze zurückhalten, die anderen, zusammen mit den Scheren und der Butter, pürieren und mit der kalten Fischvelouté vermischen. Durch ein feines Sieb streichen, 1 ½ dl Gelee hinzugeben, abschmecken und die halbfest geschlagene Sahne locker unterziehen. In eine Charlotteform füllen und kalt stellen. Die Eier halbieren, das Gelbe passieren, mit etwas Mayonnaise vermischen, würzen, in die Eier spritzen, dekorieren und mit Gelee überpinseln. Das Schaumbrot auf eine runde Platte stürzen, die zurückgehaltenen Krebsschwänze obenauf symmetrisch dressieren und mit Gelee überpinseln. Die gefüllten Eierhälften rundherum auf Salatblätter dressieren; man kann die Platte aber auch mit einem Geleespiegel versehen. In die Mitte der Krebse ein Büschelchen krause Petersilie stecken und die Mayonnaise nebenbei servieren.

LANGUSTE BELLEVUE — Langouste en bellevue

6 Personen. *1 Languste von 1 kg 200; ¾ l Gelee; 1 kleine Trüffel; 4 hartgekochte Eier; 6 kleine Becher mit russischem Salat in Gelee; 2 Tomaten. Kochzeit der Languste: 30 Minuten.*

Die Languste auf ein Brett binden, in Salzwasser kochen und darin erkalten lassen. Das Fleisch aus dem Schweif von unten auslösen, ohne die Schale zu beschädigen, in Medaillons schneiden, mit Trüffelpunkten dekorieren und mit Gelee überglänzen. Die Medaillons auf eine Platte dressieren und mit den auf Tomatenscheiben gestürzten Salatbechern und halben, mit Eiercreme gefüllten Eiern garnieren. Den Langustenkörper an eine Seite als Blickpunkt setzen.

Man kann die Languste auf verschiedene Arten anrichten und garnieren. *(Siehe Bilder auf Seite 326.)*

■ AUF BLUMENMÄDCHENART — Langouste à la bouquetière

6 Personen. *1 Languste von 1 kg 200; 700 g feinen Gemüsesalat; 1 l Mayonnaise; 1 l Gelee; 1 Trüffel; 1 Tomate. Kochzeit der Languste: 30 Minuten.*

Die Languste wie oben kochen und auskühlen. Den Gemüsesalat mit Mayonnaise und Gelee binden und kuppelförmig auf eine große, rechteckige Platte dressieren und anziehen lassen. Den Schweif der Languste von unten herausholen, ohne die Schale zu beschädigen, und in Medaillons schneiden. Die Medaillons abwechselnd mit einem Trüffel- und Tomatenmotiv dekorieren, mit Gelee überglänzen und auf den Salat dressieren. An das untere Ende den Langustenschwanz dressieren und oben und seitlich die Füße und Fühler anbringen. Beliebig mit gefüllten Tomaten, Artischockenböden oder anderem garnieren. Die Mayonnaise nebenbei servieren. *(Siehe Bild auf Seite 325.)*

■ ESTORIL — Langouste Estoril

10-12 Personen. *1 Languste von 1 kg 800-2 kg; 10 portugiesische Austern; 125 g geschälte, entkernte, gewürfelte Tomaten; 125 g Champignonscheiben; 125 g blanchierte Julienne von Sellerie; 12-14 schräggeschnittene Scheiben Weißes vom Lauch, auf griechische Art bereitet; 4-5 hartgekochte Eier, geviertelt und mit Eiercreme gefüllt; 10-12 dicke, geschälte, blanchierte und marinierte Gurkenstücke, ausgehöhlt und mit Gemüsesalat gefüllt; Vinaigrette mit französischem Senf und gehacktem Dill; Vinaigrette mit gehacktem Estragon; 1 Trüffel; Radieschen; 2 l Gelee; 300 g geschälte, entkernte, gehackte Tomaten; ¾ l Vincent- oder Chantillysauce. Kochzeit der Languste: 35-40 Minuten.*

Die Languste wie üblich auf ein Brett binden, kochen und im Sud erkalten lassen. Den Schweif sorgfältig von der unteren Seite auslösen und den Körper aufhängen, um den restlichen Sud abtropfen zu lassen. Den Schweif in gleichmäßige Medaillons schneiden, auf ein Abtropfgitter setzen, mit einer Trüffelscheibe dekorieren und mit Gelee überglänzen. Den Langustenkörper auf einer langen Platte auf einen schrägen Brotsockel setzen und die Medaillons der Reihe nach, so wie sie geschnitten sind, auf den Körper dressieren. Die Austern aufbrechen, entbarten, die unteren Schalen reinigen und austrocknen. Mit einem Salat von den gewürfelten Tomaten, Champignonscheiben und Sellerie, mit der Dillmarinade angemacht, füllen, mit je einer Auster garnieren und diese mit Gelee überglänzen. Die Lauchstücke gut abtropfen und auf jedes Stück einen Tupfen gehackte Tomaten dressieren, die mit Estragonmarinade angemacht worden sind. Die Eierviertel mit einer dünnen Radieschenscheibe dekorieren und mit Gelee überglänzen. Die Languste mit den Austern, Eiervierteln, Gurken und Lauch garnieren und die Sauce nebenbei servieren. *(Siehe Bild auf Seite 42.)*

LANGUSTE AUF PARISER ART — Langouste à la parisienne

Wird genauso wie Hummer bereitet.

■ AUF RUSSISCHE ART — Langouste à la russe

Wird wie Hummer bereitet.

LANGUSTINEN BELLEVUE — Langoustines en bellevue

6 Personen. *2 kg Langustinen; $^1/_2$ l Mayonnaise. Kochzeit: 10-12 Minuten.*

Die Langustinen in Sud kochen und darin erkalten lassen. Mit dem Schweif über einen großen Glaspokal mit Fuß hängen und den Pokal mit Gemüsesalat oder auch nur mit krauser Petersilie füllen. Die Mayonnaise nebenbei servieren.

TASCHENKREBSE AUF ENGLISCHE ART — Crabes à l'anglaise

6 Personen. *6 mittelgroße oder 3 große Taschenkrebse; 3 dl Mayonnaise; 2 hartgekochte Eier; gehackte Petersilie; 5 g englisches Senfpulver.*

Die Krebse kochen, auskühlen und ausbrechen. Das Fleisch der Scheren und die cremigen Teile des Körpers mit der mit Senf gewürzten Mayonnaise binden und in die gereinigten Rückenschalen füllen. Mit gehacktem Eiweiß, Eigelb und gehackter Petersilie dekoricenr.

MEERESFRÜCHTE

AUSTERN — Huîtres

Der Liebhaber wird die Austern stets roh verzehren, einerlei, ob es sich um die feinen Belons oder Holländer, die feisten Limfjords, die grünlichen Marennes oder die einfachen Portugieser handelt. Es gibt aber auch viele Menschen, die Austern gerne warm essen. Man kann sie auf folgende Arten zubereiten:

■ AUF FLORENTINER ART — Huîtres à la florentine

6 Personen. *36 Austern; 600 g gekochten Blattspinat; 4 dl Mornay-Sauce; 75 g Butter; 50 g geriebenen Käse. Backzeit: 3-4 Minuten.*

Die Austern 1 Minute steif machen und entbarten. Den Spinat grob hacken, in Butter andünsten, würzen und in die tiefen Schalen füllen. Eine Auster in jede Schale legen, mit Mornay-Sauce nappieren, mit Käse bestreuen, mit zerlassener Butter beträufeln und überkrusten.

AUSTERN GEBACKEN — Huîtres frites

6 Personen. *36 Austern; 200 g frischgeriebenes Weißbrot; 1 Ei; 1 Löffel Öl; 100 g Butter; Petersilie; Zitronenspalte. Bratzeit: 3-4 Minuten.*

Die Austern kurz steif machen, entbarten und gut abtropfen. Mehlen, durch geschlagenes Ei mit dem Öl ziehen, in Reibbrot wenden und in Butter braten. Jede Auster in einer kleine Pilgermuschelschale anrichten und mit etwas gebackener Petersilie und einer Zitronenspalte garnieren.

■ **MORNAY — Huîtres à la Mornay**

6 Personen. *36 Austern; 4 dl Mornay-Sauce; 2 Eigelb; 50 g geriebenen Käse. Backzeit: 3-4 Minuten.*

Die Austern wie oben vorbereiten, doch nicht panieren. Die Mornay-Sauce mit dem Eigelb legieren und ein wenig auf den Boden der tiefen Schalen geben. 2-3 Austern darauflegen, mit Sauce nappieren, mit geriebenem Käse bestreuen und im heißen Ofen überkrusten. Auf einer Serviette mit krauser Petersilie anrichten.

■ **VILLEROI — Huîtres Villeroi**

6 Personen. *36 Austern; 3 dl Villeroi-Sauce; 100 g frischgeriebenes Weißbrot; 1 Ei; 100 g Butter. Bratzeit: 3-4 Minuten.*

Die Austern steif machen, entbarten, gut abwischen und durch Villeroi-Sauce ziehen. In Reibbrot wenden, durch geschlagenes Ei ziehen und noch einmal panieren. In Butter braten und auf einer Serviette anrichten.

MEERESSCHNECKEN — Bigorneaux

Diese kleinen Meeresschnecken bereitet man wie Miesmuscheln, d. h. mit etwas gehackter Zwiebel, wenig Pfeffer und etwas Weißwein gekocht. Sie werden, so wie sie sind, aber kalt mit einer Schneckengabel serviert.

MUSCHELN, MIES- ODER PFAHLMUSCHELN — Moules

Unter der Voraussetzung, daß sie ganz frisch und gut geschlossen sind, schmecken die Muscheln in jeder Zubereitungsart vorzüglich. Zu schwere Muscheln enthalten voraussichtlich Sand und sind beschädigt, offene sind zu verwerfen. Wenn man sie nicht in der Schale oder der halben Schale serviert, müssen sie stets entbartet werden.

■ **AUF MATROSENART — Moules à la marinière**

6 Personen. *4 l Muscheln; 1 dl Weißwein; 3 gehackte Schalotten; 50 g Butter; 1 kleines Kräuterbündel; gehackte Petersilie. Kochzeit: 5-6 Minuten.*

Die sauber gebürsteten und gewaschenen Muscheln zusammen mit dem Weißwein, dem Kräuterbündel, den gehackten Schalotten und etwas Pfeffer — kein Salz — nur so lange erhitzen, bis sie sich öffnen; läßt man sie zu lange kochen, so werden sie zähe. Herausnehmen und in halben Schalen anrichten. Das Kräuterbündel entfernen, den Fond mit der Butter auf die Hälfte einkochen und die gehackte Petersilie hinzufügen. Über die Muscheln gießen und obenauf noch etwas Petersilie streuen.

■ **POULETTE — Moules sauce Poulette**

6 Personen. *3 l Muscheln; 1 gehackte Schalotte; gehackte Petersilie; $^1/_4$ l Weißwein; $^1/_4$ l Fischvelouté; 2 Eigelb; $^1/_4$ l süße Sahne. Kochzeit: 5-6 Minuten.*

Die Muscheln mit dem Weißwein und der gehackten Schalotte zum Öffnen bringen, herausnehmen und eine Schale entfernen. Den Fond passieren und mit der Velouté auf die Hälfte einkochen. Mit dem Eigelb und der Sahne binden, die Petersilie hinzufügen und die Sauce über die Muscheln gießen.

MUSCHELN VILLEROI — Moules Villeroi

6 Personen. *3 l Muscheln; 1/2 l Villeroi-Sauce.*

Genauso wie Austern Villeroi bereiten. Man serviert sie meistens als Garnitur für große Fische.

PILAW VON MUSCHELN AUF ORIENTALISCHE ART — Pilaf de moules à l'orientale

6 Personen. *4 l Muscheln; 250 g Reis; 1/2 l Samtsauce; 5 g Currypulver. Kochzeit: 5-6 Minuten.*

Die Muscheln wie für Matrosenart öffnen, entbarten, den Fond passieren, die Hälfte davon stark reduzieren und mit der Samtsauce verkochen. Mit Currypulver würzen und die Muscheln damit binden. Pilawreis bereiten, in eine Randform drücken, auf eine runde Platte stürzen und die Muscheln in die Mitte dressieren.

OHRSCHNECKEN, ABALONE, MIT GURKEN — Ormiers aux concombres

500 g Ohrschnecken, konserviert; 500 g ungeschälte, in dünne Scheiben geschnittene grüne Gurken; 200 g rohe, in Scheiben geschnittene Champignons; 100 g mageren, gekochten, gewürfelten Schinken; 3 gehackte Schalotten; 5 dl Öl; 10 g Currypulver; 60 g Weizenpulver; 3 dl Fond der Schnecken; 1 1/2 dl süße Sahne; 1 zerdrückte Knoblauchzehe; 40 g Butter. Kochzeit: 12-15 Minuten.

Die Schalotten in der Butter mit dem Öl leicht anlaufen lassen. Die Gurken- und Champignonscheiben darin sautieren und den entstandenen Fond stark reduzieren. Den Schinken und die in Längsscheiben geschnittenen Schnecken (etwa 9 Stück) hinzugeben. Mit dem Weizenpulver und dem Currypulver bestreuen, durchmischen, mit dem Schneckenfond und der Sahne aufgießen und bis zur Bindung kochen. Mit Salz, Pfeffer und Knoblauch würzen und in einer tiefen Schale anrichten. Man kann sie auch wie Pilgermuscheln zubereiten. Frische Ohrschnecken müssen erst tüchtig geschlagen werden, um das Fleisch weich zu machen.

PILGERMUSCHELN, JAKOBSMUSCHELN — Coquilles Saint-Jacques

Es ist darauf zu achten, daß diese Muscheln schwer und geschlossen sind. Um sie zu öffnen, stellt man sie 5-6 Minuten auf die heiße Herdplatte oder in den heißen Ofen. Die flache Schale wird abgehoben und das Fleisch aus der runden Schale herausgeholt. Dann wird das Fleisch gewaschen, die schwarzen Teile und der Bart — der Rand — werden entfernt, und nur die große Nuß und das rote Mark werden verwendet.

■ AUF HERZOGINART — Coquilles Saint-Jacques à la duchesse

Wie Pilgermuscheln auf Pariser Art bereiten, aber den Rand der Schalen mit Herzoginkartoffelmasse umspritzen.

■ AUF PARISER ART — Coquilles Saint-Jacques à la parisienne

6 Personen. *6 große Pilgermuscheln; 2 dl Weißwein; 4 dl Mornay-Sauce; 150 g Champignons in Scheiben; 2 gehackte Schalotten; 40 g geriebenen Käse; 25 g Butter. Kochzeit: 15 Minuten.*

Vor jeder Zubereitung die eßbaren Teile 10 Minuten blanchieren und gut abtropfen. Das Fleisch mit gehackten Schalotten, Salz und Pfeffer mit Weißwein gardünsten. In Scheiben schneiden. Den Fond einkochen und zur Sauce geben. Die Muschelscheiben mit den Champignons vermischen (man kann auch einige Trüffelscheiben hinzufügen) und mit Mornay-Sauce binden. In die runden Schalen füllen, deren Boden mit etwas Sauce bedeckt worden ist, mit geriebenem Käse bestreuen, mit zerlassener Butter beträufeln und bei guter Oberhitze im Ofen überkrusten.

SEEIGEL — Oursins

Man ißt sie roh oder wie ein Ei 3 Minuten gekocht mit dem Löffel und gebutterten Brotschnitten. Der Seeigel wird mit einer spitzen Schere durch einen Rundschnitt von ungefähr 3 cm im Durchmesser auf der Mundseite geöffnet. Der grüne oder violette Seeigel ist nur dann wirklich frisch, wenn die Spitzen hart sind und senkrecht stehen.

SCHNECKEN UND FROSCHKEULEN

SCHNECKEN — Escargots

Für den menschlichen Verzehr kommt hauptsächlich die Weinbergschnecke in Betracht. Vor der Verwendung muß man sie drei Wochen fasten lassen. Sie werden dann gründlich mit Essigwasser gereinigt, 10 Minuten blanchiert, aus dem Gehäuse genommen und in frischem Wasser abgekühlt. Nachdem das schwarze Ende, die sogenannte Kloake, entfernt worden ist, säubert man sie noch einmal gründlich mit grobem Salz und spült sie ab, bis das Wasser klar ist und keinen Schleim mehr enthält. Sie werden dann in einem Weißweinfond mit Wurzelwerk und einem Kräuterbündel 3-4 Stunden gekocht; der Fond soll sie nur gerade bedecken. Das Gehäuse wird mit etwas Soda gekocht, bis es sauber ist, dann mit viel Wasser gespült und mit der Öffnung nach unten auf ein Blech zum Abtropfen gelegt. Man kann die Schnecken nun wieder in das Gehäuse mit einer präparierten Schneckenbutter geben, sie aber auch auf andere Art bereiten und in kleinen Spezialtöpfchen servieren. Je nach Wunsch serviert man 6 oder 12 Schnecken.

SCHNECKEN AUF BURGUNDER ART — Escargots à la bourguignonne

6 Personen. *6 Dutzend Schnecken; 350 g Schneckenbutter.*

In die Gehäuse etwas Schneckenbutter geben, in jedes eine Schnecke stecken und mit Kräuterbutter zustreichen. Mit der Öffnung nach oben in eine Schneckenpfanne setzen und 5-6 Minuten in den heißen Ofen stellen, bis die Butter kocht und klar in den Gehäusen hochsteigt.

■ AUF CHABLISER ART — Escargots à la chablisienne

6 Personen. *6 Dutzend Schnecken; 40 g feingehackte Schalotten; $^1/_4$ l Weißwein; 50 g Fleischglace; 350 g Schneckenbutter. Kochzeit: 5-6 Minuten.*

Den Weißwein mit den Schalotten soweit einkochen, daß nur noch etwa 2 cl übrigbleibt. Mit der Glace vermischen und etwas von dieser Reduktion in jedes Gehäuse geben. Eine Schnecke hineinstecken und mit der Butter zustreichen. Im Ofen wie üblich fertigmachen.

■ AUF DIJONER ART — Escargots à la dijonnaise

6 Personen. *6 Dutzend Schnecken; 200 g Butter; 150 g durchgestrichenes Rindermark; 40 g feingehackte Schalotten; 3 zerdrückte Knoblauchzehen; 10 g gehackte Trüffel. Kochzeit: 5-6 Minuten.*

Eine Reduktion wie für die Schnecken auf Chabliser Art bereiten und in die Gehäuse geben. Die angegebenen Zutaten gut vermengen und mit Salz, Pfeffer und Pastetengewürz abschmecken und die Gehäuse damit verschließen. Im heißen Ofen fertigmachen.

■ AUF KÜCHENMEISTERART — Escargots à la mode du chef

6 Personen. *3 Dutzend große Schnecken; 36 kleine, dünne Scheibchen Frühstückspeck (Bacon); 175 g Schneckenbutter. Bratzeit: 5-6 Minuten.*

Die Schnecken 1 Stunde lang mit Salz, Pfeffer, Zitronensaft und Öl marinieren. Abtropfen, jede Schnecke in eine dünne Scheibe Speck hüllen und zu je 6 Stück auf kleine Silber- oder Holzspießchen stecken, mit einigen Tropfen Öl beträufeln und im heißen Ofen knusprig rösten. Je ein halbes Dutzend von den Spießchen abstreifen und in ein Schneckentöpfchen geben. Mit halbzerlassener Schneckenbutter übergießen und recht heiß servieren.

■ AUF SPANISCHE ART — Escargots à l'espagnole

6 Personen. *6 Dutzend Schnecken; 1 große, entkernte, kleingewürfelte grüne Paprikaschote; 200 g geschälte, entkernte, kleingehackte Tomaten; 3 zerdrückte Knoblauchzehen; 1 Eßlöffel gehackte Petersilie; je eine Prise gehackten Thymian und Salbei; 200 g Butter; 1 Eßlöffel Olivenöl; Chilipulver. Kochzeit: 6-8 Minuten.*

Die Paprikaschote in Öl weichdünsten und auskühlen. Die Butter mit der Paprikaschote, den abgetropften Tomaten, den Knoblauchzehen und der Petersilie vermischen und mit Salz, Thymian,

Salbei und Chilipulver oder etwas Cayennepfeffer ziemlich scharf würzen. In jedes Näpfchen 12 Schnecken geben und die Butter gleichmäßig verteilen. In den heißen Ofen stellen und dünsten lassen, bis die Buttermischung kocht und klar aufsteigt. Zugedeckt sofort servieren.

FROSCHKEULEN — Cuisses de grenouilles

Froschkeulen oder -schenkel kommen fertig enthäutet auf Holzspießchen zu 12 Stück gereiht auf den Markt. Sie müssen weiß und ganz frisch sein. Vor jeder weiteren Bereitung werden die Füße abgeschnitten, die Keulen sauber gewaschen und abgetrocknet.

■ MIT FEINEN KRÄUTERN — Cuisses de grenouilles aux fines herbes

6 Personen. *3 Dutzend Froschkeulen; 100 g Butter; gehackte Petersilie; Zitrone. Sautierzeit: 4-5 Minuten.*

Die Froschkeulen in heißer Butter sautieren. Anrichten, mit gehackter Petersilie bestreuen, mit Zitronensaft beträufeln und mit der Butter übergießen.

■ GEBACKEN — Cuisses de grenouilles frites

6 Personen. *3 Dutzend Froschkeulen; Saft einer Zitrone; 5 cl Olivenöl; 1 zerdrückte Knoblauchzehe; 3 dl Backteig; 1 Strauß Petersilie. Backzeit: 5 Minuten.*

Die Keulen 30 Minuten mit Zitronensaft, Öl, zerdrücktem Knoblauch und Salz marinieren. Abwischen, durch Backteig ziehen, in der heißen Fritüre backen und mit gebackener Petersilie anrichten.

■ AUF PERIGORDER ART — Cuisses de grenouilles à la périgourdine

6 Personen. *3 Dutzend große Froschkeulen; 1 frische Trüffel von etwa 60 g; 20 g Butter; 7 cl Madeira; 3 dl Backteig; 3 dl Trüffelsauce. Backzeit: 5 Minuten.*

Die Trüffel mit der Butter, dem Madeira und einer Prise Salz kochen und im Fond auskühlen. Die Froschkeulen mit dem Trüffelfond, Pfeffer und wenig Salz 30 Minuten marinieren. Die Trüffel ziemlich fein hacken und zusammen mit dem Fond unter den Backteig mischen. Im letzten Moment die Froschkeulen durch den Backteig ziehen, in der heißen Fritüre goldgelb backen und mit gebackener Petersilie anrichten. Die Sauce nebenbei servieren.

■ IN POULETTESAUCE — Cuisses de grenouilles à la poulette

6 Personen. *3 Dutzend Froschkeulen; 3 dl Poulettesauce; 50 g Butter; gehackte Petersilie. Kochzeit: 5-6 Minuten.*

Die Froschkeulen rasch in der Butter anbraten, ohne daß sie sich verfärben. Einige Minuten in der Sauce dünsten, anrichten und mit gehackter Petersilie bestreuen.

SCHLACHTFLEISCH

DIE GARMACHUNGSARTEN

DAS BRAISIEREN (SCHMOREN)

SOFERN es sich beim Rindfleisch um ein besonders mageres Stück handelt, Schwanzstück usw., muß dadurch Abhilfe geschafft werden, daß man das Fleisch mit Speckstreifen durchzieht. Hierbei bedient man sich einer sogenannten Spickröhre. Der Speck wird in dicke, lange Streifen geschnitten, mit Salz, Pfeffer, feinem Gewürz, gehackter Petersilie und feingehacktem Knoblauch gewürzt und das Fleisch mit Hilfe der Spickröhre in der Richtung der Fasern mehrfach durchzogen, also nicht an der Oberfläche gespickt. Nun wird das Fleisch auf allen Seiten in Fett gut angeröstet, wobei man grobe Mohrrüben- und Zwiebelscheiben oder -würfel, eventuell auch kleingehackte Rinderknochen beifügt. Sobald das Stück gut angeröstet ist, wird das Fett abgegossen und das Fleisch mit Flüssigkeit aufgegossen, so wie es in den einzelnen Rezepten angegeben wird. Hiernach wird es gewürzt und zugedeckt, langsam 2½-4 Stunden im Ofen geschmort, je nach Größe und Qualität des Fleisches.

Garnituren werden erst später beigefügt, also zu einem Zeitpunkt, wo das Garwerden zur gleichen Zeit mit dem Fleisch gewährleistet ist.

Das Wichtigste beim Braisieren ist das sehr langsame Schmoren und das vollständige Garsein des betreffenden Stückes; es muß so weich sein, daß man es bequem mit einer Gabel, ohne Hilfe des Messers, essen kann. Die Sauce muß sorgfältig entfettet und passiert sein. *(Siehe Kulinarische Technik Seite 725.)*

DAS SAUTIEREN

Der Ausdruck « Sauté » wird für zwei verschiedenartige Zubereitungen angewendet. Ein « Kalbssauté » ist in Wirklichkeit eine Art Ragout, denn hier wird das Fleisch vollständig gar geschmort und nicht nur gebraten. Im allgemeinen besteht das Sautieren jedoch darin, daß man kleinere Stücke in der Stielpfanne oder einer Sauteuse rasch in Öl oder Butter bratet. So werden beispielsweise Nieren, Lendenschnitten, Schnitzel, Steaks usw., sofern sie nicht grilliert werden, sautiert. Das Charakteristische beim Sautieren besteht darin, daß jedes Stück zuerst auf beiden Seiten rasch angeröstet wird, damit sich eine Kruste bildet, die das Auslaufen der Fleischsäfte verhindert, und dann erst fertiggebraten wird. Weißes Fleisch wird nach dem Würzen stets durch Mehl gezogen, das eine dünne Hülle bildet, die beim Sautieren das Ausfließen des Fleischsaftes verhindert.

DAS POELIEREN

Das Poelieren eignet sich besonders gut für große, aber zarte Stücke Fleisch oder Geflügel. Dabei soll das Fleisch rosa gehalten werden und nicht so rot wie beim Braten. Das Geschirr, in dem poeliert wird, soll stets der Größe des betreffenden Fleisch- oder Geflügelstücks angemessen und nicht zu groß sein.

Die Zubereitungen « in der Kokotte » oder « in der Kasserolle », die bei kleineren Stücken auf dem Herd selbst vorgenommen werden, sind gleichfalls Poelés.

Nachdem das Fleisch aus dem Geschirr genommen worden ist, hält man es bei mäßiger Hitze zugedeckt noch wenigstens 15 Minuten warm, damit sich die Säfte nach innen konzentrieren können und man es besser tranchieren kann.

DIE GRILLADEN

Die grillierten Fleischstücke werden meistens als Entrée bezeichnet, obwohl sie auch als Braten serviert werden können. So sind, beispielsweise, ein grilliertes Chateaubriand, ein Zwischenrippenstück oder eine grillierte Ochsenrippe, wenn sie nur mit Brunnenkresse und Hofmeisterbutter serviert werden, auch eine Art Braten. Nichtsdestoweniger weisen wir noch einmal darauf hin, daß alle garnierten und mit Sauce servierten Grilladen als Entrées zu gelten haben.

Um ein Fleischstück richtig und gut grillieren zu können, muß der Rost vor dem Auflegen des Stückes peinlich sauber und recht heiß sein, d. h. die Hitzequelle muß vorher angeheizt sein, einerlei ob es sich um einen elektrischen, mit Gas geheizten oder Holzkohlengrill handelt. Das Fleischstück wird auf beiden Seiten leicht geölt und gesalzen, auf den heißen Rost gelegt und erst einige Minuten grilliert, dann mit der gleichen Seite noch einmal quer aufgelegt, damit sich auf dem Fleisch das beliebte Kreuzmuster bildet. Sobald sich auf der rohen Seite Blutperlen bilden, wird das Fleisch umgedreht, um auch die andere Seite genauso zu grillieren. Sobald auch auf der bereits gerösteten Seite das Blut zu perlen beginnt, ist das Stück gar. Während des Röstprozesses darf man das Fleisch weder drücken noch darf man hineinstechen, um Saftverluste zu vermeiden.

RINDFLEISCH

ZUBEREITUNGSDAUER

Rindfleisch, gekocht	2 bis 4 Stunden	je nach Güte
Rindfleisch, geschmort	2 bis 3 Stunden	je nach Güte
Roastbeef, Hochrippe, am Knochen .	15-18 Minuten je Kilo	innen rot
Roastbeef, flaches, ohne Knochen . .	10-12 Minuten je Kilo	innen rot
Rinderfilet	12-15 Minuten je Kilo	innen rosa
Zwischenrippenstück 175 g	5 Minuten je Seite	innen rosa
Rumpsteak 160 g	4-5 Minuten je Seite	innen rot
Tournedos 3-4 cm dick	4 Minuten je Seite	innen rot
Rinderragout	2-3 Stunden	je nach Güte
Rinderzunge	2-2½ Stunden	je nach Größe

BEEFSTEAK, FILETBEEFSTEAK

Der englischen Bezeichnung gemäß ist das weiter nichts als eine Rinderschnitte. Im Prinzip wird sie aus dem Filetkopf genommen, man kann sie aber genauso aus der Hüfte oder dem flachen Roastbeef schneiden. Im allgemeinen genügt ein Beefsteak von 160 g für die Person. Es wird in Butter oder Öl in der Stielpfanne gebraten, kann aber auch grilliert werden. 4 bis 5 Minuten genügen für jede Seite, wenn man es innen noch rot (saignant) haben will. Das Beefsteak ist auf einer Seite gar, wenn auf der rohen Seite das Blut zu perlen beginnt. Es wird gewendet, ohne hineinzustechen, und die fertige Seite gewürzt. Im allgemeinen gibt man dazu Kräuterbutter und eine beliebige Garnitur.

■ DEUTSCHES — Beefsteak à l'allemande

Je Person 150 g gehacktes Rindfleisch; 40 g gehackte, in Butter gedünstete, ausgekühlte Zwiebeln; 1 Eigelb; 25 g Butter. Bratzeit: ungefähr 10 Minuten.

Das Rindfleisch mit den Zwiebeln und dem Eigelb durcharbeiten und mit Salz und Pfeffer würzen. Davon ein rundes, etwas dickes Steak formen, in der Butter braten und dabei innen etwas rosa halten. Mit der Bratbutter übergossen anrichten.

■ MIT EI — Beefsteak à cheval

Das Steak wird gewürzt und gebraten. Man richtet es an mit zwei Spiegeleiern obenauf.

FETTDARM, KUTTELN, KALDAUNEN — Tripes, gras double

Hierunter versteht man den Fettdarm sowie die eigentlichen Kutteln. Man erhält ihn nur aus dem Rindermagen und zumeist in gekochtem Zustand. Wird das Gekröse roh geliefert, so muß es sehr gut abgebürstet, gewaschen und ungefähr 10 Stunden in Salzwasser gekocht werden. Es wird vor der weiteren Verwendung zum Auskühlen in kaltes Wasser gelegt.

KUTTELN AUF CAENER ART — Tripes à la mode de Caen

6 Personen. *1 kg Kutteln; 1 der Länge nach gespaltenen Ochsenfuß; 3 Mohrrüben; 150 g Lauch; 1 Kräuterbündel; 2 Knoblauchzehen; 250 g Rindernierenfett; 1 Mullbeutel enthaltend 6 Pfefferkörner und 4 Nelken; 1-1 $^1/_2$ l reinen Apfelwein oder 1 dl Weinbrand. Kochzeit: 10-12 Stunden.*

Das Bauchgekröse mehrere Stunden unter fließendem Wasser wässern, blanchieren, rafraichieren, abtropfen und in Vierecke von etwa 4 × 4 cm schneiden. Eine irdene oder sonstige feuerfeste Kasserolle, die alles gerade zu fassen vermag, mit der Hälfte der Kutteln und dem blanchierten, entbeinten und in mittelgroße Stücke geschnittenen Rinderfuß auslegen, hierauf die der Länge nach in vier Teile geschnittenen Mohrrüben und Zwiebeln, den Lauch, das Kräuterbündel und den Mullbeutel geben und darüber den Rest der Kutteln. Nachdem sie nicht zu stark gesalzen worden sind, bedeckt man sie mit dem gut gewässerten und etwa 2 cm dick geschnittenen Rindernierenfett und gießt mit dem Apfelwein und so viel Wasser auf, daß alles gut bedeckt ist. Hat man keinen guten, reinen Apfelwein, so nimmt man Cognac und genügend Wasser. Das Geschirr mit Teig aus Mehl und Wasser hermetisch abschließen, auf kleinem Feuer zum Ankochen bringen und dann in einem mäßig heißen Ofen langsam fertigkochen. Wenn alles gar ist, Kräuterbündel, Mullbeutel, Wurzelwerk und Lauch herausnehmen, völlig entfetten und in dem Originalgeschirr sehr heiß servieren. Man kann eine größere Menge bereiten, da diese Kutteln das Aufwärmen gut vertragen.

■ GEBACKEN, MIT REMOULADENSAUCE — Tripes frites, sauce remoulade

6 Personen. *750 g gekochten Fettdarm; 2 Eier; Reibbrot; Senfpulver; 3 dl Remouladensauce. Backzeit: 5-6 Minuten.*

In Stücke von 6 × 8 cm schneiden. Durch geschlagenes Ei, mit Salz, Senf und Pfeffer gewürzt, ziehen, mit Reibbrot panieren und in der heißen Fritüre backen. Die Sauce nebenbei servieren.

■ AUF LYONER ART — Tripes à la lyonnaise

6 Personen. *750 g gekochten Fettdarm; 500 g Zwiebelscheiben, in Butter gedünstet; 150 g Schweineschmalz; gehackte Petersilie; Essig. Bratzeit: 8-10 Minuten.*

Den Fettdarm in grobe Julienne schneiden und in heißem Schmalz sautieren. Die Zwiebeln beifügen, würzen und unter ständigem Schwenken weiterbraten, bis alles gelb angeröstet ist. Anrichten. In der Pfanne einen guten Schuß Essig erhitzen, über die Julienne gießen und mit gehackter Petersilie bestreuen.

■ AUF NIZZAER ART — Tripes à la niçoise

6 Personen. *1 kg Fettdarm; 250 g Zwiebelscheiben; 250 g Tomatenpüree; 1 Kräuterbündel; 1 große, zerdrückte Knoblauchzehe; $^1/_2$ l Bouillon; gehackte Petersilie. Dünstzeit: ungefähr 1 Stunde 30 Minuten.*

Die Zwiebeln in Öl anschwitzen und den in Streifen geschnittenen Fettdarm hinzugeben. Einige Minuten dünsten, das Tomatenpüree, die Bouillon, das Kräuterbündel und den Knoblauch beifügen, würzen und offen langsam garmachen. Mit gehackter Petersilie bestreut anrichten.

■ POULETTE — Tripes à la poulette

6 Personen. *1 kg Fettdarm, in grobe Julienne geschnitten; $^3/_4$ l Poulettesauce; gehackte Petersilie. Dünstzeit: 30 Minuten.*

Die Julienne in die Sauce geben und langsam dünsten lassen. Anrichten und mit gehackter Petersilie bestreuen.

LENDENSCHNITTEN — Tournedos

Man schneidet die Lendenschnitten oder Tournedos aus dem von Fett und Sehnen befreiten Filet 3-4 cm dick, schön rund, und im Gewicht von rund 100 g. Sie werden sautiert oder grilliert und auf die verschiedensten Arten garniert. *(Siehe Bild auf Seite 361.)*

LENDENSCHNITTEN AUF ASCHENBRÖDELART — Tournedos Cendrillon

6 Personen. *6 Lendenschnitten; 6 Artischockenböden; 200 g Zwiebelpüree; 40 g gehackte Trüffel; 80 g Butter; 6 runde, gebackene Croutons. Bratzeit: 8-10 Minuten.*

Das Zwiebelpüree mit den Trüffeln vermischen, leicht buttern, in die Artischockenböden füllen und unter dem Salamander rasch glacieren. Die Lendenschnitten in Butter braten, auf Croutons anrichten und mit den Artischockenböden garnieren.

■ **BEAUGENCY — Tournedos Beaugency**

6 Personen. *6 Lendenschnitten; 6 Artischockenböden; 6 pochierte Scheiben Rindermark; 200 g geschmolzene Tomaten; 3 dl Béarnaisesauce; 6 Croutons; 600 g Nußkartoffeln.*

Die Lendenschnitten sautieren, auf den Croutons anrichten und mit einer Markscheibe belegen. Mit den Artischockenböden garnieren, die mit geschmolzenen Tomaten gefüllt worden sind. Die Béarnaisesauce und die Kartoffeln nebenbei servieren.

■ **AUF BORDELAISER ART — Tournedos à la bordelaise**

6 Personen. *6 Lendenschnitten; 6 pochierte Scheiben Rindermark; 3 dl Bordelaiser Sauce; gehackte Petersilie.*

Die Lendenschnitten grillieren und mit einer Markscheibe belegen. Leicht mit der Sauce nappieren und das Mark mit gehackter Petersilie bestreuen. Man kann die Sauce auch nebenbei servieren.

■ **CARIGNAN — Tournedos Carignan**

6 Personen. *6 Lendenschnitten; 6 Artischockenböden; 6 runde Böden von Anna-Kartoffeln; 250 g grüne Spargelspitzen; 50 g Butter; 2 dl Madeirasauce.*

Die Spargelspitzen mit Butter schwenken und in die Artischockenböden füllen. Die Lendenschnitten sautieren, auf den Anna-Kartoffeln anrichten und leicht mit Madeirasauce nappieren. Mit den Artischockenböden garnieren.

■ **CHORON — Tournedos Choron**

6 Personen. *6 Lendenschnitten; 6 Croutons; 6 Artischockenböden; 600 g Nußkartoffeln; 250 g grüne Spargelspitzen; $^{1}/_{4}$ l Choron-Sauce.*

Die Lendenschnitten sautieren und auf Croutons anrichten. Mit den mit den Spargelspitzen gefüllten Artischockenböden und den Nußkartoffeln garnieren und die Sauce nebenbei servieren.

■ **CLAMART — Tournedos Clamart**

6 Personen. *6 Lendenschnitten; 6 Artischockenböden; 400 g grüne Erbsen, auf französische Art bereitet; 6 Croutons; 600 g Nußkartoffeln.*

Die Lendenschnitten grillieren. Mit den Artischockenböden garnieren, die mit den Erbsen gefüllt worden sind. Kartoffeln nebenbei servieren. *(Siehe Bild auf Seite 360.)*

■ **COLBERT — Tournedos Colbert**

6 Personen. *6 Lendenschnitten; 6 runde, flache, gebackene Geflügelkroketten; 6 kleine gebackene Eier; 6 Trüffelscheiben.*

Die Lendenschnitten sautieren und auf die Kroketten dressieren. Jede mit einem gebackenen Ei belegen und mit einer Trüffelscheibe garnieren.

■ **GABRIELLE — Tournedos Gabrielle**

6 Personen. *6 Lendenschnitten; 6 flache, runde, gebackene, getrüffelte Geflügelkroketten; 6 halbe gedünstete Köpfe Salat; 6 Trüffelscheiben; 6 pochierte Scheiben Rindermark; 2 dl Madeirasauce.*

Die Lendenschnitten sautieren und auf die Kroketten dressieren. Auf jede eine Mark- und eine Trüffelscheibe legen und leicht mit Madeirasauce nappieren. Mit dem Kopfsalat garnieren.

LENDENSCHNITTEN HEINRICH IV. — Tournedos Henri IV

6 Personen. *6 Lendenschnitten; 6 Croutons; 6 Artischockenböden; 400 g sehr kleine Nußkartoffeln; $^1/_4$ l Béarnaisesauce.*

Die Lendenschnitten grillieren und auf die Croutons setzen. Mit den Artischockenböden garnieren, die mit den Kartoffeln gefüllt worden sind. Die Sauce nebenbei servieren.

■ AUF HUSARENART — Tournedos à la hussarde

6 Personen. *6 Lendenschnitten; 6 Croutons; 12 große Champignonköpfe; 200 g dickes Zwiebelpüree; $^1/_4$ l Husarensauce.*

Die Lendenschnitten grillieren und auf Croutons setzen. Mit den mit Zwiebelpüree gefüllten Champignons garnieren. Die Sauce nebenbei servieren.

■ LAVALLIÈRE — Tournedos La Vallière

6 Personen. *6 Lendenschnitten; 6 Croutons; 6 Artischockenböden; 300 g Spargelspitzen; 600 g Schloßkartoffeln; $^1/_4$ l Bordelaiser Sauce.*

Die Lendenschnitten sautieren und auf Croutons anrichten. Leicht mit Bordelaiser Sauce nappieren. Mit den mit Spargelspitzen gefüllten Artischockenböden und Schloßkartoffeln garnieren. Etwas Sauce nebenbei servieren.

■ MARIE-LOUISE — Tournedos Marie-Louise

6 Personen. *6 Lendenschnitten; 6 Croutons; 6 Artischockenböden; 150 g Champignonpüree; 50 g Zwiebelpüree; 500 g Herzoginkartoffeln; 2 dl Demi-glace.*

Die Artischockenböden mit dem Champignonpüree füllen, das mit dem Zwiebelpüree vermischt worden ist. Die Lendenschnitten sautieren, auf Croutons anrichten, mit Demi-glace leicht nappieren und mit den Artischockenböden und den Kartoffeln garnieren.

■ AUF MARSCHALLSART — Tournedos à la maréchale

6 Personen. *6 Lendenschnitten; 6 Croutons; 6 Trüffelscheiben; 1 dl Fleischglace; 6 kleine Bündelchen grüne Spargelspitzen; 600 g Nußkartoffeln.*

Die Lendenschnitten sautieren und auf Croutons anrichten. Jedes leicht mit Fleischglace überziehen und mit einer Trüffelscheibe belegen. Mit den Spargelspitzen garnieren und die Kartoffeln nebenbei servieren.

■ AUF MARSEILLER ART — Tournedos à la marseillaise

6 Personen. *6 Lendenschnitten; 6 Croutons; 6 Sardellenfilets; 6 entsteinte, blanchierte Oliven; 6 Tomaten auf provenzalische Art; $^1/_4$ l provenzalische Sauce.*

Die Lendenschnitten sautieren und auf Croutons anrichten. Mit einer Olive, mit einem Sardellenfilet umrollt belegen und mit den Tomaten garnieren. Die Sauce nebenbei servieren.

■ MASCOTTE — Tournedos Mascotte

6 Personen. *6 Lendenschnitten; 6 geviertelte Artischockenböden; 500 g Olivenkartoffeln, 6 große Trüffeloliven; 1 dl Weißwein; 1 dl gebundene Kalbsjus.*

Die Lendenschnitten in einer Servicekokotte braten und herausnehmen. Den Bratsatz mit dem Weißwein ablöschen, fast gänzlich einkochen, die Kalbsjus hinzugießen und aufkochen lassen. Die Tournedos in der Kokotte anrichten, mit der Jus nappieren und mit den in Butter geschwenkten Artischockenböden, den gebratenen Kartoffeln und den Trüffeloliven garnieren.

■ MASSENA — Tournedos Masséna

6 Personen. *6 Lendenschnitten; 6 Croutons; 6 Artischockenböden; 6 schöne pochierte Scheiben Rindermark; 2 dl Béarnaisesauce; 1 dl Trüffelsauce.*

Die Lendenschnitten sautieren, auf Croutons anrichten und mit der Trüffelsauce nappieren. Mit einer Scheibe Rindermark belegen. Mit den Artischockenböden garnieren, die mit Béarnaisesauce gefüllt worden sind. *(Siehe Bild auf Seite 362.)*

LENDENSCHNITTEN MISTRAL — Tournedos Mistral

6 Personen. *6 Lendenschnitten; 6 Croutons; 400 g Eierfrüchte; 300 g Tomaten; 100 g Oliven.*

Die Lendenschnitten sautieren und auf Croutons setzen. Mit den Gemüsen und Oliven, auf provenzalische Art bereitet, garnieren.

■ AUF PERIGORDER ART — Tournedos à la périgourdine

6 Personen. *6 Lendenschnitten; 6 Croutons; 6 Trüffelscheiben; 2 dl Perigorder Sauce.*

Die Lendenschnitten sautieren und auf Croutons anrichten. Mit einer Trüffelscheibe belegen und mit der Sauce nappieren.

■ AUF PIEMONTESER ART — Tournedos à la piémontaise

6 Personen. *6 Lendenschnitten; 150 g tomatierten Risotto; 40 g geriebenen Käse; 6 halbe gebratene Tomaten; 1 dl Tomatensauce.*

Den Risotto mit dem Käse vermengen und davon 6 kleine Böden formen. Die Lendenschnitten auf den Risotto dressieren, mit Tomatensauce leicht nappieren und mit den Tomaten garnieren.

■ AUF PORTUGIESISCHE ART — Tournedos à la portugaise

6 Personen. *6 Lendenschnitten; 6 Croutons; 6 halbe Tomaten, mit 250 g Duxelles gefüllt; 600 g Schmelzkartoffeln; 1 dl Weißwein; $^1/_4$ l portugiesische Sauce.*

Die Lendenschnitten sautieren und auf Croutons setzen. Den Bratsatz mit Weißwein ablöschen, einkochen und darübergießen. Mit den gebratenen Tomaten und den Kartoffeln garnieren. Die Sauce nebenbei servieren.

■ MIT RINDERMARK — Tournedos à la moelle

6 Personen. *6 Lendenschnitten; 6 schöne pochierte Scheiben Rindermark; 2 dl Bordelaiser Sauce; 50 g Butter; gehackte Petersilie.*

Die Lendenschnitten grillieren und anrichten. Mit der Bordelaiser Sauce, mit Butter aufgeschlagen, nappieren, eine Markscheibe auf jede Lendenschnitte legen und mit gehackter Petersilie bestreuen.

■ RIVOLI — Tournedos Rivoli

6 Personen. *6 Lendenschnitten; 750 g Anna-Kartoffeln; 2 dl Perigorder Sauce mit einer kleinen Trüffel in Julienne geschnitten.*

Die Lendenschnitten sautieren und auf den Kartoffeln anrichten. Mit der Sauce nappieren.

■ ROSSINI — Tournedos Rossini

6 Personen. *6 Lendenschnitten; 6 Croutons; 6 runde Scheiben Stopfleber, in Butter sautiert; 6 Trüffelscheiben; 5 cl Madeira; 2 dl Demi-glace.*

Die Lendenschnitten sautieren und auf Croutons setzen. Darauf die Gänseleber dressieren und mit einer Trüffelscheibe belegen. Den Bratsatz mit Madeira ablöschen, mit der Demi-glace verkochen und die Lendenschnitten damit nappieren. *(Siehe Bild auf Seite 362.)*

LENDENSTÜCK, DOPPELTES, CHATEAUBRIAND — Chateaubriand

2 Personen. *1 Stück von 350-400 g, 4-5 cm dick. Bratzeit: 12-15 Minuten.*

Es handelt sich hier um eine dicke Scheibe, aus der Mitte des Filets geschnitten. Es muß sorgfältig behandelt werden, denn wenn es an beiden Seiten zu scharf angebraten wird, formt sich eine dicke Kruste, die das Eindringen der Hitze ins Innere verhindert; das Stück ist dann von außen dunkel und von innen roh. Es muß daher langsamer als ein dünneres Stück gebraten werden. Man sollte das Lendenstück nicht schwerer als 500 g schneiden. Man kann es auf dem Rost oder in der Pfanne braten. Alle Garnituren für Lendenschnitten und Zwischenrippenstück passen auch zum Chateaubriand. *(Siehe Bild auf Seite 361.)*

LENDENSTÜCK GRAND VATEL — Chateaubriand Grand Vatel

Auf dem Rost braten und mit aufgeblähten Kartoffeln garnieren. Béarnaisesauce nebenbei servieren

LENDENSPITZEN — Filets mignons de bœuf

Hierfür verwendet man die Enden des Rinderfilets, die zu dünn sind, um sie für Lendenschnitten zu gebrauchen. Man kann davon Scheiben, wie für Lendenschnitten, schneiden und wie diese, aber schneller braten oder in Schnitzelchen schneiden, rasch sautieren und in einer Sauce anrichten.

LENDENSPITZEN ST. HUBERTUS — Filets mignons Saint-Hubert

Jede Spitze mit 2-3 Streifen fettem Speck spicken und 24 Stunden in eine Wildmarinade legen. Gut abwischen, in heißem Öl sautieren, mit einer Pfeffer-, Wild- oder anderen passenden Sauce nappieren. Dazu serviert man ein beliebiges Gemüsepüree oder anderes Gemüse.

OCHSENSCHWANZ — Queue de bœuf

Wenn der Ochsenschwanz auch hauptsächlich zum Bereiten von Suppen genommen wird, so gibt es doch viele andere Verwendungsmöglichkeiten; neben dem bekannten Ragout z. B.:

HOCHEPOT VON OCHSENSCHWANZ — Queue de bœuf en hochepot

6 Personen. *2 Ochsenschwänze; 2 Schweinsfüße; 1 Schweinsohr; 400 g kleine Mohrrüben; 200 g weiße Rüben; 6 kleine Lauchstauden; 750 g Weißkraut; 1 kg Salzkartoffeln; 12 kleine, grillierte Bratwürstchen (Chipolatas). Schmorzeit: ungefähr 4 Stunden.*

Die Ochsenschwänze in den Gliedern teilen, die großen Stücke noch einmal quer durchhacken. 10 Minuten blanchieren und in kaltem Wasser abspülen. In kaltem Wasser zusammen mit den in je drei Querstücke gesägten Schweinsfüßen und dem Schweinsohr ansetzen, 2 Stunden kochen lassen und dabei wiederholt abschäumen. Würzen, das Gemüse beifügen und alles zusammen garkochen. Das Gemüse in die Mitte einer großen ovalen Platte dressieren, mit dem Ochsenschwanz umkränzen und mit dem zerschnittenen Schweinsohr, den Schweinsfüßen, den Bratwürstchen und den Salzkartoffeln garnieren. Den entfetteten, passierten Fond nebenbei servieren.

PFEFFERSTEAK — Steak au poivre

6 Personen. *6 leicht plattierte Rumpsteaks oder 6 Zwischenrippenstücke von je 160-175 g; 6 g weiße Pfefferkörner; 50 g Butter; 5 cl Cognac; 2 dl Demi-glace; 60 g Butter für die Sauce. Bratzeit: 8-10 Minuten.*

Die Pfefferkörner nicht zu klein zerdrücken, die Steaks auf beiden Seiten darin wenden und andrücken. In Butter braten, herausnehmen und leicht salzen. Den Bratsatz mit dem Cognac ablöschen, die Demi-glace beifügen, einmal aufkochen und abseits des Feuers die Butter durch eine schwenkende Bewegung der Pfanne darunterziehen. Die Steaks mit der Sauce nappieren und sogleich servieren.

RINDERFILET — Filet de bœuf

Das Filet wird gut enthäutet, meistens gespickt, zuweilen auch mit dünnen Scheiben von fettem Speck umwickelt. Es wird entweder poeliert oder gebraten, wobei die Hitze nicht zu scharf sein darf, und stets schön rosa gehalten. Nach dem Braten läßt man es noch einige Zeit ruhen, damit sich das Blut setzt und man das Fleisch besser schneiden kann. Die mittlere Bratzeit beträgt je Kilogramm bei großen Filets 15 Minuten, bei Stücken von 900 g bis zu 1 kg je nach Dicke 22 bis 25 Minuten.

■ AUF BLUMENMÄDCHENART — Filet de bœuf à la bouquetière

6 Personen. *900 g Rinderfilet; 500 g junge Karotten; 250 g weiße Rüben; 250 g junge grüne Bohnen; 250 g junge grüne Erbsen; 1 kleinen Blumenkohl; 500 g Schloßkartoffeln.*

Das Filet poelieren, mit wenig Jus verkochen, entfetten und passieren. Die korrekt geformten Gemüse kochen, in Butter schwenken, würzen und um das Filet garnieren, die Kartoffeln an den

Längsenden. Die Blumenkohlröschen eventuell leicht mit holländischer Sauce nappieren. Das Filet nur mit dem eingekochten Fond leicht überziehen.

RINDERFILET BRILLAT-SAVARIN — Filet de bœuf Brillat-Savarin

6 Personen. *900 g Filet; 6 halbe, gefüllte Tomaten; 6 halbe, gedünstete Köpfe Salat; 600 g Herzoginkartoffeln in Briocheform; 3 dl Madeirasauce.*

Das Filet poelieren, auf langer Platte anrichten und mit der Garnitur umkränzen. Die Madeirasauce mit dem abgelöschten, entfetteten und eingekochten Fond nebenbei servieren.

■ CÄCILIA — Filet de bœuf à la Cecilia

6 Personen. *900 g Rinderfilet; 6 blindgebackene Tarteletts; 250-300 g kleine, glacierte Mohrrübenkugeln; 200 g mageren Schinken; 2 dl dicke Béchamel; 3 Eigelb; 5 cl Crème double; 500 g Nußkartoffeln; 1 dl Weißwein; 2 dl tomatierte Demi-glace.*

Das Filet poelieren, den Bratsatz mit Weißwein deglacieren, zur Hälfte reduzieren, mit der Demiglace verkochen und passieren. Den Schinken kleinschneiden, in Butter anlaufen lassen, pürieren, mit der Béchamel kalt verarbeiten, Crème double und die Eigelb beifügen, mit Paprika würzen und durch ein Sieb streichen. Die Masse gut verrühren, abschmecken, in ausgebutterte Babaförmchen füllen und im Wasserbad pochieren. Das Filet an den Seiten abwechselnd mit den gestürzten Schinkentimbales und den mit den Mohrrübenkugeln gefüllten Tarteletts und an den Enden mit Nußkartoffeln garnieren, leicht saucieren und den Rest der Sauce nebenbei servieren.

■ CLAREMONT — Filet de bœuf à la Claremont

6 Personen. *900 g Rinderfilet; 1 kg Maronen; 750 g olivenförmig tournierte Mohrrüben; 30 kleine Zwiebelchen; 6 Scheiben rohen Schinken; 5 cl Madeira; 1/4 l Demi-glace.*

Die Maronen, Mohrrüben und Zwiebelchen glacieren und den Schinken rund ausstechen. Das Filet poelieren und die Schinkenabfälle beifügen. Den Fond mit Madeira deglacieren, mit der Demi-glace verkochen, entfetten und passieren. Das Filet abwechselnd mit Maronen, Mohrrüben und Zwiebelchen garnieren und dazwischen die in Butter gebratenen Schinkenmedaillons plazieren. Das Fleisch leicht mit Sauce nappieren und den Rest nebenbei servieren.

■ AUF FINANZMANNSART — Filet de bœuf à la financière

6 Personen. *900 g Filet; 600 g Finanzmannsgarnitur; 1 dl Madeira.*

Das Filet poelieren und den Bratsatz mit Madeira ablöschen. Auf einer ovalen Platte anrichten, die Garnitur sträußchenweise rundherum dressieren und leicht mit dem entfetteten Fond nappieren. Den Rest des Fonds nebenbei servieren.

■ AUF GÄRTNERINART — Filet de bœuf à la jardinière

Die gleiche Garnitur wie für Blumenmädchenart, doch die Wurzelgemüse entweder in Stäbchen schneiden oder mit einem mittelgroßen Gemüsebohrer ausstechen und den Blumenkohl in größere Röschen teilen und beim Anrichten leicht mit holländischer Sauce überziehen.

■ AUF GIRONDINER ART — Filet de bœuf à la girondine

6 Personen. *900 g Rinderfilet; 600 g Steinpilze; 6 Artischockenböden; 1/4 l Demi-glace.*

Das Filet poelieren und den Fond mit der Demi-glace verkochen und passieren. Die Artischockenböden in Viertel schneiden und in Butter dünsten, die Steinpilze in ziemlich dicke Scheiben schneiden, in halb Öl und halb Butter sautieren und würzen. Das Filet abwechselnd mit den Steinpilzen und Artischockenböden garnieren, leicht mit Sauce überziehen und den Rest nebenbei servieren.

■ MIT MADEIRASAUCE — Filet de bœuf au madère

6 Personen. *900 g Rinderfilet, enthäutet und gespickt; 500 g Champignons; 3 dl Madeirasauce. Bratzeit: etwa 24 Minuten.*

Das Filet wird gebraten oder poeliert und der Bratsatz mit der Madeirasauce verkocht, entfettet und passiert. Das angerichtete Filet wird mit den sautierten Champignons garniert, leicht mit Sauce übergossen und der Rest der Sauce nebenbei serviert.

RINDERFILET MONTGLAS — Filet de bœuf à la Montglas

Für dieses Gericht ist das Filet zu poelieren, mit in Butter gebratenen Scheiben von Gänsestopfleber, Champignonköpfen, Scheiben von Rinderpökelzunge und Trüffelscheiben zu garnieren und alles mit Madeirasauce zu nappieren.

■ AUF MODERNE ART — Filet de bœuf à la moderne

6 Personen. *900 g Filet; 6 ausgehöhlte, in Butter gedünstete Tomaten; 300 g Zwiebelpüree; 6 Kalbfleischklößchen, mit dem Eßlöffel geformt; 6 Trüffelscheiben; 6 halbe, gedünstete Köpfe Salat; 1 dl Madeira.*

Das Filet poelieren und mit Madeira ablöschen. Auf einer ovalen Platte anrichten und die Seiten abwechselnd mit den mit Zwiebelpüree gefüllten Tomaten und dem Kopfsalat garnieren. An beide Enden die Klößchen dressieren und jedes mit einer Trüffelscheibe belegen. Den mit Kalbsjus verkochten, entfetteten und leicht mit Stärkemehl gebundenen Fond nebenbei servieren.

■ AUF NEAPLER ART — Filet de bœuf à la napolitaine

6 Personen. *900 g Filet; 600 g Makkaroni auf Neapler Art; 3 dl Tomatensauce.*

Das Filet poelieren. Auf einer langen Platte anrichten und mit Makkaroni garnieren. Die Sauce, mit dem eingekochten Fond vermischt, nebenbei servieren.

■ AUF NEVERSER ART — Filet de bœuf à la nivernaise

6 Personen. *900 g Rinderfilet; 1 kg in Form großer Oliven geschnittene, und glacierte Mohrrüben; 300 g kleine, glacierte Zwiebelchen; 600 g Schloßkartoffeln; 3 dl tomatierte Kalbsjus.*

Das Filet braten, abwechselnd mit den Mohrrüben und Zwiebelchen garnieren, die Kartoffeln an die Längsenden geben. Leicht mit Jus nappieren und den Rest nebenbei servieren.

■ AUF PÄCHTERART — Filet de bœuf à la fermière

6 Personen. *900 g Filet; 400 g junge Mohrrüben; 200 g weiße Rüben; 200 g Bleichsellerie; 250 g Zwiebeln, alles in kleine, dünne Scheibchen geschnitten; 6 Mürbeteigkrustaden; 150 g gewürfelten, mageren Speck; 40 g Butter; 1 dl Weißwein; 3 dl Kalbsjus.*

Den Speck blanchieren, leicht anrösten und zusammen mit dem Gemüse dünsten, würzen, gut vermischen und in die Krustaden füllen. Das Filet poelieren, den Bratsatz mit Weißwein ablöschen, einkochen und mit der Jus verkochen. Anrichten, mit den Krustaden garnieren und den Fond nebenbei servieren.

■ RENAISSANCE — Filet de bœuf à la Renaissance

6 Personen. *900 g Rinderfilet; 250 g Mohrrüben und 250 g weiße Rüben, mit dem ovalen, gerieften Gemüsebohrer ausgestochen; 200 g in Vierecke geschnittene grüne Bohnen; 200 g junge grüne Erbsen; 500-600 g Schloßkartoffeln; 1/4 l gebundene Kalbsjus; 12 kleine, blindgebackene Tarteletts.*

Das Filet braten oder poelieren. Sämtliche Gemüse für sich kochen, gut abtropfen, in Butter schwenken und je drei Tartelettes mit Mohrrüben, weißen Rüben, Erbsen und grünen Bohnen füllen und ab- wechselnd um das Filet garnieren; die Schloßkartoffeln an beide Enden geben. Das Filet nur leicht mit Jus überglänzen und den Rest nebenbei servieren.

■ RICHELIEU — Filet de bœuf Richelieu

6 Personen. *900 g Filet; 6 gefüllte Tomaten; 12 gefüllte Champignonköpfe; 6 halbe, gedünstete Köpfe Salat; 3 dl Madeirasauce.*

Das Filet poelieren oder braten. Auf ovaler Platte anrichten und abwechselnd mit den Tomaten, Champignons und dem Kopfsalat garnieren. Die Sauce nebenbei servieren. Man kann die Garnitur noch mit Schloßkartoffeln ergänzen. *(Siehe Bild auf Seite 357.)*

RINDERFILET STROGANOW — Filet de bœuf sauté Stroganoff

6 Personen. *900 g Filetspitze, ohne Fett oder Sehnen; 100 g Butter; 2 dl saure Sahne; 1 Zitrone; 200 g rohe Champignonscheiben; 200 g blanchierte, dünne Scheibchen von Pfeffergurken. Bratzeit: 3-4 Minuten.*

Das Filet der Länge nach in Streifen und diese in dünne Blättchen schneiden. In einer großen Stielpfanne Butter heiß werden lassen und das Fleisch bei stärkster Hitze darin sautieren, daß es innen noch blutig ist, und sofort auf ein Sieb schütten. In der Pfanne frische Butter erhitzen, die Champignonscheiben darin sautieren, die saure Sahne, die Pfeffergurken und den aufgefangenen Fleischsaft hinzugeben, rasch sämig kochen, würzen und mit Zitronensaft abschmecken. Abseits des Feuers die Filetstückchen damit durchschwenken, anrichten, mit gehackter Petersilie bestreuen und sofort servieren.

■ WELLINGTON — Filet de bœuf Wellington

10-12 Personen. *1 Filet von etwa 2 kg; 350 g trockene Duxelles; 500 g getrüffeltes Gänseleberpüree; 1 kg 200 Blätterteig; 1 l Madeirasauce; 1 Eigelb. Bratzeit: 30-40 Minuten.*

Das Filet in Butter rasch auf allen Seiten anbraten und auskühlen. Den Blätterteig zu einem 4 mm dicken Rechteck ausrollen. Das Filet mit dem Gänseleberpüree bestreichen, in die Mitte des Blätterteigs setzen und mit der Duxelles bedecken. In den Blätterteig gänzlich einhüllen, mit Teigstreifen dekorieren, mit Eigelb bestreichen und im heißen Ofen backen, wobei das Filet innen rosa bleiben muß.

Man kann das Gänseleberpüree fortlassen, dafür nur mit Duxelles bestreichen, die mit kalter Tomatensauce zu einer streichbaren Masse angerührt worden ist. *(Siehe Bild auf Seite 357.)*

RINDFLEISCH AUF BURGUNDER ART — Bœuf à la bourguignonne

6 Personen. *1 kg 500 Hüfte; 12 dicke Speckstreifen in Cognac mariniert; 3/4 l Rotwein; 1 Mohrrübe und 1 Zwiebel in Scheiben; 1 Kräuterbündel; 1/2 l spanische Sauce; 20 kleine, glacierte Zwiebelchen; 200 g geviertelte, in Butter sautierte Champignons; 100 g magere, angeröstete Speckwürfelchen. Schmorzeit: ungefähr 2 1/2 Stunden.*

Das Fleisch mit den Speckstreifen durchziehen und 2-3 Stunden mit dem Rotwein und den Mohrrüben- und Zwiebelscheiben marinieren. Gut abwischen und auf allen Seiten anbraten. In ein pas, sendes Geschirr legen, die Marinade, die spanische Sauce und das Kräuterbündel hinzugebenankochen, und dann zugedeckt im Ofen 1½ Stunden schmoren. Herausnehmen, in ein sauberes Geschirr geben, die Sauce darüberpassieren. Zwiebelchen, Speckwürfel und Champignons beifügen und alles zusammen gar werden lassen.

■ GESTOWT, AUF MARSEILLER ART — Bœuf en daube à la marseillaise

6 Personen. *1 kg 200 Schwanzstück; 200 g fetten Speck; 150 g blanchierte, in Stücke geschnittene Speckschwarten; 1 l Rotwein; 5 cl Weinbrand; je 200 g Mohrrüben und Zwiebeln in Scheiben; 4 Knoblauchzehen; 5 cl Öl; 400 g geschälte, entkernte, grobgehackte Tomaten; 200 g entkernte schwarze Oliven; 1 Kräuterbündel; 6 Pfefferkörner. Dünstzeit: 3-4 Stunden bei mäßiger Hitze.*

Das Fleisch in grobe Würfel schneiden und mit fettem Speck durchziehen. Mit dem Rotwein, Weinbrand, Zwiebeln, Mohrrüben, Knoblauch, Kräuterbündel und Pfefferkörnern zugedeckt 24 Stunden marinieren, dabei mit dem Öl übergießen. Eine Kasserolle mit den Speckschwarten auslegen, die Fleischwürfel und die Marinade mit sämtlichen Bestandteilen hineingeben, ankochen, würzen, die Tomaten und Oliven beifügen und hermetisch verschließen. Im Ofen gar werden lassen. Vor dem Servieren entfetten.

■ AUF MODISCHE ART — Bœuf à la mode

6 Personen. *1 kg 200-1 kg 500 Schwanzstück; 150-200 g fetten Speck; 1 Kalbsfuß; 50 g Schweineschmalz; 150 g blanchierte Speckschwarten; 30 kleine Zwiebelchen; 1 kg Mohrrüben; 5 cl Weinbrand; 1 Kräuterbündel, 20 g Stärkemehl. Schmorzeit: 2 1/2-3 Stunden.*

Das Fleisch mit Speckstreifen durchziehen und auf allen Seiten gut anrösten. Das Fett abgießen, mit Weinbrand flambieren, mit Weißwein ablöschen und um die Hälfte einkochen. Mit Bouillon oder Wasser bis zur Höhe aufgießen, würzen, den der Länge nach gespaltenen und entknöchelten Kalbsfuß, die Speckschwarten und das Kräuterbündel beifügen, zudecken und bei nicht zu starker Hitze im Ofen 1½ Stunden schmoren. Herausnehmen und in eine kleine Kasserolle geben. Die Zwiebelchen, den in Vierecke geteilten Kalbsfuß und die wie große Oliven geformten Mohrrüben hinzugeben und den Fond darüberpassieren. Langsam fertigschmoren. Wenn das Fleisch gar ist, den Fond abfetten und leicht mit Stärkemehl binden. *(Siehe Bild auf Seite 358.)*

RINDFLEISCH WORONOW — Bœuf Woronoff

6 Personen. *6 Scheiben Filet, aus der Mitte geschnitten, von je 120 g; 120 g Café-de-Paris-Butter; 4 cl süße Sahne; 4 cl saure Sahne; 100 g grüne, geschälte, in dünne Scheiben geschnittene Gurken; 6 Eßlöffel Kabulsauce (notfalls OK-Sauce); 1 Eßlöffel gehackte Petersilie. Zubereitung: 8-10 Minuten.*

Im Speisesaal vor den Augen der Gäste die Café-de-Paris-Butter auf einem Rechaud in einer Sauteuse schmelzen lassen. Die Gurkenscheiben, die süße und saure Sahne, die Kabulsauce und die gehackte Petersilie hineingeben und mit Salz, Pfeffer und einer Prise Zucker würzen. Fast bis zum Siedepunkt bringen. Die leicht plattierten Fleischscheiben hineinlegen und unter mehrfachem Wenden in der Sauce pochieren; wenn sie gar sind, müssen sie innen noch rosa sein. Auf einer Platte anrichten und die durch Schwenken gut gebundene Sauce darübergießen. Nebenbei im Ofen gebackene Kartoffeln, Salzgurken und eingelegte Scheiben von roten Rüben (Randen) servieren.

RINDERLÖFFELFLEISCH — Bœuf à la cuiller

6 Personen. *1 kg 200 Schwanzstück; 200 g Zwiebel- und 200 g Mohrrübenscheiben; 1 Eßlöffel Tomatenmark; 1/2 l Weißwein; 150 g blanchierte Speckschwarten; 2 Knoblauchzehen. Schmorzeit: 5-6 Stunden.*

Das Fleisch wie üblich schmoren, jedoch so weich, daß ein Schneiden mit dem Messer überflüssig ist. Die Sauce, die stark konzentriert sein muß, passieren und über das Fleisch gießen, das man mit dem Löffel serviert.

RINDERSCHWANZSPITZE AUF ENGLISCHE ART — Pointe de bœuf à l'anglaise

6 Personen. *1 kg 250 Rinderschwanzspitze; 750 g Mohrrüben; 500 g weiße Rüben; 2 kg Weißkraut, geviertelt und gebunden; 6 Stauden Lauch. Kochzeit: 50-60 Minuten.*

Das Fleisch in kaltem Wasser ansetzen, aufkochen und abschäumen. Das Gemüse hinzugeben, würzen und langsam kochen lassen. Das Fleisch auf einer Platte mit dem Gemüse anrichten und die Brühe als Suppe servieren.

RINDERSCHWANZSTÜCK AUF FLÄMISCHE ART — Aiguillette de bœuf à la flamande

6 Personen. *1 kg 500 Schwanzstück; 200 g fetten Speck; 250 g mageren Speck; 1 kg Weißkraut; 1 kg Mohrrüben; 500 g weiße Rüben; 1 Kochwurst; 600 g Salzkartoffeln; 1/2 l Weißwein; 1/2 l Demi-glace; 50 g Schmalz. Schmorzeit: 2 1/2-3 Stunden.*

Das Fleisch lardieren und wie üblich schmoren. Die Mohrrüben und die weißen Rüben zu Stäbchen schneiden und jeden Teil für sich glacieren, den Speck und die Wurst zusammen mit dem gedünsteten Kraut garmachen. Das Fleisch tranchieren und in der Mitte einer langen Platte anrichten. Das Kraut in Förmchen pressen, stürzen und abwechselnd mit den Mohrrüben und weißen Rüben um das Fleisch dressieren. Das Kraut mit einer Wurstscheibe belegen und Scheibchen Speck zwischen das Gemüse setzen. Das Fleisch leicht mit Sauce nappieren und den Rest nebenbei servieren.

RINDERSCHWANZSTÜCK, GESCHMORT — Pièce de bœuf braisée

6 Personen. *1 kg 500 Schwanzstück; 250 g fetten Speck; 200 g Zwiebeln und 200 g Mohrrüben in Scheiben; 1 Kräuterbündel; 1/2 l Weißwein; 1/2 l spanische Sauce. Schmorzeit: 2 1/2-3 Stunden.*

Das Fleisch mit fetten Speckstreifen durchziehen (lardieren) und in Schweineschmalz anrösten. Die Zwiebel- und Mohrrübenscheiben gleichfalls anrösten. Das Fett abgießen, mit Weißwein angießen und zur Hälfte einkochen. Die Sauce und das Kräuterbündel hinzufügen, würzen und zugedeckt schmoren. Abfetten und die Sauce passieren. Mit einer passenden Garnitur — Risotto, Schmorkraut usw. — servieren.

RINDERHIRN — Cervelles de bœuf

Das Hirn wird sorgfältig von der Haut und den Blutadern befreit und gewässert. Danach wird es 10 Minuten in Salzwasser mit einem Schuß Essig pochiert. Man rechnet 100-125 g je Person.

■ AUF BURGUNDER ART — Cervelles de bœuf à la bourguignonne

6 Personen. *600-750 g pochiertes Hirn; 250 g pochierte kleine Champignons; 24 kleine, glacierte Zwiebelchen; 3 dl Rotweinsauce; 12 kleine, gebratene, herzförmige Croutons. Zubereitung: 8 Minuten.*

Das Hirn in dicke Scheiben schneiden, Champignons und Zwiebeln beifügen, und alles zusammen einige Zeit in der Sauce dünsten. Anrichten und mit den Croutons garnieren.

■ MIT DUNKLER BUTTER — Cervelles de bœuf au beurre noir

6 Personen. *600-750 g pochiertes Hirn; 100 g Butter; 40 g Kapern; 1 Eßlöffel gehackte Petersilie.*

Das heiße Hirn abtropfen und anrichten. Mit Kapern und gehackter Petersilie bestreuen. Die Butter in der Pfanne dunkelbraun werden lassen und darübergießen. Einen guten Schuß Essig in der Pfanne erhitzen und gleichfalls darübergießen. *(Siehe Bild auf Seite 387.)*

■ ORLY — Cervelles de bœuf Orly

6 Personen. *600-750 g pochiertes Hirn; 1/2 l Backteig; gehackte Petersilie; Zitronensaft; 1/4 l Tomatensauce. Backzeit: 5 Minuten.*

Das Hirn in dicke Scheiben schneiden und 1 Stunde mit Zitronensaft, Salz, Pfeffer und gehackter Petersilie marinieren. Abwischen, durch Backteig ziehen und in der heißen Fritüre backen. Auf Serviette anrichten und die Tomatensauce nebenher servieren.

■ PANIERT, AUF ENGLISCHE ART — Cervelles de bœuf panées à l'anglaise

6 Personen. *600-750 g Hirn; 2 Eier; geriebenes Weißbrot; 100 g geklärte Butter. Bratzeit: 8 Minuten.*

Das rohe, gewässerte Hirn in zwei Stücke teilen, abwischen, würzen, mehlen und panieren. Langsam in der Butter braten und mit der Bratbutter übergossen anrichten.

■ RAVIGOTE — Cervelles de bœuf à la ravigote

6 Personen. *600-750 g pochiertes Hirn; 3 dl Ravigotesauce.*

Das pochierte, heiße Hirn in zwei Stücke teilen und in einer russischen Platte anrichten. Mit der Ravigotesauce nappieren.

RINDERNIEREN — Rognon de bœuf

Rindernieren werden nur sautiert verwendet. Sie werden von Fett und Sehnen befreit, in ziemlich dicke Scheiben geschnitten, abgebrüht, abgetropft, sofort bei lebhafter Hitze sautiert und abermals abgetropft. Das Fett wird abgeschüttet und man löscht den Bratsatz mit der im Rezept angegebenen Flüssigkeit ab. Die Nieren werden nun mit der heißen Sauce durchgeschwenkt, dürfen aber nicht mehr kochen, weil sie sonst hart werden würden.

■ BERCY — Rognon de bœuf Bercy

6 Personen. *1 kg Nieren; 4 gehackte Schalotten; 1 dl Weißwein; 100 g Fleischglace; 50 g Butter; Saft einer halben Zitrone; gehackte Petersilie. Bratzeit: 3-4 Minuten.*

Die Nieren in der heißen Butter flott sautieren und abtropfen. Die Schalotten mit dem Weißwein übergießen und zur Hälfte einkochen. Die Glace hinzugeben und, wenn sie geschmolzen ist, Zitronensaft und Petersilie beifügen. Mit 50 g Butter aufschlagen, mit den Nieren vermischen und in einer tiefen Schüssel anrichten.

RINDERNIEREN MIT CHAMPIGNONS — Rognon de bœuf aux champignons

6 Personen. *1 kg Nieren; 250 g rohe Champignonscheiben in Butter sautiert; 2 dl Champignonsauce; 1 dl Weißwein; gehackte Petersilie.*

Die Nieren sautieren und abtropfen. Den Bratsatz mit dem Weißwein ablöschen, auf ein Viertel einkochen, die Champignonscheiben und die Sauce beifügen und aufkochen. Abseits des Feuers mit den Nieren vermischen, anrichten und mit gehackter Petersilie bestreuen.

■ AUF WEINHÄNDLERART — Rognon de bœuf marchand de vin

6 Personen. *1 kg Nieren; 2 Schalotten, gehackt; 1 dl Rotwein; 100 g Fleischglace; 50 g Butter; Saft einer halben Zitrone; gehackte Petersilie.*

Die Nieren sautieren und abtropfen. Den Bratsatz mit dem Rotwein ablöschen, die Glace, Zitronensaft und Petersilie beifügen. Mit der Butter aufschlagen, mit den Nieren vermischen und anrichten.

RINDERPÖKELBRUST AUF ART DER SCHÖNEN FLÄMIN — Poitrine de bœuf salé Belle Flamande

6 Personen. *1 kg gepökelte Rinderbrust ohne Knochen; 200 g Mohrrüben; 200 g weiße Rüben; das Herz eines Weißkrauts; 200 g grüne Bohnen; 200 g Kochwurst; 600 g gutgeformte Salzkartoffeln; 4 dl Vincent-Sauce. Kochzeit: 2½-3 Stunden.*

Die Rinderbrust in kaltem Wasser ansetzen, zum Kochen bringen und abschäumen. Die Mohrrüben, weißen Rüben und das gebundene Kraut hinzugeben und langsam kochen lassen. Wenn das Gemüse gar ist, herausnehmen und mit etwas Fond warm halten. Die grünen Bohnen getrennt kochen. Das fertige Fleisch tranchieren, anrichten und mit den in schräge Scheiben geschnittenen Mohrrüben und weißen Rüben, der Kochwurst, den grünen Bohnen und den Kartoffeln garnieren. Mit einigen Löffeln des heißen Fonds übergießen und die Sauce nebenbei servieren. *(Siehe Bild auf Seite 359.)*

RINDSROULADEN — Paupiettes de bœuf ou oiseaux sans tête

6 dünne Scheiben aus der Hüfte oder Oberschale geschnitten, je 125 g; 6 dicke Streifen fetten Speck; 6 dicke Streifen rohen Schinken; 50 g Schweineschmalz; 2 Mohrrüben und 2 Zwiebeln in Scheiben; 1 dl Weißwein; 500 g geschälte, entkernte, grobgehackte Tomaten. Schmorzeit: ungefähr 1 Stunde 30 Minuten.

Die Fleischscheiben leicht klopfen, ausbreiten, jede mit einem Streifen Speck und Schinken belegen, zusammenrollen und binden. In heißem Schmalz auf allen Seiten anbraten, dabei die Zwiebel- und Mohrrübenscheiben hinzugeben. Das Fett aus dem Geschirr abgießen, Weißwein und Tomaten beifügen, zudecken und im Ofen langsam garschmoren. Die Rouladen herausnehmen, den Bindfaden entfernen, anrichten, die Sauce passieren, abschmecken und über das Fleisch gießen.

■ AUF MAILÄNDER ART — Paupiettes de bœuf à la milanaise

Die gleiche Zubereitung wie oben, dazu aber Makkaroni auf Mailänder Art servieren.

■ AUF PROVENZALISCHE ART — Paupiettes de bœuf à la provençale

Die gleiche Zubereitung wie oben, doch werden Speck und Schinken durch Bratwurstfarce, mit zerdrücktem Knoblauch und gehackter Petersilie vermischt, ersetzt; man rechnet 40-50 g Farce für jedes Röllchen. Die Sauce wird mit 250 g entsteinten, stark blanchierten, grünen Oliven ergänzt.

■ MIT RISOTTO — Paupiettes de bœuf au risotto

Die gleiche Zubereitung wie auf Mailänder Art, doch werden die Makkaroni durch Reis auf Piemonteser Art ersetzt.

RINDERZUNGE — Langue de bœuf

Vor jeder weiteren Zubereitung ist die Zunge von den knorpligen Teilen zu befreien. Sie wird frisch, gepökelt oder halb gepökelt verwendet. Gepökelte Zungen werden vor dem Gebrauch 24 Stunden gewässert, bei halbgepökelten genügen 8-10 Stunden, frische Zungen werden geschmort. Vor dem Schmoren blanchiert man sie 15 Minuten und zieht die Haut ab. Pökelzungen werden gekocht, die Haut wird nachträglich abgezogen.

■ **BIGARADE — Langue de bœuf bigarade**

6 Personen. *1 frische Zunge von 1 kg 500; 4 dl Bigaradesauce. Schmorzeit: ungefähr 3 Stunden.*

Die Zunge wird geschmort. Der Fond wird entfettet, eingekocht und unter die Bigaradesauce gemischt. Die angerichtete Zunge wird leicht mit Sauce nappiert und der Rest nebenbei serviert.

■ **AUF ELSÄSSISCHE ART — Langue de bœuf à l'alsacienne**

6 Personen. *1 frische Zunge von 1 kg 500; 1 kg 200 Sauerkraut, auf elsässische Art bereitet; 750 g Kartoffelpüree.*

Die Zunge schmoren und auf dem Sauerkraut anrichten. Das Kartoffelpüree und den entfetteten Fond nebenbei servieren.

■ **AUF FLÄMISCHE ART — Langue de bœuf à la flamande**

6 Personen. *1 halbgepökelte Zunge von 1 kg 500; 1 gedünsteten Weißkrautkopf; 6 schöne Mohrrüben und 6 weiße Rüben in Bouillon gekocht; 600 g schön geformte Salzkartoffeln. Schmorzeit: ungefähr 2 Stunden.*

Die Zunge schmoren, anrichten und mit den Gemüsen und den Kartoffeln garnieren. Den entfetteten, passierten Fond nebenbei servieren.

■ **AUF LIMOUSINER ART — Langue de bœuf à la limousine**

6 Personen. *1 frische Zunge von 1 kg 500; 20 glacierte Zwiebelchen; 1 kg Maronenpüree; 1 Kräuterbündel; 4 dl tomatierte Demi-glace. Kochzeit: ungefähr 3 Stunden.*

Die Zunge blanchieren, die Haut entfernen und in leicht gesalzenem Wasser mit dem Kräuterbündel kochen. Anrichten, mit den Zwiebelchen und dem Maronenpüree garnieren und die Sauce nebenbei servieren.

■ **MIT MADEIRA — Langue de bœuf au madère**

6 Personen. *1 halbgepökelte Zunge von 1 kg 500; 1 dl Madeira. Schmorzeit: ungefähr 2 Stunden.*

Die Zunge schmoren. Den Fond entfetten, passieren, mit dem Madeira 3-4 Minuten kochen und die Sauce nebenbei servieren. Man kann sie auch mit etwas Demi-glace einkochen.

■ **AUF RÖMISCHE ART — Langue de bœuf à la romaine**

6 Personen. *1 frische Zunge von 1 kg 500; 300 g Mohrrüben; 200 g weiße Rüben; 2-3 Lauchstauden; 1 gespickte Zwiebel; 4 dl römische Sauce. Kochzeit: ungefähr 3 Stunden.*

Die Zunge blanchieren, rafraichieren und mit den Gemüsen kochen, die man herausnimmt und warm hält, wenn sie gar sind. Anrichten, mit dem Gemüse garnieren und die Sauce nebenbei servieren.

ROASTBEEF, FLACHES, GEBRATEN — Contre-filet rôti

Das flache Roastbeef ohne Knochen wird nicht gespickt, aber gut pariert. Es ist empfehlenswert, die untere Seite zu bardieren, d. h. mit einer dünnen Scheibe fettem Speck zu versehen und zu binden. Die Bratzeit beträgt je Kilo ungefähr 12 Minuten, bei kleinen Stücken mehr.

RUMPSTEAK

Das Rumpsteak wird aus der Hüfte geschnitten, die gut abgelagert sein muß. Man kann es braten oder grillieren und mit allen Garnituren wie für Lendenschnitten und Zwischenrippenstücke anrichten.

RUMPSTEAK, GESTOWT — Rumpsteak à l'estouffade

6 Personen. *1 kg 200 Rumpsteak; 50 g Schweineschmalz; je 200 g Mohrrüben und Zwiebeln in Scheiben; $^1/_2$ l Weißwein; $^1/_2$ l Bouillon; 2 dl Demi-glace; 1 Kräuterbündel. Schmorzeit: 2-2$^1/_2$ Stunden.*

Das Fleisch in 6 dicke Scheiben schneiden und auf beiden Seiten in heißem Schmalz anbraten. Herausnehmen und die Gemüsescheiben in dem Schmalz leicht anrösten. Das Fett aus der Kasserolle abgießen, die Steaks wieder hineinlegen, mit dem Weißwein, der Bouillon und der Demi-glace angießen, leicht würzen und das Kräuterbündel hinzufügen. Ankochen, zudecken und im Ofen langsam gar werden lassen. Vor dem Servieren das Kräuterbündel herausnehmen und gut abfetten.

ZWISCHENRIPPENSTÜCK AUF BÉARNER ART — Entrecôte à la béarnaise

6 Personen. *2 Zwischenrippenstücke von je 450-525 g; 750 g Schloßkartoffeln; 3 dl Béarnaisesauce; 5 cl Fleischglace; Brunnenkresse. Bratzeit: 10-15 Minuten.*

Grillieren, auf einer Platte anrichten und leicht mit Glace bestreichen. Mit den Kartoffeln und der Kresse garnieren und die Sauce nebenbei servieren.

■ BERCY — Entrecôte Bercy

6 Personen. *2 Zwischenrippenstücke von je 450-525 g; 150 g Bercybutter; 5 cl Fleischglace; Brunnenkresse; Zitronensaft; gehackte Petersilie.*

Grillieren, leicht mit Glace bestreichen und auf einer langen Platte anrichten. Mit der Bercybutter übergießen, mit Zitronensaft beträufeln und mit gehackter Petersilie bestreuen. Die Kresse an die beiden Enden dressieren.

■ AUF BORDELAISER ART — Entrecôte à la bordelaise

6 Personen. *2 Zwischenrippenstücke von je 450-525 g; 12 pochierte Scheiben Rindermark; 3 dl Bordelaiser Sauce; Brunnenkresse.*

Grillieren, anrichten, auf jedes Stück 6 Markscheiben legen und leicht mit gehackter Petersilie bestreuen. Die Kresse an die beiden Enden der Platte dressieren. Die Sauce nebenbei servieren, doch kann man sie auch über das Fleisch gießen und dann erst das Mark mit Petersilie bestreuen.

■ MIT CHAMPIGNONS — Entrecôte aux champignons

6 Personen. *2 Zwischenrippenstücke von je 450-525 g; 250 g pochierte Champignons; 3 dl Demi-glace; 50 g Butter.*

Die Fleischstücke in Butter braten, herausnehmen und anrichten. Den Bratsatz mit dem Champignonfond ablöschen, die Demi-glace hinzugießen und die in Scheiben geschnittenen Champignons beifügen. Kurz durchkochen und über das Fleisch gießen. *(Siehe Bild auf Seite 359.)*

■ AUF FÖRSTERART — Entrecôte à la forestière

6 Personen. *2 Zwischenrippenstücke von je 450-525 g; 2 dl Kalbsjus; 5 cl Weißwein; 300 g Morcheln; 600 g gewürfelte, in Butter gebratene Kartoffeln; 150 g blanchierte, geröstete Speckwürfel; gehackte Petersilie.*

Das Fleisch in Butter braten, herausnehmen und anrichten. Sträußchenweise mit den Morcheln, Speckwürfeln und Kartoffeln garnieren und mit gehackter Petersilie bestreuen. Den Bratsatz mit dem Weißwein ablöschen, mit der Jus verkochen, entfetten und nebenbei servieren.

■ AUF HAUSHOFMEISTERART — Entrecôte grillée maître d'hôtel

6 Personen. *2 Zwischenrippenstücke von je 450-525 g; Brunnenkresse; 150 g wurstartig zusammengerollte, im Kühlschrank gefestigte Kräuterbutter.*

Grillieren, anrichten und mit Brunnenkresse garnieren. Die Kräuterbutter in dicke runde Scheiben schneiden und das Fleisch damit belegen.

ZWISCHENRIPPENSTÜCK MIT KRESSE — Entrecôte vert-pré

6 Personen. *2 Zwischenrippenstücke von je 450-525 g ; 600 g Strohkartoffeln ; Brunnenkresse ; 150 g Kräuterbutter.*

Grillieren, anrichten und mit den Kartoffeln und der Brunnenkresse garnieren. Mit der Kräuterbutter genau so wie für Haushofmeisterart belegen.

■ AUF LYONER ART — Entrecôte à la lyonnaise

6 Personen. *2 Zwischenrippenstücke von je 450-525 g ; 3 große, in Scheiben geschnittene Zwiebeln ; 5 cl zerlassene Fleischglace ; 1 dl Weißwein ; 1 Schuß Essig ; 50 g Butter ; gehackte Petersilie.*

Das Fleisch braten und auf langer Platte anrichten. Die Zwiebelscheiben in der Butter leicht bräunen, den Weißwein und die Glace beifügen, würzen und mit einem Schuß Essig abschmecken. Kurze Zeit dünsten, über das Fleisch geben und mit gehackter Petersilie bestreuen.

■ MIRABEAU — Entrecôte Mirabeau

6 Personen. *2 Zwischenrippenstücke von je 450-525 g ; 12-15 Sardellenfilets ; 6-8 gefüllte Oliven, halbiert ; 12 entsteinte, blanchierte Oliven ; 25 g Sardellenbutter ; Brunnenkresse.*

Das Fleisch grillieren und anrichten. Mit der Sardellenbutter bestreichen, die Filets überkreuz auflegen und dazwischen halbe, gefüllte Oliven stecken. Mit den blanchierten Oliven und der Brunnenkresse garnieren. *(Siehe Bild auf Seite 360.)*

■ AUF WEINHÄNDLERART — Entrecôte marchand de vin

6 Personen. *2 Zwischenrippenstücke von je 450-525 g ; 2 dl Rotvein ; 100 g feingehackte Schalotten ; 100 g Butter ; Saft einer halben Zitrone ; gehackte Petersilie.*

Mit wenig Butter braten und anrichten. Die Butter aus dem Geschirr abgießen, den Bratsatz mit Rotwein aufgießen, die Schalotten hinzugeben, würzen und mit dem Wein dünsten. Nachdem der Wein fast eingekocht ist, abseits des Feuers die Butter durch Schwenken unterziehen. Mit Zitronensaft und gehackter Petersilie vervollständigen und über das Fleisch gießen.

KALTE GERICHTE VON RINDFLEISCH

RAUCHFLEISCH — Bœuf fumé

Ist im Handel fertig zubereitet erhältlich.

RINDERFILET ROTHSCHILD — Filet de bœuf Rothschild

6 Personen. *900 g Filet ; 200 g Gänseleberpüree ; Trüffelscheiben ; $^3/_4$ l Portweingelee.*

Das Filet poelieren und erkalten lassen. In Scheiben von 1 cm Dicke schneiden, jede Scheibe mit Gänseleberpüree bestreichen, auf langer Platte zur ursprünglichen Form wieder zusammensetzen und dabei zwischen die Scheiben eine Trüffelscheibe legen. Gänzlich mit Gelee überglänzen und mit Geleedreiecken garnieren.

■ AUF RUSSISCHE ART — Filet de bœuf à la russe

6 Personen. *900 g Filet ; 6 Tomaten, mit russischem Salat gefüllt ; 3 dl Tatarensauce ; $^3/_4$ l Portweingelee.*

Das Filet poelieren und erkalten lassen. In Scheiben geschnitten wieder zusammensetzen und anrichten. Mit Gelee überglänzen, desgleichen die Tomaten. Mit den Tomaten und Geleedreiecken garnieren.

RINDERFILET IN DER WIEGE — Filet de bœuf en berceau

6 Personen. *900 g Filet; 150 g Gänseleber; 50 g Butter; 3 dl Madeira; Trüffelscheiben; Eiweiß; 1 l Madeiragelee.*

Das Filet rosa braten und erkalten lassen. Die Gänseleber durch ein Sieb streichen, mit der weichen Butter und dem Madeira würzen und mit Pastetengewürz abschmecken. Das Filet in 1 cm dicke Scheiben schneiden, jede glatt mit Gänseleberpüree bestreichen und zum Anziehen kalt stellen. Eine lange, unten halbrunde Form mit Gelee chemisieren. Nach dem Festwerden mit einem Motiv von Eiweiß und Trüffel dekorieren und noch mit etwas Gelee am Boden bedecken. Die Filetscheiben aufrecht hineinsetzen und die Form mit gerade stockendem Gelee füllen. Im Kühlraum festwerden lassen. In gleichmäßige Scheiben schneiden, dabei aber ein Stück ganz lassen, und beliebig anrichten. Man kann mit etwas gewürfeltem Gelee garnieren. *(Siehe Bild auf Seite 363.)*

■ AUF WINZERART — Filet de bœuf vigneronne

20 Personen. *1 Filet von ungefähr 2 kg 500; 1 kg Gänselebermus; 2 kg Pastetenteig; 2 kleine weiße und 2 kleine blaue Weintrauben; 1 Ei; $1^1/_2$ l Portweingelee. Backzeit: 1-$1^1/_4$ Stunden.*

Das Filet rasch auf allen Seiten anrösten und völlig erkalten lassen. Den Teig zu einem großen Rechteck von 5 mm Dicke ausrollen. Das Filet gänzlich mit Gänselebermus ziemlich dick bestreichen, in den Teig einschlagen, die Seiten nach unten falten und mit der Nahtseite nach unten auf ein Backblech setzen. Mit Ei bestreichen, mit überkreuz gelegten Teigstreifen garnieren und auch diese mit Ei bestreichen. Im ziemlich heißen Ofen backen, dabei nötigenfalls mit gefettetem Papier bedecken, damit die Oberseite nicht zu braun wird. Auskühlen. Mit einem scharfen Messer drei Viertel des Filets in Scheiben von 1 cm Dicke schneiden und mit Gelee überglänzen. Auf einer großen Platte mit dem ungeschnittenen Teil am Ende anrichten und mit den mit Gelee überglänzten Weintrauben und Geleewürfeln garnieren.

RINDFLEISCH AUF MODISCHE ART, KALTES — Bœuf à la mode en gelée

Das Fleisch genau so wie warm bereiten, jedoch einen Kalbsfuß und etwas mehr Schweineschwarten nehmen. Nach dem Erkalten das Fleisch, die Schwarten und die Kalbsfüße herausnehmen und die Zwiebeln und Mohrrüben gut abtropfen. Den Boden einer ovalen oder sonstigen Form mit Mohrrübenscheiben symmetrisch auslegen, das Fleisch in die Mitte setzen und mit dem Rest der Gemüse umkränzen. Man kann die in feine Streifen geschnittenen Kalbsfüße hinzugeben. Den Schmorfond gründlich entfetten und durch ein Tuch darüberpassieren. Festwerden lassen und erst am nächsten Tag stürzen. *(Siehe Bild auf Seite 364.)*

RINDERPÖKELZUNGE KARACHI — Langue de bœuf Karachi

6 Personen. *12 gleichgroße Scheiben Pökelzunge von je 60 g; 6 blindgebackene Tarteletts aus ungezuckertem Mürbeteig; 4 große, entsteinte, getrocknete Datteln; 150 g gekochten Reis; 1 kleine grüne Paprikaschote; 200 g geschälte, entkernte, gewürfelte Tomaten; 1 kleine Zwiebel; 1 hartgekochtes Ei; 2 dl Mayonnaise; $^3/_4$ l Gelee. Sauce: 2 dl Mayonnaise; 2 Eßlöffel ungesüßte Schlagsahne; 1 gehäufter Eßlöffel feingehackte Senffrüchte.*

Die Scheiben Pökelzunge zusammenfalten und halb übereinandergelegt im Kranze auf einer ovalen Platte anrichten. Jede Scheibe mit einer halben Eierscheibe derart belegen, daß der untere Teil des Eis mit der Schnittfläche der Zunge abschneidet. Von dem Reis, den gewürfelten Datteln und Tomaten Salat bereiten, d. h. erst kurze Zeit mit Essig, Öl, Salz und Pfeffer marinieren, dann mit Mayonnaise binden und kräftig mit Currypulver abschmecken. Den Salat in die Tarteletts füllen und mit feiner, kurzer Julienne von grüner Paprikaschote bestreuen. Tarteletts und Zungenscheiben mit Gelee überglänzen. Die Tarteletts im Kranz vor die Zungenscheiben dressieren und die Mitte der Platte mit gehacktem Gelee ausfüllen. *(Siehe Bild auf Seite 364.)*

RINDERPÖKELZUNGE AUF PRINZESSINART — Langue de bœuf princesse

6 Personen. *1 scharlachrote Zunge von 1 kg 500; 12 kleine Bündelchen Spargelköpfe; $^3/_4$ l Gelee.*

Eine lange Platte mit einem dünnen Geleespiegel versehen. Die Zunge in Scheiben von 3 mm Dicke schneiden und im Kranz auf die Platte dressieren. Mit dem Spargel garnieren. Zunge und Spargel mit Gelee überglänzen. *(Siehe Bild auf Seite 363.)*

SCHARLACHROTE ZUNGE — Langue de bœuf à l'écarlate

8-10 Personen. *1 Zunge von etwa 2 kg; 75 g Gelatine.*

Die gekochte Pökelzunge nach dem Garwerden sofort enthäuten und in geöltes Papier einwickeln, um das Dunkelwerden der Außenseite zu verhindern; empfiehlt sich für warme oder kalte Pökelzungen. Nach dem Erkalten mit Gelatine, mit wenig Wasser aufgelöst und mit Karamel und einigen Tropfen Karmin gefärbt, dick bestreichen und festwerden lassen.

TROCKENFLEISCH — Bœuf séché

In der Schweiz und in Italien wird das zuvor einige Tage gepökelte Rindfleisch mehrere Monate der Gebirgsluft ausgesetzt, indem man es im Freien aufhängt, besonders in den Kantonen Wallis und Graubünden und im Veltlin. Das Fleisch wird ganz hart und muß mit einem Spezialhobel in hauchdünne Scheiben geschnitten werden. Man richtet es als Vorspeise oder in Verbindung mit kaltem Fleisch an. Im allgemeinen rechnet man 100 g je Person.

TATAR-BEEFSTEAK — Beefsteak Tartare

Je Person. *150-175 g Schabefleisch; 2 Sardellenfilets; 1 Eigelb.*

Das Fleisch mit Salz und Pfeffer würzen und zu einem dicken, runden Steak formen. Mit 2 Sardellenfilets belegen und das Eigelb in einer Vertiefung in die Mitte des Steaks füllen oder in einer halben Schale nebenbei geben. Im allgemeinen reicht man dazu gehackte Petersilie, feingehackte Zwiebeln und Kapern, in kleine, halbe Tomaten oder Gurkenringe gefüllt. Man kann als weitere Würze auch Ketchup und Worcestershire-Sauce anbieten.

AUSLÄNDISCHE SPEZIALGERICHTE

BEEFSTEAK PIE — Rindfleischpastete

8 Personen. *1 kg mageres Rindfleisch; 300 g Kartoffeln; 75 g gehackte Zwiebeln; 400 g Blätterteig. Backzeit: $1^1/_2$ Stunden für Filet, $2^1/_2$ Stunden für Fleisch aus der Keule.*

Das Fleisch in Scheibchen von 1 cm Dicke schneiden und damit eine Pieschüssel oder eine Backschüssel auslegen. Die in Würfel geschnittenen Kartoffeln und die Zwiebeln in die Mitte füllen, mit Salz, Pfeffer und einer Prise Muskatnuß würzen und mit Wasser aufgießen, daß alles knapp bedeckt ist. Den Rand der Schüssel anfeuchten, mit einem Streifen Blätterteig befestigen, wiederum anfeuchten und mit Blätterteig abdecken. Den überflüssigen Teig am Rand abschneiden, in der Mitte der Decke einen Kamin zum Dampfabzug machen, mit Ei bestreichen, mit Teigblättchen usw. dekorieren, ebenfalls mit Ei bestreichen und erst im heißen Ofen anbacken. Mit einem gefetteten Papier bedecken und bei abgedrosselter Hitze fertigbacken. *(Großbritannien)*

BEEFSTEAK AND KIDNEY PIE — Rindfleisch- und Nierenpastete

Genau so wie oben bereiten, die Kartoffeln aber durch 300 g in Scheiben geschnittene Nieren (Rind, Kalb oder Hammel) ersetzen. *(Großbritannien)*

BITOK NOWGORODSKI — Nowgoroder Bitoks

6 Personen. *600 g feingehacktes Lendenfleisch (Kopf oder Spitze); 100 g eingeweichte und gut ausgedrückte weiße Brotkrume; 125 g Butter; 1 halbe, gehackte, in Butter gedünstete Zwiebel; 2 Zwiebeln; $^1/_4$ l Madeirasauce; Reibbrot; 600 g Bratkartoffeln. Bratzeit: 6-8 Minuten.*

Das Fleisch mit dem Brot, den gedünsteten Zwiebeln und 50 g Butter gut vermengen. Würzen und davon abgeflachte Kugeln von ungefähr 60 g formen und in Reibbrot wenden. In Butter braten, mit Madeirasauce umgießen und mit gebackenen Zwiebelringen bedecken. Einen Teil der Sauce und die Bratkartoffeln nebenbei servieren. *(Rußland)*

CARBONADES DE BŒUF À LA FLAMANDE — Flämische Karbonaden

Die Steaks würzen und auf beiden Seiten gut in dem Schmalz anbraten. Herausnehmen und in demselben Schmalz die in dünne Scheiben geschnittenen Zwiebeln sautieren, bis sie hellgelb sind. Auf den Boden einer flachen Kasserolle die Hälfte der Zwiebeln geben, die Steaks darauflegen, mit den restlichen Zwiebeln bedecken und mit dem Bier aufgießen. Ankochen, das Kräuterbündel beifügen, mit der Demi-glace auffüllen und, zugedeckt, langsam im Ofen garschmoren. Dazu Salzkartoffeln servieren. *(Belgien)*

CHOESELS À LA BRUXELLOISE — Brüsseler Choesels

8 Personen. *1 Ochsenschwanz ; 1 kg 500 Hammelbrust ; 4 der Länge nach gespaltene Hammelfüße ; 4-6 Bauchspeicheldrüsen (choesels) ; 1 kg 500 Kalbsbrust ; 2 Kalbsmilcher ; $^1/_2$ Rinderniere in dicken Scheiben ; 1 große Zwiebel ; 1 großes Kräuterbündel ; 3 Gewürznelken ; 8 Pfefferkörner ; $^1/_4$ l Bier oder Madeira ; 1 l Bouillon. Schmorzeit : 3-3$^1/_2$ Stunden.*

Den Ochsenschwanz in den Gliedern teilen und in Butter anrösten. Die gehackte Zwiebel beifügen, anlaufen lassen, mit Wasser oder Bouillon aufgießen und 45 Minuten schmoren. Die Hammel- und die Kalbsbrust, in Stücke von ungefähr 4 cm geteilt, das Kräuterbündel, Nelken und Pfefferkörner hinzugeben und weitere 30 Minuten kochen lassen, wobei alles gut mit Bouillon oder Wasser bedeckt sein muß. Bauchspeicheldrüsen, Kalbsmilch und die halbe Niere dazutun und bei mäßiger Hitze 1 Stunde 45 Minuten schmoren lassen. Zuletzt noch einige rohe Champignons, das Bier oder Madeira hinzugeben, weitere 15 Minuten kochen und mit einer Prise Cayennepfeffer würzen. Abschmecken und sehr heiß mit Salzkartoffeln servieren. *(Belgien)*

FILET NISCHNIJ NOWGOROD

6 Personen. *600 g Rinderfilet, in grobe Streifen geschnitten ; 240 g mageren Bauchspeck in Streifen ; 400 g Zwiebelscheiben ; 300 g gekochte, in Scheiben geschnittene Steinpilze ; 200 g geschälte Salzgurken in groben Streifen ; 300 g konservierte rote Rüben in groben Streifen ; 40 g Butter ; 6 Eßlöffel Fond von eingelegten roten Rüben ; 6 Eßlöffel OK-Sauce ; 6 Eßlöffel dicke Smetana ; grobgehackte Petersilie. Bratzeit der Streifen : 2-3 Minuten.*

Den Speck blanchieren, abgießen und zusammen mit den Zwiebelscheiben in Butter braten, bis diese zusammenfallen. Unter fortwährendem Umrühren die Steinpilze, Gurken und roten Rüben hinzugeben, bis alles zu braten beginnt. Mit dem Fond der roten Rüben aufgießen und bei scharfer Hitze wieder bis zum Braten andünsten. Die Filetstreifen bei lebhafter Hitze kurz blutig braten, würzen und mit den anderen Bestandteilen vermischen. Anrichten, mit der OK-Sauce begießen und die Smetana in Flocken darübergeben. Mit gehackter Petersilie bestreuen. *(Rußland)*

FONDUE BOURGUIGNONNE

6 Personen. *900 g flaches Roastbeef oder Schwanzspitze ; $^1/_2$ l Öl ; Saucen : Mayonnaise, Aurora, Senf, Remoulade, Curry, Vinaigrette, Ketchup usw.*

Das rohe Fleisch in Würfel von ungefähr 1$^1/_2$ cm schneiden. Auf einem elektrischen Rechaud oder einer Spirituslampe das Öl bis zum Siedepunkt erhitzen. Ein Stück Fleisch auf einen Holzspieß stecken, kurze Zeit in das siedende Öl tauchen, herausnehmen, in die gewünschte Sauce tauchen und auf den Teller legen. Keine Gabeln zum Eintauchen benutzen, es sei denn, daß sie einen langen Holzgriff haben, um schmerzhafte Verbrennungen zu vermeiden. Dazu eingelegte Perlzwiebeln, Cornichons, rote Rüben, Gemüse auf griechische Art usw. servieren. *(Schweiz)*

MANZO BRASATO — Schmorbraten auf italienische Art

10 Personen. *2 kg Rinderschwanzstück oder -spitze ; 200 g fetten Speck ; $^1/_2$ l Rotwein ; 1 dl Öl ; 50 g Tomatenmark ; 2 Mohrrüben ; 2 Zwiebeln ; 2 Stengel Bleichsellerie ; Salbei ; Rosmarin ; 10 mittelgroße Zwiebeln zur Garnitur. Schmorzeit : 2$^1/_2$-3 Stunden.*

Das Fleisch lardieren und in der Mitte eine Öffnung machen, die groß genug ist, um eine längliche Mohrrübe hineinzustecken. Mit dem Rotwein, Salbei und Rosmarin 2 Tage lang marinieren. Abwischen, in Öl auf allen Seiten anbraten, die beiden Zwiebeln, eine Mohrrübe und den Sellerie, alles in Scheibchen geschnitten, hinzufügen und mit anlaufen lassen. Den Wein der Marinade aufgießen, etwas einkochen und das Tomatenmark, mit genügend Wasser vermischt, um das Fleisch

▲ Rinderfilet Wellington, S. 347

Rinderfilet Richelieu, S. 346 ▼

▲ Geschmortes Rindfleisch auf italienische Art, S. 365

Geschmortes, lardiertes Rindfleisch, S. 347 ▼

▲ Pökelrinderbrust nach der schönen Flämin, S. 350

Zwischenrippenstück mit Champignons, S. 352 ▼

▲ Zwischenrippenstück Mirabeau, S. 353

Lendenschnitten Clamart, S. 341 ▼

▲ Chateaubriand vom Rost, S. 343

Grillierte Lendenschnitten, garniert, S. 340 ▼

▲ Lendenschnitten Masséna, S. 342

Lendenschnitten Rossini, S. 343 ▼

▲ Glaciertes Rinderfilet in der Wiege, S. 354

Kalte Rinderpökelzunge auf Prinzessinart, S. 354 ▼

▲ Schmorfleisch auf modische Art, kaltes, S. 354

Rinderpökelzunge Karachi, S. 354 ▼

zu bedecken, dazugeben. Zudecken und im Ofen garschmoren. Herausnehmen, den Fond mitsamt dem Gemüse durch ein Sieb streichen, die Sauce abschmecken und nötigenfalls leicht legieren. Mit den gedünsteten, glacierten Zwiebeln und Salzkartoffeln garnieren. *(Italien)* *(Siehe Bild auf Seite 358.)*

MARHA GULYAS — Ungarisches Gulasch

6 Personen. *1 kg 200 Blume oder Schwanzstück, in grobe Würfel geschnitten ; 500 g Zwiebelscheiben ; 60 g Schweineschmalz ; 1 zerdrückte Knoblauchzehe ; 1/4 Teelöffel gestoßenen Kümmel ; 1/2 Teelöffel Rosenpaprika ; 1 starke Prise Majoran ; 100 g Tomaten ; 500 g Kartoffeln ; 250 g Nudelteig ; 2 grüne Paprikaschoten. Schmorzeit : ungefähr 2 1/2 Stunden.*

Die Zwiebeln in dem heißen Schmalz goldgelb anrösten. Das Fleisch hinzugeben, gut anlaufen lassen, mit dem Majoran, Kümmel, Knoblauch, Salz, Paprika und einer Prise Pfeffer würzen, die kleingeschnittenen Tomaten und die in Streifen geschnittenen Paprikaschoten beifügen. So lange dünsten, bis das Fleisch Saft zieht. Sobald der Saft eingekocht ist und das Fleisch zu braten beginnt, ein bis zwei Löffel Wasser, doch nicht mehr, zugießen. Ist das Fleisch halbgar, die grobgewürfelten Kartoffeln hinzugeben und alles zusammen weichdünsten. Kurz vor dem Servieren noch Csipetke beifügen.
Csipetke. Den Nudelteig dünn ausrollen, mit der Hand in kleine Stücke zerreißen, in Salzwasser kochen, gut abtropfen und in das heiße Gulasch geben. *(Ungarn)*

MITITEI — Fleischwürstchen

6 Personen. *600 g rohes, gehacktes Rindfleisch; 2 große zerdrückte Knoblauchzehen; 2 dl heiße Bouillon ; Natron. Bratzeit : 5-6 Minuten.*

Das Fleisch mit Salz, Pfeffer, Thymian, Neugewürz und dem Knoblauch würzen. Die heiße Bouillon und eine starke Prise Natron hinzugeben, alles gut durcharbeiten und in 24 Stücke teilen. Von diesen korkenförmige Würstchen von ungefähr 6 cm Länge und 2 1/2 cm Dicke formen, ölen und auf dem Rost braten. Heiß mit eingelegten grünen Paprikaschoten servieren. *(Rumänien)*

PERISOARE CU VERDATURI — Grüne Fleischbälle

6 Personen. *600 g schieres Rindfleisch; 300 g schieres Schweinefleisch; 2 gehackte, in Butter gedünstete und erkaltete Zwiebeln ; 50 g gehackten Spinat, vermischt mit 25 g gehackten Kräutern (Petersilie, Dill, Kerbel, Estragon) ; 100 g Butter ; 1/4 l Demi-glace ; 1 dl Smetana. Dünstzeit : 12-15 Minuten.*

Das Fleisch durch die mittelfeine Scheibe der Fleischmaschine drehen, mit den kalten, zuvor in Butter gedünsteten Zwiebeln vermischen, mit Salz und Pfeffer würzen und von der Masse Kugeln in reichlich Walnußgröße formen. Den Spinat und die Kräuter nicht zu fein hacken und die Fleischkugeln darin wenden, damit sie auf allen Seiten gut bedeckt sind. In einem Sautoir die Butter heißwerden lassen und die Kugeln darin langsam mehr dünsten als braten. Nachdem sie an allen Seiten gut angegangen sind, die Demi-glace beifügen, damit noch einige Minuten durchkochen und in einer tiefen Schüssel anrichten. Dazu recht dicken, sauren Schmant servieren. *(Rumänien)*

PRESSED BEEF — Gepreßte Pökelrinderbrust

Ein oder mehrere dicke Stücke Pökelrinderbrust ohne Knochen werden 12 Stunden gewässert und dann in Wasser ohne Salz recht weich gekocht. Sie werden gut abgetropft, noch heiß in eine rechteckige Form gepreßt, in der sie auskühlen müssen. Nach dem Erkalten überzieht man sie mit etwas fest gehaltenem Gelee, läßt es anziehen und schneidet die Rinderbrust in nicht zu dünne Scheiben. Man richtet sie mit krauser Petersilie an. Man könnte dazu eine Vinaigrette oder Ravigotesauce servieren, doch ist das nicht üblich. *(Großbritannien)*

STEWED STEAK AND CARROTS — Geschmorte Steaks mit Mohrrüben

6 Personen. *900 g Rumpsteak ; 75 g Zwiebelscheiben ; 750 g Mohrrüben ; 50 g Fett ; 50 g Tomatenmark ; 600 g Kartoffeln ; 30 g Mehl. Schmorzeit : ungefähr 2 1/2 Stunden.*

Das Fleisch in schräge, dicke Scheiben von ungefähr 75 g schneiden und in dem heißen Fett auf beiden Seiten anbraten. Herausnehmen. In dem Fett die Zwiebelscheiben hellgelb anrösten, mit dem Mehl bestäuben, etwas anrösten und mit dem Tomatenmark vermischen und mit Wasser aufgießen. Das Fleisch hineingeben, würzen und 1 Stunde, zugedeckt, schmoren. Die in dicke Stäbchen geschnittenen Mohrrüben hinzufügen und alles zusammen garschmoren. Abfetten, abschmecken, anrichten und die Salzkartoffeln nebenbei servieren. *(Großbritannien)*

SUKIYAKI

4 Personen. *600 g dünne Scheiben Rinderfilet oder flaches, pariertes Roastbeef; 100 g weiße Rüben, blättrig geschnitten; 80 g Karotten, blättrig geschnitten; 50 g Zwiebelscheiben; 50 g Lauch in dünnen Scheiben; 60 g frische Spinatblätter; 60 g Sojabohnensprossen; 100 g getrocknete, eingeweichte, in Streifen geschnittene und gekochte japanische Pilze; 100 g Shirataki (Glasnudeln); 60 g gezupftes Kalbsfett; 4 aufgeschlagene Eier; Konomono (eingelegte, süße, scharfe oder sauer eingelegte Gemüse und Früchte, ähnlich der Pickles); Togarashi (japanisches Gewürz); 1 Teelöffel Zucker; 1/4 l Sukiyaki-Sauce.*

Sukiyaki-Sauce. Eine mittelgroße, in Scheiben geschnittene Mohrrübe, 3 eingeweichte und kleingeschnittene Tung-Ku-Pilze und ein Stück Kobu (eine Seetangsart) mit 2 dl Wasser 10 Minuten kochen und über 1 Eßlöffel geraspelten Katzuo (getrockneter Thunfisch) passieren; es müssen 15 cl Flüssigkeit übrigbleiben. Diese Flüssigkeit mit 1 dl feiner, japanischer Soja und 2 Eßlöffel Sake (Reiswein) vermischen. In die Mitte eines runden Tisches eine Sukiyaki-Pfanne auf einen kleinen Holzkohlenofen stellen; man kann auch einen Rechaud mit einer passenden Pfanne nehmen. Wenn die Pfanne heiß ist, das gezupfte Kalbsfett hineingeben, etwas ausbraten lassen, den Zucker und die Hälfte der vorbereiteten Sauce dazutun; die andere Hälfte wird bei Bedarf hinzugegossen. Jeder Gast legt in seinem Teil der Pfanne je nach Wunsch entweder Fleisch oder Gemüse in die heiße Sauce, macht es nach Belieben gar und würzt mit Togarashi. Während der Gast die Gemüseteile mit den Stäbchen über der Reisschale (körniggekochter Reis wird stets zum Sukiyaki serviert) direkt ißt, werden die garen Fleischscheiben erst in das aufgeschlagene Ei getaucht, ehe man sie zum Mund führt. Die Konomono-Beilagen ißt man wahllos zwischendurch. Neben dem grünen Tee, der niemals fehlen darf, trinkt man noch erwärmten Sake. *(Japan)*

KALBFLEISCH

ZUBEREITUNGSDAUER

Kalbsnuß	30-35 Minuten je Kilo	
Kalbsrücken	30 Minuten je Kilo	
Kalbsnierenbraten	35 Minuten je Kilo	
Kalbsfilet 500-600 g	20-25 Minuten	
Kalbshachse	1¾ Stunden	
Kalbskotelett 175 g	5-7 Minuten jede Seite	je nach Dicke
Kalbsschnitzel	3-4 Minuten jede Seite	dünne
Kalbsschnitzel, paniert	4-5 Minuten jede Seite	
Kalbsleber, Scheiben von 1 cm Dicke .	2 Minuten jede Seite	blutig gebraten
Kalbsmilch	Blanchieren: 5 Minuten Dünsten: 30-35 Minuten	
Kalbshirn	Pochieren: 8-10 Minuten	nach dem ersten Aufstoßen
Kalbsbrust, gefüllt	1½ Stunden	
Kalbsragout	1½ Stunden	
Weißgericht von Kalbfleisch (Blanquette)	1½ Stunden	

GEFÜLLTE KALBSBRUST — Poitrine de veau farcie

6 Personen. *1 kg 250 Kalbsbrust; 500 g Bratwurstfleisch; 1 große gehackte Zwiebel; 1 Teelöffel gehackte Kräuter; 1 Ei; 2 Mohrrüben; 2 Zwiebeln; 30 g Schweineschmalz. Schmorzeit: etwa 2 Stunden.*

Die flachen Knochen entfernen und die Brust an der Seite, und zwar in der Mitte derart mit einem scharfen Messer öffnen, daß eine taschenartige Öffnung entsteht. Das Bratwurstfleisch mit den Kräutern, der kalten, zuvor in Butter gedünsteten Zwiebel und 1 Ei mischen, würzen, in die Öffnung füllen und diese zunähen. Eine passende Pfanne mit dem Schmalz ausstreichen, die in Scheiben geschnittenen Zwiebeln und Mohrrüben hineingeben, die gefüllte Brust darauflegen, leicht salzen, mit ganz wenig Butter bestreichen und in den Ofen stellen. Wenn sie gut gebräunt ist, mit ½ l Bouillon oder Wasser aufgießen und bei mäßiger Hitze garmachen, dabei ab und zu übergießen. Nach dem Garwerden herausnehmen, mit einem scharfen Messer tranchieren, den Fond entfetten, leicht mit Stärkemehl abziehen und über das Fleisch gießen. Dazu eine beliebige Gemüsegarnitur servieren.

KALBSFILET — Filet de veau

Die Filets parieren, größere im Ofen, kleinere auf dem Grill braten. Man kann es mit fast allen Gemüsen garnieren. Bratzeit je nach Größe ungefähr 20 Minuten.

KALBSFILET IN DER KRUSTE — Filet de veau en croûte

6 Personen. *2 Filets von je 600 g; 400 g Gänseleberpüree; 300 g pochierte Champignons in Scheiben; 1-1 kg 200 Pastetenteig; 1 Eigelb; 3 dl Madeirasauce. Backzeit: 1 Stunde.*

Die Filets würzen und rasch auf allen Seiten anbräunen. Abkühlen. Den Teig zu zwei Rechtecken von 4 mm Dicke ausrollen. In die Mitte eines jeden Rechtecks einige Champignonscheiben streuen. Die Filets mit Gänseleberpüree gänzlich bestreichen, je eines auf ein Rechteck legen und mit den restlichen Champignonscheiben bedecken. Die Filets in den Teig einschlagen, bescheiden mit Teigblättchen dekorieren, mit Eigelb bestreichen und im heißen Ofen backen. *(Siehe Bild auf Seite 379.)*

KALBSFRIKANDEAU MIT SAUERAMPFER — Fricandeau à l'oseille

6 Personen. *1 kg Frikandeau; 100 g Spickspeck; 2 Mohrrüben und 2 Zwiebeln in Scheiben; 1 Kräuterbündel; $^1/_2$ l Bouillon; 1 kg 500 Sauerampferpüree, mit Sahne angemacht; 40 g Butter. Schmorzeit: $1^1/_2$ Stunden.*

Das Frikandeau lardieren und in heißer Butter zusammen mit den Mohrrüben- und Zwiebelscheiben leicht anrösten. Würzen, mit der Bouillon aufgießen, das Kräuterbündel hinzugeben und zugedeckt im Ofen langsam garschmoren. Auf dem Sauerampferpüree anrichten und mit dem entfetteten und um die Hälfte eingekochten Fond übergießen.

KALBSFRIKASSEE — Fricassée de veau

Das Frikassee hat eine gewisse Ähnlichkeit mit dem Weißgericht von Kalb (Blanquette), denn das Fleisch und die Zutaten sind die gleichen. Der Unterschied besteht darin, daß das Fleisch nicht erst gekocht, sondern sogleich in Butter steif gemacht wird, wobei es sich nicht verfärben darf. Es wird mit Mehl bestäubt, gut durchgemischt, mit heller Bouillon oder Wasser aufgegossen, ein Kräuterbündel hinzugegeben, gewürzt und langsam nicht zu weich gekocht. Zum Schluß wird mit Eigelb und Sahne legiert. Das Frikassee kann mit Champignons, kleinen Zwiebeln, grünen Erbsen, jungen Karotten, Spargelköpfen, Sellerie u. a. m. garniert werden. Zuweilen serviert man es auch in einer mit Tomatenpüree vermischten Sauce. Die übliche Beigabe ist Butterreis.

KALBSFÜSSE, GEFÜLLTE, AUF ROUENER ART — Pieds de veau farcis à la rouennaise

6 Personen. *3 gekochte Kalbsfüße; 500 g feines Bratwurstfleisch; 75 g gehackte, in Butter gedünstete Zwiebel; 1 Eßlöffel gehackte Petersilie; 1 Ei; 12 Stückchen Schweinsnetz; Öl; 4 dl Rouener Sauce. Bratzeit: 8-12 Minuten.*

Man kann hierfür Kalbsfüße nehmen, die zum Bereiten von Gelee gedient haben. Die Füße vollständig entknöcheln und der Breite nach in zwei Stücke teilen; sie sind ohnehin schon der Länge nach gespalten. Von dem Bratwurstfleisch, der gehackten Zwiebel, der Petersilie und dem Ei Farce bereiten und gut würzen. Ein viereckiges Stück Schweinsnetz nehmen, in die Mitte etwas Farce geben, darauf ein Stück Kalbsfuß legen, mit Farce bedecken, in das Netz einhüllen und mit geschlagenem Ei und weißem Panierbrot panieren. Mit Öl beträufeln und bei guter Hitze grillieren oder im Ofen braten. Dazu Rouener Sauce servieren.

KALBSGRENADINS — Grenadins de veau

6 Personen. *6 Grenadins von je 150 g; 50 g Spickspeck. Schmorzeit: ungefähr 30 Minuten.*

Grenadins sind eine Art von Medaillons, die man aus dem Frikandeau schneidet, mit Speckstreifen überkreuz spickt und schmort. Man richtet sie auf Croutons an und kann dazu die gleichen Garnituren wie für Kalbsschnitzel servieren.

KALBSHACHSE AUF MAILÄNDER ART — Jarret de veau à la milanaise

6 Personen. *6 Stückchen Kalbshachse von ungefähr 350 g; 300 g Reis; 6 Tomaten; 400 g frische grüne Erbsen; $^1/_2$ l braunen Fond. Dünstzeit: $1^1/_2$ Stunden.*

Die Hachsenstücke in der Jus langsam weichdünsten. Anrichten und mit den gedünsteten Tomaten, den gekochten grünen Erbsen und dem in Becher gedrückten Reis (als Risotto gekocht) garnieren. Den entfetteten Fond nebenbei servieren.

KALBSKNORPEL AUF BAUERNART — Tendrons de veau à la paysanne

6 Personen. *1 kg 200 Kalbsbrustknorpel; 2 Mohrrüben und 2 Zwiebeln in Scheiben; 1 Kräuterbündel; 1/4 l Kalbsjus. Garnitur: 350 g Mohrrüben; 150 g weiße Rüben; 2 Stengel Bleichsellerie; 250 g kleinere Zwiebeln. Schmorzeit: ungefähr 2 Stunden.*

Die Brustknorpel auf ein Bett von Mohrrüben- und Zwiebelscheiben legen, leicht anlaufen lassen, würzen und mit der Jus und mit Wasser bis zur Höhe aufgießen. Zugedeckt im Ofen dünsten und dabei mehrmals mit dem Fond übergießen. Die Mohrrüben, weißen Rüben, Sellerie und Zwiebeln blättrig schneiden und mit ganz wenig Butter und einer Prise Salz, zugedeckt, im Ofen bei mäßiger Hitze dünsten. Sobald die Knorpel gar sind, herausnehmen und zu dem Gemüse geben. Den Fond gut abfetten, passieren, über die Knorpel gießen und diese zusammen mit dem Gemüse noch einige Minuten dünsten. Man kann noch grüne Erbsen, Vierecke von grünen Bohnen und kleine, geformte Kartoffeln hinzufügen. *(Siehe Bild auf Seite 382.)*

KALBSKOPF — Tête de veau

Die Hauptbedingung beim Kalbskopf ist, daß er schön weiß serviert wird. Den Kopf erst lange Zeit unter fließendem Wasser wässern, dann entbeinen, in kaltem Wasser ansetzen und 5-6 Minuten blanchieren. Vollständig rafraichieren, von außen gründlich mit Zitrone einreiben und in viereckige Stücke schneiden. Diese Stücke in Mehlwasser (Blanc) ansetzen, d. h. Wasser, in dem, solange es noch kalt ist, einige Löffel Mehl gründlich verrührt worden sind. Dem Mehlwasser je 1-2 Mohrrüben und Zwiebeln, 1 Kräuterbündel, Salz, einige Pfefferkörner und das Fleisch einer Zitrone ohne Kerne oder Schale beifügen; bis zum Aufkochen einige Male durchrühren, damit das Mehl nicht ansetzt. Den Kalbskopf mit einem Tuch bedecken, jedoch ohne Deckel kochen, da die Flüssigkeit wie Milch steigt. Die Zunge mit dem Kopf, das Hirn jedoch separat kochen. Kochzeit: etwa 1½ Stunden. Der Kopf muß gar, jedoch noch etwas fest sein. Man kann ihn am Tage zuvor kochen, muß ihn jedoch im Fond aufbewahren, da er im Kontakt mit der Luft dunkel wird.

■ AUF SCHILDKRÖTENART — Tête de veau en tortue

6 Personen. *1 kg Kalbskopf; 150 g Champignonköpfe; 12 kleine Kalbfleischklößchen; 100 g entsteinte Oliven; 6 sehr kleine, blanchierte Pfeffergurken; 1/2 l tomatierte Demi-glace; 6 gebackene Eier; 6 herzförmige, gebackene Croutons; 6 Trüffelscheiben; 5 cl Madeira; 1 Teelöffel Schildkrötenkräuter.*

Die Schildkrötenkräuter in dem heißen Madeira ausziehen lassen und durch ein Tuch passieren. Die pochierten Champignons, Kalbfleischklößchen, Trüffelscheiben, blanchierten Oliven und Pfeffergürkchen in dem Madeira erhitzen, den Madeira einkochen, den in Vierecke geschnittenen, heißen, gut abgetropften Kalbskopf hinzugeben und alles mit der Demi-glace binden. Alles in einer ovalen russischen Platte anrichten, mit den gebackenen Eiern und den Croutons garnieren und recht heiß servieren.

■ VINAIGRETTE — Tête de veau vinaigrette

6 Personen. *1 kg gekochten Kalbskopf; 1 kleine gekochte Kalbszunge; 1 pochiertes Kalbshirn; 1/4 l Vinaigrette vermischt mit 1 hartgekochten, gehackten Ei; je 1 Schüsselchen gehackte Petersilie, Kapern und gehackte Zwiebeln.*

Die heißen Kalbskopfstücke zusammen mit der in Scheiben geschnittenen Zunge und Kalbshirn anrichten und mit Petersilie garnieren. Die Sauce und die Garnitur nebenbei servieren.

KALBSKOTELETTS AUF BAUERNART — Côtes de veau à la paysanne

6 Personen. *6 Koteletts zu je 175 g; 500 g Mohrrüben; 250 g weiße Rüben; 2 Zweige Staudensellerie; 200 g grüne Bohnen; 1/4 l Kalbsjus; 1 Zwiebel. Zubereitung: 25-35 Minuten.*

Mohrrüben, weiße Rüben, Sellerie und Zwiebeln dünnblätterig schneiden und in Butter dünsten. Die gewürzten, gemehlten und auf beiden Seiten in Butter gebräunten Koteletts auf das Gemüse legen, mit der Jus auffüllen, würzen und zugedeckt gardünsten. Beim Servieren noch einige in Rauten geschnittene und separat gekochte grüne Bohnen hinzugeben.

KALBSKOTELETTS MIT BRUNNENKRESSE — Côtes de veau vert-pré

4 Personen. *4 Koteletts zu je 175 g; 600 g Kartoffeln; 80 g Kräuterbutter; Brunnenkresse. Bratzeit: 12 Minuten.*

Die Koteletts, mit Butter bestrichen, grillieren. Anrichten, mit halbflüssiger Kräuterbutter bedecken und mit Brunnenkresse und Strohkartoffeln garnieren. *(Siehe Bild auf Seite 379.)*

■ CHENONCEAUX — Côtes de veau Chenonceaux

6 Personen. *6 Koteletts von je 160 g; 12 Scheiben Pökelzunge von je 20 g; 50 g gehobelte Mandeln; 100 g Butter; 3 dl Madeirasauce; 800 g Macairekartoffeln.*

Die Koteletts in Butter braten und die Zungenscheiben in Butter leicht erhitzen. Die Koteletts anrichten, jedes mit zwei halb übereinandergelegten Zungenscheiben bedecken und mit Madeirasauce nappieren. An ein Ende gehobelte Mandeln streuen. Die Kartoffeln separat servieren. *(Siehe Bild auf Seite 382.)*

■ AUF ENGLISCHE ART — Côtes de veau à l'anglaise

Je Person 1 Kotelett von 175 g.

Das Kotelett panieren, in Butter braten und anrichten. Mit Zitronensaft beträufeln und mit der Bratbutter übergießen.

■ MIT FEINEN KRÄUTERN — Côtes de veau aux fines herbes

6 Personen. *6 Koteletts von je 175 g; $1^1/_2$ dl Weißwein; 75 g gehackte Petersilie; Kerbel und Estragon; 100 g Butter; 50 g Fleischglace.*

Die Koteletts würzen, mehlen und auf beiden Seiten braten. Anrichten. Den Bratsatz mit dem Weißwein ablöschen, die Fleischglace und die gehackten Kräuter hinzugeben. Abseits des Feuers mit der restlichen Butter aufschlagen und über die Koteletts gießen.

■ AUF HAUSHÄLTERINART — Côtes de veau à la ménagère

6 Personen. *6 Koteletts zu je 175 g; 30 kleine Zwiebelchen. 300 g junge Karotten; 450 g neue Kartoffeln; $1^1/_2$ dl Weißwein. Zubereitung: 30-40 Minuten.*

Die Koteletts würzen, mehlen, auf beiden Seiten anbraten und in ein geeignetes Geschirr zusammen mit den halbgar gekochten, recht kleinen Kartoffeln, den halbgar gekochten Karotten und den glacierten, nicht ganz gar gemachten Zwiebeln geben. Würzen, mit dem Weißwein und einigen Löffeln Bouillon aufgießen und, zugedeckt, langsam gardünsten.

■ AUF HAUSFRAUENART — Côtes de veau à la bonne femme

6 Personen. *6 Koteletts zu je 175 g; 30 kleine Zwiebelchen; 600 g neue Kartoffeln; 200 g mageren Speck. Zubereitung: 15-18 Minuten.*

Die Koteletts sautieren, die zuvor glacierten Zwiebelchen, kleine, neue, in Butter gargemachte Kartoffeln und kurze, angeröstete Speckstreifen beifügen. 1-2 Löffelchen Bouillon beifügen, das Sautoir zudecken und alles zusammen noch einige Minuten durchdünsten.

■ MAINTENON — Côte de veau à la Maintenon

6 Personen. *6 Koteletts zu je 160 g; 125 g gekochten Schinken; 125 g Champignons; 1 kleine Trüffel; 2 Eßlöffel dicke Béchamel; 1 Eigelb; 30 g geriebenen Parmesan; 1 dl Weißwein; 2 dl tomatierte Demi-glace. Zubereitung: 15 Minuten.*

Die pochierten Champignons, Trüffel und Schinken feinblätterig schneiden, mit Béchamel leicht binden, mit dem Eigelb legieren und würzen. Die gewürzten Koteletts auf beiden Seiten wie üblich braten, dann eine Seite abwischen und domförmig mit der vorbereiteten Masse bedecken, mit geriebenem Parmesan bestreuen, mit Butter beträufeln und im heißen Ofen zu schöner Farbe überkrusten. Den Bratsatz mit Weißwein deglacieren, zur Hälfte einkochen, mit der Demi-glace verkochen und um die angerichteten Koteletts gießen.

KALBSKOTELETTS AUF MAILÄNDER ART — Côte de veau à la milanaise

6 Personen. *6 Koteletts zu je 160 g; 1 Ei; weißes Panierbrot; Reibkäse; $^1/_4$ l Tomatensauce; 400 g Makkaroni; 50 g Butter; Öl. Bratzeit: 12-15 Minuten.*

Die gut parierten Koteletts durch gewürztes, geschlagenes Ei ziehen, das mit einem Löffelchen Öl vermischt worden ist, in dem mit Käse vermischten Panierbrot wenden und dieses gut anklopfen. In halb Öl und halb Butter auf beiden Seiten goldgelb und garbraten, anrichten und dazu Makkaroni auf Mailänder Art (siehe diese) oder Bratkartoffeln sowie Tomatensauce nebenbei servieren. *(Siehe Bild auf Seite 380.)*

■ MIREILLE — Côtes de veau Mireille

6 Personen. *6 Koteletts zu je 175 g; 1 Eierfrucht; 250 g geschälte, geviertelte Tomaten; 1 Bündelchen Petersilie; eine balbe zerdrückte Knoblauchzehe; 1 dl Weißwein.*

Die Eierfrucht schälen, in Scheiben schneiden, mehlen, würzen und in der Pfanne braten. Herausnehmen und in dem Öl die Tomaten zusammen mit dem Knoblauch und der Petersilie schmelzen lassen; die Petersilie herausnehmen. Die Koteletts braten, anrichten, jedes mit 2 Scheiben Eierfrucht belegen und mit den geschmolzenen Tomaten bedecken. Den Bratsatz der Koteletts mit dem Weißwein ablöschen und darübergießen.

■ IN PAPIERHÜLLE — Côtes de veau en papillote

6 Personen. *6 Koteletts zu je 175 g; 12 dünne Scheiben gekochten Schinken; 300 g Duxelles; 3 dl Madeirasauce. Zubereitung: ungefähr 15 Minuten.*

Die Koteletts in Butter braten. Sechs große Blätter geöltes Papier herzförmig zuschneiden. In die Mitte des Papiers ein Löffelchen Duxelles und darüber eine Scheibe Schinken geben. Das Kotelett auf den Schinken legen, mit der zweiten Schinkenscheibe und der restlichen Duxelles bedecken und das Papier so zusammenfalten, daß das Kotelett völlig eingeschlossen ist. In den heißen Ofen stellen, bis die Papierhülle gut gebräunt ist. In der Hülle zu Tisch geben und die Madeirasauce nebenbei servieren.

Man kann das Kotelett auch in eine Aluminiumfolie einhüllen und im Ofen backen.

■ AUF PROVENZALISCHE ART — Côtes de veau à la provençale

6 Personen. *6 Koteletts zu je 175 g; 1 große Schalotte; 1 Knoblauchzehe; gehackte Petersilie; walnußgroß Fleischglace; 1 kg 250 Tomaten; Öl Dünstzeit: 30-40 Minuten.*

Die Koteletts in heißem Öl auf beiden Seiten sautieren und herausnehmen. In dem Öl die gehackte Schalotte kurz anschwitzen, die geschälten, entkernten und geviertelten Tomaten hinzugeben, mit Salz, Pfeffer und zerdrückter Knoblauchzehe würzen, aufkochen, die Fleischglace und gehackte Petersilie beifügen. Diese Tomaten über die Koteletts gießen und dünsten.

■ IM TOPF AUF HAUSHÄLTERINART — Côtes de veau en cocotte à la ménagère

6 Personen. *6 Koteletts von je 175 g; 30 glacierte Zwiebelchen; 300 g kleine Karotten; 400 g olivenförmige Kartoffeln; 1 dl Weißwein. Dünstzeit: 30-40 Minuten.*

Die Koteletts in Butter auf beiden Seiten gut anbraten. In eine feuerfeste Porzellankasserolle zusammen mit den Gemüsen geben, würzen, mit dem Weißwein angießen und, zugedeckt, langsam gardünsten.

■ IM TOPF MIT SAHNE — Côtes de veau en cocotte à la crème

6 Personen. *6 Koteletts von je 175 g; 2 dl süße Sahne; 600 g Schmelzkartoffeln. Zubereitung: 18 Minuten.*

Die Koteletts langsam auf jeder Seite in Butter braten, ohne sie viel Farbe annehmen zu lassen. In eine feuerfeste Kasserolle legen, würzen, die Sahne hinzugießen und noch einige Zeit damit dünsten, bis die Sahne leicht sämig eingekocht ist. Zugedeckt in der Kasserolle servieren und die Kartoffeln nebenbei reichen.

KALBSLEBER BERCY — Foie de veau Bercy

6 Personen. *6 Scheiben gleichmäßig geschnittene und entsehnte Leber von je 150 g; 50 g Butter; 150 g Bercybutter. Bratzeit: 4-5 Minuten.*

Die Leber mehlen, in der Butter braten und erst nachträglich würzen. Anrichten und jede Scheibe mit etwas weicher Bercybutter bedecken.

■ AUF BÜRGERLICHE ART — Foie de veau à la bourgeoise

6 Personen. *1 kg 300 Leber; 250 g fetten Speck; 1/2 l Weißwein; 1/2 l tomatierte Demi-glace; 24 kleine Zwiebelchen; 500 g Mohrrüben, in Form von großen Oliven ausgestochen oder tourniert; 30 g Butter. Schmorzeit: 1 1/2-2 Stunden.*

Die Leber enthäuten und entsehnen, mit dicken Speckstreifen lardieren, und auf beiden Seiten in Butter anschwitzen. Zusammen mit den Zwiebelchen und Mohrrüben in eine passende Kasserolle geben, würzen, mit dem Weißwein und der Demi-glace aufgießen und zugedeckt im Ofen langsam garwerden lassen. Anrichten, mit den Gemüsen garnieren und mit der um ein Drittel eingekochten Sauce nappieren.

■ AUF PIEMONTESER ART — Foie de veau à la piémontaise

6 Personen. *600 g Kalbsleber; 1/4 l Demi-glace; 5 cl Madeira; 300 g Reis; gewürfelte Tomaten. Bratzeit: 2-3 Minuten.*

Die Leber in kleine Schnitzelchen schneiden, rasch noch etwas blutig sautieren und in einen Durchschlag schütten. Den Bratsatz mit dem Madeira ablöschen und die Demi-glace hinzugießen. Abseits des Feuers die Schnitzelchen mit der Sauce durchschwenken. Den als Risotto mit Tomaten hergestellten Reis in eine Randform drücken, auf eine runde Platte stürzen und die Leber in die Mitte geben.

KALBSLEBERSPIESSCHEN — Brochettes de foie de veau

6 Personen. *24 kleine Leberschnitzel von 1 1/2 cm Dicke; 24 kleine Scheibchen mageren Speck; 1/2 cm dick, blanchiert; 3 dl Sauce; 1 Ei; frischgeriebene Weißbrotkrume. Grillieren: 4-6 Minuten.*

Die Schnitzelchen kurz und noch blutig ansautieren, die Speckscheibchen kurz auf beiden Seiten anbraten. Kurz abkühlen, je 4 Schnitzelchen und Speckscheiben abwechselnd auf Holz- oder Silberspieße stecken, würzen, mehlen und englisch panieren. Ölen und rasch auf dem Rost braten. Mit Petersilie und Zitronenspalten anrichten und dazu am besten Haushofmeisterbutter servieren.

LANDAISER LECKERBISSEN — Délices landais

6 Personen. *600 g pariertes Kalbsfilet; 150 g Gänseleberpüree; 12 dicke Scheiben Eierfrüchte; 12 sehr kleine Tomaten; 6 Maiskroketten; 200 g Butter; frisches Reibbrot. Bratzeit: ungefähr 8 Minuten.*

Das Kalbsfilet in 24 Medaillons von ungefähr 25 g schneiden und parieren. Je 2 Stück nach dem Würzen mit Gänseleberpüree bestrichen zusammensetzen, durch zerlassene Butter ziehen, mit Reibbrot panieren, andrücken und auf beiden Seiten in Butter braten. Die Eierfrüchte separat braten und die abgezogenen Tomaten würzen und dünsten. Die gebratenen Medaillons auf die Eierfruchtscheiben dressieren, auf jedes eine Tomate setzen und mit den gebackenen Maiskroketten garnieren. Braune Butter nebenbei servieren.

KALBSMEDAILLONS MIT ARMAGNAC — Médaillons de filet de veau à l'armagnac

6 Personen. *900 g Kalbsfilet; 125 g Butter; 600 g Morcheln; 2 gehackte Schalotten; 5 cl Armagnac; 1 Eßlöffel Fleischglace; 2 dl süße Sahne; 6 gebackene Croutons; Zitronensaft. Bratzeit: ungefähr 8 Minuten.*

Das Kalbsfilet parieren, davon 6 dicke, runde Medaillons schneiden, würzen und in Butter braten. Herausnehmen und warm halten. Den Bratsatz mit Armagnac flambieren, mit der Sahne ablöschen, die Glace hinzufügen und einige Minuten kochen lassen. Abseits des Feuers mit Zitronensaft würzen, abschmecken und mit Butter aufschlagen. Die Medaillons auf Croutons anrichten, mit der Sauce nappieren und mit Morcheln garnieren, die mit gehackten Schalotten sautiert worden sind.

KALBSMEDAILLONS MIT CHAMPIGNONS — Médaillons de filet de veau aux champignons

6 Personen. *12 Kalbsmedaillons von je 70-75 g; 12 schöne, geriefte Champignonköpfe; 80 g Butter; 600 g Olivenkartoffeln; $^1/_4$ l gebundene Kalbsjus.*

Die Medaillons würzen und in Butter sautieren. Auf jedes einen pochierten Champignonkopf setzen und mit der Jus nappieren. Mit Olivenkartoffeln garnieren oder diese nebenbei servieren. *(Siehe Bild auf Seite 384.)*

KALBSMILCH, SCHWESER — Ris de veau

Die Kalbsmilch gehört zu den feinsten Produkten einer gepflegten Küche. Meistens nimmt man nur die Nuß, den runden Teil, und verwendet das längliche Stück — die Gurgel — für Ragouts und Salpicon. Man muß sie recht lange wässern, damit sie recht weiß ist, dann 3-4 Minuten blanchieren und in kaltem Wasser abkühlen. Danach entfernt man alle knorpligen, nicht eßbaren Teile, löst aber die Haut nicht ab. Anschließend läßt man sie einige Stunden zwischen zwei Brettern, mit einem leichten Gewicht beschwert, stehen, um die Fasern zu zerdrücken und ein Zusammenziehen während des Kochprozesses zu verhindern. Sie wird anschließend mit fettem Speck gespickt und braisiert oder pochiert, je nach der weiteren Verwendungsart; zuweilen grilliert man sie auch.

KALBSMILCH CLAMART — Ris de veau Clamart

6 Personen. *1 kg 200 blanchierte und gespickte Kalbsmilch; 2 Mohrrüben und 2 Zwiebeln in Scheiben; 3 dl braune Kalbsjus; 600 g frische grüne Erbsen; 50 g Butter. Dünstzeit: 30-40 Minuten.*

Eine Sauteuse mit den Mohrrüben- und Zwiebelscheiben auslegen, die Kalbsmilcher darauflegen, leicht würzen und mit dem braunen Fond begießen, der sie gerade bedecken soll. Zugedeckt im Ofen dünsten und zuletzt glacieren. Den Fond entfetten, etwas einkochen, passieren und über die angerichteten Kalbsmilcher gießen. Die in Butter geschwenkten, gekochten grünen Erbsen nebenbei servieren.

■ **DEMIDOW — Ris de veau Demidoff**

6 Personen. *1 kg 200 Kalbsmilch; 150 g Spickspeck; 250 g Mohrrüben; 2 Zwiebeln; 2 Stengel Bleichsellerie; 50 g Trüffel; 3 dl braune Jus; 40 g Butter; 5 cl Madeira.*

Die Kalbsmilch spicken und braun dünsten. Mohrrüben, Zwiebeln und Sellerie feinblättrig schneiden und in einem Sautoir in Butter dünsten. Leicht würzen, den Madeira hinzugießen, zudecken und im Ofen völlig garmachen. Herausnehmen, den entfetteten, passierten und etwas eingekochten Fond der Kalbsmilch beifügen, aufkochen und mit den Trüffelscheiben vervollständigen. Die Kalbsmilch anrichten und mit dem Gemüse mitsamt dem Fond bedecken.

■ **AUF FINANZMANNSART — Ris de veau à la financière**

6 Personen. *1 kg 200 Kalbsmilch; 200 g kleine Kalbfleischklößchen; 200 g pochierte, geviertelte Champignons; 50 g Trüffelscheiben; 100 g grüne, entkernte, blanchierte Oliven; je 10 Hahnenkämme und -nieren; 3 dl Madeirasauce.*

Die Kalbsmilch mit braunem Fond dünsten. Sämtliche Bestandteile der Garnitur vermengen und erhitzen, mit der Madeirasauce, mit dem passierten und eingekochten Fond der Kalbsmilch vermischt, binden. Die Kalbsmilch anrichten und mit der Mischung garnieren.

■ **AUF GRÄFINART — Ris de veau à la comtesse**

6 Personen. *1 kg 200 Kalbsmilch; 6 Köpfe Salat; 12 Löffelklößchen von Kalbsfarce; 1 kleine Trüffel; 3 dl braunen Kalbsfond.*

Die Trüffel in kurze, spitze Stäbchen schneiden und die Kalbsmilch damit bestecken. Braun dünsten, den Fond entfetten, passieren und etwas einkochen. Die Kalbsmilch anrichten, mit halben, gedünsteten Köpfen Salat und den Klößchen garnieren und mit dem Fond nappieren. *(Siehe Bild auf Seite 386.)*

KALBSMILCH AUF GROSSMUTTERART — Ris de veau à la grand-mère

6 Personen. *1 kg 200 Kalbsmilch; 100 g fetten Speck und 100 g Pökelzunge in feinen Streifen; 200 g Mohrrüben; 100 g weiße Rüben; 250 g Champignons; 2 dl Weißwein; $^1/_2$ l Bouillon; 40 g Butter.*

Die Kalbsmilch mit dem Speck und der Pökelzunge spicken und in Butter in einem Sautoir anrösten. Herausnehmen und in der Butter Gemüse und Champignons, alles in kleinste Würfelchen (Mirepoix) geschnitten, anlaufen lassen. Mit dem Weißwein ablöschen, die Kalbsmilch hinzugeben, mit der Bouillon aufgießen, würzen und, zugedeckt bei mäßiger Hitze im Ofen dünsten. Die Kalbsmilch in schräge Scheiben schneiden und mit dem eingekochten Fond mitsamt dem Gemüse übergießen.

■ MAINTENON — Ris de veau Maintenon

6 Personen. *1 kg 200 blanchierte Kalbsmilch, in dicke Scheiben geschnitten; 200 g Salpicon von Schinken, Champignons und Trüffeln; $^1/_2$ l Mornay-Sauce, mit 1 Eigelb gebunden; 1 dl Weißwein; 5 cl zerlassene Fleischglace; 50 g geriebenen Käse; 2 dl Sauce von frischen Tomaten. Bratzeit: 12-15 Minuten.*

Wird genau so zubereitet wie Kalbskoteletts gleichen Namens.

■ AUF TOULOUSER ART — Ris de veau à la toulousaine

6 Personen. *1 kg 200 Kalbsmilch; 200 g kleine Kalbfleischklößchen; 250 g pochierte, geviertelte Champignons; 10 Hahnenkämme und 10 Hahnennieren; 50 g Trüffelscheiben; $^1/_4$ l deutsche Sauce mit Champignonessenz.*

Die gleiche Zubereitung wie Kalbsmilch auf Finanzmannsart, doch wird die Milch weiß gedünstet.

KALBSMILCHSCHNITZEL GRAZIELLA — Escalopes de ris de veau Graziella

6 Personen. *1 kg 200 blanchierte Kalbsmilch; 6 gebackene Croutons; 6 große, halbe Tomaten; 2 dl dickes Zwiebelpüree; 600 g Nußkartoffeln; 2 dl Madeirasauce; 60 g Butter.*

Die Kalbsmilch in dicke Scheiben schneiden, würzen, mehlen, in heißer Butter braten und auf Croutons anrichten. Leicht mit Madeirasauce nappieren und mit halben, gedünsteten und mit Zwiebelpüree gefüllten Tomaten garnieren. Die Kartoffeln nebenbei servieren. *(Siehe Bild auf Seite 386.)*

■ JEROME — Escalopes de ris de veau Jérôme

6 Personen. *1 kg 200 blanchierte Kalbsmilch; 2 Eier; frische, geriebene Weißbrotkrume; 100 g Butter; 600 g Morcheln in Sahne; 600 g Strohkartoffeln; 2 dl sehr dicke Béchamel; 2 Eigelb; 100 g geriebenen Käse.*

Von der Kalbsmilch 12 schöne runde Medaillons schneiden, würzen, mehlen und in Ei und Weißbrotkrume panieren. In Butter goldgelb braten, jedes Medaillon auf ein Käsekrokett anrichten und mit Strohkartoffeln garnieren. Die Morcheln nebenbei servieren.
Käsekroketten Die heiße Béchamel abseits des Feuers mit dem Eigelb legieren, den Käse unterziehen, mit Paprika würzen, auf ein Blech streichen und erkalten lassen. Mit einem Ausstecher runde Böden von 5 cm Durchmesser ausstechen, panieren und in der heißen Fritüre backen.

■ AUF MARSCHALLSART — Escalopes de ris de veau à la maréchale

6 Personen. *1 kg 200 blanchierte Kalbsmilch; 6 Trüffelscheiben; 350 g Spargelspitzen; 150 g Butter; 1 Ei; frischgeriebenes Weißbrot.*

Die Kalbsmilch in dicke Scheiben schneiden, würzen und englisch panieren. In geklärter Butter braten, jedes Schnitzel mit einer Trüffelscheibe belegen und mit den gebutterten Spargelspitzen garnieren.

KALBSMILCHSCHNITZEL IN RAHMSAUCE — Escalopes de ris de veau à la crème

6 Personen. *1 kg 200 blanchierte Kalbsmilch; $^1/_4$ l süße Sahne; 2 cl Cognac; 250 g pochierte, blättrig geschnittene Champignons; 60 g Butter; 1 Zitrone. Bratzeit: 8 Minuten.*

Die Kalbsmilch in dicke Scheiben schneiden, würzen, mehlen und auf beiden Seiten langsam in Butter braten. Herausnehmen und den Bratsatz mit dem Cognac ablöschen, die Sahne hinzugießen, aufkochen, die Champignonscheiben beifügen, leicht sämig kochen, mit Zitronensaft würzen und über die angerichteten Schnitzel gießen.

KALBSNIEREN — Rognons de veau

Soll die Niere sautiert werden, so muß man sie erst von Fett, Sehnen und knorpligen Teilen befreien, der Länge nach halbieren oder vierteln und in nicht zu dünne Scheiben schneiden. Wird sie im ganzen Stück gebraten oder grilliert, so läßt man eine dünne Schicht Fett am Fleisch. Zum Grillieren wird sie der Länge nach geteilt.

■ AUF BERRYER ART — Rognons de veau à la berrichonne

6 Personen. *900 g Nieren; 300 g rohe Champignonscheiben; 150 g gewürfelten, mageren Speck; 50 g Butter; $^1/_4$ l Bordelaiser Sauce. Bratzeit der Nieren: ungefähr 2 Minuten.*

Die Nierenscheibchen in heißer Butter bei schärfster Hitze rasch blutig sautieren und aus der Pfanne nehmen. Die Speckwürfel in der Butter anrösten, die Champignonscheiben hinzufügen, sautieren, mit der Sauce aufgießen und einige Minuten durchkochen. Abseits der Hitze die Nieren dazugeben, durchschwenken, anrichten und mit gehackter Petersilie bestreuen.

■ AUF BORDELAISER ART — Rognons de veau à la bordelaise

6 Personen. *900 g Kalbsniere; 1 kg 200 Steinpilze; 1 dl Rotwein; $^1/_4$ l Bordelaiser Sauce; 8-10 Scheiben blanchiertes Rindermark.*

Die Nieren wie gebratene Nieren sautieren, dabei recht rosa halten und mit den vorbereiteten. in Scheiben geschnittenen und in halb Öl halb Butter sautierten Steinpilzen vermengen und in einer tiefen Schüssel anrichten. Den Bratsatz der Nieren mit dem Rotwein deglacieren, fast gänzlich einkochen, mit der Bordelaiser Sauce durchkochen und über die Nieren gießen. Obenauf das heiße, blanchierte Rindermark geben und mit gehackter Petersilie bestreuen. *(Siehe Bild auf Seite 387.)*

■ AUF GROSSMUTTERART — Rognons de veau grand-mère

6 Personen. *900 g Kalbsniere; 500 g Mohrrüben; 250 g weiße Rüben; 100 g Zwiebeln; 200 g grüne Bohnen; 75 g Butter; $1^1/_2$ dl Kalbsjus. Bratzeit der Nieren: 7-8 Minuten.*

Die Mohrrüben, weißen Rüben und Zwiebeln in Streichholzstärke schneiden, einige Minuten blanchieren und in Butter dünsten. Die in Streifen geschnittenen und gekochten grünen Bohnen beifügen und, wenn alles gar ist, auf den Boden einer feuerfesten Porzellankasserolle geben. Die noch mit etwas Fett umhüllten Nieren der Länge nach teilen, das innere Weiße entfernen, würzen, in Mehl wenden und wie ein Kalbskotelett, jedoch noch rosig braten und auf das Gemüse legen. Den Bratsatz mit der Jus ablöschen, einkochen, abseits der Hitze mit einem Stück frischer Butter durchschwenken und über die Nieren gießen.

■ MONTPENSIER — Rognons de veau Montpensier

6 Personen. *900 g Nieren; 350 g Spargelspitzen; 6 Trüffelscheiben; 5 cl Madeira; 50 g Fleischglace; $^1/_2$ Zitrone; 125 g Butter. Bratzeit: 2-3 Minuten.*

Die Nieren in dicke Scheiben schneiden, würzen, mehlen, in Butter braten und herausnehmen. Den Bratsatz mit dem Madeira ablöschen, die Glace hinzugeben und mit Zitronensaft würzen. Etwas gehackte Petersilie hinzufügen und 50 g Butter durch Schwenken des Sautoirs unterziehen. Die Nieren anrichten, mit der Sauce knapp überziehen, auf jedes Stück eine Scheibe Trüffel legen und mit den gebutterten Spargelspitzen garnieren.

■ SAUTIERT — Rognons de veau sautés

6 Personen. *900 g Nieren.*

Genau so wie Rindernieren zubereiten.

KALBSNIERENBRATEN — Rognonnade de veau

Ist das ausgebeinte Kalbsnierenstück, das entbeint, mit der längsgeteilten Niere in der Mitte zusammengerollt, gebunden und gebraten wird. *(Siehe Bild auf Seite 378.)*

KALBSNIERENSTÜCK — Longe de veau

6 Personen. *1 kg 500 Kalbsnierenstück; 2 Mohrrüben und 2 Zwiebeln in Scheiben; 3 dl Wasser oder Bouillon. Schmorzeit: 1¹/₂ Stunden.*

Das Fleisch langsam mit dem Wurzelwerk anbraten. Sobald alles leicht gebräunt ist, würzen, mit der Flüssigkeit angießen, zudecken und bei mäßiger Hitze im Ofen garmachen. Anrichten und mit dem passierten, entfetteten und etwas eingekochten Fond übergießen. Man kann mit frischen Gemüsen, aber auch mit folgenden Garnituren servieren: Bauernart, Blumenmädchenart, flämische Art, Finanzmannsart, Gemüsegärtnerart und Pächterart.

■ AUF BORDELAISER ART — Longe de veau à la bordelaise

6 Personen. *1 kg 500 Kalbsnierenstück; 2 Mohrrüben und 2 Zwiebeln in Scheiben; 3 dl Wasser oder Bouillon; 600 g in Butter sautierte Steinpilze.*

Genau so wie oben zubereiten und mit den Steinpilzen garnieren.

■ AUF PFARRHAUSART — Longe de veau du presbytère

25-30 Personen. *1 Kalbsnierenstück von 4 kg; je 300 g schieres fettes und mageres Schweinefleisch; 200 g Bayonner Schinken; 4 blanchierte Kalbsmilcher (nur die Nuß); 200 g Rinderpökelzunge; 8 dl süße Sahne; 80 g Trüffel; 4 grüne Paprikaschoten; ¹/₂ l Weißwein; Mohrrüben und Zwiebeln in Scheiben; Kalbsfond. Schmorzeit: 2 Stunden.*

Das Nierenstück von Knochen und Fett befreien und das Filet beiseite stellen. Mit der Hautseite nach außen auf den Tisch legen und auf der dicken Seite mit einem Messer breite Einschnitte machen, ohne durchzustechen. Die Einschnitte mit Schaumfarce füllen, die von dem Kalbsfilet, dem Schweinefleisch und 3 dl Sahne bereitet worden ist. Darüber feine Julienne von Paprikaschoten und Bayonner Schinken verteilen und darauf die mit 50 g Trüffelstreifen und mit Pökelzungenstreifen gespickten Kalbsmilcher plazieren und die Enden der Milcher glattschneiden. Mit dem Rest der Farce bestreichen, das Nierenstück zusammenrollen und recht fest binden. Auf Scheiben von Wurzelwerk legen, würzen, mit Kalbsfond angießen und wie üblich braisieren. Nach dem Garwerden herausnehmen, den Bratsatz mit Weißwein ablöschen, einkochen, ½ l süße Sahne hinzugießen, die Sauce zur gewünschten Konsistenz einkochen, abschmecken, passieren und mit 30 g gehackter Trüffel vervollständigen. Das Nierenstück anrichten und mit Artischockenböden, gefüllt mit Champignonscheiben in Rahmsauce und gratiniert, sowie kleinen, ausgehöhlten, mit gebuttertem Blattspinat, vermischt mit Würfelchen von Bayonner Schinken gefüllten Macairekartoffeln garnieren und die Sauce nebenbei servieren.

KALBSNUSS — Noix de veau

Wird die Kalbsnuß im ganzen Stück zubereitet, so ist sie stets zu spicken. Sie wird bei mäßiger Hitze poeliert oder geschmort, seltener gebraten. Eine Nuß von 1½-2 kg ist ausreichend für 12-14 Personen.

■ BRÉBANT — Noix de veau Brébant

12-14 Personen. *2 kg Kalbsnuß; 150 g Spickspeck; 3 dl Bouillon; ¹/₂ l Weißwein; 250 g Mehl; 2 Eier; 1 Eigelb; 2 rote Paprikaschoten; 150 g geriebenen Käse; 1 l Zwiebelsauce; 125 g Scheiben pochierter Champignons; 12-14 Scheiben Pökelzunge; 12-14 Champignonköpfe; Wurzelwerk. Schmorzeit: 1 Stunde 45 Minuten.*

Die Kalbsnuß spicken, anbraten, auf angeröstetes Wurzelwerk setzen, mit Weißwein und Bouillon aufgießen, würzen und schmoren. Von dem Mehl, Eiern und Eigelb sowie einer Prise Salz Nudelteig bereiten, in dünne Streifen schneiden, in Salzwasser kochen und abtropfen. In Butter schwenken und mit geriebenem Käse und Streifen gedünsteter Paprikaschote vermischen. Die Kalbsnuß auf großer, runder Platte anrichten und mit Zwiebelsauce, mit Champignonscheiben vermischt, nappieren. Rundherum die Nudeln dressieren, mit halb übereinandergelegten Scheiben Pökelzunge bedecken und auf jede Scheibe einen Champignonkopf placieren. Den Rest der Zwiebelsauce und den entfetteten, passierten Schmorfond nebenbei servieren.

▲ Kalbsnuß auf Nivernaiser Art, S. 389

Geschmorter Kalbsrücken, S. 391 ▼

▲ Kalbskarree Schöne Gärtnerin

Kalbsnierenbraten, S. 376 ▼

▲ Grillierte Kalbskoteletts mit Brunnenkresse, S. 370

Kalbsfilet in Teigkruste, S. 368 ▼

▲ Saltimbocca alla romana, S. 395

Kalbskoteletts auf Mailänder Art, S. 371 ▼

▲ Kalbsröllchen Morandi, S. 395

Kalbshachsen auf Mailänder Art, S. 395 ▼

▲ Kalbsknorpel auf Bauernart, S. 369

Kalbskoteletts Chenonceaux, S. 370 ▼

▲ Kalbsragout Marengo, S. 390

Kalbsschnitzel auf Zigeunerart, S. 393 ▼

▲ Wiener Schnitzel, S. 392

Kalbsmedaillons mit Champignons, S. 373 ▼

▲ Sautierte Kalbsnüßchen, S. 389

Kalte Kalbskoteletts Molière, S. 394 ▼

▲ Kalbsmilchschnitzel Graziella, S. 374

Kalbsmilch auf Gräfinart, S. 373 ▼

▲ Kalbshirn mit dunkler Butter, S. 349

Kalbsnieren auf Bordelaiser Art, S. 375 ▼

388 Zwei verschiedene Arten einen kalten Kalbsrücken anzurichten, S. 394

KALBSNUSS AUF GENDARMENART — Noix de veau à la gendarme

12-14 Personen. *1 Kalbsnuß von 2 kg; 300 g fetten Speck; 200 g mageren, gekochten Schinken; 1 kleine Trüffel; 1 kg 500 glacierte Karotten; 1 kg glacierte weiße Rüben; 1 kg gekochte, in Butter geschwenkte grüne Erbsen; 2 kg Herzoginkartoffelmasse; 1/2 l Zwiebelpüree; 15 kleine Tarteletts von ungezuckertem Mürbeteig; 15 Trüffelscheiben; 40 g Butter.*

Die Nuß mit Streifen von fettem Speck, Schinken und Trüffeln spicken, in Butter anbraten und langsam im eigenen Saft dünsten, dabei mehrfach begießen. Tranchieren, auf einer langen Platte anrichten. Mit gebackenen Krustaden von Herzoginkartoffelmasse, gefüllt mit glacierten Karotten, weißen Rüben und grünen Erbsen, an den Enden und Tarteletts, gefüllt mit Zwiebelpüree, an den Seiten garnieren. Auf jedes Tartelett eine Trüffelscheibe legen und den entfetteten, eingekochten und passierten Schmorfond nebenbei servieren.

■ **JUDIC — Noix de veau Judic**

10 Personen. *1 kg 500 Kalbsnuß; 10 Köpfe Salat; 500 g Herzoginkartoffeln; 1/4 l Madeirasauce. Schmorzeit: 1 1/2-1 3/4 Stunden.*

Die Kalbsnuß spicken und wie üblich schmoren. Tranchieren, anrichten und mit halben, zusammengefalteten, gedünsteten Köpfen Salat und Herzoginkartoffeln garnieren. Den Salat leicht mit Madeirasauce nappieren und die Jus nebenbei servieren.

■ **KÖNIGIN MARGOT — Noix de veau reine Margot**

10 Personen. *1 kg 500 Kalbsnuß; 1 kg Kartoffelkrokettenmasse; 500 g grüne Erbsen; 125 g mageren Speck; 150 g Spickspeck; 10 runde Scheibchen Pökelzunge.*

Die Nuß spicken und mit Weißwein und Bouillon schmoren. Von der Kartoffelmasse große, timbalförmige Kroketten bereiten, panieren und in der Fritüre backen. Mit einem runden Ausstecher einen Deckel abheben, die Kroketten aushöhlen und mit den Erbsen, mit gebratenen Speckwürfeln vermischt, füllen und mit einer runden Zungenscheibe, zuvor in dem Schmorfond erhitzt, bedecken. Die Nuß anrichten und mit den Kroketten garnieren.

■ **AUF NIVERNAISER ART — Noix de veau à la nivernaise**

10 Personen. *1 kg 500 Kalbsnuß; 600 g geformte weiße Rüben; 30 kleine Zwiebelchen; 600 g neue Kartoffeln; 150 g Spickspeck.*

Die Nuß poelieren, mit Kalbsjus ablöschen, entfetten, passieren und leicht mit Stärkemehl binden. Auf langer Platte anrichten und mit glacierten weißen Rüben, glacierten Zwiebelchen, grünen Bohnen und, eventuell, auch mit leicht sautierten Tomaten garnieren Die Kartoffeln und die Jus nebenbei servieren. *(Siehe Bild auf Seite 377.)*

KALBSNÜSSCHEN — Noisettes de veau

Sie werden meistens wie Kalbsmedaillons aus dem Filet geschnitten, man kann sie aber auch entsprechend klein aus den Rückenfilets schneiden. Sie werden stets sautiert.

KALBSNÜSSCHEN, SAUTIERT — Noisettes de veau sautées

6 Personen. *6 Nüßchen aus dem Sattelstück geschnitten, von je 100 g; 50 g Butter; 1 dl Weißwein; 2 dl braunen Kalbsfond; 12 Blättchen Salbei; Mehl. Bratzeit: ungefähr 8 Minuten.*

Die Nüßchen würzen, mehlen und in Butter braten. Den Bratsatz mit Weißwein ablöschen, einkochen, mit Kalbsfond aufgießen, kurz durchkochen, leicht mit Stärkemehl binden und passieren. Die Nüßchen anrichten, jedes mit zwei Salbeiblättchen belegen und mit dem heißen Fond nappieren. Mit Schloß- oder anderen passenden Kartoffeln garnieren. *(Siehe Bild auf Seite 385.)*

KALBSRAGOUT AUF BURGUNDER ART — Sauté de veau à la bourguignonne

6 Personen. *1 kg 200 Kalbsschulter; 24 kleine Zwiebelchen; 300 g Champignons; 1/2 l Rotwein; 1 1/2 dl Bouillon oder Wasser; 35 g Butter, mit 25 g Mehl verknetet; 6 herzförmige, gebackene Croutons. Schmorzeit: 1 1/2 Stunden.*

Das Fleisch in Stücke von ungefähr 80 g teilen und in Butter anrösten. Mit dem Rotwein und dem Wasser aufgießen, zudecken und langsam schmoren lassen. Nach einer Stunde die geviertelten Champignons und die angerösteten Zwiebelchen beifügen und garschmoren. Mit der Mehlbutter binden und noch einige Minuten kochen lassen. Anrichten und mit gehackter Petersilie bestreuen.

KALBSRAGOUT AUF INDISCHE ART — Sauté de veau à l'indienne

6 Personen. *1 kg 200 Kalbsschulter; 100 g gehackte Zwiebeln; 30 g Currypulver; 1 Kräuterbündel; 1 l helle Bouillon; 2 dl Béchamel; 250 g Reis.*

Das Fleisch in Stücke teilen, anrösten und mit Currypulver bestäuben. Mit der Bouillon aufgießen, würzen, ein Kräuterbündel beifügen und langsam garschmoren. Das Fleisch in eine saubere Kasserolle ausstechen. Den Fond passieren, die Béchamel hinzufügen, sämig kochen und über das Fleisch gießen. Noch einige Sekunden durchkochen, anrichten und den körniggekochten Reis nebenbei servieren.

■ AUF JÄGERART — Sauté de veau chasseur

6 Personen. *1 kg 200 Kalbsschulter; 1 dl Weißwein; 300 g Champignons in Scheiben; 1 Kräuterbündel; 30 g Mehl; 80 g Butter; 500 g gewürfelte Kartoffeln.*

Das Fleisch in Butter anrösten, mit Mehl bestäuben und gut anlaufen lassen. Mit Weißwein und Wasser bis zur Höhe aufgießen, würzen, das Kräuterbündel beifügen und langsam eine Stunde schmoren. Die grobgewürfelten Kartoffeln beifügen und alles zusammen garmachen. Das Kräuterbündel herausnehmen, die in Butter sautierten Champignonscheiben hinzugeben, aufkochen und anrichten.

■ MARENGO — Sauté de veau Marengo

6 Personen. *1 kg 200 Kalbsschulter; 1 zerdrückte Knoblauchzehe; 1 dl Weißwein; 50 g Tomatenpüree; 24 kleine, angeröstete Zwiebelchen; 500 g geschälte, entkernte, geviertelte, leicht in Öl ansautierte Tomaten; 300 g rohe Champignons; 6 herzförmige Croutons; 1 Kräuterbündel; gehackte Petersilie.*

Das Fleisch in Butter anrösten, mit Mehl bestäuben, mit Weißwein und Wasser bis zur Höhe aufgießen und würzen. Knoblauch, Kräuterbündel, Tomatenpüree und die frischen Tomaten hinzugeben und langsam 75 Minuten kochen lassen. Die Sauce abfetten, das Kräuterbündel herausnehmen, die Champignons beifügen und alles zusammen garkochen. Anrichten, mit gehackter Petersilie bestreuen und mit den Croutons garnieren. *(Siehe Bild auf Seite 383.)*

KALBSRÖLLCHEN MIT CHAMPIGNONS — Paupiettes de veau aux champignons

6 Personen. *6 Kalbsschnitzel von je 120 g; 250 g Bratwurstfleisch; 1 Mohrrübe; 1 Zwiebel; 1 Kräuterbündel; 2 dl Kalbsjus; 1 Teelöffel Tomatenmark; 350 g Champignons. Schmorzeit: $1^1/_4$ Stunden.*

Die Schnitzel plattieren, etwas parieren, mit dem Bratwurstfleisch bestreichen, zusammenrollen und binden. Gut anrösten, auf angeröstete Zwiebel- und Mohrrübenscheiben legen, mit der Jus und dem Tomatenmark auffüllen, würzen und langsam im Ofen, zugedeckt, garmachen. Nach dem Garwerden den Faden entfernen, mit der leicht mit Stärkemehl gebundenen und passierten Jus übergießen und mit geviertelten, sautierten Champignons garnieren. *(Siehe Kulinarische Technik Seite 725.)*

■ AUF GRIECHISCHE ART — Paupiettes de veau à la grecque

6 Personen. *6 Schnitzel von je 120 g; 1 gehackte Zwiebel; 50 g Reibbrot; gehackte Petersilie; 6 Scheiben rohen Schinken; je 1 in Scheiben geschnittene Zwiebel und Mohrrübe; $^1/_2$ l braune Jus; 300 g Reis auf griechische Art; 20 g Stärkemehl.*

Die Schnitzel würzen und mit einer Mischung von in Butter gedünsteter, gehackter Zwiebel, Reibbrot und gehackter Petersilie bedecken und gut andrücken. Mit einer Scheibe rohen Schinkens belegen, zusammenrollen, binden und zusammen mit Zwiebel- und Mohrrübenscheiben in Butter bräunen. Mit der Jus aufgießen und, zugedeckt, im Ofen langsam garschmoren. Auf dem Reis anrichten und mit der passierten, leicht mit Stärkemehl gebundenen Jus nappieren.

■ MARIE-LUISE — Paupiettes de veau à la Marie-Louise

6 Personen. *6 Schnitzel von je 120 g; 250 g mageres Kalbfleisch; 100 g Milchpanade; 1 Eiweiß; 1 dl dicke Sahne; 6 Artischockenböden; 150 g Champignonpüree; 75 g Zwiebelpüree; 2 dl Kalbsjus.*

Von dem mehrmals durch die feinste Scheibe der Fleischmaschine gedrehten Kalbfleisch, der Panade, dem Eiweiß, Sahne und dem nötigen Gewürz Farce bereiten, durch ein Sieb streichen und gut durchmengen. Die Schnitzel leicht klopfen, mit der Farce bestreichen, zusammenrollen, binden und wie üblich mit der Jus braisieren. Die Jus leicht binden und passieren. Champignon- und Zwiebelpüree vermischen und die in Butter gedünsteten Artischockenböden damit füllen. Die Röllchen auf den Artischockenböden anrichten, leicht mit Jus nappieren und den Rest gesondert servieren.

KALBSRÖLLCHEN RICHELIEU — Paupiettes de veau à la Richelieu

6 Personen. *6 Schnitzel von je 120 g; 250 g Bratwurstfleisch; 1 Zwiebel; 1 Mohrrübe; 3 große, feste, halbierte und geschmorte Köpfe Salat; 6 große Champignonköpfe; 3 große Tomaten; Duxelles; Reibbrot; 5 cl Madeira; 2 dl leichte Demi-glace; 600 g Schloßkartoffeln.*

Die Schnitzel mit der Farce bestreichen, zusammenrollen, binden, anbraten und auf angeröstete Zwiebel- und Mohrrübenscheiben legen. Mit dem Madeira deglacieren, etwas einkochen, mit der Demi-glace aufgießen und langsam garschmoren. Die Tomaten halbieren und mit Duxelles füllen, die Champignonköpfe mit der gleichen Masse füllen, mit Reibbrot bestreuen und im Ofen garmachen. Die Röllchen auf den Tomaten anrichten, mit den Champignons, Kopfsalat und Schloßkartoffeln garnieren und mit der eingekochten, passierten Sauce übergießen.

KALBSRÜCKEN — Selle de veau

Man kann den ganzen Rücken verwenden oder nur das Sattelstück nehmen, was am üblichsten ist. Sind die Rippen zu lang, müssen sie an beiden Seiten glatt abgehackt werden. Die Nieren herausnehmen, die Filets aber mit etwas Fett daranlassen. Auf der Innenseite den Wirbelknochen etwas glatt hacken, damit der Rücken beim Braten glatt steht. Im allgemeinen wird die Oberseite enthäutet und mit dünnen Speckscheiben umlegt, was jedoch nicht unbedingt notwendig ist. Die Bauchlappen werden auf jeden Fall nach innen geschlagen und der Rücken mit Bindfaden in Abständen gebunden, damit er seine Form beibehält. Sehr zu empfehlen ist es, einen Spieß durch den Rückgratknochen zu stecken, damit sich der Rücken beim Braten nicht biegt. Der Kalbsrücken kann gebraten oder geschmort werden. Das Schmoren ist vorteilhafter, weil der Rücken nicht so leicht austrocknet.

KALBSRÜCKEN, GESCHMORT — Selle de veau braisée

Den Rücken auf übliche Weise schmoren, dabei fleißig begießen. Als Garnitur kommen in Betracht: Berryer Art, flämische Art, Blumenmädchenart, Condé, Orlow u. a. m. *(Siehe Bild auf Seite 377.)*

KALBSSCHNITZEL AUF ARLESISCHE ART — Escalopes de veau à l'arlésienne

6 Personen. *6 Kalbsschnitzel von je 150 g; 6 Croutons; 1 gehackte Knoblauchzehe; 1 dl Weißwein; 2 Eierfrüchte in Scheiben; 4 enthäutete, geviertelte Tomaten; 200 g entsteinte, blanchierte grüne Oliven; $^1/_4$ l tomatierte Demi-glace; 1 dl Olivenöl. Bratzeit: 8 Minuten.*

Die Schnitzel würzen, mehlen und in heißem Öl mit nußgroß Butter braten. Herausnehmen und auf Croutons anrichten. Die gehackte Knoblauchzehe in das Sautoir geben und mit dem Weißwein und der Demi-glace aufgießen. Die Oliven, die in Öl gebackenen Scheiben Eierfrüchte und die ebenfalls in Öl sautierten Tomatenviertel hinzugeben und kurz durchkochen. Auf jedes Schnitzel ein Tomatenviertel und darauf eine Olive legen und mit gehackter Petersilie bestreuen. Die restlichen Bestandteile mitsamt der Sauce in die Mitte der Platte füllen.

■ CORDON BLEU — Escalopes de veau Cordon bleu

6 Personen. *12 Kalbsschnitzel je 60 g; 6 Scheiben Schinken je 20-25 g; 6 Scheibchen Emmentaler Käse je 20 g; 1-2 Eier; frischgeriebene Weissbrotkrume; Mehl; Butter oder Öl. Bratzeit; 10-12 Minuten.*

Die Schnitzel sehr dünn plattieren und leicht würzen. Auf je ein Schnitzel eine passend geschnittene Scheibe gekochten Schinken und darüber ein dünne Scheibe zurecht geschnittenen Käse legen, mit dem zweiten Schnitzel bedecken und gut andrücken. Zusammenhalten und erst durch Mehl ziehen, dann durch geschagenes Ei, sorgfältig mit dem Reibbrot panieren und gut andrücken, darauf achten, dass auch die Seiten gut paniert sind. In geklärter Butter oder in Öl erst anbacken und dann langsam fertigbacken. Dazu einem beliebigen Salat servieren.

KALBSSCHNITZEL AUF ENGLISCHE ART — Escalopes de veau à l'anglaise

6 Personen. *6 Schnitzel von je 150 g; 1 Ei; Panierbrot; 100 g Butter; 1 Zitrone. Bratzeit: 8 Minuten.*

Die Schnitzel würzen, mehlen und englisch panieren. In Butter goldgelb braten, anrichten, mit Zitronensaft beträufeln und mit brauner Butter übergießen.

■ AUF JÄGERART — Escalopes de veau chasseur

6 Personen. *6 Schnitzel von je 150 g; 250 g rohe Champignonscheiben; 1 gehackte Schalotte; 1 dl Weißwein; 4 dl Demi-glace; 50 g Tomatenpüree; 50 g Butter; Öl; gehackte Petersilie.*

Die Schnitzel würzen, mehlen und in Öl mit nußgroß Butter braten. Herausnehmen und im Sautoir die Schalotten und Champignonscheiben schnell anrösten, den Weißwein hinzugeben und zur Hälfte einkochen. Mit der Demi-glace aufgießen, Tomatenpüree, gehackte Petersilie und 25 g Butter beifügen, kurz durchkochen und über die Schnitzel gießen. Mit gehackter Petersilie bestreut servieren.

■ AUF JURA-ART — Escalopes de veau à la jurassienne

Je Person: *2 Schnitzel von je 70 g; 70 g Butter; 2 dünne Scheibchen Schinken; 2 dünne Scheibchen Schweizer Käse von gleicher Größe; 25 g Champignonscheiben; 1 cl Cognac; 2 Eßlöffel süße Sahne; 3 cl Portwein; gehackte Petersilie; gehackter Schinken; 2 kleine Fleurons. Bratzeit: 4 Minuten.*

Die Schnitzel in einer Sauteuse in Butter braten, die Champignons hinzugeben und die Butter abgießen. Mit Cognac flambieren und die Schnitzel herausnehmen und warm halten. Die Sahne und den Portwein in die Sauteuse geben, aufkochen, würzen und mit ein wenig Mehlbutter binden. Eine Backplatte buttern, ein Schnitzel hineinlegen, mit je einer Scheibe Schinken und Käse belegen, mit dem zweiten Schnitzel bedecken und auch dieses mit einer Schinken- und Käsescheibe von gleicher Größe belegen. Einige Minuten in den Ofen stellen, um den Käse zu schmelzen, mit der Sauce nappieren, mit gehackter Petersilie und gehacktem Schinken bestreuen und mit den Fleurons garnieren.

■ AUF MAILÄNDER ART — Escalopes de veau à la milanaise

Wird genau so zubereitet wie das Kotelett gleichen Namens.

■ MAINTENON — Escalopes de veau Maintenon

Wird genau so zubereitet wie das Kotelett gleichen Namens.

■ AUF PORTUGIESISCHE ART — Escalopes de veau à la portugaise

6 Personen. *6 Schnitzel von je 150 g; 6 halbe, mit Duxelles gefüllte, im Ofen überkrustete Tomaten; 600 g Schloßkartoffeln; 5 cl Weißwein; 3 dl Sauce von frischen Tomaten; 60 g Butter.*

Die Schnitzel würzen, mehlen und in Butter braten. Den Bratsatz mit Weißwein ablöschen, einkochen und mit der Tomatensauce verkochen. Die Schnitzel anrichten, mit der Sauce nappieren und mit gehackter Petersilie bestreuen. Mit den Tomaten und den Schloßkartoffeln garnieren.

■ AUF WIENER ART — Escalopes de veau à la viennoise

6 Personen. *6 Schnitzel von je 150 g; 1 Zitrone; 80 g Schweineschmalz; Petersilie; gehackte Petersilie. Bratzeit: 5-6 Minuten.*

Die Schnitzel groß und etwas dünner als sonst schneiden. Leicht, aber nur zart klopfen. Würzen, mehlen, durch geschlagenes Ei ziehen und mit geriebener Semmel panieren und die Panade zart andrücken; stets erst im letzten Moment panieren. In heißem Schmalz braun und knusprig auf beiden Seiten braten und gut abgefettet auf einer Papiermanschette anrichten. Jedes Schnitzel mit einer Zitronenscheibe belegen und mit einer Spitze gehackter Petersilie bestreuen. Mit Petersilie garnieren. *(Siehe Bild auf Seite 384.)*

KALBSSCHNITZEL AUF ZIGEUNERART — Escalopes de veau Zingara

6 Personen. *6 Schnitzel von je 150 g; 300 g Julienne von Pökelzunge, Champignons, gekochtem Schinken und Trüffel; 5 cl Weißwein; 3 dl tomatierte Demi-glace. Bratzeit: 8 Minuten.*

Die Schnitzel würzen, mehlen und in einer Sauteuse in Butter braten. Herausnehmen, die Butter abgießen und den Bratsatz mit Weißwein ablöschen. Die Julienne in dem Weißwein erhitzen, mit der Demi-glace auffüllen und mit einer Prise Cayennepfeffer würzen. Die Sauce über die angerichteten Schnitzel verteilen. *(Siehe Bild auf Seite 383.)*

KALBSZUNGE DUSSOLIER — Langue de veau Dussolier

6 Personen. *1 kg 500 Kalbszunge; 5 Mohrrüben; 3 Zwiebeln; 3 Schalotten; 50 g Pfeffergürkchen; 500 g Herzoginkartoffeln; 1½ dl Weißwein; 50 g Butter; ½ l tomatierte Demi-glace. Schmorzeit: 1½ Stunden.*

Die Zunge stark blanchieren, rafraichieren und enthäuten. Mohrrüben, Zwiebeln und Schalotten in kleine Würfelchen teilen und zusammen mit der Zunge hellgelb anrösten. Mit dem Weißwein und der Demi-glace aufgießen, zudecken und langsam im Ofen schmoren. Die Zunge herausnehmen, tranchieren und anrichten. Die Sauce entfetten, die in Würfelchen geschnittenen Pfeffergürkchen hinzufügen, aufkochen und unpassiert über die Zunge gießen.

■ **GRILLIERT — Langue de veau grillée**

6 Personen. *1 kg 500 Kalbszunge; Reibbrot; Senf; 4 dl Teufelssauce. Grillierzeit: ungefähr 20 Minuten.*

Die Zunge blanchieren, enthäuten und mit Wurzelwerk dreiviertelgar kochen. Der Länge nach teilen, ohne sie durchzuschneiden, und die beiden Hälften mit einem Silber- oder Holzspieß auseinanderhalten. Gründlich mit Senf bestreichen, mit Reibbrot panieren, mit geklärter Butter bestreichen und langsam grillieren. Die Sauce nebenbei servieren.

■ **AUF RÖMISCHE ART — Langue de veau à la romaine**

6 Personen. *1 kg 500 Kalbszunge; 3 Zwiebeln; 5 Schalotten; 1½ dl Weißwein; ½ l römische Sauce. Schmorzeit: 1½ Stunden.*

Die Zunge stark blanchieren, rafraichieren, enthäuten und in Butter mit den in Scheiben geschnittenen Zwiebeln und Schalotten anbraten. Mit Weißwein und wenig Kalbsfond langsam garschmoren. Die Zunge herausnehmen, den Fond einkochen, passieren und der römischen Sauce beifügen. Die Zunge tranchieren, mit Sauce nappieren und den Rest nebenbei servieren.

WEISSGERICHT (BLANQUETTE) VON KALBFLEISCH — Blanquette de veau

6 Personen. *1 kg 500 Brust oder Schulter; 24 kleine Zwiebelchen; 1 der Länge nach geviertelte Mohrrübe; 1 Kräuterbündel; 30 g Mehl; 50 g Butter; 300 g pochierte Champignons; 2 Eigelb; 2 dl süße Sahne. Kochzeit: 1¾ Stunden.*

Das Fleisch in Stücke von 80 g schneiden, 1 Minute blanchieren, abspülen und mit frischem Wasser ansetzen. Das Kräuterbündel und die Mohrrübe beifügen, würzen, aufkochen lassen und abschäumen. Die Zwiebelchen hinzugeben und langsam 1½ Stunden kochen lassen. Das Fleisch und die Zwiebelchen in eine saubere Kasserolle ausstechen. Von dem Mehl und der Butter weiße Mehlschwitze bereiten, mit dem passierten Fond zu einer Sauce verkochen und über Fleisch und Zwiebeln gießen. Die Champignons beigeben und noch langsam 15 Minuten kochen. Mit Sahne und Eigelb legieren und gut abschmecken.

Man sollte das Fleisch für Blanquette stets ausbeinen und davon Würfel von 50 g schneiden.

KALTE KALBFLEISCHGERICHTE

KALBSKOTELETTS BELLEVUE — Côtes de veau en bellevue

6 Personen. *6 Koteletts von je 175 g; 1 kg Mohrrüben, olivenförmig tourniert; 30 kleine in Butter geröstete Zwiebelchen; 2 kleine Tomaten; 1 l Gelee; Kerbelblättchen; 60 g Butter. Bratzeit: ungefähr 30 Minuten.*

Die gut parierten Koteletts in Butter braten. Die Zwiebelchen und die zuvor halbgar gedünsteten Mohrrübenoliven hinzugeben, mit dem leichtgehaltenen Gelee aufgießen und langsam alles zusammen garmachen. Koteletts und Gemüse gut abtropfen. Jedes Kotelett mit geschälter Tomate und Kerbelblättchen dekorieren, in einer tiefen Platte anrichten und mit dem Gemüse umlegen. Das Gelee entfetten, klären und, sobald es zu stocken beginnt, über Koteletts und Garnitur gießen.

KALBSKOTELETTS MOLIÈRE — Côtes de veau Molière

6 Personen. *6 Koteletts von je 175 g; 3 mittelgroße Tomaten; 1 mittelgroßen Blumenkohl; 6 Trüffelscheiben; 1 hartgekochtes Ei; 1 Scheibe Pökelzunge; 1 dl Mayonnaise; 1 l Gelee; Petersilie.*

Die Koteletts gut parieren, langsam recht saftig braten und unter sehr leichtem Druck erkalten lassen. Den Blumenkohl abkochen, auskühlen, in Röschen teilen und marinieren. Die Tomaten halbieren, aushöhlen und innen gleichfalls marinieren. Beides gut abtropfen, die Tomaten mit den Blumenkohlröschen füllen, mit Mayonnaise nappieren und mit Pökelzunge und Trüffel dekorieren. Jedes Kotelett mit einem Motiv von Pökelzunge, Eiweiß und Trüffel dekorieren und mit Gelee überglänzen. Eine große ovale oder runde Platte mit einem dünnen Geleespiegel versehen. Nach dem Festwerden des Gelees die Koteletts mit dem Knochen nach innen darauf anrichten, dazwischen die Tomaten dressieren und in die Mitte ein Bündelchen krause Petersilie geben. *(Siehe Bild auf Seite 385.)*

KALBSNUSS AUF GROSSMUTTERART — Noix de veau glacée grand-mère

12-14 Personen. *2 kg Kalbsnuß; 2 Kalbsfüße; 150 g Spickspeck; 1 kg Mohrrüben; 500 g weiße Rüben; 250 g Zwiebeln; 250 g zarte grüne Bohnen; $^1/_2$ l Weißwein; $^1/_2$ l Bouillon; 60 g Butter. Schmorzeit: $1^3/_4$-2 Stunden.*

Die Kalbsnuß spicken, anbraten, in eine Kasserolle zusammen mit den Kalbsfüßen geben, mit dem Wein und der Bouillon aufgießen, würzen und langsam schmoren. Die Mohrrüben, weißen Rüben und Zwiebeln in Stäbchen etwas größer als Streichhölzer schneiden und in Butter leicht anrösten. Nach ungefähr 1¼ Stunden das Gemüse zum Fleisch geben und weiterschmoren, bis alles gar ist. Die grünen Bohnen separat kochen und zuletzt hinzugeben. Die Kalbsfüße herausnehmen, Fleisch und Gemüse in eine Terrine geben und den passierten Fond darübergießen. Nach völligem Erkalten gut abfetten.

KALBSRÜCKEN, KALTER — Selle de veau froide

Die Nieren entfernen und den Kalbsrücken so vorbereiten, wie es bei warmen Gerichten beschrieben worden ist. Langsam schmoren und völlig erkalten lassen. Die Rückenfilets auslösen, in gleichmäßige Tranchen schneiden und wieder auf das Gerippe zurücklegen. Dekorieren, mit Gelee überglänzen und mit Gemüse oder sonstwie garnieren. Man kann den kalten Kalbsrücken auf vielerlei Arten dekorieren und garnieren. *(Siehe Bilder auf Seite 388.)*

AUSLÄNDISCHE SPEZIALGERICHTE

INVOLTINI ALLA MORANDI — Kalbsröllchen Morandi

10 Personen. *20 gleichförmige Kalbsschnitzelchen von je 30 g; 20 gleichgroße Scheibchen rohen Schinken; 20 kleine, dünne Scheibchen Schweizer Käse; 20 Trüffelscheiben; 10 halbierte, gefaltete, gedünstete Köpfe Salat; 500 g Reis, auf griechische Art bereitet; 2 dl Marsala; 75 g Butter. Schmorzeit: ungefähr 10 Minuten.*

Die Schnitzel plattieren und jedes mit je einer Scheibe Schinken, Käse und Trüffel belegen. Zusammenrollen, binden, würzen und in Butter anbraten. Mit Marsala angießen, den man zuvor zur Hälfte eingekocht hat. Einen Löffel Kalbsfond beifügen und 10 Minuten schmoren. Den Reis in eine Kuppelform drücken, in die Mitte einer runden Platte stürzen und rundherum die Röllchen und den Kopfsalat dressieren. Das Fleisch leicht mit dem Schmorfond nappieren. *(Italien)* *(Siehe Bild auf Seite 381.)*

OSSO BUCO ALLA MILANESE — Kalbshachse auf Mailänder Art

10 Personen. *10 Stück glattgesägte Kalbshachse von je 200 g; 50 g Butter; 1 dl Olivenöl; 1 Mohrrübe, 1 Stengel Bleichsellerie und $^1/_2$ Zwiebel, kleingewürfelt; 1 Eßlöffel Tomatenmarke Schale einer halben Zitrone; 1 l Wasser oder Bouillon; $^1/_4$ l Weißwein; Knoblanchzehe gehackt; Petersilie; 500 g Reis. Schmorzeit: $1^1/_2$ Stunden.*

Die Hachsenstücke in Öl und Butter hellbraun anrösten, das Gemüse hinzugeben und gleichfalls anrösten. Mit Weißwein ablöschen, das Tomatenmark beifügen, würzen und einkochen. Bis zur Höhe mit Wasser oder Bouillon auffüllen und langsam garmachen. Die gehackte Zitronenschale, Knoblauch und Petersilie beifügen, durchkochen und notfalls mit etwas Stärkemehl binden. Mit Risotto natur oder mit Safran garnieren oder diesen nebenbei servieren. *(Italien)* *(Siehe Bild auf Seite 381.)*

PICCATA ALLA MILANESE — Mailänder Schnitzelchen

10 Personen. *20 Schnitzelchen von je 50 g; 1 dl Öl; 100 g Butter; 20 g Petersilie; 5 cl Weißwein. Bratzeit: 4-5 Minuten.*

Die Schnitzel plattieren, würzen, mehlen und in einer Pfanne rasch mit Öl und nußgroß Butter braten. Vor dem Herausnehmen den Weißwein hinzugeben und einkochen. Anrichten, mit gehackter Petersilie bestreuen und mit brauner Butter übergießen. *(Italien)*

SALTIMBOCCA ALLA ROMANA — Römische Leckerbissen

10 Personen. *1 kg Kalbsnuß; 10 Scheibchen rohen Schinken von je 10 g; 10 frische Salbeiblätter; 50 g Butter; 2 dl Öl; 1 dl Weißwein. Bratzeit: 5-6 Minuten.*

Die Kalbsnuß in 20 Scheibchen von je 50 g schneiden und sie plattieren. Zwischen je zwei Scheibchen eine Schinkenscheibe und ein Salbeiblättchen legen und mit einem Stäbchen befestigen. Würzen, mehlen und in heißem Öl rasch auf beiden Seiten braten und herausnehmen. Das Öl abgießen, den Weißwein und die Butter hinzugeben, kurz einkochen und über das angerichtete Fleisch gießen. *(Italien)* *(Siehe Bild auf Seite 380.)*

SCALOPPINE ALLA VALDOSTANA — Schnitzel auf Waldenser Art

10 Personen. *10 Kalbsschnitzel von je 80 g; 1 geschlagenes Ei; 200 g in Scheiben geschnittene Steinpilze; 250 g Fontina oder Schweizer Käse; 1 dl Öl; 150 g Butter; 10 dicke Scheiben gefüllte Auberginen; 10 kleine gefüllte Tomaten: 10 Schmelzkartoffeln. Bratzeit der Schnitzel: 4-5 Minuten.*

Die Schnitzel klopfen, würzen, mehlen, in geschlagenem Ei wenden und in Öl leicht braten. Die Steinpilze in Öl und Butter sautieren. Die Schnitzel in eine Backplatte ordnen, mit den Steinpilzen bedecken und diese mit einer ausreichend großen Scheibe Käse belegen. Einige Minuten in den heißen Ofen stellen, bis der Käse geschmolzen ist. Mit den Gemüsen garnieren und diese mit brauner Butter übergießen. *(Italien)*

SCHAFE UND LÄMMER

BRATZEITEN

Hammelschulter, gebraten	18-20 Minuten je Kilo	
Hammelschulter, geschmort . . .	ungefähr 40 Minuten je Kilo	
Hammelkeule, gebraten	20-25 Minuten je Kilo	innen blutig
Lammkeule	20-25 Minuten je Kilo	durchgebraten
Hammelkarree	20 Minuten je Kilo	blutig
Hammelkotelett	3-4 Minuten jede Seite	
Lammkotelett	3 Minuten jede Seite	
Lammkarree	15-18 Minuten je Kilo	je nach Dicke
Hammelrücken	15 Minuten je Kilo	innen blutig
Hammelragout	1½-2 Stunden	

Hammelkeule, -karree und -rücken werden stets blutig gebraten, müssen danach aber noch 30 Minuten warm ruhen, ehe sie zu tranchieren sind.

Das beste Fleisch stammt von jenen Schafen und Lämmern, die auf Wiesen in der Nähe der Meeresküsten weiden. Hammelfleisch (Schaffleisch) ist wohlschmeckend und gut verdaulich, vorausgesetzt, daß es nicht von zu alten Tieren herstammt. Es soll von lebhafter, etwas dunkler Farbe und mit einer Schicht von festem, weißem Fett umgeben sein. Grilliert werden Koteletts, Nieren und Chops, gebraten der Rücken, die Keulen und Schultern, während die geringwertigeren Teile, wie Hals und Schultern, zum Ragout genommen werden.

Obwohl Lamm genau so wie Hammel bereitet werden kann, gibt es hierfür doch einige besondere Gerichte. Man kann zwar Lamm genau so wie Hammel bereiten, aber nicht umgekehrt, denn während Hammelfleisch innen stets leicht blutig oder gut rosa gehalten wird, muß Lammfleisch durchgebraten sein.

HAMMEL-, SCHAF- ODER SCHÖPSENFLEISCH

BARONSTÜCK — Baron de mouton

Hierunter versteht man die beiden zusammenhängenden Keulen mit dem Sattelstück des Tieres. Es wird immer im ganzen Stück gebraten und mit klarer oder leichtgebundener Hammeljus serviert. Dazu passen Garnituren wie Blumenmädchenart, Gärtnerinart, portugiesische Art, provenzalische Art, Richelieu u. ä.

HAMMELBRUST AUF TATARENART — Poitrine de mouton à la tartare

6 Personen. *1 kg 500 Hammelbrust; 1 Zwiebel; 1 Mohrrübe; 1 Kräuterbündel; Senfpulver; Reibbrot; Öl oder Butter; 3 dl Tatarensauce. Kochzeit: $1^1/_2$ Stunden.*

Die Brust mit dem Gemüse und dem Kräuterbündel garniert kochen, kurz auskühlen, entbeinen und unter leichtem Druck erkalten lassen. Mit dem mit Wasser angemachten Senfpulver dünn bestreichen, mit Reibbrot panieren und andrücken, mit Öl oder Butter beträufeln und auf dem Rost braten. In Stücke schneiden, mit Kresse oder Petersilie anrichten und die Sauce nebenbei servieren.

Empfehlenswerter ist es, das Fleisch vor dem Bestreichen in viereckige oder breite, längliche Stücke zu schneiden und dann erst zu grillieren.

EPIGRAMME VON HAMMEL ST.-GERMAIN — Epigrammes de mouton Saint-Germain

6 Personen. *2 kg Hammelschulter; 1 Zwiebel; 1 Mohrrübe; 1 Kräuterbündel; 1-2 Eier; geriebene Weißbrotkrume; 500 g Püree von grünen Erbsen; Öl oder Butter; 3 dl Béarnaisesauce. Bratzeit der Epigramme: 4-5 Minuten.*

Die Brust wie oben kochen, ausbeinen und völlig erkalten lassen. In Stücke von 5 cm Breite schneiden und diese in Herzform parieren. Würzen, mehlen, englisch panieren und grillieren oder braten. Das Erbsenpüree in die Mitte einer runden Platte kuppelförmig dressieren und die Epigramme halb übereinander rundherum anrichten.

HAMMELFILET — Filet de mouton

Unter Hammelfilet versteht man die Hälfte des der Länge nach gespaltenen Rückens, der entbeint, gebunden, gebraten oder geschmort wird und mit den gleichen Garnituren wie für Keule und Sattel serviert werden kann.

HAMMELFILETS — Filets mignons de mouton

Die kleinen Filets sind die Muskeln, die sich unter dem Rücken befinden. Sie werden pariert, gebraten oder grilliert, und mit den gleichen Garnituren wie Tournedos serviert.

HAMMELFÜSSE UND KUTTELN AUF MARSEILLER ART — Pieds et paquets à la marseillaise

6 Personen. *6 blanchierte Hammelfüße; 6 Stücke Fettdarm von 10 cm Seitenlänge; 200 g Fettdarm; 150 g mageren Speck; 150 g durchwachsenen Speck; 5 Knoblauchzehen; 1 Bündelchen Petersilie; 150 g gehackten, fetten, frischen Speck; 1 Kräuterbündel; 1 Zwiebel; 2 Mohrrüben und 2 Schalotten in Scheiben; 3 dl Weißwein; 250 g Tomaten. Dünstzeit: 7-8 Stunden.*

Fettdarm, Speck, Petersilie und 3 Knoblauchzehen hacken, würzen und auf die Vierecke Fettdarm gleichmäßig verteilen. Zusammenrollen und an beiden Enden zusammenbinden. Den fetten Speck zum Schmelzen bringen, darin die Mohrrüben, Schalotten- und Zwiebelscheiben anrösten und die geschnittenen Tomaten und zerdrückten Knoblauchzehen hinzugeben; am besten alles in eine große, feuerfeste irdene oder Porzellanterrine füllen. Die gerollten Päckchen, die entbeinten Hammelfüße und das Kräuterbündel hinzugeben, mit dem Wein und so viel Wasser aufgießen, daß alles bedeckt ist, würzen, zudecken, die Terrine hermetisch verschließen und bei mäßiger Hitze im Ofen garmachen. Vor dem Servieren entfetten und das Kräuterbündel entfernen.

GESTOWTES HAMMELFLEISCH AUF PROVENZALISCHE ART — Daube de mouton à la provençale

6 Personen. *1 kg ausgebeinte Hammelschulter; 3 blanchierte, entbeinte Hammelfüße; 100 g blanchierte Speckschwarten; 150 g magere Speckwürfel; 1/2 l Rotwein; 150 g Streifen von fettem Speck; 1 Mohrrübe und 1 Zwiebel in Scheiben; 1 Zwiebel und 2 Knoblauchzehen, gehackt; 2 Kräuterbündel; 1 dl Öl; 800 g geviertelte Tomaten. Dämpfzeit: 4-5 Stunden.*

Das Fleisch in Würfel von 50-60 g schneiden und jedes Stück mit einem Streifen fetten Specks durchziehen. Zusammen mit den Mohrrüben- und Zwiebelscheiben, dem Kräuterbündel, Rotwein und Öl 24 Stunden marinieren. Das Fleisch herausnehmen, abtropfen, in eine feuerfeste Terrine legen, die Hammelfüße, Speckschwarten, Speckwürfel, gehackte Zwiebel, gehackten Knoblauch, das zweite Kräuterbündel, die Tomaten und die passierte Marinade hinzugeben, zudecken und hermetisch verschließen. Bei mäßiger Hitze im Ofen garmachen, vor dem Auftragen in der Terrine entfetten.

HAMMELGEKRÖSE — Fressure de mouton

Zum Gekröse gehören die Innereien, wie Leber, Herz und Lunge. Die Lunge in große Würfel und das Herz in Scheiben schneiden. In gutem Fett anlaufen lassen, mit Mehl bestäuben, das Mehl leicht bräunen, würzen und 2 geviertelte Zwiebeln und 1 Kräuterbündel beifügen. Mit Wasser oder Rotwein auffüllen, eine zerdrückte Knoblauchzehe hinzugeben und 1½ Stunden schmoren lassen. Im letzten Moment die in Scheibchen geschnittene, gemehlte und rasch blutig gebratene Leber beifügen und nicht mehr kochen lassen, da die Leber hart werden würde. Man kann dem Ragout geviertelte, vorher gebratene Kartoffeln wie bei anderen Ragouts hinzufügen. Mit gehackter Petersilie bestreut anrichten.

HAMMELHIRN — Cervelles de mouton

Genau so wie Rinderhirn behandeln und garnieren.

HAMMELKARREE — Carré de mouton

Nachdem der Rücken gespalten worden ist, wird der Wirbelknochen mit einem scharfen Beil abgehackt und der obere Teil der Rippen pariert. Das Karree soll stets zehn Rippen enthalten. Es wird gebraten und mit den gleichen Garnituren wie das Baronstück serviert.

HAMMELKEULE AUF BÄCKERART — Gigot de mouton à la boulangère

10-12 Personen. *1 Keule von 2 kg; 2 kg geschälte Kartoffeln in dicken Scheiben; 3 große Zwiebeln in Scheiben. Bratzeit: 50-60 Minuten.*

Wird genau so wie Hammelschulter bereitet. *(Siehe Bild auf Seite 402.)*

■ AUF BRETAGNISCHE ART — Gigot de mouton à la bretonne

10-12 Personen. *1 Hammelkeule von 2 kg; 3 Knoblauchzehen; 2 gehackte Zwiebeln; 200 g Tomatenpüree; 1/2 l Bouillon; 1 kg gekochte weiße Bohnen; gehackte Petersilie. Bratzeit: 50-60 Minuten.*

Den Hachsenknochen parieren, den Schlußknochen entfernen und in die Öffnung die Knoblauchzehen stecken. Würzen, braten, das Fett aus der Pfanne gießen und mit Hammeljus ablöschen, etwas einkochen und passieren. In dem abgegossenen Fett die gehackten Zwiebeln gut anschwitzen, das Tomatenpüree beigeben und zusammen mit der Bouillon vermischen. Die Bohnen hinzufügen und einige Minuten kochen, mit gehackter Petersilie bestreut anrichten und zusammen mit der Jus nebenbei servieren.

■ AUF ENGLISCHE ART — Gigot de mouton à l'anglaise

10-12 Personen. *1 Keule von 2 kg; 500 g Mohrrüben; 300 g weiße Rüben; 300 g grüne Bohnen; 12 kleinere Zwiebeln; 1 kg Kartoffeln; 50 g Kapern; 40 g Butter; 30 g Mehl. Kochzeit: 1 1/4-1 3/4 Stunden.*

Die Keule in kochendes, leicht gesalzenes Wasser legen, aufkochen, abschäumen und die Gemüse hinzugeben, die man nach dem Garwerden herausnimmt und mit etwas Fond warm hält. Von dem

Fond und der von der Butter und dem Mehl bereiteten weißen Mehlschwitze weiße Sauce kochen, würzen, passieren, mit Zitronensaft abschmecken und die Kapern hinzufügen. Die Keulen mit den Gemüsen und Salzkartoffeln anrichten und die Sauce nebenbei servieren.

HAMMELKEULE GESCHMORT, MIT ZWIEBELPÜREE — Gigot de mouton braisé Soubise

10-12 Personen. *1 Keule von 2 kg; 2 Mohrrüben und 2 Zwiebeln in Scheiben; $^1/_2$ l Bouillon; 100 g Tomatenpüree; 20 g Stärkemehl; 500 g Zwiebelpüree. Schmorzeit: $2^1/_2$ Stunden.*

Die Keule würzen, anbraten und auf Scheiben von angerösteten Mohrrüben und Zwiebeln legen. Mit der Bouillon aufgießen, zudecken und langsam im Ofen schmoren. Herausnehmen, den Fond abfetten, das Tomatenpüree hinzugeben, durchkochen und leicht mit Stärkemehl abziehen. Die Keule anrichten und die Sauce und das Zwiebelpüree nebenbei servieren.

HAMMELKOTELETTS MIT BRUNNENKRESSE — Côtelettes de mouton au cresson

6 Personen. *6 Koteletts von je 175 g; Brunnenkresse. Bratzeit: 8 Minuten.*

Die Koteletts würzen, langsam auf beiden Seiten auf dem heißen Rost braten und dabei mit Öl bestreichen. Mit Brunnenkresse garniert anrichten.

■ CHAMPVALLON — Côtelettes de mouton Champvallon

6 Personen. *6 dicke Koteletts vom Halsende von je 200 g; 1 kg 500 Kartoffeln in Scheiben; 2 Zwiebeln in Scheiben; $^3/_4$ l Bouillon; 1 Kräuterbündel; 1 zerdrückte Knoblauchzehe. Schmorzeit: 1-$1^1/_4$ Stunden.*

Die Koteletts auf beiden Seiten anbraten und auf den Boden einer Backplatte legen. Mit den Kartoffeln, den Zwiebelscheiben und dem zerdrückten Knoblauch bedecken, mit der Bouillon auffüllen, würzen, das Kräuterbündel beifügen und bei mäßiger Hitze im Ofen garmachen.

■ AUF ENGLISCHE ART — Côtelettes de mouton à l'anglaise

6 Personen. *6 Koteletts von je 175 g; 1 Ei; frischgeriebene Weißbrotkrume. Bratzeit: 6-8 Minuten.*

Die Koteletts würzen, mehlen, panieren, in Butter braten und mit Brunnenkresse garniert anrichten.

■ MONTGLAS — Côtelettes de mouton Montglas

6 Personen. *6 Koteletts von je 160 g; 300 g Montglas; Reibbrot; 50 g zerlassene Butter; 2 dl Demi-glace. Bratzeit: insgesamt 10 Minuten.*

Die Koteletts nur auf einer Seite anbraten. Auf diese Seite die Montglasmasse kuppelförmig auftragen und die Koteletts mit der rohen Seite nach unten in eine gebutterte Backplatte ordnen. Mit geriebenem Brot bestreuen, mit zerlassener Butter beträufeln und im Ofen garmachen und zugleich leicht überkrusten. Anrichten und mit Demi-glace umgießen.

■ AUF SEVILLANISCHE ART — Côtelettes de mouton à la sévillane

6 Personen. *6 Koteletts von je 175 g; 3 dl tomatierte Demi-glace; 3 geschälte, geviertelte, entkernte Tomaten; 1 zerdrückte Knoblauchzehe; 200 g entsteinte, blanchierte grüne Oliven; 75 g Butter. Bratzeit der Koteletts: 6-8 Minuten.*

Die Tomaten mit dem Knoblauch in Butter sautieren, die Oliven hinzugeben und kurz durchschwenken. Die Demi-glace beifügen und einige Minuten kochen lassen. Die Koteletts würzen, in Butter braten, im Kranze auf runder Platte anrichten und die Garnitur in die Mitte füllen.

HAMMELNIEREN AUF BERRYER ART — Rognons de mouton à la berrichonne

6 Personen. *900 g Nieren; 200 g geviertelte Champignons; 125 g Speckwürfel; $^1/_4$ l Bordelaiser Sauce; 75 g Butter. Bratzeit der Nieren: 2-3 Minuten.*

Die Speckwürfel in Butter anlaufen lassen, die Champignons hinzugeben und anrösten. Die Bordelaiser Sauce hinzugießen und alles einige Minuten kochen lassen. Die Nieren halbieren, in nicht zu dünne Scheibchen schneiden und in Butter nocht blutig sautieren. Abseits des Feuers der Garnitur beifügen, durchschwenken, anrichten und mit gehackter Petersilie bestreuen.

HAMMELNIEREN AUF JÄGERART — Rognons de mouton à la chasseur

6 Personen. *900 g Nieren; 300 g pochierte Champignons in Scheiben; 1 dl Weißwein; 1 gehackte Schalotte; 75 g Butter; 2 dl Demi-glace; 6 kleine, herzförmige Croutons; gehackte Petersilie. Bratzeit der Nieren: 2-3 Minuten.*

Die in Scheiben geschnittenen Nieren in heißer Butter rasch und noch etwas blutig sautieren, dann gleich in eine tiefe Schüssel füllen. Die Schalotte in der Bratbutter anschwitzen, den Weißwein hinzugießen und zur Hälfte einkochen, die Champignons und die Demi-glace beifügen, einige Male aufkochen lassen und abseits des Feuers 50 g Butter unterziehen. Abschmecken, über die angerichteten Nieren gießen und mit gehackter Petersilie bestreuen.

■ MIT MADEIRA — Rognons de moutons au madère

6 Personen. *900 g Nieren; 250 g geviertelte Champignons; 7 cl Madeira; 1 gehackte Schalotte; 2 dl Demi-glace; 75 g Butter; 6 Croutons; gehackte Petersilie. Bratzeit der Nieren: 2-3 Minuten.*

Genau so verfahren wie für Hammelnieren auf Jägerart, aber den Weißwein durch Madeira ersetzen.

■ TURBIGO — Rognons de mouton Turbigo

6 Personen. *12 Nieren; 6 winzige Bratwürstchen (Chipolatas); 18 glacierte kleine Zwiebelchen; 175 g kleine Champignonköpfe; 2 dl tomatierte Demi-glace; 6 gebackene Croutons in Herzform; 60 g Butter; gehackte Petersilie. Bratzeit: 5 Minuten.*

Die Nieren halbieren, enthäuten, in Butter braten und anrichten. Die Chipolatas braten oder grillieren. Die Zwiebelchen und die Champignons der Demi-glace beifügen, aufkochen und über die noch etwas blutig gehaltenen Nieren gießen. Mit den Würstchen und den Croutons garnieren und mit gehackter Petersilie bestreuen.

HAMMELNIERENSPIESSCHEN MIT BRUNNENKRESSE — Rognons de mouton en brochettes vert-pré

6 Personen. *12 Nieren; 100 g Haushofmeisterbutter; 500 g Strohkartoffeln; Brunnenkresse; Öl. Bratzeit: 5-6 Minuten.*

Die Nieren der Länge nach spalten, doch nicht trennen. Enthäuten, durch Spießchen offenhalten, würzen, ölen und auf dem Rost braten, dabei noch etwas blutig halten. Anrichten, nußgroß Haushofmeisterbutter in jede Niere füllen und mit den Kartoffeln und der Kresse garnieren.

HAMMELNÜSSCHEN — Noisettes de mouton

Die Nüßchen werden aus den Rückenfilets ungefähr 2½ cm dick geschnitten, sauber pariert und von dem größten Teil des Fettes befreit. Sie sollten nach dem Parieren ein Mindestgewicht von 60 g haben. Alle Garnituren für Hammelkoteletts und Lendenschnitten eignen sich auch für die Nüßchen. *(Siehe Bild auf Seite 401.)*

■ GIRALDA — Noisettes de mouton Giralda

6 Personen. *12 Nüßchen von je 60 g; 3 rote Paprikaschoten, entkernt, blanchiert und geviertelt; 2 dl Backteig; 200 g Risotto; 75 g rohen Schinken, gewürfelt und in Öl sautiert; 24 entkernte, blanchierte Oliven; 7 cl Sherry; 2 dl Demi-glace; 50 g Butter. Bratzeit der Nüßchen: 5-6 Minuten.*

Die Nüßchen in Butter braten, herausnehmen und warm halten. Den Bratsatz mit dem Sherry ablöschen, zur Hälfte einkochen, die Demi-glace und die Oliven beifügen und zwei bis drei Mal aufkochen lassen. Den Risotto mit den Schinkenwürfeln vermischen, die geviertelten Paprikaschoten durch Backteig ziehen und in der Fritüre ausbacken. Die Nüßchen auf kleine Sockel von Risotto dressieren, mit der Olivensauce übergießen und mit den gebackenen Paprikaschoten garnieren.

▲ Hammelnüßchen, S. 400

Lammkarree, überkrustet, S. 407 ▼

▲ Lammrücken auf französische Art, S. 410

Hammelkeule auf Bäckerart, S. 398 ▼

▲ Lammkoteletts Montmorency, S. 408

Gebratene Lammchops, S. 413 ▼

▲ Lammkoteletts St. Michael, S. 409

Lammkoteletts Cyrano, S. 408 ▼

HAMMELNÜSSCHEN AUF KAPUZINERART — Noisettes de mouton à la capucine

6 Personen. *12 Nüßchen von je 60 g; 12 große, ausgehöhlte Champignonköpfe; 250 g Champignonpüree; 12 Croutons; 50 g Butter. Bratzeit: 5-6 Minuten.*

Die Nüßchen in Butter braten, auf den gebackenen Croutons anrichten und mit den gebratenen Champignons garnieren, die mit dem Püree gefüllt worden sind. Man kann dazu eine leichtgebundene braune Jus servieren.

HAMMELRAGOUT ODER NAVARIN — Ragoût de mouton dit Navarin

6 Personen. *1 kg 250 Hammelfleisch; 24 Zwiebelchen; 250 g Mohrrüben; 200 g weiße Rüben; 600 g Kartoffeln; 2 Eßlöffel Tomatenpüree; 30 g Mehl; 1 Kräuterbündel; 1 Knoblauchzehe. Zubereitung: 1¾-2 Stunden.*

Man kann hierzu Schulter, Brust oder Hals nehmen; am besten eignet sich die Schulter. Das Fleisch in Stücke von etwa 80 g teilen und in heißem Fett braun anrösten. Den größten Teil des Fettes abgießen, das Fleisch mit dem Mehl bestreuen, hellgelb anrösten und den zerdrückten Knoblauch beifügen. Mit Wasser aufgießen, damit alles gerade bedeckt ist, würzen, das Kräuterbündel und das Tomatenpüree hinzugeben, zudecken und langsam 1 Stunde schmoren lassen. Dann die Zwiebelchen, die tournierten Mohrrüben und weißen Rüben, alle zuvor angeröstet und mit einer Prise Puderzucker bestäubt, damit sie eine schöne Farbe annehmen, hineingeben und weiterhin langsam 45 Minuten schmoren. Die Sauce gut abfetten, während der Saison kleine, neue, sonst hübsch tournierte Kartoffeln hinzufügen und alles auf dem Herd langsam weiterschmoren, damit Fleisch und Gemüse zur gleichen Zeit gar werden. Sofern es notwendig ist, abermals entfetten und mit gehackter Petersilie bestreut servieren.

HAMMELRAGOUT MIT WEISSEN BOHNEN — Haricot de mouton

Genau so wie für Navarin verfahren, jedoch die Mohrrüben und weißen Rüben fortlassen. Einige Minuten vor dem Garwerden 250 g vorgekochte weiße Bohnen oder grüne Bohnenkerne hinzugeben und noch kurz alles zusammen durchkochen.

HAMMELSCHULTER AUF BÄCKERART — Epaule de mouton à la boulangère

10 Personen. *1 Schulter von 2 kg; 2 kg rohe Kartoffeln in dicken Scheiben; 3 große Zwiebeln in Scheiben; ¼ l Jus. Bratzeit: ungefähr 1½ Stunden.*

Die Keule in Butter braten. Sobald sie halbgar ist, die mit den Zwiebeln vermischten Kartoffeln beifügen und die Jus hinzugießen. Unter mehrfachem Begießen völlig gar machen.

■ MIT WEISSEN RÜBEN — Epaule de mouton aux navets

10 Personen. *1 Schulter von 2 kg; 2 kg geviertelte, in Butter zusammen mit 20 kleinen Zwiebelchen sautierte weiße Rüben; 10 g Stärkemehl. Schmorzeit: 1¾-2 Stunden.*

Die Schulter nach der üblichen Methode schmoren und mit den Rüben und den Zwiebelchen garnieren. Die entfettete und leicht mit Stärkemehl gebundene Jus nebenbei servieren.

■ AUF WIRTSCHAFTERINART — Epaule de mouton à la ménagère

10 Personen. *1 Schulter von ungefähr 1 kg 500; 400 g Bratwurstfleisch; 100 g gehackte, in Butter gedünstete und erkaltete Zwiebeln; 50 g gehackte Kräuter; 3 geviertelte Mohrrüben; 3 geviertelte Zwiebeln; 1 Knoblauchzehe; 1 kg geviertelte, geröstete Kartoffeln; Wasser oder Bouillon. Schmorzeit: 1¾-2 Stunden.*

Das Bratwurstfleisch mit den Zwiebeln und Kräutern vermischen, gut würzen und durcharbeiten. Die Schulter entbeinen, gleichmäßig mit der Farce bedecken, zusammenrollen und binden. Anbraten, Mohrrüben, Zwiebeln und Knoblauch beifügen, mit Bouillon oder Wasser angießen, würzen und zugedeckt im Ofen schmoren. Herausnehmen, tranchieren, den Fond entfetten und die Kartoffeln kurze Zeit hineingeben zum Durchziehen. Das Fleisch anrichten und mit den Kartoffeln garnieren und mit der Jus übergießen.

HAMMELRÜCKEN AUF ARMENISCHE ART — Selle de mouton à l'arménienne

6 Personen. *1 Sattelstück von 2 kg; 250 g Reis; 100 g rote, entkernte, gewürfelte Paprikaschoten; 400 g Eierfrüchte; 400 g Tomaten; 25 g gehackte Zwiebeln; Reibbrot; gehackte Petersilie; 2 feingehackte Knoblauchzehen; 1 starke Prise Safran; Olivenöl; 1/4 l leichtgebundene Hammeljus. Bratzeit: 30-40 Minuten.*

Das Sattelstück braten und wenigstens 15 Minuten warm stellen. Die Rückenfilets auslösen, in schräge Scheiben schneiden und wieder auf das Gerippe zur ursprünglichen Form legen. Den ganzen Sattel dick mit Reibbrot bestreuen, das mit dem gehackten Knoblauch und reichlich gehackter Petersilie vermischt worden ist. Gut mit Öl betropfen und bei scharfer Hitze im heißen Ofen oder unter dem Salamander überkrusten. Den Reis mit den Zwiebeln, gewürfelten Paprikaschoten und Safran wie Risotto kochen und in kleine, zuvor ausgebutterte Becherförmchen drücken. Den Rücken auf einer großen Platte anrichten und mit den gestürzten Risottobechern und den auf provenzalische Art bereiteten Eierfrüchten garnieren. Die Jus nebenbei servieren.

■ AUF CHAROLAISER ART — Selle de mouton à la charolaise

6 Personen. *1 Sattelstück von 2 kg; 12 Kugeln von gedünstetem Weißkraut; 600 g in Bouillon gedünstete Maronen; 600 g oval geformte, mit Butter geschwenkte Salzkartoffeln; 1/4 l Madeirasauce. Bratzeit: 30-40 Minuten.*

Den Sattel braten, anrichten und mit den Maronen und dem Weißkraut garnieren. Das Fett aus dem Bratgeschirr abgießen und den Bratsatz kurz mit der Madeirasauce durchkochen. Die Sauce und die Kartoffeln nebenbei servieren.

■ ROSEBERRY — Selle de mouton Roseberry

6 Personen. *1 Sattelstück von 2 kg; 6 kleine, mit Duxelles gefüllte Tomaten; 6 kleine Blätterteig-Mundbissen; 100 g zerkleinerte Morcheln in Rahmsauce; 500 g gekochte, in Butter geschwenkte grüne Erbsen; 700 g Bratkartoffeln; 3 dl Béarnaisesauce. Bratzeit: 30-40 Minuten.*

Den Rücken braten, anrichten und mit den im Ofen gebratenen Tomaten, den grünen Erbsen und den mit Morcheln gefüllten Mundbissen garnieren. Die Sauce und die Kartoffeln nebenbei servieren.

HAMMELZUNGEN — Langues de mouton

Sie werden wie Kalbszungen behandelt und können mit den gleichen Garnituren serviert werden.

HAMMELZUNGEN MIT MARONENPÜREE — Langues de mouton à la purée de marrons

6 Personen. *9 blanchierte, enthäutete Zungen; 2 Mohrrüben und 2 Zwiebeln in Scheiben; 1 Kräuterbündel; 1/2 l Bouillon; 1 kg Maronenpüree. Schmorzeit: ungefähr 1 Stunde.*

Die Zungen nach der üblichen Methode schmoren und der Länge nach in dünne Scheiben schneiden. Auf das Maronenpüree dressieren und mit dem entfetteten, leicht gebundenen Fond übergießen.

LAMMFLEISCH

BARON VON LAMM CYBELE — Baron d'agneau Cybèle

Als Baro n von Lamm bezeichnet man die beiden zusammenhängenden Keulen und den Sattel, also praktisch das halbe Tier. Man bereitet dieses Stück im allgemeinen nur von den berühmten kleinen Pauillaclämmern. Zum Servieren wird das Fleisch nach dem Braten im voraus tranchiert' und zwar derart, daß man den oberen Teil der Keulen in ziemlich dicke Scheiben schneidet, din Rückenfilets auslöst, in Scheiben zerlegt und alles wieder an die ursprüngliche Stelle zurücklegt.
Für 18 Personen den Baron innen und außen gut würzen, in ein Schweinsnetz hüllen und im Ofet. oder am Spieß unter mehrfachem Begießen braten. Die Bratzeit beträgt 20-25 Minuten je Kilo. 30 Minuten vor dem Garwerden das Fleisch mit 1 dl Haute-Sauternes und 1 Eßlöffel Zitronensafe ständig begießen. Nach dem Tranchieren und Anrichten mit einem ganzen Blumenkohl, mit hol ländischer Sauce nappiert, Artischockenböden, mit Zwiebelpüree gefüllt, junge in Butter geschwenkte Karotten und Dauphinekartoffeln garnieren. Den entfetteten Fond nebenbei servieren.

LAMMBRIESCHEN — Ris d'agneau

Lammbrieschen sind bedeutend kleiner als Kalbsmilcher, benötigen aber eine längere Kochzeit. Sie werden 6-8 Minuten blanchiert, in kaltem Wasser abgekühlt und wie Kalbskopf in mit Mehl verrührtem Wasser gekocht. Man verwendet sie hauptsächlich als Garnitur, vermischt mit Champignons, Klößchen usw., außerdem für Garnituren wie auf Finanzmanns- und Toulouser Art, sowie für Salpicons, selten als Gericht wie Kalbsmilch. Beliebt sind sie als Bestandteil von Pasteten, Becherpasteten und Kartäusergerichten.

LAMMBRIESCHEN AUF KARTÄUSERART — Ris d'agneau en chartreuse

6 Personen. *500 g Kalbsfarce mit Panade; 3 Mohrrüben und 3 weiße Rüben, in dünne Stäbchen geschnitten; 1 l Samtsauce; 500 g Ragout von 250 g pochierten Champignons, 125 g gekochten Trüffeln, 125 g pochierten Hahnenkämmen und -nieren und 2 Lammbrieschen, blanchiert und gewürfelt; 300 g Hühnerfarce, in kleine Schiffchenformen gefüllt und pochiert; Trüffelscheiben. Pochierzeit der Chartreuse: ungefähr 30 Minuten.*

Eine mit Butter ausgestrichene Charlotteform sorgfältig mit den Stäbchen an den Seiten und auf dem Boden belegen, wobei man mit den Farben abwechselt, und gut 1 cm dick mit Kalbfleischfarce behutsam ausstreichen, um das Motiv nicht zu zerstören. Mit dem Ragout füllen, das mit der Hälfte der stark eingekochten Samtsauce gebunden, gut abgeschmeckt und ausgekühlt worden ist. Dick mit Farce zustreichen und im Wasserbad im Ofen bei mäßiger Hitze pochieren. Nach kurzem Ruhen auf eine runde Platte stürzen und mit den Hühnerfarceschiffchen garnieren. Jedes Schiffchen mit einer Trüffelscheibe belegen und die gut abgeschmeckte Samtsauce nebenbei servieren.

LAMMGEKRÖSE — Fressure d'agneau

Ist feiner im Geschmack als Hammelgekröse und wird genau so zubereitet.

LAMMKARREE MIT PETERSILIE, ÜBERKRUSTET — Carré d'agneau persilé

Je Person: *3 Rippen Karree; frischgeriebene Weißbrotkrume; gehackte Petersilie; Senf; weiße Spargelköpfe; Tomaten. Bratzeit: 18 Minuten je Kilo.*

Das Karree würzen und im heißen Ofen braten. Wenn es fast gar ist, herausnehmen, dünn mit Senf bestreichen, mit einer Mischung von weißem Reibbrot und viel gehackter Petersilie bestreuen, mit zerlassener Butter betropfen und bei nicht zu starker Hitze fertigbraten und zugleich überkrusten. Man kann mit grillierten Tomaten, gebutterten Spargelköpfen und Brunnenkresse garnieren. *(Siehe Bild auf Seite 401.)*

LAMMKEULE — Gigot d'agneau

Wird genau so wie Hammelkeule zubereitet und garniert.

LAMMKOTELETTS CYRANO — Côtelettes d'agneau à la Cyrano

6 Personen. *12 Koteletts; 12 kleine Artischockenböden; 12 kleine, runde Scheibchen Gänseleber; 12 kleine Trüffelscheiben; 2 dl Chateaubriand-Sauce. Bratzeit: 5-6 Minuten.*

Die Koteletts in Butter braten und auf den Artischockenböden anrichten. Jedes Kotelett mit einem kleinen Scheibchen gebratener Gänseleber bedecken, mit einem Trüffelscheibchen garnieren und mit Chateaubriand-Sauce ganz leicht nappieren. *(Moderne Anrichteweise, siehe Bild auf Seite 404.)*

■ MADELON — Côtelettes d'agneau Madelon

6 Personen. *12 Koteletts von je 75-80 g; 200 g Geflügelhaschee; 100 g Champignons; 1-2 Eßlöffel dicke Béchamel; Ei; Panierbrot; 60 g Butter; $^1/_2$ l Madeirasauce. Bratzeit: 6-8 Minuten.*

Die Koteletts nur auf einer Seite anbraten. Diese Seite mit einem feinen Haschee von Geflügel (kleine Reste von Geflügel oder Kalbfleisch können vorteilhaft verwendet werden) und Champignons, mit gutgewürzter Béchamel leicht gebunden, domförmig aufstreichen, panieren, auf ein gefettetes Backblech legen, mit zerlassener Butter beträufeln und im Ofen garmachen. Dazu eine leichte Madeirasauce servieren.

■ MAINTENON — Côtelettes d'agneau à la Maintenon

Die gleiche Zubereitung wie für Kalbskoteletts.

■ MARIE LUISE — Côtelettes d'agneau Marie-Louise

6 Personen. *12 Koteletts; Ei; Panierbrot; 6 Artischockenböden; 200 g Zuchtchampignons; 1 dl dickes Zwiebelpüree; 1 Eßlöffel dicke Béchamel; 60 g Butter; $^1/_4$ l gebundene Kalbsjus. Zubereitung: 8-10 Minuten.*

Von den rohen Champignons Püree bereiten, mit der Béchamel binden, mit dem Zwiebelpüree vermengen und gut würzen; das Püree muß dick sein. Die Koteletts würzen, panieren und in geklärter Butter braten. Auf einer runden Platte im Kranze anrichten und mit den Artischockenböden garnieren, die mit dem Champignonpüree gefüllt worden sind. Die Jus nebenbei servieren.

■ MONTMORENCY — Côtelettes d'agneau Montmorency

6 Personen. *12 Koteletts von je 75 g; 6 fertige Artischockenböden; 250 g grüne Spargelspitzen; 50 g Butter; $7^1/_2$ cl Rahm. Bratzeit: 5-6 Minuten.*

Die Koteletts würzen, in Butter braten und im Kranze anrichten. Mit den in Butter erhitzten Artischocken garnieren, die mit kleingeschnittenen, mit Rahm gebundenen Spargelspitzen gefüllt worden sind. Außerhalb der Saison anstelle der Spargelspitzen grüne Bohnen verwenden. Die Mitte der Platte mit Nußkartoffeln garnieren und die Koteletts leicht mit tomatierter Jus nappieren. *(Siehe Bild auf Seite 403.)*

■ NELSON — Côtelettes d'agneau Nelson

6 Personen. *12 Koteletts; 200 g Zwiebelpüree; 3 dl Zwiebelsauce; 1 Ei; weißes Panierbrot; 75 g Butter. Bratzeit: 10 Minuten.*

Die Koteletts nur auf einer Seite anbraten und diese Seite leicht gewölbt mit Zwiebelpüree bestreichen. Mehlen, durch geschlagenes Ei ziehen, panieren und sorgfältig fertigbraten. Im Kranze anrichten und die Zwiebelsauce nebenbei servieren.

■ ROSE POMPON — Côtelettes d'agneau Rose Pompon

6 Personen. *12 Koteletts; 500 g Schaumfarce; 3 dl Geflügelrahmsauce; 12 kleine, runde Trüffelscheiben; 250 g perlförmig ausgestochene, gekochte Mohrrüben; 250 g gekochte grüne Erbsen; 80 g Butter. Zubereitung insgesamt: 15-18 Minuten.*

Die Koteletts auf beiden Seiten in Butter braten und leicht auskühlen. Jedes Kotelett leicht gewölbt mit der Farce aufstreichen, eine Trüffelscheibe in die Mitte legen und mit je einem Kranz grüner Erbsen und Mohrrübenperlen vervollständigen. Mit einem gebutterten Papier bedeckt ungefähr 10 Minuten in den Ofen stellen, um die Farce zu pochieren. Auf einer runden Platte kranzartig anrichten und die gemischten Erbsen und Mohrrübenperlen, in Butter geschwenkt und gewürzt, in die Mitte dressieren. Die Sauce nebenbei servieren.

LAMMKOTELETTS ST.-MICHEL — Côtelettes d'agneau Saint-Michel

6 Personen. *12 Koteletts; 6 Blätterteigtarteletts; 300 g Zwiebelpüree; 12 geviertelte Artischockenherzen; 75 g Butter. Bratzeit: 5-6 Minuten.*

Die Koteletts würzen, braten, anrichten und mit den Tarteletts garnieren, die mit Zwiebelpüree gefüllt worden sind. Die in Butter geschwenkten Artischockenherzen nebenbei servieren. *(Siehe Bild auf Seite 404.)*

■ SÉVIGNÉ — Côtelettes d'agneau Sévigné

6 Personen. *12 Koteletts; 250 g Salpicon von Champignons und Artischockenböden; 15 cl deutsche Sauce, mit 2 Eigelb gebunden; 2 Eier; weiße, geriebene Brotkrume; 15 cl Colbert-Sauce. Bratzeit insgesamt: 10-12 Minuten.*

Die Koteletts nur auf einer Seite anbraten. Diese Seite mit dem kalten Salpicon maskieren, der mit dickeingekochter deutscher Sauce gebunden worden ist. Sorgfältig panieren, auf ein Geschirr mit heißer Butter ordnen, mit zerlassener Butter beträufeln und im heißen Ofen bräunen lassen. Die Colbert-Sauce nebenbei servieren.

■ VILLEROI — Côtelettes d'agneau Villeroi

6 Personen. *12 Koteletts; $^1/_2$ l Villeroi-Sauce; 1 Ei; $^1/_4$ l Trüffelsauce. Backzeit: 4-5 Minuten*

Die Koteletts in Butter braten und erkalten lassen. Durch die noch lauwarme Villeroi-Sauce ziehen, um eine schöne Umhüllung mit Sauce zu erzielen, und diese kaltwerden lassen. Sorgfältig panieren und in der Bratpfanne in heißem Öl oder geklärter Butter zu schöner brauner Farbe ausbacken. Anrichten und dazu die Trüffelsauce und ein feines Gemüse servieren.

LAMMNIEREN — Rognons d'agneau

3 Stück je Person. Bratzeit: 5-6 Minuten.

Die Zubereitung ist die gleiche wie für Hammelnieren.

LAMMNÜSSCHEN — Noisettes d'agneau

Sie werden genauso wie Hammelnüßchen aus den Rückenfilets geschnitten, und zwar mit einem mittleren Gewicht von 60 g.

LAMMNÜSSCHEN SALVATORE — Noisettes d'agneau Salvatore

6 Personen. *12 Nüßchen von je 60 g; 12 kleine Artischockenböden; 6 große, frische blaue Feigen; 100 g Reis; 1 kleine, eingelegte Ingwerpflaume; 500 g Strohkartoffeln; 600 g Prinzeßböhnchen; 2 dl dicke Béarnaisesauce; 3 dl Bouillon; 75 g Butter; $^1/_2$ gehackte Zwiebel. Grillierzeit: 5-6 Minuten.*

Von dem Reis, gehackter Zwiebel, in winzigen Würfeln geschnittener Ingwerpflaume und Bouillon Risotto bereiten. Leicht auskühlen und die von der Stielseite aus geöffneten Feigen mit dem Reis füllen und kurz mit etwas kräftiggewürzter Bouillon dünsten. Die Artischockenböden in Butter andünsten, auf runder Platte anrichten und jeden mit Béarnaisesauce leicht füllen. Auf jeden Boden ein gewürztes, grilliertes Nüßchen setzen, die Mitte der Platte mit Strohkartoffeln füllen und rundherum mit den Feigen garnieren. Die in Butter geschwenkten Prinzeßböhnchen nebenbei servieren.

LAMMRAGOUT MIT GRÜNEN ERBSEN — Sauté d'agneau aux petits pois

6 Personen. *1 kg 200 Schulter in Stücken von ungefähr 80 g; 30 g Mehl; $^1/_2$ l Bouillon; 50 g Tomatenpüree; 1 Kräuterbündel; 12 kleine Zwiebelchen; 500 g ausgepahlte, gekochte grüne Erbsen. Schmorzeit: ungefähr $1^1/_4$ Stunden.*

Das Fleisch in Fett anrösten, mit Mehl bestäuben, das Mehl gleichfalls leicht anrösten und das Tomatenpüree hinzugeben. Gut durchmischen, mit Bouillon und Wasser bis zur Höhe aufgießen, würzen, das Kräuterbündel und die Zwiebelchen beifügen und zugedeckt im Ofen garschmoren. Das Kräuterbündel herausnehmen, abfetten, die Erbsen hineingeben, einmal aufkochen lassen und servieren.

LAMMRAGOUT AUF KREOLENART — Sauté d'agneau créole

6 Personen. *1 kg 200 Schulter; 250 g gehackte Zwiebeln; 20 g Currypulver; 30 g Mehl; 1 Kräuterbündel; $^1/_2$ l Bouillon; 40 g geriebene Kokosnuß; 250 g Reis auf Kreolenart. Schmorzeit: ungefähr $1^1/_4$ Stunden.*

Die gehackten Zwiebeln in Fett anlaufen lassen, das Ragoutfleisch hinzugeben, anrösten, mit Mehl bestäuben und kurz anlaufen lassen. Mit dem Currypulver bestreuen, gut durchmischen, mit der Bouillon bis zur Höhe angießen, würzen, das Kräuterbündel beifügen und 1 Stunde schmoren lassen. Das Kräuterbündel herausnehmen, mit der geriebenen Kokosnuß vermischen und noch 15 Minuten schmoren. Abfetten, anrichten und den Reis nebenbei servieren.

■ MIT REIS — Sauté d'agneau au riz

6 Personen. *1 kg 200 Schulter in Ragoutstücken; 200 g gehackte Zwiebeln; 150 g Reis; 1 Kräuterbündel; 1 zerdrückte Knoblauchzehe. Schmorzeit: ungefähr $1^1/_4$ Stunden.*

Das Fleisch in Fett anrösten, die Zwiebeln hinzugeben und gleichfalls anrösten. Ohne zu mehlen, mit Wasser bis zur Höhe angießen, würzen, den Knoblauch und das Kräuterbündel beifügen und zugedeckt 45 Minuten schmoren lassen. Den Reis einlaufen lassen und langsam ungefähr 20 Minuten weiterschmoren, bis der Reis gar, aber noch körnig ist. Er muß die Flüssigkeit aufsaugen, doch darf das Ragout dadurch nicht trocken sein.

LAMMRÜCKEN AUF FRANZÖSISCHE ART — Selle d'agneau à la française

5-6 Personen. *1 Sattel von 1 kg 500; 12 Kartoffelkroketten; 600 g feines, gemischtes Gemüse, in Butter geschwenkt; 3 dl Lammjus. Bratzeit: 35-40 Minuten.*

Den Sattel würzen, braten, kurz ruhen lassen, anrichten und mit den Kroketten garnieren. Den Bratsatz mit der Jus ablöschen, entfetten und passieren. Mischgemüse und Jus nebenbei servieren. *(Siehe Bild auf Seite 402.)*

■ MIT SAFRAN — Selle d'agneau au safran

6 Personen. *1 Sattel von ungefähr 2 kg; $1^1/_2$ l Lammfond; 100 g kleingeschnittenes Lammfett; 1 Mohrrübe und 1 Zwiebel in Scheiben; 1 Knoblauchzehe; Schale einer halben Zitrone; 1 kleines Lorbeerblatt; 10 zerdrückte Pfefferkörner; $^1/_4$ l süße Sahne; 2 g Safran; 30 g Butter mit 25 g Mehl verknetet; 1 gehäuften Eßlöffel frische, gezupfte Pfefferminze. Dämpfzeit: ungefähr $1^1/_2$ Stunden.*

Den Boden eines passenden Geschirrs mit den Zwiebel- und Mohrrübenscheiben, dem Lammfett, der zerdrückten Knoblauchzehe, Lorbeerblatt, zerdrückten Pfefferkörnern, Zitronenschale und 1 g Safran bedecken. Darauf ein Gitter mit verlängerten Füßen stellen und darauf den parierten Sattel legen. Mit Lammfond soweit aufgießen, daß die Garnitur bedeckt bleibt, der Sattel aber über dem Spiegel steht. In den Ofen stellen und dämpfen, dabei jeweils den eingekochten Fond durch neuen ersetzen. Nach dem Garwerden das Fleisch herausnehmen und warm stellen. Den Fond passieren, etwas einkochen, mit der Sahne und 1 g Safran aufkochen, mit der Mehlbutter binden, mit Salz und einer Prise Zucker abschmecken und abermals passieren. Den Sattel tranchieren und mit der Pfefferminze bestreuen. Die Sauce und frische Feigen, in 3 Teilen Zitronen- und 1 Teil Orangensaft pochiert, nebenbei servieren.

■ AUF SYRISCHE ART — Selle d'agneau à la syrienne

6 Personen. *1 Lammsattel von 1 kg 500-2 kg; 300 g Reis; 1 große, rote Paprikaschote; 1 Kleinkürbis (Courgette); 1 eingelegte Ingwerpflaume; 3 Eierfrüchte; $^1/_2$ l Sauce von frischen Tomaten; 1 kleine gehackte Zwiebel; 75 g Butter; Reibbrot; gehackte Petersilie; 1 große zerdrückte Knoblauchzehe. Bratzeit: 35-40 Minuten.*

Den Sattel parieren, binden, würzen, braten und kurze Zeit warm stellen. Die Paprikaschote von Kernen und Fasern befreien, den Kleinkürbis schälen, beides in Würfelchen schneiden und mit wenig Butter halbgar dünsten; die Ingwerpflaume in kurze, dünne Julienne schneiden. Mit der gehackten Zwiebel, dem Reis und Bouillon Risotto bereiten, dabei gleich Paprikaschote, Kleinkürbis und Ingwerpflaume beifügen. Die Eierfrüchte in runde Scheiben schneiden, würzen, mehlen und in der heißen Fritüre knusprig backen. Den Bratsatz des Sattels mit der Tomatensauce durchkochen und abfetten. Das Reibbrot mit dem Knoblauch und reichlich gehackter Petersilie vermischen. Den Sattel tranchieren, wieder auf das Gerippe zurücklegen, mit dem Reibbrot bestreuen, mit zerlassener Butter betropfen und im heißen Ofen zu schöner Farbe überkrusten. Auf einer langen Platte anrichten und mit dem Reis, in Becherförmchen gedrückt und gestürzt, garnieren. Die Sauce und die gebackenen Eierfrüchte nebenbei servieren.

LAMMRÜCKEN MIT TOMATEN AUF PROVENZALISCHE ART — Selle d'agneau aux tomates à la provençale

6 Personen. *1 Lammsattel von 1 kg 500-2 kg; 1 dl Olivenöl; 12 kleine Tomaten auf provenzalische Art bereitet; 500 g grüne Bohnen; 50 g Butter; 1 Knoblauchzehe; 3 dl Lammjus (aus Knochen und Parüren bereitet). Bratzeit: 35-40 Minuten.*

Den Sattel würzen und mit Öl braten. Tranchieren, wieder zusammensetzen und mit den Tomaten und den in Butter geschwungenen grünen Bohnen garnieren. Die mit Knoblauch gewürzte, gut abgeschmeckte Jus nebenbei servieren.

WEISSGERICHT VON LAMM — Blanquette d'agneau

Wird wie Weißgericht von Kalbfleisch bereitet. Die Sauce muß gut gewürzt sein, um den etwas faden Geschmack des Fleisches zu kompensieren.

AUSLÄNDISCHE SPEZIALGERICHTE

BÁRÁRNY PAPRIKÁS — Lammpaprika

6 Personen. *1 kg 200 ausgebeinte Lammschulter; 125 g mageren Speck; 75 g gehackte Zwiebeln; 2 grüne Paprikaschoten; 2 Eßlöffel Tomatenpüree; 1/4 l saure Sahne; Paprika; 300 g Reis oder Tarhonya. Schmorzeit: 1 1/4 Stunden.*

Den Speck in Würfelchen schneiden und zusammen mit der gehackten Zwiebel hell anrösten. Das in walnußgroße Würfel geschnittene Lammfleisch und die zerdrückten Knoblauchzehen beifügen, leicht anrösten und mit einem halben Teelöffel Rosenpaprika bestäuben und etwas anlaufen lassen. Die entkernten, in grobe Streifen geschnittenen Paprikaschoten und das Tomatenpüree, mit etwas Wasser verdünnt, hinzugeben, zudecken und langsam dünsten, bis das Fleisch fast gar ist, das Wasser verdunstet und alles in rosigem Fett schwimmt. Dann den sauren Rahm beifügen, fertigdünsten und mit körniggekochtem, recht trockenem Reis oder Tarhonya servieren. *(Ungarisch)*

BROILED RACK OF BABY LAMB — Grilliertes Lammkarree

6 Personen. *2 Karrees von Milchlamm; 1 kg 500 geröstete Kartoffeln; 1/4 l Minzsauce. Bratzeit: 15-18 Minuten.*

Den Rücken spalten und die Nieren mit dem umhüllenden Fett auslösen. Die Hautseiten des Rückens mit der Spitze eines Messers kreuzweise einritzen, mit Salz leicht einreiben, mit Öl oder Butter fetten und langsam auf dem Rost durchbraten. Die Nieren in der Fetthülle gesondert grillieren, beides zusammen anrichten und mit Brunnenkresse garnieren. Dazu geröstete Kartoffeln und Minzsauce nebenbei servieren. *(Nordamerikanisch)*

COSTOLETTE D'AGNELLO CORPORA — Lammkoteletts Corpora

6 Personen. *12 Lammkoteletts; 3 Eier; geriebenes Weißbrot; 100 g geriebenen Parmesan; 300 g Eierfrüchte; 300 g Spargelspitzen. Bratzeit der Koteletts: 6-7 Minuten.*

Die Koteletts würzen, mehlen, durch geschlagenes Ei ziehen und mit Weißbrot, mit Parmesan vermischt, panieren und in Butter oder Öl braten. Die Eierfrüchte schälen, in Scheiben schneiden, auf gleiche Weise panieren und ebenfalls braten. Koteletts und Eierfrüchte abwechselnd im Kranze anrichten, die Mitte mit Spargelspitzen füllen, mit Parmesan bestreuen und mit brauner Butter übergießen. *(Italienisch)*

GHIVECI DE MIEL — Lammfleisch mit Gemüsen

6 Personen. *1 kg schieres Lammfleisch; 250 g Eierfrüchte; 250 g Courgetten; 250 g grüne Paprikaschoten; 250 g Zwiebeln; 200 g grüne Bohnen; 100 g Gombos; 10-15 cl Sonnenblumenöl. Zubereitung: 1$^{1}/_{2}$-1$^{3}/_{4}$ Stunden.*

Das in grobe Würfel geschnittene Fleisch zusammen mit den gehackten Zwiebeln in Öl leicht anrösten und beiseite stellen. Die geschälten Eierfrüchte und Courgetten in 2 cm große Würfel, die entkernten Paprikaschoten in grobe Streifen schneiden, die grünen Bohnen in kleine Stücke brechen und zusammen mit den Gombos in Öl anlaufen lassen. Fleisch und Gemüse schichtweise mit den in Viertel geschnittenen Tomaten in einen Topf oder eine Terrine mit passendem Deckel füllen, mit Salz, Pfeffer und einer Prise Paprika würzen, zudecken und im Ofen dünsten, ohne irgendwelche Flüssigkeit hinzuzugeben. Das sehr schmackhafte Gericht in dem Topf servieren. *(Rumänisch)*

IMTABA — Orientalisches Hammelragout

6 Personen. *1 kg 200 Hammelkeule ohne Knochen; 1$^{3}/_{4}$ l Hammelbrühe; 500 g Courgetten in dicken Scheiben; 250 g kleine Zwiebelchen; 6 dl geschlagenen Joghurt; 1 Teelöffel Satar (arabisches Gewürz); $^{1}/_{2}$ Stange Zimt; $^{1}/_{2}$ zerdrückte Knoblauchzehe; 3 Rosenblätter. Kochzeit 1$^{1}/_{2}$ Stunden.*

Das Fleisch in Ragoutstücke schneiden, kurz blanchieren, abgießen und mit der Hammelbrühe kochen. Wenn das Fleisch dreiviertelgar ist, die Zwiebelchen, Courgetten, Zimt und Rosenblätter beifügen. Nach dem Garwerden Zwiebelchen, Fleisch und Courgetten herausnehmen, trocken warm stellen und den Fond über den Satar passieren. Den Reis mit dem Fond wie Risotto kochen und das Fleisch, die Zwiebelchen und die Courgetten daruntermengen. Anrichten, das Ganze mit geschlagenem Joghurt übergießen und mit gezupften Petersilienblättern bestreuen. *(Arabisch)*

IRISH STEW — Irisches Hammelfleischgericht

6 Personen. *1 kg 250 ausgebeinte Hammelschulter und Hals; 1 kg Kartoffeln; 500 g Zwiebeln; gehackte Petersilie. Kochzeit: 1$^{1}/_{2}$ Stunden.*

Das Fleisch in Stücke von 40-50 g und Kartoffeln und Zwiebeln in Scheiben schneiden. In eine passende Kasserolle das Fleisch schichtweise mit den Kartoffel- und Zwiebelscheiben füllen, bis zur Höhe mit Wasser aufgießen, salzen und ziemlich stark pfeffern. Zudecken und langsam garmachen. Anrichten und reichlich mit gehackter Petersilie bestreuen. In diesem Gericht dienen die Kartoffeln als Bindung. *(Großbritannien und Irland)*

KEUFTÉS — Hammelwürstchen

6 Personen. *600 g rohes, durch die grobe Scheibe des Fleischwolfs getriebenes Hammelfleisch; 75 g Weißbrot; 2 Eier; 2 Knoblauchzehen; 2-3 g Zimt; Hammelfett oder Öl. Bratzeit: 7-8 Minuten.*

Das Fleisch mit dem eingeweichten und ausgedrückten Weißbrot, den Eiern und dem zerdrückten Knoblauch vermischen, mit Salz und Zimt würzen, gut durcharbeiten und auf dem feuchten Tisch in 18 Stücke teilen und zu kleinen Würstchen rollen. In Hammelfett oder Olivenöl braten und recht heiß servieren. *(Türkisch)*

KAMPA — Lammragout mit Paprika

6 Personen. *1 kg 200 Lammschulter, ausgelöst; 150 g Hammelfett; 500 g Spinatblätter; 3 große gehackte Zwiebeln; 1 zerdrückte Knoblauchzehe; 300 g geschälte, entkernte, gewürfelte Tomaten; 1 l Lammfond; 2 Eßlöffel Rosenpaprika. Schmorzeit: 60-70 Minuten.*

Das Fleisch in grobe Würfel schneiden, würzen und ziemlich scharf in dem heißen Hammelfett anbraten. Einen Teil des Fettes abgießen, die gehackten Zwiebeln und die Knoblauchzehe zum Fleisch geben und noch kurz anlaufen lassen. Den Lammfond aufgießen, den mit etwas Wasser aufgelösten Paprika hinzugeben und schmoren lassen, bis das Fleisch fast gar ist. Den Spinat beifügen und fertigschmoren. Es darf zuletzt nur noch ganz wenig Sauce, eher ein rosiges Fett vorhanden sein. Das Fleisch auf dem Spinat anrichten und mit der Sauce umgießen. Dazu Weißbrot, am besten Maisbrot, servieren. *(Jugoslawisch)*

KHARE MASSALE KA KORMA — Indisches Lammragout

6 Personen. *1 kg schieres Lammfleisch; 60 g Butter; 1 Kaffeelöffel Gelbwurzpulver; 1 starke Prise Ingwerpulver; je 3 gestoßene Nelken und Kardamomkörner; 2 mittelgroße Zwiebeln in Scheiben; 1 Knoblauchzehe; 1 Prise Cayennepfeffer. Schmorzeit: 50 Minuten.*

Das Fleisch in 2 cm große Würfel schneiden. Die Butter in einer Kasserolle mit genau passendem Deckel heißwerden lassen und das Fleisch darin anrösten. Die nicht zu fein gestoßenen Gewürze hinzugeben und weitere 10 Minuten ganz langsam damit braten. Dann die in dünne Scheiben geschnittenen Zwiebeln, den zerdrückten Knoblauch, Salz und Cayennepfeffer beifügen, mit dem Deckel schließen und bei ganz gelinder Hitze im eigenen Saft 35 Minuten dünsten, dabei 4-5mal tüchtig durchschütteln, damit das Fleisch nicht ansetzt. Dabei den Deckel nicht abnehmen, um Geschmackverluste zu vermeiden. Das Gericht trocken, also ohne Sauce servieren. Man kann dazu körniggekochten Reis servieren. *(Indisch)*

KUBBE BIL FURUNN — Libanesisches Hammelgericht

950 g schiere Hammelkeule; 600 g Burrul (geschälten, grobgebrochenen Weizen); 1 Zwiebel; 350 g feingewürfelte Zwiebeln; 300 g Butterfett; Petersilie; Joghurt. Backzeit: ungefähr 45 Minuten.

600 g Hammelfleisch mit der Zwiebel durch die feinste Scheibe der Fleischmachine treiben. Zusammen mit dem gewaschenen und gut abgetropften Burrul im Mörser stoßen, bis alles innig vermischt ist, dabei kräftig würzen. Die gewürfelten Zwiebeln in Butterfett dünsten, ohne daß sie sich verfärben, das in kleine Würfel geschnittene, restliche Hammelfleisch würzen, anbraten, die Butter abgiessen und das Fleisch mit den Zwiebeln vermengen. Die eine Hälfte der Kubbemasse auf ein gebuttertes Randblech 1 cm dick aufstreichen und mit dem gewürfelten Fleisch bedecken. Den Rest der Kubbemasse gleichmäßig darüber verteilen und reichlich mit Butterfett übergießen. Im nicht zu heißen Ofen backen, in Rauten schneiden, anrichten und dazu Joghurt und Petersiliensalat servieren. *(Libanesisch)*

MECHOUI — Lammbraten

Das ganze Lamm an den Spieß stecken und über einer tiefen Grube, in der sich ein Holzkohlenfeuer befindet, braten; das Feuer muß 60 cm vom Fleisch entfernt sein. Den Spieß in kurzen Abständen drehen und das Fleisch mehrmals mit zerlassener Butter bestreichen oder übergießen. *(Nordafrika)*

MUTTON CHOPS — Hammelchops

6 Personen. *6 Chops von je 200 g. Bratzeit: 12-15 Minuten.*

Der Chop ist ein Kotelett aus dem Sattel der ganzen Länge nach quer geschnitten mitsamt dem kleinen Filet. Nachdem die Lappen nach innen zu gedreht worden sind, befestigt man sie an dem Fleisch mit einem Spießchen. Der Chop wird meistens grilliert und nur mit Kresse garniert. Man kann dazu ein grünes Gemüse und gebackene Kartoffelstäbchen servieren. *(Großbritannien)*
(Siehe Bild auf Seite 403.)

PILAU-I-RARAH — Lammpilaw

6 Personen. *1 kg 250 Lammfleisch ohne Knochen; 8 kleine getrocknete Aprikosen; 1 große rote Paprikaschote; 40 g enthäutete Pistazien; 2 mittelgroße Zwiebeln; je 4 g gemahlene Gelbwurz und Koriander; je 2 g gemahlene Nelken und gestoßenen Kümmel; 2 dl saure Milch; 40 g Butter. Schmorzeit: ungefähr $1^1/_4$ Stunden.*

Die Zwiebeln in Scheiben schneiden, in der Butter anschwitzen, das in 2 cm große Würfel geschnittene Fleisch hinzugeben und leicht anrösten. Die Pistazien, die halbierten Aprikosen, die entkernte, in grobe Streifen geschnittene Paprikaschote und sämtliche Gewürze sowie das notwendige Salz beigeben, kurz anlaufen lassen, gut durchschütteln, mit der sauren Milch und ebensoviel Wasser aufgießen und, zugedeckt, langsam gardünsten. In einer tiefen Schüssel anrichten und dazu trockenen, körniggekochten Reis servieren. *(Afghanisch)*

SCHASCHLIK PO TATARSKI — Tatarenspießchen

6 Personen. *1 kg 200 entbeinte Lammkeule; 250 g fetten Speck; 250 g rohen Schinken; 300 g Reis; Öl. Bratzeit: 10-12 Minuten.*

Das Fleisch in walnußgroße Würfel, Speck und Schinken in dicke, viereckige Scheibchen schneiden, würzen, abwechselnd auf Spießchen reihen, mit Öl oder Butter bestreichen und auf dem Grill saftig und braun braten. Den Reis in Salzwasser gar, aber noch körnig kochen, gut abtropfen und in der Röhre übertrocknen. Die Spießchen auf dem Reis anrichten; der ausquellende Saft des Fleisches soll sich mit dem Reis vermischen. *(Russisch)*

SCHWEINEFLEISCH

BRATZEITEN

Karree (Rippenstück) und Filet . .	25-30 Minuten je Kilo	
Keule	25-30 Minuten je Kilo	
Koteletts	5-6 Minuten jede Seite	je nach Dicke
Bratwurst	10 Minuten	
Chipolatas (winzige Bratwürstchen)	3-4 Minuten	
Schulter	25-30 Minuten je Kilo	
Schinken, ganzer	15-20 Minuten je 500 g	Pochierzeit
Pökelfleisch und Speck	ungefähr 1 Stunde je 500 g	Kochzeit

BLUTWURST AUF FLÄMISCHE ART — Boudin à la flamande

6 Personen. *4 dl Schweineblut; 500 g frischen, fetten Speck; 1 dl süße Sahne; 100 g braunen Zucker; 200 g gehackte Zwiebeln; 60 g Rosinen; 60 g Korinthen; 20 g Salz; 1 g gemischtes Gewürz; 1 g Pfeffer. Pochierzeit: ungefähr 20 Minuten.*

Die gehackten Zwiebeln in Schweineschmalz blondieren und auskühlen. Den Speck in mittelgroße Würfel schneiden und mit dem lauwarm gehaltenen Blut, den Zwiebeln, den in heißem Wasser aufgequollenen und abgekühlten, gut abgetropften Rosinen und Korinthen, Zucker, Salz, Pfeffer und Gewürz vermischen. Die Masse nicht zu fest in Därme füllen, binden und bei einer Temperatur von 95 Grad in heißem Wasser pochieren. Sobald sie an die Oberfläche steigen, herausnehmen und in kaltes Wasser geben. Herausnehmen und abtrocknen. Vor dem Gebrauch mit der Messerspitze leicht ziselieren und auf dem Rost oder in der Stielpfanne braten. Mit Kartoffelpüree servieren.

BLUTWURST MIT REINETTEN — Boudin aux pommes reinette

6 Personen. *1 kg Blutwurst; 6 große Äpfel; 100 g Butter. Bratzeit: 6-8 Minuten.*

Die Äpfel schälen, vierteln, entkernen, in Scheiben schneiden und in Butter dünsten. Die Blutwürste einstechen, um ein Platzen zu verhindern, auf dem Rost braten und auf den Apfelscheiben anrichten. Man kann die Haut der Würste auch abziehen, die Würste englisch panieren und braten.

SCHWEINSRÜCKENFILET — Filet de porc

175 g je Person. Bratzeit je Kilo: 25 Minuten.

Wird genauso wie Schweinekarree bereitet.

SCHWEINEFILET AUF ARLONER ART — Filet mignon de porc à l'arlonaise

6 Personen. *2 Filets von je 500 g; 200 g grobe Julienne von Mohrrüben, Sellerie, Lauch und weißen Rüben; 1 dl helles Bier; 3 dl Demi-glace; 4 cl Essig; 20 g Zucker; 80 g Butter. Poelierzeit: 15-20 Minuten.*

Die Julienne in Butter dünsten, die Filets würzen und im Ofen poelieren. Sobald das Fleisch gar ist, herausnehmen und warm halten. Den Zucker in der Bratbutter leicht karamelisieren lassen, mit dem Essig und dem Bier ablöschen, einkochen und die Demi-glace aufgießen. Einige Minuten kochen und die Julienne beifügen. Die Filets anrichten, mit der Sauce nappieren und mit gehackter Petersilie bestreuen. Dazu Salzkartoffeln oder Kartoffelpüree servieren.

■ MIT CALVADOS — Filet mignon de porc au calvados

6 Personen. *2 Filets von je 500 g; 60 g Butter; 3 g gestoßenen Kümmel; 50 g Fleischglace; 4 cl Calvados; 4 dl süße Sahne. Bratzeit: 5-6 Minuten.*

Die Filets parieren und davon Schnitzel von 50-60 g schneiden. Ziemlich dünn plattieren, mit Kümmel und Salz würzen, braten und herausnehmen. Den Bratsatz mit dem Calvados ablöschen und flambieren, die Sahne und die Fleischglace hinzugeben und sämig kochen. Abschmecken und über die im Kranze auf runder Platte angerichteten Schnitzel gießen. Dazu gebutterte Nudeln servieren.

■ PUSSTA — Filet mignon de porc Puszta

6 Personen. *12 Medaillons von je 60 g, aus dem Filet geschnitten; je 2 rote und grüne, entkernte und in Streifen geschnittene Paprikaschoten; 100 g Dörrfleisch in Streifen; 2 Zwiebeln in Scheiben; 4 enthäutete, entkernte. gewürfelte Tomaten; 5 cl Weißwein; 3 dl Rahmsauce; 1 Spitze Safran; Paprika; Knoblauchsalz; 75 g Butter. Bratzeit je Seite: 4 Minuten.*

Die Medaillons mit Knoblauchsalz und Paprika in Butter braten, herausnehmen und warm halten. Das Dörrfleisch in der Butter anschwitzen, die Zwiebelscheiben und Paprikastreifen beifügen und halbgar dünsten. Mit Weißwein ablöschen, Safran und Tomaten hinzugeben und den Saft einkochen. Die Medaillons anrichten, die Garnitur darauf verteilen, mit der Sauce nappieren und leicht mit Paprika bestäuben. Tarhonya, in Butter geschwenkt und mit etwas gehacktem Mango vermischt, gibt man als Beilage.

SCHWEINSFÜSSE — Pieds de porc

Sie werden erst gesengt, sauber geputzt und dann in leichtgesalzenem Wasser mit einem Kräuterbündel, einer gespickten Zwiebel und ein bis zwei Mohrrüben gekocht. Man serviert sie in Sauce und paniert oder unpaniert und grilliert. Kochzeit: 2-2½ Stunden.

■ AUF ASCHENBRÖDELART — Pieds de porc Cendrillon

6 Personen. *6 gekochte Schweinsfüße; ½ l Trüffelsauce. Backzeit: 15 Minuten.*

Die Füße der Länge nach spalten, in eine Backplatte ordnen, mit der Sauce bedecken und in den heißen Ofen stellen. Dann und wann mit der Sauce übergießen und dazu ein beliebiges Gemüsepüree servieren.

■ PANIERT — Pieds de porc panés

6 Personen. *6 gekochte Schweinsfüße; 1 Ei; geriebenes Weißbrot; 60 g Butter. Bratzeit: 10-12 Minuten.*

Die Füße der Länge nach halbieren und die Knochen weitgehend auslösen. Wie üblich panieren, mit zerlassener Butter beträufeln und auf dem Rost braten.

■ ST.-MENEHOULD — Pieds de porc Sainte-Menehould

Genau wie oben bereiten und dazu Kartoffelpüree servieren.

SCHWEINSHIRNE — Cervelles de porc

Sie werden genauso wie Rinder- oder Kalbshirn zubereitet und garniert.

KALDAUNENWÜRSTE AUF LYONER ART — Andouillettes à la lyonnaise

6 Personen. *750 g Andouillettes (im Handel fertig erhältlich); 3 große Zwiebeln in Scheiben; 2 cl Essig; gehackte Petersilie; Öl; Butter. Bratzeit: 10-12 Minuten.*

Die Würste in Scheiben von ungefähr 1 cm Dicke schneiden und in halb Öl und halb Butter bis zur Bräunung sautieren. Die nebenbei in Butter goldgelb gebratenen Zwiebeln hinzugeben, beides noch kurz zusammen schwenken und mit einem Schuß Essig und gehackter Petersilie vervollständigen. Anrichten und nebenbei Kartoffelpüree servieren.

SCHWEINEKARREE ODER RIPPENSTÜCK — Carré de porc

Das Karree besteht aus dem gespaltenen Rippenstück des Schweinsrückens mit allen oder nur einem Teil der Rippen. Nachdem beide Karrees voneinander getrennt worden sind, ist der an einem Karree verbliebene Wirbelknochen mit dem Beil zu entfernen. Das Karree wird stets gut durchgebraten und kann mit den verschiedensten Gemüsen garniert werden.

SCHWEINEKARREE SCHÖNE PÄCHTERIN — Carré de porc belle fermière

6-8 Personen. *1 Karree von 1 kg 500; 700 g Pastetenteig; 1 kg Rotkraut; 10 Tomaten; 750 g Blattspinat; 750 g Prinzeßböhnchen; 250 g weiße Rüben; 250 g kleine Karotten; 250 g mageren Speck; 1/2 l Madeirasauce. Backzeit: 40 Minuten.*

Das Karree entbeinen, mit dem üblichen Wurzelwerk 40 Minuten kochen und auskühlen. Den Teig 5 mm dick ausrollen, das abgetropfte Karree darin einschlagen und mit der Nahtseite nach unten auf ein Backblech legen. Mit Streifen und Motiven von Teig dekorieren, mit Eigelb bestreichen und im heißen Ofen backen. Mit Kugeln von gedünstetem Blattspinat, mit einer Scheibe blanchiertem Speck umhüllt, gedünsteten Rotkrautkugeln, gedünsteten Tomaten, Mohrrüben und weißen Rüben, in Stäbchen geschnitten garnieren, und die in Butter geschwenkten Prinzeßböhnchen und die Sauce nebenbei servieren. *(Siehe Bild auf Seite 418.)*

SCHWEINEKOTELETTS MIT ÄPFELN — Côtes de porc aux pommes

6 Personen. *6 Koteletts von je 180 g; 3 Reinetten; 3 dl Jus; 75 g Butter. Bratzeit: 10-12 Minuten.*

Die Koteletts parieren und den oberen Teil des Knochens freilegen. Würzen und in Butter braten. Den Bratsatz mit der Kalbsjus ablöschen und etwas einkochen. Die Äpfel schälen, halbieren, das Kerngehäuse entfernen, in gleichmäßige, aber noch zusammenhängende Scheiben schneiden und rasch im heißen Ofen in Butter dünsten; sie dürfen nicht zu gar sein. Auf jedes Kotelett einen halben, mit den Scheiben noch zusammenhängenden Apfel dressieren und einige Sekunden unter den Salamander stellen, um die Scheiben zu bräunen. Die Jus nebenbei servieren.

■ AUF BRÜSSELER ART — Côtes de porc à la bruxelloise

6 Personen. *6 Koteletts; 1 Ei; Panierbrot; 1 kg Rosenkohl; 60 g Butter; 60 g Schweineschmalz. Bratzeit: 10 Minuten.*

Die Koteletts parieren, den oberen Teil des Knochens freilegen, würzen, panieren und in Schmalz goldgelb braten. Den Rosenkohl flott abkochen, gut abtropfen, in brauner Butter sautieren, mit Salz und Pfeffer würzen und die angerichteten Koteletts damit garnieren.

■ AUF HAUSFRAUENART — Côtes de porc bonne-femme

Die gleiche Zubereitung wie für Kalbskoteletts gleichen Namens. *(Siehe Bild auf Seite 418.)*

▲ Geschmorter Schinken, S. 422

Schinken, dekoriert und glaciert, S. 426 ▼

▲ Schweinekarree Schöne Pächterin, S. 416

Schweinekoteletts auf Hausfrauenart, S. 416 ▼

▲ Geschmorter Schinken, S. 422

Schinken, dekoriert und glaciert, S. 426 ▼

▲ Schweinekarree Schöne Pächterin, S. 416

Schweinekoteletts auf Hausfrauenart, S. 416 ▼

▲ Schinkenmedaillons Cézanne, S. 423

Schweinekoteletts auf normannische Art, S. 421 ▼

▲ Schinkenschaumbrot, S. 163

Schinkenmedaillons Polignac, S. 427 ▼

SCHWEINEKOTELETTS AUF NORMANNISCHE ART — Côtes de porc à la normande

6 Personen. *6 Koteletts; 50 g Butter; $^1/_4$ l Sahne; Saft einer Zitrone; 1 kg 200 Reinette-Äpfel. Bratzeit: 7-8 Minuten.*

Die Koteletts würzen und in Butter braten. Den Bratsatz mit der Sahne ablöschen, einkochen, mit Zitronensaft würzen und über die angerichteten Koteletts gießen. Dazu warmes Apfelmus ohne Zucker servieren. Man kann die Koteletts auch mit geschälten, entkernten, in Achtel geschnittenen und in Butter gedünsteten Äpfeln garnieren. *(Siehe Bild auf Seite 419.)*

■ IN PAPIERHÜLLE — Côtes de porc en papillote

Dieselbe Zubereitung wie für Kalbskoteletts gleichen Namens.

■ AUF PIEMONTESER ART — Côtes de porc à la piémontaise

6 Personen. *6 Koteletts; 350 g Reis; 2 Eßlöffel Tomatenpüree; 75 g geriebenen Parmesankäse; 75 g Butter; 2 dl tomatierte Jus. Bratzeit: 7-8 Minuten.*

Risotto mit Tomatenpüree bereiten, wenn er fertig ist, den geriebenen Käse und einige Butterflocken darunterziehen. Die Koteletts braten, anrichten, leicht mit tomatierter Jus begießen und mit dem Risotto garnieren. Schweinslendchen können genau wie Koteletts behandelt werden, einerlei ob sie naturell bleiben oder paniert werden.

■ MIT ROBERT-SAUCE — Côtes de porc, sauce Robert

6 Personen. *6 Koteletts von je 175 g; 40 g Schweineschmalz; 3 dl Robert-Sauce. Bratzeit der Koteletts: 7-8 Minuten.*

Die Koteletts wie oben braten, anrichten und mit der Sauce übergießen.

■ AUF SCHWEINESCHLÄCHTERART — Côtes de porc à la charcutière

6 Personen. *6 Koteletts von je 175 g; 50 g Schweineschmalz; 2 gehackte Schalotten; $7^1/_2$ cl Weinessig; 3 dl Demi-glace; 4 Pfeffergurken. Zubereitung: 10 Minuten.*

Die Koteletts parieren, jedoch nicht den oberen Teil des Knochens wie üblich freilegen. Würzen, in heißem Schmalz braten, herausnehmen und anrichten. Einen Teil des Fettes aus der Pfanne gießen, in dem Rest die Schalotten kurz anschwitzen, mit dem Essig ablöschen und fast gänzlich einkochen. Die Demi-glace aufgießen, die in dünne Scheiben geschnittenen Pfeffergurken beifügen, kurz durchkochen, kräftig würzen und über die Koteletts gießen.

SCHWEINELEBER — Foie de porc

6 Personen. *6 Scheiben Leber von je 150 g. Bratzeit: 5-6 Minuten.*

Sie kann wie Kalbsleber zubereitet werden, doch nimmt man sie hauptsächlich für Pasteten und zur Wurstfabrikation.

NETZWÜRSTCHEN — Gayettes de porc

6 Personen. *500 g schieres Schweinefleisch; 200 g Schweineleber; 400 g frischen, fetten Speck; gehackte, gemischte Kräuter; Pastetengewürz; 1 Schweinsnetz. Pochierzeit: ungefähr 45 Minuten.*

Fleisch, Leber und Speck durch die grobe Scheibe der Fleischmaschine treiben, mit Salz, Pastetengewürz und den gehackten Kräutern würzen, gut durcharbeiten und in Stücke von 100 g teilen. Zu abgeflachten Kugeln formen, jede in ein Stück Schweinsnetz einhüllen und in ein geeignetes Geschirr legen. Mit 1 dl Wasser angießen und in den heißen Ofen zum Gardünsten stellen.

SCHWEINENIEREN — Rognons de porc

1 Stück je Person.

Sie können wie Kalbsnieren bereitet werden, sind jedoch nicht sehr geschätzt.

SCHWEINERAGOUT — Ragoût de porc

6 Personen. *1 kg 500 Schulter; 24 kleine Zwiebelchen; 250 g Mohrrüben; 200 g weiße Rüben; 500 g Kartoffeln; 1 dl Tomatenpüree; 30 g Mehl; 1 Kräuterbündel; 1 Knoblauchzehe. Schmorzeit: 1 1/2-1 3/4 Stunden.*

Wird genauso wie Hammelragout (Navarin) bereitet, am besten ausgelöst und in Stücke von 50-60 g geschnitten.

GARNIERTES SAUERKRAUT — Choucroute garnie

6 Personen. *1 kg 250 Sauerkraut; 150 g fette Speckschwarten; 250 g mageren Speck; 1 geräucherte oder frische Schweinshachse; 1 Kochwurst von 250-300 g; 100 g Schweine- oder Gänseschmalz; 2 Zwiebeln; 2 Mohrrüben; 1 Kräuterbündel; 1/2 l Weißwein. Dünstzeit: etwa 3 Stunden.*

Das Sauerkraut waschen, ausdrücken und in eine Kasserolle füllen, deren Boden mit den Speckschwarten ausgelegt worden ist. In die Mitte des Krautes den Speck, die Wurst und die Hachse oder anderes Schweinefleisch, das damit serviert werden soll, einbetten und die Mohrrüben, Kräuterbündel und Zwiebeln, mit einer Nelke bespickt, hinzufügen. Alles mit Sauerkraut bedecken, das Schmalz daraufgeben, mit dem Weißwein und etwas Wasser aufgießen, aber nicht salzen, da das Kraut genügend Salz enthält. Mit einem gefetteten Papier bedecken, die Kasserolle verschließen und im nicht zu heißen Ofen dünsten. Beim Anrichten das Sauerkraut mit dem tranchierten Fleisch, dem Speck, der Wurst und den Mohrrüben garnieren und dazu Salzkortoffeln servieren.

Man kann das Sauerkraut auch mit einer Ente oder mit Gänsefleisch bereiten.

SCHINKEN, GEKOCHT — Jambon bouilli

Der Schinken wird in kaltem Wasser 24 Stunden gewässert, der Schlußknochen ausgelöst und der Hachsenknochen glatt gesägt und sauber verputzt; die kleinen Prager Schinken brauchen nicht gewässert zu werden, sie sind nur sauber abzubürsten. Man setzt den Schinken in viel kaltem Wasser an, bringt ihn langsam zum Kochen und zieht ihn dann zur Seite, damit er nur noch ganz leise weiterkocht. Die Kochzeit beträgt für Yorker und westfälischen Schinken 20 und für Prager Schinken 15 Minuten für je 500 g. Vor dem Servieren wird die Schwarte und ein Teil des Fettes entfernt. Soll der Schinken kalt gereicht werden, so läßt man ihn im Sud zur Hälfte auskühlen und nimmt ihn heraus, damit er restlos erkalten kann.

■ GESCHMORT — Jambon braisé

Zum Schmoren wird der Schinken nicht ganz gar gekocht, herausgenommen und von der Schwarte und einem Teil des Fettes befreit. Er wird stark mit Puderzucker bestreut und mit etwas Weißwein, Schaumwein, Madeira, Sherry usw. angegossen und im Ofen 45 Minuten unter mehrfachem Begießen geschmort. Er muß dann eine schöne braune Kruste haben. Der Schmorfond wird eingekocht, entfettet und mit feiner Demi-glace vermischt. Als Garnitur zum heißen Schinken passen: Spinatpüree, grüne Erbsen, feines gemischtes Gemüse, Champignons, Trüffeln usw. *(Siehe Bild auf Seite 417.)*

■ IN BROTTEIG — Jambon en croûte

Den Schinken nur gut halbgar kochen, etwas abkühlen, und Schwarte und einen Teil des Fettes entfernen. Völlig in Brotteig einhüllen und Schinken vom Yorker Typ ungefähr 90 Minuten und vom Prager Typ ungefähr 60 Minuten backen.

■ MARGARETE — Jambon Marguerite

12 Personen. *1 Prager Schinken von ungefähr 2 kg 500, gekocht und in Portwein geschmort; 250 g Herzoginkartoffelmasse; 1 kg Spinatpüree; 3 dl dicke Béchamelsauce; 2 Eigelb.*

Das Spinatpüree mit der Béchamel dick einkochen und mit dem Eigelb binden. 12 Becherförmchen mit Butter ausstreichen, mit einem Drittel Herzoginkartoffelmasse anfüllen, darauf Spinat geben, um mit Herzoginkartoffelmasse abzuschließen. Die Becher 12 Minuten im Wasserbad im Ofen pochieren und vor dem Stürzen einige Minuten ruhen lassen. Den Schinken tranchieren, anrichten, leicht mit Portweinsauce nappieren, mit den Bechern garnieren und den Rest der Sauce nebenbei servieren.

SCHINKEN PORTE-MAILLOT — Jambon Porte-Maillot

12-15 Personen. *1 Schinken von 3 kg, gekocht und mit Madeira geschmort; je 500 g Mohrrüben; und weiße Rüben, olivenförmig und in Bouillon gekocht; 12-15 halbe, geschmorte Salatköpfe; 500 g gekochte grüne Erbsen, in Butter geschwenkt; 500 g grüne Bohnen, in Butter geschwenkt; 1 l gebundene Kalbsjus, vermischt mit dem Schmorfond.*

Den Schinken tranchieren, anrichten und mit den Gemüsen garnieren. Die Jus nebenbei reichen. Im Interesse eines flotten und heißen Service ist es empfehlenswert, das Gemüse gesondert anzurichten.

■ ST.-GERMAIN — Jambon Saint-Germain

12-15 Personen. *1 Schinken von 3 kg, gekocht und mit Madeira geschmort; 1 kg getrocknete grüne Spalterbsen; 4 Köpfe Salat; 2 Stauden Lauch; 2 Zwiebeln; 2 Mohrrüben; 1 Bündelchen Kerbel; 50 g Butter.*

Die zuvor eingeweichten Erbsen zusammen mit dem Gemüse, Salat und dem Kerbel in Wasser ansetzen und weichkochen. Durch ein Sieb streichen, abschmecken und mit der Butter vervollständigen. Den Schinken tranchieren und anrichten, das Erbsenpüree und die Sauce nebenbei servieren.

■ AUF STRASSBURGER ART — Jambon à la strasbourgeoise

12-15 Personen. *1 gekochten Schinken von 3 kg; 12-15 Straßburger Würstchen; 2 kg Sauerkraut; 1-1 kg 500 Salzkartoffeln.*

Das Sauerkraut mit dem abgeschnittenen Schinkenfett dünsten. In der Mitte einer Platte anrichten, mit den tranchierten Schinkenscheiben belegen und mit den Würstchen und den Salzkartoffeln garnieren.

■ IN TEIGKRUSTE MIT SCHAUMWEIN — Jambon en croûte au champagne

18-20 Personen. *1 gekochten Schinken von 7-8 kg; 1 Flasche Schaumwein; 2 kg 500 Pastetenteig; 1 l Demi-glace; 1 Trüffel in Scheiben; 250 g pochierte, in Scheiben geschnittene Champignons. Backzeit: 1 Stunde.*

Den Schinken von der Schwarte und dem überflüssigen Fett befreien, mit dem Schaumwein schmoren und abkühlen. In dünne Scheiben tranchieren, wieder zusammensetzen und völlig in Pastetenteig einhüllen. Mit Eigelb bestreichen, mit Motiven aus Teig dekorieren, abermals mit Eigelb bestreichen und im heißen Ofen backen. Zum Anrichten von dem Teig einen Deckel abschneiden. Trüffel und Champignons in die mit dem Schmorfond vermischten Demi-glace geben und nebenbei servieren.

SCHINKENMEDAILLONS CÉZANNE — Médaillons de jambon Cézanne

6 Personen. *12 runde Medaillons von gekochtem Schinken von 7 cm Durchmesser von je 40 g; 180 g Blätterteig; 100 g Parüren von gekochtem Schinken; 150 g Steinpilze; 30 g gehackte Zwiebeln; 20 g gehackte Petersilie; 250 g gekochten Blattspinat; 2 dl Mornay-Sauce; 20 g geriebenen Käse; 600 g gedünsteten Bleichsellerie; 12 Scheiben Rindermark; 2 dl Bordelaiser Sauce; 80 g Butter. Backzeit des Blätterteigs: 5-6 Minuten; Gratinieren der Medaillons: 1-2 Minuten.*

Den Blätterteig 3 mm dick ausrollen, davon runde Böden von 8 cm Durchmesser ausstechen, einstechen und backen. Die gehackten Zwiebeln mit etwas Butter anschwitzen, die Petersilie und die gewürfelten Steinpilze hinzugeben, dünsten, die gewürfelten Schinkenparüren beifügen und alles mit Mornay-Sauce binden. Den Salpicon gleichmäßig auf die Blätterteigböden streichen und mit je einem Schinkenmedaillon, zuvor leicht in Butter erwärmt, bedecken. Von den Spinatblättern 12 kleine, oben abgeflachte Kugeln formen und auf die Medaillons setzen. Den Spinat kurz mit Mornay-Sauce nappieren, mit geriebenem Käse bestreuen, mit zerlassener Butter betropfen und unter dem Salamander gratinieren. Anrichten und mit Stückchen Bleichsellerie garnieren, die mit einer blanchierten Scheibe Rindermark belegt und mit Bordelaiser Sauce nappiert worden sind. *(Siehe Bild auf Seite 419.)*

SCHINKENMEDAILLONS AUF PIEMONTESER ART — Médaillons de jambon à la piémontaise

6 Personen. *12 Scheiben gekochten Schinken; 250 g Kalbfleischfarce; 1 dl Madeira; 2 dl Demi-glace. Pochierzeit: 6-8 Minuten.*

Den Schinken rund ausstechen und jeweils 2 Scheiben mit einer reichlichen Schicht Farce zusammensetzen und den Rand glattstreichen. In ein geeignetes Geschirr setzen, mit dem Madeira angießen, mit einem gebutterten Papier bedecken und bei mäßiger Hitze im Ofen garmachen. Herausnehmen und anrichten, den Madeira einkochen, die Demi-glace hinzugeben, kurz durchkochen und die Medaillons damit nappieren.

SPANFERKEL — Cochon de lait

Das Spanferkel wird stets im ganzen Stück gebraten. Während des Bratprozesses wird es wiederholt mit Öl bestrichen und die sich bildenden Bläschen werden mit einer Nadel eingestochen, damit man eine schöne, braune Kruste erhält. Die Bratzeit im Ofen beträgt je nach Größe 1¾-2¼ Stunden, ist das Ferkel gefüllt, 15 Minuten mehr für je 500 g Farce. Einen Teil des abgefetteten Fonds serviert man nebenbei.

SPANFERKEL, GEFÜLLT — Cochon de lait farci

10-12 Personen. *1 Spanferkel von 4 kg; Farce: 700 g schieres Schweinefleisch; 30 g frischen fetten Speck; die Leber des Ferkels; 250 g Weißbrotkrume, in Milch eingeweicht und ausgedrückt; 2 Eier; 5 cl Cognac; 30 g Salz; 5 g pulverisiertes Gewürz (Thymian, Rosmarin, Basilikum).*

Von den oben angegebenen Zutaten eine gut durchgearbeitete Farce bereiten, den Bauch des Ferkels damit füllen und zunähen. Das Spanferkel auf einen Rost legen, in ein flaches Bratgeschirr setzen, die Vorderfüße durch zwei Einschnitte beiderseits des Halses stecken und die beiden Schlegel durch ein Holzspießchen, das quer an den beiden Fußenden eingesteckt wird, auseinanderhalten. Ohren und Schwänzchen mit geöltem Papier umwickeln, damit sie beim Braten nicht zu dunkel werden. Das ganze Ferkel mit geöltem Papier bedecken und wie oben angegeben braten.

SCHWEINSWÜRSTE MIT WEISSKRAUT — Saucisses de porc aux choux

6 Personen. *6 Schweinswürste von je 125 g; 750 g gekochtes Weißkraut. Bratzeit: ungefähr 15 Minuten.*

Die Würste mit einer Spicknadel mehrfach einstechen, in eine Pfanne legen, etwas Wasser angießen und in den heißen Ofen stellen, bis sie schön braun gebraten sind. Das Fett aus der Pfanne abgießen, das Kraut damit durchschwenken und die Würste darauf anrichten.

SCHWEINSWÜRSTE IN WEISSWEIN — Saucisses de porc au vin blanc

6 Personen. *6 Schweinswürste von je 125 g; ¼ dl Demi-glace; 1 dl Weißwein. Pochierzeit: ungefähr 15 Minuten.*

Die Würste mehrfach einstechen, in eine Pfanne legen, den Weißwein aufgießen und die Würste im heißen Ofen pochieren. Den Wein abgießen, entfetten, mit der Demi-glace kurz durchkochen und über die angerichteten Würste gießen. Man kann sie mit einem beliebigen Gemüsepüree garnieren.

KALTE GERICHTE VON SCHWEINEFLEISCH

SCHWEINSKOPFKÄSE — Fromage de tête

Einen halben, geputzten Schweinskopf in leichtgesalzenem Wasser mit Wurzelwerk und einigen Pfefferkörnern ansetzen und kochen, bis er ganz weich ist. Völlig entbeinen, das Fleisch grob hacken, mit gehackter Zwiebel, gehackten Kräutern, zerdrücktem Knoblauch und Pfeffer vermischen, in eine Terrine füllen und mit dem entfetteten, abgeschmeckten Fond nur so weit aufgießen, daß das Fleisch gerade bedeckt ist, und nach dem Festwerden stürzen. Im eigenen Gelee hält sich der Kopfkäse mehrere Tage, wenn er kalt aufbewahrt wird. Man kann ihn mit Vinaigrette servieren. Kochzeit des Schweinskopfes: 3-4 Stunden.

SCHWEINEKOTELETTS IN GELEE — Côtes de porc en gelée

6 Personen. *1 Rippenstück von 1 kg 200; 2 Kalbsfüße; 2 Zwiebeln, davon eine mit 1 Lorbeerblatt und 2 Nelken gespickt; 2 Mohrrüben; 1 hartgekochtes Ei; 3 Pfeffergurken; 1 Eiweiß; 1 dl Essig. Kochzeit der Füße: 3 Stunden; des Rippenstücks: ungefähr $1^1/_2$ Stunden.*

Die geputzten, gespaltenen Kalbsfüße stark blanchieren und dann mit den Zwiebeln, Mohrrüben und einem Kräuterbündel ansetzen und langsam 3 Stunden kochen. Von dem Rippenstück den Rückgratknochen abhacken, kleinhacken und zusammen mit den Kalbsfüßen, dem Rippenstück und dem Essig, mit dem passierten Fond bedeckt, langsam weichkochen. Das Fleisch herausnehmen und erkalten lassen, inzwischen den Fond gut abfetten, mit dem mit etwas Wasser geschlagenen Eiweiß klären und durch ein Tuch passieren. Das Fleisch zu Koteletts schneiden und parieren. Sülzkotelettformen mit Gelee chemisieren, den Boden mit Scheiben von hartgekochtem Ei, Mohrrüben- und Pfeffergurkenscheiben hübsch verzieren, in jede Form ein Kotelett legen, mit Gelee zugießen und erstarren lassen. Man kann auch eine große Schüssel erst mit etwas Gelee anfüllen, nach dem Erstarren die Koteletts darauf dressieren, dekorieren und mit Gelee vollgießen. Die geklärte Brühe, die pikant säuerlich schmecken muß, hat genügend Gelierkraft, so daß man die Förmchen auf eine Platte stürzen und mit Petersilie garnieren kann. Als Beilage gibt man gemeinhin Bratkartoffeln.

LEBERKÄSE — Fromage d'Italie dit pâté de foie.

10-12 Personen. *750 g Schweineleber; 500 g Bauchspeck; 1 kg frischen, ungesalzenen Speck; je 50 g gehackte Zwiebeln und Schalotten; 30 g Butter; 1 Eßlöffel Mehl; 3 Eier. Pochierzeit: $1^1/_4$-$1^1/_2$ Stunden.*

Leber, Bauchspeck und frischen Speck zweimal durch die feine Scheibe der Fleischmaschine treiben, durch ein Sieb streichen, mit Salz, Pfeffer und Pastetengewürz würzen und die kalten, gehackten, zuvor in Butter gedünsteten Schalotten und Zwiebeln daruntermengen. Das Mehl und die Eier einarbeiten und in eine Pastetenterrine oder eine runde Form füllen, die zuvor mit dünnen Speckscheiben ausgelegt worden ist, und auch mit Speckscheiben bedecken. Man kann die Farce auch in ein Schweinsnetz einhüllen. Im Wasserbad im Ofen pochieren. Der Leberkäse ist gar, wenn eine hineingesteckte Nadel heiß herauskommt. Erkalten lassen, stürzen und Schweinsnetz oder Speck erst beim Gebrauch entfernen, da sie das Äußere vor dem Kontakt mit der Luft schützen.

RILLETTEN, TOURER — Rillettes de Tours

500 g schieres, durchwachsenes Schweinefleisch; 500 g frische Gänsebrust; 1 Kräuterbündel; 1 Zweig Bohnenkraut; 2 Salbeiblätter. Kochzeit: 3-4 Stunden.

Schweinefleisch und enthäutete Gänsebrust in große Würfel schneiden. In eine Kasserolle geben, mit Wasser bis zu Dreiviertel der Höhe aufgießen, nur mäßig salzen und pfeffern, Kräuterbündel, Bohnenkraut und Salbeiblätter beifügen und, zugedeckt, ganz langsam kochen lassen, bis das Fleisch ganz weich ist. Kräuterbündel, Bohnenkraut und Salbei herausnehmen, das Fleisch in ein flaches Geschirr geben und mit einer Gabel sehr gut und gleichmäßig zerdrücken. Sobald es beginnt festzuwerden, in Steintöpfchen recht fest eindrücken und mit einem runden Blatt Papier bedecken. Im Kühlschrank aufbewahrt, hält sich das Fleisch längere Zeit.

SCHINKEN AUF ANDALUSISCHE ART — Jambon à l'andalouse

20 Personen. *1 gekochten Schinken von ungefähr 7 kg; 20 gebackene Krustaden; Engelshaar von 8 Eiern; 1 Trüffel; 1 rote Paprikaschote; 2 l Gelee.*

Den gekochten Schinken wie für glacierten Schinken Cambacérès vorbereiten und mit einem beliebigen Motiv von Trüffel, roter Paprikaschote, eventuell auch Estragonblättchen dekorieren und mit Gelee überglänzen. Auf einer großen Silberplatte anrichten und mit den mit Engelshaar (Eigelbfäden) gefüllten Krustaden und Geleewürfeln garnieren.

■ MARIE-ANNE — Jambon Marie-Anne

Den Schinken wie für glacierten Schinken vorbereiten. Nachdem das Mittelstück herausgeschnitten worden ist, schneidet man es in dünne Tranchen, denen man mit einem ovalen Ausstecher eine gleichmäßige Form gibt. Von den Schinkenparüren, einigen frischen Tranchen und der gleichen Menge Gänseleber wird mit Gelee und Rahm Schaumbrot bereitet, das man domartig in die Öffnung füllt, die durch das Herausschneiden der Tranchen entstanden ist. Nachdem es mit einer Palette glatt, aber immer noch domförmig gestrichen worden ist, wird es mit den ovalen Scheiben vollständig bedeckt, die man immer halb übereinanderlegt und mit Trüffelscheibchen dekoriert. Den ganzen Schinken mit Gelee überglänzen und die Schinkenscheibchen mit einer Schnur Schinkenpüree umranden. Den Schinken auf einer großen Silberplatte auf einen Geleespiegel setzen und mit Geleewürfeln garnieren.

■ AUF ELSÄSSISCHE ART — Jambon à l'alsacienne

6 Personen. *12 Scheiben gekochten Schinken; 6 schöne Scheiben getrüffeltes Gänseleberparfait; 1$^1/_2$ l Portweingelee; 1 Trüffel.*

Eine runde Form mit Gelee chemisieren und den Boden mit schönen, dünnen Trüffelscheiben dekorieren. Abwechselnd mit Scheibchen Schinken und Gänseleberparfait füllen und mit Portweingelee zugießen. Im Kühlraum festwerden lassen, auf eine runde Platte stürzen und mit Geleedreiecken garnieren.

■ IN GELEE — Jambon en gelée

20 Personen. *1 Schinken von 7 kg; 1$^1/_2$ l Gelee.*

Den Schinken wie oben vorbereiten und wieder zur ursprünglichen Form zusammensetzen. Mit einem beliebigen Dekor von Trüffel, blanchiertem Lauchgrün, Tomate, Mohrrüben, Estragonblättchen, Dillfäden oder anderem dekorieren und mit Gelee überglänzen. Auf einer großen Silberplatte anrichten und mit Geleewürfeln garnieren. Meistens reicht man dazu einen schönen, kombinierten Salat. *(Siehe Bild auf Seite 417.)*

■ GLACIERTER, CAMBACÉRÈS — Jambon glacé à la Cambacérès

Einen kalten, gekochten Schinken bis auf eine kleines Stück am Hachsenknochen von der Schwarte befreien. Dieses Stück geschmackvoll ziselieren. Das überflüssige Fett abschneiden, die braune Rauchkruste parieren und unten etwas glatt schneiden, damit der Schinken auf die Platte gut aufgelegt werden kann. Mit einem scharfen Messer von hinten bis zur ziselierten Schwarte ein schönes Stück bis zum Knochen herauslösen und dieses in dünne Scheiben schneiden. Jede Scheibe dünn mit Gänseleberpüree, mit Butter vermischt und gut gewürzt, bestreichen und die Scheiben, mit einer Trüffelscheibe dazwischen, wieder an ihren ursprünglichen Platz zurücklegen. Den Schinken, mit Ausnahme der eingezackten Schwarte, dünn mit Gänseleberpüree bestreichen, mit Trüffel, hartgekochtem Eiweiß, blanchierten Estragonblättern, Tomaten usw. geschmackvoll verzieren und mit gutem Madeiragelee überglänzen. Eine große Silberplatte mit einem Geleespiegel ausgießen, wenn dieser erstarrt ist, den Schinken daraufsetzen und mit Geleewürfeln, -dreiecken oder -halbmonden garnieren.

SCHINKEN ROTHSCHILD — Jambon Rothschild

6 Personen. *12 Scheiben gekochten Schinken; 200 g Gänseleberpüree, mit 50 g Butter vermischt und mit Portwein abgeschmeckt; 24 Trüffelscheiben; $^1/_2$ l sehr leichtes Portweingelee.*

Die nicht zu großen Scheiben parieren, mit dem Gänseleberpüree bestreichen und halb übereinandergelegt mit 2 Trüffelscheiben dazwischen in eine tiefe, viereckige Schüssel ordnen. Mit leichtem, gerade stockendem Gelee gänzlich bedecken und vor dem Servieren gut durchkühlen.

■ VILLANDRY — Jambon Villandry

18-20 Personen. *1 gebackenen Boden von Blätterteig in Schinkenform 24 × 16 cm; 1 kg feinen Gemüsesalat, mit Mayonnaise gebunden; 12 geriefte Champignonköpfe; 600 g Lachsschinken; 750 g gekochten Schinken; 40 weiße Spargelköpfe; 250 g geröstete, gehackte Haselnüsse; 40 kleine Ananasdreiecke; 6 kleine, geschälte, ausgehöhlte und mit Gemüsesalat gefüllte Tomaten; 6 Stück Knollensellerie in Form von Artischockenböden, pochiert; 500 g Pökelzunge; Butter; 40 kleine Trüffelpunkte; 4 l Gelee.*

Eine große rechteckige Platte mit einem dünnen Geleespiegel versehen. Den Blätterteigboden in die Mitte plazieren und mit dem Gemüsesalat bedecken, dem man die Form eines Schinkens gibt. Gleichmäßig und etwas übereinander mit dünnen Scheiben von Lachsschinken belegen, mit Gelee überglänzen, der Länge nach mit den Champignonköpfen dekorieren und auch diese überglänzen. Rundherum mit 20 Schinkenmedaillons garnieren, die aus je 2 rund ausgestochenen Schinkenscheiben bestehen, gefüllt mit püriertem Schinken aus den Parüren, mit Butter und Gewürzen vermischt, die zusammengesetzt, der Rand mit gehackten Haselnüssen angestreut, mit je 2 Ananasdreiecken garniert und mit Gelee überglänzt worden sind. Die weitere Garnitur besteht aus kleinen, runden Aspiks von Pökelzunge, Spargelköpfen, in Schinkenscheiben gerollt, sowie Tomaten, mit der runden Seite nach oben auf die Sellerieböden gesetzt, alles mit Gelee überglänzt. *(Siehe Bild auf Seite 145.)*

SCHINKENMEDAILLONS POLIGNAC — Médaillons de jambon Polignac

6 Personen. *12 Scheiben gekochten Schinken; 250 g gebuttertes Gänseleberpüree; 12 Trüffelscheiben; 1 kg russischer Salat; $^1/_2$ l Gelee mit Cognac.*

Von dem Schinken 24 runde Scheiben ausstechen und zu je zweien mit Gänseleberpüree zusammensetzen. Mit einer Trüffelscheibe dekorieren, mit Gelee überglänzen, um den domförmig angerichteten russischen Salat dressieren und mit Gelee garnieren. *(Siehe Bild auf Seite 420.)*

SCHINKENMEDAILLONS AUF UNGARISCHE ART — Médaillons de jambon à la hongroise

6 Personen. *12 Scheiben gekochten Schinken; 250 g Schinkenschaumbrot mit Paprika; 12 Trüffelscheiben; $1^1/_2$ l Gelee.*

Von dem Schinken 24 runde Scheiben ausstechen und zu je zweien mit etwas Schaumbrot dazwischen zusammensetzen. Mit einer Trüffelscheibe dekorieren und mit Gelee überglänzen. Eine kleine Timbalform mit Gelee chemisieren, mit dem Rest des Schaumbrotes füllen, mit Gelee zugießen und festwerden lassen. Das Schaumbrot in die Mitte einer runden Platte stürzen und die Medaillons, auf gehacktes Gelee dressiert, rundherum garnieren.

SCHINKENSCHAUMBROT, SCHACHBRETTARTIG — Mousse de jambon en damier

10-12 Personen. *1 kg mageren, gekochten Schinken; $^1/_4$ l tomatierte Chaudfroid-Sauce; $^1/_4$ l süße Sahne; 1 l Madeiragelee; 1 kleine Trüffel; hartgekochtes Eiweiß; 12 Krustaden von Auslegeteig; 600 g Gemüse- oder russischen Salat.*

Den Schinken einige Male durch die feine Scheibe der Fleischmaschine passieren, mit der Sauce vermengen, durch ein feines Sieb streichen, mit Paprika würzen und mit dem Rahm vervollständigen. Eine niedrige, flache, viereckige Form mit Gelee chemisieren, den Boden schachbrettartig mit kleinen Vierecken von Trüffel und hartgekochtem Eiweiß auslegen und auch die Seiten der Form mit Eiweiß-Halbmonden dekorieren. Die Schaumbrotmasse mit etwa 1 dl kaltem, aber noch flüssigem Gelee vervollständigen, in die Form füllen und erst festwerden lassen, ehe man mit Gelee abschließt. Nach vollständigem Erstarren auf eine Silberplatte stürzen, mit kleinen, blindgebackenen Tarteletts aus ungezuckertem Mürbeteig, mit einem beliebigen Gemüsesalat gefüllt, oder einer anderen Garnitur umlegen und mit nach Phantasie geschnittenem Gelee vervollständigen.

SCHINKENSCHAUMBROT AUF UNGARISCHE ART — Mousse de jambon à la hongroise

12 Personen. *1 kg mageren Schinken; 1/4 l tomatierte Chaudfroid-Sauce; 1/4 l süße Sahne; 1 l Madeiragelee; 1 kleine Trüffel; hartgekochtes Eiweiß; 100 g Tomatenpüree; Paprika.*

Das Schaumbrot wie vorhergehend bereiten, der Masse jedoch das Tomatenpüree beifügen und kräftig mit Paprika abschmecken. Eine viereckige Form mit Gelee chemisieren, den Boden mit Trüffel- und Eiweißscheiben dekorieren, mit der Masse füllen, mit gerade stockendem Gelee zugießen und festwerden lassen. Auf eine runde Platte stürzen und mit Geleedreiecken garnieren.

SCHINKENTÜTEN ASTOR — Cornets de jambon Astor

10 Personen. *10 dünne Scheiben gekochten Schinken; 1 kg Waldorfsalat, mit Mayonnaise gebunden und sehr leicht gelatiniert; 2 dl Schlagsahne; 75 g geriebenen Meerrettich; 1 l Gelee; 1-2 Blatt Gelatine.*

Von dem Schinken Dreiecke schneiden, zu Tüten drehen und mit Schlagsahne füllen, die man mit Paprika, Meerrettich und Zucker gewürzt und ganz leicht mit eingeweichter, aufgelöster Gelatin gebunden hat. Jede Tüte mit Gelee überglänzen und kalt stellen. Eine Kuppelform mit Gelee chemisieren, beliebig dekorieren, mit Waldorfsalat füllen und mit Gelee zugießen. Wenn der Salat angezogen hat, auf eine runde Platte stürzen, mit den Tüten symmetrisch umlegen und mit Geleewürfeln garnieren.

SCHINKENTÜTEN LUCULLUS — Cornets de jambon Lucullus

10 Personen. *10 dünne Scheiben gekochten Schinken; 300 g gebuttertes Gänseleberpüree; 1 kg Gemüsesalat; 4 dl Mayonnaise; 3 Blatt Gelatine; 1 1/2 l Gelee; 10 kleine, runde Trüffelscheiben.*

Die Schinkentüten wie oben formen, mit Hilfe des Spritzsackes und Sterntülle mit Gänseleberpüree füllen und das Ende mit einer Trüffelscheibe dekorieren. Mit Gelee überglänzen und kalt stellen. Eine flache, runde Form mit Gelee chemisieren, mit dem Salat, mit der Mayonnaise gebunden und leicht gelatiniert, füllen, mit Gelee zugießen und festwerden lassen. Den Salat auf eine runde Platte stürzen und obenauf die Schinkentüten, mit der Spitze nach innen, dressieren. Rundherum mit Geleedreiecken garnieren.

WURST- UND SCHWEINEFLEISCHPLATTE — Charcuterie

Diese Platte setzt sich stets aus rohem und gekochtem Schinken, verschiedenartigem Wurstaufschnitt, darunter auch Salami, zusammen.

AUSLÄNDISCHE GERICHTE VON SCHWEINEFLEISCH

BUTIFARRA A LA CATALANA — Katalonische Würstchen

8 Personen. *1 kg mit Fett durchwachsenes Schweinefleisch; 1 dl Weißwein; gestoßenen Zimt, Gewürznelken und wilden Majoran; Salz; Pfeffer. Kochzeit: 1 Stunde.*

Das Schweinefleisch zweimal durch die Fleischmaschine drehen, mit dem Weißwein vermischen und mit den genannten Gewürzen gut durcharbeiten. Wenn alles gut durchgemischt ist, wie Blutwurst in Därme füllen und nach 10-12 cm abbinden, so daß mehrere Würste nebeneinander gereiht sind. Die Würste in der freien Luft zwei Tage zum Trocknen aufhängen, dann in eine Kasserolle mit kaltem, leicht gesalzenem Wasser legen, langsam zum Kochen bringen und 1 Stunde auf Siedehitze halten. Herausnehmen und in der frischen Luft vollständig erkalten lassen.

Die Würstchen werden als Vorspeise serviert. Sie halten sich nur wenige Tage, zumal im Sommer.

(Spanisch)

CHORIZOS — Spanische Würstchen

6 Personen. *$^3/_4$ kg mageres und $^1/_4$ kg fettes Schweinefleisch; 15-20 g Salz; 20 g Piment; 3 g scharfen spanischen Pfeffer.*

Das Fleisch durch die grobe Scheibe der Fleischmaschine passieren, mit dem Piment und dem Pfeffer würzen und, zugedeckt, 48 Stunden sehr kühl aufbewahren. In Partien von 70-75 g in Schweinsdärme füllen, abbinden, 48 Stunden trocknen lassen und dann leicht räuchern. Man ißt sie kalt, in Scheiben geschnitten, als Vorspeise; heiß verwendet man sie für Landesgerichte wie Olla podrida, Puchero usw. *(Spanisch)*

CHOW SUB GUM MEIN — Gewürztes Schweinefleisch

6 Personen. *600 g mageres Schweinefleisch, in kleine, dünne Scheiben geschnitten; 2 grüne Paprikaschoten; 1 Dose Pimientos; 2 Stengel Bleichsellerie; 12 Wasserkastanien; 12 kleine Champignonköpfe; 1 Tasse Bambussprossen; 2 Eßlöffel Stärkemehl; 2 dl Bouillon; 5 Eßlöffel Sojasauce; 300 g chinesische Nudeln; 40 g Schweineschmalz. Zubereitung: ungefähr 25 Minuten.*

Das Fleisch im heißen Schmalz garbraten. Alle Gemüse, mit Ausnahme der Pimientos, hinzufügen, die Paprikaschoten und der Sellerie zuvor grob gehackt. Mit der Bouillon aufgießen, mit Salz, Pfeffer, einer Prise Zucker und Sojasauce würzen und alles zusammen kochen lassen, bis das Gemüse gar ist. Das Stärkemehl mit etwas Wasser anrühren und das Gericht damit leicht binden. Die Nudeln nur 3 Minuten kochen, abgießen, in Schmalz knusprig braten und auf 6 Schüsselchen verteilen. Das Fleisch mit den Gemüsen darübergeben, mit den gehackten Pimientos bestreuen und sehr heiß servieren. *(Chinesisch)*

NEW ENGLAND BAKED PORK AND BEANS — Speck, mit Bohnen überbacken

4 Personen. *500 g weiße Bohnen; 250 g geräucherten fetten Speck; 75 g gehackte Zwiebeln; 2 Eßlöffel braunen Zucker; 1 Eßlöffel Senfpulver; 2 kleine Lorbeerblätter; 1 Eßlöffel Apfelessig; 1 kleine, gehackte Knoblauchzehe; 2 Eßlöffel Melasse. Zubereitung: 6-7 Stunden.*

Die Bohnen über Nacht einweichen, dann 30 Minuten überkochen. Den Speck in Würfel schneiden und goldgelb braten. Die Bohnen zum Speck geben, den Rest der Zutaten hinzufügen, alles mischen und in einen feuerfesten Topf aus Steingut oder Porzellan mit etwas enger Öffnung geben; die Flüssigkeit soll gerade bis zur Höhe gehen. In einen mittelheißen Ofen stellen und ganz langsam fertigbacken. Nach Bedarf noch etwas Wasser hinzugeben. *(Nordamerikanisch)*

OXFORD SAUSAGES — Oxford-Würste

8 Personen. *Je 250 g fettes und mageres Schweinefleisch; 450 g mageres Kalbfleisch; 450 g Rinder- oder Kalbsnierenfett ohne Häute und Sehnen; 225 g geriebenes Weißbrot; Schale $^1/_2$ Zitrone; $^1/_2$ Teelöffel Majoran; $^1/_2$ Teelöffel gehackte Kräuter; 20 g Salz; 5 g Pfeffer; 6 Blätter Salbei; 1 starke Prise geriebene Muskatnuß. Bratzeit je nach Größe: 12-15 Minuten.*

Schweine-, Kalbfleisch und Rindernierenfett durch die feine Scheibe der Fleischmaschine treiben und mit dem geriebenen Brot, der feingehackten Zitronenschale, den feingehackten Salbeiblättern und sämtlichen Gewürzen unter Zusatz von einigen Eßlöffel Wasser gut durcharbeiten. In gut gesäuberte Schweinsdärme füllen, zu Würsten von 10-12 cm Länge abbinden und abschneiden. Vor dem Gebrauch kurz blanchieren, dann mit der Gabel einige Male einstechen und in Butter braun braten. Mit Kartoffelpüree garnieren und mit der Bratbutter übergossen servieren.
Die Würste werden feiner, wenn man die Fleischmasse vor dem Einfüllen in die Därme buttert. *(Englisch)*

ZU ZA YOK — Süßsaures Spanferkel

6 Personen. *900 g Spanferkel ohne Haut oder Knochen; 500 g Pe-tsai (chinesischer Kohl) in groben Streifen; 100 g Zwiebelscheiben; 2 Eßlöffel chinesische Sojasauce; 40 g Schweineschmalz; 2 Eßlöffel Sesamöl; 2 Eßlöffel geröstete Sesamkörner; 1 Löffel Reismehl; 1 dl Sojasauce, süßsauer. Schmorzeit: 15-20 Minuten.*

Süßsaure Sojasauce: *150 g Puderzucker mit 20 g Vetsin (Monosodiumglutamat-Präparat) und 2 dl Soja, mit 2 dl Essig und $^1/_4$ l Wasser 10 Minuten flott gekocht, vermischen.*

Die Zwiebeln und den Kohl langsam mit dem Schmalz ohne Zusatz von Wasser dünsten. Das Fett abgießen und den Kohl mit Salz und Soja würzen und in kleinen chinesischen Schälchen warm halten. Das Spanferkel in kleine, dünne Scheibchen schneiden, würzen, mit Reismehl bestäuben, in dem heißen Sesamöl scharf anbraten und das Öl abgießen. Die süßsaure Sojasauce beifügen und so lange schmoren, bis das Fleisch glaciert ist. Auf dem Kohl anrichten und mit den gerösteten Sesamkörnern bestreuen. *(Chinesisch)*

GEFLÜGEL

Unter Geflügel im engeren Sinne des Wortes sind Masthühner (Poularden), Hühner, Hähnchen und Kücken zu verstehen. Man rechnet dazu aber auch Gänse, Truthähne, Enten, Tauben und Perlhühner.

Die Garmachungsmethoden gleichen denen für Fleisch, es sei jedoch darauf hingewiesen, daß beim Pochieren von Geflügel das betreffende Stück gänzlich mit hellem Fond bedeckt sein muß und es nur auf Siedehitze zu halten ist und nicht wallen darf.

KOCH- UND BRATZEITEN

Suppenhuhn, etwa 2 kg 500 . . .	2-3 Stunden	je nach Alter
Junges Suppenhuhn, 8-10 Monate alt	45 Minuten	
Masthuhn, ausgenommen, ungefähr 1 kg 800	50 Minuten	
Masthuhn, gefüllt	1½ Stunden	
Hähnchen, ungefähr 1 kg 200, ausgenommen	25-30 Minuten	
Hähnchen von 800 g-1 kg	20-25 Minuten	
Brathuhn von 1 kg 200-1 kg 600, ausgenommen	30-40 Minuten	
Kücken	12-15 Minuten	in der Kasserolle gebraten
Tauben	15-18 Minuten	je nach Größe
Ente von 1 kg 200, ausgenommen .	35-40 Minuten	
Enten, große, zum Schmoren, je 500 g	40-45 Minuten	je nach Alter
Perlhuhn von 1 kg 200, ausgenommen	25-30 Minuten	
Gans von 5 kg	2-2½ Stunden	je nach Alter
Truthahn (Puter), gebraten	25 Minuten je Kilo	
Truthahn am Spieß	28 Minuten je Kilo	
Truthahn, gefüllt	28-30 Minuten je Kilo	

MASTHÜHNER, HÜHNER UND HÄHNCHEN

In diesem Abschnitt findet man auch Kücken sowie die verschiedenen Zubereitungen von Geflügel, wie Koteletts, Frikassee, Curry, Pilaw, Klößchen und anderes mehr. Koteletts und Klößchen kann man als Zwischengericht servieren.

DAS ZERLEGEN EINES ZUM SAUTIEREN BESTIMMTEN ROHEN HUHNES ODER HÄHNCHENS

Den Hahn sengen, reinigen und ausnehmen, indem man auf der Rückenseite die Haut des Halses der Länge nach einschneidet, den Hals dicht am Körper abhackt und durch die entstandene Öffnung den Magen entfernt. Nachher durch die etwas erweiterte Öffnung am After die inneren Organe herausnehmen. Die Keulen ablösen und die Flügel mit einem Stück des Brustfleisches direkt am Gelenk abschneiden. Das ergibt 5 Stücke, hinzu kommen noch der Rücken, der Hals und die Flügelspitzen. Bei einem jungen Hahn im Gewicht von 1 kg haftet noch ein gutes Stück weißes Fleisch an der Brust. Je nach Größe können Keulen am Gelenk und das Brustfleisch noch einmal geteilt werden. Der Rücken ist gleichfalls zu parieren und zu halbieren. Man erhält somit von einem großen Hahn 10 Teile, zuzüglich der Rückenstücke. Die zum Sautieren bestimmten Stücke sind vorher leicht zu mehlen. *(Siehe Kulinarische Technik in Bildern, Seite 728).*

DAS ZERLEGEN EINES GARGEMACHTEN HUHNES

Im Prinzip wird genauso verfahren wie bei einem rohen Huhn. Ein Masthähnchen kann man in 4 Stücke teilen, die beiden Keulen und die halbierte Brust ohne Rücken, wogegen ein großer Hahn (Poulet reine) neben den beiden Keulen und Flügelstücken 2-4 schöne Bruststücke ergibt. Bei Masthühnern (Poularden) werden zuerst die beiden Flügelstücke abgetrennt und das Brustfleisch der Länge nach in mehrere dünne Scheiben geschnitten. Jede Keule wird je nach der Größe in 2-3 Stücke geteilt. Des bequemeren Essens wegen kann man die Keulen vor dem Tranchieren entknöcheln. Das zerlegte Huhn oder Masthuhn auf dem parierten Rückenstück wieder zur ursprünglichen Form zusammensetzen.

Anmerkung: Vor dem Tranchieren sollte das Geflügel 15 Minuten bei mäßiger Hitze ruhen, damit sich das durch die Hitze ausgedehnte Fleisch besser schneiden läßt. *(Siehe Tranchieren, Seiten 748-751.)*

FRIKASSEE VON HUHN — Poulet en fricassée

6 Personen. *1 Hähnchen von 1 kg 800; 60 g Butter; 18 kleine Zwiebelchen; 18 kleine Champignonköpfe; 40 g Mehl; 2 Eigelb; 1 dl süße Sahne; 1 l hellen Fond oder Wasser; 1 Kräuterbündel; 12 kleine Blätterteig-Halbmonde. Pochierzeit: ungefähr 40 Minuten.*

Das Hähnchen roh zerteilen und in Butter anziehen lassen, ohne daß sie sich verfärben. Mit Mehl bestäuben, anlaufen lassen, mit Fond oder Wasser bis zur Höhe auffüllen, umrühren und würzen. Aufkochen lassen, das Kräuterbündel beifügen und nach 10 Minuten die Zwiebelchen beifügen, langsam garkochen, das Kräuterbündel herausnehmen und die gesondert pochierten Champignons hinzugeben. Im letzten Moment mit dem Eigelb und der Sahne legieren, abschmecken, anrichten und mit den Blätterteig-Halbmonden garnieren. Man kann dem Frikassee auch Krebsschwänzchen oder junge Gemüse beifügen.

GEFLÜGELCURRY I — Curry de volaille

4 Personen. *1 Hähnchen von 1 kg 500; 2 Zwiebeln in Scheiben; 1 Kaffeelöffel Currypulver; 2 dl Kokosnußmilch; 2 dl Hühnerbrühe; 2 dl Sahne; Öl. Kochzeit: 25-30 Minuten.*

Das Hähnchen roh zerteilen, in Öl anbraten und die Zwiebelscheiben mit anlaufen lassen. Mit Currypulver bestäuben, durchmischen, mit der Kokosnußmilch und der Hühnerbrühe aufgießen, salzen, ein Kräuterbündel beifügen und langsam, zugedeckt, garkochen. Das Kräuterbündel herausnehmen, den Fond einkochen, mit der Sahne zur notwendigen Konsistenz kochen, abschmecken und über die angerichteten Hühnerstücke gießen. Dazu körniggekochten Reis servieren.

GEFLÜGELCURRY II — Curry de volaille

4 Personen. *1 Hähnchen von 1 kg 500; 1 Kaffeelöffel Currypulver; 2 mittelgroße, gehackte Zwiebeln; 2 große, geschälte, entkernte, gehackte Äpfel; 60 g Butter; 30 g Mehl; 1 Eßlöffel Tomatenmark; Hühnerbrühe. Schmorzeit: 25-30 Minuten.*

Das roh zerteilte Hähnchen würzen und in Butter hellgelb anrösten. Herausnehmen und in der Butter die Zwiebeln anschwitzen, die Äpfel und das Tomatenmark beifügen, kurz anlaufen lassen und die Hähnchenstücke wieder hinzugeben. Mit dem Currypulver und dem Mehl bestäuben, durchmischen, bis zur Höhe mit Hühnerbrühe (aus dem Klein gezogen) aufgießen und langsam garkochen. Anrichten, mit der unpassierten Sauce übergießen und körniggekochten Reis nebenbei servieren. Man kann zur gleichen Zeit Mango Chutney, kleine eingelegte Zwiebeln, gehackte Mandeln, grobgehackte, hartgekochte Eier, Ananaswürfel, Poppudums und Krupoek (Fladen aus Tapioka und getrockneten, gestoßenen Garnelen) reichen.

GEFLÜGELKEULEN — Ballottines

Hierzu nimmt man Geflügelkeulen, die anderweitig keine Verwendung fanden, besonders von rohen Hühnern und Hähnchen. Die Keulen werden vom Knochen befreit, das Fleisch wird leicht plattiert, mit Farce bedeckt, wieder zur ursprünglichen Form gebracht und zusammengenäht. Werden sie pochiert, so näht man sie nicht zusammen, sondern wickelt sie in ein Musselintuch ein.

GEFLÜGELKEULEN AUF REGENTSCHAFTSART — Ballottines à la régence

6 Personen. *6 große Keulen; 500 g Klößchenfarce; 200 g kleingewürfelte Pökelzunge; 1 kleingewürfelte Trüffel; 150 g entsteinte, blanchierte Oliven; 200 g pochierte, in Scheiben geschnittene Champignons; 1/4 l Geflügelrahmsauce; 6 Artischockenböden; 1/2 l Madeirasauce; Hühnerbrühe. Pochierzeit: 35-40 Minuten.*

Die Farce mit den Pökelzungen- und Trüffelwürfeln vermischen und die Keulen damit füllen. In Hühnerbrühe pochieren und gut abtropfen. Die angewärmten Champignonscheiben und Oliven mit der Geflügelrahmsauce binden und in die Artischockenböden füllen. Die Keulen anrichten, mit Madeirasauce nappieren und mit den Artischockenböden garnieren.

GEFLÜGELKLÖSSCHEN MIT ESTRAGON — Quenelles de volaille à l'estragon

6 Personen. *600 g Geflügelfarce; 1/2 l Geflügelrahmsauce mit Estragonessenz, vermischt mit 1/2 Löffel gehacktem Estragon; 12 pochierte Champignonköpfe. Pochierzeit: 10 Minuten.*

Von der Farce 12 Löffelklößchen formen oder sie in ausgebutterte Förmchen füllen und pochieren. Anrichten, mit einem Champignonkopf garnieren, mit der Sauce nappieren und den Rest nebenbei servieren.

GEFLÜGELKLÖSSCHEN ISABELLA — Quenelles de volaille Isabelle

6 Personen. *600 g Geflügelfarce; 12 kleine, gebackene Croutons; 4 dl Geflügelrahmsauce; 50 g Fleischglace; 50 g Pökelzunge; 1 kleine Trüffel. Pochierzeit: 10 Minuten.*

Von der Farce 12 Klößchen formen, pochieren, abtropfen und auf die Croutons auf eine runde Platte dressieren. Mit der Sauce nappieren, die man mit der Glace, gehackter Trüffel und gehackter Pökelzunge vermischt hat.

GEFLÜGELKOTELETTS AUF ERZHERZOGSART — Côtelettes de volaille à l'archiduc

6 Personen. *500-600 g Klößchenfarce; 75 g mageren, gekochten Schinken; 50 g pochierte Champignons; 1 kleine Trüffel; 5 cl kalte, gebundene Jus; 250 g Champignons; 1/4 l Trüffelsauce. Zubereitung: 6 Minuten.*

Von dem Schinken, den pochierten Champignons und der Trüffel Salpicon bereiten und mit der Jus leicht binden und erkalten lassen. Kotelettförmchen dick mit der Farce ausstreichen, in die Mitte walnußgroß Salpicon füllen, mit Farce bedecken, glattstreichen und in leicht gesalzenem Wasser pochieren. Gut abtropfen, im Kranz anrichten, mit Trüffelsauce nappieren und die in Butter sautierten Champignons in die Mitte dressieren.

Anmerkung: Bei allen diesen Koteletts und Klößchen ist es weniger die Farce, die den Geflügelgeschmack gibt, als die Sauce, die man mit einem kräftigen Fond, aus dem rohen Gerippe gezogen, bereitet.

GEFLÜGELKOTELETTS VICOMTESSE — Côtelettes de volaille à la vicomtesse

6 Personen. *600 g Klößchenfarce; 500 g grüne Spargelspitzen; 1 Trüffel; $^1/_2$ l Geflügelrahmsauce. Pochierzeit: 5-6 Minuten.*

Die Geflügelfarce in kleine, ausgebutterte Kotelettförmchen füllen, glattstreichen, in Salzwasser pochieren, abtropfen und kranzartig, halb übereinandergelegt, auf einer runden Platte anrichten Jedes Kotelett mit einer Trüffelscheibe belegen und mit Sauce nappieren. Die Spargelspitzen wie üblich bereiten, in Butter schwenken und in die Mitte der Koteletts dressieren. Man kann in die Spitze eines jeden Koteletts ein kleines Stückchen Makkaroni und darauf eine kleine Kotelettmanschette stecken.

GEFLÜGELPILAW, ORIENTALISCHES — Pilaf de volaille à l'orientale

4 Personen. *1 Hähnchen von 1 kg 500; 100 g Zwiebeln; 250 g Tomaten; 200 g Reis; 2 grüne Paprikaschoten; 1 Prise Safran; $^3/_4$ l Bouillon; 50 g Butter. Zubereitung: 30-35 Minuten.*

Das Hähnchen roh in 12 kleine Stücke teilen und zusammen mit der gehackten Zwiebel in Butter nur hellbraun anrösten. Den Reis hinzugeben, ganz kurz anlaufen lassen und mit der Bouillon aufgießen. Die in Streifen geschnittenen Paprikaschoten und die geschälten, geviertelten und entkernten Tomaten beifügen, mit Salz, Pfeffer und Safran würzen, zudecken und im Ofen garmachen. Das fertige Gericht soll feucht, aber nicht suppig sein. Es wird in einer tiefen Schüssel angerichtet.

Anmerkung: Man kann das Geflügel für sich bereiten wie ein Ragout. Es wird dann in einem Rand von Pilawreis angerichtet. *(Siehe Bild auf Seite 448.)*

GEFLÜGELWÜRSTCHEN MARIGNY — Boudin de volaille Marigny

6 Personen. *400 g Geflügelfarce; 250 g Haschee von Champignons, gekochtem Hühnerfleisch und Trüffel; 3 dl Zwiebelsauce; 1 Ei; frischgeriebene Weißbrotkrume; 500 g grüne Erbsen, auf französische Art bereitet; 6 Tarteletts aus Auslegeteig. Pochierzeit: 15 Minuten.*

Weißes Papier in Rechtecke von 15 × 10 cm schneiden, mit Butter bestreichen und mehlen. In die Mitte dicke Farce geben, eine Höhlung machen und mit Haschee füllen. Mit etwas Farce bedekken, das Papier in Form von Würstchen zusammenrollen, an den Enden zubinden und in siedendheißem Wasser pochieren. Herausnehmen, abtropfen, auswickeln, mehlen, panieren und im letzten Moment ausbacken. Anrichten, mit den Tarteletts, mit Erbsen gefüllt, garnieren und die Sauce nebenbei servieren.

GEFLÜGELWÜRSTCHEN RICHELIEU — Boudin de volaille Richelieu

Wie Marigny bereiten, die Zwiebelsauce jedoch durch Trüffelsauce ersetzen. Die Würstchen auf Serviette mit gebackener Petersilie anrichten.

GEFLÜGELZEPHIRS IN RAHMSAUCE — Zéphirs de volaille à la crème

6 Personen. *600-750 g Zephirfarce von Geflügel; 4 dl Geflügelrahmsauce; 1 dl Sahne; 2 Eßlöffel geschlagene Sahne; Paprika. Pochierzeit: 12-15 Minuten.*

Die Farce in ausgebutterte Baba- oder Becherförmchen füllen und ganz langsam im Wasserbad pochieren. Stürzen und mit Geflügelrahmsauce nappieren, die mit der Sahne recht cremig verkocht und zuletzt noch mit der geschlagenen Sahne vervollständigt und mit Paprika kräftig gewürzt worden ist. Als Garnitur kommen Champignons, Spargelspitzen, geviertelte Artischockenböden u. a. m., in Butter geschwenkt, in Betracht.

HAHN MIT CHAMBERTIN — Coq au chambertin

6 Personen. *1 Kapaun von 1 kg 800; 200 g kleine Zwiebelchen; 300 g Champignons; 2 gehackte Schalotten; $^1/_2$ l Chambertin; 2 dl süße Sahne; gehackte Petersilie; 5 cl Öl; 30 g Butter. Schmorzeit: ungefähr 40 Minuten.*

Den Hahn roh zerteilen, die Stücke würzen und rasch in halb Öl und halb Butter anrösten. Die Zwiebelchen und die geviertelten Champignons hinzugeben, zudecken und im Ofen fertiggaren. Geflügelstückchen und Garnitur herausnehmen und anrichten. In der Bratbutter die gehackten Schalotten kurz anziehen lassen, den Chambertin hinzugießen, zur Hälfte einkochen, mit der Sahne binden und abschmecken. Die Sauce über Hahn und Garnitur gießen und mit gehackter Petersilie bestreuen. *(Siehe Bild auf Seite 452.)*

HAHN IN RIESLING — Coq au riesling

6 Personen. *1 Kapaun von 1 kg 800; 3 dl Riesling; 5 cl Bouillon; 1 kleinen Stengel Bleichsellerie, grob gehackt; 1 Zweig Thymian; 2 gehackte Schalotten; 2 dl süße Sahne; 600 g Nudeln auf elsässische Art; 60 g Butter. Bratzeit: 25-30 Minuten.*

Den rohen Hahn mitsamt dem Klein wie üblich zerteilen, würzen, in Butter anbraten, zudecken und im Ofen garmachen. Die Geflügelstückchen herausnehmen und anrichten, das Klein aber im Sautoir lassen. Die gehackten Schalotten hinzugeben, anlaufen lassen, mit dem Riesling und der Bouillon aufgießen und den Thymian und Sellerie beifügen. Zur Hälfte einkochen, die Sahne hinzugießen und zur notwendigen Konsistenz kochen. Durch ein Spitzsieb passieren, abschmecken und die Hähnchenstücke damit nappieren. Mit den Nudeln garnieren oder sie nebenbei servieren.

■ IN TEIGKRUSTE — Coq en pâte

8 Personen. *1 Kapaun von 1 kg 800; 350 g Gänsestopfleber; 50 g Trüffeln; 2 dl Schaumwein; 1 kg 750 Pastetenteig. Backzeit: $1^1/_2$-2 Stunden.*

1. Den Kapaun sorgfältig ausnehmen und die Brustknochen völlig auslösen, Kopf und Hals aber am Tier lassen. Die Stopfleber mit Trüffelstiften bestecken, 1 Stunde in Schaumwein marinieren und in den Kapaun stecken. Den Teig 4 mm dick ausrollen, und zwar so groß, daß man den Kapaun damit völlig einhüllen kann, wobei man ihn in die Mitte des Teigs legt. Kopf und Hals mit einem Holzstäbchen aufrichten und gleichfalls mit Teig umhüllen, die beiden Flügel durch Teigstücke nachahmen. Das Ganze mit verdünntem Eigelb gänzlich bestreichen, auf ein Backblech setzen und im heißen Ofen anbacken. Dann die Hitze abdrosseln, den Kapaun mit einem gefetteten Blatt Papier bedecken, damit der Teig nicht zu braun wird, und garbacken. Die Kruste erst bei Tisch öffnen, um den Kapaun zu zerlegen. Dazu Schaumweinsauce servieren, zu der man den Wein der Marinade verwendet hat.

2. Den Kapaun wie üblich vorbereiten, aber den Brustknochen auslösen und Kopf und Hals entfernen. Mit der getrüffelten Gänseleber füllen, bridieren, 40 Minuten braten und auskühlen. Den Kapaun gänzlich in 4 mm dick ausgerolltem Blätterteig einschlagen, dünn mit Eigelb bestreichen, Flügel und Federn durch Blätterteigmotive ersetzen und abermals mit Ei bestreichen. Im heißen Ofen anbacken, dann die Hitze abdrosseln, mit gefettetem Papier bedecken und weitere 40 Minuten backen. Den Kopf kann man gesondert kochen, die Augen aus Eiweiß und Trüffel herstellen und später in den Teig stecken. Den Kapaun mit Brunnenkresse anrichten, erst bei Tisch tranchieren und dazu Trüffelsauce servieren.

HÄHNCHEN, GRILLIERT, AUF AMERIKANISCHE ART — Poulet de grain à l'américaine

2-3 Personen. *1 Hähnchen von 1 kg; 100 g Butter; geriebene Weißbrotkrume; 4 Scheiben durchwachsenen Speck; 4 Tomaten; Brunnenkresse. Bratzeit: 25 Minuten.*

Genauso wie Hähnchen auf Krötenart grillieren. Mit gebratenen Speckscheiben, halben, grillierten Tomaten und Brunnenkresse garnieren und mit brauner Butter übergießen.

HÄHNCHEN AUF GROSSMUTTERART — Poulet de grain grand-mère

2 Personen. *1 Hähnchen von 800-900 g; 100 g gehackten, fetten Speck; 1 kleine, gehackte Zwiebel; 100 g Reibbrot; gehackte Petersilie; 4 Geflügellebern. Bratzeit: 25-30 Minuten.*

Den Speck und die Zwiebeln zusammen sautieren, die Lebern hinzugeben und kurz blutig braten. Mit dem Reibbrot und der Petersilie vermischen, mit Salz, Pfeffer und Muskatnuß würzen und die Hähnchen damit füllen. Bridieren, in einen feuerfesten Porzellanbrater geben, braten, und im Brater zu Tisch geben.

■ AUF INFANTENART — Poulet de grain à l'infante

4 Personen. *1 Hähnchen oder Hühnchen von 1 kg 500; je 100 g gewürfelte Mohrrüben und weiße Rüben, für sich gekocht; 100 g gekochte grüne Erbsen; 10 g Trüffel; 2 l Bouillon; 200 g Reis, in fetter Brühe gekocht, vermischt mit 25 g geriebenem Käse; $^1/_2$ l Geflügelrahmsauce. Pochierzeit: 30-35 Minuten.*

Das Hähnchen pochieren und anrichten. Das Gemüse und die Trüffel unter die Sauce mischen und das Hähnchen damit nappieren. Mit dem Reis, in Becherförmchen gedrückt und gestürzt, garnieren und den Rest der Sauce nebenbei servieren.

HÄHNCHEN JACQUELINE — Poulet de grain Jacqueline

4 Personen. *1 Hähnchen oder Hühnchen von 1 kg 500; 5 cl Portwein; 1 dl Kalbsjus; 4 große Reinetten, in Butter gedünstet; 1 dl süße Sahne; 50 g Butter; 50 g geröstete Mandelstifte; Zitronensaft. Schmorzeit: 25-30 Minuten.*

Das Hähnchen wie üblich zerteilen, würzen, mehlen und in Butter anbraten. Den Portwein und die Kalbsjus aufgießen, zudecken und langsam im Ofen garmachen. Die geschälten Äpfel, die nicht zerfallen dürfen, auf einer runden Platte zusammen mit den Hähnchenstücken anrichten. Den Schmorfond einkochen, mit der Sahne leicht sämig kochen, abseits des Feuers mit 50 g Butter aufschlagen und die Mandeln hinzugeben. Die Sauce über die Hähnchenstücke gießen und die Äpfel leicht mit Zitronensaft beträufeln.

■ AUF KRÖTENART — Poulet de grain à la crapaudine

2 Personen. *1 Hähnchen von 800-900 g; Reibbrot; zerlassene Butter; 50 g Haushofmeisterbutter. Bratzeit: 25-30 Minuten.*

Das Hähnchen vom Rücken aus spalten und den Rückgratknochen abschlagen. Plattieren, um eine gleichmäßige Form zu geben, die Flügel auf den Rücken umlegen und die Enden der Keulen durch einen kleinen Einschnitt rechts und links der Brustspitze einstecken. Würzen und in Butter halbgar braten. Mit Reibbrot bestreuen, andrücken, mit zerlassener Butter beträufeln und auf dem Grill fertigbraten. Mit Brunnenkresse anrichten. Man kann auch mit grillierten Tomaten, Spargelköpfen u. a. garnieren.

■ AUF TEUFELSART — Poulet de grain à la diable

2 Personen. *1 Hähnchen von 800-900 g; 2 dl Teufelssauce; 4 Scheiben gerösteten, durchwachsenen Speck; Senfpulver; Reibbrot. Bratzeit: 25-30 Minuten.*

Das Hähnchen vom Rücken aus spalten, ohne die Spitze zu durchschneiden, kräftig plattieren, um es zu öffnen, und die hauptsächlichen Knochen der Brust entfernen. Mit dem Senfpulver, mit Wasser angerührt, bestreichen, mit dem Reibbrot bedecken und andrücken, ölen und auf dem Rost fertigmachen. Mit den Speckscheiben anrichten und die Sauce nebenbei servieren. *(Siehe Bild auf Seite 446.)*

■ IM TOPF — Poulet de grain en cocotte

Das Hähnchen bridieren, offen im Topf in heißer Butter anbräunen, zudecken und im Topf im Ofen fertigbraten. Im letzten Moment etwas Jus hinzugießen und mit der Garnitur umgeben und so servieren. Am besten in einem ovalen, feuerfesten Porzellan- oder Glasbrater bereiten. Bratzeit: 25 Minuten. Alle Garnituren für sautiertes Hähnchen eigenen sich auch für Hähnchen im Topf.

■ IM TOPF AUF BAUERNART — Poulet de grain à la paysanne

2 Personen. *1 Hähnchen von 800-900 g; 5 cl Weißwein; 1 dl Demi-glace; 10 kleine, glacierte Zwiebelchen; 250 g Olivenkartoffeln, in Butter gebraten; 100 g gebratene Speckwürfel; 2 Mohrrüben und 1 weiße Rübe, olivenförmig, in Butter gedünstet. Bratzeit: 25 Minuten.*

Das Hähnchen braten, wenn es halbgar ist, den Bratsatz mit dem Weißwein ablöschen, die Garnitur hinzugeben, mit der Sauce angießen, fertigmachen und im Topf servieren.

SAUTIERTE HÜHNER ODER HÄHNCHEN — Poulets sautés

Für diese Zubereitungsart eignen sich nur junge, zarte Hühner oder Hähnchen. Welcher Art auch das Rezept sein mag, die Zubereitung ist stets die folgende:

— 50 g Butter oder 25 g Öl und 25 g Butter in einer Sauteuse erhitzen;
— das roh zerteilte, mit Salz und Pfeffer gewürzte Huhn hineingeben und rasch auf allen Seiten bräunen;
— die Sauteuse zudecken und die Hühnerstücke im Ofen fertigbraten;
— die zarten Bruststücke nach wenigen Minuten herausnehmen und warm halten, die Keulen, deren Fleisch fester ist, 7-8 Minuten länger braten, herausnehmen und gleichfalls warm halten;

— den Bratsatz mit Flüssigkeit, Wein, Hühnerfond, Champignonfond usw. ablöschen;
— den Fond zur Hälfte einkochen und die im Rezept angegebene Sauce oder Sahne hinzufügen;
— die Keulen und Rückenstücke in die Sauce geben, noch einige Minuten darin durchziehen lassen und die Bruststücke erst beifügen, wenn die Sauce nicht mehr kocht, da sie sonst zähe werden würden.

Soll das Huhn weiß sautiert werden, so werden die Stückchen in Butter nur steif gemacht, dürfen sich aber nicht verfärben. Die weitere Behandlung ist die gleiche wie oben angegeben worden ist.

SAUTIERTES HÄHNCHEN AUF ARLESISCHE ART — Poulet sauté à l'arlésienne

4 Personen. *1 Hähnchen von 1 kg 500; 1 dl Weißwein; 1 zerdrückte Knoblauchzehe; 2 dl tomatierte Demi-glace; 2 Zwiebeln und 2 Eierfrüchte in Scheiben, in Öl gebacken; 3 geschmolzene Tomaten. Zubereitung: 15-18 Minuten.*

Das Hähnchen sautieren und den Bratsatz mit Weißwein ablöschen. Den Knoblauch und die Demi-glace hinzugeben, einkochen, mit den Keulen noch kurz schmurgeln lassen, abseits des Feuers die Bruststücke hinzufügen, anrichten, mit der Sauce nappieren und mit den Zwiebeln, Eierfrüchten und geschmolzenen Tomaten garnieren.

■ BERCY — Poulet sauté Bercy

4 Personen. *1 Hähnchen von 1 kg 500; 2 feingehackte Schalotten; 1 dl Weißwein; 50 g zerlassene Fleischglace; 125 g rohe Champignons in Scheiben; gehackte Petersilie; Zitronensaft.*

Das Hähnchen wie angegeben in Butter sautieren, herausnehmen und anrichten. In der Bratbutter die gehackten Schalotten anschwitzen, mit dem Weißwein deglacieren und zur Hälfte einkochen. Die Fleischglace, die Champignons und einige Tropfen Zitronensaft hinzufügen, alles langsam 5 Minuten kochen lassen, abschmecken und abseits der Hitze mit einem guten Stück Butter vervollständigen. Die Sauce über das Fleisch gießen und mit gehackter Petersilie bestreuen.

■ AUF BORDELAISER ART — Poulet sauté à la bordelaise

4 Personen. *1 Hähnchen von 1 kg 500; 4 gekochte, in Scheiben geschnittene und sautierte Artischockenböden; 400 g in Scheibchen geschnittene, sautierte Steinpilze; 2 Zwiebeln in Ringen, gebacken; $^1/_4$ l Demi-glace; 5 cl Hühnerfond.*

Das Hähnchen sautieren, den Bratsatz mit dem Fond ablöschen und die Demi-glace beifügen. Anrichten, mit Sauce nappieren und mit den Artischockenböden, Steinpilzen und Zwiebelringen garnieren.

■ AUF BURGUNDER ART — Poulet sauté à la bourguignonne

4 Personen. *1 Hähnchen von 1 kg 500; 150 g magere Speckwürfel; 10 kleine Zwiebelchen; 150 g rohe, geviertelte Champignons; 2 dl Rotwein; 50 g Butter.*

Speck, Champignons und Zwiebelchen braten und herausnehmen. Das Huhn in der Butter sautieren, die Garnitur hinzugeben und im Ofen fertigmachen. Hähnchen und Garnitur herausnehmen und anrichten. Den Bratsatz mit dem Rotwein ablöschen, zur Hälfte einkochen, mit Butter aufschlagen und über das Hähnchen gießen.

■ CHAMPEAUX — Poulet sauté Champeaux

4 Personen. *1 Hähnchen von 1 kg 500; 50 g Butter; 24 kleine, glacierte Zwiebelchen; 1 dl Weißwein; 2 dl Kalbsjus; 500 g Nußkartoffeln.*

Das Hähnchen sautieren, den Bratsatz mit Weißwein ablöschen, die Kalbsjus hinzugießen und mit Butter aufschlagen. Das Hähnchen anrichten, garnieren und mit der Sauce nappieren.

■ AUF FÖRSTERART — Poulet sauté à la forestière

4 Personen. *1 Hähnchen von 1 kg 500; 125 g grobe Speckwürfel; 300 g Morcheln; 400 g gewürfelte Kartoffeln; 1 dl Weißwein; 3 cl Cognac; 2 dl Demi-glace.*

Wie auf Jägerart bereiten, aber dazu Morcheln verwenden, die erst in der Pfanne sautiert und zuletzt beigefügt worden sind. Mit den gebratenen Speckwürfeln und den gerösteten Kartoffeln garnieren und mit der Sauce übergießen. *(Siehe Bild auf Seite 448.)*

SAUTIERTES HÄHNCHEN AUF GRIECHISCHE ART — Poulet sauté à la grecque

4 Personen. *1 Hähnchen von 1 kg 500; 1 dl Weißwein; 4 Orangen; 400 g Courgetten; 1 Zitrone; walnußgroß Fleischglace; 75 g Butter; 5 cl Öl. Zubereitung: 25-30 Minuten.*

Das Hähnchen in halb Butter und halb Öl sautieren. Den Bratsatz mit dem Weißwein deglacieren, zur Hälfte einkochen, den Saft einer Orange, einer halben Zitrone und die Fleischglace hinzugeben, durchkochen und abseits der Hitze mit einem ansehnlichen Stück Butter vervollständigen und mit Cayennepfeffer scharf würzen. Auf einer heißen Platte anrichten, mit der Sauce übergießen und mit geschälten, geviertelten, in Butter gedünsteten Courgetten und Orangenfilets garnieren.

■ AUF GROSSHERZOGSART — Poulet sauté archiduc

4 Personen. *1 Hähnchen von 1 kg 500; 1 dl Madeira; 5 cl Cognac; 1 dl Béchamel; 2 dl Sahne; 3 Bündelchen grüne Spargelspitzen oder weiße Spargelköpfe; 8 Trüffelscheiben; 60 g Butter.*

Die Geflügelstückchen würzen, in der Butter nur steifmachen, zudecken und bei mäßiger Hitze im Ofen garmachen, ohne daß sie sich verfärben. Herausnehmen und warmhalten. Den Bratsatz mit Cognac und Madeira ablöschen, auf die Hälfte einkochen, Béchamel und Sahne hinzufügen, aufkochen, die Geflügelstücke hineingeben und 3-4 Minuten bei Siedehitze ziehen lassen. Anrichten, mit der abgeschmeckten Sauce nappieren und mit den gebutterten Spargelspitzen garnieren. *(Siehe Bild auf Seite 453.)*

■ AUF JÄGERART — Poulet sauté chasseur

4 Personen. *1 Hähnchen von 1 kg 500; 150 g rohe Champignons in Scheiben; 3 gehackte Schalotten; 1 dl Weißwein; 3 cl Cognac; 2 dl tomatierte Demi-glace; grobgehackte Petersilie, Kerbel, Estragon.*

Das Hähnchen sautieren und herausnehmen. Die gehackten Schalotten und die Champignonscheiben in der Butter anlaufen lassen, mit Weißwein und Cognac ablöschen und zur Hälfte einkochen. Die Demi-glace, gehackten Kerbel und Estragon hinzugeben und wie üblich fertigmachen. Das Hähnchen anrichten, mit der Sauce übergießen und mit gehackter Petersilie bestreuen.

■ LOUISETTE — Poulet sauté Louisette

4 Personen. *1 Hähnchen von 1 kg 500; 100 g rohen Schinken; 1 Mohrrübe; 1 Zwiebel; 1 gehackte Schalotte; 3 große Champignons; $1^1/_2$ dl Weißwein; 2 dl tomatierte Demi-glace; 75 g Butter; 200 g Reis. Zubereitung: 25-30 Minuten.*

Das Hähnchen sautieren und anrichten. Den Schinken, die Zwiebel und die Mohrrübe in kleine Würfelchen schneiden und in der Bratbutter anrösten. Wenn alles braun ist, die gehackte Schalotte und die gewürfelten Champignons hineingeben, mit dem Weißwein ablöschen und alles 10 Minuten dünsten. Mit der tomatierten Demi-glace binden und abseits des Feuers mit einem Stückchen Butter vervollständigen. Das in einem Rand von Pilawreis angerichtete Hähnchen mit der Sauce übergießen.

■ MARENGO — Poulet sauté Marengo

4 Personen. *1 Hähnchen von 1 kg 500; 1 dl Weißwein; 2 geschälte, entkernte und grobgehackte Tomaten; 50 g Tomatenpüree; 1 zerdrückte Knoblauchzehe; 10 kleine Zwiebelchen; 125 g rohe, geviertelte Champignons; 4 herzförmige, gebackene Croutons; 2 dl Kalbsjus; 4 gebackene Eier; 4 gekochte Krebse; gehackte Petersilie.*

Das Hähnchen sautieren und herausnehmen. Den Bratsatz mit Weißwein ablöschen, zur Hälfte einkochen, die Tomaten, Tomatenpüree, Knoblauch, Champignons, Zwiebelchen und Kalbsjus hinzugeben und 10 Minuten dünsten. Das Hähnchen anrichten, mit der Sauce nappieren und mit den Krebsen, gebackenen Eiern und Croutons garnieren und mit gehackter Petersilie bestreuen.

■ MIREILLE — Poulet sauté Mireille

4 Personen. *1 Hähnchen von 1 kg 500; 1 dl Weißwein; 400 g Eierfrüchte in Scheiben, in Öl gebacken; 600 g enthäutete, entkernte und geviertelte, in Butter sautierte Tomaten; 2 dl Tomatensauce; $^1/_2$ zerdrückte Knoblauchzehe; gehackte Petersilie.*

Das Hähnchen sautieren und herausnehmen. Den Bratsatz mit Weißwein ablöschen, zur Hälfte einkochen, Knoblauch und Tomatensauce hinzugeben und durchkochen. Das Hähnchen anrichten, mit gehackter Petersilie bestreuen und mit den Tomaten und Eierfrüchten garnieren.

SAUTIERTES HÄHNCHEN AUF PÄCHTERART — Poulet sauté à la fermière

4 Personen. *1 Hähnchen von 1 kg 500; 300 g Mohrrüben; 150 g weiße Rüben; 400 g Kartoffeln; 250 g grüne Bohnen; 200 g grüne Erbsen; 150 g Bauchspeck; 100 g Butter; 2 dl Kalbsjus oder Demi-glace. Zubereitung: 25-30 Minuten.*

Kartoffeln, Mohrrüben und weiße Rüben zu kleinen Kügelchen ausstechen, in Butter dünsten, die grünen Bohnen in Rauten schneiden, kochen und auch die Erbsen kochen; diese beiden Gemüse ganz leicht in Butter schwenken. Das Hähnchen wie üblich sautieren, mit den Gemüsen, abwechselnd in der Farbe, garnieren und zwischen jedem Gemüsesträußchen kleine Scheibchen gebratenen Speck dressieren. Den Bratsatz mit der Demi-glace ablöschen oder auch mit guter Jus, die, eingekocht und leicht gebuttert, über das Hähnchen gegossen wird.

■ AUF PORTUGIESISCHE ART — Poulet sauté à la portugaise

4 Personen. *1 Hähnchen von 1 kg 500; 1 dl Weißwein; 250 g geschälte, entkernte, grobgehackte Tomaten; 150 g Champignonscheiben; 4 halbe Tomaten; 150 g Duxelles; gehackte Petersilie.*

Das Hähnchen sautieren und herausnehmen. Den Bratsatz mit dem Weißwein ablöschen, zur Hälfte einkochen, Tomaten und Champignons hinzufügen und einige Minuten dünsten. Das angerichtete Hähnchen mit der Tomatenmischung nappieren und mit halben Tomaten, mit Duxelles gefüllt und im Ofen gebacken, garnieren. *(Siehe Bild auf Seite 450.)*

■ AUF PROVENZALISCHE ART — Poulet sauté à la provençale

4 Personen. *1 Hähnchen von 1 kg 500; 1 dl Weißwein; 1 zerdrückte Knoblauchzehe; 4 geschälte, entkernte, grobgehackte Tomaten; 4 gewürfelte Sardellenfilets; 12 entsteinte, schwarze Oliven.*

Das Hähnchen sautieren und herausnehmen. Mit dem Weißwein deglacieren, Knoblauch, Tomaten, Sardellen und Oliven hinzugeben, 4-5 Minuten dünsten und über das Hähnchen geben.

■ STANLEY — Poulet sauté Stanley

4 Personen. *1 Hähnchen von 1 kg 500; 200 g Zwiebelscheiben; 150 g pochierte Champignons in Scheiben; 2 dl süße Sahne; 4 Trüffelscheiben; Currypulver; Cayennepfeffer.*

Das Hähnchen mit den Zwiebelscheiben andünsten, mit dem Currypulver würzen, die Champignons hinzugeben und mit der Sahne aufgießen. Langsam im Ofen dünsten, mit Cayennepfeffer abschmekken, anrichten, mit der Sauce übergießen und mit den Trüffelscheiben garnieren. *(Siehe Bild auf Seite 447.)*

HÜHNERBRÜSTCHEN — Suprêmes de volaille

Mit Filet, auch Suprême, bezeichnet man beim Geflügel die Brust mit dem kleinen, dem Brustknochen am nächsten liegenden Filet mignon. Da diese kleinen Filets bei Hühnern zu klein sind, läßt man sie an der Brust. Bei Masthühnern könnte man sie einzeln verwenden, doch begnügt man sich meistens damit, große Brüste in 2-3 schräge Scheiben zu schneiden, leicht zu plattieren und oval zu parieren, es sei denn, daß sie gefüllt werden sollen. *(Siehe Kulinarische Technik, Seite 728.)*

■ MARYLAND — Suprêmes de volaille Maryland

6 Personen. *6 Hühnerbrüstchen von je 130 g; 12 dünne, grillierte Scheiben Frühstücksspeck; 6 runde, flache Maiskroketten; 3 geschälte, der Länge nach geteilte Bananen; 2 Eier; geriebene Weißbrotkrume; 1/4 l Schlagsahne, vermischt mit 1 großem Eßlöffel geriebenem Meerrettich, gewürzt mit Cayennepfeffer. Bratzeit: 8-10 Minuten.*

Die Brüstchen würzen, englisch panieren und in Öl braten. Anrichten und mit den panierten, in Butter gebratenen Bananen, den Maiskroketten und dem Speck garnieren. Die Meerrettichsahne nebenbei servieren. *(Siehe Bild auf Seite 445.)*

■ MIT NUSSCREME — Suprêmes de volaille à la crème de noisettes

6 Personen. *6 Hühnerbrüstchen von je 130 g; 125 g frische Nußkerne; 4 dl süße Sahne; 7 cl weißen Portwein; 30 g Fleischglace; 36 Apfelkugeln, mit dem runden Gemüseausbohrer geformt; 250 g Reis; 100 g Butter. Bratzeit: 4-5 Minuten.*

Die Brüstchen würzen, mehlen, in geklärter Butter saftig braten und herausnehmen. Den Bratsatz mit Portwein ablöschen, die Sahne und die Glace beifügen und nur leicht sämig werden lassen.

Die Nüsse mit einigen Tropfen Wasser so fein wie nur möglich stampfen oder im Mixer pürieren und das Püree der Sauce beifügen, die nicht mehr kochen darf. Die Brüstchen damit saucieren und mit den in Butter gebratenen Apfelkugeln garnieren. Butterreis nebenbei servieren.

HÜHNERBRÜSTCHEN SANDEMANN — Suprêmes de volaille Sandemann

6 Personen. *6 Hühnerbrüstchen von je 130 g; 75 g Butter; 4 cl Whisky; 7 cl Sherry; $^1/_2$ l süße Sahne; 50 g Fleischglace; 2 rote Paprikaschoten in Streifen, in Butter gedünstet; 250 g Reis. Bratzeit: 4-5 Minuten.*

Die Brüstchen würzen, mehlen und in geklärter Butter braten. Herausnehmen, den Bratsatz mit Whisky flambieren und mit Sherry ablöschen. Die Sahne und die Glace beifügen, zur notwendigen Konsistenz kochen, mit Paprika, Salz und einigen Tropfen Zitronensaft würzen und mit den Paprikastreifen vermischen. Heiß über die Brüstchen gießen und Butterreis nebenbei servieren. *(Siehe Bild auf Seite 449.)*

KÜCKEN — Poussins

Kücken — ganz junge, durch ein spezielles Mastverfahren gezüchtete Hähnchen — werden grilliert, gebacken und gebraten. Man kann sie auch mit einer Mischung von eingeweichtem Weißbrot, gedünsteten Zwiebeln, Eiern, gehackten Kräutern und dem notwendigen Gewürz füllen. Alle Rezepte für Hähnchen im Topf sind auch für Kücken anwendbar. Die Bratzeit beträgt 15-18 Minuten. Besonders gerühmt werden die Hamburger Kücken.

MASTHUHN ALBUFERA — Poularde Albuféra

6 Personen. *1 Masthuhn von 1 kg 800; 150 g Reis; 125 g Trüffeln; 150 g Gänsestopfleber; 80 g Butter; 25 g Mehl; 1 dl Sahne; 50 g Fleischglace; 6 blindgebackene Tarteletts; 100 g Klößchenfarce; 100 g Pökelzunge; 150 g Champignons; 75 g Hahnenkämme; 6 große, geriefte, pochierte Champignonköpfe. Pochierzeit: 50 Minuten.*

Den Reis dreiviertelgar machen, am besten in Hühnerfond, und kleine Trüffelwürfelchen sowie Würfel von Stopfleber, vorher leicht sautiert, beifügen. Das Masthuhn vom Hals aus entbeinen, d. h. den Brustknochen herauslösen, mit dem Reis füllen, bridieren, in Butter erst steif machen und dann in hellem Fond pochieren. Von dem Mehl und der Butter weißen Roux bereiten, mit Fond auffüllen, Sauce bereiten, einkochen, mit der Sahne und der Fleischglace vervollständigen, abschmecken und passieren. Von sehr kleinen Klößchen, Champignons und Hahnenkämmen (können fortfallen) ein kleines Ragout bereiten und mit etwas Sauce binden. Das Masthuhn anrichten, mit den Tarteletts garnieren, die mit dem Ragout gefüllt, mit einem Champignonkopf belegt und mit einem kleinen Hahnenkamm aus Pökelzunge besteckt worden sind, und die Sauce nebenbei servieren.

■ AUF ANDALUSISCHE ART — Poularde à l'andalouse

6 Personen. *1 Masthuhn von 1 kg 800; 3 halbierte rote Paprikaschoten, geröstet und mit griechischem Reis gefüllt; 2 Auberginen, in dicke Scheiben geschnitten, ausgehöhlt, in Öl gebacken; 250 g geschmolzene Tomaten; $^3/_4$ l Geflügelrahmsauce; 150 g Paprikaschotenbutter. Pochierzeit: 50 Minuten.*

Das Masthuhn pochieren, abtropfen, enthäuten und anrichten. Mit Geflügelrahmsauce, aufgeschlagen mit Butter von roten Paprikaschoten, nappieren und mit den gefüllten Paprikaschoten und Eierfruchtstücken, mit geschmolzenen Tomaten gefüllt, garnieren. Den Rest der Sauce nebenbei reichen. *(Siehe Bild auf Seite 451.)*

■ AUFGEZOGENES, MIT GEFLÜGELRAHMSAUCE — Poularde soufflée, sauce suprême

6 Personen. *1 Masthuhn von 1 kg 800; $1^1/_2$ l Bouillon; 750 g Kalbsschaumfarce; 1 kleine gewürfelte Trüffel; 1 Eiweiß; 1 Trüffel; 1 Scheibe gekochten Schinken; $^3/_4$ l Geflügelrahmsauce; 50 g Butter. Pochierzeit insgesamt: 1 Stunde 25 Minuten.*

Das Masthuhn in der Bouillon pochieren, herausnehmen, abtropfen und enthäuten. Die Brust mitsamt dem Brustknochen herausschneiden, die beiden Brusthälften auslösen und zugedeckt mit etwas Pochierfond warm halten. Die Höhlung des Masthuhns mit der Farce füllen, der man die gewürfelten Trüffeln untermengt hat, und zur Form der Brust aufstreichen. Mit Eiweiß bestreichen und von Trüffelscheiben und Schinken einen beliebigen Dekor anbringen. Mit einem stark gebutterten Papier bedecken, in ein passendes Geschirr mit 2-3 Löffeln Bouillon setzen und in den mäßig heißen Ofen stellen, um die Farce zu pochieren. Gut abtropfen, auf einer langen Platte anrichten und mit den in Scheiben geschnittenen Brusthälften garnieren. Die Scheiben mit Trüffelscheiben garnieren und Masthuhn und Brustscheiben leicht mit der Sauce (aus dem Fond gezogen) nappieren und den Rest gesondert reichen.

MASTHUHN AUF BURGFRAUENART — Poularde à la châtelaine

6 Personen. *1 Masthuhn von 1 kg 800; 6 in Butter gedünstete Artischockenböden; 500 g Zwiebelpüree; 600 g in Bouillon gedünstete und glacierte Maronen; 50 g Butter; 3 dl Kalbsjus; Stärkemehl. Poelierzeit: 1 Stunde.*

Das Masthuhn poelieren, herausnehmen, den Bratsatz mit Kalbsjus oder Geflügelfond ablöschen, einkochen, mit Stärkemehl abziehen und passieren. Anrichten und mit den Maronen und den mit Zwiebelpüree gefüllten Artischockenböden garnieren. Das Huhn leicht mit Sauce nappieren und den Rest nebenbei servieren.

■ CHIVRY — Poularde Chivry

6 Personen. *1 Masthuhn von 1 kg 800; 3/4 l Chivrysauce; 1 kg feines Mischgemüse, in Butter geschwenkt. Pochierzeit: 50 Minuten.*

Das Masthuhn pochieren, anrichten und mit Chivrysauce nappieren. Das Gemüse und den Rest der Sauce nebenbei servieren.

■ DEMIDOW — Poularde Demidoff

6 Personen. *1 Masthuhn von 1 kg 800; 200 g Mohrrüben; 200 g weiße Rüben; 10 Zwiebelchen; 250 g Bleichsellerie in kleinen Würfeln; 1 kleingewürfelte Trüffel; 1 dl eingekochten Geflügelfond; 75 g Butter. Poelierzeit: 1 Stunde.*

Den Bleichsellerie andünsten, die blättrig geschnittenen Mohrrüben, weißen Rüben und Zwiebelchen hinzugeben und in Butter dreiviertelgar dünsten. Das Masthuhn 50 Minuten poelieren, das Gemüse beifügen und im Ofen völlig garmachen. Im letzten Moment die Trüffelwürfel und den Geflügelfond hinzugeben, noch einen Moment in den heißen Ofen stellen und in dem Bratgeschirr servieren.

■ DERBY — Poularde Derby

6 Personen. *1 Masthuhn von 1 kg 800; 150 g dreiviertelgar gekochten Reis; 125 g Trüffelwürfelchen; 150 g Stopfleber, gewürfelt und in Butter ansautiert; 2 Scheiben fetten Speck; 80 g Butter; 25 g Mehl; 50 g Fleischglace; 1 dl Geflügel- oder Kalbsfond; 1 dl süße Sahne; 6 Scheiben Stopfleber von je 50 g; 6 Trüffelscheiben. Poelierzeit: 1 Stunde.*

Das Masthuhn von dem Brustknochen befreien und mit dem Reis füllen, dem man die Trüffel- und Gänseleberwürfel beigefügt hat. Würzen, bridieren, mit fettem Speck bardieren, binden und poelieren, ohne das Masthuhn zu stark zu bräunen. Herausnehmen, den Bratsatz mit dem Fond ablöschen, die Glace und die Sahne hinzugeben, leicht mit Mehlbutter binden, mit 50 g Butter aufschlagen und gut abschmecken. Anrichten, leicht mit Sauce nappieren, mit den sautierten Scheiben Stopfleber garnieren und jede mit einer Trüffelscheibe belegen. Den Rest der Sauce nebenbei servieren.

■ AUF FINANZMANNSART — Poularde à la financière

6 Personen. *1 Masthuhn von 1 kg 800; 1/2 l Geflügelfond; 1/2 l Madeirasauce; Garnitur: 12 Champignonköpfe, 12 kleine Kalbfleischklößchen; 1 kleine Trüffel in Scheiben; 12 entsteinte, blanchierte grüne Oliven; 6 Hahnenkämme; 6 Hahnennieren. Schmorzeit: 1 Stunde.*

Das Huhn gut anbraten und mit dem Geflügelfond schmoren. Herausnehmen, den Fond einkochen, die Madeirasauce hinzugeben, noch kurz durchkochen und passieren. Das Masthuhn anrichten, mit der Garnitur umgeben, leicht mit Sauce nappieren und den Rest nebenbei servieren.

MASTHUHN AUF ENGLISCHE ART — Poularde à l'anglaise

6 Personen. *1 Masthuhn von 1 kg 800; $^{3}/_{4}$ l Béchamel mit Geflügelessenz; 12 Scheiben Pökelzunge; je 500 g rund ausgestochene Mohrrüben und weiße Rüben, gekocht; 500 g gekochte grüne Erbsen. Pochierzeit: 50 Minuten.*

Das Masthuhn in hellem Fond pochieren, anrichten und leicht mit der Béchamel nappieren. Mit den halb übereinandergelegten Zungenscheiben und den Gemüsen garnieren und den Rest der Sauce nebenbei servieren.

■ **MIT ESTRAGON — Poularde à l'estragon**

6 Personen. *1 Masthuhn von 1 kg 800; 1 Kräuterbündel; 1 Bündelchen Estragon; blanchierte Estragonblättchen; gehackten Estragon; Pfeilwurzelmehl. Pochierzeit: 50 Minuten.*

Das Masthuhn mit dem Kräuter- und Estragonbündel pochieren. Anrichten und die Brust mit Estragonblättchen dekorieren. Den Fond einkochen, mit Pfeilwurzelmehl abziehen, mit gehacktem Estragon vervollständigen und nebenbei servieren.

■ **AUF FRÜHLINGSART — Poularde à la printanière**

6 Personen. *1 Masthuhn von 1 kg 800; 500 g Karotten; 250 g weiße Rüben; 300 g junge grüne Erbsen; 250 g grüne Bohnen; 600 g Kartoffeln; 5-6 dl Kräutersauce. Pochierzeit: 50 Minuten.*

Die Brust des Masthuhnes mit Zitrone einreiben und das Huhn in hellem Fond pochieren. Die Gemüse nach und nach — je nach Dauer der Kochzeit — beifügen, damit alles zur gleichen Zeit gar wird; kleine neue Kartoffeln eignen sich am besten. Von weißer Mehlschwitze und einem Teil des Fonds eine kräftige weiße Sauce bereiten und mit Kräuterpüree vervollständigen. Das Kräuterpüree aus Spinat, Brunnenkresse, Kerbel und Estragon, alles blanchiert, gut ausgedrückt und durch ein feines Sieb gestrichen, herstellen. Das Masthuhn enthäuten, tranchieren, anrichten, mit etwas Sauce nappieren, mit den Gemüsen garnieren und den Rest der Sauce nebenbei servieren.

■ **GESTOWT — Poularde à l'estouffade**

6 Personen. *1 Masthuhn von 1 kg 800; 5 dünne Scheiben rohen Schinken; 500 g Zwiebeln, Mohrrüben und Bleichselleriestengel in Scheibchen, in Butter ansautiert; 2 dl Kalbsfond. Poelierzeit insgesamt: ungefähr 1 Stunde 20 Minuten.*

Das Masthuhn nur halbgar poelieren. Eine passende Terrine am Boden und auf den Seiten mit dem Schinken auslegen, das Huhn hineingeben, mit dem Gemüse umlegen, den zur Hälfte eingekochten Fond angießen, zudecken, mit Teig verschließen und 40 Minuten in den heißen Ofen stellen. In der Terrine servieren.

■ **GETRÜFFELTES — Poularde truffée**

8 Personen. *1 Masthuhn von 1 kg 800; 200 g rohe Geflügellebern; 250 g rohen, fetten Bauchspeck; 300 g rohe Trüffeln; 150 g fetten Speck; 50 g Butter. Bratzeit: $1^{1}/_{4}$ Stunden.*

Von den Trüffeln etwa 12 schöne Scheiben zurückbehalten. Die rohen Lebern und den rohen Speck hacken oder durch die Fleischmaschine treiben, gut vermischen, mit Salz und Pfeffer würzen und die gebürsteten, gewaschenen, geschälten und in grobe Würfel geschnittenen Trüffeln darunter-mengen; man kann auch die sehr fein gehackte Schale hinzunehmen. Diese Farce in das Masthuhn füllen, dessen Brustknochen zuvor ausgelöst worden ist. Zwischen Haut und Brust die rohen Trüffelscheiben schieben. Nach dem Bridieren mit dünnen Scheiben fettem Speck bardieren und 48 Stunden, am besten frei hängend, sehr kühl aufbewahren. Am Spieß oder im Ofen braten und dabei mehrfach begießen. Nur mit Jus, aus dem Bratsatz gezogen, servieren.

■ **MIT GROBEM SALZ — Poularde au gros sel**

6 Personen. *1 Masthuhn von 1 kg 800; 12 große olivenförmige Mohrrüben; 12 kleine Zwiebelchen; 1 Kräuterbündel. Pochierzeit: 50 Minuten.*

Das Masthuhn in hellem Fond mit dem Kräuterbündel und den Gemüsen pochieren. Herausnehmen, anrichten, mit den Gemüsen garnieren und eine Sauciere mit eingekochtem Fond und grobes Salz nebenbei servieren.

MASTHUHN IN HALBTRAUER — Poularde en demi-deuil

6 Personen. *1 Masthuhn von 1 kg 800; 250 g Scheiben von pochierten Champignons; 50 g Trüffelscheiben; $^3/_4$ l Geflügelrahmsauce. Pochierzeit: 50 Minuten.*

Einige Trüffelscheiben zwischen Haut und Brust schieben und das Masthuhn in hellem Fond pochieren. Anrichten und mit der Sauce nappieren, der man die Champignon- und restlichen Trüffelscheiben beigefügt hat. Den Rest der Sauce nebenbei servieren.

■ LOUISIANA — Poularde Louisiane

6 Personen. *1 Masthuhn von 1 kg 800; 12 kleine Maiskroketten; 3 geschälte Bananen; $1^1/_2$ l braunen Fond; Stärkemehl. Schmorzeit: 1 Stunde.*

Das Masthuhn mit dem braunen Fond schmoren. Herausnehmen, anrichten und mit gebackenen Maiskroketten und Bananenscheiben, in Butter sautiert, garnieren. Den Fond einkochen, mit Stärkemehl binden, abschmecken und durch ein Tuch passieren. Das Huhn leicht mit Sauce nappieren und den Rest nebenher servieren.

■ MARIE-LUISE — Poularde Marie-Louise

6 Personen. *1 Masthuhn von 1 kg 800; 6 gekochte Artischockenböden; 6 halbe, gedünstete Köpfe Salat; 300 g dickes Champignonpüree, vermischt mit 100 g Zwiebelpüree; $^3/_4$ l deutsche Sauce. Pochierzeit: 50 Minuten.*

Das Masthuhn pochieren, anrichten und mit deutscher Sauce leicht nappieren. Mit Kopfsalat und Artischocken böden garnieren, die mit Champignonpüree gefüllt worden sind. Den Rest der Sauce nebenbei servieren.

■ MASSÉNA — Poularde Masséna

6 Personen. *1 Masthuhn von 1 kg 800; 500 g Tomaten; 200 g Oliven; 750 g Steinpilze; 2 Schalotten; 1 Spur Knoblauch; 1 dl Madeira; 4 dl Demi-glace; 50 g Butter; 8 cl Öl. Poelierzeit: 1 Stunde.*

Das Masthuhn nach Vorschrift poelieren und den Deckel rechtzeitig abnehmen, um es zu bräunen. Den Bratsatz mit Madeira deglacieren und mit der Demi-glace verkochen. Die Oliven entkernen und blanchieren, mit einem Löffel Sauce einige Zeit dünsten, die Steinpilze säubern, in Scheiben schneiden, würzen und in Öl zusammen mit den gehackten Schalotten sautieren. Die Tomaten schälen, vierteln, entkernen, würzen und mit dem Knoblauch sautieren. Das Masthuhn zerlegen, mit Tomaten, Oliven und Steinpilzen garnieren, leicht mit Sauce nappieren und den Rest gesondert servieren.

■ MONTE CARLO — Poularde Monte-Carlo

6 Personen. *1 Masthuhn von 1 kg 800; 400 g Kalbfleischfarce; 1 dl Tomatenpüree; $^3/_4$ l Geflügelrahmsauce. Pochierzeit: 50 Minuten.*

Die Farce in zwei Partien teilen und die eine mit etwas Tomatenpüree rosa färben. Von beiden Teilen Löffelklößchen bereiten und pochieren. Die Hälfte der Sauce mit Tomatenpüree gleichfalls rosa färben. Das pochierte Masthuhn tranchieren und anrichten. Eine Seite mit weißer und die andere mit rosafarbiger Sauce nappieren. Auf die weiße Seite die rosafarbigen Klößchen und auf die andere die weißen Klößchen dressieren. Den Rest der beiden Saucen nebenbei servieren.

■ MONTMORENCY — Poularde Montmorency

6 Personen. *1 Masthuhn von 1 kg 800; 6 gekochte Artischockenböden; 500 g feines Mischgemüse, in Butter geschwenkt; 6 Bündelchen grüne Spargelspitzen; $^3/_4$ l Madeirasauce; 1 kleine Trüffel. Schmorzeit: 1 Stunde.*

Das Masthuhn mit Trüffelnägeln bestecken und mit leichter Madeirasauce schmoren. Anrichten und abwechselnd mit Artischockenböden, mit Mischgemüse gefüllt, und Bündelchen von Spargelspitzen garnieren. Leicht mit der entfetteten Sauce nappieren und den Rest nebenbei servieren.

MASTHUHN ROSSINI — Poularde Rossini

8 Personen. *1 Masthuhn von 1 kg 800; 350 g Spaghetti oder feine Nudeln; 200 g frische Gänsestopfleber; 2 kleine Trüffeln; 75 g Butter; 1 dl Madeira; 1 dl Rahm; 4 dl Geflügelfond. Poelierzeit: 1 Stunde.*

Das Masthuhn poelieren, den Bratsatz mit Madeira deglacieren und mit kräftigem Geflügelfond sehr stark einkochen. Die gekochten Spaghetti oder Nudeln mit Butter und Rahm legieren. Die Brust des Masthuhnes mitsamt dem Knochen herausschneiden und die beiden Brusthälften auslösen, die Gänseleber in Scheibchen schneiden, mehlen und in Butter sautieren.

Anrichteweise I. Die Höhlung des Masthuhnes mit den Spaghetti füllen, darauf die tranchierten Brusthälften, abwechselnd mit den Gänseleberscheibchen anrichten, leicht mit Jus nappieren und mit Trüffeljulienne bestreuen.

Anrichteweise II. Die beiden Brusthälften tranchieren, auf einer langen Platte abwechselnd mit Trüffelscheiben anrichten, rundherum die sautierten Gänseleberscheiben dressieren und leicht mit Jus nappieren. Die Spaghetti oder Nudeln nebenbei servieren und die Keulen zum Nachservice nehmen.

■ SUWAROW — Poularde Souvaroff

8 Personen. *1 Masthuhn von 1 kg 800; 400 g frische Gänsestopfleber; 6 Trüffeln; 1 dl Madeira; 50 g Butter. Zubereitung insgesamt: 1¹/₄ Stunden.*

Den Brustknochen des Masthuhnes auslösen und das Geflügel mit 3 geschälten und gewürfelten rohen Trüffeln und der rohen, gewürfelten Stopfleber füllen, bridieren und dreiviertelgar poelieren. Die restlichen rohen, geschälten und geviertelten Trüffeln einige Minuten mit dem Madeira dünsten. Das Masthuhn in eine passende feuerfeste Servierkasserolle geben und mit den geviertelten Trüffeln umkränzen. Den Bratsatz mit dem Madeira und knapp 1 dl guter Jus ablöschen und über das Masthuhn gießen. Den Deckel aufsetzen, mit einfachem Mehlteig hermetisch verschließen, 30 Minuten in einem mittelheißen Ofen dünsten lassen und in der geschlossenen Kasserolle servieren. Teig und Deckel erst bei Tisch entfernen.

■ ST. HELENA — Poularde Sainte-Hélène

8 Personen. *1 Masthuhn von 1 kg 800; 300 g Gänsestopfleber; 6 Trüffeln; 200 g Champignonköpfe; 100 g rohen Schinken (dicke Scheibe); 200 g Klößchenfarce; ¹/₂ l Demi-glace; 4 cl Cognac; 1 dl Madeira; 50 g Butter. Poelierzeit: etwa 1 Stunde.*

Die Brusthaut des Masthuhnes erst ablösen, nachdem man es für einen Moment in heiße Bouillon gelegt hat, und die Haut aufbewahren. Die Brust mit Schinken und Trüffelscheiben spicken, die Haut wieder auflegen, bridieren und die Brust mit dünnen Speckscheiben bardieren. Das Masthuhn poelieren, den Bratsatz mit Cognac und Madeira deglacieren und mit Demi-glace verkochen. Speck und Haut entfernen, damit das Gespickte sichtbar wird, und anrichten. Mit gerieften, pochierten Champignonköpfen, gemehlten und in Butter gebratenen Medaillons von Stopfleber, jedes mit einer schönen Trüffelscheibe belegt, sowie mit dekorierten Löffelklößchen aus der Farce garnieren, alles leicht mit der Sauce nappieren und den Rest gesondert servieren.

■ AUF TOULOUSER ART — Poularde à la toulousaine

8 Personen. *1 Masthuhn von 1 kg 800; 200 g Klößchenfarce; 250 g Champignons; 200 g Lammbrieschen; 150 g Oliven; 2 Trüffeln; 150 g Hahnenkämme und -nieren; ³/₄ l Geflügelrahmsauce. Pochierzeit: 50 Minuten.*

Das Masthuhn pochieren und von einem Teil des Fonds und weißem Roux Geflügelrahmsauce bereiten. Die Toulouser Garnitur, bestehend aus einem kleinen Ragout der entsteinten Oliven, pochierten Brieschen, Champignons und Trüffeln, sehr kleinen Farceklößchen und den Hahnenkämmen und -nieren (die auch fortfallen können), mit etwas Sauce binden. Das Masthuhn enthäuten, zerlegen, mit etwas Sauce nappieren, mit dem Ragout garnieren und den Rest der Sauce nebenbei servieren.

▲ Hühnerbrüstchen Maryland, S. 439

Gebratener Truthahn, S. 464 ▼

▲ Masthähnchen auf Teufelsart, S. 436

Gebratene, garnierte Putenbrust, S. 464 ▼

▲ Masthahnbrust auf spanische Art, S. 457

Geschwungenes Huhn Stanley, S. 439 ▼

▲ Geschwungenes Huhn auf Försterart, S. 437

Orientalischer Hühnerpilaw, S. 434 ▼

▲ Gefüllte Hühnerkeulen auf Regentschaftsart, S. 433

Hühnerbrüstchen Sandeman, S. 440 ▼

▲ Geschwungenes Huhn auf portugiesische Art, S. 439

Geflügelklößchen Isabella, S. 433 ▼

▲ Masthuhn auf andalusische Art, S. 440

Ente auf Nizzaer Art, S. 459 ▼

452

▲ Täubchen mit grünen Erbsen, S. 463

Hahn mit Chambertin, S. 434 ▼

▲ Geschwungenes Huhn auf Großherzogsart, S. 438

Geflügel-Chaudfroid, S. 466/467 ▼

▲ Geflügelgalantine in Gelee, S. 511

Masthuhn Harlekin, S. 468 ▼

▲ Chaudfroid von Masthuhn Lambertye, S. 468

Dodine von Ente Charles Vaucher, S. 470 ▼

▲ Aspik von Geflügel und Schinken Mercedes, S. 466

Kalte Putenbrust Merkur, S. 472 ▼

MASTHUHNBRUST AUF SPANISCHE ART — Suprême de poularde à l'espagnole

6 Personen. *Die Brust von 1 Masthuhn von 2 kg 500; 300 g Reis; 75 g gehackte Zwiebeln; 100 g rohe Champignonscheiben; 100 g gewürfelte Tomaten; je 1 rote und grüne, entkernte, in Streifen geschnittene Paprikaschote; 100 g Erbsen; 500 g enthäutete, entkernte, geviertelte und gedünstete rote Paprikaschoten; 1 dl Olivenöl; 1 zerdrückte Knoblauchzehe; $^3/_4$ l Bouillon; 2 dl gebundene Kalbsjus; Safran, Currypulver; fetten Speck. Bratzeit: 45 Minuten.*

Die Brust mit Speck bardieren, binden und braten; einige Minuten vor dem Garwerden den Speck abnehmen, um die Brust zu bräunen. Herausnehmen, den Bratsatz mit gebundener Jus ablöschen, leicht mit Currypulver würzen und passieren. Die gehackten Zwiebeln in Öl anschwitzen, den Reis hinzugeben und glasig werden lassen. Die zuvor blanchierten Streifen Paprikaschote, Champignons, Erbsen, Tomatenwürfel, eine Spitze Safran und den Knoblauch hinzugeben, mit der Bouillon aufgießen, salzen, zudecken und, ohne umzurühren, im Ofen garmachen. Nach dem Garwerden einen Löffel Butter locker unterziehen. Die Masthuhnbrust vom Knochen lösen, in schräge, nicht zu dünne Scheiben schneiden, anrichten, an einer Seite mit dem Reis und an der anderen mit den gedünsteten Paprikaschoten garnieren. Leicht mit Jus nappieren und den Rest nebenbei servieren. *(Siehe Bild auf Seite 447.)*

SUPPENHUHN — La poule

Im allgemeinen verwendet man Suppenhühner nur für Bouillon, Geflügelgelee, Haschees und zur Geschmackgebung. Wenn es nicht zu alt ist, kann es in einer passenden Sauce mit Reis serviert werden.

SUPPENHUHN MIT REIS UND GEFLÜGELRAHMSAUCE — Poule au riz, sauce suprême

6 Personen. *1 Suppenhuhn von 1 kg 800; 500 g Kalbsknochen, kleingehackt; 2 Morrüben; 1 gespickte Zwiebel; das Weiße von 2 Lauchstauden; 1 Kräuterbündel; $^1/_2$ l Geflügelrahmsauce, 250 g Reis. Kochzeit: $1^1/_2$-$2^1/_2$ Stunden, je nach Alter.*

Das Huhn 3-4 Minuten blanchieren, in kaltem Wasser rafraichieren und in einer genügend großen Kasserolle in kaltem Wasser mit wenig Salz, den Kalbsknochen, Gemüsen und dem Kräuterbündel ansetzen. Wenn das Huhn gar ist, von einem Teil der entfetteten Brühe die Geflügelrahmsauce bereiten. Den Reis mit etwas Butter anlaufen lassen, mit der doppelten Menge Hühnerbrühe aufgießen, würzen und langsam gar und körnig kochen. Das enthäutete Huhn zerlegen, auf dem Reis anrichten, leicht mit Sauce nappieren und Rest der Sauce nebenbei servieren.

ENTEN, TRUTHÜHNER, GÄNSE, TAUBEN UND PERLHÜHNER

Man unterscheidet zwei verschiedene Arten von Enten:

die Hausenten, Nantaiser, Hamburger, Aylesbury u. a.; und die Wildenten, die unter Wildgeflügel behandelt werden.

ENTE IM HEMD AUF ALTE ART — Canard en chemise à l'ancienne

6 Personen. *1 Rouen-Ente von 1 kg 800; 150 g fetten Speck; 2 gehackte Zwiebeln; 275 g Geflügel- und Entenlebern; gehackte Petersilie; 125 g Weißbrot in Bouillon aufgeweicht und ausgedrückt; 1 Schweinsblase; 3 l braunen Fond; 1 dl Madeira. Pochierzeit: 1 Stunde.*

Von den Lebern, dem Speck, Brot, gehackten Zwiebeln, gehackter Petersilie, Salz und Gewürz Farce bereiten und die Ente damit füllen. Die Öffnung zusammennähen, erst in die Schweinsblase hüllen und dann in eine Serviette binden. In dem braunen Fond pochieren, herausnehmen, den Fond auf ein Drittel einkochen und den Madeira zugießen. Die Ente auswickeln, anrichten und gleichzeitig den Fond servieren. Sie wird auch kalt angerichtet.

ENTE BIGARADE — Canard Bigarade

6 Personen. *1 Rouen-Ente von 1 kg 800; 2 cl Essig; 30 g Puderzucker; 1 dl Kalbsjus; 1 dl Demi-glace; Saft von 4 Pomeranzen und 1/2 Zitrone; Schale von 2 Apfelsinen, in feine Julienne geschnitten und blanchiert; 2 Apfelsinen in Scheiben. Bratzeit: 25 Minuten.*

Die Ente blutig braten. Den Bratsatz mit der Kalbsjus ablöschen und die Demi-glace beifügen. Den Zucker karamelisieren lassen, mit dem Essig auflösen, die Sauce, den Pomeranzen- und Zitronensaft und die Julienne hinzugeben und alles zusammen 5 Minuten kochen. Die Entenbrust in lange, dünne Streifen schneiden, mit Sauce nappieren und mit Orangenscheiben garnieren. Die Keulen, die zu roh sind, zum Nachservice grillieren.

■ CHIPOLATA — Canard aux chipolatas

6 Personen. *1 Ente von 1 kg 800; 12 kleine Zwiebelchen; 12 Bratwürstchen (Chipolatas); 150 g rohe Champignons; 250 g gedünstete Maronen; 1/2 l Demi-glace. Schmorzeit: 1 Stunde.*

Die Ente gut bräunen, herausnehmen und abtropfen. In dem Bratfett die Zwiebelchen anrösten, das Fett abgießen, mit Demi-glace aufgießen, die Ente wieder hineingeben und zugedeckt 35 Minuten schmoren lassen. Die Champignons und die Würstchen beifügen und alles zusammen garmachen. Anrichten, mit den Würstchen, Maronen und Champignons garnieren, leicht mit der entfetteten Sauce nappieren und den Rest nebenbei servieren.

■ KOMPOTT VON — Canard en compote

6 Personen. *1 Ente von 1 kg 800; 24 kleine Zwiebelchen; 24 magere Speckwürfel; 250 g rohe, geviertelte Champignons; 1 Kräuterbündel; 1 dl Weißwein; 1/4 l Demi-glace. Schmorzeit: 55-60 Minuten.*

Die Ente in Butter gut anbräunen und herausnehmen. In der Butter die Speckwürfel und die Zwiebelchen bräunen, die Butter abgießen, den Bratsatz mit dem Weißwein ablöschen, die Ente wieder hineingeben und mit der Demi-glace angießen. Zugedeckt 40 Minuten schmoren, die Champignons hinzugeben und völlig garmachen.

■ MIT GRÜNEN ERBSEN — Canard aux petits pois

6 Personen. *1 Ente von 1 kg 800; 125 g ausgepahlte grüne Erbsen; 24 kleine Zwiebelchen; 200 g mageren Speck, gewürfelt und blanchiert; 1 Kräuterbündel; 1 dl hellen Fond; 4 dl Demi-glace. Schmorzeit: 1 Stunde.*

Die Ente in Butter bräunen und herausnehmen. Die Speckwürfel und die Zwiebelchen ebenfalls in der Butter bräunen und die Butter abgießen. Die Ente wieder in den Topf geben, mit dem Fond und der Demi-glace angießen, das Kräuterbündel beifügen, zudecken und im Ofen garmachen. 10 Minuten vor dem Garsein die nicht zu weich gekochten, abgetropften grünen Erbsen hinzugeben.

■ GEBRATEN — Canard rôti

6 Personen. *1 Ente von 1 kg 800; Butter; Salz; frischgemahlener Pfeffer. Bratzeit: 50 Minuten.*

Wird genauso wie Huhn bereitet. Ist die Ente fett, braucht keine Butter genommen zu werden. Bei mäßiger Hitze braten, tranchieren, anrichten und mit dem Bratsatz, mit guter Jus abgelöscht, übergießen.

■ MISTRAL — Canard Mistral

6 Personen. *1 Ente von 1 kg 800; 250 g gewürfelte Geflügellebern, kurz in Butter sautiert; 2 gehackte Schalotten; 200 g rohe Champignons; 5 cl Madeira, alles zusammen kurz gedünstet, püriert und durch ein Sieb gestrichen; 1 großen, gebackenen Crouton; 4 Steinpilze in Scheiben; 6 Trüffelscheiben; 200 g entsteinte, blanchierte Oliven; 200 g pochierte Champignonköpfe; 250 g Strohkartoffeln; 2 dl Demi-glace. Poelierzeit: 50 Minuten.*

Die Ente mit der Farce aus den blutig gehaltenen Lebern, Schalotten ,Champignons, Madeira und dem nötigen Gewürz füllen, bridieren, poelieren und dabei die Brust etwas blutig halten. Auf dem Crouton anrichten und mit Demi-glace leicht nappieren. Die Brust mit gedünsteten Steinpilzscheiben und Trüffelscheiben dekorieren, rundherum die Champignons und Oliven dressieren und die Kartoffeln und die restliche Sauce nebenbei servieren.

ENTE AUF NIZZAER ART — Canard à la niçoise

6 Personen. *1 Ente von 1 kg 800; 1 kg geschälte, entkernte, geviertelte Tomaten; 300 g entsteinte, blanchierte Oliven; 5 cl Cognac; 5 cl Weißwein; 1 zerdrückte Knoblauchzehe; 1 Kräuterbündel; 5 cl Bouillon. Schmorzeit: 55-60 Minuten.*

Die Ente in Butter anbräunen. Die Tomaten, Oliven, den Knoblauch und das Kräuterbündel hinzugeben, mit Cognac, Weißwein und Bouillon angießen, würzen und zugedeckt im Ofen schmoren. Tranchieren und mit der Garnitur umlegen. *(Siehe Bild auf Seite 451.)*

■ MIT OLIVEN — Canard aux olives

Genauso wie mit weißen Rüben zubereiten, doch anstelle der Rüben 300 g entsteinte und blanchierte Oliven nehmen.

■ MIT ORANGEN — Canard aux oranges

Moderne Formel: 6 Personen. *1 Ente von 1 kg 800; 8 große, kernlose Orangen; 1/2 l Demi-glace; 2 Stück Zucker; 5 cl Essig; 1 Zitrone. Schmorzeit: 1 Stunde.*

Die Ente in Butter gut anbräunen, mit der Demi-glace aufgießen und zugedeckt im Ofen schmoren. Herausnehmen und die Sauce entfetten. Den Zucker karamelisieren, mit dem Essig ablöschen, die Sauce hinzugießen und den Saft von 2 Orangen und die fein abgeschälte Schale von 2 Orangen und 1 Zitrone, beides in feine Julienne geschnitten und 3 Minuten blanchiert, beifügen, doch nicht mehr kochen lassen. Die Ente tranchieren, mit etwas Sauce nappieren und mit den Filets der Orangen, leicht in Butter erwärmt, garnieren. Den Rest der Sauce nebenbei servieren.

■ D'ORSAY — Caneton à la d'Orsay

6 Personen. *1 Ente von 1 kg 800; 100 g fetten Speck; 200 g Kalbsleber; 1 gehackte Schalotte; 1/2 Lorbeerblatt; 1 Zweig Thymian; 5 cl Madeira; 1/2 l Demi-glace; 8 Tomaten; 2 dl Zwiebelpüree; 200 g gekochte grüne Erbsen; 6 kleine, gebackene Krustaden. Schmorzeit: 1 Stunde.*

Von dem Speck, der Leber, Schalotten, Thymian, Lorbeerblatt, Salz und Pfeffer Gratinfarce bereiten und die Ente damit füllen. Bridieren, in einem Brater anbräunen, mit Demi-glace aufgießen und zugedeckt im Ofen langsam garmachen. Tranchieren, anrichten und mit gedünsteten, ausgehöhlten und mit Zwiebelpüree gefüllten Tomaten und Krustaden, mit gebutterten Erbsen gefüllt, garnieren. Die Ente leicht mit Sauce nappieren und den Rest nebenbei servieren.

■ AUF ROUENER ART — Canard à la rouennaise

6 Personen. *1 Ente von 1 kg 800; 1 dl Rotwein; 50 g gehackte Schalotten; 50 g Butter. Bratzeit: 20 Minuten.*

Die Ente im heißen Ofen blutig braten. Die Keulen ablösen und grillieren. Die Brust in ganz dünne, lange Streifen schneiden und auf eine Platte ordnen, die mit Butter ausgestrichen und mit feingehackten Schalotten ausgestreut worden ist. Mit Salz und Pfeffer bestreuen und mit dem in einer Presse ausgedrückten Saft der Karkasse und dem Rotwein übergießen. Einige Minuten in den heißen Ofen stellen, um das Blut zum Erstarren zu bringen. Die geteilten Keulen an die Enden der Platte dressieren und sofort servieren.

ROUEN-ENTE IN DER PRESSE — Canard rouennais à la presse

6 Personen. *1 Rouen-Ente von 1 kg 800; 1 dl Rotwein; 2 cl Cognac. Bratzeit: 20-25 Minuten.*

Die Ente blutig braten und die Keulen abtrennen, die nicht verwendet werden. Am Tisch vor dem Gast die Brusthälften ablösen, in dünne, lange Streifen schneiden, auf eine Silberplatte ordnen und mit Salz und Pfeffer würzen. Die Karkasse mit einem scharfen Messer in Stücke zerteilen und in der Geflügelpresse den Saft ausdrücken, wobei man den Cognac und den Rotwein hinzufügt. Den Saft über die Entenstreifen gießen, auf ein Rechaud stellen und langsam erhitzen, ohne den Saft kochen zu lassen. Sofort auf heißen Tellern vorlegen und mit dem Saft übergießen.

ENTE AUF VALENCIENNER ART — Canard à la valencienne

6 Personen. *1 Ente von 1 kg 800; 400 g Reis, auf Valencienner Art zubereitet; $^{1}/_{2}$ l Demi-glace; 50 g pochierte Champignonköpfe; 50 g gekochten Schinken; 50 g Pökelzunge; 40 g Trüffeln, alles in Julienne geschnitten. Schmorzeit: 1 Stunde.*

Die Ente gut anbräunen, mit der Demi-glace aufgießen, zudecken und garschmoren. Tranchieren und entweder direkt auf dem Reis oder mit dem Reis umgeben anrichten. Mit der entfetteten Sauce nappieren, der man die Julienne beigefügt hat.

■ MIT WEISSEN RÜBEN — Canard aux navets

6 Personen. *1 Ente von 1 kg 800; 1 dl Weißwein; 4 dl Demi-glace; 1 Kräuterbündel; 500 g weiße Rüben, olivenförmig, in Butter sautiert und mit einer Prise Zucker glaciert; 20 kleine, in Butter gedünstete Zwiebelchen. Schmorzeit: 55-60 Minuten.*

Die Ente gut anbräunen, herausnehmen und das Fett abgießen. Den Bratsatz mit Weißwein ablöschen, einkochen, die Ente wieder hinzugeben, mit der Demi-glace aufgießen, zudecken und 35 Minuten schmoren. Die weißen Rüben und die Zwiebelchen beifügen und alles zusammen garmachen. Anrichten und mit den weißen Rüben und den Zwiebelchen garnieren und mit der Sauce nappieren.

ENTENPFEFFER — Civet de canard

6 Personen. *1 Ente von 1 kg 800; 200 g kleine Zwiebelchen; 250 g geviertelte, rohe Champignons; 2 gehackte Schalotten; $^{1}/_{2}$ l Rotwein; 2 dl süße Sahne; gehackte Petersilie. Bratzeit: 40 Minuten.*

Die Ente roh zerlegen und die Stücke in halb Butter und halb Olivenöl anbräunen. Die Zwiebelchen und die Champignons hinzufügen, würzen und, zugedeckt, im Ofen garmachen. Entenstücke, Champignons und Zwiebeln aus dem Geschirr nehmen und anrichten, die Butter abgießen und den Rotwein und die Schalotten hineingeben. Langsam zur Hälfte einkochen, mit der Sahne legieren, abschmecken und über die Ente gießen. Mit gehackter Petersilie bestreut servieren.

GÄNSE — Oies

Im allgemeinen können Gänse genauso wie Enten zubereitet werden. Vor allen Dingen liefern sie uns aber die so kostbare Leber, der wir einen besonderen Abschnitt gewidmet haben.

Nur junge Gänse sind, gebraten, wirklich schmackhaft, ältere sollte man schmoren oder dünsten. Das Fett, das die Gans beim Braten abgibt, ist von ausgezeichneter Güte und besonders nützlich bei der Zubereitung von Sauerkraut und anderem Gemüse.

GANS CHIPOLATA — Oie aux chipolatas

8-10 Personen. *1 Gans von 3 kg; 1 dl Weißwein; $^{3}/_{4}$ l Demi-glace; 20 kleine Bratwürstchen; 20 gedünstete Maronen; 20 kleine, glacierte Zwiebelchen; 20 gebratene Speckwürfel; 20 olivenförmige Mohrrüben, gedünstet und glaciert. Schmorzeit: $1^{3}/_{4}$ Stunden.*

Die Gans gut anbraten, das Fett abgießen und den Bratsatz mit dem Weißwein ablöschen. Die Demi-glace aufgießen und, zugedeckt, im Ofen garmachen. Die Garnitur beifügen, noch einige Minuten schmoren lassen und die Gans anrichten, garnieren und mit der entfetteten Sauce übergießen.

■ AUF ELSÄSSISCHE ART — Oie à l'alsacienne

8-10 Personen. *1 Gans von 3 kg; 1 kg Bratwurstfleisch; 2 kg Sauerkraut; 1 kg mageren Speck. Zubereitung: $1^{3}/_{4}$ Stunden.*

Die Gans mit dem Bratwurstfleisch füllen und dreiviertelgar braten. Das Sauerkraut mit dem Speck dünsten, 30 Minuten vor dem Garwerden die Gans dazugeben und alles zusammen garmachen.

GANS AUF ENGLISCHE ART — Oie à l'anglaise

10 Personen. *1 Gans von 3 kg; 750 g Zwiebeln; 600 g Weißbrotkrume; 50 g Salbei; 50 g Butter; 2 Eier. Bratzeit: ungefähr 1¾ Stunden.*

Die gewaschenen, aber ungeschälten Zwiebeln im Ofen backen, auskühlen, schälen und hacken. Das eingeweichte, ausgedrückte Weißbrot, den frischen oder getrockneten, gehackten Salbei und die Eier hinzugeben, gut vermengen und mit Salz, Pfeffer und einer Prise geriebener Muskatnuß würzen. Die Gans mit der Farce füllen, bridieren und braten. Dazu warmes Apfelmus servieren.

■ GESTOWTE — Oie en daube

8-10 Personen. *1 Gans von 3 kg; 1 kg Bratwurstfleisch; 1 kleine Trüffel; 150 g Schinken und 250 g Pökelzunge, kleingewürfelt; 1 Kräuterbündel; 2 dl Weißwein. Stowzeit: 3 Stunden.*

Die Gans wie für Galantine ausbeinen und von den Knochen ungefähr 1 l Fond bereiten. Mit dem Bratwurstfleisch, vermischt mit der gewürfelten Trüffel und den Schinken- und Pökelzungenwürfeln, füllen, binden und in eine passende Terrine legen. Mit dem Weißwein und dem Fond angießen, das Kräuterbündel beifügen, zudecken und langsam garmachen. Anrichten und den eingekochten, entfetteten Fond nebenbei servieren.

■ AUF LYONER ART — Oie à la lyonnaise

8-10 Personen. *1 Gans von 3 kg; 20 kleine, in Butter angeröstete Zwiebelchen; 20 geschälte Maronen; 250 g rohe Champignons; 10 kleine, gebratene Bratwürstchen (Chipolatas); 1 dl Weißwein; ½ l Demi-glace. Schmorzeit: 1¾ Stunden.*

Die Gans gut anbraten, das Fett abgießen, den Weißwein und die Demi-glace sowie die Zwiebelchen beifügen und, zugedeckt, langsam 45 Minuten schmoren. Die Maronen hinzugeben und 30 Minuten später die Champignons und die Würstchen. Fertigschmoren, anrichten, mit der Garnitur umlegen und die entfettete Sauce nebenbei servieren.

■ AUF MECKLENBURGER ART — Oie à la mecklenbourgeoise

8-10 Personen. *1 Gans von 3 kg; 1 kg Reinetten; 75 g je in Wasser aufgequollene Rosinen und Korinthen; 2 kg Rotkraut; 500 g Maronen. Schmorzeit: 1¾-2 Stunden.*

Die geschälten, entkernten Reinetten vierteln, kurz in Butter andünsten, mit den Rosinen und Korinthen vermischen, die Gans damit füllen und zusammennähen. Anbraten und wie üblich schmoren. Das Rotkraut mit dem Gänsefett bereiten und die Maronen dünsten. Die Gans tranchieren, anrichten, an einer Seite mit der Füllung und an der anderen mit dem Rotkraut, mit den Maronen vermischt, garnieren. Den entfetteten Fond nebenbei servieren.

GÄNSEPFEFFER — Civet d'oie

Wird genauso wie Entenpfeffer bereitet.

GÄNSERAGOUT — Ragoût d'oie

Wird genauso wie jedes andere Ragout bereitet, doch werden die Kartoffeln durch Maronen ersetzt, die ganz bleiben müssen. Vor dem Servieren ist das Ragout gut abzufetten.

EINGELEGTE GANS — Confit d'oie

Eine oder mehrere junge Gänse in Viertel teilen, das Fett auslassen und passieren. Die Stücke reichlich mit Salz bestreuen, 24 Stunden stehen lassen und abwischen. Ganz langsam in dem Fett pochieren, wobei sie mit dem Fett völlig bedeckt sein müssen. Nicht zu stark erhitzen, damit sie nicht braten. Wenn sie gar sind, was man daran erkennt, daß, wenn man eine Nadel hineinsticht, kein Blut mehr heraustritt, herausnehmen und von den Knochen befreien. In mehrere kleine Steintöpfe füllen und völlig mit dem abdekantierten Fett übergießen, in dem kein Fleischsaft mehr sein darf. Wenn das Fett nicht ausreicht, um sie nach dem Erstarren völlig zu bedecken, mit flüssigem, aber nur gerade noch warmem Schweineschmalz zugießen. Mehrere Töpfchen verwenden, damit man keine Reste behält, weil offene Töpfe riskieren, ranzig zu werden. Gut mit Fett zugedeckt und kühl aufbewahrt, sind die Gänsestücke lange Zeit haltbar.

CASSOULET NACH DER ART VON CASTELNAUDARY — Cassoulet de Castelnaudary

8 Personen. *1 l weiße Bohnen; 300 g Brustspeck; 200 g zusammengebundene, frische Speckschwarten; 4 Knoblauchzehen; 1 Mohrrübe; 1 Zwiebel, gespickt; 1/4 eingelegte Gans; 500 g Schweinevorderrippen und 500 g Hammelkarree, entbeint; 1 Knoblauchwurst; 150 g gehackte Zwiebeln; 3 Eßlöffel Tomatenpüree; 50 g Gänseschmalz; 1 Kräuterbündel. Kochzeit: ungefähr 2 1/2 Stunden.*

Die weißen Bohnen zusammen mit den Schwarten, dem Speck, Mohrrübe, gespickter Zwiebel, Knoblauch und Kräuterbündel mit wenig Salz langsam kochen, so daß sie gar sind, aber noch ganz bleiben. Das Schweine- und Hammelfleisch in dem Gänsefett anbraten und, zugedeckt, mit den zuvor in Gänsefett angeschwitzten Zwiebeln und 2 zerdrückten Knoblauchzehen mit etwas guter Bouillon kochen. Wenn die weißen Bohnen fast gar sind, das Kräuterbündel und das Gemüse herausnehmen und zum Hammelfleisch, Schweinefleisch, dem eingelegten Gänseviertel und der Wurst geben und alles zusammen ganz langsam 1 Stunde kochen. Fleisch, Wurst und Gänsefleisch herausnehmen, abtropfen und in Scheiben schneiden, die Schwarten in Dreiecke. Eine feuerfeste irdene Terrine oder tiefe Platte mit den Schwarten auslegen, mit einer Schicht weißen Bohnen bedecken, das Fleisch, die Wurst, den in Scheiben geschnittenen Speck und das Gänsefleisch darüberdressieren und wieder mit weißen Bohnen abschließen. Den Kochfond der Bohnen, vermischt mit Tomatenpüree, darübergießen, mit Reibbrot bestreuen, mit Gänseschmalz beträufeln und im mäßig heißen Ofen langsam 1½ Stunden schmurgeln lassen. In der Terrine servieren.

PERLHÜHNER — Pintades

Da das Fleisch dieses Vogels etwas trocken ist, muß er stets mit Speckscheiben umwickelt und rosig gebraten werden. Man kann ihn auch in einem feuerfesten Porzellanbrater (Kokotte) schmoren und im Topf servieren. Junge Perlhühner werden auch roh zerlegt und wie sautiertes Huhn behandelt. Im übrigen sind alle Zubereitungsarten des Fasans auch für Perlhuhn anwendbar.

PERLHUHN AUF LIMOUSINER ART — Pintade à la limousine

6 Personen. *2 Perlhühner von je 1 kg; 250 g Bauchspeck; 1 1/2 kg Weißkraut; 3 Mohrrüben und 3 weiße Rüben in Scheiben, gesondert gekocht; 500 g geschälte Maronen, mit etwas Demiglace gedünstet. Schmorzeit: 50 Minuten.*

Die Perlhühner wie auf Modaner Art schmoren. Das Weißkraut zusammen mit dem Speck dünsten, grob hacken und mit dem gewürfelten Speck vermengen. Zwei größere Becherförmchen mit Butter ausstreichen, mit den Mohrrüben und weißen Rübenscheiben auslegen, mit dem Weißkraut füllen und gut eindrücken. Die zerlegten Perlhühner auf einer langen Platte anrichten, an die Enden die Becher stürzen und die Seiten mit den Maronen garnieren. Den Schmorfond entfetten und die Perlhühner damit nappieren.

■ AUF MODANER ART — Pintade à la modane

6 Personen. *2 Perlhühner von je 1 kg; 100 g Tomatenpüree; 2 dl Weißwein; 1/2 l Demi-glace; 100 g geriebenen Schweizer Käse; 3 Dutzend Ravioli, mit Spinat gefüllt und pochiert. Schmorzeit: 50 Minuten.*

Die Perlhühner bridieren, anbraten, mit Weißwein und Demi-glace angießen, das Tomatenpüree hinzugeben und, zugedeckt, im Ofen schmoren. Den Fond entfetten und passieren. Die Perlhühner tranchieren, anrichten und mit der Hälfte des Fonds nappieren. Die Ravioli mit der anderen Hälfte binden, mit dem Käse vermischen und nebenbei servieren.

■ SAUTIERT AUF AFRIKANISCHE ART — Pintadeaux sautés à l'africaine

6 Personen. *2 junge Perlhühner von je 1 kg; 100 g gehackte Zwiebeln; 1 zerdrückte Knoblauchzehe; 20 g Mehl; 15 cl Weißwein; 1/4 l hellen Fond; 100 g Tomatenpüree; 250 g süße Kartoffeln (Bataten), grobgewürfelt und in Butter sautiert; 4 Bananen in Scheiben, in Butter gedünstet. Bratzeit: 20 Minuten.*

Jedes Perlhuhn roh in sechs Stücke teilen, würzen, bei lebhafter Hitze anbraten und die gehackten Zwiebeln und den Knoblauch hinzugeben. Mit Mehl bestäuben, leicht anrösten, mit dem Weißwein und dem Fond angießen, Tomatenpüree hinzufügen, zudecken und garmachen. Anrichten, mit dem eingekochten, entfetteten und passierten Fond nappieren und mit den süßen Kartoffeln und den Bananen garnieren.

PERLHUHNBRÜSTCHEN MIT LYCHEES — Suprême de pintadeau aux lychees

6 Personen. *2 junge Perlhühner von je 1 kg; 500 g Lychees (Konserve); 7 cl Sherry; 4 dl Demi-glace; Saft 1/2 Orange; je 1 starke Prise Koriander-, Ingwer- und Nelkenpulver; 300 g Nudeln; 100 g Butter. Bratzeit: 25 Minuten.*

Die Perlhühner bardieren und noch rosa braten. Keulen abtrennen und die Brusthälften ablösen und mit einigen Tropfen Sherry lauwarm halten. Das Gerippe etwas klein hacken, in Butter anrösten, mit Sherry ablöschen, die Demi-glace hinzugießen, 15 Minuten langsam kochen und passieren. Die Lychees gut abtropfen, den Saft mit dem Saft der Orange vermischen, die Gewürze hinzugeben und fast zu Sirup einkochen und die Lychees damit erhitzen. Die Brüstchen auf den Keulen anrichten, mit Sauce leicht nappieren, mit den Lychees garnieren und den Rest der Sauce nebenbei servieren.

TAUBEN AUF CANAPÉ — Pigeonneaux sur canapé

6 Personen. *3 junge Tauben; 6 gebackene Croutons; 200 g Gänseleberpüree; 5 cl Cognac; 1 dl Weißwein; 1 dl Geflügeljus. Bratzeit: 20 Minuten.*

Die Tauben braten, herausnehmen und halbieren. Die Croutons mit Gänseleberpüree bestreichen, dem man die sautierten und zerdrückten Taubenlebern beigefügt hat. Den Bratsatz mit Cognac und Weißwein ablöschen, fast gänzlich einkochen und die Jus hinzugeben. Die Taubenhälften auf den Canapés anrichten und mit der Jus übergießen. Die gewünschte Garnitur nebenbei servieren.

■ AUF ENGLISCHE ART — Pigeonneaux à l'anglaise

6 Personen. *3 junge Tauben; 3 gehackte Zwiebeln; 2 Eigelb; 100 g Kalbsnierenfett, gehackt; 100 g in Bouillon eingeweichtes, ausgedrücktes Weißbrot; gehackte Petersilie, Thymian und Salbei. Bratzeit: 25 Minuten.*

Die Zwiebeln in Butter dünsten, auskühlen, mit dem Brot, dem Nierenfett und den Kräutern vermischen, mit Salz und Pfeffer würzen und mit dem Eigelb binden. Die Tauben damit füllen, bridieren und in einem feuerfesten Porzellanbrater braten und zu Tisch geben.

■ MIT ERBSEN — Pigeonneaux aux petits pois

6 Personen. *3 Tauben; 30 kleine Zwiebelchen; 30 magere Speckwürfel; 300 g frische grüne Erbsen; 15 cl Weißwein; 15 cl Demi-glace; 40 g Butter. Schmorzeit: 45 Minuten.*

Wie Kompott von Tauben bereiten, die Champignons aber durch grüne Erbsen ersetzen und diese 20 Minuten vor dem Garwerden hinzugeben. *(Siehe Bild auf Seite 452.)*

■ KOMPOTT VON — Pigeonneaux en compote

6 Personen. *3 junge Tauben; 30 kleine Zwiebelchen; 30 magere Speckwürfel; 250 g rohe Champignons; 1 Kräuterbündel; 15 cl Weißwein; 15 cl Demi-glace; 40 g Butter. Schmorzeit: 45 Minuten.*

Die Tauben in der Butter bräunen und herausnehmen. In der Butter die Zwiebelchen und die Speckwürfel anrösten und das Fett abgießen. Den Bratsatz mit Weißwein und Demi-glace ablöschen, Tauben, Zwiebeln, Speckwürfel und Kräuterbündel hineingeben, zudecken und langsam 30 Minuten schmoren. Die Champignons hinzufügen, weitere 15 Minuten schmoren, das Kräuterbündel herausnehmen, die Sauce entfetten und Tauben und Garnitur anrichten.

■ AUF KRÖTENART — Pigeonneaux à la crapaudine

Genau so wie Hähnchen gleichen Namens bereiten.

■ MIT OLIVEN — Pigeonneaux aux olives

6 Personen. *3 junge Tauben; 1 dl Weißwein; 2 dl Demi-glace; 300 g entsteinte, blanchierte Oliven. Schmorzeit: 45 Minuten.*

Die Tauben gut anbraten, mit dem Weißwein ablöschen, die Demi-glace hinzugießen, zudecken und langsam garschmoren. Kurz vor dem Garwerden die Oliven beifügen.

TAUBEN IN PAPIERHÜLLE — Pigeonneaux en papillotes

6 Personen. *3 Tauben; 12 kleine Scheiben gekochten Schinken; 300 g Duxelles; 1/4 l Demi-glace; 60 g Butter. Brat- und Backzeit: 25-30 Minuten.*

Die Tauben halbieren, plattieren, die Knochen soweit wie möglich entfernen und die Taubenhälften in Butter langsam braten. Unter leichtem Druck erkalten lassen. Geöltes Papier in Form von großen Herzen zurechtschneiden und auf eine Hälfte eine Schicht Duxelles geben. Eine halbe Taube darauflegen, mit einem Scheibchen Schinken belegen und mit Duxelles bedecken. Das Papier zusammenfalten und die Enden zusammendrehen. Die Tauben auf ein Backblech ordnen und 10 Minuten in den heißen Ofen zum Aufblähen stellen. In der Papierhülle anrichten und die Sauce nebenbei servieren.

■ MIT WEISSEN RÜBEN — Pigeonneaux aux navets

6 Personen. *3 Tauben; 3 dl Demi-glace; 30 kleine Zwiebelchen; 1 kg weiße Rüben; 75 g Butter. Schmorzeit: 40-45 Minuten.*

Die Tauben anbräunen und mit der tomatierten Demi-glace aufgießen. Die Zwiebelchen und die in Form großer Oliven geformten weißen Rüben, beides in Butter angeröstet, hinzugeben und alles zusammen garmachen. Vor dem Servieren die Sauce entfetten.

TRUTHÄHNE UND TRUTHÜHNER (Puten und Puter) — Dindes

Truthähne und Truthühner können gebraten, geschmort oder poeliert und mit den gleichen Saucen und Garnituren wie Masthühner serviert werden. Junge Tiere werden meistens gebraten, können aber auch auf englische Art gefüllt werden, wobei die Menge der Füllung natürlich der Größe des Vogels angemessen sein muß. *(Siehe Bilder auf Seiten 445/446.)*

TRUTHAHN AUF AMERIKANISCHE ART — Dindonneau à l'américaine

10-12 Personen. *200 g eingeweichtes und ausgedrücktes Weißbrot; 250 g feingehacktes Kalbsnierenfett; 75 g gehackte, in Butter gedünstete und erkaltete Zwiebeln; 2 Eier; 2 Eigelb; gehackte Petersilie und Salbei; 8 dl Kronsbeerensauce. Bratzeit: 1 1/4 Stunden.*

Das Weißbrot mit dem Nierenfett, den Eiern, der Petersilie und Salbei vermengen, mit Salz und Pfeffer würzen, den Truthahn damit füllen, würzen, bridieren und bei mittlerer Hitze braten. Herausnehmen, die Butter abgießen und den Bratsatz mit etwas Hühnerfond ablöschen. Anrichten und die Kronsbeerensauce und den entfetteten, passierten Fond nebenbei servieren.

■ GETRÜFFELT — Dinde truffée

10-12 Personen. *1 Truthahn von 3 kg; 400 g rohe Geflügellebern; 400 g frischen, fetten Bauchspeck; 300 g frische, geschälte Trüffeln. Bratzeit: ungefähr 1 1/4 Stunden.*

Die Zubereitung ist die gleiche wie für getrüffeltes Masthuhn.

■ MIT MARONEN GEFÜLLT — Dindonneau farci aux marrons

10-12 Personen. *1 Truthahn von 3 kg; 1 kg geschälte, in Butter gedünstete Maronen; 750 g Bratwurstfleisch. Bratzeit: 1 1/4-1 3/4 Stunden.*

Die Maronen mit dem Bratwurstfleisch vermengen und den Geschmack prüfen. Das Brustbein und die Brustknochen auslösen und den Vogel mit der Farce füllen. Zunähen, bridieren, mit Speckscheiben bardieren und bei mäßiger Hitze bei mehrfachem Begießen braten. Anrichten und den entfetteten, mit Hühnerfond abgelöschten Bratsatz nebenbei servieren.

TRUTHAHNBRUST AUF SÄCHSISCHE ART — Suprême de dindonneau à la saxe

6 Personen. *6 Scheiben gebratene Truthahnbrust von je 100 g; 6 Scheiben Lachsschinken von je 40 g; 375 g rohe, geviertelte Champignons; je 200 g rote und grüne Paprikaschoten in grober Julienne; 60 g Julienne von schwarzen Oliven; 750 g Kartoffelkroketten; 3 dl gebundene Geflügeljus. Bratzeit für die Brust eines Truthahns von 2 kg 500-3 kg: 50-55 Minuten.*

Von der saftiggebratenen Brust schöne schräge Scheiben schneiden. Den Lachsschinken in Butter nur anwärmen, die Paprikaschoten in Butter dünsten, die Champignons in Butter sautieren. Champignons und Paprikaschoten vermischen. Die Truthahnbrust heiß anrichten, leicht mit Jus nappieren und mit den Champignons und Paprikaschoten bedecken. Obenauf die Julienne von Oliven streuen und die Kroketten und den Rest der Jus nebenbei servieren.

TRUTHAHN TAMERLAN — Suprême de dindonneau Tamerlan

10 Personen. *1 Truthahn von 3 kg 500; 100 g Butter; 1 dl kalte, dicke Béchamel; 1 Eiweiß; 4-5 dl süße Sahne; $^3/_4$ l Demi-glace; Saft von 5 Mandarinen; 3 Dosen japanische Mandarin-Orangen; 40 g Trüffel; 10 Artischockenböden; 4 cl Sherry; 300 g Maronenpüree; 1 Mohrrübe und 1 Zwiebel in Scheiben. Poelierzeit der Brust: 55-65 Minuten.*

Die Keulen des Vogels abtrennen, enthäuten, das Fleisch ablösen und davon zusammen mit der Leber, dem Eigelb, der Béchamel und der Sahne Farce bereiten, mit Salz, Pfeffer und Sherry würzen und die kleingewürfelte Trüffel daruntermengen. In eine ovale, flache, ausgebutterte Form füllen und im Wasserbad im Ofen pochieren. Die Brust würzen, bardieren und mit den Zwiebel- und Mohrrübenscheiben im Ofen poelieren. Herausnehmen, die Bratbutter abgießen, den Bratsatz mit dem Mandarinensaft ablöschen, die Demi-glace hinzugießen und zu einer nicht zu dicken Sauce verkochen und passieren. Die beiden Brusthälften vom Knochen lösen und jede in 8-10 schräge Scheiben schneiden und wieder zusammengesetzt auf den Farcesockel dressieren und auf einer ovalen Platte anrichten. Leicht mit Sauce nappieren, mit den mit Maronenpüree gefüllten Artischockenböden und den abgetropften, in Butter erhitzten Mandarinenfilets garnieren. Die Kroketten und den Rest der Sauce nebenbei servieren.

TRUTHAHNLEBERN MIT CHAMPIGNONS UND REIS — Foies de dindonneau aux champignons et riz

6 Personen. *600 g Truthahnlebern; 350 g geviertelte Champignons; 7 cl Madeira; 75 g Butter; 1 Kräuterbündel; 300 g Reis; 9 dl fette Brühe; 4 dl Demi-glace. Bratzeit der Lebern: 3-5 Minuten.*

Den Reis mit der Brühe und dem Kräuterbündel wie Risotto bereiten. Die Champignons in Butter sautieren und herausnehmen. In der gleichen Butter die grobgewürfelten Lebern blutig sautieren, herausnehmen und zu den Champignons geben. Den Bratsatz mit Madeira ablöschen, zur Hälfte einkochen und mit der Demi-glace verkochen. Das Kräuterbündel aus dem Reis entfernen, diesen in eine Randform drücken und auf eine runde Platte stürzen. Die Lebern und Champignons abseits der Hitze mit der heißen Sauce durchschwenken, in die Mitte des Reisrands füllen und mit gehackter Petersilie bestreuen. Den Rest der Sauce nebenbei servieren.

GEFLÜGELKLEIN

Zum Geflügelklein nimmt man die gutgeputzten Flügel, den Hals, den Magen, zuweilen auch den Kopf und die Pfoten von Hühnern, Gänsen, Enten und Truthühnern. Gänse-, Enten- und Truthahnlebern werden ihres hohen Wertes wegen stets anderen Zwecken zugeführt.

GEFLÜGELKLEIN MIT REIS — Abattis de volaille au riz

6 Personen. *1 kg 200-1 kg 500 Geflügelklein; 2 gehackte Zwiebeln; 250 g Reis; 75 g Butter; $1^1/_2$ l Bouillon. Kochzeit: 40-50 Minuten.*

Das Klein in Stücke teilen und mit den Zwiebeln in Butter anschwitzen. Die Bouillon angießen und 20 Minuten kochen lassen. Den Reis beifügen und kochen lassen, bis das Klein gar und der Reis ziemlich trocken ist.

GEFLÜGELKLEIN MIT WEISSEN RÜBEN — Abattis de volaille aux navets

6 Personen. *1 kg 200-1 kg 500 Geflügelklein; 200 g Speckwürfel; 1 kg geviertelte, in Butter angeröstete weiße Rüben; 100 g Tomatenpüree; 30 g Mehl; 1 zerdrückte Knoblauchzehe; 24 kleine Zwiebelchen; 60 g Butter; $1^1/_2$ l hellen Fond. Kochzeit: 40-50 Minuten.*

Das Klein in Stücke teilen und zusammen mit den Speckwürfeln in Butter anlaufen lassen. Mit Mehl bestäuben, leicht anrösten, den Knoblauch, die Zwiebelchen und das Tomatenpüree hinzugeben, mit dem Fond angießen, umrühren, würzen und ankochen. Die Rüben hinzugeben und alles zusammen fertigkochen. Vor dem Servieren abfetten. Anstelle der weißen Rüben kann auch anderes Gemüse genommen werden.

KALTE GEFLÜGELGERICHTE

HÜHNER UND MASTHÜHNER

GEFLÜGELASPIK — Aspic de volaille

6 Personen. *1 pochiertes Huhn von 1 kg 500-1 kg 800; 1 Trüffel; $1^1/_2$ l Gelee. Pochierzeit: 40 Minuten.*

Das Huhn enthäuten, die beiden Brusthälften auslösen und in dünne, gleichmäßige Medaillons von etwa 5 cm Durchmesser schneiden. Jedes Medaillon mit einer runden Trüffelscheibe dekorieren, die zuvor in Gelee getaucht worden ist. Eine in Eis gesetzte Randform mit Gelee chemisieren und dann die Wandungen mit den Medaillons auslegen, wobei sie etwas übereinandergelegt werden, mit der getrüffelten Seite nach außen. Den Zwischenraum entweder mit dem Rest des entbeinten Geflügels so ausfüllen, daß diese kleinen Stückchen nach dem Stürzen von außen nicht sichtbar sind, oder aber dazu Schaumbrot von Gänseleber, Schinken oder Geflügel (aus den Keulen bereitet) verwenden. Die Form mit kaltem, fast stockendem Gelee vollfüllen und nach dem Erstarren auf eine runde Platte stürzen und beliebig garnieren.

GEFLÜGELASPIK MIT SCHINKEN MERCEDES — Aspic de volaille et jambon Mercédès

8 Personen. *1 pochiertes Huhn von 1 kg 500; 5 Scheiben gekochten Schinken, zu Medaillons von 5 cm Durchmesser ausgestochen; 2 dl Geflügelschaumbrot; 2 dl Schinkenschaumbrot; 12 Trüffelscheiben; 2 hartgekochte Eiweiß; 2 l Portweingelee.*

Das Geflügelfleisch in Medaillons schneiden und jedes Medaillon mit Schinkenschaumbrot maskieren. Die Schinkenmedaillons dagegen mit Geflügelschaumbrot maskieren und anziehen lassen. Eine passende Form mit Gelee chemisieren und mit Trüffelscheiben und Eiweiß dekorieren. Die Form mit den Medaillons garnieren, mit gerade stockendem Gelee füllen und kalt stellen. Auf eine runde Platte stürzen und mit Gelee garnieren. *(Siehe Bild auf Seite 456.)*

CHAUDFROID VON MASTHUHN — Poularde en chaud-froid

6 Personen. *1 Masthuhn von 1 kg 800; 1 Trüffel; 1 l Chaudfroid-Sauce; 2 l Gelee. Pochierzeit: 50 Minuten.*

Das Masthuhn in hellem Fond pochieren und im Fond erkalten lassen. Von der Hälfte des Fonds weiße Chaudfroid-Sauce, von der anderen Hälfte Gelee bereiten. Das Masthuhn entbeinen, in schöne Stücke schneiden, auf ein Gitter legen und mit gerade stockender Chaudfroid-Sauce nappieren. Nach dem Anziehen die Stücke parieren, mit einer runden Trüffelscheibe dekorieren und mit Gelee überglänzen. Die Stücke nebeneinander in eine rechteckige Schüssel oder russische Platte dressieren und gänzlich mit sehr kräftigem, aber leichtem Gelee völlig bedecken. Diese Anrichteweise gestattet es, ganz zartes Gelee zum Bedecken der Geflügelstücke zu verwenden.

■ ROSAMUNDE — Chaud-froid de poularde Rosemonde

6 Personen. *1 gebratenes Masthuhn von 1 kg 800; 1 l Tomatenschaumbrot; 1 l Portweingelee; 1 kleine Trüffel. Bratzeit: 50 Minuten.*

Das Masthuhn von den Knochen befreien und die Brust in schöne, gleichmäßige Scheiben schneiden und die Keulen teilen. Den Boden einer tiefen, rechteckigen Schüssel oder einer russischen Platte mit dem Schaumbrot bedecken und im Kühlraum anziehen lassen. Das Masthuhn in die Mitte derart dressieren, daß die Brustscheiben auf die Keulen zu liegen kommen, und mit Gelee überglänzen. Rundherum mit getrüffeltem, gehacktem Gelee garnieren.

CHAUDFROID AUF STRASSBURGER ART — Chaud-froid de poularde à la strasbourgeoise

1. Methode: Die gleiche Zubereitung wie oben, nur mit dem Unterschied, daß man anstelle des Tomatenmousse den Boden der Platte mit Gänselebermousse bedeckt.

2. Methode: In die Mitte einer ovalen Platte eine getrüffelte, pochierte und mit Gelee überglänzte Gänseleber plazieren und rundherum die Geflügel-Chaudfroids dressieren. Die Platte vorher mit einem Geleespiegel ausgießen und alles mit Geleewürfel garnieren.

3. Methode: Die dekorierten und chaudfroidierten Geflügelstücke auf Scheiben getrüffelter Gänseleber setzen, in einer tiefen Schüssel anrichten und alles mit leichtem Gelee gänzlich bedecken.

Alle Chaudfroid-Gerichte können natürlich auch von jungen Hühnern anstelle von Masthühnern bereitet werden. *(Siehe Bild auf Seite 453.)*

MASTHUHN ASTOR — Poularde Astor

8 Personen. *1 Masthuhn von 2 kg-2 kg 200; 750 g Waldorfsalat; 8 kleine, blindgebackene Tarteletts; 10 runde, pochierte Apfelscheiben von 5 cm Durchmesser und 1 cm Dicke; 10 Mandarinenfilets; 8 halbe, enthäutete Walnüsse; 16 halbe Kirschen; 3 Bananen; 15 cl Cumberlandsauce; 2 l Gelee; Schale einer Orange in Julienne, blanchiert. Bratzeit: 50-60 Minuten.*

Das sauber bridierte Masthuhn braten und völlig erkalten lassen. Die Brust mitsamt dem Brustknochen herausschneiden, die Höhlung mit dem Waldorfsalat füllen, dem etwas Gelee beigefügt worden ist, und in Form der Brust aufstreichen. Der Mitte entlang mit halben Walnüssen dekorieren, rechts und links davon halbe, recht rote Kirschen setzen und völlig mit Gelee überglänzen. Eine rechteckige Platte mit einem Geleespiegel versehen und das Masthuhn in die Mitte setzen. In beliebiger Anordnung mit den Tarteletts, die mit Bananenwürfelchen, mit leicht gelatinierter Cumberlandsauce gebunden, gefüllt und mit Julienne von Orangenschale bestreut worden sind, sowie den Brusthälften, in schräge Scheiben geschnitten, jede auf einen Apfelboden gesetzt, mit einem Mandarinenfilet dekoriert und mit Gelee überglänzt, garnieren.

■ AUF CÄSARENART — Poularde césarine

8 Personen. *1 Masthuhn von 1 kg 800; 400 g mageren Schinken; 4 dl süße Sahne; 100 g Butter; 1 l Gelee; 5 cl Madeira; Paprika; Mohrrüben, weiße Rüben, grüne Erbsen. Poelierzeit: 50 Minuten.*

Die Poularde zu schöner brauner Farbe poelieren, das Bratfett abgießen, mit Madeira ablöschen und den passierten Bratsatz zum Gelee geben. Den Schinken sehr fein pürieren, die Butter daruntermischen, 2 dl Sahne unterziehen und durch ein feines Sieb streichen. Das Püree mit 1 dl fast stockendem Gelee und 2 dl geschlagener Sahne vervollständigen und mit Paprika würzen. Die beiden Brusthälften der kalten Poularde sauber ausschneiden, den Brustknochen entfernen, die Höhlung hochgewölbt mit der Schinkenschaummasse füllen und glattstreichen. Die beiden Brusthälften in dünne Scheibchen schneiden und wieder zur ursprünglichen Form auf die Poularde dressieren, dabei aber etwas Raum für den Dekor frei lassen. Diesen mit Olivenscheiben und Erbsen oder auch mit sehr kleinen, gekochten Kugeln von Mohrrüben und weißen Rüben dekorieren und die Poularde gänzlich mit Gelee reichlich überglänzen, anrichten und vor dem Service wenigstens 2 Stunden durchkühlen. Man kann die Poularde mit Schinkentüten, mit Gänselebercreme gefüllt und mit Gelee überglänzt, oder mit kleinen Timbales von Gemüsesalat in Gelee garnieren.

■ IN GELEE — Poularde en gelée

6 Personen. *1 Masthuhn von 1 kg 800; $1^1/_2$ l Estragongelee. Bratzeit: 50 Minuten.*

Das Masthuhn braten, völlig erkalten lassen, tranchieren und wieder zur ursprünglichen Form zusammensetzen. Gänzlich mit Gelee überziehen, auf ovaler Platte anrichten und mit Gelee garnieren.

MASTHUHN AUF HARLEKINSART — Poularde à l'arlequin

6 Personen. *1 pochiertes Masthuhn von 1 kg 800; 300 g Gänseleberschaumbrot; 300 g Schaumbrot von Pökelzunge; $^3/_4$ l weiße und $^3/_4$ l tomatierte Chaudfroid-Sauce; 1 Trüffel; 6 Scheiben Pökelzunge; 6 blindgebackene Krustaden; 1 l Gelee. Pochierzeit: 50 Minuten.*

Die Brust mitsamt dem Brustknochen herausschneiden und die beiden Brusthälften auslösen. Die Höhlung auf einer Seite mit Gänseleber- und auf der anderen mit Schaumbrot von Pökelzunge füllen. Die beiden Brusthälften sauber tranchieren und auflegen, um dem Masthuhn die ursprüngliche Form zu geben. Die eine Hälfte mit weißer und die andere mit tomatierter Chaudfroid-Sauce völlig nappieren. Die weiße Seite mit halbrunden Scheibchen Pökelzunge und die rosa Seite mit halbrunden Trüffelscheibchen dekorieren und das ganze Masthuhn mit Gelee überglänzen. Die Krustaden mit dem Rest des Schaumbrotes füllen, abwechselnd mit rosa und weißer Chaudfroid-Sauce glatt überziehen und abwechselnd mit Motiven von Trüffel und Pökelzunge dekorieren und überglänzen. Das Masthuhn mit den Krustaden und Gelee garnieren. *(Siehe Bild auf Seite 454.)*

■ LAMBERTYE — Poularde Lambertye

10 Personen. *1 Masthuhn von 2 kg; 1 Hühnchen von 1 kg-1 kg 200; 150 g Gänseleber; 1 dl Crème double; 2 Trüffeln; $1^1/_2$ l weiße Chaudfroid-Sauce; 1 l Gelee; 50 g Butter. Pochierzeit: 50-60 Minuten.*

Das Masthuhn sowie das Masthähnchen in gutem Kalbsfond pochieren, in dem zuvor die Speckschwarten und die Kalbsfüße gekocht worden sind; das Hähnchen früher herausnehmen. Das Fleisch des Hähnchens ablösen, pürieren, mit der Crème double, der weichen Butter und der Gänseleber vermengen, durch ein Sieb streichen, gut würzen und 2-3 Löffel Chaudfroid-Sauce darunterziehen; anstelle der Crème double kann man auch 1 dl geschlagene Sahne nehmen. Die Poularde enthäuten, die Brust mitsamt dem Brustknochen herausheben, die beiden Brusthälften in schöne, schräge Scheiben schneiden, mit Chaudfroid-Sauce nappieren, mit einem Trüffeldekor versehen und nach dem Festwerden der Sauce parieren. Die Brusthöhlung des Masthuhnes mit der Geflügel- und Gänselebermousse hoch füllen, in Form der Brust glattstreichen und die chaudfroidierten Brusthälften wieder an ihren ursprünglichen Platz legen. Das ganze Masthuhn, auch die Keulen, mit Gelee zweimal überglänzen und die untere Seite nach dem Erstarren von dem herabgeflossenen Gelee befreien. Eine große ovale Platte mit einem Geleespiegel versehen, das Masthuhn darauf anrichten und mit großen Geleewürfeln garnieren. *(Siehe Bild auf Seite 455.)*

■ LUCULLUS — Poularde Lucullus

10 Personen. *1 pochiertes Masthuhn von 2 kg; 1 pochiertes Huhn von 1 kg; 500 g Gänseleberparfait; $^1/_2$ l süße Sahne; 1 l braune Chaudfroid-Sauce; $1^1/_2$ l Gelee; 2 Trüffeln. Pochierzeit: 50-60 Minuten.*

Von dem Hühnerfleisch, der Sahne und 3 dl Gelee Schaumbrot bereiten. Die Brust des Masthuhns mitsamt dem Knochen und Brustbein ausschneiden und die beiden Filets auslösen. Die Höhlung mit dem Schaumbrot füllen, gewölbt aufstreichen und die beiden tranchierten Brusthälften wieder auflegen. Das ganze Masthuhn mit brauner Chaudfroid-Sauce nappieren. Der Mitte entlang mit kleinen Gänselebermedaillons, mit einer runden Trüffelscheibe dekoriert, garnieren und alles mit Gelee überglänzen. Anrichten und mit kleinen Aspiks von Gänseleber garnieren, die man in Babaförmchen gefüllt und mit einer Trüffelscheibe dekoriert hat.

■ AUF SIBIRISCHE ART — Poularde à la sibirienne

8 Personen. *1 Masthuhn von 1 kg 800; 500 g Gänseleber; 1 dl süße Sahne; 1 kg feinen Gemüsesalat; 1 l weiße Chaudfroid-Sauce; 8 blindgebackene Tarteletts von Auslegeteig. Pochierzeit: 50 Minuten.*

Das Masthuhn pochieren und erkalten lassen. Die Brust mit dem Brustknochen herausschneiden, die beiden Brusthälften in gleichmäßige Scheiben schneiden und jede mit Chaudfroid-Sauce nappieren. Die Brusthöhlung mit Schaumbrot, aus der passierten Gänseleber, der Sahne und 3 dl Gelee hergestellt, füllen und die Brustscheiben auflegen und mit Gelee überglänzen. Mit den Tarteletts, mit Gemüsesalat gefüllt, und mit Geleewürfeln garnieren.

SCHAUPLATTE VON GEFLÜGEL UND GEFLÜGELPASTETE — Choix de volaille et de pâté de volaille

20-30 Personen. *1 große, gebratene, kalte Poularde; je eine kalte, gebratene Ente und einen gebratenen Fasan; 1 Geflügelpastete; 1 kg 500 Waldorfsalat; 8 geschälte, entkernte, geviertelte Tomaten ohne Zwischenhäute; 10 tournierte Champignons; einige Streifen rote Paprikaschote; 10 kleine Scheiben Geflügelgalantine; 10 kleine, halbe, grüne Paprikaschoten, auf griechische Art bereitet, gefüllt mit Salat von Tomaten, Huhn, Dillgurken und Champignons, angemacht mit Vinaigrette und etwas Tomatenketchup; 5 Tomatenviertel; 2 l Gelee; 1 Weintraube; 1 Butterskulptur; 600 g Gänseleberсreme; 5-6 Gänselebertrüffel.*

Die Brust der Ente mitsamt dem Brustknochen herausschneiden, die Höhlung mit Gänselebercreme füllen und in Form der Brust aufstreichen. Symmetrisch mit den geschälten Tomatenvierteln belegen, die Mittellinie mit Eiweißpunkten dekorieren und gänzlich mit Gelee überglänzen. Die beiden Brusthälften auslösen, in schöne, schräge Scheiben schneiden, auf die Galantinenscheiben setzen, die zuvor mit Lebermus bestrichen worden sind. Die Poulardenbrust gleichfalls herausschneiden und die Höhlung mit ungefähr 1 kg Waldorfsalat ausfüllen. Die in schöne Tranchen geschnittenen Brusthälften wieder auflegen, der Mitte entlang die tournierten Champignonköpfe dressieren, darüber eine Linie Paprikastreifen legen und alles mit Gelee überglänzen. Den Fasan nur mit Gelee überglänzen, jedoch nicht aufschneiden, von der Geflügelpastete etwa 10 Scheiben abschneiden.
Die Butterskulptur an das Ende einer großen, langen Platte setzen und davor die Poularde, die Ente und den Fasan dressieren. Die angeschnittene Pastete mit einigen aufgeschnittenen Scheiben neben die Poularde stellen und die Traube zwischen Ente und Skulptur legen. Die Platte der Länge nach mit den gefüllten Paprikaschoten, den mit einem Tomatenscheibchen und Eiweißpunkt dekorierten und überglänzten Entenscheiben, den zum Teil geviertelten Gänselebertrüffeln und den mit Waldorfsalat gefüllten Tomatenvierteln garnieren. *(Siehe Bild auf Seite 41.)*

ENTEN, TAUBEN UND TRUTHÜHNER

ENTE DINO — Canard Dino

6 Personen. *1 Ente von 1 kg 800; 500 g pochierte Gänseleber; 100 g Butter; 5 cl Portwein; 1 l braune Chaudfroid-Sauce; 1 Trüffel; 3/4 l Gelee. Bratzeit: 45 Minuten.*

Die Ente braten und erkalten lassen. Die Gänseleber durch ein Sieb streichen, mit der Butter und dem Portwein vermengen und würzen. Die Entenbrust in lange, dünne Scheiben schneiden und jede Scheibe mit Hilfe des Spritzbeutels und Sterntülle mit Gänselebercreme garnieren. Nach dem Anziehen der Creme die Bruststreifen mit Chaudfroid-Sauce nappieren, mit Trüffel dekorieren und mit Gelee überglänzen. Auf langer Platte anrichten und mit Geleewürfeln garnieren.

■ MARIVAUX — Canard Marivaux

6 Personen. *1 Ente von 1 kg 800; 500 g feinen Gemüsesalat mit 3 dl Mayonnaise gebunden; 250 g Gänseleberpüree, vermischt mit 100 g Butter; 1 l Gelee. Bratzeit: 35-40 Minuten.*

Die Ente noch etwas rosa braten und erkalten lassen. Die Brust mitsamt dem Knochen herausschneiden und die Filets auslösen. Die Brusthöhlung mit dem Gemüsesalat füllen und gewölbt aufstreichen. Die Filets in dünne, lange Scheiben schneiden, halbübereinander auf den Gemüsesalat dressieren und die ganze Ente mit Gelee überglänzen. 6 Förmchen mit Gelee chemisieren, mit einer Trüffelscheibe verzieren, mit dem Gänseleberpüree füllen, mit Gelee vollfüllen und erstarren lassen. Die Ente anrichten und mit den gestürzten Förmchen garnieren.

■ MONTMORENCY — Canard glacé Montmorency

6 Personen. *1 Ente von 1 kg 800; 700 g Schaumbrot von Entenparüren und -lebern, Gänseleber, Gelee und Sahne; 3/4 l braune Chaudfroid-Sauce; 1 l Portweingelee; 1 Trüffel; 500 g entsteinte, in Rotwein pochierte Sauerkirschen. Bratzeit: 35-40 Minuten.*

Die Ente etwas rosa braten, erkalten lassen, das Brustfleisch auslösen und in lange, dünne Scheiben schneiden. Den Brustknochen herausschneiden und das Knochengerüst mit dem Schaumbrot füllen, so daß die Ente wieder ihre ursprüngliche Form hat. Die Bruststeiben mit Chaudfroid-Sauce nappieren, mit Trüffelscheibchen verzieren und halb übereinandergelegt auf die inzwischen festgewordene Füllung dressieren. Der Mitte entlang mit Kirschen dekorieren und die ganze Ente mit Gelee überglänzen. Rundherum mit Gelee glacierten Kirschen und Geleewürfeln garnieren.

ENTE NEWA — Canard à la Néva

6 Personen. *1 Ente von 1 kg 800; 350 g Gratinfarce, vermischt mit 150 g Trüffelwürfelchen; $^3/_4$ l braune Chaudfroid-Sauce; $^3/_4$ l Gelee; 2 l hellen Fond. Pochierzeit: $1^1/_4$ Stunden.*

Die Ente mit der Gratinfarce füllen, bridieren und in dem Fond pochieren und erkalten lassen. Gut abtropfen, abwischen, mit Chaudfroid-Sauce nappieren, mit Trüffeln dekorieren und mit Gelee überglänzen. Auf einer ovalen Platte auf einem Geleespiegel anrichten und mit Gelee garnieren.

■ VENDOME — Canard Vendôme

6 Personen. *1 Ente von 1 kg 800; 300 g Gänseleberschaumbrot; 300 g Gratinfarce; $^3/_4$ l braune Chaudfroid-Sauce; $^3/_4$ l Gelee; 2 Trüffeln; 2 Orangen; 1 dl süße Sahne; 6 Tomaten; 250 g Spargelspitzen. Bratzeit: 45 Minuten.*

Die Ente braten, erkalten lassen, die Brusthälften auslösen und in dünne, schräge Scheiben schneiden. Den Brustknochen auslösen und das Knochengerüst mit einer Mischung von Gänseleberschaumbrot und Gratinfarce, mit der Sahne aufgezogen, füllen und zur ursprünglichen Form der Brust streichen. Nach dem Festwerden die Brustscheiben halb übereinandergelegt auf die Füllung dressieren. Die ganze Ente mit Chaudfroid-Sauce nappieren, mit Trüffelscheiben dekorieren und mit Gelee überglänzen. Mit schönen Orangenfilets, mit Gelee überglänzt, und den ausgehöhlten, mit Salat von Spargelspitzen gefüllten Tomaten und Gelee garnieren.

ENTENBRUST MIT ORANGEN IN PORTWEINGELEE — Suprêmes de caneton aux oranges en gelée au porto

12-14 Personen. *2 Enten von 1 kg 800; 6 große, kernlose Orangen; 350 g Entenlebern; 2 dl Gelee; 3 dl geschlagene Sahne; 2 cl Cognac; Pastetengewürz; 9 dl Gelee, mit den Entenkarkassen bereitet; 1 dl Portwein. Bratzeit: 45 Minuten.*

Die Enten braten und erkalten lassen. Die Lebern sehr blutig braten (man kann einen Teil durch das Keulenfleisch ersetzen), fein pürieren und mit 2 dl Gelee und der geschlagenen Sahne feine Schaumbrotmasse bereiten, mit Salz, Pastetengewürz und Cognac würzen und damit eine schöne Kristallschale etwas mehr als zur Hälfte füllen. Die dünn abgeschnittene Schale von 2 Orangen in feine Julienne schneiden, blanchieren und gut abtropfen, die Orangen schälen und die Filets sauber auslösen. Von den ausgelösten Brusthälften schräge, etwa 7 mm dicke Scheiben schneiden und etwa 2 cm vom Rand der Kristallschale entfernt halb übereinandergelegt dressieren. Die Orangenfilets rund um die Entenscheiben in den Hohlraum ordnen und mit der Julienne bestreuen. Das kalte, gerade stockende Portweingelee löffelweise über Brust, Orangenfilets und Julienne gießen, damit die Julienne nicht abrutscht. Erst wenn es festgeworden ist, mit dem restlichen Gelee füllen, das sehr zart und schmackhaft sein muß.

ENTE, GEFÜLLTE, CHARLES VAUCHER — Dodine de canard Charles Vaucher

12-14 Personen. *2 Enten von je 1 kg 800; 500 g schieres Schweinefleisch (Schulter); 1 schöne Trüffel; $1^1/_2$ l Gelee; 5 cl Cognac; 3 dl Weißwein; Majoran, Thymian, Salbei. Schmorzeit: $1^1/_2$-2 Stunden.*

Garnitur: 250 g Gänseleber; 150 g Butter; Pastetengewürz; gehackte Trüffeln; gefüllte Oliven.

Die Enten vom Rücken aus völlig entbeinen, nur den Unterschenkel intakt lassen, dabei die Haut nicht beschädigen. Das ausgelöste Entenfleisch und das Schweinefleisch zusammen mit dem trokkenen Weißwein, Cognac und den Gewürzen, zugedeckt, 24 Stunden marinieren und dann durch die mittelfeine Scheibe der Fleischmaschine treiben. Mit sämtlichen Zutaten, Salz und einer halben, sehr klein gewürfelten Trüffel gut durcharbeiten, die Farce wieder in die Haut füllen, zusammennähen und der Ente dabei wieder die ursprüngliche Form geben. Im mittelheißen Ofen braisieren und dabei darauf achten, daß die Haut nicht platzt. Nach vollständigem Auskühlen von jeder Ente die Hälfte in dünne Scheiben schneiden, auf einer rechteckigen Platte anrichten, Enten und Scheiben mit Scheiben von gefüllten Oliven und Eiweißpünktchen dekorieren und mit Gelee überglänzen.

Garnitur: Von der passierten, gut gewürzten Gänseleber kleine Kugeln formen, in gehackter Trüffel wälzen und leicht mit Gelee überglänzen. *(Siehe Bild auf Seite 455.)*

ENTE CHAUDFROID VON, MIT PORTWEIN — Chaud-froid de caneton au porto

6 Personen. *1 Ente von 1 kg 800; 30 g Mehl; 40 g Butter; 1 Eßlöffel Tomatenpüree; 2 dl Portwein; etwa 1 1/2 l zartes Gelee; 2 Trüffeln. Bratzeit der Ente: 25 Minuten.*

Am Abend zuvor eine Rouenente braten und dabei noch rosa halten. Das Klein grob hacken, anrösten, mit dem Mehl bestäuben, das Tomatenpüree und 3/4 l Gelee hinzugeben, leicht würzen, 2 Stunden langsam kochen und dann und wann entfetten. Wenn die Ente gar ist, herausnehmen, das Fett aus der Pfanne gießen, den Bratsatz mit dem Portwein ablöschen, mit der Sauce aufkochen, passieren und erkalten lassen. Die Entenbrust der Länge nach in dünne Scheiben schneiden, auf ein Gitter ordnen, mit der gelierenden Sauce nappieren und nach gänzlichem Festwerden mit Trüffeln dekorieren. Die Entenscheiben auf einer großen, etwas tiefen Platte anrichten und vollständig mit dem leichten, fast stockenden Gelee bedecken und dieses festwerden lassen.

■ SALMI VON, IN GELEE VOISIN — Salmi de caneton glacé Voisin

6 Personen. *1 Ente von 1 kg 800; 200 g Mirepoix; 1 dl Portwein; 3 dl Demi-glace; 6 schöne Scheiben Gänseleberparfait; 12 Trüffelscheiben; 1/2 l Gelee. Bratzeit: 45 Minuten.*

Die Ente braten, auskühlen und die Brust in schöne, gleichmäßige Scheiben schneiden. Die Karkasse, Hals und Leber hacken, mit Mirepoix anrösten, mit dem Portwein deglacieren, mit der Demi-glace aufgießen, langsam zu einer bündigen Sauce auskochen, würzen und durch ein Etaminetuch passieren. Mit der dick eingekochten, ausgekühlten Sauce die Entenscheiben nappieren und festwerden lassen. Diese Scheiben abwechselnd mit Gänseleberscheiben und Trüffelscheiben in eine silberne Timbale dressieren und mit kaltem, noch dickflüssigem Gelee vollständig füllen.

TAUBEN FOYOT — Pigeonneaux Foyot

Die Tauben ausnehmen, sengen und entbeinen, wobei die Haut nicht beschädigt werden darf. Die Filets beiseite legen, das restliche Fleisch mit der gleichen Menge schierem Kalbfleisch und Parüren von Gänsestopfleber (notfalls Gänseleberblock nehmen) durch die mittlere Scheibe der Fleischmaschine treiben, würzen, mit einem oder mehreren Eiern vermischen und gut durcharbeiten. Auf die Taubenhaut eine Schicht der Farce streichen, die Filets, einige Scheibchen Stopfleber und Trüffelwürfel darauflegen, mit Farce bedecken und in die Haut wie eine kleine Galantine einwickeln. In ein Tuch hüllen, mit Bindfaden befestigen, in Gelee pochieren, wozu etwa 45 Minuten notwendig sind. Herausnehmen und unter leichtem Druck erkalten lassen. Aus dem Tuch wickeln, abwischen, mit brauner Chaudfroid-Sauce mit Portwein nappieren, mit Trüffelscheibchen garnieren und mit Gelee wie eine Galantine überglänzen.

TAUBENMEDAILLONS IN GELEE — Médaillons de pigeonneaux en gelée

Die Tauben so wie oben bereiten, aber nicht mit Chaudfroid-Sauce nappieren. In Scheiben von 2 cm Dicke schneiden und mit brauner Chaudfroid-Sauce überziehen. Mit halben Pistazien, Eiweiß und Trüffel dekorieren und mit Gelee überglänzen. Im Kranze um einen Salat von Kartoffel- und Apfelscheiben und Walnüssen, mit Mayonnaise gebunden, dressieren und mit Gelee garnieren.

TRUTHAHNBRUST CHAMPS-ELYSÉES — Suprême de dindonneau Champs-Elysées

20-30 Personen. *Die gebratene Brust eines Truthahns von 4 kg; 30 Scheiben Geflügelgalantine; 40-50 Radieschenröschen; 30 Mandarinenfilets; 30 halbe, geschälte, recht grüne Pistazien; 15-20 ausgehöhlte, enthäutete Tomaten; 1 kg Waldorfsalat; 15-20 rund ausgestochene, pochierte Böden von Knollensellerie; 10 Artischockenböden; 250 g Julienne von grüner Paprikaschore; 7 Überraschungstrüffeln; 1 Dekorationstartelett; 2 l Gelee. Bratzeit für die Truthahnbrust am Knochen: ungefähr 40 Minuten.*

Die ausgehöhlten Tomaten innen würzen, Sellerieböden, Artischockenböden und Paprikaschoten, jeden Teil für sich, mit Salz, Pfeffer, Weinessig und Olivenöl marinieren. Die Tomaten mit Waldorfsalat füllen, mit der runden Seite nach oben auf die Sellerieböden setzen und mit Gelee überglänzen. Die mit Gelee überglänzten Überraschungstrüffeln kranzartig in die Mitte einer großen, runden Platte dressieren, mit dem mit Waldorfsalat gefüllten Tartelett als Scheitelpunkt. Rundherum erst die Tomaten und dann die Scheiben Geflügelgalantine ordnen. Die beiden Brusthälften des Truthahns vom Knochen lösen, in schräge, gleichmäßige Scheiben schneiden, jede Scheibe mit einem Mandarinenfilet und einer halben Pistazie dekorieren, mit Gelee überglänzen und auf die Galantinenscheiben setzen. Rundherum die Radieschenröschen dressieren. *(Siehe Bild auf Seite 41.)*

TRUTHAHNBRUST MERKUR — Suprêmes de dindonneau Mercure

6 Personen. *6 rohe Scheiben Truthahnbrust von je 130-150 g; 6 Trüffelscheiben; 1 Tomate; 1 hartgekochtes Ei; 6 blindgebackene Tarteletts; 750 g feines Mischgemüse; 2 dl Mayonnaise; 1 l Gelee; 1 dl Weißwein; 1 dl hellen Fond; 50 g Butter. Pochierzeit: 30 Minuten.*

500 g Mischgemüse mit 2 dl Mayonnaise und 1 dl Gelee vermischen, in eine konische Form füllen und zum Festwerden in den Kühlraum stellen. Die Brustscheiben plattieren, leicht salzen und 5 Minuten in einer nur leicht ausgebutterten Backplatte in den Ofen stellen, damit sie nur dünsten, jedoch nicht braten. Mit dem Weißwein angießen, zudecken, 15 Minuten in den Ofen stellen, den Fond hinzugießen und noch weitere 15 Minuten dünsten lassen und in dem Fond erkalten. Herausnehmen und in Form eines Dreieckes parieren. Eine Butterskulptur von zwei liegenden Pferden formen, mit genügend Raum in der Mitte, um den Salat stürzen zu können. Die Brustscheiben mit Trüffel, Eiweiß und Tomate dekorieren, mit Gelee überglänzen und mit der Spitze nach oben um den Salat dressieren. Die Tarteletts mit dem restlichen Gemüsesalat füllen, mit kleinen Dreiecken von den Parüren der Brustscheiben, Tomate und Trüffel dekorieren, mit Gelee überglänzen und um die Butterskulptur garnieren. Bis zum Servieren in den Kühlraum stellen. *(Siehe Bild auf Seite 456.)*

AUSLÄNDISCHE SPEZIALGERICHTE VON GEFLÜGEL

CHICKEN CURRY AND RICE — Anglo-indischer Hühnercurry

6 Personen. *1 kg 800 junges Huhn; das geraspelte Fleisch 1/2 Kokosnuß; 60 g Butter; 2 mittelgroße Zwiebeln; 1 Teelöffel gemahlene Gelbwurz; 1 Eßlöffel gerösteten, enthülsten Koriander; 2 kleine, getrocknete, rote Pfefferschoten (Chillis); 1/4 Mokkalöffel Ingwerpulver; 1 kleine Knoblauchzehe; Saft 1 Zitrone oder 1 Teelöffel Tamarindensaft; 2 hartgekochte Eier; 3 süße Mandeln.*

Für den Reis: *250 g Reis; 1 Zwiebel; 5 Pfefferkörner; 2 Körner Kardamom; 2 Stückchen Mazisblüte; 1 Stück Zimt von 2 cm; 30 g Butter; Hühnerfond von dem Klein und der Karkasse.*

Gelbwurz, Koriander, Pfefferschoten, Ingwerpulver, Mandeln und Knoblauch im Mörser ganz fein reiben, die Zwiebeln in Scheiben schneiden und das Huhn wie für Frikassee zerlegen. Die Zwiebeln in der heißen Butter hellbraun anrösten, die Gewürzpaste beifügen und bei gelinder Hitze gut anlaufen lassen. Die Hühnerstücke hinzugeben und leicht anbräunen. Mit 1 Tasse Kokosmilch aufgießen, durchrühren, Zitronen- oder Tamarindensaft zugeben und, zugedeckt, langsam garwerden lassen, wobei die Flüssigkeit gut eingekocht sein muß. In einer tiefen Schüssel anrichten, mit in Scheiben geschnittener und gerösteter Zwiebel und den geviertelten Eiern garnieren, dazu den Reis und Chupattis servieren.

Der Reis: Die gehackte Zwiebel in der Butter gut anschwitzen und den Reis hinzugeben. Leicht anlaufen lassen, Zimt, Kardamom, Pfefferkörner, Mazisblüte und wenig Salz hinzugeben, mit nur so viel Hühnerfond aufgießen, daß er gerade bedeckt ist, und langsam garziehen lassen; der Reis muß körnig bleiben. Die Gewürze vor dem Servieren entfernen.

Kokosnußmilch. Die frisch geraspelte Kokosnuß mit ½ Tasse warmem Wasser durchkneten, einige Minuten, zugedeckt, stehen lassen und dann die Flüssigkeit ausdrücken. Den Vorgang noch zweimal mit neuem, warmem Wasser wiederholen, bis man genügend Kokosnußmilch hat.

Chupattis. Von 200 g Weizenmehl, 1 Eßlöffel Öl, 5 g Hefe, einer Prise Salz und etwas lauwarmem Wasser einen nicht zu festen Teig bereiten und 4 Stunden ruhen lassen. Hiervon mitteltellergroße, ganz dünne Fladen ausrollen, auf einer heißen Platte — es gibt hierfür auch besondere Chupattieisen — trocken goldgelb backen und sofort heiß anstelle von Brot servieren. *(Anglo-Indisch)*

ARROZ A LA VALENCIANA — Reis auf valencianische Art

6 Personen. *1 Huhn oder Hähnchen von 1 kg 200; 250 g Schweinefilet; 12 Froschkeulen; 1 kleine Languste; 3 vorgekochte Artischockenböden; 200 g grüne Erbsen; 200 g Reis; 1 große Zwiebel; 1 Knoblauchzehe; 1 Spitze Safran. Kochzeit: etwa 1 Stunde.*

Das Huhn wie für Poulet sauté zerteilen, das Schweinefilet in dicke Scheiben schneiden und beides in Öl kurz überbraten. In eine große Kasserolle zusammen mit der gehackten Zwiebel und dem zerdrückten Knoblauch geben, mit Bouillon oder Wasser bis zur Höhe aufgießen, würzen, den Safran beigeben und 30 Minuten kochen. Dann die in Stücke geschnittene Languste, die Erbsen, die geviertelten Artischockenböden und die Froschkeulen hinzufügen, weitere 10 Minuten kochen, dann den Reis hineinschütten und alles zusammen garwerden lassen. Nötigenfalls noch etwas Flüssigkeit zugießen und nach dem Garwerden alles zusammen anrichten; das Gericht darf nicht zu trocken sein. *(Spanisch)*

BERLINER HÜHNERFRIKASSEE

6 Personen. *1 nicht zu altes Suppenhuhn von 1 kg 500-1 kg 800; 1 kleine Kalbszunge; 10 Blätterteighalbmonde; 100 g Kalbsmilch; 150 g Champignons oder 200 g Morcheln; 10 Krebse; 100 g Klößchenfarce; 25 g Kapern; 1 Zitrone; 5 cl Weißwein; 50 g Butter; 30 g Mehl; 1 Mohrrübe; 1 gespickte Zwiebel; 1 Kräuterbündel. Kochzeit des Huhnes: je nach Alter 1 1/2-2 1/2 Stunden.*

Das Huhn in Wasser mit der Mohrrübe, gespickten Zwiebel, Kräuterbündel und Pfefferkörnern ansetzen und weich kochen. Herausnehmen, enthäuten, zerlegen und etwas Hühnerbrühe warm halten. Die Krebse kochen, die Schwänze auslösen, die Nasen abdrehen, innen gut säubern und die Gallenblase entfernen. Von eingeweichtem Weißbrot, Ei, gehackten Kräutern, feingeriebener Zwiebel, Salz, Pfeffer und Muskatnuß Farce bereiten, die Nasen damit füllen und in Salzwasser pochieren; von den Schalen der Krebse Krebsbutter bereiten. Die Kalbszunge und Kalbsmilch pochieren, von der Farce mit Mokkalöffel Klößchen formen, in Salzwasser pochieren und auch die Champignons (innerhalb der Saison Morcheln) garmachen. Von Butter und Mehl weiße Mehlschwitze bereiten, mit Hühnerbouillon aufgießen, verrühren, etwas Zitronenschale beigeben, zuweilen auch einige gewässerte Sardellen, und zu einer schmackhaften, gut bündigen Sauce kochen, die man mit einer Liaison von dem Eigelb, mit Zitronensaft und Weißwein verrührt, bindet. Kalbsmilch und -zunge in Ragoutstücke schneiden, Champignons und Klößchen hinzugeben, mit etwas Hühnerbrühe erhitzen, gut abtropfen und mit der gut abgeschmeckten Sauce binden. Die gut abgetropften Hühnerstücke in einer tiefen Schüssel anrichten, mit dem reichlich mit Sauce gebundenen Ragout bedecken, mit Krebsschwänzchen, Krebsnasen und Blätterteighalbmonden garnieren, mit Krebsbutter beträufeln und mit Kapern bestreuen. *(Deutsch)*

BOBOC DE RATA CU CASTRAVETI — Ente mit sauren Gurken

6 Personen. *1 junge Ente von 1 kg 800; 2 mittelgroße Zwiebeln; 500 g saure Gurken; 6 dl Demi-glace; 2 Eßlöffel Tomatenpüree; 30 g Butter; 3 dl sauren Rahm (Smantana). Zubereitung: etwa 40 Minuten.*

Die Ente in vier Stücke teilen, in Butter oder Schweineschmalz anbraten und gleichzeitig die gehackten Zwiebeln mit anrösten. Mit der etwas dünnen Demi-glace aufgießen, das Tomatenpüree beigeben, würzen und, zugedeckt, langsam schmoren. Die Gurken schälen, der Länge nach vierteln, die Kerne entfernen, in gleichmäßige Stücke schneiden und etwas tournieren. Nach 15 Minuten die Gurken zur Ente geben und alles zusammen weich schmoren; wenn die Sauce zu dick wird, etwas Bouillon oder Wasser beifügen. In einer tiefen Schüssel anrichten und den sauren Schmant nebenbei servieren. *(Rumänisch)*

CHICKEN A LA KING — Huhn à la King

6 Personen. *600 g schiere, pochierte Hühnerbrust ohne Haut; 2 grüne Paprikaschoten; 200 g rohe Champignons; $^1/_4$ l Rahm; 50 g Butter; 1 kleine Trüffel (kann fortfallen); 3 Eigelb; 8 cl trockenen Sherry; Paprika. Zubereitung: 15-20 Minuten.*

Die Paprikaschoten in dünne Streifen schneiden, einige Minuten in Butter andünsten, dann die in Scheiben geschnittenen Champignons beifügen, würzen und beides zusammen garmachen. Mit dem Rahm aufgießen, etwas einkochen, die in dünne, schräge Scheiben geschnittene Hühnerbrust hinzugeben, erhitzen und mit Paprika würzen. Das Eigelb mit dem Sherry verrühren und das Gericht abseits der Hitze damit legieren; es darf dann nicht mehr kochen. Dazu Kreolenreis servieren.
Anmerkung: Dieses beliebte amerikanische Gericht wird in vielen Variationen bereitet, doch ist die Bindung mit Eigelb und Sherry für alle obligatorisch. *(Vereinigte Staaten)*

CHICKEN PIE — Hühnerpastete

6 Personen. *1 Huhn von 1 kg 600; 10 Scheiben Bacon; 1 mittelgroße, gehackte Zwiebel; 200 g rohe, geviertelte Champignons; 2 hartgekochte Eier; gehackte Petersilie; 400 g Blätterteig. Backzeit: 1-1$^1/_4$ Stunden.*

Eine englische Pastetenschüssel (Pie dish) am Boden und an den Seiten mit den Speckscheiben auslegen. Das Huhn wie für Frikassee roh zerlegen und in die Schüssel legen, mit den geviertelten Eiern in der Mitte. Würzen, die gehackten Zwiebeln und die Petersilie darüberstreuen, die Champignons hinzufügen und mit Speckscheiben abdecken. Bis reichlich zur Hälfte der Höhe mit Bouillon oder auch nur Wasser angießen und um den Rand einen Streifen Blätterteig mit Wasser befestigen. Den Streifen mit Wasser anfeuchten, die ganze Schüssel mit 6 mm dick ausgerolltem Blätterteig abdecken und den Rand glattschneiden. In der Mitte einen Kamin zum Dampfabzug anbringen, den Teig mit Eigelb bestreichen, mit Blättern oder andern Motiven aus Teig dekorieren und abermals dünn mit Ei bestreichen. Bei guter Hitze anbacken, dann mit einem gefetteten Papier bedecken und bei abgedrosselter Hitze fertigbacken. *(Großbritannien)*

KURINUY KOTELETKI POJARSKI — Geflügelkoteletts Pojarski

6 Personen. *500 g rohes, schieres Hühnerfleisch; 2 dl Rahm; 100 g Weißbrot ohne Rinde; 2 Eigelb; 175 g Butter; 1 Ei; weißes Panierbrot. Bratzeit: 10 Minuten.*

Das Weißbrot in Rahm einweichen, aber nicht ausdrücken. Das Hühnerfleisch unter Zusatz von wenig Rahm sehr fein hacken, dann das Brot, 75 g weiche Butter, das Eigelb, Salz, Pfeffer und eine Prise geriebene Muskatnuß beigeben und alles zusammen weiterhacken und dabei mischen, bis eine gute Bindung entsteht. Von dieser Masse, die man in 6 große oder 12 kleine Stücke teilt, erst Kugeln und dann mit Hilfe der Palette auf dem gemehlten Tisch Koteletts formen, die man in Ei und weißer Brotkrume paniert. Die Koteletts in geklärter Butter goldgelb und nicht trocken braten, anrichten, mit Zitronensaft beträufeln, mit brauner Butter übergießen und mit einer beliebigen Gemüsegarnitur zu Tisch geben. Am besten eignet sich ein feines gemischtes Gemüse. *(Russisch)*

MOSCHUSENTE MIT JASMIN

2 Moschusenten von je 1 kg 500; 200 g Schweineschmalz; 1/2 l kräftigen grünen Teeaufguß; 6 kleine Bambusschößlinge; 1 Eßlöffel frische Jasminblüten; 1 Eßlöffel getrocknete Jasminblüten; 5 cl Sojasauce; 6 cl Hao Shin (chinesischer Reiswein); 5 g Vetsin (Würzpulver auf Glutaminbasis). Schmorzeit: 45 Minuten.

Von den beiden Enten den Pürzel abschneiden und wegwerfen. Jede Ente mit einer Orangenschale füllen, bridieren und auf allen Seiten in Schweineschmalz scharf anbraten. Den grünen Tee hinzugießen und, zugedeckt, im Ofen schmoren. Kurz vor dem Weichwerden die Bambusschößlinge, Soja, Vetsin, Hao Shin und die getrockneten Jasminblüten und, falls es nötig ist, noch etwas Flüssigkeit hinzugießen. Die fertigen Enten aus dem Fond nehmen, das Fleisch völlig von den Knochen ablösen, in gefällige Stücke und die Bambusschößlinge in Scheiben schneiden. Nach kurzem Ruhen das Fett vom Fond sorgfältig abschöpfen. Entenstückchen und Bambus kurz und knusprig in dem Fett anbraten und trocken in einer hübschen chinesischen Schale anrichten. Den Fond restlos entfetten, leicht mit Reispuder binden, passieren und die Ente damit saucieren. Die frischen Jasminblüten über das Ganze verteilen. *(Chinesisch)*

STUFFED PIGEONS — Gefüllte Tauben

6 Personen. *3 junge, fette Tauben; 120 g gehacktes Rindernierenfett ohne Sehnen; 150 g eingeweichtes, ausgedrücktes Weißbrot; 2 Eier; 1 Teelöffel gehackte Petersilie; je eine Prise Thymian und Salbei; 2 mittelgroße, gehackte Zwiebeln; 75 g Butter. Bratzeit: ungefähr 30 Minuten.*

Die Zwiebeln in Butter dünsten und erkalten lassen. Mit dem Brot, dem Nierenfett, den Eiern, Thymian und Salbei vermischen und würzen. Den Brustknochen der Tauben auslösen, mit der Farce füllen, bridieren und braten. Den Bratsatz mit etwas guter Jus ablöschen und über die angerichteten Tauben gießen. Hühner, Gänse und Truthähne können mit der gleichen Farce gefüllt und gebraten werden. *(Großbritannien)*

WIENER BACKHENDL MIT HÄUPTELSALAT

6 Personen. *3 Hähnchen von je etwa 800 g; 2 Eier; geriebene Semmel; Zitronen; Petersilie. Backzeit: 12-15 Minuten.*

Die Hähnchen ausnehmen, waschen, abtrocknen, jedes in vier Stücke teilen; 2 Keulen und 2 Brusthälften. Mehlen, durch gewürztes, geschlagenes Ei ziehen, in der geriebenen Semmel wenden und auch die Lebern panieren. In einer sauberen Fritüre goldgelb backen, die Lebern jedoch erst, wenn die anderen Stücke schon gar sind. Gut abtropfen, mit feinem Salz bestreuen, auf einer Papierserviette anrichten und mit Zitronenspalten und Petersilie garnieren. Dazu Kopfsalat servieren. *(Österreich)*

FETTLEBERN, STOPFLEBERN

GÄNSE- UND ENTENLEBERN

Man unterscheidet zwei Arten von Fett- oder Stopflebern: die Gänselebern und die Entenlebern. Sie stammen aus dem Elsaß und aus der Gegend von Toulouse, wobei zu bemerken wäre, daß diejenigen aus Südwestfrankreich zarter und schmelzender sind, die aus dem Elsaß jedoch festeres Fleisch haben. Aus Südosteuropa erhält man während des ganzen Jahres Gänsestopflebern.

Erstklassige Ware muß leicht rosa sein, sich fest anfühlen, eine glänzende Farbe haben und völlig frei von grünen Stellen sein, die durch Auslaufen der Galle entstehen können. Vor dem Gebrauch sollte man die Lebern mit Salz und Pastetengewürz sowie Cognac, Portwein, Madeira usw. 24 Stunden marinieren. Von größter Wichtigkeit ist die richtige Zubereitung. Einerlei ob sie in der Kruste, in einer Terrine oder in der Kasserolle bereitet wird, sie muß nach dem Garwerden innen stets rosa bleiben, ohne blutig zu sein. Man kann Stopflebern auch wie Kalbsleber mehlen und in Butter braten, wobei man 80-100 g für jede Person rechnet.

KALTE GERICHTE

GÄNSELEBERASPIK — Aspic de foie gras

6 Personen. *450 g pochierte Gänseleber; 1 l Madeiragelee; 1 Trüffel in Scheiben.*

Die kalte, pochierte Leber in Scheiben von 1 cm Dicke schneiden. Von diesen Scheiben mit einem runden Ausstecher von 4 cm Durchmesser, der jedes Mal in heißes Wasser getaucht wird, Medaillons schneiden. In die Mitte eines jeden Medaillons ein kleines rundes Trüffelscheibchen setzen, das zuvor in flüssiges Gelee getaucht worden ist. Eine Zylinderform mit Gelee chemisieren, auf den Boden der Form erst eine Schicht Medaillons ordnen, die Hohlräume mit Gänseleberabfällen ausfüllen, mit einer Schicht kaltem, aber noch flüssigem Gelee bedecken und festwerden lassen. Eine neue Schicht Medaillons einfüllen, wiederum mit Gelee bedecken und nötigenfalls eine dritte Lage hineingeben. Nach völligem Erkalten stürzen.

GÄNSELEBERBRIOCHE, STRASSBURGER — Mousseline strasbourgeoise

8 Personen. *1 getrüffelte Stopfleber, gewürzt und mit Madeira mariniert; 500 g ungezuckerten Briocheteig. Backzeit: ungefähr 30 Minuten.*

Die Leber 20 Minuten pochieren und erkalten lassen. Mit der Hälfte des Teigs eine große Brioche-form ausfüttern und die Leber in die Mitte legen. Mit dem Rest des Teigs abdecken und mit Eigelb bestreichen, dabei ungefähr 7 cm Raum oben frei lassen, damit der Teig beim Gären die Form füllen kann. Langsam gären lassen und im heißen Ofen backen. Am besten kalt servieren.

GÄNSELEBER-CAROLINES — Carolines au foie gras

6 Personen. *3 dl Brandteig; 200 g Gänseleberpüree. Backzeit: 10 Minuten.*

Von dem Backteig kleine Stangen wie für Blitzkuchen auf ein Backblech spritzen, mit Ei bestreichen, knusprig backen und auskühlen. Auf einer Seite öffnen und mit Hilfe des Spritzsacks und runder Tülle mit getrüffeltem oder nicht getrüffeltem Gänseleberpüree füllen. Man kann die Carolines mit brauner oder weißer Chaudfroid-Sauce nappieren oder sie, so wie sie sind, servieren.

GÄNSELEBERKRUSTADE CHARVIN — Croustade de foie gras Charvin

12 Personen. *500 g Gänseleberschaumbrot; 24 Gänselebermedaillons; 1 l Madeiragelee; 350 g Pastetenteig; 150 g Blätterteig; 1 Trüffel.*

Eine flache, viereckige Form mit Pastetenteig ausfüttern und blind, recht trocken ausbacken. Blätterteig 4 mm dick ausrollen, einstechen, ein Viereck in der Größe des Innern der Krustade ausstechen und recht knusprig backen. Die Krustade mit einer dünnen Schicht Schaumbrot füllen und nach dem Anziehen darauf 12 Medaillons plazieren und mit dem Blätterteig bedecken. Darüber wieder eine Schicht Schaumbrotmasse geben und nach dem Festwerden die weiteren 12 Medaillons dressieren und jedes mit einer runden Trüffelscheibe dekorieren. Mit gerade stockendem Gelee bedecken und vor dem Service wenigstens 2 Stunden gut kühlen.

GÄNSELEBER IN DER KRUSTE — Foie gras en croûte

Eine runde Pastetenform mit Pastetenteig ausfuttern und fingerdick mit feiner Kalbfleischfarce Boden und Seiten bedecken. Die getrüffelte Leber so einsetzen, wie es für Gänseleber in der Terrine angegeben worden ist, und mit Farce zustreichen. Mit einem Teigdeckel abschließen, den Rand einkneifen, mit Eigelb bestreichen und in der Mitte einen Kamin zum Dampfabzug anbringen. Im heißen Ofen für 1 kg Leber 40-45 Minuten backen. Nach dem Herausnehmen aus dem Ofen in den Kamin 5 cl Cognac gießen und nach völligem Erkalten 2 dl Gelee einfüllen.

GÄNSELEBERMEDAILLONS MARIA-THERESIA — Médaillons de foie gras Marie-Thérèse

6 Personen. *1 Stopfleber von 500 g; 6 dl weiße Chaudfroid-Sauce; 3/4 l Gelee; 1 Trüffel; 1/4 Flasche Schaumwein. Pochierzeit der Leber: ungefähr 20 Minuten.*

Gänseleber innen noch rosa in Schaumwein pochieren und erkalten lassen. Hiervon 10 runde Medaillons schneiden und von den Parüren Schaumbrotmasse bereiten. Die Medaillons mit einer Schicht dieser Masse bedecken, glattstreichen, mit Chaudfroid-Sauce überziehen, mit einer kleinen, runden Trüffelscheibe dekorieren und mit Gelee überglänzen. Von dem Rest der Schaumbrotmasse kleine Kugeln, etwas größer als eine Kirsche formen, mit Chaudfroid-Sauce nappieren, unter die man tiefrotes Tomatenpüree gemengt hat, und ebenfalls mit Gelee überglänzen. Die Medaillons kranzartig auf einer runden Platte anrichten und mit den Gänseleberkugeln und Gelee garnieren.

GÄNSELEBERMEDAILLONS TOSCA — Médaillons de foie gras Tosca

6 Personen. *6 Tarteletts aus Halbblätterteig; 400 g kalte, in Madeira pochierte Gänseleber; 6 runde Apfelscheiben von 5 cm Durchmesser und 1 cm Dicke, mit Butter und Zitronensaft pochiert; 50 g geröstete, gestoßene Haselnüsse; 6 Trüffelscheiben; 1 dl geschlagene Sahne; 3/4 l Madeiragelee.*

Von der Gänseleber 6 runde Scheiben von 5 cm Durchmesser und 7 mm Dicke schneiden. Den Rest der Leber durch ein feines Sieb streichen und mit der nicht zu fest geschlagenen Sahne, 7 cl Gelee, Salz, Paprika und etwas von dem Madeira, in dem die Leber pochiert wurde, lockere Schaumbrotmasse bereiten und mit den gesiebten Haselnüssen vermengen. Die Tarteletts mit der Masse dreiviertelvoll füllen und kalt stellen. Nach dem Anziehen in jedes Tartelett ein Gänselebermedaillon setzen, mit einer gut abgetropften Apfelscheibe bedecken, mit einer runden Trüffelscheibe dekorieren und mit Gelee überglänzen. Rund um den Rand der Tarteletts einen dünnen Streifen gehacktes Gelee spritzen.

GÄNSELEBERMUSCHELN IN GELEE — Coquilles de foie gras en gelée

20 Personen. *2 Gänsestopflebern von je 500 g; 2 l Madeiragelee; 2-3 Trüffeln; hartgekochtes Eiweiß; Weißbrot.*

Die Stopflebern rosa pochieren, erkalten lassen und davon mit einem in heißes Wasser getauchten Löffel schöne, gleichmäßige Muscheln ausstechen. Eine Kuppelform mit Gelee chemisieren, den Boden mit einem Trüffelmosaik dekorieren und mit schönen Muscheln auslegen, die mit einer Trüffelscheibe dekoriert worden sind; die weniger schönen Gänseleberstücke in die Mitte geben, wo sie von außen nicht sichtbar sind. Die Form mit Gelee zugießen und zum Festwerden stellen. Die restlichen Muscheln auf kleine ovale Röstbrotscheibchen setzen, die mit Butter bestrichen worden sind, unter die man die Gänseleberparüren gemischt hat. Jede Muschel mit einer kleinen Trüffelscheibe dekorieren und mit Gelee überglänzen. Eine runde Platte mit einem hauchdünnen Geleespiegel ausgießen und an ein Ende einen flachen, dekorierten Brotsockel setzen, der aber auch fortfallen kann. Auf diesen Sockel eine passende Glas- oder Kristallschüssel stellen, in die man den Inhalt der Kuppelform gestürzt und mit gewürfeltem Gelee umkränzt hat. Die Muscheln vor der Schüssel fächerförmig anrichten und die Platte mit Geleehalbmonden garnieren.

GÄNSELEBERPASTETE, STRASSBURGER — Pâté de foie gras à la strasbourgoise

12-15 Personen. *1 frische Stopfleber von 600 g; 350 g frischen, fetten Speck; 300 g schieres, mageres Schweinefleisch; 150 g Kalbsleber; 150 g Kalbsnuß; 3-4 frische Trüffeln; 5 cl Cognac; 5 cl Madeira; 1 kg Pastetenteig; Salz; Pfeffer; Pastetengewürz; Thymian; Lorbeer. Backzeit: 45-60 Minuten.*

Die Stopfleber abends zuvor mit den sauber gebürsteten und geschälten Trüffeln, Madeira, Cognac, Pastetengewürz, Salz, Pfeffer, Thymian und einem Stückchen Lorbeerblatt in einem geschlossenen Gefäß marinieren. Am nächsten Tag folgende Farce bereiten: Den Speck in Würfelchen schneiden, in einer Bratpfanne auslassen, aber nicht verfärben lassen, und die Würfelchen herausnehmen. In dem Fett das Schweine- und Kalbfleisch sowie die Leber, alles in Würfel geschnitten, rasch steif machen, doch keine Farbe annehmen lassen, und alles zusammen mit dem Speck auskühlen, dabei mit 10 g Salz, Pfeffer, Pastetengewürz, je einer Prise pulverisiertem Lorbeerblatt und Thymian würzen. Alles zusammen einige Male durch die feine Scheibe der Fleischmaschine treiben und dann durch ein feines Sieb streichen und mit dem Cognac und Madeira der Marinade gut durcharbeiten. Eine hohe, runde Pastetenform mit dem Teig ½ cm dick unten und an den Seiten ausfüttern und Boden und Seiten mit Farce ausstreichen. Die Stopfleber mit den geviertelten Trüffeln bestecken und aufrecht in die Form stellen, wobei ein Zuviel oben abgeschnitten und an die Seiten gesteckt wird. Die Form gut mit Farce füllen und dabei auch die Hohlräume an den Seiten ausfüllen und aus dem Rest des Pastetenteiges einen Deckel formen, den man beliebig dekoriert, gut andrückt und ein Loch in der Mitte zum Dampfabzug offen läßt. Mit Ei bestreichen und bei guter Hitze backen. Die Pastete ist gar, wenn eine Nadel, durch das Dampfloch gesteckt, nach 30 Sekunden leicht warm herauskommt. Erst wenn die Pastete ganz durchgekühlt ist, gießt man durch das Loch fast stockendes, kaltes Gelee.

Anmerkung: Die Herstellung einer guten Gänseleberpastete ist schwierig und erfordert großes Geschick und Sorgfalt. Mit den renommierten Spezialfabriken zu konkurrieren ist unmöglich, und es ist daher vorteilhafter, Gänseleberpasteten bei einer solchen zu bestellen.

GÄNSELEBER-SCHAUMBROT ALEXANDRA — Mousse de foie gras Alexandra

8 Personen. *1 Stopfleber von 300 g; 75 g Butter; 15 cl süße Sahne; 50 g Trüffeln; Paprika; Pastetengewürz.*

Die Gänseleber pochieren, auskühlen, passieren, mit der schaumiggerührten Butter, etwas fast stockendem Gelee und der halbgeschlagenen Sahne aufziehen und mit Salz, Paprika und Pastetengewürz abschmecken. Eine runde Form mit Madeiragelee chemisieren, mit sehr dünnen Trüffelscheiben dekorieren und mit der Schaumbrotmasse füllen, unter die man kleingewürfelte Trüffeln gemischt hat. Mit Gelee vollfüllen und festwerden lassen. Auf eine runde Platte stürzen und mit Gelee garnieren.

GÄNSELEBERTERRINE — Terrine de foie gras

Pochierzeit: 20 Minuten für 1 Stopfleber von 500 g und 35 Minuten für eine Leber von 1 kg.

Die Leber mit geviertelten Trüffeln oder Trüffelnägeln bestecken. Die Terrine dünn an den Wandungen und dem Boden mit feiner Kalbsfarce ausstreichen, die Leber einsetzen und mit Farce zustreichen. Den Deckel aufsetzen und die Terrine im Wasserbad im Ofen bei einer *Temperatur von 90° C pochieren,* wobei das Wasser nicht kochen darf.

GÄNSELEBERTRÜFFELN — Truffes en surprise

6 Personen. *400 g in Madeira pochierte Gänseleber; 100 g Butter; 200 g gekochte, gehackte Trüffelschalen; 1/2 l Madeiragelee.*

Die Leber durch ein feines Sieb streichen, mit der weichgerührten Butter vermischen und mit Salz, Paprika und etwas von dem Madeira würzen, der zum Pochieren verwendet worden ist. Erkalten lassen und von der Masse 12 Kugeln in der Größe einer kleinen Trüffel formen und in gehackter Trüffelschale rollen. Leicht mit Gelee überglänzen und kalt stellen. Auf gehacktem Gelee anrichten oder in kleine Papierkästchen setzen. Man verwendet sie mit Toast und Butter als Vorspeise oder als Garnitur für kalte Platten.

WARME GERICHTE

GÄNSELEBER-LECKERBISSEN — Friands de foie gras

6 Personen. *300 g Stopfleber oder 300 g gebuttertes Gänseleberpüree; 250 g Blätterteig; 1 Eigelb. Backzeit: 12-15 Minuten.*

Den Blätterteig 4 mm dick ausrollen. Davon Rechtecke schneiden, in die Mitte ein Stäbchen Stopfleber legen oder mit Püree füllen. Die Seiten mit Wasser leicht bestreichen und zusammenschlagen, um die Leber einzuhüllen. Mit der Nahtseite nach unten auf ein Backblech setzen, mit Eigelb bestreichen, leicht mit der Messerspitze überkreuz einritzen und im heißen Ofen backen.

GÄNSELEBERMEDAILLONS AUF NEAPELER ART — Médaillons de foie gras à la napolitaine

6 Personen. *6 runde Gänseleberscheiben von je 75-80 g; 300 g Makkaroni, mit Rahmsauce gebunden und mit einer in Julienne geschnittenen Trüffel vermischt; 1 große Blätterteigkrustade; 1 dl gebundene, tomatierte Kalbsjus.*

Die Makkaroni in die Krustade füllen und obenauf die in Butter sautierten Medaillons dressieren und leicht mit der Jus nappieren.

GÄNSELEBER AUF PERIGORDER ART — Foie gras à la périgourdine

6 Personen. *1 Stopfleber von 500 g, mit Trüffeln gespickt; 3 dl Trüffelsauce.*

Die pochierte Leber anrichten, mit etwas Sauce nappieren und den Rest nebenbei servieren.

GÄNSELEBERSCHNITZEL LUCULLUS — Escalopes de foie gras Lucullus

6 Personen. *1 rohe Leber von 500 g; 15 cl Madeira; 12 Trüffelscheiben; 12 runde, gebackene Croutons; 100 g Butter; 2 dl Demi-glace. Bratzeit: 6-7 Minuten.*

Die Leber in 12 schöne, nicht zu dünne Schnitzel schneiden und 3-4 Stunden mit den Trüffelscheiben und dem Madeira marinieren. Abwischen, würzen, mehlen, in Butter braten und auf Croutons dressieren. Die Butter aus dem Bratgeschirr abgießen, den Bratsatz mit dem Madeira ablöschen, die Trüffelscheiben und die Demi-glace beifügen und kurz durchkochen. Die Schnitzel mit den Trüffelscheiben garnieren und mit der Sauce nappieren.

GÄNSELEBERTRÜFFEL AUF PERIGORDER ART — Surprise du Périgord

6 Personen. *6 frische Trüffeln von gleicher Größe; 150 g rohe Stopfleber; 1 Eiweiß; 5 cl süße Sahne; 1 dl Madeira; 2 dl Trüffelsauce. Pochierzeit der Trüffeln: 15 Minuten, der Füllung: 5-6 Minuten.*

Die Trüffeln gleichmäßig schälen und mit Madeira pochieren. Abtropfen und aushöhlen. Von der passierten Stopfleber, dem Eiweiß, Sahne, einigen Tropfen Madeira, der zum Pochieren verwendet wurde, Salz und Gewürz Schaumbrotmasse bereiten und die Trüffeln damit füllen. Den Rest des Madeira und das Innere der Trüffeln zum Bereiten der Sauce verwenden. Die Trüffeln mit einem Blatt gebuttertem Papier bedecken und einige Minuten in den mittelheißen Ofen stellen, um die Masse zu pochieren. Anrichten, kurz mit Sauce nappieren und den Rest nebenbei servieren.

HAAR- UND FEDERWILD

BRATZEITEN

Hasenrücken	15-18 Minuten	je nach Größe
Hasenpfeffer	$1\frac{1}{2}$-$1\frac{3}{4}$ Stunden	Schmorzeit
Rehrücken oder -keule	12-15 Minuten je Kilo	
Fasan	25-30 Minuten	je nach Größe
Wildente	20 Minuten	
Rebhuhn	18-20 Minuten	je nach Größe
Rebhuhn, altes	45 Minuten-2 Stunden	Schmorzeit je nach Alter
Krammetsvögel	10-12 Minuten	
Wachteln	8-12 Minuten	
Haselhühner	15-18 Minuten	
Birkhuhn oder -hahn	30-35 Minuten	alte Hähne: Schmorzeit 50 Minuten bis 2 Stunden
Kaninchen	20-25 Minuten je Kilo	
Kaninchenpfeffer oder -ragout .	1-$1\frac{1}{2}$ Stunden	je nach Alter

HAARWILD

HASE

Junge Hasen erkennt man daran, daß die Rippen sich leicht eindrücken, die Haut zwischen den Löffeln sich leicht losziehen, die Löffel selbst sich der Länge nach einreißen und die Läufe sich leicht brechen lassen.

HASE AUF KÖNIGLICHE ART — Lièvre à la royale

1. Art. 8-10 Personen. *1 Hasen von 2 kg; 2 große Zwiebeln; 2 Mohrrüben; 10 Schalotten; 200 g Speckscheiben oder -schwarten; 6 Knoblauchzehen; 1 Kräuterbündel; $^3/_4$ l Rotwein; 1 dl Weinessig; Pfefferkörner; Hasenblut; Butter. Schmorzeit: 2 Stunden.*

Einen ganzen, enthäuteten Hasen ausnehmen und Blut, Herz, Leber und Lungen aufheben. Ein gerade passendes Geschirr mit den Speckscheiben oder -schwarten ausfüttern und mit in Scheiben geschnittenen Mohrrüben, Zwiebeln, Schalotten, Knoblauch und dem Kräuterbündel begießen und den Hasen darauflegen und etwas anlaufen lassen. Mit dem Wein und dem Essig bedecken, würzen und ganz langsam, zugedeckt, 2 Stunden im Ofen schmoren lassen. Inzwischen die restlichen Hälften der Schalotten und Knoblauch zusammen mit den Lungen, Leber und Herz ganz fein, fast zu Püree hacken. Den Hasen, der sehr weich sein muß, sorgfältig aus dem Geschirr nehmen, den Fond passieren und mit dem Püree, das man mit dem Hasenblut vermischt hat, legieren. An der Seite des Feuers nur pochieren lassen, bis die Sauce wie eine dickliche Creme aussieht, dann noch einmal durch ein Sieb drücken, indem man sie leicht mit dem Passierpilz stößt. Den auf einer langen, heißen Platte angerichteten Hasen mit der gut abgeschmeckten Sauce übergießen.

2. Art (Perigorder Methode). 12-15 Personen. *1 Hasen von 2 kg-2 kg 200; 2 Zwiebeln; 2 Mohrrüben; 1 Kräuterbündel; 4 Knoblauchzehen; 350 g schieres Schweinefleisch; 350 g frischen Brustspeck; 150 g Trüffeln; 200 g gekochten Schinken; 300 g Gänseleber; 5 cl Cognac; 1 kg 500 Maronen; das Hasenblut. Kochzeit: etwa 3 Stunden.*

Den Hasen enthäuten, entsehnen, ausnehmen, Blut und Leber aufbewahren und innen so sorgfältig entbeinen, daß das Fleisch nicht beschädigt wird. Von dem Schweinefleisch, dem Speck und der Hasenleber eine sehr feine, gutgewürzte Farce bereiten und mit 50 g gehackten Trüffeln vermengen. Den Hasen mit der Öffnung nach oben ausbreiten, mit einer Schicht Farce bedecken, darauf Streifen von roher Gänseleber und Schinken sowie in Achtel geschnittene Trüffeln legen, mit dem Rest der Farce bedecken und wie eine Galantine in ein Musselintuch einrollen und binden. Von den zuvor kleingehackten Hasenknochen zusammen mit einer Mirepoix von Zwiebeln, Mohrrüben und Knoblauch, alles angeröstet, sehr gute Jus bereiten. Den Hasen mit dieser Jus bis zu dreiviertel der Höhe aufgießen und bei schwacher Hitze, zugedeckt, im Ofen langsam kochen lassen. Sobald er gar ist, herausnehmen, die Jus entfetten, mit dem Cognac würzen, mit dem Blut binden und abschmecken. Den Hasen in Scheiben schneiden, mit der Sauce nappieren und dazu Maronenpüree servieren.

HASENKOTELETTS POJARSKI — Côtelettes de lièvre Pojarski

6 Personen. *500 g rohes, feingehacktes Hasenfleisch; 100 g Butter; 150 g eingeweichtes, ausgedrücktes Weißbrot; 80 g geklärte Butter. Bratzeit: 6-8 Minuten.*

Das Hasenfleisch mit dem Brot und der Butter gut vermengen und mit Salz und Pfeffer würzen. Davon sechs Koteletts formen und sorgfältig in geklärter Butter braten. Mit einem feinen Mischgemüse servieren, das man nach Belieben auch durch Pfeffer- oder Wildsauce ersetzen kann.

HASENLÄUFE AUF DEUTSCHE ART — Pattes de lièvre à l'allemande

6 Personen. *1 kg 200 Hasenläufe; 200 g geviertelte, pochierte Champignons; 200 g angeröstete Magerspeckwürfel; 200 g glacierte Zwiebelchen; $^1/_2$ Flasche Rotwein; $^3/_4$ l leichte Demi-glace; 2 dl Hasenblut; 60 g Butter. Kochzeit: 35-40 Minuten.*

Die Hasenläufe anbraten und mit Rotwein deglacieren. Den Rotwein einkochen und mit Demiglace langsam garschmoren. In eine saubere Kasserolle ausstechen. Die Sauce mit dem Hasenblut abziehen, mit frischem Pfeffer aus der Mühle abschmecken und über das Fleisch passieren. Leicht wärmen, aber nicht mehr kochen lassen. Anrichten, mit den Champignons, gerösteten Speckwürfeln und Zwiebelchen garnieren. Nebenbei in Butter geschwenkte Spätzle und warmes Apfelmus servieren.

HASENPFEFFER — Civet de lièvre

6 Personen. *1 Hasen von 2 kg; $^3/_4$ l Rotweinmarinade; 200 g magere, blanchierte und angeröstete Speckwürfel; 200 g rohe Champignons; 20 kleine, in Butter angeröstete Zwiebelchen; das Hasenblut, notfalls 1 dl Schweineblut; 1 dl süße Sahne; 5 cl Cognac; 30 g Mehl. Schmorzeit: $1^1/_4$-$1^1/_2$ Stunden.*

Wird genau so zubereitet, wie es im Rezept für Rehpfeffer angegeben worden ist. *(Siehe Bild auf Seite 489.)*

■ MIT MARONEN — Civet de lièvre aux marrons

Gleiche Zubereitung, mit dem Unterschied, daß man die Champignons durch 500 g ganze, gedünstete Maronen ersetzt, die einige Minuten vor dem Garwerden dem Pfeffer hinzugefügt werden.

■ AUF SOLOGNOTER ART — Civet de lièvre à la solognaise

8 Personen. *1 Hasen von 2 kg 500; 2 Zwiebeln; $^1/_2$ l Rotwein; 3 Schalotten; 150 g durchwachsenen Speck; 250 g Champignons; 24 kleine Zwiebelchen; 16 herzförmige, gebackene Croutons; 1 Sträußchen Kerbel; 6 cl Weinbrand; Petersilie. Schmorzeit: ungefähr 2 Stunden.*

Den Hasen abziehen und ausnehmen. Herz, Leber und Nieren beiseite legen und das Blut in einer Schüssel auffangen. Den Hasen in Stücke teilen und parieren. Von dem Kopf, dem Hals und den Parüren, alles zuvor leicht angeröstet, Fond bereiten, dem man 1 gespickte Zwiebel, 1 Zwiebel in Scheiben, 1 Kräuterbündel beifügt und ihn mit halb Rotwein und halb Bouillon aufgießt und langsam auskocht. Während dieser Zeit die Hasenstücke in Butter anlaufen lassen, herausnehmen und in der Butter 2 gehackte Schalotten, eine zerdrückte Knoblauchzehe und den in Würfelchen geschnittenen Speck anschwitzen. Mit 3 cl Weinbrand flambieren, die Hasenstücke wieder in die Kasserolle geben und mit dem passierten Hasenfond soweit aufgießen, daß alles gut bedeckt ist. Die Zwiebelchen in Butter dünsten. 15 Minuten vor dem Garwerden die gereinigten Champignons und die Zwiebelchen beifügen. Herz, Leber, Nieren, die Petersilie, den Kerbel und eine Schalotte fein hacken und das Blut mit dem restlichen Weinbrand vermischen. Im letzten Moment das Haschee und das Blut unter den Pfeffer mengen und noch 5 Minuten ziehen lassen. Anrichten, mit den herzförmigen Croutons garnieren und nebenbei frische Nudeln oder Salzkartoffeln servieren.

HASENRAGOUT AUF FÖRSTERART — Levraut sauté à la forestière

6 Personen. *1 jungen Hasen von 1 kg 600, ohne Fell; 450 g in Butter sautierte Morcheln; 200 g Speckwürfel, angeröstet; 1 dl Weißwein; 30 g Mehl; 1 Kräuterbündel; 1 zerdrückte Knoblauchzehe. Schmorzeit: 50 Minuten.*

Den Hasen in Stücke teilen, in Butter anrösten, mit Mehl bestäuben und anbräunen. Mit dem Weißwein und soviel Wasser aufgießen, daß alles bedeckt ist, mit Salz, Pfeffer und Knoblauch würzen, das Kräuterbündel beifügen und, zugedeckt, 35-40 Minuten schmoren lassen. Das Kräuterbündel herausnehmen, Morcheln und Speckwürfel hineingeben und noch 10-12 Minuten kochen lassen. Mit gehackter Petersilie bestreut anrichten.

HASENRÜCKEN — Râble de lièvre

Der Rücken besteht aus dem Sattel- und Kotelettstück, also von den ersten Rippen bis zu den Keulen. Im allgemeinen nimmt man jedoch nur den Sattel, der gut enthäutet und gespickt wird. Sofern es sich um junge Hasen handelt, sollte man von einem Marinieren Abstand nehmen. *(Siehe auch Bilder über das Tranchieren Seiten 747/748.)*

■ AUF DEUTSCHE ART — Râble de lièvre à l'allemande

6 Personen. *2 Rücken von je 700 g; 100 g Spickspeck; 75 g Butter; 150 g Trockenfleisch; 1/4 l Rotwein; 5 cl Demi-glace; 1/4 l süße Sahne; 1 kg 200 gedünstetes Rotkraut; 500 g geschälte, entkernte, in dicke Scheiben geschnittene und in Butter gedünstete Äpfel. Bratzeit: 15-18 Minuten.*

Die gespickten Rücken unter mehrfachem Begießen braten, aus dem Geschirr nehmen und warm, aber nicht heiß halten. Den Bratsatz mit Rotwein ablöschen, auf ein Viertel einkochen, die Sahne und die Demi-glace hinzugießen und noch kurz durchkochen. Den Rücken anrichten, kurz mit Sauce nappieren und mit dem in Julienne geschnittenen und gerösteten Trockenfleisch bestreuen. Das Rotkraut, mit den Apfelscheiben belegt, Kartoffelkringel und den Rest der Sauce nebenbei servieren.

■ DIANA — Râble de lièvre à la Diane

6 Personen. *2 Rücken von je 700 g; 1/2 l Diana-Sauce; 100 g Spickspeck; 800 g Maronenpüree. Bratzeit: 15-18 Minuten.*

Die gespickten Rücken braten, anrichten und das Maronenpüree und die Sauce nebenbei servieren. Man kann sie beim Anrichten mit gebratenen Streifen von magerem Speck bedecken. *(Siehe Bild auf Seite 489.)*

■ AUF SCHÄFERART — Râble de lièvre à la bergère

6 Personen. *2 Rücken von je 700 g; 125 g Butter; 1 kg Moosschwämme; 500 g Strohkartoffeln; 100 g Spickspeck; 2 dl Weißwein; gehackte Petersilie.*

Die gespickten Rücken unter mehrfachem Begießen braten und aus der Pfanne nehmen. Den Bratsatz mit dem Weißwein ablöschen, zur Hälfte einkochen und 75 g Butter und gehackte Petersilie darunterziehen. Die Pilze in Butter sautieren und würzen. Die Rücken anrichten, leicht saucieren, mit den Pilzen garnieren und die Kartoffeln und den Rest der Sauce nebenbei servieren.

■ ST. HUBERTUS — Râble de lièvre Saint-Hubert

6 Personen. *2 Rücken von je 700 g; 100 g Spickspeck; 750 g Moosschwämme; 2 gehackte Schalotten; 500 g ungesüßtes Apfelmus; 100 g Butter; 1/2 l Wildsauce. Bratzeit: 15-18 Minuten.*

Die gespickten Rücken braten, die Moosschwämme mit den gehackten Schalotten in Butter sautieren und mit gehackter Petersilie vervollständigen. Die Rücken anrichten, mit den Pilzen garnieren und das warme Apfelmus und die Sauce nebenbei servieren.

■ MIT SÜSSSAURER WILDSAUCE — Râble de lièvre sauce chevreuil aigre-douce

6 Personen. *2 Rücken von je 700 g; 3 dl Wildsauce; 2 dl süße Sahne; 1 gehackte, blanchierte Schalotte; 3 dl Weißwein; 1 Mohrrübe und 1 Zwiebel in Scheiben; Zucker, Essig, Cayennepfeffer. Bratzeit: 15-18 Minuten.*

Die Rücken 24 Stunden mit dem Weißwein, Zwiebel und Mohrrübe marinieren. Bei flotter Hitze braten, herausnehmen, mit 1 dl der Marinade ablöschen und die Wildsauce hinzugießen. Langsam einkochen und dabei nach und nach den Rest der Marinade und die Schalotten beifügen. Mit Zucker, Cayennepfeffer, eventuell auch einem Schuß Weinessig würzen und passieren. Die Rücken anrichten und die Sauce nebenbei servieren.

HIRSCH UND DAMHIRSCH

Hirsch, Damhirsch und Gemse können im allgemeinen wie Reh zubereitet werden und auch Bärenschinken und -pfoten werden gerne gegessen. Die beiden folgenden Spezialitäten sind empfehlenswert:

HIRSCHMEDAILLONS MADAME LACROIX — Médaillons de cerf Madame Lacroix

6 Personen. *6 runde Medaillons, aus den Rückenfilets geschnitten, im Gewicht von je 125-150 g; 250 g Reis; 3/4 l Bouillon; 1 kleine, gehackte Zwiebel; 2 Ingwerpflaumen (in Sirup eingelegt); 1/4 l Pfeffersauce; 2 dl süße Sahne; 50 g Johannisbeergelee; 2 Eßlöffel feingehackte Senffrüchte. Bratzeit: 7-8 Minuten.*

Die Medaillons 30 Minuten in Olivenöl marinieren. Von dem Reis, den gehackten Zwiebeln und der Bouillon Risotto bereiten und, wenn er fertig ist, die in winzige Würfelchen geschnittenen Ingwerpflaumen untermengen. Die Medaillons abwischen, würzen und recht rosa in Butter braten. Den Bratsatz mit der Sahne ablöschen, die Pfeffersauce zugießen, aufkochen und das Johannisbeergelee beifügen. Zur notwendigen Konsistenz kochen, passieren und die gehackten Senffrüchte hinzugeben. Den Reis in eine Halbkugelform drücken und in die Mitte einer runden Platte stürzen. Mit den Medaillons umkränzen, leicht mit Sauce nappieren und den Rest der Sauce und Kopfsalat nebenbei servieren. *(Siehe Bild auf Seite 490.)*

DAMHIRSCHSTEAK AUF SIBIRISCHE ART — Steak de daim à la sibérienne

6 Steaks, aus dem Rückenfilet geschnitten, von je 125-150 g; 2 dl braunen Wildfond; 3 dl saure Sahne; Saft 1/2 Zitrone; 200 g grobe Julienne von geschälten, entkernten sauren Gurken. Bratzeit: 7-8 Minuten.

Die Steaks würzen und recht rosa in Butter braten. Den Bratsatz mit dem Fond ablöschen, zur Hälfte einkochen und die saure Sahne hinzugeben. Einige Minuten kochen lassen, die zuvor blanchierte Julienne beifügen und gut abschmecken. Die angerichteten Steaks mit der Sauce nappieren und dazu Kartoffelpüree nebenbei servieren.

KANINCHEN

In der Küche unterscheidet man zwischen wilden und zahmen Kaninchen. Wilde Kaninchen können genau so wie Hase zubereitet werden und man nimmt sie, und auch zahme Kaninchen, gerne zu Ragouts. Da Kaninchen kürzer als Hasen sind, lassen sie sich leichter füllen und im ganzen Stück schmoren. Im übrigen können zahme Kaninchen wie Kalbfleisch behandelt werden.

KANINCHEN, GEFÜLLT, AUF ARDENNER ART — Lapin farci à l'ardennaise

8-10 Personen. *1 Kaninchen von 2 kg; Farce, bestehend aus 500 g Bratwurstfleisch, 125 g gekochtem, gehacktem Schinken, 2 gehackten, gedünsteten, erkalteten Zwiebeln; 1 zerdrückte Knoblauchzehe; die gehackte Kaninchenleber, Pastetengewürz, Salz, Pfeffer, Thymian und Lorbeerpulver; 2 Mohrrüben und 1 Zwiebel in Scheiben; 3 dl Weißwein. Schmorzeit: 2 Stunden.*

Den Bauch der Länge nach aufschneiden, ausnehmen, mit der Farce füllen und zunähen. Den Boden einer Pfanne mit den Mohrrüben und Zwiebelscheiben bedecken, das Kaninchen kranzartig binden und darauflegen, mit Butter begießen, anbräunen, mit Weißwein angießen, würzen und zugedeckt, im Ofen schmoren. Anrichten und den entfetteten, passierten Fond nebenbei servieren.

GEFÜLLTE KANINCHEN AUF HAUSFRAUENART — Lapereau farci à la ménagère

8-10 Personen. *1 Kaninchen von 1 kg 800-2 kg; 350 g Bratwurstfleisch; 100 g weiße Brotkrume; 100 g Schweineschmalz; 2 große Zwiebeln; 1 Knoblauchzehe; 1 Mohrrübe; Thymian; Lorbeerblatt; Petersilie; 1 dl Weißwein; 2 dl Bouillon. Schmorzeit: $1^1/_2$ Stunden.*

Das Kaninchen sauber ausnehmen, Blut, Leber, Herz und Lunge beiseite tun. Mit Ansnahme des Blutes alles zusammen mit einer Zwiebel recht fein hacken, mit dem eingeweichten und ausgedrückten Brot, dem Bratwurstfleisch, gehackter Petersilie, zerdrücktem Knoblauch, pulverisiertem Thymian und Lorbeerblatt tüchtig durcharbeiten und gut würzen. Das Kaninchen mit der Farce füllen, zusammennähen und in einem Schmortopf mit in Scheiben geschnittener Mohrrübe und Zwiebeln in heißem Schmalz anziehen lassen. Würzen, mit dem Weißwein und der Bouillon aufgießen, zudecken und im Ofen fertigschmoren. Die Sauce entfetten, passieren und mit dem Blut binden. Anstelle des Weißweines kann auch Rotwein verwendet werden.

KANINCHENRAGOUT AUF FRANZÖSISCHE ART — Gibelotte de lapin

6 Personen. *1 Kaninchen von 1 kg 800; 50 g Schweineschmalz; 30 g Mehl; 150 g magere, in Butter angeröstete Speckwürfel; 2 zerdrückte Knoblauchzehen; $^1/_2$ l Rotwein; 20 kleine, in Butter angeröstete Zwiebelchen; 6 in große Würfel geschnittene Kartoffeln. Schmorzeit: $1^1/_4$ Stunden.*

Das Kaninchen in Stücke teilen, in Schmalz anrösten, mit Mehl bestäuben, leicht färben lassen, den Knoblauch beifügen und mit dem Rotwein angießen. Mit so viel Wasser vervollständigen, daß das Fleisch gut bedeckt ist, würzen und 30 Minuten schmoren. Die Speckwürfel und Zwiebelchen und 20 Minuten später die Kartoffeln hinzugeben und alles zusammen garwerden lassen. Das Gericht, so wie es ist, servieren.

KANINCHEN AUF JÄGERART — Lapin sauté chasseur

6 Personen. *1 Kaninchen von 1 kg 800; 50 g Schweineschmalz; 30 g Mehl; 3 Schalotten; 50 g Tomatenpüree; 250 g rohe Champignons; $^1/_2$ l Weißwein; 1 Kräuterbündel. Schmorzeit: $1^1/_2$ Stunden.*

Das in Stücke geteilte Kaninchen in dem heißen Schmalz gut anrösten, mit Mehl bestäuben, die gehackten Schalotten beifügen und, wenn das Mehl angebräunt ist, mit dem Weißwein und so viel Wasser aufgießen, daß alles gut bedeckt ist. Würzen, das Tomatenpüree und das Kräuterbündel hinzugeben und 1 Stunde langsam schmoren lassen. Die je nach Größe geviertelten oder halbierten Champignons beifügen und alles zusammen garmachen. Gut abfetten und mit gehackter Petersilie bestreut anrichten.

■ AUF INDISCHE ART — Lapin sauté à l'indienne

6 Personen. *1 Kaninchen von 1 kg 800. Schmorzeit: $1^1/_2$ Stunden.*

Genauso wie Huhn auf indische Art bereiten.

WILDKANINCHEN JEANNETON — Lapin de garenne Jeanneton

6 Personen. *2 Wildkaninchen von je 1 kg; 100 g Butter; 250 g geschälte, entkernte, grobgehackte Tomaten; 3 gehackte Schalotten; 12 herzförmige, gebackene Croutons; 2 Zwiebeln in Ringen, gebacken; $^1/_2$ l Weißwein. Schmorzeit: 1 Stunde.*

Die Kaninchen in Stücke teilen und in einem Sautoir in Öl mit nußgroß Butter rasch anrösten. Die gehackten Schalotten, eine Spitze zerdrückten Knoblauch und die Tomaten hinzugeben und 5 Minuten dünsten lassen. Bis zur halben Höhe mit Weißwein und Wasser angießen, würzen, ein Kräuterbündel mit reichlich Thymian beifügen und alles zusammen, zugedeckt, 1 Stunde schmoren. Die Kaninchenstücke herausnehmen, die Sauce durch ein Sieb streichen, buttern und über die Stücke gießen. Mit gehackter Petersilie bestreuen und mit gebackenen Zwiebelringen und Croutons garnieren.

REH

REHKEULE — Gigue de chevreuil

Die Keule wird enthäutet, mit feinen Streifen von fettem Speck gespickt und gebraten. Es ist heute nicht mehr üblich, sie zuvor zu marinieren. Man rechnet 300 g brutto für jede Person. Alle Garnituren für Rehrücken eignen sich auch für die Keule.

■ MIT PFIFFERLINGEN — Gigue de chevreuil aux girolles

8 Personen. *1 Rehkeule von 2 kg; 100 g Spickspeck; 100 g Butter; 800 g Pfifferlinge; 40 g gehackte Zwiebeln; 75 g magere Speckwürfel; 1 Eßlöffel gehackte Petersilie; 800 g Kartoffelkroketten; 4 dl Pfeffersauce. Bratzeit: 30 Minuten.*

Die Keule spicken, würzen und braten. Die gehackten Zwiebeln mit den Speckwürfeln in Butter anlaufen lassen, die Pfifferlinge hinzugeben, würzen, rösten und mit der gehackten Petersilie durchschwenken. Die Keule mit den Pfifferlingen anrichten und die Kartoffeln und die Sauce nebenbei servieren.

■ MARIA STUART — Gigue de chevreuil Marie Stuart

8 Personen. *1 Keule von 2 kg; 600 g Maronen; 200 g Gratinfarce; 3 Eigelb; 1/2 l Pfeffersauce; 100 g Spickspeck. Bratzeit: 30 Minuten.*

Die Keule spicken und braten. Von den Maronen Püree bereiten, mit der Gratinfarce vermischen und mit dem Eigelb binden. Erkalten lassen, die Masse zu kleinen Birnen formen, mehlen, panieren und in der Fritüre backen. Die Keule mit diesen Kroketten garnieren und die Sauce nebenbei servieren.

REHKOTELETTS BÉLISAIRE — Côtelettes de chevreuil Bélisaire

6 Personen. *12 Rehkoteletts; 1 kg 500 Sellerieknolle; 4 dl Pfeffersauce; Saft und Schale einer Orange; Bratöl. Bratzeit: 4-5 Minuten.*

Die Koteletts würzen, in Öl braten, im Kranze anrichten und die Mitte mit Selleriepüree füllen. Die Pfeffersauce mit dem Orangensaft und blanchierter Julienne der Orangenschale vervollständigen und die Koteletts damit nappieren.

■ AUF BURGFRAUENART — Côtelettes de chevreuil à la châtelaine

6 Personen. *12 Koteletts; 12 recht kleine, blindgebackene Tarteletts; 500 g Champignons; 2 dl Béchamel; 5 cl Rahm; Bratöl; 3-4 dl Wildsauce.*

Von den Champignons mit der Béchamel Püree bereiten, würzen und mit dem Rahm verfeinern. Die Koteletts würzen, braten, anrichten und mit Wildsauce nappieren. Mit den blindgebackenen Tarteletts garnieren, die mit Champignonpüree gefüllt worden sind.

■ MIT MANDARINEN — Côtelettes de chevreuil aux mandarines

6 Personen. *12 Koteletts von je 80 g; 2 cl Cognac; Saft von 3 frischen Mandarinen; 250 g Filets von japanischen Orangen-Mandarinen (Konserve); 50 g Butter; 3 dl Wildsauce. Bratzeit: 4-5 Minuten.*

Die Koteletts würzen und in Butter braten. Den Bratsatz mit dem Cognac und dem Saft von zwei Mandarinen ablöschen, die Sauce hinzugießen und kurz durchkochen. Die Mandarinenfilets in dem Saft der letzten Mandarine erhitzen, abtropfen und den Saft der Sauce beifügen. Die Koteletts im Kranze anrichten, mit der Sauce nappieren und die Mandarinenfilets in die Mitte dressieren. *(Siehe Bild auf Seite 491.)*

REHKOTELETTS NESSELRODE — Côtelettes de chevreuil Nesselrode

6 Personen. *12 Rehkoteletts von je 75-80 g; 1 kg Maronen; 4 dl Pfeffersauce; Bratöl. Bratzeit: 4-5 Minuten.*

Die Koteletts würzen und bei lebhafter Hitze rasch in heißem Öl sautieren. Abwischen, kranzartig auf einer runden Platte anrichten, mit Pfeffersauce nappieren und die Mitte hoch mit Maronenpüree füllen.

■ AUF SLAWISCHE ART — Côtelettes de chevreuil à la slave

6 Personen. *12 Koteletts; 750 g Gurken; 500 g Steinpilze; 1/4 l Pfeffersauce; Öl; Butter. Bratzeit: 4-5 Minuten.*

Die Koteletts sautieren und jedes auf einer dicken Scheibe braisierter Gurke anrichten und mit Pfeffersauce nappieren. Mit in Öl sautierten Steinpilzscheiben garnieren.

■ MIT WACHOLDER — Côtelettes de chevreuil au genièvre

6 Personen. *12 Koteletts; 2 cl Genever; 10 zerdrückte Wacholderbeeren; 2 dl Pfeffersauce; 1 dl süße Sahne; 6 Reinetten, geschält, zu runden Kugeln ausgestochen und in Butter gedünstet. Bratzeit: 4-5 Minuten.*

Die Koteletts in Butter braten. Den Bratsatz mit dem Genever ablöschen, die Sauce und die Wacholderbeeren hinzugeben, einige Minuten kochen und passieren. Die angerichteten Koteletts mit der Sauce nappieren und die Apfelkugeln nebenbei servieren.

REHMEDAILLONS MIT KIRSCHEN — Médaillons de chevreuil aux cerises

6 Personen. *12 Medaillons von je 60-70 g; 600 g entsteinte Sauerkirschen; 2 dl Rotwein; 1 kleines Stück Zimt; 7-8 g Stärkepuder; 75 g Butter; 3 dl Pfeffersauce; 600 g runde Kartoffelkroketten; Waldorfsalat. Bratzeit: 6-7 Minuten.*

Die Medaillons aus den ausgelösten Rückenfilets dick und rund schneiden, würzen, braten und auf einer runden Platte im Kranz anrichten. Die Kirschen mit dem Zimt und wenig Zucker in Rotwein pochieren, abtropfen, den Saft einkochen, mit Stärkepuder abziehen, passieren und die Kirschen damit binden. In die Mitte der Medaillons dressieren, diese leicht mit Sauce nappieren und den Rest der Sauce, die Kartoffeln und den Waldorfsalat nebenbei servieren. *(Siehe Bild auf Seite 491.)*

REHNÜSSCHEN — Noisettes de chevreuil

Die Nüßchen werden aus den Rückenfilets im Gewicht von 60-70 g etwas dick und genau so wie die Lammnüßchen geschnitten.

■ DUXELLES — Noisettes de chevreuil Duxelles

6 Personen. *12 Nüßchen; 100 g Butter; 300 g Duxelles von Champignons; 500 g Garnitur auf Finanzmannsart; 3/4 l Wildsauce; 2 Eier; frisch geriebene Weißbrotkrume. Bratzeit insgesamt: 6-7 Minuten.*

Die Nüßchen würzen, braten und dabei sehr blutig lassen. Kurz abkühlen und der Dicke nach durchschneiden, ohne sie zu trennen. Mit Duxelles füllen, mehlen, durch geschlagenes Ei ziehen, panieren und in geklärter Butter braten. Anrichten, mit der Garnitur, mit etwas Wildsauce gebunden, garnieren und den Rest der Sauce nebenbei servieren.

■ MAGENTA — Noisettes de chevreuil Magenta

6 Personen. *12 Nüßchen; 12 kleine, flache, ovale Kartoffelkroketten; 1/2 l Zwiebelpüree; 1/4 l römische Sauce. Bratzeit: 5-6 Minuten.*

Die Nüßchen braten und auf den gebackenen Kroketten anrichten. Mit römischer Sauce nappieren und das Zwiebelpüree nebenbei servieren.

▲ Hasenpfeffer, S. 483

Hasenrücken Diana, S. 484 ▼

▲ Hirschmedaillons Madame Lacroix, S. 485

Rehrücken mit Steinpilzen und Pfifferlingen, S. 498 ▼

▲ Rehkoteletten mit Mandarinenfilets, S. 487

Rehmedaillons mit Kirschen, S. 488 ▼

▲ Rebhühner Titania, S. 505

Gebratene Rebhühner, S. 504 ▼

▲ Gebratener Fasan, garniert, S. 501

Kalter Fasan Marie-Jeanne, S. 508 ▼

▲ Kalte Wildpastete

Getrüffeltes Gänseleberparfait Lucullus ▼

▲ Kalbfleisch- und Schinkenpastete, S. 513

Rehrücken für ein kaltes Büffet ▼

▲ Hasenpastete

Geflügelpastete ▼

REHPFEFFER — Civet de chevreuil

6 Personen. *2 kg Reh (Schulter oder Brust); 3/4 l Rotweinmarinade; 150 g magere, angeröstete Speckwürfel; 250 g rohe Champignons; 20 kleine, angeröstete Zwiebelchen; 1 dl Blut; 1 dl süße Sahne; 5 cl Cognac; 40 g Mehl. Schmorzeit: 1 1/2 Stunden.*

Das Reh in Ragoutstücke teilen und 48 Stunden marinieren. Abtropfen, abwischen, bei lebhafter Hitze in Fett anbraten, mit Mehl bestäuben, das Mehl anrösten, mit dem Cognac flambieren und mit der Marinade aufgießen; notfalls etwas Wasser hinzugeben, damit alles gut bedeckt ist. Umrühren, zudecken und 1 Stunde langsam schmoren lassen. In eine saubere Kasserolle ausstechen, die Champignons, Speckwürfel und Zwiebelchen beifügen, mit der entfetteten, passierten Sauce bedecken und fertigschmoren. Abseits der Hitze mit dem Blut und der Sahne legieren und dazu gebutterte Nudeln nebenbei servieren. Man kann anstelle von Rehblut auch Schweineblut nehmen. Nach dem Legieren darf die Sauce nicht mehr kochen.

REHRAGOUT AUF FÖRSTERART — Sauté de chevreuil à la forestière

6 Personen. *1 kg 200 Rehfleisch ohne Knochen (Schulter, Hals, Brust); 40 g Mehl; 2 dl Weißwein; 1 Teelöffel Tomatenmark; 7 Wacholderbeeren; 1 Kräuterbündel; 1 dl Öl; 40 g Butter; 750 g Steinpilze; 2 Schalotten. Zubereitung: 1 1/2 Stunden.*

Das Fleisch in Ragoutstücke schneiden und zuvor einige Stunden in dem Weißwein marinieren. Gut abwischen, in heißem Öl bei lebhafter Hitze anrösten, mit Mehl bestäuben, leicht bräunen lassen und mit dem Weißwein der Marinade und so viel Bouillon oder Wasser auffüllen, daß das Fleisch gerade bedeckt ist. Gut durchrühren, mit Salz, Pfeffer und den zerdrückten Wacholderbeeren würzen, das Tomatenmark und das Kräuterbündel hinzugeben und, zugedeckt, im Ofen langsam garschmoren. Wenn das Fleisch gar ist, in eine saubere Kasserolle ausstechen, die Sauce darüberpassieren und in dicke Scheiben geschnittene, in halb Öl und halb Butter mit gehackten Schalotten sautierte Steinpilze hinzufügen und alles zusammen noch kurze Zeit kochen lassen. Vor dem Servieren die Sauce entfetten und das Ragout mit herzförmigen, in Butter gebratenen Weißbrotcroutons garnieren.

REHRÜCKEN — Selle de chevreuil

8 Personen. *2 kg Rehrücken; 50 g Spickspeck; 8 Äpfel mit festem Fleisch, geschält und ausgehöhlt; 150 g Johannisbeergelee; 1/2 l Pfeffersauce. Bratzeit: 25-30 Minuten.*

Den Rücken spicken und im Ofen braten. Mit den in Wasser mit Zitronensaft pochierten, abgetropften und mit Johannisbeergelee gefüllten Äpfeln garnieren und die Sauce nebenbei servieren. Der stets gespickte und gebratene Rücken — für 6-8 Personen genügt das Sattelstück — kann auch mit Oberjägermeister-, römischer oder Wildsauce serviert werden.

■ AUF DEUTSCHE ART — Selle de chevreuil à l'allemande

8 Personen. *2 kg Rehrücken; 1 kg Rotkraut; 200 g geschälte, entkernte, gewürfelte Äpfel. 1 große Zwiebel in Scheiben; Essig; Zucker; 1/2 l saure Sahne; Saft 1/2 Zitrone; 50 g Gänseschmalz; 1 kg Kartoffeln. Bratzeit: 25-30 Minuten.*

Das Rotkraut dünn raspeln. Die Zwiebel in dem Gänseschmalz anlaufen lassen, das Rotkraut und die Äpfel hinzugeben, kurz dünsten lassen, mit wenig Bouillon angießen und fertigdünsten. Mit Salz, Zucker und etwas Essig leicht süßsauer abschmecken. Den gespickten Rehrücken zusammen mit den Parüren und einigen kleingehackten Rehknochen rosa braten und herausnehmen. Den Bratsatz mit etwas Bouillon ablöschen, kurz durchkochen, die saure Sahne hinzugießen, einige Minuten kochen lassen, mit dem Zitronensaft würzen und passieren. Den Rücken anrichten, knapp mit Sauce bedecken und den Rest der Sauce, das Rotkraut und Kartoffelpüree nebenbei servieren.

■ CHEVREUSE — Selle de chevreuil Chevreuse

8 Personen. *2 kg Rehrücken; 50 g Spickspeck; 750 g pürierte Kerbelknollen; 8 große, grillierte Champignons; 1/2 l Wildsauce. Bratzeit: 25-30 Minuten.*

Den gespickten Rücken braten und anrichten. Mit den entstielten, grillierten Champignons garnieren, die mit Püree von Kerbelknollen gefüllt worden sind. Die Sauce nebenbei servieren.

REHRUCKEN METTERNICH — Selle de chevreuil Metternich

8 Personen. *2 kg Rehrücken; 50 g Spickspeck; 750 g glacierte Maronen; 750 g geschmortes Rotkraut; 8 kleinere Äpfel, ausgehöhlt und pochiert; 150 g Johannisbeergelee; 1/2 l Großjägermeistersauce. Bratzeit: 25-30 Minuten.*

Den gespickten Rücken braten und anrichten. Mit den Maronen und den mit Johannisbeergelee gefüllten Äpfeln garnieren und das Rotkraut und die Sauce nebenbei servieren.

■ SCHÖNE KREOLIN — Selle de chevreuil belle créole

8 Personen. *2 kg Rehrücken; 50 g Spickspeck; 4 Bananen; 2 Scheiben frische Ananas, kleingewürfelt; 5 cl Ananassaft; 5 cl Weißwein; 50 g Johannisbeergelee; 1/2 l Pfeffersauce; 1 Ei; Panierbrot. Bratzeit: 25-30 Minuten.*

Den gespickten Rücken braten und herausnehmen. Den Bratsatz mit Weißwein und Ananassaft ablöschen, die Pfeffersauce hinzugießen und einige Minuten kochen. Die Ananaswürfel im eigenen Saft dünsten, abtropfen und den Saft und das Johannisbeergelee zur Sauce geben. Passieren und die Ananaswürfel beifügen. Die geschälten Bananen in zwei Stücke teilen, panieren und in Butter braten. Den angerichteten Rehrücken mit den Bananen garnieren und die Sauce nebenbei servieren.

■ MIT STEINPILZEN UND PFIFFERLINGEN — Selle de chevreuil aux cèpes et girolles

8 Personen. *2 kg Rehrücken; 600 g Steinpilze in Scheiben; 600 g Pfifferlinge; 120 g Butter; 50 g Spickspeck; 50 g gehackte Zwiebeln; 1 Eßlöffel gehackte Petersilie; 800 g Kartoffeln; 3 dl süße Sahne; 1 dl braunen Fond; 5 cl Demi-glace. Bratzeit: 20-25 Minuten.*

Den gespickten Rücken braten, herausnehmen und warm halten. Den Bratsatz mit dem braunen Fond ablöschen, die Sahne und die Demi-glace hinzugeben, kurz durchkochen, abschmecken und passieren. Steinpilze und Pfifferlinge, jeden Teil für sich, mit zuvor angeschwitzten Zwiebeln sautieren, würzen und mit gehackter Petersilie durchschwenken. Den Rehrücken anrichten, auf einer Seite mit den Steinpilzen und auf der anderen mit den Pfifferlingen garnieren und Sauce und Kartoffeln nebenbei servieren. In Betracht kommen Kringel-, Krokett- oder Schloßkartoffeln oder feines Kartoffelpüree. *(Siehe Bild auf Seite 490.)*

■ WINDSOR — Selle de chevreuil Windsor

8 Personen. *2 kg Rehrücken; 4 halbe Stauden gedünsteten Bleichsellerie; 50 g Spickspeck; 1 kg glacierte Maronen; 1/2 l Pfeffersauce; 1 Eßlöffel geriebenen Meerrettich; 1 dl süße Sahne. Bratzeit: 25-30 Minuten.*

Den gespickten Rücken braten und anrichten. Mit den ganzen, glacierten Maronen und dem in Stücke geteilten Bleichsellerie garnieren. Die mit dem Meerrettich und der Sahne vermischte Pfeffersauce nebenbei servieren.

WILDSCHWEIN UND FRISCHLING

Mit Ausnahme des Kopfes, der am meisten geschätzt wird, und den Keulen. wird Wildschwein kaum verwendet. Die Keulen werden stets mariniert. Dagegen ist das Fleisch junger Wildschweine, der Frischlinge, weitaus zarter und feiner im Geschmack.

FRISCHLINGSKOTELETTS — Côtelettes de marcassin

Sie können genau so wie Rehkoteletts bereitet werden.

6 Personen. *12 Koteletts von je 75 g; 500 g entsteinte Sauerkirschen; 2 dl Rotwein; 1 Prise Zimt; 7-8 g Stärkemehl; 75 g Butter; 600 g Kartoffelkroketten in Kugelform; 4 dl Pfeffersauce. Bratzeit: 6-7 Minuten.*

Die Kirschen in dem Rotwein mit einer Prise Zimt und sehr wenig Zucker pochieren. Abtropfen, den Saft einkochen, mit Stärkemehl binden und die Kirschen wieder hineingeben. Die Koteletts würzen, braten, im Kranze anrichten und die Kirschen in die Mitte dressieren. Die Sauce und die Kartoffeln nebenbei servieren.

FRISCHLINGSKOTELETTS ST. MARKUS — Côtelettes de marcassin Saint-Marc

6 Personen. *12 Frischlingskoteletts von je etwa 75 g; 2 dl Weißwein; 1 Mohrrübe; 1 Zwiebel; Thymian; 1 kleines Lorbeerblatt; Petersilie; 2 dl Essig; 150 g Spickspeck; 1 dl Öl; 40 g Butter; $^1/_2$ l Pfeffersauce; 1 kg Maronen; 50 g Mandeln. Bratzeit: 7-8 Minuten.*

Die gut parierten Koteletts 24 Stunden in eine Marinade von Weißwein, Essig, Zwiebel- und Mohrrübenscheiben, Petersilie, Thymian, Lorbeerblatt und Pfefferkörnern legen, dann gut abwischen, jedes Kotelett mit 2-3 Speckstreifen spicken, in Öl und Butter anbraten, im Ofen fertigbraten und im Kranze auf einer runden Platte anrichten. Leicht mit Pfeffersauce, vermischt mit gestiftelten, gerösteten Mandeln, übergießen und die Mitte der Platte hoch mit kleinen Maronenkroketten füllen.

FRISCHLINGSNETWÜRSTCHEN ST. HUBERTUS — Crépinettes de marcassin Saint-Hubert

6 Personen. *1 kg abgehangene Frischlingsschulter; 200 g schieres Schweinefleisch; 300 g frischen, fetten Speck; 150 g Maronenpüree; 1 Trüffel; $^1/_2$ l Pfeffersauce; Schweinsnetz; 60 g Butter. Bratzeit: 18 Minuten.*

Die Schulter enthäuten, vom Knochen befreien und zusammen mit dem Speck und dem Schweinefleisch durch die Fleischmaschine treiben. Kräftig würzen, mit dem kalten Maronenpüree und der gehackten Trüffel gut durcharbeiten. In Stücke von der Größe eines großen Eis teilen und jedes Stück in ein Viereck von Schweinsnetz einhüllen und etwas plattieren. In ein gebuttertes Bratgeschirr legen, mit zerlassener Butter übergießen und im heißen Ofen braten. Mit leichter Pfeffersauce nappieren und mit einem beliebigen Gemüsepüree garnieren.

FRISCHLINGSSCHINKEN — Jambon de marcassin

Er wird meistens geschmort und mit einem Püree von Knollensellerie, weißen Rüben, Maronen usw. serviert. Aus dem Fond wird eine entfettete Sauce gezogen, die man wie Pfeffersauce bereitet.

FRISCHLINGSSCHINKEN VERNON — Jambon de marcassin Vernon

Man kann den Schinken marinieren oder auch nur gut abhängen lassen. Durch das Marinieren wird der « Wildgeschmack » etwas gemindert. Bratzeit je Kilo 25 Minuten, Schmorzeit für einen ganzen Schinken ungefähr 4 Stunden. Man serviert dazu ein beliebiges Gemüsepüree und eine Vernon-Sauce, die wie römische Sauce unter Zusatz von etwas geschmolzener Schokolade, einem Löffelchen gehacktem Orangeat und gerösteten Pinienkernen, Pistazien oder Mandelsplittern zubereitet wird.

FEDERWILD

Für alle Zubereitungsarten von Federwild sind nur junge Vögel geeignet. Alte Vögel eignen sich nur zum Schmoren.

BIRKHAHN — Coq de bruyère ou tétras

Der Hahn wird bardiert, etwa 35-40 Minuten gebraten und mit Johannisbeergelee und Brotsauce serviert.

FASAN AUF BÖHMISCHE ART — Faisan à la bohémienne

5 Personen. *1 Fasan von 1 kg 500; 1 frische Stopfleber von 500 g, mit Salz und Paprika gewürzt und mit einer kleinen, geviertelten Trüffel besteckt; 5 cl Cognac; 1 dl Wildjus. Bratzeit: 40 Minuten.*

Die Leber 20 Minuten pochieren und erkalten lassen. In den Fasan stecken, bridieren, bardieren und in einem feuerfesten Brater garmachen. Die Butter aus dem Geschirr abgießen, den Bratsatz mit Cognac flambieren, die Jus hinzugießen und um ein Drittel einkochen. Den Fasan im Brater servieren.

■ DEMIDOW — Faisan à la Demidoff

5 Personen. *1 Fasan von 1 kg 500; 300 g Karotten oder Mohrrüben; 250 g Staudensellerie; 2 schöne Trüffeln; 1 dl Madeira. Bratzeit des Fasans: 25-30 Minuten.*

Den Fasan in einer feuerfesten Kasserolle in Butter gut anbräunen und die in dünne Halbmonde geschnittenen Karotten und den in dünne Scheiben geschnittenen Bleichsellerie hinzufügen, die Kasserolle zudecken und den Fasan poelieren. 5 Minuten vor dem Garwerden die in Halbmonde geschnittenen, gekochten Trüffeln und den Madeira beifügen, zudecken, garmachen und in der Kasserolle servieren.

■ KARTÄUSERGERICHT VON — Faisan en chartreuse

6 Personen. *1 Fasan von 1 kg 500; 2 kg Weißkraut; 1 Kochwurst; 150 g mageren Speck; 700 g Mohrrüben; 500 g weiße Rüben; 2 Zwiebeln; Knoblauch; 1 Kräuterbündel; 150 g Butter. Schmorzeit des Fasans, je nach Alter: 45-90 Minuten, des Krauts: etwa 2 Stunden.*

Diese Zubereitungsart paßt für einen Fasan, der nicht mehr jung genug ist, um gebraten zu werden. Er wird mit dem Kraut geschmort und genau wie das Kartäusergericht von Rebhuhn behandelt.

FASAN IN DER KASSEROLLE — Faisan en casserole

5 Personen. *1 Fasan von 1 kg 500; 5 cl Cognac; 1 dl Wildjus; 60 g Butter. Poelierzeit: 30-35 Minuten.*

Den Fasan bridieren und in einer feuerfesten Porzellan- oder irdenen Kasserolle poelieren. Mit dem Cognac und der Jus ablöschen und in der Kasserolle servieren.

FASAN AUF PERIGORDER ART — Faisan à la Périgueux

6 Personen. *1 Fasan von 1 kg 500; 400 g rohe Trüffeln; 1 dl Madeira; 2 dl Demi-glace. Poelierzeit: 35-40 Minuten.*

Den Fasan mit gebürsteten, geschälten Trüffeln wie getrüffelte Poularde füllen, bridieren, bardieren und 48 Stunden kühl aufbewahren. In einer feuerfesten Kasserolle mit Madeira poelieren, zum Schluß den Fond mit Demi-glace verkochen, der man die gehackten Trüffelschalen beigefügt hat. Den Fasan tranchieren, anrichten, mit den Trüffeln der Füllung garnieren und mit der Trüffelsauce nappieren.

■ IN SAHNE — Faisan à la crème

6 Personen. *1 Fasan von 1 kg 500; 500 g in Butter sautierte Champignons; 5 cl Fleischglace; 3 dl saure Sahne. Bratzeit: 30 Minuten.*

Den Fasan in Butter braten. Wenn er dreiviertelgar ist, die Glace, die Sahne und etwas Zitronensaft hinzufügen und unter mehrfachem Übergießen garmachen. Die Champignons hinzugeben und im Brater servieren.

■ SALMI VON — Faisan en salmis

5 Personen. *1 Fasan von 1 kg 500; 1 kleine Zwiebel; 1 Schalotte; 1/2 Knoblauchzehe; 5 cl Weißwein; 2 dl Demi-glace; 5 cl Rotwein; 1 kleines Kräuterbündel; 200 g Champignons; 5 cl Madeira. Bratzeit des Fasans: 18-20 Minuten.*

Den Fasan bardieren und blutig braten. Inzwischen die gehackte Zwiebel in Öl hellgelb anrösten, die gehackte Schalotte und kurz danach den zerdrückten Knoblauch hinzugeben, je eine Prise Thymian und Lorbeer sowie 3 Petersilienstiele beifügen, mit dem Rot- und Weißwein aufgießen, fast gänzlich einkochen, mit der Demi-glace auffüllen und langsam kochen lassen. Den Fasan in Keulen, zwei Flügelstückchen und die beiden Brusthälften zerlegen, wobei man die Brust in 5 Scheiben, die Keulen in 2 Stücke schneidet und alle diese Stücke in dem Madeira nur lauwarm hält. Die Karkasse des Vogels feinstoßen, fast zu Püree, in die vorbereitete Sauce geben, nur einmal aufkochen lassen und dann durch ein Sieb drücken, um ein Maximum von Geschmack herauszuholen. Die warme Sauce über das Fleisch geben, die zuvor sautierten Champignons beifügen, heißwerden, jedoch nicht mehr kochen lassen, damit das Fleisch nicht hart wird. Die Stückchen übereinander anrichten, die Sauce mit den Champignons darübergießen und mit herzförmigen, gerösteten Weißbrotcroutons garnieren. Anstelle der Champignons kann man auch Trüffelscheiben nehmen.

■ SUWAROW — Faisan à la Souvaroff

6 Personen. *1 Fasan von 1 kg 500; 1 Stopfleber von 300-400 g; 250 g Trüffeln; 2 dl Madeira; 1 dl Kalbsjus. Zubereitung: 30-35 Minuten.*

Die Trüffeln in dem Madeira pochieren, herausnehmen, die Stopfleber mit einigen Trüffelstiften bestecken und in dem Madeirafond nur steif machen. Die Leber in das Innere des Fasans einfüllen, bridieren, würzen, bardieren und in einer feuerfesten Porzellankasserolle im heißen Ofen etwa 20 Minuten poelieren. Die restlichen, in Viertel geschnittenen Trüffeln hinzugeben, den Madeirafond und die Jus hinzugießen, die Kasserolle zudecken, mit einfachem Teig aus Mehl und Wasser hermetisch verschließen, noch 15 Minuten in den Ofen stellen und in der verschlossenen Kasserolle servieren.

■ IM TOPF (in der Kokotte) ODER GARNIERT — Faisan en cocotte

5 Personen. *1 Fasan von 1 kg 500; 15 kleine Zwiebelchen; 15 rohe Champignons; 60 g Butter; 5 cl Madeira. Bratzeit: 25-30 Minuten.*

Den Fasan bridieren, mit Speckscheiben bardieren und in einer passenden feuerfesten Porzellan- oder Steingutkasserolle auf allen Seiten gut anbraten. Nach 15 Minuten den Speck entfernen, die zuvor in Butter angerösteten Zwiebelchen und die rohen Champignons beifügen und alles zusammen, zugedeckt, fertigbraten. Im letzten Moment mit dem Madeira deglacieren und nach dem Entfernen des Bridierfadens, zugedeckt, in der Kokotte servieren. Bei allen Fasanengerichten muß der Vogel sehr rosig, ja fast noch blutig gehalten werden, da er rasch nachzieht und dann trocken ist. *(Siehe Bild auf Seite 493.)*

FASAN VALLÉE D'AUGE — Faisan Vallée d'Auge

6 Personen. *1 Fasan von 1 kg 500; 50 g Butter; 750 g ungezuckertes Apfelmus; 3 dl süße Sahne; Saft einer Zitrone. Poelierzeit: 30 Minuten.*

Den Fasan bridieren und in einer feuerfesten Kasserolle anbraten. Würzen, zudecken und langsam poelieren. Wenn er dreiviertelgar ist, die Sahne hinzugießen, völlig garmachen und im letzten Moment den Zitronensaft hinzugeben. Das Apfelmus nebenbei servieren.

GROUSE — Schottisches Moorhuhn

Dieser Wildvogel ist bei uns selten; er kommt jedoch dann und wann auf den Markt. Er wird bardiert, rosig, je nach Größe, etwa 12-14 Minuten, gebraten und mit Brotsauce und Chipskartoffeln serviert.

HASELHUHN — Gelinotte

Obwohl man diesen Vogel auch in Frankreich findet, ist er vor allen Dingen in Rußland und in Nordeuropa stark verbreitet. Das Haselhuhn wird meistens in einer feuerfesten Porzellankasserolle gebraten — Bratzeit: 15 Minuten — und der Bratsatz, mit etwas saurem Rahm deglaciert, über den Vogel gegossen.

HASELHUHN, GEBRATEN, AUF RUSSISCHE ART — Gelinottes rôties à la russe

6 Personen. *3 Haselhühner; 50 g geklärte Butter; Saft einer halben Zitrone; 1 dl Kalbsfond; 3 dl Smitainesauce; kalte Milch. Bratzeit je nach Größe: 15-18 Minuten.*

Die Haselhühner sengen, ausnehmen und 2-3 Stunden in kalte Milch legen. Innen und außen abwischen, würzen, bridieren und bardieren. In eine Kasserolle mit einigen zerdrückten Wacholderbeeren legen, mit Zitronensaft beträufeln und mit heißer, geklärter Butter übergießen. Bei scharfer Hitze braten, aus dem Geschirr nehmen und in der Butter einen großen Crouton braten. Herausnehmen und die Haselhühner darauf dressieren. Den Bratsatz mit dem Kalbsfond ablöschen, einkochen und über die Haselhühner passieren. Die Sauce nebenbei servieren.

KRAMMETSVÖGEL MIT COGNAC — Grives au cognac

6 Personen. *6 Krammetsvögel; 500 g enthäutete, entkernte Weinbeeren; 3 cl Cognac; 5 cl Wildjus. Dünstzeit: ungefähr 16 Minuten.*

Die Krammetsvögel 5-6 Minuten in Butter anbraten, in eine feuerfeste Porzellankasserolle geben, die Weinbeeren beifügen und mit dem Cognac, einigen Tropfen Traubensaft und der Jus angießen. Zudecken und 10 Minuten in den heißen Ofen stellen.

■ AUF HAUSFRAUENART — Grives à la bonne femme

6 Krammetsvögel; 200 g mageren Speck; 150 g Weißbrot ohne Rinde; 60 g Butter; 4 cl Weißwein oder Cognac. Bratzeit: 10 Minuten.

Die Krammetsvögel würzen, in Butter anbräunen, den gewürfelten Speck und das in kleine Würfel geschnittene Brot hinzugeben, das zuvor in Butter angeröstet worden ist. Einen Schuß Cognac oder Weißwein hinzufügen, das Geschirr zudecken, 8-10 Minuten in den heißen Ofen stellen und sofort servieren.

■ IM NEST — Grives au nid

Genau wie Wachteln im Nest bereiten, jedoch nur 8 Minuten in der Sauce pochieren. Jeden Vogel mit 3-4 winzigen getrüffelten Klößchen in Form eines Eies umgeben, die gesondert pochiert worden sind.

■ IM TOPF (in der Kokotte) — Grives en cocotte

6 Personen. *12 Krammetsvögel; 350 g Champignons; 1 Kräuterbündel; 12 dünne Scheiben fetten Speck; 4 cl Tresterbranntwein; 15 cl Weißwein; 125 g Butter; 6 Schalotten in Scheiben; 40 g Gänseschmalz. Dünstzeit: 15 Minuten.*

Die Krammetsvögel rupfen und sengen, aber nicht ausnehmen. Unter den Keulen einen kleinen Einschnitt machen und den Magen mit einer Spicknadel herausholen. Die Vögel würzen, mit einer Speckscheibe umwickeln und in einer irdenen Kasserolle mit Gänseschmalz anrösten. Die Vögel herausnehmen, warm stellen, das Schmalz abgießen und etwas Butter in die Kasserolle geben. Die Schalotten, die Champignons, einige Speckwürfel, das Kräuterbündel und vier Wacholderbeeren sowie die Krammetsvögel hineingeben, mit Tresterbranntwein flambieren, mit angewärmtem Weißwein angießen, zudecken und 12 Minuten, zugedeckt, in den heißen Ofen stellen. Die Vögel auf Croutons anrichten, mit dem eingekochten Fond, mit 50 g Butter aufgeschlagen, übergießen, mit den Champignons und Strohkartoffeln garnieren und sehr heiß servieren.

KRAMMETSVÖGEL ÜBERKRUSTET — Grives au gratin

6 Krammetsvögel; 200 g Gratinfarce; 150 g Champignons; 5 cl Madeira; 40 g Butter; Reibbrot. Kochzeit der Krammetsvögel: 8 Minuten.

Die Vögel entknöcheln, mit nußgroß Farce füllen, binden und in Butter anbraten. Mit dem Madeira angießen und 8 Minuten dünsten. Eine feuerfeste Backplatte mit einer Schicht Gratinfarce bestreichen, die Vögel daraufsetzen, mit wenig Demi-glace übergießen, der man die gehackten, gerösteten Champignons und den Madeira beigefügt hat, mit Reibbrot bestreuen und im heißen Ofen gratinieren.

■ MIT WACHOLDER — Grives au genièvre

Die Krammetsvögel anbräunen, einige zerdrückte Wacholderbeeren hinzugeben, mit einem Schuß Cognac oder Wacholderschnaps deglacieren, 2 Löffel Jus hinzufügen, die Servierkasserolle zudecken, 10 Minuten in den heißen Ofen stellen und sofort servieren.

LERCHEN AUF GROSSMUTTERART — Mauviettes à la bonne-maman

6 Personen. *18 Lerchen; 250 g Mohrrüben; 100 g Sellerie; 100 g Zwiebeln; 50 g Butter; 3 dl Kalbsjus. Pochierzeit: 8-10 Minuten.*

Genauso wie Wachteln gleichen Namens bereiten.

■ NACH DER MUTTER MOINET — Mauviettes à la mère Moinet

6 Personen. *18 Lerchen; 1 kg Äpfel; 60 g Butter; 2 dl Crème double. Bratzeit: 8 Minuten.*

Dickes Püree von etwas säuerlichen Äpfeln bereiten und in eine heiße, tiefe Schüssel füllen. Die Lerchen im heißen Ofen in Butter braten, in das Püree eindrücken, jeden Vogel mit einem Löffelchen Rahm bedecken und den Rest nebenbei servieren.

■ AUF PIEMONTESER ART — Mauviettes à la piémontaise

6 Personen. *18 Lerchen; 18 kleine Maiskrusteln in Butter gebraten. Bratzeit: 8-10 Minuten.*

Die Lerchen braten, auf flache Maiskrusteln dressieren und mit der Bratbutter übergießen.

ORTOLANEN (FETTAMMERN) UND FEIGENDROSSELN — Ortolans et becs-figues

Diese delikaten kleinen Vögel sollte man nur braten, weil sie so am besten schmecken. Man kann sie allerdings genau wie Lerchen behandeln.

REBHÜHNER — Perdreaux

Es gibt zwei Arten: das graue und das rote. Das graue Rebhuhn ist das schmackhaftere. Rebhühner können genauso wie Fasan bereitet werden, doch ist die kürzere Bratzeit zu berücksichtigen.

REBHUHN AUF DEUTSCHE ART — Perdreaux à l'allemande

6 Personen. *3 Rebhühner; 2 Mohrrüben und 1 Zwiebel in Scheiben; 1 Kräuterbündel; 3 Scheiben fetten Speck; 5 cl Cognac; ¾ l Bouillon; 15 cl saure Sahne. Schmorzeit: 40-50 Minuten.*

Die Rebhühner mit dem Speck umwickeln und binden, anbraten, auf die angerösteten Mohrrüben- und Zwiebelscheiben setzen, mit der Bouillon aufgießen und den Cognac und das Kräuterbündel beifügen. Zugedeckt schmoren und, wenn sie dreiviertelgar sind, die Sahne hinzugießen. Herausnehmen, die Speckscheiben abnehmen, den Fond abfetten, einkochen und über die angerichteten Rebhühner gießen.

REBHUHN AUF CANAPÉ — Perdreaux sur canapé

6 Personen. *3 Rebhühner; 150 g Gänseleberpüree; 1 kleine Trüffel; 3 Scheiben fetten Speck; gehackte Petersilie; 2 cl Cognac; 6 Croutons. Bratzeit: 18-20 Minuten.*

Die Rebhühner bridieren, mit Speck umwickeln und in der Kasserolle braten. Wenn sie dreiviertelgar sind, den Cognac hinzugießen und fertigbraten. Die Croutons in Butter braten und mit einer Mischung von Gänseleberpüree, den gehackten Rebhuhnlebern, etwas gehackter Petersilie und der gehackten Trüffel, alles gut gewürzt, bestreichen. Die Rebhühner auf die Croutons setzen, anrichten und eventuell mit Gemüse garnieren. *(Siehe Bild auf Seite 492.)*

■ MIT KRAUT — Perdreaux ou perdrix aux choux

6 Personen. *3 Rebhühner; 3 kg Wirsingkohl; 1 Kochwurst von 350-400 g; 50 g Schmalz; 150 g mageren Speck; 2 Mohrrüben; 2 Zwiebeln; 1 Kräuterbündel; ½ l Demi-glace. Schmorzeit je nach Alter der Rebhühner: 1-2 Stunden.*

Den Kohl kurz blanchieren, abtropfen und mit dem Schmalz, den zuvor in Butter angerösteten Rebhühnern, der Wurst und dem Speck in die Mitte, einer Kasserolle geben. Die Mohrrüben Zwiebeln, Kräuterbündel und einige Pfefferkörner beifügen, zudecken und im Ofen schmoren. Sind die Rebhühner jung, so nimmt man sie nach dem Weichwerden heraus und läßt den Kohl mit dem Speck noch weiter schmoren. Sobald alles gar ist, das Kraut in eine große, tiefe Schüssel geben, die zerlegten Rebhühner daraufdressieren und mit dem in Scheiben geschnittenen Speck, der Wurst und der Mohrrüben garnieren.

REBHÜHNER AUF KRÖTEN- ODER TEUFELSART — Perdreaux à la diable ou en crapaudine

Gleiche Zubereitungsart wie für Tauben oder Masthähnchen. Die Sauce mit kräftigem Wildfond bereiten und nur ganz junge Rebhühner verwenden.

■ MATIGNAC — Perdreaux à la Matignac

6 Personen. *3 Rebhühner; 250 g Hahnenkämme und -nieren; 100 g Oliven; 150 g Gänseleber; 1 Trüffel; 5 cl Madeira; ¼ l Demi-glace; 50 g Butter. Schmorzeit: etwa 40 Minuten.*

Die Rebhühner in Butter braun anbraten, mit dem Madeira aufgießen, zur Hälfte einkochen, mit der Demi-glace auffüllen, würzen und, zugedeckt, etwa 40 Minuten schmoren. Inzwischen eine Garnitur, bestehend aus sehr kleinen Gänseleberschnitzeln, Trüffelscheiben, entkernten und blanchierten Oliven, Hahnenkämmen und -nieren, bereiten. Wenn die Rebhühner weich sind, die Sauce passieren, entfetten und mit der Garnitur vermischen. Die Rebhühner tranchieren und um die in die Mitte der Platte gegebene Garnitur dressieren.

■ NETZWÜRSTCHEN VON — Crépinettes de perdreaux

6 Personen. *3 Rebhühner; 200 g mageres Schweinefleisch; 400 g frischen, fetten Speck; 100 g Stopfleber; 1 kleine Trüffel; 1 Schweinsnetz; ½ l Trüffelsauce. Bratzeit: 20 Minuten.*

Die Rebhühner entbeinen und das Fleisch zusammen mit dem Schweinefleisch, Speck und Gänseleber durch die Fleischmaschine treiben. Die gehackte Trüffel hinzugeben, würzen, gut vermengen und in Stücke von der Größe eines Eies teilen. Etwas abflachen, in viereckige Stückchen Schweinsnetz hüllen, in eine gefettete Bratplatte ordnen, mit zerlassener Butter übergießen und bei mäßiger Hitze im Ofen garmachen. Anrichten und die Trüffelsauce nebenbei servieren.

■ SALMI VON — Salmis de perdreaux

Je Person: *½ Rebhuhn. Bratzeit: 18 Minuten.*

Genau mit allen Zutaten so bereiten wie Salmi von Fasan. Man braucht wenigstens 2-3 Rebhühner, um einen wirklichen, guten Salmi zu bereiten.

■ SUWAROW — Perdreaux à la Souvaroff

6 Personen. *3 schöne Rebhühner; 300 g Gänsestopfleber; 250 g Trüffeln. Zubereitung: 20-25 Minuten.*

Genauso zubereiten wie Fasan gleichen Namens.

REBHÜHNER TITANIA — Perdreaux Titania

6 Personen. *3 Rebhühner; 3 Scheiben fetten Speck; die Filets von 5 Orangen; 200 g geschälte, entkernte Weinbeeren; Saft einer Orange. Bratzeit: 20 Minuten.*

Die Rebhühner bridieren, mit Speck umwickeln, in eine feuerfeste Porzellankasserolle legen und bei lebhafter Hitze braten. Nach 15 Minuten den Speck abnehmen, die Weinbeeren und die Orangenfilets hinzugeben, mit dem Orangensaft übergießen und noch 5-8 Minuten, zugedeckt, in den heißen Ofen stellen. *(Siehe Bild auf Seite 492.)*

■ AUF WINZERART — Perdreaux à la vigneronne

6 Personen. *3 Rebhühner; 3 Scheiben fetten Speck; 6 Croutons; 600 g geschälte, entkernte Weinbeeren; 75 g Butter; 1 dl Weißwein; $^1/_4$ l Wildfond. Bratzeit: 18-20 Minuten.*

Die Rebhühner bridieren, mit Speck umbinden und bei lebhafter Hitze braten. Aus dem Bratgeschirr nehmen und halbiert auf Croutons anrichten. Die Butter aus dem Geschirr abgießen, den Bratsatz mit Weißwein ablöschen, einkochen und mit dem Wildfond verkochen. Die Weinbeeren mit wenig Fond heiß machen. Die Rebhühner mit den parierten Speckscheiben belegen, mit den Weinbeeren garnieren und die passierte Jus und Kartoffelpüree nebenbei servieren.

SCHNEPFEN UND SUMPFSCHNEPFEN — Bécasses et Bécassines

Wichtige Anmerkung: Die Schnepfe und die Sumpfschnepfe sowie die meisten der kleineren Vögel werden nicht ausgenommen, man begnügt sich damit, den Magen mit der Spitze einer Spicknadel herauszuholen.

Die Schnepfe ist kein Sumpfvogel wie die Bekassine, doch sollte man sie genau so gut abhängen lassen. Abhängen bedeutet jedoch nicht, daß man sie bis zur beginnenden Verwesung hängen läßt.

SCHNEPFE MIT SCHAUMWEIN, SAUTIERT — Bécasse sautée au champagne

Jede Schnepfe in sechs Stücke schneiden und in heißer Butter auf beiden Seiten gut anbraten. Würzen, zudecken und den Sautoir 6-7 Minuten warm stellen. Die Stücke herausnehmen und anrichten. Den Bratsatz mit 1 dl halbtrockenem Schaumwein ablöschen, die zerdrückten Eingeweide der Schnepfen hinzugeben, zwei bis drei Mal aufkochen lassen, durch ein Sieb streichen und über die Schnepfenstücke gießen.

■ SUWAROW — Bécasse à la Souvaroff

6 Personen. *3 Schnepfen; 150 g Gänsestopfleber; 250 g Trüffeln; 1 dl Madeira; 2 dl kräftigen Wildfond; 50 g Butter. Zubereitung der Schnepfen: 20 Minuten.*

Die Stopfleber in 3 Stücke teilen, jedes mit einem Trüffelviertel bestecken, zusammen mit den Trüffeln in dem Madeira marinieren und dann darin nur steif machen und auskühlen. Die Schnepfen ausnehmen, die Innereien mit Ausnahme des Magens aufbewahren und jede mit einem getrüffelten Stück Gänseleber füllen, bridieren und in einer feuerfesten Servierkasserolle in Butter nur rasch überbraten. Mit den geviertelten Trüffeln umlegen, mit dem Madeira der Marinade und dem Wildfond aufgießen, zudecken, hermetisch mit Teig verschließen und 18-20 Minuten in den heißen Ofen stellen. Die Innereien inzwischen in Butter sautieren, durch ein Sieb streichen, mit Salz, Pfeffer und einem Strich geriebener Muskatnuß würzen. Im Augenblick des Servierens die Servierkasserolle öffnen, das Püree dem Fond beifügen, einmal aufkochen, zudecken und sofort in der Kasserolle servieren.

FLAMBIERTE SUMPFSCHNEPFE — Bécassine flambée

Je Person 1 Sumpfschnepfe. Bratzeit: 9-10 Minuten.

Die bardierte Schnepfe in einem sehr heißen Ofen braten, herausnehmen, jede in 4 Stücke teilen (2 Keulen- und 2 Bruststücke) und 2-3 Minuten warm halten. In dieser Zeit den Bratsatz mit einem Gläschen Schaum- oder gutem Weißwein deglacieren, die zerdrückten Eingeweide hinzugeben, den feingehackten Rücken ausdrücken und den Saft damit vermischen, würzen und über die angerichteten Schnepfen gießen. Mit einem guten Schuß Cognac übergießen, anzünden und sofort servieren.

SALMI VON SUMPFSCHNEPFEN VATEL — Salmis de bécassines Vatel

6 Personen. *6 Sumpfschnepfen; 2 gehackte Schalotten; $1^1/_2$ dl Madeira; 1 dl Schaumwein; 60 g Butter; $^1/_4$ l Demi-glace; 250 g Champignons; 2 kleine Trüffeln. Bratzeit: 8-9 Minuten.*

Die Schnepfen noch blutig braten. Die Schalotten in Butter anschwitzen, mit dem Schaumwein und ebensoviel Madeira aufgießen, je eine Spitze pulverisierten Thymian und Lorbeerblatt hinzugeben, bis auf ein Viertel einkochen, die Demi-glace auffüllen, langsam 45 Minuten kochen und entfetten. Die inzwischen gebratenen Sumpfschnepfen halbieren, die Haut entfernen und den Rücken grobhacken, der Sauce zufügen, einmal aufkochen und durch ein Sieb stoßen; die Sumpfschnepfen inzwischen mit einem Schuß Madeira warm halten, jedoch nicht zu stark erhitzen. Die sautierten Champignons und Trüffelscheiben der Sauce beifügen, erwärmen, ohne kochen zu lassen, über die angerichteten Schnepfen gießen und mit herzförmig geschnittenen, in Butter gebratenen Croutons garnieren, die mit Gratinfarce bestrichen und zum Nachziehen in den Ofen gestellt worden sind.

WACHTELN DUXELLES — Cailles Duxelles

6 Personen. *6 Wachteln; 200 g Gratinfarce; 100 g Duxelles; 2 dl Wildfond; 60 g Butter. Bratzeit: 15 Minuten.*

Den Brustknochen der Wachteln auslösen, jede mit nußgroß Gratinfarce füllen und in geöltes Papier einwickeln. Dicht nebeneinander in einen Sautoir ordnen, mit zerlassener Butter übergießen und im heißen Ofen braten. Herausnehmen, auswickeln, jede Wachtel in ein kleines, feuerfestes Porzellannäpfchen setzen und mit dem eingekochten Wildfond, mit der Duxelles vermischt, nappieren.

■ JUDIC — Cailles Judic

6 Personen. *6 Wachteln; 6 halbe, geschmorte, gefaltete Salatköpfe; 6 schöne Trüffelscheiben; 6 Hahnennieren (können fortfallen); 4 cl Cognac; 3 dl Demi-glace. Poelierzeit: 10-12 Minuten.*

Die Wachteln poelieren und auf den halben Kopfsalaten anrichten. Mit einer Trüffelscheibe belegen und auf jede Seite eine Hahnenniere legen. Den Bratsatz mit Cognac ablöschen, die Demi-glace hinzugießen, kurz aufkochen und über die Wachteln gießen.

■ AUF GROSSMUTTERART — Cailles à la bonne-maman

6 Wachteln; 250 g Mohrrüben; 100 g Staudensellerie; 100 g Zwiebeln; 50 g Butter; 2 dl Kalbsjus. Pochierzeit: 10 Minuten.

Den Sellerie, die Zwiebeln und nur das Rote der Mohrrüben in feine Julienne schneiden und in Butter langsam fast gar dünsten. Die Wachteln würzen, in Butter nur steif machen, auf die Julienne setzen, mit dem Fond aufgießen, zudecken, 10 Minuten dünsten und so servieren.

■ IM NEST — Cailles au nid

6 Wachteln; 6 Artischockenböden; 500 g Maronen; $^1/_4$ l leichte Madeirasauce. Kochzeit der Wachteln: 12 Minuten.

Die Wachteln in Butter gut anbräunen, mit der Madeirasauce aufgießen und darin garmachen. Abtropfen, auf Artischockenböden oder auch nur auf runde, in Butter gebratene Weißbrotcroutons setzen und aus einem Spritzsack mit dünner runder Tülle das Maronenpüree um die Artischockenböden spritzen, so daß es aussieht, als sitzen die Wachteln im Nest. Mit dem eingekochten und entfetteten Fond leicht nappieren.

■ AUF TÜRKISCHE ART — Cailles à la turque

6 Wachteln; 250 g Reis; 75 g geriebenen Parmesan; 50 g Butter; 100 g Zwiebeln; 2 dl leichte Tomatensauce, möglichst aus frischen Tomaten. Kochzeit der Wachteln: 12 Minuten.

Risotto bereiten, 5-6 Minuten kochen lassen, die Wachteln rasch in Butter bräunen, dem Risotto hinzufügen und alles zusammen garmachen. Den Reis in eine tiefe Schüssel füllen, die Wachteln darauf anrichten und mit der Tomatensauce übergießen, der man den mit einigen Tropfen Jus abgelöschten Bratsatz der Wachteln hinzugefügt hat.

KALTE GERICHTE VON HAAR- UND FEDERWILD

REHRÜCKEN AUF GROSSHERZOGLICHE ART — Selle de chevreuil Grand-Duché

18-20 Personen. *1 gespickter, parierter Rehrücken von 3 kg; 24 runde, pochierte Apfelscheiben, mit roter Kirsche und Trüffelpunkt dekoriert; 4 Ananasscheiben; 24 Trüffelpunkte; 20 Artischockenböden; 350 g marinierte Julienne von grüner Paprikaschote; 6 Gänseleberträffeln; 32 tournierte, marinierte Champignons; 8 blindgebackene Tarteletts; 300 g Waldorfsalat; 1 l Gelee. Bratzeit des Rehrückens: 20-25 Minuten.*

Den Rehrücken rosa braten, völlig auskühlen lassen, die Filets auslösen, den Rückgratknochen kurz heraushacken. Die Filets in schräge, dünne Scheiben schneiden und wieder sauber auf die Karkasse auflegen. Jede Ananasscheibe in 8 Dreiecke schneiden, anstelle des Rückgratknochens in gerader Linie, etwas übereinandergelegt dressieren, mit einem Trüffelpunkt dekorieren und den ganzen Rücken leicht mit Gelee überglänzen. Die Tarteletts mit Waldorfsalat füllen, die Tarteletts die Gänseleberträffeln, die Apfelscheiben und die Champignons mit Gelee überglänzen. Auf eine große, rechteckige Platte einen Geleespiegel gießen und festwerden lassen. Den Rehrücken in die Mitte plazieren, unmittelbar darum die Apfelscheiben und an den beiden Enden je eine Gänseleberträffel, von zwei Champignonköpfen flankiert, dressieren. Auf die vier Ecken der Platte je eine Gänseleberträffel, mit sieben Champignonköpfen umkränzt, setzen, an die beiden Längsenden die Tarteletts und der Länge nach rechts und links die mit der Paprikajulienne gefüllten Artischockenböden und Geleedreiecke plazieren. *(Siehe Bild auf Seite 44.)*

REHRÜCKENPASTETE RENOIR — Pâté de selle de chevreuil Renoir

Je Person: *1 Scheibe von 150 g und ungefähr 125 g Waldorfsalat. 2 Rehrückenfilets; 150 g Spickspeck; 200 g fetten Speck; 600-700 g Schaumfarce von Rehparüren. Pochierzeit: 35-40 Minuten.*

Die Filets mit dicken Speckstreifen durchziehen, die zuvor mit Pastetengewürz und Cognac mariniert worden sind. Eine längliche, rechteckige oder halbrunde Pastetenform gut mit Butter ausstreichen und mit dünnen Speckscheiben auslegen. Boden und Seiten der Form dick mit Farce ausstreichen, ein Rehfilet in die Mitte legen, mit dem Rest der Farce füllen und die Form einige Male auf den Tisch klopfen, damit alles gut verteilt ist. Mit Speckscheiben abdecken, mit einem gebutterten Papier belegen und sorgfältig im Wasserbad im Ofen pochieren. Darauf achten, daß das Filet rosa bleibt. Völlig auskühlen und nicht vor 12 Stunden schneiden. Für jede Person eine Scheibe schneiden, eventuell leicht mit Gelee überglänzen, mit Geleewürfeln und mit Waldorfsalat anrichten.

FASAN BIBESCO — Faisan à la Bibesco

8 Personen. *1 Fasan von 1 kg 500; 1/4 l Madeira; 3 Krammetsvögel; 250 g Geflügellebern; 175 g Butter; 125 g fetten Speck; 3/4 l braune Chaudfroid-Sauce; 250 g Maronen; 1 große Trüffel; einige schwarze Traubenbeeren; 1 1/2 l Wildgelee; 1 dl Sahne; 8-10 sehr kleine, blindgebackene Tarteletts. Braisierzeit für den Fasan: 40 Minuten.*

Den Fasan gut anbraten, mit dem Madeira braisieren und erkalten lassen. Den Braisierfond passieren, entfetten und nach dem Einkochen der Chaudfroid-Sauce beifügen. Die Krammetsvögel entbeinen, mit Gratinfarce, mit gehackter Trüffel vermischt, füllen, wie kleine Galantinen einrollen und in einem aus den Karkassen bereiteten Fond pochieren und erkalten lassen. Diesen Fond entfetten, passieren, reduzieren und dem Gelee beifügen. Den Speck würfeln, ausbraten, herausnehmen, in dem Fett die Geflügellebern blutig sautieren, je eine Prise pulverisiertes Lorbeerblatt, Thymian und Salz beifügen. Nach dem Erkalten den Speck, die Lebern und die pochierten, abgetropften

Maronen durch ein Sieb passieren, mit 125 g Butter durcharbeiten, die Sahne daruntermengen und diese Farce gut abschmecken. Die Brust des Fasans auslösen, den Brustknochen herausschneiden und die Höhlung mit der Farce hoch füllen. Die beiden Brustfilets in lange, dünne Streifen schneiden und an ihren ursprünglichen Platz zurücklegen und den ganzen Fasan mit Chaudfroid-Sauce überziehen, mit Trüffelscheiben dekorieren und mit Gelee überglänzen. Die pochierte, erkaltete Gänseleber durch ein Sieb streichen, mit 50 g Butter verarbeiten, gut würzen und hiervon Kugeln in der Größe einer Kirsche formen, mit einem winzigen Trüffelwürfel in der Mitte. Kalt stellen und nach dem Festwerden mit Gelee, vermischt mit recht rotem, eingekochtem und erkaltetem Tomatenpüree, überziehen. Die Galantinchen in etwa 8 mm dicke Scheiben schneiden, jede Scheibe mit einer entkernten und geschälten Weinbeere dekorieren und mit Gelee überglänzen. Die Tarteletts mit ganz wenig gehacktem Gelee anfüllen und die Galantinenscheiben daraufsetzen.

Anrichteweise: Den Fasan in die Mitte oder an ein Ende einer großen ovalen Platte setzen und mit den Tarteletts, den Kirschen und gewürfeltem Gelee in phantasievoller Anordnung garnieren.

FASAN MARIA-JOHANNA — Faisan Marie-Jeanne

8 Personen. *1 Fasan von 1 kg 500; 500 g frische Gänsestopfleber; 150 g Walnüsse; 3 Trüffel; 100 g Pinienkerne; 250 g Maronen; 2 dl süße Sahne; 1/4 l Demi-glace oder Kalbsfond; 1/4 l Madeira; 2 1/2 l Gelee. Poelierzeit des Fasans: 30-35 Minuten.*

Den Fasan abends zuvor poelieren und erkalten lassen. Von dem Bratsatz, Demi-glace und etwas Wildgelee leichte Chaudfroid-Sauce bereiten, passieren und gut abfetten. Die Stopfleber in dem Madeira 20 Minuten pochieren, wobei sie nicht kochen darf. Von der Gänseleber, 15 gestoßenen Walnußkernen, den Maronen und etwas von dem Madeira Püree herstellen und mit Sahne und Gelee leichte Schaumbrotmasse bereiten. Die beiden Brusthälften des Fasans auslösen, den Brustknochen herausschneiden und die Höhlung hoch und gewölbt mit Schaumbrotmasse füllen. Die beiden Brusthälften in gleichmäßige, schräge Scheiben schneiden und wieder auf ihren ursprünglichen Platz zurücklegen. Den ganzen Fasan nur leicht mit der Sauce überziehen und, wenn sie festgeworden ist, die Brust der Länge nach mit Walnußkernen und die Seiten mit Trüffelscheiben dekorieren und mit Gelee überglänzen. 8 kleine Babaförmchen mit Gelee chemisieren, den Boden mit einer kleinen Trüffelscheibe dekorieren, mit dem Rest der Schaumbrotmasse füllen, mit Gelee verschließen und zum Festwerden kalt stellen. 8 weitere Förmchen gleichfalls mit Gelee chemisieren, den Boden mit halben, gerösteten Pinienkernen und einem kleinen Trüffelpunkt dekorieren, mit dem Rest der Fasanensauce füllen und zum Festwerden kalt stellen. Den Fasan in die Mitte einer großen, ovalen Platte dressieren, mit den gestürzten Gänseleber- und Saucenförmchen und Gelee garnieren. *(Siehe Bild auf Seite 493.) (Kulinarische Technik Seiten 729-731.)*

MOSAIKROULADE VON FASAN — Ballotine de faisan en mosaïque

12-15 Personen. *1 Fasan von 1 kg 800; 150 g fetten Speck; 150 g gekochten Schinken; 150 g Pökelzunge; 150 g Gänsestopfleber; 50 g Trüffeln; 25 g Pistazien; 1 dl Cognac; 2 1/2 l Gelee. Farce: 150 g schieres Kalbfleisch; 150 g schieres, mageres Schweinefleisch; 100 g fetten, rohen Speck; 50 g Stopfleber; 1 Ei; 5 cl Cognac; 1 große, dünne Speckscheibe.*

Den sorgfältig gerupften Fasan sengen, ausnehmen und entbeinen, wobei die Haut ganz bleiben muß. Das Fleisch der Keulen entsehnen, das Brustfleisch in kurze Streifen schneiden. Beides zusammen mit 100 g in kurze Streifen (Lardons) geschnittenem, fettem Speck, je ein Drittel der Zunge, des Schinkens, einer Trüffel, der ganz gelassenen Stopfleber und einer weiteren Trüffel in Cognac, Salz, Pfeffer und Pastetengewürz 24 Stunden marinieren. Den Rest der Zunge, des Schinkens, Specks und der Trüffeln in lange, dünne, möglichst gleichmäßige Streifen schneiden und zur Verzierung der Roulade aufbewahren. Die Farce: Kalb-, Schweinefleisch, Speck, Fasanenkeulen und Gänseleber durch die feinste Scheibe der Fleischmaschine zweimal passieren. Mit dem Ei und dem Cognac verarbeiten, gut würzen, durch ein Sieb streichen, vermischen und die Pistazien sowie die Fasanen-, Speck-, Schinken- und Zungenlardons darunterziehen. Den Rest der Trüffeln in die Mitte der Gänseleber stopfen.

Herstellung: Auf dem Tisch eine saubere Serviette ausbreiten, darauf die genügend große, dünne Speckscheibe und hierauf die Fasanenhaut legen. Die Farce mit leicht befeuchteten Händen wie eine dicke Wurst formen, wobei man die Gänseleber mit den Trüffelstücken in die Mitte steckt. Die obere Seite gleichmäßig mit den Zungen-, Schinken- und Speckstreifen usw. einlegen und die so dekorierte Seite nach unten auf die Fasanenhaut legen. Die anderen Teile der Farce genau so mit den Streifen einlegen, erst die Haut und dann den Speck sorgfältig darüberdecken, in die Serviette rollen, die beiden Enden zubinden und an zwei Stellen mit Bindfaden befestigen, um die Form beizubehalten. Die Roulade in einem Fond kochen, zu dem man die leicht angerösteten Fasanenknochen und Abfälle mit verwendet hat. Pochierzeit je Kilo: 40 Minuten. In dem Fond fast völlig auskühlen lassen, aus der Serviette nehmen, von neuem, aber fester einwickeln und binden und zwischen zwei Brettchen mit einem daraufgestellten Gewicht von 200-300 g völlig auskühlen lassen. Von dem Fond schmackhaftes Gelee bereiten, die Roulade auswickeln und einige Scheiben aufschneiden. Eine ovale Platte mit einem Geleespiegel ausgießen, die Roulade mit Gelee überglänzen. Wenn der Geleespiegel fest ist, die Roulade an ein Ende der Platte setzen, davor die Scheiben anrichten und mit gewürfeltem Gelee garnieren.

KRAMMETSVÖGEL IN GELEE AUF MODERNE ART — Grives glacées modernes

6 Personen. *6 Krammetsvögel; 200 g Gänseleberpüree; 1/2 l braune Wild-Chaudfroid-Sauce; 1/2 l Gelee. Schmorzeit: 20-25 Minuten.*

Die Krammetsvögel entknöcheln, mit dem Gänseleberpüree füllen und jeden Vogel in ein Musselintuch einhüllen, damit er nicht die Form verliert. Die Gerippe und Abgänge mit Mirepoix anrösten, die Krammetsvögel hinzugeben, schmoren und erkalten lassen. Auswickeln, abtropfen, mit Chaudfroid-Sauce nappieren und mit Gelee überglänzen. Die Vögel in kleine, ovale Porzellannäpfchen setzen, die mit gehacktem Gelee angefüllt worden sind.

REBHUHN, CHAUDFROID VON — Perdreaux en chaud-froid

6 Personen. *3 feiste Rebhühner; 1/2 l braune Chaudfroid-Sauce; 1 kleine Trüffel; 3/4 l Wildgelee.*

Die saftig gebratenen Rebhühner nach dem Erkalten genau so wie Chaudfroid von Geflügel behandeln. Sie werden jedoch mit brauner Chaudfroid-Sauce nappiert, die unter Verwendung der Karkassen bereitet und mit Madeira, Portwein oder Sherry aromatisiert worden ist.

REBHUHN AUF ELSÄSSISCHE ART — Perdreaux à l'alsacienne

6 Personen. *3 schöne Rebhühner; 300 g Stopfleber; 1 große Trüffel; 1/4 l braune Chaudfroid-Sauce mit Madeira; 3/4 l Wildgelee; 50 g Butter. Poelierzeit: 20-25 Minuten.*

Die Leber in 3 Stücke teilen, jeden Teil mit Trüffel bestecken, würzen, in Madeira steif machen und in die Rebhühner füllen, deren Brustknochen sorgfältig entfernt worden ist. Zunähen, mit Butter übergießen und poelieren. Den Bratsatz mit der Madeirasauce deglacieren, aufkochen, entfetten und passieren. Die Rebhühner nach dem Erkalten mit der kalten, aber noch flüssigen Sauce nappieren, anziehen lassen, nach Geschmack mit Trüffel und hartgekochtem Eiweiß usw. dekorieren und mit Gelee überglänzen. Eine ovale Platte mit einem dünnen Geleespiegel versehen, die Rebhühner darauf anrichten und mit Gelee garnieren.

SCHNEPFENBRÜSTCHEN AUF DIPLOMATENART — Suprêmes de bécasses à la diplomate

6 Personen. *3 Schnepfen; 350 g pochierte Stopfleber; 2 Trüffeln; 3/4 l Wildgelee. Bratzeit der Schnepfen: 8-10 Minuten.*

Die Schnepfen braten, dabei etwas blutig lassen, auskühlen, die Brüstchen auslösen, enthäuten und jede der Länge nach teilen. Das Keulenfleisch mit den Eingeweiden und 150 g Stopfleber pürieren und durch ein Sieb streichen. Würzen, mit einigen Löffeln Gelee vermischen, auf den Boden einer russischen oder viereckigen, tiefen Silberplatte streichen und anziehen lassen. Hierauf die Brustscheiben mit dazwischengelegten Scheiben Gänseleber dressieren, mit Trüffelscheiben garnieren und mit zartem, gerade stockendem Wildgelee reichlich nappieren. Vor dem Servieren gut kühlen.

SCHNEPFEN, CHAUDFROID VON, MIT PORTWEIN — Chaud-froid de bécasses au porto

6 Personen. *3 Waldschnepfen; 1/2 l braune Chaudfroid-Sauce; 1/2 l Portweingelee; 2 Trüffeln. Bratzeit: 10 Minuten.*

Die Schnepfen rosig braten und erkalten lassen. Jede Schnepfe in 6 Stücke zerlegen (2 Keulen, 2 Flügelstücke und 2 Brusthälften), die Karkassen kleinhacken, mit der Chaudfroid-Sauce aufkochen, die zerdrückten Innereien hinzugeben und alles durch ein feines Sieb streichen. Die einzelnen Stücke mit der kalten, aber noch flüssigen Sauce nappieren, anziehen lassen, mit einer Trüffelscheibe dekorieren und in einer tiefen silbernen Schüssel anrichten. Zuletzt mit kaltem, aber noch flüssigem Gelee vollständig bedecken und vor dem Servieren gut durchkühlen.

SUMPFSCHNEPFEN-SCHAUMBRÖTCHEN JEANNON — Mousselines de bécassines à la Jeannon

6 Personen. *3 Sumpfschnepfen; 350 g Stopfleber; 2 Trüffeln; 1 l Wildgelee; 300 g ungezuckerten Mürbeteig; 50 g Butter. Bratzeit: 10 Minuten.*

Die Schnepfen sehr rosig braten, die Brusthälften auslösen und von den Keulen und Innereien sowie der Gänseleber Püree bereiten, gut würzen, durch ein Sieb streichen und hiermit ovale Förmchen von der Größe eines halben Eies ausstreichen. In die Mitte eine Brusthälfte legen, mit Püree vollfüllen, glattstreichen und auf Eis festwerden lassen. Von dem Mürbeteig eine viereckige Krustade mit aufgesetztem, eingekerbtem Rand blind backen und nach dem Erkalten die Schaumbrötchen symmetrisch hineinstürzen. Jedes mit einer Trüffelscheibe dekorieren und die Krustade vollständig mit kaltem, aber noch flüssigem Gelee vollfüllen.

WACHTELN, CHAUDFROID VON — Cailles en chaud-froid

6 Personen. *6 Wachteln; 200 g pochierte Stopfleber; 1/2 l braune Chaudfroid-Sauce; 1/2 l Portweingelee. Bratzeit der Wachteln: 10 Minuten.*

Die Wachteln braten, auskühlen, der Länge nach durchschneiden und die Brustknochen auslösen. Jede Hälfte mit Gänseleberpüree füllen und mit Chaudfroid-Sauce nappieren. Nach dem Festwerden der Sauce in eine tiefe, rechteckige Silberplatte oder russische Platte setzen und gänzlich mit zartem Wildgelee bedecken.

WACHTELN IN ORANGEN — Cailles en oranges

6 Personen. *6 Wachteln; 200 g Gratinfarce; 1/2 l Kalbsfond; 6 kleinere Orangen; 6 Trüffelscheiben; 2 cl Curaçao. Pochierzeit: 12 Minuten.*

Die Brustknochen der Wachteln auslösen, jede mit Gratinfarce füllen, in geöltes Papier wickeln und dicht nebeneinander in eine Sauteuse setzen. Mit kräftigem Kalbsfond angießen, die Brustknöchelchen hinzugeben, ankochen, zudecken und im Ofen bei mäßiger Hitze pochieren und im Fond erkalten lassen. Orangen abdeckeln, aushöhlen, das Fleisch von den Bindehäuten lösen und abtropfen. Die Schalen innen säubern und die Ränder einzacken. Den Pochierfond der Wachteln entfetten, mit wenig Gelatine versetzen, mit Eiweiß klären und nach dem Erkalten mit etwas filtriertem Orangensaft und Curaçao abschmecken; falls der Fond nicht ausreicht, noch etwas Gelee hinzufügen. Die Wachteln auswickeln, abwischen und jede in eine Orangenschale setzen, auf deren Boden man einen Löffel Orangenfilets gegeben hat. Mit einer runden Trüffelscheibe dekorieren und mit so viel Gelee nappieren, daß die Frucht gefüllt und die Wachtel schön überglänzt ist.

GALANTINEN, PASTETEN UND TERRINEN

GEFLÜGELGALANTINE IN GELEE — Galantine de volaille à la gelée

12 Personen. *1 kg 800 Poularde; 200 g mageren Schinken; 150 g fetten Speck; 150 g Pökelzunge; 2 Trüffeln; 40 g Pistazien; 1 kg 200 Farce (200 g Keulen, 200 g Kalbfleisch, 200 g Schweinefleisch, 600 g frischen, fetten Speck); 1 dl Madeira; 5 cl Cognac. Pochierzeit je Kilogramm: 35 Minuten.*

Am Abend zuvor die Poularde vom Rücken aus sorgfältig entbeinen, ohne die Haut zu beschädigen, und das Fleisch von den Knochen ablösen. Von den Knochen und dem üblichen Wurzelwerk einen kräftigen Fond bereiten. Das Brustfleisch, den Speck, Schinken und Zunge in viereckige, kleinfingerdicke Streifen schneiden und mit dem Madeira, Cognac und Pastetengewürz, zugedeckt, marinieren. Das Fleisch der Keulen mit zum Bereiten der Farce verwenden. Die Haut der Poularde mit der Innenseite nach oben flach ausbreiten, mit der Hälfte der Farce bedecken und darauf abwechselnd in den Farben die marinierten Bruststreifen, Speck, Zunge, Schinken, recht grüne, enthäutete Pistazien und in Viertel geschnittene Trüffeln anordnen und mit dem Rest der Farce bedecken; die Marinade wird unter die Farce gearbeitet. Man kann die Garnitur auch in gröbere Würfel schneiden und direkt unter die Farce mengen. Die Farce in die Haut einhüllen, die Galantine in eine Serviette fest einwickeln, die beiden Enden mit Bindfaden abbinden und auch die Mitte mit einem Faden zusammenbinden. In dem Fond pochieren und zwischen zwei Brettern bei gelindem Druck (ein Gewicht von etwa 1-1½ kg) erkalten lassen, um eine bessere Bindung der Farce zu erzielen und später ein leichteres Schneiden zu ermöglichen. Am nächsten Tag aus dem Fond Gelee bereiten, die Galantine zum Teil aufschneiden, die einzelnen Tranchen mit Gelee überglänzen und in beliebiger Anordnung anrichten und mit gewürfeltem oder gehacktem Gelee garnieren. Man kann die Galantine auch so, wie sie ist, oder mit Chaudfroid-Sauce überzogen, dann mit einem Trüffelmotiv dekoriert und mit Gelee überglänzt, anrichten. *(Siehe Bild auf Seite 454.)*

PASTETEN

Die Rezepte für Pastetenteig und für die Farcen findet man in den einschlägigen Abschnitten.

Pasteten kann man in einer Kruste oder in der Terrine zubereiten. Die Pasteten in Terrinen haben den Vorzug, sich längere Zeit zu konservieren, während die Haltbarkeit der Krustenpasteten nur von kurzer Dauer ist. Am bekanntesten ist die Kalbfleisch- und Schinkenpastete in Teigkruste. Alle Pasteten in Teigkruste werden genauso zubereitet.

WIE EINE PASTETENFORM AUSGEFÜTTERT WIRD

Zweidrittel des Pastetenteiges nehmen, der vorher mindestens 2 Stunden ruhen muß, zu einem rechteckigen Stück von ½ cm Dicke ausrollen, zurechtschneiden und die ausgebutterte Form damit derart ausfüttern, daß der Teig den Rand der Form um 1 cm überragt. Dabei wird er mit den Fingern gut an den Wandungen und Ecken eingedrückt. Nachdem er eingestochen worden ist, füllt man ihn mit der entsprechenden Farce, bestreichtden Rand mit Ei, legt den vorbereiteten Deckel auf und drückt ihn mit Hilfe einer breiten Pinzette gut an; in der Mitte läßt man eine runde Öffnung von etwa 2 cm Durchmesser zum Dampfabzug. Der überflüssige Teig wird abgeschnitten, die Oberfläche mit Ei bestrichen und um die Öffnung wird ein runder Ring gesetzt und in diesen ein zusammengerolltes Stück weißes Papier, der sogenannte Kamin gesteckt. Nachdem die Oberfläche mit Ornamenten von ausgestochenem Pastetenteig beliebig dekoriert worden ist, wird der Teig noch einmal mit Ei bestrichen und im heißen Ofen gebacken. Die Backzeit richtet sich nach Größe und Inhalt der Pastete, wobei die Hitze sorgfältig reguliert werden muß. Pasteten, die lange Zeit zum Ausbacken brauchen, werden nach anfänglichem Bräunen mit einem gefetteten Papier bedeckt, damit sie nicht zu dunkel werden. Die Pastete ist gar, wenn der aus der Öffnung steigende Saft ganz klar ist und keine Bluttropfen mehr enthält.

Es gibt Pastetenformen verschiedener Art: runde, ovale, viereckige und rechteckige mit geraden oder gerippten Wandungen. *(Siehe Kulinarische Technik in Bildern Seiten 732-735.)*

FISCHPASTETEN

PASTETE VON FORELLEN — Pâté de truites

10 Personen. *500 g schieres Forellenfleisch, mit Salz, Pfeffer, gehackten Schalotten, Petersilie, Cognac und Olivenöl mariniert; 1 l Fischgelee; 600 g Fischfarce; 500 g Pastetenteig. Backzeit: 35 Minuten.*

Eine rechteckige Pastetenform mit dem Teig ausfüttern. Den Boden und die Seiten mit Farce ausstreichen. Mit den Forellenfilets bedecken und mit Farce zustreichen. Einige Male auf den Tisch schlagen, damit sich die Farce gut verteilt, mit Teig abdecken und im heißen Ofen backen. Nach völligem Auskühlen kaltes Gelee durch den Kamin einfüllen.

PASTETE VON FORELLENFILETS — Pâté de filets de truite

10 Personen. *Filets von 4 Forellen von je 200 g; 500 g Fischfarce; 500 g Pastetenteig. Backzeit: 35 Minuten.*

Die Pastete wie oben bereiten, aber nicht auskühlen. Sie wird heiß zusammen mit Garnelensauce serviert.

LACHSPASTETE — Pâté de saumon

8-10 Personen. *500 g Lachs ohne Haut und Gräten; 500 g Fischfarce; 750 g Pastetenteig. Backzeit: 30-35 Minuten.*

Den Lachs würzen, zwischen 2 Lagen Farce in eine mit Pastetenteig ausgefütterte Form füllen, wie jede Pastete behandeln und im heißen Ofen backen. Wenn der Saft klar aus dem Kamin hochsteigt, ist die Pastete gar. Fischpasteten brauchen eine kürzere Zeit zum Backen als Fleisch- oder Geflügelpasteten.

PASTETE VON SEEZUNGENFILETS — Pâté de filets de sole

8-10 Personen. *3 Seezungen von je 400 g; 500 g Fischfarce; 1 Trüffel; etwa 500 g Pastetenteig. Backzeit: 45-50 Minuten.*

Die Seezungenfilets auslösen, etwas plattieren, mit getrüffelter Fischfarce bestreichen, zusammenrollen, in Fischfond pochieren und auskühlen. Eine rechteckige Form mit Pastetenteig ausfüttern, schichtweise mit Farce und Seezungenfilets füllen, mit Farce abschließen, mit Teig wie üblich abdecken usw. und im heißen Ofen backen. Heiß oder kalt servieren.

FLEISCHPASTETEN

FAMILIENPASTETEN — Les pâtés Pantin

12 Personen. *500 g feine Schweinefleischfarce; 250 g Kalbsnuß und 60 g mageren, gekochten Schinken mit 1 dl Cognac; etwa 15 g Salz und Pastetengewürz mariniert; 750 g Pastetenteig. Backzeit: 1-1$^1/_2$ Stunden.*

Diese Pasteten werden ohne Form bereitet. Den Teig oval ziemlich dick ausrollen, die Enden etwas dünner als die Mitte. Die Hälfte der Farce auf den Teig streichen, dabei aber die Ränder frei lassen, mit den Schinken und Kalbfleischstreifen belegen, wiederum mit Farce bestreichen, den Rand überall mit Wasser anfeuchten, die beiden Seiten nach oben zu zusammenschlagen, dann auch die beiden Enden daraufschlagen und gut zusammendrücken. Umgekehrt auf ein passendes Blech legen, in die Mitte der Pasteten ein Loch mit Kamin zum Dampfabzug anbringen, zweimal mit Ei bestreichen, damit der Teig gut zusammenhält, und im heißen Ofen backen. Diese Pasteten sind einfach zu bereiten, der Nachteil ist, daß der Teig leicht aufspringt und der Saft herausfließt.

KALBFLEISCH- UND SCHINKENPASTETE — Pâté de veau et de jambon

10 Personen. *250 g enthäutete Kalbsnuß, in dicke Streifen geschnitten und mit Salz, Pfeffer, Pastetengewürz und Cognac mariniert; 200 g mageren, gekochten Schinken in Streifen; 500-750 g Pastetenteig; $^1/_2$ l Madeiragelee; 1 gewürfelte Trüffel; 30 g enthäutete Pistazien; 500 g feine Kalbfleischfarce. Backzeit: 1-1$^1/_4$ Stunden.*

Eine rechteckige Form mit Pastetenteig ausfüttern. Die Farce mit den Trüffelwürfeln und den Pistazien vermengen, abwechselnd mit Farce, Kalbfleisch und Schinken und wiederum Farce füllen, bis die Form voll ist. Im heißen Ofen backen und erst nach völligem Auskühlen Gelee durch das Kaminloch gießen. *(Siehe Bild auf Seite 495.)*

GEFLÜGELPASTETEN

ENTENPASTETE AUF AMIENSER ART — Pâté de canard d'Amiens

10 Personen. *1 Ente von 2 kg 500; 500 g feste Gratinfarce; 200 g Spickspeck; ca. 750 g Pastetenteig. Backzeit: 1½ Stunden.*

Die Ente sorgfältig ausnehmen, nicht entbeinen, sondern so mit der Farce füllen. Die Brust reichlich mit ziemlich dicken Speckstreifen spicken, besser noch durchziehen, und die Ente im Ofen steif machen, ohne sie bräunen zu lassen, und auskühlen. Den Teig zu einem Rechteck von 1½ cm Dicke ausrollen, die Ente in die Mitte setzen, mit einem zweiten Rechteck abdecken, gut andrücken und die Enden zusammenschlagen. Mit einem beliebigen Motiv aus Pastetenteig dekorieren, mit Eigelb bestreichen und im heißen Ofen backen, dabei aber mit einem geölten Blatt Papier gegen zu starkes Bräunen schützen. Diese Pastete enthält kein Gelee.

GEFLÜGELPASTETE — Pâté de poulet

8 Personen. *500 g Farce; 250 g schieres Hühnerfleisch, in dicke Streifen geschnitten; 5 cl Cognac; 100 g Pökelzunge in dicken Scheiben; 1 Trüffel in dicken Scheiben; 500 g Pastetenteig; $^1/_2$ l Madeiragelee. Backzeit: 1$^1/_4$ Stunden.*

Eine rechteckige Form mit Pastetenteig ausfüttern und den Boden mit Farce bedecken. Mit der Hälfte der Pökelzungen- und Trüffelscheiben garnieren, darüber das Hühnerfleisch legen und mit den restlichen Scheiben Pökelzunge und Trüffeln vervollständigen. Mit Farce abschließen und mit Teig abdecken. Im heißen Ofen backen und erst nach restlosem Erkalten das Gelee einfüllen.

TAUBENPASTETE VIRGIL — Pâté de pigeons à la Virgile

10 Personen. *2 große Tauben; 350 g Gratinfarce; 500 g feine, getrüffelte Farce; 750 g Pastetenteig; etwa $^{1}/_{2}$ l Gelee. Backzeit: $1^{1}/_{4}$-$1^{1}/_{2}$ Stunden.*

Sehr zarte junge Tauben völlig entbeinen und wie für Galantine mit Gratinfarce füllen. Eine ovale Form mit Pastetenteig ausfüttern, mit getrüffelter Farce anfüllen, die Tauben daraufsetzen, mit Farce vollfüllen, mit einer dünnen Speckscheibe bedecken, eine Prise je pulverisierten Thymian und Lorbeerblatt aufstreuen, mit Teig bedecken, dekorieren, mit Ei bestreichen und den Kamin nicht vergessen. Im heißen Ofen backen, auskühlen und durch den Kamin Gelee gießen.

WILDPASTETEN

FASANENPASTETE — Pâté de faisan

6 Personen. *1 Fasan von 1 kg 500; 250 g feine Farce; 100 g fetten Speck in dicken Streifen; 5 cl Madeira; 750 g Pastetenteig; $^{1}/_{2}$ l Wildgelee. Backzeit: 40-50 Minuten.*

Den Fasan völlig entbeinen, Haut und Sehnen entfernen und das Fleisch mit Salz, Pfeffer, Pastetengewürz und Madeira marinieren. Die Brusthälften zurücklegen, das restliche Fleisch durch die feine Scheibe der Fleischmaschine treiben, durch ein Sieb streichen und mit der Farce vermengen. Eine rechteckige Form mit Teig ausfüttern, Boden und Seiten mit Farce ausstreichen und die der Länge nach geteilten Brüstchen und die Speckstreifen in die Mitte geben. Mit Farce füllen, mit Teig abdecken, mit Eigelb bestreichen und backen. Erst nach völligem Erkalten das Gelee einfüllen.

HASENPASTETE — Pâté de lièvre

10 Personen. *1 Hase von 1 kg 500; 500 g feine Farce; 150 g fetten, frischen Speck; 5 cl Cognac; 1 gehackte Schalotte; Thymian und Lorbeerblatt, pulverisiert; $^{1}/_{2}$ l Hasengelee (aus den Knochen gezogen).*

Wie Kaninchenpastete bereiten.

KANINCHENPASTETE — Pâté de lapin

10 Personen. *1 Kaninchen von 1 kg 500; 500 g feine Farce; 150 g frischen, fetten Speck; 5 cl Cognac; Pastetengewürz; 1 gehackte Schalotte; $^{1}/_{2}$ l Madeiragelee; 1 kg Pastetenteig. Backzeit: 1 Stunde.*

Das Kaninchen entbeinen, entsehnen, das Fleisch mit dem Cognac, Pastetengewürz und gehackter Schalotte marinieren und dann, mit Ausnahme der Rückenfilets, zusammen mit dem Speck durch die feine Scheibe der Fleischmaschine treiben. Durch ein Sieb streichen, mit der Farce vermengen und gut würzen. Eine rechteckige Form mit Teig ausfüttern, den Boden mit Farce bedecken, die Filets einlegen, mit Farce zustreichen und mit Teig abdecken. Dekorieren, mit Eigelb bestreichen und im heißen Ofen backen. Erst nach völligem Erkalten das Gelee durch den Kamin eingießen.

N.B. Alle diese Pasteten gewinnen an Geschmack, wenn man der Farce einige Trüffelwürfel, auch Speckwürfel und Pistazien beimengt.

KRAMMETSVOGEL- ODER LERCHENPASTETE — Pâté de grives ou d'alouettes

6 Personen. *12 Lerchen oder Krammetsvögel; 150 g feine Farce; 100 g Gänsestopfleber; 1 Trüffel; 1 dl Cognac; 500 g Pastetenteig; Salz, Pfeffer; Gewürz. Backzeit: 30-40 Minuten.*

Die Vögel völlig entbeinen und jeden mit einem kleinen Stück Trüffel und Gänseleber füllen und zu einer Kugel zusammenrollen. Die rasch sautierten Lebern durchstreichen und der Farce beimengen, die gut zu würzen ist. Die Pastete wie üblich herstellen und dabei die Vögel zwischen zwei Lagen Farce drücken.

SCHNEPFENPASTETE — Pâté de bécasses

10 Personen. *4 Schnepfen; 100 g Geflügellebern; 700 g feine Schweinefleischfarce; 125 g frische Gänsestopfleber; 5 cl Madeira; $^1/_2$ l Gelee; 1 kg Pastetenteig. Backzeit: etwa $1^1/_4$ Stunden.*

Die Schnepfen vom Rücken aus völlig entbeinen, jedoch so, daß die Haut noch die beiden Brusthälften zusammenhält. Den Magen entfernen und von den Eingeweiden, den blutig angebratenen Geflügellebern und dem Fleisch der Keulen Farce bereiten, mit 200 g Schweinefarce vermischen und mit Pastetengewürz kräftig würzen. Mit Hilfe dieser Farce und den Brusthälften die Schnepfen wieder zusammensetzen. Den Rest der Schweinsfarce mit dem Madeira und Pastetengewürz würzen und die rohe, in kleine Würfel geschnittene Stopfleber daruntermengen. Eine ovale Pastetenform mit vier Fünftel des Pastetenteiges ausfüttern, den Boden einstechen, die Hälfte der Farce hineingeben, die Schnepfen nebeneinander daraufsetzen und mit dem Rest der Farce füllen. Die Pastete mit dem Rest des Teiges abschließen, dabei ein Loch zum Abzug des Dampfes nicht vergessen, die Oberfläche mit Blättern oder anderen Motiven verzieren, mit Ei bestreichen, erst im heißen Ofen an- und dann bei abgedrosselter Hitze fertigbacken. Wenn die Pastete kalt geworden ist, füllt man durch die Öffnung etwas gutes Gelee, das mit den Schnepfenknochen hergestellt worden ist.

PIROSCHKIS — Petits pâtés à la russe

6 Personen.

1. Formel. *1 kg 200 ungezuckerten Briocheteig; 150 g mageren Speck in kleinen Würfelchen; 75 g gehackte Zwiebeln; 20 g Butter; 15 gestoßene Kümmelkörnchen; 1 Eigelb. Backzeit: 10-12 Minuten.*

Speck und Zwiebeln in der Butter dünsten ohne zu bräunen. Mit Salz, Pfeffer und Kümmel würzen und auskühlen. Den Teig 4 mm dick ausrollen und davon runde Plätzchen von höchstens 5 cm Durchmesser ausstechen. Die Hälfte der Plätzchen mit nußgroß der Speckmasse füllen, den Rand mit Wasser anfeuchten, mit den anderen Plätzchen bedecken und den Rand gut andrücken. Mit Eigelb bestreichen und vor dem Backen erst gehen lassen.

2. Formel. *200 g Blätterteig; 150 g Sahnequark; 1 Ei; 60 g Butter; 5-7 cl saure Sahne; 1 Eigelb. Backzeit: 10 Minuten.*

Den Quark durch ein Sieb streichen, mit der weichgerührten Butter und dem Ei vermischen, die Sahne nach und nach unterziehen und mit Salz und einer Prise Zucker würzen. Den Blätterteig zur Hälfte 3 mm dick und zur Hälfte 4-5 mm dick ausrollen und davon runde Böden von 5 cm Durchmesser ausstechen. Auf die 3 mm dicken Böden nußgroß Quark geben, den Rand leicht anfeuchten und mit einem Boden von 4 mm Dicke abdecken und den Rand gut andrücken. Mit Ei bestreichen und im heißen Ofen backen.

Man kann die Piroschkis auch mit einer Mischung von gehacktem, in Butter geschwitztem Weißkraut, gehackten Zwiebeln und gehacktem Speck oder mit Kascha, mit gehackten Zwiebeln und hartgekochtem Ei vermengt, füllen, um nur einige weitere Möglichkeiten der Füllung anzudeuten. In Rußland serviert man zur Suppe stets Piroschkis.

TERRINEN

Die Herstellung der Terrinen ist die gleiche wie für Pasteten. Der Unterschied besteht darin, daß sie nicht in einer Teigkruste, sondern in feuerfesten Schüsseln — Terrinen — aus Steingut oder Porzellan gargemacht werden. Terrinen werden stets am Boden und an den Seiten mit dünnen Scheiben von fettem Speck ausgelegt und nach dem Einfüllen der Farce und der Garnitur mit Speckscheiben abgedeckt. Auf den Speck legt man ein Lorbeerblatt und einen Zweig Thymian, setzt den Deckel auf und befestigt ihn mit einem einfachen Teig aus Mehl und Wasser.

Zum Garmachen setzt man die Terrine auf ein Randblech oder anderes geeignetes Geschirr, gießt so viel Wasser auf, daß es 4-5 cm hoch steht, und stellt sie in den heißen Ofen. Das Wasser soll nicht stark kochen, sondern nur auf Siedehitze gehalten werden; notfalls wird noch Wasser nachgefüllt. Um festzustellen, ob der Inhalt der Terrine gar ist, hebt man den Deckel nach 40 bis 50 Minuten ab. Wenn das auf die Oberfläche ausgetretene Fett völlig klar ist, ist die Farce gar. Zum Erkalten wird der Deckel abgenommen, ein kleines Brettchen von gleicher Form wie die Terrine aufgelegt und mit einem Gewicht von 1 kg beschwert, um das Fleisch zusammenzudrücken. Alle Terrinen bereitet man auf gleiche Weise

Will man die Terrine mit Gelee füllen, so nimmt man den Inhalt nach dem Erkalten heraus, entfernt das Fett, wäscht die Terrine sauber aus, trocknet sie und legt die Füllung wieder hinein. Erst jetzt wird mit Gelee soweit aufgefüllt, daß das Fleisch restlos bedeckt ist. Es empfiehlt sich, das Gelee jeweils aus den Knochen des betreffenden Wildes oder Geflügels zu bereiten.

TERRINE VON AALEN AUF BRABANTER ART — Terrine d'anguilles à la brabançonne

6 Personen. *1 kg kleine Aale; 1/2 Flasche helles Bier oder Weißwein; 1 große Handvoll Chiffonade von recht frischem Sauerampfer, Petersilie, Schnittlauch, Pimpernelle, Salbei, Estragon und Kerbel; 2-3 Eigelb; 50 g Butter; Saft 1 Zitrone; 1 knappen Kaffeelöffel Kartoffelmehl. Kochzeit: 20 Minuten.*

Den abgezogenen, in Stücke von etwa 5 cm geschnittenen Aal in Butter nur steif machen, die Kräuter hinzugeben, anlaufen lassen und mit so viel Bier auffüllen, daß alles gerade bedeckt ist. Mit Salz, Pfeffer, Lorbeerblatt und Thymian würzen und langsam garkochen. Inzwischen eine Liaison von 3 Eigelb, mit dem Zitronensaft verrührt, Kartoffelmehl und etwas Wasser bereiten. Den Fond mit der Liaison binden, nur einmal aufkochen, sofort in eine Terrine schütten und warm oder kalt essen.

■ VON SCHWEINELEBER — Terrine de foie de porc

10 Personen. *500 g Schweineleber; 250 g Kalbsnuß; 250 g frischen, fetten Speck; 250 g Weißbrotkrume, in Milch eingeweicht und ausgedrückt; 5 cl Cognac; 1 Eßlöffel gehackte Petersilie; Pastetengewürz; 3 Eier. Pochierzeit: 1 1/4 Stunden.*

Von der Leber, dem Kalbfleisch, dem Speck und der Petersilie Farce bereiten, mit Cognac, Salz, Pastetengewürz und frischgemahlenem Pfeffer würzen und mit den Eiern vermengen. Die Terrine wie üblich mit Speckscheiben auslegen, die Farce einfüllen, mit Speck abdecken und im Wasserbad im heißen Ofen pochieren.

■ VON SCHNEPFEN — Terrine de bécasses

10 Personen. *3 Schnepfen; 300 g Kalbsleber; 375 g mageres Schweinefleisch; 375 g frischen Rückenspeck; 50 g Schinken; 1 dünne Speckscheibe; Salz; Pfeffer; Pastetengewürz. Pochierzeit: 2-2 1/2 Stunden.*

Die gerupften, gesengten, ausgenommenen und geputzten Schnepfen völlig entbeinen, in 4 Stücke teilen, würzen und mit Speck- und Schinkenstreifen spicken. Die Eigeweide ohne Magen mit etwas geraspeltem Speck anlaufen lassen, die gewürfelte Kalbsleber hinzugeben — sie muß innen noch blutig bleiben — und kalt werden lassen. Den Speck zusammen mit dem Schweinefleisch durch die Maschine passieren, die Leber und die Eingeweide hinzugeben, gleichfalls passieren, sehr gut würzen und durch ein Sieb streichen. Die Terrine mit Speckscheiben ausfüttern, die Hälfte der Farce auf den Boden geben, die Schnepfenstückchen daraufordnen, mit dem Rest der Farce bedecken und darauf eine dünne Speckscheibe legen. Die Terrine verschließen, in ein Wasserbad setzen und im Ofen garmachen. Wenn eine hineingesteckte Nadel heiß wieder herauskommt oder der Saft ganz klar ist, nimmt man die Terrine heraus, läßt den Saft abtropfen, kühlt sie unter leichtem Druck ab, gießt mit Gelee auf, deckt sie zu und stellt sie kalt.

GEMÜSE

DIESER Abschnitt ist in zwei Teile gegliedert worden. Der erste Teil umfaßt Gemüse der verschiedensten Arten, wie Artischocken, Eierfrüchte, Kürbischen, Endivien, Erbsen, Bohnen aller Arten, Lauch, Paprikaschoten, Spargel, Schwarzwurzeln, Tomaten u. a. m., während der zweite Teil den Kartoffeln gewidmet worden ist.

Das Zubereiten der Gemüse besteht aus dem Blanchieren oder Abkochen, dem eventuellen Rafraichieren, dem Kochen auf englische Art und dem Dünsten oder Braisieren. Hinzu kommt das Kochen von Trockengemüsen und das Zubereiten von Pürees.

BLANCHIEREN

Hierunter sind zwei verschiedene Vorgänge zu verstehen. Der erste besteht im Abkochen von grünen Gemüsen, wie Spinat, Erbsen, grünen Bohnen usw. in Salzwasser, damit die grüne Farbe bewahrt bleibt.
Das echte Blanchieren dient dazu, Gemüsen mit strengem Geschmack, wie Weißkraut, Sellerie usw., die natürliche Schärfe zu nehmen. Es besteht darin, daß man das betreffende Gemüse in kaltem Wasser mit 7 g Salz je Liter ansetzt, zum Kochen bringt, mit kaltem Wasser abspült und vor der weiteren Zubereitung gut abtropft.

GEDÜNSTETE (BRAISIERTE) GEMÜSE

Gemüse, die gedünstet werden, sollten in vielen Fällen zwar vorher blanchiert, aber nicht rafraichiert (abgespült) werden, da ihr Geschmack dadurch Einbuße erleidet.

KOCHEN AUF ENGLISCHE ART

Diese Methode besteht darin, daß das Gemüse in Salzwasser gekocht, gut abgetropft und angerichtet wird. Man gibt obenauf ein Stück frische Butter oder serviert Butterkugeln oder -muscheln nebenbei.

DÜNSTEN DER GEMÜSE

Zum Dünsten wird das Gemüse nach dem Blanchieren pariert, eventuell zusammengefaltet, wie bei Kopfsalat und Sellerie, in ein mit blanchierten Speckschwarten, Mohrrüben- und Zwiebelscheiben ausgelegtes Geschirr gegeben, leicht im Ofen angeschwitzt, mit Bouillon oder anderer Flüssigkeit angegossen, mit gefettetem Papier bedeckt und im Ofen, zugedeckt, gargemacht.

GEMÜSEPÜREES

Pürees stellt man her, indem man das weichgekochte Gemüse gut abtropft, durch ein Sieb streicht, auf dem Herd unter ständigem Rühren trocknet und mit frischer Butter oder süßer Sahne bindet.

TROCKENGEMÜSE

Getrocknete Gemüse werden gut gewaschen, bis zur Höhe mit Wasser aufgegossen, zum Kochen gebracht und abgeschäumt. Dann gibt man das notwendige Salz, ein Kräuterbündel und eventuell eine Zwiebel, mit einem kleinen Lorbeerblatt und zwei Nelken gespickt, hinzu und läßt sie langsam, zugedeckt, garkochen.

Trockengemüse muß zuvor eingeweicht werden. Die Dauer des Einweichens hängt vom Alter des Trockengemüses ab, doch sollte sie im allgemeinen zwei Stunden nicht überschreiten. Das Gemüse wird im Einweichwasser gekocht.

ANMERKUNGEN ZUM KOCHEN VON GEMÜSEN

Nachdem wir die allgemein üblichen Methoden über das Kochen der Gemüse erläutert haben, möchten wir darauf hinweisen, daß das Blanchieren von Gemüse vor der weiteren Verarbeitung von der Ernährungswissenschaft streng abgelehnt wird. Als Ausnahme gilt solches Gemüse, das auf Rieselfeldern gezogen worden ist, z. B. Kohlarten, deren strenger Geschmack und Geruch das Blanchieren rechtfertigen könnte. Man geht von dem Standpunkt aus, daß beim Blanchieren genauso wie beim restlosen Abkochen von grünen Gemüsen ein wesentlicher Teil der so wertvollen Mineralsalze ins Wasser übergeht und weggeschüttet wird. Wird das Gemüse dann noch rafraichiert, also mit kaltem Wasser abgespült, dann ist es als Nahrungsmittel praktisch wertlos geworden. Man empfiehlt daher überall, wo es nur möglich ist, Gemüse im eigenen Saft, sei es mit einem kleinen Zusatz von Butter, Wasser oder anderer Flüssigkeit zu dünsten, um die so wertvollen Mineralsalze und Vitamine weitmöglich zu schützen. Wenn man bedenkt, daß beim Kochen ohnehin ein großer Teil der Vitamine, die sich im rohen Gemüse befinden, zerstört wird, so erscheint diese Forderung durchaus berechtigt. Man kann z. B. sehr wohl Spinat im eigenen Saft nur mit einigen Tropfen Wasser und etwas Salz dünsten, ohne zu befürchten, daß er seine schöne grüne Farbe einbüßt; Voraussetzung ist, daß das Geschirr nicht zugedeckt wird. Nach dem Ausdrücken geht auch der von vielen Menschen nicht beliebte Eisengeschmack verloren. Staudensellerie läßt sich natürlich schwer weiterverarbeiten, zumal wenn die halbierten Stauden nachträglich gefaltet werden müssen, ohne ihn zuvor zu blanchieren. Man kann aber hier das Kochwasser zum Dünsten mit verwenden, so daß wenigstens ein Teil der Mineralsalze nicht verloren geht.

ARTISCHOCKEN ZU KOCHEN, GANZE

Von frischen, möglichst mittelgroßen Artischocken den Stiel abschneiden und die Spitzen der Blätter mit einer Schere kürzen. Den Boden abrunden, die Artischocken waschen und den Boden mit Zitronensaft einreiben, damit er während des Kochens nicht dunkel wird. In siedendem Salzwasser kochen, bis sich die Innenblätter leicht herauslösen lassen. Gut abtropfen, mit Petersilie anrichten und dazu holländische, Schaum-, weiße oder Vinaigrettesauce servieren. Empfehlenswert ist es, die Artischockenböden vor dem Kochen zu binden, wobei man gleich am Boden eine Zitronenscheibe mit befestigt. *(Siehe Bild auf Seite 521.)*

ARTISCHOCKEN, GEVIERTELTE — Quartiers d'artichauts

6 Personen. *6 Artischocken; 1 Zitrone; Öl; 1/2 l italienische oder Lyoner Sauce. Kochzeit: 25 Minuten.*

Die Artischocken parieren, vierteln, das Heu entfernen und wie Artischockenböden kochen. Abtropfen, im Ofen mit etwas Öl erhitzen, anrichten und mit italienischer oder Lyoner Sauce nappieren.

ARTISCHOCKENHERZEN AUF FRÜHLINGSART — Cœurs d'artichauts à la printanière

6 Personen. *1 kg 200 Artischocken; 2 dl Weißwein; 2 dl Kalbsjus; 300 g Mohrrüben in dicken Streifen; 300 g geviertelte weiße Rüben; 300 g grüne Erbsen; 6 geviertelte kleine Kartoffeln; 2 geviertelte Tomaten; 50 g Butter; gehackten Kerbel. Kochzeit: 40 Minuten.*

Zarte junge Artischocken vierteln und zusammen mit sämtlichen Gemüsen in eine Kasserolle geben. Mit dem Weißwein und der Kalbsjus aufgießen, mit Salz und Pfeffer würzen und garkochen. Zuletzt die Butter und den gehackten Kerbel hinzufügen.

ARTISCHOCKEN MIREILLE — Artichauts Mireille

6 Personen. *1 kg 200 Artischocken; 12 kleine Zwiebelchen; 500 g geschälte, entkernte, geviertelte Tomaten; 1 dl Olivenöl. Kochzeit: $^1/_2$-$1^1/_4$ Stunden.*

Von ganz kleinen, zarten Artischocken nur die Außenblätter entfernen und den Stiel abschneiden. In eine Kasserolle zusammen mit den kleinen Zwiebeln, dem Olivenöl und 1 dl Wasser oder Bouillon geben, mit Salz und Pfefferkörnern würzen und die Tomaten hinzufügen. Zudecken und langsam garwerden lassen. Je nach Wunsch warm oder kalt servieren.

ARTISCHOCKENBÖDEN — Fonds d'artichauts

Von den rohen Artischocken die Blätter glatt abschneiden, den Boden sauber parieren, das Heu im Inneren des Bodens aber daranlassen. Sofort mit Zitronensaft einreiben und in kaltes Wasser, mit etwas Zitronensaft vermischt, legen. Etwas Mehl mit kaltem Wasser anrühren, mit warmem Wasser aufgießen, salzen, die Böden hineinlegen und kochen, bis sich das Heu leicht abziehen läßt.

■ **ARGENTEUIL — Fonds d'artichauts Argenteuil**

6 Personen. *6 gekochte Artischockenböden; 500 g Spargelspitzen; $^1/_4$ l Rahmsauce; gehackte Kräuter.*

Den kleingeschnittenen Spargel mit der Sauce binden, die Böden damit füllen und mit gehackten Kräutern bestreuen.

■ **CLAMART — Fonds d'artichauts Clamart**

6 Personen. *6 gekochte Artischockenböden; 500 g Erbsen, auf französische Art bereitet; 30 g Butter.*

Die Böden mit den Erbsen füllen und in ein mit Butter ausgestrichenes Geschirr setzen und noch einige Minuten in den heißen Ofen stellen.

■ **GEFÜLLT — Fonds d'artichauts farcis**

6 Personen. *6 gekochte Artischockenböden; 300 g Haschee von gekochtem Fleisch; Reibbrot; 50 g Butter. Backzeit: ungefähr 10 Minuten.*

Die Böden mit dem Haschee füllen, oben etwas abrunden, mit Reibbrot bestreuen, mit zerlassener Butter beträufeln und im heißen Ofen überbacken. Dazu eine passende Sauce servieren.

■ **COLBERT — Fonds d'artichauts Colbert**

6 Personen. *6 Artischockenböden; 1 Ei; geriebene Weißbrotkrume; 3 dl Colbert-Sauce. Bratzeit: 4-5 Minuten.*

Die Artischockenböden mehlen und dann englisch panieren. In Butter braten und jeden Boden mit Colbert-Sauce füllen.

■ **MIT CHAMPIGNONS GEFÜLLT — Fonds d'artichauts farcis aux champignons**

6 Personen. *6 große Artischockenböden; 200 g Champignonpüree; 2 Eßlöffel Béchamel; 1 Ei; 30 g geriebenen Käse; 30 g Butter. Backzeit: 10 Minuten.*

Die Artischockenböden auf eine leichtgebutterte Platte legen. Das Champignonpüree mit der Béchamel binden, gut erhitzen und auf dem Feuer mit dem Eigelb legieren. Abseits des Feuers das festgeschlagene Eiweiß locker unterziehen, abschmecken und die Böden mit der Masse füllen. Mit geriebenem Käse bestreuen, mit zerlassener Butter beträufeln und im mittelheißen Ofen überbacken. Man bezeichnet diese Zubereitungsart auch « Artischockenböden Agnes Sorel ».

BOHNEN, DICKE BOHNEN ODER GROSSE BOHNEN — Fèves

Dicke Bohnen sollten erst kurz vor dem Gebrauch aus der Hülse genommen und auch enthäutet werden. Sie werden gekocht und mit Rahmsauce gebunden oder als Püree zubereitet. Als Püree oder als Suppe werden sie am meisten geschätzt.

BOHNEN, GRÜNE, AUF BAUERNART — Haricots verts à la paysanne

6 Personen. *750 g grüne Bohnen; 750 g kleine Kartoffeln, geviertelt; 50 g Butter. Kochzeit: 18-20 Minuten.*

Die gebrochenen Bohnen zusammen mit den Kartoffeln in Salzwasser abkochen, gut abdämpfen, würzen und in Butter schwenken.

■ AUF HAUSHOFMEISTERART — Haricots verts à la maître d'hôtel

6 Personen. *1 kg 200 grüne Bohnen; 3 dl Béchamel; gehackte Petersilie. Kochzeit: ungefähr 20 Minuten.*

Kleine ganze oder große in Streifen geschnittene grüne Bohnen kochen und abtropfen. Mit leichter Béchamel binden, abschmecken und reichlich mit gehackter Petersilie bestreut servieren.

■ AUF PORTUGIESISCHE ART — Haricots verts à la portugaise

6 Personen. *1 kg grüne Bohnen; 100 g gewürfelten, fetten Speck; 250 g geschälte, entkernte, grobgehackte Tomaten; 1/4 l Bouillon; gehackte Petersilie. Kochzeit: 30-40 Minuten.*

Sämtliche Bestandteile in eine Kasserolle geben, mit der Bouillon aufgießen, leicht würzen und, zugedeckt, garkochen. Mit gehackter Petersilie bestreut servieren.

■ IN RAHMSAUCE — Haricots verts à la crème

6 Personen. *1 kg 200 grüne Bohnen; 50 g Butter; 2 dl Béchamel; 2 dl süße Sahne. Kochzeit: 18-20 Minuten.*

Die Bohnen in breite Streifen schneiden, kleine ganz lassen, und in Salzwasser kochen. Abtropfen, in der Butter andünsten, mit der Béchamel und der Sahne würzen, noch kurz durchkochen und abschmecken.

■ GEMISCHTE — Haricots panachés

Kleine grüne oder in Streifen geschnittene Bohnen abkochen und mit der gleichen Menge abgekochten frischen Bohnenkernen in Butter schwenken, würzen und mit gehackter Petersilie bestreut anrichten.

BOHNENKERNE, GRÜNE — Haricots flageolets

Die frischen sowie die getrockneten Bohnenkerne bereitet man wie weiße Bohnen, entweder in Rahmsauce oder auf bretagnische Art.

BOHNEN, ROTE, IN WEIN — Haricots rouges au vin

6 Personen. *500 g getrocknete rote Bohnen; 20 g Mehl; 1/4 l Rotwein; 1 gehackte Zwiebel; 100 g mageren Speck. Kochzeit: etwa 2 Stunden.*

Die Bohnen einweichen und dann garkochen. Die gehackte Zwiebel in Butter anlaufen lassen, den gewürfelten Speck hinzugeben, leicht anrösten, mit dem Mehl bestäuben und mit dem Rotwein aufgießen. 10 Minuten kochen lassen, die Bohnen noch einige Minuten darin dünsten und gut würzen.

BOHNEN, WEISSE, AUF BRETAGNISCHE ART — Haricots blanc à la bretonne

6 Personen. *500 g getrocknete weiße Bohnen; 100 g gehackte Zwiebeln; 2 dl Tomatensauce; 1 Kräuterbündel; 50 g Butter; gehackte Petersilie. Kochzeit: ungefähr 1 1/2 Stunden.*

Die Bohnen waschen, einweichen, in kaltem Wasser ansetzen und mit Salz und einem Kräuterbündel garkochen. Die gehackten Zwiebeln in Butter anschwitzen, die abgetropften Bohnen hinzugeben, mit der Tomatensauce aufgießen und noch einige Minuten dünsten. Beim Servieren mit gehackter Petersilie bestreuen.

▲ Artischocken mit Vinaigrettesauce, S. 518

Gedünstete Lauchstauden, S. 536 ▼

▲ Eierfrüchte auf toskanische Art, S. 544

Eierfrüchte Carlton, S. 544 ▼

▲ Gefüllte Paprikaschoten, S. 538

Gemüseplatten auf Mittelmeerart, S. 544 ▼

▲ Gefüllte Kürbischen auf Mailänder Art, S. 544

Feine Gemüseplatte ▼

▲ Eierfrüchte auf provenzalische Art, S. 530

Gefüllte Tomaten auf Herzoginart, S. 542 ▼

▲ Gedünsteter Bleichsellerie mit Demi-glace, S. 539

Steinpilze auf italienische Art, S. 555 ▼

▲ Ratatouille auf Nizzaer Art, S. 538

Kardi mit Rindermark, S. 532 ▼

▲ Verschiedene Kartoffelzubereitungen, S. 546, 547, 551

Gefüllte, gebackene Kartoffeln, S. 551 ▼

CHICORÉE, WITLOOF — Endives belges, Endives

Diese weißen, angenehm bitterlich schmeckenden Stauden kann man auf vielerlei Arten bereiten. Etwaige welke Außenblätter werden entfernt und mit einem scharfen Messer wird ein Stückchen von der Wurzelseite ausgebohrt, um den bitteren Geschmack zu vermindern.

■ AUF FLÄMISCHE ART — Endives à la flamande

6 Personen. *1 kg Chicorée; 50 g Butter; Saft einer Zitrone; 2 dl Demi-glace. Dünstzeit: ungefähr* $1^1/_2$ *Stunden.*

Die Chicorée waschen, abtropfen und in eine ausgebutterte Sauteuse ordnen. Den Zitronensaft und wenig Wasser hinzugeben, leicht würzen, mit einem gebutterten Blatt Papier bedecken und, zugedeckt, im Ofen bis zum Verdunsten der Flüssigkeit dünsten und leicht färben lassen. Anrichten und mit Demi-glace nappieren.

■ GEDÜNSTET — Endives braisées

6 Personen. *1 kg Chicorée; 30 g Butter;* $^1/_4$ *l Demi-glace. Dünstzeit:* $1^1/_4$ *Stunden.*

Die Chicorée 15 Minuten in Salzwasser kochen und abtropfen. In eine ausgebutterte Sauteuse ordnen, mit der Demi-glace angießen, mit einem gebutterten Blatt Papier bedecken und langsam gardünsten.

■ AUF MÜLLERINART — Endives à la meunière

6 Personen. *1 kg Chicorée; Saft einer Zitrone; 100 g Butter.*

Genau so wie auf flämische Art bereiten, aber nicht mit Demi-glace, sondern mit brauner Butter übergießen.

■ ÜBERBACKEN — Endives au gratin

6 Personen. *1 kg Chicorée; Saft einer Zitrone; 4 dl Mornay-Sauce; 50 g geriebenen Käse; 50 g Butter. Backzeit: 6-8 Minuten.*

Die Chicorée wie auf flämische Art dünsten, abtropfen und in eine mit Butter ausgestrichene Backform ordnen. Mit der Sauce nappieren, mit geriebenem Käse bestreuen, mit zerlassener Butter beträufeln und im heißen Ofen oder unter dem Salamander überkrusten lassen.

■ MIT SCHINKEN, ÜBERBACKEN — Endives gratinées au jambon

6 Personen. *6 schöne Stauden gedünstete Chicorée; 6 Scheibchen gekochten Schinken; 3 dl Mornay-Sauce; 50 g geriebenen Käse; 50 g Butter. Backzeit: 6-8 Minuten.*

Jede Staude in eine Scheibe Schinken einwickeln, in eine ausgebutterte Backform ordnen, mit der Sauce nappieren, mit geriebenem Käse bestreuen, mit Butter beträufeln und überbacken.

EIERFRÜCHTE, GEFÜLLTE, AUF BOSTONER ART — Aubergines farcies à la Boston

6 Personen. *3 große Eierfrüchte; 1 dl Béchamel; 1 Ei; 1 dl dicken Rahm; 50 g geriebenen Schweizer Käse; etwas Öl. Backzeit: 7-8 Minuten.*

Die Eierfrüchte der Länge nach teilen und jede Hälfte innen mit dem Messer mehrere Male kreuz und quer schneiden, dabei aber die Haut nicht beschädigen. Im Ofen in heißem Öl so weit garmachen, daß das Innere leicht auszulösen ist, dabei die Haut ganz lassen. Das Fleisch hacken, mit der Béchamel und dem Ei binden, gut würzen und mit geriebenem Käse vermischen. Diese Masse in die Häute füllen, in eine ovale, flache, feuerfeste Backplatte ordnen, mit geriebenem Käse bestreuen und im heißen Ofen gratinieren. Beim Servieren mit heißem, leicht gesalzenem Rahm übergießen.

■ AUF MÜLLERINART — Aubergines à la meunière

6 Personen. *3 Eierfrüchte; 100 g Butter; Zitronensaft; gehackte Petersilie. Bratzeit: 4-5 Minuten.*

Die Eierfrüchte der Länge nach in 1 cm dicke Scheiben schneiden, mit feinem Salz bestreuen und 15 Minuten stehen lassen. Gut abwischen, mehlen und in Butter braten. Anrichten, mit Zitronensaft beträufeln, mit schäumender brauner Butter übergießen und mit gehackter Petersilie bestreuen.

EIERFRÜCHTE AUF PIEMONTESER ART — Aubergines à la piémontaise

6 Personen. *3 Eierfrüchte; 3 geschälte, entkernte und grobgeviertelte Tomaten; 1 gehackte Zwiebel; 200 g körnig gekochten Reis; 1 dl Tomatensauce; 50 g geriebenen Käse; 75 g Butter. Backzeit: 10 Minuten.*

Die Eierfrüchte der Länge nach teilen und wie für Bostoner Art vorbereiten und in Butter halbgar machen. Das Fleisch auslösen, hacken und beiseite stellen. Die Zwiebeln in Butter anschwitzen, den Reis, die Tomaten und das Fleisch der Eierfrüchte beifügen, die Tomatensauce hinzugeben, würzen und kurze Zeit durchkochen. In die Schalen füllen, mit geriebenem Käse bestreuen, mit zerlassener Butter beträufeln und im Ofen überbacken.

■ AUF PROVENZALISCHE ART — Aubergines à la provençale

6 Personen. *1 kg Eierfrüchte; 1 kg geschälte, entkernte, geviertelte Tomaten; 3 zerdrückte Knoblauchzehen; 1 dl Olivenöl; gehackte Petersilie. Bratzeit: 15 Minuten.*

Die Eierfrüchte schälen, in Scheiben schneiden und mit Salz auswässern. Gut abwischen, mehlen und in heißem Öl sautieren. Zur gleichen Zeit in einer anderen Pfanne die Tomaten ebenfalls in Öl sautieren. Beide Gemüse in eine Pfanne geben, zusammenschwenken, dabei würzen und den Knoblauch hinzufügen. In eine Gemüseschüssel füllen und mit gehackter Petersilie bestreuen. *(Siehe Bild auf Seite 525.)*

ENDIVIEN IN SAHNE — Chicorée à la crème

6 Personen. *3 kg Endivien; 1 l Bouillon; 70 g Butter; 55 g Mehl; 3 dl Béchamel; 1 dl süße Sahne; 18 kleine, gebackene, herzförmige Croutons. Kochzeit insgesamt: ungefähr 2 Stunden.*

Die sauber geputzten und gewaschenen Endivien in Salzwasser weichkochen, was ungefähr 30 Minuten benötigt. Abgießen, abkühlen, gut ausdrücken und durch die feine Scheibe der Fleischmaschine treiben. Von der Butter und dem Mehl helle Mehlschwitze bereiten, mit der Bouillon aufgießen, gut durchrühren, aufkochen und das Püree daruntermengen. Würzen, zudecken und bei mäßiger Hitze 1½ Stunden, zugedeckt, dünsten lassen. Aus dem Ofen nehmen, mit der Béchamel und der Sahne binden und mit den Croutons garniert anrichten.

ERBSEN AUF BAUERNART — Petits pois à la paysanne

6 Personen. *½ l ausgepahlte Erbsen; 12 kleine Zwiebelchen; 12 kleine Karotten; 12 sehr kleine neue Kartoffeln; 2 Köpfe Salat. Kochzeit: 20-30 Minuten.*

Genauso wie Erbsen auf französische Art mit allen Zutaten bereiten, den Kopfsalat jedoch in Viertel, anstatt in Streifen schneiden, und alles zusammen servieren.

■ AUF ENGLISCHE ART — Petits pois à l'anglaise

6 Personen. *1 l ausgepahlte grüne Erbsen; 50 g Butter; Salz; Zucker. Kochzeit: 15-20 Minuten.*

Junge grüne Erbsen in siedendes Salzwasser werfen, gleichmäßig, aber nicht zu stark kochen lassen, damit sich die Haut nicht löst, abtropfen, in einer Kasserolle gründlich abdämpfen und mit Salz und einer Prise Zucker würzen. In einer Gemüseschüssel anrichten und obenauf ein ansehnliches Stück frische Butter legen.

■ AUF FRANZÖSISCHE ART — Petits pois à la française

6 Personen. *1 l frisch ausgepahlte Erbsen; 12 kleine Zwiebelchen; 75 g Butter; 1 Bündelchen Petersilie und Kerbel; 1 kleinen Kopf Salat. Kochzeit: 20-30 Minuten, je nach Größe und Qualität der Erbsen.*

Die Erbsen in einen Sautoir geben, mit der Butter, dem in Streifen geschnittenen Salat, den Zwiebelchen, eventuell auch einem kleinen Löffelchen Mehl vermischen und etwas durchkneten. Bis zur Höhe mit Wasser aufgießen, mit Salz und einer Prise Zucker würzen, das Petersilienbündelchen beigeben und flott kochen. Wenn alles fertig ist, muß das Gericht eine gewisse Bindung haben. Man kann auch Butter und Mehl fortlassen und zum Schluß mit Mehlbutter leicht binden.

ERBSEN MIT KOPFSALAT — Petits pois aux laitues

Die gleiche Zubereitung und Mengen wie für Erbsen auf französische Art, jedoch 3 feste, in Viertel geschnittene Köpfe Salat beifügen und diese, nach dem Garwerden, auf den fertigen Erbsen anrichten.

■ MIT GRÜNER PFEFFERMINZE — Petits pois à la menthe

6 Personen. *1 l ausgepahlte Erbsen; 1 kleines Bündelchen grüne Pfefferminze; 30-50 g Butter. Kochzeit: 15-18 Minuten.*

Die Erbsen in leicht gesalzenes, siedendes Wasser geben, dem man die Minze beigefügt hat. Flott kochen, gut abtropfen, einige Minuten mit der Butter, Salz und einer Prise Zucker dünsten, durchschwenken und obenauf einige Blättchen Pfefferminze legen.

■ AUF WIRTSCHAFTERINART — Petits pois à la ménagère

6 Personen. *1 l frisch ausgepahlte Erbsen; 100 g mageren Speck; 12 kleine Zwiebelchen; 1 mittelgroße, gehackte Zwiebel; 20 g Mehl; 40 g Butter; Salz; Zucker. Kochzeit: 20-30 Minuten.*

Den Speck würfeln, blanchieren, in der Butter anlaufen lassen, die gehackte Zwiebel beifügen, etwas anrösten und mit dem Mehl bestreuen. Nach kurzem Anziehen mit Wasser aufgießen, wie eine leichte Sauce aufkochen lassen, die Erbsen und die Zwiebelchen beifügen und des Speckes wegen nur leicht salzen. Bei lebhafter Hitze flott kochen und vor dem Servieren noch etwas durchschwenken.

FENCHEL — Fenouil

Alle Rezepte für Kardy und für Staudensellerie sind für Fenchel anwendbar.

GURKEN — Concombres

Sie können genauso wie Kürbischen bereitet werden. Dafür nimmt man am besten die gelben sogenannten Schmorgurken. Grüne Gurken kann man schälen, der Länge nach vierteln, in Stücke schneiden, olivenförmig tournieren und in Butter dünsten. Man kann sie auch nach dem Schälen in Stücke von 3-4 cm schneiden, etwas aushöhlen, blanchieren und weiterhin wie gefüllte Tomaten behandeln.

GOMBOS, AUCH OKRA UND BAMIA — Gombos

Von dieser eßbaren Eibischart gibt es zwei Arten, die langen und die runden, von denen die langen bevorzugt werden. Sie werden pariert, indem man die beiden Spitzen abschneidet, ohne die Frucht selbst zu beschädigen, und in Salzwasser blanchiert. Danach dünstet man sie in Butter oder bereitet sie mit Rahmsauce. Am liebsten verwendet man sie für amerikanische Suppen, wie Chicken Gombo Creole usw.

KARDE, KARDONE, KARDY — Cardons

Kardy kann man ähnlich wie Staudensellerie verarbeiten. Nachdem die grünen Blätter entfernt und die Stiele abgezogen worden sind, schneidet man sie in Stücke von 6-7 cm, reibt sie mit Zitronensaft ab und kocht sie in Mehlwasser, mit Zitronensaft gesäuert, damit sie nicht dunkel werden. Kochzeit: ungefähr 2 Stunden.

■ MIT PARMESAN — Cardons au parmesan

6 Personen. *3 Stiele Kardy; $^1/_4$ l Kalbsjus; 100 g Parmesan. Kochzeit: ungefähr 2 Stunden.*

Den Kardy wie oben beschrieben, aber nur dreiviertelgar kochen. Abspülen, abtropfen, mit der Kalbsjus angießen und fertigkochen. Anrichten und reichlich mit geriebenem Parmesan bestreuen.

KARDE MIT RINDERMARK — Cardons à la moelle

6 Personen. *3 Stiele Kardy; 3 kleine Mohrrüben; 3 kleine Zwiebelchen; 3 dl Madeirasauce; Rindermark. Kochzeit: 2 Stunden.*

Den Kardy wie beschrieben in Mehlwasser kochen, das ziemlich stark gesalzen, mit Zitronensaft gesäuert wird und dem die Zwiebeln und Mohrrüben beigefügt worden sind. Anrichten und mit schönen, blanchierten Scheiben von Rindermark belegen und mit Madeirasauce nappieren, der man gewürfeltes, blanchiertes Rindermark beigefügt hat. *(Siehe Bild auf Seite 527.)*

KERBELRÜBCHEN — Cerfeuil bulbeux

Diese etwas süßlich, angenehm schmeckenden Rübchen werden sauber geschält, kurz blanchiert und dann in Butter oder guter Kalbsjus gedünstet. Man kann sie auch wie Mohrrüben glacieren, in Scheiben schneiden, durch Backteig ziehen und in der Fritüre backen. Sie passen sehr gut als Garnitur zu Wildgerichten.

KOHL — Choux

Zu den wichtigsten Kohlarten gehören: Weißkohl (oder Weißkraut), den man auch zum Bereiten von Sauerkraut verwendet; Rotkraut, das als Gemüse gedünstet wird und auch als Vorspeise Verwendung findet; Wirsingkohl, der gedünstet oder englisch gekocht wird; Blumenkohl und Brokkoli, sowie Rosenkohl und Kohlrabi.

BLUMENKOHL AUF ENGLISCHE ART — Chou-fleur à l'anglaise

6 Personen. *1 kg 500 Blumenkohl; 100 g frische Butter. Kochzeit: ungefähr 20 Minuten.*

Den Blumenkohl in Salzwasser nicht zu weich kochen, abtropfen und auf einer Serviette anrichten. Frische Butter nebenbei servieren.

■ AUF MAILÄNDER ART — Chou-fleur à la milanaise

6 Personen. *1 kg 500 gekochten Blumenkohl; 50 g geriebenen Parmesan; 50 g Butter. Backzeit: 5-8 Minuten.*

Den Blumenkohl in eine mit Butter ausgestrichene Backplatte setzen, mit geriebenem Parmesan bestreuen und mit zerlassener Butter beträufeln. In den heißen Ofen stellen und zu schöner Farbe überbacken.

■ AUF POLNISCHE ART — Chou-fleur à la polonaise

6 Personen. *1 kg 500 gekochten Blumenkohl; 2 hartgekochte, gehackte Eier; 25 g Reibbrot; gehackte Petersilie; 100 g Butter. Kochzeit: ungefähr 20 Minuten.*

Den Blumenkohl auf einer mit Butter bepinselten Platte anrichten. Mit dem gehackten Ei und der Petersilie bestreuen und mit brauner Butter übergießen, in der man das Brot hellbraun geröstet hat.

■ IN RAHMSAUCE — Chou-fleur à la crème

6 Personen. *1 kg 500 Blumenkohl; 5 dl Rahmsauce. Kochzeit: ungefähr 20 Minuten.*

Den Blumenkohl in Salzwasser kochen und gut abtropfen. Auf einer Serviette anrichten und die Sauce nebenbei servieren.

■ ÜBERKRUSTET — Chou-fleur au gratin

6 Personen. *1 kg 500 Blumenkohl; $^1/_2$ l Mornay-Sauce; 50 g geriebenen Käse; 30 g zerlassene Butter. Backzeit: 6-8 Minuten.*

Den Blumenkohl kochen, abtropfen und auf eine mit Butter bestrichene Backplatte dressieren. Mit der Sauce nappieren, mit dem Käse bestreuen, mit Butter beträufeln und im heißen Ofen überkrusten.

BROKKOLI — Choux broccolis

Der Brokkoli wird in Salzwasser gekocht, abgetropft und entweder mit holländischer oder weißer Sauce, zerlassener Butter oder mit Vinaigrette serviert. Man kann ihn auch geteilt kochen, abtropfen und in Butter sautieren.

ROSENKOHL AUF ENGLISCHE ART — Choux de Bruxelles à l'anglaise

6 Personen. *1 kg 200 Rosenkohl; 60 g Butter. Kochzeit: ungefähr 25 Minuten.*

Den Rosenkohl sauber putzen, waschen und in Salzwasser kochen. Gut abtropfen, anrichten und obenauf frische Butter legen.

■ AUF MAILÄNDER ART — Choux de Bruxelles à la milanaise

Wird genauso zubereitet wie Blumenkohl gleichen Namens.

■ AUF POLNISCHE ART — Choux de Bruxelles à la polonaise

Wird genauso zubereitet wie Blumenkohl gleichen Namens.

■ SAUTIERT — Choux de Bruxelles sautés

6 Personen. *1 kg 200 gekochten Rosenkohl; 100 g Butter; gehackte Petersilie.*

Den gut abgetropften Rosenkohl in schäumender brauner Butter sautieren und dabei leicht anbräunen. Mit gehackter Petersilie bestreut servieren.

ROTKOHL (ROTKRAUT) AUF FLÄMISCHE ART — Chou rouge à la flamande

6 Personen. *1 kg 500 Rotkraut; 300 g Äpfel; 5 cl Essig; 50 g Puderzucker; 150 g Schweineschmalz. Kochzeit: ungefähr 1½ Stunden.*

Die schlechten Außenblätter entfernen und den Kohl vierteln. Den Strunk und die dicken Rippen ausschneiden, den Rest waschen und in grobe Julienne schneiden. In eine Kasserolle zusammen mit dem Essig, dem Zucker, Salz und etwas Zimtpulver geben, das Schmalz und einige Tropfen Wasser hinzufügen, gut zudecken und bei mäßiger Hitze im Ofen 1 Stunde dünsten. Die Äpfel schälen, vierteln, entkernen, dem Kohl hinzugeben und alles zusammen garmachen. Vor dem Servieren gut durchmischen und abschmecken.

■ AUF LIMOUSINER ART — Chou rouge à la limousine

6 Personen. *1 kg 500 Rotkraut, in grobe Julienne geschnitten; 3 dl Bouillon; 50 g Schweineschmalz; 500 g rohe, geschälte Maronen. Kochzeit: 1½-2 Stunden.*

Eine Kasserolle mit dem Schmalz ausstreichen und das Rotkraut und die Maronen hineingeben. Mit der Bouillon angießen, würzen, zudecken und im Ofen langsam gardünsten.

■ MIT ROTWEIN — Chou rouge au vin rouge

6 Personen. *1 kg 500 Rotkraut in grobe Streifen geschnitten; 100 g gewürfelte Zwiebeln; 200 g gewürfelten mageren Speck; 150 g Schweineschmalz; ½ l Rotwein; 40 g Mehl. Kochzeit: 1½-2 Stunden.*

Die Zwiebeln und den Speck in dem Schmalz anschwitzen, mit dem Mehl bestäuben und hellgelb anrösten. Das Rotkraut hinzugeben, gut durchmischen, würzen und, zugedeckt, bei mäßiger Hitze im Ofen dünsten. Den aufgekochten Rotwein hinzugießen, abermals durchmischen und das Kraut langsam im Ofen garmachen.

WEISSKOHL (WEISSKRAUT), GEFÜLLT — Chou blanc entier farci

6 Personen. *1 Krautkopf von etwa 2 kg; 500 g Bratwurstfleisch; 100 g Weißbrot; 1 gehackte Zwiebel; 1 zerdrückte Knoblauchzehe; 1 Eßlöffel gehackte Kräuter; dünne Scheiben fetten Speck. Kochzeit: 1¼-1¾ Stunden.*

Den Kohl von den schlechten Außenblättern befreien, den Strunk herausschneiden, etwas aushöhlen und 10 Minuten in Salzwasser blanchieren. Gut abtropfen und mit dem Hackfleisch, vermischt mit dem eingeweichten und ausgedrückten Brot, den Zwiebeln, Knoblauch und den gehackten Kräutern, füllen. Der Kohl wird mit dünnen Speckscheiben umhüllt, gebunden, in ein geeignetes Geschirr gesetzt, mit Bouillon aufgegossen und, zugedeckt, gedünstet.

WEISSKOHL, GEFÜLLT AUF TÜRKISCHE ART (Dolmas) — Chou blanc farci à la turque

6 Personen. *1 Krautkopf; 500 g gekochtes, gehacktes Hammelfleisch; 100 g gehackte Zwiebeln, 60 g Weißbrot; 25 g Reis; 25 g Schweineschmalz; 150 g fetten Speck; 1 Mohrrübe und 1 Zwiebel in Scheiben; $^1/_2$ l tomatierte Bouillon; 1 Zitrone. Schmorzeit: 1-$1^1/_4$ Stunden.*

Ein Dutzend mittelgroße Kohlblätter von dem dicken Teil der Rippen befreien, 3-4 Minuten blanchieren, auskühlen und abtropfen. Auf dem Tisch ausbreiten und mit Salz und Pfeffer würzen. Von dem Hammelfleisch, den in Schmalz angeschwitzten Zwiebeln, dem in Bouillon eingeweichten und ausgedrückten Brot, dem halbgar gekochten Reis, gehackter Petersilie, Paprika und Salz eine gutgewürzte Farce bereiten und auf die Kohlblätter verteilen. Die Blätter zusammenfalten, in ein Tuch zu runder Form pressen und in einen Sautoir auf ein Bett von fettem Speck, Zwiebel- und Mohrrübenscheiben ordnen. Kurz im Ofen anschwitzen und mit der tomatierten Bouillon bis zur Höhe aufgießen. Mit einem gefetteten Papier bedecken und im mäßig heißen Ofen 1 Stunde dünsten. Beim Anrichten auf jeden Dolmas eine Scheibe Zitrone legen, mit Zitronensaft beträufeln und mit dem eingekochten und passierten Fond übergießen.

SAUERKRAUT, GARNIERT — Choucroute garnie

6 Personen. *1 kg 250 Sauerkraut; 150 g Speckschwarten; 250 g mageren Speck; 1 Kochwurst von 300 g; 6 Frankfurter Würstchen; 100 g Schweine- oder Gänseschmalz; 2 Zwiebeln in Scheiben; 2 Mohrrüben; $^1/_2$ l Weißwein. Kochzeit: 2-3 Stunden.*

Das Sauerkraut waschen und ausdrücken. Den Boden einer Kasserolle mit den Speckschwarten und den Zwiebelscheiben auslegen, das Sauerkraut, das Fett und die Mohrrüben hineingeben mit dem Speck in der Mitte. Mit dem Weißwein und so viel Wasser aufgießen, daß das Sauerkraut gut bedeckt ist; zudecken und langsam im Ofen dünsten.

Den Speck herausnehmen, wenn er gar ist, und während der letzten halben Stunde die Kochwurst beifügen. Die Würstchen in heißem Wasser pochieren. Sobald das Kraut gar ist, auf einer langen Platte anrichten, mit dem in Scheiben geschnittenen Speck, der Wurst und den Würstchen sowie den geviertelten oder ebenfalls in Scheiben geschnittenen Mohrrüben garnieren und nebenbei Salzkartoffeln servieren.

WIRSINGKOHL AUF ENGLISCHE ART — Chou vert à l'anglaise

6 Personen. *1 kg 500 Wirsingkohl; Butter. Kochzeit: 40-50 Minuten.*

Den Kohl vierteln, den Strunk herausschneiden und die Blätter in Salzwasser kochen. Abtropfen, das Wasser zwischen zwei Tellern ausdrücken, in Stücke schneiden und mit einem Stückchen frischer Butter obenauf servieren.

WIRSINGKOHL, GEDÜNSTET — Chou vert braisé

6 Personen. *1 kg 500 Wirsingkohl, geviertelt, der Strunk herausgeschnitten; 2 Mohrrüben und 2 Zwiebeln in Scheiben; 100 g dünne Scheiben von fettem Speck; $^1/_2$ l Bouillon. Kochzeit: ungefähr $1^1/_2$ Stunden.*

Den Boden einer Kasserolle mit den Speck-, Zwiebel- und Mohrrübenscheiben auslegen. Den Kohl einfüllen, würzen, mit der Bouillon aufgießen und, zugedeckt, gardünsten.

■ GEFÜLLT — Chou vert farci

6 Personen. *1 kg 500 Wirsingkohl; 500 g Bratwurstfleisch; fetten Speck; 150 g Weißbrot; 1 Ei; 1 Zwiebel. Kochzeit: ungefähr $1^1/_2$ Stunden.*

Wird genauso wie Weißkohl zubereitet.

KOHLRABI — Choux-raves

Kohlrabi kann genau so wie Knollensellerie bereitet werden. Man schneidet ihn auch in Scheiben, dünstet ihn in Butter und bindet mit einer Rahmsauce. Im Osten Frankreichs wird er gehobelt und wie Sauerkraut eingesalzen.

KOPFSALAT, GEDÜNSTET, IN MADEIRA — Laitues braisées au madère

6 Personen. *6 feste Köpfe Salat; 2 Mohrrüben und 2 Zwiebeln in Scheiben; 150 g fetten Speck; 1 dl Kalbsfond; 4 dl Demi-glace mit Madeira. Dünstzeit: 50-60 Minuten.*

Das Wurzelende glattschneiden, aber derart, daß die Blätter zusammenhalten, waschen und in Salzwasser blanchieren. Auskühlen, gut ausdrücken und jeden Kopf der Länge nach teilen. Mit Salz, Pfeffer und Muskatnuß würzen, zusammenfalten und in einen Sautoir ordnen, dessen Boden mit Scheiben von fettem Speck, Mohrrüben und Zwiebeln ausgelegt worden ist. Auf dem Herd anschwitzen lassen, bis das Gemüse zu bräunen beginnt, mit Kalbsfond angießen, mit einem gefetteten Blatt Papier bedecken, zudecken und im Ofen langsam gardünsten. Gut abtropfen, anrichten und mit der Sauce nappieren.

KOPFSALAT MIT SCHINKEN — Chevalière de laitues

6 Personen. *6 gedünstete Köpfe Salat; 3 Scheiben gebratenen, mageren Schinken; $^1/_4$ l Madeirasauce.*

Den Kopfsalat im Kranze mit einer halben Scheibe gebratenem Schinken zwischen den ganz gelassenen Köpfen anrichten und mit Madeirasauce nappieren.

KÜRBISCHEN (COURGETTEN), GEBACKEN — Courgettes frites

6 Personen. *3 Courgetten, geschält, der Länge nach in Scheiben geschnitten; Zitronenspalten; Petersilie. Backzeit: 3-4 Minuten.*

Die Scheiben mit feinem Salz bestreuen und 15 Minuten auswässern lassen. Gut abwischen, mehlen, in der heißen Fritüre backen, abfetten und anrichten. Mit gebackener Petersilie und Zitronenspalten garnieren und sofort servieren.

■ GEFÜLLT — Courgettes farcies

6 Personen. *3 Courgetten, der Länge nach geteilt; 500 g Duxelles; 1 zerdrückte Knoblauchzehe; gehackte Petersilie; Reibbrot; 50 g Butter. Backzeit: ungefähr 15 Minuten.*

Die Courgetten in Salzwasser blanchieren, abtropfen und aushöhlen. Das Fleisch hacken, mit der Duxelles, dem Knoblauch und der Petersilie vermischen, würzen und die Schalen damit füllen. Mit Reibbrot bestreuen, mit Butter beträufeln und im Ofen überbacken.

KÜRBISCHEN, GEFÜLLT, AUF ORIENTALISCHE ART — Courgettes farcies à l'orientale

6 Personen. *3 Courgetten, geschält und der Länge nach geteilt; 200 g gekochten Reis; 200 g geschälte, entkernte und gewürfelte Tomaten; 250 g gekochtes, gehacktes Hammelfleisch; Reibbrot; 50 g Butter; 2 dl Sauce von frischen Tomaten. Backzeit: ungefähr 15 Minuten.*

Die Courgetten bis auf einen schmalen Rand sorgfältig aushöhlen und das Fleisch hacken. Mit dem Reis, den Tomaten und dem Fleisch vermengen, würzen und gewölbt in die Schalen füllen. Mit Reibbrot bestreuen, mit zerlassener Butter beträufeln und im heißen Ofen garmachen und überkrusten. Anrichten und mit der Sauce übergießen.

■ AUF MÜLLERINART — Courgettes à la meunière

Genauso wie Eierfrüchte bereiten. Mehlen, auf beiden Seiten in Butter braten, mit brauner Butter übergießen und mit Petersilie und Zitronenspalten garnieren.

■ AUF VAUCLUSER ART — Courgettes à la vauclusienne

6 Personen. *3 Courgetten, der Länge nach in vier Teile geschnitten; 2 dl Olivenöl; 500 g geschälte, entkernte, grobgehackte Tomaten; 1 zerdrückte Knoblauchzehe; gehackte Petersilie; Reibbrot. Zubereitung: 15-18 Minuten.*

Die Courgetten mit feinem Salz bestreuen. 15 Minuten auswässern, gut abwischen, mehlen und in Öl braten. In eine Backplatte füllen, mit den Tomaten, mit dem Knoblauch und der Petersilie vermischt, bedecken, mit Reibbrot bestreuen, mit Olivenöl betropfen und im Ofen fertigbacken und überkrusten.

LAUCH (PORREE), GEDÜNSTET — Poireaux braisés

6 Personen. *1 kg 500 Lauch, nur das Weiße; 4 dl Bouillon; 1 Mohrrübe und 1 Zwiebel in Scheiben; 100 g Speckschwarten, in Stücke geschnitten; 2 dl gebundene Kalbsjus. Kochzeit: 1-1 1/2 Stunden.*

Den Lauch waschen, der Länge nach teilen und 2 Minuten in Salzwasser blanchieren. Auf ein Bett von Mohrrüben- und Zwiebelscheiben sowie den Schwartenstückchen legen, mit der Bouillon aufgießen und, zugedeckt, im Ofen dünsten. Gut abtropfen, zusammenfalten, anrichten und mit der Jus, vermischt mit dem entfetteten, eingekochten und passierten Fond, nappieren.

LAUCHSTANGEN — Poireaux en branches

6 Personen. *1 kg 500 Lauch, nur das Weiße; 3 dl Schaumsauce oder Vinaigrette. Kochzeit: 30-50 Minuten.*

Den Lauch gut waschen, in der Länge von Spargelstangen schneiden und bündeln. 30 Minuten in heißem Wasser einweichen, dann in Salzwasser kochen. Sehr gut abtropfen, anrichten und mit Schaumsauce oder Vinaigrette übergießen. *(Siehe Bild auf Seite 521.)*

LINSEN AUF LOTHRINGER ART — Lentilles à la lorraine

6 Personen. *500 g Linsen; 1 gehackte Zwiebel; 100 g gewürfelten, mageren Speck; 1 Kräuterbündel; 1 Mohrrübe; 1 gespickte Zwiebel; 60 g Butter; 20 g Mehl. Kochzeit: ungefähr 1 Stunde.*

Die Linsen waschen, kurz einweichen, mit dem Einweichwasser ansetzen, leicht salzen, das Kräuterbündel, die Mohrrübe und die Zwiebel hinzugeben und langsam garkochen. Die Zwiebel und den Speck in etwas Butter hellgelb anrösten, mit etwas Linsenwasser aufgießen, aufkochen und mit dem Mehl, mit 30 g Butter vermischt, binden. Die abgetropften Linsen beifügen, behutsam durchschwenken und servieren.

MARONEN, GEDÜNSTETE — Marrons braisés

Die Maronen mit einem scharfen Messer rundherum einritzen und in einen Backkorb geben. In eine heiße Fritüre tauchen, die aber nicht so heiß sein darf, daß sie gleich rösten. Nur so lange darin lassen, bis die Schale platzt, sofort herausnehmen, abtropfen, mit einem Tuch anfassen, um Schale und Haut auf einmal zu entfernen. Abwischen und mit guter Jus oder leichter brauner Sauce dünsten. Sind sie zum Füllen einer Gans oder eines Truthahns bestimmt, so macht man sie in der Fritüre oder im Ofen völlig gar.

MARONENPÜREE — Purée de marrons

Nachdem die Maronen geschält und enthäutet worden sind, kocht man sie in leichtem Salzwasser mit einem Stückchen Staudensellerie gar, tropft sie ab und streicht sie durch ein Sieb. Sie werden gewürzt und mit etwas Milch, süßer Sahne oder Bouillon und einem Stückchen Butter angerührt.

MAISKOLBEN — Maïs en épis

Hierfür eignen sich nur junge, zarte und milchige Kolben, die man in leichtem Salzwasser ungefähr 20 Minuten kocht, dann die Blätter zurückschlägt, damit der Kolben sichtbar wird, auf einer Serviette anrichtet und mit frischer oder zerlassener Butter serviert. Man kann die Kolben auch im heißen Ofen rösten. Aus den Vereinigten Staaten stammt auch der Mais in Dosen (Sweet corn), der aus den jungen, zarten Körnern besteht und von den Amerikanern sehr geschätzt wird.

MOHRRÜBEN, KAROTTEN, MÖHREN — Carottes

Junge Karotten werden geputzt und je nach Größe ganz, halbiert oder geviertelt in Salzwasser gekocht oder in Butter gedünstet. Alte Mohrrüben werden in dicke Streifen geschnitten, olivenförmig tourniert oder in Scheibchen geschnitten und gekocht oder gedünstet.

MOHRRÜBEN CHANTILLY — Carottes Chantilly

6 Personen. *800 g Karotten in Rahmsauce; 500 g gekochte, in Butter geschwenkte, grüne Erbsen. Kochzeit: ungefähr 20 Minuten.*

Die Karotten in die Mitte der Gemüseschüssel geben und mit den Erbsen umranden.

■ **GLACIERTE — Carottes glacées**

6 Personen. *1 kg kleine, runde, neue Karotten oder alte, tournierte; 60 g Butter; 30 g Zucker; Kochzeit: ungefähr 20 Minuten.*

Die Karotten mit der Butter, dem Zucker, einer Prise Salz und mit Wasser bedeckt so lange offen kochen, bis das Wasser eingekocht und ein sirupartiger Fond sich gebildet hat. Die Karotten werden durchgeschwenkt und müssen dann einen glänzenden Überzug haben. Man verwendet sie hauptsächlich als Garnitur.

■ **IN RAHMSAUCE — Carottes à la crème**

6 Personen. *1 kg 200 Mohrrüben; 3 dl süße Sahne; 50 g Butter. Kochzeit: 20 Minuten.*

Vorzugsweise kleine, junge Karotten nehmen und in Salzwasser kochen. Abtropfen, in Butter leicht andünsten, würzen und in der Sahne fertigkochen, bis sie sämig ist und gut bindet.

■ **VICHY — Carottes Vichy**

6 Personen. *1 kg 200 Mohrrüben; 40 g Butter; 60 g Zucker; gehackte Petersilie. Kochzeit: 20 Minuten.*

Die geschälten Mohrrüben in dünne Scheibchen schneiden, mit dem Zucker, der Butter, einer Prise Salz und so viel Wasser, daß alles gut bedeckt ist, aufgießen. Offen so lange flott kochen lassen, bis die Mohrrüben gar sind und das Wasser vollständig verdunstet ist. Durchschwenken und mit gehackter Petersilie bestreut anrichten.

PALMENSPROSSEN — Pousses de palmier

Es handelt sich hier um die Schößlinge verschiedener Palmenarten, die geschält und in Salzwasser gekocht worden sind. In Europa erhält man sie nur als Konserve. Jede Dose enthält 4-6 Sprossen, je nach Größe. Man kann sie erhitzen und wie Spargel mit verschiedenen Saucen, aber auch kalt mit Vinaigrette anrichten.

■ **IN BLÄTTERTEIG — Pousses de palmier en feuilletage**

6 Personen. *600 g Palmensprossen; 150 g Duxelles; 1 dl tomatierte Demi-glace; 25 g geriebene Weißbrotkrume; 300 g Blätterteig; 1 Ei. Backzeit: 10-12 Minuten.*

Die Duxelles mit der Demi-glace und dem Reibbrot vermischen, kochen lassen, bis die Masse streichfähig ist, würzen und auskühlen. Die Sprossen einmal der Länge und der Breite nach durchschneiden. Den Blätterteig 4 mm dick ausrollen und in Vierecke von 10 cm schneiden. In die Mitte etwas Duxelles geben, ein Stück Palmensprosse darauflegen, mit Duxelles bedecken und die Enden des Teigs darüberschlagen, um es völlig einzuhüllen. Mit der Nahtseite nach unten auf ein mit einigen Tropfen Wasser bespritztes Backblech legen, mit Eigelb bestreichen und im heißen Ofen backen.

■ **MIT HOLLÄNDISCHER ODER SCHAUMSAUCE — Pousses de palmier, sauce hollandaise ou mousseline**

6 Personen. *600 g Palmensprossen; 3-4 dl holländische oder Schaumsauce.*

Die Sprossen im eigenen Fond erhitzen, gut abtropfen und der Länge und der Breite nach einmal teilen. Auf einer Serviette mit krauser Petersilie anrichten und die Sauce nebenbei servieren. Man kann sie auch in eine russische Platte legen und mit der Sauce nappieren.

■ **AUF MAILÄNDER ART — Pousses de palmier à la milanaise**

6 Personen. *600 g Palmensprossen; 60 g Parmesan; 80 g Butter. Backzeit: 6-8 Minuten.*

Die Sprossen der Länge nach teilen und in ihrem Fond erhitzen. Gut abtropfen und in eine leicht mit Butter ausgestrichene Backplatte ordnen. Mit geriebenem Käse bestreuen, mit brauner Butter reichlich übergießen und in den heißen Ofen zum leichten Überkrusten stellen.

PALMENSPROSSEN MIT RINDERMARK — Pousses de palmier à la moelle

6 Personen. *600 g Palmensprossen; 12 pochierte Scheiben Rindermark; 3 dl Madeirasauce; gehackte Petersilie. Zeit zum Erhitzen: 3-4 Minuten.*

Die Sprossen der Länge nach teilen und jede in Stücke von 8 cm Länge schneiden. In dem eigenen Fond erhitzen, gut abtropfen und anrichten. Der Länge nach mit den Markscheiben belegen, mit der Sauce nappieren und auf jede Markscheibe eine Spitze gehackte Petersilie streuen.

■ ÜBERKRUSTET — Pousses de palmier au gratin

6 Personen. *600 g Palmensprossen; 3 dl italienische Sauce; 40 g geriebenen Parmesan; 40 g Butter; 20 g Reibbrot. Backzeit: 10-12 Minuten.*

Die Sprossen der Länge nach teilen und in Stücke von etwa 8 cm schneiden. In eine mit Butter ausgestrichene Backplatte ordnen, mit der italienischen Sauce nappieren, mit Käse und Reibbrot bestreuen, mit zerlassener Butter beträufeln und im heißen Ofen überkrusten.

PAPRIKASCHOTEN, GEFÜLLT MIT FLEISCH — Poivrons farcis au gras

6 Personen. *6 große Paprikaschoten; 400 g Bratwurstfleisch; 200 g frischgepökeltes Schweinefleisch, gehackt; 1 Ei; 1 Eßlöffel gehackte Kräuter; 1 dl Olivenöl; $^1/_4$ l dickes Tomatenpüree, stark mit Knoblauch gewürzt; 1 gehackte Schalotte. Schmorzeit: 30-40 Minuten.*

Die Paprikaschoten von Kernen und Fasern befreien und mit dem Bratwurstfleisch füllen, das mit dem Pökelfleisch, Kräutern, gehackter Schalotte und dem Ei gut vermengt worden ist. In einen Sautoir ordnen, mit dem Öl übergießen, mit einem geölten Papier bedecken und, zugedeckt, bei mäßiger Hitze im Ofen schmoren. Abtropfen und auf dem Tomatenpüree anrichten. *(Siehe Bild auf Seite 523.)*

■ MIT REIS — Poivrons farcis au riz

6 Personen. *6 große Paprikaschoten; 150 g gekochten Reis; 4 geschälte, entkernte, gehackte Tomaten; 1 Eßlöffel gehackte Kräuter; 1 dl Olivenöl. Schmorzeit: 30-40 Minuten.*

Die Paprikaschoten wie oben vorbereiten und mit dem Reis füllen, den man mit den Tomaten, den Kräutern und der Hälfte des Öls vermischt und mit Salz und Pfeffer gewürzt hat. In einen mit Butter ausgestrichenen Sautoir ordnen, mit dem restlichen Öl übergießen, mit einem geölten Blatt Papier bedecken und, zugedeckt, bei mäßiger Hitze im Ofen schmoren.

RATATOUILLE AUF NIZZAER ART — Ratatouille niçoise

6 Personen. *2 mittelgroße Zwiebeln in Scheiben; 500 g geschälte, entkernte, grobgehackte Tomaten; 750 g je Kürbischen und Eierfrüchte, geschält und in Scheiben geschnitten; 2 entkernte Paprikaschoten in Streifen; 2 ganze Knoblauchzehen; 1 Kräuterbündel; 5 cl Olivenöl. Dünstzeit: 30 Minuten.*

Die Zwiebelscheiben in dem Öl anschwitzen, die Tomaten und nach und nach alle anderen Zutaten beifügen. Mit Salz und Pfeffer würzen und so lange dünsten, bis alles gar und die Flüssigkeit restlos verdunstet ist. Vor dem Servieren das Kräuterbündel und die Knoblauchzehen entfernen. *(Siehe Bild auf Seite 527.)*

SAUERAMPFER, ALS GEMÜSE ODER ALS GARNITUR — Oseille pour légumes ou garnitures

4 Personen. *600 g Sauerampfer; 30 g Butter; 20 g Mehl; 2 dl Béchamel; 2 Eier. Kochzeit: 1-1$^1/_4$ Stunden.*

Den Sauerampfer waschen und mit ganz wenig Wasser und einer Prise Salz garmachen. Abtropfen und durch ein Sieb streichen. Von der Butter und dem Mehl Schwitze bereiten, den Sauerampfer hinzugeben, tüchtig vermischen und langsam im Ofen, zugedeckt, dünsten. In eine saubere Kasserolle geben, mit der Béchamel binden, abschmecken und beim Servieren mit zwei mit wenig Milch geschlagenen Eiern legieren.

SAUERAMPFER, GESCHMOLZEN — Fondue d'oseille

Den Sauerampfer Blatt für Blatt vom Stengel befreien und ohne Wasser, nur mit etwas Butter und je einer Prise Salz und Pfeffer schmelzen lassen. Er bleibt ganz und wird weder gehackt noch durch ein Sieb passiert. Findet man ihn zu sauer, so kann man etwas süße Sahne beifügen.

SCHWARZWURZELN IN BUTTER GESCHWENKT — Salsifis sautés au beurre

6 Personen. *1 kg 200 Schwarzwurzeln; 50 g Butter; gehackte Petersilie. Kochzeit: ungefähr 50 Minuten.*

Die Schwarzwurzeln schälen, waschen, in Stücke von 2-3 cm Länge schneiden und in gesalzenem Mehlwasser mit Essigzusatz kochen, um sie weiß zu halten. Gut abspülen, abtropfen, in heißer Butter schwenken und mit gehackter Petersilie bestreut anrichten.

■ GEBACKEN — Salsifis frits

6 Personen. *1 kg 200 Schwarzwurzeln; 1/2 l Backteig; Zitronensaft, Öl. Backzeit: 5-6 Minuten.*

Die geschälten Schwarzwurzeln in Stücke von ungefähr 8 cm Länge schneiden, wenn sie sehr dick sind der Länge nach spalten. In Mehlwasser mit Essig oder Zitronensaft kochen, abspülen, abtropfen und 30 Minuten mit Salz, Pfeffer, Zitronensaft und Öl marinieren. Abwischen, durch Backteig ziehen und in der heißen Fritüre zu schöner Farbe backen.

■ IN SAMTSAUCE — Salsifis au velouté

6 Personen. *1 kg 200 Schwarzwurzeln; 1/2 l Samtsauce.*

Die Schwarzwurzeln so schneiden und kochen, wie wenn sie in Butter geschwenkt werden sollen. Gut abtropfen, in die Sauce geben und darin noch einige Minuten schmurgeln lassen.

SELLERIE — Céleris

Man unterscheidet zwischen Stauden- oder Bleichsellerie und Knollensellerie. Während man den Staudensellerie hauptsächlich als Gemüse verwendet, nimmt man den Knollensellerie im wesentlichen zu Salaten. Er kann aber auch gewürfelt, gedünstet, in Rahmsauce zubereitet, als Püree oder auch in Scheiben geschnitten und gebacken werden.

STAUDENSELLERIE, GEDÜNSTET, MIT DEMI-GLACE — Céleris en branches braisés demi-glace

6 Personen. *3 Stauden Sellerie; 2 Mohrrüben und 2 Zwiebeln in Scheiben; 150 g Speckschwarten; 1/2 l fette Bouillon; 4 dl Demi-glace. Dünstzeit: 1 1/2-2 Stunden.*

Den Sellerie von etwaigen schlechten Außenstengeln befreien, die Wurzel schräg und sauber beschneiden, die Spitzen abschneiden und den Sellerie 15 Minuten in Salzwasser blanchieren. Je nach Dicke der Länge nach halbieren oder vierteln, in Stücke von etwa 8 cm Länge schneiden oder zusammenfalten und auf ein Bett von Mohrrüben- und Zwiebelscheiben sowie Speckschwarten oder -abfällen, mit Bouillon zugedeckt, im Ofen dünsten. Gut abtropfen und mit Demi-glace mit Madeira nappieren. *(Siehe Bild auf Seite 526)*

■ AUF MAILÄNDER ART — Céleris à la milanaise

6 Personen. *3 Stauden Sellerie; 60 g Parmesan; 80 g Butter.*

Den Sellerie dünsten, gut abtropfen, in einer Backplatte anrichten und mit geriebenem Käse bestreuen. Mit brauner Butter übergießen und kurze Zeit in den heißen Ofen zu leichtem Bräunen stellen.

■ MIT PARMESAN — Céleri en branches au parmesan

6 Personen. *3 Stauden Sellerie; 1-2 Mohrrüben und Zwiebeln; 1/2-3/4 l Bouillon; 1/4 l kräftige Kalbsjus; 60-75 g geriebenen Parmesankäse. Zubereitung: etwa 1 Stunde.*

Den Sellerie wie oben bereiten, doch nicht ganz weich werden lassen. Die zusammengefalteten und gut abgetropften Stauden in eine Backplatte ordnen, mit der Jus übergießen und noch 10-15 Minuten ganz langsam durchkochen. Mit geriebenem Parmesan bestreuen und sofort servieren.

STAUDENSELLERIE MIT RINDERMARK — Céleris à la moelle

6 Personen. *3 Stauden Sellerie; 12 schöne, blanchierte Scheiben Rindermark; 3 dl Madeirasauce; gehackte Petersilie.*

Den Sellerie dünsten, abtropfen und anrichten. Der Länge nach mit den Markscheiben belegen, mit Madeirasauce nappieren und eine Spitze gehackte Petersilie auf das Mark streuen.

SELLERIEKNOLLEN, GEBACKEN — Céleri-rave en beignets

6 Personen. *750 g Sellerieknolle; Mehl; 2 Eier; geriebene Weißbrotkrume; 3 dl Tomatensauce. Kochzeit: 25 Minuten; Backzeit: 5-6 Minuten.*

Den Sellerie abbürsten, waschen und in Salzwasser nicht zu weich kochen. Schälen, in Scheiben von ½ cm Dicke schneiden und diese, wenn sie zu groß sind, halbieren. Mehlen, durch geschlagenes Ei ziehen und mit Reibbrot panieren. In geklärter Butter braten, anrichten und die Tomatensauce nebenbei servieren.

■ AUF ITALIENISCHE ART — Céleri-rave à l'italienne

6 Personen. *1 kg 200 Sellerieknolle; 80 g Butter; 4 dl italienische Sauce; gehackte Petersilie. Kochzeit: 20-30 Minuten.*

Die Knollen schälen und je nach Größe in Viertel oder Achtel schneiden. Dreiviertelgar in Salzwasser kochen, abtropfen und in Butter fertigdünsten. Anrichten, mit italienischer Sauce übergießen und mit gehackter Petersilie bestreuen.

SPARGEL — Asperges

Der am meisten geschätzte Spargel ist der von Argenteuil, doch auch der grüne wird gerne gegessen. Man rechnet im Durchschnitt 400 g für die Portion. Sehr fein im Geschmack sind auch die dünnen, sogenannten grünen Spargelspitzen, von denen nur der bequem abbrechbare Teil verwendet wird, hauptsächlich als Garnitur.

Nachdem der Spargel geschält und gewaschen worden ist, wird er gebündelt, die Enden werden glattgeschnitten und der Spargel in Salzwasser je nach Dicke 20-30 Minuten gekocht, wobei er nicht zu weich werden darf. Das Wasser darf nicht zu stark kochen, um die Köpfe nicht zu beschädigen. Man kann die Stangen, nebeneinander in einem Sautoir geordnet, auch mit einem Stück Butter, einer Prise Zucker und wenig Salz, nur ganz knapp mit Wasser begossen, mit einem gebutterten Blatt Papier bedeckt, zugedeckt dünsten, bis die Flüssigkeit fast gänzlich verdunstet und der Spargel gar ist. Auf diese Art zubereitet, bewahrt er seine Mineralsalze und schmeckt vorzüglich. *(Siehe Kulinarische Technik in Bildern, Seite 735.)*

Stangenspargel richtet man auf einer Serviette oder auf einem Spargelgitter an und serviert dazu holländische, Schaum-, Bastard- oder Vinaigrettesauce oder Mayonnaise.

■ AUF MAILÄNDER ART — Asperges à la milanaise

6 Personen. *2 kg 500 Spargel; 75 g Parmesan, gerieben; 150 g Butter.*

Den gekochten, gut abgetropften Stangenspargel in eine Backplatte stufenweise ordnen, so daß alle Köpfe sichtbar sind. Diese mit geriebenem Parmesan bestreuen, mit brauner Butter übergießen und in den heißen Ofen stellen, um die Köpfe leicht zu überkrusten.

■ AUF POLNISCHE ART — Asperges à la polonaise

6 Personen. *2 kg 500 Spargel; 2 hartgekochte, gehackte Eier; gehackte Petersilie; 175 g Butter; 75 g frischgeriebene Weißbrotkrume.*

Den gekochten, gut abgetropften Stangenspargel auf eine lange Platte dressieren und die Köpfe mit dem gehackten Ei und der Petersilie bestreuen. Das Reibbrot in der Butter goldgelb rösten und darübergießen.

SPARGELSPITZEN GRÜNE, IN, RAHMSAUCE — Pointes d'asperges à la crème

6 Personen. *2 kg 500 grüne Spargelspitzen; 1/4 l Béchamel; 1 dl süße Sahne; 1 Eigelb. Kochzeit: 18-20 Minuten.*

Den Spargel waschen und die zarten Teile mit den Köpfen abbrechen. Diese in Stücke von 2 cm Länge schneiden und nicht ganz weich in Salzwasser kochen. Abtropfen, zusammen mit der Béchamel und der Sahne noch einige Minuten dünsten, würzen und mit dem Eigelb, mit etwas Sahne verrührt, legieren.

SPINATBROT — Pain d'épinards

6 Personen. *1 kg gekochten, pürierten Spinat; 50 g Butter; 1 dl süße Sahne; 2 dl Béchamel; 2 Eier. Pochierzeit: 20-25 Minuten.*

Den Spinat mit der zerlassenen Butter in eine Kasserolle geben und auf dem Feuer abrühren, bis die Flüssigkeit verdunstet ist. Die Sahne hinzugeben und 10 Minuten bei mäßiger Hitze dünsten, dabei des öfteren umrühren. Abseits des Feuers mit der Béchamel und den mit etwas Sahne geschlagenen Eiern binden und mit Salz, Pfeffer und geriebener Muskatnuß würzen. In eine mit Butter ausgestrichene Becherform füllen und im Wasserbad im Ofen bei 90° C pochieren.

SPINAT MIT EIERN — Epinards aux œufs

6 Personen. *1 kg 200 Spinat; 1/4 l Béchamel; 50 g Butter; 6 hartgekochte Eier.*

Wie Spinat mit Sahne bereiten und mit den geviertelten Eiern garnieren.

■ AUF ENGLISCHE ART — Epinards à l'anglaise

6 Personen. *1 kg 200 Spinat; Butter. Kochzeit: 7-8 Minuten.*

Den Spinat nur von den Stielen befreien, waschen und in Salzwasser flott kochen, sehr gut abtropfen, anrichten und obenauf ein Stück frische Butter legen.

■ MIT SAHNE — Epinards à la crème

6 Personen. *1 kg 200 Spinat, in Salzwasser gekocht und ausgedrückt; 1/4 l süße Sahne; 50 g Butter. Kochzeit: 7-8 Minuten.*

Den Spinat durch die feine Scheibe der Fleischmaschine treiben, in eine Kasserolle mit der zerlassenen Butter geben und auf dem Feuer abrühren, bis die Feuchtigkeit verdunstet ist. Mit Salz, Pfeffer und geriebener Muskatnuß würzen, 2 dl Sahne hinzugießen und langsam 10 Minuten dünsten und dabei mehrfach umrühren. Anrichten und mit dem Rest der Sahne umgießen.

STACHY (KNOLLENZIEST) MIT FEINEN KRÄUTERN — Crosnes aux fines herbes

6 Personen. *1 kg Stachy; 75 g Butter; 1 Eßlöffel gehackte Kräuter. Kochzeit: 25-30 Minuten.*

Die Stachy mit heißem Wasser überbrühen und abschütten, in einem Tuch mit grobem Salz die Häutchen abreiben, waschen und in Salzwasser kochen. Abtropfen, in der Butter sautieren und dabei die Kräuter daruntermischen und salzen.

STACHY IN SAMTSAUCE — Crosnes au velouté

6 Personen. *1 kg Stachy; 1/4 l Samtsauce.*

Die Stachy, wie oben beschrieben, kochen und gut abtropfen. Mit der Samtsauce binden und anrichten.

TOMATEN AUF AVIGNONER ART — Tomates à la mode d'Avignon

6 Personen. *3 Eierfrüchte; 1 kg Tomaten; 1 Knoblauchzehe; Reibbrot; Öl. Zubereitung: 45 Minuten.*

Die Eierfrüchte schälen, der Länge nach in Scheiben von 1 cm schneiden, mit feinem Salz auswässern, abwischen, mehlen und langsam in Öl braten. Die Tomaten schälen, entkernen, ziemlich fein hacken, in Öl schmelzen, würzen und zerdrückten Knoblauch beifügen. Etwas Reibbrot hinzugeben, um sie etwas zu dicken. Die Eierfrüchte in eine Backplatte ordnen, die Tomaten darübergeben, mit Reibbrot bestreuen, mit Öl betropfen und im heißen Ofen überkrusten.

TOMATEN MIT DUXELLES — Tomates au maigre

6 Personen. *9 mittelgroße Tomaten; 500 g Duxelles; Reibbrot; Olivenöl. Backzeit: 7-8 Minuten.*

Die Tomaten halbieren, aushöhlen, salzen und mit Duxelles füllen. Mit Reibbrot bestreuen, mit Olivenöl beträufeln und im heißen Ofen garmachen und überkrusten.

■ AUF HUSARENART — Tomates à la hussarde

6 Personen. *6 schöne große Tomaten; 200 g Zwiebeln; 150 g Weißbrotkrume; 100 g gekochten Schinken; 100 g Champignons; gehackte Petersilie; Öl oder Butter. Zubereitung: 15 Minuten.*

Die Tomaten halbieren und aushöhlen. Die Zwiebeln hacken, langsam in Butter oder Öl dünsten, das geriebene Brot, den gehackten Schinken und die Champignons beifügen, mit Salz und Paprika würzen und die gehackte Petersilie daruntermengen. Die Tomaten mit dieser Farce füllen, mit Öl beträufeln und im heißen Ofen garmachen.

■ AUF HERZOGINART — Tomates à la duchesse

6 Personen. 12 mittelgroße Tomaten; ungefähr 400 g Herzoginkartoffelmasse; 75 g Butter; 40 g geriebener Käse.

Die Tomaten oben abdeckeln, innen leicht aushöhlen, Kerne entfernen und leicht würzen. Die Herzoginkartoffelmasse nicht zu festhalten, 50 g Butter unterziehen und damit die Tomaten mittels Spritzbeutel und Sterntülle füllen. Mit geriebenem Käse bestreuen, mit zerlassener Butter beträufeln und bei mittlerer Hitze garen und überbacken. *(Siehe Bild auf Seite 525.)*

■ AUF PIEMONTESER ART — Tomates à la piémontaise

6 Personen. *200 g Reis; 6 schöne Tomaten; 50 g geriebenen Käse; Reibbrot; Öl. Backzeit der Tomaten: 6-8 Minuten.*

Von dem Reis Risotto bereiten und mit geriebenem Käse vermengen. Die Tomaten halbieren, ausdrücken, mit dem Reis gewölbt füllen, auf ein Backblech ordnen, mit geriebenem Käse und Reibbrot bestreuen, mit Öl beträufeln und im heißen Ofen garmachen und überkrusten.

■ AUF PORTUGIESISCHE ART — Tomates à la portugaise

6 Personen. *1 kg 500 Tomaten; 2 Schalotten; 2 Knoblauchzehen; Öl; walnußgroß Fleischglace. Zubereitung: etwa 15 Minuten.*

Die Tomaten geschält oder ungeschält in Viertel schneiden, Kerne entfernen und in einer Stielpfanne in heißem Öl und bei lebhafter Hitze sautieren. Wenn sie gar sind, gehackte Schalotten und zerdrückten Knoblauch beifügen, mit Salz und Pfeffer würzen, die Fleischglace hinzugeben und noch langsam 5 Minuten dünsten lassen. Mit gehackter Petersilie bestreut servieren.

■ AUF PROVENZALISCHE ART — Tomates à la provençale

6 Personen. *12 mittelgroße Tomaten; 250 g grobgeriebene Weißbrotkrume; 3 Knoblauchzehen; gehackte Petersilie; Öl. Zubereitung: 10-15 Minuten.*

Die Tomaten halbieren, leicht aushöhlen und entkernen und mit dem Brot, vermischt mit zerdrücktem Knoblauch, gehackter Petersilie, Salz und Pfeffer füllen; reichlich mit Öl betropfen und im heißen Ofen garmachen und überkrusten.

TOPINAMBURS — Topinambours

Die Topinamburs werden dünn geschält und blanchiert oder unblanchiert in Butter gedünstet. Man kann sie auch pürieren oder nach dem Kochen in Salzwasser in dicke Scheiben schneiden, durch Backteig ziehen und in der Fritüre backen. Leider wird dieses Gemüse, mit Ausnahme zur Suppe, nur selten verwendet, obwohl es auch gedünstet, mit Mornay-Sauce nappiert und überbacken, sehr gut schmeckt. Vor allen Dingen ist es ein vorzügliches Gemüse für Zuckerkranke, denen es in vielerlei Formen gestattet wird. Man bezeichnet das Gemüse auch als Jerusalemer Artischocke.

ZWIEBELN, GEBACKENE — Oignons frits

Große Zwiebeln quer in Scheiben schneiden und die Ringe auseinandertrennen. Leicht mit feinem Salz bestreuen, in Mehl wenden, das überflüssige Mehl, am besten in einem Backkorb, abschütteln und in heißem Öl erst blanchieren. Dann ein zweites Mal in das sehr heiße Öl oder in die Fritüre tauchen, damit sie goldgelb und knusprig sind.

ZWIEBELN, GEFÜLLTE — Oignons farcis

Dazu große, sogenannte spanische Zwiebeln nehmen und wie gefüllte weiße Rüben behandeln.

ZWIEBELPÜREE SOUBISE — Purée d'oignons Soubise

6 Personen. *400 g Zwiebeln in Scheiben; 75 g Reis; 1½ dl Bouillon; 1½ dl Béchamel; 50 g Butter. Kochzeit: 45-60 Minuten.*

Die Zwiebelscheiben in kaltem Wasser ansetzen, aufkochen und gut abtropfen. In der Butter kurz anlaufen lassen, den rohen Reis und helle Bouillon hinzugeben, würzen und bei mäßiger Hitze, zugedeckt, im Ofen ganz weich kochen. Durch ein Sieb streichen, das Püree in eine Kasserolle geben, mit der sehr dicken Béchamel binden und erhitzen, ohne kochen zu lassen. Das Püree dient als Beigabe zu vielen Gerichten von Hammel- und Rindfleisch, Geflügel, Fischen und Eiern.

WEISSE RÜBEN, GEFÜLLTE — Navets farcis

6 Personen. *1 kg runde weiße Rüben; 500 g haschiertes Fleisch; ½ l Bouillon. Zubereitung: etwa 45 Minuten.*

Runde Rüben mit violettem Rand nehmen, schälen, mit einem Gemüsebohrer rund aushöhlen, 8-10 Minuten in Salzwasser blanchieren und gut abtropfen. Mit einem beliebigen Fleischhaschee füllen, in ein geeignetes Geschirr geben, bis zur halben Höhe mit Bouillon auffüllen, mit Reibbrot bestreuen und im Ofen garmachen und gratinieren. Sie werden hauptsächlich zur Garnitur verwendet.

■ GLACIERTE — Navets glacés

6 Personen. *1 kg 500 weiße Rüben; 50 g Butter; 20 g Zucker. Kochzeit: 20-30 Minuten.*

Die geschälten Rüben vierteln, in Scheiben schneiden oder wie große Oliven formen, in eine Kasserolle mit der Butter, dem Zucker, etwas Salz und so viel Wasser geben, daß sie gerade bedeckt sind. So lange offen kochen, bis die Flüssigkeit verdampft und die Rüben mit einer glänzenden Schicht bedeckt sind.

■ RAGOUT VON — Navets en ragoût

6 Personen. *1 kg 500 weiße Rüben; 150 g Zwiebeln; 30 g Mehl; 40 g Schweineschmalz oder gutes Fett; Bouillon. Zubereitung: 45-60 Minuten.*

Die Rüben wie oben vorbereiten, in dem Fett anbräunen, mit dem Mehl bestreuen, die gehackten, angerösteten Zwiebeln hinzugeben, alles etwas anlaufen lassen, mit Bouillon oder Wasser bis zur Höhe auffüllen, mit Salz und einer Prize Zucker würzen und offen garkochen. Zum Schluß müssen sie wie mit einer sämigen Sauce gebunden sein.

■ IN RAHMSAUCE — Navets à la crème

6 Personen. *1 kg 500 weiße Rüben; 30 g Butter; 4 dl Béchamel; 1 dl Rahm. Zubereitung: 30-40 Minuten.*

Die jungen Rüben vierteln oder in Scheiben schneiden, in Salzwasser kochen und abtropfen. Leicht in Butter schwenken, mit der Béchamel und dem Rahm bedecken, darin einige Minuten dünsten und abschmecken.

AUSLÄNDISCHE SPEZIALITÄTEN

LEGUMI ALLA MEDITERRANEA — Gemüse auf Mittelmeerart

10 Personen. *4 Eierfrüchte; 4 Courgetten; 6 Tomaten; 75 g gekochten Reis; 100 g gekochte grüne Erbsen; Reibbrot; 2 dl Olivenöl. Backzeit: 20 Minuten.*

In den Eierfrüchten und Courgetten breite Einschnitte machen. Vier Tomaten in dicke Scheiben schneiden und in jeden Einschnitt eine Tomatenscheibe stecken. Die restlichen Tomaten halbieren und mit einer Mischung von Reis und Erbsen, gehackt, mit etwas Reibbrot und Öl vermischt und gewürzt, binden. Die Eierfrüchte, die Courgetten und die mit Reibbrot bestreuten Tomaten in eine mit Öl bestrichene Pfanne ordnen, mit Öl übergießen und im Ofen backen. Dabei berücksichtigen, daß die Tomaten und die Courgetten früher als die Eierfrüchte gar sind. *(Italien)* *(Siehe Bild auf Seite 523.)*

MELANZANE CARLTON — Eierfrüchte Carlton

10 Personen. *10 Eierfrüchte; 200 g in Würfelchen geschnittenen Schweizer Käse; 2 große, geschälte, entkernte, gewürfelte Tomaten; 1 dl Olivenöl. Backzeit: 20 Minuten.*

Die Eierfrüchte der Länge nach halbieren, das Fleisch aushöhlen und hacken. Mit den Tomaten und dem Käse vermischen, würzen und in die Schalen füllen. Mit Olivenöl beträufeln und im heißen Ofen backen. *(Italien)* *(Siehe Bild auf Seite 522.)*

■ RIPIENE ALLA TOSCANA — Eierfrüchte auf toskanische Art

10 Personen. 10 mittelgroße Eierfrüchte; 6 geschälte, entkernte, mittelgroße Tomaten; 200 g Mozarella oder Schweizer Käse; 2 mittelgroße, gehackte Zwiebeln; 1 zerdrückte Knoblauchzehe; 1 dl Olivenöl; 50 g Butter; Reibbrot; 4 Courgetten von ca je 100 g. Kochzeit: 30 Minuten.

Von den Eierfrüchten auf ungefähr zwei Drittel der Höhe einen Deckel ab- und von diesem die Schale glattschneiden. Die Früchte einritzen, auf ein geöltes Blech setzen, leicht würzen und im Ofen backen, bis das Fleisch weich ist. Herausnehmen, sorgfältig aus der Schale höhlen und hacken. Zusammen mit der gehackten, angeschwitzten Zwiebel und zwei gehackten Tomaten vermischen, mit Salz und Pfeffer würzen und mit etwas Reibbrot binden. Die Deckel in Öl braten. Die Schalen mit der Mischung füllen, den Deckel aufsetzen, mit einer Scheibe Käse bedecken und in den Ofen stellen, bis der Käse geschmolzen ist. Die restlichen Tomaten und die Courgetten in Würfel schneiden, mit der restlichen gehackten Zwiebel und dem zerdrückten Knoblauch in Öl und Butter sautieren und mit Salz und Pfeffer würzen. Die Eierfrüchte im Kranz anrichten und das Gemisch Tomaten/Courgetten hoch in die Mitte füllen. *(Italien)* *(Siehe Bild auf Seite 522)*.

ZUCCHINE RIPIENE ALLA MILANESE — Gefüllte Courgetten auf Mailänder Art

10 Personen. *5 Courgetten von je 200 g; 1 gehackte Zwiebel; 50 g Butter; 1/2 l Béchamel; 200 g Maronen, gemahlen; 50 g geriebenen Parmesan. Backzeit: 4-5 Minuten.*

Die Courgetten der Länge nach teilen und in Salzwasser 6-7 Minuten kochen. Abtropfen, kurz in kaltem Wasser abkühlen, abermals abtropfen, das Fleisch aushöhlen und hacken. Die Zwiebel in Butter hellgelb anschwitzen, das Fruchtfleisch und 50 g Butter beifügen und 4 Minuten dünsten. Mit der Béchamel vermischen, noch 2 Minuten kochen und die Maronen darunterziehen. Eine Minute kochen lassen und dabei gründlich durchmischen. Auskühlen, die Mischung in die Schalen füllen, mit geriebenem Parmesan bestreuen und im heißen Ofen oder unter dem Salamander überbacken. *(Italien)* *(Siehe Bild auf Seite 524.)*

KARTOFFELN

ANNA-KARTOFFELN — Pommes Anna

6 Personen. *1 kg 200 Kartoffeln; 200 g Butter. Backzeit: 35-40 Minuten.*

Den Kartoffeln beim Schälen gleich eine abgerundete Form geben. In dünne Scheiben schneiden und gut abtrocknen. Eine flache, runde Form dick mit Butter ausstreichen, den Boden mit schönen, runden Scheiben, halb übereinandergelegt bedecken und die Seiten mit Kartoffelscheiben ausfüttern. Die restlichen Scheiben mit Salz und Pfeffer würzen, die Form damit gleichmäßig füllen, und zwar derart, daß sie reichlich gefüllt ist. Mit leicht gebräunter Butter übergießen und im heißen Ofen backen. Nach dem Herausnehmen gut zusammendrücken und auf eine runde Platte stürzen.

AUFGEBLÄHTE KARTOFFELN — Pommes soufflées

6 Personen. *750 g Kartoffeln. Backzeit: 5-6 Minuten.*

Große, geschälte Kartoffeln an den Seiten glatt schneiden und dann in gleichmäßige Scheiben von 3-4 mm Dicke. Die Scheiben gut abtrocknen und in eine Fritüre von ungefähr 120 Grad geben und backen lassen, bis sie anfangen, sich aufzublähen und auf der Oberfläche des Fettes zu schwimmen. Dann nimmt man sie heraus, gibt sie am besten in einen Backkorb, den man in eine heiße Fritüre von 200 Grad stellt, damit sie richtig aufgehen, goldbraun, trocken und knusprig werden. Beim Vorbacken — Blanchieren — und auch beim Ausbacken ist der Backkorb immer ganz leicht zu schütteln. Man kann die Kartoffeln stundenlang zuvor blanchieren und erst beim Servieren fertigbacken. Nachdem sie gut abgetropft worden sind, leicht salzen und auf einer Serviette anrichten.

KARTOFFELAUFLAUF — Soufflé de pommes de terre

6 Personen. *500 g Kartoffeln; 75 g Butter; 1 dl süße Sahne; 6 Eier. Backzeit: 20 Minuten.*

Die Kartoffeln schälen, kochen, gut abdämpfen, pürieren und mit der Butter in der Kasserolle trocknen. Mit Salz, Pfeffer und geriebener Muskatnuß würzen und mit der Sahne zu einem dicken Püree abrühren. Erst das Eigelb daruntermengen und dann das festgeschlagene Eiweiß locker unterziehen. In eine mit Butter ausgestrichene Auflaufschale füllen und bei mittlerer Hitze backen.

BÄCKERKARTOFFELN — Pommes de terre à la boulangère

6 Personen. *1 kg 200 Kartoffeln; 200 g Zwiebeln; gutes Fett oder Schweineschmalz; 1 l Bouillon. Zubereitung: 35-40 Minuten.*

Die geschälten Kartoffeln in dicke, runde Scheiben schneiden, mit den in Scheiben geschnittenen Zwiebeln vermischen, würzen und in eine gut gefettete Backplatte geben. Mit der Bouillon auffüllen und in den heißen Ofen stellen, bis die Bouillon verdampft ist und die Kartoffeln zu braten beginnen.

Meistens gibt man die Kartoffeln gleich beim Braten zum Hammelfleisch ohne Bouillon. Man kann dann Kartoffeln und Zwiebeln einfach vierteln.

BADISCHE KARTOFFELN — Pommes de terre à la badoise

5-6 Personen. *1 kg Kartoffeln; 2 Eier; 50 g Butter; 50 g geriebenen Käse. Backzeit: etwa 20 Minuten.*

Die Kartoffeln schälen, kochen, gut abdämpfen, passieren und mit Butter, 2 Eigelb und dem geriebenen Käse vermischen und gut würzen. Zum Schluß das festgeschlagene Eiweiß locker darunterziehen und die Kartoffeln hoch in eine mit Butter ausgestrichene Backplatte füllen. Mit einem zurückbehaltenen Kartoffelrest mit Hilfe von Spritzsack und Sterntülle hübsch dekorieren und bei mäßiger Hitze wie einen Auflauf im Ofen backen.

BRATKARTOFFELN — Pommes sautées

6 Personen. *1 kg 200 Kartoffeln, am besten Nierenkartoffeln; 175 g Butter; gehackte Petersilie. Bratzeit: 10-12 Minuten.*

Die Kartoffeln nicht zu weich in der Schale kochen, leicht abkühlen, schälen und in dünne Scheiben schneiden. Die Butter in einer Stielpfanne leicht anbräunen, die Kartoffeln hineingeben, würzen und unter öfterem Schwenken auf allen Seiten braun rösten. Mit gehackter Petersilie bestreut anrichten. Empfehlenswert ist es, die Kartoffelscheiben in reichlich heißem Schweineschmalz zu rösten, gut abzutropfen und in schäumender Butter nachzubraten und durchzuschwenken.

BAUERNKARTOFFELN — Pommes de terre à la paysanne

6 Personen. *1 kg geschälte Kartoffeln; 250 g mageren Speck, in kleine Rechtecke (Lardons) geschnitten; 12 kleine Zwiebelchen; $^3/_4$ l Bouillon; 30 g Butter; 1 Teelöffel Mehl; gehackte Petersilie. Zubereitung: 30 Minuten.*

Den Speck und die Zwiebelchen in der Butter bräunen, mit Mehl bestreuen und mit der Bouillon aufgießen. Die in Viertel oder Achtel (je nach Größe) geschnittenen Kartoffeln hinzugeben, zudecken und langsam garwerden lassen. Beim Anrichten mit gehackter Petersilie bestreuen.

CHIPSKARTOFFELN — Pommes de terre chips

Je Person: *150-175 g Kartoffeln. Backzeit bei 180 Grad: etwa 4-5 Minuten.*

Die geschälten Kartoffeln rund wie einen Korken parieren oder mit einem großen, runden Ausstecher ausstechen. Mit dem Hobel in ganz dünne Scheiben schneiden, sehr gründlich waschen und auf einem Tuch restlos abtrocknen. In der heißen Fritüre, am besten in kleineren Mengen, in einem Backkorb backen und dabei ständig schütteln, damit sie nicht zusammenkleben. Wenn sie goldgelb und trocken ausgebacken sind, auf einem Tuch gründlich entfetten und mit feinem Salz bestreuen. Sie dienen hauptsächlich als Garnitur zu gebratenem Geflügel und Wildgeflügel. *(Siehe Bild auf Seite 528.)*

DAMPFKARTOFFELN — Pommes vapeur

6 Personen. *1 kg 200 Kartoffeln. Kochzeit: 20-25 Minuten.*

Hierzu braucht man einen Kartoffeldämpfer, d. h. einen Doppelkocher, dessen Oberteil gelocht ist, um die Kartoffeln aufzunehmen und den Dampf durchzulassen, und dessen Unterteil mit Wasser angefüllt wird, um Dampf zu erzeugen. Die vorzugsweise kleinen Kartoffeln gibt man in das Oberteil, würzt sie leicht mit Salz, bedeckt sie mit einem angefeuchteten Tuch, deckt den Kocher zu und setzt ihn auf das zur Hälfte mit Wasser aufgefüllte Unterteil.

DAUPHINEKARTOFFELN — Pommes de terre dauphine

6 Personen. *500 g Kartoffeln; 50 g Butter; 3 Eigelb; 150 g Brandteig; Muskatnuß. Backzeit: 6 Minuten in Backfett von 140-160 Grad.*

Herzoginkartoffelmasse bereiten, mit dem Brandteig vermengen und mit geriebenem Muskat würzen. Die Masse in einen Spritzsack mit großer, runder Tülle füllen und hiervon Stücke in Kleinfingerlänge in eine Fritüre von 140 Grad fallen lassen und jeweils mit dem Messer abschneiden. Die Hitze allmählich steigern, bis die Kartoffeln goldgelb gebacken sind. Gut abtrocknen und mit feinem Salz bestreuen.

IM OFEN GEBACKENE KARTOFFELN — Pommes au four

6 Personen. *1 kg 200 große Kartoffeln. Backzeit: 25-30 Minuten.*

Schöne, gleichmäßige Kartoffeln waschen, aber nicht schälen. Auf eine Schicht von grobem Salz auf ein Backblech setzen und im heißen Ofen backen. Der Länge nach oben einen Deckel abschneiden und beiseite stellen. Das Innere der Kartoffeln aushöhlen, ohne die Haut zu beschädigen, das Fleisch mit einer Gabel zerdrücken, dabei ein kleines Stückchen Butter, Salz und Pfeffer beifügen. Das so gewonnene Püree wieder in die Schalen füllen und mit dem Deckel verschließen und recht heiß servieren.

Man kann die Kartoffeln nach dem Backen auch oben nur leicht einschneiden, mit der Hand etwas auseinanderdrücken und in die Öffnung ein kleines Stückchen Butter geben, das durch die Hitze von selbst schmilzt. *(Siehe Bild auf Seite 528.)*

GRATINIERTE KARTOFFELN AUF DAUPHINER ART — Gratin dauphinois

6 Personen. *1 kg 200 Kartoffeln; 1 Ei; 25 g Butter; 1/4 l Milch; 75 g Schweizer Käse; Knoblauch. Backzeit: 40-50 Minuten.*

Eine Backplatte stark mit Knoblauch einreiben und dick mit Butter ausstreichen. Rohe, geschälte Kartoffeln in dünne, runde Scheiben schneiden, mit Salz, Pfeffer und Muskatnuß würzen und in die Platte füllen. Das Ei schlagen, mit der kalten Milch verrühren, über die Kartoffeln gießen, damit sie völlig bedeckt sind, und im Ofen backen. Den in dünne, kleine Scheiben geschnittenen Käse unter die Kartoffeln mischen oder auch fortlassen.

KARTOFFELN AUF HAUSHOFMEISTERART — Pommes maître d'hôtel

6 Personen. *1 kg 200 Kartoffeln; 50 g Butter; 6 dl Milch; gehackte Petersilie. Kochzeit: 30 Minuten.*

Die Kartoffeln in der Schale genau gar kochen, schälen und in Scheiben schneiden. In eine Sauteuse geben, die heiße Milch darübergießen und mit Salz, Pfeffer und geriebener Muskatnuß würzen. Die Butter hinzufügen und langsam kochen lassen, bis eine Bindung entsteht. Beim Anrichten mit gehackter Petersilie bestreuen.

HERZOGINKARTOFFELN — Pommes duchesse

6 Personen. *1 kg Kartoffeln; 200 g Butter; 6 Eigelb. Backzeit: 8-10 Minuten.*

Die geschälten Kartoffeln in Salzwasser kochen. Sobald sie gar sind, abgießen, sehr gut abdämpfen und rasch durch ein Drahtsieb passieren. Dieses Püree mit der Butter auf dem Feuer gut trocknen, würzen und das Eigelb beifügen. Von dieser Masse auf einem bemehlten Brett kleine Briochen oder Brötchen formen, auf ein dünngefettetes Blech legen, mit Ei bestreichen und im Ofen zu schöner Farbe backen. Diese Kartoffeln dienen hauptsächlich als Garnitur.

Um Herzoginkartoffeln spritzen zu können, verrührt man die Kartoffelmasse meistens mit 3 ganzen Eiern und einigen Tropfen heißer Milch. Aus dieser Masse lassen sich mit einem Spritzsack und Sterntülle leicht Rosetten und andere Figuren sowie Bordüren spritzen. Sie werden ebenfalls mit Ei bestrichen und im Ofen goldgelb gebacken.

KRINGELKARTOFFELN — Pommes en couronne

6 Personen. *700 g Herzoginkartoffelmasse; 200 g Brandteig. Backzeit: 5-6 Minuten.*

Die Kartoffelmasse mit dem Brandteig gut vermengen und würzen. Mit Hilfe des Spritzbeutels und Sterntülle Kringelchen der Masse auf gefettetes Papier spritzen. In eine heiße Fritüre legen, dabei das Papier an einem Ende anfassen und herausnehmen, sobald alle Kringel in das Fett gefallen sind. Zu goldgelber Farbe backen und auf ein Tuch zum Abfetten legen. *(Siehe Bild auf Seite 528 und Kulinarische Technik in Bildern, Seite 736.)*

KARTOFFELKROKETTEN — Croquettes de pommes de terre

6 Personen. *1 kg Herzoginkartoffelmasse; 2 Eier; geriebene Weißbrotkrume. Backzeit: 3-4 Minuten.*

Die Masse in Stücke von ungefähr 50 g teilen und diese auf dem gemehlten Tisch zu Korken, Birnen oder Aprikosen formen. Durch geschlagenes Ei ziehen, mit dem Reibbrot panieren und in der heißen Fritüre goldgelb backen. *(Siehe Bild auf Seite 528.)*

KARTOFFELKROKETTEN MIT MANDELN — Croquettes de pommes de terre aux amandes

Die Masse rund oder korkenförmig rollen, das geriebene Brot durch geriebene oder gehobelte Mandeln ersetzen und die Kroketten in der heißen Fritüre backen.

LORETTE-KARTOFFELN — Pommes de terre Lorette

5-6 Personen. *600 g Dauphin-Kartoffelmasse; 50 g geriebenen Schweizer Käse. Backzeit: 6 Minuten.*

Die Kartoffelmasse mit dem Käse vermengen und in einen Spritzsack mit großer, runder Tülle füllen. In das heiße Backfett kleinfingerlang fallen lassen, jeweils mit einem Messer, das in das heiße Fett getaucht worden ist, abschneiden und die Kartoffeln goldgelb ausbacken.

KARTOFFELN AUF LYONER ART — Pommes de terre sautées à la lyonnaise

6 Personen. *1 kg 200 Kartoffeln; 300 g Zwiebeln; etwa 100 g Butter; Petersilie. Zubereitung: 30-40 Minuten.*

Die Kartoffeln in der Schale kochen, pellen, in Scheiben schneiden und in heißer Butter in der Stielpfanne gleichmäßig braun braten. Die Zwiebeln in dünne Scheibchen schneiden und gleichzeitig in einer anderen Pfanne goldgelb braten. Kartoffeln und Zwiebeln sorgfältig vermischen, würzen, noch einige Minuten zusammen braten und mit gehackter Petersilie bestreut anrichten.

MACAIRE-KARTOFFELN — Pommes Macaire

6 Personen. *1 kg 200 Kartoffeln; 150 g Butter. Backzeit der Kartoffeln: 25-30 Minuten; Bratzeit: 6-8 Minuten.*

Schöne große Kartoffeln wählen, sauber waschen und in der Schale im Ofen backen. Wenn sie gar sind, aufschneiden, das Fleisch mit einem Löffel herausholen, mit der Gabel grob zerdrücken, dabei ein Stück Butter untermengen und mit Salz und Pfeffer würzen. In einer Stielpfanne Butter heißwerden lassen, die Kartoffeln hineingeben, gleichmäßig verteilen und etwas zusammendrücken. Erst eine Seite wie einen Eierkuchen bräunen und dann wenden, damit auch die andere Seite braun wird. Im ganzen Stück oder geviertelt servieren. Man kann die Kartoffeln auch in ganz kleinen Crêpespfannen backen.

MAIRE-KARTOFFELN — Pommes de terre Maire

6 Personen. *1 kg 200 Kartoffeln; $^1/_2$ l Bouillon; 25 g Butter; 1 dl Milch. Zubereitung: etwa 20 Minuten.*

Wie Haushofmeisterkartoffeln, jedoch mit rohen Kartoffelscheiben bereiten und erst zuletzt die kochendheiße Milch beifügen.

MONT-D'OR-KARTOFFELN — Pommes Mont-d'Or

6 Personen. *1 kg pürierte Kartoffeln; 100 g Butter; 4 Eier; 100 g Schweizer Käse in dünnen Scheibchen; 50 g geriebenen Käse. Backzeit: 8-10 Minuten.*

Das Püree mit dem Käse, den geschlagenen Eiern und 80 g Butter vermischen. In eine mit Butter ausgestrichene, hohe, runde Backform füllen, mit geriebenem Käse bestreuen und mit zerlassener Butter beträufeln. Im nicht zu heißen Ofen zu schöner Farbe überbacken.

KARTOFFELNESTCHEN — Nids en pommes de terre paille

Hierzu benötigt man eine Spezialform, bestehend aus zwei Drahtkörbchen, die mit einem Scharnier verbunden sind. Sie wird zuerst in die heiße Fritüre getaucht, dann der größere Korb gleichmäßig mit rohen Strohkartoffeln ausgefüttert, der innere Korb hineingedrückt und die geschlossene Form in das heiße Fett zum Ausbacken gegeben. Sobald das Nestchen braun und knusprig ist, wird die Form herausgenommen und das Nestchen sorgfältig abgelöst.

NINON-KARTOFFELN — Pommes de terre Ninon

6 Personen. *700 g Herzoginkartoffelmasse; 2 Eßlöffel dickes Tomatenpüree; 100 g gekochten Schinken; 1 Ei. Backzeit: 5-6 Minuten.*

Die Kartoffelmasse mit dem Tomatenpüree und feingehacktem Schinken vermischen. Hiervon kleine ovale Brötchen formen, auf ein gefettetes Backblech legen, mit Ei bestreichen und im heißen Ofen goldgelb backen.

NUSSKARTOFFELN — Pommes noisette

6 Personen. *1 kg 200 Kartoffeln, mit einem runden Kartoffelbohrer in der Größe von Haselnüssen ausgestochen; 100 g Butter. Bratzeit: 20 Minuten.*

Die Kartoffeln blanchieren, abgießen, würzen und in Butter goldgelb und saftig braten.

KARTOFFELNOCKERL — Gnocchi de pommes de terre

6 Personen. *750 g gekochte Kartoffeln; 50 g Butter; 100 g Mehl; 200 g geriebenen Schweizer Käse; 3 Eier. Pochierzeit: 10-12 Minuten.*

Die frisch gekochten Kartoffeln gut abdämpfen und durch ein Sieb drücken. Mit 30 g Butter, 75 g Käse, dem Mehl und den Eiern vermengen, mit Salz und Pfeffer würzen und auf dem gemehlten Brett von der Masse reichlich haselnußgroße Kugeln formen und etwas abflachen. Die Kugeln in siedendheißem Salzwasser pochieren, aber nicht kochen lassen und gut abtropfen. Schichtweise in eine ausgebutterte Backplatte füllen, zwischen jede Schicht und obenauf geriebenen Käse streuen, mit zerlassener Butter beträufeln und im heißen Ofen überbacken.

NORMANNISCHE KARTOFFELN — Pommes à la normande

6 Personen. *700 g rohe, geschälte Kartoffeln; das in Scheiben geschnittene Weiße von 3 Lauchstauden; 1 Zwiebel in Scheiben; 150 g mageren, blanchierten Speck in Würfeln; 1½ dl süße Sahne; ½ l Bouillon; 75 g Butter. Kochzeit: 25-30 Minuten.*

Speck, Zwiebeln und Lauch in der Butter goldgelb anrösten, die in Scheiben geschnittenen Kartoffeln beifügen, würzen, mit Bouillon auffüllen und flott kochen lassen. Vor dem Servieren die Sahne hinzugeben und beim Anrichten mit gehackter Petersilie bestreuen.

PETERSILIENKARTOFFELN — Pommes persillées

6 Personen. *1 kg Kartoffeln, wie Schloßkartoffeln tourniert; 100 g Butter; ¼ l Bouillon; 2 Eßlöffel gehackte Petersilie. Kochzeit: ungefähr 20 Minuten.*

Die Kartoffeln in der Butter rasch anbräunen, würzen, mit der Bouillon aufgießen, reichlich gehackte Petersilie beifügen und, zugedeckt, garwerden lassen. Anrichten und mit gehackter Petersilie bestreuen.

KARTOFFELPUFFER — Subrics de pommes de terre

6 Personen. *750 g Kartoffeln; 75 g Mehl; 1 zerdrückte Knoblauchzehe; 1 Eßlöffel gehackte Petersilie; 2 Eier. Backzeit: 7-8 Minuten.*

Die rohen Kartoffeln reiben und in einem Tuch ausdrücken. Diesen Pulp mit dem Mehl, den Kräutern, Knoblauch und den geschlagenen Eiern vermischen und mit Salz und Pfeffer würzen. In einer Stielpfanne Öl, Schweineschmalz oder Butter heißwerden lassen, die Masse löffelweise hineingeben und auf beiden Seiten braun backen. Sehr heiß servieren.

KARTOFFELPÜREE — Purée de pommes de terre

6 Personen. *1 kg geschälte Kartoffeln; 50 g Butter; ungefähr ¾ l Milch. Kochzeit: 20 Minuten.*

Die Kartoffeln vierteln, in Salzwasser kochen, abgießen und gut abdämpfen. Passieren, mit der Butter auf dem Feuer abtrocknen, mit Salz, Pfeffer und geriebener Muskatnuß würzen und nach und nach die heiße Milch unterziehen, bis ein lockeres Püree entsteht.

SCHAUMIGES KARTOFFELPÜREE — Purée de pommes de terre mousseline

Das Püree wie oben bereiten, jedoch etwas weniger Milch nehmen. Zuletzt noch knapp 1 dl geschlagene Sahne locker unterziehen.

RAHMKARTOFFELN — Pommes à la crème

6 Personen. *1 kg in der Schale knapp gar gekochte Kartoffeln; 1/2 l süße Sahne; 1 dl Doppelrahm (crème double). Kochzeit: 20 Minuten.*

Die Kartoffeln schälen, in Scheiben schneiden, in einen Sautoir geben, mit Salz, Pfeffer und geriebener Muskatnuß würzen und mit der Sahne angießen. Bei mäßiger Hitze langsam bis zur Bindung kochen und beim Anrichten mit dem Doppelrahm übergießen.

KARTOFFELN AUF SAVOYER ART — Pommes de terre à la savoyarde

6 Personen. *1 kg 200 Kartoffeln; 150 g Zwiebeln; 100 g Schweizer Käse; 50 g Butter; etwa 1/4 l Bouillon. Zubereitung: 35-40 Minuten.*

Die Zwiebeln in Scheiben schneiden und in der Butter anlaufen lassen. Mit den rohen, in Scheiben geschnittenen Kartoffeln und dem in kleine, dünne Scheibchen geschnittenen Käse vermischen, würzen und in eine ovale Backplatte füllen. Mit der Bouillon bis zur Höhe aufgießen und im Ofen garmachen und gleichzeitig gratinieren.

SCHLOSSKARTOFFELN — Pommes château

6 Personen. *1 kg 200 Kartoffeln, in Form kleiner, neuer Kartoffeln tourniert; 125 g Butter; gehackte Petersilie. Bratzeit: 20-25 Minuten.*

Die Kartoffeln blanchieren, rafraichieren, gut abtropfen und in heißer Butter goldgelb braten. Beim Servieren mit gehackter Petersilie bestreuen.

SCHMELZKARTOFFELN — Pommes fondantes

6 Personen. *1 kg 200 Kartoffeln; 150 g Butter; 1 dl Bouillon. Kochzeit: 30 Minuten.*

Die Kartoffeln olivenförmig im Gewicht von ungefähr 80 g tournieren, 5 Minuten blanchieren und gut abtropfen. Langsam in der Butter braten, wobei die Kartoffeln sich nur leicht bräunen sollen. Sobald sie gar sind, die Bouillon hinzugießen, die Kartoffeln mit der Gabel ganz leicht eindrücken und so lange zugedeckt stehen lassen, bis sie die Bouillon absorbiert haben.

SPANKARTOFFELN — Pommes copeaux

6 Personen. *1 kg Kartoffeln. Backzeit: 7-8 Minuten.*

Von mittelgroßen, rund geschälten Kartoffeln lange Bänder schneiden, wobei man die Kartoffel dreht und mit der Spitze eines kleinen Messers folgt. Die gewaschenen Kartoffeln gut abtrocknen. Die Kartoffeln recht knusprig ausbacken, auf einem Tuch abtrocknen lassen und mit feinem Salz bestreuen.

SPECKKARTOFFELN — Pommes de terre au lard

6 Personen. *1 kg 200 Kartoffeln; 125 g mageren Speck; 18 kleine Zwiebelchen; 20 g Mehl; 40 g Butter; 1 Eßlöffel Tomatenpüree; 1/4 l Bouillon. Zubereitung: 35-40 Minuten.*

Die Zwiebelchen in der Butter hellgelb anrösten, den gewürfelten Speck beifügen und, wenn auch dieser angebräunt ist, mit dem Mehl bestreuen und leicht anrösten. Mit der Bouillon aufgießen, das Tomatenpüree hinzugeben, würzen und 20 Minuten kochen lassen. Kleine neue Kartoffeln innerhalb der Saison, sonst wie Schloßkartoffeln geformte hinzugeben, alles zusammen garkochen und mit gehackter Petersilie bestreut anrichten.

STÄBCHENKARTOFFELN, GENANNT PONT-NEUF-KARTOFFELN — Pommes frites dites Pont-Neuf

Je Person: *200 g Kartoffeln. Backzeit: 7-8 Minuten.*

Große Kartoffeln schälen und die Längsseiten glatt abschneiden. Hiervon regelmäßige Stäbchen von 1 cm im Quadrat schneiden, waschen und gut abtrocknen. In einer Fritüre von 140-150 Grad 5-6 Minuten vorbacken, wobei sie garwerden, aber noch hell bleiben sollen; man nennt das Blanchieren. Zum Gebrauch werden sie in eine Fritüre von 200 Grad geworfen, um sie braun und knusprig auszubacken, wobei man den Backkorb fortwährend schüttelt. Nachdem sie gut abgetropft worden sind, leicht salzen und auf einer Serviette anrichten oder als Garnitur zu gebratenem oder grilliertem Fleisch servieren.

STREICHHOLZKARTOFFELN — Pommes allumettes

6 Personen. *1 kg 200 Kartoffeln. Backzeit: 7-8 Minuten.*

Die Kartoffeln in der Länge und Dicke eines Streichholzes schneiden, waschen und gut abtrocknen. In kleineren Mengen, ohne sie zu blanchieren, in der heißen Fritüre backen, gut abfetten und mit feinem Salz bestreuen.

STROHKARTOFFELN — Pommes paille

6 Personen. *1 kg Kartoffeln. Backzeit: 3-4 Minuten bei 180° C.*

Die Kartoffeln in feine Julienne schneiden, gut waschen und abtrocknen. In kleinen Mengen, am besten in einem Backkorb, unter fortwährendem Schütteln backen. Abtropfen, leicht salzen und anrichten. *(Siehe Bild auf Seite 528.)*

KARTOFFELN AUF UNGARISCHE ART — Pommes à la hongroise

6 Personen. *1 kg Kartoffeln; 200 g Zwiebelscheiben; 2 dl Bouillon; 1/4 l Tomatenpüree; Rosenpaprika; 60 g Butter; gehackte Petersilie. Kochzeit: ungefähr 20 Minuten.*

Die Zwiebelscheiben in der Butter hellgelb anrösten, das Tomatenpüree, die Bouillon und die in Scheiben geschnittenen Kartoffeln hinzugeben. Mit Salz und einem Teelöffel Rosenpaprika, mit etwas Wasser aufgelöst, würzen, zudecken und im Ofen garmachen. Mit gehackter Petersilie bestreut anrichten.

WAFFELKARTOFFELN — Pommes gaufrettes

6 Personen. *Ungefähr 1 kg Kartoffeln. Backzeit: 3-4 Minuten bei 180° C.*

Die Kartoffeln schälen, waschen, mit einem besonderen Waffelhobel in dünne Scheibchen hobeln und wie Stäbchenkartoffeln backen.

AUSLÄNDISCHE SPEZIALITÄTEN

KARTOFFELGULASCH

6 Personen. *1 kg geschälte, in dünne Scheiben geschnittene Kartoffeln; 250 g Zwiebelscheiben; 1 Teelöffel Rosenpaprika; 1/2 Teelöffel Kümmel; 1 starke Prise getrockneten Majoran; 50 g Schweineschmalz. Kochzeit: 20-25 Minuten.*

Die Zwiebeln in dem heißen Schmalz goldgelb anrösten und die Kartoffelscheiben, Kümmel, Paprika, Majoran und Salz hinzugeben. Umrühren, mit Bouillon oder Wasser bis zur Höhe aufgießen und, zugedeckt, langsam garkochen. *(Österreich)*

PATATE RIPIENE AL FORNO — Gefüllte, gebackene Kartoffeln

10 Personen. *10 Kartoffeln von je 150 g; 1 dl Milch; 1 dl süße Sahne; 50 g geriebenen Parmesan; 50 g Butter. Backzeit: 40 Minuten.*

Die Kartoffeln waschen, einen Deckel abschneiden, oben leicht salzen und im Ofen backen. Das Fleisch aushöhlen, durch ein grobes Sieb drücken und mit der heißen Milch, der Sahne und dem nötigen Salz zu Püree verarbeiten. Die Schalen damit füllen, mit geriebenem Käse bestreuen, mit zerlassener Butter beträufeln und im heißen Ofen überbacken. *(Italien)* *(Siehe Bild auf Seite 528.)*

RÖSTI — Bratkartoffeln, Berner Spezialität

Die Kartoffeln nicht zu weich in der Schale kochen, pellen und in dünne Scheiben schneiden. In einer Stielpfanne Butter heißwerden lassen, die Kartoffelscheiben würzen und braten, dabei mehrmals durchschwenken. Wenn sich am Boden eine braune Kruste gebildet hat, umwenden, um auch die andere Seite wie einen Eierkuchen zu backen. Auf eine runde Platte stürzen und zum Geschnetzelten auf Zürcher Art servieren. *(Schweiz)*

WATANE BATATYACHI BHAJI — Kartoffeln mit Erbsen

6 Personen. *600 g geschälte, in grobe Würfel geschnittene Kartoffeln; 400 g frische grüne Erbsen; 5 g Koriander; 1 Teelöffel Currypulver oder -paste; 7 cl Öl. Kochzeit: 20-25 Minuten.*

Das Öl in einem Sautoir heißwerden lassen, den Koriander hineingeben und zudecken. Wenn die Körner nicht mehr in dem Sautoir springen, vom Feuer nehmen und die Kartoffeln und die Erbsen hinzugeben. Mit Salz und dem Currypulver würzen, bis zur Höhe mit Wasser aufgießen, zudecken und bei mäßiger Hitze kochen, bis alles gar und die Flüssigkeit verdampft ist. Dazu Zitronenspalten servieren. *(Indien)*

PILZE

Von den vielen eßbaren Pilzen sollen hier nur diejenigen behandelt werden, die in der Küche am meisten verwendet werden: Zuchtchampignons, Morcheln, Pfifferlinge, Steinpilze und Trüffeln. Alle Pilze müssen frisch, gesund, weder madig, wurmstichig noch naß sein. Sie müssen schnellstens verarbeitet werden, denn alte Pilze sind wertlos und gesundheitsschädlich.

ZUCHTCHAMPIGNONS — Champignons de couche ou de Paris

Um die Champignons beim Pochieren recht weiß zu halten, werden sie folgendermaßen bereitet: Zuerst schneidet man den erdigen Teil des Stiels ab und gibt dann die Champignons in eine große Schüssel mit einer guten Handvoll Salz und dem Saft einer halben Zitrone. Sie werden nun mit beiden Händen mit dem Salz gut durchgerieben und mehrmals in frischem Wasser gewaschen und abgetropft, bis sie ganz sauber sind. In eine saubere Kasserolle gibt man für ungefähr 500 g Champignons den Saft einer Dreiviertelzitrone, 40 g Butter und eine Prise Salz, wirft die Pilze hinein, deckt sie zu und läßt sie rasch 5-6 Minuten kochen. Wasserzusatz ist unnötig, da sie genügend Feuchtigkeit ziehen. Bis zum Gebrauch räumt man sie, in einer Schüssel mit ihrem Fond bedeckt und mit einem gebutterten Blatt Papier belegt, weg. *(Siehe auch Kulinarische Technik in Bildern, Seite 735.)*

CHAMPIGNONS, GEFÜLLTE — Champignons farcis

6 Personen. *12 sehr große Zuchtchampignons; 300 g Duxelles; Reibbrot; Öl. Bratzeit: 10-12 Minuten.*

Schöne, große Champignonköpfe waschen, ohne sie zu schälen, und leicht aushöhlen; die Stiele können zur Duxelles mit verwendet werden. Innen leicht salzen, mit Duxelles (siehe diese) füllen, mit Reibbrot bestreuen, leicht mit Öl beträufeln und im heißen Ofen garmachen und gleichzeitig überbacken.

■ GRILLIERTE — Champignons grillés

6 Personen. *12 sehr große Zuchtchampignons; 3 Eßlöffel Öl; 75 g Kräuter- oder Schneckenbutter. Bratzeit: 10-12 Minuten.*

Den Stiel der Champignons abdrehen (kann zur Duxelles verwendet werden), letztere innen leicht aushöhlen und waschen, ohne sie zu schälen. In heißem Öl im Ofen rösten, leicht salzen, anrichten und die Öffnung entweder mit der Kräuter- oder Schneckenbutter füllen.

■ MIT PORTWEIN — Champignons au porto

6 Personen. *1 kg 500 kleine Champignonköpfe; 50 g Butter; 1 dl Portwein; 3 dl süße Sahne. Kochzeit: 10-12 Minuten.*

Die gewaschenen Champignons in der Butter anschwitzen, mit dem Portwein angießen und bis auf ein Viertel einkochen. Die Sahne hinzufügen, würzen und langsam kochen lassen, bis die Champignons gar und leicht gebunden sind.

CHAMPIGNONS IN RAHMSAUCE — Champignons à la crème

6 Personen. *1 kg 500 sehr kleine Champignons; $^1/_4$ l Béchamel; 2 dl süße Sahne; 50 g Butter. Kochzeit: 10-12 Minuten.*

Die Stiele kürzen und die Pilze so waschen, wie es oben beschrieben worden ist. Abtropfen und kurz in Butter, zugedeckt, dünsten. Würzen, die Sahne und die Béchamel hinzugeben und offen fertigdünsten. Man kann auch größere, in dicke Scheiben geschnittene Champignons nehmen.

CHAMPIGNONKROKETTEN — Croquettes de champignons

6 Personen. *500 g Champignonpüree; 2 dl dicke Béchamel; 40 g Butter; 3 Eigelb; 2 Eier; Mehl; frischgeriebene Weißbrotkrume. Backzeit: 2-3 Minuten.*

Das Püree mit der Butter und dem Saft einer halben Zitrone in einem Sautoir auf dem Feuer abrühren, bis die Flüssigkeit verdunstet ist. Mit der Béchamel binden, ohne kochen zu lassen, und abseits des Feuers das Eigelb unterziehen. Würzen und völlig erkalten lassen. In Stücke von 30 g teilen, auf dem gemehlten Tisch zu Korken formen, durch geschlagenes Ei ziehen und mit Reibbrot panieren. In einer sehr heißen Fritüre backen. Diese Kroketten dienen hauptsächlich als Garnitur.

MORCHELN — Morilles

Je Person: *200 g Morcheln. Zubereitung: 10-15 Minuten.*

Den Stiel der Morcheln sauber putzen und die Pilze in mehrmals gewechseltem Wasser waschen da sie sehr sandig sind, dann abtropfen und gut abtrocknen. In einem Sautoir etwas Butter schmelzen lassen, die Pilze hineingeben und so lange dünsten, bis sie gar sind und ihre Flüssigkeit abgesondert haben. Dann gut abtropfen und in heißer Butter sautieren, bis sie anfangen zu rösten, und dabei mit Salz und Pfeffer würzen. In einer Gemüseschüssel anrichten und mit gehackter Petersilie bestreuen. Den Fond kann man Fleischjus oder einer braunen Sauce beigeben.
Man kann die Morcheln auch so lange dünsten, bis die gesamte Flüssigkeit verdunstet ist, und dann zum Rösten etwas frische Butter hinzutun.

■ MIT FEINEN KRÄUTERN — Morilles aux fines herbes

6 Personen. *1 kg 200 Morcheln; 50 g Butter; Zitronensaft; Schalotten; Petersilie. Zubereitung: 10-15 Minuten.*

Die Morcheln in Butter mit ganz wenig Zitronensaft, Salz und Pfeffer so lange offen dünsten, bis die Feuchtigkeit restlos verdunstet ist. In eine Stielpfanne frische Butter geben, die Morcheln darin mit einem Teelöffel feingehackter Schalotten und reichlich gehackter Petersilie durchschwenken und sogleich servieren.

■ IN RAHMSAUCE — Morilles à la crème

6 Personen. *1 kg 200 Morcheln; $1^1/_2$ dl Béchamel; 2 dl Rahm; 40 g Butter. Zubereitung: 10-15 Minuten.*

Die Morcheln in Butter bei starker Hitze offen dünsten, bis die Feuchtigkeit fast vollständig verdunstet ist. Leicht würzen, die Béchamel hinzugeben und mit so viel Rahm aufgießen, daß die Pilze gerade bedeckt sind, und langsam weiterkochen, bis die Sauce sämig ist. Je nach Größe werden Morcheln ganz gelassen, halbiert oder geviertelt.

■ AUF SEVILLER ART — Morilles à la sévillane

6 Personen. *1 kg Morcheln; 100 g rohen Schinken, kleingewürfelt; 1 dl trockenen Sherry; 3 dl süße Sahne. Kochzeit: 10-15 Minuten.*

Den Schinken in Butter anrösten, die Morcheln beifügen, würzen und anlaufen lassen. Den Sherry aufgießen, auf ein Viertel einkochen, die Sahne hinzugeben und langsam bis zur Bindung kochen lassen.

MORCHELN VILLENEUVE — Morilles à la Villeneuve

6 Personen. *600 g geviertelte Morcheln; 30 g Butter; 1 dl Béchamel; 1 dl süße Sahne; 6 Blätterteigpastetchen. Kochzeit: 12-15 Minuten.*

Die Morcheln genauso zubereiten wie in Rahmsauce und die Pastetchen damit füllen.

PFIFFERLINGE — Girolles ou chanterelles

Sie werden mit Butter, auf provenzalische Art oder mit Rahmsauce bereitet.

STEINPILZE AUF BORDELAISER ART — Cèpes à la bordelaise

Je Person: *200 g Steinpilze; Öl; Butter; gehackte Schalotten; Reibbrot. Zubereitung: 10-12 Minuten.*

Den Stiel der Pilze sauber putzen, die Steinpilze gut waschen, abtrocknen und in schräge, dicke Scheiben schneiden, auf je 250 g Pilze 30 g Stiele nicht zu fein hacken. In einer Stielpfanne Öl und Butter recht heiß werden lassen, die Steinpilze hineingeben und sautieren, bis sie zu rösten anfangen. In diesem Moment einen Teelöffel gehackte Schalotten und die gehackten Stiele beifügen, mit Salz und Pfeffer würzen und noch ganz kurz sautieren. Zum Schluß mit wenig Reibbrot durchschwenken, um den Überfluß an Öl aufzusaugen, in einer Gemüseschüssel anrichten und mit gehackter Petersilie bestreuen.

■ AUF ITALIENISCHE ART — Cèpes (ou bolets) à l'italienne

6 Personen. *1 kg 500 Steinpilze; 6 Knoblauchzehen; 4 dl Olivenöl; 2 Eßlöffel gehackte Petersilie. Bratzeit: 5 Minuten.*

Die Steinpilze schälen, gut waschen, abtropfen und in ganz dünne Scheiben schneiden. Drei Knoblauchzehen in einer Stielpfanne mit der Hälfte des Öls goldgelb rösten und fortwerfen. Die Steinpilze in dem heißen Öl bei lebhafter Hitze unter ständigem Schwenken 2 Minuten braten und auf ein Sieb zum Ablaufen schütten. Das restliche Öl in die Pfanne geben, 3 Knoblauchzehen darin rösten, wiederum herausnehmen und fortwerfen. In dem heißen Öl die ansautierten Pilze zusammen mit der Petersilie, Salz und Pfeffer 2 weitere Minuten bei lebhafter Hitze braten und, mit gehackter Petersilie bestreut, anrichten. *(Siehe Bild auf Seite 526.)*

■ AUF PROVENZALISCHE ART — Cèpes à la provençale

6 Personen. *1 kg 500 Steinpilze; 1 dl Olivenöl; 3 zerdrückte Knoblauchzehen; gehackte Petersilie. Bratzeit: 10-12 Minuten.*

Genauso wie Steinpilze auf Bordelaiser Art zubereiten, jedoch in Öl unter Zusatz von zerdrücktem Knoblauch.

TRÜFFELN — Les truffes

Die Trüffeln werden hauptsächlich als Garnitur und zum Dekorieren von kalten Platten, selten als Gemüse verwendet. Das Aroma frischer Trüffel ist so kräftig, daß es genügt, sie auf einfachste Art zu bereiten.

TRÜFFELN MIT PORTWEIN — Truffes en serviette au porto

6 Personen. *600 g eingeweichte, gebürstete und gewaschene Trüffeln. Pochierzeit: 20 Minuten.*

Feine Mirepoix in Butter anschwitzen, die sauberen, aber nicht geschälten Trüffeln hinzugeben und mit Madeira, Portwein, Sherry oder Schaumwein bis zur Höhe aufgießen. Mit Salz und Pfeffer würzen, zudecken und im Ofen garmachen. Die Trüffeln herausnehmen, gut abtropfen und in einer gebrochenen Serviette anrichten. Den Fond auf ein Viertel einkochen, mit etwas Glace und einem guten Stück Butter vermischen und passiert oder unpassiert nebenbei servieren.

TEIGWAREN

In diesem Abschnitt findet man Rezepte derjenigen Teige, die für die verschiedenen Teigwaren gebraucht werden, die man als Garnitur oder als selbständiges Gericht serviert. Die verschiedenen Zutaten und die Grundrezepte sind in dem Abschnitt « Warme Vorspeisen und kleine Zwischengerichte », besonders aber unter « Ausländische Spezialitäten » aufgeführt worden.

TEIG FÜR CANNELLONI UND LASAGNE — Pâte à cannelloni et lasagne

8-10 Personen. *600 g Mehl; 3 Eier; 2 Eßlöffel Öl; 1/2 Glas Wasser; Salz.*

Das Mehl zu einer Grube aufschütten, das Salz, in dem Wasser aufgelöst, das Öl und die Eier in die Mitte geben und alles mit leichter Hand durchkneten. Ruhen lassen, den Teig dünn ausrollen und je nach dem Verwendungszweck in Vierecke oder Rechtecke schneiden.

■ FÜR FRISCHE NUDELN — Pâte à nouilles fraîches

250 g Mehl mit 2 ganzen Eiern und dem notwendigen Salz zu einem festen Teig kneten und mehrere Stunden, mit einem Tuch bedeckt, kühl ruhen lassen. In mehrere Stücke teilen und so dünn wie nur möglich ausrollen. Den Teig mit Mehl bestäuben, zusammenfalten und in ganz dünne Streifen schneiden. Sollen die Nudeln erst später verbraucht werden, auf einem Tuch trocknen und in einer gut verschließbaren Dose aufbewahren. Kochzeit in Salzwasser: 8-10 Minuten.

■ FÜR GRÜNE NUDELN — Pâte à nouilles vertes

10 Personen. *700 g Mehl; 4 Eier; 1 dl Öl; 1/2 Glas Wasser; 500 g trockenes, ganz feines und sehr grünes Spinatpüree. Kochzeit: 10-12 Minuten.*

Das Mehl mit dem Spinat, den Eiern, Öl, Wasser und etwas Salz zu einem festen Teig wirken. Den Teig so dünn wie nur möglich ausrollen und trocknen lassen. In Streifen von 2 cm Breite schneiden und in Salzwasser kochen.

■ FÜR RAVIOLI UND TORTELLINI — Pâte à ravioli et tortellini

Wird genauso bereitet wie für Cannelloni. (Für die Herstellung von Ravioli, siehe kulinarische Technik in Bildern.)

NUDELN AUF ELSÄSSISCHE ART — Nouilles à l'alsacienne

6 Personen. *Nudelteig von 375 g Mehl, 3 ganzen Eiern und einer Prise Salz; 75 g Butter; 75 g geriebenen Käse. Kochzeit: 8-10 Minuten.*

Vor dem Kochen etwa 30 g rohe Nudeln zurückhalten und in ganz kleine Stücke schneiden. Die gekochten, gut abgetropften Nudeln in der Butter schwenken, würzen und den geriebenen Käse darunterziehen. In einer anderen Pfanne die rohen Nudeln hellbraun und knusprig rösten und über die angerichteten Nudeln streuen.

ZEREALIEN

REIS

Das Gelingen eines Reisgerichtes hängt stets von der Güte des verwendeten Reises ab. Für Pilaws eignen sich Patnareis und für Risottos am besten italienischer Reis. Karolinareis hat den Vorzug, daß er auch nach dem Kochen in Salzwasser fest und körnig bleibt.

Die nachstehenden Rezepte bilden die Grundlage für jene Reisgerichte, die als Beilage oder Garnitur dienen sollen. Weitere Reisgerichte findet man in dem Abschnitt « Warme Vorspeisen und Zwischengerichte, ausländische Spezialitäten ».

RISOTTO (Grundrezept) — Risotto

6 Personen. *500 g Reis; 50 g Butter; 1 gehackte Zwiebel; 1¼ l Bouillon. Kochzeit: 18-20 Minuten.*

Die Zwiebel in der Butter hellgelb anrösten, den Reis hinzugeben und rühren, bis er glasig geworden ist. Die heiße Bouillon auf einmal hinzugießen, würzen und langsam kochen lassen, wobei man einige Male umrührt. Sobald der Reis gar ist, vom Feuer nehmen und 50 g Butter sowie geriebenen Parmesan mit einer Gabel locker unterziehen. (Weitere Risottogerichte findet man im Abschnitt « Warme Zwischengerichte ».)

REIS, CURRY- — Riz au curry

6 Personen. *300 g Patnareis; 100 g Butter; 1 gehackte Zwiebel; 10 g Currypulver; 1 l helle Brühe. Kochzeit: 18 Minuten.*

Die Zwiebel in 50 g Butter anschwitzen, den Reis und das Currypulver hinzugeben, gut mischen, leicht salzen und mit der Brühe aufgießen. Zugedeckt garmachen und zuletzt mit einer Gabel auflockern und die restliche Butter daruntermengen.

■ FETTER — Riz au gras

6 Personen. *300 g Patnareis; 1 l fette Bouillon; 50 g Butter. Kochzeit: 18-20 Minuten.*

Den Reis in der Butter anlaufen lassen, mit der Bouillon aufgießen, würzen und, zugedeckt, garkochen.

■ AUF INDISCHE ART — Riz à l'indienne

6 Personen. *300 g Patnareis. Kochzeit: 16-17 Minuten.*

Den Reis in viel Salzwasser kochen, abtropfen, mit warmem Wasser überspülen und wiederum gründlich abtropfen. Auf ein Randblech, mit einem Tuch bedeckt, schütten, ausbreiten und im Wärmeschrank gründlich trocknen.

REIS AUF KREOLENART — Riz créole

6 Personen. *300 g Karolinareis; 150 g Butter; 6 dl Wasser. Kochzeit: 18 Minuten.*

Den Reis in eine Kasserolle geben, mit dem Wasser aufgießen, 75 g Butter hinzufügen, salzen und garkochen. Mit der Gabel auflockern und die restliche Butter locker unterziehen.

■ PILAW — Riz pilaf

6 Personen. *300 g Patnareis; 1 gehackte Zwiebel; 6 dl Bouillon; 100 g Butter. Kochzeit: 18-20 Minuten.*

Die Zwiebel in der Butter anschwitzen, ohne daß sie sich verfärbt, den Reis hinzugeben, mischen und 2 Minuten anlaufen lassen. Mit der Bouillon aufgießen, salzen, zudecken und langsam garkochen. Vom Feuer nehmen, mit der Gabel auflockern und 50 g Butter unterziehen.

■ PORTUGIESISCHER — Riz à la portugaise

6 Personen. *300 g Patnareis; 1 gehackte Zwiebel; 6 dl Bouillon; 100 g Butter; 2 entkernte, gewürfelte rote Paprikaschoten; 200 g geschälte, entkernte und gewürfelte Tomaten. Kochzeit: 18 Minuten.*

Die Zwiebeln in 50 g Butter anschwitzen, mit dem Reis vermischen, mit der Bouillon aufgießen, würzen und die Tomaten und Paprikaschoten beifügen. Zugedeckt kochen lassen, nach dem Garwerden vom Feuer nehmen und die Butter mit der Gabel locker unterziehen.

■ WEISSGEKOCHTER — Riz au blanc

6 Personen. *300 g Reis; 100 g zerlassene Butter. Kochzeit: 18 Minuten.*

Den Reis in viel Salzwasser garkochen, abschütten, mit warmem Wasser überspülen, sehr gut abtropfen und auf einem sauberen Tuch im Wärmschrank trocknen. Anrichten und mit zerlassener Butter übergießen.

GRIESS UND MAIS

COUSCOUS — Les couscous

5 Personen. *250 g Weizengrieß; 1/2 l leicht gesalzenes, kaltes Wasser zum Anfeuchten; 2 l Wasser zum Erzeugen des Dampfes.*

Den Grieß in eine breite Schüssel schütten und daneben einen Topf mit dem leicht gesalzenen Wasser stellen. Den Grieß tropfenweise mit dem Wasser befeuchten und zwischen den Händen reiben, wobei man ihn immer wieder hochhebt und fallen läßt; er darf nicht klumpig werden. Den Vorgang so lange wiederholen, bis der Grieß das ganze Wasser aufgenommen und sich gleichmäßige Kügelchen in der Größe von Schrotkugeln gebildet haben.

Zum Garmachen einen Dampftopf, ähnlich einem Kartoffelkocher nehmen, d. h. einen Untersatz, um den Dampf zu erzeugen und einen Einsatz, um den Grieß zu dämpfen; die Lochungen des Einsatzes müssen so klein sein, daß der Grieß nicht durchfallen kann, der Untersatz so hoch, daß das Wasser beim Kochen mit dem Grieß nicht in Berührung kommt. In den Untersatz 2 l Wasser füllen, zum Kochen bringen und darauf den Einsatz (keskés) mit den Grießkügelchen setzen und 30 Minuten dämpfen. Nach 30 Minuten den heißen Grieß in eine Schüssel schütten, mit einer Gabel durcharbeiten, damit die Klümpchen, die sich beim Dämpfen gebildet haben, verschwinden. Wieder in den Einsatz schütten, weitere 30 Minuten dämpfen, umschütten, 50 g Butter hinzufügen und mit der Gabel auflockern. Der Couscous ersetzt bei den Arabern Nordafrikas das Brot und wird auch mit Fleisch, Eiern u. a. m. gegessen.

Wird Couscous mit Fleisch gegessen, so serviert man ihn mit dem, was die Araber die « marga » nennen. Das ist eine Art Suppentopf, bestehend aus einem Huhn, Hammelfleisch, Artischocken, Courgetten, Paprikaschoten, Mohrrüben, weißen Bohnen, dicken Bohnen, Erbsen, Kichererbsen, kleinen scharfen Pfefferschoten und Aromaten, alles unter dem Grieß gekocht, damit er sich durch den Dampf mit dem Aroma sättigt. Die Bouillon wird scharf mit rotem und Nelkenpfeffer gewürzt, das Fleisch und das Gemüse werden gleichzeitig mit dem Couscous aufgetragen. Selbstverständlich wird erst das Fleisch und dann nach und nach das Gemüse, je nach Art, zum Kochen in den Untersatz gegeben.

GNOCCHI AUF RÖMISCHE ART — Gnocchi à la romaine

6 Personen. *150 g Grieß; 3/4 l Milch; 150 g geriebenen Parmesan; 30 g zerlassene Butter. Kochzeit des Grießes: ungefähr 12 Minuten.*

Den Grieß in die heiße Milch einlaufen lassen, mit Salz und Pfeffer würzen, bei mäßiger Hitze kochen und dabei mehrmals umrühren. Wenn der Grieß gar ist, vom Feuer nehmen und 100 g geriebenen Parmesan untermengen. Die Masse auf ein gefettetes und gemehltes Randblech ungefähr 2 cm dick aufstreichen und erkalten lassen. Davon mit einem Ausstecher Halbmonde ausstechen und in eine mit Butter ausgestrichene, flache Backplatte ordnen. Mit ganz wenig Bouillon beträufeln, mit geriebenem Käse bestreuen, mit zerlassener Butter betropfen und im heißen Ofen überbacken.

BUCHWEIZENGRÜTZE, KASCHA — Kaché de sarrasin

500 g Buchweizengrütze absieben und in einer Pfanne ganz leicht anrösten. In einen hohen, irdenen Topf geben, mit einem Löffel Butter vermischen und mit heißem Wasser bis knapp zur Höhe auffüllen. Etwas Salz hinzugeben, zudecken und 3 Stunden in den mäßig heißen Ofen stellen, wobei die Grütze nicht gerührt werden darf. Aus dem Topf schütten und dabei vermeiden, die am Boden und den Seiten des Topfes angesetzte Grütze zu sehr zu entfernen. Man verwendet Kascha für Kulibijaka und andere russische Gerichte.

GRIESSGRÜTZE — Kaché de semoule

250 g Weizengrieß; 1 Ei; 2 l Bouillon. Kochzeit: 20-25 Minuten.

Das Ei schlagen und mit der Hand unter den Grieß durch Reiben vermischen. Auf ein Blech ausbreiten und bei ganz gelinder Hitze im Ofen trocknen. Die Bouillon zum Kochen bringen und den Grieß durch einen Durchschlag mit groben Löchern hineindrücken. Salzen, langsam garkochen, bis die Masse dick ist. Dient zum Bereiten von Kulibijaka und anderen russischen Pasteten und Pastetchen.

POLENTA AUF GENUESISCHE ART — Polenta à la génoise

6 Personen. *250 g Maisgrieß; 1 l Wasser; 50 g geriebenen Parmesan (kann auch fortfallen); 50 g Butter. Kochzeit: 30 Minuten.*

Den Grieß unter ständigem Rühren in das Wasser einlaufen lassen, salzen und langsam unter mehrfachem Rühren garkochen. Den Parmesan darunterziehen und die Masse in eine mit Butter ausgestrichene Kuppelform füllen und 25 Minuten warm stellen. Auf eine runde Platte stürzen und mit brauner Butter übergießen.

POLENTA, GEBRATEN — Polenta sautée

6 Personen. *250 g Maisgrieß; 1 l Wasser; 75 g Butter; 40 g geriebenen Parmesan. Kochzeit: 30 Minuten.*

Die Polenta wie oben kochen und den Parmesan und 25 g Butter daruntermengen. Auf ein Blech 2 cm dick aufstreichen und völlig erkalten lassen. In beliebige Stücke schneiden und in der Pfanne in heißer Butter auf beiden Seiten braun braten.

SALATE

Man unterscheidet zwischen einfachen und zusammengesetzten Salaten.

Zu den einfachen Salaten gehören alle grünen Salate wie Kopfsalat, Eskariol, Endivie, Bindesalat usw., die im allgemeinen mit Essig, Öl, Salz und Pfeffer angemacht und zum Braten serviert werden.

Die zusammengesetzten Salate bestehen im wesentlichen aus rohen oder gekochten Gemüsen, auch in Verbindung mit Obst und anderem. Sie werden meistens mit einer leichten Mayonnaise gebunden.

Grüne Salate können folgendermaßen gewürzt werden:

MIT EI — Assaisonnement à l'œuf

Hartgekochtes Eigelb durch ein Sieb drücken, mit Senf und Weinessig verrühren, mit Salz würzen, mit Öl aufmontieren und mit dem in Streifen geschnittenen Eiweiß vervollständigen.

MIT ÖL — Assaisonnement à l'huile

Für alle Salate: 3 Teile Olivenöl, 1 Teil Weinessig, Salz und Pfeffer. Man kann der Sauce auch gehackte Kräuter beimengen.

MIT MAYONNAISE — Assaisonnement à la mayonnaise

Für gekochte Gemüse aller Arten: nicht zu dicke Mayonnaise.

MIT SAHNE — Assaisonnement à la crème

Besonders geeignet für römischen Salat: 4 Teile süße Sahne, 1 Teil Weinessig oder Zitronensaft, Salz und Pfeffer.

MIT SPECK — Assaisonnement au lard

Besonders geeignet für Löwenzahn, Rapunzeln, Endivien und Krautsalat: gewürfelter, gerösteter Bauchspeck, heißer Essig, Salz und Pfeffer.

SALAT AIDA — Salade Aïda

4 Teile Endivie; 1 Teil geschälte, in Scheiben geschnittene Tomaten; 1 Teil rohe, in dünne Scheiben geschnittene Artischockenböden; 1 Teil Julienne von grünen Paprikaschoten.

Den Salat mit Essig und Öl anmachen und mit hartgekochtem, durch ein grobes Sieb gedrücktem Ei bestreuen.

▲ Beaucaire-Salat, S. 565

Griechischer Artischockensalat, S. 565 ▼

▲ Salat Schöne Helene, S. 567

Tonello-Salat, S. 567 ▼

▲ Französische Käse, S. 568/569

Schweizer Käse, S. 569 ▼

▲ Italienische Käse, S. 569

Dänische und holländische Käse, S. 569 ▼

SALAT, AMERIKANISCHER — Salade à l'américaine

1 Teil geschälte, in Scheiben geschnittene Tomaten; 1 Teil gekochte Kartoffeln in runden Scheibchen; 1 Teil Julienne von Staudensellerie.

Mit Essig und Öl anmachen und mit Zwiebelringen und runden Scheiben von hartgekochtem Ei garnieren.

■ ANDALUSISCHER — Salade à l'andalouse

2 Teile körnig gekochten Reis; 1 Teil geschälte, entkernte, geviertelte Tomaten; 1 Teil Julienne von grünen Paprikaschoten.

Mit Essig, Öl, zerdrücktem Knoblauch, gehackter Zwiebel und Petersilie anmachen und mit entsteinten grünen und schwarzen Oliven garnieren.

■ ARGENTEUIL — Salade Argenteuil

Feiner Gemüsesalat, mit Mayonnaise gebunden, garniert mit weißen Spargelköpfen und Scheiben von hartgekochtem Ei.

■ VON ARTISCHOCKEN AUF GRIECHISCHE ART — Salade d'artichauts à la grecque

$^1/_8$ Artischockenherzen; $^1/_8$ kleine, tournierte Karotten; $^1/_8$ kleine, weiße Zwiebelchen; $^2/_8$ Champignons; $^2/_8$ Pfifferlinge; $^1/_8$ entsteinte grüne Oliven. Garnitur: schwarze Oliven, Zwiebelchen und geviertelte Artischockenherzen.

Von 2 Teilen Wasser, 1 Teil Öl, 1 Teil Weinessig, Thymian, Lorbeerblatt, Pfefferkörnern, Koriander und Salz Marinade kochen, passieren und sämtliche Bestandteile darin garmachen und erkalten lassen. Mit den schwarzen Oliven, Essigzwiebeln und geviertelten Artischockenherzen garnieren und recht kalt servieren. *(Siehe Bild auf Seite 561.)*

■ BEATRICE — Salade Béatrix

Salat von Prinzeßböhnchen mit Essig und Öl angemacht, mit Scheiben geschälter Tomaten und Brunnenkresse garniert und mit hartgekochtem, gehacktem Eigelb bestreut.

■ BEAUCAIRE — Salade Beaucaire

$^1/_7$ blanchierte Julienne von Knollensellerie; $^1/_7$ dünne Scheiben von Staudensellerie; $^1/_7$ Streifen von gekochtem Schinken; $^2/_7$ gekochte, gewürfelte Kartoffeln; $^2/_7$ geschälte, in Scheiben geschnittene Tomaten.

Sämtliche Bestandteile mit leichter Mayonnaise binden und mit Tomatenscheiben und gehackter Trüffel garnieren. *(Siehe Bild auf Seite 561.)*

■ CAMERATA — Salade Camerata

$^1/_8$ blanchierte Julienne von Knollensellerie; $^2/_8$ Chicoree in dünnen Scheibchen; $^2/_8$ gekochte Kartoffelwürfelchen; $^1/_8$ gekochte grüne Bohnen; $^1/_8$ gekochte, geviertelte Artischockenböden; $^1/_8$ rohe Champignonscheiben.

Den Salat mit kräftig gewürzter Mayonnaise binden und mit rund ausgestochenen Scheiben roter Rüben (Randen) und Tomatenscheiben garnieren.

■ CARMEN — Salade Carmen

$^2/_3$ blanchierte Julienne von Knollensellerie; $^1/_6$ Chicoree in dünnen Scheibchen; $^1/_6$ Julienne von Reinetten.

Sämtliche Bestandteile mit leichter Mayonnaise binden und mit Scheiben geschälter Tomaten, Trüffelscheiben und Scheiben hartgekochter Eier garnieren.

GEMÜSESALAT — Salade macédoine

Salat von gleichen Teilen gekochter, gewürfelter Mohrrüben, weißer Rüben, Kartoffeln, Artischockenböden, grüner Bohnen und Erbsen, mit Mayonnaise gebunden und mit runden Scheiben gekochter roter Rüben und hartgekochten Eiern garniert.

SALAT LORETTE — Salade Lorette

$^5/_{10}$ Rapunzeln; $^2/_{10}$ Staudensellerie in dünnen Scheiben; $^3/_{10}$ rote Rüben in Scheibchen.

Die Bestandteile einzeln mit Essig und Öl anmachen und sträußchenweise anrichten.

■ MARGERITE — Salade Marguerite

$^3/_{10}$ gekochte Blumenkohlröschen; $^2/_{10}$ gekochte Kartoffeln in Scheiben; $^2/_{10}$ gekochte grüne Bohnen; $^2/_{10}$ Spargelstückchen.

Sämtliche Bestandteile mit Essig, Öl, Salz und Pfeffer marinieren, anrichten und leicht mit Mayonnaise nappieren. Mit einer Margerite aus hartgekochtem Eigelb und Eiweiß dekorieren.

■ MERCEDES — Salade Mercédès

$^1/_3$ Chicoree, in kleine Stückchen geschnitten; $^1/_3$ grobe Julienne von roten Rüben; $^1/_3$ Staudensellerie in Scheibchen.

Den Salat mit Essig, Öl, Zitronensaft, hartgekochtem, durch ein Sieb gedrücktem Eigelb, Senf, gehackten Kräutern, Salz und Pfeffer anmachen und mit schönen Orangenfilets garnieren.

2. Formel. Geschälte Tomaten in Scheiben, Julienne von roten Paprikaschoten und Endivien, alles zu gleichen Teilen, mit Essig und Ölmarinade angemacht, sträußchenweise angerichtet und mit Trüffelscheiben garniert.

■ MIMOSA — Salade Mimosa

1. Art. Salat von gewürfelten, gekochten Mohrrüben, weißen Rüben, grünen Bohnen und Kartoffeln, grünen Bohnenkernen und Erbsen, mit Mayonnaise angemacht und mit Streifen von hartgekochtem Eigelb, Eiweiß, gehackter Petersilie und gehackter Trüffel garniert.

2. Art. Kopfsalat mit Essig und Ölmarinade angemacht und mit hartgekochtem, durch ein grobes Sieb gedrücktem Eigelb bestreut.

MAIGLÖCKCHENSALAT — Salade Muguette

Gleiche Bestandteile und Zubereitung wie Margeritensalat. Die Garnitur besteht aus einem Strauß Maiglöckchen aus blanchierten Estragonblättchen und hartgekochtem Eiweiß hergestellt.

SALAT, NIZZAER — Salade niçoise

1 Teil gekochte, gewürfelte Kartoffeln; 1 Teil gekochte, gewürfelte grüne Bohnen; 1 Teil geschälte, geviertelte, entkernte Tomaten. Garnitur: entsteinte Oliven, Kapern und Sardellenfilets.

Den Salat entweder gemischt oder einzeln mit einer Essig- und Ölmarinade anmachen und gemischt oder sträußchenweise anrichten und mit Sardellenfilets, Oliven und Kapern garnieren.

■ ORLOW — Salade Orloff

1. Art. *$^2/_{10}$ Staudensellerie, in feine Julienne geschnitten; $^2/_{10}$ gekochte Artischockenböden in Scheibchen; $^2/_{10}$ Julienne von gekochtem Schinken; $^2/_{10}$ Julienne von gekochter Hühnerbrust; $^1/_{10}$ gekochte, kleingeschnittene Spaghetti; $^1/_{10}$ Scheibchen von rohen Champignons.*

Den Salat mit tomatierter Mayonnaise binden und mit Tomaten- und Trüffelscheiben und kleinen tournierten, pochierten Champignonköpfen garnieren.

2. Art. Gleiche Teile Würfel von gekochten Artischockenböden und gut abgetropfte Würfel von Cantaloup- oder Netzmelone, mit Essig- und Ölmarinade angemacht.

SALAT, PARISER — Salade parisienne

$^3/_4$ feine Gemüsemischung; $^1/_4$ Würfelchen von gekochter Languste.

Den Salat mit kräftig gewürzter Mayonnaise binden und mit Salatherzen, Tomatenscheiben, Scheiben von hartgekochtem Ei und Trüffelscheiben garnieren.

■ RACHEL — Salade Rachel

Je 1 Teil Julienne von Bleichsellerie, Scheiben von Artischockenböden, Würfelchen gekochter Kartoffeln und grüne Spargelspitzen.

Den Salat mit leichter Mayonnaise binden und mit Trüffelscheiben garnieren oder mit grober Trüffeljulienne bestreuen.

REISSALAT DERBY — Salade de riz Derby

$^1/_3$ gekochten Reis; $^1/_3$ frischgekochte grüne Erbsen; $^1/_6$ Julienne von gekochtem Schinken; $^1/_6$ Julienne von pochierten Champignons.

Den Salat mit Vinaigrette, leicht mit Mayonnaise gebunden, anmachen und mit geschälten, halben Walnüssen garnieren.

SALAT RICHELIEU — Salade Richelieu

Gemüsesalat mit leicht gelatinierter Mayonnaise binden und in eine Form füllen, die mit Gelee chemisiert und mit Motiven von ausgestochenen, gekochten Mohrrüben, gefüllten Oliven, Eiweiß und Kartoffelscheiben dekoriert worden ist. Anziehen lassen, die Form mit Gelee abdecken und erst nach dem Festwerden auf eine runde Platte stürzen.

■ RUSSISCHER — Salade russe

$^4/_7$ feines Mischgemüse; $^1/_7$ gewürfelten, gekochten Schinken; $^2/_7$ gewürfelten, gekochten Hummer oder Languste.

Den Salat mit kräftig gewürzter Mayonnaise binden und mit roten Rüben, Scheiben von hartgekochten Eiern, Sardellenfilets, Kapern und Kaviar garnieren.

■ SCHÖNE HELENE — Salade Belle-Hélène

Sellerieknolle in feine Julienne schneiden, ganz kurz blanchieren, abtropfen, abspülen und erst nach dem Erkalten mit Mayonnaise, mit gehacktem Kerbel vermischt, binden. Mit geschälten Walnußkernen, Halbmonden von roter Rübe und Trüffeln garnieren. *(Siehe Bild auf Seite 562.)*

■ TONELLO — Salade Tonello

1 Teil grobe Julienne von gelben Paprikaschoten; 1 Teil grobe Julienne von grünen Paprikaschoten; 1 Teil Thunfisch in Öl, auseinandergezupft; 1 Teil geschälte, geviertelte, entkernte Tomaten; 1 Teil gekochte, gewürfelte grüne Bohnen.

Den Salat mit einer Essig- und Ölmarinade wenigstens 2 Stunden durchziehen lassen, vor dem Anrichten gründlich durchschwenken und mit geviertelten, hartgekochten Eiern und entsteinten schwarzen Oliven garnieren. *(Siehe Bild auf Seite 562.)*

■ WALDORF — Salade Waldorf

6 Personen. *300 g Knollensellerie; 300 g Reinetten; 75 g frische Nußkerne; 300 g Mayonnaise; Saft einer halben Zitrone.*

Den Sellerie in ganz kleine Würfelchen schneiden, 1 Minute blanchieren, rafraichieren und abtropfen. Mit den gleichfalls kleingewürfelten Reinetten vermischen und 1 Stunde mit Zitronensaft und einer Prise Salz marinieren. Mit der Mayonnaise binden und mit den blättrig geschnittenen Haselnüssen bestreuen. Sehr kalt servieren. Sellerie und Äpfel können auch in feine Julienne geschnitten werden.

VOM KÄSE

Eine Mahlzeit ohne Käse
gleicht einer einäugigen Schönen.
BRILLAT-SAVARIN

Käse ist das aus der Milch durch Säuerung oder Lab abgeschiedene mehr oder weniger fette Milcheiweiß in frischem oder gereiftem Zustand. Die Herstellung erfolgt auch unter Verwendung von Molke, Rahm, Wasser, Salz, Pilz- oder Bakterienkulturen. Käse wird aus Schaf-, Ziegen- und Kuhmilch hergestellt, im wesentlichen aus der letzteren. In einigen Ländern verwendet man auch Büffel-, Stuten- und Eselsmilch. Die Eigenschaften des Käses werden in erster Linie von der Qualität der verarbeiteten Milch und der abweichenden Behandlung des Bruches (Milcheiweiß) und Quarks bestimmt. Man unterscheidet nach der Herstellung:

1. Sauermilchkäse
2. Süßmilchkäse
   a) Hartkäse
   b) Schnittkäse
   c) Weichkäse
3. Frischkäse, d. h. Käse ohne Reifung.

Käse wird in der ganzen Welt hergestellt. Er hat, abgesehen von dem Geschmack, auch wertvolle ernährungsphysiologische Eigenschaften. Es gibt hunderterlei Arten und Formen; allein in Frankreich kennt man mehr als 300 verschiedene Käsesorten.

Als König der Käse gilt der *Roquefort*, der seit 2000 Jahren bekannt ist; er wird ausschließlich aus Schafmilch bereitet. Nur diejenigen Käse, die in Roquefort im Département Aveyron hergestellt werden, dürfen darauf Anspruch erheben, echte Roqueforts zu sein. Zu den « Marmorierten » gehören ferner der *Bleu d'Auvergne, Bresse Bleu* und die sogenannten *Bleu du Haut-Jura*, eine Bezeichnung, die nur auf Käse angewendet werden darf, der aus dem Gebiet von Gex und Septmoncel herstammt. Gute Schimmelkäse findet man auch außerhalb Frankreichs. Es sei nur an den prächtigen *Stilton* und *Blue Dorset* in England, die italienischen *Gorgonzola* und *Stracchino* und an den dänischen *Danablue* erinnert. Diese Käse werden jedoch nicht aus Schaf-, sondern aus Kuhmilch bereitet.

Zu den klassischen französischen Käsen gehört der *Brie*, ein ausgereifter Weichkäse, von dem es mehrere Sorten gibt. Er wird in Form von runden, etwas flachen Fladen aus Vollmilch bereitet, der Durchmesser der kleinsten beträgt etwa 33 cm, der großen bis zu 54 cm. Man unterscheidet *Brie de Meaux, Brie de Melun* und *Brie de Montereau*. Der *Brie de Melun* ist etwas schärfer als die anderen Sorten.

Ein weiterer französischer Weichkäse, der von allen Feinschmeckern geschätzt wird, ist der *Camembert*. Er wurde 1791 in der Ortschaft Camembert im Département Orne von einer Bäuerin, Marthe Harel, erfunden, deren Standbild heute den Marktplatz des Ortes schmückt. Aus der Normandie stammen auch der *Livarot* und der schnittfeste *Pont-L'Evêque*. Bekannt sind auch der *Fontainebleau*, ein wundervoller Frischkäse, der schmackhafte *Maroilles*, der *Saint-Nectaire*, der nach Alpenkräutern duftet, und der *Munster*, der so gut zu den Elsässer Weinen schmeckt. Es gibt so viele verschiedene Ziegenkäse in Frankreich, daß hier nur einige der bekanntesten genannt werden können. Da ist der *Sainte-Maure*, der die Form einer Rolle hat, der pyramidenförmige *Levroux*, der sehr kleine *Bouton de Culotte*, der in Blätter gehüllte *Banon* und der sehr schmackhafte *Chevrotin*.

Von den Schweizer Käsen dürften *Emmentaler* und *Greyerzer* am besten bekannt sein. Der *Schabziger*, den man seit 500 Jahren im Kanton Glarus herstellt, ist ein kleiner würziger Käse von grünlicher Farbe und angenehmem Geschmack. Er erhält sein typisches Aroma durch den Zusatz eines besonderen Pulvers aus getrocknetem Klee zum Teig. Von den vielen weiteren Käsen aus der Schweiz verdienen der *Vacherin à la main*, der einen flüssigen Kern, wie dicker Rahm, hat und der *Tomme*, ein im Winter fabrizierter Magerkäse, hervorgehoben zu werden.

Auch in Italien gibt es viele ausgezeichnete Käse. In der ganzen Welt geschätzt ist der *Parmesan*, dessen Name für eine ganze Gruppe von Käsen gilt, die ihrer körnigen Struktur wegen als *Grana* bekannt sind und sich vornehmlich zum Reiben eignen. *Provolone* ist ein außerhalb von Italien weniger bekannter Hartkäse, den es in den verschiedensten Formen und Größen gibt: rund, oval, birnen- und wurstförmig. Er ist leicht gefärbt, glatt, pikant, und hat einen etwas scharfen Nachgeschmack, der durch das Salzen und Räuchern verursacht wird. Den *Romano*, der früher ausschließlich im Latium hergestellt wurde, bereitet man heute auch aus Kuh- und Ziegenmilch in Süditalien und Sardinien. Es gibt drei verschiedene Sorten: den *Pecorino Romano* aus Schafmilch, *Vacchino Romano* aus Kuhmilch und *Caprino Romano* aus Ziegenmilch. Läßt man sie fünf bis acht Monate ausreifen, so ergeben sie einen ausgezeichneten Tafelkäse; bei längerer Reife, von einem Jahr ab, werden sie scharf und hart und eignen sich nur noch zum Reiben. *Bel Paese* ist ein delikater Weichkäse und *Mozzarella* und *Scamorze* sind weiche, nur leicht gereifte Frischkäse.

Ein sehr guter englischer Käse ist der *Cheshire Cheese*, der auf dem Kontinent fälschlicherweise als *Chester* bekannt ist. Er ist nicht so leicht wie der *Cheddar* oder *Stilton* nachzuahmen, da die Milch, aus der er hergestellt wird, einen leicht salzigen Geschmack hat, der bedingt ist durch die Weiden, auf denen die Kühe in der Grafschaft Cheshire grasen. Der älteste und beste aller englischen Käse ist fraglos der *Cheddar*, ein Schnittkäse, dessen Farbe von hellgelb bis ockergelb variiert. Früher wurde er ausschließlich auf den Bauernhöfen bereitet und brauchte sechs bis neun Monate zum Reifen. Jetzt wird er fabrikmäßig hergestellt und ist praktisch sogleich fertig, erreicht jedoch nicht den feinen Geschmack des Bauernkäses. Zwei weitere sehr gute englische Käse, die außerhalb ihrer Heimat nur selten anzutreffen sind, heißen *Gloucester* und *Wensleydale*. Der *Gloucester* ist ein halbharter Käse von ähnlicher Form wie der Emmentaler, jedoch nicht so groß. Er ist dichter, aber krümeliger in der Struktur und hat einen etwas scharfen, aber angenehmen Geschmack. *Wensleydale* ist ein zylindrischer Doppelrahmkäse, der eine ähnliche Form wie der *Stilton* hat, aber erst bei voller Reife « blau » wird; er wird nur in der Zeit von Juni bis September hergestellt.

Dreiviertel aller amerikanischen Käse sind vom *Cheddartyp*, einerlei ob sie sich *Stone*, *Yankee* oder *Wisconsin Cheese* nennen.

Holland ist mit Recht stolz auf seine vortrefflichen Käse, die für das kleine Land ein Wirtschaftsfaktor ersten Ranges sind. Charakteristisch sind hier der vollfette *Gouda*, der in Laiben von 8 bis 25 kg produziert wird, und der nicht weniger beliebte *Edamer*, den man in roten oder gelben Kugeln im Gewicht von etwa 2 kg herstellt. Außer den großen Laiben gibt es auch einen « Baby-Gouda » im Gewicht von ungefähr 450 g, der auch als *Geheimratskäse* bekannt geworden ist.

Zu den bekanntesten deutschen Käsen gehören *Tilsiter*, *Steinbuscher*, *Limburger*, *Romadur*, *Geheimrats-* und *Butterkäse*. Auch in Belgien, Dänemark, Schweden, Norwegen, Österreich, Ungarn Griechenland und anderwärts findet man vielerlei Sorten schmackhaften Käses, die jedoch hier nicht alle aufgezählt werden können.

Ob man den Käse vor oder nach der Süßspeise essen soll, ist eine Frage des nationalen Geschmackes. Während man in Frankreich den Käse immer vor dem Dessert ißt, wird er in Deutschland, England und einigen anderen Ländern meistens als Abschluß des Mahles gegessen. Man kann zur Abwechslung einmal eine Mahlzeit nur aus Käse, Brot und Butter machen, wozu natürlich ein passendes Getränk gehört. Damit kommen wir auf die Frage, was man zum Käse trinken sollte. In Frankreich ist das kein Problem, hier bevorzugt man zu fast allen Käsen einen fruchtigen Rotwein, nur zu einigen wie dem Reblochon oder Saint-Nectaire, trinkt man auch Rosé-Weine, zum Munster passen die trockenen elsässischen Weine und zum Ziegenkäse kann eigentlich jeder Wein getrunken werden. In England zieht man zu den einheimischen Käsen ein Gläschen Portwein oder Madeira vor, zu den deftigen Käsen wie Cheddar und Cheshire wird zuweilen auch ein Glas Stout getrunken. In den nordischen Ländern ist das übliche Getränk zu deftigen, besonders den starkriechenden Käsen, Bier und ein Gläschen Branntwein, hauptsächlich Aquavite, Wodka, Korn, Allasch, Kümmel und ähnliches.

Käse wird jedoch nicht nur als solcher gegessen, man verwendet ihn auch als Reibkäse für vielerlei Gerichte. Zum Reibkäse kommen in erster Linie Parmesan und Greyerzer in Betracht. Daneben gibt es aber noch zahlreiche Käsespeisen und -gebäcke. Käsegebäck kann man zum Aperitif oder Cocktail servieren, aber auch anstelle oder zur Ergänzung der Käseplatte. Bei den Käsespeisen sind die nationalen Gepflogenheiten zu beachten. Während man viele dieser Speisen in Frankreich als warme Vorspeise anbietet, reicht man sie in Großbritannien als Savoury am Schluß der Mahlzeit, anstelle des Käses. Kalte und warme Käsespeisen und -gebäcke sind stets eine angenehme Bereicherung unserer Menüs und man sollte sie mehr als bisher pflegen. Besonders bei Herrenessen findet ein Käseauflauf anstelle einer Süßspeise stets Anklang. *(Siehe Bilder auf Seiten 563 und 564.)*

KÄSEFONDUE — Fondue au fromage

3-4 Personen. 600 g Greyerzer oder Emmentaler Käse oder das Gemisch der beiden Sorten; 2 dl Weißwein; 2 kleine Gläschen Kirschwasser; Pfeffer; 1 Knoblauchzehe; Butter.

Eine irdene Kasserolle mit Butter sehr fein ausstreichen und mit Knoblauch einreiben. Den in dünne Scheiben geschnittenen Käse und den Wein hineingeben und auf kleinem Feuer und unter langsamem Rühren mit einem Holzlöffel schmelzen lassen, bis die Masse dick und rahmig ist. Noch ehe sie ganz geschmolzen ist, das Kirschwasser hinzufügen und nach Belieben mit Pfeffer würzen. Ist die Masse geschmolzen, dann die Kasserolle auf ein Rechaud über eine Spiritusflamme stellen und die Flamme so regeln, daß die Fondue nicht weiterkocht, jedoch heiß bleibt. Einen Brotwürfel auf die Gabel nehmen, in die Fondue hineintauchen, leicht umrühren, damit sich die Masse um das Brot wickelt und sofort zum Munde führen. Zur Fondue reicht man einen leichten Weißwein oder heißen Tee und ein Gläschen Kirschwasser. *(Schweizerisch)*

SANDWICHES

Seitdem John Montagu, Earl of Sandwich, sich von seinem Haushofmeister zwei Scheiben Brot mit einer Scheibe Braten dazwischen reichen ließ, um nicht während jeder Mahlzeit den Spieltisch verlassen zu müssen, kennen wir diesen kleinen Imbiß unter dem Namen Sandwich. Der edle Lord war jedoch keineswegs der Erfinder, denn schon vor dem 18. Jahrhundert waren belegte Brote bekannt.

Welcher Art das Sandwich auch sein möge, es handelt sich stets um das gleiche Prinzip: einen oder mehrere Sorten Belag zwischen zwei Scheiben Brot oder Brötchen. Man unterscheidet zwischen drei verschiedenen Arten von Sandwiches: dem Vorspeisen-Sandwich, das hier beschrieben wird; dem französischen Sandwich, dessen Urtyp aus einer Scheibe gekochtem Schinken zwischen einem länglichen Brötchen besteht; und dem amerikanischen Sandwich, von dem am Ende dieses Abschnittes die Rede sein wird.

Vorspeisen-Sandwiches werden im wesentlichen aus englischem Kastenbrot dünn geschnitten und, ehe sie belegt werden, mit Butter bestrichen. Dann klappt man sie zusammen, schneidet die Kruste ab und die Sandwiches selbst rechteckig, viereckig oder dreieckig. Sandwiches serviert man auch für kleine kalte Büfetts und als Imbiß. Wir geben nachstehend summarisch nur die Butterart, den Belag und die Form an.

SANDWICHES MIT OLGA-CREME — Sandwiches à la crème Olga

Sechs hartgekochte Eigelb durch ein Sieb drücken, mit 50 g Butter, 2 Eßlöffel Olivenöl, Salz und Pfeffer vermischen. Das Brot mit der Creme bestreichen, mit gehacktem, hartgekochtem Eiweiß bestreuen, zwei Scheiben zusammenklappen und in Rechtecke schneiden.

■ MIT GÄNSELEBER — Sandwiches au foie gras

Butter mit gerösteten, geriebenen Nüssen vermischen, das Brot damit bestreichen und mit dünnen Scheiben Gänseleber belegen. In Dreiecke schneiden.

■ MIT HUHN — Sandwiches de volaille

Mit Senf- oder Meerrettichbutter bestreichen, mit gehacktem oder in dünnen Scheiben geschnittenem Huhn belegen und in Rechtecke schneiden.

■ MIT KALBSBRATEN — Sandwiches de veau

Mit Meerrettichbutter bestreichen, mit dünnen Scheiben Kalbsbraten belegen und in Rechtecke schneiden.

■ MIT KAVIAR — Sandwiches au caviar

Mit Butter bestreichen, dünn mit Kaviar bedecken und vor dem Auflegen der zweiten Scheibe leicht mit Zitronensaft beträufeln. Form beliebig.

■ MIT KÄSE — Sandwiches au fromage

Mit Senfbutter bestreichen und mit dünnen Scheibchen Cheshire, Emmentaler oder anderem Käse belegen und in Dreiecke schneiden.

SANDWICHES MIT KOPFSALAT — Sandwiches à la laitue

Mit Estragonbutter bestreichen, mit nudelig geschnittenem Kopfsalat bedecken und leicht salzen. Dreieckige Form.

■ MIT KREBSEN — Sandwiches aux écrevisses

Mit Krebsbutter bestreichen, mit gehackten Krebsschwänzen bedecken und in kleine Dreiecke schneiden. Sandwiches mit Hummer, Languste oder Garnelen werden genauso bereitet.

■ MIT LACHS — Sandwiches au saumon

Mit leicht gesalzener Butter bestreichen, mit dünnen Scheibchen gekochtem Lachs bedecken und in Dreiecke schneiden. Für Räucherlachs ungesalzene Butter nehmen.

■ MIT PAPRIKASCHOTEN — Sandwiches aux poivrons

Mit Kressebutter bestreichen und mit gerösteten, enthäuteten, entkernten und in Streifen geschnittenen Paprikaschoten bestreuen. Rechteckige Form.

■ MIT RADIESCHEN — Sandwiches aux radis

Mit Walnußbutter bestreichen, mit dünnen Radieschenscheiben belegen, leicht mit Salz bestreuen und zu Rechtecken schneiden.

■ MIT RILLETTEN — Sandwiches aux rillettes

Nicht buttern, nur mit einer Schicht Rilletten bedecken, die zweite Scheibe gut andrücken und in Rechtecke schneiden.

■ MIT SARDELLENFILETS — Sandwiches aux anchois

Mit Sardellenbutter bestreichen und mit in Öl marinierten und gut abgetrockneten Sardellenfilets belegen. Mit gehacktem, hartgekochtem Ei bestreuen und in kleine Vierecke schneiden. Sandwiches mit Sardinen bereitet man mit Sardinenbutter und halben, enthäuteten und entgräteten Sardinen.

■ MIT SCHINKEN — Sandwiches au jambon

Mit Butter bestreichen, leicht mit Senfpulver bestreuen und mit einer dünnen Scheibe gekochtem Schinken belegen.

■ MIT THUNFISCH — Sandwiches au thon

Mit Butter bestreichen, mit gut abgetropftem, zerpflücktem Thunfisch in Öl bedecken und in Rechtecke schneiden.

■ MIT TOMATEN — Sandwiches aux tomates

Mit Meerrettichbutter bestreichen und mit Stückchen oder Streifen von geschälten, entkernten und gut abgetropften Tomaten bedecken und in Dreiecke schneiden.

■ MIT WILD — Sandwiches de gibier

Mit Mandelbutter bestreichen, mit gehacktem oder in dünne Scheibchen geschnittenem Wild bedecken und in Dreiecke schneiden.

Sandwiches, die nicht sofort serviert werden, legt man übereinander, deckt sie mit einem knapp angefeuchteten Tuch zu und beschwert sie ganz leicht. Sie werden bis zum Service im Kühlraum oder Kühlschrank aufbewahrt. Es ist ebenfalls darauf zu achten, daß der Belag nicht die Seiten der Sandwiches überragt und beim Beschneiden der Kruste mit abgeschnitten wird.

Die obige Liste ist insofern unvollständig, weil man mit einiger Phantasie von Salaten und vielerlei andern Lebensmitteln, selbst Früchten, Sandwiches herstellen kann.

Amerikanische Sandwiches bestehen meistens aus drei Lagen Brot mit einer doppelten Füllung und Salatblättern dazwischen. Die sogenannten « open face sandwiches » sind weiter nichts als große Canapés.

DAS OBST

Frisches, rohes Obst serviert man als Dessert oder in Form von Süßspeisen. Die Ernährungsphysiologen empfehlen, Obst zu jeder Tageszeit, auch außerhalb der Mahlzeiten zu verzehren, da es außerordentlich reich an Fruchtsäuren, Zucker und Vitaminen ist. Ein mit schönen, verschiedenen Arten von Obst und Südfrüchten zusammengesetzter Obstkorb ist eine Augenweide noch ehe das Obst selbst ein Genuß für den Gaumen wird. Obst in roher oder gekochter Form ist auch die Grundlage für vielerlei Süßspeisen, Torten und Kuchen, wie man aus den folgenden Abschnitten ersehen wird. Doch nicht nur frisches, sondern auch konserviertes Obst aller Arten ist eine wertvolle Hilfe für die Küche.

KOMPOTTE

Obst, das zum Kompott verwendet werden soll, muß reif, aber nicht überreif sein. Beschädigte oder minderwertige Früchte zu nehmen, bringt keinen Nutzen. Je nach Art wird es ganz gelassen, halbiert oder geviertelt und in Läuterzucker von 18 Grad mit etwas Vanille pochiert. Einige Früchte, z. B. Birnen, Kirschen und Zwetschgen, können auch in gezuckertem Rotwein mit etwas Stangenzimt anstelle der Vanille pochiert werden.

Beim Pochieren ist darauf zu achten, daß das Obst heil bleibt und nicht etwa zerkocht. Ist es gar, so wird der Läuterzucker eingekocht und in einigen Fällen mit passierter Aprikosenmarmelade, Johannisbeergelee oder Stärkemehl leicht gebunden. Im allgemeinen sollte man Kompott aber nur in dem eingekochten Saft servieren.

ANANASKOMPOTT — Compote d'ananas

Die Ananas schälen, der Länge nach halbieren, den Strunk ausstechen und die Hälften in dünne Scheiben schneiden. In Vanille-Läuterzucker pochieren und darin erkalten lassen. Kranzartig in einer Kompottschale anrichten und mit dem kalten, eingekochten und mit Kirschwasser oder Rum aromatisierten Läuterzucker übergießen. Bei Verwendung von konservierter Ananas genau so verfahren, aber mit dem Saft aus der Dose übergießen.

APFELKOMPOTT — Compote de pommes

Will man sie ganz lassen, muß man sehr kleine Früchte wählen, schälen und das Kerngehäuse ausstechen. Mit Zitronensaft abreiben und in Vanille-Läuterzucker pochieren. Man kann sie auch vierteln, muß sie aber immer vorsichtig pochieren, zumal zarte Apfelarten.

APRIKOSENKOMPOTT — Compote d'abricots

Die Früchte halbieren und in Vanille-Läuterzucker von 18 Grad 7-8 Minuten pochieren und abtropfen. Den Läuterzucker einkochen, auskühlen und die Aprikosen damit übergießen. Mit einigen halben, gehäuteten Aprikosenmandeln garnieren.

Man kann die Aprikosen vor dem Pochieren erst einen Augenblick in kochendes Wasser legen und die Haut abziehen.

BIRNENKOMPOTT — Compote de poires

Je nach der Größe der Früchte einfach schälen und ganz lassen oder halbieren oder vierteln, dabei das Kerngehäuse ausstechen. Mit Zitronensaft abreiben und in Vanille-Läuterzucker pochieren. Man kann sie auch in gezuckertem Rotwein mit einem Stück Stangenzimt garmachen.

ERDBEERKOMPOTT — Compote de fraises

Zucker zum kleinen Ballen kochen, siedendheiß über die Erdbeeren gießen und zudecken. Sobald sie kalt sind und ihren Saft an den Zucker abgegeben haben, abtropfen, den Saft einkochen, leicht mit Johannisbeergelee binden und kalt über die Früchte gießen.

FEIGENKOMPOTT — Compote de figues

Frische, reife Feigen der Länge nach halbieren und langsam in Vanille-Läuterzucker pochieren. Sorgfältig herausnehmen, den Läuterzucker einkochen, auskühlen, mit Kirschwasser aromatisieren und über die Feigen gießen.

HIMBEERKOMPOTT — Compote de framboises

Genauso wie Erdbeerkompott bereiten, den eingekochten Saft aber mit Himbeergelee binden.

KIRSCHENKOMPOTT — Compote de cerises

Die Kirschen entsteinen und in Läuterzucker, zum kleinen Ballen gekocht, pochieren. Abtropfen, den Saft einkochen und mit etwas Johannisbeergelee binden. Man kann ihn auch mit etwas Stärkemehl abziehen und mit Kirschwasser aromatisieren. Kirschenkompott bereitet man auch mit gezuckertem Rotwein und einem Stückchen Zimt.

PFIRSICHKOMPOTT — Compote de pêches

Wie Aprikosenkompott bereiten, doch nach dem Pochieren die Haut sorgfältig abziehen.

PFLAUMENKOMPOTT — Compote de prunes

Alle Pflaumenarten können in Vanille-Läuterzucker pochiert und als Kompott serviert werden. Zwetschgen werden entsteint und meistens halbiert.

RHABARBERKOMPOTT — Compote de rhubarbe

Die Stengel schälen, in Stücke von 5 cm Länge schneiden und in wenig Läuterzucker, zum kleinen Ballen gekocht, werfen, da sie viel Saft absondern. Mit einem Blatt Papier belegen, zudecken und vorzugsweise bei mäßiger Hitze im Ofen pochieren, da sie beim Kochen rasch zerfallen. Sorgfältig aus dem Läuterzucker nehmen, diesen einkochen und erkalten lassen, ehe man ihn über den Rhabarber gießt.

GEMISCHTES KOMPOTT — Macédoine

Man stellt das Kompott aus mehreren Arten Obst zusammen, die im allgemeinen im gleichen Läuterzucker, aber nacheinander pochiert werden. Man kann jedoch Früchte, die die gleiche Zeit benötigen, zusammen, und rote Früchte, die viel Saft absondern, getrennt pochieren. Die verschiedenen Arten werden dann zusammen angerichtet und mit dem leicht gebundenen Läuterzucker übergossen.

SÜSSPEISEN, FEINGEBÄCK UND TORTEN

TEIGE, MASSEN, CREMES GLASUREN

UM NICHT bei jedem Rezept die Angaben wiederholen zu müssen, führen wir zuerst diejenigen Teige, Massen, Cremes usw. auf, die für die verschiedensten Zubereitungen benötigt werden.

TEIGE

TEIG FÜR APOSTELKUCHENBROT — Pâte à pain brioché

250 g Mehl; 75 g Butter; 8 g Hefe; 5 g Salz; 1 Ei; 1/2 Glas Wasser. Backzeit: 20 Minuten.

Genauso wie Briocheteig bereiten, aber etwas locker halten. Entweder am Abend zuvor herstellen und in eine verschließbare Zylinderform füllen oder kleine Brötchen formen, gären lassen, mit Eigelb bestreichen und im heißen Ofen backen.

TEIG FÜR AUFLAUFKRAPFEN — Pâte à beignets soufflés

125 g Mehl; 50 g Butter; 10 g Zucker; 3 g Salz; 1/4 l Wasser; 3-4 Eier.

Genauso wie für Brandteig verfahren.

BACKTEIG — Pâte à frire (Siehe Seite 111.)

TEIG FÜR BERRICHONS — Pâte à berrichons

125 g Mandelpulver; 125 g Vanillezucker; 50 g Mehl; 4 Eiweiß, zu festem Schnee geschlagen. Backzeit: 7-8 Minuten.

Mandeln, Zucker und Mehl locker unter das festgeschlagene Eiweiß ziehen. Mit Spritzbeutel und Lochtülle kleine runde Plätzchen wie Makronen oder längliche Stangen, den Katzenzungen ähnlich, auf ein gefettetes und gemehltes Blech spritzen und im heißen Ofen backen. Sie dienen zum Herstellen von Petits Fours.

BLÄTTERTEIG — Pâte feuilletée (Siehe Seite 110.)

HALBBLÄTTERTEIG — Pâte demi-feuilletée (Siehe Seite 111.)

RUSSISCHER BLÄTTERTEIG — Feuilletage russe

500 g Mehl; 500 g Butter; 15 g Salz; Saft einer Zitrone; 1 Glas Wasser; 2 Eier.

Von der Hälfte des Mehls eine Grube machen, das Salz, die Eier und den Zitronensaft in die Mitte geben, lange und tüchtig durcharbeiten, in ein Tuch wickeln und 3 Stunden kühl ruhen lassen. Die Butter und das restliche Mehl mit möglichst wenig Wasser zusammenkneten, wobei die Butter nicht weich sein darf. Den ersten Teig zu einem Viereck von etwa 4 mm Dicke ausrollen, den Butterteig in die Mitte legen, zusammenschlagen und 30 Minuten ruhen lassen. Danach zweimal zwei Touren geben und wie gewöhnlichen Blätterteig verwenden.

BLÄTTERTEIG IM SCHNELLVERFAHREN — Feuilletage rapide

500 g Mehl; 625 g Butter; 1 Zitrone; 15 g Salz; wenig Wasser.

Das gesiebte Mehl auf den Marmor schütten, eine Grube in der Mitte machen, die etwas weicher als sonst gehaltene Butter, Salz, Saft der Zitrone und wenig Wasser hineingeben. Rasch und behutsam vermischen, 4 Touren geben, dann sofort verarbeiten. Ergibt einen guten, sehr zarten Blätterteig, der jedoch nicht so hoch steigt wie der gewöhnliche.

TEIG FÜR BOUDOIRBISKUITS — Pâte à biscuits boudoir

200 g Zucker; 300 g Mehl; 1 Eßlöffel Honig; 1 g Weinstein; 4 Eier. (Ausreichend für ungefähr 36 Stück.)

Die Eier mit dem Zucker und dem Honig mit dem Schneebesen zu einer lockeren und schaumigen Masse schlagen, mit einigen Tropfen Orangenblütenwasser aromatisieren und den Weinstein und das Mehl locker unterziehen.

TEIG FÜR FEINEN BUTTERBISKUIT — Pâte à biscuit fin au beurre

125 g Zucker; 100 g Mehl; 75 g Butter; 4 Eier.

Zucker und Eigelb in eine Schüssel geben und weiß und schaumig rühren. Das Mehl und gleichzeitig das festgeschlagene Weiß der Eier locker darunterziehen und zuletzt die zerlassene, nur lauwarme Butter. Dieser Teig kann in vielen Fällen den Genueser Teig ersetzen.

BRAND- ODER BRÜHTEIG — Pâte à choux (Siehe Seite 110.)

TEIG FÜR DREIKÖNIGSKUCHEN — Pâte à gâteau des rois

10 Personen. *250 g Mehl; 125 g Butter; 100 g Zucker; 12 g Hefe; 5 g Salz; 2 Eier; etwas Wasser. Backzeit: 20-25 Minuten.*

In Südfrankreich wird der Dreikönigskuchen nicht wie in Paris bereitet. Aus den obigen Zutaten einen Briocheteig bereiten und kranzartig formen (siehe Große Kuchen).

DREIKÖNIGSKUCHEN AUS BLÄTTERTEIG — Pâte à galette des rois (feuilletée)

Blätterteigreste zusammendrücken, ohne sie lange zu kneten, und dem Teig eine Doppeltour geben. 1 Stunde ruhen lassen und dann den Teig auswirken.

TEIG FÜR FEINE EIERKUCHEN — Pâte à crêpes fines

250 g Mehl; 2 ganze Eier; 3 Eigelb; 40 g Zucker; 60 g zerlassene Butter; ungefähr 1/2 l kalte Milch; 2 festgeschlagene Eiweiß; Rum, Cognac, Orangenblütenwasser usw. nach Wahl.

Genauso wie bei einfachem Eierkuchenteig (siehe Seite 110) verfahren, im letzten Moment aber noch das festgeschlagene Eiweiß locker unter die Masse ziehen.

TEIG FÜR FOUGASSE — Pâte à fougasse

Dieser, im Süden Frankreichs beliebte Kuchen, besteht aus einem Kranz von Briocheteig, der stärker gezuckert ist, aber weniger Butter als sonst enthält. Obenauf drückt man kleine, dünne Scheibchen Zitronat ein und bestreut ihn mit Hagelzucker. Backzeit: 20-25 Minuten.

■ **FÜR GENUESER BISKUIT (GÉNOISE) — Pâte à génoise**

100 g Mehl; 4 ganze Eier; 125 g feinen Zucker; 100 g Butter; beliebiges Aroma.

Den Zucker und die Eier in einem Schneekessel vermischen, in ein mäßig warmes Wasserbad stellen und mit der Schneerute schlagen, bis sich das Volumen verdoppelt hat und die Masse mäßig warm ist. Aus dem Wasserbad nehmen und bis zum Kaltwerden schlagen. Mit der Holzspatel erst das Mehl und dann die zerlassene, knapp lauwarme Butter, ohne Molken, locker darunterziehen, dann sofort mit dem Rühren aufhören, um ein Grünwerden des Kuchens beim Backen zu vermeiden. Sogleich in Kapseln oder Kuchenformen füllen, die mit gebuttertem und gemehltem Papier ausgelegt worden sind.

■ **FÜR GÉNOISE MIT KARAMEL — Pâte à génoise au caramel**

Die gleichen Proportionen wie oben, doch von dem Zucker drei Eßlöffel abnehmen und zu hellem Karamel rösten und erkalten lassen. Danach stoßen, sieben und zum restlichen Zucker geben.

■ **FÜR GÉNOISE MIT KROKANT — Pâte à génoise pralinée**

Die gleiche Zubereitung wie für die Grundmasse, jedoch 20 g Mehl weniger nehmen und dieses durch 40 g gesiebtes Krokant ersetzen.

■ **FÜR GUGELHUPF — Pâte à kugelhof**

250 g Mehl; 80 g Butter; 25 g Puderzucker; 15 g Hefe; 125 g Malagatrauben; 7 g Salz; 2 Eier; 2 dl Milch.

Das Mehl mit der Hefe wie für Savarinteig verarbeiten, dann nach und nach die Eier und die anderen Zutaten daruntermengen und nötigenfalls noch etwas lauwarme Milch hinzugeben, um einen weichen Teig zu erhalten; er muß sehr elastisch sein. In eine Spezialform — Napfkuchenform — füllen, das Volumen verdoppeln lassen und im heißen Ofen backen.

ELSÄSSISCHER HEFETEIG — Pâte levée à l'alsacienne

200 g Mehl; 110 g Butter; 15 g Hefe; 15 g Puderzucker; 1 Ei; 1/2 Tasse lauwarme Milch; 1 Prise Salz.

Die Hefe in eine Schüssel geben, die lauwarme Milch darübergießen und leicht zuckern. Die Hefe nicht umrühren, sie erhebt sich so. Inzwischen das Mehl mit Salz, Zucker, der weichen Butter und dem Ei verarbeiten, die Milch mit der Hefe hinzugeben und so lange schlagen, bis der Teig sich von der Spatel löst.

TEIG FÜR KASTEN- ODER ENGLISCHES BROT — Pâte à pain de mie dit pain anglais

500 g Mehl; 20 g Hefe; 15 g Salz; 1/4 l lauwarme Milch. Backzeit: ungefähr 1 Stunde.

Mit einem Viertel des Mehles und der Hefe einen dünnen Vorteig bereiten. Den Rest des Mehles darübersieben und warm stellen, bis der Vorteig durch das Mehl hervorstößt. Alles in der Schüssel, unter Zusatz von lauwarmer Milch und dem Salz, zusammenmengen, bis ein glatter, nicht zu weicher Teig entsteht. Sofort in eine Spezialkastenform mit hermetischem Verschluß füllen. Bei 500 g Teig muß die Form gerade halbvoll sein. Nur 3-4 cm hoch gehen lassen, die Form schließen und im heißen Ofen etwa 1 Stunde backen. Die Form nicht vor 45 Minuten öffnen, d. h., wenn der Teig fertig oder fast fertig ausgebacken ist.

■ **FÜR KRAPFEN — Pâte à beignets** (Siehe Seite 575.)

TEIG FÜR IN FETT GEBACKENE KRUSTADEN — Pâte à croustades frites

200 g Mehl; 2 Eier; 1 starke Prise Salz; Milch; Wasser.

Den Teig wie für einfachen Eierkuchenteig bereiten, aber nur mit halb so viel Milch und Wasser, um einen ganz dickfließenden Teig zu erhalten.

■ **FÜR KULIBIJAKA — Pâte à coulibiac**

375 g Mehl; 125 g Butter; 15 g Hefe; 12 g Salz; 2 ganze Eier.

Den Teig genauso wie für Brioche bereiten, jedoch so fest halten, daß er sich bequem ausrollen läßt. Für diese russische Pastete nimmt man auch Blätterteig.

■ **FÜR LEBKUCHEN — Pâte à pain d'épice**

500 g gesiebtes Mehl; 500 g erwärmten, aber nicht heißen Honig; 125 g Puderzucker; 50 g gehacktes Orangeat; 50 g gehacktes Zitronat; 2 g Ammonium in 2 Eßlöffel Wasser aufgelöst. Backzeit: ungefähr 20 Minuten.

Sämtliche Zutaten mit Hilfe eines Spatels in einer Schüssel gut durchmischen und dann mit den Händen zu einem glatten Teig verarbeiten. 3-4 Tage, mit einem Tuch bedeckt, kühl aufbewahren, dann 3-4 cm dick auswalken, auf ein gefettetes Blech legen und bei mäßiger Hitze backen. Sofort nach dem Herausnehmen mittels eines Pinsels mit heißer Milch bestreichen. Es gibt mehrere Methoden, Lebkuchen zu bereiten, meistens wird er aber fabrikmäßig hergestellt.

■ **FÜR LÖFFELBISKUITS — Pâte de biscuits à la cuillère**

75 g Zucker; 75 g Mehl; 3 Eier; Vanille.

Den Zucker mit dem Eigelb und der Vanille recht weiß und schaumig rühren. Die Vanille herausnehmen, gleichzeitig das Mehl und das festgeschlagene Eiweiß sehr locker darunterziehen, ohne den Versuch zu machen, eine vollkommene Mischung zu erzielen, da zu vieles Rühren die Masse flüssig und das fertige Gebäck flach und rissig macht.

MARZIPAN, MANDELMASSE — Pâte d'amandes fondantes

250 g Mandeln; 650 g Zucker; 1 Stange Vanille; 1 Eßlöffel Glucose; 2 Likörgläschen kaltes Wasser.

Die Mandeln schälen, abspülen, abtrocknen, ganz fein stoßen und das Wasser langsam hinzugeben, um das Öligwerden der Mandeln zu verhindern. Den Zucker hinzugeben, einige Tropfen Orangenblütenwasser beifügen und weiterstoßen, bis die Masse ganz fein ist. In einen Schneekessel oder Kupferkessel geben und auf schwachem Feuer abrühren, bis die Flüssigkeit verdampft ist und die Masse sich leicht vom Boden des Schneekessels und der Holzspatel abhebt. Zum Abkühlen auf eine Marmorplatte schütten und noch vor gänzlichem Erkalten 100 g Staubzucker darunterwirken.

2. Formel: 250 g feingeriebene Mandeln oder Mandelpulver mit 200 g Fondant und etwas Vanillepulver mit der Hand zu einem feinen, festen Teig auswirken. Diese Masse ist für die Hausfrau praktischer.

Anmerkung: Marzipan-Rohmasse kann man im Handel fertig kaufen. Man braucht dann nur noch Puderzucker und den gewünschten Geschmack darunterarbeiten.

MÜRBE- ODER AUSLEGETEIG — Pâte brisée fine (Siehe Seite 111.)

TEIG AUF NEAPLER ART ODER MANDELMÜRBETEIG — Pâte frolle ou pâte napolitaine

250 g Mehl; 150 g feingeriebene Mandeln; 150 g Butter; 150 g Puderzucker; 2 kleine Eier; Abgeriebenes einer Zitrone.

Das gesiebte Mehl auf den Marmor schütten, eine Grube machen, sämtliche weitere Zutaten auf einmal hineingeben und rasch zusammenwirken. Den Teig so fest halten, daß er leicht ausgerollt werden kann. Vor dem Gebrauch wenigstens 1 Stunde kühlen.

TEIG FÜR PARISER HÖRNCHEN — Pâte à croissants de boulanger

1. Art. 15 Stück: *150 g Mehl; 75 g Butter; 1 Ei; 6 g Hefe; 5 g Salz; 1 dl Wasser; etwas Milch. Backzeit: 7-8 Minuten.*

Von dem vierten Teil des Mehles und der Hefe mit lauwarmem Wasser Vorteig bereiten, kreuzweise einschneiden und in lauwarmem Wasser aufgehen lassen. Inzwischen den Rest des Mehles mit der Hälfte der Butter, dem Salz, etwas lauwarmer Milch und Wasser gut durcharbeiten und mit dem abgetropften Vorteig vermengen; der Teig darf nicht zu weich sein. Zugedeckt in einer Schüssel gehen lassen, dann auf den leicht bemehlten Tisch legen und mit der Faust etwas abflachen. Den Rest der Butter darauflegen, zusammenschlagen, wie für Blätterteig 3 Touren und nach 15 Minuten 2 weitere Touren geben. Um die Hörnchen herzustellen, den Teig zu einem dünnen, breiten Streifen ausrollen und zu Dreiecken von 7-8 cm Seitenlänge schneiden. Den Teig wie eine Zigarette, an dem Ende beginnend, zusammenrollen, so daß die Spitze in der Mitte bleibt. Die Stückchen auf ein Blech legen, wobei man ihnen gleich die Form von Hörnchen gibt, warm gehen lassen, mit Ei bestreichen und im heißen Ofen backen.

2. Art. *250 g Mehl; 5 g Hefe; 5 g Salz; 30 g Zucker; 1-1$^1/_2$ dl lauwarme Milch; 100 g Butter.*

Das gesiebte Mehl in eine Schüssel geben, in die Mitte eine Grube machen, die mit lauwarmer Milch angerührte Hefe und alle weiteren Zutaten mit Ausnahme der Butter hineingeben. Alles rasch mit den Fingern zu einem glatten Teig anrühren und, mit einem Tuch bedeckt, über Nacht in den nicht zu kalten Teil des Kühlschrankes stellen. Am nächsten Tag den Teig auf den gemehlten Tisch legen, ohne ihn durchzuarbeiten, und mit der Butter bedecken, die die gleiche Konsistenz haben soll. Die Butter in dem Teig einschlagen, drei Touren geben und wie oben zu Hörnchen formen.

■ FÜR SAVARINS UND BABAS — Pâte à savarin et babas

125 g Mehl; 50 g Butter; 7 g Hefe; 8 g Zucker; 3 g Salz; 2 Eier; 1 dl lauwarme Milch.

Eine Schüssel leicht erwärmen und das Mehl hineinsieben. In der Mitte eine Grube machen, die Hefe und die lauwarme Milch hineingeben und die Hefe auflösen. Die geschlagenen Eier beifügen, alles zu einem etwas weichen Teig verarbeiten und mit der Hand so lange schlagen, bis der Teig Blasen wirft. Zudecken und warm stellen, bis er sein Volumen verdoppelt hat. Die weichgerührte Butter, Salz und Zucker hinzufügen und noch einige Minuten mit der Hand durcharbeiten. Den nunmehr fertigen Teig je nach Rezept weiter verwenden.
Babas werden aus dem gleichen Teig unter Zusatz von 30 g Rosinen und 50 g Korinthen hergestellt.

N. B. Auf diese Weise kann man innerhalb von 2 Stunden sowohl Savarins als auch Babas in jeder Menge tischfertig servieren. Die Zusammensetzung des Läuterzuckers zum Tränken von Savarins und Babas findet man im Abschnitt « Kochen des Zuckers ».

■ FÜR WIENER KRAPFEN — Pâte à beignets viennois

250 g Mehl; 100 g Butter; 10 g Zucker; 5 g Salz; 7 g Hefe; 2 ganze Eier; etwa 1 dl lauwarme Milch.

Genau wie Briocheteig, aber so fest bereiten, daß er sich leicht ausrollen läßt.

■ FÜR SAVOYER BISKUIT — Pâte à biscuit de Savoie

250 g Streuzucker; 100 g Mehl; 100 g Kartoffelmehl; 7 Eigelb; 7 Eiweiß; Vanille.

Wie Löffelbiskuitteig verarbeiten, Mehl, Kartoffelmehl und geschlagenes Eiweiß ganz locker unterziehen. Bei sehr mäßiger Hitze backen, da der Kuchen sonst zusammenfällt.

■ FÜR ZWIEBACK — Pâte à biscottes grillées

Gleicher Teig wie für Milchbrötchen, mit weniger Milch unter Zusatz von 1 Ei. Backzeit: ungefähr 20 Minuten.

Den Teig erst gehen lassen, dann in eine ausgefettete Spezialform füllen und abermals gären lassen. Im heißen Ofen backen, am nächsten Tag mit einem scharfen Messer in gleichmäßige Scheiben schneiden und auf einem Blech im Ofen zu gleichmäßiger, hellbrauner Farbe rösten.

ZUCKERTEIG, TROCKENTEIG — Pâte sucrée, appelée aussi pâte sèche

125 g Mehl; 60 g Butter; 1 Prise Salz; 1 Ei; 2 Eigelb; 60 g Zucker.

Mit dem gesiebten Mehl eine Grube machen, den Zucker ringförmig hineinstreuen, Salz, die weiche Butter, das Ei und das Eigelb hineingeben und vorerst ohne den Zucker vermischen, dann den Zucker und das Mehl hineinziehen und eventuell etwas Milch hinzugeben, damit der durchgeknetete Teig nicht brüchig wird. 2-3 Stunden vor dem Gebrauch bereiten und kühl ruhen lassen.

MERINGUEMASSEN

Für Meringuemassen sind nur einwandfreie Eier zu verwenden, der Kessel, in dem sie geschlagen werden, muß völlig fettfrei sein. Keine Gänse- oder Enteneier (sie sind ohnehin im rohen Zustand verboten) verwenden, weil sie zu fett sind. Das Eiweiß vom Gelb stets sauber und nicht über dem Schneekessel abtrennen, damit kein Gelb hineingelangen kann. Beim Aufschlagen eine geringe Menge Zucker — von der Gesamtmenge weggenommen — hinzufügen, weil sich die Masse glatter schlägt, beim Verwenden von ganz frischen Eiern eine Spitze Salz nehmen, um das Gerinnen zu verhindern. Nur ganz feinen Zucker verwenden, da sich grober im Eiweiß nur schwer auflöst.

MERINGUEMASSE MIT ERDBEEREN — Pâte à meringue aux fraises

5 Eiweiß; 250 g zum Bruch gekochten Zucker; 250 g Erdbeerpüree; 50 g Glucose.

Den Zucker mit der Glucose zum Bruch kochen. Das Erdbeerpüree hinzugeben und beides zusammen noch einmal bis zum kleinen Ballen kochen lassen und leicht mit Karmin färben. Noch heiß über das festgeschlagene Eiweiß wie für italienische Meringuemasse gießen.

Die Masse kann mit fast allen Fruchtpürees gemacht werden, sie ist hauptsächlich für Petits Fours, feines Gebäck und Eisaufläufe bestimmt (siehe Kalte Süßspeisen).

■ GEKOCHTE — Pâte à meringue cuite

4 Eiweiß; 250 g Vanillezucker.

Eiweiß und Vanillezucker in einen Schneekessel geben und im Wasserbad bei mäßiger Hitze mit dem Schneebesen so lange schlagen, bis die ganze Masse nicht mehr auseinanderläuft und fest und spritzfähig ist. Sie muß heiß, jedoch nicht so heiß sein, daß das Eiweiß kocht. Der Ausdruck gekochte Meringuemasse ist daher nur so zu deuten, daß sie erhitzt ist. Diese Masse dient zum Herstellen von Petits Fours, imitierten Champignons u. a. m.

■ ITALIENISCHE — Pâte à meringue italienne

3 Eiweiß; 250 g Würfelzucker; 1 dl Wasser; Vanille.

Den Zucker mit dem Wasser und der Vanille zum Ballen kochen und die Vanille rechtzeitig herausnehmen. Das Eiweiß zuvor zu festem Schnee schlagen und den kochenden Zucker unter ständigem Rühren hineingießen. Um Brandwunden durch den heißen Zucker zu vermeiden, ist die Hilfe einer zweiten Person zum Hineingießen erwünscht. Diese erkaltete Masse dient zum Garnieren von Torten und zuweilen auch als Schlagsahneersatz.

Anmerkung: In keinem Fall darf Meringuemasse im Ofen gebacken werden, es sei denn, daß sie mit Puderzucker bereitet worden ist.

■ MIT MANDELN ODER JAPONAISMASSE — Masse meringuée ou masse à japonais

1. Art. *5 Eiweiß; 200 g Puderzucker; 150 g Mandelpuder; Vanille oder anderes Aroma.*

Wie Schweizer Meringuemasse bereiten, aber Zucker und Mandelpuder erst vermischen, ehe man sie unter das Eiweiß zieht.

2. Art. *10 Eiweiß; 400 g Puderzucker; 200 g Mandelpuder; 120 g Mehl; 60 g zerlassene Butter.*

Das Eiweiß mit 50 g Puderzucker fest schlagen. Dann das Mandelpuder, das Mehl und den restlichen Zucker mit dem Spatel locker unterziehen und zu allerletzt die nur knapp lauwarme Butter.

MERINGUEMASSE, SCHWEIZER — Masse à meringue suisse

4 Eiweiß; 250 g Puderzucker; Vanille.

Das Eiweiß sehr fest schlagen und den Zucker und die Vanille mit dem Spatel schnell und locker unterziehen. Mischt man zu lange, so wird die Masse zu weich. Schweizer Meringuemasse dient zum Herstellen von Baisers, die mit Schlagsahne, Eis usw. gefüllt werden.

DAS KOCHEN DES ZUCKERS

1 kg Zucker in eine innen verzinnte Kasserolle oder einen kupfernen Zuckerkocher geben, mit etwa 2 dl Wasser bedecken, 2 Eßlöffel Glucose beifügen und erst bei mäßiger Hitze schmelzen lassen. Bei lebhafter Hitze bis zu dem gewünschten Grad weiterkochen und dabei ständig die Wandungen der Kasserolle mit einem in kaltes Wasser getauchten Pinsel von dem anhaftenden Zucker befreien, um eine Kristallbildung zu verhindern. Diese könnte zum Grießlichwerden und Verfärben des Zuckers führen.

Man unterscheidet beim Zuckerkochen folgende Grade oder Phasen: den schwachen Faden, den starken Faden, den kleinen Ballen, den großen Ballen, den kleinen Bruch, den großen Bruch und Karamel.

Der kleine Faden

Er ist erreicht, wenn man einen Tropfen Zucker zwischen Daumen und Zeigefinger nimmt und sich beim Auseinanderziehen ein dünner Faden bildet.

Der starke Faden

Man erkennt ihn daran, daß nach kurzem Weiterkochen beim Wiederholen des Vorganges sich ein stärkerer Faden bildet. Mit der Zuckerwaage gemessen, wiegt der Zucker dann ungefähr 30 Grad.

Der kleine Ballen

Steckt man beim Weiterkochen die Spitze eines zuvor in kaltes Wasser getauchten Stückchen Holzes in den Zucker, dann bildet sich daran ein weiches Kügelchen.

Der große Ballen

Nach dem weiteren Kochen und beim Eintauchen des Holzes in den Zucker bildet sich beim Herausziehen ein Kügelchen von einer gewissen Festigkeit.

Der kleine Bruch

Er ist erreicht, wenn der Zucker beim Herausziehen des Holzes, in kaltes Wasser getaucht, zwar bricht, jedoch noch an den Zähnen klebenbleibt.

Der große Bruch

Nun ist der Punkt erreicht, in dem der Zucker, in kaltes Wasser getaucht, glatt wie Glas bricht und nicht mehr an den Zähnen kleben bleibt. Wird er weitergekocht, so fängt er an, sich erst leicht zu verfärben und dann immer dunkler zu werden, er ist zu Karamel gekocht.

KARAMEL ZUM FÄRBEN VON SAUCEN usw. — Caramel pour colorer les sauces, etc.

Den zu Karamel gekochten Zucker immer weiter kochen lassen, bis er ganz dunkel ist und einen beißenden Rauch erzeugt; das ist ein Anzeichen dafür, daß er nun fast schwarz gebrannt ist. Sofort mit etwas Wasser ablöschen — Vorsicht: der Zucker geht dabei hoch und raucht stark — und durch langsames Kochen auflösen. Durch ein Tuch passieren und in einer verkorkten Flasche aufheben. Nicht zu stark konzentrieren, weil er sonst schlecht aus der Flasche fließt.

GESPONNENER ZUCKER — Sucre filé

Den Zucker bis zum großen Bruch kochen und leicht abkühlen. Eine Holzkelle an einem Tisch derart befestigen, daß der Griff nach außen zeigt. Darunter ein peinlich sauberes, möglichst neues Back- oder Randblech stellen. Griff und Blech leicht ölen. Den Zucker, der auch gefärbt sein kann, nur soweit abkühlen, daß er nicht mehr zähe ist. Eine Gabel oder die Drähte eines vorne abgeschnittenen Schneebesens in den Zucker tauchen und senkrecht hochziehen. Mit einer schleudernden Bewegung des Handgelenkes und unter fortwährendem Hin- und Herschleudern der Gabel dünne Fäden über den Griff der Holzkelle werfen. Dabei die Gabel immer wieder in den Zucker tauchen, bis er zu kalt für die weitere Verarbeitung ist. Den Zucker wieder neu mit etwas Wasser kochen, abkühlen und den Vorgang so lange fortsetzen, bis man genügend Fäden hat. Die Zuckerfäden sorgfältig vom Stab nehmen und ihnen behutsam die gewünschte Form geben.

Gesponnener Zucker dient als Schmuck für Torten, Eisbomben, Schaustücke u. a. m.

LÄUTERZUCKER ZUM TRÄNKEN FÜR SAVARINS, BABAS u. a. — Sirop pour savarins, babas, etc.

Dieser Läuterzucker wird nicht nur zum Tränken von Kuchen, sondern auch zum Pochieren von Früchten verwendet. Dazu 500 g Zucker mit ungefähr 4 dl Wasser kochen und gut abschäumen. Mit der Zuckerwaage messen, er soll 22-24 Grad wiegen. Beiseite ziehen, ungefähr 1 dl des gewünschten Aromas beifügen: Kirschwasser, Rum, Cognac, Anisette usw. und den heißen Kuchen damit tränken. Nach völligem Durchtränken, den Kuchen noch mit einigen Löffelchen des reinen Likörs begießen.

Ist der Läuterzucker zu dünn, noch etwas Zucker hinzugeben, ist er zu dick, noch Wasser zugießen.

ZUCKERWAAGE ODER -THERMOMETER — Le pèse-sirop

Dieser kleine Thermometer zeigt den Zuckergehalt einer Flüssigkeit an. Man taucht ihn in die Flüssigkeit und kann dann an der Skala ablesen, wieviel Zucker sie enthält. Ist der Zuckergehalt zu hoch, so muß Wasser oder andere Flüssigkeit hinzugesetzt werden, ist er zu gering, so muß man den Läuterzucker usw. noch etwas einkochen.

Die verschiedenen Phasen des Zuckerkochens entsprechen ungefähr folgenden Graden:

der kleine Faden	25 Grad
der große Faden	30 Grad
der kleine Ballen	39 Grad
der große Ballen	40 Grad

Vom kleinen Bruch an wird der Zucker zu dick, um noch die Skala ablesen zu können, obwohl sie bis 50 Grad zeigt.

Zwischen dem großen Faden und dem kleinen Ballen gibt es noch eine Phase: die Blase; sie liegt zwischen 37 und 38 Grad. Steckt man während dieser Phase eine Schaumkelle in den Zucker und pustet stark in die Löcher, dann bilden sich kleine Blasen, die in der Luft platzen.

CREMES, GLASUREN UND MASSEN FÜR GEBÄCKE UND SÜSSPEISEN

Um nicht bei jedem Rezept für Kuchen und Süßspeisen die Zutaten erneut angeben zu müssen, sind hier die verschiedenen Cremes, Glasuren und Massen beschrieben worden.

Eine unerläßliche Vorbedingung ist die Verwendung von erstklassigen Rohmaterialien, wie Butter, Sahne, Eier, Spirituosen u. a. m. Besonders bei Butter und Eiern ist darauf zu achten, daß sie unbedingt frisch sind, denn mit minderwertigem Material kann man kein einwandfreies Erzeugnis herstellen.

BUTTERCREME MIT ENGLISCHER CREME — Crème au beurre à la crème anglaise

500 g feine, frische Butter; $^3/_4$ l kalte, englische Creme ohne Vanille oder andere Geschmackszutaten.

Die Butter weich und schaumig rühren. Die nicht zu kalte englische Creme nach und nach mit dem Schneebesen darunterziehen und den gewünschten Geschmack beigeben.

■ SCHAUMCREME MIT LÄUTERZUCKER — Crème au beurre mousseline au sirop

$^1/_4$ l Läuterzucker von 28 Grad; 6 Eigelb; 250 g Butter; Geschmackszutaten.

Das Eigelb gut mit dem Schneebesen durchrühren und den kochendheißen Läuterzucker unter ständigem Schlagen daruntermengen. Bis zum Kaltwerden ständig schlagen, die Creme muß dann leicht und schaumig sein. Die Butter leicht erweichen, mit dem Schneebesen schaumig rühren und die Creme nach und nach in kleinen Mengen darunterziehen, wobei sie nicht zu kalt sein darf. Vanille gibt man dem Läuterzucker beim Kochen bei und auch Kaffeepulver kann daruntergerührt werden. Spirituosen fügt man der Creme erst im letzten Moment hinzu, man rechnet etwa 4 cl für die obige Menge.

■ MIT MERINGUEMASSE — Crème au beurre au meringuage

Italienische Meringuemasse von 125 g Zucker und 2 großen Eiweiß; 250 g Butter.

Die sehr weich gerührte Butter unter die noch nicht völlig erkaltete Meringuemasse nach und nach mengen und beliebig parfümieren.

Diese Buttercreme nimmt man hauptsächlich zum Füllen von kleinem Gebäck.

HASELNUSS-BUTTERCREME — Crème au beurre aux avelines

Vanillebuttercreme bereiten und darunter 50 g leicht angeröstete, feingeriebene Haselnüsse ziehen.

KROKANTBUTTERCREME — Crème au beurre pralinée

Unter eine fertige Vanillebuttercreme 50 g gestoßenen und gesiebten Krokant und, eventuell, 2 cl Kirschwasser ziehen.

BUTTERCREME MIT LIKÖREN — Crème au beurre aux liqueurs

Wenig, aber ausgezeichneten Likör oder andere Spirituosen gleichzeitig mit der englischen Creme unter die Butter ziehen. Man rechnet etwa 4 cl auf 250 g Butter. Besonders geeignet sind u. a.: Kirschwasser, Rum, Cognac, Curaçao, Bénédictine, Cointreau, Grand-Marnier, Anisette, Apricot und Cherry Brandy.

MOKKABUTTERCREME — Crème au beurre moka

Genau wie oben verfahren, aber der englischen Creme lösliches Kaffeepulver beifügen. Durch das lösliche Kaffeepulver kann man den Geschmack in jeder gewünschten Stärke herstellen.

PISTAZIENBUTTERCREME — Crème au beurre aux pistaches

Vanillebuttercreme bereiten und darunter 60 g feingestoßene oder geriebene, recht grüne Pistazien ziehen.

SCHOKOLADENBUTTERCREME — Crème au beurre chocolat

Vanillebuttercreme bereiten und darunter 40 g mit wenig Wasser geschmolzene, etwas bitterliche Schokolade ziehen.

SCHOKOLADEN- ODER MOKKABUTTERCREME MIT KROKANT — Crème au beurre au chocolat ou au moka pralinée

Der betreffenden Creme jeweils 50 g gestoßenen und gesiebten Krokant beimengen.

TEEBUTTERCREME — Crème au beurre thé

Man bereitet die Creme mit Läuterzucker als Schaumcreme, indem man den Läuterzucker stark mit Tee aromatisiert und vor dem Aufschlagen mit den Eigelb durch ein Tuch seiht.

VANILLEBUTTERCREME — Crème au beurre à la vanille

500 g Butter; 6 dl bis 3/4 l stark vanillierte englische Creme.

Die Butter mit dem Schneebesen weich und schaumig rühren und die englische Creme nach und nach darunterrühren. Nicht zu kalt werden lassen, da die Creme sonst beim Einstreichen oder Bespritzen von Torten oder Gebäck gerinnen könnte.

WALNUSSBUTTERCREME — Crème au beurre aux noix

Besteht aus Vanillebuttercreme, der man 50 g geriebene Walnüsse unterzogen hat.

CREME FÜR WINDBEUTELCHEN UND ST. HONORATIUS-KUCHEN — Crème à Saint-Honoré et pour choux à la crème

Die gleichen Zutaten wie für Konditorcreme zuzüglich 6 Eiweiß. Das Eiweiß ganz fest schlagen und die kochendheiße Creme unter ständigem Schlagen darunterziehen. In den heißen Sommermonaten ist es empfehlenswert, auf ½ l Milch 2 Blatt zuvor aufgeweichte Gelatine unter die noch heiße Creme zu mengen.

ENGLISCHE CREME — Crème à l'anglaise

125 g Puderzucker; 4 Eigelb; 1/4 l Milch; Vanille, Zitronenschale u. a.

Vanille oder Zitronenschale in der heißen Milch ausziehen lassen. Eigelb und Zucker mit dem Spatel gut durchrühren, die Milch langsam daruntermengen und auf dem Feuer wie eine Creme abrühren, dabei nur so heiß werden lassen, daß die Masse den Spatel bedeckt. Unter keinen Umständen kochen lassen, da die Creme sonst sofort gerinnt. Durch ein Spitzsieb passieren und kalt rühren. Für Kaffeecreme einen Teelöffel lösliches Kaffeepulver, für Schokoladencreme einen Eßlöffel Schokoladenpulver unter die Creme rühren. Um ein Absetzen bei eventueller zu starker Erhitzung zu verhindern, kann man beim Abrühren der Eigelb einen knappen Teelöffel Stärkemehl daruntermengen. Warme englische Creme dient als Sauce für warme Süßpeisen, die kalte nimmt man für kalte Süßpeisen und auch als Grundlage für Buttercreme.

GEBUNDENE ENGLISCHE CREME — Crème à l'anglaise collée

Die Creme wie oben bereiten, jedoch beim Aufschlagen 2 eingeweichte Blatt Gelatine beifügen. Durch ein Spitzsieb seihen und kalt rühren. Diese Creme ist besonders an heißen Sommertagen als Sauce für kalte Süßspeisen zu empfehlen, weil sie etwas mehr Stand hat als die ohne Gelatine bereitete. Englische Cremes können auch mit Spirituosen parfümiert werden. Man rechnet auf die obige Menge 2-3 cl Kirschwasser, Rum, Cognac, Cointreau, Curaçao usw., die man unter die kalte Creme rührt; Vanille oder Zitronenschale fällt in diesem Falle fort.

FRANGIPANECREME — Crème frangipane

125 g Zucker; 125 g Mehl; 2 Eier; 3 Eigelb; 3/4 l Milch; 1 Stückchen Vanille; 1 Prise Salz; 30 g grobgestoßene Makronen; 50 g Butter.

Eier, Eigelb, Zucker und Mehl zusammen in einer Kasserolle gut verrühren und die heiße Milch, in der man die Vanille ausziehen ließ, langsam daruntermengen. Auf dem Feuer unter ständigem Rühren zu einer glatten Creme abschlagen, 2 Minuten kochen lassen und in eine Schüssel füllen. Die Butter und die Makronen daruntermischen und die Oberfläche mit Butter betupfen, um eine Hautbildung zu verhindern.

GANACHECREME, GANACHE — Crème Ganache, Ganache

2 dl Rahm; 1 dl Milch; 325 g feinste Schokolade.

Die Schokolade kleinschneiden. Den Rahm mit der Milch aufkochen, die Schokolade in den heißen Rahm geben und mit dem Schneebesen gut vermischen. Erkalten lassen und vor Gebrauch leicht schaumig rühren. Dient zum Füllen und Dekorieren von Petits Fours und Konfekt.

KONDITORCREME, FÜLLCREME — Crème pâtissière

150 g Zucker; 75 g gesiebtes Mehl; 4 Eigelb; ½ l Milch; ein Stückchen Vanille.

Die Vanille in der heißen Milch ausziehen lassen. Eigelb und Zucker schaumig schlagen und das Mehl darunterrühren. Die heiße, passierte Milch langsam daruntermengen und das Ganze auf dem Feuer zu einer dicklichen Creme abrühren, wobei die Masse ständig mit dem Schneebesen geschlagen werden muß. Einige Male kurz aufkochen lassen, um der Masse die notwendige Bindung zu geben.

MANDELCREME — Crème aux amandes

1. Art. *200 g feingeriebene Mandeln; 200 g Zucker; 80 g Butter; 4 Eigelb; 3 cl Rum.*

Die Mandeln mit dem Zucker vermengen, die Butter, das Eigelb und den Rum hinzufügen und alles mit dem Spatel tüchtig durcharbeiten.

2. Art. *200 g Marzipanmasse; 100 g Vanillezucker; 80 g Butter; 4 Eigelb; 3 cl Kirschwasser.*

Die Marzipanmasse mit dem Zucker, dem Eigelb und der Butter recht gut durcharbeiten und zuletzt das Kirschwasser beifügen. Ist die Masse zu dick, etwas Wasser hinzugeben. Sie dient als Füllung für vielerlei Kuchen und Torten, besonders für die Pithiviers-Torte.

SCHLAGSAHNE, SCHLAGRAHM, SCHLAGOBERS — Crème fouettée

1. Formel: 4 dl Rahm von 28 % Fettgehalt mehrere Stunden gut durchkühlen, dann mit dem Schneebesen so lange schlagen, bis er schaumig und fest ist. Auf ein Haarsieb zum Abtropfen geben. Nicht zu stark ausschlagen, um ein Verbuttern zu vermeiden.

2. Formel: ¼ l Doppelrahm mit 1½ dl kalter Milch gut durchkühlen und wie oben schlagen. Größere Mengen in der Anschlagmaschine aufschlagen, es gibt auch besondere Maschinen, die selbsttätig ständig fertige Schlagsahne liefern.

VANILLIERTE SCHLAGSAHNE — Crème Chantilly

Der obigen Menge je nach Geschmack 75-90 g vanillierten Puderzucker locker unterziehen. Sie dient zum Füllen von Baisers, Vacherins, Tausendblätterkuchen, zum Garnieren von Torten, Süßspeisen u. a. m.

WEINSCHAUM, WEINSCHAUMCREME, SABAYON — Sabayon, Crème sabayon

4 Eigelb; 125 g feinen Zucker; 2 dl naturreiner Weißwein.

Das Eigelb mit dem Zucker in einer geeigneten Kasserolle schaumig rühren und den Weißwein daruntermischen. Die Kasserolle ins Wasserbad stellen und auf dem Feuer so lange mit dem Schneebesen schlagen, bis die Masse dick und schaumig ist. Sobald sie genügend Bindung hat und im ersten Moment des Aufkochens sofort vom Feuer nehmen, den gewünschten Geschmack beifügen und sofort servieren, da der Sabayon rasch zusammenfällt. Ist man genötigt, ihn im voraus zu machen, dem Eigelb beim Abrühren einen knappen halben Teelöffel Stärkemehl (Kartoffelmehl, Mondamin usw.) beigeben, um das Zusammenfallen einige Zeit zu verhindern.

Man kann den Weinschaum auch mit Portwein, Sherry, Marsala (wie den italienischen Zabaglione) oder Schaumwein bereiten und mit Rum, Cognac, Kirschwasser u. a. parfümieren.

Sabayon ist eher eine Sauce als eine Creme. Er wird kalt oder warm zu Puddings und verschiedenen Süßspeisen serviert.

GEEISTER WEINSCHAUM — Sabayon glacé

Wie oben, aber mit 2 Eigelb mehr bereiten. Auf Eis bis zum völligen Erkalten schlagen und im letzten Moment mit Maraschino, Kirschwasser, Cointreau oder anderen guten Spirituosen oder Likören parfümieren. Im Sommer 1½ Blatt zuvor eingeweichte Gelatine beim Aufschlagen hinzugeben. Kann in Gläsern auch als kleine Süßspeise mit Löffelbiskuits serviert werden.

GEKÜHLTER WEINSCHAUM AUF WINZERART — Sabayon frappé à la vigneronne

6 Eigelb; 2 ganze Eier; 150 g Zucker; 2 dl Marsala; 2 dl geschlagenen Rahm; 4 Blatt Gelatine.

Den Sabayon mit dem Marsala wie üblich bereiten und die eingeweichte Gelatine beifügen. Bis zum völligen Erkalten auf Eis schlagen und kurz vor dem Anziehen den geschlagenen Rahm locker untermengen. In Gläser gefüllt servieren.

CONDÉ-GLASUR — Appareil à Condé

Einer Eiweißglasur feingehackte Mandeln beifügen; die Menge der Mandeln ergibt sich aus dem Zweck, für den die Glasur bestimmt ist; für verschiedene Kuchen und Süßspeisen zu verwenden.

EIWEISSGLASUR — Glace royale

Ein halbes Eiweiß in eine Schüssel geben und so viel gesiebten Puderzucker darunterrühren, bis die Masse schneeweiß, glatt und geschmeidig genug ist, um zum Glacieren und Bespritzen von Kuchen und Torten zu dienen. Sie muß nach dem Abrühren gleich verbraucht werden, da sie sonst eine feste Haut bekommt.

SPRITZGLASUR ZUM DEKORIEREN — Glace royale pour décors

Wie oben bereiten, aber einige Tropfen Zitronensaft beifügen und glatt und geschmeidig rühren. Sie eignet sich zum Spritzen von Namen und Dekors besonders gut.

WASSERGLASUR — Glace à l'eau

Puderzucker mit Wasser tropfenweise verrühren, bis die Masse geschmeidig genug zum Glacieren ist. Leicht anwärmen und damit gewisse Kuchen überziehen und am Eingang des Backofens kurz übertrocknen, um der Glasur Glanz zu geben. Beim Abrühren kann der gewünschte Geschmack beigefügt werden. Ist die Glasur nach dem Erwärmen zu dünn, etwas Puderzucker nachgeben. Diese Glasur ist härter und weniger glänzend als Fondant.

FONDANT ODER SCHMELZGLASUR — Fondant pour le glaçage des gâteaux

Den Zucker zum kleinen Ballen kochen, auf eine saubere Marmorplatte gießen, ausbreiten und stark abkühlen lassen. Wenn er fast kalt ist, mit einer Holzspatel oder Palette so lange durcharbeiten, tablieren, bis er weiß und fest ist, bzw. abstirbt, wie der Fachmann sagt. Mit dem Handballen noch etwas durchkneten und bis zum Gebrauch in ein Steintöpfchen füllen, zusammendrücken und mit einem sauberen, angefeuchteten Tuch bedecken. Zum Gebrauch ganz leicht anwärmen, das gewünschte Aroma hinzugeben und mit dem Glacieren beginnen. Das Gebäck nach dem Glacieren für einen Moment in den Wärmschrank stellen, um die Glasur leicht zu trocknen. Ist der Fondant zu dick, etwas lauwarmen Läuterzucker hinzugeben.

Ist der Fondant zu warm, wird die Glasur nach dem Trocknen glanzlos, ist er zu kalt, dann wird sie zu dick und erschwert das Glacieren.

FONDANT MIT KIRSCHWASSER — Fondant au kirsch

Die gewünschte Menge Fondant in eine kleine Kasserolle geben und im Wasserbad leicht erwärmen. Ein bis zwei Eßlöffel Kirschwasser hinzugeben, gut umrühren und abschmecken; der Fondant soll kräftig nach dem Kirschwasser schmecken.

Je nach Art des zu glacierenden Gebäckes, kann man auch Rum, Cognac, Whisky, Cointreau, Grand-Marnier, Bénédictine und andere Spirituosen nehmen.

FONDANT MIT SCHOKOLADE, KAFFEE usw. — Fondant au café, chocolat, etc.

Schokolade zuerst bei schwacher Wärme erweichen und die gewünschte Menge Fondant, eventuell auch noch etwas Läuterzucker beifügen und glattrühren. Bittere Schokolade eignet sich am besten, damit die Glasur nicht zu süß wird. Kaffeefondant wird am besten mit löslichem Kaffeepulver bereitet, das man zuerst mit wenig Läuterzucker anrührt.

Fondant kann auch mit Zitronen- oder Orangensaft und anderem aromatisiert werden.

NOUGATMASSE — Nougat brun

250 g Mandeln; 250 g Zucker; 50-175 g Kuvertüre.

Krokant wie unten bereiten und auskühlen. Erst zerkleinern, dann durch ein Walzwerk treiben, bis die Masse glatt und geschmeidig ist. Die zerkleinerte Kuvertüre beifügen und noch einmal leicht durchwalzen. Auf 500 g Krokant ungefähr 50 g Kuvertüre nehmen, soll der Nougat schnittfest sein, 125-175 g.

KROKANT — Le pralin

250 g Mandeln; 250 g Zucker; wenig Wasser.

Die geschälten Mandeln im Ofen sehr gut trocknen. Den Zucker mit dem Wasser ansetzen und zu nicht zu dunklem Karamel kochen. Die Mandeln daruntermischen und sogleich auf den geölten Marmor schütten. Vollständig erkalten lassen, dann stoßen, sieben und den Krokant in verschlossener Dose aufbewahren, sollte er nicht gleich verwendet werden. Man kann die Mandeln durch Haselnußkerne ersetzen oder halb und halb nehmen. Sie können auch ungeschält benutzt werden.

KROKANT (andere Methode) — Le pralin (autre méthode)

250 g Mandeln; 250 g Zucker; wenig Wasser.

Der Zucker wird erst mit dem Wasser zum großen Ballen gekocht, dann schüttet man die getrockneten Mandeln hinein und kocht den Zucker weiter zu hellem Karamel. Die weitere Bearbeitung ist die gleiche wie oben.

KRÜMELSCHOKOLADE — Chocolat granulé

Gute Schokolade in gewünschter Menge im Wärmschrank oder an der offenen Ofentür weichwerden lassen. Durch ein grobes Drahtsieb mit dem Passierpilz auf weißes Papier drücken, so daß sie in Fäden durchfällt. An der Luft trocknen und dann mit der Hand zu Krümeln verreiben.

KUVERTÜRE — Couverture

Kuvertüre besteht aus Kakao und Zucker und enthält eine gewisse Menge Kakaobutter. Man verwendet sie zum Überziehen von Torten, Kuchen und Pralinen. Sie muß stets richtig temperiert sein, sonst wird der Überzug streifig durch das Absetzen der Kakaobutter. Wasser darf unter keinen Umständen hineinkommen. Zuerst wird die Kuvertüre in kleine Stücke geschnitten, in eine kleine Kasserolle gegeben und in ein warmes, aber nicht heißes Wasserbad gesetzt. Sobald sie aufgelöst ist, wird sie sehr tüchtig mit einem Holzspatel gerührt, bis sie wieder bis etwa Blutwärme abgekühlt ist. Dazu rührt man die Masse so lange, bis sie sich am Fingerrücken nicht mehr warm fühlt. Dann kann mit dem Überziehen begonnen werden. Es ist praktisch, erst ein kleines Stück zu überziehen und abzuwarten, ob der Überzug gleichmäßig mattglänzend und nicht streifig ist, sonst muß sie noch mehr abgekühlt und gerührt werden. Man darf niemals versuchen, sie durch gewaltsames Abkühlen in kaltem Wasser auf den richtigen Punkt zu bringen.

SAUCEN FÜR SÜSSPEISEN

KALTE SAUCEN

APRIKOSENSAUCE — Sauce à l'abricot

250 g entsteinte, vollreife Aprikosen oder 125 g eingeweichte Trockenaprikosen; 4 dl Läuterzucker von 28 Grad; 1 Stückchen Vanille.

Die Aprikosen durch ein Sieb streichen, den Läuterzucker und die Vanille hinzugeben und nur so lange kochen, bis die Sauce den Löffel bedeckt. Die Vanille herausnehmen und kalt rühren. Sie kann auch mit Kirschwasser, Rum oder Cognac aromatisiert werden.

ENGLISCHE SAUCE — Sauce à l'anglaise

Man bereitet sie wie englische Creme (siehe diese), hält sie aber etwas leichter. Sie kann mit Spirituosen wie Kirschwasser, Cognac, Rum, Curaçao, Cherry Brandy u. a., aber auch mit Vanille, Zitrone oder Orange aromatisiert werden. Man kann sie auch durch einige Löffel nicht zu fest geschlagener Sahne verfeinern.

ERDBEERSAUCE — Sauce aux fraises

500 g vollreife Erdbeeren; 2-3 dl kalten Läuterzucker von 28 Grad.

Die sauber gewaschenen und gut abgetropften Erdbeeren durch ein Haarsieb streichen und nur mit so viel Läuterzucker anrühren, daß es eine dickfließende Sauce ergibt. Der Läuterzucker kann mit wenig Vanille aromatisiert sein.

HIMBEERSAUCE — Sauce aux framboises

Wird wie Erdbeersauce bereitet. Man kann sie auch herstellen, indem man die Himbeeren durch ein Haarsieb streicht, mit etwas Puderzucker verrührt und mit gutem Weißwein zur notwendigen Konsistenz bringt.

JOHANNISBEERSAUCE — Sauce aux groseilles

Johannisbeergelee mit wenig Wasser aufkochen, leicht mit Stärkemehl (Maizena, Mondamin, Kartoffelmehl) abziehen, durch ein Sieb streichen und kalt rühren. Zuletzt leicht mit Kirschwasser aromatisieren.

KIRSCHENSAUCE — Sauce aux cerises

Saure Weichselkirschen entsteinen, mit etwas Zitronenschale, einem Stückchen Zimt, etwas Rotwein und 400 g Zucker auf 500 g Kirschen weichkochen und durch ein Haarsieb streichen. Leicht mit Stärkemehl abziehen und kalt rühren, damit sich keine Haut bildet.

KROKANTSAUCE — Sauce au pralin

Unter ½ l englische Sauce 50 g feingestoßenen und gesiebten Krokant und etwas Vanillezucker unterziehen.

ORANGENSAUCE — Sauce à l'orange

Orangenmarmelade durch ein Sieb streichen und mit der gleichen Menge kalter Aprikosenmarmelade vermischen. Mit Curaçao abschmecken und mit etwas kurzer, feiner, blanchierter Julienne von Orangenschale vervollständigen.

SCHAUMSAUCE — Sauce mousseline

3 Eigelb; 125 g Zucker; ½ l süße Sahne.

Den Zucker mit wenig Wasser zum kleinen Ballen kochen. Das Eigelb unter ständigem Rühren mit dem kochenden Zucker vermengen und kalt schlagen. Nach völligem Erkalten die nur halbfest geschlagene Sahne locker unterziehen.

■ MIT GRAND-MARNIER — Sauce mousseline au Grand-Marnier

Die Sauce wie oben bereiten und mit 2-3 cl Grand-Marnier aromatisieren.

■ MIT HIMBEEREN — Sauce mousseline aux framboises

Die Grundmasse mit 4 anstelle von 3 Eigelb bereiten und kalt schlagen. Erst 75 g sehr dickes Himbeerpüree und dann die halb geschlagene Sahne unterziehen.

■ MIT SCHOKOLADE — Sauce mousseline au chocolat

Der Grundmasse vor dem Kaltschlagen 75 g aufgelöste Schokolade beimengen und erst dann die Sahne unterziehen.

SCHOKOLADENSAUCE — Sauce au chocolat

60 g Schokolade, am besten etwas bittere, weichwerden lassen und unter ½ l noch warme englische Sauce rühren. Nach völligem Erkalten 2-3 Löffel ungesüßte Schlagsahne untermengen.

WEINSCHAUMSAUCE — Sauce sabayon (Siehe CREMES und GLASUREN.)

WARME SAUCEN

APRIKOSENSAUCE — Sauce à l'abricot

1. Wie die kalte Sauce bereiten. 2. Aprikosenmarmelade mit etwas Wasser und Zucker durchkochen, durch ein Sieb streichen und mit Kirschwasser, Cognac oder Rum aromatisieren.

ANANASSAUCE — Sauce à l'ananas

1. Ananas schälen, den Strunk entfernen, feinstoßen und mit Zucker, Wasser und etwas Vanille kochen. Mit Stärkemehl leicht binden und durch ein feines Sieb drücken. Etwas gevürfeltes, im eigenen Saft gargemachtes Ananasfleisch als Einlage hineingeben.

2. Den Saft konservierter Ananas leicht mit Stärkemehl binden und mit Kirschwasser abschmecken. Kurze, dünne Streifen konservierter Ananas als Einlage hineingeben.

BRANDY SAUCE, HARD SAUCE

250 g Butter zusammen mit 150 g Puderzucker weich und schaumig rühren und nach und nach 7 cl bis 1 dl ausgezeichneten Weinbrand oder Cognac darunterziehen und mit einigen Tropfen Zitronensaft würzen. Spezialsauce für Plumpudding.

KARAMELSAUCE — Sauce au caramel

Zucker zu hellem Karamel brennen und in wenig heißer Milch auflösen. In der gewünschten Menge unter warme englische Sauce mischen.

KIRSCHENSAUCE — Sauce aux cerises

Sauerkirschen entsteinen, dabei einige wenige Kerne zurückbehalten und zerdrücken. Auf 500 g Kirschen 350 g Zucker nehmen und zusammen mit den Kernen, einem Stückchen Zimt, etwas Zitronenschale und 4 dl Rotwein weichkochen. Zimt und Zitronenschale entfernen, die Kirschen mit dem Saft durch ein Haarsieb treiben, aufkochen und leicht mit Stärkemehl binden.

KROKANTSAUCE — Sauce au pralin

Wird genau so wie die kalte Krokantmasse bereitet.

MARASCHINOSAUCE — Sauce au marasquin

Eine dicklich gehaltene englische Sauce mit etwas süßer Sahne vervollständigen und kräftig mit Maraschino abschmecken.

ORANGENSAUCE — Sauce à l'orange

Sie wird wie die kalte Orangensauce bereitet, jedoch heiß verwendet.

SCHOKOLADENSAUCE — Sauce au chocolat

1. 100 g nicht zu süße Schokolade mit etwas Wasser auflösen, unter ½ l englische Sauce rühren und passieren.

2. Gute Blockschokolade im Wasserbad weichwerden lassen und so viel süße Sahne daruntermengen, daß es eine dickflüssige Sauce ergibt.

GEBUNDENE SIRUPS — Sirops liés

Hierfür eignet sich der Saft von Kompottfrüchten besonders gut. Er wird aufgekocht, leicht mit Stärkemehl gebunden und kann mit etwas, zum Geschmack passendem, Likör aromatisiert werden.

ZITRONENSAUCE — Sauce au citron

Englische Sauce mit reichlich dünn geschälter Zitronenschale bereiten und mit süßem Rahm und etwas Zitronensaft vervollständigen.

WARME SÜSSPEISEN

APFELCHARLOTTE — Charlotte de pommes

6 Personen. *Kastenbrot; dick eingekochtes Apfelmus; 100 g Butter; 4 dl Aprikosensauce mit Rum. Backzeit: 45 Minuten.*

Kastenbrot entrinden, davon 1 cm dicke Dreiecke schneiden, durch zerlassene Butter ziehen und damit den Boden einer Charlotteform auslegen. Vom gleichen Brot längliche Rechtecke von 3 cm Breite und 1 cm Dicke in der Höhe der Form schneiden, ebenfalls in zerlassener Butter wenden und damit die Wandungen der Form, immer halb übereinandergelegt, ausfüttern. Mit kaltem, sehr dick eingekochtem, vanilliertem Apfelmus hoch füllen und im heißen Ofen backen. Vor dem Stürzen auf einer runden Platte noch einige Minuten ruhen lassen. Mit leichter Aprikosensauce mit Rum umgießen und den Rest der Sauce nebenbei servieren.

Diese klassische Form der Charlotte herzustellen, dürfte nicht jedem gelingen. Man kann sie daher auch in einer flachen, viereckigen Form bereiten, wobei man die Brotscheiben auf dem Boden und den Seiten der Form nicht halb übereinander, sondern dicht aneinander legt.

ÄPFEL IM SCHLAFROCK — Douillon à la normande

6 Personen. *6 mittelgroße Äpfel; 50 g Butter; 60 g Zucker; 300 g Zuckerteig. Backzeit: 15 Minuten.*

Die Äpfel schälen und das Kerngehäuse ausstechen. Den Teig 5 mm dick ausrollen, davon Vierecke schneiden, und jeden Apfel in ein Stück Teig einhüllen. Obenauf ein rundes, mit dem gezackten Ausstecher ausgestochenes Teigstück legen, mit Eigelb bestreichen und im heißen Ofen backen.

AUFLAUF AMANDINE — Soufflé à l'amandine

Gleiche Zubereitung wie für Vanilleauflauf unter Zusatz von 100 g frischen, feingeriebenen Mandeln.

APFELAUFLAUF — Soufflé aux pommes

6 Personen. *250 g dick eingekochtes Apfelmus; 100 g Zucker; 4 Eigelb; 3 festgeschlagene Eiweiß. Backzeit: 18-20 Minuten.*

Das Apfelmus mit dem Zucker und dem Eigelb vermengen und das festgeschlagene Eiweiß, eventuell auch etwas Vanillezucker locker unterziehen und wie jeden anderen Auflauf backen. Man kann dem Apfelmus eine geringe Menge Konditorcreme untermengen, um eine geschmeidigere Grundmasse zu erhalten.

AUFLAUF COLETTE — Soufflé Colette

6 Personen. *60 g Zucker; 60 g geriebene Schokolade; 75 g Mandelpulver; 40 g Mehl; 40 g Butter; 2 dl Milch; 4 Eigelb; 6 Eiweiß; 4 dl Weinschaumsauce mit Portwein. Backzeit: 18-20 Minuten.*

Gleiche Zubereitung wie Vanilleauflauf. Die Weinschaumsauce nebenbei servieren.

AUFLAUF ELVIRA — Soufflé Elvire

6 Personen. *$^1/_2$ l Milch; 80 g Mehl; 125 g Zucker; 4 Eigelb; 6 Eiweiß; abgeriebene Orangenschale; 6 Makronen; 3 cl Curaçao. Backzeit: 18-20 Minuten.*

Genau so wie Orangenauflauf bereiten, doch mit einer Lage Makronen im Teig, die mit Curaçao getränkt worden sind.

■ MIT FRÜCHTEN (Erdbeeren, Himbeeren, Aprikosen usw.) — Soufflé aux fruits

6 Personen. *250 g dickes Fruchtpüree; 200 g Zucker; Vanille; 5 Eiweiß. Backzeit: 18-20 Minuten.*

Den Zucker zum Bruch kochen und das Püree daruntermengen. Wird der Zucker dadurch flüssiger als zum großen Ballen, noch kurz durchkochen, bis er wieder den Bruch erreicht. Die Fruchtmasse über das sehr fest geschlagene Eiweiß gießen und locker unterziehen. Genau wie jeden anderen Auflauf backen.

■ MIT GRAND-MARNIER — Soufflé au Grand-Marnier

6 Personen. *80 g Zucker; 40 g Butter; 40 g Mehl; 2 dl Milch; das Abgeriebene einer kleinen Orange; 5 cl Grand-Marnier; 4 große, zerbröckelte Makronen; 4 Eigelb; 5 große Eiweiß. Backzeit: 18-20 Minuten.*

Die Makronenstückchen mit 3 cl Grand-Marnier tränken. Die abgeriebene Orangenschale und den restlichen Grand-Marnier der Masse gleichzeitig mit dem Eigelb unterziehen. Beim Einfüllen der Masse in die Auflaufschale die Makronen dazwischenstreuen.

KAFFEEAUFLAUF — Soufflé au café

Genau so wie Vanilleauflauf behandeln, aber die Milch kräftig mit löslichem Kaffeepulver abschmecken.

AUFLAUF MIT KIRSCHEN — Soufflé aux cerises

6 Personen. *800 g entsteinte Weichselkirschen; 125 g geriebenes, altbackenes Schwarzbrot; 175 g Zucker; 1 starke Prise Zimt; geriebene Zitronenschale; 5 große Eier. Backzeit: 18-20 Minuten.*

Das Eigelb mit dem Zucker, abgeriebener Zitronenschale und Zimt schaumig rühren, mit den gut abgetropften Kirschen und dem gesiebten Brot vermischen und das festgeschlagene Eiweiß locker unterziehen. In die mit Butter ausgestrichene Auflaufschale füllen und bei mäßiger Hitze backen. Vor dem Servieren mit Puderzucker bestäuben.

■ MIT HASELNÜSSEN — Soufflé à la noisettine

Genau so wie Vanilleauflauf bereiten, aber 100 g leichtgeröstete, gestoßene und gesiebte Haselnüsse unter die Masse mengen.

■ PALMYRA — Soufflé Palmyre

Genau so wie Vanilleauflauf bereiten, beim Einfüllen in die Auflaufschale aber zwei Lagen Löffelbiskuits, mit Anisette getränkt, dazwischengeben.

■ PRINZ NIKOLAI — Soufflé Prince Nicolai

Wie Orangenauflauf bereiten, aber beim Einfüllen der Masse 100 g Walderdbeeren, in 3 cl Grand-Marnier getränkt, dazwischenstreuen. Zur gleichen Zeit Erdbeerkompott, mit Grand-Marnier parfümiert, servieren.

■ ROTHSCHILD — Soufflé Rothschild

Wie Vanilleauflauf bereiten, die Masse aber mit 80 g kleingewürfelten Konfitfrüchten vermengen, die in Danziger Goldwasser mit viel Goldfäden mazeriert worden sind. Beim Servieren rasch mit einem Kranz kleiner, in Zucker gewälzter Erdbeeren garnieren.

SCHOKOLADENAUFLAUF — Soufflé au chocolat

Wie Vanilleauflauf mit 25 g Zucker weniger bereiten, dafür aber 80 g Schokolade in der Milch auflösen und 1 Eiweiß mehr nehmen.

SINGHALESISCHER AUFLAUF — Soufflé cingalais

6 Personen. *1/2 l starken Teeaufguß; 65 g Mehl; 125 g Zucker; 50 g Butter; 4 Eigelb; 6 Eiweiß; 7 Löffelbiskuits; 3 cl Rum. Backzeit: 18-20 Minuten.*

Wie Vanilleauflauf bereiten, aber die Milch durch den Tee ersetzen. Beim Einfüllen der Masse in die Auflaufschale die mit Rum getränkten Löffelbiskuits in die Mitte geben.

VANILLEAUFLAUF — Soufflé à la vanille

1. Art. 6 Personen. *80 g Zucker; 40 g Mehl; 40 g Butter; 2 dl Milch; 4 Eigelb; 5 Eiweiß; Vanille. Backzeit: 20-25 Minuten.*

Die Hälfte der Butter schmelzen lassen, mit dem Mehl vermischen und sogleich die heiße Milch darunterrühren, in der man etwas Vanille zum Ausziehen gegeben hat. Den Zucker hinzugeben und bis zum Aufkochen tüchtig rühren. Abseits des Feuers das Eigelb und die restliche Butter untermengen und dann das festgeschlagene Eiweiß nicht zu locker unterziehen; ist die Masse zu leicht, fällt sie nach dem Backen schnell zusammen. Eine Auflaufschale mit Butter ausstreichen, mit Zucker ausstreuen, nur dreiviertelvoll füllen und bei mittlerer Hitze backen.

Kurz vor dem Garwerden mit Puderzucker bestäuben, um eine glänzende Oberfläche zu erreichen, und sofort servieren. Ein Gast kann warten, aber ein Auflauf nicht. Um ein rasches Zusammenfallen zu verhüten, stellt man die Auflaufschale erst in ein Wasserbad, um sie nur während der letzten 10 Minuten herauszunehmen und den Auflauf trocken zu backen.

2. Art. 6-8 Personen. *1/2 l Milch; 125 g Zucker; 65 g Mehl; 50 g Butter; 4 Eigelb; 6 Eiweiß; Vanille. Backzeit: 18-20 Minuten.*

Die Vanille in der Milch ausziehen lassen. Von dem Eigelb, Zucker, Mehl und der Milch eine dicke Creme wie Konditorcreme bereiten und abseits des Feuers erst die Butter daruntermengen und dann das festgeschlagene Eiweiß locker unterziehen. In die mit Butter ausgestrichene und mit Zucker ausgestreute Auflaufschale füllen und bei mittlerer Hitze backen. *(Siehe Bild auf Seite 593.)*

ZITRONEN-, ORANGEN-, MANDARINEN- usw. -AUFLAUF — Soufflé au citron, orange mandarine, etc.

Wie Vanilleauflauf bereiten, doch in der Milch dünn abgeschnittene Zitronen-, Orangen- oder Mandarinenschale ausziehen lassen, ohne sie in der Milch zu kochen, die dadurch bitter werden würde. Man kann Orangenauflauf auch bereiten, indem man die Milch gänzlich durch frischen, passierten Orangensaft ersetzt.

CLAFOUTIS LIMOUSIN

6 Personen. *600 g schwarze, entsteinte Kirschen; 100 g Zucker; 50 g Mehl; 1/4 l Milch; 2 ganze Eier; 1 Prise Salz. Backzeit: ungefähr 20 Minuten.*

Die Eier mit dem Zucker und dem gesiebten Mehl verrühren und mit der Milch und Vanille oder geriebener Zitronenschale sowie einer Prise Salz vermengen. Die entsteinten Kirschen in eine Backform füllen und die Masse durch ein Spitzsieb darüberpassieren, um Krümel zu vermeiden. Mit Zucker bestreuen und im ziemlich heißen Ofen backen. Heiß oder kalt servieren.

GEBACKENE CREME — Crème frite

6 Personen. *100 g Zucker; 60 g Reismehl; 2 ganze Eier; 1/4 l Milch; Vanille oder abgeriebene Zitronenschale; 1 Ei; frischgeriebene Weißbrotkrume. Backzeit: 3-4 Minuten.*

Die beiden Eier mit dem Zucker schaumig rühren, dann das Mehl und zuletzt die Milch und die Vanille daruntermengen. Zu einer dicken Masse kochen und auf ein gefettetes und gemehltes Randblech 1 cm dick aufstreichen und auskühlen lassen. In Form kleiner Rauten schneiden, in Mehl wenden, mit Ei und Reibbrot panieren und in der heißen Fritüre backen. Beim Servieren mit Puderzucker bestäuben.

▲ Vanilleauflauf, S. 592

Apfelkrapfen, S. 606 ▼

▲ Auflaufomelette auf norwegische Art, S. 609

Königliche Charlotte, S. 621 ▼

▲ Auflaufpudding auf königliche Art, S. 611

Große und kleine Savarins, S. 579 ▼

596 ▲ Sabayon Gritti, S. 638

St.-Honoré-Torte, S. 656 ▼

▲ Mandeltorte Pithiviers, S. 657

Aprikosen Condé, S. 631 ▼

▲ Körbchen mit Sommerfrüchten

Kruste mit Ananas, S. 608 ▼

▲ Obstsalat, S. 635

Birnen Floretta, S. 632 ▼

▲ Gebänderte Apfeltorte, S. 681

Orangentorte, S. 682 ▼

▲ Erdbeertorte, S. 682

Meringuierte Apfeltorte, S. 681 ▼

▲ Cassata auf Neapler Art, S. 642

Obstschiffchen, S. 694/695 ▼

▲ Gefüllte Zitronen, S. 637

Kaffeeparfait, S. 643 ▼

▲ Eisbombe Diana, S. 646

Eistorte mit Früchten, S. 649 ▼

EIERKUCHEN, AUFLAUF — Crêpes soufflées

6 Personen. *12 kleine, dünne Eierkuchen; ungefähr 250 g Vanille-, Krokant-, Schokoladen- oder Kaffeeauflaufmasse usw. Backzeit: 10-12 Minuten.*

Einen Löffel Auflaufmasse in die Mitte eines jeden Eierkuchens geben und zusammenfalten, ohne zu drücken. Auf eine gebutterte Backplatte legen und bei mäßiger Hitze im Ofen backen.

■ **BRETAGNISCHE — Crêpes bretonnes**

6 Personen. *125 g Mehl; 125 g Buchweizenmehl; 1 starke Prise Zimt; 4 cl Rum; $^1/_2$ l Milch; 75 g Butter. Kassonade. Backzeit: 4-5 Minuten.*

Die beiden Mehlarten sieben und zusammen mit dem Rum, einer Prise Salz, dem Zimt und genügend Milch zu einem dickfließenden Teig abrühren. Davon normale Eierkuchen backen und, ehe man sie aus der Pfanne nimmt, mit etwas brauner Butter übergießen, die mit wenig Kassonade vermischt worden ist. Zu einem Dreieck zusammenfalten und sehr heiß servieren.

■ **FEINE — Crêpes fines**

Ganz kleine Eierkuchenpfannen stark erhitzen, mit Butter ausstreichen und ganz dünn mit feinem Eierkuchenteig bedecken. Sobald sie auf einer Seite braun sind, wenden und die andere Seite backen. Zusammenfalten, mit vanilliertem Puderzucker bestäuben und auf einer heißen Platte anrichten.

■ **GEORGETTE — Crêpes Georgette**

6 Personen. *$^1/_2$ l feinen Eierkuchenteig; 150 g Ananas in kleinen, sehr dünnen Scheibchen; 2 cl Maraschino. Backzeit: 3-4 Minuten.*

Die Ananas in dem Maraschino mit Zucker mazerieren. Auf den Boden der gebutterten Eierkuchenpfannen eine dünne Schicht Teig gießen, einige Scheibchen Ananas darauflegen und leicht mit Teig bedecken. Die Eierkuchen wie üblich backen, nicht zusammenfalten und mit Puderzucker bestäubt servieren.

■ **MIT KONFITÜRE — Crêpes à la confiture**

Die fertigen Eierkuchen mit Johannisbeergelee oder einer beliebigen Konfitüre bestreichen, leicht zusammenrollen und mit Puderzucker bestäubt servieren.

■ **MENTSCHIKOW — Crêpes Mentschikoff**

6 Personen. *12 kleine, dünne Eierkuchen; 150 g sehr dickes Apfelmus mit 75 g winzigen Ananaswürfeln vermischt; Puderzucker; $^1/_4$ l Weinschaum mit Anisette.*

Die Eierkuchen mit dem heißen Apfelmus füllen, mit Puderzucker bestäuben und rasch unter dem Salamander glacieren. Den Weinschaum nebenbei servieren.

PALAST-EIERKUCHEN — Crêpes du palais

6 Personen. *12 kleine, dünne Eierkuchen; 12 Eßlöffel vanillierte Schlagsahne; 40 g gestoßenen, gesiebten Krokant; $^1/_4$ l Schokoladensauce.*

Die Schlagsahne mit dem Krokant vermischen. Auf jeden Eierkuchen einen Löffel Schlagsahne geben, leicht zusammenfalten, sofort auf heißen Tellern anrichten und mit heißer Schokoladensauce nappieren. Diese Eierkuchen werden am besten am Tische des Gastes fertiggemacht.

EIERKUCHEN SUZETTE — Crêpes Suzette

1. Art. 6 Personen. *12 kleine, dünne Eierkuchen; 60 g Butter; 50 g Puderzucker; das Abgeriebene von 2 Orangen; 3 cl Curaçao. Backzeit der Eierkuchen: 3-4 Minuten.*

Die Butter mit dem Zucker weichrühren und das Abgeriebene der Orangen und den Curaçao daruntermischen. Jeden Eierkuchen mit einem Löffelchen der Mischung bestreichen und rasch auf einer heißen Platte anrichten. Man kann die Eierkuchen bei Tisch noch mit Cognac flambieren.

2. Art. 6 Personen, Service am Tisch des Gastes. *12 kleine, dünne Eierkuchen; 10 Stück Würfelzucker an Orangenschale gut abgerieben; Saft 1 Orange; 60 g Butter; 2 cl Cognac; 2 cl Grand-Marnier.*

Die Eierkuchen zwischen zwei Tellern oder auf einem Rechaud warm halten. Eine kleine, innen gut verzinnte oder versilberte Kupferpfanne auf ein Flambé-Rechaud stellen, den Zucker darin fast zu Karamel schmelzen lassen, mit dem Orangensaft ablöschen, einkochen, die Butter hinzugeben und durch Schütteln der Pfanne mit dem Saft vermischen. Mit Cognac und Grand-Marnier flambieren, die Eierkuchen hineinlegen und gut mit der Butter impregnieren lassen. Mit Hilfe von Gabel und Löffel leicht zusammenrollen, auf heißen Tellern vorlegen und mit der Butter übergießen. *(Siehe Kulinarische Technik in Bildern, Seite 754.)*

GRIESSPLÄTZCHEN — Subrics de semoule

6 Personen. *$^3/_4$ l Milch; 150 g Grieß; 150 g Zucker; 100 g Butter; 2 Eier und 4 Eigelb; Vanille. Bratzeit der Plätzchen: 4-5 Minuten.*

Die Milch mit dem Zucker und der Vanille aufkochen und den Grieß regenartig einlaufen lassen. 60 g Butter hinzufügen und bei mäßiger Hitze langsam garkochen. Abseits des Feuers mit den Eiern und dem Eigelb legieren und ungefähr 2 cm dick auf ein gefettetes Blech zum Auskühlen streichen. Rund, viereckig oder rautenförmig ausstechen und in Butter auf beiden Seiten braun braten Anrichten und dazu Johannisbeer-, Apfel- oder Quittengelee servieren.

ANANASKRAPFEN — Beignets d'ananas

6 Personen. *12 halbe Ananasscheiben; 2 cl Kirschwasser; Vanillezucker; Backteig. Backzeit: 4-5 Minuten.*

Die Ananasscheibe 1 Stunde lang mit Vanillezucker und Kirschwasser mazerieren. Durch Backteig ziehen, in der heißen Fritüre goldgelb backen, auf ein Tuch zum Abfetten legen und mit Puderzucker bestäubt servieren.

APFELKRAPFEN — Beignets de pommes

6 Personen. *750 g Äpfel; 100 g Zucker; Rum; Vanillezucker; Backteig. Backzeit: 4-5 Minuten.*

Reinetten schälen, in nicht zu dünne Scheiben schneiden, das Kerngehäuse ausstechen, mit Zucker bestreuen, mit Rum oder Kirschwasser betropfen und 1 Stunde mazerieren. Danach abwischen, durch Backteig ziehen, in der heißen Fritüre ausbacken, gut abfetten und, mit Vanillezucker bestreut, anrichten. *(Siehe Bild auf Seite 593.)*

APFELKRAPFEN MIT ÜBERRASCHUNGEN — Beignets de pommes en surprise

6 Personen. *3 schöne Äpfel; 2 dl Konditorcreme; 2 Makronen; Backteig. Backzeit: 4-5 Minuten.*

Die Äpfel schälen, waagrecht teilen, leicht aushöhlen und in Läuterzucker nicht zu weich pochieren und darauf achten, daß sie nicht zerfallen. Sehr gut abtropfen und mit Konditorcreme, mit zerdrückten Makronen vermischt, füllen. Durch Backteig ziehen und wie üblich backen.

APRIKOSENKRAPFEN — Beignets d'abricots

6 Personen. *500 g reife Aprikosen; Vanillezucker; Backteig. Backzeit: 4-5 Minuten.*

Die Aprikosen enthäuten, halbieren und entkernen. Die Hälften mit Vanillezucker mazerieren, abwischen, durch Backteig ziehen und wie üblich backen.

AUFLAUFKRAPFEN — Beignets soufflés

6 Personen. *200 g Brandteig; Vanillezucker; englische Sauce oder Konfitüre. Backzeit: 5-7 Minuten.*

Einen wenig gebutterten Brandteig bereiten und davon kleine runde Kugeln in die nicht zu heiße Fritüre fallen lassen und das Fett langsam stärker erhitzen. Wenn sie schön braun sind und sich nicht mehr wender lassen, herausnehmen, abfetten und, mit Vanillezucker bestreut, auf einer Serviette anrichten. Man kann sie mit Konfitüre füllen oder dazu englische Sauce servieren.

KRAPFEN FLORIDA — Beignets Florida

6 Personen. *18 Makronen; $^1/_4$ l dick eingekochte Aprikosenmarmelade; 1 Ei; 2 Löffelchen Wasser; 200 g weißes Panierbrot; Kirschwasser. Backzeit: 2-3 Minuten.*

Weiche, kleine Makronen innen etwas aushöhlen, mit dicker Aprikosenmarmelade füllen, zu zweien zusammensetzen und leicht mit Kirschwasser-Läuterzucker tränken und gut abtropfen. Panieren und in der sehr heißen Fritüre ausbacken. Mit Puderzucker bestäuben und auf einer Serviette anrichten.

ORANGENKRAPFEN MIT GRAND-MARNIER — Beignets d'oranges au Grand-Marnier

6 Personen. *18 Filets von großen kernlosen Apfelsinen; 3 cl Grand-Marnier; Backteig; Puderzucker. Backzeit: 3-4 Minuten.*

Die Filets 2 Stunden lang mit Puderzucker und Grand-Marnier mazerieren. Abwischen, durch Backteig ziehen und ausbacken. Nebenbei Aprikosensauce mit Grand-Marnier servieren.

QUITTENKRAPFEN — Beignets de coings

6 Personen. *500 g Quittenpaste; Kirschwasser; Backteig; Vanillezucker. Backzeit: 3-4 Minuten.*

Die Paste in Stücke von etwa 20 g teilen, die Stückchen einen Moment in Kirschwasser rollen, abtropfen, durch Backteig ziehen und ausbacken. Mit Vanillezucker bestreut servieren.

GRIESSKROKETTEN — Croquettes de semoule

6 Personen. *125 g Grieß; 6 dl Milch; 80 g Zucker; 40 g Butter; 4 Eigelb; Vanille. Backzeit: 3-4 Minuten.*

Die Milch mit der Vanille und einer Prise Salz aufkochen, den Grieß regenartig einlaufen lassen, umrühren und 10 Minuten kochen. Sobald er fertig ist, die Butter, den Zucker und das Eigelb untermengen, auskühlen und weiterhin wie Reiskroketten behandeln. Nebenbei Aprikosensauce, mit Rum oder Kirschwasser aromatisiert, servieren.

MARONENKROKETTEN — Croquettes de marrons

6 Personen. *500 g geschälte Maronen; 100 g Zucker; Vanille; $^1/_2$ l Milch; 3 Eigelb. Backzeit: 3-4 Minuten.*

Die Maronen in vanillierter Milch kochen, durch ein Sieb streichen, die Butter, den Zucker und das Eigelb untermengen, auf dem Feuer trocknen und die Masse erkalten lassen. In Stückchen von der Größe einer Walnuß formen, panieren und in der heißen Fritüre backen. Nebenbei Aprikosensauce mit Kirschwasser aromatisiert, servieren.

REISKROKETTEN — Croquettes de riz

6 Personen. *125 g Karolinareis; 80 g Zucker; $^1/_2$ l Milch; 30 g Butter; Vanille; 3 Eigelb; zum Panieren: 1 Ei, geriebene Weißbrotkrume, Mehl. Backzeit: 3-4 Minuten.*

Den Reis 3 Minuten blanchieren, abgießen und in der Milch mit einer Prise Salz und Vanille recht weich kochen. Den Zucker, die Butter und das Eigelb untermengen und auf dem Herd abrühren, bis sich die Masse von den Wandungen der Kasserolle löst. Erkalten lassen, zu Stückchen von der Größe eines Taubeneis teilen, zu Korken auf dem bemehlten Tisch formen, mit geschlagenem Ei und Reibbrot panieren und in der heißen Fritüre backen. Dazu englische Creme oder Aprikosensauce, mit Kirschwasser aromatisiert, servieren.

REISKROKETTEN FRUCTIDOR — Croquettes de riz Fructidor

Wie Reiskroketten bereiten, der Masse aber 125 g kleingewürfelte Konfitfrüchte beimengen, die mit 2 cl Kirschwasser mazeriert worden sind.

REISKROKETTEN MIT SCHOKOLADE — Croquettes de riz au chocolat

Genau so wie oben bereiten, aber 20 g Zucker nehmen und der Masse 60 g geriebene Schokolade beifügen.

KRUSTEN MIT ANANAS — Croûtes à l'ananas

6 Personen. *6 Scheiben Savarin; 6 schöne Ananasscheiben, in Kirschwasser-Läuterzucker pochiert; 6 rote, entsteinte Kirschen; 75 g Butter; 3 dl Aprikosensauce mit Kirschwasser. Röstzeit der Scheiben: 5-6 Minuten.*

Einen Tag zuvor Savarinteig in einer großen Kastenform backen und auskühlen lassen. In Scheiben von 1 cm Dicke schneiden, rund parieren und in Butter auf beiden Seiten langsam zu schöner brauner Farbe rösten. Auf jede Scheibe eine Ananasscheibe, mit rund ausgestochenem Strunk setzen, in die Mitte eine rote Kirsche legen und mit dicker, heißer Aprikosensauce nappieren. *(Siehe Bild auf Seite 598.)*

■ MIT APRIKOSEN — Croûtes aux abricots

6 Personen. *6 Scheiben Savarin; 12 halbe, pochierte, enthäutete Aprikosen; 12 rote, entsteinte Kirschen; 75 g Butter; 3 dl Aprikosensauce mit Kirschwasser. Röstzeit: 4-5 Minuten.*

Den Savarin wie oben backen, in 1 cm dicke Scheiben schneiden und rösten. Auf jede Scheibe 2 halbe Aprikosen setzen, in jede eine Kirsche füllen und mit Aprikosensauce nappieren.

■ MIT FRÜCHTEN — Croûtes aux fruits

8 Personen. *1 altbackenen Savarin; 600 g Kompott von gemischten Früchten; 100 g aufgequollene Malagatrauben; 2 dl Aprikosensauce mit Rum, Kirschwasser oder Madeira; Puderzucker. Röstzeit: 4-5 Minuten.*

Den Savarin in schräge Scheiben von 1 cm Dicke schneiden, auf ein Backblech legen, mit Puderzucker bestäuben und im heißen Ofen glacieren. Halb übereinandergelegt im Kranze anrichten und die Mitte mit dem heißen Kompott, vermischt mit den Trauben und mit Aprikosensauce gebunden, füllen.

MAULSCHELLEN — Casse-museau

Zarte Äpfel schälen, das Kerngehäuse ausstechen, die Höhlung mit nußgroß Butter, mit wenig Zucker vermischt, füllen und die Früchte in Blätterteig oder feinen Mürbeteig einhüllen. Obenauf ein rund ausgestochenes, gezacktes Teigblättchen setzen, mit Ei bestreichen und 20 Minuten im heißen Ofen backen. Nebenbei dicke süße Sahne servieren.

OMELETTE MIT KONFITÜRE — Omelette à la confiture

4 Personen. *7 Eier; 25 g Zucker; 2 Eßlöffel beliebige Konfitüre; 20 g Butter; 30 g Puderzucker. Backzeit: 2-3 Minuten.*

Die Eier schlagen, mit Zucker und einer Prise Salz würzen und wie üblich bereiten. Mit der Konfitüre füllen und auf einer langen oder russischen Platte anrichten. Mit Puderzucker bestäuben und mit dem heißen Eisen gitterartig karamelisieren oder unter dem Salamander rasch glacieren. Es gibt im Handel elektrisch beheizte Eisen, die den alten, in der Glut erhitzten Eisenstab ersetzen.

■ MARTINIQUE — Omelette Martinique

4 Personen. *7 Eier; 25 g Zucker; 2 Bananen; 5 cl Rum; 30 g Puderzucker; 30 g Butter. Backzeit: 2-3 Minuten.*

Die Bananen in Scheibchen schneiden und in der Butter dünsten, ohne sie zu zerdrücken. Eine recht lockere Omelette wie üblich bereiten und mit den Bananen füllen. Mit Puderzucker bestäuben, mit dem warmen Rum übergießen und erst bei Tisch anzünden.

■ MIT RUM — Omelette au rhum

Eine leicht gesüßte, lockere Omelette bereiten und auf einer heißen russischen Platte anrichten. Bei Tisch mit angewärmtem Rum übergießen, anzünden und andauernd mit dem Rum begießen, bis er ausgebrannt ist.

SCHAUMOMELETTE — Omelette mousseline

4 Personen. *3 Eigelb; 3 Eiweiß; 125 g Zucker; 2 cl Kirschwasser; Vanille oder abgeriebene Zitronenschale; 1 Teelöffel Mehl; 1 Eßlöffel süße Sahne; 50 g Butter. Backzeit: ungefähr 8 Minuten.*

Das Eigelb mit dem Zucker, Vanille, Kirschwasser und 30 g zerlassener Butter schaumig rühren und die Sahne daruntermengen. Das festgeschlagene Eiweiß und gleichzeitig das Mehl locker unterziehen. In einer Stielpfanne 20 g Butter erhitzen, die Masse einfüllen und einen Moment auf dem Herd anziehen lassen. Im heißen Ofen fertigbacken, zusammenfalten, auf einer langen Platte anrichten und mit Puderzucker bestäuben.

OMELETTE STEPHANIE — Omelette Stéphanie

Eine Schaumomelette wie oben bereiten, vor dem Zusammenfalten mit ungefähr 250 g sehr kleinen, eingezuckerten Erdbeeren füllen, auf heißer Platte anrichten und sofort servieren.

AUFLAUFOMELETTE NERO — Omelette soufflée Néron

4 Personen. *1 kleinen, runden Boden von Genueser Biskuit; 4 dl Kirschwasserparfait; italienische Meringuemasse von 4 Eiweiß und 200 g Zucker; 5 cl Kirschwasser-Läuterzucker; 1 sehr kleine, ausgehöhlte Baiserschale; 2-3 cl Kirschwasser; Puderzucker. Backzeit: 3-4 Minuten.*

Den Biskuitboden auf eine runde Backplatte legen und mit dem Läuterzucker tränken. Das Parfait daraufsetzen, gänzlich mit der Meringuemasse bedecken, glattstreichen und mittels Spritzbeutel und Sterntülle rasch mit Meringuemasse dekorieren. Mit Puderzucker bestäuben und bei lebhafter Hitze schnell im Ofen bräunen. Oben in die Mitte die Baiserschale eindrücken, mit warmem Kirschwasser füllen und erst im Speisesaal anzünden.

■ NORWEGISCHE ODER ÜBERRASCHUNGSOMELETTE — Omelette soufflée norvégienne ou en surprise

4 Personen. *1 ovalen Boden von Biskuit, 2 cm dick; 4 dl Rahm- oder Fruchteis; einfache Meringuemasse von 5 Eiweiß und 250 g Zucker; Puderzucker. Backzeit: 3-4 Minuten.*

Den Biskuitboden auf eine lange Platte legen und das Eis darauf dressieren. Gänzlich mit Meringuemasse bedecken, mit einer Palette glätten und rasch mittels Spritzbeutel und Sterntülle mit Meringuemasse dekorieren. Mit Puderzucker bestäuben und schnell im Ofen bräunen. Um das Eis noch besser zu isolieren, kann man es vor dem Bedecken mit der Meringuemasse auch oben mit ganz dünnen Scheibchen Biskuit abdecken. *(Siehe Bild auf Seite 594.)*

■ MIT RUM, KIRSCHWASSER, GRAND-MARNIER usw. — Omelette soufflée au rhum, kirsch, Grand-Marnier, etc.

Wird genauso wie Vanilleauflaufomelette bereitet, doch wird der Likör unter die Eiermasse gerührt, ehe man das Eiweiß unterzieht.

■ MIT VANILLE (Grundrezept) — Omelette soufflée à la vanille

4 Personen. *150 g Puderzucker; 3 Eigelb; 5 Eiweiß; Vanille. Backzeit: 8-10 Minuten.*

Das Eigelb mit dem Zucker und Vanille schaumig rühren und die Vanille herausnehmen. Das festgeschlagene Eiweiß locker unterziehen und die Masse auf eine ovale, gebutterte und gezuckerte Backplatte dressieren, indem man ihr die Form einer ovalen Kuppel mit einer leichten Höhlung in der Mitte gibt. Mit der Palette glätten und mit etwas zurückgehaltener Masse mit Spritzbeutel und Sterntülle dekorieren. Mit Puderzucker bestäuben und bei mäßiger Hitze backen.

■ MIT ZITRONE ODER ORANGE — Omelette soufflée au citron ou à l'orange

Die gleiche Zubereitung wie im Grundrezept, doch wird die Vanille durch feingeriebene Zitronen- oder Orangenschale ersetzt.

PFANNKUCHEN — Pannequets

Hierunter versteht man große Eierkuchen, die mit Creme, Konfitüre oder Mus gefüllt und gerollt werden. Oft schneidet man auch die Enden schräg ab und jeden Pfannkuchen in zwei schräge Stücke.

PFANNKUCHEN AUF ENGLISCHE ART — Pannequets à l'anglaise

Pfannkuchen bereiten, mit Puderzucker bestäuben und mit Zitronenspalten servieren.

■ MIT KONFITÜRE — Pannequets à la confiture

Dünne Pfannkuchen bereiten, mit etwas Konfitüre bestreichen, zusammenrollen und die Enden glattschneiden. Mit Puderzucker bestäuben und im heißen Ofen oder unter dem Salamander rasch glacieren.

■ AUF LYONER ART — Pannequets à la lyonnaise

Dünne Pfannkuchen mit gesüßtem, vanilliertem Maronenpüree bestreichen, zusammenrollen und die Enden glattschneiden. Mit eingekochter Aprikosenmarmelade bestreichen und mit gerösteten, gehackten Mandeln bestreuen.

KABINETTPUDDING, AUCH WARMER DIPLOMATENPUDDING GENANNT — Pudding cabinet dit aussi diplomate chaud

6 Personen. *125 g Löffelbiskuits; 80 g Puderzucker; 3 ganze Eier; 100 g halb Rosinen, halb kleingewürfelte Konfitfrüchte; $^1/_2$ l Milch; $^1/_2$ l englische Creme. Backzeit: ungefähr 25 Minuten.*

Die Milch mit einem Stückchen Vanille erhitzen und über die mit dem Zucker verrührten Eier unter ständigem Schlagen passieren. Stehen lassen und den Schaum abnehmen. Eine glatte Puddingform mit Butter ausstreichen, mit Zucker ausstreuen und abwechselnd mit den zerbrochenen Löffelbiskuits, den Rosinen und Konfitfrüchten füllen; man kann die Löffelbiskuits auch durch gewürfelten Genueser oder anderen Biskuit, Savarinresten usw. ersetzen. Die Früchte kann man zuvor mit Rum mazerieren. In die mit Biskuit gut gefüllte Form gießt man nach und nach die Eiermilch, damit das Gebäck damit getränkt ist und nicht darin schwimmt. Wenn die Form voll ist, in ein Wasserbad stellen und im heißen Ofen pochieren. Vor dem Stürzen, 5 Minuten ruhen lassen, mit englischer Creme oder Weinschaumsauce mit Rum leicht übergießen und den Rest der Sauce nebenbei servieren.

KIRSCHENPUDDING AUF FRANZÖSISCHE ART — Pudding de cerises à la française

6 Personen. *400 g entsteinte Kirschen; 80 g Butter; 80 g altbackene Weißbrotkrume; 3 Eigelb; 4 festgeschlagene Eiweiß; Vanille; Kirschwasser. Backzeit: 35-40 Minuten.*

Das Brot einweichen, durch ein grobes Sieb drücken und mit der weichen Butter gut durcharbeiten. Den Vanillezucker, nach und nach das Eigelb und dann die gut abgetropften Kirschen hinzufügen, die man in Läuterzucker von 150 g Zucker und 1 dl Rotwein pochiert hatte. Das Eiweiß locker unterziehen und die Masse in eine mit Butter ausgestrichene und mit Reibbrot ausgestreute Form füllen. Langsam im Wasserbad im Ofen pochieren, auf eine runde Platte stürzen und dazu den Kirschensaft servieren, den man mit etwas Aprikosenmarmelade gebunden und mit Kirschwasser aromatisiert hat.

SCHAUMPUDDING — Pudding mousseline

6 Personen. *60 g Butter; 80 g Zucker; 5 Eigelb; 4 Eiweiß; Vanille oder Zitrone. Backzeit: 18-20 Minuten.*

Das Eigelb mit dem Zucker, dem gewünschten Geschmack (Vanille oder abgeriebene Zitronenschale) mit einigen Tropfen Wasser im Wasserbad wie für holländische Sauce dick rühren und nach und nach die Butter daruntermengen; die Masse muß so dick sein, daß sie den Löffel nappiert. Das festgeschlagene Eiweiß locker unterziehen und die Masse nur dreiviertelvoll in eine ausgebutterte und mit Zucker ausgestreute Charlotteform füllen. Im Wasserbad im Ofen bei mittlerer Hitze backen und vor dem Stürzen warten, bis der Pudding etwas zusammengefallen ist. Dazu Weinschaumsauce servieren.

AUFLAUFPUDDING FLEUR DE MARIE — Pudding soufflé fleur de Marie

6 Personen. *80 g Zucker; 80 g Grieß; 80 g Butter; 1/4 l Milch; 4 Eigelb; 3 Eiweiß; Vanille. Backzeit: 25-30 Minuten.*

Die Milch mit einem Stück Vanille aufkochen, den Grieß einlaufen lassen und, wenn er gut aufgequollen ist, die Butter, den Zucker und abseits des Feuers das Eigelb daruntermengen. Das festgeschlagene Eiweiß locker unter die Masse ziehen und in eine mit Karamel ausgegossene Zylinderform füllen. Im Wasserbad im Ofen pochieren und beim Servieren mit englischer Creme mit Karamel nappieren.

■ MIT GRAND-MARNIER — Pudding soufflé au Grand-Marnier

6 Personen. *80 g Zucker; 80 g gesiebtes Mehl; 80 g Butter; 2 dl Milch; 4 Eier; die dünn abgeschnittene Schale einer halben Orange; 75 g Makronen; 7 cl Grand-Marnier. Backzeit: 30-35 Minuten.*

Die Makronen in grobe Stücke brechen und mit Grand-Marnier tränken. Die Puddingmasse wie im Grundrezept bereiten, dabei die Orangenschale zuvor in der Milch ausziehen lassen. Die Makronenstücke unter die fertige Masse mengen, in eine Form füllen und im Wasserbad pochieren. Dazu eine englische Creme, mit Grand-Marnier aromatisiert, servieren.

■ AUF KÖNIGINART — Pudding soufflé à la reine

6 Personen. *80 g Zucker; 80 g Mehl; 80 g Butter; 2 dl Milch; 4 Eier; Vanille; 3 Makronen; 50 g gehackte Pistazien; 1/2 l englische Sauce oder Sabayon. Backzeit: 30-35 Minuten.*

Die Puddingmasse nach dem Grundrezept bereiten und die zerbröckelten Makronen daruntermengen. Eine Puddingform reichlich mit weicher Butter ausstreichen und mit den gehackten Pistazien ausstreuen. Die Masse hineinfüllen, im Wasserbad pochieren und mit englischer Creme oder Sabayon servieren.

■ AUF KÖNIGLICHE ART — Pudding soufflé royal

Den Boden und die Wandungen einer Charlotte- oder flachen, runden Form mit Scheiben von Biskuitroulade, mit Aprikosenmarmelade gefüllt, ausfüttern. Mit sächsischer Puddingmasse füllen und sorgfältig im Wasserbad pochieren. Nach dem Stürzen ganz dünn mit dicker Aprikosensauce bestreichen und mit Konfitkirschen und einer Krone aus Brandteig gebacken garnieren. Nebenbei Aprikosensauce mit Madeira oder Malaga aromatisiert servieren. *(Siehe Bild auf Seite 595.)*

■ MIT MARONEN — Pudding soufflé aux marrons

6 Personen. *400 g Maronen; 60 g Butter; 80 g Zucker; 4 Eigelb; 3 Eiweiß; Vanille. Backzeit: ungefähr 30 Minuten.*

Die Maronen schälen und in vanillierter Milch kochen. Abtropfen, durch ein Sieb streichen, mit der Butter und dem Zucker vermengen und auf dem Feuer gründlich unter ständigem Rühren einkochen. Abseits der Hitze erst das Eigelb und dann das festgeschlagene Eiweiß untermengen und die Masse wie üblich backen. Dazu englische Creme oder Aprikosensauce mit Rum servieren.

■ NERO — Pudding soufflé Néron

6 Personen. *80 g Zucker; 80 g Mehl; 80 g Butter; 2 dl Milch; 100 g Konfitfrüchte; 4 cl Curaçao; 4 cl Cognac. Backzeit: ungefähr 30 Minuten.*

Die Konfitfrüchte in kleine Würfelchen schneiden und mit Curaçao mazerieren. Eine sächsische Puddingmasse bereiten, die Früchte daruntermengen und die Masse in eine mit Butter ausgestrichene und mit Zucker ausgestreute hohe Zylinderform füllen. Wie üblich backen, auf eine runde Platte stürzen und erst zum Servieren Cognac in den « Zylinder » gießen und anzünden. Nebenbei Weinschaumsauce mit Cognac reichen.

AUFLAUFPUDDING SÄCHSISCHER (Grundrezept) — Pudding soufflé saxon

6 Personen. *80 g Zucker; 80 g Butter; 80 g gesiebtes Mehl; 2 dl Milch; 4 Eier; 1 Prise Salz. Backzeit: 30-35 Minuten.*

Die Vanille in der heißen Milch ausziehen lassen. Die Butter schmelzen, mit dem Mehl verrühren, die heiße Milch unter ständigem Rühren daruntermengen und auf dem Feuer wie Brandteig trocknen, d. h. bis sich die Masse von den Wandungen der Kasserolle ablöst. Abseits des Feuers das Salz, den Zucker und das Eigelb untermengen und nun unter die dicke, cremeartige Masse das festgeschlagene Eiweiß unterziehen. Eine Puddingform mit Butter ausstreichen und mit Zucker ausstreuen, die Masse einfüllen, in ein Wasserbad setzen und im Ofen pochieren, wobei das Wasser nicht kochen darf. Die Oberseite beim Backen gegen zu starke Verfärbung durch ein gebuttertes Blatt Papier schützen. Vor dem Stürzen einige Minuten ruhen lassen und mit englischer Vanillecreme, Aprikosensauce mit Kirschwasser oder Weinschaumsauce nappieren.

■ SANS-SOUCI — Pudding soufflé Sans-Souci

Eine Masse wie für sächsischen Pudding bereiten und darunter 150 g Apfelwürfelchen mengen, die man zuvor in Butter gedünstet hat. Mit einer englischen Vanillecreme nappiert servieren.

REIS CONDÉ — Riz Condé

6 Personen. *175 g Reis; 9 dl Milch; 120 g Vanillezucker; 50 g Butter; 4 Eigelb. Kochzeit: 25 Minuten.*

Den Reis 3 Minuten blanchieren, abspülen, mit der Milch und einer Prise Salz aufkochen, den Zucker beifügen und, zugedeckt, im Ofen garmachen. Die Butter und das Eigelb sorgfältig untermengen, damit die Reiskörner ganz bleiben. Diesen Reis verwendet man für warme und kalte Süßspeisen mit Früchten, doch kann er auch mit einer Fruchtsauce als Süßspeise für sich serviert werden.

RISSOLEN MIT FRÜCHTEN — Rissoles aux fruits

6 Personen *400 g Blätterteig; 250 g dicke Konfitüre. Backzeit: 4-5 Minuten.*

Blätterteigreste zusammenwirken und 3 mm dick ausrollen. Mit einem runden Ausstecher von ungefähr 7 cm Durchmesser runde Böden ausstechen, den Rand anfeuchten und die Mitte mit einem Löffelchen Konfitüre oder dick eingekochtem Fruchtpüree füllen. Zu einem Halbmond zusammenschlagen, die Ränder fest andrücken und in der heißen Fritüre backen. Nach dem Herausnehmen aus dem Fett auf einem Tuch gut abfetten und, mit Puderzucker bestäubt, servieren. Man kann sie auch aus Wiener Krapfenteig bereiten und mit Erdbeerkonfitüre füllen. In diesem Falle erhalten sie die Bezeichnung: Kronprinzenrissolen.

TOT-FAIT

6 Personen. *100 g Mehl; 100 g Puderzucker; 3 Eier; 2 Eiweiß; 80 g Butter; Vanille. Backzeit: ungefähr 30 Minuten.*

Das gesiebte Mehl mit dem Zucker vermischen und mit ½ l Milch verdünnen. Mit dem Eigelb und der zerlassenen Butter vermengen, mit dem festgeschlagenen Eiweiß klarziehen und nach Belieben aromatisieren. In eine ausgebutterte Charlotteform füllen und bei mäßiger Hitze backen.

WARME SÜSSPEISEN MIT FRÜCHTEN

ANANAS CONDÉ

Dünne Ananasscheiben, in Vanilleläuterzucker pochiert, auf Condé-Reis anrichten, mit Angelika und Konfitkirschen dekorieren und mit heißer Aprikosensauce mit Rum nappieren.

ANANAS MARINA — Ananas Marina

6 Personen. *1 Boden von Genueser Biskuit, 2 cm dick und ungefähr 12 cm Durchmesser; 15 dünne, halbe Scheiben Ananas; 5 cl Läuterzucker, mit Kirschwasser aromatisiert; 300 g Kompott von entsteinten Kirschen, der Saft stark eingekocht und mit Stärkemehl gebunden; 2 cl Cognac; 30 g gestiftelte Pistazien; 3 dl heißen Weinschaum mit Grand-Marnier.*

Die Ananasscheiben mit Zucker und Cognac pochieren. Den Biskuitboden mit heißem Kirschwasser-Läuterzucker leicht tränken und auf eine runde, heiße Platte dressieren. Die Ananasscheiben darauf kranzartig, halb übereinandergelegt anrichten und die Kirschen in die Mitte füllen. Mit den Pistazien bestreuen und den Weinschaum nebenbei servieren.

ÄPFEL AUF BULGARISCHE ART — Pommes à la bulgare

6 Personen. *6 Äpfel; 2 dl Konditorcreme; je 25 g Mandeln und Haselnüsse, geröstet und gehackt; 50 g Malagatrauben, gehackt; 1/4 l Rotwein; 75 g Zucker; 1 dl Johannisbeergelee; 6 blindgebackene Tarteletts von Zuckerteig. Pochieren der Äpfel: 10-12 Minuten.*

Das Kerngehäuse ausstechen, die Äpfel schälen und in dem Rotwein, Zucker und etwas Wasser vorsichtig pochieren, damit sie nicht platzen. Gut abtropfen, die Höhlung mit Konditorcreme, vermischt mit gehackten Mandeln, Nüssen und Trauben, füllen und jeden Apfel in ein Tartelett setzen. Den Pochierfond einkochen, mit dem Johannisbeergelee vermischen, leicht mit Stärkemehl binden, passieren und die Äpfel damit nappieren.

■ CONDÉ — Pommes Condé

Genauso wie Aprikosen gleichen Namens bereiten.

■ AUF HAUSFRAUENART — Pommes bonne femme

6 Personen. *6 Reinetten; 50 g Butter; 60 g Zucker; 5 cl Weißwein. Backzeit: ungefähr 15 Minuten.*

Das Kerngehäuse ausstechen, jeden Apfel rundherum leicht mit der Messerspitze einritzen und die Äpfel in eine Backplatte setzen. Ein Stückchen Butter und etwas Zucker in die Höhlung der Äpfel füllen, mit dem Weißwein angießen und im Ofen garmachen, wobei sie nicht platzen dürfen. Den herausgetretenen Saft der Äpfel mit etwas Aprikosenmarmelade vermischen, passieren und die Früchte damit nappieren.

■ PRALINIERTE — Pommes pralinées

Genauso wie Pfirsiche gleichen Namens bereiten.

■ MANON — Pommes Manon

6 Personen. *18 geschälte, entkernte, in Läuterzucker pochierte Apfelviertel; 500 g Apfelmus; 18 kleine Makronen; 3 dl Aprikosensauce mit Rum.*

Die Apfelviertel auf das heiße, dicke Apfelmus dressieren, zwischen jedes Viertel eine kleine Makrone stecken und mit der heißen Sauce nappieren.

■ MARIETTE — Pommes Mariette

6 Personen. *6 Äpfel; 200 g gezuckertes und mit Rum aromatisiertes Maronenpüree; 1/4 l Aprikosensauce mit Rum; 50 g gestiftelte, geröstete Mandeln. Pochierzeit: 10-12 Minuten.*

Das Kerngehäuse ausstechen, die Äpfel schälen und sorgfältig in Vanilleläuterzucker pochieren. Gut abtropfen, anrichten und die Höhlung mit Hilfe von Spritzbeutel und grober Lochtülle mit dem Maronenpüree füllen. Mit Aprikosensauce nappieren und geröstete Mandelstifte obenaufstreuen.

APRIKOSEN COLBERT — Abricots Colbert

6 Personen. *24 große, halbe Aprikosen; 80 g Reis Condé; 60 g gehackte Konfitkirschen; Angelika; Mehl; 1 Ei; frischgeriebene Weißbrotkrume; 3 dl Aprikosensauce mit Kirschwasser. Backzeit: 3-4 Minuten.*

Die Aprikosen pochieren und dabei etwas fest halten. Abtropfen, abwischen und zu je zweien mit einem Löffelchen Reis, mit gehackten Kirschen vermischt, anstelle des Kernes zusammensetzen. In Mehl rollen, durch geschlagenes Ei ziehen und mit dem Reibbrot panieren. Im letzten Moment in der heißen Fritüre backen, abfetten, anstelle des Stiels ein Stückchen Angelika einstecken und mit Puderzucker bestäuben. Die Sauce nebenbei servieren.

■ CONDÉ — Abricots Condé

6 Personen. *12 große, pochierte halbe Aprikosen; 150 g Reis Condé; Konfitkirschen und Angelika; 3 dl Aprikosensauce mit Rum.*

Den Reis in eine Randform drücken und auf eine heiße, runde Platte stürzen. Die gut abgetropften Aprikosen in die Mitte dressieren und den Reis mit Konfitkirschen und Angelika dekorieren. Mit heißer Aprikosensauce nappieren.

BANANEN BOURDALOUE — Bananes Bourdaloue

6 Personen. *1 blindgebackenen, flachen Tortenrand mit Boden aus Auslege- oder Halbblätterteig; 6 Bananen; $^3/_4$ l Frangipanecreme; 3 Makronen; 30 g Butter; Puderzucker; $^1/_4$ l legierten Aprikosensirup, mit Kirschwasser aromatisiert. Backzeit: 3-4 Minuten.*

Die Hälfte der Creme auf den Boden des etwas hell gebackenen Randes füllen und mit geschälten, der Länge nach halbierten, in Läuterzucker pochierten und abgetropften Bananen belegen. Mit dem Rest der Creme völlig bedecken, mit den gestoßenen Makronen bestreuen, mit zerlassener Butter beträufeln und mit Puderzucker bestäuben. Im heißen Ofen glacieren und den Sirup nebenbei servieren.

■ MARTINIQUE, FLAMBIERTE — Bananes flambées Martinique

6 Personen. Service am Tisch der Gäste. *6 geschälte, der Länge nach geteilte Bananen; Saft einer Orange; 60 g Butter; 80 g Zucker; 2 dl Aprikosensauce; 40 g gehobelte, geröstete Mandeln; 5 cl Rum. Zubereitung: 6-8 Minuten.*

Die Butter und den Zucker in eine kupferne Stielpfanne geben und auf dem Flambé-Rechaud zu hellem Karamel rösten. Mit dem Orangensaft ablöschen und, wenn der Zucker geschmolzen ist, die Aprikosensauce hinzufügen, die halben Bananen hineingeben und 3-4 Minuten dünsten lassen. Mit dem Rum flambieren und, wenn er ausgebrannt ist, die Bananen auf heißen Tellern vorlegen. Mit der Sauce nappieren und mit den Mandeln bestreuen.

■ CONDÉ — Bananes Condé

Die halbierten Bananen in Kirschwasser-Läuterzucker pochieren und weiter wie Aprikosen Condé behandeln.

BIRNEN BOURDALOUE — Poires Bourdaloue

Sie werden genauso wie Bananen Bourdaloue zubereitet.

■ FLAMBIERTE — Poires flambées

6 Personen. *6 schöne Birnen; 5 cl Aprikosenmarmelade; 4 cl Kirschwasser; Puderzucker. Zubereitung: 6-8 Minuten.*

Mit einem runden Ausstecher das Kerngehäuse entfernen, die Birnen schälen und in Vanilleläuterzucker pochieren. In einer Silbertimbale anrichten und mit dem eingekochten Läuterzucker, mit der Marmelade vermischt, übergießen. Beim Servieren mit angewärmtem Kirschwasser begießen und flambieren.

BIRNEN AUF KAISERLICHE ART — Poires à l'impériale

6 Personen. *6 Birnen; 150 g Reis Condé; 150 g Konfitfrüchte; $^1/_4$ l Johannisbeersauce; 3 cl Kirschwasser; Stärkemehl. Pochierzeit: ungefähr 8 Minuten.*

Die Birnen wie oben ausstechen, schälen und in Vanilleläuterzucker pochieren. Abtropfen und auf Reis Condé, vermischt mit Salpicon von Konfitfrüchten, in Kirschwasser mazeriert, anrichten. Mit Johannisbeersauce, leicht mit Stärkemehl abgezogen und mit Kirschwasser aromatisiert, nappieren.

■ MARIANNE — Poires Marie-Anne

6 Personen. *6 Birnen; 1 runden, gebackenen Boden von Genueser Biskuit; 100 g Reis Condé; 200 g einfache Meringuemasse; 5 cl Aprikosenmarmelade; Konfitkirschen und Angelika. Backzeit: 5-6 Minuten.*

Kleine Birnen ausstechen, schälen und pochieren. Den Biskuitboden in die Mitte einer runden, flachen Backplatte plazieren und den Reis in die Mitte dressieren, dabei aber genügend Raum für die Birnen lassen. Den Reis mit Hilfe von Spritzbeutel und Sterntülle völlig mit der Meringuemasse maskieren und bei mäßiger Hitze im Ofen trocknen. Die Birnen rundherum dressieren und mit einem Teil des Läuterzuckers nappieren, der stark eingekocht und mit der Aprikosenmarmelade vermischt worden ist. Zwischen die Birnen eine Konfitkirsche und ein Blättchen, aus Angelika geschnitten, stecken.

■ SCHUWALOW — Poires Schouvaloff

6 Personen. *12 kleine, halbe Birnen; 1 Génoiseboden; 300 g Meringuemasse; 1 dl eingekochte Aprikosenmarmelade; Johannisbeergelee; halbe, geschälte Pistazien. Backzeit: 5-6 Minuten.*

Die halben Birnen in Vanilleläuterzucker pochieren, abtropfen und abwischen. Den Biskuitboden mit der Marmelade bestreichen und die Birnen, mit der spitzen Seite nach innen, darauf dressieren. Völlig mit Meringuemasse bedecken, glattstreichen und mittels Spritzbeutel und kleiner Lochtülle gitterartig verzieren. Mit Puderzucker bestäuben und einige Minuten in den mäßig heißen Ofen stellen, um die Meringuemasse zu trocknen und leicht zu bräunen. In die Öffnungen des Gitters einen Punkt Johannisbeergelee spritzen und mit einer halben Pistazie bedecken. Man kann den leicht abgezogenen und mit Kirschwasser aromatisierten Läuterzucker dazu servieren.

KIRSCHEN, FLAMBIERTE — Cerises flambées

6 Personen. *600 g entsteinte Kirschen; 1 dl Rotwein; 100 g Zucker; 1 starke Prise Zimt; $^1/_2$ Teelöffel Stärkemehl; 3-4 cl Kirschwasser. Pochierzeit: 3-4 Minuten.*

Die Kirschen mit dem Rotwein, dem Zucker und dem Zimt pochieren, abtropfen, den Saft auf ein Viertel einkochen und mit dem Stärkemehl binden. Der Sauce 2 Eßlöffel Johannisbeergelee beifügen und über die Kirschen gießen, die in eine Silberschale oder in kleine Eiernäpfchen gefüllt worden sind. Erst bei Tisch mit angewärmtem Kirschwasser übergießen und flambieren.

KIRSCHEN VIKTORIA — Cerises Victoria

6 Personen. *600 g in Läuterzucker pochierte, entsteinte Kirschen; 6 ganz kleine, runde Briochescheiben; 3 cl Kirschwasser; $1^1/_2$ dl Erdbeerpüree; Saft einer Viertelzitrone. Pochierzeit: 6-7 Min.*

Die Kirschen pochieren und gut abtropfen. Auf dem Boden von Eiernäpfchen ein Briochescheibchen legen und mit Kirschwasser tränken. Mit den Kirschen nicht ganz voll füllen und mit dem leicht mit Zitronensaft gewürzten, heißen Erdbeerpüree nappieren.

LYCHEESPIESSCHEN AUF CHINESISCHE ART — Brochettes de lychées à la chinoise

6 Personen. *30 Lychees (Konserve); Reismehl; 1 Ei; feingeriebene Kokosnuß; Puderzucker; Saft 1 Orange; 5 cl Reiswein, notfalls Sherry; 1 eingelegte Ingwerpflaume; Stärkemehl. Backzeit: 4-5 Minuten.*

Die Lychees aus dem Saft nehmen, abtropfen, vom Kern sorgfältig befreien und an dessen Stelle ein kleines Stückchen eingelegten Ingwer stecken. Behutsam in Reismehl rollen. durch geschlagenes Ei ziehen, mit geriebener Kokosnuß panieren und zu je 6 Stück auf ein dünnes Bambus- oder Holzspießchen stecken. Den Saft aufkochen, mit dem Orangensaft und dem Reiswein vermischen, leicht nachsüßen, mit Stärkemehl nur leicht binden und passieren. Die Lycheespießchen im letzten Moment in einer sauberen Fritüre backen, auf einem Tuch abfetten, mit Puderzucker bestäuben und anrichten. Die Sauce nebenbei servieren.

PFIRSICHE CONDÉ — Pêches Condé

Sie werden genauso wie Aprikosen behandelt, aber nach dem Pochieren stets enthäutet.

■ FLAMBIERTE — Pêches flambées

1. Art. 6 Personen. *6 Pfirsiche; 5 cl Kirschwasser; Puderzucker. Pochierzeit: 6-8 Minuten.*

Die Pfirsiche in Vanilleläuterzucker pochieren, enthäuten, anrichten und mit etwas Läuterzucker übergießen. Beim Präsentieren mit warmem Kirschwasser übergießen und flambieren.

2. Art. 6 Personen. *6 Pfirsiche; 2 dl Erdbeerpüree; 5 cl Kirschwasser.*

Die Pfirsiche pochieren, enthäuten und auf dem leicht gezuckerten, warmen Erdbeerpüree anrichten. Mit Puderzucker bestäuben und beim Präsentieren mit Kirschwasser übergießen und flambieren.

■ PRALINIERTE — Pêches pralinées

6 Personen. *12 halbe Pfirsiche; 12 kleine, runde Böden von Genueser Biskuit, 1 cm dick; 100 g Puderzucker; 50 g gehackte Mandeln; 2 Eiweiß; 1 dl Aprikosenmarmelade. Backzeit: 2-3 Minuten.*

Die Pfirsichhälften pochieren, enthäuten, gut abtropfen und abwischen und jede Hälfte auf einen Biskuitboden setzen. Puderzucker mit Eiweiß zu einer dickfließenden Masse verrühren und die gehackten Mandeln daruntermengen. Die Pfirsiche damit überziehen und in den heißen Ofen zum Glacieren stellen. Den eingekochten Läuterzucker, vermischt mit der Marmelade, nebenbei servieren.

■ MONTREAL — Pêches Montréal

6 Personen. *12 halbe Pfirsiche; 12 weiche Makronen; 3 cl Benediktiner; 5 cl Kirschwasser.*

Die Pfirsichhälften wie oben pochieren und abtropfen und jede Hälfte auf eine zuvor mit Benediktiner getränkte Makrone setzen. Mit Puderzucker bestäuben und beim Präsentieren mit warmem Kirschwasser übergießen und flambieren.

AUSLÄNDISCHE SPEZIALITÄTEN

ALOO HALVA — Kartoffeln Halva

6 Personen. *550 g geschälte Kartoffeln; 60 g feinen Grieß; 120 g Butter; 40 g gehackte Mandeln; 40 g Chironjes (sehr kleine indische Nüsse); 1 Teelöffel Kardamomkörner; 20 g gehobelte, ungeschälte Pistazien. Zum Sirup: 1/4 l Wasser; 200 g Zucker; 8 Gewürznelken; 1 kleines Stück Zimt; 1/2 Vanilleschote; 12 Kardamomkörner. Kochzeit: ungefähr 30 Minuten.*

Von dem Zucker, dem Wasser, Vanille und den Gewürzen Sirup bereiten, indem man alles zusammen 10 Minuten kocht und dann passiert. Die Kartoffeln mit einer Prise Salz in Wasser kochen, abgießen, gut abdämpfen und durch ein Sieb drücken. Die Butter in einer Stielpfanne schmelzen, die Chironjes darin etwas anlaufen lassen, das Kartoffelpüree hinzugeben, ¼ des Sirups aufgießen und gut vermischen. Den Grieß darüberschütten und unter ständigem Rühren und Schütteln den restlichen Sirup zugießen und ähnlich wie Brandteig auf dem Feuer abrühren. Das Halva ist fertig, wenn der Grieß ausgequollen und die Masse sich als zartes Püree von Kasserolle und Spatel löst. Die Masse auf einer runden Platte tortenförmig dressieren, die Mitte mit Blattgold belegen, den Rand mit dem Kardamom und den Pistazien bestreuen und sehr heiß servieren. *(Indien)*

MONTENEGRINISCHE EIERKUCHEN MIT SLIWOWITZ

6 Personen. *1 dl Milch; 25 g Butter; 25 g Maismehl; 4-5 Eier; 150 g Pflaumenmus; 30 bosnische Backpflaumen; 3 Gewürznelken; Schale einer halben Zitrone; 1 kleines Stück Zimt; Zimtpulver; 150 g Zucker; 4 cl Cognac; 8 cl Sliwowitz; 1 dl Smetana.*

Von der Milch, der Butter und dem Maismehl Brandteig bereiten und mit 4-5 Eiern abrühren. Von dieser Masse 12 kleine, dünne Eierkuchen backen, jeden dünn mit Pflaumenmus bestreichen, leicht zusammenrollen und auf einem Rechaud warm halten. Von ½ l Wasser, 120 g Zucker, Nelken, Stangenzimt und Zitronenschale Läuterzucker kochen, passieren und die zuvor eingeweichten Pflaumen darin kochen, abtropfen und entsteinen. Den Läuterzucker passieren, einkochen und mit 4 cl Cognac und 4 cl Sliwowitz aromatisieren.

Service im Restaurant: In einer kupfernen Stielpfanne 50 g Butter erhitzen, die gefüllten Eierkuchen einschichten und die entsteinten Pflaumen mit etwas von dem vorbereiteten Sirup hinzugießen und bis zum Kochen erhitzen. Mit dem restlichen Sliwowitz flambieren, auf vorgewärmte Teller je 2 Eierkuchen und 5 Pflaumen geben, mit einem Löffelchen Saft umgießen, mit einem guten Teelöffel Smetana bedecken und mit etwas Zimtzucker bestreuen. *(Jugoslawien)*

PIES — Schüsselpasteten

Die Pies werden in einer besonderen Pie dish bereitet, das ist eine ovale, feuerfeste Porzellanschüssel mit einem abgeflachten Rand. Man kann sie durch eine ovale, notfalls auch runde Backplatte ersetzen. Pies ißt man warm oder kalt und reicht dazu Custardsauce (englische Creme) oder süße Sahne.

APPLE PIE — Apfelpastete

6 Personen. *400 g Blätterteig; 750 g Äpfel; 125 g Zucker; abgeriebene Schale einer halben Zitrone. Backzeit: 25-30 Minuten.*

Die Äpfel schälen, vierteln, vom Kerngehäuse befreien und in dünne Scheibchen schneiden. Auf den Rand der Pieschüssel mit Wasser einen 4 mm dicken, schmalen Rand Blätterteig befestigen und die Schüssel hoch mit den Apfelscheibchen füllen. Mit dem Zucker und der abgeriebenen Zitronenschale bedecken und 2-3 Eßlöffel Wasser in die Schüssel gießen. Das Ganze mit 4 mm dick ausgerolltem Blätterteig abdecken, den Rand andrücken, glattschneiden, einkneifen und in der Mitte des Teigs ein Loch zum Dampfabzug machen. Einritzen, mit Eigelb bestreichen, einen beliebigen Dekor anbringen, abermals bestreichen und im heißen Ofen anbacken. Dann die Hitze abdrosseln, mit einem gefetteten Papier bedecken, um eine zu starke Verfärbung zu verhindern, und fertigbacken. *(Großbritannien)*

BLACKBERRY AND APPLE PIE — Brombeer- und Apfelpastete

6 Personen. *400 g Blätterteig; 450 g Apfelscheibchen; 250 g Brombeeren; 150 g Zucker. Backzeit: 25-30 Minuten.*

Genau wie oben bereiten, aber mit den Brombeeren und Apfelscheiben vermischt.

(Großbritannien)

MINCE-PIES — Weihnachtspastetchen

Mincemeat: 100 g entsehntes, gehacktes Rindernierenfett; 75 g gebratenes, kleingewürfeltes Rinderfilet (nach Belieben); 200 g geschälte, entkernte, kleingewürfelte Äpfel; 100 g Rosinen; 50 g gehacktes Zitronat; gehackte Schale einer Zitrone; 125 g Zucker; 100 g Korinthen; 50 g gehacktes Orangeat; ½ Teelöffel voll, gemischt: Zimt-, Muskatblüten-, Ingwer- und Nelkenpulver; 1½ dl Cognac; 1 dl Madeira; 400 g Blätterteig. Backzeit: 10-12 Minuten.

Alle Zutaten mit dem Nierenfett gut vermischen und in ein Steintöpfchen oder Marmeladegläser füllen, gut zusammenpressen und mit Cognac und Madeira übergießen. Mit einem in Cognac getränkten Blatt Papier bedecken, mit Zellophan zubinden und wenigstens 15 Tage vor dem Gebrauch mazerieren lassen. Kühl aufbewahrt und immer wieder mit Cognac zugegossen, hält sich das Mincemeat jahrelang und wird immer besser.

Mince-pies: Blätterteig 3 mm dick ausrollen, rund ausstechen und Tartelettförmchen damit ausfüttern. Den Rand mit Wasser anfeuchten, 1 Löffel Mincemeat einfüllen, mit einem zweiten Teigblatt bedecken, den Rand gut andrücken, mit Eigelb bestreichen und ein Loch zum Dampfabzug in der Mitte machen. Im heißen Ofen backen, aus den Förmchen nehmen, mit Puderzucker bestäuben und heiß servieren. *(Großbritannien)*

BREAD AND BUTTER PUDDING — Brot- und Butterpudding

6 Personen. *6-8 Scheiben englisches Kastenbrot ohne Rinde, 8 mm dick; 75 g Butter; 3/4 l Milch; 4 Eier; 75 g Korinthen; 100-125 g Zucker; Vanille oder abgeriebene Zitronenschale. Backzeit: 25-30 Minuten.*

Das Brot einmal der Länge nach teilen, jedes Stück dick mit Butter bestreichen, in eine Pieschüssel oder ovale Backplatte ordnen und mit den Korinthen bestreuen. Die Eier mit dem Zucker schlagen und mit der heißen Milch verrühren, in der man Vanille oder Zitronenschale ausziehen ließ. Das Brot nach und nach mit der Milch tränken, damit es nicht an der Oberfläche schwimmt, den Pudding im Wasserbad im Ofen pochieren und nach dem Herausnehmen mit Puderzucker bestäuben. *(Großbritannien)*

PLUM PUDDING, CHRISTMAS PUDDING — Weihnachtspudding

12 Personen. *250 g Rindernierenfett; 250 g geriebene Weißbrotkrume; 125 g Mehl; 150 g kernlose Rosinen; 75 g Korinthen; 75 g entkernte Malagatrauben; 75 g entsteinte Backpflaumen; je 75 g kleingewürfeltes Zitronat und Orangeat; 125 g geschälte, entkernte, grobgehackte Äpfel; 125 g Kassonade; 3 Eier; Saft und abgeriebene Schale von einer halben Zitrone und Orange; 4 g Salz; 6 g gemischtes Gewürzpulver (Zimt, Nelken, Ingwer und Muskat); 1/4 l Cognac; 1/4 l Sherry oder Madeira. Kochzeit: 6-8 Stunden.*

Das Rindernierenfett von den Häuten befreien, hacken oder durch die grobe Scheibe der Fleischmaschine treiben und in eine große Schüssel geben. Sämtliche Zutaten, zuletzt den Cognac und den Madeira, hinzufügen und gut durcharbeiten. Wenn die Masse zu dick ist, etwas Milch zugeben. Zudecken und 24-48 Stunden kühl stehen lassen. Pudding basins, das sind hohe, halbkugelförmige Steingutschüsseln ohne Fuß, mit der Masse füllen und mit einem gebutterten Blatt Papier bedecken. Eine mit Butter bestrichene und gemehlte Serviette über die Schüssel legen, mit Bindfaden um den Rand binden und oben zusammenschlagen. Man kann den Pudding notfalls auch in eine mit Butter bestrichene und gemehlte Serviette binden, indem man der Masse eine abgeflachte runde Form gibt. Den Pudding in eine Kasserolle mit siedendem Wasser legen und langsam kochen lassen, bis er gar ist. Man kann die Masse auch einige Monate zuvor bereiten, fertigkochen, kühl aufbewahren und bei Gebrauch noch 1-2 Stunden kochen lassen. Zum Service den Pudding stürzen oder aus dem Tuch nehmen und anrichten, obenauf einige Stückchen Zucker legen, mit Rum oder Cognac begießen und kurz vor dem Präsentieren anzünden; es empfiehlt sich, den Cognac zuvor leicht anzuwärmen. Nebenbei Brandy sauce, englische Creme mit Rum oder Aprikosensauce mit Kirschwasser reichen. Man kann den Pudding monatelang zuvor bereiten, kochen und kühl aufbewahren; er hält sich jahrelang. *(Großbritannien)*

TULLAMORE DEW APPLES — Äpfel mit Tullamore Dew

6 Personen. *6 Äpfel; 50 g Sultaninen; 50 g Butter; Abgeriebenes einer halben Zitrone; 50 g Zucker; 40 g geriebene Mandeln; 6 cl Tullamore Dew Whiskey; 5 cl Apfelsaft. Backzeit: ungefähr 15 Minuten.*

Die Äpfel schälen, das Kerngehäuse sorgfältig ausstechen und die Früchte in eine mit Butter ausgestrichene Backplatte setzen. Mit Zucker, Sultaninen, geriebenen Mandeln und einem kleinen Stückchen Butter füllen, mit dem Apfelsaft und 2 cl Whiskey angießen und bei mäßiger Hitze im Ofen backen, wobei die Äpfel nicht zerfallen dürfen. Mit dem restlichen Whiskey übergießen und beim Servieren flambieren. *(Irland)*

SALZBURGER NOCKERL

6 Personen. *100 g Butter; 200 g Zucker; 10 Eier; 40 g Mehl; 1/4 l Milch; Puderzucker. Backzeit: 7-8 Minuten.*

Die Butter mit 100 g Zucker und nach und nach dem Eigelb schaumig rühren. Das Eiweiß mit dem restlichen Zucker zu festem Schnee schlagen und gleichzeitig mit dem Mehl unter die Eigelbmasse ziehen. In einer großen Pfanne die Milch heißwerden lassen, die Masse hineinfüllen und im heißen Ofen backen. Mit einem Suppenlöffel Nocken ausstechen, auf heißer Platte anrichten, mit Puderzucker bestäuben und sofort servieren. *(Österreich)*

KALTE SÜSSPEISEN

BAYERISCHE CREMES

BAYERISCHE CREME — Bavarois

Grundformel. 6 Personen. *3 Eigelb; 125 g Zucker; $^1/_4$ l Milch; 8 g Gelatine; 4 dl geschlagene Sahne.*

Das Eigelb mit dem Zucker schaumig rühren und langsam mit der heißen Milch verrühren. Auf dem Feuer bis zur Rose schlagen, die zuvor eingeweichte Gelatine beifügen, jenseits des Feuers gut umrühren und durch ein Spitzsieb in eine Schüssel passieren. Unter mehrmaligem Umrühren erkalten lassen und, sobald die Creme zu stocken beginnt, die geschlagene Sahne locker unterziehen. In eine mit kaltem Wasser ausgespülte Zylinderform füllen und in gestoßenes Eis oder in den Kühlraum zum Festwerden stellen. Auf eine runde Platte stürzen und beliebig dekorieren.

■ FRUCHTCREME — Bavarois aux fruits

Grundformel. 6 Personen. *250 g Püree von frischen Früchten; 125 g Puderzucker; Saft einer halben Zitrone; 8 g Gelatine; 4 dl geschlagene Sahne.*

Die Gelatine einweichen und mit ganz wenig Wasser auflösen. Das Püree mit dem Zucker und dem Zitronensaft verrühren, die ausgekühlte Gelatine daruntermischen und die Masse leicht anziehen lassen. Dann die geschlagene Sahne rasch locker unterziehen und wie oben in die Form füllen.

■ DIPLOMATENCREME — Bavarois à la diplomate

Vanillecreme bereiten und schichtweise mit 100 g gewürfelten Konfitfrüchten, mit Kirschwasser mazeriert, und 75 g kleingebrochenen Löffelbiskuits, leicht mit Kirschwasser getränkt, in die Form füllen.

GEBÄNDERTE BAYERISCHE CREME — Bavarois rubané

Grundcreme bereiten und davon vier Teile machen: einen mit Schokolade, einen mit Vanille, einen mit Kaffee und einen mit Pistazien. Schichtweise in die Form füllen, so daß sich jede Art glatt von der anderen abhebt. Man kann Geschmack und Farben beliebig variieren.

BAYERISCHE ERDBEERCREME — Bavarois aux fraises

Nach der Grundformel für Fruchtcreme mit Püree von frischen Erdbeeren bereiten. Nach dem Stürzen mit frischen Erdbeeren und Schlagsahne garnieren.

■ HIMBEERCREME — Bavarois aux framboises

Genauso wie Erdbeercreme bereiten.

BAYERISCHE KAFFEECREME — Bavarois au café

Grundcreme bereiten und dazu die Milch kräftig mit Kaffee-Essenz oder löslichem Kaffeepulver abschmecken.

BAYERISCHE KROKANTCREME — Bavarois praliné

Vanillecreme bereiten und gleichzeitig mit der Schlagsahne 75 g gestoßenen, gesiebten Krokant unterziehen.

■ NESSELRODE — Bavarois Nesselrode

Unter die Grundcreme 100 g Maronenpüree mischen und 25 g Zucker und 1-2 Blatt Gelatine mehr als üblich nehmen. Nach dem Stürzen mit glacierten Maronen und Schlagsahne dekorieren.

■ ORANGENCREME — Bavarois à l'orange

6 Personen. *3 Eigelb; 125 g Zucker; abgeriebene Schale 1 großen Orange; Saft 1 Orange; 8 g Gelatine; 4 dl geschlagene Sahne; zum Dekor: 1 dl Schlagsahne; 12 schöne Orangenfilets; einige rote Kirschen.*

Wie Grundcreme bereiten, aber die abgeriebene Orangenschale in der Milch erst ausziehen lassen. Nach dem Erkalten erst den Orangensaft und dann die geschlagene Sahne unterziehen. Stürzen und mit den Orangenfilets und Schlagsahne dekorieren.

■ PISTAZIENCREME — Bavarois aux pistaches

Vanillecreme bereiten und der Creme 60 g feingeriebene, recht grüne Pistazien und 2 cl Kirschwasser vor dem Unterziehen der Schlagsahne beimengen.

■ SCHOKOLADENCREME — Bavarois au chocolat

Eine Grundcreme mit 100 g in der Milch aufgelöster Schokolade und 25 g weniger Zucker bereiten.

■ TEECREME — Bavarois au thé

Nach der Grundformel bereiten, aber in der Milch 4 g Tee ausziehen lassen.

■ VANILLECREME — Bavarois à la vanille

Grundcreme bereiten, aber in der Milch zuvor eine Vanilleschote ausziehen lassen.

CHARLOTTEN

Charlotten sind süße Speisen, bestehend aus bayerischer oder anderer Creme, die man in eine mit Biskuit oder Waffeln ausgefütterte Form füllt, nach dem Erstarren stürzt und beliebig dekoriert. Der Urtyp dieser Speisen ist die

RUSSISCHE CHARLOTTE — Charlotte russe

6 Personen. *12-15 Löffelbiskuits; vanillierte bayerische Creme von 3 Eigelb; 125 g Zucker; $^1/_4$ l Milch; 6-8 g Gelatine; Vanille; 4 dl Schlagsahne.*

Den Boden einer Charlotteform mit trockenen, in Dreiecke geschnittenen Löffelbiskuits auslegen; die abgerundete Seite nach unten, die Spitzen müssen sich treffen. Die Wandungen der Form gleichfalls mit Löffelbiskuits ausfüttern, wobei die Seiten glatt geschnitten werden können, damit sie dicht aneinander passen. Die Mitte mit bayerischer Vanillecreme füllen und diese erstarren lassen. Vor dem Stürzen die Löffelbiskuits egalisieren. Die Charlotte kann so serviert, aber auch mit Schlagsahne und Konfitfrüchten dekoriert werden.

Diese Charlotte kann auch mit bayerischer Kaffee-, Schokoladen-, Orangen-, Krokant- oder anderer Creme gefüllt werden. Man schreibt dann:

Russische Charlotte mit Schokolade — Charlotte russe au chocolat
Russische Charlotte mit Orange — Charlotte russe à l'orange
Russische Charlotte mit Krokant — Charlotte russe au pralin, etc.

FÜRSTLICHE CHARLOTTE — Charlotte princière

6 Personen. *10-12 Löffelbiskuits; bayerische Erdbeercreme* (siehe diese)*; 100 g Walderdbeeren; 100 g Schokoladenkrümel; 2-3 Löffel durchgestrichene Erdbeermarmelade; 1 dl Schlagsahne.*

Die Seiten der Form mit den Löffelbiskuits ausfüttern und die mit den Walderdbeeren vermengte Erdbeercreme einfüllen und erstarren lassen. Nach dem Festwerden stürzen und die Seiten und Oberseite dünn mit der Marmelade bestreichen. Die Schokoladenkrümel oben und auf den Seiten anstreuen und mit der Palette sorgfältig andrücken. Auf eine runde Platte dressieren, ringsherum mit Schlagsahnetupfen dekorieren und in jeden Tupfen eine kleine Gartenerdbeere stecken.

KÖNIGLICHE CHARLOTTE — Charlotte royale

6-8 Personen. *Biskuitmasse: 150 g Butter; 120 g Zucker; 10 Eier; 150 g Mehl; 125 g passierte Aprikosenmarmelade; 75 g passiertes Johannisbeergelee; 1 dl Weingelee; 200 g Mokkafondant. Füllung: 4 dl Milch; 2 Eigelb; 20 g Cremepulver; 4 Blatt Gelatine; 2 dl Schlagsahne; 60 g gehackte Konfitfrüchte; 3 cl Maraschino. Backzeit: 8-10 Minuten.*

Die Butter mit 75 g Zucker schaumig rühren und nach und nach 10 Eigelb daruntermengen. 10 Eiweiß mit 45 g Zucker zu festem Schnee schlagen, mit dem Mehl melieren und locker unter die Eiermasse ziehen. Diese Masse ganz dünn auf gefettete und gemehlte Backbleche streichen und im heißen Ofen saftig backen. Nach dem Auskühlen 5 Blätter abwechselnd mit Aprikosenmarmelade und Johannisbeergelee zusammensetzen. Hiervon Streifen von 5 mm Breite schneiden und damit eine Halbkugelform exakt auslegen. Eine Creme wie für Bettina-Törtchen (siehe diese) bereiten und kurz vor dem Stocken prall einfüllen. Im Kühlraum festwerden lassen und auf einen runden Boden von der Biskuitmasse stürzen. Die Charlotte ganz dünn aprikotieren und mit Weingelee überglänzen. Von der restlichen, gefüllten Biskuitmasse kleine, herzförmige Petits Fours ausstechen, aprikotieren und mit Mokkafondant überziehen. Die Charlotte in die Mitte einer runden Platte dressieren und mit den Petits Fours garnieren. *(Siehe Bild auf Seite 594.)*

MALAKOFF-CHARLOTTE — Charlotte Malakoff

6 Personen. *10-12 Löffelbiskuits; 125 g feingeriebene Mandeln; 125 g Puderzucker; 125 g ungesalzene Butter; 1/4 l Schlagsahne; 3 cl Kirschwasser; Vanille.*

Die Form mit Ausnahme des Bodens mit Löffelbiskuits ausfüttern; den Boden nur mit einem runden Blatt Papier bedecken. Die Butter mit dem Zucker, den Mandeln und etwas Vanillepulver weich und schaumig rühren und mit dem Kirschwasser aromatisieren. Die nicht zu fest geschlagene Sahne locker darunterziehen und diese Creme in die Form füllen und glattstreichen. In den Kühlschrank zum Festwerden stellen, dann auf eine runde Platte stürzen und das Papier entfernen. Nur leicht mit vanillierter Schlagsahne dekorieren.

MONTREUIL-CHARLOTTE — Charlotte Montreuil

6 Personen. *10-12 Löffelbiskuits; Püree von 250 g vollreifen Pfirsichen; 125 g in kleine, dünne Scheiben geschnittene Pfirsiche; 125 g Puderzucker; 8 Blatt Gelatine; 2 cl Maraschino; 4 dl Schlagsahne; 1/4 l Himbeerpüree.*

Die Pfirsichscheiben mit 25 g Zucker und dem Maraschino mazerieren. Den Boden einer Charlotteform und die Wandungen mit Löffelbiskuits wie für russische Charlotte ausfüttern. Das Pfirsichpüree mit dem Zucker und der eingeweichten, im Wasserbad geschmolzenen Gelatine gut verrühren. Sobald die Masse zu gelieren beginnt, 1/4 l Schlagsahne und die mazerierten Pfirsichscheiben locker unterziehen und sofort in die Form füllen. Stürzen, mit der restlichen Schlagsahne garnieren und das Himbeerpüree nebenbei servieren.

PRALINIERTE SCHOKOLADENCHARLOTTE — Charlotte au chocolat pralinée

6 Personen. *2 Eigelb; 100 g Zucker; 100 g nicht zu süße Schokolade; 1/4 l Milch; 8 g Gelatine; 50 g gestoßenen, gesiebten Krokant; 4 dl geschlagene Sahne; 10-12 Löffelbiskuits.*

Bayerische Creme wie üblich herstellen, die geschmolzene Schokolade und den Krokant daruntermengen und in die mit Löffelbiskuits ausgefütterte Form füllen. Nach dem Erstarren auf eine runde Platte stürzen und mit Schlagsahne garnieren. Dazu eventuell eine englische Vanillecreme servieren.

GESTÜRZTE CREMES

GESTÜRZTE CREMES — Crèmes renversées

6 Personen. *2 Eier; 4 Eigelb; $^1/_2$ l Milch; 125 g Zucker; 1 Stück Vanille. Pochierzeit: ungefähr 30 Minuten.*

Die Milch mit der Vanille aufkochen. Die Eier, das Eigelb und den Zucker zusammen verrühren, nach und nach mit der Milch verdünnen und durch ein Spitzsieb passieren. In eine ganz dünn mit Butter ausgestrichene Form füllen und im Wasserbad im Ofen bei mäßiger Hitze pochieren. Erst nach völligem Erkalten stürzen.

BEAU-RIVAGE-CREME — Crème Beau-Rivage

6 Personen. Grundcreme. *6 Mandeltüten; $^1/_4$ l Schlagsahne; Schokoladenfondant; Angelika; Konfitkirschen.*

Die Creme in einer Savarinform pochieren, auskühlen und stürzen. Die Mandeltüten mit Schokoladenfondant glacieren, die Glasur festwerden lassen, mit Schlagsahne füllen und mit Angelika dekorieren. Auch die Mitte der Creme mit Schlagsahne füllen, mit Kirschen dekorieren und mit den gefüllten Mandeltüten garnieren.

KAFFEECREME — Crème renversée au café

Wie Grundcreme bereiten, jedoch die Milch kräftig mit löslichem Kaffeepulver aromatisieren.

KARAMELCREME — Crème au caramel

Nach der Grundformel bereiten, die Form jedoch zuvor mit hellem Karamel ausgießen. Im Kühlraum vor dem Stürzen gründlich auskühlen.

KÖNIGLICHE CREME — Crème royale

6 Personen. Grundcreme. *50 g gestoßenen Krokant; $^1/_4$ l Schlagsahne; 250 g Walderdbeeren.*

Die Grundcreme mit dem gestoßenen und gesiebten Krokant vermischen, in eine Randform füllen, pochieren und nach dem Erkalten auf eine runde Platte stürzen. Die Mitte mit vanillierter Schlagsahne füllen, der man den größten Teil der Walderdbeeren untermengt hat, und mit dem Rest der Beeren dekorieren.

SCHOKOLADENCREME — Crème renversée au chocolat

6 Personen.

Wie Grundcreme bereiten, jedoch 25 g Zucker weniger nehmen und 1 Eigelb mehr. 75 g gute Schokolade aufweichen lassen und mit der Milch verrühren.

WIENER CREME — Crème renversée à la viennoise

6 Personen. *Grundcreme, aber nur mit 100 g Zucker bereitet, 30 g Zucker zu Karamel gebrannt.*

Den Karamel in der warmen Milch auflösen, damit die Grundcreme wie üblich bereiten, in eine Charlotteform füllen, wie üblich pochieren und nach dem Erkalten stürzen.

KLEINE CREMENÄPFCHEN — Petits pots à la crème

6 Personen. *1 Ei; 3 Eigelb; 100 g Zucker; $^1/_2$ l Milch; Vanille oder anderes Aroma. Pochierzeit: 20 Minuten.*

Die Vanille in der warmen Milch ausziehen lassen. Ei, Eigelb und Zucker gut verrühren, die warme Milch langsam darunterziehen und durch ein Spitzsieb passieren. In kleine Näpfchen aus feuerfestem Porzellan füllen, in ein Wasserbad setzen und im Ofen pochieren, wobei das Wasser nicht kochen darf. Nach dem Auskühlen mit Puderzucker bestäuben oder mit Schlagsahne verzieren.

KLEINE CREMENÄPFCHEN CARACAS — Petits pots à la crème Caracas

Näpfchen mit Schokoladencreme herstellen und mit Schlagsahne dekorieren, die man kräftig mit Rum aromatisiert hat. In die Mitte gibt man eine halbe Kirsche und umstreut sie mit zerbröckelter Borkenschokolade.

KLEINE NÄPFCHEN MIT KAFFEECREME — Petits pots à la crème au café

Sie werden mit der Grundcreme hergestellt, der man Kaffee-Extrakt oder lösliches Kaffeepulver beigefügt hat.

KLEINE NÄPFCHEN MIT KROKANTCREME — Petits pots à la crème pralinée

Die Grundcreme mit 20 g Zucker weniger bereiten und mit 50 g gestoßenem und gesiebtem Krokant vermengen. In die Töpfchen füllen und wie üblich pochieren. Nach dem Erkalten eventuell mit einer Rosette Schlagsahne dekorieren und diese mit etwas gestoßenem Krokant bestreuen.

KLEINE NÄPFCHEN MIT MANDELCREME — Petits pots à la crème aux amandes

Man stellt sie mit einer Vanillecreme her, der man 40 g ganz fein geriebene Mandeln unterzogen hat.

KLEINE NÄPFCHEN MIT SCHOKOLADENCREME — Petits pots à la crème au chocolat

Zur Grundmasse nur 75 g Zucker und 75 g sehr gute Schokolade nehmen, die man in der Milch auflöst. Nach dem Erkalten jedes Näpfchen mit einer Rosette Schlagsahne dekorieren.

VERSCHIEDENE CREMESPEISEN

HARLEKIN-ORANGENCREME — Crème à l'orange arlequin

6 Personen. *1/4 l Orangensaft; 1/4 l Weißwein; 1/4 l Wasser; 6 Eigelb; 10 g Maizena; 8 Blatt Gelatine; 1/4 l geschlagene Sahne; 1 dl Weingelee; Eiweißglasur; halbe, geschälte Pistazien.*

Das Eigelb mit dem Zucker schaumig rühren, das Maizena, Orangensaft, Wasser und Weißwein hinzugeben und auf dem Feuer wie eine englische Creme aufschlagen. Die eingeweichte Gelatine beifügen, abkühlen lassen und die geschlagene Sahne locker unterziehen. In eine Kristallschüssel füllen, festwerden lassen und obenauf ein Dekor mit Eiweißglasur und halben Pistazien anbringen. Zuletzt mit Weingelee überglänzen.

HINDUCREME — Crème hindoue

6 Personen. *150 g Zucker; 4 Eiweiß; 75 g Mandelpulver; 200 g Ananas; 3 dl Schlagsahne; 2 dl kalte Aprikosensauce; Kirschwasser. Pochierzeit: 30 Minuten.*

Die geschälte Ananas in ganz kleine, dünne Scheiben schneiden, in Vanilleläuterzucker pochieren, auskühlen und mit einem sauberen Tuch abtropfen. Eine Savarinform dünn mit Butter ausstreichen und mit Zucker bestreuen. Die Form mit den halb übereinandergelegten Ananasscheibchen ausfüttern. Das Eiweiß zu Schnee schlagen und Zucker und Mandelpulver locker unterziehen, in die Form füllen und im Wasserbad im Ofen bei mäßiger Hitze pochieren. Nach dem Erkalten auf eine runde Platte stürzen, die Mitte mit der Schlagsahne füllen und den Rand mit der mit Kirschwasser aromatisierten Aprikosensauce nappieren.

MEIN-TRAUM-CREME — Crème Mon rêve

6 Personen. *150 g beste Schokolade; 1 dl Läuterzucker; 40 g Krokant; 4 cl Kirschwasser; 4 dl Schlagsahne; 6 kleine Schnee-Eier; 2 dl englische Creme.*

Die Schokolade in dem Läuterzucker auflösen und auskühlen, dann sorgfältig unter die Schlagsahne ziehen und den gestoßenen, gesiebten Krokant gleichzeitig beifügen. Die Creme in eine Glasschüssel füllen, die Schnee-Eier obenauf dressieren und mit der englischen Creme nappieren, die mit Kirschwasser aromatisiert worden ist.

PRINTANIA-CREME — Crème Printania

Vanillierte Schlagsahne mit etwas Püree von frischen Erdbeeren untermengen und in Eisbecher oder kleine Glasschüsselchen füllen. Mit ausgesuchten, kleinen, mit Zucker und Kirschwasser mazerierten Erdbeeren garnieren.

SCHAUMCREME — Crème mousseuse

6 Personen. *4 dl Milch; 2 gehäufte Teelöffel Maizena oder Mondamin; 125 g Zucker; 1 Stückchen Vanille; 4 dl Schlagsahne. Kochzeit: 10 Minuten.*

Die Milch mit dem Zucker und der Vanille zum Kochen bringen. Maizena oder Mondamin mit etwas kalter Milch anrühren, zu der Milch geben und unter ständigem Rühren einige Minuten kochen lassen. Die Vanille herausnehmen und die Creme fast vollständig auskühlen. Die Schlagsahne locker darunterziehen und in eine Glasschüssel füllen. Mit frischen Früchten garnieren oder dazu Kompott servieren.

SHERRYCREME — Crème au xérès

6 Personen. *3 Eigelb; 75 g Zucker; 15 g Maisstärke; 3 dl Milch; 4 Blatt Gelatine; 1 dl Sherry; 2 dl geschlagene Sahne; 2 mit 25 g Zucker festgeschlagene Eiweiß.*

Das Eigelb mit dem Zucker und dem Stärkemehl schaumig rühren, nach und nach die heiße Milch hinzugießen und auf dem Feuer wie eine englische Creme abrühren. Nach dem ersten Aufkochen zurückziehen, die eingeweichte Gelatine beifügen und unter mehrfachem Rühren erkalten lassen. Erst den Sherry unterziehen, dann die Schlagsahne und zuletzt das festgeschlagene Eiweiß. In Sektschalen füllen und in die Mitte ein hübsches Motiv aus gebackenem Brandteig oder aus Kuvertüre setzen.

WEINCREME AUF WINZERART — Crème à la vigneronne

6 Personen. *3 dl Weißwein; 2 dl Wasser; Saft und abgeriebene Schale einer halben Zitrone; 150 g Zucker; 6 Eigelb; 20 g Cremepulver; 6 Blatt Gelatine; $^1/_4$ l süße Sahne; 75 g passierte Aprikosenmarmelade; etwas Blockschokolade oder Kuvertüre; Hippengebäck in Form von Weinblättern.*

Das Eigelb mit dem Zucker, dem Cremepulver und dem Zitronensaft schaumig schlagen. Den Wein mit dem Wasser und der Zitronenschale aufkochen, passieren und unter die Eiermasse mengen, die zuvor eingeweichte Gelatine beifügen und zu einer Creme aufschlagen. Unter mehrfachem Umrühren erkalten lassen und kurz vor dem Stocken die geschlagene Sahne unterziehen. In Gläser bis 6 mm unter den Rand füllen, festwerden lassen und von temperierter Kuvertüre eine Traube durch gespritzte Ringe markieren. Das Innere mit einem Tupfen Aprikosenmarmelade füllen, mit Weingelee überglänzen und dazu Hippengebäck in Form von Weinblättern, mit der Schablone gemacht, servieren.

VERSCHIEDENE KALTE SÜSSPEISEN

BETTINA-TÖRTCHEN — Tartelettes Bettina

6 Personen. *Kuvertüre; 3 dl Milch; 2 Eigelb; 60 g Zucker; 15 g Cremepulver; 2 dl geschlagene Sahne; 60 g gehackte Konfitfrüchte, mit 3 cl Maraschino mazeriert; 6 Florentiner als Deckel. Kochzeit der Creme: 4-5 Minuten.*

Silberne Eisbecher oder ganz kleine Gemüseschalen mit temperierter Kuvertüre ausgießen und festwerden lassen. Den Rand glattschneiden und sorgfältig aus den Formen nehmen. Von der Milch, dem Eigelb, Zucker, Cremepulver und Gelatine eine Creme aufschlagen, abkühlen und vor dem Stocken die mazerierten Früchte und die Schlagsahne unterziehen. Sofort in die Schokoladenschalen füllen, glätten und einen Florentiner als Deckel aufsetzen.

Florentiner: *200 g Butter; 350 g Zucker; 125 g Honig; 500 g gehobelte Mandeln; 125 g grobgehacktes Orangeat; 125 g Glucose; $^1/_8$ l Sahne. Backzeit: 20 Minuten.*

Sämtliche Zutaten in eine Kasserolle geben und unter ständigem Rühren zum starken Faden kochen. Löffelweise auf gewachste Bleche setzen und nur halbfertig backen. Mit einem runden Ausstecher der gewünschten Größe jedes Stück zusammenschieben, in die Mitte eine rote Belegkirsche setzen und fertigbacken. Nach dem Erkalten zuerst den Boden glatt mit Kuvertüre bestreichen, nach dem Erkalten abermals mit Kuvertüre bestreichen und mit einer Gabel einwellen.

FROU-FROU VON MARONEN — Frou-Frou aux marrons

6 Personen. *100 g Karolinareis; 100 g Zucker; 5 g Gelatine; 4 Eigelb; $^1/_2$ l Milch; $^1/_4$ l geschlagene Sahne; Tütchen aus Hippenmasse; Maronenpüree; 125 g kleingewürfelte Konfitfrüchte; 2 dl Schlagsahne.*

Von dem Reis, Milch, Gelatine, Eigelb, Konfitfrüchten, Zucker und ¼ l geschlagener Sahne Kaiserinreis bereiten, in eine Randform füllen und auskühlen lassen. Kleine Tütchen aus Hippenmasse backen und mit gezuckertem, vanilliertem Maronenpüree füllen. Den Reis auf eine runde Platte stürzen, die Mitte mit Schlagsahne füllen, die Tüten mit der spitzen Seite nach innen daraufdressieren und die Lücken mit Schlagsahne dekorieren, der man etwas Maronenpüree beigefügt hat.

GRIESSFLAMERI — Flameri de semoule

1. Art. 6 Personen. *2 dl Weißwein; 3 dl Wasser; 125 g feinen Grieß; 125 g Zucker; 3 Eiweiß; 2 Eigelb; Vanille. Pochierzeit: 30 Minuten.*

Den Weißwein mit dem Wasser und der Vanille aufkochen, den Grieß hineinlaufen lassen, aufkochen, beiseite ziehen und die Vanille herausnehmen. Den Zucker und das Eigelb flott unterrühren und das festgeschlagene Eiweiß locker unterziehen. Diese Masse in eine mit Butter ausgestrichene und mit Zucker ausgestreute Zylinderform füllen, bei mäßiger Hitze im Wasserbad im Ofen pochieren und erkalten lassen. Auf eine runde Platte stürzen, mit kalter Johannisbeersauce mit Kirschwasser umkränzen und den Rest der Sauce nebenbei servieren.

2. Art. 6 Personen. *$^1/_4$ l Milch; 75 g Grieß; 5 g Gelatine; 125 g Zucker; 4 Eiweiß.*

Die Milch mit der Vanille aufkochen lassen, den Grieß regenartig einlaufen lassen und langsam kochen. Abseits des Feuers die mit etwas Wasser geschmolzene Gelatine und den Zucker unterrühren und die kochendheiße Masse mit dem festgeschlagenen Eiweiß locker vermengen. In eine mit kaltem Wasser ausgespülte Form füllen und erst nach völligem Erkalten stürzen. Mit Konfitkirschen und Angelika dekorieren und dazu eine beliebige Fruchtsauce servieren.

HIMALAYA, VACHERIN — Himalaya ou vacherin meringué

6 Personen. *6 Eiweiß; 300 g Zucker; Vanille; 4 dl Schlagsahne; 200 g Walderdbeeren.*

Das Eiweiß festschlagen und den vanillierten Zucker unterziehen. Von dieser Masse 6-7 Ringe von 12-14 cm Durchmesser auf dünngefettete, gemehlte Backbleche spritzen, wobei man die genaue Größe am besten vorzeichnet. Die Ringe bei ganz gelinder Hitze im Ofen, besser noch im Wärmschrank mehr trocknen als backen, mit etwas reservierter Meringuemasse zusammensetzen, auch von außen bestreichen, mit der Palette glätten, mittels Sterntülle hübsch dekorieren und abermals trocknen, wozu geraume Zeit notwendig ist. Den kalten Vacherin auf eine runde Platte setzen und mit Schlagsahne füllen, die je nach Saison mit Walderdbeeren oder zerbröckelten, kandierten Maronen vermischt worden ist.

HIMBEERSCHAUM — Mousse aux framboises

6 Personen. *500 g Himbeeren; 150 g Puderzucker; $^1/_2$ Zitrone; 6 Blatt Gelatine; 3 dl Schlagsahne.*

Die Gelatine einweichen und im Wasserbad mit etwas Wasser schmelzen lassen. Die Himbeeren durch ein Haarsieb streichen, mit dem Zucker und dem Zitronensaft gut verrühren, die geschmolzene Gelatine hinzugeben und nach leichtem Gelieren die Schlagsahne darunterziehen. In Eisbecher oder in eine Kristallschüssel füllen und nach dem Steifwerden eventuell noch mit Himbeeren und Schlagsahne dekorieren. Dazu Löffelbiskuits servieren.
Erdbeerschaum kann genauso bereitet werden.

LIEBLINGSSCHAUMSPEISE — Mousse favorite

6 Personen. *200 g Himbeeren; 80 g Puderzucker; 4 dl Schlagsahne; 100 g Vanillezucker; 6 Baiserschalen; 3 cl Maraschino. Gefrierzeit: 2 Stunden.*

Die Schlagsahne mit dem Vanillezucker, dem Maraschino und den grob zerbröckelten Baiserschalen vermengen, in eine Bombenform füllen und gefrieren. Die Himbeeren durch ein Haarsieb streichen und mit dem Puderzucker verrühren. Dieses Püree über die auf eine runde Platte gestürzte Bombe gießen.

MANDELSULZ — Blanc-manger

6 Personen. *250 g süße, 2 bittere Mandeln; 100 g Zucker; 3 dl Milch; 12 g Gelatine; 4 dl Sahne; Vanille, Orangenblütenwasser oder Kirschwasser.*

Die Mandeln ganz fein reiben und allmählich 4 dl kaltes Wasser hinzugeben. Die Masse in ein sauberes Tuch geben und ausdrücken, bis die Mandeln ganz trocken sind. Den Zucker in der Milch auflösen, die eingeweichte und im Wasserbad aufgelöste Gelatine und die Mandelmilch beifügen und gut verrühren. Beliebig aromatisieren und, sobald die Masse zu gelieren beginnt, die festgeschlagene Sahne locker unterziehen. In eine beliebige Form füllen und in den Kühlraum zum Festwerden stellen.

■ VON HASELNÜSSEN — Blanc-manger aux avelines

Wird genauso wie oben bereitet, doch nimmt man frische, abgezogene Haselnüsse dazu.

■ MIT SCHOKOLADE — Blanc-manger au chocolat

Die Masse nach dem Grundrezept bereiten, jedoch weniger Zucker nnd dafür 50 g sehr gute Schokolade nehmen.

■ MIT HIMBEEREN — Blanc-manger aux framboises

Die Masse nach dem Grundrezept bereiten, aber nur die Hälfte Mandelmilch nehmen und ebensoviel Püree von frischen Himbeeren. Die Speise kann ebenso mit Erdbeeren bereitet werden.

MARQUISE ALICE

8 Personen. *Bayerische Creme mit Krokant; 8 Löffelbiskuits; 3 cl Kirschwasser oder Anisett; 4 dl feste Schlagsahne; 1 dl Johannisbeergelee.*

Eine bayerische Creme mit Krokant nach Rezept bereiten und die Hälfte davon in eine runde, etwas flache Form füllen. Mit den zuvor mit Kirschwasser oder Anisett getränkten Löffelbiskuits belegen und mit dem Rest der Creme abdecken und zum Festwerden kalt stellen. Auf eine runde Platte stürzen und oben und auf den Seiten dick mit Schlagsahne bedecken und glätten. Aus einer Tüte aus starkem Papier, deren Spitze man kurz abgeschnitten hat, parallele Linien mit Johannisbeergelee ziehen und diese Linien mit der Spitze des Messers wie für mexikanische Torte (SIEHE KULINARISCHE TECHNIK IN BILDERN) quer ziehen. Rundherum um die Speise Tupfen von Schlagsahne mit einer runden Tülle setzen.

MERINGUES ODER BAISERS MIT SCHLAGSAHNE — Meringues Chantilly

6 Personen. *12 Baiserschalen; $^1/_2$ l vanillierte Schlagsahne.*

Schweizer Meringuemasse mit Hilfe von Spritzbeutel und grober Lochtülle in der Größe von halben Eiern auf ein gefettetes und gemehltes Blech mit genügend Zwischenraum setzen; am besten setzt man sie erst auf gefettetes, gemehltes Papier, um sie später besser ablösen zu können. Mit Puderzucker bestäuben und nach 1 Minute umdrehen und den überflüssigen Zucker abschütten. Bei mäßiger Hitze 15 Minuten bei offener Tür im Ofen backen, dann ablösen und das weiche Innere aushöhlen. Die Schalen in den Wärmschrank stellen bis sie ganz trocken sind, wobei sie sich nicht verfärben dürfen. Wenn sie kalt sind, je zu zweien mit Schlagsahne zusammensetzen, aufrecht anrichten und mit Sterntülle mit Schlagsahne dekorieren.

■ COLETTE — Meringues Colette

6 Personen. *5 Eiweiß; 250 g Zucker; 1 Teelöffel lösliches Kaffeepulver; 2-3 Eßlöffel temperierte Kuvertüre; 2-3 cl Kirschwasser; 4 dl geschlagene Sahne; 3 Konfitkirschen.*

Meringuemasse mit dem Eiweiß, dem Zucker und dem Kaffeepulver bereiten und davon auf gefettetem, gemehltem Papier Spiralen von ungefähr 6 cm Durchmesser und 1 cm Dicke setzen. Ganz langsam trocknen und vom Papier lösen. Nach dem Erkalten die flachen Innenseiten ganz dünn mit Kuvertüre bestreichen und festwerden lassen. Je zu zweien mit Schlagsahne, mit Kirschwasser parfümiert, zusammensetzen, obenauf mit einer großen Rosette Schlagsahne dekorieren und eine halbe Kirsche in die Mitte stecken.

MERINGUES FRAISALIA — Meringues Fraisalia

6 Personen. *12 Baiserschalen; 200 g Walderdbeeren; 2 cl Kirschwasser; Puderzucker; 3 dl Schlagsahne.*

Die Erdbeeren mit Kirschwasser und Puderzucker mazerieren. Jede Schale mit Erdbeeren füllen, mittels Spritzbeutels und Lochtülle mit Schlagsahne dekorieren und mit einigen reservierten Erdbeeren garnieren. Es empfiehlt sich, die Schalen so zu bereiten, daß sie unten etwas flach sind, um besser stehen zu können.

■ MAYAGUANA — Meringues Mayaguana

6 Personen. *5 Eiweiß; 250 g Zucker; 4 dl geschlagene Sahne; 200 g pochierte Ananaswürfelchen, mit 2 cl Sherry Brandy mazeriert; 50 g zerbröckelte Borkenschokolade.*

Von der Meringuemasse Vierecke von 5-6 cm Seitenbreite und 1 cm Dicke spritzen und wie üblich trocknen. 3 dl geschlagene Sahne mit den Ananaswürfelchen vermischen und je zwei Baisers mit Sahne dazwischen zusammensetzen. Obenauf eine Rosette Schlagsahne spritzen und mit zerbröckelter Borkenschokolade bestreuen. Sofort servieren, damit die Baisers nicht aufweichen.

REIS AUF KAISERINART — Riz à l'impératrice

6 Personen. *100 g Karolinareis; 100 g Zucker; 100 g kleingewürfelte Konfitfrüchte; 2 cl Kirschwasser; 3 Eigelb; ½ l Milch; ¼ l geschlagene Sahne; 5 cl Johannisbeergelee (siehe Gelees); 5 Blätter Gelatine; Vanille. Kochzeit: 25 Minuten.*

Den Reis 3 Minuten blanchieren, abspülen, abgießen und mit 3 dl Milch und ½ Vanilleschote kochen. Von der restlichen Milch, dem Zucker und dem Eigelb englische Creme bereiten, mit der eingeweichten Gelatine vermischen und durch ein Spitzsieb passieren. Wenn der Reis gar ist, abseits des Feuers die englische Creme daruntermengen und, sobald er kalt ist, die gewürfelten, zuvor in Kirschwasser mazerierten Früchte und die Schlagsahne unterziehen. Auf den Boden einer Zylinderform eine dünne Schicht Johannisbeer- oder anderes rotes Fruchtgelee gießen, festwerden lassen und dann mit der Reismasse füllen und zum Festwerden in den Kühlschrank stellen. Auf eine runde Platte stürzen und nach Belieben mit vanillierter Schlagsahne verzieren oder nebenbei kalte Fruchtsauce servieren.

REIS AUF MALTESER ART — Riz à la maltaise

6 Personen. *100 g Karolinareis; 100 g Zucker; 3 Eigelb; ½ l Milch; ¼ l geschlagene Sahne; 5 g Gelatine; abgeriebene Schale 1 Orange; 18 Orangenfilets, in Läuterzucker mit geriebener Orangenschale mazeriert. Kochzeit: 25 Minuten.*

Den Reis wie für Kaiserinreis bereiten, die englische Creme aber mit geriebener Orangenschale aromatisieren. In eine Kuppelform füllen und erkalten lassen. Nach dem Stürzen mit den Orangenfilets garnieren.

MANDARINENREIS — Riz à la mandarine

6 Personen. *100 g Karolinareis; 100 g Zucker; 3 Eigelb; ½ l Milch; ¼ l geschlagene Sahne; 5 g Gelatine; 5 Mandarinen; 2 cl Curaçao.*

Den Reis wie für Kaiserinreis bereiten, aber mit englischer Creme, mit abgeriebener Mandarinenschale aromatisiert. In eine Kuppelform füllen, erkalten lassen, auf eine runde Platte stürzen und mit Mandarinenfilets garnieren, die mit Zucker und Curaçao mazeriert worden sind. Zur Garnitur kann man die schönen, konservierten Filets von japanischen Mandarinen-Orangen nehmen.

REIS SINGAPUR — Riz Singapour

6 Personen. *100 g Karolinareis; 100 g Zucker; 3 Eigelb; ½ l Milch; ¼ l geschlagene Sahne; 5 g Gelatine; 200 g Ananaswürfelchen; 4 cl Maraschino; ¼ l Aprikosensauce.*

Den Reis wie für Kaiserinreis bereiten, aber mit Ananaswürfelchen, die im eigenen Saft pochiert und mit dem Maraschino mazeriert worden sind. In eine Zylinderform füllen, nach dem Erkalten auf eine runde Platte stürzen und nebenbei Aprikosensauce servieren, die mit dem Maraschino der Mazeration parfümiert worden ist.

SCHNEE-EIER — Œufs à la neige

6 Personen. *5 Eiweiß; 150 g Zucker; $^3/_4$ l Milch; Vanille. Pochierzeit: 5-6 Minuten.*

Das Eiweiß zu festem Schnee schlagen und den Zucker daruntermengen. Die Milch mit der Vanille in ein flaches, breites Geschirr füllen und aufkochen. Das Eiweiß gleichmäßig mit dem Eßlöffel ausstechen und in der heißen Milch pochieren, ohne kochen zu lassen. Nach 2 Minuten mit der Palette wenden und, sobald die Eier fest genug sind, auf ein sauberes Tuch zum Abtropfen geben. Von der Milch englische Creme bereiten. Wenn sie kalt ist, die Creme in eine flache Schüssel füllen, die Schnee-Eier daraufdressieren und recht kalt servieren. Man kann die Eier auch mit der Sauce nappieren.

SCHNEE-EIER MIT SCHOKOLADENSAUCE UND KROKANT — Œufs à la religieuse

6 Personen. *Zutaten wie oben. Zur Sauce: 3 dl Milch; 2 Eigelb; 125 g Schokolade; 50 g Krokant; 50 g Zucker.*

Die Eier wie üblich herstellen. Von der Milch, dem Eigelb, Zucker und Schokolade englische Creme bereiten und auskühlen. Die Schnee-Eier anrichten, mit der Sauce nappieren und mit grobgestoßenem Krokant bestreuen.

SCHOKOLADENSCHAUM — Mousse au chocolat

6 Personen. *250 g beste Schokolade; 50 g Zucker; 4 Eier; 4 cl Milch.*

Die Schokolade zusammen mit dem Zucker in der Milch schmelzen lassen. Leicht abkühlen und das Eigelb flott darunterrühren. Das zu festem Schnee geschlagene Eiweiß locker darunterziehen, in eine Glasschüssel füllen und vor dem Servieren stark kühlen.

GELEES

GELEESTAND

175 g Zucker; 15 g Gelatine; $^1/_2$ l Wasser; Saft und wenig Schale einer Zitrone; 2 kleine Eiweiß. Kochzeit: 10 Minuten.

Das Wasser mit dem Zucker und etwas dünn geschnittener Zitronenschale kochen, bis sich der Zucker gelöst hat. Das Eiweiß mit dem Zitronensaft kurz schaumig schlagen, die eingeweichte und ausgedrückte Gelatine hinzugeben und unter ständigem Schlagen mit dem Schneebesen den heißen Läuterzucker daruntermengen. Auf dem Feuer immer weiter schlagen, bis die Flüssigkeit zum Kochen kommt, dann sofort vom Feuer nehmen und zudecken. Sobald sich das Eiweiß zu einer festen Schicht auf der Oberfläche gebildet hat, das Gelee durch ein Tuch oder Geleesack passieren, bis es klar abläuft.

FRUCHTGELEE — Gelée aux fruits

6 Personen. *4 dl Geleestand; 3 dl rohen, filtrierten Fruchtsaft.*

Fruchtgelee schmeckt am besten von rohen Früchten. Dafür ungefähr 300 g Erdbeeren, Himbeeren, Johannisbeeren, sehr reife Pfirsiche oder Aprikosen, Kirschen, Brombeeren oder Heidelbeeren nehmen, pürieren und den Saft klar abfiltrieren. Den kalten Fruchtsaft mit einer Kelle unter den kalten, aber noch flüssigen Geleestand mengen, in eine schöne Glas- oder Kristallschüssel oder in individuelle Sektschalen füllen und im Kühlschrank anziehen lassen.

WEINGELEE — Gelée au vin

6-7 Personen. *5 dl Geleestand; 3-4 dl Wein.*

Den kalten, klaren Wein genau so wie oben unter den kalten, aber noch flüssigen Stand ziehen. Für Weingelee kommen nur feine, sehr gehaltvolle Weine in Betracht, wie Château Iquem, Rheingauer, Rheinhessen, Pfälzer, Champagner, Sekt, Sherry, Portwein, Madeira u. a. m.

Frucht- und Weingelees werden heute bewußt zart gehalten, um sie in Schüsseln oder Schalen füllen zu können. Um sie, wie früher, in Formen servieren zu können, muß die Gelatinemenge erhöht werden, was dem Geschmack abträglich ist.

KIRSCHWASSERGELEE — Gelée au kirsch

150 g Zucker; 12 g Gelatine; 5 dl Wasser; 1 Stückchen Vanille; 5 cl Kirschwasser; 1 kleines Eiweiß.

Von sämtlichen Zutaten, mit Ausnahme des Kirschwassers, bereitet man Stand. Nach dem Filtrieren und Auskühlen wird er mit dem Kirschwasser aromatisiert. Dieses Gelee dient in erster Linie zum Chemisieren von Formen und zum Schneiden als Garnitur für kalte Süßspeisen.
Anstelle des Kirschwassers kann man auch Gelee von Rum, Cognac, Curaçao, Grand-Marnier Benediktiner und anderen Likören bereiten.

MOSKAUER ERDBEERGELEE — Moscovite aux fraises

6 Personen. *4 dl Kirschwassergelee; 300 g frische Erdbeeren.*

Die Erdbeeren durch ein Haarsieb streichen und unter das kalte, noch flüssige Gelee mengen. In einem Kessel auf Eis stellen und mit dem Schneebesen so lange und schnell schlagen, bis die Masse schaumig ist und zu gelieren beginnt. Sofort in eine mit kaltem Wasser ausgespülte Zylinderform füllen und zum Festwerden in den Kühlschrank stellen. Auf eine runde Platte stürzen und dazu gesüßtes Erdbeerpüree oder englische Creme servieren.
Man kann dieses Gelee auch mit Pürees von Himbeeren, Aprikosen, Kirschen und anderen Früchten bereiten.

OBSTSALAT IN GELEE — Macédoine de fruits à la gelée

6 Personen. *600 g Früchte; 3 dl Geleestand; 3 dl feinen Wein.*

Kleine Erdbeeren, Himbeeren, zarte, entsteinte Kirschen, saftige, geschälte und geviertelte Pfirsiche und Aprikosen, Orangen- oder Mandarinenfilets, gewürfelte, aber pochierte Ananas, runde Kugeln von Melonen usw. in eine Kristallschale oder in Sektbecher füllen und mit gerade stockendem Gelee vollgießen. Vor dem Servieren stark kühlen.

ORANGENGELEE — Gelée à l'orange

6 Personen. *5 dl Geleestand, in dem man, noch heiß, das Abgeriebene von 2 Orangen ziehen ließ; Saft von 8-10 Orangen, je nach Größe.*

Der ausgepreßte Saft der Orangen wird filtriert und unter den kalten Stand gezogen. Um den Geschmack noch kräftiger hervortreten zu lassen, kann man noch mit 5 cl Curaçao aromatisieren. Dieses Gelee kann man in halbe, ausgehöhlte und von der weißen Haut befreite Orangen oder in Sektschalen füllen.
Mandarinengelee wird genauso bereitet.

KALTE SÜSSPEISEN VON FRÜCHTEN

ANANAS EDUARD VII. — Ananas Edouard VII

6-8 Personen. *1 Ananas; 6 dl Vanilleeis; 200 g entsteinte, pochierte Kirschen; 4 cl Kirschwasser; 1 dl Aprikosensauce; 15 cl vanillierte Schlagsahne.*

Die Ananas oben abdeckeln und die grünen Blätter am Deckel lassen. Mit einem scharfen Messer das Fleisch von innen, etwa 1 cm vom Rand, rundherum einschneiden, am Boden der Frucht die Spitze eines scharfen Messers einstecken und die Frucht um das Messer drehen, ohne die Öffnung zu vergrößern. Man kann nun das Fleisch glatt herausheben, ohne die Schale zu beschädigen. Das Fleisch der Länge nach teilen, den Strunk ausstechen, die Hälfte in kleine Würfel schneiden, mit den abgetropften Kirschen vermischen und mit Zucker und der Hälfte des Kirschwassers mazerieren. Die andere Hälfte der Ananas in dünne Scheiben schneiden und ebenfalls mit Zucker und dem restlichen Kirschwasser mazerieren. Die Fruchtschale auf eine kalte, runde Platte setzen und mit dem Vanilleeis, vermischt mit den Ananaswürfeln und Kirschen, füllen, mit Schlagsahne bedecken und den Deckel der Frucht wieder aufsetzen. Rundherum die Ananasscheiben kranzartig und halb übereinander dressieren, mit dicker Aprikosensauce nappieren und mit Schlagsahnetupfen dekorieren.

ANANAS NINON — Ananas Ninon

6-8 Personen. *1 Ananas; 500 g Walderdbeeren; 4 Bananen; 8 Schiffchen aus Mandelmürbeteig, blind gebacken; 3 cl Kirschwasser; 1/4 l vanillierte Schlagsahne; 3 dl Himbeerpüree.*

Die Ananas wie oben aushöhlen, den Strunk ausstechen und das Fleisch in dünne Scheiben schneiden. Die in Scheiben geschnittenen Bananen, die Erdbeeren und die Ananasscheiben mit Zucker und Kirschwasser mazerieren und gut kühlen. Die Ananasschale auf eine runde Platte setzen, zur Hälfte mit den vermischten Bananenscheiben und Erdbeeren anfüllen und darüber die Ananasscheiben halb übereinander und senkrecht dressieren, so daß sie etwas über den Rand der Schale hinausragen. Mit Schlagsahne mit Hilfe von Spritzbeutel und Sterntülle füllen und den Deckel der Frucht wieder aufsetzen. Mit den Schiffchen garnieren, die mit Schlagsahne gefüllt und mit zwei Ananasdreiecken und einer Walderdbeere dekoriert worden sind.

■ AUF PRINZESSINART — Ananas princesse

6 Personen. *6 runde Böden von Genueser Biskuit; 12 halbe Scheiben frische Ananas; 1/2 l Erdbeereis; 2 dl vanillierte Schlagsahne; kleine Erdbeeren.*

Die Ananasscheiben mit Zucker und Maraschino mazerieren und je zwei Scheiben auf einen Biskuitboden setzen. Die Mitte mit einer kleinen Kugel Erdbeereis füllen, mit runden Tupfen von Schlagsahne umkränzen und in jeden Tupfen eine kleine Erdbeere stecken.

■ MIT ÜBERRASCHUNGEN — Ananas en surprise

6-8 Personen. *1 Ananas; 6 dl Ananaseis; 3 cl Kirschwasser.*

Die Ananas so vorbereiten wie für Ananas Eduard VII. Das kleingewürfelte Fruchtfleisch mit Kirschwasser mazerieren, mit dem Ananaseis vermischen, in die Fruchtschale füllen und den Deckel wieder aufsetzen.

ÄPFEL BRISSAC — Pommes Brissac

6 Personen. *6 Äpfel; 1 runden Génoiseboden; 2 cl Grand-Marnier; 150 g Johannisbeergelee; Angelika; 3 dl Sabayon mit Grand-Marnier.*

Das Kerngehäuse ausstechen, die Äpfel schälen, sorgfältig in Vanilleläuterzucker pochieren und darin erkalten lassen. Den Biskuitboden leicht mit Läuterzucker, mit Grand-Marnier parfümiert, tränken und die Äpfel darauf anrichten. Jeden Apfel mit passiertem Johannisbeergelee nappieren und mit 2 Angelikarauten bestecken. Den Sabayon nebenbei servieren.

ÄPFEL MISTRAL — Pommes Mistral

6 Personen. *6 Äpfel; 3 dl Püree von Walderdbeeren; 50 g frische, gestiftelte Mandeln; 2 cl Kirschwasser; 2 dl vanillierte Schlagsahne.*

Die Äpfel wie oben vorbereiten, in Kirschwasser-Läuterzucker pochieren und darin erkalten lassen. Gut abtropfen, anrichten, mit Erdbeerpüree nappieren und die Schlagsahne nebenbei servieren.

APRIKOSEN BOURDALOUE — Abricots Bourdaloue

6 Personen. *Genueser Teig; 12 Aprikosen; 1/2 l Frangipanecreme; 1 dl geschlagene Sahne; 3 Makronen; 2 dl Aprikosensauce mit Kirschwasser; Konfitkirschen; Angelika.*

Den Teig in eine mit Butter ausgestrichene und gemehlte Savarinform füllen, backen, auskühlen und auf eine runde Platte stürzen. Auf den Rand einen Kranz von halben, pochierten und abgetropften Aprikosen setzen, mit Kirschen und Angelikablättchen dekorieren und mit Aprikosensauce nappieren. Die Frangipanecreme mit der Schlagsahne vermischen, in die Höhlung des Randes füllen und mit zerdrückten Makronen bestreuen.

APRIKOSEN CONDÉ — Abricots Condé

6 Personen. *12 Aprikosen; 150 g Reis; 6 dl Milch; 125 g Zucker; 3 Eigelb; 40 g Butter; 2 dl Aprikosensauce mit Kirschwasser; Konfitkirschen; Angelika. Kochzeit des Reises: 25-30 Minuten.*

Die Aprikosen halbieren, in vanilliertem Läuterzucker pochieren und darin erkalten lassen. Den Reis blanchieren und in der Milch mit Vanille und Zucker kochen, abseits des Feuers die Butter und das Eigelb unterziehen und erkalten lassen. Die halben Aprikosen auf dem Reis anrichten, mit Kirschen und Angelikablättchen dekorieren und mit der Sauce nappieren. *(Siehe Bild auf Seite 597.)*

■ MONTE CRISTO — Abricots Monte-Cristo

6 Personen. *12 Aprikosen; $^3/_4$ l Aprikoseneis; $^1/_4$ l Himbeerpüree; 40 g gehobelte, geröstete Mandeln.*

Die ganzen Aprikosen in Läuterzucker pochieren, enthäuten und erkalten lassen. Gut abtropfen, auf Aprikoseneis anrichten, mit Himbeerpüree nappieren und mit den Mandeln bestreuen.

■ NEGUS — Abricots Négus

6 Personen. *12 Aprikosen; $^3/_4$ l Schokoladeneis; 2 dl Aprikosensauce mit Kirschwasser; 2 dl vanillierte Schlagsahne.*

Halbe Aprikosen in Vanilleläuterzucker pochieren und darin erkalten lassen. Gut abtropfen, auf Schokoladeneis dressieren, mit der Aprikosensauce nappieren und mit Schlagsahne dekorieren.

AVOCADOS AUF LIBANESISCHE ART — Avocats à la libanaise

6 Personen. *3 Avocados; $^1/_2$ l Vanilleeis; 3 dl Schlagsahne; 60 g enthäutete Pistazien; 5 cl Cointreau.*

Die Avocados der Länge nach halbieren, den Kern herausnehmen, das Fruchtfleisch mit etwas Cointreau betropfen und kalt stellen. Die Pistazien ganz fein reiben, einige Tropfen Wasser und den Rest des Cointreaus hinzugeben und die Masse unter die festgeschlagene Sahne ziehen. Die halben Früchte auf einer runden Platte auf gestoßenem Eis anrichten, die Höhlung mit einer kleinen Kugel Vanilleeis füllen und mittels Spritzbeutels und Sterntülle gänzlich mit der Pistaziensahne bedecken.

AVOCADOS TEL AVIV — Avocats à la Tel-Aviv

6 Personen. *3 Avocados; 2 Jaffa-Orangen; 2 Bananen; 2 cl Cognac; 2 cl Curaçao; 2 dl dicke Aprikosensauce; 30 g gehobelte, geröstete Mandeln.*

Die Früchte halbieren, den Kern entfernen und das Fleisch aushöhlen, ohne die Schale zu beschädigen. Die Orangen und Bananen schälen, die Orangenfilets auslösen und zusammen mit den Bananen und dem Fleisch der Avocados würfeln, mit Zucker, Cognac und Curaçao mazerieren und kalt stellen. Mit der Aprikosensauce binden, in die halben Früchte füllen und mit den gehobelten Mandeln bestreuen.

BANANEN COPACABANA — Bananes Copacabana

6 Personen. *6 Bananen; 6 dl Vanilleeis; $^1/_4$ l Schokoladensauce; 4 cl Rum; 40 g gestiftelte Pistazien.*

Die Bananen schälen, der Länge nach halbieren, in Läuterzucker mit Rum pochieren und darin erkalten lassen. Abtropfen, auf Vanilleeis dressieren, mit Schokoladensauce nappieren und mit den Pistazien bestreuen.

BANANEN AUF ORIENTALISCHE ART — Bananes à l'orientale

6 Personen. *6 Bananen; 6 dl Mandeleis; 2 dl englische Creme, mit Rosenwasser parfümiert; 2 Zitronen; 15 cl Schlagsahne; 30 g geröstete, gestiftelte Mandeln.*

Die Bananen schälen, in dicke, schräge Stücke schneiden, in Läuterzucker, stark mit Zitronensaft versetzt pochieren und darin erkalten lassen. Gut abtropfen, auf Mandeleis anrichten, mit der Creme nappieren, leicht mit Schlagsahne dekorieren und mit den Mandeln bestreuen.

BIRNEN FLORETTA — Poires Floretta

6 Personen. *60 g Grieß; 1/4 l Milch; 80 g Vanillezucker; 6 g Gelatine; 1/4 l Schlagsahne; 1/4 l Rotwein; 100 g Zucker; 1 kleines Stück Zimt; 3 Eßlöffel Johannisbeergelee; 1/2 Teelöffel Stärkemehl; 6 Birnen.*

Den Grieß in die heiße Milch einlaufen lassen, eine Prise Salz beifügen und ausquellen. Abseits des Feuers den Zucker und die zuvor eingeweichte Gelatine beifügen. Wenn der Reis kalt ist, die Schlagsahne locker unterziehen, die Masse in eine Randform füllen und kalt stellen. Die geschälten Birnen in dem Rotwein mit Zucker und dem Zimt pochieren und erkalten lassen. Den Rotwein einkochen, mit Johannisbeergelee vermischen, mit Stärkemehl leicht binden und passieren. Die Birnen in die Mitte des auf eine runde Platte gestürzten Grießrandes dressieren, den Rand mit Konfitkirschen und Angelikablättchen dekorieren und die Birnen mit dem eiskalten Rotweinsirup nappieren. *(Siehe Bild auf Seite 599.)*

■ GERALDINE — Poires Géraldine

6 Personen. *6 Birnen; 6 dl Schokoladeneis; 2 dl englische Vanillecreme; 6 cl geschlagene Sahne; 150 g Marzipan; 1 Eßlöffel Honig; 40 g geröstete, gehackte Haselnüsse.*

Die Birnen schälen, in Vanilleläuterzucker pochieren, abtropfen und das Kerngehäuse mit einem Kolonnenausstecher ausheben. Das Marzipan mit so viel Honig vermischen, daß es spritzfähig ist und mit einer Lochtülle die Höhlungen der Birnen damit füllen. Die Früchte auf Schokoladeneis anrichten, mit englischer Sauce, mit der Schlagsahne vermischt, nappieren und mit den Haselnüssen bestreuen.

■ HELENE — Poires Hélène

6 Personen. *6 Birnen; 6 dl Vanilleeis; 3 dl heiße Schokoladensauce.*

Die Birnen schälen, pochieren, das Kerngehäuse ausstechen und erkalten lassen. Auf Vanilleeis anrichten und gleichzeitig heiße Schokoladensauce servieren. Der Regel entsprechend sollten die Birnen mit kandierten Veilchen bestreut werden.

■ JOINVILLE — Poires Joinville

6 Personen. *4 große Birnen; 3/4 l Eierstich, wie für gestürzte Creme; Karamel; 3 dl vanillierte Schlagsahne; 1/4 l Aprikosensauce mit Kirschwasser. Pochierzeit der Creme: 25-30 Minuten.*

Eine Randform mit Karamel ausgießen, den Eierstich einfüllen, pochieren und erkalten lassen. Die Birnen schälen, vierteln, vom Kerngehäuse befreien und in Vanilleläuterzucker mit Zitronensaft pochieren und erkalten lassen. Die Creme auf eine runde Platte stürzen, die gut abgetropften Birnen in die Mitte füllen und hoch mit Schlagsahne bedecken. Die Aprikosensauce nebenbei servieren.

■ AUF MARTINIQUE-ART — Poires à la martiniquaise

6 Personen. *3 schöne Birnen; 6 ovale Génoiseböden; 3 dl Mandeleis; 3 dl Schokoladensauce; 3 cl Rum; 1/4 l vanillierte Schlagsahne; 40 g gestiftelte Pistazien.*

Die Birnen schälen, halbieren, das Kerngehäuse aushöhlen und die Früchte in Vanilleläuterzucker pochieren. Die Génoiseböden leicht aushöhlen und mit Läuterzucker, stark mit Rum aromatisiert, etwas tränken und mit Mandeleis füllen. Darauf eine halbe, kalte Birne, mit der runden Seite nach oben setzen, mit sehr dicker Schokoladensauce nappieren und mit den Pistazien bestreuen. Rundherum mit Spritzsack und Sterntülle mit Schlagsahne dekorieren.

■ KARDINAL — Poires cardinal

Genauso wie Pfirsiche Kardinal bereiten.

ERDBEEREN ASTORIA — Fraises Astoria

6 Personen. *350 g große Erdbeeren; 150 g Ananas; 4 dl Vanilleeis; 2 dl Erdbeerpüree; 2 cl Kirschwasser; Puderzucker; 3 zerbröckelte Makronen.*

Die Erdbeeren und die Ananas in kleine Scheibchen schneiden und mit Puderzucker und Kirschwasser mazerieren. In vorgekühlte Sektkelche verteilen, eine kleine Kugel Vanilleeis obenaufsetzen, mit Erdbeerpüree nappieren und mit den zerbröckelten Makronen bestreuen.

ERDBEEREN CECILIE — Fraises Cécile

6 Personen. *600 g Erdbeeren; 6 dl Vanilleeis; 100 g Honig; 2 dl frisches Aprikosenpüree; 2 cl Nußlikör; 1 cl Kirschwasser.*

Den Honig leicht anwärmen, mit dem Aprikosenpüree vermischen und mit Kirschwasser und Nußlikör aromatisieren. Die Erdbeeren auf Vanilleeis dsessieren und mit dem Aprikosenpüree nappieren.

■ **KARDINAL — Fraises cardinal**

6 Personen. *600 g große Erdbeeren; 250 g Himbeeren; 125 g Puderzucker; 1 Teelöffel Zitronensaft; 60 g frische, gestiftelte Mandeln.*

Die Himbeeren durch ein Haarsieb passieren, mit dem Puderzucker und dem Zitronensaft vermischen und gut kühlen. Die gekühlten Erdbeeren in eine vorher gekühlte Glasschale dressieren, mit dem Püree nappieren und mit den Mandeln bestreuen.

■ **MELBA — Fraises Melba**

6 Personen. *600 g große Erdbeeren; 6 dl Vanilleeis; 1/4 l Himbeerpüree.*

Die Erdbeeren auf Vanilleeis anrichten und mit dem Himbeerpüree nappieren.

■ **ROMANOW — Fraises Romanoff**

6 Personen. *600 g Erdbeeren; 1 Orange; 4 cl Curaçao; 4 dl vanillierte Schlagsahne.*

Die Erdbeeren mit Orangensaft und Curaçao mazerieren. In einer vorher gekühlten Glasschale oder in Gläsern anrichten und mit der Schlagsahne bedecken.

ERDBEERTIMBALE AUF PRINZESSINART — Timbale de fraises à la princesse

6 Personen. *450 g Erdbeeren; 125 g Puderzucker; Saft einer halben Zitrone; 8 g Gelatine; 1/2 l geschlagene Sahne; 40 g Schokoladenstreusel; 1 Ornament, gebacken aus Brandteig.*

300 g Erdbeeren durch ein Haarsieb streichen, mit dem Zucker, Zitronensaft und der im Wasserbad aufgelösten Gelatine vermischen und, sobald das Püree anzieht, 4 dl geschlagene Sahne und die restlichen, gewürfelten Erdbeeren unterziehen. Die Creme in eine Charlotteform füllen und kalt stellen. Auf eine runde Platte stürzen, obenauf eine große Rosette und rundherum kleine Rosetten von Schlagsahne spritzen. Auf die große Rosette ein Ornament aus Brandteig setzen und die kleinen mit Schokoladenstreusel bestreuen.

HIMBEEREN ERIMAR — Framboises Erimar

6 Personen. *500 g Himbeeren; 75 g Zucker; 3 dl Apricot Brandy; 150 g Johannisbeergelee; Mandelsulz; 1/4 l Crème double; 40 g frische, gehobelte Mandeln.*

Die Himbeeren mit dem Zucker und dem Apricot Brandy mazerieren. Mandelsulz, in eine Randform gefüllt, herstellen und auf eine runde Platte stürzen. Die Himbeeren in die Mitte füllen und mit dem durch ein Sieb gestrichenen Johannisbeergelee nappieren und mit den Mandeln bestreuen. Die Crème double nebenbei servieren.

HIMBEEREN NINETTE — Framboises Ninette

6 Personen. *600 g Himbeeren; 6 dl Orangeneis; Puderzucker; 1/4 l Weinschaumsauce mit Curaçao, leicht gelatiniert; 30 g gestiftelte Pistazien.*

Die Himbeeren leicht mit Puderzucker bestäuben und auf Orangeneis anrichten. Mit dem Weinschaum nappieren und mit den Pistazien bestreuen.

KIRSCHEN AUF DIJONER ART — Cerises à la dijonaise

6 Personen. *750 g entsteinte Kirschen; Saft von schwarzen Johannisbeeren; 3 cl Kirschwasser; Löffelbiskuits.*

Die Kirschen in Läuterzucker, stark mit schwarzem Johannisbeersaft vermischt, pochieren. Abtropfen, den Läuterzucker etwas einkochen, die Kirschen wieder hineingeben und stark kühlen. Beim Anrichten mit Kirschwasser beträufeln und die Löffelbiskuits nebenbei servieren.

KIRSCHEN VAN DYCK — Cerises Van Dyck

6 Personen. *750 g entsteinte Kirschen; 6 dl Vanilleeis; 1/4 l englische Creme; 3 cl Arrak.*

Die Kirschen in Vanilleläuterzucker pochieren und erkalten lassen. Abtropfen, auf Vanilleeis anrichten und mit englischer Creme nappieren, die mit Arrak aromatisiert worden ist.

■ AUF WIENER ART — Cerises à la viennoise

6 Personen. *600 g entsteinte Kirschen; 100 g Johannisbeergelee; 1 Ei; 2 Eigelb; 3 dl Milch; 100 g Zucker; 1 dl vanillierte Schlagsahne; 20 g gestiftelte Pistazien. Pochierzeit der Creme: 25 Minuten.*

Von dem Ei, dem Eigelb, 40 g zu Karamel geröstetem Zucker, Milch und dem restlichen Zucker Eierstich bereiten, in einer Randform pochieren und auskühlen lassen. Die Kirschen in Vanilleläuterzucker pochieren, abtropfen und den Sirup einkochen und leicht mit Stärkemehl, vermischt mit Johannisbeergelee, binden und passieren. Die Kirschen damit binden und auskühlen. Die Creme auf eine runde Platte stürzen, die Kirschen in die Mitte füllen und mit den Pistazien bestreuen. Rundherum mit Tupfen von Schlagsahne dekorieren.

LYCHEES AUF ORIENTALISCHE ART — Lychées à l'orientale

6 Personen. *600 g entsteinte, konservierte Lychees; 4 dl Geleestand; 1/4 l Grenadinesaft; 1/4 l Schlagsahne; 3 cl Benediktiner; 30 g Pinienkerne.*

Die Lychees gut abtropfen, den Saft auf die Hälfte einkochen, zusammen mit dem Grenadinesaft filtrieren und mit dem Geleestand vermischen. Die Lychees sorgfältig entkernen und in eine Glas- oder Kristallschale füllen. Das kalte, gerade anziehende Gelee darübergießen und sorgfältig mit den Lychees vermischen, so daß sie darin schwimmen. Kalt stellen und mittels Spritzbeutels und Sterntülle mit der Schlagsahne dekorieren, die mit dem Benediktiner aromatisiert worden ist. Obenauf gehackte, geröstete Pinienkerne streuen.

LYCHEES STROMBOLI — Lychées Stromboli

6 Personen. Service am Tisch des Gastes. *600 g entsteinte, konservierte Lychees; 6 dl Vanilleeis; 3 dl Aprikosensauce mit Whisky aromatisiert; 5 cl Whisky; 40 g gestiftelte, geröstete Mandeln.*

Die Lychees mit etwas von ihrem Saft in einer Kasserolle erhitzen und mit Whisky flambieren. Ein Löffel Vanilleeis auf jeden Teller geben, darüber einen großen Löffel Lychees, mit Aprikosensauce knapp nappieren und mit Mandeln bestreuen.

MACEDOINE VON FRÜCHTEN — Macédoine de fruits

Siehe gemischtes Kompott.

MANDARINEN, GEFROSTETE — Mandarines givrées

6 Personen. *6 große Mandarinen; 4 dl Mandarineneis.*

Den Mandarinen von der Stielseite einen Deckel abschneiden und die Früchte aushöhlen, ohne die Schale zu beschädigen. Mit dem ausgedrückten Saft Mandarineneis bereiten, in die Früchte füllen und den Deckel wieder aufsetzen. 30 Minuten in den Tiefkühlschrank stellen, dabei mit einem Pinsel obenauf einige Tropfen Wasser spritzen und frosten lassen. Die grünen Blätter durch solche aus gezogenem Zucker oder Marzipan ersetzen und die Mandarinen sogleich anrichten und servieren.

MANDARINEN RIVIERA — Mandarines Côte d'Azur

6 Personen. *12 Mandarinen; 100 g Ananas; 100 g japanische Orangen-Mandarinen-Filets; 100 g Pfirsiche; 50 g entsteinte Kirschen; 3 cl Curaçao; 75 g Zucker.*

Von sämtlichen Früchten Salpicon bereiten und mit Zucker und Curaçao mazerieren. Die Mandarinen zu Körbchen schneiden, das Fleisch sorgfältig aushöhlen, ohne die Schale zu beschädigen, davon Mandarineneis bereiten und die Schalen kalt stellen. Zum Service in jede Schale einen Löffel Fruchtsalpicon geben, mit Mandarineneis bedecken und unverzüglich servieren.

MELONE MAJESTIC — Melo Majestic

6-8 Personen. *1 Cantaloupmelone; 600 g kleine Erdbeeren; 3 cl Kirschwasser; 125 g Puderzucker; 2 dl vanillierte Schlagsahne; 40 g Schokoladenzigaretten.*

Der Melone von der Stielseite aus einen Deckel abschneiden, Kerne und Fasern entfernen, das Fleisch sorgfältig aushöhlen, ohne die Schale zu beschädigen, und davon Meloneneis bereiten. Die Erdbeeren mit Puderzucker und Kirschwasser mazerieren und kalt stellen. Die Melonenschale auf gestoßenem Eis anrichten und mit dem Meloneneis anfüllen. Darüber die Erdbeeren geben, mit Schlagsahne dekorieren, darauf die Schokoladenzigaretten plazieren und leicht mit Puderzucker bestäuben.

GEEISTE MELONE AUF ORIENTALISCHE ART — Melon glacé à l'orientale

8 Personen. *1 Melone; 300 g gewürfelte Ananas; 5 gewürfelte Bananen; 125 g Puderzucker; 5 cl Kirschwasser.*

Die Melone wie oben vorbereiten und das Fleisch zu kleinen Kugeln ausstechen. Mit den gewürfelten Bananen und der Ananas vermischen und mit Puderzucker und Kirschwasser mazerieren. Die Mischung in die Fruchtschale füllen, den Deckel aufsetzen und wenigstens 2 Stunden vor dem Servieren gut kühlen.

GEKÜHLTER OBSTSALAT MIT SCHAUMWEIN ODER LIKÖR — Fruits rafraîchis au champagne ou à la liqueur

Alle Früchte der Saison.

Einen Obstsalat von Früchten der Saison bereiten und in einer Kristallschale anrichten. Mit einem kalten Läuterzucker von 32 Grad bedecken, ein großes Glas Schaumwein oder eine entsprechende Menge eines beliebigen Likörs hinzufügen, zudecken und wenigstens 2 Stunden in gestoßenes Eis packen. *(Siehe Bild auf Seite 599.)*

ORANGEN ILONA — Oranges Ilona

6 Personen. *6 große, kernlose Orangen; 3 dl Schokoladeneis; 50 g eingelegten Ingwer; 1 dl dicke Aprikosensauce; 2 dl vanillierte Schlagsahne; 50 g gestoßenen, gesiebten Krokant.*

Von der Stielseite einen Deckel abschneiden und die Orangen aushöhlen, ohne die Schale zu beschädigen. Die Filets in Würfelchen schneiden und mit etwas Aprikosensauce binden. Die gehackte Ingwerpflaume unter das Schokoladeneis mischen und in die gereinigten und gekühlten Schalen füllen. Obenauf ein Löffelchen Orangenfilets geben, mit einer Rosette Schlagsahne garnieren und reichlich mit gestoßenem Krokant bestreuen. Wenn das Fleisch der Orangen nicht ausreicht, ein bis zwei Stück hinzunehmen.

■ AUF KÖNIGINART — Oranges à la reine

6 Personen. *6 große Orangen; 250 g Walderdbeeren; 3 cl Kirschwasser; 75 g Zucker; 2 dl vanillierte Schlagsahne.*

Die Orangen wie oben vorbereiten, die Filets würfeln, mit den Erdbeeren vermischen und mit Kirschwasser und Zucker mazerieren. Gut durchkühlen, in die gereinigten und ausgezackten Schalen füllen und mit Schlagsahne dekorieren.

■ RIVIERA — Oranges Riviera

12 Personen. *1 große Orange, aus orangenfarbigem Zucker geblasen, Deckel aus orangenfarbigem Marzipan, Stiel und Blätter aus gezogenem Zucker; 12 gleichgroße Orangen; 1 große und 12 kleine Lotusblüten aus Mandelbaisermasse, mit Schablone geformt und gebacken; Marzipanmasse; 1,2 l Orangeneis; Petits Fours.*

Die Orangen gleichmäßig abdeckeln, aushöhlen, das Fleisch auspressen und den Saft zum Orangeneis nehmen. Die Schalen und Deckel gut säubern, die Deckel mit Stiel und Blättern aus Marzipan dekorieren. Die aus Zucker geblasene Orange in die Mitte einer großen Platte auf eine große gebackene Lotusblüte setzen und mit Petits Fours füllen. Rundherum die kleinen Lotusblüten dressieren, auf jede eine mit Orangeneis gefüllte Orange setzen und mit dem Deckel abschließen. *(Siehe Bild auf Seite 44.)*

ORANGEN AUF SEVILLANISCHE ART — Oranges à la sévillane

6 Personen. *6 große Orangen; 1 Banane; 1 Scheibe Ananas; 2 Pfirsiche; 150 g entsteinte Kirschen; 100 g Zucker; 3 cl Peach Brandy; 1 dl Kirschwassergelee.*

Die Früchte wie oben vorbereiten. Von dem Fruchtfleisch, der Banane, den Pfirsichen, Ananas und Kirschen Salpicon bereiten, mit Peach Brandy und Zucker mazerieren und gut kühlen. Die Schalen mit dem Salpicon füllen und mit gerade anziehendem Gelee füllen.

■ MIT ÜBERRASCHUNGEN — Oranges en surprise

6 Personen. *6 große Orangen; 4 dl Orangeneis; 250 g italienische Meringuemasse.*

Die Orangen auf dreiviertel der Höhe glatt abschneiden und, ohne die Schale zu beschädigen, aushöhlen. Von dem ausgedrückten Saft Orangeneis bereiten und die Schalen innen säubern und durchkühlen. Die Schalen auf gestoßenes Eis setzen, mit dem Orangeneis füllen und mittels Spritzsacks und Lochtülle mit der Meringuemasse bedecken. Mit Puderzucker bestäuben, rasch in den sehr heißen Ofen zum Bräunen der Oberfläche stellen und unverzüglich servieren.

PAMPELMUSEN FLORIDA — Pamplemousses Florida

6 Personen. *3 Pampelmusen; 2 große Orangen; 150 g entsteinte Kirschen; 150 g kleine Erdbeeren; 7 cl Sherry; 125 g Zucker; 60 g gestiftelte Mandeln.*

Die Pampelmusen waagerecht durchschneiden, das Fleisch auslösen und aus den Bindehäuten schneiden. Mit den Kirschen und Erdbeeren vermischen, mit Zucker und Sherry mazerieren und gut kühlen. Die Schalen gut säubern, mit den Früchten füllen und mit den Mandeln bestreuen.

PAMPELMUSEN AUF KALIFORNISCHE ART — Pamplemousses à la californienne

6 Personen. *3 Pampelmusen; 3 große Orangen; $^1/_2$ Melone; 125 g Zucker; 2 cl Curaçao; 2 cl Maraschino; 60 g gehobelte Walnüsse.*

Die Früchte wie oben vorbereiten, die Filets aus den Bindehäuten lösen und mit Orangenfilets und kleinen Stückchen Melone vermischen. Mit Zucker, Curaçao und Maraschino mazerieren, gut kühlen, in die gereinigten Schalen füllen und mit den gehobelten Walnüssen bestreuen.

PFIRSICHE, MIT BENEDIKTINER FLAMBIERT — Pêches flambées à la bénédictine

6 Personen. Service am Tisch des Gastes. *10 halbe Pfirsiche; 6 Scheiben Pistazienparfait; 2 dl Aprikosensauce; 3 cl Benediktiner; 2 cl Cognac; 50 g frische, gehobelte Mandeln.*

Die Pfirsiche in Vanilleläuterzucker pochieren, die Haut abziehen und die Früchte, mit etwas Läuterzucker bedeckt, bereithalten. Eine kupferne Stielpfanne auf einen Flambé-Rechaud stellen, die Aprikosensauce und 2 Eßlöffel Läuterzucker hineingeben und kurz durchkochen. Die Pfirsiche in der Sauce erhitzen und mit Benediktiner und Cognac flambieren. Auf kalte Teller je eine Scheibe Parfait legen, 2 halbe Pfirsiche daraufsetzen, mit der heißen Sauce nappieren, mit Mandeln bestreuen und unverzüglich servieren.

■ GERMAINE — Pêches Germaine

6 Personen. *6 Pfirsiche; 6 dl Vanilleeis; 3 Makronen; 3 cl Grand-Marnier; 1 dl dicke englische Creme; 1 dl Erdbeerpüree; 1 dl geschlagene Sahne; 30 g gehackte Pistazien.*

Die Pfirsiche in Vanilleläuterzucker pochieren, enthäuten und im Läuterzucker erkalten lassen. Die Makronen zerbröckeln, mit Grand-Marnier tränken und unter das Vanilleeis mischen. Die Pfirsiche abtropfen, auf das Vanilleeis dressieren und mit der englischen Sauce nappieren, die mit dem Erdbeerpüree und der Schlagsahne vermischt worden ist. Obenauf gehackte Pistazien streuen.

■ KARDINAL — Pêches cardinal

6 Personen. *6 schöne Pfirsiche; 300 g Himbeeren; 100 g Puderzucker; Saft einer Viertelzitrone; 60 g recht weiße, frische, gehobelte Mandeln.*

Gleiche Zubereitung wie Erdbeeren Kardinal.

PFIRSICHE MELBA — Pêches Melba

6 Personen. *6 schöne Pfirsiche; 6 dl Vanilleeis; 1/4 l Himbeerpüree.*

Gleiche Zubereitung wie Erdbeeren Melba.

■ SOBIESKI — Pêches Sobieski

6 Personen. *6 Pfirsiche; 6 dl Himbeereis; 200 g Johannisbeergelee; 2 dl vanillierte Schlagsahne, mit Anisett aromatisiert.*

Die Pfirsiche pochieren, enthäuten und erkalten lassen. Auf dem Eis anrichten, mit passiertem Johannisbeergelee nappieren und mit der Schlagsahne dekorieren.

■ WEISSE DAME — Pêches Dame blanche

6 Personen. *6 Pfirsiche; 12 sehr dünne Scheibchen Ananas; 6 dl Vanilleeis; 2 cl Maraschino; 1 cl Kirschwasser; 15 cl vanillierte Schlagsahne.*

Die Pfirsiche in Vanilleläuterzucker pochieren, enthäuten und im Läuterzucker erkalten lassen. Die Ananasscheiben mit Zucker, Kirschwasser und Maraschino mazerieren. Das Vanilleeis in eine gekühlte Glasschüssel oder Silbertimbale füllen, mit den Ananasscheiben belegen, die Pfirsiche daraufdressieren und mit Spritzbeutel und Sterntülle dekorieren.

ZITRONEN, GEFROSTETE — Citrons givrés

6 Personen. *6 schöne Zitronen; 5-6 dl Zitroneneis; Angelika.*

Einen Deckel von jeder Zitrone abschneiden, die Frucht aushöhlen und den Saft zum Bereiten von Zitroneneis verwenden. Die Schalen gut säubern, hoch mit dem Eis füllen, 30 Minuten in den Tiefkühlschrank stellen und mit Wassertropfen bespritzen. Anrichten, mit Angelikablättchen dekorieren und sofort servieren. *(Siehe Bild auf Seite 603.)*

AUSLÄNDISCHE SPEZIALITÄTEN

CHOCOLATE RUM PIE

8 Personen. *1 blindgebackener Tortenring aus Zuckerteig; 1/4 l Milch; 4 Eigelb; 4 festgeschlagene Eiweiß; 10 g Maisstärke; 5 Blätter Gelatine; 3 cl Rum; 100 g geriebene Schokolade; Vanille; 100 g Zucker; 1/4 l vanillierte Schlagsahne; 50 g Schokoladenzigaretten.*

Von der Milch, dem Eigelb, Zucker, Vanille, Schokolade und Maisstärke englische Creme bereiten und die zuvor eingeweichte Gelatine hinzugeben. Unter mehrmaligem Umrühren erkalten lassen und, sobald die Creme anzuziehen beginnt, den Rum und das geschlagene Eiweiß unterziehen. In den Tortenring füllen, gänzlich mit Schlagsahne bedecken, glätten und mit den zerbröckelten Schokoladenzigaretten bestreuen. *(Vereinigte Staaten)*

EATON MESS

6 Personen. *600 g Erdbeeren; 100 g Zucker; 1/2 l geschlagene Sahne.*

Die Erdbeeren leicht mit der Gabel zerdrücken, mit der Schlagsahne und dem Zucker vermengen und in einer Glasschüssel anrichten. Dazu Löffelbiskuits servieren. *(Großbritannien)*

GOOSEBERRY FOOL

6 Personen. *600 g Stachelbeeren; 150 g Zucker; 1/2 l geschlagene Sahne.*

Die Stachelbeeren mit 50 g Zucker und sehr wenig Wasser kochen, auskühlen, abtropfen und durch ein Sieb streichen. Den restlichen Zucker untermengen und, wenn das Püree zu sauer ist, mehr Zucker hinzugeben. Die Schlagsahne unter das Püree ziehen und in gekühlten Gläsern anrichten. *(Großbritannien)*

MAHALLEBI

6 Personen. *60 g Reis; 150 g Reisstärke; 6 dl süße Sahne; 250 g Puderzucker; Rosenwasser. Kochzeit: ungefähr 1 Stunde.*

Den Reis ganz langsam in 3 dl Wasser kochen lassen und, sobald er ganz weich ist, das Wasser durch ein Tuch filtrieren. Mit dem Zucker, der Sahne und der mit etwas Wasser aufgelösten Stärke vermischen und langsam unter ständigem Rühren kochen, bis die Masse geleeartig geworden ist. Vom Feuer nehmen, weiter rühren bis sie kalt ist, in kleine Glasschüsselchen füllen, mit Puderzucker bestäuben und mit etwas Rosenwasser betropfen. *(Türkei)*

ROTE GRÜTZE

6 Personen. *750 g rote Johannisbeeren; 350 g Himbeeren; 175-200 g Zucker; 100 g Maisstärke; 3 dl englische Creme oder süße Sahne. Kochzeit: 5-6 Minuten.*

Die Johannisbeeren von den Stielen befreien und zusammen mit den Himbeeren und 1 dl Wasser aufkochen und durch ein Haarsieb streichen. Mit abgekochtem Wasser auf 1,2 l bringen und, mit dem Zucker vermischt, erneut zum Kochen bringen. Das Stärkemehl mit etwas Wasser auflösen, das Püree damit binden, zwei- bis dreimal aufkochen lassen und vom Feuer nehmen. In kleine Glasschüsseln füllen und auskühlen. Recht kalt mit dicker süßer Sahne, ausnahmsweise auch mit englischer Vanillecreme servieren. Will man die Grütze noch leichter haben, nur 75 g Stärkemehl nehmen. *(Deutschland)*

ROYAL GOOSEBERRY TRIFLE

6 Personen. *400 g Stachelbeeren; 100 g Zucker; 8 Löffelbiskuits; 2-3 Makronen; 5 cl Sherry oder Madeira; 2 dl dicke englische Creme; 2 dl vanillierte Schlagsahne.*

Von den gekochten und abgetropften Stachelbeeren dickes Püree bereiten, süßen und auskühlen. Die Löffelbiskuits in zwei Stücke brechen und mit dem Sherry tränken. Das Püree in eine Glasschüssel füllen, die Löffelbiskuits darauf verteilen und die sehr dick gehaltene englische Creme darübergießen. Mit der Schlagsahne bedecken und mit den gestoßenen Makronen bestreuen. Man kann den Trifle auch mit Johannisbeergelee aus einer Papiertüte gitterartig dekorieren. *(Großbritannien)*

ZABAIONE GRITTI-PALACE

6 Personen. *12 Eigelb; 15 cl Marsala; 150 g Zucker; 6 Blatt zuvor eingeweichte Gelatine; 15 cl geschlagene Sahne; 3 Konfitkirschen; 50 g zerbröckelte Schokoladenzigaretten.*

Das Eigelb mit 100 g Zucker und dem Marsala schaumig rühren, die Gelatine beifügen und im Bainmarie zu einer dicklichen Creme aufschlagen. Auf Eis kalt schlagen und, sobald die Masse anzuziehen beginnt, 1 dl geschlagene Sahne darunterziehen und sogleich in Spezialtassen oder Gläser füllen. Mit der restlichen Sahne, mit 50 g Zucker vermischt, dekorieren, indem man eine Rosette Schlagsahne in die Mitte spritzt. Darauf eine halbe Kirsche stecken und mit der Schokolade bestreuen. *(Italien)* *(Siehe Bild auf Seite 596.)*

WIENER KRAPFEN

500 g gesiebtes Mehl; 100 g zerlassene Butter; 6 Eigelb; 50 g Zucker; 30 g Hefe; $^1/_2$ l Milch; 3 g Salz; Aprikosenmarmelade. Backzeit: 6-8 Minuten.

Die Hefe in etwas warmer Milch auflösen, mit 50 g Mehl verrühren und langsam gären lassen. Das Eigelb schaumig rühren und nach und nach die Butter, das Mehl, den Zucker, das Salz und das Hefestück hinzugeben und kurz durcharbeiten. Zum Aufgehen stellen und, wenn der Teig sein Volumen verdoppelt hat, zu einer elastischen, aber etwas festen Masse verarbeiten. Abermals aufgehen lassen und dann auf dem gemehlten Marmor 3 mm dick ausrollen. Hiervon Plätzchen von ungefähr 6 cm Durchmesser ausstechen, den Rand der Hälfte mit Wasser anfeuchten und in die Mitte etwas Aprikosenmarmelade geben. Mit einem zweiten Plätzchen abdecken, den Rand gut andrücken, auf ein gemehltes Tuch legen und langsam aufgehen lassen. Die Krapfen, nicht zu viel auf einmal, in eine heiße Schmalzfritüre legen und, wenn sie auf einer Seite gebräunt sind, mit der Messerspitze wenden. Beim Backen nicht zudecken. Die fertigen Krapfen auf ein Sieb zum Abtropfen legen und, mit Puderzucker bestäubt, servieren. *(Österreich)*

DIE VERSCHIEDENEN EISARTEN

Bei Eis oder Gefrorenem unterscheidet man zwischen einfachem Eis und leichtem Eis. Während einfaches Eis stets in einer Eismaschine gefroren wird, füllt man die Masse für leichte Eisarten sogleich in Formen und setzt sie zum Gefrieren in einen Tiefkühlschrank ein.

Das einfache Eis teilt man in zwei Kategorien ein:

1. Rahm- oder Cremeeis, aus Milch, Eigelb und Zucker bereitet;
2. Fruchteis, aus Läuterzucker und Fruchtpüree bereitet, zuweilen mit Sahne vervollständigt.

CREME- ODER RAHMEIS

VANILLEEIS (Grundrezept) — Glace à la vanille

6 Personen. *6 Eigelb; 150 g Zucker; $^3/_4$ l Milch; $^1/_2$ Vanilleschote.*

Die Vanille in der heißen Milch ausziehen lassen. Das Eigelb mit dem Zucker gut verrühren, die heiße Milch langsam unter ständigem Schlagen hinzugießen und auf dem Feuer zur Rose abschlagen, jedoch nicht kochen lassen. Durch ein Spitzsieb passieren und erst vollständig abkühlen lassen, ehe man die Masse zum Gefrieren in die Eismaschine füllt. Man kann das Eis noch zarter gestalten, wenn man die Eiermenge und den Zuckerzusatz erhöht, und zwar von 7 bis 12 Eigelb und von 200-225 g Zucker je Liter Milch. Das Eis wird feiner und noch schmackhafter, wenn man kurz, ehe es fertig gefroren ist, 10 % der Menge leicht geschlagene Sahne unterzieht.

Da die Proportionen stets die gleichen bleiben, brauchen wir sie nicht am Kopf eines jeden Rezeptes von neuem angeben.

HASELNUSSEIS — Glace aux avelines

50 g Haselnüsse ganz leicht rösten, von den Schalen befreien, fein mahlen und 20 Minuten in der Milch ausziehen lassen. Durch ein Spitzsieb stark auspressen und die Eismasse wie oben bereiten.

KAFEE-EIS — Glace au café

Die Grundmasse ohne Vanille bereiten und in der Milch 2-3 Teelöffel Kaffeepulver auflösen.

KARAMELEIS — Glace au caramel

Die Grundmasse ohne Vanille und nur mit 100 g Zucker bereiten, dafür aber 60 g zu Karamel gerösteten und mit etwas Wasser aufgelösten Zucker hinzufügen.

KROKANTEIS — Glace pralinée

75 g Krokant stoßen und sieben und unter das fertige Vanilleeis mischen.

MANDELEIS — Glace aux amandes

1. Art. 50 g enthäutete Mandeln mit etwas Wasser ganz fein stoßen und 20 Minuten in der heißen Milch ausziehen lassen. Mit starkem Druck durch ein Spitzsieb treiben und die Masse wie im Grundrezept bereiten.

2. Art. Die Grundcreme wie üblich bereiten und nach dem Erkalten innig mit 75 g Marzipanrohmasse vermengen.

MARONENEIS — Glace aux marrons

8 Personen.

Vanilleeis bereiten und, wenn es fast fest ist, 200 g kaltes Maronenpüree und 1 dl geschlagene Sahne unterziehen.

NELUSKO-EIS — Glace Nelusko

Schokoladeneis mit nur 75 g Schokolade bereiten und 75 g gestoßenen und gesiebten Krokant hinzufügen.

PISTAZIENEIS — Glace aux pistaches

60 g enthäutete, recht grüne Pistazien mit etwas Wasser ganz fein reiben und in der heißen Milch ausziehen lassen. Das Eis gewinnt an Geschmack, wenn man der Grundcreme 30-40 g Rohmarzipan, mit einigen Löffeln Sahne geschmeidig gemacht, unterzieht.

SCHOKOLADENEIS — Glace au chocolat

Grundcreme, aber nur mit 125 g Zucker bereiten und in der Milch 100 g Schokolade auflösen.

TEE-EIS — Glace au thé

3-4 g Tee in der heißen Milch ausziehen lassen, passieren und die Grundcreme ohne Vanille bereiten.

WALNUSSEIS — Glace aux noix

Frische Walnüsse schälen und 50 g mit etwas Wasser ganz fein reiben. In der Milch 15 Minuten ausziehen lassen und das Eis bereiten, ohne die Milch zu passieren.

FRUCHTEIS

Man kann das Eis mit einem Püree von Früchten, wie Erdbeeren, Himbeeren, Aprikosen usw., oder aus dem Saft von Zitrusfrüchten, wie Orangen, Mandarinen, Zitronen usw., herstellen. Eis, das mit Fruchtsaft hergestellt wird, benötigt mehr Zucker als das aus einem Püree bereitete. Zum Herstellen der Grundmasse für Fruchteis ist ein Zuckerthermometer (Zuckerwaage) unerläßlich.

FRUCHTEIS (Grundrezept) — Composition pour glace aux fruits

Die Früchte durch ein Haarsieb streichen oder den Saft auspressen. Läuterzucker von 32 Grad bereiten und mit der gleichen Menge Fruchtpüree oder -saft vermischen und stets, doch je nach der Säure der Frucht, mehr oder weniger Zitronensaft hinzufügen. Die Komposition müßte jetzt 18-19 Grad (mit dem Zuckerthermometer gemessen) wiegen. Ist sie zu schwer, so gibt man etwas abgekochtes, kaltes Wasser, ist sie zu leicht, noch etwas Läuterzucker hinzu. Sie wird dann in der Eismaschine genau so wie Cremeeis gefroren.

Man kann auch 500 g Früchte mit 200-250 g Zucker stoßen, durch ein Haarsieb streichen und mit gekochtem, abgekühltem Wasser auf etwa 18 Grad bringen.

Eis von roten Früchten gewinnt an Geschmack, wenn man der Masse kurz vor dem Fertigfrieren 20 % rohe Sahne hinzufügt.

ANANASEIS — Glace à l'ananas

Frische, geschälte Ananas durch ein Haarsieb streichen, mit Läuterzucker von 32 Grad vermischen, etwas Zitronensaft hinzugeben und die Komposition auf 21 Grad halten.

APRIKOSENEIS — Glace aux abricots

6 Personen. *400 g Aprikosenpüree; 4 dl Läuterzucker von 32 Grad; etwas Zitronensaft.*

Das Püree mit dem Läuterzucker vermischen, mit Zitronensaft abschmecken und die Komposition auf 19 Grad halten.

BANANENEIS — Glace aux bananes

6 Personen. *400 g geschälte Bananen; 4 dl Läuterzucker von 32 Grad; 3 cl Maraschino; Saft 1 Zitrone.*

Die Bananen grob zerdrücken und mit 1 dl Läuterzucker und dem Maraschino, zugedeckt, 1 Stunde lang mazerieren. Durch ein Haarsieb streichen, mit dem Läuterzucker und Zitronensaft vermischen und auf 20 Grad halten.

BIRNENEIS — Glace aux poires

6 Personen. *400 g geschälte, entkernte zarte Birnen; 4 dl Läuterzucker von 32 Grad; Saft einer halben Zitrone.*

Die Birnen roh passieren, wenn sie fest sind, zuvor in Läuterzucker pochieren. Durch ein Haarsieb streichen, den Zitronensaft beifügen und mit Läuterzucker auf 22 Grad bringen.

ERDBEEREIS — Glace aux fraises

6 Personen. *400 g Erdbeerpüree; 4 dl Läuterzucker von 32 Grad; Saft von je einer Zitrone und Orange.*

Das Püree mit dem Läuterzucker und dem Saft der Zitrone und Orange vermischen und auf 18 Grad bringen.

HIMBEEREIS — Glace aux framboises

Genauso wie Erdbeereis bereiten.

KIRSCHENEIS — Glace aux cerises

6 Personen. *450 g Kirschen; 4 dl Kirschwasser-Läuterzucker von 32 Grad; Saft einer halben Zitrone.*

Die Kirschen entkernen und mit etwas Läuterzucker stoßen. Die Hälfte der Kerne grob stoßen und beides zusammen in dem Läuterzucker 1 Stunde lang mazerieren. Durch ein Haarsieb passieren und mit dem Zitronensaft vermischen. Auf 21 Grad halten.

MANDARINENEIS — Glace aux mandarines

6 Personen. *Saft von 5 Mandarinen, 1 Zitrone und 1 Orange; die dünn abgeschnittene Schale von 3 Mandarinen; $^1/_2$ l Läuterzucker von 32 Grad.*

Die Mandarinenschale in dem kalten Läuterzucker 2 Stunden ausziehen lassen. Den Mandarinen-, Orangen- und Zitronensaft hinzugeben, durch ein Spitzsieb passieren und auf 21 Grad halten.

MELONENEIS — Glace au melon

6 Personen. *400 g püriertes Melonenfleisch; 4 dl Läuterzucker; Saft von 1 Orange und einer halben Zitrone.*

Das Melonenpüree mit dem Läuterzucker und den Säften vermischen und auf 21 Grad bringen.

ORANGENEIS — Glace à l'orange

6 Personen. *$^1/_2$ l Läuterzucker; Schale von 2 Orangen; Saft von 3-4 Orangen und 1 Zitrone.*

Genau so wie Zitroneneis bereiten.

PFIRSICHEIS — Glace aux pêches

Genauso wie Aprikoseneis bereiten.

ZITRONENEIS — Glace au citron

1/2 l Läuterzucker; die dünn abgeschnittene Schale von 2 Zitronen; Saft von 5 Zitronen.

Die Zitronenschale 2 Stunden lang in dem kalten Läuterzucker ausziehen lassen. Den Zitronensaft hinzufügen, passieren und die Komposition auf 21 Grad halten.

VERSCHIEDENE EISSPEISEN

CASSATA NAPOLITANA — Neapler Eisspeise

10 Personen. *2 dl Vanilleeis; 2 dl Himbeereis; 2 dl Pistazieneis; 150 g Zucker; 3 Eiweiß; 3 dl geschlagene Sahne; 150 g Konfitfrüchte; 2 cl Rum.*

Die Früchte kleinschneiden und mit dem Rum mazerieren. Eine große Bombenform schichtweise mit Vanille-, Himbeer- und Pistazieneis chemisieren und die Mitte mit folgender Mischung füllen: Das Eiweiß schlagen und mit dem heißen, zum Ballen gekochten Zucker vermischen und erkalten lassen. Die Schlagsahne und die mazerierten Früchte locker darunterziehen. Die Cassata im Tiefkühlschrank frieren, auf eine runde Platte stürzen und beliebig dekorieren. *(Siehe Bild auf Seite 602.)*

CASSATA SICILIANA — Sizilianische Eisspeise

Genauso wie oben bereiten, aber das Pistazieneis durch Schokoladeneis ersetzen.

EISBAISERS — Meringues glacées

6 Personen. *12 Baiserschalen; 1/2 l Vanilleeis; 2 dl vanillierte Schlagsahne.*

Die Schalen mit einem reichlichen Löffel Vanilleeis dazwischen zusammensetzen, anrichten und mit Hilfe von Spritzsack und Sterntülle mit der Schlagsahne dekorieren. Man kann sie mit jedem beliebigen Eis füllen.

GRÄFIN-MARIE-EIS — Glace comtesse Marie

6 Personen. *3 dl Erdbeereis; 5 dl Vanilleeis.*

Eine viereckige Form mit Erdbeereis chemisieren, mit Vanilleeis füllen und wie üblich frieren. Man kann auch umgekehrt mit Vanilleeis chemisieren und mit Erdbeereis füllen.

MADELEINE-EIS — Madeleine glacée

6 Personen. *6 dl Vanilleeis; 2 dl geschlagene Sahne; 150 g gewürfelte Konfitfrüchte; 2 cl Kirschwasser.*

Die Konfitfrüchte mit dem Kirschwasser mazerieren. Vanilleeis bereiten und etwas weich halten. Die Schlagsahne und die Konfitfrüchte darunterziehen, in eine Madeleineform füllen und im Tiefkühlschrank zum Festwerden stellen.

MARIA-THERESIA-EIS — Glace Marie-Thérèse

6 Personen. *3 dl Schokoladeneis; 4 dl vanillierte Schlagsahne; 5 Löffelbiskuits; 2 cl Kirschwasser; kandierte Ananas.*

Eine viereckige Form mit dem Schokoladeneis chemisieren und mit der Schlagsahne füllen, der man die grob zerbröckelten, mit Kirschwasser getränkten Löffelbiskuits untermengt hat. Nach dem Frieren stürzen und mit Dreiecken von kandierter Ananas dekorieren.

PLOMBIÈRES-EIS — Glace Plombières

6 Personen. *7 dl Vanilleeis; 150 g Konfitfrüchte; 3 cl Kirschwasser; 100 g Aprikosenmarmelade.*

Die Konfitfrüchte in kleine Würfel schneiden, mit dem Kirschwasser 1 Stunde lang mazerieren und mit dem Vanilleeis vermischen. Eine etwas flache Form abwechselnd mit Schichten von Vanilleeis und Aprikosenmarmelade füllen und zum Nachfrieren in den Tiefkühlschrank stellen. Man kann anstelle der Marmelade auch Löffelbiskuits, mit Kirschwasser getränkt, nehmen.

SCHNEEBALL — Boule de neige

6 Personen. *6 dl Vanilleeis; 100 g Konfitfrüchte; 3 cl Kirschwasser; 3 dl vanillierte Schlagsahne; kandierte Veilchen.*

Die Konfitfrüchte in kleine Würfel schneiden und 1 Stunde lang mit dem Kirschwasser mazerieren. Mit dem etwas weich gehaltenen Vanilleeis vermischen, in eine Kugelform füllen und ungefähr 40 Minuten in den Tiefkühlschrank stellen. Auf eine kalte, runde Platte stürzen und mit Hilfe von Spritzbeutel und Sterntülle gänzlich mit kleinen Sahnepunkten bedecken, die so dicht wie möglich nebeneinander stehen sollen. Hier und da ein kandiertes Veilchen einstecken und den Schneeball nur noch so lange nachfrieren, bis die Pünktchen fest sind. Nebenbei Weinschaumsauce mit Kirschwasser servieren.

WINDBEUTEL MIT EIS UND SCHOKOLADENSAUCE — Profiteroles glacées au chocolat

6 Personen. *12 Windbeutelchen von etwa 4 cm Durchmesser; 4 dl Vanilleeis; 2 dl vanillierte Schlagsahne; 30 g gehackte Pistazien; 4 dl heiße Schokoladensauce.*

Die Windbeutel von der unteren Seite aus mit Vanilleeis füllen, auf einer kalten Platte anrichten, mit einer Rosette von Schlagsahne dekorieren und mit etwas gehackter Pistazie bestreuen. Dazu heiße Schokoladensauce servieren.

LEICHTE EISARTEN

EISPARFAITS

Im Prinzip ist ein Parfait ein leichtes Eis aus Bombenmasse, das in einer hohen Form ohne Mantel gefroren wird und somit nur aus einer Geschmacksart besteht. Früher war es verpönt, ein Parfait anders als in der klassischen, hohen Form zu gefrieren und in irgendeiner Weise zu dekorieren. Heute kommt es immer öfters vor, daß man dem Parfait auch eine andere Form gibt und mit Schlagsahne u. a. garniert.

PARFAITMASSE (Grundrezept) — Appareil à parfait

8 Personen. *$^{1}/_{4}$ l Läuterzucker von 32 Grad; 8 Eigelb; 4 dl geschlagene Sahne; Geschmack.*

Das Eigelb mit dem kalten Läuterzucker vermischen und im Wasserbad bei mäßiger Hitze wie eine Biskuitmasse aufschlagen. Wenn sie dick und schaumig ist, kalt schlagen, den gewünschten Geschmack hinzufügen, die geschlagene Sahne locker unterziehen, in die Formen füllen und ungefähr 2 Stunden frieren lassen.

KAFFEEPARFAIT — Parfait au café

Die Masse wie oben bereiten, dem Läuterzucker jedoch einen großen Löffel Kaffeepulver beifügen. Man kann das Parfait in einer hohen Ziegelform frieren und mit Schlagsahne und Schokoladenzigaretten dekorieren. *(Siehe Bild auf Seite 603.)*

PARFAIT MIT RUM, COGNAC, KIRSCHWASSER, BENEDIKTINER usw. — Parfait au rhum, cognac, bénédictine, etc.

Die Masse wie üblich bereiten, jedoch vor dem Unterziehen der Sahne mit 3 cl des betreffenden Likörs aromatisieren.

KROKANTPARFAIT — Parfait praliné

Gleichzeitig mit der Sahne der Masse 60 g gestoßenen, gesiebten Krokant unterziehen.

PARFAIT MARIE-BRIZARD — Parfait glacé Marie-Brizard

Die Masse mit 3 cl Anisette aromatisieren und in einer hohen Ziegelform frieren. Auf eine lange Platte stürzen und mit Schlagsahne und Angelikablättchen garnieren.

PISTAZIENPARFAIT — Parfait aux pistaches

60 g recht grüne Pistazien mit 2-3 Löffel Wasser ganz fein reiben und einige Tropfen Kirschwasser beigeben. Nach dem Aufschlagen und noch vor dem Unterziehen der Schlagsahne der Eiermasse hinzufügen.

SCHOKOLADENPARFAIT — Parfait au chocolat

Die Masse wie üblich herstellen und dem Läuterzucker 80 g etwas bittere Schokolade hinzufügen.

TEEPARFAIT — Parfait au thé

In dem heißen Läuterzucker 2-3 g Tee ausziehen lassen, durch ein Tuch passieren, erkalten lassen und das Parfait wie üblich herstellen.

VANILLEPARFAIT — Parfait à la vanille

Das Parfait mit stark vanilliertem Läuterzucker bereiten.

WEIHNACHTSPARFAIT — Parfait du père Noël

6 Personen. *3/4 l Schokoladenparfait; ungefähr 400 g Mandelmeringuemasse; 150 g feingehackte Mandeln; 6 Weihnachtsbäume und 6 Bambis aus Hippenmasse mit Mandeln; 6 sehr kleine Sternchen aus Zuckerteig; 6 Konfitkirschen; 3 dl vanillierte Schlagsahne; etwas Kuvertüre.*

Die Mandelmeringuemasse mit einer Schablone zu 6 großen Dreiecken auf ein gewachstes Backblech streichen und mit gehackten Mandeln bestreuen. Im heißen Ofen backen und, sobald sie braun sind, sogleich vom Blech lösen und um trichterförmige Blechhülsen rollen und erkalten lassen. Von den Hülsen lösen und jede Tüte mit Schlagsahne füllen. Das Parfait in 6 runde Scheiben schneiden und jede auf eine vorgekühlte Glasschale plazieren und in die Mitte eine Tüte setzen. Auf die Spitze mit etwas Kuvertüre einen Stern befestigen und das Parfait mit einem Weihnachtsbaum, einem Bambi, einer Konfitkirsche und Schlagsahne garnieren.

DAS EISBISKUIT

MASSE FÜR EISBISKUIT — Klassische Formel

8 Personen. *6 Eigelb; 200 g Zucker; 125 g italienische Meringuemasse; 1/2 l geschlagene Sahne.*

Das Eigelb mit dem Zucker im Wasserbad erst warm, wie Biskuitmasse, und dann auf Eis kalt schlagen. Die italienische Meringuemasse, den gewünschten Geschmack und zuletzt die geschlagene Sahne locker unterziehen.

MASSE FÜR EISBISKUIT — Moderne Formel

6-8 Personen. *5-6 Eigelb; 200 g Zucker; 1/2 l geschlagene Sahne; Geschmack.*

Den Zucker mit etwas Wasser bis zum Ballen kochen. Das Eigelb unter ständigem Rühren mit dem heißen Zucker vermengen und mit dem Schneebesen bis zum völligen Erkalten aufschlagen. Den gewünschten Geschmack und die geschlagene Sahne locker unterziehen. Man kann für Eisbiskuits auch Bombenmassen verwenden.

FORMEN UND GEFRIEREN VON EISBISKUITS

Zum Formen bedient man sich rechteckiger, sogenannter Ziegelformen, die mit zwei Deckeln versehen sind. Die Masse, die in die Deckel gefüllt wird, ist meistens eine andere als die, die man für die Form selbst nimmt. Nach dem Füllen und Aufsetzen der Deckel stellt man die Form ungefähr 2 Stunden in den Tiefkühlschrank zum Gefrieren. Zum Stürzen taucht man die Form einige Sekunden in warmes Wasser, wischt sie ab, entfernt die Deckel und läßt das Eis herausgleiten. Es wird mit einem in heißes Wasser getauchten Messer in gleichmäßige Rechtecke von ungefähr 4 cm Breite geschnitten, gegebenenfalls dekoriert und noch kurze Zeit in den Tiefkühlschrank gestellt, um den Dekor zu gefrieren.

EISBISKUIT MIT BENEDIKTINER — Biscuit glacé à la bénédictine

Den Boden mit Erdbeerschaumeis füllen und anfrieren lassen, bevor man die Mitte mit Biskuitmasse mit Benediktiner und den Deckel mit Veilchenmasse füllt.

Moderne Art. 125 g Löffelbiskuits leicht zerbröckeln und mit 2 cl Benediktiner tränken. Eine Bombenmasse oder eine Masse auf moderne Art bereiten, mit 3 cl Benediktiner aromatisieren, mit den Löffelbiskuits vermengen und gefrieren. In Stücke schneiden, jedes Stück mit einer Rosette von Schlagsahne dekorieren, mit wenig feingehackter Pistazie bestreuen und den Dekor noch kurz nachfrieren.

■ MIT COINTREAU ODER GRAND-MARNIER

Gleiche Zubereitung wie oben, mit einem Dekor von Schlagsahne und einer halben Konfitkirsche oder einem kleinen Stückchen kandierter Ananas.

■ FANCHONNETTE — Biscuit glacé Fanchonnette

Den Boden mit Vanillemasse, die Mitte mit Pistazienmasse und den Deckel mit Krokantmasse füllen. Nach dem Stürzen mit einer Rosette von Schlagsahne und einer halben Konfitkirsche dekorieren.

■ FEENKÖNIGIN — Biscuit glacé Reine des fées

Eine Vanillebombenmasse mit 75 g kleingewürfelter, kandierter Ananas, mit Grand-Marnier mazeriert und mit 100 g gewürfelter Génoise vermischt, einfüllen und gefrieren. Nach dem Stürzen die Oberseite dicht mit feingehackten Pistazien bestreuen und mit Puderzucker leicht bestäuben.

■ KÖSTLICHES — Biscuit glacé délice

Die Form abwechselnd in den Farben mit je 2 Lagen Kirschmasse und Schokoladenmasse (moderne Formel mit 75 g Schokolade) füllen und gefrieren. Nach dem Stürzen, jedes Rechteck mit einer Rosette von Schlagsahne und einer Schokoladenzigarette dekorieren.

■ LYRISCHES — Biscuit glacé lyrique

Den Boden und den Deckel mit Vanillemasse, vermischt mit Würfelchen von Konfitfrüchten, mit Cointreau mazeriert, und die Mitte mit Erdbeerschaummasse füllen. Nach dem Stürzen und vor dem Schneiden dicht mit Streuselschokolade bestreuen und hier und da etwas Blattgold applizieren.

■ NEAPOLITANISCHES — Biscuit glacé napolitain

Den Boden mit Vanille-, die Mitte mit Erdbeer- und den Deckel mit Krokantmasse füllen und wie üblich gefrieren.

EISBOMBEN

MASSE FÜR EISBOMBEN (Grundrezept) — Appareil à bombe glacée

¼ l Läuterzucker von 32 Grad; 8 Eigelb; ½ l geschlagene Sahne; Geschmack.

Das Eigelb mit dem kalten Läuterzucker vermischen und genauso verfahren wie für Parfaitmasse.

FORMEN DER BOMBEN

Die Bombenform bis zur Höhe in gestoßenes Eis setzen oder in den Tiefkühlschrank stellen, um sie stark vorzukühlen. Rasch mit einer wenigstens 1 cm dicken Schicht maschinengefrorenem Eis am Boden und an den Seiten ausstreichen (chemisieren), mit Bombenmasse füllen, mit einem Blatt Papier bedecken, den Deckel aufsetzen und in den Tiefkühlschrank zum Gefrieren stellen. Dieser Vorgang muß rasch vonstatten gehen, damit das Eis, mit dem die Form ausgestrichen wird (der Mantel) nicht vorzeitig abrutschen kann. Nach dem Gefrieren die Form einen Moment in warmes Wasser tauchen, abwischen und auf eine runde Platte stürzen.

EISBOMBE DIANA — Bombe glacée Diane

Die Form mit Pistazieneis chemisieren und mit Schokoladenparfaitmasse füllen. Nach dem Stürzen mit Schlagsahne, Schokoladensplitter, halben Konfitkirschen und Bambis aus Mandelhippenmasse dekorieren. *(Siehe Bild auf Seite 604.)*

■ ESPERANZA — Bombe glacée Esperanza

Die Form mit Pistazieneis chemisieren und mit Orangenbombenmasse, vermischt mit Würfelchen von in Curaçao mazerierten Konfitfrüchten, füllen.

■ FANCHONNETTE — Bombe glacée Fanchonnette

Die Form mit Orangeneis chemisieren und mit Krokantbombenmasse füllen. Nach dem Stürzen mit schlagsahne und Likörbonbons garnieren.

■ JAPANISCHE — Bombe glacée japonaise

Die Form mit Mandarinen- oder Pfirsicheis chemisieren und mit einer Teeschaummasse füllen.

■ JAVANISCHE — Bombe glacée javanaise

Die Form mit Kaffee-Eis, vermischt mit 4-5 Eßlöffeln Crème double, chemisieren und mit Bananenschaummasse, mit Rum aromatisiert und mit 60 g Likörkaffeebohnen vermischt, füllen.

■ KARDINAL — Bombe glacée cardinal

Die Form mit Erdbeereis chemisieren und mit Krokantbombenmasse oder mit Schaummasse mit Kirschwasser füllen.

■ MAC-MAHON — Bombe glacée Mac-Mahon

Die Form mit Orangeneis chemisieren und mit einer Bombenmasse, mit Curaçao und kleinen Streifen von kandierten Orangen vermischt, füllen. Nach dem Stürzen mit vanillierter Schlagsahne, Konfitkirschen und Angelika dekorieren.

■ MARINETTE — Bombe glacée Marinette

Die Form mit Vanilleeis chemisieren und mit einer Erdbeerschaummasse füllen.

■ MAROKKANISCHE — Bombe glacée marocaine

Die Form mit Schokoladeneis chemisieren und mit Bombenmasse füllen, die mit Rum aromatisiert und mit 75 g gehackten Datteln vermischt worden ist.

■ PAUL — Bombe glacée Paul

Die Form mit Krokanteis chemisieren. Mit vanillierter Schlagsahne füllen, in deren Mitte man 60 g Streuselschokolade derart gefüllt hat, daß sie sich nicht mit der Sahne vermischt und beim Servieren intakt bleibt.

■ PRINZ NICOLAI — Bombe Prince Nicolaï

Die Form mit Schokoladeneis chemisieren und mit Kirschwasser-Bombenmasse, vermischt mit 75 g kleingewürfelter, kandierter, mit Cointreau mazerierter Ananas, füllen. Nach dem Stürzen mit Schlagsahne und Dreiecken von kandierter Ananas garnieren und ein Ornament von gebackenem Brandteig auf die Kuppel setzen.

■ RÖMISCHE — Bombe glacée à la romaine

Die Form mit Krokanteis chemisieren und mit Bombenmasse, mit Strega (italienischem Likör) aromatisiert, füllen.

EISBOMBE ROTER TEUFEL — Bombe glacée Diable rouge

Die Form mit Erdbeereis chemisieren und mit Bombenmasse füllen, die mit Curaçao aromatisiert und mit geviertelten Konfitkirschen, mit Curaçao mazeriert, vermischt worden ist.

■ SINGAPUR — Bombe glacée Singapour

Die Form mit Erdbeereis chemisieren und mit Ananasschaummasse, vermischt mit Würfelchen von kandierter, mit Kirschwasser mazerierter Ananas, füllen.

■ VANDERBILT — Bombe glacée Vanderbilt

Die Form mit Orangeneis chemisieren und mit Kirschwasser-Bombenmasse, vermischt mit in Grand-Marnier mazerierten Walderdbeeren, füllen. Mit Schlagsahne, kleinen Erdbeeren und kandierten Veilchen dekorieren.

■ WEISSE DAME — Bombe glacée Dame blanche

Die Form mit Vanilleeis chemisieren und mit Bombenmasse mit Mandelmilch füllen.

EISAUFLÄUFE

Je nachdem, ob es sich um einen Creme- oder einen Fruchtauflauf handelt, wird die Masse für den Eisauflauf verschiedenartig zubereitet. Für Cremeaufläufe verwendet man die Schaummasse, wie sie für Schaumeis, moderne Formel, beschrieben worden ist, während man für Fruchtaufläufe die nachstehende Masse nimmt.

MASSE FÜR EISAUFLÄUFE VON FRÜCHTEN

8 Personen. *5 Eiweiß; 250 g Zucker; $^1/_4$ l sehr dickes Fruchtpüree; 4 dl geschlagene Sahne.*

Das Eiweiß sehr fest schlagen und unter fortwährendem Schlagen den heißen, zum kleinen Ballen gekochten Zucker untermengen. Kaltwerden lassen, erst das Fruchtpüree und dann recht locker die Sahne unterziehen.

FORMEN UND GEFRIEREN DER EISAUFLÄUFE

Eine Auflaufschale wird zuerst mit einem Streifen von starkem Papier oder dünnem, weißem Karton umgeben, der den Rand der Schale um 3-4 cm überragt und mit Bindfaden oder Gummiband befestigt wird. Die fertige Masse wird so hoch eingefüllt, daß sie, nachdem das Papier entfernt worden ist, den Rand so weit überragt, daß man den Eindruck gewinnt, einen gebackenen Auflauf vor sich zu haben. Nach dem Einfüllen wird die Schale zum Gefrieren in den Tiefkühlschrank gestellt. Zum Servieren wird die Oberfläche erst dicht mit Kakaopulver und dann leicht mit Puderzucker bestäubt und Papier und Bindfaden werden entfernt. Kleine Eisaufläufe werden genau so hergestellt, doch füllt man sie in runde Ragout- oder Eiernäpfchen, die man ebenfalls mit einem Papierstreifen umbindet.

EISAUFLAUF MIT BENEDIKTINER, COINTREAU, CHARTREUSE usw. — Soufflé glacé à la bénédictine, cointreau, chartreuse, etc.

100 g Löffelbiskuits in kleine Stücke zerbrechen oder 100 g Génoise in Würfelchen schneiden und mit 2 cl Benediktiner tränken. Eine Crememasse herstellen und beim Aufschlagen des Eigelbs 3 cl Benediktiner hinzufügen. Die Löffelbiskuits vermengt man unter die Eiermasse zur gleichen Zeit wie die Schlagsahne.

■ MIT GRAND-MARNIER — Soufflé glacé au Grand-Marnier

Die Crememasse mit 5 cl Grand-Marnier bereiten. Die Hälfte davon gibt man dem Eigelb beim Aufschlagen und die andere Hälfte vor dem Unterziehen der Sahne hinzu.

EISAUFLAUF MIT MANDELN — Soufflé glacé aux amandes

180 g Zucker; 5 Eigelb; 3 Eiweiß; 75 g geschälte Mandeln; 2 cl Kirschwasser; 1/2 l geschlagene Sahne.

Die Mandeln mit einigen Tropfen Wasser ganz fein reiben und mit dem Kirschwasser vermischen. Das Eigelb mit dem Zucker im Wasserbad wie Biskuitmasse aufschlagen, auf Eis kalt schlagen, die Mandeln daruntermengen, dann das Eiweiß und zuletzt die geschlagene Sahne locker unterziehen. Nach dem Gefrieren anstelle von Kakaopulver dicht mit gestoßenem, gesiebtem Krokant bestreuen und leicht mit Puderzucker bestäuben.

■ MIT PISTAZIEN — Soufflé glacé aux pistaches

Genauso wie Mandeleisauflauf bereiten, aber die Mandeln durch recht grüne Pistazien ersetzen.

■ MIT SCHOKOLADE — Soufflé glacé au chocolat

Eine Crememasse bereiten und vor dem Unterziehen der Schlagsahne 75-100 g geschmolzene, abgekühlte Schokolade hinzufügen.

■ TORTONI — Soufflé glacé Tortoni

Eine Crememasse bereiten, die mit Kirschwasser aromatisiert und mit 75 g Mandelkrokant, gestoßen und gesiebt, vermischt worden ist. Nach dem Gefrieren und ehe man das Papier entfernt, Schlagsahne mittels Spritzsacks und dünner Lochtülle wie Spaghetti auf der Oberfläche hin und her, aber ziemlich dicht nebeneinander spritzen. Noch kurz in den Tiefkühlschrank zum Nachfrieren stellen und beim Servieren die Oberfläche mit gestoßenen, gesiebten, gerösteten Haselnüssen bestreuen und leicht mit Puderzucker bestäuben.

KLEINE EISAUFLÄUFE VON APRIKOSEN — Petits soufflés aux abricots

8 Personen. *250 g zum kleinen Ballen gekochten Zucker; 250 g Püree von in Läuterzucker pochierten und gut abgetropften Aprikosen; 2 cl Kirschwasser; 5 Eiweiß; 4 dl geschlagene Sahne.*

Das Eiweiß festschlagen und unter fortwährendem Schlagen den heißen Läuterzucker unterziehen. Nach völligem Erkalten das Aprikosenpüree, das Kirschwasser und die festgeschlagene Sahne unterziehen und die Masse in kleine, mit einem Papierstreifen umbundene Näpfchen füllen und weiter behandeln, wie es angegeben worden ist. Nach dem Entfernen des Papiers mit Kakaopulver und Puderzucker bestäuben.

KLEINE EISAUFLÄUFE YOLANDA — Petits soufflés glacés Yolande

8 Personen. *250 g Zucker, zum Ballen gekocht; 250 g Himbeerpüree; 100 g kleingewürfelte frische Ananas, mit Puderzucker und 2 dl Curaçao mazeriert; 5 Eiweiß; 4 dl geschlagene Sahne.*

Wie kleine Aprikosenaufläufe behandeln, aber noch vor der Schlagsahne die Ananaswürfelchen der Masse unterziehen.

SCHAUMEIS

CREMESCHAUMMASSE (klassische Formel) — Appareil à mousse glacée à la crème

8 Personen. *1/4 l sehr dicke englische Creme von 6 Eigelb, 2 dl Milch, 160 g Zucker; 1/2 l geschlagene Sahne; Geschmack.*

Die dicke, kalte englische Creme mit dem gewünschten Geschmack aromatisieren und die festgeschlagene Sahne unterziehen. In einer Bomben-, Zylinder- oder beliebigen Form frieren. Vanilleschaumeis bereitet man mit stark vanillierter englischer Creme.

CREMESCHAUMMASSE (moderne Formel)

8 Personen. *180-200 g Zucker; 5 Eigelb; 3 Eiweiß; 1/2 l geschlagene Sahne; Geschmack.*

Das Eigelb mit dem Zucker verrühren und im Wasserbad wie Biskuit aufschlagen. Wenn es dick und schaumig geworden ist, kalt schlagen, erst den gewünschten Geschmack, dann das festgeschlagene Eiweiß und zuletzt die Schlagsahne unterziehen. In die Form füllen und im Tiefkühlschrank frieren.

FRUCHTSCHAUMMASSE — Appareil à mousse glacée aux fruits

8 Personen. *1/4 l kalten Läuterzucker von 35 Grad; 1/4 l dickes Fruchtpüree; 1/2 l geschlagene Sahne.*

Den kalten Läuterzucker mit dem Fruchtpüree vermischen und die sehr fest geschlagene Sahne locker unterziehen, in die Form füllen und frieren. Fruchtschaumeis bereitet man mit einem Püree von Erdbeeren, Himbeeren, Bananen, Pfirsichen und anderen, nicht wässerigen Früchten.

KAFFEESCHAUMEIS — Mousse glacée au café

Das Eis nach der modernen Formel bereiten und dem Eigelb einen gehäuften Eßlöffel Kaffeepulver beimengen.

SCHAUMEIS MIT GRAND-MARNIER, KIRSCHWASSER, MARASCHINO usw. — Mousse glacée au Grand-Marnier, kirsch, marasquin, etc.

Das Cremeeis nach der modernen Formel bereiten, dabei die Hälfte des Likörs dem Eigelb beim Aufschlagen zufügen und die andere Hälfte ehe man das Eiweiß unterzieht. Für 8 Personen rechnet man 5 cl Likör.

EISTORTEN

Eistorten gehören zu den feinsten Eisspeisen, sofern sie vorschriftsmäßig aus leichtem Eis hergestellt werden. Im allgemeinen bestehen sie aus einem Boden von Genueser oder anderem Biskuit, leicht mit Läuterzucker getränkt, der kräftig mit Likör abgeschmeckt worden ist, einer oder mehreren Schichten von leichtem Eis und werden mit einem zweiten, getränkten Biskuitboden abgedeckt. Nach dem Gefrieren werden die Torten meistens mit Schlagsahne, frischen oder Konfitfrüchten u. a. m. garniert. *(Siehe Bild auf Seite 604.)*

EISTORTE DOLORÈS — Gâteau glacé Dolorès

Auf den Boden einer viereckigen Form eine entsprechend geschnittene, etwa 8 mm dicke Scheibe Genueser Biskuit legen und leicht mit Kirschwasser-Läuterzucker tränken. Ungefähr 4 cm hoch mit Vanillebombenmasse, vermischt mit kleingewürfelten, mit Kirschwasser mazerierten Konfitfrüchten, füllen und mit einer gleichermaßen getränkten Biskuitscheibe abdecken. Nach dem Gefrieren die Oberseite ganz leicht aprikotieren, dicht mit Schokoladenstreusel bestreuen, leicht mit Puderzucker bestäuben und die Seiten mit gehackten Pistazien anstreuen. Nebenbei vanillierte Schlagsahne servieren.

■ JAPANISCHE — Gâteau glacé à la japonaise

Den Boden einer flachen, runden Tortenform mit einem entsprechenden, etwa 8 mm dicken Boden von Biskuit belegen und leicht mit Läuterzucker, stark mit Mandarinensaft aromatisiert, tränken. Mit Teebombenmasse, vermischt mit gebrochenen, in Mandarinenlikör getränkten Löffelbiskuits, füllen und wie üblich frieren. Nach dem Stürzen mit Schlagsahne und Stückchen von kandierten Pfirsichen garnieren, die Seiten mit gerösteten, gehackten Mandeln anstreuen und noch kurz in den Tiefkühlschrank zum Anfrieren der Sahne stellen.

■ JAMAIKA — Gâteau glacé à la Jamaïque

In eine viereckige Tortenform einen entsprechend geschnittenen Boden von Genueser Biskuit legen und leicht mit Curaçaoläuterzucker tränken. Mit Vanillebombenmasse, vermischt mit pochierten, mit Zucker und Curaçao mazerierten Ananaswürfelchen füllen und mit einer ebenfalls mit Curaçaoläuterzucker getränkten Biskuitscheibe abdecken und frieren. Nach dem Stürzen oben und auf den Seiten aprikotieren und mit gehackten, gerösteten Mandeln anstreuen. Vor dem Servieren mit Puderzucker bestäuben und wie eine Torte schneiden.

EISTORTE AUF KÖNIGINART — Gâteau glacé à la reine

Den Boden einer runden Tortenform mit einer mit Kirschwasser-Läuterzucker leicht getränkten Scheibe von Genueser Biskuit belegen. Mit je einer Schicht Mandel- und Erdbeerbombenmasse füllen und mit einer getränkten Biskuitscheibe abdecken. Nach dem Gefrieren stürzen, rundherum und oben aprikotieren und mit grobgestoßenen Makronen anstreuen und oben leicht mit Puderzucker bestäuben.

EISBECHER

Eisbecher bestehen im allgemeinen aus einer oder mehreren Sorten von einfachem Eis, Früchten und oft auch vanillierter Schlagsahne. Man richtet sie in Silber-, Glas- oder Kristallschalen oder Eisbecher an, wobei man darauf achten sollte, daß sie nicht zu hoch gefüllt werden. Sie werden hauptsächlich zum Mittagessen serviert.

EISBECHER ALEXANDRA — Coupe Alexandra

Den Becher zur Hälfte mit einem Salpicon von frischen Früchten, mit Zucker und Kirschwasser mazeriert, füllen. Mit Erdbeereis bedecken und mit einigen kleinen Erdbeeren dekorieren.

■ MIT ANANAS — Coupe à l'ananas

Einen großen Löffel gewürfelte, frische, mit Kirschwasser und Zucker mazerierte Ananas in den Becher geben, mit einer Kugel Vanilleeis bedecken und mit Schlagsahne und einem Stückchen kandierter Ananas dekorieren.

■ FROU-FROU — Coupe Frou-Frou

Den Becher zur Hälfte mit Vanilleeis anfüllen und mit Salpicon von frischen Pfirsichen, mit Curaçao mazeriert, füllen. Mit Schlagsahne dekorieren und eine Konfitkirsche in die Mitte stecken.

■ JACQUES — Coupe Jacques

Den Becher zu einem Drittel mit Zitroneneis füllen, mit einem Eßlöffel Fruchtsalpicon, mit Kirschwasser mazeriert, bedecken und darüber einen Löffel Erdbeereis geben.

■ AUF KREOLENART — Coupe à la créole

Den Becher zur Hälfte mit einem Salpicon von Ananas und Bananen, mit Rum mazeriert, füllen, mit Zitroneneis bedecken und mit Schlagsahne garnieren.

■ MARCELLE — Coupe Marcelle

Den Becher mit Himbeereis anfüllen, mit Walderdbeeren, mit Curaçao mazeriert, bedecken und mit dicker, ungeschlagener, gezuckerter und vanillierter Sahne nappieren.

■ MARGARETA — Coupe Marguerite

Den Becher mit Erdbeereis halbvoll füllen. Einen halben, in Vanilleläuterzucker pochierten Pfirsich mit der Öffnung nach oben auf das Eis dressieren. Die Öffnung mit Schlagsahne füllen und den Pfirsich mit kleinen Erdbeeren umkränzen.

■ MEXIKANISCHER — Coupe à la mexicaine

Den Becher zur Hälfte mit Würfelchen von frischer, mit Curaçao mazerierter Ananas füllen und mit Mandarineneis bedecken.

■ NINON — Coupe Ninon

Den Becher mit Krokanteis füllen, in die Mitte eine Einbuchtung machen, mit gezuckerten, roten Johannisbeeren füllen und mit Tupfen von vanillierter Schlagsahne umkränzen.

EISBECHER ROMANOW — Coupe Romanoff

Den Becher zur Hälfte mit Vanilleeis füllen. Mit kleinen, in Orangensaft und Curaçao mazerierten Erdbeeren bedecken und mit Schlagsahne garnieren.

■ SYLVIA — Coupe Sylvia

Den Becher zur Hälfte mit Bananenwürfelchen füllen, die mit Orangensaft und Kirschwasser mazeriert worden sind. Mit Haselnußeis bedecken und mit Schlagsahne garnieren.

■ TUTTI-FRUTTI — Coupe Tutti-Frutti

Den Becher schichtweise mit Erdbeer-, Zitronen- und Ananaseis, mit einem Salpicon von Früchten, mit Kirschwasser mazeriert, zwischen den einzelnen Lagen, füllen.

■ VANDERBILT — Coupe Vanderbilt

Den Becher zur Hälfte mit Orangeneis füllen und reichlich mit Walderdbeeren, mit Grand-Marnier mazeriert, bedecken. Beim Servieren etwas Schaumwein in den Becher gießen.

■ AUF WIENER ART — Coupe à la viennoise

Den Becher mit Kaffee-Eis füllen und mit vanillierter Schlagsahne garnieren.

■ WALEWSKA — Coupe Walewska

Den Becher mit Vanilleeis anfüllen und mit Scheiben von frischen Pfirsichen, mit Kirschwasser mazeriert, bedecken. Mit Schlagsahne garnieren und eine schöne Erdbeere in die Mitte stecken.

■ AUF ZARINART — Coupe à la tsarine

Den Becher mit Zitroneneis füllen und mit grobgehackten Kirschen bedecken. Obenauf Sternchen von Schlagsahne spritzen.

SORBETS

Sorbets sind sehr leichte, zarte Eisarten, die man in speziellen, vorgekühlten Gläsern inmitten einer festlichen Mahlzeit vor dem Braten serviert, um den Gaumen zu erfrischen. Heute serviert man Sorbets aber auch als kleine Süßspeise zum Mittagessen und als Erfrischung während eines kalten Büfetts.

Sorbets bereitet man im allgemeinen mit Läuterzucker von 22 Grad und vermischt ihn mit Wein, Fruchtsaft oder Likör. Sorbets von Früchten bereitet man immer mit klaren Fruchtsäften und nicht mit Pürees. Alle Sorbets werden weniger gesüßt als Eis und nach dem Gefrieren in der Maschine mit italienischer Meringuemasse oder Schlagsahne vermischt.

SORBET VON FRÜCHTEN — Sorbet aux fruits

6 Personen. *4 dl Läuterzucker von 22 Grad; ungefähr 4 dl Fruchtsaft; Saft 1 Zitrone; italienische Meringuemasse von 1 Eiweiß.*

Den kalten Läuterzucker mit dem Zitronen- und Fruchtsaft auf 15 Grad (mit der Zuckerwaage gemessen) bringen und frieren. Die Meringuemasse locker unterziehen und das Sorbet in hohe, vorgekühlte Sektkelche füllen. Fruchtsorbet bereitet man aus dem filtrierten Saft von Erdbeeren, Himbeeren, roten Johannisbeeren, Kirschen, Mandarinen usw.

SORBET MIT LIKÖREN — Sorbet aux liqueurs

Kalten Läuterzucker von 18 Grad mit etwas Zitronensaft abschmecken und gefrieren. Sobald die Masse fertig ist, italienische Meringuemasse von einem Eiweiß und 5 cl des gewünschten Likörs unterziehen. Beim Anrichten noch mit einigen Tropfen des betreffenden Likörs beträufeln. Man bereitet Likörsorbet mit Rum, Kirschwasser, Cognac, Curaçao, Maraschino, Cointreau, Grand-Marnier, Benediktiner usw.

ORANGENSORBET — Sorbet à l'orange

Wie Zitronensorbet mit dem Saft von 5 Orangen und 1 Zitrone bereiten.

WEINSORBET — Sorbet au vin

6 Personen. *4 dl Läuterzucker von 22 Grad; ungefähr 2 dl Wein; Saft 1 Zitrone; italienische Meringuemasse von 1 Eiweiß und 50 g Zucker.*

Den Läuterzucker mit dem Zitronensaft und dem Wein auf 16 Grad bringen. Ist die Masse schwerer, noch etwas Wein hinzufügen, ist sie leichter, etwas Puderzucker daruntermischen. Nach dem Gefrieren die italienische Meringuemasse unterziehen und die vorgekühlten Gläser nur dreiviertelvoll füllen. Weinsorbet wird nur mit sehr feinen Weinen, z. B. schwerem Rheingauer, Pfälzer, Rheinhessen, feinem Haut-Sauternes, Sherry, Madeira, Portwein, Marsala usw. bereitet.

ZITRONENSORBET — Sorbet au citron

6 Personen. *5-6 dl Läuterzucker von 22 Grad; 5-6 Zitronen; italienische Meringuemasse von 1 Eiweiß.*

Die dünn abgeschälte Schale von 2 Zitronen in dem heißen Läuterzucker ausziehen lassen, erkalten und passieren. Mit filtriertem Zitronensaft auf 17 Grad bringen, frieren und die Meringuemasse darunterziehen.

GRANITÉS, GRAMOLATA — Granités

Granités sind ganz leichte Fruchtsorbets, deren Zuckergehalt nicht mehr als 12 Grad betragen darf. Sie enthalten keine Meringuemasse und müssen so gefroren werden, daß sie noch körnig sind.

MARQUISES — Marquises

Marquises werden mit Fruchtsäften bereitet, ihr Zuckergehalt (mit der Zuckerwaage gemessen) soll 18 Grad betragen. Nach dem Gefrieren fügt man je Liter 2 dl festgeschlagene Sahne hinzu. Man kann sie auch aus Kirschwasser-Läuterzucker von 17 Grad bereiten und nach dem Gefrieren die Schlagsahne und die gleiche Menge Fruchtpüree unterziehen und bis zum Gebrauch im Konservator aufbewahren. Marquises serviert man in der Hauptsache als Süßspeise und als Erfrischung für kalte Büfetts.

RÖMISCHER PUNSCH — Punch à la romaine

Läuterzucker von 22 Grad mit trockenem Weißwein oder Schaumwein auf 18 Grad bringen. Die dünn abgeschälte Schale von je einer halben Zitrone und Orange, den Saft von 2 Orangen und 1 Zitrone hinzufügen und, zugedeckt, 1 Stunde ziehen lassen. Passieren, auf 18 Grad bringen und nach dem Gefrieren 25 % der Gesamtmenge italienische Meringuemasse unterziehen. In Gläser füllen und mit einem Teelöffel Rum beträufeln.

SPOOMS — Spooms

Spooms sind Sorbets, die ausschließlich von feinen Weinen, besonders Weiß- und Schaumweinen, bereitet werden. Nach dem Gefrieren vermengt man sie mit der doppelten üblichen Menge Meringuemasse, damit sie ganz leicht und locker sind.

KUCHEN, TORTEN UND GEBÄCKE

LA PÂTISSERIE

Bei der Herstellung von Kuchen, Torten und Gebäcken aller Arten müssen die in den Rezepten angegebenen Proportionen genau eingehalten werden. Eine auch nur geringe Abweichung hinsichtlich der Eier-, Butter- oder Mehlmengen kann unter Umständen das ganze Gebäck verderben. Das bedeutet, daß man die in den Rezepten angegebenen Zutaten gewissenhaft abwiegen muß. Einen Irrtum bei der Zubereitung eines Gerichtes kann man vielleicht noch korrigieren, doch bei einem verfehlten Gebäck ist das praktisch unmöglich.

Um ein rasches Auffinden der verschiedenen Gebäckarten zu ermöglichen, haben wir folgende Klassifizierung vorgenommen:

— Torten und Kuchen von Biskuitteig
— Torten und Kuchen von Brandteig
— Torten und Kuchen von Blätterteig
— Kuchen und Torten von Genueser Teig (Génoise)
— Kuchen und Torten von Hefeteig
— Kuchen und Torten von Mürbeteig, Mandel- und Nußteig und mit Maronen
— Obsttorten und -kuchen
— Ausländische Spezialitäten
— Kleines Gebäck und Dessertstücke
— Petits Fours

Naturgemäß können nicht sämtliche Kuchen, Torten und Feingebäcke in einem Werk aufgeführt werden, das in erster Linie der Küche gewidmet ist. Ein Werk, das sich ausschließlich mit der Patisserie und Konfiserie befaßt, ist im gleichen Verlag erschienen.

TORTEN UND KUCHEN VON BISKUITTEIG

BISKUITROLLE — Biscuit roulé

8 Personen. *75 g Zucker; 75 g Mehl; 25 g Butter; 3 ganze Eier; 1 Eigelb. Backzeit: 7-8 Minuten.*

Den Zucker mit 4 Eigelb recht weiß und schaumig rühren. Das festgeschlagene Eiweiß und zugleich das Mehl locker darunterziehen und zuletzt die flüssige, knapp lauwarme Butter daruntermengen, die man aber auch fortlassen kann. Den Teig gleichmäßig 1 cm dick auf nicht gebuttertes Papier aufstreichen, das auf ein Backblech gelegt worden ist. Im heißen Ofen saftig ausbacken und auf den Marmor mit der Seite des Papiers nach oben stürzen, wodurch der Teig weich und biegsam bleibt. Das Papier sorgfältig abziehen, mit beliebiger Konfitüre, Buttercreme usw. bestreichen, zusammenrollen, mit Puderzucker bestäuben und in Scheiben schneiden. Enthält die Roulade Buttercreme, vor dem Schneiden im Kühlraum festwerden lassen. Man kann die Rolle auch mit Rum- oder anderer Glasur überziehen. Eigelb und Zucker werden geschmeidiger und schaumiger, wenn man beim Rühren einige Tropfen kaltes Wasser hinzugibt.

CHOCOLATINETORTE — Gâteau chocolatine

Die Torte genau so wie Mokkatorte bereiten, aber die Mokkacreme durch Schokoladenbutter creme ersetzen und rundherum mit gehackten, gerösteten Mandeln anstreuen.

JAVANISCHE TORTE — Gâteau Java

Personen. *125 g Zucker; 50 g Mehl; 50 g Kartoffelmehl; 4 Eigelb; 3 festgeschlagene Eiweiß; das Abgeriebene einer Orange; 50 g kandierte Orangenschale; 3 dl Orangenmarmelade; 200 g Orangenfondant; 4 kandierte Orangenscheiben. Backzeit: 40-50 Minuten.*

Den Teig wie für Orangenschaumtorte mit abgeriebener Orangenschale bereiten, die gehackte Orangenschale daruntermischen und in einer viereckigen Form in einem mäßig heißen Ofen backen. Nach dem Erkalten einmal durchschneiden, mit Orangenmarmelade bestrichen wieder zusammensetzen, mit Orangenfondant glacieren und mit den kandierten Orangenscheiben dekorieren.

MEXIKANISCHE TORTE — Gâteau mexicain

6 Personen. *125 g Zucker; 90 g Mehl; 80 g Butter; 4 Eier; 1 Eigelb; 35 g Kakaopulver; Aprikosenmarmelade; Schokoladenfondant; Spritzglasur. Backzeit: 40 Minuten.*

Den Zucker mit 5 Eigelb schaumig rühren, dann das festgeschlagene Weiß der 4 Eier, das Mehl und das Kakaopulver gleichzeitig locker unterziehen. In eine gebutterte und mit Mehl ausgestreute, runde Tortenform füllen und bei mäßiger Hitze backen. Nach dem Erkalten zweimal waagerecht durchschneiden und mit Schokoladenbuttercreme füllen. Gänzlich mit eingekochter, passierter Aprikosenmarmelade bestreichen und mit Schokoladenfondant überziehen. Ehe der Fondant kalt wird, aus einer starken, an der Spitze klein abgeschnittenen Papiertüte dünne Linien parallel mit Spritzglasur ziehen und rasch mit der Spitze eines Messers in kurzen Abständen erst quer zu den Linien und dann in umgekehrter Richtung ziehen. (*Siehe Bild auf Seite 668 und* KULINARISCHE TECHNIK IN BILDERN, *Seiten 741/742.*)

MOKKATORTE — Gâteau moka

6 Personen. Zum Biskuit: *125 g Puderzucker; 100 g Mehl; 75 g Butter; 4 Eier. Backzeit: etwa 30 Minuten.* Zur Creme: *125 g Butter; 1½ dl sehr kräftige englische Creme mit Kaffee; 100 g Hagelzucker oder gehackte, geröstete Mandeln.*

Den Zucker mit dem Eigelb schaumig rühren, bis sich das Volumen verdoppelt hat. Das Mehl und ein Fünftel des festgeschlagenen Eiweißes darunterrühren und dann das restliche Eiweiß ganz locker unterziehen und zum Schluß die knapp lauwarme, zerlassene Butter, ohne Molken, ebenfalls recht leicht untermengen. Den Teig in eine runde, ausgebutterte und ausgemehlte Tortenform füllen und bei mäßiger Hitze backen. Nach dem Backen die Torte auf ein Tortengitter gleited und vollständig auskühlen lassen. Waagerecht in 2-3 Scheiben schneiden, jede Scheibe mit Mokkabuttercreme bestreichen und die Torte wieder zusammensetzen. Die seitliche Kante und die Oberfläche gleichfalls mit der Creme dünn bestreichen und den Hagelzucker oder die Mandeln seitlich applizieren. Die Oberfläche mittels Spritzsacks und Sterntülle mit Buttercremepünktchen garnieren. *(Siehe Bild auf Seite 668.)*

MOKKATORTE (Moderne Art) — Gâteau moka

Die Torte genauso wie oben herstellen und auch füllen. Erst in den Kühlschrank zum Festwerden der Buttercreme stellen, dann gänzlich mit Kaffeefondant glacieren, den man mit etwas Karamel dunkler gefärbt hat. Auf die Torte das Wort « Mokka » schreiben und beliebig mit Mokkafondant oder Spritzglasur verzieren.

Die Mokkatorte ist der Grundtyp aller mit Buttercreme gefüllten Torten. Indem man die Buttercreme und die Glasur ändert, kann man vielerlei verschiedene Torten dieser Art herstellen. *(Siehe Bild auf Seite 669.)*

NUSSSCHAUMTORTE — Gâteau mousseline aux noisettes

6 Personen. *125 g Puderzucker; 50 g Kartoffelmehl; 4 Eigelb; 3 festgeschlagene Eiweiß; 50 g Mehl; 40 g geröstete, gestoßene, gesiebte Haselnüsse. Backzeit: ungefähr 40 Minuten.*

Den Zucker mit dem Eigelb weiß und schaumig rühren. Das Eiweiß und gleichzeitig das gesiebte Mehl, Kartoffelmehl und die Haselnüsse locker unterziehen und in eine dünn mit Butter ausgestrichene und mit Kartoffelmehl ausgestreute Tortenform füllen. Bei mäßiger Hitze backen und nach dem Erkalten oben und auf den Seiten mit Puderzucker bestäuben. Wird zum Nachmittagstee und zum Eis serviert.

ORANGENSCHAUMTORTE — Gâteau mousseline à l'orange

6 Personen. *125 g Streuzucker; 50 g Mehl; 50 g Kartoffelmehl; 4 Eigelb; 3 steifgeschlagene Eiweiß; das Abgeriebene einer Orange; Orangenfondant; kandierte Orangenschale. Backzeit: etwa 40 Minuten.*

Das Eigelb mit dem Zucker und der Orangenschale schaumig rühren, zuerst Mehl und Kartoffelmehl und dann den Eierschnee locker darunterziehen. In einer runden, mit Butter ausgestrichenen und mit Mehl ausgestreuten Tortenform bei mäßiger Hitze backen und in der Form auskühlen. Dann stürzen, gänzlich mit Orangenfondant überziehen und die Mitte mit einem Motiv aus kandierter Orangenschale verzieren.

SAVOYER BISKUIT — Biscuit de Savoie

8 Personen.

Eine hohe, etwas breite Becherform sehr dünn ausbuttern und gut mit Kartoffelmehl ausstreuen. Mit der unter « Teige » beschriebenen Biskuitmasse nur dreiviertelvoll füllen und bei mäßiger Hitze langsam ungefähr 50 Minuten backen.

WEIHNACHTSSTAMM, BAUMSTAMM — Bûche de Noël

6 Personen. *75 g Puderzucker; 75 g Mehl; 25 g Butter; 3 Eier; 1 Eigelb.* Kaffeebuttercreme: *125 g Butter; 15 cl dicke englische Creme mit Kaffee.* Schokoladenbuttercreme: *125 g Butter; 15 cl dicke englische Creme mit Schokolade. Backzeit: 8-10 Minuten.*

In einer Schüssel 4 Eigelb mit dem Zucker weiß und schaumig rühren. Das festgeschlagene Eiweiß und gleichzeitig das gesiebte Mehl und zuletzt die Butter unterziehen. Die Masse auf ein gefettetes und gemehltes Blatt Papier streichen, auf ein Backblech legen und im heißen Ofen rasch saftig backen. Das Biskuit mit der Papierseite nach oben auf den Marmor stürzen, das Papier abziehen und abkühlen. Mit Kaffeebuttercreme bestreichen, zusammenrollen, die Enden schräg abschneiden und die Schnittflächen gleichfalls mit Kaffeecreme bestreichen. Mit Hilfe des Spritzbeutels und Sterntülle die Roulade der Länge nach mit Schokoladenbuttercreme bespritzen, um die Baumborke zu imitieren. Man kann auch 2-3 kurze Biskuitstückchen einstecken und mit Buttercreme bespritzen, um die Äste darzustellen. Einige sehr fein gehackte Pistazien, mit Puderzucker bestäubt, hier und da hingestreut, sollen Moos und Schnee nachahmen. Wenn die Buttercreme festgeworden ist, kann man den Baumstamm auf einen gebackenen Boden von Zuckerteig setzen. *(Siehe Bild auf Seite 674.)*

KUCHEN UND TORTEN AUS BRANDTEIG

BLITZKUCHEN MIT KAFFEE — Eclairs au café

15 Stück. *600 g Brandteig; Eigelb; Konditorcreme oder Schlagsahne; Fondant. Backzeit: ungefähr 15 Minuten.*

Den Teig aus einem Spritzbeutel mit Lochtülle von etwa 2 cm Durchmesser zu geraden Stangen von 7-8 cm Länge auf ein nur schwach gefettetes Backblech spritzen, mit geschlagenem Ei bestreichen und bei mittlerer Hitze trocken ausbacken. Nach dem Erkalten mit einer Schere an einer Seite einschneiden und mit Spritzbeutel und Lochtülle mit Konditorcreme füllen, die mit löslichem Kaffeepulver abgeschmeckt worden ist. Leicht mit Kaffeefondant glacieren. Anstelle der Konditorcreme kann man die Blitzkuchen auch mit Schlagsahne füllen. *(Siehe Bild auf Seite 677.)*

BLITZKUCHEN MIT SCHOKOLADE — Eclairs au chocolat

Genau wie oben verfahren, aber Creme und Fondant mit Schokolade herstellen.

FAVORIS

25-30 Stück. *400 g Mürbeteig; 500 g Brandteig; Konditorcreme. Backzeit: 15 Minuten.*

Den Mürbeteig ungefähr 8 mm dick ausrollen und davon ovale Plätzchen von ungefähr 6 cm Länge ausstechen. Auf jedes Plätzchen mit Spritzbeutel und Lochtülle eine « 8 » spritzen, mit Ei bestreichen und bei mäßiger Hitze trocken ausbacken. Nach dem Auskühlen eine Öffnung mit einem Tupfen vanillierter Konditorcreme und die andere mit Konditorcreme mit anderem Geschmack (Kaffee, Schokolade, Likör usw.) füllen und auf jeden eine halbe Konfitkirsche setzen.

MADELONS

10 Stück. *600 g Brandteig; 250 g Johannisbeergelee; 1 Ei. Backzeit: 15-18 Minuten.*

Den Brandteig mit Sterntülle in Form eines « S » spritzen, mit Ei bestreichen, mit Hagelzucker bestreuen und knusprig ausbacken. Nach dem Auskühlen einschneiden und mit etwas Johannisbeergelee füllen.

MEKKA-BRÖTCHEN — Pains de la Mecque

12 Stück. *600 g Brandteig; 250 g Aprikosenmarmelade oder Konditorcreme; 1 Ei. Backzeit: ungefähr 15 Minuten.*

Den Brandteig mit einer Sterntülle wie eine Meringueschale auf das Blech spritzen, jedes Stück mit feinem Zucker mit der Hand dicht bestreuen und mit dem Rücken eines in heißes Wasser getauchten Messers der Länge nach etwas eindrücken und im heißen Ofen vorsichtig backen, damit die Oberseite nicht verkohlt. Nach dem Auskühlen seitlich einschneiden und mit Aprikosenmarmelade oder Creme füllen.

NIEREN — Rognons

Ungefähr 12 Stück. *600 g Brandteig; 1 Ei; 2 dl vanillierte Schlagsahne; Kaffeefondant. Backzeit: 15 Minuten.*

Den Brandteig mit einer Lochtülle in Form von großen Nieren auf ein schwach gefettetes Backblech spritzen, mit Ei bestreichen und knusprig ausbacken. Nach dem Auskühlen mit Schlagsahne füllen und mit Kaffeefondant leicht glacieren.

PARIS-BREST

8 Personen. *600 g Brandteig; 1 Ei; 1/2 l stark gebutterte Konditorcreme mit Krokant. Backzeit: ungefähr 30 Minuten.*

Von Brandteig auf ein ungefettetes Backblech einen Kranz von etwa Zweifingerbreite spritzen, mit Ei bestreichen und mit gehobelten Mandeln bestreuen. Leicht mit Zucker bepudern und in einem ziemlich heißen Ofen backen und dann die Hitze abdrosseln, damit der Kuchen trocken wird. Nach dem Erkalten aufschneiden, mit der Creme füllen und mit Puderzucker bestäuben.

ST.-HONORATIUS-TORTE — Gâteau Saint-Honoré

8 Personen. *250 g Mürbeteig; 600 g Brandteig; 1 Ei; 1/2 l St.-Honoré-Creme. Backzeit: ungefähr 30 Minuten.*

Von dem Mürbeteig einen Boden von etwa 4 mm Dicke in der Größe eines kleinen Tellers ausrollen, stark einstechen und auf ein Backblech legen. Mit einem Spritzsack und runder Tülle am Rand des Bodens entlang von Brandteig einen Ring von knapp Kleinfingerbreite spritzen und mit Ei bestreichen. Außerdem etwa 15 kleine Kugeln in der Größe einer halben Walnuß auf das Blech spritzen, mit Ei bestreichen und alles braun und trocken ausbacken. 150 g Zucker mit etwas Wasser zum Bruch kochen, die Brandteigkugeln hineintauchen und sofort auf den aufgespritzten Rand kleben. Die Mitte hoch mit Saint-Honoré-Creme füllen und nach Belieben auch mit Schlagsahne und Konfitkirschen dekorieren. *(Siehe Bild auf Seite 596.)*

WINDBEUTELCHEN MIT SCHLAGSAHNE — Petits choux à la crème

Ungefähr 20 Stück. *600 g Brandteig; 50 g gehackte Mandeln; 1 Ei; ungefähr 1/4 l vanillierte Schlagsahne; Puderzucker. Backzeit: ungefähr 12 Minuten.*

Den Brandteig mit einer runden Lochtülle zu kleinen Halbkugeln von ungefähr 3 cm Durchmesser auf ein schwach gefettetes Backblech spritzen, mit Ei bestreichen, mit gehackten Mandeln bestreuen und im heißen Ofen knusprig backen. Nach dem Erkalten von unten ein kleines Loch machen, mit Schlagsahne füllen und die Oberseite mit Puderzucker bestäuben. Man kann die Windbeutel auch mit der gleichen Creme wie für St.-Honoratius-Torte füllen.

KUCHEN UND TORTEN VON BLÄTTERTEIG

APFELTASCHEN — Chaussons aux pommes

6 Personen. *300 g Blätterteig; 500 g mürbe Äpfel; 75 g Zucker; 30 g Butter; 1 Ei; 2 cl Cognac. Backzeit: etwa 10-12 Minuten.*

Die Äpfel in dünne Scheiben schneiden, in der Butter einige Minuten dünsten, damit sie nicht zu weich werden, mit dem Zucker und dem Cognac vermischen und kaltwerden lassen. Den Blätterteig oder auch nur Blätterteigabfälle 4 mm dick ausrollen und davon Böden von etwa 10 cm Durchmesser rund ausstechen. Den Rand mit Wasser befeuchten, mit einem Löffel der vorbereiteten Äpfel füllen, wie Halbmonde zusammenklappen, die Ränder fest andrücken, mit geschlagenem Ei bestreichen, an 4-5 Stellen mit einer Messerspitze einstechen, mit der Spitze Streifen ziehen und backen. Kurz vor dem Garwerden mit Puderzucker bestäuben und noch einmal in den Ofen schieben, damit sich die Oberfläche karamelisieren kann.

ARTOIS-KUCHEN — Gâteau d'Artois

8 Personen. *400 g Blätterteig; $^1/_2$ l Konditorcreme; 1 Ei. Backzeit: 20-25 Minuten.*

Blätterteigabfälle etwa 35 mm dick ausrollen und hiervon einen Streifen von ungefähr 25 cm Länge und 10-12 cm Breite schneiden und auf ein Backblech legen. Den Rand leicht anfeuchten und die Mitte mit Konditorcreme oder Marmelade füllen. Mit einem zweiten Streifen Blätterteig bedecken, der etwas breiter und dicker sein soll, den Rand gut andrücken, die Seiten gleichmäßig parieren, oben mit Eigelb bestreichen und leicht überkreuz einritzen und im heißen Ofen backen. Im ganzen Stück aber auch als kleines Gebäck, in einer Breite von 3-4 cm geschnitten, präsentieren.

CHAMPIGNY-TORTE — Gâteau Champigny

8 Personen. *750 g Blätterteig; 2 dl sehr dicke Aprikosenmarmelade; 1 Ei. Backzeit: 25-30 Minuten.*

Genau wie Blätterteig-Mandeltorte herstellen, jedoch mit dicker Aprikosenmarmelade gefüllt und vorzugsweise in viereckiger Form. Die Seiten des Kuchens vor dem Backen rundherum mit dem Messerrücken gleichmäßig einriefen, die Oberfläche mit Ei bestreichen, im heißen Ofen backen, nicht glacieren, sondern nach dem Herausnehmen nur mit Puderzucker bestäuben.

BLÄTTERTEIG-MANDELTORTE — Gâteau d'amandes, dit Pithiviers

8 Personen. *750 g Blätterteig; 250 g Mandelcreme; 1 Ei. Backzeit: 20-30 Minuten.*

Von dem Blätterteig rollt man zwei runde Böden aus, von denen der eine 3 mm und der andere etwa 5 mm dick sein soll. Den dünneren Boden legt man auf ein mit Wasser leicht benetztes Backblech und füllt die Mitte mit der Mandelcreme. Der Rand des Teiges wird mit Wasser leicht angefeuchtet, mit dem zweiten Boden bedeckt und die Seiten werden mit dem Finger gut angedrückt, damit sie fest zusammenhalten. Nun drückt man den Rand mit dem Rücken eines kleinen Messers in regelmäßigen Abständen etwas ein und ritzt die Oberfläche des Kuchens mit der Messerspitze von außen nach innen rosettenförmig. Er wird in einem heißen Ofen gebacken. 5 Minuten vor dem Garwerden bestäubt man die Oberfläche mit Puderzucker, um sie zu karamelisieren und ihr einen schönen Glanz zu geben. Damit der Kuchen nicht zu braun wird, kann man ihn nach einiger Zeit mit einem gefetteten Papier bedecken. *(Siehe Bild auf Seite 597.)*

HOLLÄNDISCHE TORTE — Gâteau hollandais

8 Personen. *350 g Blätterteig oder Blätterteigabfälle; 125 g Butter; 125 g Zucker; 125 g geschälte, recht fein gehackte Mandeln; 2 Eier; das Abgeriebene einer Zitrone; 50 g Mehl. Backzeit: etwa 25 Minuten.*

Einen Tortenring an den Seiten und am Boden mit dünn ausgerolltem Blätterteig ausfüttern und den Teig am Rand glattschneiden. Die Butter erst mit dem Zucker, dann mit den gehackten Mandeln gut durcharbeiten, die beiden Eier, die abgeriebene Zitronenschale und zuletzt das Mehl darunterziehen und den Tortenring damit füllen und glattstreichen. Von dem restlichen Blätterteig dünne Streifen schneiden und sie überkreuz auf die Torte legen. Bei mäßiger Hitze backen und sogleich nach dem Herausnehmen ganz dünn mit passierter Aprikosenmarmelade bestreichen und mit Puderzucker, mit Kirschwasser verrührt, glacieren.

NIZZAER TORTE — Gâteau niçois

10 Personen. *400 g Blätterteig; 700-800 g Marzipanrohmasse; 100 g kleingewürfelte, kandierte Orangen; 5 cl weißen Curaçao; abgeriebene Schale 1 Orange; 100 g Eiweißglasur; 50 g gehobelte Mandeln; 1 Scheibe kandierte Orange; 1 rote Konfitkirsche. Backzeit: 45 Minuten.*

Den Blätterteig 5 mm dick ausrollen und mit der Hälfte einen Tortenring ausfüttern. Mit der Marzipanmasse füllen, die mit dem Curaçao (notfalls noch etwas Wasser) geschmeidig gemacht und mit der abgeriebenen Orangenschale und den kandierten Orangenwürfeln vermischt worden ist. Mit dem Rest des Blätterteigs abdecken und mit dem Rollholz darüberfahren, um den Rand abzuschneiden. Mit der Eiweißglasur glacieren, mit den Mandeln bestreuen, die Orangenscheibe mit der Kirsche in die Mitte setzen und einige Male mit einer Nadel den Teig durchstechen, damit er sich beim Backen nicht aufbläht. Erst nachdem die Glasur trocken ist, im sehr mäßig heißen Ofen backen. *(Siehe Bild auf Seite 667.)*

TAUSEND-BLÄTTER-KUCHEN — Gâteau mille-feuille

8 Personen. *500 g Blätterteig; 3 dl Konfitüre; 2 dl Aprikosenmarmelade; $^1/_4$ l vanillierte Schlagsahne; 150 g Walderdbeeren. Backzeit: 7-8 Minuten.*

Den Teig 5 mm dick ausrollen und hiervon 5-6 Böden in der Größe eines kleineren Tortenringes ausstechen. Die Mitte ausstechen und daneben noch einen etwas größeren Boden ohne Loch herstellen, alle Böden einstechen und im heißen Ofen backen. Nach dem Erkalten die Ringe mit Konfitüre zusammensetzen, rundherum parieren, damit der Kuchen schön rund ist, von außen mit eingekochter, passierter Aprikosenmarmelade bestreichen und auf den gleichfalls mit Aprikosenmarmelade bestrichenen größeren Boden setzen. Den Kuchen von außen mit kleinen, extra gebackenen Blätterteigornamenten, kandierten Früchten oder Mandeln usw. dekorieren und kurz vor dem Servieren mit der Schlagsahne füllen, die mit den Erdbeeren vermengt worden ist. Er kann auch mit beliebiger Creme, Konfitüre oder Früchten gefüllt werden.

PITHIVIERS-TORTE — Gâteau Pithiviers

Siehe Blätterteig-Mandeltorte.

KUCHEN UND TORTEN VON GENUESER TEIG

CLUNY-TORTE — Gâteau Cluny

6 Personen. *125 g Zucker; 100 g Mehl; 100 g Butter; 4 Eier.* Buttercreme: *125 g Butter; 15 cl dicke englische Vanillecreme; 50 g feingehackte Pistazien; 150 g Aprikosenmarmelade; 100 g geröstete, gehackte Haselnüsse; 5 cl Benediktiner; 200 g Fondant. Backzeit: 35-40 Minuten.*

Den Genueser Teig in einer viereckigen, mit Butter ausgestrichenen und mit Mehl ausgestreuten Form bei mäßiger Hitze backen und auf einem Gitter auskühlen. Zweimal waagerecht durchschneiden und mit einer Creme bestreichen, die von der Butter, der englischen Creme, den gehackten Pistazien und der Hälfte des Benediktiners bereitet wurde. Nach dem Festwerden der Creme, oben und auch die Seiten dünn aprikotieren, die Oberseite mit Fondant, mit dem restlichen Benediktiner parfümiert, glacieren und die Seiten mit gehackten, gerösteten Nüssen anstreuen. In die Mitte der Torte einen Stern, aus Kuvertüre geformt, setzen.

DAMENBRETT-TORTE — Gâteau damier

8 Personen. *125 g feinen Zucker; 100 g Mehl; 100 g Butter; 4 Eier; 50 g geröstete, gemahlene Haselnüsse.* Krokant-Buttercreme: *125 g Butter; $1^1/_2$ dl dicke, vanillierte englische Creme; 50 g Krokant.* Garnitur: *150 g geröstete, gehackte Mandeln; 2 dl weißen Fondant; 2 dl Schokoladenfondant; 1 dl Spritzglasur; 2 dl passierte, eingekochte Aprikosenmarmelade.*

Von den Eiern, Zucker, Mehl, Butter und Haselnußpulver wie üblich Génoiseteig bereiten und in einer viereckigen Tortenform langsam ausbacken. Sobald er ausgekühlt ist, durchschneiden, mit der Buttercreme füllen, dann Oberfläche und Seiten dünn mit der Aprikosenmarmelade bestreichen und die Seiten sauber mit den gehackten Mandeln anstreuen. Mit einer dünnen Spritztülle die Oberseite mit der Spritzglasur in regelmäßige Vierecke wie ein Damenbrett einteilen und diese abwechselnd mit weißem und dunklem Fondant füllen. Zum Schluß mittels einer Sterntülle mit einem Rand von Krokant-Buttercreme garnieren.

GEBURTSTAGSTORTE I — Gâteau d'anniversaire

6-8 Personen. *125 g Puderzucker; 100 g Mehl; 100 g Butter; 4 Eier. Backzeit: 35-40 Minuten.* Buttercreme: *125 g Butter; 15 cl englische Creme, mit 2 cl Kirschwasser aromatisiert.* Garnitur und Dekor: *2 dl Kirschwasserfondant; 2 dl eingekochte Aprikosenmarmelade; 150 g geröstete, gehackte Mandeln; Eiweißglasur; Kerzen.*

Der Kuchen kann aus Genueser Teig, Biskuitmasse oder Mandelbiskuit gebacken werden. Man füllt ihn mit einer beliebigen Buttercreme und dekoriert ihn nach Geschmack. Nachdem er mit einem beliebigen Fondant glaciert worden ist, schreibt man darauf in andersfarbiger Spritzglasur den Namen, oder «Herzliche Glückwünsche zum Geburtstag» oder einen anderen passenden Text. Die Seiten kann man mit gehackten Mandeln anstreuen oder sie auch glacieren. Meistens wird der Kuchen mit bunten Kerzen besteckt, die der Anzahl der Jahre des Jubilars entsprechen. Man kann die Kerzen mit Eiweißglasur befestigen, sie in kleine, aus Zucker gezogene Blüten stecken oder auch in winzige Zuckerbecher setzen, die man in die Torte eindrückt. Die Kerzen werden erst bei Tisch angezündet.

GEBURTSTAGSTORTE II — Gâteau d'anniversaire

8 Personen. Génoisemasse: *125 g Zucker; 100 g Mehl; 100 g Butter; 4 Eier.* Buttercreme: *125 g Butter; $1^1/_2$ dl englische Creme; 5 cl Grand-Marnier.* Zum Tränken und zum Dekor: *5 cl Grand-Marnier; $1^1/_2$ dl Fondant, mit Grand-Marnier aromatisiert; 200 g Belegfrüchte; 150 g gehackte, geröstete Mandeln; 20 g feingestoßenen Krokant. Backzeit: etwa 35 Minuten.*

Die Génoisemasse in einer viereckigen Form backen und auskühlen. Einen kleinen Teil der Belegfrüchte hacken und mit Grand-Marnier mazerieren, dann gut abtropfen. Die Butter schaumig rühren, die englische Creme langsam darunterziehen und mit Grand-Marnier aromatisieren. Einen kleinen Teil zum Bestreichen der Seiten der Torte zurücklassen, den anderen mit den gehackten Früchten vermengen. Die Torte waagerecht durchschneiden, beide Teile mit dem abgetropften Grand-Marnier, am besten mit etwas Läuterzucker vermischt, leicht tränken und mit der Früchtebuttercreme wieder zusammensetzen. Die Seiten der Torte leicht mit der restlichen Creme bestreichen. Die Oberseite mit Fondant glacieren, der mit Grand-Marnier abgeschmeckt worden ist, und die Seiten der Torte mit den Mandeln anstreuen. Mit einem Blumenmotiv von Belegfrüchten und mit Beschriftung und Dekor aus weißem und mit Krokant vermischtem Fondant verzieren.

GLACIERTE GENUESER TORTE — Génoise glacée

6 Personen. *125 g Zucker; 100 g Mehl; 100 g Butter; 4 Eier.* Buttercreme: *125 g Butter; $1^1/_2$ dl vanillierte englische Creme.* Glasur: *2 dl Fondant, mit Rum aromatisiert; Belegfrüchte; Mandeln. Backzeit: etwa 35 Minuten.*

Die ganzen Eier mit dem Zucker und einigen Tropfen Wasser in einen Schneekessel geben und in einem mäßig warmen Wasserbad oder bei gelinder Hitze so lange mit dem Schneebesen schlagen, bis die Masse schaumig und gut lauwarm ist und sich ihr Volumen verdreifacht hat. Dann abseits des Feuers weiter schlagen, bis sie kalt ist. Zuerst das Mehl und dann die Butter locker unter die Eier ziehen, dabei darauf achten, daß bei der nur lauwarmen Butter die Molke zurückbleibt. In einer gebutterten und mit Mehl ausgestreuten Form backen und auf einem Gitter auskühlen. Die Torte zweimal waagrecht durchschneiden, mit der Buttercreme dick bestreichen und wieder zusammensetzen. Den Fondant ganz leicht anwärmen, solange er noch lauwarm ist, die Oberfläche und die Seiten der Torte damit bestreichen und zuletzt mit einem hübschen Motiv von Belegfrüchten und geschälten Mandeln dekorieren.

MASKOTT-TORTE — Gâteau mascotte

6 Personen. Génoiseteig: *125 g Zucker; 100 g Mehl; 100 g Butter; 4 Eier. Backzeit: etwa 35 Minuten.* Krokant-Buttercreme: *125 g Butter; $1^1/_2$ dl vanillierte englische Creme; 50 g Krokant.* Zum Bestreuen: *150 g gehobelte, geröstete Mandeln.*

Den Génoiseteig in einer runden Form backen und auf einem Gitter auskühlen. Zweimal waagrecht durchschneiden, mit der Buttercreme wieder zusammensetzen und auch oben und seitlich mit der Creme bestreichen. Zum Schluß die Torte gänzlich mit den gerösteten Mandeln bestreuen, leicht andrücken und mit Puderzucker bestäuben. *(Siehe Bild auf Seite 669.)*

Krokant-Buttercreme: Die Butter weich und schaumig rühren, dann mit einem Schneebesen langsam die noch knapp lauwarme englische Creme nach und nach darunterziehen und zum Schluß den feingestoßenen und gesiebten Krokant hinzugeben.

MARONENTORTE LUTETIA — Le Lutétia

6 Personen. *1 Génoisekuchen, in runder Form gebacken; Maronencreme: 200 g geschälte Maronen; 150 g Butter; 100 g Puderzucker; 1 Eiweiß; 2 cl Rum; Schokoladenfondant; Marzipan; Eiweißglasur.*

Génoisemasse in einer runden, ausgebutterten und gemehlten Form möglichst tags zuvor backen. Die geschälten und gekochten Maronen ohne Flüssigkeit passieren. Von dem Eiweiß und Zucker italienische Meringuemasse bereiten, d. h. beide auf dem Feuer zu einer dicken, konsistenten Masse aufschlagen und kaltwerden lassen. Diese Masse unter das Maronenpüree ziehen und zum Schluß die weiche Butter daruntermengen. Den Kuchen zweimal waagerecht durchschneiden, mit der Maronencreme füllen, glattstreichen, zur ursprünglichen Form zusammensetzen und in den Kühlschrank zum Festwerden stellen. Die Torte vollständig mit Schokoladenfondant glacieren und mit Maronen, aus Marzipan imitiert, und Spritzglasur hübsch dekorieren. *(Siehe Bild auf Seite 672.)*

KROKANTTORTE — Gâteau praliné

8 Personen. *125 g Puderzucker; 100 g Mehl; 100 g Butter; 4 Eier; 200 g Krokant-Buttercreme; 2 dl Aprikosenmarmelade; 100 g geröstete, gehackte Mandeln. Backzeit: 30-35 Minuten.*

Génoisemasse bereiten und in einer runden Form in einem mittelheißen Ofen backen. Nach dem Erkalten einmal waagrecht durchschneiden, mit Krokant-Buttercreme füllen und wieder zusammensetzen. Oben und an den Seiten mit eingekochter Aprikosenmarmelade bestreichen und mit den Mandeln anstreuen. Ganz leicht mit Puderzucker bestäuben.

KUCHEN UND TORTEN VON HEFETEIG

APOSTELKUCHEN MIT KÖPFCHEN — Brioche à tête

6 Personen. *300 g Briocheteig. Backzeit: 30-35 Minuten.*

Den Briocheteig (siehe diesen) in Stücke von etwa 80 g teilen und mit diesen geriefte Spezialformen mit hohen Seiten füllen, die dünn mit Butter ausgestrichen worden sind. Von dem übriggebliebenen Teig erst kleine Kugeln und diese zu spitzen Birnen formen, die man so tief wie nur möglich in die Mitte der großen Kugeln in eine Vertiefung eindrückt, die man mit dem Finger geformt hat; die Formen dürfen nur halbvoll sein. An einem warmen Ort gären lassen, bis der Teig sein Volumen verdoppelt hat, mit Ei bestreichen und den Teig an 4-5 Stellen mit einem kleinen Messer einreißen, ohne den Kopf zu berühren. In einem heißen Ofen backen und, falls der Kuchen zu braun wird, mit einem gefetteten Papier bedecken. *(Siehe Bild auf Seite 666.)*

APOSTELKUCHENKRANZ — Brioche en couronne

6 Personen. *300 g Briocheteig. Backzeit: ungefähr 15 Minuten.*

Den Briocheteig zu einer Kugel rollen. Mit dem gemehlten Finger ein Loch in der Mitte machen und dieses Loch mit einer Spitze Mehl immer weiter vergrößern, bis man die Hand hineinstecken kann. Dabei wird der Teig zwischen den Fingern gedreht, um ihm eine runde und gleichmäßige Form zu geben. Auf ein gefettetes Backblech setzen, 15 Minuten an einem warmen Ort gären lassen und mit Ei bestreichen. Mit einer angefeuchteten Schere in der Mitte des Teiges und rundherum zahnförmige Einschnitte machen und den Kranz in einem sehr heißen Ofen backen.

APOSTELKUCHEN, SCHAUMIGER — Brioche mousseline

6 Personen. *300 g Briocheteig. Backzeit: 25-30 Minuten.*

Den Briocheteig auf eine gemehlte Marmorplatte legen und mit beiden Händen zu einer Kugel formen, ohne zu stark zu drücken. Eine breite Becherform ausbuttern, die Kugel hineingeben und zum Gären an einen warmen Ort stellen. Sobald sich das Volumen verdoppelt hat, mit Ei bestreichen und mit einem Blatt weißem Papier umbinden, das den Rand der Form um etwa 5 cm überragt. Den Kuchen in einen heißen Ofen stellen, sobald sich die Oberfläche zu verfärben beginnt, mit einem gefetteten Papier bedecken, um ein zu starkes Bräunen zu verhindern.

Zum Feststellen, ob der Kuchen gar ist, eine dünne Spick- oder andere Nadel hineinstecken. Kommt sie heiß und trocken heraus, ist der Kuchen gar. Das gilt allgemein für alle Kuchen.

BABA MIT RUM — Baba au rhum

6 Personen. *Babateig von 150 g Mehl; 75 g Butter; 10 g Hefe; 12 g Zucker; 3 g Salz; ungefähr 1 dl lauwarme Milch; je 50 g Korinthen und Rosinen. Backzeit: 30-35 Minuten.*

Eine gut ausgebutterte Zylinderform mit dem Teig etwas mehr als die Hälfte füllen und gären lassen, bis die Form voll ist. Im heißen Ofen backen und, sobald die Oberseite zu bräunen beginnt, die Hitze drosseln und fertigbacken. Vorsichtig stürzen und sogleich mit heißem Läuterzucker mit Rum tränken.

BORDELAISER DREIKÖNIGSKUCHEN — Gâteau des rois de Bordeaux

10 Personen. *250 g Mehl; 125 g Butter; 100 g Zucker; 12 g Hefe; 4 g Salz; Hagelzucker. Backzeit: 20-25 Minuten.*

Dreikönigsteig (siehe diesen) bereiten und mit der Hand auf dem bemehlten Tisch zu einer Kugel formen. Mit den bemehlten Fingern ein Loch in der Mitte bilden und den Teig immer mehr bis zu einem Kranz erweitern. Auf ein Backblech zum Gären legen, nach dem Aufgehen mit gezuckertem Orangenblütenwasser bestreichen, obenauf sehr dünne Scheibchen Zitronat eindrücken, mit Hagelzucker bestreuen und im heißen Ofen backen.

GUGELHUPF — Gâteau Kugelhof

6 Personen. *250 g Mehl; 80 g Butter; 25 g Zucker; 15 g Hefe; 50 g Mandeln; 50 g kernlose Traubenrosinen; 3 g Salz; 2 ganze Eier; 2 dl Milch.*

Von der Hefe, etwas lauwarmer Milch und 50 g Mehl einen Vorteig bereiten und gären lassen. Wenn er sein Volumen verdoppelt hat, das restliche Mehl, die Eier, den Zucker, die geschmolzene Butter und die gehackten Mandeln daruntermengen, mit der Milch zu einem mittelfesten Teig verarbeiten und mit der Hand so lange schlagen, bis er ganz elastisch ist. Die Traubenrosinen in den Teig schlagen und eine Spezialgugelhupfform aus Steingut, die man mit Butter ausgestrichen und in die Vertiefungen eine Mandel gedrückt hat, mit dem Teig halbvoll füllen. An einem warmen Ort gehen lassen, bis die Form voll ist, und im heißen Ofen 40 Minuten backen. Nach dem Herausnehmen aus der Form den Kuchen mit Puderzucker bestäuben. *(Siehe Bild auf Seite 665.)*

MANDELKRANZ — Couronne aux amandes

225 g Dreikönigskuchenteig; 60 g mit etwas Läuterzucker weichgemachte Marzipanmasse; 50 g gestiftelte, geröstete Mandeln. Backzeit: ungefähr 25 Minuten.

Den Teig in drei gleichmäßige Stücke teilen und jedes Stück zu einem Dreieck von ungefähr 1 cm Dicke formen. Mit der Mandelmasse bestreichen und recht fest zusammenrollen. Die drei Teile zu einem Zopf flechten und kranzförmig auf ein Backblech legen. Mit einem Tuch bedecken und, wenn der Kranz sein Volumen verdoppelt hat, im heißen Ofen backen. Dünn aprikotieren, leicht mit Fondant glacieren und mit Mandelstiften bestreuen. *(Siehe Bild auf Seite 665.)*

MANON-TORTE — Le Manon

6 Personen. *250 g Savarinteig; $^1/_4$ l Vanillekonditorcreme; $^1/_4$ l Schokoladenkonditorcreme; $^1/_4$ l Aprikosenmarmelade; 200 g Mandeln; Kirschwasser.*

Eine Timbalform nur ein Drittel voll mit Teig füllen, gehen lassen und im heißen Ofen 15-20 Minuten backen. Nachdem der Kuchen leicht ausgekühlt ist, waagrecht in 5 gleichmäßige Scheiben schneiden, leicht mit reinem Kirschwasser tränken und wieder zusammensetzen, dabei die Scheiben abwechselnd mit Schokoladen- und Vanillekonditorcreme bedecken, die obere Seite frei lassen. Die ganze Torte mit dick eingekochter, passierter Aprikosenmarmelade bestreichen, mit feingehobelten und gerösteten Mandeln anstreuen und mit Puderzucker bestäuben.

MARIGNAN-TORTE — Le Marignan

6 Personen. *250 g Savarinteig; italienische Meringuemasse von 2 Eiweiß oder $^1/_4$ l St.-Honoré-Creme.*

Den Savarinteig in eine etwas flache, möglichst ovale Tortenform füllen, gehen lassen, im heißen Ofen backen, nach Geschmack mit Kirschwasser-, Rum- oder Cognac- Läuterzucker tränken, abtropfen und umkehren. Oben eine Scheibe von etwa 1 cm derart abschneiden, daß die beiden, etwas hochgehobenen Seiten den Deckeln eines Korbes gleichen. Beide Seiten hochheben und mittels Spritzsacks und Sterntülle geschmackvoll mit Meringuemasse, St.-Honoré-Creme, eventuell auch vanillierter Schlagsahne füllen. Ein dünn geschnittenes Stück Angelika wie einen Henkel dazwischenstecken und die beiden Oberseiten des Korbes leicht mit passierter Aprikosenmarmelade überglänzen.

SAVARIN CHANTILLY

6 Personen. *1 Savarin von ungefähr 250 g; 3 dl vanillierte Schlagsahne; Kirschwasser-Läuterzucker.*

Den Savarin gleich nach dem Backen in heißem Kirschwasser-Läuterzucker tränken und auf ein Gitter zum Abtropfen setzen. Nach dem Abkühlen auf einer runden Platte anrichten und die Mitte hoch mit der Schlagsahne füllen. Während der Saison kann man die Sahne mit einigen Walderdbeeren vermengen. Der Savarin sieht besser aus, wenn er vor dem Einfüllen der Sahne aprikotiert wird. *(Verschiedene Savarins siehe Seite 595.)*

■ MIT KIRSCHEN — Savarin Montmorency

6 Personen. *1 Savarin; 500 g entsteinte Kirschen; Kirschwasser-Läuterzucker; 2 cl Kirschwasser.*

Den Savarin wie oben tränken und abtropfen. Auf einer runden Platte anrichten und die Mitte hoch mit Kirschenkompott füllen, das mit etwas Stärkemehl gebunden und mit Kirschwasser aromatisiert worden ist.

■ MIGNON — Savarin Mignon

6 Personen. *1 Savarin von 250 g; Läuterzucker; 7 cl Rum; 2 dl dick eingekochte Aprikosensauce; $1^1/_2$ dl Schlagsahne; 1 gebackenes Ornament aus Brandteig.*

Den Savarin mit Rumläuterzucker tränken und auch mit etwas reinem Rum beträufeln. Noch heiß mit der Aprikosensauce überglänzen, abkühlen und auf einer runden Platte anrichten. Die Mitte hoch mit Zitroneneis füllen, mit Schlagsahne dekorieren und in die Mitte das Ornament aus Brandteig setzen.

■ OTHELLO — Savarin Othello

6 Personen. *1 Savarin; Läuterzucker; 7 cl Rum; 3 dl Schlagsahne; 2 dl dicke, kalte Schokoladensauce; 1 Ornament aus Kuvertüre.*

Den Savarin wie oben mit Rumläuterzucker tränken und auch mit etwas reinem Rum beträufeln. Gut kühlen, auf einer runden Platte anrichten und den Rand mit der Schokoladensauce nappieren. Die Mitte hoch mit Schlagsahne füllen und obenauf das Ornament setzen.

TORTEN UND KUCHEN VON MÜRBETEIG, MANDEL- UND NUSSTEIG UND MIT MARONEN

ALCAZAR-TORTE — Gâteau Alcazar

6 Personen. *125 g gestoßene Mandeln; 125 g Zucker; 60 g Butter; 3 Eier; Vanille.* Zur Füllung: *100 g Mandeln; 100 g Zucker. Backzeit: 40-45 Minuten.*

Die gestoßenen oder feingemahlenen Mandeln mit dem Zucker und nach und nach mit 2 Eigelb, 1 ganzen Ei und Vanille recht schaumig rühren. Das festgeschlagene Weiß der beiden Eier und die flüssige, aber nicht mehr warme Butter locker unterziehen und die Masse in eine runde Tortenform füllen, die mit Auslegeteig ausgefüttert und deren Boden mit Aprikosenmarmelade bestrichen worden ist. In einem mäßig heißen Ofen backen. Von den anderen feingeriebenen oder gemahlenen Mandeln, dem Zucker und Eiweiß eine spritzbare Masse bereiten. Wenn die Torte gebacken ist, diese Masse mittels Spritzsacks und Sterntülle gitterartig auf die Torte spritzen und auch rundherum einen Rand aufspritzen. Für kurze Zeit wieder in den nunmehr heißen Ofen stellen, um die Oberfläche zu bräunen. Diese noch heiß mit eingekochter, passierter Aprikosenmarmelade bestreichen und in jede Öffnung eine halbe, enthäutete und recht grüne Pistazie stecken.

CARACAS-TORTE — Gâteau caraque

8 Personen. *Mürbeteig von 150 g Mehl; 125 g Butter; 50 g Puderzucker; Ganache von 2 dl süßer Sahne und 50 g Kuvertüre; 100 g Pistazienfondant; 25 g Schokoladenfondant. Backzeit: ungefähr 30 Minuten.*

Einen Tortenring mit dem Mürbeteig ausfüttern, blind backen und auskühlen. Mit der schaumig gerührten Ganachemasse füllen und nach dem Anziehen mit Pistazienfondant glacieren. In die Mitte ein großes Plätzchen von Schokoladenfondant setzen und bescheiden mit Schokoladenfondant dekorieren. *(Siehe Bild auf Seite 673.)*

FEODORA-TORTE — Gâteau Fédora

8 Personen. *150 g Puderzucker; 100 g Mandelpulver; 2 ganze Eier; 3 Eigelb; 3 festgeschlagene Eiweiß; 2 cl Kirschwasser; 75 g Mehl; 100 g zerlassene Butter; 100 g Konfitkirschen; 2 dl Aprikosenmarmelade; 200 g Branntweinkirschen; 3 dl Kirschwasserfondant; gehackte, geröstete Mandeln. Backzeit: 40-45 Minuten.*

Den Puderzucker mit den Mandeln, 2 ganzen Eiern und Kirschwasser schaumig rühren, das Eigelb hinzugeben, dann das festgeschlagene Eiweiß und das Mehl locker untermengen und zuletzt die Butter darunterziehen. Die Masse in eine runde, ausgebutterte und ausgemehlte Tortenform, abwechselnd mit den gehackten, in Kirschwasser mazerierten Kirschen einfüllen und bei mäßiger Hitze backen. Nach dem Erkalten waagerecht durchschneiden und mit feinem Salpicon von Branntweinkirschen, mit beliebiger Konfitüre gebunden, füllen, die Torte dünn mit Aprikosenmarmelade bestreichen und mit Kirschwasserfondant glacieren. Mit einem Rest Fondant 12 Branntweinkirschen glacieren, die zuvor gut abgetropft und getrocknet werden müssen. Die Mitte der Torte mit einem St.-Andreas-Kreuz aus gehackten, gerösteten Mandeln verzieren und den Rand mit den Branntweinkirschen.

GENUESER BROT — Pain de Gênes

5-6 Personen. *150 g Zucker; 125 g Butter; 100 g Mandelpulver; 40 g Mehl oder Kartoffelmehl; 3 Eier; 1 Prize Salz; 2 cl Kirschwasser. Backzeit: 40 Minuten.*

Die Mandeln mit der Hälfte des Zuckers durchmischen. Mit der anderen Hälfte die Butter schaumig rühren, die Mandeln und die Eier, eins nach dem anderen, hinzugeben und dabei immer tüchtig rühren, und zuletzt das Mehl, Salz und Kirschwasser beifügen. In eine ausgebutterte Spezialform, flach mit breiten Seiten, die mit einem Blatt Papier ausgelegt worden ist, füllen und bei mäßiger Hitze backen.

NEAPOLITANISCHE TORTE — Gâteau napolitain

8 Personen. *250 g Mehl; 150 g geriebene Mandeln; 150 g Butter; 150 g Puderzucker; 2 kleine Eier; 1 Prise Salz; das Abgeriebene einer Zitrone.*

Mürbeteig auf Neapler Art bereiten und 4 mm dick ausrollen. Davon 8 Böden mit Hilfe eines runden Tortenringes von etwa 16 cm herstellen und die Mitte mit einem runden Ausstecher herausheben; diese Kränze sollen einen etwa zwei Finger breiten Rand haben. Außerdem noch 2 Böden etwas größer ausstechen, ohne die Mitte herauszuheben. Kränze und Böden auf ein Backblech legen, leicht einstechen und im heißen Ofen 7-8 Minuten backen. Nach dem Erkalten die Kränze mit dick eingekochter, passierter Aprikosenmarmelade zusammensetzen, auf einem der nicht in der Mitte ausgestochenen Böden mit Marmelade befestigen, rundherum mit Marmelade bestreichen und mit Konfitfrüchten oder Spritzglasur dekorieren. Die Mitte hoch mit Füllcreme oder vanillierter Schlagsahne füllen, den letzten Boden daraufsetzen, mit Marmelade bestreichen und genau so wie ringsherum dekorieren. Man kann der Torte durch mehr oder weniger Ringe jede gewünschte Höhe geben.

GUAYAQUIL-TORTE — Le Guayaquil

8 Personen. *100 g Mandelpulver; 100 g Zucker; 15 g Mehl; 5 Eiweiß; 40 g Butter. Backzeit: etwa 15 Minuten.* Buttercreme: *125 g Butter; $1^1/_2$ dl englische Creme; 50 g pulverisierten Krokant.* Zigaretten: *200 g Kuvertüre; 150 g Schokoladenstreusel.*

Das Eiweiß sehr fest schlagen und mit einem Spatel den Zucker und das Mandelpulver locker darunterziehen. Von dieser Masse auf einem gebutterten und gemehlten Blech 3 runde Böden von etwa 18 cm Durchmesser und 4-5 mm Dicke formen und in einem mäßig heißen Ofen backen.

Die Böden vom Blech ablösen, rund parieren und auf einer glatten Fläche erkalten lassen. Die Böden mit der Krokantbuttercreme zusammensetzen und auch den Rand und die Oberfläche dünn mit der Creme bestreichen. Rund um den Rand die Schokoladenstreusel applizieren und die Oberfläche mit den Schokoladenzigaretten, dicht nebeneinander, bedecken. Hierauf schräg 2 Streifen Papier von etwa 2 cm Breite legen, die ganze Torte mit Puderzucker bestäuben und das Papier sorgfältig abheben, damit die beiden jetzt dunklen Streifen deutlich hervortreten.

Schokoladenzigaretten: Die Kuvertüre in einem lauwarmen Wasserbad schmelzen und tüchtig durchrühren, damit sie nach dem Auskühlen nicht streifig wird. Unter ständigem Rühren bis zu Blutwärme abkühlen und in einer dünnen, gleichmäßigen Schicht auf einen Marmor gießen und nur so weit erkalten lassen, daß sie beim Berühren mit dem Finger nicht mehr klebt. Ein breites, ziemlich hohes Messer, das man wie einen Kratzer hält, führt man über die Kuvertüre und zieht es mit beiden Händen an sich heran. Die so abgehobene Schicht formt sich dadurch von selbst zu einer Rolle oder zum mindesten zu leicht gerollten Spänen. Ist sie zu kalt geworden, so zerbricht die Kuvertüre und muß wieder geschmolzen und auf Blutwärme gebracht werden. Diese Schokoladenspäne gibt es auch im Handel.

NUSSTORTE — Gâteau aux noisettes

6 Personen. *100 g leicht geröstete Haselnüsse; 150 g Puderzucker; 6 Eier; Vanille; 100 g Mehl; 2 cl Kirschwasser. Backzeit: ungefähr 40 Minuten.*

Die feingeriebenen Haselnüsse mit dem Eigelb, dem Zucker, dem Kirschwasser und einigen Tropfen Wasser schaumig rühren. Das festgeschlagene Eiweiß und gleichzeitig das Mehl locker unterziehen und die Masse in eine mit Butter ausgestrichene und gemehlte, runde Form füllen. Bei mäßiger Hitze backen, auf einem Gitter auskühlen und mit Puderzucker bestäuben.

TURINER TORTE — Le Turinois

8 Personen. *500 g Maronen; 100 g feinste Butter; 100 g geriebene Schokolade; 100 g Vanillezucker.*

Die Maronen schälen, kochen, gut abtropfen und durch ein Sieb streichen. Noch heiß mit der Butter, dem Zucker und der geriebenen Schokolade sehr gut und glatt vermengen. Diese Masse in eine ausgebutterte, möglichst viereckige Tortenform füllen, deren Boden mit weißem Papier bedeckt worden ist. Glatt zusammendrücken und mehrere Stunden zum Durchkühlen in den Kühlschrank stellen. Nach dem Festwerden stürzen und mit einem, in heißes Wasser getauchten Messer in Scheiben schneiden. Diese exquisite Torte wird nicht gebacken.

UNGARISCHE TORTE — Gâteau hongrois

6 Personen. *3 Eier; 100 g Mandelpaste; 30 g Zucker; 80 g gestoßenen Nougat; 30 g Mehl; 50 g zerlassene Butter; 250 g Schokoladenbuttercreme; Schokoladenstreusel; 150 g Schokoladenspäne. Backzeit: 30 Minuten.*

Das Eigelb gut mit der Mandelpaste verrühren und das festgeschlagene Eiweiß, den Zucker, das Mehl, den Nougat und die Butter locker unterziehen. In einen Tortenring füllen und bei mäßiger Hitze backen. Nach dem Auskühlen waagrecht durchschneiden, mit der Buttercreme füllen und auch oben und an den Seiten damit bestreichen. Den Rand mit Schokoladenstreusel anstreuen, obenauf mit Schokoladenspänen reichlich garnieren, leicht mit Puderzucker bestäuben und eine Konfitkirsche in die Mitte setzen. *(Siehe Bild auf Seite 671.)*

OBSTTORTEN UND FLADEN

DAS AUSFÜTTERN EINES TORTENRINGES — Comment on fonce un cercle à tarte

Torten und Fladen sollen in Tortenringen und nicht in runden Formen gebacken werden, die oft zu dünn sind und sich in der Hitze biegen; außerdem ist es schwierig, die Torte herauszuheben, ohne sie zu beschädigen. Tortenringe haben weiterhin den Vorzug, daß man den Ring nach dem Backen leicht und ohne Gefahr, die Torte zu beschädigen, abnehmen kann.

Beim Ausfüttern des Ringes folgendermaßen verfahren: Den Ring auf ein Backblech stellen, das sich durch die Hitze nicht werfen kann. Mürbe- oder Zuckerteig 3-4 mm dick ausrollen und ungefähr rund formen. Den Teig um das Rollholz wickeln, über dem ausgefetteten Ring entwickeln,

▲ Gugelhupf, S. 661

Mandelkranz, S. 661 ▼

666 ▲ Lemaniatorte, S. 685

Große und kleine Apostelkuchen (Brioches), S. 660 ▼

▲ Kleine Blätterteigkuchen, S. 687-689

Nizzaer Torte, S. 658 ▼

▲ Mokkatorte (klassische Art), S. 654

Mexikanische Torte, S. 654 ▼

▲ Mascotte-Torte, S. 659

Mokkatorte (moderne Art), S. 654 ▼

▲ Zuger Kirschtorte, S. 687

Caravelletorte, S. 684 ▼

▲ Ungarische Torte, S. 664

Schwarzwälder Kirschtorte, S. 686 ▼

672

▲ Zigomartorte, S. 687

Lutetiatorte, S. 660 ▼

▲ Dobostorte, S. 684

Karakastorte, S. 663 ▼

▲ Baumstamm, S. 655

Croquembouche, S. 705 ►

Frankfurter Kranz, S. 685 ▼

▲ Dessertstücke und feines Gebäck, S. 690-694 ▼

▲ Mürbe Bretzeln, S. 690

Dessertstücke, S. 655/656 ▼

▲ Trockene Mandelfours, S. 698/699

Glacierte Petits Fours, S. 700-703 ▼

▲ Karamelisierte und verhüllte Früchte, S. 707

Pralinen ▼

damit ausfüttern und an den Ecken gut andrücken. Mit dem Rollholz über den Rand der Form fahren, um den überflüssigen Teig abzuschneiden. Diesen Teigrest wie ein dünnes Polster rollen und mit etwas Wasser anfeuchten und, nach innen zu gerichtet, auf dem Rand der ausgefutterten Form befestigen und mit dem Teigkneifer rundherum einkneifen. Den Boden des Teiges einige Male mit der Messerspitze einstechen und, wenn der Rand blind gebacken werden soll, mit rundem Papier bis zur Höhe auslegen und mit Backerbsen füllen, sonst frei lassen.

APFELTORTE, ENGLISCHE — Tarte aux pommes à l'anglaise

8 Personen. *500 g Mürbeteig; 500 g dickes Apfelmus; 3 rohe Äpfel; 100 g Aprikosenmarmelade. Backzeit: 25-30 Minuten.*

Den Tortenring mit Mürbeteig ausfüttern und gut zur Hälfte mit dem dick eingekochten, gezuckerten und vanillierten, kalten Apfelmus füllen. Völlig mit dünnen, halbmondförmigen Apfelscheiben, halb übereinandergelegt, bedecken und im heißen Ofen backen. Nach dem Herausnehmen erst mit Puderzucker bestäuben und dann mit Hilfe eines Pinsels gänzlich mit dick eingekochter, passierter und heißer Aprikosenmarmelade überglänzen.

■ GEBÄNDERTE — Tarte aux pommes grillagée

6 Personen. *500 g Mürbeteig; 500 g dick eingekochtes Apfelmus; 1 Ei; 100 g Johannisbeergelee. Backzeit: 25-30 Minuten.*

Einen Tortenring mit Mürbeteig ausfüttern und den Teig am Rand glattschneiden. Gleichmäßig mit kaltem, dickem Apfelmus füllen und dann überkreuz vollständig mit nudelbreitem Mürbeteig bedecken. Erst eine Reihe von Teigbändern in einem Abstand von ½ cm anbringen und mit dem Daumen am Tortenrand andrücken und dann eine zweite Reihe in der entgegengesetzten Richtung. Die Teigstreifen mit Ei bestreichen und die Torte in einem heißen Ofen backen. Nach dem Herausnehmen sofort mit einem Pinsel, den man in passiertes Johannisbeergelee getaucht hat, gleichmäßig überglänzen. *(Siehe Bild auf Seite 600.)*

■ MIT MERINGUE — Tarte aux pommes meringuée

8 Personen. *500 g Mürbeteig; 500 g dick eingekochtes, kaltes Apfelmus; Meringuemasse von 2 Eiern und 100 g Zucker; 100 g Aprikosenmarmelade; 100 g Johannisbeergelee. Backzeit der Torte: 25-30 Minuten; Abflämmen der Meringuemasse: 2-3 Minuten.*

Einen Tortenring mit dem Mürbeteig ausfüttern und den Rand glattschneiden. Mit kaltem, dick eingekochtem Apfelmus füllen und backen. Meringuemasse bereiten, die Torte damit hoch bedecken, die Seiten und oben glattstreichen und mit Meringuemasse gitterartig verzieren. Mit Puderzucker bestäuben und in einen mäßig heißen Ofen stellen, um die Meringuemasse leicht zu bräunen. Zum Schluß die Hohlräume auf der Torte abwechselnd mit Johannisbeergelee und Aprikosenmarmelade ausfüllen. *(Siehe Bild auf Seite 601.)*

ANANASTORTE — Tarte à l'ananas

10-12 Personen. *400 g Blätterteigabfälle; 300 g Butter; 100 g Zucker; 8 Eigelb; 8 Eiweiß; 250 g Mehl; 300 g gehackte, pochierte, gut abgetropfte Ananas; 2 dl Fondant; 100 g Aprikosenmarmelade; kandierte Ananas. Backzeit: 30 Minuten.*

Den Tortenring mit Mürbeteig ausfüttern, einstechen und mit folgender Masse füllen: Die Butter mit der Hälfte des Zuckers schaumig rühren, das Eigelb nach und nach hinzufügen und das Eiweiß mit dem restlichen Zucker zu festem Schnee schlagen. Den Eiweißschnee, das Mehl und zuletzt die Ananas locker unter die Eigelbmasse ziehen. Bei mäßiger Hitze backen und sogleich aprikotieren. Erst nach dem Auskühlen mit Fondant leicht glacieren und mit Dreiecken von kandierter Ananas dekorieren.

APRIKOSENTORTE — Tarte aux abricots

8 Personen. *500 g Mürbeteig oder Blätterteigabfälle; 1 kg Aprikosen; 100 g Puderzucker; passierte Aprikosenmarmelade. Backzeit: 25-30 Minuten.*

Den Tortenring mit dem Teig ausfüttern, einstechen, den Boden leicht mit Puderzucker bestäuben, mit halben, entkernten Aprikosen, leicht flachgedrückt und etwas übereinandergelegt, füllen und im heißen Ofen backen. Nach dem Herausnehmen gleich mit dicker, heißer Aprikosenmarmelade überglänzen.

◄ Korb aus gezogenem Zucker mit Petits Fours.

BACKPFLAUMENTORTE — Tarte aux pruneaux

8 Personen. *500 g Mürbeteig; 300 g große Backpflaumen; 200 g Aprikosenmarmelade oder Johannisbeergelee. Backzeit: 20-25 Minuten.*

Die zuvor eingeweichten Backpflaumen ohne Zucker kochen, auskühlen, entsteinen und gut abtropfen. Den Tortenring mit Mürbeteig ausfüttern, mit den Backpflaumen wie Aprikosentorte füllen und backen. Mit Aprikosenmarmelade oder Johannisbeergelee überglänzen.

BIRNENTORTE — Tarte aux poires

8 Personen. *500 g Mürbeteig; 500 g dickes Apfelmus; 4 Birnen; Rotwein; Johannisbeergelee. Backzeit: etwa 30 Minuten.*

Einen Tortenring mit dem Mürbeteig ausfüttern und den Rand einkerben. Mit dem Apfelmus füllen und im heißen Ofen backen. Die Birnen schälen, halbieren, das Kerngehäuse entfernen und in leicht gezuckertem Rotwein pochieren; sehr kleine Birnen können nach dem Schälen ganz bleiben. Die gut abgetropften Birnen auf das Apfelmus ordnen, leicht eindrücken und mit passiertem Johannisbeergelee abdecken.

ERDBEERTORTE — Tarte aux fraises

8 Personen. *500 g Zuckerteig; 1 kg Erdbeeren; 2 dl Johannisbeergelee. Backzeit: 20-25 Minuten.*

Den Ring mit Zucker- oder Mürbeteig ausfüttern und mit einem schönen Polster versehen. Blind ohne Fruchtfüllung goldgelb ausbacken. Nach dem Auskühlen schöne, gleich große Erdbeeren symmetrisch einfüllen und mit Johannisbeergelee nappieren. Nicht zu lange vorher füllen, damit der Fruchtsaft den Teig nicht aufweicht. Im Prinzip werden alle Fruchttorten gleich mit Füllung gebacken, nur nicht diejenigen von Beerenfrüchten, wie Erdbeeren, Himbeeren, Brombeeren usw.
Anmerkung: Um das Aufweichen des Tortenbodens bei Verwendung von Erdbeeren und ähnlichen Früchten zu verhindern, empfehlen wir, vor dem Einfüllen den Boden mit feinen Krümeln von altgebackenem Kuchen oder Zwieback zu bestreuen, die die Feuchtigkeit aufsaugen. *(Siehe Bild auf Seite 601.)*

KIRSCHENTORTE — Tarte aux cerises

8 Personen. *500 g Mürbeteig; 1 kg entsteinte Kirschen; 100 g Puderzucker; 2 dl Johannisbeergelee. Backzeit: 25-30 Minuten.*

Einen flachen Tortenring auf ein Backblech setzen, mit dem Teig ausfüttern, den Rand einkneifen, den Boden einige Male einstechen und mit Puderzucker leicht bestäuben. Die Kirschen, vorzugsweise Weichselkirschen, dicht nebeneinander, mit der Seite, auf der sie entkernt wurden, nach unten, hineingeben und im heißen Ofen backen, dabei nach einiger Zeit die Hitze etwas abdrosseln. Nach dem Herausnehmen stark mit vanilliertem Puderzucker bestreuen, besser noch mit passiertem Johannisbeergelee überglänzen.

Man kann die Torte auch mit konservierten Kirschen bereiten.

MIRABELLENTORTE — Tarte aux mirabelles

Genauso wie Aprikosentorte mit entsteinten Mirabellen bereiten.

ORANGENTORTE — Tarte aux oranges

8 Personen. *500 g Mürbeteig oder Blätterteigabfälle; die Filets von 1 kg kernlosen Orangen; Aprikosenmarmelade; kandierte Orangenscheiben und Konfitkirschen. Backzeit: 20 Minuten.*

Den Tortenring wie für Erdbeertorte ausfüttern und blind backen. Nach dem Erkalten die Orangenfilets symmetrisch einfüllen, mit heißer Aprikosenmarmelade überglänzen und mit einer kandierten Orangenscheibe und einigen Dreiecken von Kandierten Orangenscheiben sowie Konfitkirschen dekorieren. *(Siehe Bild auf Seite 600.)*

REINEKLAUDENTORTE — Tarte aux reines-claudes

Genauso wie Zwetschgentorte bereiten. Alle Pflaumentorten werden genauso bereitet, doch je nach der Farbe mit Aprikosenmarmelade oder Johannisbeergelee überglänzt.

RHABARBERTORTE — Tarte à la rhubarbe

8 Personen. *500 g Mürbe- oder Zuckerteig; 1 kg Rhabarber; 150 g Puderzucker; 2 dl Aprikosenmarmelade. Backzeit: 30-35 Minuten.*

Den Rhabarber schälen, in Stücke schneiden (etwa 2 cm Länge) und 1 Stunde lang mit dem Puderzucker mazerieren. Vor dem Einfüllen in den ausgefütterten Ring sehr gut abtropfen, im heißen Ofen backen und mit Aprikosenmarmelade nappieren.

ZWETSCHENTORTE — Tarte aux quetsches

8 Personen. *500 g Mürbeteig; 1 kg Zwetschen; 100 g Puderzucker; 2 dl Johannisbeergelee.*

Den Rand mit Mürbeteig ausfüttern, mit halben, entkernten und leicht zusammengedrückten Zwetschen füllen und dabei halb übereinanderlegen. Im heißen Ofen backen und nach dem Herausnehmen mit Johannisbeergelee nappieren.

ANDALUSISCHER FLADEN — Flan à l'andalouse

8 Personen. *500 g Mürbeteig; $^3/_4$ l Konditorcreme mit Orangengeschmack; 200 g Orangenfondant; 2 kandierte Stückchen Orangenschale. Backzeit: 25 Minuten.*

Den Ring mit Mürbeteig ausfüttern, einstechen und mit Konditorcreme füllen, die sehr stark mit Orange aromatisiert worden ist. Im heißen Ofen backen, nach dem Auskühlen mit Orangenfondant glacieren und mit Stückchen kandierter Orangenschale dekorieren.

FRANGIPANEFLADEN — Flan à la frangipane

8 Personen. *500 g Mürbeteig; $^3/_4$ l Frangipanecreme; 50 g Mandelpulver. Backzeit: 25 Minuten.*

Den ausgefütterten Tortenring mit Frangipanecreme füllen, dem die geriebenen Mandeln oder Mandelpulver zugesetzt worden sind. Keine Wulst anbringen, aber mit Bändern von zackig geschnittenem Teig wie gebänderte Apfeltorte abdecken und im heißen Ofen backen.

MILCHFLADEN — Flan au lait

8 Personen. *500 g Mürbeteig; 4 Eigelb; 100 g Vanillezucker; 3 dl Milch; 2 Eßlöffel zerlassene Butter. Backzeit: 25-30 Minuten.*

Einen Tortenring mit Mürbeteig gleichmäßig ausfüttern, den Rand einkneifen und den Boden einige Male mit einer Messerspitze leicht einstechen. Die Eigelb mit dem Zucker kurz verrühren, mit der kalten Milch vermengen, die zerlassene Butter hinzugeben, durch ein Spitzsieb gießen und die Eiermilch in den Rand gießen, jedoch nur gut dreiviertelvoll. Sorgfältig in den Ofen stellen, damit die Eiermilch nicht über den Rand der Form fließt, im heißen Ofen backen und am besten lauwarm essen.

ELSÄSSISCHER MILCHFLADEN — Flan au lait à l'alsacienne

8 Personen. *500 g Mürbeteig; 4 Eier; 100 g Zucker; Vanille; 3 dl Milch; 300 g Äpfel; 30 g Butter. Backzeit: 30-35 Minuten.*

Die geschälten Äpfel in dünne Scheibchen schneiden, in Butter dünsten und auskühlen. Den Tortenring wie üblich füttern, den Boden mit den Äpfeln bedecken, mit vanillierter Eiermilch aufgießen und im heißen Ofen backen.

AUSLÄNDISCHE SPEZIALITÄTEN

APFELSTRUDEL

6 Portionen: *300 g kleberreiches Mehl; 20 g Butter oder Schweineschmalz; knapp ½ Ei; 2 g Salz; Wasser nach Bedarf; 800-1000 g Äpfel; 100 g Zimtzucker; 100 g Rosinen; 100 g geröstete Weißbrotbrösel; 100 g Butter. Backzeit: etwa 35 Minuten.*

Das Mehl mit der Butter, dem Ei, Salz und so viel lauwarmem Wasser, um einen Teig von mittlerer Konsistenz zu erhalten, grob vermischen. In diesem Stadium noch mehr Wasser hinzugeben, wenn das Mehl stark anzieht. Ist eine genügende Festigkeit erzielt, tüchtig durcharbeiten, bis der Teig sich von der Hand abhebt. Zu einer Kugel formen, mit Öl bestreichen und, zugedeckt, 45 Minuten ruhen lassen. Nun auf einen großen Tisch ein Tuch legen, das über den Rand reichen soll, stark mit Mehl bestäuben, die Teigkugel nochmals mit Öl bestreichen und mit dem Rollholz zu einem dicken, breiten Streifen ausrollen. Mit den ölbestrichenen Fingern mit beiden Händen unter den Teig fassen und von der Mitte aus nach außen ziehen, stets fortlaufend ringsherum, bis der Tischrand erreicht ist und die dickeren Teigenden etwas über den Tischrand hängen; der Teig muß hauchdünn, glatt und durchsichtig, ohne Löcher sein. Die Äpfel schälen, entkernen, blätterig schneiden und auf die ausgezogene Fläche streuen, wobei eine Längsseite von etwa 15 cm frei bleibt, und gut verteilen. Stark mit Zimtzucker bestreuen, darüber die Rosinen verteilen, die Brotbrösel ebenfalls aufstreuen und mit zerlassener Butter stark beträufeln. Nach der Füllung die dicken Teigränder abschneiden und mit Hilfe des angehobenen Tuches das Ganze zu einem Strudel zusammenrollen. Auf ein Backblech legen und, falls der Strudel zu lang ist, zu einem Hufeisen zusammenrollen. Gut mit Butter bestreichen und bei mäßiger Hitze goldgelb ausbacken. Mit Puderzucker bestäuben, in Stücke von zwei Finger Breite schneiden und warm oder kalt servieren. *(Österreich)*

CARAVELLE

10 Personen. *Génoise von 5 Eiern, 125 g Zucker, 100 g Mehl, 25 g Kakaopulver und 50 g zerlassener Butter; 350 g Schokoladenbuttercreme; 150 g Kuvertüre; 50 g Krümelschokolade.*

Die Génoise in einer runden Tortenform backen, nach dem Erkalten zweimal waagrecht durchschneiden, mit Schokoladenbuttercreme zusammensetzen und auch oben und rundherum mit der Creme bestreichen und die Seiten mit Krümelschokolade anstreuen. Die Kuvertüre temperieren, auf ein Blatt Pargementpapier oder auf eine Glasplatte gießen, anziehen lassen und mit einem Tortenring ausstechen. Mit einem erwärmten Messer in 16 gleichmäßige Teile schneiden und die Dreiecke auf die Torte mit einer kleinen Neigung plazieren. In die Mitte eine Rosette aus Schokoladenbuttercreme dressieren und darauf eine halbe Konfitkirsche setzen. *(Schweiz)* *(Siehe Bild auf Seite 670.)*

DOBOS TORTA

8 Personen. *10 Eier; 400 g Zucker; 200 g Mehl; 10 g Vanillezucker; Abgeriebenes einer halben Zitrone; Zitronensaft; 350 g Schokoladenbuttercreme. Backzeit: 8-10 Minuten.*

Das Eigelb mit 200 g Zucker, Vanillezucker, abgeriebener Zitronenschale, einigen Tropfen Zitronensaft und Wasser schaumig rühren. Das Eiweiß mit 50 g Zucker zu festem Schnee schlagen und gleichzeitig mit dem Mehl locker unter die Eigelbmasse ziehen. Mit Hilfe einer Schablone 4-5 gleichgroße Böden von 3-4 mm Dicke und 15 cm Durchmesser auf Backbleche streichen, im heißen Ofen backen und sofort nach dem Herausnehmen vom Backblech ablösen. Nach dem Erkalten mit Ausnahme eines Bodens mit der Buttercreme zusammensetzen. Von 150 g Zucker und dem Saft einer halben Zitrone unter ständigem Rühren hellgelben Karamel bereiten und noch heiß auf den reservierten Boden gießen und sogleich mit einem gebutterten Messer in 8-10 Dreiecke schneiden. Den Oberteil der Torte mit Buttercreme bestreichen und die karamelisierten Teile aufsetzen, die gleichzeitig die Portionen markieren. *(Ungarn)* *(Siehe Bild auf Seite 673.)*

DRESDENER STOLLEN

10 Personen. *500 g Mehl; 35-40 g Hefe; 100 g Zucker; 200 g weiche Butter; 2 Eier; 2 Eigelb; das Abgeriebene einer halben Zitrone; je 1 Spitze geriebene Muskatnuß, Muskatblüte und Nelke; 60 g Rosinen; 60 g Korinthen; je 30 g feingeschnittenes Orangeat und Zitronat; etwas lauwarme Milch; Butter zum Bestreichen; Puderzucker; 4 g Salz; 5 geriebene, bittere und 50 g süße Mandeln. Backzeit: 45-60 Minuten.*

Von 125 g Mehl, 35 g Hefe und etwas lauwarmer Milch ein Hefestück bereiten. Das übrige, gesiebte Mehl auf das Backbrett schütten und eine Grube machen, das Hefestück, die Eier, das Eigelb, Zitronenschale, Gewürze, Zucker und die weiche Butter hineingeben und alles zusammen zu einem festen Teig zusammenkneten und nachhaltig abschlagen. Die Rosinen, Korinthen, das kleinwürflig geschnittene Zitronat und Orangeat hineinmischen, noch einmal gut durchschlagen und den Teig gehen lassen und wieder zusammenschlagen Zu einem hohen, schmalen und länglichen Brot formen, auf der einen Seite etwas mit der Handfläche einschlagen, noch einmal gehen lassen und bei mittlerer Hitze backen. Nach dem Herausnehmen sogleich sehr reichlich mit heißer, flüssiger Butter bestreichen und zweimal stark mit Puderzucker bestäuben. Nicht vor 48 Stunden essen. Stollen halten sich mehrere Wochen frisch, wenn man sie in Zellophan einpackt. *(Deutschland)*

FRANKFURTER KRANZ

8 Personen. *125 g Butter; 4 Eier; 100 g Mehl; 100 g Kartoffelmehl; 150 g Zucker; 6 g Backpulver; 1 Zitrone.* Füllung: *350 g Vanillebuttercreme; 200 g Krokant; 10 Konfitkirschen; 20 Pistazien. Backzeit: 40 Minuten bei 180 Grad.*

Die Butter mit den Eiern und dem Zucker tüchtig verrühren und die abgeriebene Zitronenschale und das zusammen mit dem Mehl und dem Kartoffelmehl gesiebte Backpulver daruntermengen. In eine ausgefettete und mit Mehl ausgestreute hohe Randform füllen und backen. Nach dem Auskühlen den Kranz waagrecht in vier Teile schneiden und mit der Buttercreme zusammensetzen, die man mit Rum, Kirschwasser usw. aromatisieren kann. Von außen mit Buttercreme dünn bestreichen, mit gestoßenem Krokant anstreuen und oben mit Buttercremerosetten, halben Konfitkirschen und Pistazien garnieren. *(Deutschland)* *(Siehe Bild auf Seite 674.)*

GATEAU LÉMANIA

250 g Wiener Teig: $^1/_2$ l Milch; 10 g Hefe; 10 g Zucker; 120 g Mehl; 40 g Butter für die Touren.
175 g holländische Masse: 50 g Butter; 50 g Zucker; 50 g geriebene Mandeln; 25 g Mehl; 1 Ei; abgeriebene Zitronenschale.
100 g entsteinte Kirschen; 10 g halbierte Konfitkirschen; Puderzucker. Backzeit: 30 Minuten bei 220 Grad.

Wiener Teig genauso wie für Pariser Hörnchen (siehe diese) herstellen.

Holländische Masse: Die Butter mit dem Zucker schaumig rühren, erst die geriebenen Mandeln, dann das Ei und die geriebene Zitronenschale und zuletzt das Mehl locker unterziehen.

Einen Tortenring mit dem Wiener Teig ausfüttern, die Hälfte der holländischen Masse einfüllen, mit den Kirschen bedecken, mit dem Rest der Masse füllen und backen. Nach dem Herausnehmen aus dem Ofen sofort umdrehen, damit die Torte flach bleibt, und erkalten lassen. Mit Puderzucker bestäuben und die halben Kirschen reihenweise auflegen. *(Schweiz)* *(Siehe Bild auf Seite 666.)*

LINZER TORTE

6 Personen. *150 g Butter; 150 g Mehl; 150 g Zucker; 150 g ungeschälte, geriebene Mandeln; 3 hartgekochte, durch ein Sieb gedrückte Eigelb; Saft und abgeriebene Schale einer halben Zitrone; 3 g Zimtpulver; 1 g Nelkenpulver; 1 Prise Salz; 250 g Himbeermarmelade; 1–2 Eigelb. Backzeit: 20–25 Minuten.*

Das Mehl zu einer Grube auf den Tisch schütten, sämtliche Zutaten in die Mitte geben und alles wie Mürbeteig kneten, ohne den Teig zu viel durchzuarbeiten. 2 Stunden ruhen lassen und davon einen runden Boden von 4 mm Dicke ausrollen. Einen Tortenring mit dem Teig ausfüttern, wobei der Teig den Rand leicht überragen soll. Den Boden einstechen und mit recht kalter Himbeermarmelade füllen. Von dem restlichen Teig Streifen von 1 cm Breite schneiden und erst 5 bis 6 in einer Richtung und dann ebensoviel in der entgegengesetzten Richtung anbringen und an den Rand gut andrücken, so daß sie ein Gitter bilden. Die Streifen mit Ei bestreichen und die Torte bei mäßiger Hitze backen. Erst nach völligem Erkalten aus dem Ring nehmen, da die Torte sehr zart ist. *(Österreich)*

PANETTONE

8 Personen. *650 g Mehl; 200 g Butter; 150 g Zucker; 15 g Salz; 10 Eigelb; 150 g Rosinen; 100 g feingeschnittenes Zitronat; Abgeriebenes einer Zitrone; 50 g Hefe; 1 dl lauwarmes Wasser. Backzeit: etwa 35-40 Minuten.*

Von dem Mehl, der in dem lauwarmen Wasser aufgelösten Hefe, Eigelb, Zucker und Salz einen mittelfesten Teig bereiten und die Butter darunterschlagen. Mit der abgeriebenen Zitrone, den Rosinen und dem kleingewürfelten Zitronat vermengen und den Teig in 3-4 runde Stücke teilen und, mit einem gemehlten Tuch bedeckt, auf dem Tisch ungefähr 90 Minuten ruhen lassen. Jedes Stück zu einem runden Kuchen formen und in eine Manschette von geöltem Papier einhüllen. Erst gehen lassen, dann mit Ei bestreichen, oben kreuzförmig einritzen und in einem mittelheißen Ofen backen. *(Italien)*

PLUM CAKE

250 g Orangeat; 250 g Zitronat; 500 g Korinthen; 500 g Rosinen; 500 g Butter; 500 g Zucker; 600 g Mehl; 12 Eier; das Abgeriebene von je 1 Zitrone und Orange; 10 g Zimtpulver; 3 g Nelkenpulver; 5 g Mazispulver; 100 g geriebene Mandeln; 5 cl Rum; 5 g Salz; 10 g Backpulver. Backzeit: 1¼-1¾ Stunden.

Orangeat und Zitronat kleinwürfeln und blanchieren, Korinthen und Rosinen in Wasser aufquellen lassen und abtropfen. Alle Früchte zusammen mit den Gewürzen, zugedeckt, mehrere Stunden in dem Rum mazerieren. Die Butter mit dem Zucker schaumig rühren, nach und nach 12 Eigelb, das Abgeriebene der Zitrone und Orange, 200 g Mehl und die geriebenen Mandeln daruntermengen. Das zu festem Schnee geschlagene Eiweiß, das mit dem Backpulver gesiebte Mehl und die mazerierten Früchte mitsamt dem Saft locker unterziehen und die Masse in eine rechteckige Form füllen, die zuerst ausgebuttert und mit gebuttertem und gemehltem Papier ausgelegt worden ist, das den Rand der Form um 2-3 cm übersteigt. Den Kuchen im heißen Ofen anbacken, nach 10 Minuten mit einem Messer oben in der Kruste ein Kreuz machen und die Hitze drosseln. Bei mäßiger Hitze fertigbacken und nach völligem Erkalten den Kuchen in eine Aluminiumfolie hüllen. Er hält sich mehrere Wochen, ja selbst monatelang. Der Kuchen kann auch in runden Formen gebacken werden. *(Großbritannien)*

SACHERTORTE

6 Personen. *150 g Vanilleschokolade; 150 g Butter; 150 g Zucker; 150 g Mehl; 100 g Aprikosenmarmelade; 6 Eier; 200 g Schokoladenfondant. Backzeit: ungefähr 30 Minuten.*

Die Schokolade reiben und mit einem Löffelchen Wasser schmelzen lassen. Die Butter mit dem Zucker schaumig rühren, nach und nach das Eigelb und dann die knapp lauwarme, geschmolzene Schokolade daruntermengen. Das zu festem Schnee geschlagene Eiweiß gleichzeitig mit dem Mehl unterziehen und die Masse in einer runden, gebutterten und mit gebuttertem und gemehltem Papier ausgelegten Form bei mäßiger Hitze backen. Nach dem Erkalten die Torte umkehren, erst dünn aprikotieren und dann gänzlich mit Schokoladenfondant glacieren. Meistens serviert man dazu Schlagsahne. *(Österreich)*

SCHWARZWÄLDER KIRSCHTORTE

Ungefähr 12 Personen. *200 g Zucker; 8 Eigelb; 1 Ei; 100 g Biskuitkrümel; 60 g geriebene Mandeln; 50 g Kakaopulver; 8 festgeschlagene Eiweiß; 400 g entsteinte Weichselkirschen; 6 dl vanillierte Schlagsahne; 5 cl Kirschwasser; Schokoladenspäne. Backzeit ungefähr 25 Minuten.*

Das Eigelb und das Ei mit dem Zucker und einem Eßlöffel Wasser schaumig rühren. Die Biskuitkrümel und die geriebenen Mandeln und dann das festgeschlagene Eiweiß und das Kakaopulver locker unterziehen. In eine mit Butter ausgestrichene und mit Mehl bestäubte runde Form von etwa 25 cm Durchmesser füllen und bei mäßiger Hitze backen. Nach dem Erkalten in drei Scheiben schneiden. Die erste Scheibe mit Kirschenkompott, mit dem eingekochten und leicht mit Stärkemehl gebundenen Saft vermischt, füllen und mit etwas Schlagsahne bestreichen. Mit dem zweiten Boden abdecken, der mit Kirschwasser-Schlagsahne bestrichen worden ist, und den letzten Boden darauflegen. Die ganze Torte, auch die Seiten, mit Kirschwasser-Schlagsahne bestreichen. Die Seiten mit Schokoladenspänen anstreuen, die Oberseite mit Schlagsahnerosetten kranzartig verzieren und in jede Rosette eine halbe Konfitkirsche stecken. In der Mitte und rund um den Schlagsahnedekor Schokoladenspäne anbringen und mit Puderzucker leicht bestäuben. Die gut gekühlte Torte muß frisch gegessen werden. *(Deutschland)* *(Siehe Bild auf Seite 671 und* KULINARISCHE TECHNIK IN BILDERN.)

SCONES

1 kg 800 Mehl; 100 g Backpulver (baking powder); 260 g Butter; 225 g Zucker; 1 l Milch, das Abgeriebene 1 Zitrone; 1 starke Prise Zimtpulver. Backzeit: 10-12 Minuten.

Das Mehl zusammen mit dem Backpulver sieben, die Butter hinzugeben und mit dem Mehl verreiben. Den Zucker in der Milch auflösen, dem Teig zusammen mit dem Abgeriebenen der Zitrone und dem Zimt beimengen und kurz durcharbeiten, ohne den Teig zu fest werden zu lassen. Mit der Hand in runde Stücke von 12 cm Durchmesser formen und 10 Minuten ruhen lassen. Abflachen, jedes Stück mit dem Messer in vier Dreiecke schneiden, mit Eigelb bestreichen und darauf achten, daß es nicht an den Seiten hinunterfließt. Im heißen Ofen backen, noch heiß waagrecht durchschneiden und mit Butter bestreichen. Man kann die Scones nach dem Teilen und vor dem Buttern auch rösten. *(Großbritannien)*

SCHWEIZER ZOPF — Tresse suisse

8 Personen. *650 g Mehl; 150 g Butter; 3 dl Milch; 2 Eier; 30 g Hefe; etwa 15 g Salz; 5 g Zucker. Backzeit: 30-35 Minuten.*

Von dem Mehl und der in warmer Milch aufgelösten Hefe, den Eiern, Salz und Zucker einen mittelfesten Teig bereiten, gehen lassen und die weiche Butter mit der Hand darunterschlagen. Den Teig in 2 gleiche Stücke teilen, zu 2 runden Rollen von etwa 40 cm Länge formen, diese überkreuz legen und zu einem Zopf flechten. Den Zopf etwa 30 Minuten gehen lassen, mit Eigelb bestreichen und im heißen Ofen backen. *(Schweiz)*

ZIGOMAR

10 Personen. *5 Eigelb; 3 Eiweiß; 80 g Zucker; 50 g Kuvertüre; 30 g Mehl; 250 g Pistazienbuttercreme; 100 g Schokoladenbuttercreme; 150 g Vanillekuvertüre. Backzeit: 30 Minuten.*

Das Eigelb mit dem Zucker und der in warmem Wasser aufgelösten Kuvertüre recht schaumig rühren und das zu festem Schnee geschlagene Eiweiß und gleichzeitig das Mehl locker unterziehen. In einer runden Form backen und nach dem Erkalten in drei Scheiben schneiden. Mit Pistazienbuttercreme füllen und sowohl oben als auch die Seiten mit Schokoladenbuttercreme bestreichen und kalt stellen. Nach dem Festwerden der Creme gänzlich mit Kuvertüre glacieren, dekorieren und in die Mitte ein großes « Z » setzen. *(Schweiz)* *(Siehe Bild auf Seite 672.)*

ZUGER KIRSCHTORTE

10 Personen. *1 runde Génoise von 500 g; Nußmasse von 4 Eiweiß, zu festem Schnee geschlagen, 120 g Zucker, 80 g feingeriebenen Haselnüssen und 20 g Mehl; 300 g Kirschwasser-Buttercreme; 50 g geröstete, gehackte Mandeln; 30 g Puderzucker; Läuterzucker; Kirschwasser. Backzeit: 15 Minuten.*

Von der Nußmasse mit dünner Lochtülle zwei spiralförmige Böden auf ein gebuttertes Backblech spritzen und bei mäßiger Hitze backen. Die Génoise gänzlich mit Kirschwasser-Läuterzucker (mit einem Drittel Kirschwasser) tränken und auf ein Gitter zum Abtropfen setzen. Die beiden Nußböden mit Kirschwasser-Buttercreme bestreichen und die Génoise dazwischenfüllen. Zum Festwerden in den Kühlschrank stellen, dann oben und an den Seiten mit Kirschwasser-Buttercreme bestreichen. Mit den gehackten Mandeln rundherum anstreuen, die Oberfläche dicht mit Puderzucker bestäuben, mit dem Messerrücken zu Rauten einteilen und in die Mitte ganz wenig gehackte Pistazien streuen. *(Schweiz)* *(Siehe Bild auf Seite 670.)*

KLEINE KUCHEN UND DESSERTSTÜCKE

KLEINES GEBÄCK AUS BLÄTTERTEIG

BLÄTTERTEIGSTÄBCHEN — Batons glacés

Blätterteig 3 mm dick zu einem langen Rechteck ausrollen und dünn mit Eiweißglasur bestreichen. Mit Hilfe des in heißes Wasser getauchten Teigrädchens schmale Rechtecke ausschneiden und auf ein Backblech setzen. Die Glasur erst trocknen lassen und dann die Stäbchen bei mäßiger Hitze backen. *(Siehe Bild auf Seite 667.)*

BLÄTTERTEIGSTANGEN — Sacristains

Blätterteig oder Blätterteigabfälle zu einem Stück von 3 mm Dicke, 10 cm Breite und beliebiger Länge ausrollen. Mit geschlagenem Ei bestreichen, mit feingehackten Mandeln bestreuen und mit Puderzucker bestäuben. Hiervon Streifen von knapp 2 cm Breite schneiden, an den beiden Enden anfassen und jeden Streifen wie einen Korkenzieher um die eigene Achse drehen. Auf Backbleche setzen und im heißen Ofen ungefähr 5 Minuten backen. (*Siehe* KULINARISCHE TECHNIK IN BILDERN.)

CONDÉS

Blätterteig 4 mm dick in lange Streifen von 8-10 cm Breite schneiden. Mit Eiweißglasur, der man reichlich feingehackte Mandeln oder Mandelpulver beigefügt hat, bestreichen, mit Puderzucker bestäuben und mit einem in heißes Wasser getauchten Messer in Stücke von 3-4 cm Breite schneiden und auf ein Backblech legen. In einem heißen Ofen von unten und abgedrosselter Hitze von oben 12 Minuten backen, um ein Karamelisieren der Oberfläche zu verhindern.

HUFEISEN — Fers à cheval

Blätterteig 3-4 mm dick zu beliebiger Länge und zu einer Breite von 15 cm ausrollen. In Streifen von 4-5 cm Breite schneiden, mit einem schmalen Streifen dicker Aprikosenmarmelade garnieren und zusammenfalten, damit die Marmelade nicht auslaufen kann. Mit Eigelb bestreichen, mit Hagelzucker bestreuen, auf ein Backblech in Hufeisenform dressieren und im heißen Ofen backen. *(Siehe Bild auf Seite 667.)*

LIEBESGRÜBCHEN — Puits d'amour

Blätterteig 3 mm dick ausrollen und zu runden Plätzchen von 4 cm Durchmesser ausstechen. Die Hälfte so belassen, der anderen Hälfte die Mitte ausstechen. Die Ringe unten leicht aufeuchten, auf die Plätzchen setzen, so daß sie kleine Pastetchen bilden. Mit Ei bestreichen, im heißen Ofen ungefähr 8 Minuten backen, wo sie wie Pastetchen aufgehen müssen. Die Mitte mit Johannisbeergelee füllen und den Rand mit Puderzucker bestäuben.

NAPOLEONS — Les Napoléons

Blätterteig 3 mm dick ausrollen und mit einem ziemlich großen, ovalen Ausstecher Plätzchen ausstechen. Die Hälfte mit haselnußgroß Mandelcreme, wie für Mandelcremetorte, füllen, die Seiten der Plätzchen anfeuchten und mit einem zweiten bedecken und den Rand gut andrücken. Die Decke dünn mit Mandelcreme bestreichen, die mit etwas Eiweiß verdünnt worden ist, mit Puder zucker bestäuben und in einem unten heißeren Ofen als oben 15-18 Minuten backen.

OCHSENZUNGEN ODER SCHUHSOHLEN — Coques ou langues de bœuf

Blätterteig 5 mm dick ausrollen und davon mit gezacktem Ausstecher Plätzchen von etwa 5 cm Durchmesser ausstechen. Etwas Streuzucker auf die Marmorplatte streuen und den Plätzchen mit einer Tour des Rollholzes eine ovale Form geben. Auf ein Backblech mit der gezuckerten Seite nach oben legen und in einem mäßig heißen Ofen 7-8 Minuten backen. *(Siehe Bild auf Seite 667.)*

SCHILLERLOCKEN — Cornets feuilletés à la crème

Blätterteig oder Blätterteigabfälle 2 mm dick ausrollen und davon Streifen von 3 cm Breite und 18-20 cm Länge schneiden. Diese Bänder leicht übereinander um leicht angefeuchtete, trichterförmige Blechhülsen wickeln, auf ein Backblech legen, die obere Seite mit Ei bestreichen und im heißen Ofen 10-12 Minuten backen. Noch warm von der Blechhülse lösen und nach dem Erkalten mit vanillierter Schlagsahne oder einer beliebigen Creme füllen.

Anmerkung: Sie können auch warm mit Rührei oder diversen Haschees, kalt als Vorspeise, mit feinen Pürees, Kaviar u. a. m. gefüllt, serviert werden, der Teig muß dann ungezuckert sein.

SCHMETTERLINGE — Les papillons

Genauso wie Schweinsohren vorbereiten, d. h. einen viertourigen Blätterteig verwenden und bei den letzten zwei Touren reichlich Streuzucker nehmen. In Streifen von 4-5 cm teilen, die man übereinanderlegt, und die Mitte mit dem Rollholz oder mit der Hand stark eindrücken. Die Streifen in Stücke von 1 cm Dicke schneiden und zwischen beiden Händen die Teigenden leicht nach außen drehen. Nicht zu dicht nebeneinander auf ein Backblech legen und im heißen Ofen ungefähr 15 Minuten backen.

Schweinsohren, Schmetterlinge und ähnliches Gebäck können auch in kleinster Form für Petits Fours hergestellt werden.

SCHWEINSOHREN — Palmiers glacés

Ein Stück Blätterteig oder auch Blätterteigabfälle ausrollen und zwei Touren geben, wobei man jedesmal mit nicht zu feinem Zucker bestreut. Zu einem Rechteck auswalken, zweimal zur Mitte zusammenklappen und mit dem Rollholz etwas andrücken. Mit einem scharfen Messer Stücke von 1 cm Dicke schneiden und mit der Schnittfläche weitläufig auf ein Backblech setzen. In einem ziemlich heißen Ofen 10-12 Minuten backen und dabei nach einigen Minuten wenden, damit die untere Seite nicht karamelisiert. In winziger Form hergestellt, dienen sie auch als Petits Fours, (*Siehe Bild auf Seite 667 und* KULINARISCHE TECHNIK IN BILDERN.)

KLEINE TAUSEND-BLÄTTER-KUCHEN — Petits mille-feuilles

Blätterteig sehr dünn ausrollen und davon Streifen von 8-10 cm schneiden, einstechen und im heißen Ofen backen. 3 Streifen übereinanderlegen, mit Bourdaloue-Creme, mit geriebenen Mandeln dazwischen, füllen, etwas andrücken, die Oberfläche stark mit Puderzucker bestäuben und mit einem Sägemesser vorsichtig in Stücke von 3-4 cm schneiden.

WIENER — Viennois

Blätterteig dünn ausrollen und davon Vierecke mit einer Seitenlänge von 8 cm schneiden. In die Mitte einen Teelöffel Kaffeemandelcreme, Konditorcreme, Konfitüre oder gekochte Früchte füllen und die vier Ecken darüber zusammenschlagen. Mit Eigelb bestreichen, mit gestiftelten Mandeln bestreuen, mit Zucker bestäuben und im heißen Ofen 10 Minuten backen. Sie schmecken am besten lauwarm. Man kann sie auch aus Blätterteigabfällen bereiten.

VERSCHIEDENE KLEINE KUCHEN

ABRICOTINES

Savarinteig in sehr kleine, geriefte Schiffchenförmchen füllen und ein kleines Stückchen kandierte Aprikose in die Mitte stecken. Gehen lassen, im heißen Ofen backen, in Rumläuterzucker tränken und mit eingekochter, passierter Aprikosenmarmelade glacieren.

BIARRITZ

125 g feingeriebene Mandeln; 125 g Zucker; 3 Eiweiß; Vanille; Kuvertüre. Backzeit: ungefähr 6 Minuten.

Von sämtlichen Zutaten, mit Ausnahme der Kuvertüre, einen weichen Teig bereiten. Mit Hilfe einer Schablone dünne Plätzchen von 6 cm Durchmesser auf ein gewachstes Blech streichen und im heißen Ofen backen. Sogleich vom Blech lösen, die Unterseite in temperierte Kuvertüre tauchen und erkalten lassen.

BORDELAISER KROKETTEN — Croquettes de Bordeaux

125 g Mehl; 50 g Butter; 50 g Zucker; 75 g ungeschälte Mandeln; 1 Ei; 1/2 Teelöffel Backpulver; Vanille; Salz. Backzeit: 15-18 Minuten.

Den Teig gut durchkneten und grob hacken, um die Mandeln zu zerkleinern, dann davon eine faustgroße Rolle formen, auf ein Backblech legen, mit der Hand etwas ausbreiten, doch gewölbt halten. Mit Eigelb bestreichen, mit der Gabel der ganzen Länge nach in Quadrate einritzen und im heißen Ofen backen, wobei sie etwas aufgehen muß. Nach dem Backen in fingerbreite Scheiben schneiden.

BRETONER PLÄTZCHEN — Galettes bretonnes

125 g Mehl; 60 g Butter; 80 g Korinthen; 50 g Zucker; 1 Ei; 1 Prise Salz; 1 Prise Zimt. Backzeit: 7-8 Minuten.

Teig wie für Nanteser Plätzchen bereiten, in Stücke von der Größe eines Eies rund formen und mit der Hand etwas flachdrücken. Mit Ei bestreichen, mit dem Messer einritzen und in die Mitte eines jeden Plätzchens einige Korinthen streuen (zusätzlich zu denen im Teig) und im heißen Ofen backen. Anstelle des Zimtes kann man dem Teig auch einen anderen Geschmack geben.

ZARTE BRETZELN — Bretzels fondants

125 g Mehl; 75 g Butter; 20 g Zucker; 1 Prise gestoßenen Anis; 1 Ei; 1 Prise Salz. Backzeit: 7-8 Minuten.

Alle Zutaten zu einem lockeren Teig zusammenkneten und in Stücke von der Größe eines Taubeneies teilen. Jedes Stück auf der Marmorplatte kleinfingerlang mit dünneren Enden ausrollen, zu Bretzeln formen und die Enden mit Eigelb zusammen befestigen. Mit Eigelb bestreichen, mit Hagelzucker bestreuen und im heißen Ofen backen. *(Siehe Bild auf Seite 677.)*

CARACAS-TÖRTCHEN — Caraques

Zwei runde Böden von zartem Mürbeteig mit vanillierter Ganachecreme zusammensetzen. Mit Pistazienfondant glacieren und in die Mitte ein Schokoladenplätzchen setzen. *(Siehe Bild auf Seite 676.)*

CRAQUELINS

125 g Mehl; 75 g Butter; 15 g Zucker; 3 g Salz; 1 Eigelb; etwas Milch. Backzeit: 4-5 Minuten.

Sämtliche Zutaten auf einer Marmorplatte zusammen kneten, ohne sie zu sehr zu bearbeiten, und einige Zeit ruhen lassen. Den Teig 2 mm dick ausrollen, in gleichmäßige kleine Vierecke schneiden, mit Ei bestreichen, die Oberfläche etwas einritzen und in einem sehr heißen Ofen backen. Nach dem Herausnehmen mit Puderzucker bestäuben.

FLÄMISCHE STÄBCHEN — Baguettes flamandes

125 g Zucker; 125 g Mehl; 60 g gehackte Mandeln; 1 Ei; 1 Eigelb; Vanille (ausreichend für 18 Stäbchen). Backzeit: 8 Minuten.

Den Zucker mit dem Ei und dem Eigelb schaumig rühren, Mehl und Vanille hinzufügen und hiervon Stäbchen von 2 cm Breite und 8-10 cm Länge mit der Lochtülle auf ein gebuttertes und gemehltes Backblech spritzen. Die Stäbchen mit den gehackten Mandeln bestreuen und bei mäßiger Hitze backen.

JAPANER — Japonais

Sehr kleine, runde Böden aus Meringuemasse mit geriebenen Haselnüssen herstellen. Jeweils 2 Böden mit Krokantbuttercreme zusammensetzen, mit Creme gänzlich bestreichen und in feingebröckelter Meringuemasse wälzen. Obenauf in die Mitte einen Punkt von rosafarbigem Fondant setzen. *(Siehe Bild auf Seite 676.)*

LÖFFELBISKUITS — Biscuits à la cuillère

Den Teig (siehe diesen) in einen Spritzsack mit etwas großer Tülle füllen und davon Stangen von ungefähr 8 cm Länge auf breite Streifen von Pergamentpapier setzen. Die Papierstreifen an beiden Enden anfassen, umdrehen und sorgfältig auf ein Blech mit Streuzucker gefüllt tauchen. Einen Moment im Zucker lassen, das Papier umdrehen und die Streifen auf schwach gefettete Backbleche legen. In einem mäßig geheizten Ofen 15-18 Minuten recht trocken ausbacken, da die Löffelbiskuits sonst schnell weich werden. Nach dem Backen vom Papier ablösen. Man kann sie im voraus bereiten und in einer festverschlossenen Blechbüchse aufbewahren. (*Siehe* KULINARISCHE TECHNIK IN BILDERN.)

MADELEINES VON COMMERCY — Madeleines de Commercy

60 g Zucker; 60 g Mehl; 60 g Butter; 2 Eier; Vanille. Backzeit: 10-15 Minuten.

1. Art. Die Eier mit dem Zucker schaumig schlagen und das gesiebte Mehl, die Vanille und zerlassene, knapp lauwarme Butter locker unterziehen. Madeleineförmchen mit Butter ausstreichen und mehlen, die Masse einfüllen und im heißen Ofen backen.

2. Art. Die gleichen Zutaten zuzüglich ½ Teelöffels Backpulver. Butter und Zucker zusammen 5 Minuten schlagen, erst 1 Ei, nach 5 Minuten das zweite Ei hinzugeben und dann das Mehl, mit dem Backpulver gesiebt, und Vanille beifügen und im heißen Ofen backen. So zubereitet, sind die Madeleines frischer im Geschmack, aber schwerer. Man erhält aus der Masse nur 9-10 Stück, während bei der Zubereitung auf 1. Art 12 Stück gewonnen werden.

MADRIDER LECKERBISSEN — Délices de Madrid

Von 250 g gesiebtem Mehl eine Grube machen, in die Mitte 150 g Butter, 60 g Zucker, 2 Eier, 2 geriebene, bittere Mandeln und einige Tropfen Wasser geben und zu einem mittelfesten Teig verarbeiten und kurz ruhen lassen. Den Teig dünn ausrollen und mit einem runden Ausstecher von 3½ cm Durchmesser Plätzchen ausheben und im heißen Ofen backen. Noch warm, je zu zweien mit dicker Aprikosenmarmelade zusammensetzen, auch die Seiten damit bestreichen und diese mit Hagelzucker anstreuen. Backzeit: ungefähr 5 Minuten.

MAGALI

Sehr kleine, gebackene Krustaden aus Zuckerteig mit einer Ganachecreme füllen. Die Oberseite mit lauwarmem Schokoladenfondant glacieren, die Seiten aprikotieren und mit gehackten, gerösteten Mandeln anstreuen.

MANDELFELSEN — Rochers aux amandes

4 Eiweiß; 250 g Puderzucker; 125 g feingestiftelte Mandeln; Vanille. Backzeit: 15-20 Minuten.

Italienische Meringuemasse bereiten und die Mandeln und Vanillepulver hinzufügen. Davon mit einem Eßlöffel kleine Häufchen auf ein gefettetes und gemehltes Backblech dressieren, um Felsen zu imitieren. Bei mäßiger Hitze so backen, daß das Äußere krustig, das Innere aber noch weich bleibt. Man kann sie auch mit Schokolade, Kaffee oder Erdbeeren parfümieren.

MOKKATÖRTCHEN — Pavés au moka

Génoisebiskuit von etwa 2½ cm Höhe waagrecht durchschneiden und mit Mokkabuttercreme wieder zusammensetzen und zum Festwerden kalt stellen. In gleichmäßige Vierecke von etwa 4 cm Seitenlänge schneiden, mit Mokkafondant glacieren, wunschgemäß dekorieren und in Papierkapseln setzen. *(Siehe Bild auf Seite 676.)*

MARIGNANS

Ausgebutterte Schiffchenförmchen zur Hälfte mit Savarinteig füllen, gehen lassen, im heißen Ofen backen und noch heiß in Rumläuterzucker tränken. Oben eine dünne Scheibe abschneiden, auf einer Seite anheben und mittels Spritzsacks und Sterntülle mit vanillierter italienischer Meringuemasse, vanillierter Schlagsahne oder einer beliebigen Creme füllen.

MUNDBISSEN MIT SCHOKOLADE — Bouchées au chocolat

Von Löffelbiskuitteig mit Spritzsack und Lochtülle Plätzchen von der Größe einer kleinen Makrone spritzen und bei mäßiger Hitze, ohne sie mit Zucker zu bestäuben, ungefähr 10 Minuten backen. Nach dem Auskühlen innen leicht aushöhlen, je 2 Stück mit Konditorcreme oder vanillierter Schlagsahne zusammensetzen, mit Schokoladenfondant glacieren und eine halbe geschälte Mandel in die Mitte setzen.

NANTESER PLÄTZCHEN — Galettes nantaises

125 g Mehl; 50 g Butter; 60 g Zucker; 40 g Mandelpulver; 2 Eigelb; 3 g Salz. Backzeit: 7-8 Minuten.

Von allen Zutaten einen geschmeidigen Teig bereiten und 1 Stunde kühl ruhen lassen. 3 mm dick ausrollen und mit einem runden, gezackten Ausstecher runde Plätzchen ausheben, auf ein gefettetes Blech legen, mit Ei bestreichen und mit der Gabel kreuzweise einritzen. In die Mitte eine Spitze Mandelpulver streuen, mit Puderzucker bestäuben und im heißen Ofen backen.

NONNEN — Les religieuses

Tartelettförmchen mit Mürbeteig ausfüttern und blind backen. Für jedes Tartelett ein Windbeutelchen backen, das gerade in das Tartelett hineinpaßt, und ein ganz kleines wie für St.-Honoratius-Torte. Alle Windbeutelchen mit Konditorcreme füllen, die großen mit Schokoladen- und die kleinen mit Kaffeefondant glacieren. Etwas Kaffeebuttercreme bereit halten. Auf den Boden der Tarteletts wenig Konditorcreme geben, den größeren Windbeutel hineinsetzen und aus einem Spritzsack mit Sterntülle mit Kaffeebuttercreme umkränzen. Den kleinen Windbeutel daraufsetzen, gleichfalls mit Buttercreme umkränzen und obenauf eine Rosette von Kaffeebuttercreme spritzen.

ORANGENPLÄTZCHEN — Galettes à l'orange

100 g gehackte Mandeln; 100 g Puderzucker; 100 g feingehackte, eingemachte Orangenschale; 70 g Butter; 1 Eßlöffel Mehl; 1 Eßlöffel Milch; eventuell einige Tropfen Karmin. Backzeit: 5-6 Minuten.

Die Butter leicht schaumig rühren, dann mit dem Zucker noch einige Minuten verrühren und die Mandeln, die gehackte Orangenschale, das gesiebte Mehl und die Milch daruntermengen. Von der Masse kleine Häufchen in der Größe einer Walnuß auf ein gefettetes Blech setzen, mit der feuchten Gabel leicht abflachen und im heißen Ofen backen. Erst nach völligem Erkalten vom Blech lösen, da die Kuchen sehr zart sind.

PERLHIPPEN — Les tuiles perlées

125 g Butter, 125 g Zucker, 150 g Mehl, 2 Eigelb und 1 Prise Salz zu Teig verkneten und hauchdünn ausrollen. Rund ausstechen und im heißen Ofen auf einem gefetteten Backblech backen. Sofort nach dem Herausnehmen um ein Rollholz zu gewölbter Form biegen, abnehmen, mit dick eingekochter Aprikosenmarmelade bestreichen und mit Hagelzucker oder gehackten Mandeln bestreuen. Backzeit: 5-6 Minuten.

POMPONETTEN MIT KIRSCHWASSER — Pomponettes au kirsch

Kleine, ausgebutterte Dariolförmchen, deren Boden mit einer entkernten Traubenrosine belegt worden ist, zur Hälfte mit Savarinteig füllen, gehen lassen und im heißen Ofen 6-7 Minuten backen. In Kirschwasser-Läuterzucker tränken, abtropfen und leicht mit Kirschwasserfondant glacieren.

REIMSER BISKUITS — Biscuits de Reims

18 Biskuits: 150 g Puderzucker; 150 g Mehl; 1 g Natron; 1 g Weinsteinsäure; 3 Eier; Vanille. Backzeit: etwa 15 Minuten.

Die Eier mit dem Zucker wie für Génoise schlagen, den Natron und die Weinsteinsäure beifügen und, wenn die Masse recht schaumig ist, die Vanille und das gesiebte Mehl locker darunterziehen. Mit Spritzsack und Lochtülle in gebutterte und mit Kartoffelmehl ausgestäubte Spezialformen, sogenannte Reimser Biskuitformen, füllen, mit Puderzucker bestäuben und bei mäßiger Hitze backen. Diese Biskuits halten sich längere Zeit frisch.

SCHOKOLADENPARFAITS — Parfaits au chocolat

Runde Böden von zartem Mürbeteig backen und auskühlen. Die Hälfte dick und glatt mit Schokoladenbuttercreme bestreichen, die andere Hälfte gänzlich in Kuvertüre tauchen und daraufsetzen. Obenauf mit Streifen von Kuvertüre dekorieren und ganz wenig gehackte Pistazie in die Mitte streuen. *(Siehe Bild auf Seite 676.)*

SCHWEIZER PLÄTZCHEN — Galettes suisses

125 g Mehl; 125 g geriebene Mandeln; 120 g Zucker; 40 g Butter; 1 Ei; 3 Eigelb; Vanille; Salz. Backzeit: 8-10 Minuten.

Die Mandeln mit dem Zucker und dem Eigelb schaumig rühren. Von dem Mehl eine Grube machen, die Masse zusammen mit dem Ei, Vanille und Salz in die Mitte geben und zu einem festen Teig verarbeiten. 1 Stunde ruhen lassen, dann 3 mm dick ausrollen, zu runden Plätzchen ausstechen, mit Ei bestreichen. mit gestiftelten Mandeln bestreuen, mit Puderzucker bestäuben und im heißen Ofen backen. Anstelle der gestiftelten kann man auch eine halbe geschälte Mandel obenauf legen.

TROUVILLER SANDKUCHEN — Sablés de Trouville

125 g Mehl; 100 g Butter; 50 g Mandelpulver; 70 g Zucker; 2 Eigelb, 1 Prise Salz; das Abgeriebene 1 Zitrone. Backzeit: 7-8 Minuten.

Den Teig wie oben mit rohem Eigelb bereiten, mit großem, rundem Ausstecher ausheben und jedes Stück vierteln. Mit Ei bestreichen, mit dem Messer quadratisch einritzen und im heißen Ofen backen.

SUWAROWS — Souvaroffs

125 g Mehl; 100 g Butter; 50 g Zucker; 1 Prise Salz. Backzeit: 6-7 Minuten.

Das Mehl zu einer Grube formen, die zerlassene Butter, den Zucker und das Salz hineingeben und alles mit den Fingerspitzen leicht zusammenmischen, damit der Teig nicht sandartig wird; weder Wasser noch Ei hinzufügen. 1 Stunde ruhen lassen, dann 3 mm dick ausrollen, davon ovale Plätzchen ausstechen und im heißen Ofen backen. Nach dem Erkalten je 2 Stück mit Johannisbeergelee zusammensetzen und die Oberseite mit Puderzucker bestäuben.

VENDEER SANDKUCHEN — Sablés vendéens

125 g Mehl; 90 g Butter; 60 g Zucker; 2 hartgekochte, durch ein Sieb gestrichene Eigelb; 3 g Salz; das Abgeriebene einer Zitrone. Backzeit: 7-8 Minuten.

Das Mehl aufschütten, eine Grube in der Mitte machen, die anderen Zutaten hineingeben, durchkneten und 2 Stunden ruhen lassen. 4 mm dick ausrollen und zu kleinen, dreieckigen Kuchen ausstechen. Auf ein gefettetes Blech legen und auf jeden Kuchen einen Korken eindrücken, in dem man zuvor mit einem scharfen Messer Quadrate eingeschnitten hat. Im heißen Ofen backen, ohne die Kuchen mit Ei zu bestreichen. Hat man keinen dreieckigen Ausstecher, den Teig rund ausstechen und dann in 4 Stücke teilen.

ZITRONENKUCHEN — Citrons

Runde Böden von Mürbeteig ausstechen, backen und erkalten lassen. Je zu zweien mit Zitronenbuttercreme zusammensetzen, mit Zitronenfondant glacieren und in die Mitte mit Schokoladenspritzglasur das Wort « Zitrone » schreiben.

TÖRTCHEN UND SCHIFFCHEN

APRIKOSENTÖRTCHEN — Tartelettes aux abricots

Halbe Aprikosen in Vanilleläuterzucker pochieren und darin erkalten lassen. Tartelettförmchen mit Zuckerteig auslegen und blind backen. Mit den gut abgetropften Aprikosen garnieren, aprikotieren und rundherum gehackte, geröstete Mandeln anstreuen.

EXQUISITE TÖRTCHEN — L'exquis

100 g geriebene Mandeln mit 100 g Zucker, 40 g Mehl, einem halben Eiweiß und etwas Vanille gut zu einem Teig durcharbeiten, ausrollen und damit kleine, ausgebutterte und ausgemehlte Tartelettförmchen ausfüttern und in einem milden Ofen blind backen. Inzwischen eine Buttercreme aus 150 g geschmolzener Schokolade bereiten, die mit 3 Eßlöffel Kaffeerahm und 40 g Butter glattgerührt worden ist. Nach dem Backen die Tarteletts aus der Form nehmen, mit der Buttercreme glatt füllen, mit Schokoladenfondant glacieren und eine halbe, recht grüne Pistazie in die Mitte legen.

FLORETTES

Tiefe, geriefte Tartelettförmchen mit Mürbeteig ausfüttern und auf den Boden 1 Mokkalöffel dickes Apfelmus geben und die Förmchen mit der folgenden Masse füllen: 2 Eiweiß zu festem Schnee schlagen und 90 g Puderzucker, etwas Vanille, 75 g Mandelpulver und einen Schuß Kirschwasser locker unterziehen. Mit grobgehackten Mandeln bestreuen, mit Puderzucker bestäuben und in einem mäßig heißen Ofen backen.

FRASCATIS

12 kleine Tartelettförmchen mit Mürbeteig ausfüttern und mit folgender Masse füllen: 100 g geriebene Mandeln mit 100 g Zucker, 1 Ei und 1 Eigelb schaumig rühren, mit einem starken Schuß Kirschwasser parfümieren und 100 g gehackte Konfitfrüchte daruntermengen. 10 Minuten im heißen Ofen backen, dann mit italienischer Meringuemasse mit Schokolade bedecken und einige Minuten in einen mäßig heißen Ofen stellen, um die Meringuemasse zu überkrusten, jedoch nicht zu verfärben.

KIRSCHENTÖRTCHEN — Tartelettes aux cerises

Kirschen entsteinen und in Läuterzucker mit Zitronenschale pochieren. Einen Teil des Saftes etwas einkochen, mit Stärkemehl legieren und die Kirschen damit binden. Tartelettförmchen mit Mürbeteig ausfüttern, blind backen und erkalten lassen. Mit dem kalten Kirschenkompott füllen und mit feingehackten Pistazien bestreuen. Man kann auch gehobelte, geröstete Mandeln anstreuen oder mit Mandelmeringuemasse bedecken, mit Puderzucker bestäuben und im heißen Ofen abflämmen. *(Siehe Bild auf Seite 602.)*

KONVERSATIONEN — Conversations

Tartelettförmchen mit Blätterteig ausfüttern, einstechen, mit Konditorcreme vollfüllen, alle mit einmal mit dünn ausgerolltem Blätterteig bedecken und mit dem Rollholz darüberfahren, um den Teig glatt abzuschneiden. Dünn mit Eiweißglasur bestreichen, obenauf überkreuz 4 Streifen Mürbeteig legen und im mäßig heißen Ofen 25 Minuten backen.

LINZER TÖRTCHEN — Tartelettes de Linz

Flache Tartelettförmchen mit Linzer Teig ausfüttern, mit Himbeermarmelade füllen und obenauf zwei Streifen des gleichen Teigs in Kreuzform anbringen. Bei mittlerer Hitze backen und nach dem Herausnehmen mit Himbeergelee überglänzen. *(Siehe Bild auf Seite 676.)*

MIRLITONS

Kleine tiefe Tartelettförmchen mit Blätterteig oder Halbblätterteig ausfüttern, unten ein halbes Löffelchen Aprikosenmarmelade hineingeben und mit folgender Komposition füllen: 2 Eier mit 100 g Zucker schaumig rühren und 3 zu Pulver gestoßene Makronen und etwas Vanille daruntermengen. Mit 3 halben Mandeln wie ein Kleeblatt dekorieren, mit Puderzucker bestäuben und in einem Ofen mit mäßiger Ober- und stärkerer Unterhitze backen.

PFIRSICHTÖRTCHEN (moderne Art) — Tartelettes aux pêches

Tartelettförmchen mit Mandelmürbeteig ausfüttern und blind backen. Nach dem Erkalten von innen mit Kuvertüre ausstreichen und festwerden lassen. Mit einem Löffelchen Frangipanecreme füllen und mit halben, schönen, in Vanilleläuterzucker pochierten und gut abgetropften Pfirsichen bedecken. Aprikotieren, rundherum mit gehackten Pistazien anstreuen und eine halbe Konfitkirsche in die Mitte setzen.

PFIRSICHTÖRTCHEN AUF NEAPLER ART — Tartelettes de pêches à la napolitaine

Die Förmchen wie oben ausfüttern und blind backen. Nach dem Erkalten mit einem halben, pochierten, gut abgetropften Pfirsich füllen, aprikotieren und eine halbe Mandel in die Mitte setzen.

APFELSCHIFFCHEN — Barquettes aux pommes

Reinetten schälen, das Kerngehäuse ausstechen und die Früchte mit Zitronensaft einreiben. Jeden Apfel in 6-8 Stücke teilen, zu länglichen Halbmonden tournieren und in Vanilleläuterzucker sorgfältig pochieren. Ovale Schiffchenformen mit Mürbeteig ausfüttern, blind backen und mit sehr dickem, mit etwas Aprikosenmarmelade gebundenem Apfelmus füllen. Obenauf 5-6 gut abgetropfte Apfelstücke dicht aneinander legen, mit Aprikosenmarmelade, mit Kirschwasser aromatisiert, glacieren und gehobelte, geröstete Mandeln anstreuen. *(Siehe Bild auf Seite 602.)*

ERDBEERSCHIFFCHEN — Barquettes aux fraises

Sie werden genauso wie Erdbeertorte bereitet.

LISETTES

Schiffchenformen mit Zuckerteig auslegen und mit folgender Masse füllen: 2 Eiweiß zu festem Schnee schlagen und 60 g Zucker, 60 g geriebene Mandeln und 50 g gehacktes Orangeat daruntermengen. Mit einer dünnen Raute von Orangeat garnieren, bei mäßiger Hitze ungefähr 10 Minuten backen und mit Puderzucker bestäuben.

NANZIGER — Nancéens

50 g Mandelpulver; 100 g Vanillezucker; 2 Eiweiß; Mürbeteig. Backzeit: 12-15 Minuten.

Das Mandelpulver mit dem Zucker und einem Eiweiß in einer Kasserolle tüchtig verrühren und langsam unter ständigem Rühren auf dem Feuer mit einer Spatel erwärmen, bis die Masse so weit erhitzt ist, daß man den Finger nicht mehr darüber halten kann. Zur Seite ziehen und ein festgeschlagenes Eiweiß darunterziehen. Kleine Schiffchenförmchen mit Zucker- oder Mürbeteig ausfüttern, mit der Masse knapp füllen, mit 2 halben, geschälten Mandeln dekorieren, mit Puderzucker bestäuben und bei mäßiger Hitze backen.

ORANGENSCHIFFCHEN — Barquettes aux oranges

Ovale Schiffchenformen mit Mürbeteig auslegen und blind backen. Nach dem Erkalten in jedes Schiffchen einen Eßlöffel Konditorcreme, mit Curaçao aromatisiert, füllen und obenauf 5-6 Filets von kernlosen Apfelsinen dressieren. Leicht mit Weingelee, mit Curaçao aromatisiert, überglänzen und eventuell die Seiten mit gehackten, gerösteten Mandeln anstreuen.

ST.-ANDREAS-SCHIFFCHEN — Saint-André

Schiffchenförmchen mit Mürbeteig ausfüttern und mit sehr dick eingekochtem, kaltem Apfelmus füllen. Mit Eiweißglasur bestreichen, obenauf mit 2 kleinen, überkreuz gelegten Bändern Mürbeteig garnieren und 10 Minuten in einem unten heißen und oben mäßig heißen Ofen backen.

VERSCHIEDENARTIGE FRUCHTSCHIFFCHEN — Barquettes aux fruits divers

Ovale Schiffchenformen mit Mandelmürbeteig ausfüttern und blind backen. Nach dem Erkalten innen mit Kuvertüre dünn ausstreichen und festwerden lassen. Mit einem Löffel Frangipane- oder Konditorcreme füllen und die Früchte symmetrisch auflegen: Ananasdreiecke, Mandarinenfilets, Kirschen, Weinbeeren, Filets von Pampelmusen usw. *(Siehe Bild auf Seite 602.)*

HOHLHIPPEN, WAFFELN UND ZIGARETTEN

HOHLHIPPEN — Oublies ou Plaisirs

250 g Mehl; 180 g Zucker; 2 Eier; 50 g zerlassene Butter; halb Milch, halb Wasser. Backzeit: 2-3 Minuten.

Mit den Zutaten einen Teig wie für einfache Waffeln bereiten. Mit einer Schablone und mit dem Messer runde Plätzchen auf ein gewachstes Backblech streichen, backen und sofort nach dem Herausnehmen aus dem Ofen zu Tüten drehen oder bis zum Erkalten über ein Rollholz drücken, damit sie eine gewölbte Form annehmen.

HOHLHIPPEN MIT MANDELN — Oublies aux amandes

120 g Marzipanmasse; 100 g Puderzucker; 30 g gesiebtes Mehl; 3-4 Eiweiß; abgeriebene Zitronenschale; ungefähr 7 cl süße Sahne. Backzeit: 6-7 Minuten.

Die Marzipanmasse mit dem Zucker, Mehl, Zitronenschale, Eiweiß und Sahne zu einer streichbaren Masse verarbeiten. Mit Hilfe von Messer und Schablone Plätzchen, Blätter usw. auf gewachste Bleche streichen und erst 2 Minuten backen. Dann herausnehmen, erkalten lassen und fertigbacken. Sofort vom Blech lösen und über ein Rollholz drücken, zu Tüten oder Zigaretten drehen und erkalten lassen. Zweimaliges Backen ist notwendig, um eine gleichmäßig schöne Farbe zu erreichen.

WAFFELN, EINFACHE — Gaufres

250 g Mehl; 150 g Vanillezucker; 3 Eier; 100 g zerlassene Butter; $^1/_2$ l Milch; 1 Prise Salz. Backzeit: 4-5 Minuten.

Alle Zutaten mit Ausnahme der Butter gut mit dem Schneebesen zu einer Masse ähnlich dem Eierkuchenteig vermischen und zuletzt die flüssige Butter unterrühren. In einem gut gefetteten, heißen Waffeleisen backen und nach dem Herausnehmen mit Puderzucker bestäuben.

BRÜSSELER WAFFELN — Gaufres bruxelloises

250 g gesiebtes Mehl; 60 g Butter; 40 g Zucker; 8 g Hefe; 2 Eier; 1 Prise Salz; etwas Milch. Backzeit: 4-5 Minuten.

Die Hefe mit etwas lauwarmer Milch auflösen. Von dem Mehl eine Grube machen, die Milch, die Eier, Zucker und Salz hineingeben und zu einem geschmeidigen Teig verarbeiten. Zuletzt die Butter unterziehen und den Teig warm stellen. Wenn er sein Volumen verdoppelt hat, Waffeln davon wie üblich backen.

LILLER WAFFELN — Gaufres lilloises

250 g Mehl; 150 g Butter; 120 g Zucker; 4 Eigelb; abgeriebene Orangenschale; 2 cl Rum. Backzeit: 6-7 Minuten.

Von sämtlichen Zutaten einen geschmeidigen Teig so wie Mürbeteig bereiten. In Stücke von der Größe eines Eies teilen, zu Kugeln rollen, etwas abflachen und im heißen, gefetteten Waffeleisen backen.

SULTANSWAFFELN — Gaufres sultane

350 g Mehl; 150 g Butter; 6 Eigelb; 250 g Zucker; 6 Eiweiß; Salz; $^1/_2$ l Milch. Backzeit: ungefähr 3 Minuten.

Die Butter mit dem Zucker und einer Prise Salz schaumig rühren und nach und nach das Mehl, das Eigelb und die Milch hinzufügen, um einen geschmeidigen Teig zu erzielen. Das festgeschlagene Eiweiß unterziehen und von der Masse sofort ganz dünne Waffeln backen. Man setzt diese Waffeln je zu zweien mit einer speziellen Waffelcreme zusammen; wenn sie frisch gegessen werden, kann man eine beliebige Buttercreme nehmen.

ZIMTWAFFELN — Gaufres à la cannelle

250 g gesiebtes Mehl; 100 g Zucker; 80 g Butter; 1 Prise Salz; 2 Eier; 10 g Zimt; 4 g Backpulver. Backzeit: 4-5 Minuten.

Die Butter mit dem Zucker schaumig rühren, nach und nach das Eigelb, eine Prise Salz, den Zimt und zuletzt das Mehl und das Backpulver unterziehen. Vor dem Backen der Waffeln den Teig 1 Stunde ruhen lassen.

ZIGARETTEN — Cigarettes

2 Eiweiß; 100 g vanillierten Puderzucker; 50 g Butter; 45 g Mehl Backzeit: 3-4 Minuten.

Das Eiweiß zu festem Schnee schlagen und den Zucker, das gesiebte Mehl und zuletzt die zerlassene, knapp lauwarme Butter darunterziehen. Erst ein oder zwei Plätzchen zur Probe backen Ist die Masse zu zart, noch eine Prise Mehl, ist sie zu konsistent, noch etwas zerlassene Butter hinzufügen. Von der Masse auf gewachste Backbleche runde Plätzchen, nicht zu dicht nebeneinander setzen. Nach dem Backen sofort vom Blech lösen und zu Zigaretten rollen.

PETITS FOURS

Die Herstellung von Petits Fours ist nicht allzu schwierig, vorausgesetzt daß man ihnen die gleiche Sorgfalt wie jedem anderen Gebäck widmet. Man teilt sie in verschiedene Kategorien ein:

— Trockene Petits Fours ohne Cremefüllung;
— Petits Fours auf Mandelgrundlage, wie Makronen u. a.;
— Petits Fours von Genueser oder Biskuitteig, gefüllt und glaciert;
— Petits Fours von Brandteig oder Berrichonteig, glaciert;
— Verschiedene Petits Fours aus Meringuemasse, kleine Törtchen, mit kandierten Früchten usw.

Alle Petits Fours müssen frisch gegessen werden, da sie sich nicht halten und altbacken auch nicht schmecken. Viele von ihnen setzt man in kleine Papierkästchen ein.

TROCKENE PETITS FOURS

DAMENGAUMEN — Palais de dames

60 g Butter; 60 g Zucker; 75 g Mehl; 40 g Korinthen; 1 Ei; 1 Schuß Rum. Backzeit: 5 Minuten.

Die Butter mit dem Zucker 3-4 Minuten tüchtig durchrühren. Das Ei hinzugeben, weiterrühren und zuletzt die Korinthen, das Mehl und den Rum daruntermengen. Die Masse wie kleine Makronen auf ein gefettetes und gemehltes Backblech dressieren und im heißen Ofen backen.

KATZENZUNGEN — Langues-de-chat

60 g Butter; 60 g Vanillezucker; 60 g Mehl; 2 Eiweiß. Backzeit: 4-5 Minuten.

Die Butter weich rühren, den Zucker hinzufügen und nach und nach das Eiweiß. Gut durchmischen und das Mehl locker unterziehen. Mittels Spritzbeutels und Lochtülle Stangen von ungefähr 8 cm Länge und 2 cm Breite nicht zu dicht nebeneinander auf ein gebuttertes und gemehltes Backblech spritzen. Im sehr heißen Ofen backen und vor dem Erkalten vom Blech lösen.

MAILÄNDER — Milanais

125 g Mehl; 50 g Mandelpulver; 50 g Zucker; 1 Ei; abgeriebene Zitronenschale; Salz. Backzeit: 5-10 Minuten je nach Dicke.

Sämtliche Zutaten wie Zuckerteig verarbeiten und 2 Stunden ruhen lassen. Ausrollen und in beliebige Formen ausstechen, auf ein gefettetes Backblech legen, mit Ei bestreichen, mit halben Mandeln, halben Konfitkirschen u. a. dekorieren. Man kann den Teig auch zu ganz kleinen Brötchen, Zöpfen oder Oliven formen und vor dem Backen in gehackten Mandeln wälzen.

MANDELHIPPEN — Tuiles aux amandes

2 Eiweiß; 100 g Zucker; 50 g Mehl; 50 g Butter; 40 g sehr feine Mandelstifte. Backzeit: 4-5 Minuten.

Den Teig so wie für Tüten behandeln und davon kleine Häufchen auf ein gefettetes Blech dressieren, mit der Gabel etwas ausbreiten, mit Puderzucker bestäuben und im heißen Ofen backen. Sogleich vom Backblech lösen und mit der Hand über ein Rollholz drücken, um den Hippen eine gewölbte Form zu geben.

SPITZENHIPPEN — Tuiles dentelles

75 g Vanillezucker; 75 g sehr dünne, getrocknete Mandelstifte; 75 g Butter; 45 g Mehl. Backzeit: 4-5 Minuten.

Die Butter mit dem Zucker schaumig rühren, erst die Mandeln und dann das Mehl daruntermischen. Wie oben aufdressieren und backen. Da diese Hippen sehr zart sind, läßt man sie am besten so, wie sie sind, um sie nicht zu zerbrechen.

TÜTEN — Cornets

50 g vanillierten Puderzucker; 30 g Mehl; 30 g zerlassene Butter; 25 g Mandelpulver; 1 Eiweiß. Backzeit: 4-5 Minuten.

Den Zucker mit dem Eiweiß mit einer Gabel etwas schaumig schlagen, das gesiebte Mehl, die Mandeln und zuletzt die flüssige Butter daruntermischen. Den flüssigen Teig auf ein leicht gefettetes Backblech zu kleinen Plätzchen dressieren und im heißen Ofen backen. Sofort vom Blech ablösen, mit den Fingern zu kleinen Tüten drehen und in tütenförmige Blechhülsen stecken, um sie auszukühlen, ohne sie zu beschädigen.

VISCONTIS

Mit der gleichen Masse wie für Damengaumen, jedoch ohne Korinthen, Plätzchen auf ein gefettetes und gemehltes Blech dressieren, mit feingehackten Mandeln bestreuen und im heißen Ofen 5-6 Minuten backen.

RUSSISCHE ZIGARETTEN ZUM EIS — Cigarettes russes pour glaces

Zigarettenteig (siehe diesen) mit dem Löffel zu kleinen Dreiecken auf ein gefettetes und gemehltes Backblech dressieren und im heißen Ofen 5-6 Minuten backen. Ablösen, umdrehen und auf dem Tisch sofort über einen Bleistift fest drehen und den Bleistift wieder herausziehen.

MANDELFOURS UND MAKRONEN

CALISSONS D'AIX

250 g Mandeln; 300 g Zucker; Wasser; Orangenblütenwasser. Backzeit: 15 Minuten.

Die Mandeln mit 50 g Zucker und etwas Wasser reiben. Von 250 g Zucker und etwa 3 dl Wasser Läuterzucker von 24 Grad (mit der Zuckerwaage gemessen) bereiten, mit den geriebenen Mandeln vermischen, mit Orangenblütenwasser parfümieren und bei gelinder Hitze in einer Kasserolle abrösten (immerzu mit der Kelle rühren), bis eine dicke streichbare Masse entsteht. Diese Masse auf große, rechteckige Oblaten streichen, trocknen lassen, dünn mit Eiweißglasur überziehen und mit einem kleinen, ovalen Ausstecher, der jedesmal in heißes Wasser getaucht wird, Plätzchen ausstechen, auf ein Backblech ordnen und bei schwacher Hitze backen.

CYRANOS

150 g Mandeln; 150 g Zucker; 1 Eiweiß; 1 Eßlöffel Rum; 1 Eßlöffel Mehl. Backzeit: 8-10 Minuten.

Die geriebenen Mandeln mit dem Zucker und dem Eiweiß verrühren, den Rum und das Mehl beifügen; das Ganze soll einen weichen Teig ergeben. Winzige Schiffchenförmchen ausbuttern, mit der Masse füllen, mit feingehackten Mandeln bestreuen und glätten. Mit einer dünnen Schicht Eiweißglasur bedecken und bei schwacher Hitze backen, damit die Oberfläche nicht karamelisiert. Zum Herausnehmen erst mit der Messerspitze leicht herumfahren und dann die Förmchen behutsam leeren.

EUGENIA

100 g Haselnüsse; 100 g Puderzucker; etwas Rum; weißen Fondant; Krümelschokolade.

Die Haselnüsse leicht rösten, von der Haut befreien und zu einer feinen Paste stoßen, wobei man nach und nach mit etwas Rum anfeuchtet. Zu kleinen Kugeln formen, mit dünnem, warmem Fondant glacieren und sogleich in Krümelschokolade rollen. Die Petits Fours werden nicht gebacken.

MAKRONEN VON AMIENS — Macarons d'Amiens

150 g frische, geschälte Mandeln; 150 g Puderzucker; 1 Eiweiß; Vanille; 1 Eßlöffel Aprikosenmarmelade. Backzeit: ungefähr 18 Minuten.

Die Mandeln fein reiben, indem man nach und nach den Zucker und das Eiweiß hinzugibt. Mit Vanille aromatisieren und mit der Marmelade zu einem festen Teig verarbeiten. Bis zum nächsten Tag ruhen lassen, dann wie eine Wurst rollen und in Scheiben schneiden. Auf Papier legen und zwischen zwei Blechen backen, um die obere Seite zu schützen. Dieser Teig ist zu fest, um ihn spritzen zu können.

NANZIGER MAKRONEN — Macarons de Nancy

100 g Mandeln; 200 g Zucker; 2 Eiweiß; Vanille. Backzeit: 12-15 Minuten.

Die Mandeln fein reiben, indem man nach und nach den Zucker, das Eiweiß und die Vanille beifügt; der Teig soll weich sein, aber nicht auseinanderlaufen. Mit Hilfe von Spritzbeutel und Lochtülle große Plätzchen auf Papier setzen, leicht mit Wasser besprengen, mit Puderzucker bestäuben und bei mäßiger Hitze backen. Um die Makronen vom Papier lösen zu können, erst einige Minuten auf ein angefeuchtetes Backblech legen.

NEGRITAS

125 g geriebene Mandeln; 125 g Zucker; 50 g Schokolade; 5 Eiweiß. Backzeit: ungefähr 10 Minuten.

Die geriebenen Mandeln mit 2 Eiweiß anfeuchten und mit dem Zucker und der geschmolzenen Schokolade gut vermischen. Den festgeschlagenen Schnee von 3 Eiweiß darunterziehen und die Masse auf Papier ungefähr 1½ cm dick aufstreichen. Bei mäßiger Hitze backen und das Papier gleich abziehen. Nach dem Erkalten die Hälfte der Masse mit Schokoladenbuttercreme bestreichen, mit der anderen Hälfte bedecken und mit Schokoladenfondant glacieren. Erst nach dem Festwerden der Buttercreme mit einem immer wieder in heißes Wasser getauchten Messer in kleine Vierecke schneiden.

ORANGENMAKRONEN — Macarons à l'orange

60 g Mandelpulver; 75 g Zucker; 15 g Mehl; 2 Eiweiß; abgeriebene Orangenschale. Backzeit: 6-7 Minuten.

Das Eiweiß zu festem Schnee schlagen und das Mandelpulver, den Zucker, Mehl und abgeriebene Orangenschale daruntermischen. Wie oben auf Papier dressieren und backen. Je zu zweien mit etwas Orangenmarmelade zusammensetzen und auf einer Seite mit Orangen- oder Curaçaofondant glacieren.

PATIENCEN — Patiences

125 g Mandelpulver; 200 g Puderzucker; 3 Eiweiß; Vanille.

Das Mandelpulver mit 2 Eiweiß in einer Kasserolle tüchtig durcharbeiten, dann auf dem Feuer leicht anwärmen, den Zucker und das letzte Eiweiß darunterarbeiten. Mit dem Spritzsack und kleiner Lochtülle wie Makronen auf ein gewachstes Backblech dressieren, über Nacht trocknen lassen und am nächsten Tag bei mittlerer Hitze 6-7 Minuten backen.

SCHOKOLADENMAKRONEN — Macarons au chocolat

125 g Mandeln; 200 g Zucker; 60 g geschmolzene Schokolade; 2 Eiweiß. Backzeit: 7-8 Minuten.

Genau so wie Amienser Makronen bereiten, den Teig fest halten und in Scheiben schneiden. Auf Papier dressieren, mit einem in Wasser getauchten Pinsel abflachen und bei mäßiger Hitze backen.

SENORITAS

90 g Mandeln; 125 g Vanillezucker; 3 festgeschlagene Eiweiß. Backzeit: 5-7 Minuten.

Die geriebenen Mandeln mit dem Zucker und einigen Tropfen Wasser zu einem weichen Teig verrühren und das festgeschlagene Eiweiß darunterziehen. In ovale, gefältelte Papierkästchen füllen, mit einer halben, geschälten Mandel belegen, mit Puderzucker bestäuben und bei mäßiger Hitze backen.

VANILLESTANGEN — Bâtons à la vanille

125 g Mandeln; 100 g Zucker; Vanille; 1 Prise Mehl; etwas Wasser. Backzeit: 7-8 Minuten.

Die geriebenen Mandeln mit den anderen Zutaten durcharbeiten und etwas Wasser beifügen, um eine feste Masse zu gewinnen. Auf der mit Puderzucker bestreuten Marmorplatte ½ cm dick ausrollen, ganz dünn mit Eiweißglasur bestreichen und hiervon mit einem Messer, das immer wieder in heißes Wasser getaucht wird, Stangen von 1½ cm Breite und 6-7 cm Länge schneiden. Auf ein gefettetes oder gewachstes Backblech legen und bei mäßiger Hitze backen, ohne die Oberfläche zu verfärben. Man kann der Mandelmasse auch Schokolade oder Kaffee beifügen.

GLACIERTE, GEFÜLLTE PETITS FOURS VON GENUESER TEIG

AIGLONS

Kleine Böden Génoise von ungefähr 1 cm Dicke und 3 cm Durchmesser ausstechen. Mit Hilfe des Spritzbeutels und runder Tülle Kaffeebuttercreme kuppelförmig aufdressieren und nach dem Festwerden mit Kirschwasserfondant glacieren. Ein wenig temperierte Kuvertüre auf Pergamentpapier oder auf eine Glasplatte streichen, nach dem Festwerden ablösen und zu winzigen Rauten schneiden. In die Spitze eines jeden Petits Fours drei Rauten stecken.

MARTINIQUES

Einen dünnen Génoiseboden mit einer Schicht Kaffeebuttercreme bedecken, der man etwas mit Rum und Zucker geriebene Mandeln beigefügt hat. Die Creme festwerden lassen, dann die Böden in Vierecke von15 mm Seitenlänge schneiden, mit Kaffeefondant, mit Rum aromatisiert, glacieren und eine Schokoladen-Kaffeebohne in die Mitte setzen.

MOKATINES

Einen Génoiseboden mit einer leichten Schicht Kaffeecreme füllen und zum Festwerden kalt stellen. In Vierecke von 15 mm Seitenlänge schneiden, rundherum mit Creme bestreichen und Hagelzucker anstreuen. Oben mit einer winzigen Rosette Kaffeebuttercreme garnieren.

ORANGENFOURS — Oranges

Einen Génoiseboden mit Orangenmarmelade füllen, mit einer dünnen Schicht Orangenbuttercreme bestreichen und zum Festwerden kalt stellen. Mit einem runden Ausstecher zu winzigen Halbmonden ausstechen, in Schokoladenfondant tauchen und mit einem kleinen Stückchen kandierter Orange dekorieren.

PISTAZIENRAUTEN — Losanges à la pistache

Den Génoiseboden mit Pistazienbuttercreme füllen, festwerden lassen und zu kleinen Rauten ausstechen. Mit grünem Pistazienfondant glacieren und mit einer Papiertüte mit Schokoladenfondant dekorieren.

PFLASTERSTEINE — Pavés

Den Boden mit Kaffeebuttercreme, mit Kirschwasser aromatisiert, füllen und kalt stellen. Zu Vierecken von 15 mm Seitenlänge schneiden, mit Kaffeefondant mit Kirschwasser glacieren und mit einer Viertelkonfitkirsche und einer Schokoladen-Kaffeebohne dekorieren.

SCHOKOLADENFOURS — Chocolatines

Genau so wie die Mokatines bereiten, aber mit Schokoladenbuttercreme füllen und von außen mit gehackten, gerösteten Mandeln anstreuen. Obenauf mit Sterntülle einen Punkt Schokoladenbuttercreme anbringen.

SIMONES

Sehr dünne Böden von 3 cm Durchmesser von einer Génoise ausstechen. Mit einer dünnen Schicht Püree von glacierten Maronen bestreichen und mit einer Kuppel italienischer Meringuemasse abdecken. Mit sehr fein gestiftelten und leicht gerösteten Mandeln bestreuen und einige Minuten bei sehr mäßiger Hitze in den Ofen stellen, um die Meringuemasse zu trocknen.

ZIGEUNER — Gitanes

Dünne Böden von Génoise mit einem Durchmesser von 3 cm ausstechen. Kuppelförmig mit Erdbeerbuttercreme oder anderer Buttercreme bedecken und festwerden lassen. Mit beliebigem Fondant glacieren und mit einem in kaltes Wasser getauchten Messer einen Einschnitt machen und etwas auseinanderziehen, um die Cremefüllung zu zeigen.

PETITS FOURS VON BERRICHONTEIG

Diese Petits Fours sollte man so lange wie nur möglich in den Kühlschrank stellen, ehe man sie glaciert, damit die Buttercreme ganz fest ist und die Glasur sofort haftet. Damit die Glasur besser haftet, empfiehlt es sich, die Creme vor dem Glacieren mit etwas Zucker zu bestreuen.

BERRICHONS

Den Teig (siehe diesen) mit Spritzbeutel und Lochtülle zu Stangen oder runden Plätzchen spritzen und im heißen Ofen backen.

CLEMENCES — Clémences

Berrichonteig in Stangenform backen. Nach dem Auskühlen mit Kaffeebuttercreme garnieren, mit Kaffeefondant glacieren und in die Mitte etwas gehackte, geröstete Mandeln streuen.

KAPRIZIÖSE — Caprices

Runde Berrichons mit sehr dick eingekochtem Apfelmus garnieren, aprikotieren und dicht mit gehackten, gerösteten Mandeln bestreuen.

KOLOMBINEN — Colombines

Runde Berrichons mit Kirschwasser-Buttercreme pyramidenartig garnieren, in die Mitte eine Konfitkirsche setzen und mit leichtem Kirschwasserfondant glacieren, damit die Kirsche noch sichtbar bleibt.

SCHWEDEN

Berrichons in Stangenform mit Schokoladencreme, aus einer Sterntülle gespritzt, garnieren, mit Schokoladenfondant glacieren und mit einer halben Pistazie belegen.

PETITS FOURS AUS BRANDTEIG

KAROLINEN — Carolines

Blitzkuchen von 3 cm Länge füllt man mit Schlagsahne, Konditorcreme mit Schokolade, Kaffee oder anderem Geschmack und glaciert sie genau so wie die großen.

NINIS

Winzige, ovale Windbeutel mit Konditorcreme füllen, der man feingehackte Konfitfrüchte beigemengt hat. Mit Kirschwasserfondant glacieren und in die Mitte eine halbe, kandierte Kirsche setzen.

TIROLER — Tyroliens

Kleine, mit gehackten Mandeln bestreute Windbeutel mit Mandelbuttercreme, mit Rum aromatisiert, füllen und mit Puderzucker bestäuben.

VICTOIRES

Sehr kleine, ovale Windbeutel im heißen Ofen trocken backen. Mit Kirschwasser-Buttercreme füllen, der man in Kirschwasser mazerierte, gehackte Kirschen beigemengt hat. Mit Grand-Marnier-Fondant glacieren und eine winzige Raute von Angelika in die Mitte setzen.

VERSCHIEDENE PETITS FOURS

(Siehe Bilder auf Seiten 678/679)

Es gibt eine ganze Reihe von Petits Fours, die sich schlecht klassifizieren lassen, sei es, daß sie aus Meringuemasse, in Form kleiner Törtchen oder aus Genueser, Mürbe- oder anderem Teig hergestellt werden.

ANANASTÖRTCHEN — Ananas

Sehr kleine, ovale Törtchen aus Zuckerteig blind backen. Mit gehackter, kandierter, mit Kirschwasser mazerierter Ananas füllen und mit Kirschwasserfondant glacieren. Obenauf ein Kreuz aus Kakaospritzglasur anbringen. Den Fondant etwas dünn halten, damit die Ananas darunter noch sichtbar bleibt.

CERISETTES

Winzige Tarteletts aus Zuckerteig blind backen und mit Kirschwasser-Buttercreme füllen. In die Mitte eine halbe, mit Kirschwasser mazerierte Konfitkirsche setzen, mit Kirschwasserfondant glacieren und mit zwei Streifen Schokoladenglasur dekorieren.

DAMENFINGER MIT KAFFEE — Doigts de dame au café

Italienische Meringuemasse bereiten, der man 50 g Puderzucker und einen Löffel lösliches Kaffeepulver untermengt hat. Auf gefettetem und gemehltem Blech Stangen wie Katzenzungen spritzen und bei mäßiger Hitze trocknen lassen.

DAMENFINGER MIT SCHOKOLADE — Doigts de dame au chocolat

Wie oben bereiten, aber anstelle des Kaffees 40 g Kakaopulver nehmen.

GEFÜLLTE DATTELN — Dattes farcies

In jeder Dattel einen Einschnitt machen, den Kern herausholen und durch ein ovales Stück Marzipan ersetzen, etwas größer als der Kern und die Dattel leicht überragend. In Bruchzucker tauchen und auf ein geöltes Blech zum Festwerden legen.

ESPLANADES

Kleine, viereckige Tartelettförmchen mit Zuckerteig ausfüttern und blind backen. Mit gehackten, mit Cointreau mazerierten, kandierten Aprikosen füllen und mit Cointreaufondant glacieren. Ein kleines, rundes Stückchen kandierte Aprikose in die Mitte setzen und die Ecken mit gehackten Pistazien anstreuen.

HASELNÜSSE — Avelines

Winzige, blindgebackene Schiffchen aus Mürbeteig mit Nußbuttercreme füllen. Mit Fondant glacieren, der Länge nach einen Strich mit Kakaofondant ziehen und eine halbe Haselnuß in die Mitte setzen.

VERHÜLLTE KIRSCHEN — Cerises déguisées

Branntweinkirschen in leicht rosa gefärbten Kirschwasserfondant tauchen und auf einen mit Puderzucker bestäubten Marmor zum Erkalten setzen.

VERHÜLLTE MARONEN — Marrons déguisés

500 g Maronen; 650 g Zucker; 125 g Schokolade; 1 Eßlöffel Glukose.

Die Maronen schälen und in leicht vanilliertem Läuterzucker kochen. Pürieren, mit 300 g Zucker, bis zum kleinen Bruch gekocht, vermischen und bis zum Erkalten durcharbeiten. Die Masse in Größe der Maronen formen, wobei man die Hände ständig mit Puderzucker bestreut. 350 g Zucker mit etwas Wasser und der Glukose zum großen Bruch kochen und die Schokolad vorsichtig mit einer Dressiernadel darunterrühren. Da durch den Zusatz der Schokolade der Zuckergehalt herabgesetzt wird, noch einige Minuten kochen, um ihn wieder zum großen Bruch zu bringen. Die Maronen mit der Messerspitze in den Zucker tauchen, dabei aber die Oberseite frei lassen. Kurz abtropfen, auf den geölten Marmor zum Auskühlen setzen und nach völligem Erkalten die Stelle, in die man die Messerspitze hineingesteckt hatte, mit dem Finger zudrücken.

MERINGUETTES

Winzige Baiserschalen gut trocknen lassen und zu zweien mit einer beliebigen Buttercreme zusammensetzen.

PAULAS

Katzenzungenteig in Form von runden Plätzchen backen und nach dem Erkalten jeweils zwei Stück mit Mokkabuttercreme zusammensetzen.

SARAH

Kleine Böden aus Meringuemasse backen, mit Mokkabuttercreme kuppelartig aufspritzen und nach dem Festwerden mit Kaffeefondant glacieren.

ÜBERRASCHUNGSTRÜFFEL

Nougatmasse mit der Hand zu kleinen Kugeln formen und in temperierte Kuvertüre tauchen. Gut abtropfen lassen und dann in Streuselschokolade wälzen.

WALNÜSSE — Noix

Winzige viereckige Tarteletts aus Mürbeteig blind backen und mit Buttercreme, vermischt mit gehackten Walnüssen, füllen. Mit Fondant glacieren und in die Mitte eine halbe, karamelisierte Walnuß setzen.

GEFÜLLTE WALNÜSSE

Zwei halbe Walnüsse mit einer kleinen Kugel Marzipan zusammensetzen und in Bruchzucker tauchen.

ZITRONENTÖRTCHEN — Citrons

Kleine, ovale Tarteletts aus Mürbeteig mit Zitronenbuttercreme füllen und festwerden lassen. Mit gelbem Zitronenfondant glacieren, mit Schokoladenglasur dekorieren und eine Viertelkirsche in die Mitte setzen.

DIE KONFISERIE

DIE KUNST DES ZUCKERBÄCKERS

ZUCKERKORB MIT ROSEN

Um einen Korb aus gezogenem Zucker anfertigen zu können, braucht man ein Holzbrett in der Form des Korbes von etwa 2 cm Dicke. In dieses Brett sind in gleichmäßigen Abständen Löcher zu bohren, in die Holz- oder Eisenstäbchen gesteckt werden können. Damit ein regelrechtes Geflecht entsteht, muß die Anzahl der Löcher und der Stäbchen ungerade sein. Die Stäbchen selbst sollten 8-10 cm lang sein und sich leicht aus den Löchern herausziehen lassen, dabei aber doch einigermaßen fest stehen, da man sonst kein sauberes Geflecht erzielen kann. Brett und Stäbe sind ganz leicht mit Öl einzureiben. Für den Korb und den Henkel benötigt man ungefähr 400 g gezogenen Zucker. Der Zucker zum Flechten des Korbes wird bis zum kleinen Bruch gekocht, also nicht ganz so stark, wie zum Eintauchen von karamelisierten Früchten.

DAS ZIEHEN DES ZUCKERS

Sobald der Zucker den gewünschten Grad erreicht hat, wird er vom Feuer genommen, und man wartet ab, bis er nicht mehr kocht und auch keine Blasen mehr wirft, ehe man ihn auf einen leicht geölten Marmor gießt und etwas abkühlen läßt. Er wird nun mit einer Palette oder einem breiten Messer mehrmals von den Seiten nach innen zu gespatelt, bis er anfängt, dick zu werden, dann mit den geölten Händen ergriffen (er ist immer noch sehr heiß), gut ausgezogen und immer wieder zusammengeschlagen, bis er weiß und samtartig ist und sich wie ein fester Teig verarbeiten läßt. Auf Wunsch kann man ihn auch zart mit Karmin oder Grün färben.

DAS FLECHTEN DES KORBES

Man darf nicht mehr Zucker ziehen, als auf einmal verarbeitet werden kann, da er nicht auf Vorrat zu bereiten ist. Um ihn schnell und einwandfrei ziehen zu können, ist die Hilfe einer zweiten Person fast unentbehrlich. Am besten wickelt man den gezogenen Zucker um den Stiel einer Schaumkelle und hält ihn bei gelinder Wärme über den Herd oder eine kleine Gasflamme. Während die eine Person den Stiel mit dem Zucker hält, kann die zweite den Zucker zwischen Daumen und Zeigefinger ziehen, wobei sie ihn zu einem flachen Band formt, das sie sorgfältig um die Stäbe flechtet, wobei natürlich unten angefangen wird. Noch zweckmäßiger ist es, wenn eine Person den Zucker auszieht und ihn zu Bändern oder runden Streifen gleichmäßig formt, während die zweite ihn flechtet. Wenn das Geflecht die gewünschte Höhe erreicht hat, setzt man obenauf als Abschluß einen doppeltgedrehten Zuckerstrang. Man kann diesem Strang dadurch, daß man den Zucker noch einmal aufkocht und beim Ziehen leicht färbt, einen andersfarbigen Abschluß geben. Sobald der Zucker erstarrt ist, wird das Geflecht sorgfältig abgezogen und auf eine geölte Marmorplatte gesetzt, und zwar so, daß der Rand unten liegt.

HENKEL UND STÄBCHEN

Vom gleichen Zucker wie der Korb selbst werden auch die Stäbchen hergestellt, die anstelle der herausgezogenen Holz- oder Eisenstäbchen in den Korb eingesetzt werden. Sie werden zu dünnen, runden Stäbchen geformt, müssen alle die gleiche Höhe haben und werden erst eingesetzt, wenn sie ganz fest geworden sind. Für Henkel und Stäbchen ist es sinnvoll, dafür neuen Zucker zu kochen, denn sonst ist der erste kalt, ehe man mit den Stäbchen und dem Henkel angefangen hat. Das hat den Vorteil, daß man Henkel und Stäbchen eine andere Farbe geben kann. Es ist auch möglich, den Henkel des Korbes in zwei Farben zu flechten. Er wird stets aus zwei Strängen geflochten, wobei die beiden Enden mit der Breite des Korbes übereinstimmen müssen. Es ist meistens notwendig, den Henkel über einer Wärmequelle zu flechten, um ihm die richtige Form geben zu können. Sobald er fertig ist, legt man ihn auf den geölten Marmor zum Festwerden. Um ihn anzubringen, werden die beiden Enden leicht angewärmt und angesetzt.

Zum Schluß wird der Boden eingesetzt. Dazu gießt man einen übriggebliebenen Rest des Zuckers, den man leicht karamelisieren ließ, auf den geölten Marmor, wobei man die Größe des Bodens durch einen geölten Tortenring begrenzt, den man abhebt, sobald der Karamelzucker festzuwerden beginnt. Ehe er ganz fest geworden ist, setzt man den Korb darauf und fährt beizeiten mit dem Messer unter den Boden, weil sonst das Abnehmen schwierig werden könnte.

WIE MAN ROSEN ODER ANDERE BLUMEN AUS ZUCKER MACHT

Je nach der Größe des Korbes kocht man 200 g oder mehr Zucker, genau so wie für den Korb, und färbt ihn je nach Art rot oder zartrosa usw.

Blätter müssen eine schöne, natürliche, grüne Farbe haben. Der Zucker wird genau so wie für den Korb gekocht und gezogen. Um die Blumen herstellen zu können, wird der gezogene Zucker auf einem Wärmetisch oder einer sonstigen geeigneten Wärmequelle warm gehalten. Rosen werden Blättchen für Blättchen geformt, wobei es zweckmäßig ist, eine Rose vor sich zu haben, die man gründlich studiert, um sie möglichst naturgetreu nachahmen zu können. Zuerst werden die einzelnen Blättchen angefertigt, indem man den Zucker dünn auszieht und mit Daumen und Zeigefinger formt. Dabei müssen die äußeren Blättchen immer größer werden, während man die Knospe aus drei zusammenhängenden Blättchen freihändig modelliert. Man kann auch anstelle der Knospe eine kleine Zuckerkugel formen und rund um diese herum die Blättchen der Rose anbringen, indem man die Enden eine Sekunde über eine kleine Flamme hält. Um die grünen Blätter und Stiele formen zu können, wird der Zucker naturgetreu gefärbt. Beim Ziehen nimmt er leicht die Form eines Blattes an, wobei die Adern und die gezackten Blätter mit einem stumpfen Messer nachgeahmt werden. Praktischer und leichter ist es, wenn man die gezogenen Blätter in einen leicht geölten Zinnstempel drückt, in dem sie die natürlichen Aderungen und Formen der Blätter annehmen. Nachdem sie herausgenommen worden sind, kann man sie leicht auf den zuvor geformten Stiel ansetzen, indem man die Enden für eine Sekunde über einer kleinen Flamme erhitzt.

Zum Schluß wird die Schleife angesetzt, die andersfarbig sein kann als der Henkel. Dazu werden die Schlingen einzeln gezogen, mit gekochtem Zucker zusammengesetzt und so geschickt wie nur möglich angesetzt. Wir haben diese Arbeit so ausführlich wie nur möglich beschrieben, weil selbst mancher Fachmann — und für diesen sind unsere Ausführungen bestimmt — nur wenig Ahnung von der Kunst des Zuckerflechtens hat. Wir möchten noch hinzufügen, daß es außer den erwähnten Zinnstempeln auch noch Modellierhölzer gibt, die bei Zuckerarbeiten sehr gute Dienste leisten. *(Siehe Bild auf Seite 680.)*

KRACHGEBÄCK — Le croquembouche

Für diesen Kuchen gibt es Spezialformen in allen Größen, um ihn aufzubauen. Man kann sich jedoch auch einer umgekehrten, von außen geölten Charlotteform bedienen, um dem Kuchen die gewünschte Form zu geben. Zuerst sehr kleine, runde Windbeutelchen knusperig backen, erkalten lassen und mit einer feinen Creme füllen. Zucker zu ganz hellem Karamel kochen (300 g Zucker, ½ Glas Wasser, 1 Eßlöffel Glukose), warm halten, die Windbeutelchen einzeln in den Zucker tauchen und die Pyramide um die geölte Form aufbauen, indem man die Windbeutelchen dicht aneinander mit der runden Spitze nach außen übereinanderklebt; die letzten Stufen der immer spitzer werdenden Pyramide nur aus 2-3 Windbeutelchen formen. Nach völligem Festwerden sorgfältig von der Form abheben und als Abschluß eine Aigrette von gesponnenem Zucker oder ein Motiv aus Krokant aufsetzen. Man kann das Gebäck auch auf einen Sockel von Krokant montieren, den man in einer runden, geölten Tortenform herstellt. Dabei werden Boden und Seiten (etwa 3 cm Höhe) mit dem geölten Finger gut angedrückt und die Seiten nach dem Herausnehmen aus der Form glatt geschnitten. Zum Aufsetzen des Krachgebäckes wird der Boden natürlich umgekehrt, so daß die untere, flache Seite nach oben kommt.

Das Krachgebäck wird auch mit glacierten Orangenspalten hergestellt. Es ist ziemlich schwierig, es exakt auszuführen. *(Siehe Bild auf Seite 675.)*

TORTE ZUR HOCHZEIT, EINSEGNUNG ODER 1. KOMMUNION — Gâteau monté

18 Personen. *250 g geriebene Mandeln; 400 g Zucker; 2 Eier; 9 Eigelb; 12 Eiweiß; 250 g Mehl; Konfitüre; abgeriebene Orangenschale; Aprikosenmarmelade; Fondant. Backzeit: 25-45 Minuten.*

Für diese Torte benötigt man 8-10 runde Tortenformen in verschiedenen Größen, doch kann man mit 4-5 schon einen schönen Aufbau herstellen. Die Größe der Formen ist so abzumessen, daß zwischen den einzelnen jeweils ein Unterschied von etwa 4 cm Durchmesser bleibt, z. B. wenn die größte einen Durchmesser von 30 cm hat, darf die nächste Größe nur 26 cm haben usw.; für die größten Formen sind Rand- oder Ringformen zu nehmen. Die ausgebutterten und mit Mehl ausgestreuten Formen sind mit folgender Masse glatt zu füllen: Die Mandeln mit 200 g Zucker und 2 ganzen Eiern recht schaumig rühren, dann weitere 200 g Zucker, 9 Eigelb und das Abgeriebene der Orange beifügen und weiter verarbeiten, bis die Masse weiß und schaumig ist. Das festgeschlagene Eiweiß und das Mehl gleichzeitig locker darunterziehen und die Kuchen in einem mäßig heißen Ofen backen. Die kleinsten Kuchen zuerst herausnehmen und alle kaltwerden lassen. Von diesen Kuchen eine Pyramide aufbauen, die mit Konfitüre zusammengesetzt ist. Das Ganze mit eingekochter, passierter Aprikosenmarmelade sorgfältig bestreichen und mit weißem Fondant, beliebig parfümiert, sauber glacieren. Wenn der Fondant angezogen hat, die Torte mit kandierten Früchten oder mit Eiweißglasur aus einer Papierdüte dekorieren. Man kann auch die Kuchen einzeln und abwechselnd mit weißem und rosa Fondant glacieren und erst dann zusammensetzen. Zur Krönung kann man eine symbolische Figur aufsetzen, die ein Brautpaar oder einen Kommunikanten darstellt.

KONFEKT

(Siehe Bild auf Seite 679)

BRASILIANER — Brésiliennes

100 g geriebene Mandeln; 125 g Puderzucker; 125 g Schokolade; 2 Eßlöffel Milch; etwas Rum; einige Tropfen Kaffee-Essenz.

Die Mandeln mit dem Zucker, der geriebenen Schokolade, der Milch, Kaffee-Essenz und etwas Rum zu einem Teig kneten, den man mit der Hand zu Kugeln formen kann. Sobald alle geformt sind, in Schokoladenstreusel wälzen und bis zum Gebrauch kühl aufbewahren.

KARAMELKIRSCHEN — Cerises au caramel

Branntweinkirschen gut abtropfen lassen, trocknen, mit der Gabel durch Bruchzucker ziehen, abermals abtropfen und auf eine geölte Marmorplatte zum Auskühlen legen.

MILCHKARAMELLEN — Caramels au lait

250 g Puderzucker; 80 g Glukose oder Honig; 50 g Butter oder Kokosfett.

Zucker und Honig in einen innen unverzinnten Zuckerkocher geben, vermischen, aufkochen lassen und darauf achten, daß die Mischung nicht überkocht. Von Zeit zu Zeit umrühren, damit sie nicht ansetzt, und die Wandungen des Kochers ab und zu mit einem in kaltes Wasser getauchten Pinsel säubern, um das Kristallisieren der hochsteigenden Tropfen zu verhindern. Die Butter oder das Kokosfett hinzufügen, zum Ballen kochen und auf eine geölte Marmorplatte gießen, die mit vier geölten Holzstäbchen umrandet worden ist, um ein Auseinanderlaufen zu verhindern. Erst zu Vierecken schneiden, wenn die Masse fast völlig erkaltet ist.

VANILLEKARAMELLEN — Caramels à la vanille

Genau so wie Milchkaramellen, aber mit einer Vanilleschote bereiten. Um die Karamellen schneiden zu können, muß man mit dem in Butter getauchten Messer Vierecke markieren, solange die Masse noch warm ist. Erst wenn sie ganz kalt ist, die einzelnen Sektionen mit einem Sägemesser durchschneiden und auf ein Gitter zum Hartwerden setzen, ohne daß sie sich berühren.

GLACIERTE MANDARINEN — Mandarines glacées

In Scheiben geschnitten, kann man genau so verfahren wie bei Orangenscheiben. Am geeignetsten sind die konservierten japanischen Orangen-Mandarinen in Spalten, die man erst gut abtropfen und dann trocknen läßt, ehe man sie durch Bruchzucker zieht.

GLACIERTE MARONEN — Marrons glacés

Von 2 kg schönen Maronen die Haut sorgfältig entfernen. In einen Durchschlag mit groben Löchern geben und in eine Schüssel mit kaltem Wasser setzen, in dem etwas Mehl verrührt worden ist. Die Schüssel oder Kasserolle aufs Feuer stellen und langsam zum Siedepunkt bringen, ohne kochen zu lassen und 20 Minuten pochieren. Den Durchschlag mit den Maronen herausnehmen und sofort in frisches, siedendheißes Wasser geben, ohne die Maronen inzwischen abkühlen zu lassen, und eine weitere Stunde pochieren. Wenn die Maronen so weich sind, daß man sie mit einer Nadel leicht durchstechen kann, einzeln aus dem Wasser nehmen und sorgfältig enthäuten, wobei sie nicht zerbrechen dürfen. Nun gibt man sie in einen Zuckerkocher, übergießt sie mit Vanilleläuterzucker von 20 Grad, wobei der Läuterzucker ständig auf Siedehitze gehalten werden muß, aber nicht kochen darf. Der Kocher darf nicht zugedeckt werden, damit der Zucker durch Evaporation immer dicker wird; dieser Vorgang kann sich bis zu 24 Stunden ausdehnen. Sobald sich auf der Oberfläche des Zuckers eine dünne Kruste bildet, sind die Maronen fertig glaciert. Der Zucker muß jetzt 34-36 Grad messen. Die Maronen sorgfältig aus dem Zucker nehmen und auf ein Gitter setzen, bis sie ganz trocken sind.

MARQUISETTES

125 g geriebene Mandeln; 125 g Puderzucker; 125 g geriebene Schokolade; 1-2 Eigelb.

Die Mandeln mit dem Zucker, der Schokolade und genügend Eigelb vermengen, um einen festen Teig zu gewinnen. Zu etwas mehr als haselnußgroßen Kugeln formen, in geriebener Schokolade wälzen und 2 Stunden oder länger an der Luft trocknen.

NOISETTINES

100 g geröstete, geriebene Haselnüsse; 100 g Streuzucker; 125 g Schokolade; 2 Löffel Rum.

Die Haselnüsse mit dem Streuzucker und dem Rum zu einem festen Teig kneten, eventuell noch einige Tropfen Wasser hinzugeben. Zu haselnußgroßen Kugeln formen, mit der lauwarmen Schokolade, die man in einigen Tropfen Wasser schmelzen ließ, völlig überziehen, auf ein Gitter zum Abtropfen setzen und mehrere Stunden durchkühlen.

BRAUNER ODER PARISER NOUGAT — Nougat parisien dit nougat brun

250 g Zucker; 250 g gehackte, vorgetrocknete Mandeln; einige Tropfen Zitronensaft.

Den Zucker ohne Wasser in einem unverzinnten Zuckerkocher zu hellgelbem Karamel rösten, einige Tropfen Zitronensaft und dann die gesiebten Mandeln hinzugeben. Neben dem Feuer gut durchmischen und den Nougat bis zum Gebrauch im Wärmschrank aufbewahren, damit er geschmeidig bleibt. Das Sieben hat den Zweck, allzufein gehackte Stücke und den Mandelstaub zu entfernen.

MASKIERTE NÜSSE — Noisettes masquées

Haselnüsse rösten und die Schale mit der Hand abreiben. Nach dem Erkalten durch temperierte Kuvertüre ziehen.

SCHOKOLADENNÜSSE — Noix chocolatées

150 g geschälte Walnußkerne; 150 g Puderzucker; 150 g Kuvertüre; Kakao.

Die Walnußkerne mit dem Zucker und einigen Tropfen Wasser zu einem festen Teig reiben und davon walnußgroße Kugeln formen. Jede Kugel durch temperierte Kuvertüre ziehen und in Kakaopulver wälzen.

GLACIERTE ORANGENSCHEIBEN — Oranges glacées en tranches

Kernlose Orangen sorgfältig schälen, so daß die weiße Haut völlig entfernt wird. In Scheiben schneiden, aufrecht auf ein Sieb stellen, ohne daß die Scheiben sich gegenseitig berühren, und über dem Herd antrocknen. Zucker zum Bruch kochen, die Scheiben einzeln hineintauchen, herausnehmen, den überflüssigen Zucker ablaufen lassen und die Scheiben aufrecht auf die geölte Marmorplatte stellen. Die auf einer Seite glacierten Scheiben sorgfältig anfassen und abermal in Bruchzucker tauchen, um die noch unglacierte Seite zu glacieren. Man benutzt dazu am besten eine Glaciergabel, darf aber in die Scheiben nicht einstechen, da der herausfließende Saft in kürzester Zeit den Zucker zersetzen würde. Der Bruchzucker muß während des Glacierens nötigenfalls erwärmt oder es muß neuer gekocht werden.

MASKIERTE PISTAZIEN — Pistaches masquées

Genau so wie für maskierte Nüsse verfahren, die Pistazien jedoch nur schälen und gut trocknen, aber nicht rösten.

CHAMBÉRY-TRÜFFELN — Truffettes de Chambéry

250 g gestoßenen, gesiebten Krokant; 250 g erweichte Schokolade; 250 g Fondant; 250 g weiche, salzlose Butter. Zum Wälzen: *Kakaopulver, Streuzucker.*

Krokant, Butter, Fondant und Schokolade zu einer cremigen Masse vermengen, in kleine Stücke teilen und 1 Stunde kalt stellen. Rasch zu kleinen Kugeln formen, im Streuzucker, mit Kakaopulver, vermischt, wälzen und bis zum Gebrauch kalt aufbewahren.

VIRGINIAS

Pariser Nougat in Rauten schneiden und in temperierte Kuvertüre tauchen.

KULINARISCHE TECHNIK
IN BILDERN

STEINBUTT

Der Steinbutt wird der Länge nach gespalten, wozu man sich eines großen, scharfen Messers bedient.

Die Flossen werden mit einer Schere abgeschnitten.

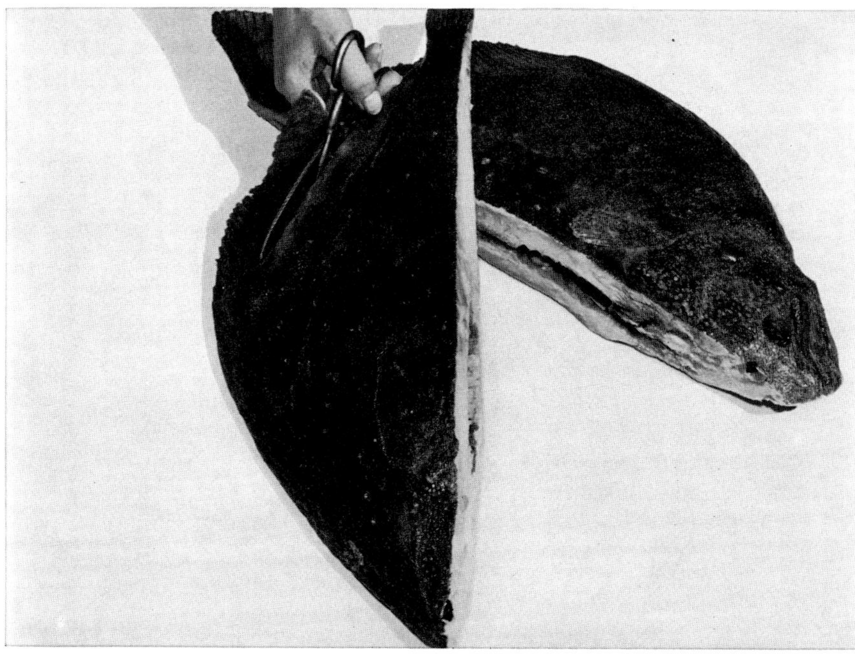

Die beiden Hälften werden in dicke Tranchen geschnitten.

SEEZUNGE

Mit einem kurzen Ruck wird die Haut beiderseits vom Schwanze aus abgezogen.

Die Filets löst man mit einem biegsamen Messer aus, indem man von der Mitte aus der Gräte entlang fährt.

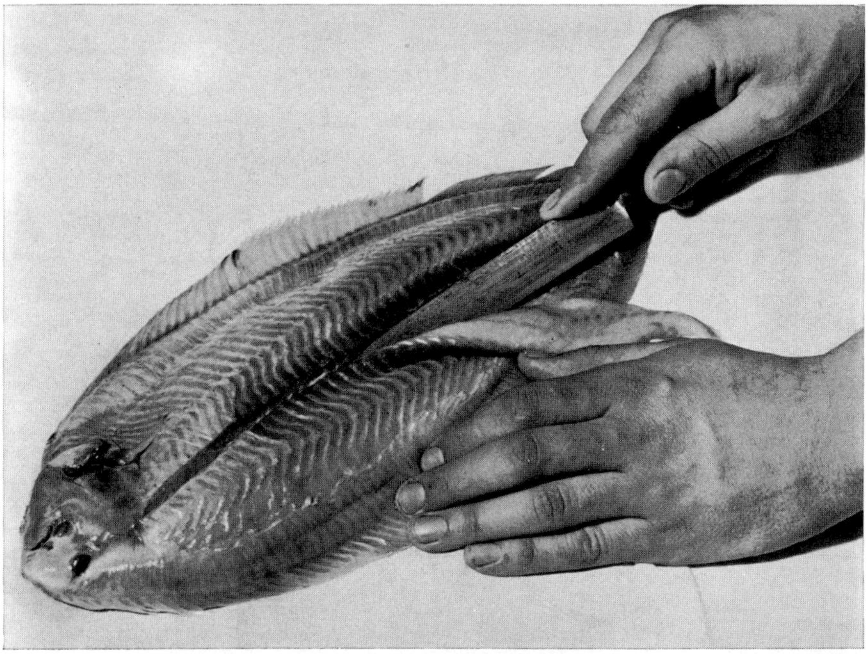

Die Filets werden gefaltet, pariert und in ein ausgebuttertes, mit gehackten Schalotten ausgestreutes Sautoir dressiert und mit eingerieften Champignonköpfen belegt. Sie sind jetzt zum Pochieren fertig.

SEEZUNGE COLBERT

Nach dem Backen zieht man die Mittelgräte sorgfältig heraus und füllt die Mitte mit Haushofmeisterbutter.

GROSSE FISCHE

Die Flossen schneidet man mit einer Schere ab.

Der Fisch wird mit Hilfe eines festen Messers oder eines Fischschuppers von den Schuppen befreit, wobei man ihn festhält, um das Fleisch nicht zu beschädigen.

GROSSE FISCHE

Der Kopf wird abgeschnitten, indem man mit dem Messer unmittelbar hinter den Kiemen entlangfährt.

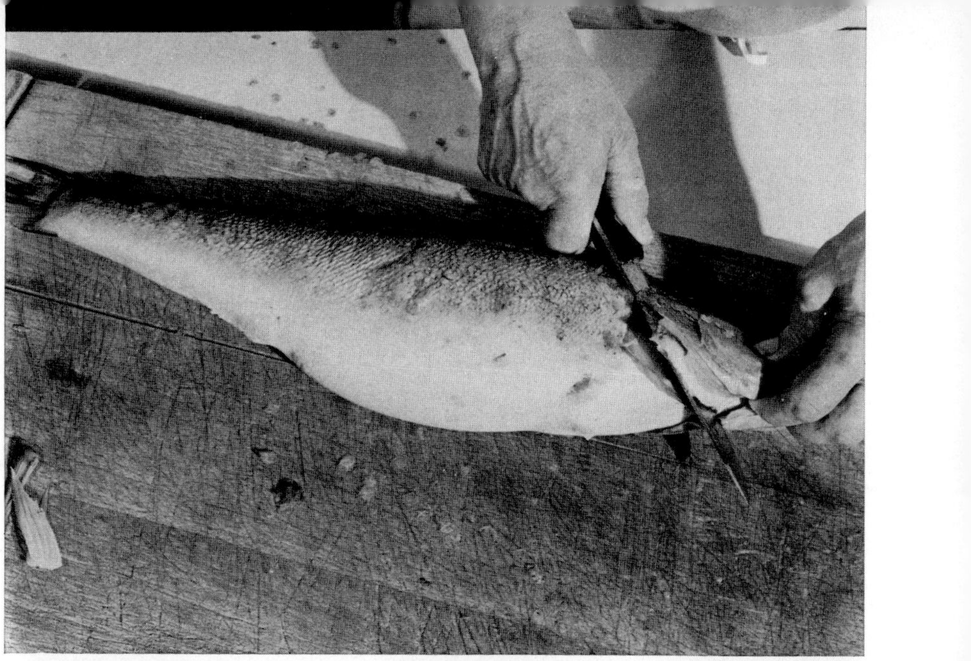

Um den Fisch auszunehmen, ohne den Bauch aufzuschneiden, führt man das gebogene Ende einer Schaumkelle hinein und zieht damit die Eingeweide heraus.

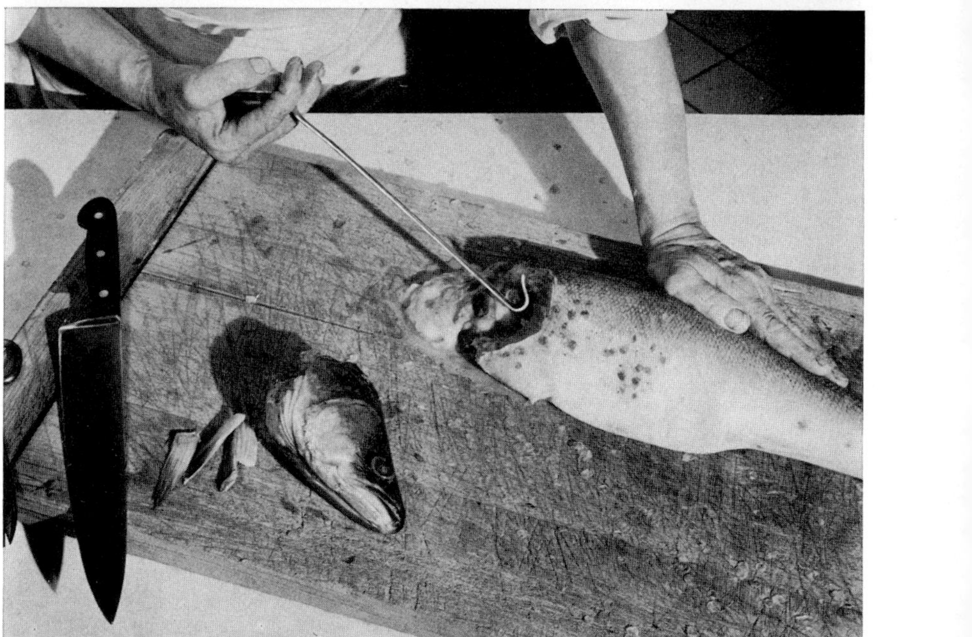

Der ganze, gewaschene Fisch sowie einzelne Tranchen zum Pochieren vorbereitet.

KALTE, GEKOCHTE LANGUSTE

Die lebende Languste wird mit ausgestrecktem Schwanz an ein Brettchen gebunden, damit sie sich beim Kochen nicht krümmen kann.

Nach dem Kochen und Erkalten macht man an der Unterseite zwei Einschnitte mit einer Schere.

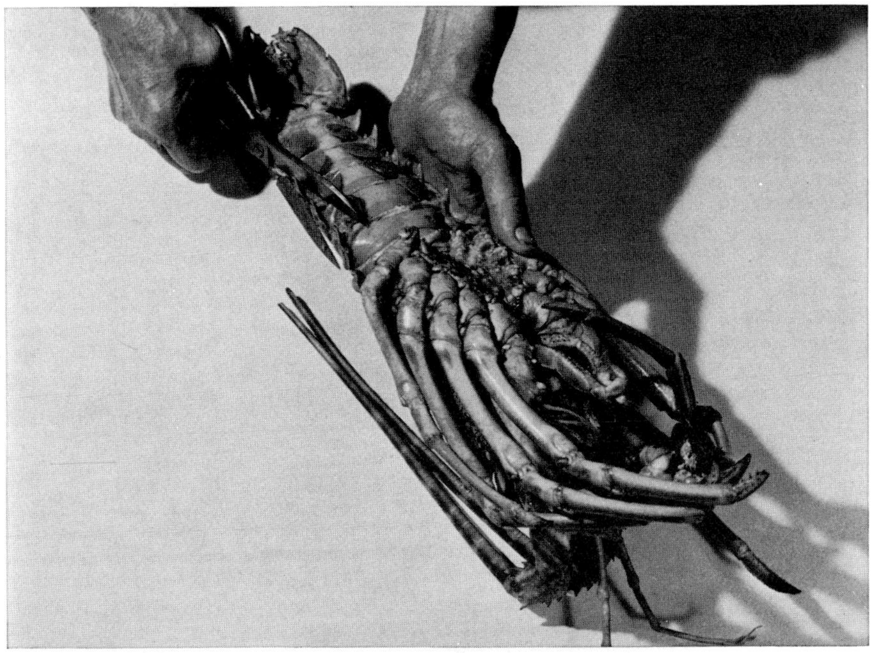

Die Schale wird sorgfältig abgelöst.

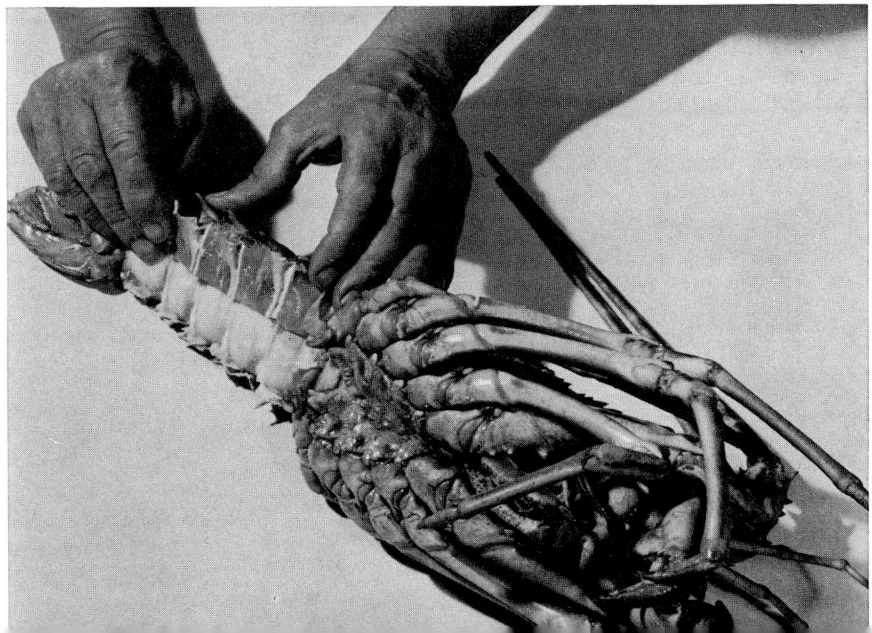

KALTE, GEKOCHTE LANGUSTE

Das Fleisch wird in einem Stück behutsam vom Körper gelöst.

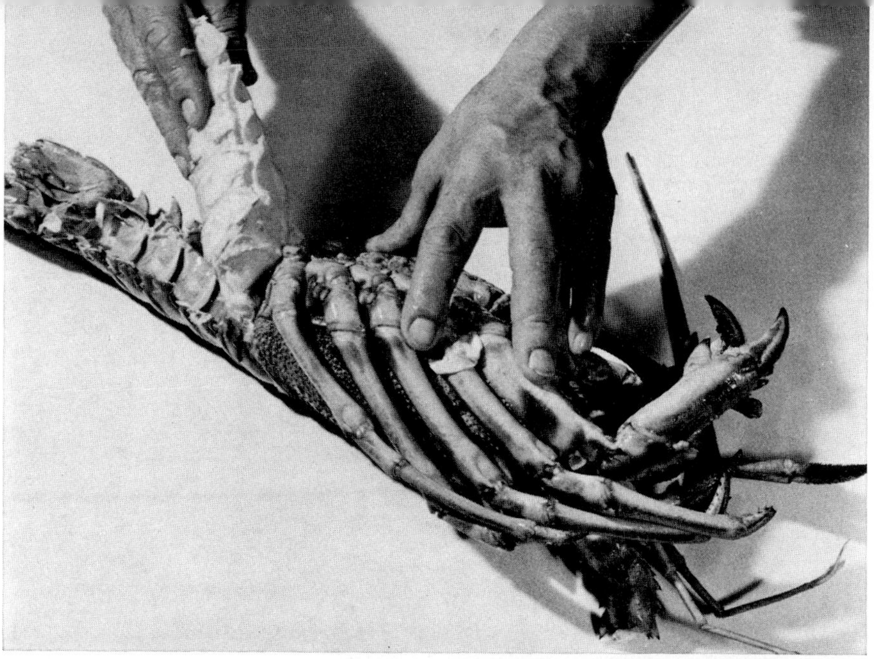

Nun kann man das Fleisch in Medaillons schneiden. Der heilgebliebene Körper dient als Stütze für den Aufbau der Medaillons oder man verwendet ihn als Blickfang auf der Platte.

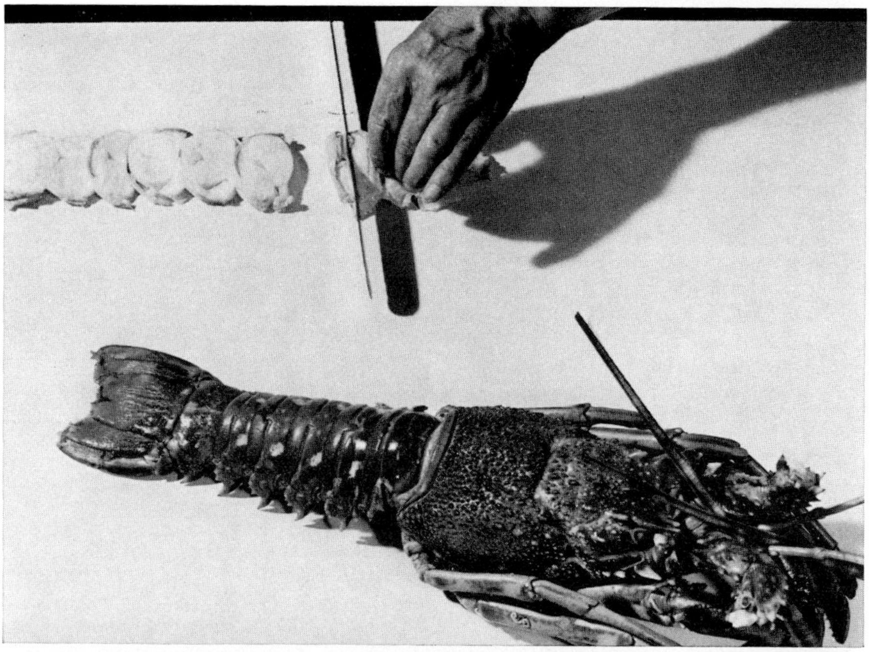

KLÖSSCHEN

Man kann Klößchen auf verschiedene Arten herstellen: mit dem Spritzbeutel direkt in kochendes Salzwasser, ganz klein auf eine Schale aufgespritzt oder mit Löffeln in verschiedenen Größen geformt.

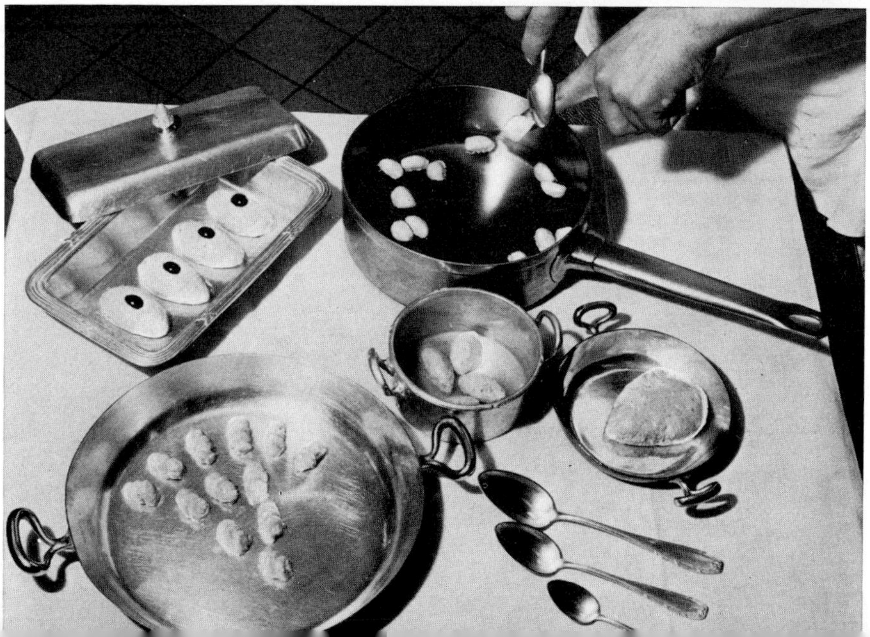

RAVIOLI

Nudelteig wird zu einem Rechteck von 3 mm Dicke ausgerollt. Von der einen Hälfte markiert man Vierecke und dressiert auf jedes Viereck etwas Farce mit Hilfe des Spritzbeutels und runder Tülle. Der Teig wird dann rund um die Farce leicht angefeuchtet.

Die freigelassene Teighälfte wird über die gefüllte geschlagen, erst mit der Hand und dann mit dem Rücken eines runden Ausstechers angedrückt. Dann schneidet man die Vierecke mit dem Teigrädchen aus.

VERLORENE EIER

Das Ei wird in einer kleinen Schüssel aufgeschlagen.

VERLORENE EIER

Man läßt es in kochendes Wasser mit einem kleinen Essigzusatz gleiten und zieht die Kasserolle nach dem Aufkochen beiseite.

Das fertige Ei wird mit einer Schaumkelle behutsam aus dem kochendheißen Wasser herausgenommen.

Danach wird das Ei sofort in eiskaltes Wasser gelegt.

VERLORENE EIER

Vor dem Anrichten muß das Ei pariert werden.

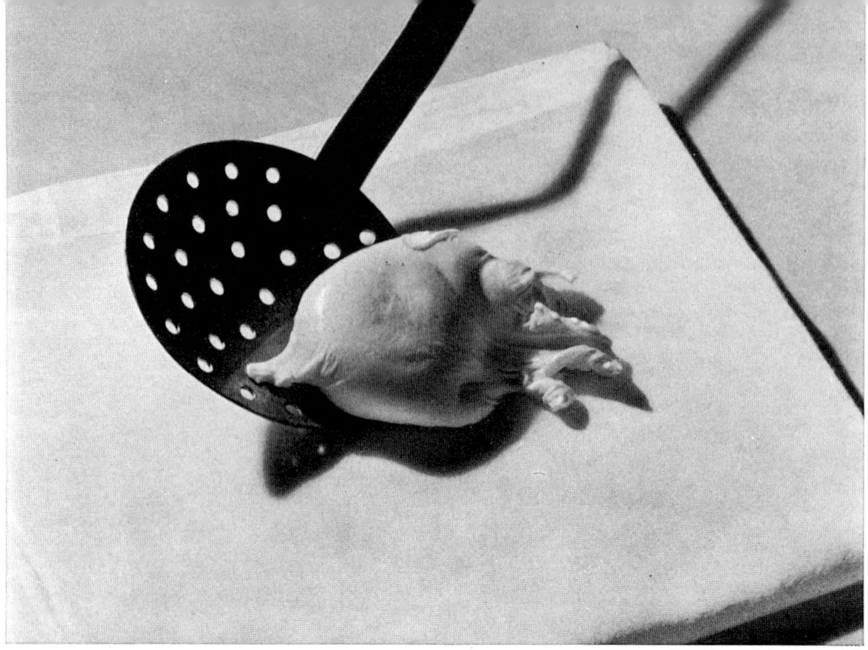

Beim Parieren werden die Unebenheiten mit einem Messer oder einer Schere abgeschnitten.

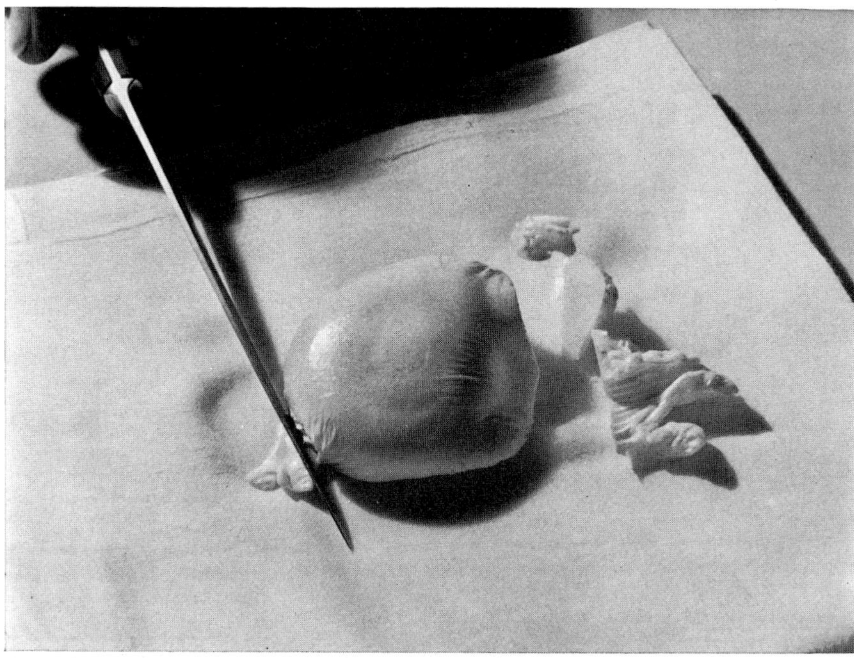

Das fertige Ei wird nun auf einer mit Butter bestrichenen halben oder viereckigen Scheibe Toast oder auf Crouton dressiert, kann aber auch auf andere Art angerichtet und sauciert werden.

BLÄTTERTEIG

Das gesiebte Mehl wird auf die Marmorplatte geschüttet und eine Grube gemacht.

Das Mehl wird mit Wasser und einer Prise Salz, mit den Fingerspitzen beginnend, zu einem mittelfesten Teig angerührt.

Der Vorteig wird zu einer Kugel geformt und muß 15 Minuten ruhen. Dann macht man mit einem Messer zwei Einschnitte.

BLÄTTERTEIG

Der Vorteig und die Butter, die die gleiche Konsistenz wie der Teig haben muß.

Die Butter wird in den ausgerollten Vorteig eingeschlagen.

Der zu einem Rechteck ausgerollte Teig wird von beiden Seiten der Mitte hinzu zusammengeschlagen.

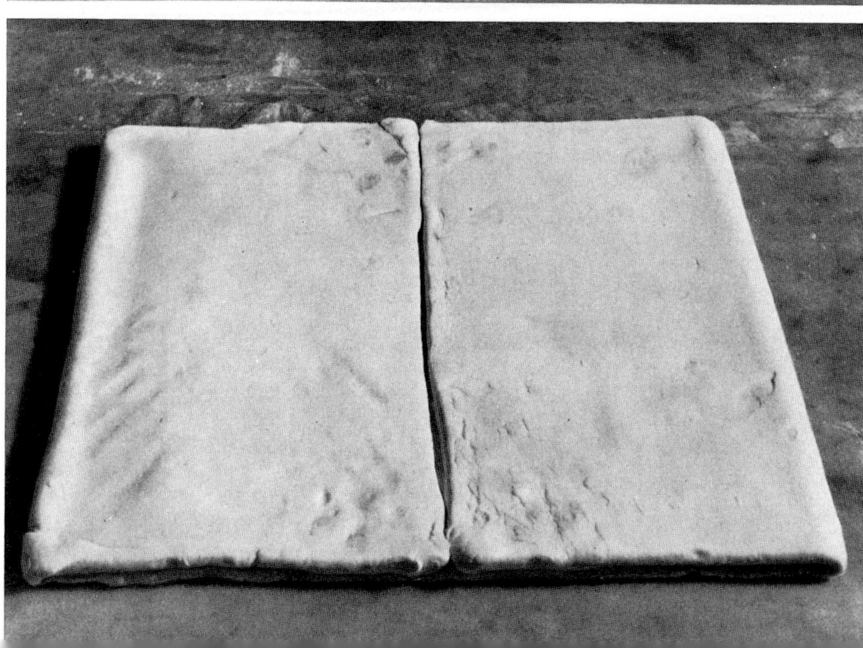

BLÄTTERTEIG

Der Teig wird nach der Mitte zusammengeschlagen und erhält eine zweite Tour.

SACRISTAINS UND STÄBCHEN

Der Teig wird 3 mm dick ausgerollt, mit Ei bestrichen und mit gehackten Mandeln oder geriebenem Käse bestreut. Er ist dann in Streifen von der Breite des kleinen Fingers zu schneiden.

Um Sacristains zu erhalten, dreht man den Teig vor dem Backen in Form eines Korkenziehers, indem man die einzelnen Stücke an den Enden festhält.

DIE KLASSISCHE GROSSE BLÄTTERTEIG-PASTETE

Hohlpastete

Von 3 mm dick ausgerolltem Blätterteig einen runden Boden ausstechen. Mit der Gabel einstechen und den Rand leicht anfeuchten.

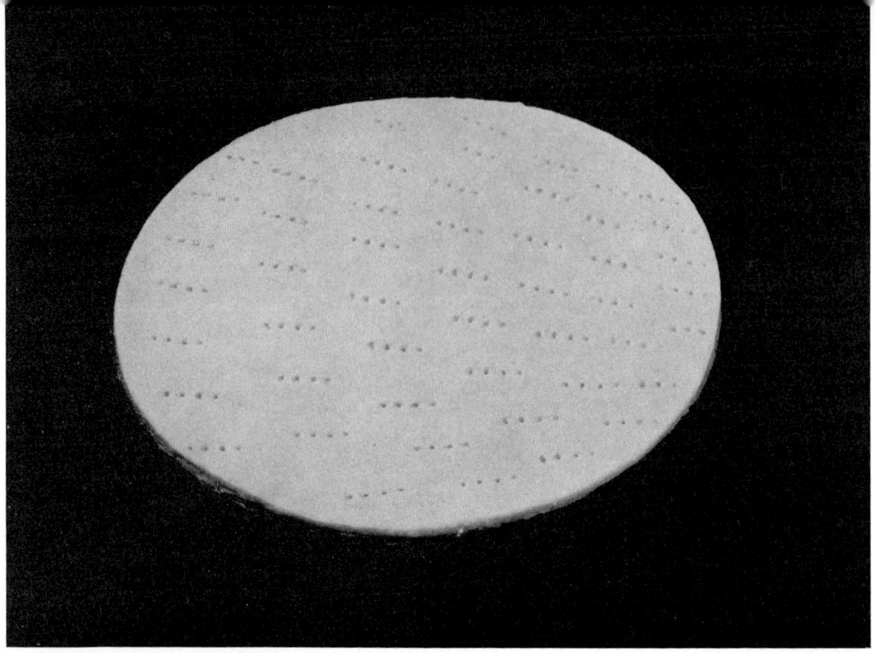

Auf den Rand einen 2 cm dicken Kranz von Blätterteig aufsetzen, leicht mit dem Messer einritzen und mit Ei bestreichen.

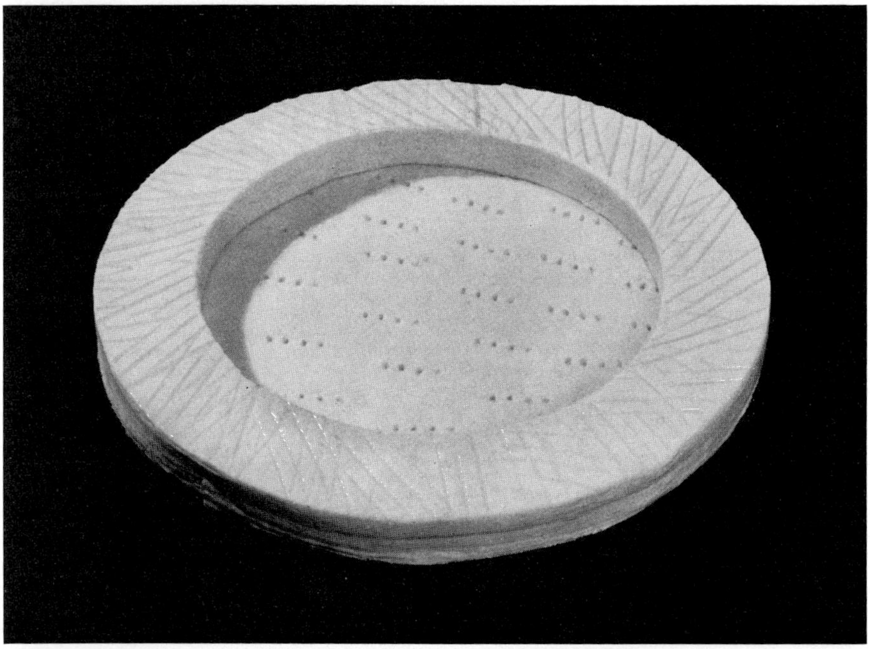

Die gebackene Hohlpastete zum Füllen bereit.

Zweckmäßiger ist es, gleich ein rundes Stück von 2–2½ cm auszustechen, den Deckel mit einem runden Ausstecher zu markieren und leicht kreuzweise einzuritzen. Nachdem die Seiten rundherum leicht eingekerbt worden sind, wird die Oberfläche mit Ei bestrichen und die Hohlpastete gebacken. Der Deckel wird nach dem Backen mit der Messerspitze abgehoben und der innen noch ungebackene Teig entfernt.

DIE MODERNE BLÄTTERTEIG-HOHLPASTETE

Einen runden Boden von 3 mm Dicke ausstechen und mit der Gabel einstechen. Von Papierschnitzeln, in Seidenpapier eingewickelt, eine Kugel bilden, mit dünnem Bindfaden zusammenbinden und in die Mitte setzen. Den Rand mit Wasser bestreichen.

Das Ganze mit einem etwas größeren, rundausgestochenen Stück Blätterteig bedecken und überall gut andrücken.

Mit Ei bestreichen und mit kleinfingerbreiten Blätterteigstreifen belegen.

DIE MODERNE BLÄTTERTEIG-HOHLPASTETE

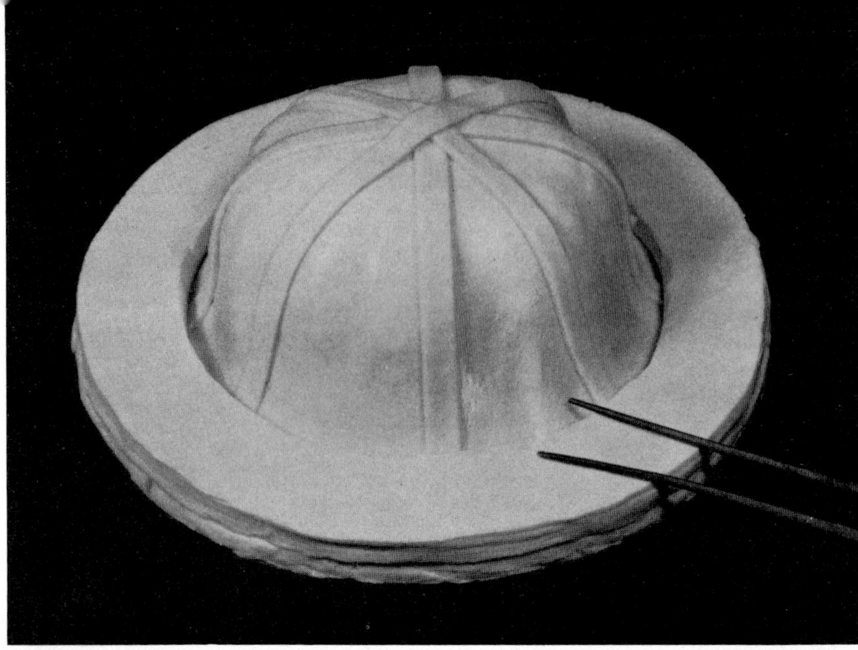

Der Rand wird mit einem etwas dicker gehaltenen Kranz von Blätterteig bedeckt und mit Ei bestrichen.

Oben, der Mitte zu, setzt man zwei Ringe von dünn ausgestochenem Blätterteig und garniert den unteren Rand und die Seiten mit beliebig ausgestochenen Motiven von Blätterteig. Mit einer dünnen Nadel den Teig mehrfach einstechen, damit er beim Backen nicht aufplatzt, ganz mit Ei bestreichen und backen.

Nach dem Backen, mit einem spitzen, scharfen Messer den Deckel abheben. Mit der Schere den Bindfaden aufschneiden und Seidenpapier, Papierschnitzel oder -wolle und Bindfaden sorgfältig entfernen.

LARDIEREN UND SPICKEN

Oben: Lange, dicke Streifen von fettem Speck werden durch das Fleisch gezogen.
Mitte: Der Rehrücken wird mit dünnen Streifen von fettem Speck quer zur Faser gespickt.
Unten: Rinder- oder Kalbsfilet spickt man mit dünnen Speckstreifen der Länge nach.

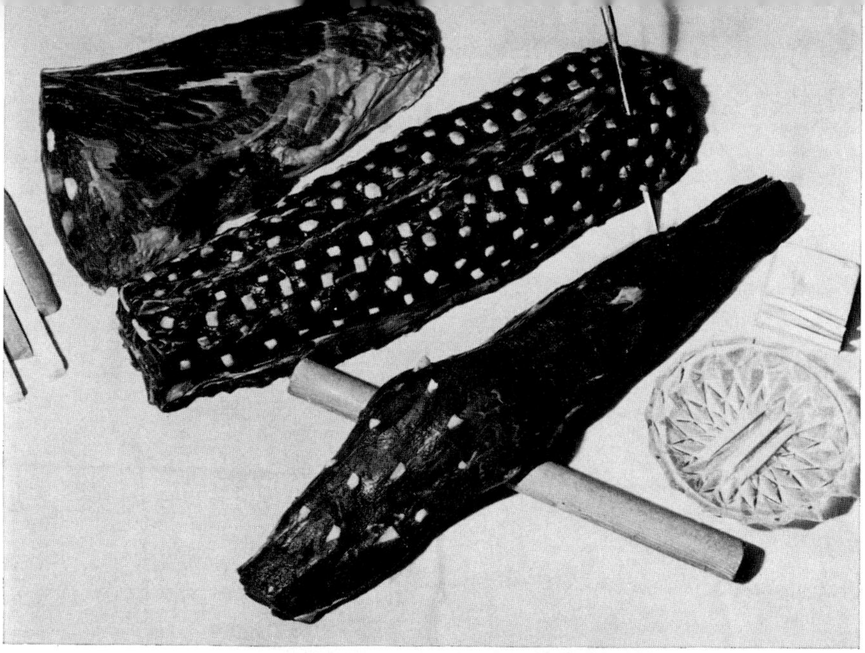

KALBFLEISCH-RÖLLCHEN

Kalbfleisch wird in Schnitzel von 10–12 cm Länge und ungefähr 6 cm Breite geschnitten, etwas plattiert und mit Farce maskiert.

Die Schnitzel rollt man zusammen und befestigt sie mit Bindfaden.

DAS TRANCHIEREN EINES HAMMEL- ODER LAMMRÜCKENS

Mit einem langen und etwas biegsamen Messer die beiden Rückenfilets dem Knochen entlang einschneiden.

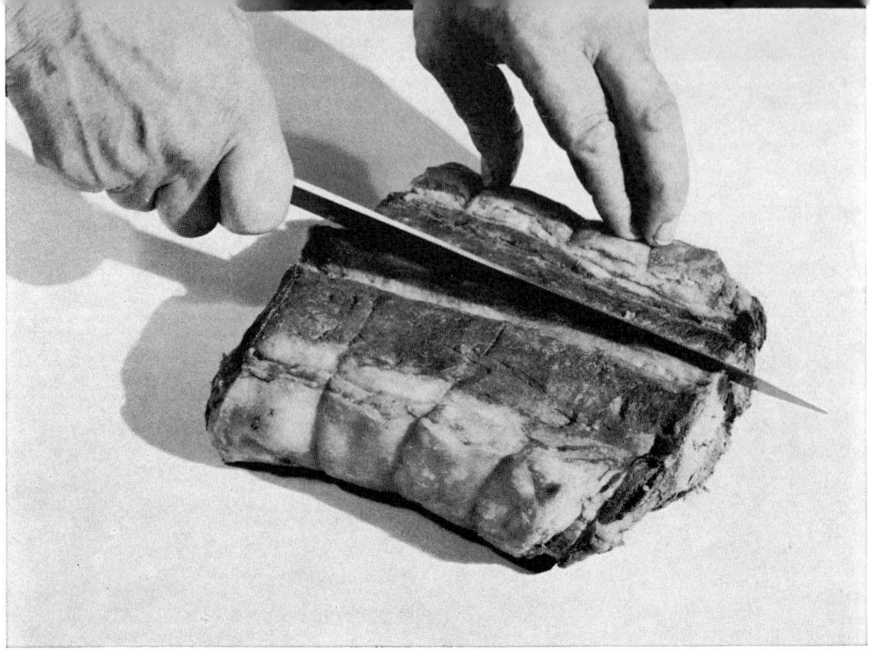

Behutsam mit dem Messer an den Knochen entlang-fahren, um die Filets abzulösen.

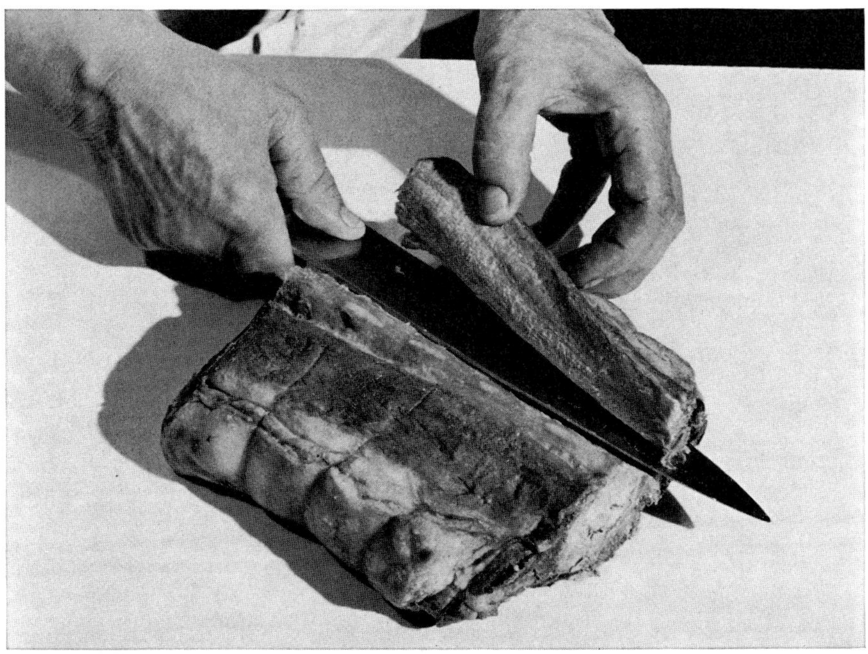

Die ausgelösten Filets können jetzt der Länge nach in dünne Scheiben oder auch schräg in etwas dickere geschnitten werden.

GRILLIERTES GEFLÜGEL

Nach dem Ausnehmen und Waschen, den Rücken der Länge nach mit einem scharfen Messer durchschneiden und das Rückgrat abhacken.

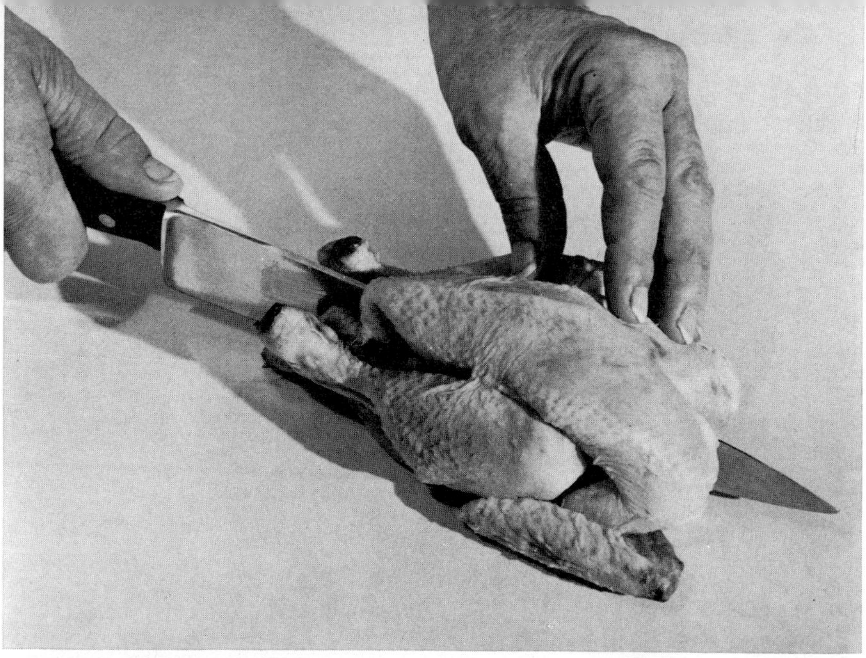

Das Geflügel leicht plattieren, damit es eine gleichmäßige Fläche bildet.

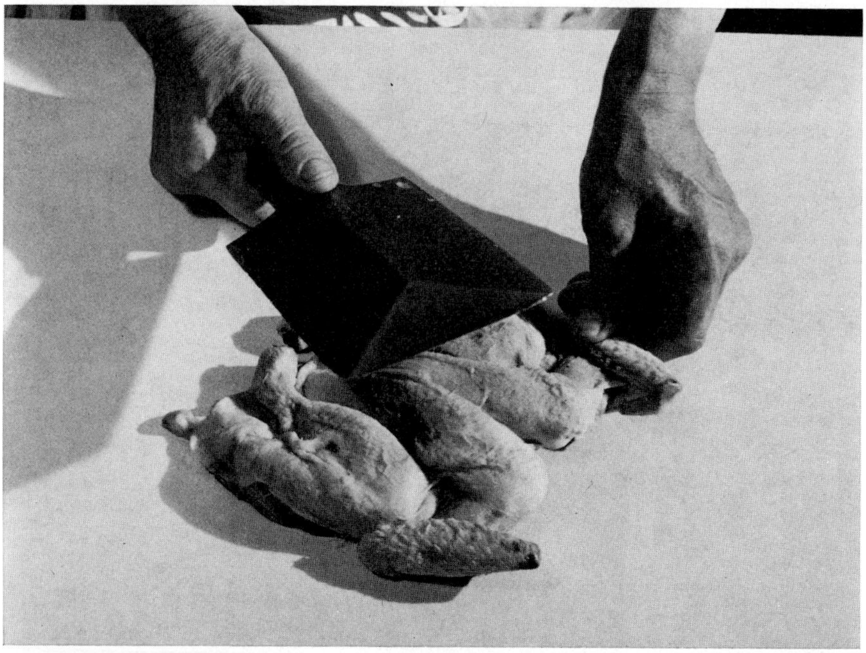

Die Keulen durch einen Einschnitt am Ende der Brusthaut befestigen. Das Geflügel muß seine Form während des Grillierens beibehalten.

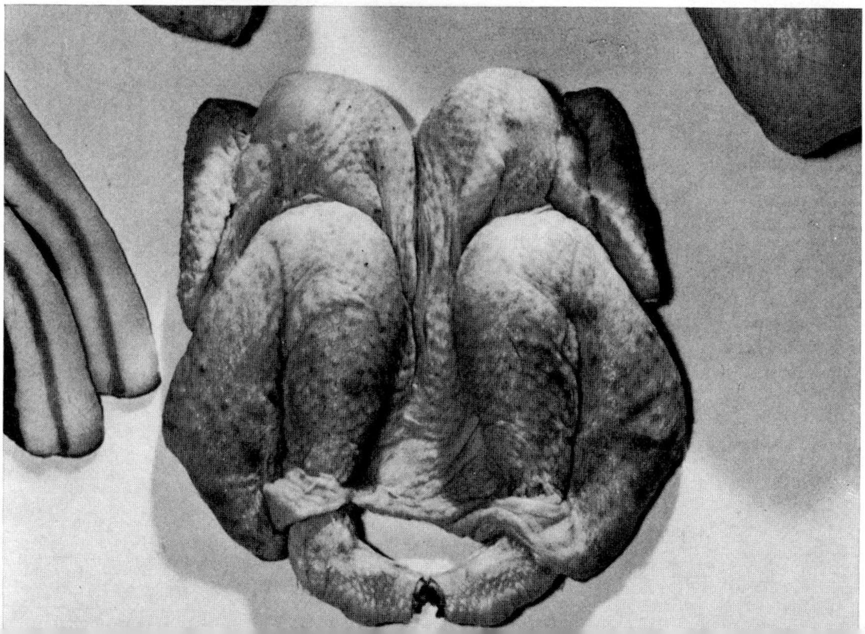

GEFLÜGEL ROH ZU ZERSCHNEIDEN

Die geteilten Keulen, die beiden Brusthälften und der parierte und einmal geteilte Rücken.

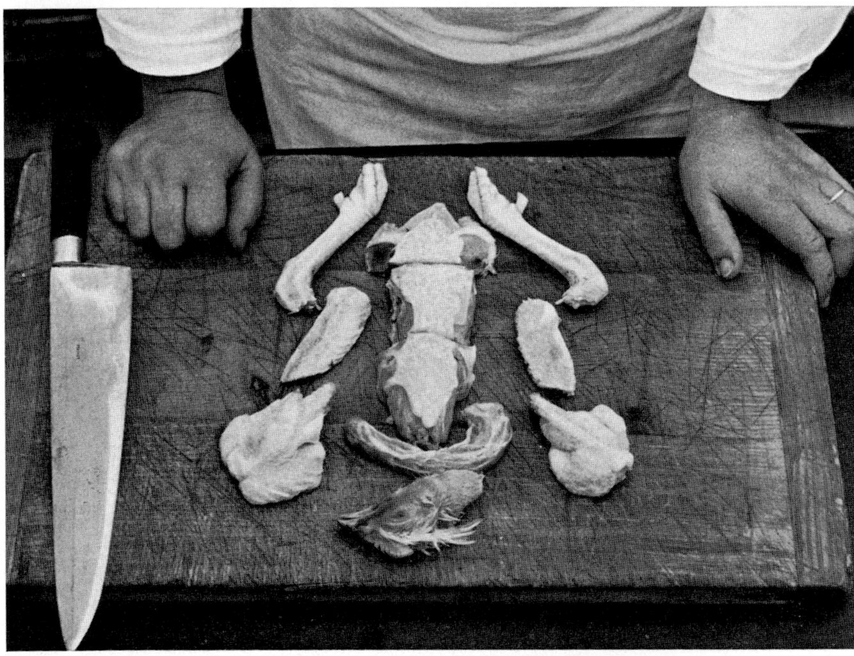

Das Klein: Kopf, Flügel, Hals, Pfoten und Rücken.

HÜHNER-BRÜSTCHEN

Suprêmes

Die fertigausgelösten Brüstchen in mit Butter ausgestrichenen Sautoir.

GEFÜLLTES GEFLÜGEL ODER FASAN FÜR EIN KALTES GERICHT

Das bridierte und mit fettem Speck umhüllte Geflügel fertig zum Braten.

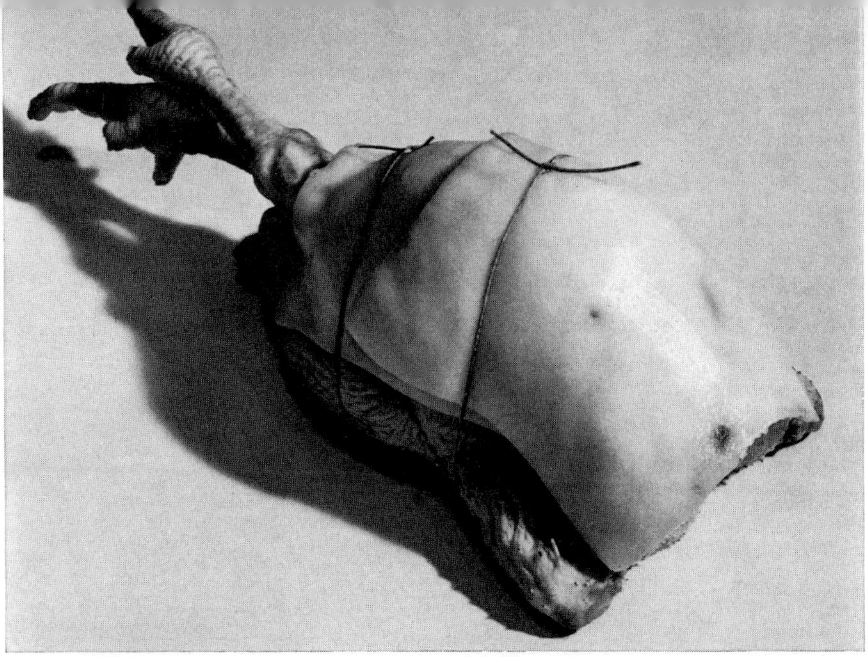

Nach dem Braten auskühlen lassen, die beiden Brusthälften in einem Stück auslösen und den Brustknochen mit der Schere ausschneiden.

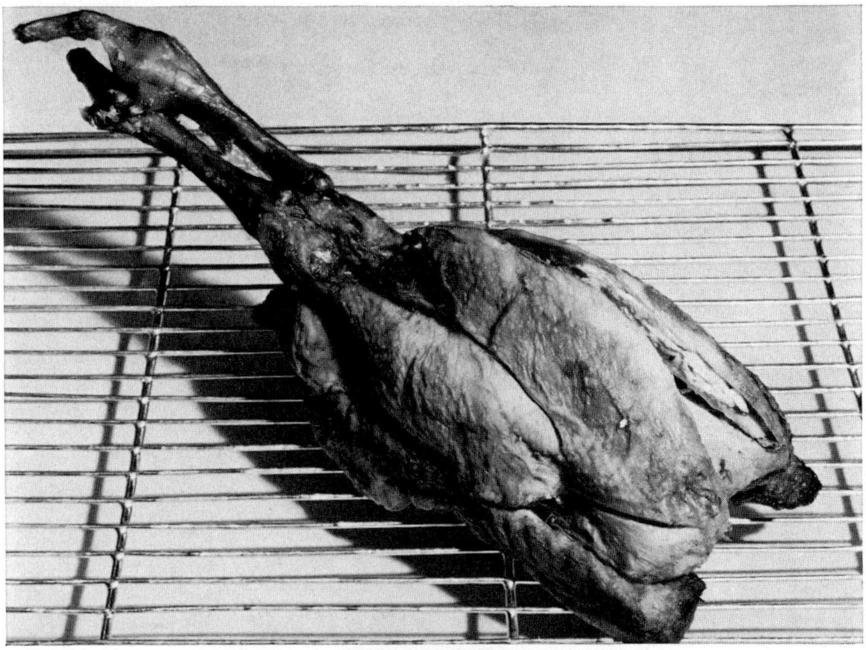

Die Höhlung mit Schaumbrot oder Farce füllen, in Form der Brust aufstreichen und in den Kühlraum zum Anziehen stellen.

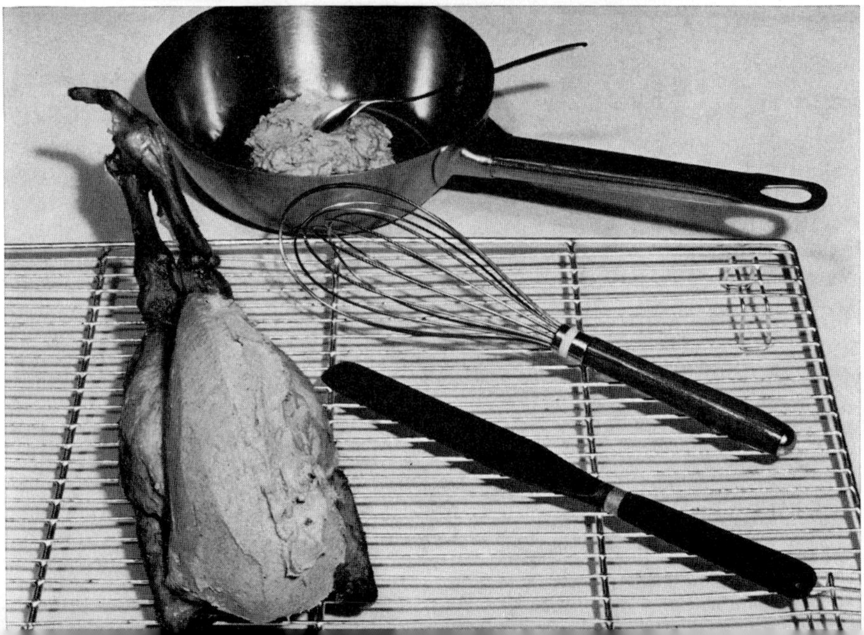

GEFÜLLTES GEFLÜGEL ODER FASAN FÜR EIN KALTES GERICHT

Die beiden Brusthälften in schräge, gleichmäßige Scheiben schneiden und auf die Farce dressieren.

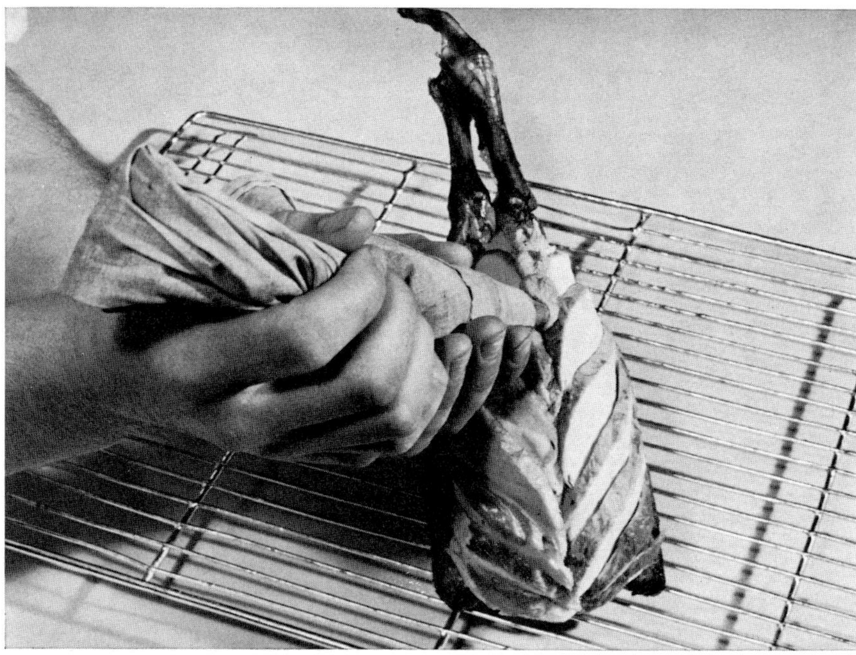

Mit Spritzsack und runder Tülle Tupfen von Farce der Länge nach zwischen die Brusthälften spritzen.

Auf jeden Tupfen einen gerieften, pochierten und ausgekühlten Champignonkopf setzen.

GEFÜLLTES GEFLÜGEL ODER FASAN FÜR EIN KALTES GERICHT

In die Mitte der Champignonköpfe einen Punkt roter Paprikaschote oder Tomate setzen.

Das Ganze sorgfältig mit Gelee überglänzen.

Das Geflügel ist nun zum Anrichten fertig.

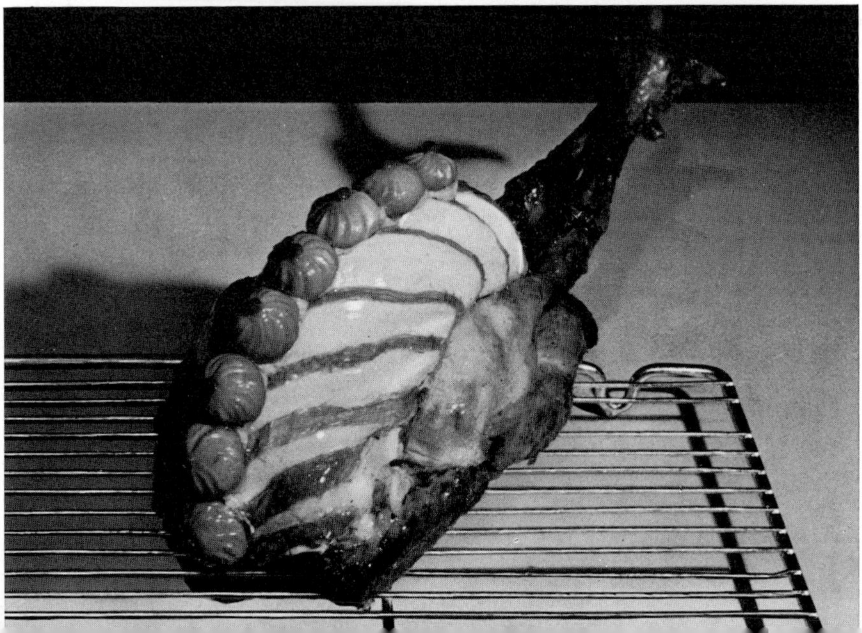

PASTETE IN TEIGKRUSTE

Den Teig 1 cm dick ausrollen, leicht mehlen und den Boden der Form viermal markieren.

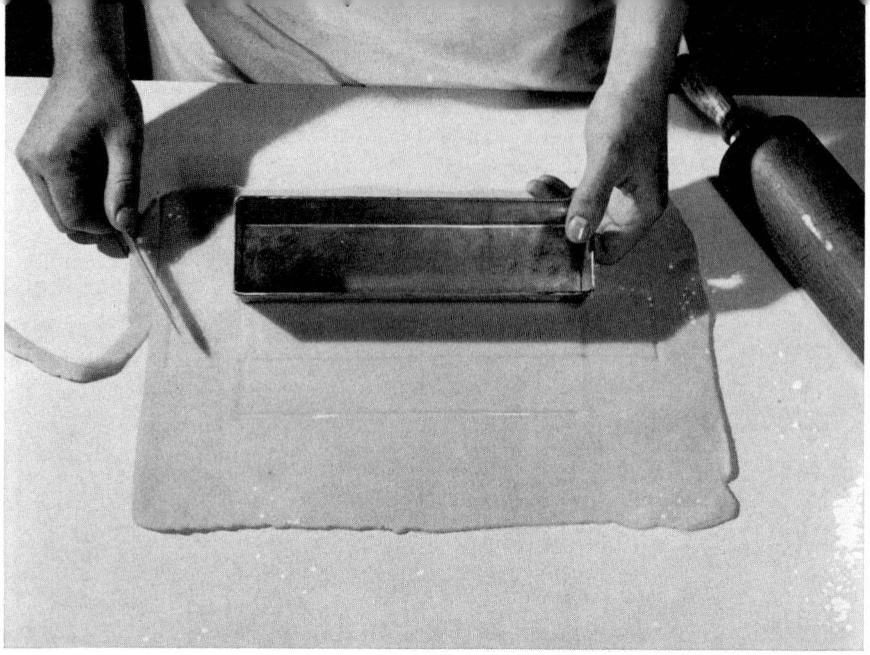

Eine der vier Partien abschneiden und für den Deckel beiseite legen.

Die gefettete und gemehlte Form mit dem Teig ausfüttern.

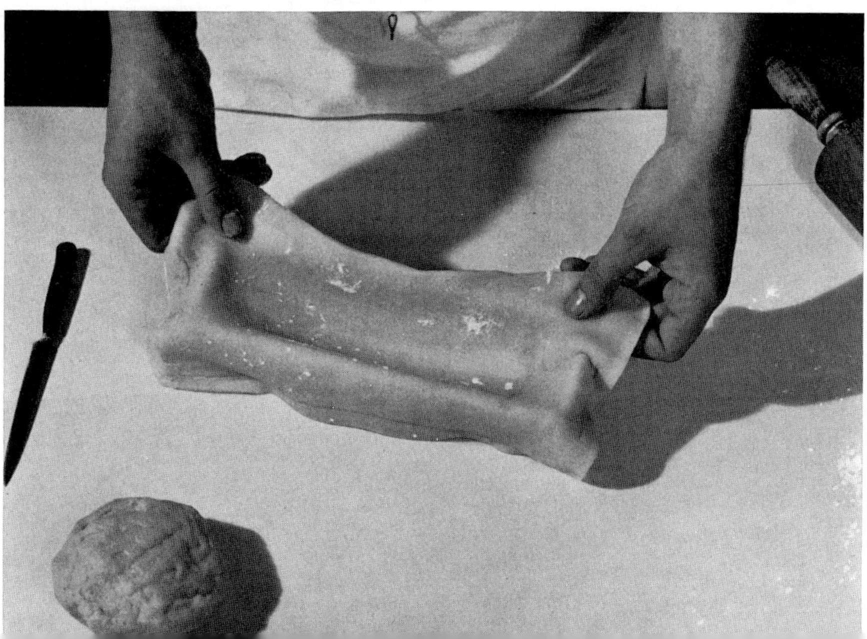

PASTETE IN TEIGKRUSTE

Den Teig, der über die Seiten hervorragen muß, an Seiten und Boden mit Hilfe einer Teigkugel gut eindrücken.

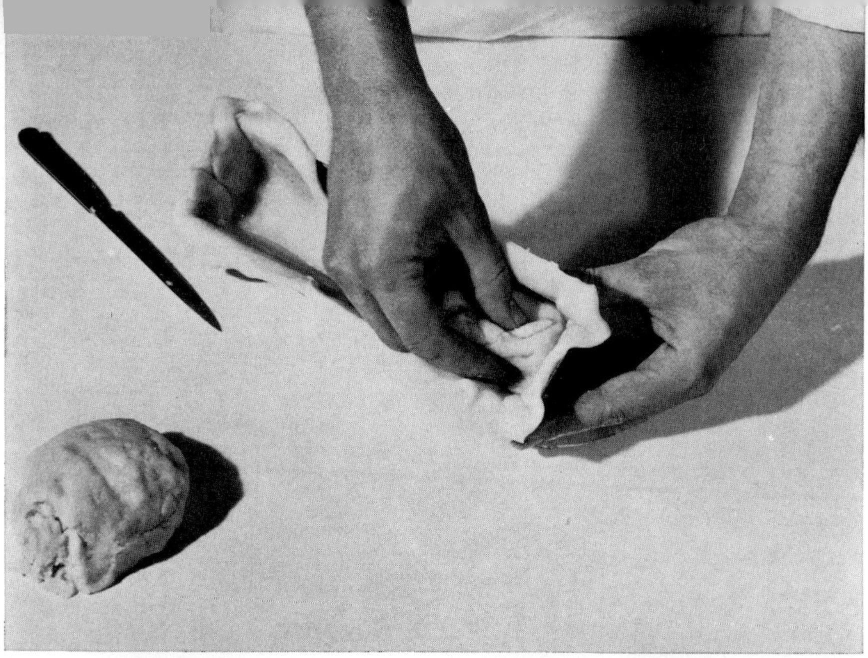

Boden und Seiten der Form mit dünnen Scheiben von fettem Speck auslegen und zur Hälfte mit Farce füllen.

Die Garnitur: Streifen von Wild, Kalbfleisch, Geflügelbrust usw., zuvor mit Weinbrand und Gewürzen mariniert, in die Mitte geben.

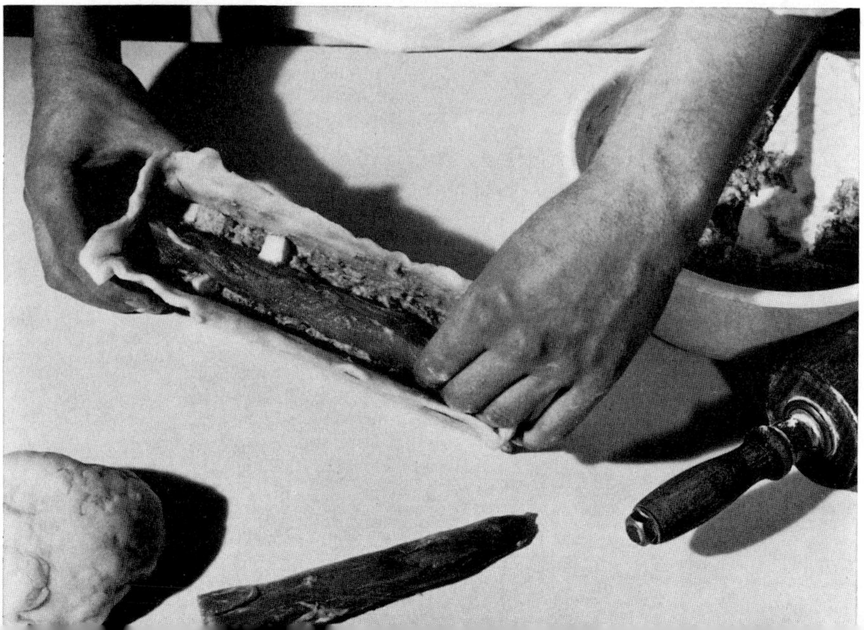

PASTETE IN TEIGKRUSTE

Mit dem Rest der Farce vollfüllen, mit einer dünnen Speckscheibe bedecken und die Teigenden nach der Mitte zu überschlagen.

Die Teigenden leicht anfeuchten, mit dem für den Deckel beiseite gestellten Teig abdecken und gut andrücken.

Die Seiten mit dem Teigkneifer eindrücken, um den Deckel zu befestigen und um den Rand dekorativer gestalten zu können.

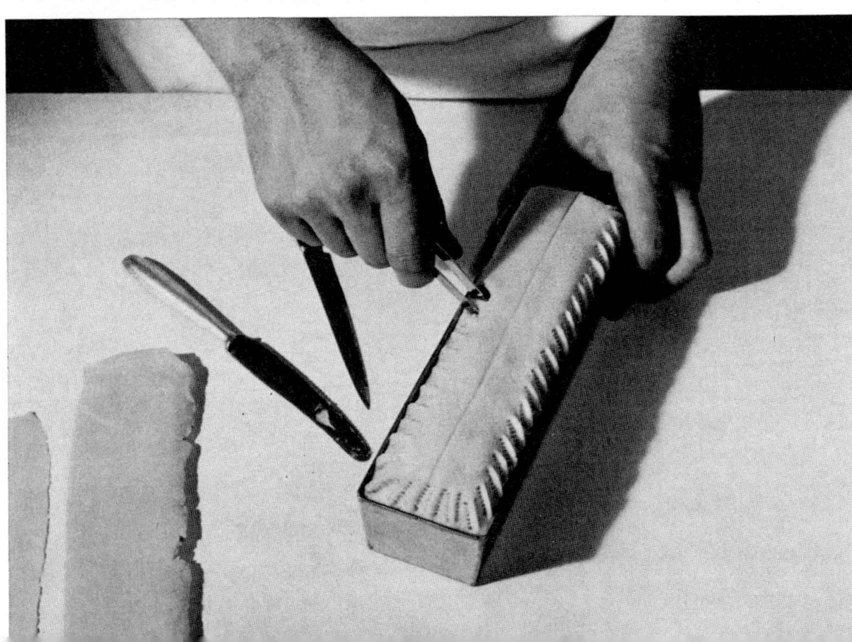

PASTETE IN TEIGKRUSTE

Beliebig dekorieren, in der Mitte einen Kamin zum Dampfabzug anbringen und mit Ei bestreichen.

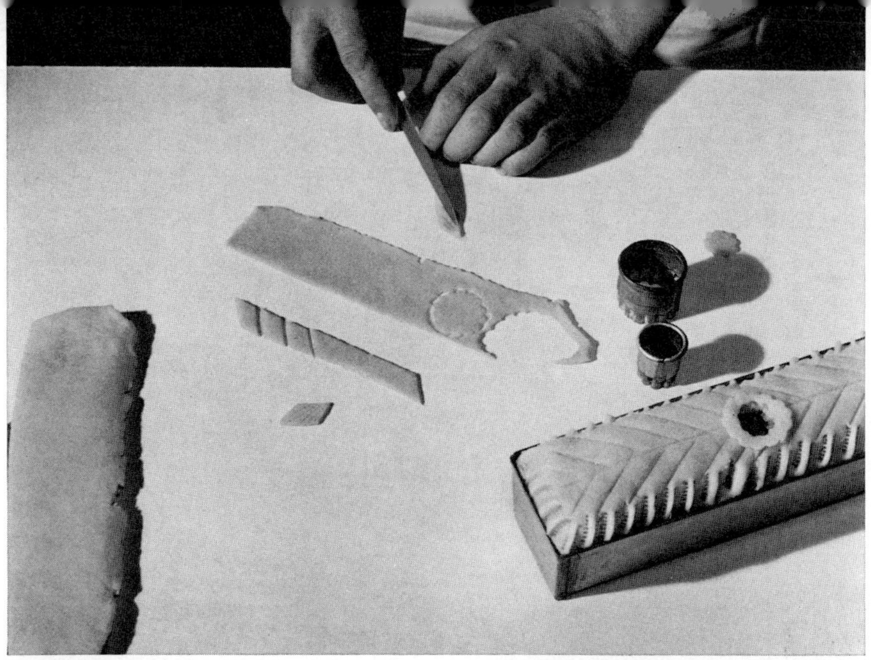

GERIEFTE CHAMPIGNONS

Rohe Champignonköpfe mit einem kleinen Messer durch eine drehende Bewegung einriefen.

SPARGEL

Den Spargel von oben nach unten mit dem Spargel- oder anderem Messer schälen, portionsweise bündeln und die Enden gleichmäßig glattschneiden.

KARTOFFEL-KRINGEL

Die Kartoffelmasse mit Hilfe des Spritzsackes und Sterntülle zu Ringen auf gefettetes Papier dressieren.

In das heiße Backfett fallen lassen und das Papier von einem Ende aus herausziehen.

Die Kringel wenden, nachdem sie auf einer Seite gebräunt sind.

GEFÜLLTE PAPRIKASCHOTEN

Die Paprikaschoten werden mit Hilfe des Spritzsackes und grober Lochtülle mit einer Reisfarce gefüllt.

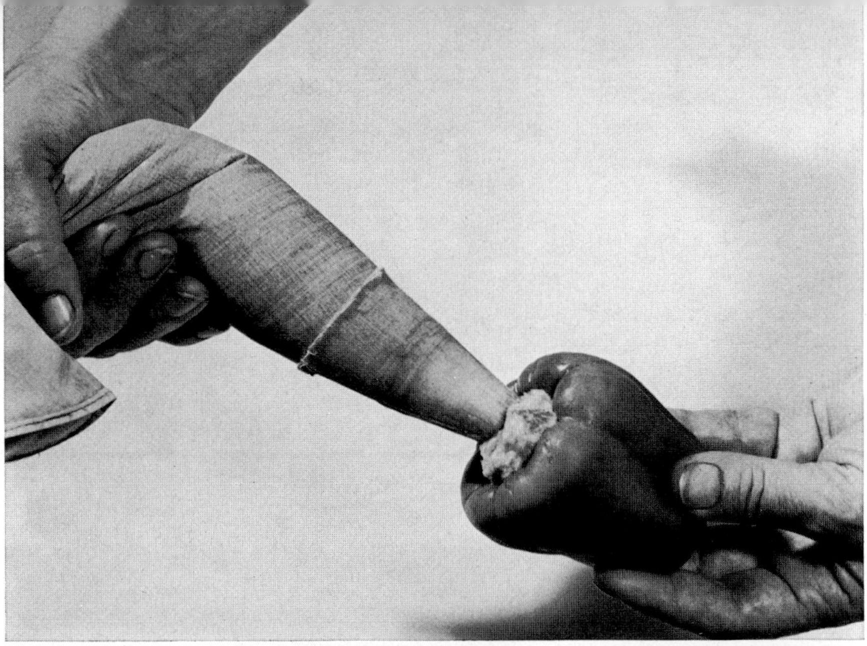

Nach dem Garwerden können die Paprikaschoten in dicke Scheiben geschnitten und als Garnitur verwendet werden.

Halbe, mit Terrinenfarce gefüllte und gargemachte Paprikaschoten können als kalte Vorspeise oder als Garnitur für kalte Gerichte verwendet werden.

SCHWEINSOHREN

Blätterteig nur 2 Touren geben, dann mit Zucker dazwischengestreut viermal zusammenfalten und festdrücken. Im Kühlraum festwerden lassen, dann in Stücke schneiden und auf ein leicht angefeuchtetes Backblech ordnen und im Ofen backen.

SCHWARZWÄLDER KIRSCHTORTE

Den Kuchen in drei gleichmäßige Böden schneiden. Den ersten Boden mit gebundenem Kompott von Weichselkirschen garnieren und mit Kirschwasser-Schlagsahne bestreichen. Den zweiten Boden auflegen und mit der Kirschwasser-Schlagsahne garnieren und mit dem dritten Boden belegen.

Mit Schlagsahne, gleichfalls mit Kirschwasser aromatisiert, oben und an den Seiten bestreichen und die Seiten mit zerbröckelten Schokoladenspänen anstreuen. Mit Hilfe von Spritzbeutel und Sterntülle dekorieren und jeden Sahnetupfen mit einer Belegkirsche garnieren. Die Mitte mit Schokoladenspänen füllen und sie leicht mit Puderzucker bestäuben.

SAVARINS

Die Savarins werden aus den Formen genommen, auf ein Randblech gesetzt und mit Läuterzucker übergossen.

Sie werden gewendet, auf ein Gitter plaziert, eventuell noch mit Spirituosen betropft und aprikotiert.

LÖFFELBISKUITS

Die Löffelbiskuits dressiert man mit Hilfe des Spritzsackes und grober Lochtülle auf breite Streifen von Pergamentpapier.

LÖFFELBISKUITS

Die Papierstreifen werden an den beiden Enden sorgfältig angefaßt, umgedreht und behutsam auf Streuzucker gelegt.

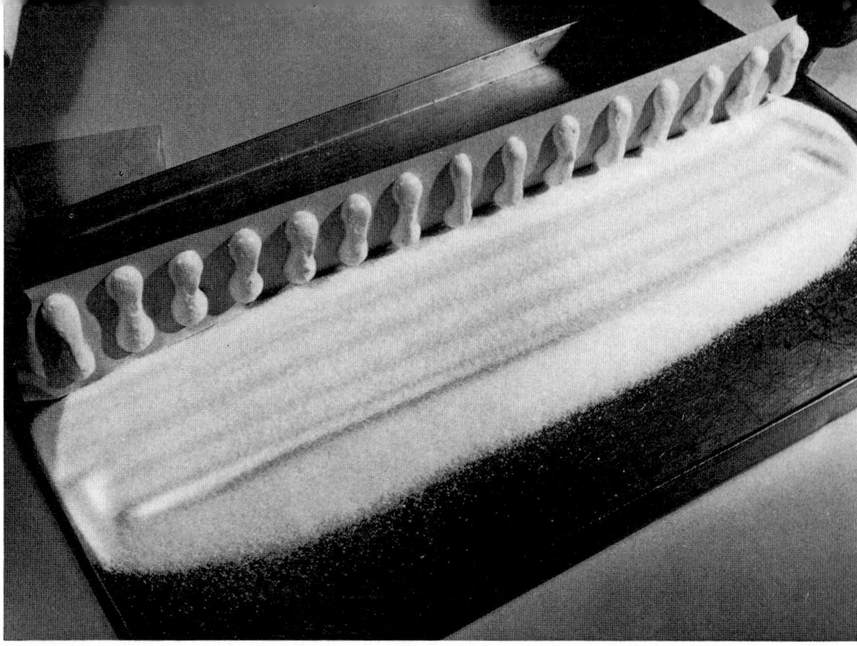

Man läßt die Löffelbiskuits einen Augenblick in dem Zucker liegen, dreht das Papier dann behutsam um und legt die Streifen auf ein Backblech.

Nach dem Backen und Auskühlen löst man die Löffelbiskuits vom Papier ab, indem man es leicht über den Blechrand drückt.

MEXIKANISCHE TORTE

Die Torte wird waagerecht durchgeschnitten und mit Buttercreme gefüllt. Danach werden Rand und Oberfläche aprikotiert.

Der Schokoladenfondant wird mit Hilfe eines Spatels überall gleichmäßig verteilt.

Auf dem noch weichen Fondant zieht man aus einer Papiertüte parallele Linien Spritzglasur.

MEXIKANISCHE TORTE

Die Linien werden mit der Palette oder einer Messerspitze erst von oben nach unten und dann wieder in umgekehrter Richtung unterbrochen.

Eine andere Art des Dekors besteht darin, daß man zuerst mit Spritzglasur eine Spirale auf dem Schokoladenfondant zieht.

Die Spiralen werden unterbrochen, indem man mit dem Messer abwechselnd Linien von der Mitte bis zum Rand und umgekehrt zieht.

TRANCHIEREN
UND FLAMBIEREN AM TISCH

SEEZUNGE AUF MÜLLERINART

Die Seezunge wird mit der Gabel festgehalten, während man die Randgräten mit dem Löffel entfernt.

Die Platte wird von den Abfällen befreit.

Indem man die Gabel in die Mitte der Längsgräte steckt, schiebt man die beiden Filets mit der Gabel von der Gräte nach außen ab. Nachdem die oberen Filets gelöst worden sind, werden auch die unteren von der Rückengräte abgeschoben.

SEEZUNGE AUF MÜLLERINART

Die ausgelösten Filets werden auf einen heißen Teller gelegt.

CHATEAUBRIAND

Man läßt das Messer unter das Fleisch gleiten, hält es mit dem Gabelrücken fest und legt es auf das Tranchierbrett.

Das Fleisch wird mit dem Rücken der Gabel gehalten und in schräge Scheiben geschnitten, wobei man das Messer beim Schneiden nicht drückt, sondern gleiten läßt, damit der Saft im Fleisch bleibt und nicht ausläuft.

CHATEAUBRIAND

Um das Fleisch wieder auf die Platte zu legen, führt man das Messer wieder darunter und hält die letzte Scheibe mit dem Gabelrücken fest.

Man legt für jeden Gast erst zwei Scheiben auf einem heißen Teller vor und zum Nachservice die dritte Scheibe.

HASENRÜCKEN

Man sticht mit der Gabel in das Rückgrat, hebt den Rücken mit Hilfe des Löffels hoch, läßt ihn abtropfen und legt ihn auf das Tranchierbrett.

HASENRÜCKEN

Während man den Rücken in der Mitte mit der Gabel festhält, lockert man die Filets mit dem Löffel.

Das Filet läßt sich ganz leicht mit dem Löffel auslösen.

Nach dem ersten, löst man auch das zweite Filet vom Knochen ab.

HASENRÜCKEN

Von jedem Filet schneidet man vier schräge, gleichmäßige Scheiben, wobei man das Messer am Fleisch entlang gleiten läßt, ohne dabei zu drücken.

GEBRATENES HUHN

Das Huhn wird mit der Messerspitze erfaßt, mit der Gabel festgehalten, abgetropft und von der Platte genommen und auf das Tranchierbrett gelegt.

Die Flügel hält man mit der Gabel fest und trennt sie am Gelenk mit dem Messer.

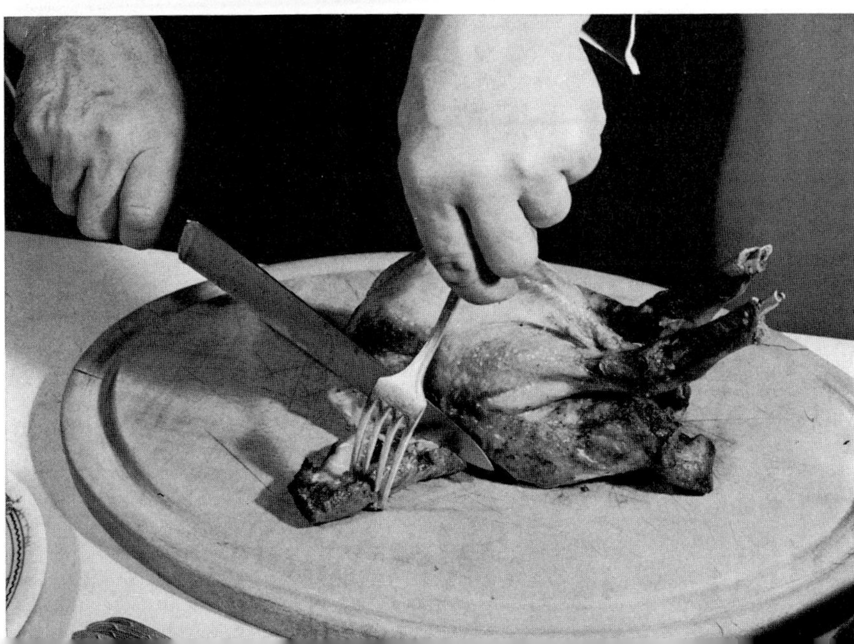

GEBRATENES HUHN

Das Huhn wird auf die Seite gelegt, die Gabel zwischen Ober- und Unterschenkel gesteckt, und mit dem Messer wird ein Einschnitt zwischen Keule und Brust gemacht.

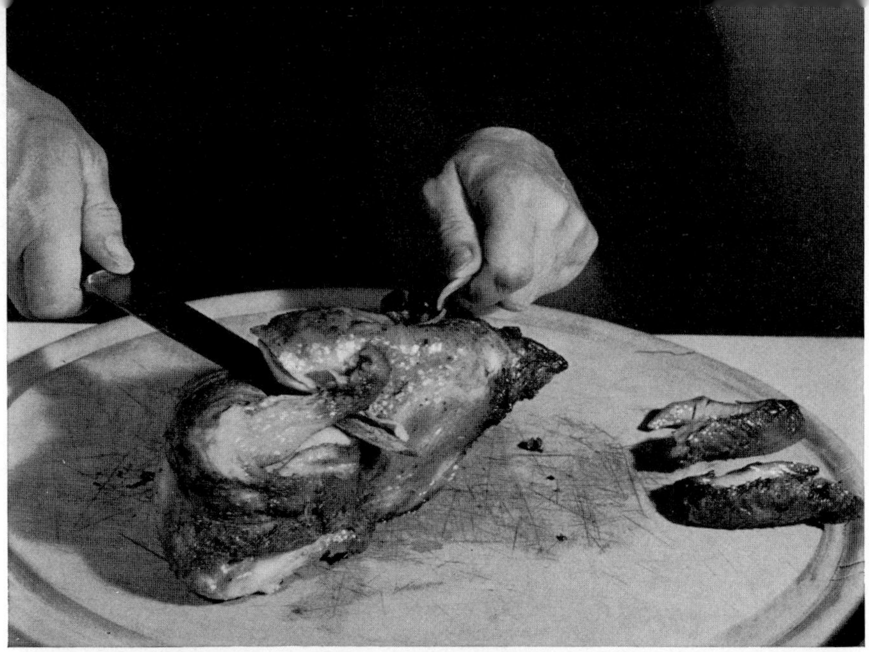

Die Keule wird abgelöst, indem man sie mit der Gabel abzieht und dabei das Huhn mit der Messerschneide festhält.

Mit der zweiten Keule wird genauso verfahren.

GEBRATENES HUHN

Das Huhn wieder auf den Rücken setzen. Die Gabel dort einstecken, wo sich die eine Keule befand, und dann mit dem Messer auf der anderen Seite den Flügelknochen am Gelenk mit einem Stückchen Brustfleisch abschneiden.

Den Bürzel an der Brustspitze einschneiden.

Das zweite Flügelstück genauso wie das erste abschneiden.

GEBRATENES HUHN

Das Huhn wieder auf die Seite legen und mit einem kurzen Stoß den Brustbeinkamm durchschneiden.

Die Brust läßt sich nun mit Hilfe des Messers leicht vom Gerippe ablösen. Ist sie groß, so wird sie einmal geteilt.

Die Keulen teilt man durch einen einfachen Schnitt am Gelenk in zwei Stücke.

APFELSINEN SCHÄLEN UND SCHNEIDEN

1. Methode

An beiden Seiten der Apfelsine wird ein Deckel markiert. Der eine wird abgeschnitten und umgekehrt mit der Gabel an das andere Ende gesteckt.

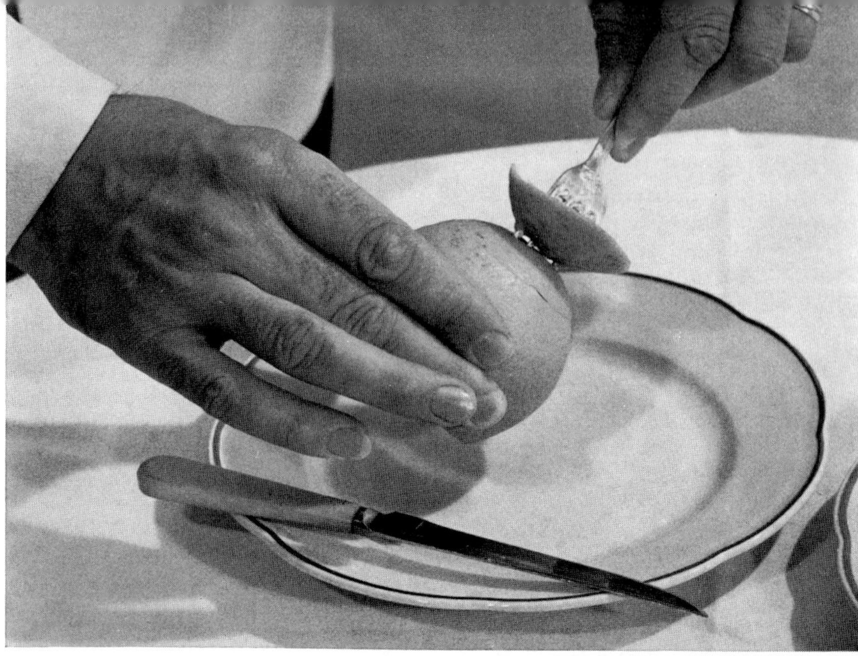

Mit einem scharfen Messer schält man die Apfelsine bis zur Höhe des markierten Deckels.

Das Fleisch schneidet man in dünne Scheiben und beträufelt es mit dem Saft der beiden Deckelstücke.

APFELSINEN SCHÄLEN UND SCHNEIDEN

2. Methode

Von der Apfelsine einen Deckel abschneiden. Die Gabel in das andere Ende einstecken und die Apfelsine schälen, indem man sie mit der Gabel dreht und die Schale vom Fleisch mit einem scharfen Messer spiralenförmig ablöst.

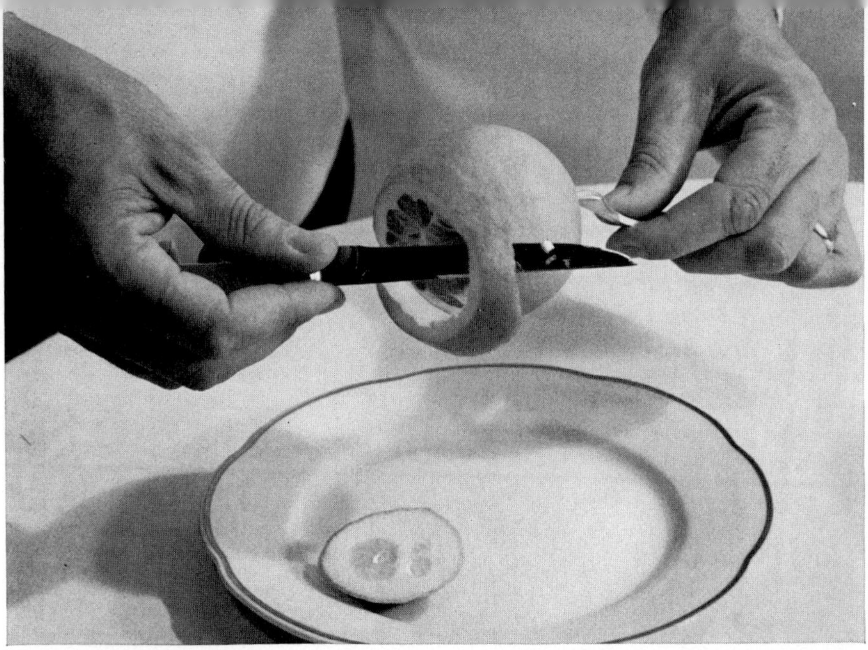

Das Fleisch wird mit glatten Schnitten aus den Bindehäuten gelöst und auf einen Teller gelegt.

Die ausgelösten Filets werden nun zu einem beliebigen Muster auf dem Teller geordnet und mit dem ausgedrückten Saft aus den Bindehäuten übergossen.

CRÊPES SUZETTE

Für 4 Personen nimmt man 2 Apfelsinen, 1 Zitrone und 24 Stück Zucker. Mit Hilfe einer Serviette (um sie nicht mit den Händen anzufassen) reibt man den Zucker an der Schale der Apfelsinen und der Zitrone ab.

Butter wird in einer Stielpfanne geschmolzen, der Zucker hinzugefügt und zerdrückt.

Unter ständigem Rühren läßt man den Zucker in der Butter leicht karmelisieren.

CRÊPES SUZETTE

Den Saft der Zitrone und der Apfelsinen beifügen und flott kochen lassen. Die Sauce muß eine leichte Bindung haben.

Die Eierkuchen werden, einer nach dem andern, in die Sauce gegeben und zweimal zusammengefaltet.

Sie werden mehrmals gewendet, damit sie gut mit der Sauce getränkt sind.

CRÊPES SUZETTE

Die Eierkuchen flambiert man mit Grand Marnier.

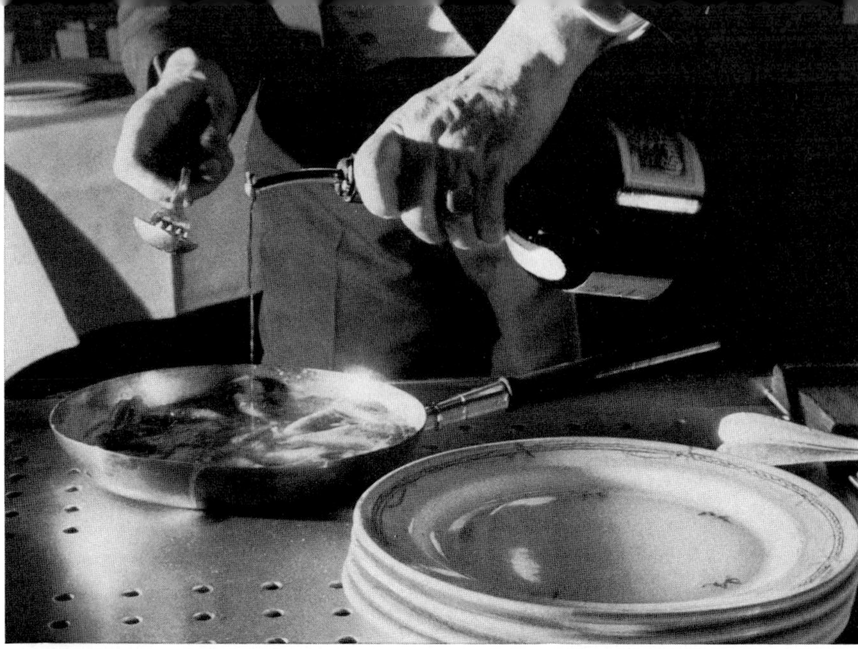

Sie werden aus der Pfanne genommen und entfaltet auf heiße Teller gelegt.

Die Eierkuchen werden mit einem Löffel der Sauce nappiert.

N. B. Crêpes Suzette bereitet man zwar auf verschiedene Arten, doch bleibt das Prinzip das gleiche.

FACHAUSDRÜCKE

Genau wie in jedem anderen Beruf hat auch die Küche ihre eigene Sprache und ihre besonderen Ausdrücke. Sie sind im Laufe der Jahrhunderte entstanden und entsprechen zuweilen nicht der Landessprache. Wir haben daher die gebräuchlichsten dieser Ausdrücke mit einer Erklärung versehen, die ihren Sinn wiedergibt.

Abaisser : Teig mit dem Rollholz zu der gewünschten Dicke ausrollen.

Aprikotieren : Gebäck beliebiger Art oder auch eine Süßspeise mit passierter, eingekochter Aprikosenmarmelade bestreichen oder dünn überziehen.

Aromaten : Gemüse und andere Zutaten, die zum Würzen genommen werden.

Arrow-root : Pfeilwurzelmehl. Bezeichnung für die Stärke, die aus einer Anzahl von verschiedenen tropischen Wurzeln und Knollen gewonnen wird.

Aspik, Aspic : Bezeichnung für ein Gericht, das in Gelee eingesetzt wird.

Ausfüttern : Das Auslegen einer Form oder Förmchen mit dünn ausgerolltem Teig, mit dünnen Scheiben von fettem Speck u. a. m.

Bain-marie : Wasserbad zum Warmhalten von Behältern mit fertigen Saucen usw., aber auch zum Pochieren von Süßspeisen und anderem im Ofen.

Baiser : Schale aus Meringuemasse, spanischer Wind, Meringel.

Bardieren : Mit Speck umbinden oder belegen.

Blanchieren : Abwällen, abbrühen, bei grünen Gemüsen aber auch in Salzwasser abkochen.

Blind backen : Einen Tortenring oder Törtchenformen usw. dünn mit Teig ausfüttern und ohne Inhalt backen. Dazu wird die Form nach dem Ausfüttern mit Papier ausgelegt und mit Backerbsen oder Reis gefüllt, damit sie nach dem Backen ihre Form nicht verliert.

Blondieren : Leicht in Butter bräunen, z. B. Zwiebelscheiben.

Bridieren : Durch Binden die gewünschte Form geben, z. B. bei Geflügel.

Braisieren : Schmoren, dünsten.

Canapé : Sehr kleine, geröstete, gebutterte und belegte Brotscheibe.

Chemisieren : Eine Form mit Gelee ausgießen, mit Speiseeis ausstreichen oder auch ausfüttern.

Chiffonade : Julienne von Sauerampfer, Kopfsalat u. a., in Butter gedünstet.

Clarifizieren : Klären, klar abgießen.

Colorieren : Farbe annehmen lassen, färben, bräunen.

Cocotte: Kochgeschirr, feuerfeste Porzellan- oder Steingutkasserolle, Porzellannäpfchen für Eier oder Kleinragouts, Brater.

Corail: Koralle. Das grüne Mark von Hummern und anderen Schaltieren, das beim Kochen rot wird.

Courtbouillon: Gewürzter Sud zum Ansetzen von Fischen und Schaltieren.

Croquant: Krustig, knackend, knusprig.

Degorgieren: Wässern, um von Unreinheiten zu befreien.

Dekantieren: Eine Flüssigkeit sorgfältig abgießen, damit der Satz zurückbleibt.

Dressieren: Anrichten, richtig an ihren Platz geben, die Einzelheiten einer Speise richtig zusammensetzen.

Duxelles: Gehackte Pilze mit Schalotten, in Butter gedünstet.

Entbarten, abbarten: Austern, Muscheln und andere Schaltiere von dem sogenannten Bart befreien.

Escalopieren: In Schnitzel schneiden.

Etamine: Leinentuch zum Passieren von Suppen und Saucen.

Farcieren: Füllen.

Flambieren: Absengen, abbrennen, mit Alkohol übergießen und anbrennen.

Fleurons: Gebackene Blätterteigstücke in Form kleiner Halbmonde, Dreiecke usw., die als Garnitur dienen.

Foncieren: Mit Teig auslegen.

Fond: Grundbrühe für Suppen und Sauce, Flüssigkeit, die beim Kochen, Dünsten oder Braten von Lebensmitteln zurückbleibt.

Fritüre: Das Fett oder Öl zum Tiefbacken.

Garnieren: Das Umlegen oder Verzieren eines Gerichtes, das Auslegen mit Aromaten zum Dünsten oder Schmoren.

Garnitur: Umlage, Beilage, bei Suppen und Saucen die Einlage.

Glace: Zu Sirup eingekochte Flüssigkeit, Speiseeis, Zuckerüberzug bei Gebäck.

Glacieren: Mit Glace bestreichen; mit Gelee überglänzen, stark gebutterte Fischsauce bei stärkster Hitze unter dem Salamander kolorieren; mit einem Zuckerguß überziehen; ein geschmortes Gericht an der Ofenöffnung ständig mit dem Fett übergießen, bis eine glänzende Schicht auf der Oberfläche entsteht.

Gratinieren: Ein Gericht bei starker Oberhitze überkrusten.

Haschee: Gehäck, Gehacktes.

Julienne: In gleichmäßige, mehr oder minder dicke Streifen schneiden.

Jus, Jüs: Bratensaft, Fleischsaft, brauner Fond.

Karkasse, Carcasse: Gerippe, Rumpf.

Kolorieren: Siehe Colorieren.

Lardieren: Ein Fleischstück mit mehr oder weniger dicken Streifen von fettem Speck durchziehen (nicht spicken).

Legieren: Binden, verdicken, Suppen, Saucen usw. mit einem Bindemittel abrühren.

Liaison: Das zum Legieren bestimmte Bindemittel, z. B. Eigelb und Sahne.

Marinade: Eine zum Marinieren dienende Flüssigkeit.

Marinieren: Beizen. Das Einlegen in eine aromatisierte Flüssigkeit, um Geschmack zu geben oder einige Zeit vor dem Verderb zu bewahren, aber auch um Fleisch oder Wild zarter zu machen.

Maskieren: Unter einer Hülle von Sauce, Creme u. a. verdecken.

Mazerieren: Mit einer aromatischen Flüssigkeit durchziehen lassen, z. B. gewürfelte Früchte mit feinem Likör.

Mirepoix: Röstgemüse. Mehr oder weniger groß geschnittene Mohrrüben, Zwiebeln, Sellerie, Speck u. a., in Butter angedünstet.

Montieren : Aufschlagen. Eine Sauce mit Butter verrühren, Eiweiß zu Schnee schlagen.

Nappieren : Überziehen, bedecken, saucieren.

Pain : Brot, aber auch eine Art Pastete, die in einer Form ohne Teigkruste gargemacht wird.

Panieren : Durch geschlagenes Ei oder flüssige Butter ziehen und dann in weißer Brotkrume wälzen. Englisch panieren: Mehlen, durch geschlagenes Ei ziehen und in weißer Brotkrume wälzen.

Parieren : Beschneiden, von überflüssigen Anhängseln befreien, zurechtschneiden.

Parüren : Abgänge, die durch das Parieren entstehen.

Passieren : Durchstreichen, durch ein Tuch seihen, durch die Fleischmaschine treiben.

Plat à sauter : Flaches Geschirr zum Sautieren.

Pochieren : Bei Siedehitze garziehen, ohne kochen zu lassen.

Rafraichieren : Unter kaltem Wasser abkühlen lassen.

Rissolieren : Rösten, anrösten.

Roux : Mehlschwitze.

Salamander : Elektrisches oder Gasgerät zum Überbacken von Speisen.

Salpicon : In kleine Würfelchen geschnittenes Fleisch, Geflügel, Pilze u. a.

Saucieren : Mit Sauce bedecken.

Sauteuse, Sautoir : Flache Kasserollen zum Sautieren, Saucen aufschlagen u. a. m.

Spatel : Holz- oder Metallkelle mit flachem, schmalem Boden.

Suprême : Das Höchste, Beste; Bezeichnung für Hühnerbrüstchen, aber auch für Seezungenfilets u. a.

Timbale : Becherform, aber auch eine in der Form ähnliche Silberschüssel zum Anrichten von Gemüse, Ragouts u. a.

Tomatieren : Mit Tomatensauce oder Tomatenpüree vermischen.

Tournieren : Formen, einriefen, abdrehen.

Ziselieren : Einschnitte machen, z. B. bei Forellen und anderen Fischen, aber auch feinschneiden.

SACHREGISTER

DIE WICHTIGSTEN GARNITUREN UND IHRE BEZEICHNUNGEN

DIE GRUNDSTOFFE DER KÜCHE

SAUCEN

BRAUNE SAUCEN

WEISSE SAUCEN

FEINE BUTTERSAUCEN

AUSLÄNDISCHE SAUCEN

WARME VORSPEISEN

ZWISCHENGERICHTE

WARME ZWISCHENGERICHTE

SPEZIALITÄTEN
AUSLÄNDISCHER HERKUNFT

DIE SUPPEN

GRUNDSUPPEN

HEISSE KRAFTBRÜHEN

KALTE KRAFTBRÜHEN

GEBUNDENE UND RAHMSUPPEN

GRUNDSUPPEN AUF MEHLBASIS

RAHMSUPPEN

PÜREESUPPEN

FISCHSUPPEN

GEBUNDENE KALTE SUPPEN

REGIONALE UND BÜRGERLICHE SUPPEN

AUSLÄNDISCHE SPEZIALSUPPEN

EIERSPEISEN

WARME EIERSPEISEN

KALTE GERICHTE VON SEEFISCHEN

AUSLÄNDISCHE SPEZIALGERICHTE VON SEEFISCHEN

SÜSSWASSERFISCHE

KALTE GERICHTE VON RINDFLEISCH

AUSLÄNDISCHE SPEZIALGERICHTE

KALBFLEISCH

KALTE KALBFLEISCHGERICHTE

AUSLÄNDISCHE SPEZIALGERICHTE

SCHAFE UND LÄMMER

HAMMEL-, SCHAF- ODER SCHÖPSENFLEISCH

LAMMFLEISCH

AUSLÄNDISCHE SPEZIALGERICHTE

SCHWEINEFLEISCH

KALTE GERICHTE VON SCHWEINEFLEISCH

AUSLÄNDISCHE GERICHTE VON SCHWEINEFLEISCH

GEFLÜGEL

MASTHÜHNER HÜHNER UND HÄHNCHEN

ENTEN, TRUTHÜHNER, GÄNSE, TAUBEN UND PERLHÜHNER

GEFLÜGELKLEIN

KALTE GEFLÜGELGERICHTE

Hühner und Masthühner

Enten, Tauben und Truthühner

AUSLÄNDISCHE SPEZIALGERICHTE VON GEFLÜGEL

FETTLEBERN, STOPFLEBERN

GÄNSE- UND ENTENLEBERN

KALTE GERICHTE

WARME GERICHTE

HAAR- UND FEDERWILD

HAARWILD

HASE

HIRSCH UND DAMHIRSCH

KANINCHEN

GALANTINEN, PASTETEN UND TERRINEN

GEMÜSE

AUSLÄNDISCHE SPEZIALITÄTEN VON GEMÜSE

KARTOFFELN

AUSLÄNDISCHE SPEZIALITÄTEN

Pilze

TEIGWAREN

ZEREALIEN

REIS

GRIES UND MAIS

SALATE

VOM KÄSE

SANDWICHES

DAS OBST

KOMPOTTE

SÜSSPEISEN, FEINGEBÄCK UND TORTEN

MERINGUEMASSEN

DAS KOCHEN DES ZUCKERS

CREMES, GLASUREN UND MASSEN FÜR GEBÄCKE UND SÜSSPEISEN

SAUCEN FÜR SÜSSPEISEN

KALTE SAUCEN

WARME SAUCEN

WARME SÜSSPEISEN

WARME SÜSSPEISEN MIT FRÜCHTEN

AUSLÄNDISCHE SPEZIALITÄTEN

KALTE SÜSSPEISEN

BAYERISCHE CREMES

CHARLOTTEN

GESTÜRZTE CREMES

VERSCHIEDENE CREMESPEISEN

VERSCHIEDENE KALTE SÜSSPEISEN

ALPHABETISCHES REGISTER

A

D

E

F

G

H

L

M

N

O

P

Q

R

Sc

Se

T

U

V

W

Y

Z

INHALTSVERZEICHNIS DER FARBIGEN BILDER

DIE TAFEL

DAS KALTE BÜFETT

WEINE UND GETRÄNKE

Vorspeisen

ZWISCHENGERICHTE

EIERSPEISEN

SEEFISCHE

SÜSSWASSERFISCHE

KRUSTENTIERE

RINDFLEISCH

KALBFLEISCH

HAMMEL UND LAMM

SCHWEIN

GEFLÜGEL

WILD, PASTETEN UND GALANTINEN

GEMÜSE

SALAT, KÄSE

SÜSSPEISEN

GEBÄCK, KUCHEN UND TORTEN

REGISTER

KULINARISCHE TECHNIK IN BILDERN (schwarz-weiß)

TRANCHIEREN UND FLAMBIEREN AM TISCH (schwarz-weiß)

AN DIESER STELLE MÖCHTEN WIR UNSEREN DANK ABSTATTEN

DEM RESTAURANT LUCAS-CARTON IN PARIS
DEM HÔTEL CARLTON SENATO IN MAILAND . DEM GRAND HÔTEL DES BAINS IN VENEDIG
DEM HÔTEL GRITTI-PALACE IN VENEDIG . DEM PARKHOTEL IN FRANKFURT AM MAIN
DER KONDITOREI KRANZLER IN FRANKFURT AM MAIN
DER CONSERVEN-FABRIK EUGEN LACROIX K. G. IN FRANKFURT AM MAIN
MANUEL & CIE, TRAITEUR-CONFISEUR IN LAUSANNE
DEM RESTAURANT MÖVENPICK IN ZÜRICH
DER PIZZERIA «SANTA LUCIA» IN MAILAND

Sie alle haben bei dem Herstellen der Platten mitgeholfen.

BÉARD S. A. IN MONTREUX . CHRISTOFLE IN PARIS, LONDON, NEW YORK
DOMINICI IN VENEDIG . MAPPIN AND WEBB IN PARIS UND LONDON
STEIGER IN LAUSANNE UND BERN

die uns freundlicherweise das notwendige Silber zur Verfügung stellten.

DEN MANUFAKTUREN COPELAND
DEN MANUFAKTUREN RICHARD GINORI IN VENEDIG, PARIS UND NEW YORK
VON MEISSEN · PRIMAVERA, DEM KUNSTATELIER DES WARENHAUSES PRINTEMPS IN PARIS
DEN KRISTALLWERKEN BACCARAT, SAINT-LOUIS, VAL-SAINT-LAMBERT
DER KUNSTGLASHÜTTE VENINI IN VENEDIG

denen wir Porzellan, Fayencen und Glaswaren zu verdanken haben.

M. JESURUM, SPITZENDECKEN IN VENEDIG

DEM HÔTEL GRITTI-PALACE IN VENEDIG . DEM PARKHOTEL IN FRANKFURT AM MAIN
PRIMAVERA, DEM KUNSTATELIER DES WARENHAUSES PRINTEMPS IN PARIS

in deren Salons die Innenaufnahmen gemacht wurden.

HERRN MARC LEYVRAZ, WEINBAUER-WEINHÄNDLER IN RIVAZ

für die Aufnahmen seines Kellers und seiner Weinberge.

UND DEN FOTOGRAFEN HERRN JEAN FROEHLICH IN LA CHAUX-DE-FONDS
HERRN ERICH MÜLLER-GRUNITZ IN ASCHAFFENBURG . HERRN JACQUES PRIMOIS IN PARIS